ESTUDIOS EN HOMENAJE
A ENRIQUE RUIZ-FORNELLS

Publicaciones de la Asociación de Licenciados
y Doctores Españoles en los Estados Unidos
(*Spanish Professionals in America, Inc.*)

Serie: *Homenajes*, Nº 1

Director

Juan Fernández Jiménez

Consejo de Redacción

© ALDEEU, *Spanish Professionals in America, Inc.* 1990
IBSN: 0-9626630-0-X

Pedidos:

Juan Fernández Jiménez
Div. of Humanities and Soc. Sciences
Penn State Erie-The Behrend College
Erie, PA 16563-0500

ESTUDIOS

en homenaje a
Enrique Ruiz-Fornells

Editores:

Juan Fernández Jiménez

José J. Labrador Herraiz

L. Teresa Valdivieso

ALDEEU

Erie, Pennsylvania
1990

Reconocimiento

Muchas son las personas e instituciones que han contribuido a que este homenaje sea hoy una realidad. En primer lugar queremos señalar el firme apoyo prestado por la Oficina Cultural de la Embajada de España en Washington y los Consulados de España en Miami y en New Orleans, cuyo aporte generoso ha hecho posible, en parte, esta empresa.

Hacemos ostensible un agradecimiento especial a la Asociación de Doctores y Licenciados Españoles en los Estados Unidos (ALDEEU) por permitir que el acto de homenaje formara parte del programa de la Décima Asamblea, celebrada en la ciudad de San Juan, Puerto Rico, y, sobre todo, por haberlo incorporado a su programa de publicaciones.

Párrafo aparte merecen The University of Alabama, The American Graduate School of International Management, Arizona State University, Cleveland State University, University of Montevallo, Universidad de Navarra (España) y la Division of Humanities and Social Sciences de Penn State Erie-The Behrend College, por su contribución generosa a la realización de esta grata tarea.

Por último, nuestro más profundo agradecimiento a todos los que con tanto entusiasmo han colaborado en el homenaje y a los que nos han apoyado y estimulado de forma constante a llevar a cabo este proyecto.

La Comisión Organizadora

Juan Fernández Jiménez   Mercedes Junquera
José J. Labrador Herraiz   Mercedes Turón
Jorge Valdivieso   L. Teresa Valdivieso

Indice

Presentación

Ciriaco Morón Arroyo
Presidente de ALDEEU

Como presidente de ALDEEU es obligación mía presentar el volumen de *Homenaje a Enrique Ruiz-Fornells*. La obligación es un honor y un placer. Y, como la tríada obligación, honor y placer son lugar común de todas las presentaciones, el lector comprenderá unas palabras para defenderme contra la acusación del tópico. Es un honor poner mi nombre en el homenaje que rinden casi cien colaboradores con sus trabajos y muchos más amigos que han saludado y apoyado el proyecto desde el principio. Y me alegra hondamente aplaudir a una persona como el profesor Ruiz-Fornells, que se ha esforzado durante treinta años por hacer visibles la cultura y la vida españolas en los Estados Unidos. El resentimiento ha tomado varias formas que se repiten constantemente en la cultura occidental. Una de ellas adquiere su expresión precisa y elegante en los versos de Jorge Manrique:

> cómo a nuestro parecer,
> cualquiera tiempo pasado,
> fue mejor.

Jorge Manrique no pronuncia la frase como suya, sino que la reproduce como una convicción social. Esta convicción ha hecho que la edad de oro se sitúe siempre en el pasado remoto. Nuestros tiempos son generalmente edades de hierro; y la derivación popular de esa actitud entre profesionales es afirmar que los escritores de nuestro tiempo no son como los de antes. Más cerca de casa, se oye con frecuencia y nostalgia que en años pasados hubo grandes españoles en los Estados Unidos, pero ya se fueron, como los pastores a la Extremadura. Efectivamente, ya no están Juan Ramón, Américo Castro y algunos otros; pero no es justo citar a los excepcionales para desconocer el mérito de quienes han servido a los grandes de caldo de cultivo y caja de resonancia. Mientras escribo estas líneas me viene a la memoria una decena de nombres de distintas profesiones, socios de ALDEEU, que en años próximos debieran ser objeto de nuestro homenaje. Uno de estos nombres es Enrique Ruiz-Fornells. En este caso, Juan Fernández Jiménez, José J. Labrador Herraiz y L. Teresa Valdivieso, tres españoles abiertos para reconocer el mérito del homenajeado y ejemplarmente generosos como para llevar su reconocimiento a la praxis, han producido este volumen. Quien haya trabajado en proyectos semejantes, comprenderá que no hacen falta adjetivos para expresar nuestra gratitud a estos queridos amigos.

La serie de *Homenajes* debe regirse por el principio ideal del justo medio: ser generosos sin caer en los extremos de prodigalidad o cicatería. Aristóteles dice que en materias de dinero es preferible el pródigo al roñoso. En materia de homenajes suponemos hubiera dicho lo del viejo refrán: "El duro mantuvo al mundo, y el amplio no pudo". Para que la serie mantenga el prestigio con el que empieza debemos ser parsimoniosos y muy exigentes, no pródigos. En este caso el buen comienzo es garantía de futuros aciertos.

Enrique Ruiz-Fornells ha realizado como hispanista una obra científica de gran valor. Sus *Concordancias del Quijote* quedan como una contribución de consulta para un largo porvenir. Pero no voy a repetir lo que puede verse en la introducción del libro y en la lista de publicaciones de Ruiz-Fornells. Lo admirable de su labor ha sido la conjunción de trabajo intelectual y docente por un lado, y por otro, la actividad práctica para el fomento de la cultura española en los Estados Unidos. Ha jugado un papel esencial en la Asociación Americana de Profesores de Español y Portugués; fundó, y ha dirigido durante muchos años, la *Revista de Estudios Hispánicos*, y ha trabajado sin tregua en el intercambio de profesores y estudiantes norteamericanos y españoles.

Existen muchos programas norteamericanos de estudios en España; su origen se remonta al Centro de Estudios Históricos (1910) y a los pioneros que se incorporaron al incipiente hispanismo de los Estados Unidos: Federico de Onís y Antonio García Solalinde. En la misma época los médicos Nicolás Achúcarro, Rodríguez Lafora y otros científicos colaboran en intercambios similares de sus respectivos campos. Estos intercambios han crecido de tal manera en los últimos treinta años, que se ha hecho necesario estudiar su estructura ideal y su impacto económico, educativo y político. Pues bien, será difícil encontrar una persona que haya contribuido tanto como el profesor Ruiz-Fornells a la expansión de los programas y al estudio de los mismos. El gran riesgo del humanista es regodearse en un castillo interior de memorias y fantasías y no usar su inteligencia como instrumento de trabajo social. El profesor Ruiz-Fornells ha demostrado con su entusiasmo lo que puede hacer una inteligencia que se enfrenta con la realidad y trabaja sobre "lo que hay", como dice Ferrater Mora.

Ruiz-Fornells fue uno de los fundadores de ALDEEU y su primer presidente. Hoy la asociación, cuyo propósito es realizar lo mismo que él ha hecho como individuo, le rinde este homenaje. Lo cumplimos como una obligación, lo sentimos como un honor, y lo ofrecemos como un placer.

Introducción

Cuando se me pidió que escribiera unas palabras de introducción a esta colección de ensayos me di cuenta de cuán insuficientes son las palabras para describir la figura de Enrique Ruiz-Fornells. Insuficientes porque ellas no podrían captar ni todas las facetas de su carácter, ni los triunfos de su vida profesional, ni la hombría de bien que le caracteriza.

Nacido en Madrid en 1925, Ruiz-Fornells se convierte en viajero incansable que recorre los caminos de Marruecos, Francia, Italia, Canadá, Inglaterra, Hungría, Rusia e Hispanoamérica, siempre estrechando lazos, siempre abriendo nuevos rumbos. Radicado en los Estados Unidos desde 1961, se dedica a la docencia en los claustros universitarios de ambos lados del Atlántico: South Carolina, Washington University, Mississippi State University, Real Colegio Universitario de Madrid, Universidad de Navarra, Universidad Complutense de Madrid y The University of Alabama, donde hoy tiene el rango de Research Professor. Es ahí donde despliega sus inquietudes intelectuales: académico, bibliógrafo, editor, crítico, líder profesional, historiador, sociólogo y, como si el marco universitario le fuera estrecho, se convierte en embajador cultural entre España y las Américas.

Pero por excepcional que sea su talla académica, ésta se ve opacada por una hombría que aúna su inteligencia a su bondad y su erudición al buen sentido del humor.

Por ello sus colegas, discípulos y amigos hemos querido presentar este homenaje como un símbolo de nuestro reconocimento a su persona y a su labor.

La consumación de la tarea exigía la colaboración inicial de varios expertos. Los profesores Juan Fernández Jiménez (Penn State Erie-The Behrend College) y José J. Labrador Herraiz (Cleveland State University) vinieron a sumarse a la empresa desde su comienzo y hoy, con el esfuerzo común de los tres, sale este libro-homenaje.

L. Teresa Valdivieso

Enrique Ruiz-Fornells.
Bibliografía

I. Libros

Estudiantes españoles en los Estados Unidos. Diez años de intercambio. Madrid: Asociación Cultural Hispano-Norteamericana, 1956.

La muralla de Joaquín Calvo-Sotelo. (Co-autor Robina E. Henry). New York: Appleton-Century-Crofts, 1962.

Doctoral Dissertations in Hispanic Languages and Literature, 1876-1966. The United States, Canada, and Puerto Rico (Co-autor James R. Chatham). Lexington, KY: U of Kentucky P, 1970.

A Concordance to Gustavo Adolfo Bécquer's Poetry. University, AL: U of Alabama P, 1970.

Las concordancias de El Ingenioso Hidalgo Don Quijote de la Mancha. Madrid: Ediciones Cultura Hispánica, 1976. 2 vols.

A Concordance to the Poetry of Leopoldo Panero. University, AL: U of Alabama P, 1978.

The United States and the Spanish World. Selected Proceedings of the Symposium on American Academic Programs in Mexico, Spain, and other Spanish-and-Portuguese-Speaking Countries. Madrid, June 26-30, 1978. (Co-autora Cynthia Y. Ruiz-Fornells). Madrid: Sociedad General Española de Librería, 1979.

Edición de *La muralla* de Joaquín Calvo-Sotelo. Salamanca: Ediciones Almar, 1980.

United States Dissertations in Hispanic Languages and Literatures, 1967-1977 (Co-autor James R. Chatham). Lexington, KY: U of Kentucky P, 1981.

Concordancias del Quijote de Avellaneda. Madrid: Fundación Universitaria Española, 1984. 2 vols.

II. Colaboraciones en libros

"El Bicentenario y los estudios graduados en las literaturas y lenguas hispánicas en los Estados Unidos". David Cardús, *A Hispanic Look at the Bicentennial* Houston, Texas: Institute of Hispanic Culture of Houston, 1978. 73-79.

"La literatura hispanoamericana y su investigación en las tesis doctorales de los Estados Unidos". *Actas del XVII Congreso del Instituto Internacional de Literatura Iberoamericana* Madrid: Ediciones Cultura Hispánica, 1978. 1385-93.

"Lo picaresco en *Esta oscura desbandada*". *Actas del I Congreso Internacional sobre la picaresca*. Madrid: Fundación Universitaria Española, 1979. 901-06.

"El ejército y las armas en el *Quijote* de Alonso Fernández de Avellaneda". *Cervantes, su obra y su mundo*. Manuel Criado de Val, Ed. Madrid: Edi-6, 1981. 849-55.

"Una novelista española ante los Estados Unidos: Carmen Laforet". *La Chispa '83*. Ed. Gilbert Paolini. New Orleans: Tulane U, 1983. 241-53.

"Religión y dedicación mística en la poesía de Leopoldo Panero" *Santa Teresa y la mística hispánica*. Ed. Manuel Criado de Val. Madrid Edi-6, 1984. 757-67.

"La ceguera en el teatro de Joaquín Calvo-Sotelo". *National Symposium on Hispanic Theatre* U of Northern Iowa, 1985. 137-45.

"La literatura hispánica y su proyección hacia el porvenir". *Prosa hispánica de vanguardia*. Madrid: Orígenes, 1986. 21-26.

"Los Estados Unidos: una dirección en la obra de José Luis Castillo Puche". *Homenaje a Luis Morales Oliver*. Madrid: Fundación Universitaria Española, 1986. 311-24.

"La recepción de la literatura hispanoamericana en España (1975-1985)". *La cultura española en el posfranquismo*. Eds. Samuel Amell y Salvador García Castañeda. Madrid: Editorial Playor, 1988. 137-46.

"América como modelo periodístico en la obra literaria de José Luis Castillo Puche". *Selected Proceedings of the Pennsylvania Foreign Language Conference*. Ed. Gregorio C. Martin. Pittsburgh: Duquesne U, 1988. 147-57.

"El pastor vasco emigrado a los Estados Unidos y *Oro blanco* de José Luis Castillo Puche". *Studies in Modern and Classical Languages and Literatures, I*. Ed. Fidel López Criado. Madrid: Orígenes, 1988. 17-29.

"El mar como símbolo en la poesía de Ana María Fagundo". *Studies in Modern and Classical Languages and Literatures*. Winter Park: Rollins College, 1989. 173-84.

"Del Toledo de Fernández de Avellaneda al de Caballero Calderón y Enrique Larreta". *Tolède (1085-1985). Des Traductions médiévales au mythe littéraire*. Ed. Guy Trédaniel. Paris: Faculté des Lettres de Mulhouse, Fascicule XVI, 1989. 195-206.

III. Artículos

"Anuario hispanoamericano". (Co-autor José Luis Xifra Ocerín). *Escelicer* Madrid, 1952.

"Primer Congreso Internacional de Hispanistas". *Cuadernos hispanoamericanos* 155 (1962): 266-68.

"IV Centenario del nacimiento de Lope de Vega. Celebración del aniversario (1562-1962)". *Revista de literatura* 21.41-42 (1962): 117-55.

"IV Centenario del nacimiento de Lope de Vega. Celebración del aniversario (1562-1962)". *Revista de literatura* 22.43-44 (1962): 211-53.

"Celebración en los Estados Unidos del IV Centenario del nacimiento de Lope de Vega (1562-1962)". *Cuadernos hispanoamericanos* 54.161-162 (1963): 623-26.

"El IV Centenario del nacimiento de Lope de Vega en España". *Hispania* 46 (1963): 563-66.

"Las universidades de los Estados Unidos se dan cita en España". *Mundo hispánico* 16.186 (1963): 14-17.

"Jornadas conmemorativas del nacimiento de Unamuno". *Cuadernos hispanoamericanos* 60.186 (1963): 14-17.

"Un Instituto de Cultura Hispánica en Tejas". *Mundo hispánico* 17.199 (1964): 69-72.

"América en el primer Centenario del nacimiento de Unamuno". *Folia Humanística* 3.28 (1965): 357-60.

"La educación universitaria en los Estados Unidos". *Revista de educación* 59.172 (1965): 58-60.

"61 años de la 'Hispanic Society of America'". *Mundo hispánico* 18.211 (1965): 58-64.

"Escuela graduada de verano para profesores de español en la Universidad de Madrid". *Mundo hispánico* 19.222 (1966): 36- 40.

"The Spanish Theatre in the Last Twenty-five Years". *Drama Critique* 9.2 (1966): 50-58.

"España y los Institutos 'National Defense Education Act'". *Revista de educación* 62.180 (1966): 32-34.

"Ensayo de una bibliografía de las publicaciones hispánicas en los Estados Unidos". *Español actual* 8 (1966): 27-32.

"Ensayo de una bibliografía de las publicaciones hispánicas en los Estados Unidos". *Español actual* 9 (1967): 47-52.

"Las asociaciones profesionales y la enseñanza del español en los Estados Unidos". *Revista de educación* 64.180 (1967): 86-90.

"Ensayo de una bibliografía de las publicaciones hispánicas en los Estados Unidos". *Español actual* 10 (1967): 28-36.

"Presencia de la cultura española en los Estados Unidos a través del intercambio unversitario". *Información comercial española* 409 (1967): 149-55.

"Bibliografía de revistas y publicaciones hispánicas en los Estados Unidos". *Cuadernos hispanoamericanos* 72.217 (1968): 187-201.

"Ensayo de una bibliografía de las publicaciones hispánicas en los Estados Unidos". *Español actual* 11 (1968): 31-40.

"Las misiones de San Antonio". *Mundo hispánico* 21.247 (1968); 58-61.

"Ensayo de una bibliografía de las publicaciones hispánicas en los Estados Unidos". *Español actual* 12 (1968): 30-35.

"Bibliografía de revistas y publicaciones hispánicas en los Estados Unidos: 1967". *Cuadernos hispanoamericanos* 76.228 (1968): 838-58.

"Ensayo de una bibliografía de las publicaciones hispánicas en los Estados Unidos". *Español actual* 13 (1969): 34-42.

"Bibliografía de revistas y publicaciones hispánicas en los Estados Unidos: 1968". *Cuadernos hispanoamericanos* 79.236 (1969): 522-47.

"Indice de publicaciones norteamericanas referentes a temas literarios e históricos sobre España". *Español actual* 14 (1969): 24-32.

"Ensayo de una bibliografía de las publicaciones hispánicas en los Estados Unidos". *Español actual* 15 (1970): 22-32.

"Ensayo de una bibliografía de las publicaciones hispánicas en los Estados Unidos". *Español actual* 16 (1970): 35-37.

"Ensayo de una bibliografía de las publicaciones hispánicas en los Estados Unidos". *Español actual* 17 (1970): 35-40.

"Benito Pérez Galdós y la crítica norteamericana". *Cuadernos hispanoamericanos* 84.250-252 (1970): 712-19.

"Bibliografía de revistas y publicaciones hispánicas en los Estados Unidos: 1969". *Cuadernos hispanoamericanos* 85.253-254 (1970): 373-98.

"American Doctoral Research on the Teaching of Literature, Part I". (Co-autor James R. Chatham). *Modern Language Journal* 56.5 (1972): 323-25.

"Bibliografía de revistas y publicaciones hispánicas en los Estados Unidos: 1970". *Cuadernos hispanoamericanos* 88.262 (1972): 209-236.

"American Doctoral Research on the Teaching of Literature, Part II". (Co-autor James R. Chatham). *Modern Language Journal* 56.8 (1972): 495-503.

"La concordancia de *Don Quijote* . *Anales cervantinos* 11 (1972): 159-62.

"Bibliografía de revistas y publicaciones hispánicas en los Estados Unidos: 1971". *Cuadernos hispanoamericanos* 90.270 (1972): 650-75.

"Bibliografía de revistas y publicaciones hispánicas en los Estados Unidos: 1972". *Cuadernos hispanoamericanos* 95.284 (1974): 457-83.

"Bibliografía de revistas y publicaciones hispánicas en los Estados Unidos: 1973". *Cuadernos hispanoamericanos* 99.297 (1975): 705-30.

"Notas sobre el teatro de Joaquín Calvo-Sotelo". *Revista de archivos, bibliotecas y museos* 78.1 (1975): 429-36.

"Bibliografía de revistas y publicaciones hispánicas en los Estados Unidos: 1974". *Cuadernos hispanoamericanos* 103.308 (1976): 237-60.

"Nuestro tiempo". *Hispania* 59 (1976): 72.

"Nuestras relaciones internacionales". *Hispania* 59 (1976): 293.

"Nuestra profesión". *Hispania* 59 (1976): 468.

"Nuestra Asociación, España y el Bicentenario". *Hispania* 59 (1976): 867-68.

"Algunas observaciones sobre la enseñanza del español en el extranjero". *Hispania* 60 (1977): 5-8.

"Cursos de verano para estudiantes norteamericanos: ¿lengua o literatura?" *Boletín de la Asociación Europea de Profesores de Español* 10.16 (1977): 79-83.

"La literatura chicana, observaciones y perspectivas". *Boletín de la Asociación Europea de Profesores de Español* 10.17 (1977): 163-68.

"Bibliografía de revistas y publicaciones hispánicas en los Estados Unidos: 1975". *Cuadernos hispanoamericanos* 110.329- 330 (1977): 568-88.

"La investigación doctoral cervantina en las universidades de los Estados Unidos". (Co-autor James R. Chatham). *Anales cervantinos* 15 (1978): 237-43.

"Bibliografía de revistas y publicaciones hispánicas en los Estados Unidos: 1976". *Cuadernos hispanoamericanos* 113.337-338 (1978): 291-333.

"América en la poesía de José María Souvirón". *Anales de literatura hispanoamericana* (Homenaje a Francisco Sánchez Castañer) 7.8 (1980): 259-72.

"América en la poesía de Leopoldo Panero". *Cuadernos para investigación de la literatura hispánica* 2-3 (1980): 261-70.

"Bibliografía de revistas y publicaciones hispánicas en los Estados Unidos: 1977". *Cuadernos hispanoamericanos* 121.364- 366 (1980): 671-92.

"Bibliografía de revistas y publicaciones hispánicas en los Estados Unidos: 1978". *Cuadernos hispanoamericanos* 121.364- 366 (1980): 693-710.

"Bibliografía de revistas y publicaciones hispánicas en los Estados Unidos: 1979". *Cuadernos hispanoamericanos* 125.376- 378 (1981): 953-69.

"La electrónica aplicada al estudio de las concordancias de textos literarios en español". *Arbor* 111.434 (1982): 191-206.

"Study in Spain and the Problem of Credit Transfer". *Hispania* 66 (1983): 69-74.

"Cultura y emigración: el caso de España y los Estados Unidos". *Arbor* 116.451-454 (1983): 24-35.

"Algunas variaciones sobre el tema de la ceguera en el teatro español de los años cincuenta". *Cuadernos para investigación de la literatura hispánica* 5 (1983): 135-44.

"Los Estados Unidos en la obra de Joaquín Calvo-Sotelo". *Cuadernos de ALDEEU* 1.1 (1983): 109-23.

"Miguel Delibes y los Estados Unidos: una perspectiva". *Boletín de la Asociación Europea de Profesores de Español* 15.28 (1983): 99-110.

"La imagen de los Estados Unidos en la obra de Joaquín Calvo- Sotelo, Miguel Delibes y Carmen Laforet". *Arbor* 119.465-466 (1984): 77-88.

"Bibliografía de revistas y publicaciones hispánicas en los Estados Unidos: 1980". *Cuadernos hispanoamericanos* 141.421-23 (1985): 499-515.

"El teatro español en los años 50, tres décadas después". *Tramoya* (1989): 85-94.

"La selva como elemento catalizador en *La aventura equinoccial de Lope de Aguirre*". *Cuadernos de ALDEEU* 5 (1989): 269-82.

" *La muralla* y el problema de sus fuentes a tres décadas de su estreno". *Cuadernos para investigación de la literatura hispánica* 11 (1989): 187-92.

"Algunos aspectos de la obra no dramática de Joaquín Calvo-Sotelo". *Cuadernos de ALDEEU* 6 (1990): 77-88.

IV. Reseñas

Neale-Silva. *Horizonte humano. Vida de José Eustasio Rivera.* *Cuadernos hispanoamericanos* 59.175-176 (1964): 258-59.

Panero, Leopoldo. *Poesía. Hispania* 47 (1964): 662.

Díaz-Plaja, Guillermo. *Cuestión de límites. Hispania* 47 (1964): 867-68.

García Morejón, Julio. *Unamuno y Portugal*. *Revista hispánica moderna* 30-3.4 (1964): 357-58.

Valdés, Mario J. *Death in Literature of Unamuno*. *Folia Humanística* 3.35 (1965): 945.

Chandler, Richard E. y Kessel Schwartz. *A New History of Spanish Literature*. *Cuadernos hispanoamericanos* 65.193 (1966): 185-87.

Del Río, Amelia A. *Poesía hispánica, unos momentos líricos*. *Hispania* 49 (1966): 366-67.

Garciasol, Ramón. *Claves de España: Cervantes y El Quijote*. *Hispania* 49 (1966): 887.

Lagos, Ramiro. *Testimonio de las horas grises*. *Revista de literatura* 29.57-58 (1966): 263.

Alonso Gamo, José María. *Un español en el mundo: Santayana*. *Revista hispánica moderna* 32.3-4 (1966): 265-66.

Mandel, Oscar. *The Theatre of Don Juan: A Collection of Plays and Views, 1630-1633*. *Segismundo* 2.2 (1967): 387-88.

Undergraduate Study Abroad. U.S. College Sponsored Programs. *Revista de educación* 66.194 (1967): 123-24.

Marín, Diego y Angel del Río. *Breve historia de la literatura española*. *Cuadernos hispanoamericanos* 69.207 (1967): 565- 67.

McCrary, William. *The Goldfinch and the Hawk: A Study of Lope de Vega's Tragedy* El caballero de Olmedo. *Hispania* 51 (1968): 196.

MacCready, Warren. *Bibliografía temática de estudios sobre el teatro español antiguo*. *Hispania* 51 (1968): 362-63.

Chandler, Richard E. y Kessel Schwartz. *A New Anthology of Spanish Literature*. *Cuadernos hispanoamericanos* 75.224-225 (1968): 744-46.

Soon, Alan. *Ficción y comedia en el Siglo de Oro*. *Hispania* 51 (1968): 574.

Stamm, James R. *A Short History of Spanish Literature*. *Cuadernos hispanoamericanos* 75.224-225 (1968): 746-47.

Díaz-Plaja, Fernando. *Antología del romanticismo español*. *Cuadernos hispanoamericanos* 75.224-225 (1968): 748-50.

Ramírez, Alejandro. *Epistolario de Justo Lipsio y los españoles*. *Boletín cultural y bibliográfico* 11.5 (1968): 56-57.

Rosales, Luis. *El sentimiento del desengaño en la poesía barroca*. *Boletín cultural y bibliográfico* 11.5 (1968): 56- 57.

Souviron, José María. *El príncipe de este siglo, la literatura moderna y el demonio*. *Boletín cultural y bibliográfico* 11.5 (1968): 57-58.

Losada, Angel. *Epistolario de Juan Ginés de Sepúlveda*. *Revista interamericana de bibliografía* 19.2 (1969): 193-94.

Schwartz, Kessel. *Introduction to Modern Spanish Literature*. *Cuadernos hispanoamericanos* 79.237 (1969): 799-800.

Ilie, Paul. *The Surrealist Mode in Spanish Literature*. *Cuadernos hispanoamericanos* 79.237 (1969): 801-02.

Maravall. José Antonio. *Estudios de historia del pensamiento español*. *Revista hispánica moderna* 35.1-2 (1969): 145-46.

McGrady, Donald. *Mateo Alemán. Cuadernos hispanoamericanos* 79.237 (1969): 802-03.

Castillo Puche, José Luis. *Hemingway, entre la vida y la muerte. Hispania* 53 (1970): 153.

Dedrick, Dwain Edward. *A Critical Edition of Moreto's* El poder de la amistad. *Hispania* 53 (1970): 572.

MacCurdy, Raymond. *Francisco Rojas Zorrilla. Hispania* 53 (1970): 1022.

_____. *Spanish Drama of the Golden Age. Hispania* 55 (1972): 197.

Ziomek, Henry. *Reflexiones del Quijote. Hispania* 56 (1973): 174.

Calvo, Juan y Federico Gómez del Prado. *La veta hispana: Panorama de la civilización española. Hispania* 57 (1974): 389-90.

Porqueras Mayo, Alberto. *Temas y formas de la literatura española. Hispania* 57 (1974): 604-05.

Poesse, Walter. *Juan Ruiz de Alarcón. Hispania* 57 (1974): 1010-11.

López Estrada, Francisco. *Los libros de pastores en la literatura española. Hispania* 58 (1975): 978.

Tatum, C.M. *A Selected and Annotated Bibliography of Chicano Studies. La ciudad de Dios* 190.3 (1977): 676.

Manzano Manzano, Juan. *Colón y su secreto. Nueva estafeta* 7 (1979): 76-77.

Polo de Bernabé, Manuel. *Conciencia y lenguaje en la obra de Jorge Guillén. South Atlantic Bulletin* 44.4 (1979): 72-73.

Jauralde Pou, Pablo. *Manual de investigación literaria: guía bibliográfica para el estudio de la literatura española. Hispania* 66 (1983):272-93.

Mariscal, Ana. *Cincuenta años de teatro en Madrid. Estreno* 13.1 (1987): 43.

Salazar Rincón, Javier. *El mundo social del* Quijote". *Hispania* 72 (1989): 542-43.

Yxart, José. *El arte escénico en España. Estreno* 15.1 (1989):37.

Varey, J.E. y N.D. Shergold. *Los arriendos de los corrales de las comedias de Madrid. Hispania* 72 (1989): 958.

Amell, Samuel. *La narrativa de Juan Marsé. Boletín de la Biblioteca Menéndez Pelayo* 65 (1989): 374-76.

V. Conferencias

El Profesor Enrique Ruiz-Fornells ha dado multitud de conferencias en el Canadá, España, los Estados Unidos, Francia y México, participando de forma asidua y continua en congresos y reuniones de distintas asociaciones profesionales y académicas. De especial mención es su relación con la American Association of Teachers of Spanish and Portuguese, para la que ha organizado varios encuentros y reuniones anuales en España.

VI. *Galardones*

Medalla al Mérito Turístico, 1968.

Encomienda al Mérito Civil, 1972.

Presidente de la American Association of Teachers of Spanish and Portuguese, 1976.

Comendador de Número de la Orden del Mérito Civil, 1977.

Presidente de ALDEEU, 1980-1984.

Presidente Honorario de ALDEEU, 1984.

Encomienda de la Orden de Isabel la Católica, 1984.

Distinguished Service Award, American Association of Teachers of Spanish and Portuguese, 1986.

Miembro Correspondiente de la Real Academia Española, 1986.

Presidente de la South Atlantic Modern Language Association, 1990.

Artículos

El español, tercera lengua, en un grupo homogéneo de estudiantes

Esperanza Acín Villa
Universidad de Navarra

Una de las características que generalmente definen a un grupo de estudiantes de una lengua en el extranjero es su heterogeneidad: de origen, de nivel de conocimientos sobre esa lengua, de motivaciones, etc. Precisamente el haber dado clase durante un curso a un grupo homogéneo me ha permitido algunas observaciones que expondré a lo largo del presente trabajo. La homogeneidad del grupo se basa en los siguientes aspectos: la nacionalidad, todos los alumnos son de Taiwan, para todos ellos el español es la tercera lengua, siendo el inglés la segunda, y todos están realizando sus estudios de *master* en España.

Este trabajo va a tratar dos aspectos: en el primero, introductorio, me referiré brevemente a temas generales, como la situación de la lengua española en Taiwan, por qué y quiénes la estudian, etc. En el segundo, trataré puntos más específicamente lingüísticos, principalmente el hecho de que el español sea tercera lengua para estos estudiantes y la influencia que la segunda, el inglés, haya podido tener en el aprendizaje de aquélla.

Los datos necesarios para la realización de este estudio los he obtenido de un cuestionario dirigido a estos estudiantes con preguntas sobre los dos aspectos antedichos. Además, el trato personal con ellos a lo largo del curso ha constituido también una ayuda importante para llevarlo a cabo.

1.   En cuanto al primero de los puntos, no hace falta recordar que Taiwan es un país con una economía y un comercio en creciente desarrollo, factor que favorece sobremanera el estudio de lenguas extranjeras. Entre éstas, el inglés ocupa el primer lugar, como en casi todo el mundo, y a una cierta distancia le siguen otras lenguas como el japonés y el español. Una de las causas que contribuyen más decisivamente al interés por el español es que se hace necesario para las relaciones comerciales con Hispanoamérica. De ahí que lo aprendan no sólo estudiantes universitarios, sino también comerciantes, diplomáticos, funcionarios o periodistas.

Por lo que a este grupo, con el que trabajo, se refiere, todos aprendieron el español en la Universidad. Generalmente, empezaron a estudiarlo de una forma un tanto fortuita: en Taiwan todos los estudiantes deben presentarse a un examen antes de entrar en la Universidad; también cumplimentan una solicitud de preferencias de distintos estudios. Luego, la nota del examen determina cuáles van a ser los estudios a seguir de entre la lista de preferencias presentada.

Una vez realizados sus estudios universitarios en su país, decidieron completarlos con un *master* en España. Los motivos ahora fueron más específicos: el interés por la cultura, la lengua y la literatura españolas —la mayoría realizan su *master* en Filología hispánica—, o simplemente el deseo de perfeccionar su conocimiento del español.

En cuanto a las orientaciones profesionales de este grupo, van desde la enseñanza de lengua o literatura española en la Universidad, hasta otras ocupaciones no tan directamente relacionadas con el español, como el periodismo o el trabajo en museos o galerías de arte.

2. Es una opinión generalizada entre los estudiosos de temas relacionados con el aprendizaje de lenguas, que el proceso de adquisición de las no maternas es diferente del de la lengua materna, y que las lenguas que se aprenden después de ésta no se pueden aprender directamente, sino a través del sistema de esta lengua materna.[1]

La bibliografía de trabajos en torno a la adquisición o aprendizaje de segundas lenguas es muy abundante. En estos estudios hay dos puntos que han centrado el interés de algunos investigadores y que señalo aquí por su relación con el presente trabajo: la comparación de lenguas y el estudio de los errores cometidos por los estudiantes que aprenden la lengua extranjera.[2]

Esta abundancia de estudios sobre lenguas segundas contrasta con la escasez de trabajos en torno a terceras lenguas, estudio que presenta muchas posibilidades interesantes, que me limitaré a sugerir en este trabajo.

2.1. El grupo sobre el que realizo este estudio aprendió el español en edad adulta, 18 a 20 años, edad en la que ya poseía un cierto nivel de conocimiento de la lengua inglesa que había estudiado en la escuela secundaria. El proceso general seguido por estos estudiantes para aprender el español se puede sintetizar en las siguientes etapas: primero aprendieron la pronunciación, siguió la lectura, gramática y conversación básica, y por último aprendieron a escribir. Estas enseñanzas se distribuyen en cuatro cursos en la Universidad. Durante los dos primeros, recibieron las clases de español en chino, y estudiaron fonética, conversación y gramática. En el tercero y cuarto año, las clases fueron en español; continuaron estudiando gramática, realizaron traducción y composición, también tuvieron clases de español comercial y se introdujeron en otros aspectos relacionados con la cultura española, como la literatura, la historia o la geografía. Tardaron aproximadamente el mismo tiempo en poder entender y hablar español; varía, según los casos, pero en general el tiempo de estudio para poder comunicarse en español gira en torno a los dos años.

Para aprender el inglés el proceso fue algo distinto, según los mismos estudiantes reconocen, como lo fueron también las circunstancias en que lo aprendieron: una edad más temprana y el carácter obligatorio que tiene el estudio de esta lengua en la escuela secundaria. En esta época aprendieron nuestro alfabeto, lo que constituye un factor importante para el posterior aprendizaje del español. Todos los estudiantes, al comparar su proceso de adquisición de las dos lenguas, inglés y español, coinciden en señalar que para la primera dedicaron menos atención a la lengua hablada que para la segunda.

2.2. Así pues, la situación lingüística para estos estudiantes queda como sigue: L1=chino, L2=inglés, L3=español. Una de las cuestiones que se plantean es la del papel que desempeña el inglés en el aprendizaje del español, cuestión a la que me acercaré en este pequeño estudio.

Theodor Ebneter señala que para el aprendizaje de una lengua extranjera hay que distinguir entre las dificultades que se deben al contraste o distancia entre la lengua materna y la lengua que se aprende, y las dificultades debidas a la interferencia entre ambas lenguas. La interferencia se da en los casos en que la distancia entre las dos lenguas es pequeña; y el contraste es tanto mayor cuanto menor es la semejanza entre las lenguas. La interferencia puede ser positiva o negativa. Es positiva si se basa en semejanzas entre elementos de L1 y L2, y en este caso facilita el aprendizaje; la negativa se produce cuando bajo la apariencia de semejanza se hacen falsas transposiciones (Ebneter 259-60).

De acuerdo con estas observaciones, los problemas que encuentran los estudiantes de Taiwan al aprender español, serán debidos a la distancia o el contraste entre su lengua y la nuestra.[3]

Pero estos problemas no constituyen el objeto de este trabajo; como ya he señalado, me ocuparé brevemente del papel del inglés en el aprendizaje del español, en cuyo caso habría que hablar de interferencia, ya que para estos estudiantes orientales, las dos lenguas, español e inglés, se encuentran próximas, si se compara con la distancia que hay entre cualquiera de ellas y el chino.

2.3. La mayoría de los estudiantes de este grupo con el que trabajo aprendió el español a partir de las dos lenguas, chino e inglés, según manifestaron al ser interrogados sobre el tema; la mayor importancia que se le dio a una u otra varía de unos casos a otros.[4]

Siguiendo a Ebneter, considero que esta interferencia puede ser positiva o negativa; en el primer caso facilita el aprendizaje del español; los estudiantes comparan aspectos fonéticos o léxicos, y procedimientos morfológicos o sintácticos semejantes entre las dos lenguas. La interferencia negativa dificulta este aprendizaje, se observa en el análisis de los errores. En este caso, los estudiantes transfieren al español rasgos propios del inglés pero que no se dan en nuestra lengua. Algunos ejemplos pueden demostrar estas interferencias.[5]

2.3.1. Previamente conviene recordar que las lenguas de civilización más importantes son a la vez habladas y escritas; hay un sistema de escritura y un sistema de habla que se reconocen como la misma lengua. La relación existente entre la escritura y el habla no es uniforme, de manera que hay distintos sistemas de escritura. Precisamente el utilizado por la lengua china es el llamado sistema ideográfico, en el que los símbolos son representaciones gráficas de items léxicos y gramaticales en su conjunto. Las lenguas occidentales, por el contrario, utilizan el sistema alfabético, en el que letras individuales representan las articulaciones vocales y consonantes

(Robins 156-59). Está claro pues, que los estudiantes que se enfrentan con una lengua occidental tendrán que aprender el alfabeto en cuanto quieran servirse de la lengua escrita. Los estudiantes del grupo con el que trabajo aprendieron el alfabeto al estudiar la lengua inglesa, lo que constituye, sin duda, la primera gran ayuda que les prestó el inglés para el aprendizaje del español.

2.3.2. En fonética, todos los estudiantes coinciden en señalar la semejanza de algunos sonidos ingleses y españoles, por ejemplo, la correspondencia que hay en una y otra lengua entre las series sorda y sonora /p, t, k/ y /b, d, g/. Sin embargo, en este caso no cabe hablar de influencia positiva del inglés, ya que estos estudiantes confunden, en esta lengua lo mismo que en español, las sordas y las sonoras de los órdenes labial, dental y velar, como se observa en estos ejemplos tomados del español hablado y escrito por estos estudiantes: *descripe*, por 'describe', *corto*, por 'gordo', *inevidable*, por 'inevitable'; esta confusión es debida, sin duda, a la ausencia de oposición entre sordas y sonoras en los órdenes labial, dental y velar en chino.

2.3.3. En el aspecto morfológico, los estudiantes observan algunos procedimientos equivalentes en inglés y español, y que facilitan el aprendizaje de estos últimos, como el de formación de ciertos adverbios: adición del sufijo *-ly* en inglés y *-mente* en español al adjetivo: *directly, surely, directamente, seguramente*. Por el contrario, ejerce una interferencia negativa la categoría de género en inglés, lengua en la que no existe la concordancia en esta categoría. En español, los nombres llevan inherente la categoría de género: masculino y femenino, y el género del nombre determina el de los determinantes o adjetivos que lo acompañan. En inglés, el género sólo afecta a la referencia de los pronombres *he, she, it* que viene determinada por lo que se llama a veces género natural, según el cual las personas y objetos se clasifican en machos, hembras e inanimados. Esto hace que se cometan errores frecuentes de falta de concordancia: *a veces la expresión es distinto*, o que se atribuya un género equivocado generalmente a palabras cuya terminación no es la característica de uno de los dos géneros (*-o* masculino, *-a* femenino): *el costumbre, la espíritu científica, la idioma, la aprendizaje*.

Al lado de estos casos, habría que hablar también de interferencia negativa del inglés en casos como *en los dos cursos la traducción fue la más importante asignatura, cada uno tiene su diferente efecto, cuando miro las páginas de mi favorito libro*, en los que aparece el adjetivo antepuesto al sustantivo, como en inglés, en lugar de ir pospuesto, posición que le correspondería en estos casos. Un ejemplo de "hipergeneralización" (Yanguas 162-63) sería el siguiente: *ser una periodista buena en la cadena radiofónica*, el estudiante sabe que en español lo habitual es que el adjetivo se posponga al sustantivo y generaliza esta norma a todos los casos, olvidando que en ocasiones es preferible, o incluso obligatoria la anteposición.

2.3.4. Es quizá en el nivel sintáctico donde estos estudiantes reconocen más semejanzas entre la lengua inglesa y la española, de manera que les ha servido de ayuda importante el conocimiento de la estructuración sintáctica del inglés para el aprendizaje de las estructuras españolas. Sirvan como ejemplos los señalados por dos estudiantes; una observa el paralelismo en la construcción de oraciones subordinadas:

> Juan dice que va a visitarme mañana
> *John says (that) he is going to visit me tomorrow*

y otra, el de las construcciones comparativas:

> Este libro es más interesante que ése
> *This book is more interesting than that*

Como ejemplo de la interferencia negativa del inglés en este campo, puede servir el siguiente: *la natación no me gusté,* donde se ve que se ha realizado una transferencia directa de la construcción inglesa *I liked.*

2.3.5. También en el plano léxico, el inglés les ha proporcionado ayuda: además de las numerosas palabras con una forma semejante en inglés y en español, hay procedimientos léxicos, como la derivación, en los que estos estudiantes establecen paralelismos; por ejemplo, los prefijos negativos ingleses *un-, dis-,* que aparecen en palabras como *uncertain* o *disappear,* tienen una perfecta correspondencia con los españoles *in-* y *des-* de *incierto* o *desaparecer.*

3. El presente trabajo sólo ha pretendido ser una muestra de las posibilidades que presentan los estudios en torno a terceras lenguas. Para la realización del mismo he contado con factores particularmente interesantes, como la homogeneidad del grupo y la gran distancia entre la lengua china y la española. El hecho de que estos estudiantes hubieran aprendido el español a una edad adulta y en la Universidad es importante para comprender la influencia, consciente en la mayoría de los casos, que ha tenido el inglés, utilizada como "lengua puente" entre una y otra. Al acercarse al español, estos jóvenes poseían ya un cierto conocimiento de otra lengua occidental, lo que facilitó, como ha quedado demostrado con casos concretos, la adquisición del español como tercera lengua.

Notas

1. Cfr. Ver Jeremías (1984) 118. Es también interesante la cita de Lado (1973) 2, que aparece en Yanguas y Gil Cano (1983) 158: "Creemos que el individuo tiende a transferir las formas y los significados de su propia lengua y cultura, así como la distribución de esas formas y sus significados a la lengua y cultura extranjeras —no sólo activamente al intentar hablar el idioma y desenvolverse en la nueva cultura, sino pasivamente, al tratar de comprender la lengua y la cultura según la practican los nativos". Y también Yanguas y Gil Cano (1983) 160-61, n. 7: "... es un principio ampliamente demostrado en psicología que todo aprendizaje presente se ve afectado por cualquier aprendizaje pasado. Así, un adulto que emprende el aprendizaje de una L2 (segunda lengua) cuenta con una experiencia lingüística anterior con la que no cuenta el niño que comienza el aprendizaje de su propia lengua".

2. Véase bibliografía sobre estos temas en Ebneter (1982) 266-77. Y otros trabajos relacionados específicamente con el español: Yanguas y Gil Cano (1983), Quereda (1983), Martín Mingorance (1983), etc.

3. Un ejemplo de estos problemas es el del uso del artículo en español, categoría gramatical de la que carece el chino y que es una de las principales causas de los errores cometidos por los estudiantes chinos al utilizar la lengua española; estos son algunos ejemplos de errores:

había un bonito centro de la mesa (por "centro de mesa")
se cayó de trineo (por "se cayó del trineo")
tenía la clase de conversación (por "tenía clase de conversación")
sábado pasado estuve hablando con ella (por "el sábado por la tarde ...").

Este último caso puede deberse a interferencia del inglés, lengua en la que los días de la semana no llevan artículo.

4. Una de las estudiantes reconoce haber aprendido el español a partir del inglés, aduciendo para ello la semejanza entre el vocabulario y las estructuras sintácticas de las dos lenguas, así como la gran diferencia existente entre los idiomas occidentales y el chino.

5. Los ejemplos de las que vengo llamando interferencias positivas están extraídos de las respuestas del cuestionario al que me he referido al principio; los ejemplos de las interferencias negativas proceden, en cambio, de los errores que he ido recogiendo a lo largo del curso en los ejercicios orales y escritos realizados en clase.

Obras citadas

Ebneter, Th. *Lingüística aplicada*. Madrid: Gredos, 1982.

Lado, R. *Lingüística contrastiva: lenguas y culturas*. Madrid: Alcalá, 1973.

Martin Mingorance, L. "Las unidades sintagmáticas verbales en inglés y en español. Metodología de análisis". *Actas del I Congreso Nacional de Lingüística Aplicada*. Madrid: 1983. 211-20.

Quereda, L. "El problema de la selección en la lingüística de contraste. Distintas aproximaciones al estudio de la voz pasiva en inglés y en español". *Actas del I Congreso Nacional de Lingüística Aplicada*, Madrid, (1983). 193-210.

Robins, R. H. *Lingüística general*. Madrid: Gredos, 1971.

Ver Jeremías, J. M. *Claves para la lingüística aplicada*. Málaga: Agora, 1984.

Yanguas, A. M. y Gil Cano, C. "Errores gramaticales producidos por transferencia lingüística en la adquisición de una segunda lengua: consideraciones teóricas sobre una ilustración contrastiva español-inglés". *Actas del I Congreso Nacional de Lingüística Aplicada*, Madrid: (1983). 157-77.

Summer Immersion Institutes:
A Consortium Approach

Robert Adler
The University of Alabama,
Birmingham

Myralyn Allgood
Samford University

Diane Brown
Birmingham-Southern College

Charlotte Coleman
Samford University

In recent years years the state of Alabama, like many other states, has faced a growing crisis in foreign language teaching —for us as teachers, an encouraging crisis: restored language requirements, a dramatic increase in enrollments, and, as a result, more positions available than the state's certified teachers could fill.

In order to help meet this need, the State applied for and received Title II funds to provide programs for preparing teachers to fill the increasing numbers of foreign language classrooms. Summer travel study programs were instituted, along with stateside summer immersion workshops aimed at helping upgrade the language skills of prospective teachers.

Colleges and universities in the state were urged to submit proposals to host these institutes. The first to respond was Dr. Ruiz-Fornells' institution, the University of Alabama. Thanks to the success of that landmark program, along with a growing sense of professionalism within the ranks of Alabama teachers, it became clear that more such institutes would be needed in the ensuing years.

Smaller institutions, with limited personnel and resources, were reluctant to undertake such an overwhelming task, until three universities in the Birmingham area decided to join forces and try a consortium approach. Responsibilities were divided, with the University of Alabama at Birmingham assuming administrative duties, Samford University providing logistical arrangements, and Birmingham-Southern College serving as academic coordinator. The result was a well-planned, well-staffed, extraordinarily effective week-long workshop that provided language-intensive training for the state's high school teachers —and without causing undue strain on any individual or institution. We offer our model in tribute to Dr. Ruiz-Fornells' contribution to the advancement of foreign language teaching in Alabama and in the hope that our experience may in some way encourage others to implement similar programs on their own campuses.

I. *The Administrative Process*

The University of Alabama at Birmingham was responsible for the administrative duties, which included the grant application as a first step. The proposal was directed to the Alabama Commission of Higher Education (ACHE), which distributed funds from a federal Education for Economic Security grant. Sufficient funds were needed to cover all the expenses of staffing, room and board, and materials for the Institute, since our desire was to offer the experience without cost to the participants.

Our concept was to create a total immersion situation, which meant involving the participants day and night for five days. Our hope was that they would speak —and ideally even think— exclusively in the target language. To achieve our purpose, we planned academic sessions throughout the day in addition to evening events that were both fun and instructive. Mealtimes, too, became opportunities for conversation practice, since we arranged for native-speaking guests to join the group around the table.

Such a structure offered an ideal setting for the fulfillment of the workshop's various goals, which were as follows: 1) to improve pronunciation; 2) to improve knowledge and use of idiomatic expressions; 3) to build confidence in the use of the target language; 4) to increase cultural knowledge; 5) to improve teaching methods; 6) to share resources; 7) to increase teacher awareness of support efforts by the state of Alabama, their own high school colleagues, and the state's institutions of higher learning.

All these goals were undergirded by a strong commitment on the part of both staff and students to a language pledge that would be in effect at all times. The essential purpose of the pledge was to simulate the foreign environment so that linguistic and cultural immersion could take place.

In order to maximize the use of facilities and resources, we decided to offer concurrent French and Spanish sessions of 20 participants each. Applications were accepted from French and Spanish teachers in secondary schools throughout the state of Alabama. When both programs were filled to capacity, the names of additional applicants were placed on a waiting list.

In addition to writing the grant and overseeing the application process, the administrative directors were also responsible for planning the budget and managing the accounting procedures. At the conclusion of the session, final reports were submitted to ACHE, along with student evaluations and other summative materials.

II. *The Logistical Arrangements*

Since Samford University was chosen as the site for the Institute, it logically followed that Samford should assume the responsibility for the physical facilities. Major duties included the arranging of lodging, meals, classrooms, and audio-visual equipment, but many other details fell to

Samford's lot as well.

A primary objective was to house the participants together in an area that was conveniently located, easily accessible to classroom and dining facilities, yet isolated from other students on campus who would be speaking English. Small, apartment-style dorms were chosen, where room-mates of the same language could share dormitory facilities, with Spanish and French participants on separate floors. All meals were provided on campus, in separate areas of the dining room so that the group could eat together, away from others, and continue to speak the target language. Institute faculty and support personnel joined them at mealtime to encourage and stimulate conversation in an atmosphere that was more relaxed and unstructured than the classroom setting.

As for classrooms, our goal was to provide culture-intensive work areas, with ample space for varied groupings, cultural regalia, maps, screens, blackboards, and audio-visual storage areas. The "togetherness" that our adjacent classrooms provided helped everyone keep the language going even between classes and fostered a spirit of camaraderie within the group. To make the sessions varied and stimulating we made extensive use of audio-visual equipment. Care was taken to provide and maintain all needed machinery and to have technical assistance on hand in case of emergencies. Another of the logistical directors' duties was to provide appropriate settings for all necessary special facilities: the Computer Lab for the computer session, the Home Economics kitchen for the cooking session, the Media Center for the movies, and appropriate space for the presentations of music and dance. In addition, we arranged for participants to have access to the university gym, pool, and track, but with the understanding that the language pledge was to remain in effect even during these leisure-time activities.

Other tasks included the recruiting and supervision of support personnel, provision for office and lounge facilities for faculty and directors, publicity arrangements, and providing any other assistance necessary to keep things running smoothly. Thanks to careful planning and a close working relationship with the other co-directors, our joint effort was productive and satisfying and served to reinforce our own enthusiasm and professional commitment.

III. *Academic Concerns*

Birmingham-Southern College assumed the duties connected with staffing and supervising the academic program of the Institute. Although the representatives of all three colleges served on the general committee during the preceding winter and spring, Birmingham-Southern's specific work began when we started the staffing process in the spring. In May we also assumed the responsibility for communicating with the participants, a task which UAB had previously performed through the application process. About a month before the week-long Institute, we sent all participants an information packet including such items as logistical information, the language pledge and agreement to remain on campus the entire week, a short biographical listing of the teachers, and the schedule.

We had decided in the general meetings that we would cover in both French and Spanish these areas: grammar, phonetics, civilization, culture (which we defined as lifestyle), pedagogy, and conversation. We began each of the five days with breakfast served from 7:00-9:00. Our first 50-minute class began at 9:00, followed by others at 10:00 and 11:00. After lunch at noon and a short break, we resumed the 50-minute classes at 1:30, 2:30, and 3:30. One afternoon we broke the pattern to offer a two-hour session on the use of computers in language learning. Evening activities (including music, film, dance, cooking) served as an extension to the culture classes in a more relaxing atmosphere. One consideration we had about the classes themselves concerned course content selection. Except for some important concepts specified for the grammar classes, the sessions were left to the discretion of the individual instructors. A great deal of thought and planning were necessary in order to provide enough valuable instruction within the very limited time frame allotted for each course. A solution we found viable, especially in the civilization and the culture sessions, was to present a broad overview. In spite of the meticulous organization that this ambitious undertaking required, we were gratified by the positive reactions of the participants, who were pleased to have a review of material studied many years before.

Another concern was in determining the best methodology for presenting the material. The linguistic abilities and experiences of the group were so varied that a way had to be found to address them in the target language without overwhelming some or insulting others. We found it helpful to maintain an advanced level of delivery with a heavy reliance on a variety of visual aids. Filmstrips, pictures, slides, books, and, of course, many gestures accompanied the lectures. In order that the participants might feel more at ease in class discussions, we occasionally gave them assignments. By studying the material in advance and familiarizing themselves with new vocabulary, they were better prepared to follow the discussion, to comment, or to ask questions.

We had the enviable opportunity to work with a highly motivated group of colleagues. The enthusiasm and interaction between the instructors and the participants, and especially among the participants themselves, were exciting. We wanted to be as informative, as creative, and as interesting as possible in teaching them. Our goal was not only to provide information for these teachers, but also, and perhaps more importantly, to show what a good teacher can do with that information.

At the conclusion of the week, students received certificates in an informal ceremony. In addition, we asked each of them to fill out a short evaluation form concerning the Institute. Their evaluations, along with the directors' assessment of the program, were then forwarded to our funding agency, the Alabama Commission of Higher Education.

In conclusion, we believe the Institute worked for us due to careful organization on the part of quite a few people in three colleges; flexibility when the lines separating the duties of administration, academics, and logistics became blurred; a variety of strong presenters; the commitment of the directors to be on-site almost the entire time; the intensity of a one-week, self-contained program; and a strict adherence to the language pledge. Most especially, the Institute succeeded because of our participants' love of the target language and their devotion to the profession of teaching. Like many endeavors we language teachers undertake, the Institute turned out to be much more work in July than we had imagined the previous December. Nevertheless, the satisfaction in believing that our joint effort had made a difference in forty foreign language classrooms in Alabama made it all worthwhile.

El motivo del viaje en tres novelas del posfranquismo

Samuel Amell
Ohio State University

En la narrativa del posfranquismo aparece reiteradamente un motivo clásico en la literatura universal: el viaje. Las repetidas apariciones de este motivo tienen en la novela española de la última década un aspecto común: su significación. Dicha significación no es ni mucho menos original, el deseo de huir de una realidad que no nos gusta mediante un viaje, ya sea real o imaginado, es algo común a lo largo de la historia literaria. También hay que notar que los lugares de huida que aparecen en las novelas del posfranquismo tienen casi siempre connotaciones míticas.

En este trabajo voy a centrarme en el examen de tres novelas que considero ilustrativas y que son obras de tres de los novelistas más destacados del período en cuestión: *Los mares del Sur* (1979) de Manuel Vázquez Montalbán, *Te trataré como a una reina* (1983) de Rosa Montero, y *La fuente de la edad* (1986) de Luis Mateo Díez.[1]

Tres autores tan distintos como Vázquez Montalbán, Rosa Montero y Luis Mateo Díez coinciden no sólo en el uso del motivo del viaje en sus novelas citadas, sino en el significado que a dicho motivo dan. En las tres obras, el significado mítico del viaje está presente, y en las tres el viaje es, más que real, algo imaginado y se encuentra cargado de simbolismo.

Las novelas que voy a comentar pertenecen a lo que se ha dado en llamar "literatura del posfranquismo." Tanto si se acepta dicho término como si se prefiere otros que se han sugerido, "novela de la transición", "novela constitucional", etc., lo que interesa es que las tres obras han sido publicadas tras el cambio que en 1975, marcó en la novela española no la muerte del dictador, sino la publicación de una obra escrita entre 1973 y 1974, *La verdad sobre el caso Savolta*, de Eduardo Mendoza. La novela de Mendoza marca el inicio de una nueva forma de novelar que llega hasta nuestros días, y que se caracteriza por la conjunción de algunos elementos renovadores de la novela moderna —técnicas aportadas por la novela experimental— y otros procedentes de la novela tradicional, entre los cuales figura el tema del viaje.

La primera de las novelas a las que me voy a referir, *Los mares del Sur*, fue publicada en 1979, tras conseguir el codiciado premio Planeta. Ha llegado a ser la novela más vendida de su autor, y para algunos críticos la mejor, aunque el tema de la valoración de obras literarias siempre es polémico, y en especial cuando se valoran obras que han tenido un notable éxito de lectores. Muchas veces parece ser que la calidad no puede ir unida a la popularidad que hay que ser oscuro y difícil, "a la Benet", para que la crítica académica reconozca el valor de un autor o de una obra. Por ello, *Los mares del Sur* ha recibido más críticas negativas de las que la calidad del libro merece. Algo similar había sucedido con el anterior premio Planeta, *La muchacha de las bragas de oro*, de Juan Marsé. Amando de Miguel, refiriéndose a los dos novelistas citados, muy sagazmente y con la ironía que le caracteriza, ha apuntado que en la costa intelectual no son bien vistos los escritores que escriben mucho, y menos aún si lo que escriben además es claro, gusta al público, se compra y se lee (67).

Un crítico, Vidal Santos, ya se ha referido certeramente a *Los mares del Sur* como una crónica del posfranquismo (57-58). En este aspecto quisiera detenerme, pues su relación es básica para el significado que el viaje toma dentro de la novela. No hay duda de que la llamada transición española, que podemos situar entre 1975 y 1981/82, ha sido un período marcadamente definido por el desencanto. Desencanto especialmente presente en los intelectuales que esperaban que con la muerte de Franco todo cambiara y vieron que realmente muy pocas cosas lo hacían. Habría que esperar hasta la década siguiente (primeros años ochenta) para realmente notar un cambio en las estructuras de la sociedad española.[2]

En 1980, James Markham, en un artículo publicado en *The New York Times Book Review*, titulado "Franco Dies Slowly", señalaba este desencanto a través de sus conversaciones con tres novelistas, entre ellos Vázquez Montalbán. En *Los mares del Sur* se nos presenta una sociedad desencantada a todos sus niveles. No ha habido ningún cambio. En Cataluña, como en épocas anteriores, la alta burguesía sigue dominando el mundo financiero, y la política nacional está bajo la égida de los mismos de antes, con distintas caretas. Los obreros se sienten asimismo desilusionados y el llamado "pacto de la Moncloa" no ha logrado sino mantener las injustas diferencias que ya existían. Dentro de este cuadro se nos presenta un personaje, Stuart Pedrell, miembro de la alta burguesía catalana, pero con inquietudes intelectuales y un cierto sentido de culpabilidad, lo que se llamaría, "mala conciencia". La muerte de este personaje es el hecho desencadenador de las peripecias de la novela. Cuando comienza el libro, Stuart Pedrell, que había abandonado su vida normal para efectuar un largo tiempo deseado viaje al Sur, aparece muerto en un lugar del extrarradio de Barcelona.

El mito del Sur no es algo nuevo en la obra de Vázquez Montalbán, que había dedicado un poema a Gauguin, aparecido en 1967 en su libro *Una educación sentimental*. Los últimos versos de dicho poema resumen las motivaciones del viaje del pintor francés a los mares del Sur: "era un pretexto / para olvidar las negras sillerías de las lonjas / el cucú de un comedor de Copenhague / un viaje a Lima con una madre triste / las pedantes charlas del café Voltaire / y sobre todo / los incomprensibles versos de Stephan Mallarmé" (87-93).

Vázquez Montalbán incluye parte de este poema en su novela (31-32), sin indicar su procedencia. Stuart Pedrell, al igual que el Gauguin del poema, quiere huir al Sur para cambiar su vida, olvidar todo lo que hasta entonces había sido. Pero el personaje de Vázquez Montalbán no realiza físicamente el añorado viaje a Tahiti. Su sur lo encuentra en la misma Barcelona, en una barriada obrera que una de las compañías que regentaba había construido y con cuyo suelo había especulado. Pero la distancia real entre el barrio de San Magín, (así se llama la barriada obrera) y la Barcelona de la alta burguesía es la misma, si no más, que la que separaba las formas de vida de la Europa de Gaugin y las de las Islas Marquesas. Carvalho, el detective encargado de encontrar a los asesinos del industrial catalán, dice a la hija de éste, Jessica: "Nunca llegó a los mares del Sur", para ser contestado por ella: "¿Usted qué sabe? ¿Dónde están los mares del Sur?" (48).

El viaje intelectual de Stuart Pedrell se nos da en la novela tras comentar algunos textos encontrados en su posesión:

> Los tres fragmentos mostraban todo un ciclo de desencanto: la esperanza intelectualizada de leer hasta entrada la noche y en invierno ir hacia el sur, burlando el frío y la muerte. El temor de que tal vez ese sur mítico sea otra propuesta de rutina y desencanto. Y finalmente la desilusion total ... Ya nadie le llevará al sur. ... (103-04)

Como ya indicaba antes, en *Los mares del Sur* el lector se encuentra frente a la crónica de una desilusión, no sólo una desilusión de las estructuras sociales, sino de las circunstancias vitales del individuo. Como ya he sostenido en otro lugar,[3] la interpretación de la vida y el papel del viaje como elemento básico de intento de consecución de una vida mejor que encontramos en la novela de Vázquez Montalbán, es similar a un episodio de una novela del maestro del género, en el que la serie de Carvalho se incluye, Dashiel Hammett. Me estoy refiriendo a lo que Steven Marcus ha llamado "one of the central moments in all of Hammett's writing," el episodio de Flitcraft en *El halcón maltés*. En él, Marlowe cuenta a Brigid O'Shaughnessy la historia de un hombre llamado Flitcraft, perteneciente a la clase acomodada, y que parece llevar una vida sin problemas. Un día desaparece misteriosamente, sin dejar rastro de sí, y no es hasta años más tarde que Marlowe lo localiza. Lo que había sucedido es que el día de su desaparición, al salir para comer, había caído una viga cerca de él y a poco lo mata. En ese momento Flitcraft decidió abandonar su vida actual, ya que se dio cuenta de que íntimamente no le satisfacía, para buscar su ideal en una nueva vida en una nueva ciudad. Pero sucede que, cuando Marlowe da con él, si bien Flitcraft no vive en Tacoma, sino en Spokane, su vida es la misma que años antes había abandonado. Como vemos, mediante una parábola el novelista comunica al lector su visión del mundo, y le hace saber que para él la libertad del hombre está limitada por sus propias contradicciones. Estas, junto a los condicionamientos sociales del individuo, impiden que pueda escapar de su circunstancia vital.

El personaje de la novela de Vázquez Montalbán, bajo unas condiciones socioeconómicas, políticas y culturales muy diferentes a las del Flitcraft de Hammett, posee sin embargo las mismas ilusiones que aquél. El fin de Stuart Pedrell no es la vuelta a su vida anterior, sino la muerte, y aunque pueda parecer distinto, es en realidad muy similar al de Flitcraft, ya que ambos han conocido la imposibilidad de sus sueños.

Este final trágico del viaje, iniciado en busca de la libertad personal, esta negación por parte de Vázquez Montalbán de la posibilidad de cambiar de vida, nos lo explica el narrador de *Los mares del Sur* al final de la novela:

> Carvalho no esperó respuesta. Llegó a la calle. El relente le balsamizó las escoceduras de la cara y el cuerpo. Fue dejando a sus espaldas las islas de cemento de aquella Polinesia en que Stuart Pedrell había tratado de descubrir la otra cara de la luna. Había encontrado unos indígenas endurecidos, la misma dureza que Gauguin encontraría en las Marquesas, cuando los indígenas hubieran asimilado del todo que el mundo es un mercado global en el que hasta ellos están en perpetua venta. (210)

Te trataré como a una reina, de Rosa Montero, fue publicada en 1983, cuando el desencanto al que me he referido anteriormente había, en opinión de la mayoría de los críticos, comenzado a desaparecer. Pero esto no resulta tan obvio al lector de la novela, pues si en ella se encuentra una crítica menos directa que en la primera obra de su autora, *Crónica del desamor* (1977), no por ello deja de ser tanto o más fuerte.

De nuevo, en esta novela va a aparecer el viaje como motivo importantísimo en la caracterización de sus personajes. El significado final va a ser el mismo que en la obra que se ha examinado con anterioridad: la imposibilidad de realización de los sueños del ser humano. Los dos principales personajes femeninos de la novela sueñan con viajes de muy diferente cariz, para escapar de unas vidas en las que se sienten hundidos sin remisión. Bella tiene su "sur" en un lugar mítico inexistente, el Tropicana de la Cuba de los años cincuenta. La toma de conciencia de que el añorado viaje a Cuba nunca se realizará destruye el último átomo de ilusión que le permitía soportar su vida y la lleva a su destrucción. Antonia, por su parte, ha soñado toda su vida con interrumpir en un punto desconocido su viaje mensual a Malgorta, pueblo donde todavía vive su madre, para escapar de su actual vida. Al final de la novela, ya mentalizada para bajarse del tren en Alenda e iniciar una nueva existencia, se acobarda y continúa su circular viaje a Malgorta, que le mantendrá en su vida cotidiana. Volvemos a ver como el ser humano no puede escapar de su destino:

> Alenda dos minutos y el aire se había vuelto gelatina. Negra la tarde, un vacío mortal en la cabeza. Los segundos se escapaban pegados los unos a los otros, como si el tiempo se hubiera solidificado, convirtiéndose en una masa que apenas dejaba respirar. El tren se estremeció bajo sus pies y se puso en marcha, crujiendo y quejándose del esfuerzo ... y al borde de la noche y de los montes, el tren expreso alcanzaría un Malgorta inexorable, el pueblo de su madre, como siempre. (245)

Finalmente, voy a referirme a una de las pocas novelas que en los últimos años han conseguido, junto a un éxito de público estimable, un gran reconocimiento crítico. *La fuente de la edad* es la segunda novela de su autor, Luis Mateo Díez, y fue publicada en 1986, consiguiendo el Premio Nacional de Literatura y el Premio de la Crítica de 1987. En esta obra nos encontramos con uno de los mejores ejemplos de la conjunción tradición/renovación a que me refería al principio de mi artículo. La historia transcurre en los años cincuenta, pero las inquietudes son las mismas que, como ya hemos visto, tenían en las novelas anteriores los personajes situados en el tiempo actual. En este caso, se encuentran más marcadas, si cabe, ya que los personajes se enfrentan, con una sociedad más claramente represiva en el sórdido ambiente de una ciudad de provincias (León) de la España de la posguerra. A lo largo de la novela vemos la mitificacion del viaje como único escape de una realidad que no les gusta, pero que los personajes se ven obligados si no a aceptar, sí a soportar.

Los personajes de la novela son un grupo heterogéneo que incluye al boticario, a la maestra, al poeta maldito, a un empleado del ayuntamiento, etc. Lo que todos ellos tienen en común es su intento de escapar de la realidad, intento que se materializa en su creencia en la existencia y posterior búsqueda de una supuesta fuente de eterna juventud.

El viaje de connotaciones claramente cervantinas que los miembros de la cofradía inician en búsqueda de la fuente de la edad, resulta un fracaso al comprobar que tal fuente no existe, y todo ha sido una broma organizada por sus enemigos del casino. Pero en la novela de Luis Mateo Díez, al contrario que en las de Vázquez Montalbán y Rosa Montero, el mito no se desvanece, no se destruye. El motivo del viaje que había servido para la destrucción del mito en *Los mares del Sur* y *Te trataré como a una reina*, aunque de hecho fracasa en *La fuente de la edad*, no destruye la ilusión, la deja intacta. Los cofrades sin duda iniciarán en el futuro otro viaje en búsqueda de la fuente mítica, cuya existencia, si bien dentro de sí mismos se reconoce inalcanzable, les permitirá soportar su vida en unos tiempos oscuros, y como dice don Florín, el boticario, "en esta urbe emputecida están ya tan podridas las voces como los silencios. Aquí el mundo sí que es de veras el sueño sangriento de un dios envilecido" (260).

En este rápido recorrido se ha examinado la presencia en la novela española actual de un motivo clásico en la literatura como es el viaje. También se ha comprobado que en la novela de los últimos años el viaje siempre aparece como un intento de escapar de una realidad destructora del individuo, pero al mismo tiempo insoslayable. Los personajes de estas novelas siempre fracasan y los viajes, cuando se realizan, sólo conducen a un destino fatal. Unicamente en la última, *La fuente de la edad*, el fracaso no destruye la ilusión, sino que los personajes, para poder sobrevivir, se agarran al viaje mitificado como único camino de una vida de otra manera insoportable.

Notas

1. En todas las referencias que se hagan al texto de las novelas se incluirá el número de página correspondiente a las ediciones que aparecen en "Obras citadas".

2. Para la trayectoria seguida por la literatura a partir de 1975, véase Samuel Amell, ed., *La cultura española en el posfranquismo* (Madrid: Playor, 1988).

3. "La novela negra y los narradores españoles actuales", *Revista de estudios hispánicos* 20.1 (1986): 91-102.

Obras citadas

Marcus, Steven. Introducción a Dashiell Hammett. *The Continental Op*. New York: Vintage Books, 1975.

Markham, James. "Franco Dies Slowly". *The New York Times Book Review* 17 August 1980: 9, 21.

Mateo Díez, Luis. *La fuente de la edad*. Madrid: Alfaguara, 1986.

Miguel, Amando de. *Los intelectuales bonitos*. Barcelona: Planeta, 1980.

Montero Rosa. *Te trataré como a una reina*. Barcelona: Seix Barral, 1983.

Vázquez Montalbán, Manuel. *Los mares del Sur*. Barcelona: Planeta, Colección Popular, 1981.

————. *Una educación sentimental*. Barcelona: El Bardo, 1970.

Vidal Santos, M. "La crónica del posfranquismo: al borde de una frustración colectiva". *Camp de l'Arpa* 76 (1980): 57-58.

The Hippogryph as Vehicle:
Layers of Myth in *La vida es sueño*

Frederick A. de Armas
The Pennsylvania State University

In his seminal article on the first scene of *La vida es sueño*, Bruce W. Wardropper asserts: "The mountain down which the steed (the famous hippogriff, representing the 'unbridled' passion of the sexual act) hurtles the travelers symbolizes parturition, that sensation which not only modern psychoanalysts but classical writers have described as a bewildering downward rush into a hostile environment" (242). Since that time there have been a series of important yet contradictory glosses on the hippogryph. Cesáreo Bandera enlarges the scope of the beast's symbolism explaining that the cosmic violence that Basilio perceives through his astrological practice is the same violence that Rosaura introduces into Poland as she rides a creature representing the *orbis terrarum* since it is described in terms of the four elements (188). Angel Cilveti attempts to exonerate Rosaura explaining that "el hipogrifo es el símbolo unitario de la sexualidad masculina y femenina y de su connotación moral correspondiente" (165). Finally, Margaret Maurin relates the hippogryph to both Rosaura and Segismundo since: "The horse is transformed into a creature alien to nature, in other words, into a monster" (162), and both characters in the play are depicted as *monstruos*. Following this line of thought, González Echevarría points to the first scene of *La vida es sueño* (50) and discusses the language and characters of the play as examples of an *arte-monstruo* (52): "Calderón fija su atención en los desaciertos, en los accidentes, en el proceso hacia una posible perfección, no en la perfección misma" (42).[1] Thus, the nature of the beast has been the subject of repeated questioning, something which Wardropper anticipated with his own interrogatives[2] concerning this first scene, and which led him to conclude: "In the meantime we have at least a critical hippogriff, a means of ingress into this strange territory" (244). If Rosaura is born(e) into an alien land, so is the reader/spectator plunged into strange territory, a fantastic world that is patently discontinuous with everyday reality. As Charles Aubrun explains: "Les gens dans la salle en sont encore à s'accommoder de leur mauvais siège ... quand ... sur la scène vide un jeune cavalier tombe du haut d'un rocher et s'adresse à sa monture ... Evidemment ce monde n'est pas notre monde, ce langage n'est pas notre langage. Les cavaliers sont des femmes, les chevaux des hippogriffes ..." (61).

To enter this world Calderón has provided the reader/spectator with a marvelous beast which, as Maurin states, serves to foreground the theme of monstrosity, and which, I believe, also serves as a vehicle that allows us an easier access to a mythological space. For the hippogryph belongs to the antique world even though it was popularized by the *Orlando furioso*. Jorge Luis Borges pinpoints Ariosto's apparent[3] originality as well as his debt to the classics: "To signify impossibility or incongruence, Virgil spoke of breeding horses with griffons. Four centuries later, Servius ... added that they [griffons] detest horses ... Ludovico Ariosto, remembering it, invented the Hippogriff" (124).[4] The purpose of this essay is to show how the marvelous beast leads us into a multilayered palimpsest where myths dwell. These antique tales partake of the nature of the beast: they both foreground the interaction of opposites, labeled by Robert Grudin as "one of the major issues of Renaissance thought" (14), and evoke that magical impossibility which alchemists and neoplatonists labeled as a *coincidentia oppositorum*. Francisco Ruiz Ramón has pinpointed three themes in *La vida es sueño*: destiny vs. freedom, life as dream and the conquest of the self (19-20). I would propose that these three "círculos concéntricos" roughly parallel three layers of myth in the *comedia*: Saturn vs. Jupiter, Astraea and Hercules. The hippogryph, through its centripetal movement, serves as vehicle for their unfoldment.

While the *Orlando furioso* had little impact in the writings of Calderón and his contemporaries, Maxime Chevalier underlines that: "un être fantastique né de l'imagination ariostéenne les a pourtant séduits: le monstrueux hippogriffe qui entre dans l'imagerie poétique de Calderón et de son émule Vélez de Guevara" (437).[5] Rosaura's "Hipogrifo violento" (v. 1) is a clear reference to the Orlando, and one that serves to point the reader to the myth of Astraea. If I may repeat myself just briefly (de Armas, *Return* 88-107), this mythological allusion is fully activated in act two when Rosaura, taking the name of Astraea at court, attempts to recover her portrait held by Astolfo: A deity often associated with courtly panegyrics is now evoked in the midst of a *capa y espada* scene. This uncommon usage serves to foreground the mythological context. Rosaura-Astraea's dealings with Astolfo would solidify the associations, since in the *Orlando furioso* a character named Astolfo was present at Andronica's prophecy dealing with the return of Astraea, the goddess of justice and chastity. While Astolfo, in Ariosto's poem rode the legendary hippogryph, in *La vida es sueño* Rosaura appropriately falls from the horse/hippogryph "como víctima 'ciega y desesperada' de la fuerza elemental, caótica, de lo sexual" (Cilveti 168), her relationship with Astolfo. This event also has a mythical dimension: Astraea's return to earth is often associated with a fall since she must descend from the sky where she is present as the constellation Virgo in order to help to reestablish a golden age. This descent echoes Wardropper's notion of parturition since the deity is now born as a mortal: Rosaura becomes an Icon of Astraea. In this manner, Calderón conflates Astraea's celestial fall with Rosaura's fall from honor. Virgo is now a fallen virgin, thus establishing a monstrosity or impossibility akin to that of the hippogryph. Furthermore, Javier Herrero explains that "Rosaura es esencialmente monstruosa al casar feminidad y violenta agresividad; el *viso* de tal contradicción se muestra en su apariencia de bella mujer vestida de coraza y armas" (5-6). This garb, I would argue, fits within her role as deity since Virgo was often associated with Diana (Yates, 29, 33) the virgin huntress, who had appropriated a "manly" activity and rendered it sacred for herself and her nymphs.[6] Now Rosaura has come to Poland to "hunt" her "dueño ingrato" (v. 2786), Astolfo, and appropriately calls herself "Diana" (v. 2888). The infusion of myth into history of femininity into a masculine world is as much a presentation of mighty opposites intended to arouse admiratio as an attempt at wholeness, at that *coincidentia oppositorum* that would take us to that mythical first age where opposites coexist as peace, this being another quality of Astraea, who was related by Virgil to the *pax romana*.

Rosaura's disguise at the beginning of the play is most appropriate for an iron age where, according to Don Quijote, the "amorosa pestilencia" has made it impossible for women to fend off male sexual assaults "aunque la oculte y cierre otro nuevo laberinto como el de Creta" (158). It is precisely to such a labyrinth that Rosaura arrives when she falls into Poland, and gazes at Segismundo in his tower, "monstruo de su laberinto" (v. 140). And even here her body is in danger. For this "monstruo humano" (v. 209) akin to the Minotaur (de Armas, *Return*; Maurin) first threatens to kill her and then devours her with his eyes (vv. 223-43). And yet, the two human monsters, Rosaura and Segismundo, experience a kinship as marginal beings cast aside by those in power. Their bond is expressed through the figure of the hippogryph. If Rosaura is related to the equine portion of the beast —something made clear by her fall and final mastery of the horse (vv. 2672-87)— then Segismundo ought to be related to the other component, the gryphon. This mythical beast, Bewryl Rowland explains, has "a lion's body and the wings and head of an eagle. It is thus composed of the most royal of beasts and birds, who are in themselves the symbols of dominion and destruction" (87). As the most royal of beasts it certainly belongs to the prince. And, what more appropriate terms to use for Segismundo than dominion and destruction since Basilio fears destruction at his hands and hesitates to grant him dominion? Indeed, the two beasts of which the gryphon is composed serve to identify the two mythological beings of which Segismundo partakes.

In a key article on Calderón's classical models, Clark Colahan and Alfred Rodríguez discuss the numerous parallels between *La vida es sueño* and Seneca's two tragedies dealing with Hercules: "El trágico romano presenta, en su *Hercules furens*, al protagonista en su fase violenta y animalizada, y subraya, en su *Hercules Oetaeus*, su evolucionada personalidad estoica y controlada" (217). These two plays, they claim, served to fashion the figure of Segismundo and to develop a number of incidents and images, including the adverse signs at birth, the assassination of a servant by hurling him down to the waters below, etc. Perhaps the most important parallel presented is that of the dream. Both Segismundo and Hercules are led from *furia* to a certain degree of enlightenment by a deep sleep while both ponder the significance of this *sueño* (221-23). However, these two critics have overlooked a key point of contact between the plays. In *Hercules furens*, the Chorus describes the hero's sleep after his violent and murderous behavior utilizing a reference to Astraea: "And do thou, O Sleep, vanquisher of woes, rest of the soul, the better part of human life, thou winged son of thy mother Astraea, sluggish brother of cruel Death, thou who dost mingle false with true ... O thou who are peace after wonderings ... sweetly and gently soothe his weary spirit" (vol. 1, 95). The bond between sleep and death is established by Clotaldo in *La vida es sueño* when he notes that there are "venenos que matan" and "venenos que aduerman" (vv. 1016-17). Furthermore, Sleep's kinship to Astraea further clarifies the goddess' role in Segismundo's transformation. In addition to the many examples pointed out by Sciacca, Whitby and others concerning Rosaura's role in Segismundo's transformation, it must be added that as Astraea, Rosaura commands the world of sleep and dreams and that serves to balance Segismundo's humoral temperament with a *sueño*; while at the same time controling the conceptual basis for the transformation, Ruiz Ramón's second theme, "la vida es sueño."

If the second theme comes to Segismundo through the aid of Rosaura-Astraea, the third "vencerse a sí mismo" centers around the association Segismundo-Hercules. The imprisoned prince "vestido de pieles" with "membrudos brazos" (v. 184) could well be an emblematic representation of Hercules whose strength was proverbial and whose "clothing *par excellence* ... in art, as in literature" (320) was, according to Morford and Lenardon, the lion skin, to commemorate his first *athloi* or labor, the destruction of the Nemean lion. Enrique de Villena describes the hero's donning of this new attire thusly: "e desnudo la piel de los sus miembros e fizo asi della vestidura ... E asi se falla esculpido o entallado en algunas imajenes de hercules en las antiguedades de grecia" (25). For Villena, this labor serves to "reprehender los sobervios que en la naturaleza del leon son entendidos" (28). And indeed, Segismundo's palace adventure is intended to determine if he has conquered his "ambición y soberbia" (1051). If the *pieles* point to one aspect of the hippogryph, the lion,[7] which is often associated with Hercules, the "proof" of Segismundo's kinship with the classical hero comes later in the play. Again, it is a point missed by Colahan and Rodríguez perhaps because Calderón is intent on misreading this myth through inversion much in the same way as he transforms Astraea/Virgo into a fallen virgin. In Clorilene's prophetic dream of Segismundo's birth, the hero is portrayed as a viper killing the mother. When Clorilene actually dies giving birth, Basilio takes this as one more ominous portent which may well point to the mother's infidelity (de Armas, *Return*, 108-22). Curiously, the new born Hercules is also involved in a snake episode, and it also has to do with infidelity and illegitimacy. Hercules was the son of Alcmena by Jupiter who had disguised himself as her husband Amphytrion. Knowing of her husband's infidelity, Juno decides to destroy the child by sending a pair of snakes into his cradle. This is Hercules' first feat as a hero —the destruction of the snake of illegitimacy. In Calderón's reversal of the myth, the killing of the snake prophesies the death of the mother and is emblematic of illegitimacy through the notion of the birth of a monster. But how does the snake relate to the hippogryph? When Segismundo decides not to use his Herculean strength, his "membrudos brazos" (v. 184), to kill Rosaura, he goes on to explain his condition:

> y monstruo humano me nombres
> entre asombros y quimeras,
> soy un hombre de las fieras,
> y una fiera de los hombres. (vv. 209-12)

In an article that investigates the mythical substructure of the *Orlando furioso*, Marienne Shapiro shows Pegasus as a model for the hippogryph and explains how a number of episodes in the poem are derived from adventures by Perseus and Bellerophon, riders of the winged horse. The dispersing of the harpies in the *Orlando*, for example, can be equated with Bellerophon's slaying of the chimera. Albert Ascoli, however, sees the chimera "*within* the hippogryph itself where it is (con)fused with Pegasus" (251). Segismundo's description of himself as a monster akin to the chimera comes shortly after Rosaura's evocation of the hippogryph. Both are tripartite monsters sharing the lion's nature. It may be that the hippogryph in *La vida es sueño* also (con)fuses the chimera since it includes the snake and the lion as two of its components, thus pointing to the two animals which associate Segismundo with Hercules.

Segismundo will have to overcome his viper nature, the violence he symbolizes, in order to become the perfect prince. In order to do this, he must partake of a creature which is the opposite of this cthonic beast, the eagle which soars through the elements of air and fire. The second dream in the play belongs to this third creature, which constitutes the last third of the hippogryph. The juxtaposition of these two creatures in the two dreams underlines the notion that the conflict of opposites taking place within Segismundo is of mythical dimensions. Rudolph Wittkower explains: "Fights between eagles and snakes have actually been observed ... The greatness of the combat gave the event an almost cosmic significance. Ever since, when man has tried to express a struggle or a victory of cosmic grandeur, the early memory of this event has been evoked" (16). Segismundo's eventual decision to "reprimir esta fiera condición" and give up his passion for Rosaura represents the triumph of his higher nature which was often depicted in the Renaissance in the famous Choice of Hercules between Voluptas and Virtus (Wind 205). Having connected the theme of "vencerse a sí mismo" with Hercules, it is time to soar with the eagle portion of the hippogryph away from the deepest conflicts within the self of the hero and journey to the first theme proposed by Ruiz-Ramón, "destino/libertad." The hero has conquered the stars by conquering the self, but in the process he had plunged his nation into violence while attempting to dethrone his own father. One of the most common representations of the father-son struggle in mythology is the battle between Saturn and Jupiter. From the father's cruel reaction to the prediction that his son will defeat and dethrone him to the raising of the child in an isolated and secluded spot away from civilization, the parallels between myth and drama are numerous. If the hippogryph as vehicle holds true, then we can see that its eagle nature points to Segismundo as a new Jupiter, since this is the bird used to represent him. Basilio, on the other hand, is guilty of secrecy and tyranny as Dian Fox has pointed out. These characteristics, together with his use of incarceration and interest in astrology and other occult sciences, define him as an icon of Saturn, the most malefic of planets according to the astrological theories of the epoch (de Armas, *El planeta*). Segismundo, although defeating the father, forgives him in the end, exhibiting the benefic aspects of the planetary deity, Jupiter. This final reconciliation heralds a new age akin to the golden age, one ruled by Jupiter rather than by Saturn, who was said to abide on earth at that time together with Astraea.

Having joined the three myths in one body, the hippogryph has completed its function, having produced an *arte monstruo* that fuses together disparate characters, matters and myths into an amazing product. The structuring of a poetic text is a task most appropriate for this beast since, as Albert Ascoli reminds us, it (con)fuses within itself Pegasus, the winged horse that establishes the fountain of poetic inspiration as depicted for example in Lope's *La fábula de Perseo*. Is then the mention of the hippogryph a celebration of a new type of art? *Hipogrifo* is a term which Lope de Vega violently opposed both in the *Arte nuevo de hazer comedias* (Rozas 189-90) and in an *epístola* "Al contador Gaspar de Barrionuevo" (*Obras poéticas*, 233).[8] As the first word in the first play included in the *primera parte* of Calderón's dramas, *hipogrifo* may well signal the fashioning of a dramatic art distinct from Lope's. The beast serves as vehicle to lead us through a multilayered mythical palimpsest that amazes with its monstrous impossibilities and may well be a response to Lope's own vision of these classical tales. Karl Vossler relates that: "Veinticuatro horas antes de su muerte el mismo Lope de Vega compuso una silva moral cantando en versos amables y transparentes aquella lejana edad dorada" (61). Calderón responds with his own extended portrayal of Astraea in *La vida es sueño*, where a fleeing goddess that will take refuge in the heavens is replaced by a returning deity that will struggle to make earth (Poland) a more just and harmonious land. Furthermore, the incarceration

of one's own child, present in Lope's *Lo que ha de ser,*[9] is transformed in
La vida es sueño into a mythical struggle between Jupiter and Saturn, one
that may well include an autobiographical context with Segismundo-Jupi-
ter's triumph as the victory of the younger poet (Calderón) over Basilio-
Lope's art. After all, Basilio is an astrologer who fears the influence of "el
planeta más impío" (v. 789; de Armas, *El planeta*) and Lope lived his life
in fear of this malefic aspect within his own horoscope, the presence of
Saturn in opposition to his Venus. If Calderón emerges as a strong poet
through his misreadings of myth and earlier dramatic texts he does so
expressing the magnanimity of a Jupiter/Segismundo, and representing
his triumph not so much as a victory over the "other", but as a herculean
"vencerse a sí mismo." In *La vida es sueño* the peace of Astraea is fash-
ioned by the critical hippogryph that reveals how Lope's struggles and
anxieties are inscribed in Calderón's text. And, the beast serves as a
vehicle to disclose how a mythical trinity can aspire to wholeness.

Notes

1. While González Echevarría argues that the ending of the play "no resuelve la
contradicción" (52), I see it as an example of *coincidentia oppositorum*. Thus, when I use the
term "arte-monstruo" coined by this critic, I give it a different emphasis.

2. Wardropper had inquired how the allegory of birth fits within the rest of the play.
A partial answer to the question may be discerned through the "birth" of Astraea as the
mortal Rosaura; through the birth of Segismundo as savior/destroyer of the world (de
Armas, *Return*, 108-22); and through his eventual "rebirth" at the end of the play
(Weiger).

3. In his discussion of the sources of Ariosto's hippogryph, Pio Rajna makes clear that
the supernatural horse was already present in earlier Italian poems. In Pulci's *Morgante*,
for example, the horse Baiardo "attraversa d'un salto lo stretto di Gibilterra" (116).
Boiardo's *Orlando Innamorato* further develops the horse's magical qualities through the
creation of Rabicano. See also Giamatti for a comparison of equestrian images in the three
poems.

4. I am using the English translation of Borges' work since it is the most complete
edition. The Virgilian passage to which Borges refers is found in *Eclogue VIII*: "To Mopsus
is Nysia given! For what may we lovers not look? Griffins now shall mate with mares,
and, in the age to come, the timid deer shall come with hounds to drink" (57).

5. The "hipogrifo" appears in a number of plays by Calderón including: *Argenis y
Poliarco, El castillo de Lindabridis, Fieras afemina amor, La lepra de Constantino, La puente de
Mantible,* and the *loa* for *Los tres mayores prodigios.* From an incomplete survey of his
plays, it seems to appear in works of biblical, chivalric or mythological dimensions. According to Chevalier, Calderón appreciated Ariosto for his magical atmosphere and
utilized him in the composition of his last play, *Hado y divisa de Leonido y Marfisa,* as well
as in *El jardín de Falerina* in both its original form written in collaboration with Coello
and Rojas (1637) and its final form written exclusively by Calderón (1648).

6. Indeed, as Melveena McKendrick reminds us, the myth of Diana serves as a basis
for the presentation of the *mujer esquiva* in Golden Age drama (283-85). If Rosaura/
Astraea had once been guilty of *esquivez,* the male playwright is now portraying what
McKendrick calls her submission "to the laws of Nature" (287).

7. *Pieles* worn by soldiers in antiquity were often made from lion skins according to

Covarrubias, who, on listing the different animals, first mentions the *león*: "quando no avía armaduras de hierro para defender el cuerpo de las heridas, se cubrían con pieles de animales, como leones, osos, toros y los demás" (420).

8. In the *Arte nuevo*, the five terms criticized by Lope are: *pancayas, metauros, hipogrifos, semones,* and *centauros*. Morel Fatio explains: "Lope cite ici, comme examples de style remonté et prétentieux, des noms de lieux empruntes aux écrivains anciens et des noms mythologiques: l'île fabuleuse de Panchaia, célèbre par ses parfums..., le Métaure, fleuve de l'Ombrie, illustré par la défaite et la mort d'Asdrubal; les Semones ou demi-dieux" (396). The terms criticized in the *epístola* are *perlifican, estofan, tarjetas, florones* and *anaglifos*.

9. Both José Montesinos and Hanah Bergman have pointed to Lope's *Lo que ha de ser* as a clear antecedent for *La vida es sueño*. Here, the king of Alexandria also imprisons his son due to a horoscope. The image of the lion, hidden within the hippogryph and within the *pieles* worn by Segismundo, is clearly in evidence in this play where the hero must contend and is eventually defeated by this animal. Segismundo, on the other hand, is both a triumphant Hercules and a triumphant Jupiter.

Works Cited

Armas, Frederick A. de. "*El planeta más impío*: Basilio's Role in *La vida es sueño*." *Modern Language Review* 81 (1986): 900-11.

_____. *The Return of Astraea: An Astral-Imperial Myth in Calderón.* Lexington: Univ. Press of Kentucky, 1986.

Ascoli, Albert Russell. *Ariosto's Bitter Harmony.* Princeton: Princeton U Press, 1987.

Aubrun, Charles. "La langue poétique de Calderón de la Barca notement dans *La vida es sueño*." *Réalisme et poésie au théâtre.* Paris: Centre National de la Recherche Scientifique, 1960.

Bandera, Cesáreo. *Mimesis conflictiva.* Madrid: Gredos, 1975.

Bergman, Hannah E. "En torno a *Lo que ha de ser*." *Lope de Vega y los orígenes del teatro español.* Ed. Manuel Criado de Val. Madrid: Edi-6, 1981.

Borges, Jorge Luis with Margarita Guerrero. *The Book of Imaginary Beings.* Revised, enlarged and translated by Norman Thomas Di Giovanni. New York: E. P. Dutton, 1969.

Chevalier, Maxime, *L'Arioste en Espagne (1530-1650).* Bourdeaux: Institut d'Etudes Iberiques et Ibero-Americaines, 1966.

Cilveti, Angel L. *El significado de La vida es sueño.* Valencia: Albatros Ediciones, 1971.

Colahan, Clark and Alfred Rodríguez. "Hércules y Segismundo: Tema y carácter senequistas de *La vida es sueño*." *Journal of Hispanic Philology* 5 (1981): 215-25.

Covarrubias, Sebastian de. *Tesoro de la lengua castellana o española.* Ed. Martin de Riquer. Barcelona: Editorial Alta Fulla, 1987.

Fox, Dian. *Kings in Calderón: A Study in Characterization and Political Theory.* London: Tamesis, 1986.

González Echevarría, Roberto. "El monstruo de una especie y otra: *La vida es sueño*, III, 2, 275." *Calderón. Códigos, Monstruo, Icones.* In *Co-textes* 3 (1982): 27-58.

Herrero, Javier. Introducción. *Calderón. Códigos, Monstruo, Icones.* In *Co-textes* 3 (1982): 1-13.

Maurin, Margaret S. "The Monster, the Sepulchre and the Dark: Related Patterns of Imagery in *La vida es sueño*. *Hispanic Review* 35 (1967): 161-78.

McKendrick, Melveena. *Woman and Society in the Spanish Drama of the Golden Age.* Cambridge: Cambridge U Press, 1974.

Montesinos, José F., Ed. Lope de Vega, *Barlaan y Josefat.* Madrid: Centro de Estudios Históricos, 1935.

Morel-Fatio, Alfred. "L'*Arte nuevo de hazer comedias en este tiempo* de Lope de Vega." *Bulletin Hispanique* 3 (1901): 365-405.

Morford, Mark P. 0. and Robert J. Lenardon. *Classical Mythology*. New York: David McKay, 1971.

Rajna, Pio. *Le fonti dell'Orlando furioso*. Firenze: G. C. Sansonia, 1900.

Rowland, Beryl. *Animals with Human Faces*. Knoxville: University of Tennessee Press, 1983.

Rozas, Juan Manuel. *Significado y doctrina del "Arte nuevo" de Lope de Vega*. Madrid: Sociedad General Española de Librería, 1976.

Ruiz-Ramón, Francisco. Ed. Calderón de la Barca, *Tragedias, I*. Madrid: Alianza Editorial, 1967.

Sciacca, Michele Federico. "Verdad y sueño de *La vida es sueño*." *Clavileño* 1 (1950): 1-9.

Séneca. *Tragedies*. Trans. Frank Justus Miller. 2 Vols. Cambridge: Harvard University Press, 1917.

Shapiro, Marienne. "Perseus and Bellerophon in *Orlando furioso*." *Modern Philology* 81 (1983): 109-30.

Vega Carpio, Lope Félix de. *La fábula de Perseo*. Ed. Michael D. McGaha. Kassel: Edition Reichenberger, 1985.

_____. *Obras poéticas, I*. Ed. José Manuel Blecua. Barcelona: Editorial Planeta, 1969.

Villena, Enrique de. *Los doze trabajos de Hércules*. Ed. Margherita Morreale. Madrid: Real Academia Española, 1958.

Virgil. *Eclogues, Georgics, Aeneid*. 1-6. Trans. H. R. Fairclough. Cambridge: Cambridge Univ. Press, 1978.

Vossler, Karl. *Introducción a la literatura española del Siglo de Oro*. Mexico: Espasa-Calpe, 1961. 3rd ed.

Wardropper, Bruce W. "Apenas llega cuando llega a penas." *Modern Philology* 57 (1960): 240-44.

Weiger, John. "Rebirth in *La vida es sueño*." *Romance Notes* 10 (1968): 119-21.

Whitby, William M. "Rosaura's Role in the Structure of *La vida es sueño*." *Hispanic Review* 18 (1960): 16-27.

Wind, Edgar. *Pagan Mysteries in the Renaissance*. New York: Norton, 1968. 2nd ed.

Wittkower, Rudolf. *Allegory and the Migration of Symbols*. London: Thames and Hudson, 1977.

Yates, Frances. *Astraea*. London: Routledge and Keagan Paul, 1975.

El Empecinado: Laín Entralgo's Change of Vision of Spain

Donald W. Bleznick
University of Cincinnati

Pedro Laín Entralgo, born in 1908, former President of the Real Academia Española de la Lengua, is known internationally as a medical historian, cultural anthropologist, philosopher and essayist. But many scholars are surprised to learn that Laín was a drama critic for *La Gaceta Ilustrada* during the years 1962-1966 and from the summer of 1964 to August 1968 he wrote seven plays of which only two were staged. Laín has written in *Tras el amor y la risa* that since childhood he had "una afición al teatro" and that in the summer of 1956 he read a considerable number of plays by Unamuno, Gabriel Marcel and Sartre in the preparation of one of his fundamental words, *La espera y la esperanza*, first published in 1957 (7).

The writing of these plays, which I call dramatic essays, came at a crucial juncture in Laín's career. After two decades as an important educational and cultural figure for the Falangists, which was capped by his position as Rector of the University of Madrid from September 1951 to February 1956, he became disenchanted with the Franco regime, left his post of rector and, as he has stated, separated himself irrevocably from "el sistema," in order to be true to himself. He became an advocate of freedom, social justice and pluralistic democracy, a complete turn around from the Falangist program of political repression.

The change in Laín's political and social ideas about Spain and its goals were first stated publicly in the introduction to the one and only volume of his *Obras*, published by Editorial Planeta in 1956. It is pertinent to note that this single volume, which was published in a projected multi-volume series of complete works, did not sell well and the plan to publish his complete works was abandoned. Other subsequent writings and personal statements in which Laín has sought to vindicate himself for his words and deeds during his Fascist years have not convinced many Spaniards who remember.

Laín himself told me in an interview in Madrid (1972) that his first two plays, the only ones performed, did not achieve public acclaim, that they could be called "un succès d'estime," which may be translated as "success due to the sympathy of friends" (208). As a result, only the first two were published in 1967: *Cuando se espera* and *Entre nosotros*. The last play he wrote, *El Empecinado*, was finally published in 1987, in an *homenaje* dedicated to him by *Cuadernos hispanoamericanos* in Laín's 79th year.

In the preface to *Entre nosotros* Laín called himself a "dramaturgo por extensión" (8) like Galdós, Unamuno, Sartre, Gabriel Marcel and Camus, writers who made their mark in other genres but also experienced the urge to present on the stage some of their ideas on human life. He claims that he did not write "comedias de tesis" in which the playwright tells the spectator what to do or not to do, but rather "comedias de realidad" in which the dramatist "pretende poner ante el espectador, con sus rasgos, sus limitaciones y sus conflictos, una parcela o un aspecto de esa vida" (15). It makes no difference which of the two expressions one uses to characterize Laín's plays. They are essentially intellectual exercises whose goal is to dramatize his recurrent themes of hope, man's need to live together harmoniously with his fellow man, man's religious nature, and the advocacy of a pluralistic democracy in which justice and love prevail. In the book *Tras el amor y la risa,* a collection of Laín's drama reviews from *La Gaceta ilustrada* published in 1967, he informs us that theater is educational, that it brings people together to cry or laugh together while viewing on the stage what "el hombre es" (15).

El Empecinado is an historical drama based on the life of Juan Martín Díez, one of the top guerrilla leaders who fought against the French in the War of Independence. His nickname is derived from the word *pecina* 'slime' which refers to the mud carried by the stream that runs through his home town. The play is divided into six *estampas,* each of which has a title that captures the idea or concept of the scene or scenes it represents.

The first three *estampas* take place in the fall of 1811. In Estampa 1, "La ley de la guerra," the *campesino* Juan Martín is a general who instills discipline among his peasant soldiers and even has one of them shot for disobedience. In the second Estampa, "Hombre soy," El Empecinado summons his mistress Olalla, a woman between 25 and 30. She has been with him during the war and has provided him with tranquility and comfort during the hostilities. We ascertain that Juan Martín learned the meaning of liberty from a Frenchwoman, Madame Duval, with whom he had had an amorous adventure. He strongly opposes the *afrancesados* and wants the king Fernando returned to the throne of Spain. In addition, he hopes that the constitutional convention meeting in Cádiz will set up a democratic monarchy. In Estampa 3, "Entre mi amigo y yo," a renegade Spaniard Diego Baeza, who had been captured while fighting with the French army, prophesies that under Fernando VII the goals of freedom and prosperity for all Spaniards, a goal that El Empecinado holds dear, will not be achieved. Baeza is condemned to death.

We now shift to the year 1823 in Estampa 4, "El alma partida." Juan Martín, a general in the army of Fernando VII, leads his troops against the Cien Mil Hijos de San Luis, whom Fernando called in from France to help him enforce his tyranny. Juan Martín fails in his attempt to enlist the aid of the traditionalist cura Jerónimo Merino, a powerful guerrilla leader according to historians. Merino supports Fernando's regime. Olalla has returned to provide comfort for Juan Martín in this time of crisis. The very short Estampa 5, "Todo era posible," takes place in 1825 and depicts our failed hero jailed by the order of the King. Juan Martín is caged as a beast and is carried from town fair to town fair as he suffers the insults of the common people for whom he had sacrificed himself. In the sixth and last Estampa, "Honra de muerte," Juan Martín is condemned to death in Roa. After his confession, while on the way to the gallows, he is accidentally stabbed to death with his own sabre. Olalla is faithful to the end. She promises to live for Juan Martín and his ideals.

At the time Laín gave me mimeographed copies of his five unpublished plays in July 1972, he expressed the opinion, printed in *Papeles de Son Armadans*, that *El Empecinado* "bien interpretado, lograría penetrar con cierta fuerza en el público español" (208). He planned this play as the first of a trilogy which would incorporate other critical times in Spanish history: the "Tragic Week" of Barcelona (July 1909) and the Civil War of 1936, but this play, finished in August 1968, is apparently the last he has written. It reveals Laín's revised opinion of how Spanish society should be and I believe it should be construed as his commentary on the failure of the Civil War.

El Empecinado is Laín's conception of the ideal Spanish hero who fights for a constitutional monarchy based on justice, freedom and prosperity for all Spaniards. This brave, just and kind man possesses the virtues of the Cid and Laín reinforces this analogy by using the traditional *romance* in the last four estampas of the play. The verses are chanted by a Ciego who strums a guitar as he narrates the tragic events toward the end of Juan Martín's life. The veracity of a blind man, who can perceive and relate the truth of a situation, the historical ingredients of the War of Independence, and the thousand year-old epic genre combine to produce a profound, penetrating effect on the Spanish reader. It is fitting to cite some verses of the *romance* to give a sense of its flavor:

> Un hombre nació en Castilla
> tan valiente como honrado;
> su nombre era Juan Martín;
> su mote, el Empecinado ...
> En mil ochocientos ocho,
> Napoleón el gabacho,
> con lo mejor de su tropa
> suelo de España ha pisado.
> Hombres, mujeres y niños
> al punto se levantaron;
> si unos son fieros leones,
> los otros son toros bravos,
> y a la cabeza de todos
> Juan Martín el castellano.
> Seis años duró la guerra,
> todo es sangre, todo es llanto,
> pero al fin los españoles
> y han hecho rey a Fernando.
> ¡Qué mal señor, este rey!

¡Juan Martín, qué buen vasallo!
Los que la guerra juntó,
la paz los ha separado ... (32)

It is interesting to note that Laín has created in his plays several women who have significant roles in the outcome of the action. We see this notably in Diana of *Entre nosotros* and Judit of *Judit 44*. In *El Empecinado*, Olalla represent the hope of peace and freedom for all Spaniards. She is also Juan Martín's comfort in difficult situations and his inspiration to continue his task as Dulcinea is in Don Quijote's chivalric mission. In Estampa 2, scene 2, El Empecinado tells Olalla: "tú eres para mí el suelo y el aire de mi nueva vida. Aquélla (i.e., his wife in his home town), la del pueblo, es la mujer de Juan Martín Díez, un labrador de Castrillo; tú eres la mujer del Empecinado, la hembra que España me ha puesto cuando España ha sido para mí lo que tenía que ser" (19-20). Olalla then is the woman for his new mission. She possesses the trait of fidelity through thick and thin, a central trait that pervades Laín's writings. We recall that Olalla returns to Juan Martín's side in 1823, after an absence of 12 years and is with him at his death. She declares her hope for a better Spain and she promises to carry on El Empecinado's struggle: "Juan Martín, viviré por nuestro pueblo, por tu España. Juan Martín, viviré por ti" (54). The only other woman in the play, Madam Duval, is based on an historical figure and in her brief appearance serves to demonstrate the origin of Juan Martín's yearning for freedom.

Laín presents in the fourth Estampa a climactic confrontation between El Empecinado and el Cura Merino, the traditionalist who desires an absolute monarch to establish "Un tribunal religioso (de la Inquisición) para reprimir y castigar el error y la impiedad" (39). Juan Martín's belief in God-given freedom for all human beings is irreconcilably opposed by Merino's totalitarian principles which do not permit any other point of view especially in religious matters. Merino seeks "la paz de los creyentes fieles y honrados" (40) obtained through the use of the sword. This is a reaffirmation of the medieval concept of "la guerra santa religiosa" which was justified when motivated by the necessity of extirpating heresies. In the opinion of Juan Martín, this is not God's wish but a tactic devised by man to eliminate those with opposing points of view. Merino's refusal to compromise with El Empecinado signals the death of the Constitution and a harmonious democratic state, which occurred during and after the Civil War of 1936-39. Just before his death, Juan Martín still clings to his abiding belief that God wants liberty, progress and love for all human beings and Christ-like, he utters a martyr's words: "¡Pero lo que Tú deseas de los hombres, yo lo sé, es la libertad, el progreso y el amor! (*Breve pausa*,) ¡Dios por mi pueblo muero! ¡Por una España con más libertad y menos pobres! (53)

Laín probably believed for years that by not mentioning such early works as *Los valores morales del nacionalsindicalismo* (1941) and *Sobre la cultura española* (1943), books that advocated Fascist ideals for a Spain which would have its place in a new European order under the leadership of Nazi Germany, Spaniards would readily forget his years as an important figure in the Franco regime. The titles of these two books do not appear, for example, in the lengthy, detailed bibliography of Laín's publications from 1941-66 (it is 14 pages long) of an *homenaje* to him published in the journal *Asclepio* in 1968. In the introduction to *Una y diversa España*, written in the fall of 1967, Laín obliquely refers to his books of the 1940s and asks himself whether Spaniards will see in them "una traición, una veleidad, un arrepentimiento, una ingenuidad ideológica o una evolución perfectiva" (13). In his *Descargo de conciencia*, published in 1975, a kind of autobiographical accounting of his life from 1930 to 1960, Laín makes an effort to recant his errors and "ingenuidades" of his Falangist years but still manages to justify his actions and his motives. Despite repeated efforts to disavow his early Fascist activities and statements, not many Spaniards are prone to forgive and forget.

However, in *El Empecinado*, Laín is more convincing in expressing his views about social justice and pluralistic democracy. It is in his plays rather than in other writings that Laín's changed concepts stand out more graphically.[1] It seems then that by having others voice his innermost thoughts in real situations, as a "dramaturgo por extensión," that Laín's audience can more really appreciate and believe in the genuineness of his conversion.

Note

1. See my long article "El teatro de Pedro Laín," in the special *homenaje* to Laín published in *Cuadernos hispanoamericanos* 446-47 (1987): 219-34. In this study, I analyze all his plays and demonstrate their thematic linkage with books he wrote after his break with the Fascist system.

Works Cited

Asclepio 17-19, 1966-67 (1968): 1-617.

Bleznick, Donald W. "Pedro Laín Entralgo: Acerca de mí mismo." *Papeles de Son Armadans* 69 (1973): 203-16.

Cuadernos hispanoamericanos: Homenaje a Pedro Laín Entralgo. 446-47 (1987): 1-496.

Laín Entralgo, Pedro. *Cuando se espera*. Madrid: Ediciones Alfil, 1967.

_____. *Descargo de conciencia. (1930-1960)*. Barcelona: Ed. Barral, 1975.

_____. *El Empecinado. Cuadernos hispanoamericanos*. 446-47 (1987): 9-54.

_____. *Entre nosotros*. Madrid: Alianza Editorial, 1967.

_____. *Obras*. Madrid: Editorial Plenitud, 1965.

_____. *Sobre la cultura española*. Madrid: Ed. Nacional, 1943.

_____. *Tras el amor y la risa*. Barcelona: Editora Delos-Ayma, 1967.

_____. *Una y diversa España*. Barcelona: EDHASA, 1968.

_____. *Los valores nacionales del nacionalsindicalismo*. Madrid: Editora Nacional, 1941.

Un vínculo comunicativo:
el ¿no? interpolado y final

Dolores Brown
University of Arizona

Dos hispanoahablantes al conversar se aprovechan de varios recursos cinéticos y verbales para mantener la comunicación. Un observador puede verlos mirarse fijamente o tocarse el hombro o el brazo. Muchas veces los interlocutores recurren a gestos tradicionales para matizar el significado de lo que dicen: abocinan los labios, alzan las cejas, mueven el índice, juntan los dedos.[1] Uno puede observar que ellos también usan expresiones verbales que piden confirmación o verificación para mantener los lazos comunicativos. Agregan una expresión como "¿es verdad?", "¿no es verdad?", "¿entiende?", o "¿ve?" al final de una oración o la intercalan en el discurso. A veces las expresiones son elípticas: "¿verdad?", "¿que no?", "¿no?".[2]

De todas formas, la pregunta suele ser retórica. Por lo general, la persona que la hace no espera a que el interlocutor la conteste, sino que encuentra la confirmación que busca en el semblante del otro.

El empleo de uno de estos interrogativos, el ¿no? elíptico, tal como se encuentra en el español hablado en el Noroeste de México, es el enfoque de este estudio.

El corpus lingüístico consiste en 258 muestras de ¿no? sacadas de grabaciones hechas con 30 informantes (11 femeninos, 19 masculinos), todos ellos, igual que sus padres, nacidos en el Estado de Sonora, México.[3] Las entrevistas se llevaron a cabo con el conocimiento y permiso de los informantes. En las conversaciones espontáneas, se habló de varios temas, como, por ejemplo, la vida diaria, flora y fauna de la región, platos tradicionales, productos agrícolas, fiestas locales, etc.

Un análisis de los 258 ejemplos del ¿no? ha revelado muchos datos interesantes acerca de la frecuencia de uso en cuanto a su posición final o interpolada en la oración y el contexto gramatical en que aparece el ¿no? de confirmación.

Primero, la posición del ¿no?

En el corpus estudiado, se encuentra mínima diferencia en la distribución numérica del interrogativo ¿no? referente a su posición en la oración. El ¿no? ocurre finalmente, antes de una juntura terminal, 134 veces (el 51.937% = 51.94% para redondear la cifra) y en posición intercalada, dentro de una oración, 124 veces (el 48.06%). No es significativa la mayoría de ocurrencias del ¿no? final (el 3.88%). La preferencia por una posición u otra se explica en parte por la extensión o la brevedad de la frase y en parte por motivos estilísticos individuales.

No es sorprendente que el interrogativo aparezca al final de una oración o exclamación breve. Al contrario, la intercalación del *¿no?* en un grupo melódico corto causaría una quiebra insólita en el ritmo. A continuación se ofrecen algunos ejemplos de frases breves y elípticas:

1. Bueno, sí, *¿no?*
2. Pero no como ayer, *¿no?*
3. Que son dos pocitos no más, *¿no?*

En la núm. 1 se ejemplifica reducción léxica llevada a un extremo: la yuxtaposición de dos opuestos —la afirmación " *sí* y la negativa " *¿no?* .[4] Sin embargo, debido a la entonación descendente-ascendente característica de estos dos monosílabos contiguos, el hablante logra expresar no solamente su propia conformidad sino también su deseo de solidaridad con el interlocutor.

Las muestras que siguen son de oraciones breves y completas.

4. No le hace, *¿no?*
5. Nadie los nota, *¿no?*
6. Por ejemplo, yo les enseño la be, *¿no?*
7. Y estuvimos como mes y medio fuera, *¿no?*
8. A mí me llamaba la atención esa palabra, *¿no?*
9. Dale una galleta m'hijita. Todo es para ti, *¿no?*

Conviene señalar que aunque el interrogativo *¿no?* se encuentra principalmente en frases declarativas, también forma parte de exclamaciones.

10. ¡Qué bonito andar, *¿no?!*
11. ¡Qué bueno, *¿no?!*
12. ¡Ah, el otro sábado es la boda, *¿no?!*

El *¿no?* también se usa al final de oraciones más largas. La muestra núm. 22 es rara en el corpus por su extensión. Conviene fijar la atención en la núm. 21 donde el *¿no?* constituye una pregunta de confirmación sobre otra pregunta.

13. Bien dicen que como niño con zapatos nuevos, *¿no?*
14. El señor C. es el que tiene más tierra, *¿no?*
15. Pues, del circo que estuvo aquí en Arizpe, *¿no?*
16. Pero no sé yo precisamente si eran villistas o maderistas, *¿no?*
17. Mi esposo nada más se murió y entonces yo me vine, *¿no?*
18. Y lo mismo les pasa a los que van de aquí a, al sur, *¿no?*
19. Les enseño que la del borreguito es la be, la larga, le decimos para que entiendan, *¿no?*
20. Las ponen en el recipiente y luego revuelve, revuelve hasta que ya está, *¿no?*
21. O sea, que si va a brincar uno estando eh estando el piso parejo y este, ¿para qué brincar tanto si está parejo el piso?, *¿no?*

22. Y hacen unas como bolsas de lona y allí con unos, en las orillas le, les
hacen, pues, agujeritos a los lados y allí les ponen un cuerno para que,
para que no les salga el agua, *¿no?*

En el empleo del *¿no?* interpolado, se puede observar que el hablante
suele respetar la unidad de grupos de vocablos sintácticamente relacionados. Aparece el *¿no?* 21 veces de las 124 ocurrencias intercaladas (124 =
100%; 21 = 16.93%) inmediatamente antes de una conjunción coordinada
que introduce otra cláusula independiente: *y, pero, pues,* y *sino que* (un solo caso con elipsis del verbo). Siguen a continuación unas muestras de
este uso:

23. Un día iba por la calle con la otra persona, *¿no?* y venían unos atrás y dijeron: —Pobrecita. Está ciega.
24. Me gusta la cacería del venado, *¿no?* y ése es lo que se usa más aquí.
25. Ya sé que no se llama así, *¿no?* pero le decimos así para que ellos compren-
dan.
26. Hablan, también hablan español, *¿no?* pero muy mal y todavía se usa entre
ellos, hablan su idioma, su dialecto, *¿no?* porque no, no es idioma.
27. Cuando, cuando viene la cosecha del durazno, cuando está grande, *¿no?*
pues acá se pierde.
28. No nació en el pueblo, *¿no?* sino que cerca del pueblo, a doce kilómetros de
allí ...

El *¿no?* también se intercala antes de cláusulas subordinadas (124 =
100%; 7 veces = 5.64%). Las siguientes conjunciones y expresiones introducen tales cláusulas: *cuando, porque, hace* (1 vez) y *donde* (2 veces).

29. Le habrán platicado ya, *¿no?* cuando, cuando descubrieron los restos del Caballero de Anza, *¿no?*
30. (Véase el *¿no?* porque de la núm. 26.)
31. Y estaba abandonado Caborca, *¿no?* hace unos, unos diez años.
32. Allá se sacan procesiones, este, así algo como desfile, *¿no?* donde donde llevan al, al santo y van todos cantándole y todo eso.

Además de estar intercalado entre cláusulas, el *¿no?* se encuentra en
varias otras construcciones sintácticas. Un número de frases (35 casos, 124
= 100%; 35 = 28.225% ó 28.23% para redondear el cálculo de 100%) contiene el *¿no?* antes o después de una expresión adverbial circunstancial,
sea de lugar, tiempo, agencia, propósito, modo, etc. Asimismo, se encuentran 2 casos del gerundio después del *¿no?* interpolado. A continuación
van unos ejemplos representativos:

33. Pero la profesora ya no quería nada, *¿no?* para aquellos rumbos. (lugar)
34. Por eso le digo que con el tiempo también en México, *¿no?* se ve mejor, mejorar mucho la educación. (lugar)
35. Pues, aquí se cultiva ahorita pues el frijol, el frijol, el maíz, el algodón, pues
ahorita es, es poco ahorita, *¿no?* antes sí porque había mucha agua allí,
pero ahorita, pues está muy escaso todo. (tiempo)

36. Entonces allí la machacan con unas hachas, la echan en unas ollas que son, que dicen "barrancos" le dicen, lo pisan, *¿no?* *un, unos siete u ocho días,* ya lo sacan, ya se fermenta, allí lo sacan y lo cocen en unos aparatos que le dicen "el tren". (tiempo)
37. ... pues entonces el producto de la tierra, *¿no? con ese dinero* hicieron la capilla esa a Nuestra Señora de Guadalupe. (agencia)
38. Pero ahora les van a dar clases especiales, *¿no? para su título.* (propósito)
39. Pero a los sesenta y cinco en adelante, puro sentadita, *¿no? jugando* a, jugando allí a la bola ahí, *¿no?* (modo)

Un análisis del *¿no?* intercalado en la conversación revela otro uso frecuente e importante en el habla de Sonora, México. Muchas veces inmediatamente después de que una persona haya buscado confirmación de lo que ha dicho mediante el *¿no?*, el hablante especifica o amplía la idea que acaba de expresar (véanse a este respecto los núms. 40, 42, 43). Se han identificado diecisiete ejemplos de este uso en el corpus (124 = 100%; 17 = 13.709% o sea, 13.71%). A continuación se presentan algunos casos típicos:

40. Ah, bueno, pues eh, es que que aquí, aquí *lo* tostamos, *¿no? el café.*
41. Sí y pasan *corriendo* a caballo y, y de arriba del caballo, *¿no? corriendo es que lo sacan.*
42. Y no tiene codo allí, codo, y sí hay *agua* en el arroyo, *¿no? agua clara.*
43. Yo creo que esas personas, yo creo que llegan a un momento en que nada más toman decisiones hasta de una forma estadística, *¿no? es decir,* esto o esto, sin pensar demasiado en lo que va a producir aquello, pues, yo creo que estallarían en una sicosis completa <si no>.

Hay otros casos en que la explicación de un antecedente viene en una cláusula adjetiva introducida por el pronombre relativo *que* (11 ejemplos de 124 = 8.87%).

44. Entierran *un gallo vivo* y vivo en la arena *¿no? que saca el puro cuello.*
45. A base de *toda la región* de la costa de Hermosillo, *¿no? que es un vergel ahí*
    ...
46. Siempre le tengo *miedecito,* *¿no? que va tan pegadito.*

En las conversaciones, aparte de la ampliación o extensión de una idea, se registra también sencilla repetición de un vocablo después de *¿no?* Hay 8 ejemplos de este fenómeno (124 = 100%; 8 = 6.45%). Tal repetición puede servir de muletilla al hablante dándole un comodín y tiempo en que ordenar sus pensamientos (véanse los núms. 44 y 45).

47. *El yaqui* ya realmente está, está extinguiendo, *¿no? el yaqui.*
48. Y a la mejor es lo mismo que le enseñan, no es ni bien, *¿no? ni bien* pronunciado.
48. Y nosotros lo que hacíamos, pues, al principio comer nosotros y ya cuando ya no pudíamos más, eh, pues, *juntar, ¿no?* en, juntar en una bolsa y y guardarlos, traerlos para la casa.

Hay otros usos del interrogativo intercalado —entre el sujeto y el predicado (6 casos de 124 = 4.838% ó 4.84%); entre el predicado y el sujeto invertido (3 ejemplos = 2.419% ó 2.42%); entre el verbo y el complemento directo (4 casos, 3.225% ó 3.23%)— y el ¿*no?* después de una expresión adverbial (8 ejemplos = 6.45%). Los ejemplos que siguen ilustran tales usos del ¿*no?* interpolado.

> 49. Luego el Agua Caliente, el siguiente *cajón* ¿*no?* es ese El Toro Muerto. (sujeto y predicado)
> 50. Por ejemplo, esta beca, beca de los que, o va, que dan pues todavía no *dieron más* que uno, ¿*no?* el *Comité* que se fundó en San Francisco. (predicado y sujeto)
> 51. Ya no *hay* ¿*no?* *caza.* (verbo y complemento directo)
> 52. No *hay,* ¿*no?* nada más un *director.* (verbo y complemento directo)
> 53. Entre otras, por ejemplo, no sé si a él le corresponda o <no>, pero él *promueve,* ¿*no?,* la la *aceptación* de la bomba de neutrones, por ejemplo, ¿*verdad?* (verbo y complemento directo)
> 54. Entonces del lado derecho del altar encontraron uno, unos restos que deben de haber sido los, los del padre Esgrecho porque *del lado izquierdo* del altar, ¿*no?,* hay siete sacerdotes enterrados uno seguidito de otro. (frase adverbial)
> 55. Por eso le digo que con el tiempo también *en México* ¿*no?* se ve mejo, mejorar mucho la educación. (frase adverbial)

De los restantes casos (4 = 3.3225% ó 3.23%), un ¿*no?* viene al final de una frases parentética (véase el núm. 53), tres siguen un *que* anunciativo y uno está en una frase incompleta.[5]

> 56. Y aquí explica —y está en inglés, ¿*no?*— dice que vino de La Rioja, Bilbao, porque sí, en realidad, sí vinieron de allá.

Este análisis basado en grabaciones hechas con 30 informantes del Noroeste de México muestra que el interrogativo de confirmación ¿*no?* es un elemento frecuente y característico del español espontáneo y familiar del Estado de Sonora. Los 258 ejemplos del interrogativo ponen de relieve el hecho de que el ¿*no?* es un recurso oral que permite mantener la comunicación y comprensión entre dos personas o dentro de un grupo íntimo. La colocación final o interpolada depende más de la extensión o la brevedad de la frase que de otro factor. La distribución de los 258 casos es parecida (134 final, 124 interpolada). El ¿*no?* suele respetar las unidades sintácticas aun cuando se intercala en una oración. El ¿*no?* de confirmación pertenece al habla en cuanto toma en cuenta la presencia real o imaginada de otros seres humanos. Se usa porque a la persona que habla le hace falta una señal de solidaridad de parte del interlocutor. Antes de seguir explicando o describiendo una situación, el hablante quiere asegurarse de que ha sido comprendido, no sólo en cuanto a las palabras que ha escogido, sino también con referencia a los conceptos. El ¿*no?* le permite echar un lazo en busca de la solidaridad y confirmación de sus ideas. Para decirlo de otra forma, el ¿no? es un eslabón chico, pero fuerte en la cadena comunicativa entre los seres humanos.

Notas

1. Véase Jerald R. Green, *A Gesture Inventory for the Teaching of Spanish* (Philadelphia: Chilton Books, 1968).

2. J. Donald Bowen y Robert P. Stockwell llaman "confirmación afirmativa" al ¿no? final y "confirmación negativa" a la fórmula ¿verdad? final (elipsis de ¿no es verdad?). *Patterns of Spanish Pronunciation: A Drillbook* (Chicago: University of Chicago Press, 1960) 114-15. Bowen y Stockwell las denominan "tag questions", o sea, "preguntas de cabo".

La descripción de los usos de ¿no es verdad?, ¿verdad? y ¿no? está en el Capítulo IV, "Economía y comodidad", de la obra de Werner Beinhauer, *El español coloquial* (Madrid: Gredos, 1962) 320-21. "Ocasionalmente se encuentra, en lugar de ¿verdad?, la negación sola: M 26 Es muy serio, ¿no? (sobrent.: ¿es verdad?). Este ¿no? en sustitución de ¿verdad? lo he observado con especial frecuencia en el habla de los sudamericanos" (321).

3. Los 30 informantes se agrupan así según su edad: menos de 12 años: 1 niño; menos de 22 años: 5 varones, 3 mujeres; menos de 50 años: 11 hombres, 7 mujeres; más de 50 años: 2 hombres, 1 mujer.

4. Ese uso aparece una sola vez en el corpus analizado, pero ocurre con suficiente frecuencia para que se le comentara a la investigadora que el "sí, ¿no?" es rasgo identificable del habla sonorense.

5. a) Hay, que hay mucha diferencia, ¿no? <que> hablan un español muy, pues en, en, en el mexicano que allá ¿no? muy, muy, pues no está cultivado, ¿no? Muy pochi.

b) Es un maguey silvestre, ¿no? que sube la gente a la sierra, está unos veinte, treinta días, allá hay que cortar el maguey y luego de cortarlo, pues, pues en campos, vinaterías chicas, ¿no?

c) ... es lo que pasa con mucha gente que no resiste y termina por, por, pues, ser destruido por la misma sociedad, ¿no? los ... (frase incompleta).

La producción novelística de la vanguardia hispanoamericana

Fernando Burgos
Memphis State University

La visión panorámica sobre la novela vanguardista contenida en este artículo está basada en las tres siguientes consideraciones. Primero, la atención por la existencia de un corpus de novelas vanguardistas en Hispanoamérica se centra en la realización de una vanguardia histórica, es decir, cumplida, y no en el concepto más amplio de vanguardia de uso indiscriminado respecto de un foco histórico de realización. Las novelas de Julio Cortázar, Diamela Eltit, Severo Sarduy, Luisa Valenzuela y otros innovadores de la prosa hispanoamericana no entrarían en este estudio. Se trata de la producción vanguardista escrita (no necesariamente publicada) en las décadas del veinte y del treinta. Segundo, esta acotación histórica de la vanguardia no supone un enfoque generacional ni tampoco la postulación de una escisión tajante con el modo artístico previo del modernismo. Tercero, al englobar las manifestaciones vanguardistas dentro de un desarrollo estético más amplio como el de la modernidad, el problema de fechas exactas y delimitativas resulta secundario tanto en relación a novelas publicadas con anterioridad al veinte como con respecto a aquellas posteriores al cuarenta. Extensión que obviamente tiene sus límites, los cuales se ligan de manera espontánea a la propia naturaleza y alcances de esta fase en su dimensión estética y no en su esfera o inclusión cronológicas.

El movimiento de vanguardia en Hispanoamérica no fue una reacción en contra del modernismo como erróneamente se ha afirmado puesto que ambos desarrollos artísticos participaron de un mismo tipo de escritura.[1] El hecho de la modernidad latinoamericana originado en las dos últimas décadas del siglo diecinueve concurrió como la base estética y el común denominador de esa compartida realización literaria. Los diversos componentes que caracterizaron la riqueza y flexibilidad de esa escritura nutrida por su eje moderno, crearon distintos modos expresivos de esa modernidad, pero siempre como fases interconectadas por la estética central de una sensibilidad mayor. Las diferencias entre las expresiones modernistas y vanguardistas tienen que ver con el grado de radicalización con el que se iba transformando la escritura hispanoamericana en una nueva vertiente literaria, en un nuevo lenguaje y en un nuevo discurso artístico.[2]

La idea de un movimiento estético surgido como reacción a otro no podría explicar comprensiva e integralmente la compleja naturaleza de la expresión que se origina ni menos la combinatoria de operaciones con la que ambos diseños artísticos en algún punto se entrelazan. La perspectiva de "reacción" usada para explicar el nacimiento de un arte distinto olvida el carácter dialéctico que gobierna esa génesis; tal concepto puede ser aplicable y útil sólo como una instancia tocante a la dinámica interna de una particular expresión artística. La aclaración de este aspecto constituye un factor sumamente relevante respecto de los postulados teóricos que guían nuestra comprensión sobre la vanguardia hispanoamericana. La descripción que sigue no pretende ser definitiva, muy por el contrario, refleja el estado actual de mi investigación sobre la novela vanguardista en Hispanoamérica. Apuntaré brevemente la presencia de esta novela en los distintos países de la América Hispana, citando autor y obras, y en algunos casos me referiré con mayor extensión a los aspectos que justifican el carácter vanguardista de la obra seleccionada.

Chile, Argentina y México fueron los países de mayor actividad respecto de una producción narrativa vanguardista. Esta afirmación no pretende negar las manifestaciones de vanguardia de otros países hispanoamericanos sino tan sólo subrayar la falta de homogeneidad con que se diera este fenómeno artístico en la América Hispana. Esta disparidad de crecimiento y representatividad tiene causales que van desde la situación individual por la que atravesó cada uno de los artistas de la vanguardia hasta el importantísimo factor relativo al contexto de desarrollo político, social y tecnológico con el que contaba cada país en esta fase. Una explicación pormenorizada, atenta tanto al caso individual del artista como a su relación con los factores de crecimiento socioculturales y tecnológicos está obviamente fuera del propósito de este ensayo. Es importante, no obstante, esclarecer que en mayor o menor grado la totalidad de los países hispanoamericanos participaron de este movimiento y, en el caso del estudio que nos preocupa, contribuyeron con obras vanguardistas en prosa. De otra parte, la importancia cualitativa de una narrativa vanguardista en países donde este tipo de producción fue relativamente escaso, nos sugiere que un criterio aislado de cuantificación para evaluar esta novela es irrelevante dentro de una aproximación que busque detectar el impacto de esa producción en su época y en el desarrollo posterior de la novela hispanoamericana. El estudio por países resuelve un aspecto práctico de metodología y contribuye efectivamente a dar una visión general de esa producción, pero se hace siempre necesario tener en cuenta que se trata de un examen conductivo hacia el trazado de una teorización sobre el hecho de la vanguardia más que a una confrontación comparativa de lo que produjo cada país.

En Chile, el vanguardismo narrativo resaltó con la presencia de los siguientes escritores: l) Vicente Huidobro, *Cagliostro* (1931), *La próxima: historia que pasó en poco tiempo más*, escrita en 1930 y publicada en 1934, *Tres inmensas novelas*(1935). Aun cuando el tono vanguardista es más visible en estas tres novelas —el carácter cinematográfico en *Cagliostro*, la idea de metanovela en *La próxima*, la desilusión y disipación del logos racional en *Tres inmensas novelas*—, las otras tres novelas de Huidobro, *Mío Cid campeador* (1929), *Papá, o el diario de Alicia Mir* (1934) y *Sátiro, o el poder de las palabras* (1939), incluyen importantes elementos del discurso vanguardista que deben ser estudiados. 2) Juan Emar, *Umbral* que abarca los volúmenes *Ayer, Un año* y *Miltín*, publicados entre 1934 y 1935, más la colección de cuentos *Diez*, aparecida en 1937. La obra total de Emar fusiona esos cuatro libros y continúa además añadiendo escritos —en un afán prácticamente imposible de totalización— por alrededor de treinta años. 3) Rosamel del Valle, *País blanco y negro* (1929) y una novela de profundo sustrato surrealista, *Eva y la fuga,* escrita en 1930. El acercamiento interpretativo a la narrativa de estos tres escritores chilenos ha acentuado la urgencia de una lectura distinta de otras novelas escritas a partir de 1914. Son obras que también destacaron por la novedad y audacia de sus planos narrativos. Como ejemplos de una búsqueda poética en la prosa chilena, en línea con el espíritu de la vanguardia, se encuentran las excepcionales novelas *La reina de Rapa-nui* (1914), *Alsino* (1920) de Pedro Prado, y *El habitante y su esperanza* (1926) de Pablo Neruda. El libro de Pablo de Rokha *Escritura de Raimundo Contreras* impreso en 1929, es ordinariamente citado como una obra lírica, sin embargo, su fijación definitiva en un género determinado es dudosa si se tiene en cuenta la naturaleza mixta del texto y los corrientes procesos fusivos operados en la textualidad vanguardista. Su estudio dentro de un corpus narrativo que dé cuenta de la naturaleza simbiótica (lírica-narrativa) del libro me parece no sólo apropiado sino necesario y urgente. El espacio irrealizado que brota de las novelas de María Luisa Bombal, *La última niebla* (1935) y *La amortajada* (1938) también guarda correspondencia con los componentes narrativos vanguardistas.

En Argentina sobresale la prosa vanguardista de Macedonio Fernández con su novela *Museo de la novela de la eterna* cuya redacción comenzara en 1927.[3] La agresiva disposición metanovelesca y ruptural de esta obra permite una lectura paródica, distante y crítica de la otra novela del autor argentino, *Adriana Buenosayres* escrita en 1922, de consciente realización tradicional, connotada por el mismo Macedonio como "la última novela mala". También entran dentro de las expresiones vanguardistas las novelas de Oliverio Girondo *Espantapájaros: al alcance de todos* (1932), *Interlunio* (1937), la de Roberto Arlt, *El juguete rabioso* (1926), y la de Adolfo Bioy Casares *La invención de Morel*, por lo general más asociada al desarrollo de la novela actual, se publicó, no obstante, en 1940. El registro surrealista de esta última novela realza además el poder de la invención y de lo ficticio.[4]

La presencia del grupo los Contemporáneos y del movimiento estridentista fue decisiva en la abundante producción novelística de vanguardia en México. Las más conocidas aportaciones corresponden a Xavier Villaurrutia, *Dama de corazones* (1928); Gilberto Owen, *La llama fría* (1925) y *Novela como nube* (1928); Jaime Torres Bodet, *Margarita de Niebla* (1927), *La educación sentimental* (1927), *Proserpina rescatada* (1931); Arqueles Vela, *El café de nadie* escrita en 1922 y publicada en 1926, considerada por el mismo autor como la primera novela estridentista; otras dos novelas, *La señorita Etcétera* y *Un crimen provisional* escritas también a partir de 1922, fueron publicadas en un solo volumen junto con *El café de nadie* bajo este título en 1926. También debe considerarse su novela *El intransferible* publicada en 1925. Las novelas de Efrén Hernández corresponden a un momento de desarrollo posterior a la vanguardia; son novelas iniciadoras de la nueva narrativa hispanoamericana o neovanguardia, me refiero a *Cerrazón sobre Nicomaco: ficción harto doliente* (1946) y a *La paloma, el sótano y la torre* (1949). Incluyo a E. Hernández en este estudio porque su cuento *Tachas* (1928) y el relato *El señor de palo* (1932) son expresiones netamente vanguardistas e importantísimas de conectar al estudio de la prosa vanguardista en Hispanoamérica. La novela de Mariano Azuela *La luciérnaga* (1932) también está dentro de los parámetros de composición vanguardista.

En Uruguay, es importante valorar con mayor atención la breve pero significativa prosa de Felisberto Hernández, *Fulano de tal* (1925). Teniendo en cuenta el valioso legado con el que Felisberto contribuyó a los procesos narrativos vanguardistas conviene también reexaminar sus relatos de *Libro sin tapas* (1929), *La cara de Ana* (1930) y *La envenenada* (1931). La novela de Juan Carlos Onetti *El pozo* (1939) es crucial porque marca el paso transicional entre la novela vanguardista y las nuevas expresiones neovanguardistas que surgirían en nuestra narrativa. En Perú, la novela *La casa de cartón* (1928) de Martín Adán (Rafael de la Fuente Benavides); *XYZ: novela grotesca* (1934) de Clemente Palma; *El pez de oro: retablos de Laykhakuy* de Gamaliel Churata. Esta última novela fue publicada en la Paz, Bolivia, después de treinta años de iniciada su composición en 1927. El estudio de esta extensa obra de Gamaliel Churata es fundamental para conocer a fondo los complejos procesos combinatorios de orden lingüístico, cultural y estilístico cultivados por la narrativa vanguardista hispanoamericana. En Colombia, la novela *Cuatro años a bordo de mí mismo: diario de los cinco sentidos* de Eduardo Zalamea Borda, escrita entre 1930 y 1932. En Cuba, la novela de Alejo Carpentier *¡Écue-Yamba-Ó!* (1933), obra vanguardista según afirmara el mismo autor en su prólogo a la edición de la Habana en 1977. En Guatemala, un texto situado entre los límites de la novela corta y el cuento *El hombre que parecía un caballo* (1915) de Rafael Arévalo Martínez. En Venezuela, la obra de José Antonio Ramos Sucre *La torre de timón* (1925), la cual recoge textos que van desde 1911 a 1925. Se refunden aquí *Trizas de papel* y *Sobre las huellas de Humboldt*. El libro *La torre de timón* reúne una diversidad de géneros literarios, ideal ligado a las renovadoras búsquedas de esta fase y por lo mismo esencial en el estudio de la narrativa vanguardista. Otras novelas vanguardistas venezolanas son *Cubagua* (1931) de Enrique Bernardo Núñez; *Canción de negros* (1934) de Guillermo Meneses junto con su relato *La balandra "Isabel" llegó esta tarde*, cuya primera edición se publicara también en 1934. Julio Garmendia no escribió novelas, pero su extraordinaria prosa vanguardista exige el examen de su importante colección de cuentos *La tienda de muñecos* publicada en 1927 y del libro *Opiniones después de la muerte* (1917-1924); este texto publicado en 1984, incluye cuentos, crónicas, poemas y aspectos de su crítica literaria. Un volumen iluminador para revisar la concepción estética de Garmendia; igual posibilidad ofrece la publicación *La ventana encantada* realizada en 1986. En Ecuador, un exponente decisivo del vanguardismo en narrativa es Pablo Palacio; sus novelas son *Débora* (1927) y *Vida del ahorcado: novela subjetiva* (1932). Un estudio de su prosa debe contemplar asimismo la colección de cuentos *Un hombre muerto a puntapiés* (1927). Otra novela que debe estudiarse dentro de la vanguardia en Ecuador es *Los sangurimas: novela montuvia ecuatoriana* (1934) de José de la Cuadra. En Puerto Rico, la extensa novela *En babia: el manuscrito de un braquicéfalo* (1940) de José Isaac de Diego Padró. La redacción de esta novela corresponde a los años de la vanguardia, entre 1924 y 1930. De hecho la publicación del primer cuaderno de *En babia* corresponde a 1930, texto que refundía y ampliaba una obra anterior aparecida en 1924 con el título *Sebastián Guenard*. Otra figura importante es la de Luis Palés Matos con su novela (inconclusa) *Litoral: reseña de una vida inútil* publicada en 1949, pero cuya redacción comienza alrededor de 1926.

Como he indicado anteriormente esta revisión de la novela vanguardista no cubre todos los países hispanoamericanos. Asimismo de los países considerados habrá ciertamente otras novelas que puedan estudiarse en esta línea.[5] Por ahora, mi propósito ha sido el de mostrar la riqueza de este tipo de producción. La novela vanguardista en Hispanoamérica exige una atención crítica de gran concentración; a la identificación del corpus debe seguir el análisis de estas novelas, exégesis, que a su vez, debe generar tanto una reflexión sobre lo que su existencia supone en nuestra historia literaria como su repercusión en la actualidad de la narrativa hispanoamericana.

Notas

1. Entre los ensayos que ven el surgimiento de la vanguardia como conclusivos del modernismo, se encuentra el de Federico Schopf, *Del vanguardismo a la antipoesía* (Roma: Bulzoni, 1986). Se afirma allí: "Desde el punto de vista literario el vanguardismo comienza, en todas las literaturas hispanas, como una reacción contra el sistema expresivo del modernismo y su concepto de la poesía y del poeta" (p. 38). No obstante este error de perspectiva, el ensayo de Schopf es fructífero en otros aspectos de apreciación del vanguardismo.

2. Las vinculaciones entre el modernismo y la vanguardia han sido destacadas, entre otros, por Pedro Lastra, René de Costa, Saúl Yurkievich. Lastra afirma, por ejemplo: "Por eso, la vanguardia que emerge en la década del veinte *no desdeña del todo el proyecto modernista* que no puede dejar de sentir como una antecedencia productiva, y muchos de estos escritores aparecen en un primer instante ligados a la obra dariana y a la del modernismo en general" (p. 45). "Concepto y función de la literatura en Chile: 1920-1970". *Atenea. Revista de Ciencia, Arte y Literatura* 446 (1982): 137-49. El énfasis es mío.

3. Algunas novelas vanguardistas escritas en las décadas del veinte o del treinta quedaron sin publicarse hasta la década del sesenta o con posterioridad. Por ejemplo, la novela de Macedonio Fernández publicada en 1967 o la de Rosamel del Valle *Eva y la fuga* escrita en 1930 y publicada en 1970.

4. El carácter de literatura "fantástica" y/o de "ciencia ficción" atribuido a ésta y otras novelas, no invalida su estudio dentro de la fase vanguardista que comprendió y asimiló una variedad de modelos narrativos, entre ellos, el de lo "fantástico" y el de "ciencia ficción". Es el caso de la novela de Bioy Casares y la del narrador peruano Clemente Palma. 5. Por ejemplo, me parece fundamental una relectura de la novela *La vorágine*, que exponga el carácter singular de su vanguardismo. Las novelas de Norah Lange y de Teresa de la Parra deben también considerarse en esta perspectiva. Con respecto a estas dos escritoras puede verse el interesante estudio de Francine Masiello "Texto, ley, transgresión: especulación sobre la novela (feminista) de vanguardia", *Revista Iberoamericana* 51 (1985): 807-22. Este artículo examina el vanguardismo en la obra de María Luisa Bombal, Teresa de la Parra y Norah Lange.

Closed and Open Space in Lorca's *Yerma*: The Stage as Metaphor*

Cedric Busette

Santa Clara University

The title of the play, *Yerma*, applies aptly to the heroine, for the regenerative cycle of nature flaunts its functioning all around her, while excluding her as a participant. Building on this idea, the playwright uses space adeptly to enhance the thrust of the action thematically and tonally. This use of space may be designated as *open* or *closed*. Closed space is used in the dynamics of the play to ensure Yerma's barrenness, spiritually, socially, and emotionally, while open space, which represents a world of greater possibilities and freedom, is denied her, making her life a constant anguish. Hence, we will discuss the *locus* of the action (as *open* or *closed*) but also in terms of its contribution to the integration of elements of the play, and to its success.

The curtain opens on a scene that blends mundane realism, "... Yerma dormida con un tabanque de costura a los pies,"[1] with a dream world: "... La escena tiene una extraña luz de sueño" (1273). Her dream is pure: it is a yearning for conception "... Un pastor sale de puntillas, mirando fijamente a Yerma. Lleva de la mano a un niño vestido de blanco" (1273). Then the morning light of a spring day comes up, linked to the idea of promise and Yerma's dream.[2] In these first moments, the only space the audience associates with Yerma is a room in her house, and it becomes the only metaphor for her physical world. The space emits a voice singing a lullaby, which confirms the content of Yerma's dream. When Juan leaves for the open space, Yerma resumes her closed-space boring life. But the turmoil of her inner life remains, as the following gesture indicates, "... Yerma se dirige a la costura, se pasa la mano por el vientre, alza los brazos en un hermoso bostezo y se sienta a coser" (1277). While she engages in the mundane task of sewing, she sings her inner life, in lullaby (1273), which makes her outer life temporarily bearable. But these two elements are in conflict, and the closed space is bearable only as long as it has the characteristic of being *open*, to her dream. Lorca provides these clues through the use of multisensory stimulation: intensities of light, ordinary movement, song on two levels, and stylized gestures and movement. What began as a still tableau ends in dynamism and complexity.

The space changes, with the appearance of María, who may be considered a metaphor for the fulfillment of Yerma's innermost yearnings, María beaming with life from the open space, and lighting up Yerma's space for a while. María's satisfaction at her pregnancy functions in counterpoint to Yerma's emptiness, while Yerma's veneration of María allows her to live vicariously the status of the productive woman. Thus Yerma hitches her closed space world to the inner world of her dreams, which is given hope by the open-space world from which María came, and to which she returns. As Yerma resumes her sewing, the audience is again impressed with the smallness (the *closedness*) of her world.

Víctor's arrival, from a more open world, that offers promise, also changes the space occupied by Yerma, who is visibly affected by his presence: "... se levanta y acude al sitio donde ha estado Víctor y respira fuertemente, como si aspirara aire de montaña" (1286). Thus, she tries to impregnate her world with the essence of open space. But Víctor, the messenger from open space, leaves Yerma in the closed space. His presence confirms the frustrated impulses and censored yearnings present in closed space.[3] So far, two important stimuli from open space lit up Yerma's world for a moment, but eventually, she was left, abandoned. This first scene communicates isolation, an inner, psychological world in turmoil, in contrast to a vivacious and vital world outside of Yerma's enclosed space.[4]

Thus far, only the closed space has been shown, but we know, by contrast, the importance of the open space. The second scene contrasts with the first, in that it is in the open countryside. Since there is no more specification, the audience can participate more creatively in constructing the psychological space.[5] We see, also, the dynamic relationship between Yerma's inner world and closed space, and the larger world which gives it sustenance. This outer world, of realism, reduces her exceptionality, and gives her greater authenticity. Those who people this world help define Yerma: They are the old woman, with her worldly lore and wisdom, the two young women, one who attends to her closed space with enthusiasm, because she is in concert with the open spaces of nature (has borne fruit), and the other, who brazenly enjoys the freedom of that wider world, and flaunts her opposition to the inherent entrapment of closed space.[6]

The connection between Yerma's and Víctor's world, between the two kinds of space, is clarified, as Víctor re-enters the stage. They engage each other under the influence of open space, which changes with the encounter between the two: it becomes charged with the turmoil that Yerma carries within, and hence she imagines voices (of a small child crying and choking), and sees an imaginary burn, symbol of passion, on Víctor's cheek. Thus she makes the open space respond to her need, as earlier, engaging Víctor erotically in the song of love-making (1295-1296). Here, the *locus* is a blend of mundane realism and the poetry of pantomime. The audience sees, feels, hears, and helps create this space.

When Juan comes on stage, Víctor leaves, for Juan is the enforcer of closed space. He quarrels with Yerma, and insists that she return home, to the closed space where he wants her guarded. So in this scene, we see the impact of open space on the closed space world of Yerma, and how she is imprisoned in the closed space.

While Yerma is ordered to the closed space, we now have before us, in the second act, another open space. The women of the village wash their clothes in a mountain stream (1300-1310). This scene shows us women at their usual chores, thus filling out Yerma's possible world. There is a riot of activity and singing, as the women imbue their mundane tasks with the joys of their inner world. Their songs are erotic, and harmonize with the life-giving force of flowing water, in which they are standing, and which functions as a symbol of fertility.[7] In this scene, there are also allusions to Yerma's problems (1301-1302). Here, the audience is invited to construct a scene with a flock of sheep, which suggests that the open space has dimensions beyond what is immediately seen. This scene enhances the major themes of eroticism and fertility, as it serves to reinforce the place of women in the society, and to show how well some women adapt to the restrictions of closed space, if their inner life is joyful, if that space can have, by extension, some of the satisfactions of open space.

The new scene, Act II, Scene 2, at Yerma's house, presents us with the members of the family, doing their domestic chores, in a charade of gestures and movements, designed to enhance poetic and lyrical meaning. Contact among them, however, suggests an atmosphere of isolation. This drab space is lit up for a moment by María's presence, and when she leaves for the open space from which she came, Yerma is once more abandoned in her closed space, while her emotional health lies in open space. The arrival and departure of María and Muchacha Segunda underscores the barrenness of Yerma's closed-space world.[8]

Just when Yerma is moved to tears by the contrast between her world and the open-space world, a strong open-space impulse enters her orbit in the person of Víctor. They engage each other, and allude to their mutual attraction and to a time when they enjoyed the freedom of open space: "... Siendo zagalón, me llevaste una vez en brazos, no recuerdas?" (1323). When Juan comes in, the space is altered, for soon, he takes Víctor away, leaving Yerma emotionally stunned. Thus, Yerma is left in her closed space, while Juan, the guardian of that space, leads away the danger. But he does not leave Yerma unguarded in her emotional prison. His two sisters are now her warders. At one point in the scene, one of the sisters-in-law stands in the doorway, trapped in the last light of day. Her function in Yerma's life is to keep her away from the light, away from the open space.[9] The blast of the shepherd's horns also reminds us of a more extensive open space.

Conscious of the dynamics of her circumstances, Yerma is aware that she might be doomed to exist only within the closed space, so she bolts that space for a world with greater options. Now, her house has lost its power, for it temporarily does not incarcerate. But it is soon changed again, as one sister-in-law, carrying a candle, lights up the space around her, eerily, grotesquely, underscoring the deforming power of the closed space. The sound of the shepherd's horns is a blast from the world of open space into the deforming and distorting closed space. At the end of the scene, both sisters-in-law are frantically looking for Yerma to confine her in her closed space. Juan reinforces their warden's function: "... Una de vosotras debía salir con ella, porque para eso estáis comiendo en mi mantel y bebiendo mi vino" (1311).

Act III, Scene 1 takes place in the conjurer's house, which represents open space, for it is here that Yerma comes to find a solution to her closed-space problem. With the promise of nurturing growth and fulfillment, she could endure her closed space. Daylight has hardly enveloped the scene, when closed-space voices, Juan and his sisters, are searching for Yerma to put her back where they feel safe with her. Juan reprimands her for leaving the secure closed space of her home. But she responds violently, for the only condition under which the closed space would be bearable is that it take on some of the characteristics of open space, bring inner satisfaction. Under present conditions, the space he wants her to occupy isolates her from the outside world and from herself. He cannot render her closed space any more bearable, and still, he forbids her venturing into open space.

In the last scene, we are again outdoors, in the force and vibrance of the countryside. Here again, we have the mix of realism with ritual, poetry, color and song (1340-1343). Yerma and the other penitent women carry lighted candles to the shrine, as night falls, giving their activity a stylized, ritual tone, and underscoring their closed-space problem, which virtually converts open space into closed space, since the usual, unbound character of open space is harnessed to provide a solution to the closed-space problem. The dancing, singing, color, movement, all rise to a crescendo of energy and emotion, and this rivets the attention of the audience, but because it reaches its zenith it retains the open-space nature of the scene, for when the crescendo bursts, we are on our own, unbound. The seven girls, with their ribbon dance and their increased energy and chanting, introduce the symbolic masks, fallen from infinite space —the broken crescendo— to the open-space world concerned with closed-space problems, thus affirming the primacy of open space over closed space. This fertility rite connects the closed space, inextricably, to the open space —the open one being the infinite, mysterious world of regeneration. The masks indicate, in song and gesture, that the closed space is an aberration when not connected to the regenerative forces of the open space of nature. They also affirm the deep belief of the community in open space and natural process.

Juan and Yerma, in this setting with the influences of the masks, the regenerative currents, the night and the open fields, mountain air and wine, are given the opportunity to engage each other, to negotiate a space solution, before the festive community, but dialogue is impossible. Yerma, imbued with the tremendous force of her open-space need, strangles Juan, the closed-space advocate. It is as if Nature had reclaimed the space once occupied by a human structure. The chorus and the onlookers on stage seem to represent, in their silence, their acquiescence, a fading "amen" to the triumph of open space.

The last scene is the summation of all the theatrical elements: realistic and poetic elements, dance, song, music, ritual (both religious and erotic), theatre and color, stylized movements, symbolic and mythic action. It combines, in its crescendo, tremendous sensory stimulation, as it synthesizes rapidly all the major themes, and foreshadowings present in earlier scenes. It reconstructs and reviews all elements of the play in the minds of the audience. It becomes a metaphor for minimal worlds; it becomes a metaphor for the world.

Notes

*A draft of this article was read at the *Temes in Drama* Conference, held at the University of California, Riverside, in February 1985.

1. Federico García Lorca, *Yerma*, in *Obras completas*, ed. Arturo del Hoyo (Madrid: Aguilar, 1965) 1273. Subsequent reference to this edition will be indicated by page number in the text.

2. See Gwynne Edwards, *Lorca* (London, 1980) 174, on illusion and reality in Yerma's life.

3. Gwynne Edwards (177), comments on the effect of Victor's appearance on Yerma.

4. Gwynne Edwards (198), draws our attention to the essentially symbolic nature of the stage setting in this first scene.

5. Gwynne Edwards (199), comments on the symbolic rendition of openness and brightness in this scene.

6. Muchacha Segunda protests the restrictions of being enclosed (García Lorca 1293).

7. Gwynne Edwards comments on the significance of the washerwomen's songs (203).

8. Gwynne Edwards (185), says that this scene concentrates on Yerma's growing imprisonment and isolation.

9. Gwynne Edwards comments on the doorway as limiting Yerma's movement and freedom (199).

Works Cited

García Lorca, Federico. *Yerma. Obras completas*. Ed. Arturo del Hoyo. Madrid: Aguilar, 1965.

Edwards, Gwynne. *Lorca*. London: 1980.

Poemas

Joaquín Calvo Sotelo
Real Academia Española

Cansancio

Si en el espejo al afeitarme miro
Cómo envejezco cotidianamente,
A veces viene a ensombrecer mi mente,
La aleve idea de pegarme un tiro.

Para vencer la tentación retiro
La afilada cuchilla reluciente
Que igual me mataría, impunemente,
En tan sólo un segundo, en un suspiro.

Después, sereno ya, desjabonado,
Ese mal pensamiento desahuciado,
La casa nace con la algarabía

De un doméstico timbre que la llena.
Como morirme empieza a darme pena,
Me decido a vivir el nuevo día.

Compromiso

Un soneto me manda hacer Violante.
¿Y a mí que se me da de ese mandato?
Yo con ella no tengo ningún trato,
Le haré sólo un cuarteto y que se aguante.

De descortés no peco ni pedante.
Un poeta, sí soy, mas no barato.
Por encargo no escribo, ni al contrato.
Escribo por placer y a mi talante.

Y bien pudiera ser que, pese a todo,
Un soneto escribiese de algún modo
Si no a Violante, a Filis o a Diana,

Para cantar la bella que me importe,
Por sentirme inspirado, por deporte
O nada más porque me venga en gana.

Romancillo del hijo estudioso

Yo no sabía, hijo,
Que morirías pronto:
Por eso quise que aprendieras
Tantas cosas inútiles del todo ...
Tal vez hubieran —¿por qué no?— servido
Para la vida de otro,
Pero fueron perdidas por completo
En tu vuelo tan corto.
Perdóname por eso, hijito mío,
Tanto pesado engorro.
Te exigí que aprendieses
La lista entera de los reyes godos,
Las fórmulas de Química,
El inglés incoloro,
El Algebra siniestra
Y el griego, si bien poco.
"Es menester que te abras tu camino,
Que trabajes a fondo
Que es la vida muy dura", te decía ...
¡Oh, qué tonto!
Aprendizaje quise que siguieses
De maneras y modos.
Te dejé sin domingos y sin postres
E inventé el ogro.
Y él te hizo sufrir, llenó de miedo
Y de ojeras tu insomnio,
Y frené con sus bridas inflexibles
Tu agilidad de potro.
Yo no supe que fuese tan frontero
Tu ocaso de tu orto ...
Y un día triste de lluvia y ceniza
De lágrimas y otoño,
El griego y el Algebra y la Historia
Sepultaron tu rostro,
El pelo de rebelde que ceñía
Aquél tu agreste óvalo,
La piel dorada, las nerviosas manos,
Y tus cándidos ojos.
Después quedó tu nota de Aprobado
Clavada sobre el hoyo.

Cuando me traen el desayuno

Como soy muy cortés—y amigo de quedar muy bien, yo quiero
Decir unas palabras—de adiós a los fantasmas de mis sueños.
Son vanos y confusos—extraños y borrosos, al extremo.
de hacerme muy difícil—su diseño.
Me agradaría mucho dibujarlos—con su perfil correcto,
Con sus nombres exactos—y su porte y sus señas y su acento.
Y jamás lo consigo—por si se desvanecen si despierto.
En verdad los hay gratos—y perversos.
Los hay que me seducen y enamoran—y hay otros que detesto.
Hay unos que me llenan de victorias—y otros de cieno.
Me pregunto a mí mismo—su secreto:
Qué es lo que les trae siempre a deshora—a asaltarme en mi lecho
Y qué oculto mensaje me transmiten—con su voz de silencio.
Los amigos me hablan—de un vienés muy experto
Que descubrió los genes—de esos muñecos,
Y que apenas oído lo soñado—decía siempre: eso.
Bien me hubiera gustado consultarle—algún caso concreto,
Y saber la razón de aquel engaño—y el porqué de aquel beso,
Y de aquella mujer que sonreía—a mis gracias de viejo,
El porqué aquella fuente—a mis ojos lanzaba aguas de fuego,
Por qué el sol escapaba de su rueda—y de su centro,
Por qué llovía en el palacio de oro—y hablaba el eco,
Por qué razón llamaba a aquel amigo—que estaba muerto,
Por qué sonaban músicas discordes—junto a su féretro.
¿Cómo interpretaría—el vienés todo esto?
¿Disponía, tal vez, de alguna clave—que alumbrara las sombras del
    misterio,
De una sorda linterna—para escrutarnos ciegos?
¿O es que sabía traducir lo obscuro—lo amorfo, lo inconexo
Y sumar con un lazo inesperado—los más distantes velos?
Fuese cual fuese su poder oculto—su sapiencia, su genio,
No hay nada que me libre de sentirme—al despertarme huérfano.
Con la prosa ritual del desayuno—se concluye mi reino.
Si algunas veces el terror se hizo—de mi alma dueño,
Y al romper su atadura—me libero,
Otras fui tan dichoso—que en resistir a su final me empeño.
A tan dulces fantasmas adiós digo—y por volver a ser su compañero,
Sea cual sea la hora en la mañana—otra vez duermo.

Cuatro palabras sobre la autoría de los milagros de la Virgen en la prosa marginal escurialense

Anthony J. Cárdenas
University of New Mexico

Hace exactamente un siglo que Leopoldo Cueto, Marqués de Valmar, describió las prosificaciones marginales del códice regio alfonsí de las *Cantigas de Santa María*, el escurialense T.I.1.[1] Dice así:

> Al pié de las páginas, y á todo el ancho de las dos col. del texto unas veces, otras, dividido también en dos columnas, y otras, en fin, debajo de las miniaturas, se halla la explicación de cada cantiga, en prosa castellana, y letra de la misma época de aquellas. Este comentario, que en algunas hojas casi ha desaparecido por el roce constante, sólo llega a la cantiga XXV. (Citado por Mettmann 1981, 1:23.)

Lo que proponemos en este estudio es exponer brevemente algunas ideas sobre la autoría de esta prosa marginal.

Los primeros en llamar la atención a la prosa después de la edición del Marqués de Valmar han sido John E. Keller y Robert W. Linker en su estudio sobre la *Cantiga 24* (1960). Desde entonces, la prosa marginal ha sido editada por Keller (1974), Chatham (1976), Filgueira Valverde (1979; reimp. 1985), y últimamente por Mundi Pedret y Saiz Ripoll (1987). Mettmann (1986) incluye explícitamente la versión de Filgueira Valverde; Montoya (1988) añade en un apéndice las prosificaciones de las *Cantigas* 8, 10, y 20, posiblemente sacadas de la versión de Filgueira Valverde, aunque discrepa un poco de esta versión. Aunque no lo indican, parece que Mundi Pedret y Saiz Ripoll, han utilizado en gran parte la edición de Chatham, aunque no con el provecho que se podría esperar. Tampoco cumplen con su aparato crítico —en especial su propuesta de seguir el uso de "v" y "u" según el códice, y de respetar "los acoplamientos y las separaciones de palabras, como están en el códice" (233). A fin de cuentas, la única edición fiable para un estudio serio sigue siendo la de Chatham, quien tiene en proyecto una edición de fácil lectura tal como hizo con el milagro de Teófilo (1978).

Por mi parte, y en tres conferencias distintas —en 1981 primero (Cárdenas 1987) y con más detalle después en 1982 (Cárdenas 1983), y de nuevo en 1983 ("Tres versiones")— he querido poner en duda el patrocinio alfonsí de la prosa marginal, pero hasta el momento no se han publicado los razonamientos expuestos, por lo que en 1987 leemos de Mundi

Pedret y Saiz Ripoll (ni Filgueira Valverde, Mettmann ni Montoya se preocupan por la autoría de la prosa marginal) que, aunque no se atreven "a afirmar categóricamente que las prosificaciones fuesen redactadas bajo el patrocinio de Alfonso X" (230), sí aseveran que "*sin duda alguna,* fueron escritas a finales del siglo XIII, es decir, en los últimos años del reinado alfonsí" (énfasis mío, 230). Creo necesario, pues, discutir la obra de Mundi Pedret y Saiz Ripoll, loable por otra parte y ofrecer otro punto de vista que ayude al mejor entendimiento de esta prosa y de su autor. Empecemos repasando las conclusiones a que llegan en el capítulo once.

Con la primera, esto es, las prosificaciones no son "meros resúmenes, esquemas o glosas de las cantigas gallegas, sino que son prosificaciones, remodelaciones, readaptaciones, revisiones del texo original" (229), estamos de pleno acuerdo, y así lo he señalado individualmente ("Tres versiones" y "Miracles" 1986) tanto como Keller (1974, 222 y en otras obras), y también Chatham (1976, 78) entre otros. Que la libertad con que se reformulan las prosificaciones sea "como si se tratase de otra de las obras planeadas por el Rey Sabio" merece discutirse después. Su segundo punto es innegable: sí existen diferencias "formales y temáticas" (229) entre la prosa y la poesía. Tampoco hay que disentir con su evaluación en cuanto a la improbabilidad de "posibles concomitancias de Alfonso X con otros autores hagiográficos contemporáneos", principalmente con Berceo, ni en cuanto a la sobriedad de estilo de la prosa (229). Ahora bien, su opinión de que "la frase de las prosificaciones responde a la tónica alfonsí" (229) es muy discutible. Claro está que para la ilación "nada mejor que el empleo de la conjunciones copulativas, del 'que' plurivalente" (230), etc; pero que esto lo remita "al período sintáctico anterior" (230) también es discutible ya que estos rasgos son tan generales y tan predominantes en la prosa, ya sea alfonsí o no, ya sea del siglo XIII o después, que no nos sirve mucho para aclarar la situación. Luego ofrecen unas palabras sobre la historicidad y realidad de la prosa como influencia proveniente de la obra histórica alfonsí. Puede ser, pero ¿qué hay con lo novelesco que también se puede encontrar (Cárdenas "Tres versiones" y 1987)? Emparentado con lo anterior sobre la lengua nos aclaran: "La lengua de las prosificaciones, en sus aspectos básicos, es la misma que podemos hallar en cualquier otro texto alfonsí de la última época" (230). Pero no podrá ser la manera en que se emparenta la prosa marginal con la prosa alfonsí que nos servirá aquí puesto que varios textos no alfonsíes coincidirían de igual manera a los grandes rasgos de "las características más notorias de la prosa y la lengua alfonsíes" (169). Si la prosa marginal compartiera elementos lingüísticos exclusivamente alfonsíes, entonces tendríamos algo en que establecer la misma autoría por la prosa marginal como por la prosa alfonsí.

Discutamos ahora las razones que nos hacen pensar que la prosa marginal no es alfonsí. La discusión se basará en la escritura, en el sistema de abreviaturas, y en algunas palabras específicas empleadas y sus formas en la prosa marginal que forzosamente nos hacen mirar hacia otro autor.

El que la investigación moderna haya considerado la prosa marginal

como emanente de la cámara regia alfonsí tiene que remontarse a las su-
socitadas palabras descriptivas de Leopoldo Cueto —"letra de la misma
época que la de aquellas". ¿Qué quiere decir "de la misma época" especí-
camente? ¿Letra de unos 50 años después? ¿De cien años después? Obviamente no puede significar una fecha con prioridad a la compilación dentro del códice que se establece en 1275 *a quo* (Procter 46).

El manejo personal de seis códices regios alfonsíes y el haber visto los
demás en micropelícula o en reproducciones fotográficas me permite afirmar que jamás ocurre algo parecido en los márgenes de los otros códices.
Cuando hay texto marginal, como en el caso del *Libro conplido en los iudi-
zios de las estrellas*, por ejemplo, su propósito es totalmente diferente al del
texto marginal del T.I.1, a saber: 1) es menos en cantidad; 2) la tinta y la
letra son idénticas a las del texto superior, aunque, como se entenderá, la
letra es más pequeña a veces; 3) estas notas marginales tratan de corregir
errores, ya sean de comisión u omisión, y nunca son traducciones ni amplificaciones gratuitas del texto; 4) se intercalan cerca del texto que en-
miendan y no se consignan exclusivamente al margen inferior. La singularidad de la obra marginal del codice T.I.1 es la primera pista que nos
hace sospechar que las prosificaciones no sean obra del Rey Sabio.

Una mirada, por superficial que sea, a muchos de los códices alfonsíes, y en especial a los códices de las *Cantigas*, basta para convencernos de
la munificencia regia necesaria y requerida para crear tal obra. Que Alfonso valorara mucho los códices estéticamente agradables es patente en todas sus producciones y es un hecho que no se debe pasar por alto. ¿Por
qué otra razón, por ejemplo, haría que se escribiera en cada lado de cada
folio un formato antes de empezar la escritura? ¿Por qué otra razón trata-
rían los amanuenses regios de permanecer dentro de los límites de la caja
de escritura? Seguramente las varias maneras que se emplean para borrar
para no destruir la impresión de nitidez no se pueden atribuir al azar. Y
las emplea todas: tachando cuidadosamente lo duplicado con una línea
recta, delgada, y casi imperceptible, o con puntos debajo de la letra o las
letras superfluas; el empleo de *vacat*; y, cuando era necesario, raspaduras.
Tampoco se debe a la casualidad la presencia de una escritura gótica
francesa caligráfica. Claro que podría haber utilizado otros tipos de escritura que se encuentran en muchos de sus fueros vistos, por ejemplo en la
obra de J. M. del Estal (1984). Así como decidió emplear la fórmula intro-
ductoria de estos documentos para los textos de su cámara regia (Cárdenas "Prologues"), igualmente podría haber decidido emplear cualquiera de
estas manos. Las miniaturas exquisitas, la voluta, la alternancia de letras
mayúsculas en azul y rojo con un fondo contrastante de filigrana delicada, el empleo de caligrafía de adorno y las muchas ilustraciones implican
forzosamente que estos códices, tanto en su contenido como en su forma,
eran destinados a ser dignos no sólo de su colocación en la biblioteca real, sino también a considerarse monumentos, si no en cuanto a su erudición propia, al menos en tanto a su mecenazgo. En el caso de los códices
de las *Cantigas*, estos formarían testimonio de su propia piedad a la Santa

Virgen.

Consideradas estas nociones, ¿puede caber duda de que el Rey Sabio no considerara estas intrusiones marginales simplemente eso: deterioros a un producto completo y fino?

Debemos hacer notar otros tres puntos antes de examinar la evidencia fundamental, esto es, la letra. Primero hay que preguntarse por qué el Sabio Monarca traduciría o haría traducir su poesía gallega a la *prosa* castellana. La *lingua franca*, al menos el lenguaje predominante de la lírica peninsular en ese entonces, era el gallego. Si la prosificación al castellano era un esfuerzo por hacer inteligible el gallego a la audiencia receptora, tendría que ser porque ya no se entendía el gallego; es decir, tendría que haber ocurrido la traducción en una época cuando ya no fuera común el idioma en que fueron redactadas, lo cual apuntaría a una fecha lo suficientemente tardía, una en que posiblemente la lírica dominante ya era la castellana. Segundo, ¿por qué pediría una traducción en prosa? Sin duda un rey capaz de hacer traducciones al castellano de textos científicos esotéricos árabes podría haber pedido una traducción al castellano en verso, una tarea sumamente fácil en comparación. Finalmente, los mismos datos que encontramos dentro de las *Cantigas* sugieren que Alfonso quería que estos códices honraran a la Virgen igual que hacen los protagonistas de los cuentos milagrosos. Las *Cantigas* no constituyen un mero ejercicio vanaglorioso de virtuosidad lírica y métrica (Snow 1979, 306). ¡Qué cursi le debería haber parecido al Rey, al Rey con pretensiones de Emperador, hacer poner en los márgenes una rendición prosaica de sus poemas a la Virgen, poemas que en parte proponen ser su palinodia, es decir, su esfuerzo de honrar a la Virgen para que intercediera ella en sus últimas horas (Snow 1972, 77-111), tal como hace en los mismos *miragres*! El mismo hizo escribir:

> quero seer oy mais seu trobador
> e rogo-lle que me queira por seu
> Trobador e que queira meu trobar
> receber ... e ar
> querrei-me leixar de trobar des i
> por outra dona, e cuid' a cobrar
> per esta quant' enas outras perdi.
>
> (Mettmann 1981, 1: 102, líneas 19-26)

Obviamente lo que quiere cobrar por ella es aquí a la salvación, y eso al abandonar los gozos de la carne para ser fielmente casto a la Virgen. Aseverar, pues, que Alfonso patrocinó la prosa marginal va en contra del espíritu de grandiosidad manifiesto en todas sus compilaciones y en contra del espíritu de piedad personal evidente en sus *Cantigas*.

Por otro lado, la evidencia física del texto marginal —escritura, letras, el sistema de abreviaturas, e incluso las palabras— nos exige buscar otra fuente para su autoría. La escritura de esta prosa no es la caligráfica y bella gótica que llega a ser sinónimo con los textos alfonsíes. Parece tener la letra de las prosificaciones características de finales del siglo XIV o aun del siglo XV. Algunas de las diferencias entre las dos maneras de escribir que saltan a la vista son: 1) las marcas de supresión en las prosificaciones son más cursivas. Por ejemplo, la supresión nasal en *duenna* puede verse escrita sobre las últimas tres letras *-eña*; la abreviatura de *ue* en *aquel* viene con un trazo sobre *aq̃*. Esto no tiene nada en común con la manera en que se indican las abreviaturas en las obras de la cámara regia, en las que las marcas de supresión están puestas sobre sólo una letra, o a veces superior y entre dos letras; 2) los trazos altos verticales de *d*, *h*, y la *l*, y *s* alta suben mucho más alto sobre la línea que los de la escritura gótica del los textos regios alfonsíes. Además el trazo alto de la *d*, el primer trazo de la *v* y el trazo derecho de *a* minúscula, todos se inclinan de una manera totalmente fuera de la norma vista en la letra de la cámara regia; 3) en general, en el texto marginal el espaciamiento es menos compacto y menos regular que en la obra auténticamente alfonsí. Tiene esta letra marginal muchas afinidades con las láminas 306 y 307 de Millares Carlo, *Tratado de paleografía española* (vol. 3), ambas del temprano siglo XV.

Las letras, y su empleo en la prosa marginal, difieren mucho con el de la letra gótica. En posición inicial, por ejemplo, la *v* viene a reemplazar la *u* consonántica, tan prevalente en la escritura alfonsí. Así, en la prosa marginal encontramos *virginjdat*, en vez de *uirginidad*, común en los tratados regios. La prosa marginal consistentemente indica el sonido vibrante múltiple a principio de palabra con *R* mayúscula o con minúscula repetida, *rr*. En la prosa alfonsí encontramos muestras de geminación sólo en contados casos. Así, *rrey*, con doble *rr*, se encuentra sólo seis veces, mientras que la forma con una sola *r* aparece 15.333 veces (según compilaciones de Kasten y Nitti). Del mismo modo, *rrazon*, con *rr*, aparece sólo dos veces en contraste con las 1.467 veces en que aparece con *r*. Mientras que la prosa marginal presenta la palabra *santo* o *santa*, en la prosa alfonsí aparece comúnmente la combinación consonántica latina *-NCT-*. Así la forma *sanCto* aparece 1.477 veces frente a 361 veces en que no trae la *c*. En los textos regios la palabra *hereje* siempre se escribe con *g*, a veces con *h* inicial culta —HAERETICUM > *herege*—, a veces sin ella —*erege*—, pero nunca con *j*, como exclusivamente lo hacen las prosificaciones sin jamás incluir la *h* culta. En la escritura regia alfonsí, en una serie de trazos cortos y verticales que se usaban para la *i* o dos para la *n* o tres para la *m* se evitan, pero sólo esporádicamente, posibles confusiones por medio de una marca pequeña diacrítica sobre el trazo que sólo constituía la *i*, así que, si ocurriera la palabra *minimo*, se escribiría así: **mįuįmo** . Rara vez, si es que jamás se emplea, se usa una *i* larga, es decir la *j*, con esta función. La *j* constituye la norma en las prosificaciones; la corta no. Así se encuentran *tenjan*, *plogujere*, *venje*, y *auje* donde la prosa alfonsina ofrecería normalmente *tenian*, *ploguiere*, *uenie*, y *auie*, o a veces con la pequeña marca diacrítica indicando el trazo corto singular y así distinguiendo la *i* de la *n* o de la *u*.

La prosa marginal hace uso de ciertas palabras poco comunes en la obra alfonsí. La leyenda de San Ildefonso, por ejemplo, utiliza la palabra *clerezia* para referirse al clero; en los textos regios, por otro lado, la palabra prevalente es *clerigo/s* que aparece 1.114 (468/646) veces frente a los 35 (29/6) ejemplos de *clerezia/s* y los 64 (62/2) de *clerizia/s*, con un total de 99 veces entre las dos variantes. Es decir, en la prosa alfonsí la forma *clerigo/s* ocurre a razón de 11 veces a 1 de formas de *clerezia/s*. Dentro del mismo milagro, la prosa marginal prefiere *y* (del latín IBI) a *ally* (del latín AD ILLIC) para el adverbio locativo a razón de 5 a 1, es decir 17 casos frente a 3. En la obra alfonsí la razón es de poco menos de 2 a 1: 7164 casos de *y* a 3367 de *alli*. Aún más sobresaliente es que entre estos 3367 casos de *alli* sólo 13 se deletrean con *y* final —*ally*—, única forma que presenta la prosificación de San Ildefonso.

Para resumir, las manos se desvían no sólo en la misma forma, sino también en el empleo de las propias letras; los sistemas de abreviaturas de los dos cuerpos de texto son diferentes; la selección del léxico también refleja un contraste notable. Pero, aún hay otro dato que debe mencionarse. Cuando el Centro de Microfilmación en Madrid restauraba el códice escurialense T.I.1 para su edición facsímil en EDILAN, uno de los mayores problemas que encontraron se presentó en la composición química de la tinta de la prosa marginal, distinta a la tinta encontrada en la caja de escritura, es decir, de la tinta regia alfonsí. El problema consistía en encontrar emulsiones y limpiadores que funcionaran sin estropear ni la una ni la otra tinta. Así es que hasta las tintas son distintas. En cuatro palabras, los dos textos no son de la misma fuente y las prosificaciones fueron añadidas tan tarde que en una, la que corresponde a la *Cantiga* 10, hay una referencia al Rey Sabio precisamente con estas palabras: "el buen Rey don *Alfonso el sabio*" (énfasis mío; Chatham 1976 [con modificaciones], 80). Jamás se encontrará algo parecido en las escrituras regias. Ni se puede encontrar algo parecido en la obra de su propio sobrino y admirador don Juan Manuel (véase Ayerbe-Chaux 1986). Además vale la pena reiterar lo que dije en 1981 sobre la manera en que termina la *Cantiga* 10, es decir, el hecho de que termina con algo totalmente ajeno a lo que se ve en la poesía superior, tal como sigue:

> por lo qual esta Sennora le gane perdon del su glorioso Fijo e lo lleve a la santa gloria de parayso, onde seamos dignos de yr al su servicio. Amen. (Chatham 1976, 80)

Es decir, "por lo qual" se refiere al hecho, como ya se ha indicado anteriormente, de que el Rey ha dejado las seducciones de la carne para loar a la Virgen. Y después sigue la susocitada frase que tiene que equivaler a "Resquiescat in pace" (Cárdenas 1987, 259).

Ahora bien, si no es alfonsí, ¿quién es el posible autor de esta prosa? Que el hijo del Rey Sabio, Sancho IV, fuese responsable por la obra es sumamente dudoso por una multiplicidad de razones que no vamos a repetir aquí (Cárdenas "Miracles of the Virgin").

El primero en mencionar semejanzas entre las prosificaciones y la obra de don Juan Manuel fue Keller (1975), y luego también se han inclinado por don Juan Manuel Chatham (1984) y Ayerbe-Chaux (1987 y su manuscrito inédito que ha tenido la amabilidad de compartir conmigo).

Las razones que hacen pensar en el sobrino del Rey Sabio no adolecen de falta de mérito y son las siguientes: 1) seguramente tendría él acceso al códice escurialense; 2) admiraba la obra de su tío; 3) incluye entre sus obras un, hasta el momento desconocido, *Libro de los cantares*; 4) según Ayerbe-Chaux, las semejanzas entre la letra de la prosificación y el manuscrito *S* juanmanuelino; 5) hay parecidos lingüísticos entre la prosa juanmanuelina y la marginal. Sólo esta última razón podría tener algún valor convincente y hasta que se haga un estudio completo de los dos sistemas lingüísticos, tanto de los parecidos como de las diferencias, no se podrá decir nada concluyente.

La pregunta principal que se debe hacer si se propone a Juan Manuel como autor es el por qué se escribió esta obra suya en los márgenes del códice regio. Se podría haber escrito la *Crónica abreviada* en los márgenes pero no se hizo. Recuérdese también la referencia que reza "el buen Rey don alfonso el sabio" algo que en los *Textos y concordancias de la obra completa de Juan Manuel* no se encuentra aunque sí *sabio* y *Alfonso*. ¿Cuándo se empezó a referirse al Rey Sabio como *Alfonso el Sabio*? No se puede decir que fuera con el sobrino del Rey.

Sea juanmanuelino o no, y determinar esto tendrá que ser harina de otro costal, sí aporta Ayerbe-Chaux unos datos de interés que apoyan la idea de que las prosificaciones daten del siglo XV. Ve él semejanzas entre la letra de la prosa marginal con la de un manuscrito juanmanuelino, "el códice *S* de las obras de don Juan Manuel, Ms. 6.376 de la Biblioteca Nacional de Madrid" (1987, 88). En un estudio primoroso, Dorothy Clotelle Clarke (1976) ha notado la presencia de un elemento clerical (308). La introducción de un personaje principal clerical en la versión marginal de la *Cantiga* 2 (Cárdenas "Tres versiones" 346) apoya esta observación. Incluso la secularización de la leyenda de Teófilo (Chatham 1978, 57), al representar a Teófilo como "grant cavallero" en vez de como clero, podría considerarse como apoyo del tono clerical, si no de toda la prosificación al menos de parte de ella. ¿Era clérigo el autor de la prosificación? No sería imposible que lo fuera ya que la obra marginal tiene su propio estilo, su propio enfoque. Sin duda era una persona letrada. Con razón lo considera Carmen Benito-Vessels, en un manuscrito inédito que generosamente me ha provisto, un posible caso de "novitas" y "rejuvenatio" y un caso plausible que el autor se interesara en crear una nueva obra de arte según la *Poetría Nova* de Godofredo de Vinsauf. Hasta cierto punto ofrece esta teoría más atractivo que la que se inclina por don Juan Manuel como autor de la obra marginal.

Para concluir, hay razones serias para dudar que la prosificación sea obra alfonsí ni creada en su época a pesar de lo que dice Valmar y los que aceptan su opinión. Tampoco se puede afirmar con toda certeza que no sea alfonsí, pero las razones expuestas nos inclinan a pensar que esto no es muy probable. Tampoco parece probable a primera vista que sea de Juan Manuel, pero esto merece una discusión más detallada en otro lugar. El problema que ofrece la teoría de Benito-Vessels, a pesar de sus atractivos, es el por qué de un "rejuvenatio" marginal, es decir, ¿por qué en el margen? La yuxtaposición de los dos textos, la poesía gallega y la correspondiente castellana, sugiere una relación especial entre ellos. Quizá nunca se resolverá el problema. Pero la glosa que se promete escribir sobre el asunto será uno de los capítulos más interesantes del medioevo español.

Nota

1. Quiero agradecer a mi amigo y colega, Juan Fernández Jiménez, las múltiples sugerencias recibidas que me han ayudado al mejoramiento del estilo de este estudio. Cualquier error de contenido o de estilo, que todavía quedare, es responsabilidad exclusivamente mía.

Obras Citadas

Ayerbe-Chaux, Reinaldo, ed. *Textos y concordancias de la obra completa de Juan Manuel*. Madison: Hispanic Seminary of Medieval Studies, 1986. Microfichas.

_____. "Manuscritos y documentos de Don Juan Manuel. *La Corónica* 16.1 (1987): 88-93.

_____. "Las prosificaciones castellanas de las *Cantigas de Santa María*, ¿una obra perdida de Juan Manuel?" Manuscrito inédito.

Benito-Vessels, Carmen. "Saint Ildefonso's Miracle Account in the *Cantigas de Santa María* and in the *Estoria de España*: Two Forms of Discourse". Manuscrito inédito.

Cárdenas, Anthony J. "The Anonymous Castilian Prosifications of *cantigas* 2-25 of Alfonso X (Escorial Codex T.I.1)". *Manuscripta* 27 (1983): 3-4 (sinopsis).

_____. "The Literary Prologue of Alfonso X: A Nexus between Chancery and Scriptorium". *Thought* 60, no. 239 (1985): 456-67.

_____. "Tres versiones del milagro de San Ildefonso en los códices de la cámara regia de Alfonso X, el Sabio". *Actas del VIIIº Congreso de la Asociación Internacional de Hispanistas*. Eds. A. David Kossoff et al. Madrid: Ediciones Istmo, 1986. 1: 339-47.

_____. "Miracles of the Virgin in Poetry and Prose: Alfonso X, Sancho IV (?), and an Anonymous Prosifier's". *Cincinnati Romance Review* 5 (1986): 1-15.

_____. "A Study of Alfonso's Role in Selected Cantigas and the Castilian Prosifications of Escorial Codex T.I.1.", pp. 253-68. *Studies on the* "Cantigas de Santa María". Eds. Israel J. Katz and John E. Keller. Madison: HSMS, 1987.

Chatham, James R. "A Paleographic Edition of the Alfonsine Collection of Prose Miracles of the Virgin". *Oelschläger Festschrift*. Eds. David H. Darst et al. Estudios de Hispanófila, 36. Chapel Hill: Artes Gráficas Soler, 1976. 73-111.

_____. "The Alphonsine Prose Theophilus Legend: A Reading Text". *La Corónica* 7.1 (1978): 57-59.

_____. "Escorial MS T.I.1 of the *Cantigas de Santa María* and Two MSS of *El Conde Lucanor*". *Revista de Estudios Hispánicos* 18 (1984): 441-53.

Clarke, Dorothy Clotelle. "Additional Castilian Verse and Early *arte mayor* in the Marginal Passages in Alfonso X's *Cantigas de Santa María*". *Kentucky Romance Quarterly* 23 (1976): 305-17.

Cueto, Leopoldo Augusto de, Marqués de Valmar, ed. *Las "Cantigas de Santa María" de Alfonso el Sabio*. Madrid: RAE, 1889. 2 vols.

Estal, Juan Manuel del. *Documentos inéditos de Alfonso X el Sabio y del Infante su hijo don Sancho*. Alicante: Librería Universitaria, 1984.

Filgueira Valverde, José. *Alfonso X, el Sabio. "Cantigas de Santa Maria"*. Odres Nuevos. Edilán, 1979; reimp. en Madrid: Castalia, 1985.

Kasten, Lloyd and John Nitti. *Concordances and Texts of the Royal Scriptorium Manuscripts of Alfonso X, el Sabio*. 2 vols. Madison: HSMS, 1978. Microficha.

Keller, John E. "A Feasible Source of the Dènouements of the *Exemplos* in *El Conde Lucanor*". *American Notes & Queries* 14 (1975): 34-37.

_____, and Robert W. Linker. "Some Spanish Summaries of the *Cantigas de Santa Maria*". *Romance Notes* 2.1 (1960): 63-67.

_____. "Las traducciones castellanas de las *Cantigas de Santa Maria*". *Boletín de la Real Academia Española* 54 (1974): 221-93.

Mettmann, Walter, ed. *Cantigas de Santa Maria*. 4 vols. 1959-1972; reimp. en 2 vols. Vigo: Edicións Xerais, 1981.

_____. *Cantigas de Santa Maria (cantigas 1 a 100)*. Nº 134. Madrid: Clásicos Castalia, 1986.

Millares Carlo, Agustín con la colaboración de José Manuel Ruiz Asencio. *Tratado de paleografía española*. Vol. 3. *Láminas*. Madrid: Espasa Calpe, 1983.

Montoya, Jesús. *Alfonso X el Sabio. Cantigas*. Madrid: Cátedra, 1988. Contiene las 8, 10, y 20. 321-23.

Mundi Pedret, Francisco y Anabel Saiz Ripoll. *Las prosificaciones de las "Cantigas" de Alfonso X el Sabio*. Barcelona: Promociones y Publicaciones Universitarias, 1987.

Procter, Evelyn S. *Alfonso X of Castile: Patron of Literature and Learning*. Oxford: Clarendon P, 1951.

Snow, Joseph. "The *Loor* to the Virgin and its Appearance in the *Cantigas de Santa Maria* of Alfonso el Sabio". Tesis doctoral. Madison: U Wisconsin, 1972.

_____. "The Central Role of the Troubadour *persona* of Alfonso X in the *Cantigas de Santa Maria*". *Bulletin of Hispanic Studies* 56 (1979): 305-16.

Alfonso the Learned and the Problem of Conversion to Islam*

Dwayne E. Carpenter
Princeton University

> *Whosoever of you apostatize from his religion and dies while still a misbeliever; these are those whose works are vain in this world and the next; they are the fellows of the fire, and they shall dwell therein for aye.* (Qur'ān II, 214[1])

> *Those who sincerely wish to lead people who stand outside the Christian religion into the proper faith should strive to do so by gentle means rather than by harsh means, lest adversity alienate the mind of those whom a reasonable argument would have been able to attract. For those who do otherwise and wish to force them, under such pretext, from the customary observance of their rite are seen clearly to attend to their own affairs more intently than those of God. (Pope Gregory I[2])*

 V oluntarily changing one's religion, although an act of personal preference, inevitably results in consequences that extend far beyond those affecting the individual convert. To the degree that conversion is an act of rebellion against and a rejection of a prescribed set of laws, values, and beliefs, it has always been of concern to both secular and religious authorities. Because conversion has the potential to disrupt society, these leaders have sought vigorously to discourage the would-be convert by legislating harsh penalties against him.

The plight of the new convert was therefore never an enviable one. Even if he evaded punishment by the authorities, he nevertheless had to contend with the scorn of his former coreligionists and, not infrequently, with prejudice by members of his new faith. The Bible long ago anticipated such hostility, and thus adjures compassion for the newcomer: "Love ye therefore the stranger, for ye were strangers in the land of Egypt" (Deut. 10.19).

During the Middle Ages, a Christian's identity was forged by and intimately linked to his Church and State. The Church in its role as protector of Christians and Christianity could ill afford to countenance the deviant behavior of the convert. The State, as the secular arm and frequent ally of the Church, felt equally compelled to inveigh against apostasy.

Despite the obstacles faced by potential proselytes, conversions to and from Christianity remained an indisputable feature of medieval life.

Numerous factors may account for the decision to convert, and it is clear that especially during periods of religio-political instability, a process of conversion to the religion of the conqueror is set in motion. Religious scruples notwithstanding, people tend to favor the victor.[3]

Alfonso X, the Learned (1252-1284), reigned during a time of vigorous military activity against the Moorish infidel; of no less importance is the fact that he ruled during an era of heightened religious debates and conversionary efforts. Unlike the centuries that followed, when forced conversions became commonplace, the thirteenth century in Spain is distinguished by the Church's efforts to convert Jews and Muslims by persuasion and peaceful dialogue.[4]

Alfonso's major juridical compendium, the *Siete Partidas*, includes extensive legislation devoted specifically to Jews ("De los judíos," book 7, title 24 [7.24]) and Muslims ("De los moros" [7.25]). Both titles contain laws dealing with conversion to and from Christianity, albeit with important differences. "De los moros" consists of 11 statutes manifesting, in contrast to the multifaceted legislation concerning the Jews, an almost unswerving preoccupation with various aspects of conversion. Aside from the two opening laws, which serve to introduce the subsequent legislation, and the two concluding laws, which deal with diplomatic immunity and carnal relations between Muslim men and Christian women, all of the remaining statutes are concerned either with protection for Muslims who convert to Christianity or, conversely, with the punishment of Christians who embrace Islam.[5]

In the first law of "De los moros" dealing with conversion, Alfonso establishes that Christians should endeavor to convert Muslims by kind words and appropriate discourses ("por buenas palabras et convenibles predicaciones") (7.25.2). Thus, Alfonso rejects violence and compulsion as unsuitable means of converting the infidel.[6] The rationale cited by Alfonso for non coercive proselytism is theological: God is most pleased with service that is rendered voluntarily.[7] Similar sentiments appear in "De los judíos," and hark back to Gregory I.[8] Nonetheless, Christian authorities employed a variety of social and material inducements to encourage Jews and Muslims to convert (Carpenter, *Alfonso X* 79-80, 122-23). Raimundo de Penyafort, for instance, advocated the bestowal of gifts and exemption from taxes as proper means to attract potential Muslim converts.[9]

Alfonso further expresses detailed concern that Christians not insult or in any way disparage converts to Christianity:

> Et si por aventura algunos dellos [los moros] de su voluntad les nasciere que quieran seer cristianos, defendemos otrosi que ninguno non sea osado de gelo vedar nin gelo contrallar en ninguna manera: et si alguno contra esto ficiere, debe recebir aquella pena que diximos en el título ante deste, en la ley que fabla de cómo deben seer escarmentados los judios que matan ó embargan á los de su ley que se tornan cristianos (7.25.2).

The Learned King enumerates several reasons why Christians should not only refrain from deprecating their new coreligionists, but should actually honor them: first, because converts renounce the religion of their birth; second, because after deciding to adopt Christianity, converts sever all prior social bonds; and, most important, because the new converts will then remain Christians and not be impelled to revert to Islam because of intolerant Christians. Indeed, Alfonso mandates that insulting a convert is to be punished more severely than if the injury had been committed against one whose entire ancestry was Christian.[10]

The previous two laws address the issue of Muslim conversion to Christianity; of greater concern to Alfonso is the opposite phenomenon: the conversion of Christians to Islam. Alfonso notes four reasons why one might feel compelled to abandon Christianity and adopt Islam: attraction to foreign customs, the death of relatives, poverty, and fear of punishment for criminal behavior.

> Ensandecen á las vegadas homes hi ha et pierden el seso et el verdadero conocimiento como homes de mala ventura, et desesperados de todo bien reniegan la fe de nuestro señor Jesucristo et tórnanse moros: et tales hi ha destos que se mueven á facer esto por sabor que han de vivir á su guisa, ó por pérdidas que les avienen de parientes que les matan ó se les mueren, ó porque pierden lo que habien et fincan pobres, ó por malos fechos que facen temiendo la pena que merescen haber por razon dellos (7.25.4).

It is noteworthy that religious conviction does not appear to be a motivating factor in conversion to Islam, at least from Alfonso's understanding of why people convert. Also, while those who adopt Judaism are excoriated for having strayed from the true faith, Christians who embrace Islam are deemed culpable of great wickedness, and even treason ("facen muy grant maldat et muy grant traycion") (7.25.4).[11] A convert to Islam, unlike a convert to Judaism, perforce became Alfonso's political adversary, since the Moorish kingdoms were inextricably linked to their religious components.

Alfonso decrees that the penalty for adopting Islam is the forfeiture of all the convert's property to Christian heirs —*to the tenth degree*— and then death.[12] He further specifies that if a married Christian either converts to Judaism or Islam, or becomes a heretic, and then commits adultery or marries according to the rites of his or her new religion, then all communal property reverts to the Christian spouse. If it is the wife who converts, then she forfeits her dowry and marriage gifts, as well.[13]

In order to underscore the seriousness of conversion to Judaism or Islam, Alfonso proclaims four additional laws dealing with this question. In the first of these, he provides a curious definition of apostasy: "*Apostata* en latin tanto quiere decir en romance como cristiano que se fizo judio ó moro, et *despues se repintió et se tornó a la fe de los cristianos*; et porque tal home como este es falso et escarnecedor de las leyes, non debe fincar sin pena *maguer se repienta*" (7.25.5). The striking feature of this definition of apostasy is that it involves more than simply conversion to an infidel faith; it clearly proscribes even the contrite return to Christianity. Alfonso ostensibly considers apostasy to constitute an unpardonable offense. Even more, it appears that Alfonso is *discouraging* repentance and the return of the penitent to the Christian fold; a rather un-Christian posture for a Christian monarch. The punishment for apostasy is *infamia*, which in practical terms meant that the guilty party could no longer testify in court; he could not hold public office or any honorary position; he was forbidden to execute a will or inherit; and, finally, he was not allowed to purchase from or sell to anyone. According to Alfonso, such protracted dishonor is worse than death itself.[14]

Alfonso is not alone in refusing to accept the repentant convert. Muslim legal scholars, for example, failed to arrive at a consensus as to whether to allow a Muslim apostate to revert to Islam. According to some traditions, God does not accept the repentance of apostates, while others taught that even Muhammad forgave apostates.[15] Judaism, in contradistinction to Islam and Christianity, maintains that Jewishness is an incontrovertible birthright and, as such, the convert from Judaism is often perceived as a sinner whose repentance is eagerly awaited, as it says in the Talmud: "Even though he sinned, he is a Jew" (Sanhedrin 44a).

Although the legislation in "De los moros" dealing with conversion often mentions Judaism and, on occasion, heresy, the emphasis is clearly on conversion to Islam. There are several reasons why Alfonso would wish to discourage conversion not only from Christianity to Islam, but especially from Christianity to Islam and then back again to Christianity. First, individuals who participate actively in a "religious free market" are unpredictable, and therefore unreliable, subjects. And in thirteenth-century Spain, where the distinction between politics and religion was often blurred, a monarch perforce frequently determined political loyalty on the basis of religious affiliation. A further reason why Alfonso would wish to prohibit multiple conversions is that, as we have seen, people apparently converted for the unholiest of reasons. While conversion because of beguiling foreign customs, loss of family, impoverishment, and fear of the strong arm of the law, may be personally satisfactory motivations for adopting another faith, all of these reasons have a decidedly pragmatic cast to them. Undoubtedly, Alfonso considered the authors of such arguments to be very fickle subjects indeed.

Despite his harsh language regarding conversion to Islam and particularly reconversion from Islam to Christianity —Alfonso's pragmatic political concerns ultimately outweighed his strictly religious sentiments, since in traditional religious terms it is eminently appropriate to encourage repentance and reconversion. The issue before us, apostasy and its consequences, has little to do here with theology, but much to do with political expediency. The proof for this assertion is found in the concluding law dealing with conversion to Islam, where Alfonso declares that there is, in fact, one way to escape all of the aforementioned punishments for conversion and apostasy: by performing outstanding service to the Christian State.

> Contescer podrie que algunos de los que renegasen de la fe católica et se tornasen moros, se trabajarien de facer algunt granado servicio á los cristianos, que se tornaria en grant pro de la tierra: et porque los homes que se trabajaren de facer tal bien como este sobredicho non finquen sin gualardon, tenemos por bien et mandamos que les sea quita et perdonada la pena de la muerte que diximos en la quarta ley ante desta, que deben recebir por razon del yerro que ficieron; ca asaz darie á entender el que tal cosa ficiese que amaba á los cristianos et que se tornarie á la fe católica, si lo non dexase por vergüenza ó por afruenta de sus parientes et de sus amigos; et por ende queremos que les sea perdonada la vida, maguer finque moro (7.25.8).

Alfonso here proclaims that manifestly secular act —conspicuous service to the State— will absolve the culpable of the consequences of a patently religious violation —conversion to Islam. Indeed, Alfonso makes it clear that only *after* the convert has demonstrated outstanding support for the Christian State is repentance of any value, should he desire once again to embrace Christianity.

> Et si por aventura *despues que [el apostata] hobiese fecho tal servicio á los cristianos como sobredicho es, se repintiese de su yerro et se tornase á la fe católica*, mandamos et tenemos por bien quel sea otrosi perdonada la pena del enfamamiento, et non pierda sus bienes: et que ninguno non sea osado dende adelante de gelo retraer, nin le empezca en ninguna manera: et que haya todas las honras, et que use de todas las otras cosas que los cristianos han et usan comunalmente, bien asi como si nunca hobiese renegado la fe católica (7.25.8).

Alfonso's entire legislative discussion of apostasy is characterized by a conflation of religious and political terminology, such as conversion, apostasy, repentance, service, and the State. More specifically, Alfonso has established a series of semantic correspondences between religious and political terms. Thus, Islam, the infidel religion, is also Alfonso's political adversary; conversion is equated with treason; penance is defined in secular terms as service to the State; and forgiveness for the sin of conversion is granted by a secular authority.

Scholars who have examined the social background of conversion have noted that the attractiveness of a given religion often corresponds to state support for, and the resultant respectability of, that religion.[16] On the basis of this observation, I submit that in the five centuries preceding Alfonso's reign, and in the two following it, Iberian Christians were largely unconcerned with apostasy, in the Alfonsine sense of the term; that is, an equivocal, "back and forth" approach to religion. During the heyday of Muslim hegemony in the Iberian Peninsula, it is most likely that a preponderance of conversions went in favor of Islam, whereas toward the end of the *Reconquista*, conversions to Christianity predominated. The thirteenth century, however, the epoch of Fernando III and Alfonso X, constituted the pivotal juncture between Muslim primacy and Christian ascendancy. And, I contend, this political flux was reflected in religious vacillation and documented in juridical terms by Alfonso X in "De los moros."

It is clear from the preceding analysis that Alfonso the Learned resolutely sought to eliminate conversions to Islam by Christians. To a large degree, this concern is a response to the political exigencies of the times. Although Alfonso's father, Fernando III, had reconquered various Muslim strongholds in Andalucía (Córdoba 1236; Sevilla 1248; Cádiz 1250), the infidel menace would continue to be an indisputable reality for many years. Given the fluid boundaries between Christian and Muslim Spain, Alfonso desired to prohibit conversion to Islam, an act that could readily engender grave social and military consequences. Although much of the Christian-Muslim encounter was overtly bellicose, this conflict clearly included a fierce struggle for religious supremacy. And in this peninsular crusade, military victory was the consummate proof of spiritual superiority.

Notes

*I presented an earlier version of this study at The Hebrew University of Jerusalem as part of a series of lectures devoted to the theme of "A Member of Another Religion in Religious Law" (27-30 April, 1987). I would like to record my appreciation to Professor Alfredo M. Rabello for his kind invitation to me to participate in the congress. I owe a special debt of gratitude to Ann Kahn of Columbia University, who generously shared with me her comprehensive knowledge of medieval Jewish and Islamic studies, and who, in addition, made numerous substantive suggestions.

1. Quoted in Majid Khadduri, *War and Peace in the Law of Islam* (Baltimore: The Johns Hopkins Press, 1955) 150.

2. The citation is from the *Decretum*, D.45, c.3. Translated by Robert Chazan, *Church, State, and Jew in the Middle Ages* (New York: Behrman House, Inc., 1980) 20.

3. This is evident in the case of Christianity after Constantine's conversion in 313. Once it had been legalized, Christianity spread so rapidly that by the last decade of the fourth century the State had begun to persecute non-Christians (Ramsay MacMullen, *Christianizing the Roman Empire [A.D. 100-400]* [New Haven: Yale Univ. Press, 1984] 86-101). The rate of conversion to Islam following the Arab conquests of the seventh century has been studied by Richard W. Bulliet in *Conversion to Islam in the Medieval Period: An Essay in Quantitative History* (Cambridge, Mass.: Harvard Univ. Press, 1979). In his theory of "innovative diffusion," he states that new religious ideas are first adopted slowly and then at an increasingly rapid rate. Thomas F. Glick (*Islamic and Christian Spain in the Early Middle Ages: Comparative Perspectives on Social and Cultural Formation* [Princeton: Princeton Univ. Press, 1979]), and David Wasserstein (*The Rise and Fall of the Party-Kings: Politics and Society in Islamic Spain, 1002-1086* [Princeton: Princeton Univ. Press, 1985]), use this hypothesis in their studies on medieval Spain. These analyses underscore the fact that people converted mainly because of the growing acceptance of a given religion.

4. See Robert I. Burns, *Muslims, Christians, and Jews in the Crusader Kingdom of Valencia: Societies in Symbiosis* (Cambridge: Cambridge Univ. Press, 1984) 80-108; and Dwayne E. Carpenter, *Alfonso X and the Jews: An Edition of and Commentary on Siete Partidas 7.24, "De los judíos"*, Univ. of California Publications in Modern Philology, no. 115 (Berkeley-Los Angeles: Univ. of California Press, 1986) 79-81, 122-23.

5. With regard to the first two laws of "De los moros," see my "Alfonso el Sabio y los moros: Algunas precisiones legales, históricas y textuales con respecto a *Siete Partidas* 7.25," *Al-Qantara* 7 (1986): 229-53; note also my "Minorities in Medieval Spain: The Legal Status of Jews and Muslims in the *Siete Partidas*," *Romance Quarterly* 33 (1986): 275-87.

6. "Por buenas palabras et convenibles predicaciones se deben trabajar los cristianos de convertir á los moros para facerles creer la nuestra fe et para adocirlos á ella, et non por fuerza nin por premia; ca si voluntad fuese de nuestro señor Dios de los adocir á ella ó de gela facer creer por fuerza, él los apremiarie, que ha poder acabado de lo facer; mas él non se paga del servicio quel facen los homes amidos, sinon de aquel que lo face de su grado et sin premia ninguna; et pues que él non les quiere apremiar nin forzar, por esto defendemos que ninguno non los apremie nin les faga fuerza ninguna sobre esta razon" (7.25.2). All citations from the *Siete Partidas*, unless otherwise noted, are from the Real Academia de la Historia edition, 3 vols. (Madrid: Impr. Real, 1807). For a discussion of *vis compulsiva* and *vis absoluta*, see Edward A. Synan, *The Popes and the Jews in the Middle Ages* (New York: Macmillan Co., 1967) 56.

7. Cf. *Siete Partidas* (*SP*) 7.24.6, dealing with the conversion of Jews.

8. "Hos enim, qui a christiana religione discordant, mansuetudine, benignitate, admonendo, suadendo ad unitatem fidei necesse est congregare, ne quos dulcedo praedicationis et praeventus futuri iudicis terror ad credendum invitare poterat, minis et terroribus repellantur" (*Gregorii I Papae Registrum Epistolarum*, ed. P. Ewald and L. M. Hartmann, 2 vols. [*Monumenta Germaniae Historica; Epist.*, Berlin, 1887-99], XXIV, 1:48).

9. *Summa de casibus poenitentiae* 1.4.3. Noted by Benjamin Z. Kedar, "Muslim Conversion in Canon Law," in *Proceedings of the Sixth International Congress of Medieval Canon Law*, ed. Stephan Kuttner and Kenneth Pennington, Monumenta Iuris Canonici, Series C: Subsidia, vol. 7 (Citta del Vaticano: Biblioteca Apostolica Vaticana, 1985) 321-32, at p. 330, no. 39.

10. "Viven et mueren muchos homes en las creencias extrañas que amarien seer cristianos, sinon por los aviltamientos et las deshonras que veen recebir de palabra et de fecho á los otros que se tornan cristianos, llamándolos tornadizos, et porfazándolos en otras muchas maneras de denuestos; et tenemos que los que esto facen yerran en ello malamente, porque todos deben honrar á estos atales por muchas razones, et non deshonrarlos: lo uno es porque dexan aquella creencia en que nascieron ellos et su linage; et lo al porque desque han entendimiento conoscen la mejoria de la nuestra fe, et recíbenla et apártanse de sus padres, et de sus madres, et de los otros sus parientes et de la vida que habien acostumbrado de facer, et de todas las otras cosas en que reciben placer. Et por estas deshonras que reciben, atales hi ha dellos que despues que han recebida la nuestra fe et son fechos cristianos, repiéntense et desampáranla, cegándoseles los corazones por los denuestos et aviltamientos que reciben. Et por ende mandamos que todos los cristianos et cristianas de nuestro señorio fagan honra et bien en todas las maneras que pudieren á todos aquellos que de las creencias extrañas vinieren á la nuestra fe, bien asi como farien á otro qualquier que su padre, et su madre, et sus abuelos et sus abuelas hobiesen seido cristianos. Et defendemos que ninguno non sea osado de los deshonrar de palabra, nin de fecho, nin de les facer daño, nin tuerto nin mal en ninguna manera: et si alguno contra esto ficiere, mandamos que reciba pena et escarmiento por ende á bien vista de los judgadores del lugar, mas cruamente que si lo ficiesen á otro home ó muger, que todo su linage de abuelos et de bisabuelos hobiesen seido cristianos" (7.25.3).

11. Concerning Christians who adopt Judaism, Alfonso X declares: "Tan malandante seyendo algund cristiano que se tornasse judio, mandamos quel maten por ello, bien assi como si se tornasse hereje" (*SP* 7.24.7). All citations from *SP* 7.24, "De los judíos," are from my *Alfonso X and the Jews*. The charge of treason is likewise levelled against the Jews, but in this case the calumny appears as part of the accusation against the Jews of having committed deicide: "E los emperadores que fueron antiguamientre sennores de

todo el mundo touieron por bien e por derecho que por la traycion que fizieron en matar a su sennor que perdiessen por ende todas las onrras e los preuillegios que auien..." (7.24.3).

12. "Et por ende mandamos que todos quantos tal maldat como esta ficieren que pierdan por ende todo quanto hobieren, et que non puedan levar ninguna cosa dello, mas que finque todo á sus fijos si los hobiere, á aquellos que fincaren en la nuestra fe et la non renegaren: et si fijos non hobieren, háyanlo los mas propincos parientes que hobieren fasta el deceno grado que fincaren en la creencia de los cristianos: et si fijos nin tales parientes non hobieren, que finquen todos sus bienes para la cámara del rey: et demas desto mandamos que si fuere fallado el que tal yerro ficiere en algunt lugar de nuestro señorio, que muera por ello" (7.25.4).

13. "Et por ende mandamos que si por aventura acaesciere daqui adelante, asi como ya acaesció en otro tiempo, que alguna muger de nuestra ley seyendo casada se tornare mora, ó judia ó hereja, et en aquella ley que recibiere de nuevo se casare ó ficiere adulterio, que las dotes, et las arras et todos quantos bienes hobieren de so uno ella et su marido á la sazon que tal yerro ficiere, que sean todos del marido; et esta pena que diximos que debe haber la muger, esa misma decimos que debe haber el marido si se tornare moro, ó judio ó herege. Pero estos bienes atales que gana el marido por el yerro que face su muger, si fijos le fincaren de aquella muger misma, ellos los deben haber despues de muerte de su padre; et maguer hobiese fijos de otra muger, non deben haber destos bienes atales ninguna cosa. Eso mismo decimos que debe seer guardado en los bienes del marido, si ficiere tal yerro como este" (7.25.6).

14. "Et por ende dixieron los sabios antiguos que debe seer enfamado para siempre, de manera que su testimonio nunca sea cabido, nin pueda haber oficio nin lugar honrado, nin pueda facer testamento nin seer establescido por heredero de otro en ninguna guisa; et aun demas desto decimos que véndida nin donacion que á él hobiesen fecha ó que él ficiese á otro desde aquel dia en adelante que fizo este yerro, non queremos que vala. Et esta pena tenemos que es mas fuerte á este atal que si lo matasen; ca la vida deshonrada que él fará le será por muerte de cada dia, non pudiendo usar de las honras nin de las ganancias que ve usar comunalmente á los otros" (7.25.5). In a related statute, Alfonso declares that one can be accused of apostasy up to five years after his death. If the accused is found guilty, then his property is disposed of in the same manner as should be done with that of heretics. "Renegando algunt home la fe de nuestro señor Jesucristo, et tornándose despues á ella segunt que desuso diximos, si acaesciere que en su vida non fuese acusado de tal yerro como este, tenemos por bien et mandamos que todo home ó muger pueda acusar su fama despues que sea muerto fasta cinco años. Et si ante deste plazo lo acusare alguno, et fuere probado que fizo el yerro, deben facer de sus bienes asi como diximos en las leyes ante desta; et si por aventura non fuese acusado en su vida nin despues de su muerte fasta cinco años, dende adelante non lo podrie ninguno acusar" (7.25.7).

15. *The Encyclopaedia of Islam*, ed. M. Th. Houtsma, T. W. Arnold, R. Basset, and R. Hartmann (Leiden: E. J. Brill; London: Luzac & Co., 1936) 736-38, vol. 3:2; *s.v.* "murtadd."

16. See in this regard A. H. M. Jones, "The Social Background of the Struggle between Paganism and Christianity," in *The Conflict between Paganism and Christianity in the Fourth Century*, ed. A. Momigliano (Oxford: Clarendon Press, 1963) 17-37; and MacMullen, *Christianizing the Roman Empire*.

"Entre veinte perlas netas / ...": La *Fábula de Píramo y Tisbe* (estr. XVI, vv. 63-64) de Luis de Góngora

Antonio Carreño
Brown University

Peliagudo ha sido el problema en torno a la lectura de los vv. 63-64 (estr. XVI) del extenso romance de Luis de Góngora "La ciudad de Babilonia", conocido por *Fábula de Píramo y Tisbe* (1618). El poema, enmarañado, complejo, invita varias lecturas críticas.[1] La estrofa aludida: "Un rubí concede o niega / según alternar le plugo, / entre veinte perlas netas / doce aljófares menudos", sirve de modelo (como otras muchas) para probar la irreductibilidad, en este caso, de una lectura única. Las dos metáforas claves, "perlas", "aljófares", su dualidad analógica ("perlas" dentro de la tradición poética equivale, generalmente, a "dientes": así en Herrera; "aljófares" a "muelas"); la posible alternancia del binomio "perlas: muelas"; "aljófares: dientes"), al igual que el número parcial (doce más veinte: treinta y dos en total), de nuevo reversible (veinte dientes y/o doce muelas, de acuerdo aquí con los tratadistas de anatomía), han dado origen a varias notas críticas y a "divertidos comentarios": desde Dámaso Alonso y Edward M. Wilson a Robert Jammes.[2] Se sitúan a la cabeza de todos ellos las inteligentes y eruditas observaciones de Salazar Mardones.[3] Pero es posible que toda discusión al caso sea irrelevante (la mía no menos); o que las varias opiniones críticas, por dispares, se complementen; o que la estabilidad de un solo criterio niegue la ambigüedad y el juego de oposiciones, esencial en la lectura del poema. Su proceso, desconstructivo, conlleva (como reconocida parodia y autocrítica) la combinación positiva y crítica de afirmar y negar a su vez, lúdicamente, los presupuestos de hermosura arquetípica con que Góngora presenta a Tisbe a lo largo del poema. Lo mismo sucede con Píramo: ascendencia de ambos, educación, medianías, espacio habitado, lugar del encuentro, muerte final, epitafio: "a pesar del Amor, dos, / a pesar del número, uno", emblema éste de la aguda diacrítica (filológica, lingüística, estética) que establece el poema. Pero vayamos al grano.

Conocida fue la historia de los trágicos amores de Píramo y Tisbe (ya desde Ovidio: *Metamorfosis* libr. IV, vv. 55-166); venerada y querida en la lírica del Renacimiento.[4] El mito pasa por Dante (*Divina Commedia*, Purg., XVII, 37-39; XXXIII, 69), Chaucer ("Legend Tesbe" en *The Legend of Good Women*, vv. 921, 923), Boccaccio (*De Clariis Mulieribus*) y Tasso ("Favola di Piramo e di Tisbe"); por Marino (escribe un "idilio" sobre los dos

amantes) y Jean-Antoine de Baïf (compone "'Le Meurier', ou la Fable de
Pyrame et Thisbe"), sin olvidar obviamente a Shakespeare (*A Midsummer
Nights Dream* .[5] El suceso (el mito) encaja dentro del patrón arquetípico
del amante ideal, y de la hermosura de la dama. Satisfacía el canon neoplatónico (Amor, Belleza) presente en los lectores (y no menos oyentes) de
la época.[6] Recoge el tema Cristóbal de Castillejo (traduce al pie de la letra
a Ovidio), Antonio de Villegas (*Inventario* 1565), Gregorio Silvestre (*La
fábula de Píramo y Tisbe* 1592); pero más conocida y extendida fue la versión de Jorge de Montemayor.[7] Aparece en un sinnúmero de romances y
Cancioneros a lo largo del siglo XVI. "En la grande Babilonia" se inicia el
romance que Lorenzo de Sepúlveda incluye en su *Romancero historiado*;
pasa a la *Silva recopilada* (1561), al *Cancionero de flor de enamorados* (1562)
y *Rosa de Amores* (1573) de Timoneda.[8] Difunde ya éste la imagen de Tisbe y Píramo como "leales enamorados"; y el romance que recoge Pedro de
Moncayo en su *Flor de Varios Romances Nuevos y Canciones* (Huesca, 1589),
breve y preciso ("El abierto pecho mira / de Píramo su señor" [fol. 77])[9]
da énfasis al desenlace trágico de los dos amantes. En el gran "río" del
Romancero general de 1600 se funden diferentes versiones.[10]

La atención que Góngora concede al motivo, ya en un romance previo
("De Píramo y Tisbe quiero"), aludido en numerosas ocasiones, muestra su
fascinación por el mito. En dicha composición (núm. 55), que deja sin terminar (1604), el tema ya es tratado de manera paródica. Su final trunco,
inconcluso, podría explicar, o bien la insatisfacción del poeta ante lo escrito; o bien la búsqueda e intento de nuevas fórmulas líricas; o la intensificación, en tanteo aún, de un nuevo estilo (degradado, paródico, crítico),
cuyo logro final vendría a ser el romance "La ciudad de Babilonia", escrito a catorce años de distancia. Un romance se ve como continuación
del otro; y el de 1618 se lleva a cabo, como indica don Antonio Chacón
Ponce de León, en nota al margen (fol. 285), a instancia de "algunos amigos suyos". Cristóbal de Salazar Mardones escribe en su "Dedicatoria" a
Ilustración y Defensa ser el romance la obra que "más lima costó a su autor" (fol. 3v). Y Joseph Pellicer de Salas y Tovar, en *Lecciones Solemnes a
las Obras de Don Luis de Góngora y Argote* (Madrid, 1630) explica: "Entre las
obras que más estimó en su vida don Luis de Góngora, según él me dixo
muchas veces, fue la principal el romance de '*Píramo y Tisbe*'" (col. 775).[11]

La contradicción que ofrecen los versos aludidos surge a partir de las
variantes que presentan los varios transmisores de la lírica de Góngora.
Por un lado, Vicuña, Chacón y Hozes quienes, al igual que los más modernos editores (Raymond Foulché-Delbosc, J. M. e Isabel Millé y Giménez) leen: "Entre doce perlas netas / veinte aljófares menudos".[12] Sin embargo, para Salazar Mardones, el gran exégeta de la *Fábula* (también le
dedica extensos pliegos Pellicer y Tovar [fols. 775-835]), lo mismo que la
versión que edita Robert Jammes (Góngora, *Fábulas manuescriptas*, ms.
4269, Biblioteca Nacional, Madrid) "veinte" son las "perlas"; "doce" los "aljófares": "entre veinte perlas netas, / doce aljófares menudos". Es éste, de
acuerdo con Edward M. Wilson,[13] el mejor texto del romance. Salazar

Mardones (fol. 32v) va más lejos. Interpreta los "doce aljófares menudos" como los dientes incisivos y caninos, colocados éstos entre veinte molares; cinco a cada lado de las mandíbulas. Siguen tal versión Edward M. Wilson y Dámaso Alonso, apartándose ambos del ms. Chacón, de la versión anterior de Vicuña, y de las posteriores de Hozes (1633, 1634, 1654). En Chacón (fol. 287) los "aljófares menudos" son los "dientes"; las "perlas" las "muelas": "entre doce perlas netas / veinte aljófares menudos". Adopta tal versión José María de Cossío, el primer compilador de los romances de Góngora (Madrid, 1927; repr. 1980). Reproduce éste la versión del ms. Chacón (ms. Res. 45, Biblioteca Nacional, Madrid), vía Foulché-Delbosc. Pero si bien el ms. que edita Jammes (lo denomina *L*) sigue la versión de Salazar Mardones, cuestiona el crítico francés el que Góngora atribuya a Tisbe treinta y dos dientes, cifra reservada (indica), y de acuerdo con Aristóteles, Galeno y Avicena, al sexo fuerte. Pues las mujeres tan sólo tenían (afirma), y de acuerdo con los tratadistas de la época, veintiocho o a lo más treinta dientes. Concluye Jammes: "... c'est donc par erreur que Góngora, en attribuant trente-deux perles à Thisbé, lui a donné des dents de sagesse qu'elle n'avait pas encore. Le débat reste ouvert". Tal afirmación (la recoge de Edward M. Wilson en nota a su artículo) es, creemos, hilar muy en fino. Implica conocer o suponer la edad real de Tisbe, y que tal imagen se ha de reflejar, transcendiendo el mito, de una manera positiva y mimética, en el poema. La realidad poética es una; la concreta y cotidiana de una muchacha de X años, otra. Querer ajustar éstas es, sobre todo en la lírica de Góngora, fútil ejercicio. Por otra parte, el crítico francés supone, en su exégesis sobre estos versos, que las treinta y dos piezas dentales son "perlas", bien en contra de la división "perlas" / "aljófares", presente en los comentaristas. Las variantes son, pues, claras, lo mismo que los comentarios críticos. Se ciñen unos (Salazar Mardones, Wilson, Dámaso Alonso, Jammes) a los tratadistas de anatomía para determinar el número de dientes/muelas, y a la correspondencia metafórica de "aljófares / perlas" (muelas/dientes). Otros (Vicuña, Chacón, Hozes), siguiendo la tradición poética de las dos metáforas (con frecuencia inconsistente) identifican "perlas" con muelas, "aljófares" con dientes, tirando por la borda la exactitud numérica de cada grupo. Pero inciden todos en la suma total: treinta y dos.

Vayamos a los tratados de anatomía. A tres años de morir Góngora, sale en Madrid, en 1630, el *Tratado Breve de Flobotomía* que escribe, en forma dialogada, Diego Pérez de Bustos. Confirma (en "Advertencia" [págs. 48-49]) que el número de "dientes, colmillos y muelas" es de treinta y dos. Nueve años antes (en 1621) Andrés de Tamayo, en *Tratados breves de álgebra y garrotillo* (Valencia: Juan Crisóstomo Garriz) afirma ("Libro primero de anatomía") haber en cada mandíbula diez y siete dientes, de los cuales (indica) diez son muelas y siete dientes (págs. 4-5). Y Andrés de León, en *Tratados de Medicina, Cirugía, y Anatomía* (Valladolid: Luis Sánchez, 1605) es más preciso (fue médico y cirujano del Rey): "el número de los dientes y muelas es de treinta y dos", indicando a renglón seguido:

"aunque algunas veces no se halle más de veinte y ocho". Y en el mismo
número (treinta y dos) incide Juan Sánchez Valdés de la Plata, en *Corónica
y Historia General del Hombre* (Madrid: Luis Sánchez, 1598 [pág. 105b]).

La tradición poética (y de acuerdo con las variantes que presentan Vicuña, Chacón y Hozes) identifica, ya entrados en la lírica del Renacimiento, "dientes" con perlas, o aljófares, indistintamente. Por ejemplo, en el soneto de Fernando de Herrera, "Serena Luz, en quien presente espira"
(XXVIII) las "perlas" son dientes: "armonía y angélica Sirena, / que entre
las perlas y el coral respira" (vv. 7-8).[14] Pero, como ya indicamos, la inconsistencia persiste en Góngora. En su romance "Dejad los libros ahora"
(I, 137)[15] "cada diente [es] un aljófar". La perla se relaciona con frecuencia
con el elemento líquido: a) burbujas: "Que al tronco menos verde / le
guarnecen de perlas espumas" (I, 236); b) lágrimas: "Bien puedes al mar
del Sur / vencer en lucientes perlas" (I, 52). Y al igual que la perla, el
aljófar está asociado con la gota de rocío: frágil, transparente, redonda:
"Es ... / ... cada diente el aljófar / que el Alva suele vertir" (I, 137); también, "fragante perla cada breve gota" (sont. núm. 125, v. 6);[16] o "cuyo caduco aljófar son estrellas" (núm. 135, v. 14; también núms. 147 [v. 1], 148
[v. 11]). Ambas imágenes (perlas, aljófares) se hallan asociadas indistintamente en el soneto núm. 58: "aljófar blanco sobre frescas rosas" (v. 2),
"bordadura de perlas sobre grana" (v. 4). En el romance "Cloris, el más
bello grano (II, 17) se indica: "Lloró aljófar, lloró perlas" (v. 33). Como
dientes aparecen de nuevo las perlas en el soneto núm. 60: "Ya quebrando
en aquellas perlas finas / palabras dulces mil sin merecello" (vv. 5-6). Y
en el núm. 70: "un humor entre perlas destilado" (v. 2). Los ejemplos se
podrían multiplicar. Documentan el intercambio de ambas metáforas para
referirse, o bien a "dientes" o bien a "muelas". El término genérico "dientes" está asociado, por lo general, con "perlas".

En Lope "aljófares" son las gotas del rocío que bañan los cabellos de
Dorotea (*La Dorotea*, 82), pero también "sartas de perlas en terciopelo liso"
(*Ibid.*, 5v). Como gota de rocío aparece el "aljófar" en el soneto de Quevedo "Estábase la Efesia cazadora ..." (v. 2), y las perlas (orientales) son, de
nuevo, metáforas de los dientes: "Bostezó Floris, y su mano hermosa"
(núm. 67, v. 12).[17] Lo mismo sucede en el famoso soneto "En breve cárcel
traigo aprisionado" (núm. 76, v. 4), al igual que en el romance "Tomando
estaba sudores" (núm. 119, vv. 29-30).[18] La perla es, pues, en Quevedo,
metáfora tradicional por los dientes de la amada, destacándose así la hermosura de su fisonomía. Está implícita toda la dentadura, sin la distinción
(como en Góngora) entre dientes y muelas (o perlas y aljófares).

El *Diccionario de Autoridades* es más concreto. Define "aljófar" como
granos finos y desiguales, distintos de las perlas. Estas son más claras y
redondas. Asocia el aljófar con lo líquido (lágrimas o gotas de rocío) y
anota: "Y igualmente los Poetas llaman así también a las lágrimas, y a los
dientes de las Damas". Oro y aljófar (aquí plata) adornan los flecos de la
media de la hija de Diego la Llana (*Don Quijote*, II, 49). A la perla chiquita llaman también "aljófar", nos confirma Covarrubias. Y las hay, según el

ilustre lexicógrafo, redondas, bien formadas, y también desproporcionadas; otras a modo de berrugas. Las gruesas, redondas, lisas, y de color claro, llamaron comúnmente, indica Covarrubias (*Tesoro de la lengua Castellana o Española* [1611]), perlas, poniendo dos ejemplos: las lágrimas como perlas, las gotas del rocío como aljófares.[19] La imprecisión, como podemos notar, persiste.

El número exacto de "treinta y dos" (doce más veinte) era conocimiento común. Y si bien la tradición de los estudios de anatomía confirma el número, la poética no apoya consistentemente la correspondencia metafórica entre "perlas-dientes", y "aljófares-muelas", de acuerdo ésta con los textos de Salazar Mardoens y el ms. *L* que edita Robert Jammes. A tal dificultad no alude, por ejemplo, Daniel P. Testa (pese al título del ensayo), ni el concienzudo estudio de Fernando Lázaro Carreter, Pamela Waley, etc.

Pero es la poética interna del poema, ante la imposibilidad de fijar un criterio, la que nos daría una posible explicación. Sabemos que Góngora no tan sólo parodia un conocido mito (amores de Píramo y Tisbe), las varias versiones y tratadistas que le anteceden (sobre todo Jorge de Montemayor), sino que ridiculiza, autoparodiando, su propio estilo culto ("alto"), cuyo exponente ejemplar son *Las Soledades* y el *Polifemo*. Tal dualidad de re/creación lírica (paródica, autocrítica) invita a lecturas simultáneas, duales, desconstructivas. Bien lo había observado Dámaso Alonso al indicar cómo la *Fábula* venía contada en un estilo chusco en el que el poeta parecía burlarse de la erudición, de la tradición poética, y al paso, de su propia poesía.[20] Así, y dentro de este afán de ridiculizar, se pueden tomar las muelas de Tisbe por dientes (trocando así los "aljófares" por las "perlas"); alterar incluso el número de muelas (12) por el de dientes (20), y hasta cruzar el equívoco de manera caprichosa. El mismo hecho de suponer a Tisbe con veinte muelas y doce dientes correspondería a la figuración monstruosa, grotesca, de la amada. Al otorgarle un número excesivo de piezas dentales —dados los pocos años— se desfigura el canon de la amada ideal, físicamente proporcionada. Recordemos a Laura, Isabel Freyre (*Elisa*) de Garcilaso; a las *Filis*, *Amarilis* de Lope; a la *Lisi*, finalmente, de Quevedo. Otros versos del poeta documentan tal intercambio lúdico. La garganta de Tisbe es, por ejemplo, "cañuto de plata bruñida" (v. 65), pero a la vez "cerbatana del gusto" (v. 68). La oposición "plata bruñida/cerbatana", y sus complementos analógicos, tenida en cuenta la implicación semántica de ambos términos, es crítica, paródica. El término A desconstruye la figuración metafórica del término B. Recordemos cómo los pechos de Tisbe pasan a ser "pechugas", superiores, claro está, a las del Ave Fénix (v. 71), suponiendo que ésta exista, anota Góngora de manera sardónica. De nuevo, los términos "pechos/pechugas", la relación Tisbe/Ave Fénix, el contexto avícola en que se funda el sistema de asociaciones, desvanece la relación idílica de la pareja.

Lo que nos lleva a la conclusión final. La "Fábula de Píramo y Tisbe" anula toda interpretación unívoca. Se escribe, diríamos, con dos plumas:

una (escritura negativa) desconstruye el proceso de la otra (positiva), de manera alternante y respectiva. En el centro de su clave hermenéutica está la parodia. Establece ésta estructuras semánticas dobles. Confirma la coexistencia ambivalente de dos enunciados. Se realza la norma o el cliché poético a través de la negación; y en ésta se cifra a su vez lo original del nuevo contexto. La parodia conlleva la simultaneidad semántica de lo imposible (lo ridículo del mito) frente a lo convencional: un cruce de códigos donde lo que se niega se afirma de manera reversible. Tal negación del lenguaje poético (Góngora) o del narrativo (Cervantes) se torna en coyuntura diacrítica en las letras hispánicas del siglo XVII.[21] Y tal modalidad se ha hecho actual. Lo que explica la vigencia de estos clásicos, y la gran revolución que un día promovieron con sus letras.

Notas

1. Véanse, sobre todo, Arthur Terry, "An Interpretation of Góngora's *Fábula de Píramo y Tisbe*", *BHS* 33 (1956): 202-17; Pamela Waley, "Enfoque y medios humorísticos de la 'Fábula de Píramo y Tisbe'", *RFE* 44 (1961): 385-98; Daniel P. Testa, "Kinds of Obscurity in Góngora's 'Fábula de Píramo y Tisbe'", *MLN* 79 (1964): 153-68 y, más recientemente, Fernando Lázaro Carreter, "Situación de la *Fábula de Píramo y Tisbe* de Góngora" y "Dificultades en la *Fábula de Píramo y Tisbe*", en *Estilo Barroco y Personalidad Creadora. Góngora, Quevedo, Lope de Vega*, nueva edición aumentada (Madrid: Ediciones Cátedra, 1974) 45-68; 69-76; también David L. Garrison, The Linguistic Mixture of Góngora's 'Fábula de Píramo y Tisbe'", *RomN* 20.1 (Fall 1979): 108-13. Todos estos críticos, acertados la mayoría en sus juicios, cometen un grave error: el no consultar las variantes que ofrecen los textos de Góngora (sobre todo los romances); Vicuña, por ejemplo, Hozes; o el manuscrito Chacón. Siguen generalmente, y por comodidad, la edición de los hermanos Millé y Giménez (Luis de Góngora, *Obras completas*) quienes transcriben, si bien con un buen número de errores tipográficos, la edición de Raymond Foulché-Delbosc, *Obras Poéticas de Don Luis de Góngora* (Nueva York: The Hispanic Society of America, 1921), 3 vols., quien sigue en detalle el ms. Chacón. Nuestra edición de los *Romances* de Luis de Góngora (Madrid: Editorial Cátedra, 1982) tiene en cuenta, y anota, a lo largo de todo el romancero de Góngora, sus más importantes variantes.

2. Dámaso Alonso, *Góngora y el «Polifemo»*, II (Madrid: Editorial Gredos, 1967) 65, nota; Edward M. Wilson, "El texto de la 'Fábula de Píramo y Tisbe' de Góngora", *RFE* 22 (1935): 291-98, incluido ahora en *Entre las jarchas y Cernuda. Constantes y variables en la poesía española* (Barcelona: Editorial Ariel, 1977) 333-42; Robert Jammes, "Notes sur 'La Fábula de Píramo y Tisbe' de Góngora", *Les Langues Néo-Latines* 156 (1961): 1-46.

3. Cristóbal de Salazar Mardones, *Ilustración y Defensa de la Fábula de Píramo y Tisbe* (Madrid: Imprenta Real, 1636) 21-205. Véase un extracto de estos comentarios en Rumeau A. (París: Ediciones Hispano-Americanas, 1961). De acuerdo con Edward M. Wilson, *Entre las jarchas y Cernuda*, pág. 336, el comentario de Salazar Mardones presenta mejor texto que el ms. Chacón (copiado entre 1625 y 1628), y éste que reproducen Raymond Foulché-Delbosc en su edición de las *Obras poéticas de Luis de Góngora*, y la posterior de los hermanos Millé y Giménez.

4. José María de Cossío, *Fábulas mitológicas en España* (Madrid: Espasa-Calpe, S.A., 1952) 517-31.

5. G. Hart, *Die Pyramus und Thisbe Sage in Holland, England, Italien und Spanien* (1891); Guillermo Araya, "Shakespeare y Góngora parodian la fábula de Píramo y Tisbe", *Estudios*

Filológicos, I. En Homenaje a Eleazar Huerta V. Facultad de Filosofía y Letras. Universidad Austral de Chile (1964), 19-40.

6. Margit Frenk, "'Lectores y oidores': la difusión oral de la literatura del Siglo de Oro", *Actas del Séptimo Congreso Internacional de la Asociación Internacional de Hispanistas* (Roma: Bulzoni Editore, 1982) 101-23.

7. B. W. Ife, *Dos versiones de Píramo y Tisbe: Jorge de Montemayor y Pedro Sánchez de Viana* (*Fuentes para el estudio del romance 'La ciudad de Babilonia' de Góngora*) (Exeter: University of Exeter, 1974).

8. Lorenzo de Sepúlveda, *Romances nuevamente sacados de historias antiguas* (Anveres, 1551, 1566); el *Cancionero de romances* (Medina del Campo, 1576), fol. 214; (Sevilla, 1584), fols. 136, 167; *Silva de Varios Romances* (Barcelona, 1561, 1578, 1587, 1602), fols. 171, 162, 148, 131, respectivamente. "Tisbe y Píramo que fueron / leales enamorados" se incluye en el *Cancionero de flor de enamorados* (Barcelona, 1562), fol. 46, y más tarde en *Rosa de Amores. Primera parte de romances* de Joan de Timoneda (Valencia, 1573), fol. xxij v. Y "Miraba el tierno cuerpo desangrada" pasa al *Cancionero general de la doctrina cristiana* de Juan López de Ubeda (Alcalá de Henares, 1586), fol. 74. Véase, en concreto, Antonio Rodríguez Moñino, *Manual Bibliográfico de Cancioneros y Romanceros. I Impresos durante el siglo XVI*, coordinado por Arthur L-F. Askins (Madrid: Castalia, 1973), págs. 230-36; 240-246; 258-65; 272-79; 294-97; 400-02; 406-08; 412-14; 418-20; 422-24; 460-62; 468-70; 500-02; 558-59; 602-09; II, págs. 36-38; 894b; 910a.

9. *Flor de Varios Romances Nuevos y Canciones* de Pedro de Moncayo (Huesca, 1589), fol. 77. Véanse *Las Fuentes del Romancero General* (*Madrid, 1600*), I, ed., notas e índices por Antonio Rodríguez-Moñino (Madrid: Real Academia Española, 1957).

10. Véanse, por ejemplo, en el *Romancero General* (*1600, 1604, 1605*), ed. Angel González Palencia (Madrid: Consejo Superior de Investigaciones Científicas, 1957), los romances "Señora, la mi señora", núm. 727 (vv. 25-28); "Yo os juro, livianas hembras", núm. 815 (vv. 37-38); "Militantes de Cupido" (*RG.*, 1604), núm. 1006 (vv. 47-48); "Oid, amantes noveles" núm. 106 (v. 40); "Lee, Delio, estos renglones", núm. 703 (vv. 77-80); "—Si las lágrimas que viertes" (*RG.*, 1604), núm. 1019 (vv. 17-20); "¡Ten, amor, el arco quedo", núm. 612 (vv. 10-11); "—En estas solas paredes", núm. 456 (vv. 105-108); "Alegre estaba Sirelio", núm. 627 (vv. 47-50); "Yo quiero contar mis males" (*RG.*, 1604), núm. 1098 (vv. 65-68).

11. Dámaso Alonso, *Estudios y ensayos gongorinos*, 3a edición (Madrid: Editorial Gredos, 1970) 308, nota 39.

12. Juan López de Vicuña, *Obras en verso del Homero español* (Madrid: viuda de Luis Sánchez, 1672), edición facsímil, prólogo e índices por Dámaso Alonso (Madrid: Consejo Superior de Investigaciones Científicas, 1963), fol. 152r; Gonzalo Hozes y Córdoba, *Todas las Obras de Don Luis de Góngora en Varios Poemas* (Madrid: Imprenta del Reino, 1633) 107a; versión ésta la más difundida durante el siglo XVII (eds. 1634, 1643, 1648, 1654, 1659), y posteriores. Así en Adolfo de Castro, en su colección de *Poesía lírica* (Madrid: Biblioteca de Autores Españoles, 1854), vol. XXXII. Véase el romance "La ciudad de Babilonia", págs. 23a-27a. Sobre la respetabilidad que ofrecen los versos de Vicuña se ha declarado en varias ocasiones Dámaso Alonso, bien en contra, en este sentido, de las agudas puyas que le dirige, entre otros, don Antonio Chacón, no por eso éste el más fiel transmisor de la lírica de don Luis. Véase en este sentido la edición de Foulché-Delbosc I, págs. ix-xvi; Alfonso Reyes, *Cuestiones gongorinas* (Madrid: Espasa-Calpe, 1927) 163; 233-41; 250-51; Dámaso Alonso, en "Prólogo" a Juan López de Vicuña, *Obras en Verso del Homero Español*, págs. xli-xliv; liii-liv.

13. Edward M. Wilson, *Entre las jarchas y Cernuda*, pág. 342, nota 11.

14. A. David Kossoff, *Vocabulario de la obra poética de Herrera* (Madrid: Real Academia Española, 1966) 244a.

15. Citamos estos textos siguiendo la edición de Raymond Foulché-Delbosc.

16. Luis de Góngora, *Sonetos*, edición de Biruté Ciplijauskaité, 3ª edición (Madrid: Edi-

torial Castalia, 1978). Existe reciente publicación de las *Concordancias* de los sonetos de Góngora (*Concordance to the Sonnets of Góngora*, prepared by Ruth M. Richars [Madison: The Hispanic Seminary of Medieval Studies, Ltd., 1982]). Presentan un pequeño fallo: el no indicar qué edición siguen, pues si bien lo hacen por la de la profesora Biruté, tal edición ya va por la tercera tirada. En la última que usamos (Madrid, 1978), la numeración no coincidía con la anotada en las *Concordancias*.

17. Francisco de Quevedo, *Poesía Varia*, ed. James O. Crosby (Madrid: Ediciones Cátedra, 1981), núm. 12a (pág. 76).

18. Véanse otros exemplos en esta edición de Crosby (núms. 122, v. 9; 124, vv. 77-78; 132, v. 53; 133, v. 20).

19. Vittorio Bondini, *Estudio estructural de la literatura clásica española* (Barcelona: Ediciones Martínez Roca, 1971) 98-214.

20. Dámaso Alonso, *Góngora y el "Polifemo"*, pág. 64.

21. Véase una excelente comparación en Rafael Lapesa, "Góngora y Cervantes: coincidencias de temas y contrastes de actitudes", *RHM* 31 (Enero-Octubre 1965): 247-63, incluida en *De la Edad Media a nuestros días. Estudios de historia literaria* (Madrid: Editorial Gredos, 1967) 218-41.

Una primorosa miniatura narrativa: «La siesta del martes»

Alberto Castilla
Mount Holyoke College

Uno de los ocho cuentos que integran el volumen *Los funerales de la Mamá Grande* es "La siesta del martes", publicado por primera vez en Jalapa, México, en 1962, por la Universidad Veracruzana,[1] y considerado por el propio Gabriel García Márquez como su "mejor cuento", según declarara en la entrevista que sostuvo con Fernando Braso (99). En este trabajo vamos a tratar de buscar las causas que explicarían esta preferencia.

Concretándonos al tema, podríamos definirlo con dos palabras: pobreza y subdesarrollo. Si prescindimos de estos dos supuestos, el relato se esfuma. La causa próxima del tema se halla originada por la muerte violenta de un individuo cuando intentaba robar.

El cuento gira alrededor de un hecho anecdótico: una madre, viuda y pobre, acompañada de su hija, viajan hasta un mísero pueblo tropical para depositar unas flores en la tumba del hijo, muerto de un disparo de pistola cuando intentaba robar en casa de una viuda anciana. El joven, enterrado como delincuente desconocido, asume su auténtica personalidad, la de víctima, a través del análisis de su realidad, que la madre revela al lector en su conversación con el cura. Por su parte, el personaje de la madre está elevado a una grandeza trágica, asumiendo la desgracia con sereno estoicismo, resultado de la indiferencia del núcleo social y de su impotencia a nivel personal para modificar una realidad hostil.

El relato intenta contar una anécdota que sucede un día cualquiera (la siesta de un martes de agosto), en un ambiente de miseria. A lo largo de una historia magistralmente narrada, García Márquez, preocupado y comprometido por la problemática social de su país, nos muestra la pobreza, y las circunstancias en que se manifiesta, y nos permite asistir a algunas de sus repercusiones.

Para lograr este propósito, García Márquez, escritor, cuenta con unos instrumentos valiosos: 1) Una gran piedad por el ser humano, al que considera conformado por la realidad circundante. 2) Un conocimiento sensitivo del problema social de la pobreza y una gran honestidad en su planteamiento. 3) Una técnica narrativa que lo emparenta con el objetivo de una lente. Que el autor pretenda contarnos escuetamente algo, no implica que deseche ciertos elementos poéticos. Quiere decir, simplemente, que la poesía existente emana del calor humano, no de la complacencia estética. Precisamente porque amor y poesía tienen mucho en común, puede dolerse de la realidad angustiosa del hombre, evocar su imagen y revivir su mundo, y dejarnos con ello un poso poético.

Presencia del cine

Si hubiera que definir alguna influencia en el presente cuento, la obsesión de visualización cinematográfica prevalece sobre lo demás. Lo cual coincide con las experiencias que García Márquez vivió, ya que durante un tiempo estudió en el *Centro Sperimentale Cinematográfico*, de Roma, y más tarde, a partir de 1960 y durante ocho años, escribió guiones para el cine en México.

Estos datos explicarían la preocupación del autor por convertir su prosa en instrumento de la imagen. Casi· toda la crítica ha estado de acuerdo en afirmar que sus cuentos, salvo el último que da nombre al libro, tienen "un lenguaje preciso, ceñido y castigado, despojado de todo artificio, sin sombra de exceso retórico; una estructura lineal, exenta de complicaciones" (Vargas Llosa 162-63). Es verdad que en el último de ellos se aleja un poco de la tónica general, pero tal vez éste marca una variación en el estilo literario, variación que se manifestará plenamente en su mejor obra, *Cien años de soledad*. Pero en lo que hasta ahora no se ha hecho demasiado hincapié es que este lenguaje preciso viene impuesto por el mismo carácter de exactitud que se exige a un guión cinematográfico. García Márquez a propósito de ello, se ha expresado con palabras decisivas: "Yo siempre creí que el cine, por su tremendo poder visual, era el medio de expresión perfecto. Todos mis libros anteriores a *Cien años de soledad* están como entorpecidos por esa certidumbre. Hay un inmoderado afán de visualización de los personajes y las escenas, una relación milimétrica de los tiempos del diálogo y la acción, y hasta una obsesión por señalar los puntos de vista y el encuadre" (Fernández Braso 38). Y más adelante, rebatiendo a aquellos que consideran que la sobriedad de su estilo se debe al periodismo, señala: "Del periodismo, por otra parte, no aprendí el lenguaje económico y directo, como han dicho algunos críticos, sino ciertos recursos legítimos para que los lectores crean la historia" (Fernández Braso 39).

Ya el origen mismo del relato remite a una imagen, como ha revelado el propio autor: "El origen de todos mis relatos es siempre una imagen simple. Todo el argumento de "La siesta del martes" ... surgió de la visión de una mujer y una niña vestidas de negro, con un paraguas negro, caminando bajo el sol abrasante de un pueblo desierto" (Fernández Braso 99).

Como nota más sobresaliente del cuento advertimos que no se da ningún recurso estilístico que convenga esencialmente a la palabra y se pierda al ser trasvasada a imagen. Falta absoluta de metáforas, frases cortas, oraciones coordinadas o subordinadas, pero siempre breves, con gran parquedad de nexos sintácticos al servicio en todo momento de una descripción o narración factible de visualizarse. Las palabras componen las oraciones y las oraciones forman las frases, pero estos elementos puramente lingüísticos son susceptibles de agruparse en una unidad superior que propende a trascender la letra impresa para conquistar un nuevo modo de expresión, es decir, la imagen.

Las descripciones son informativas, escuetas, necesarias para captar el ambiente. Se fragmenta la realidad, se caracterizan los personajes por sus gestos y actitudes, se reduce el diálogo al mínimo y el narrador interviene como una cámara dirigida por un director.

Como es sabido, movimiento, luz, planos y encuadres son elementos fundamentales del lenguaje cinematográfico. Todo ello está presente en el cuento. El movimiento, representado por el predominio verbal, con acciones puntuales (pretérito): "El tren ... salió, penetró ... el aire se hizo ... una humareda ... entró ...". El cuento posee un gran dinamismo. Tomemos otro párrafo: "La mujer enrolló ... metió ... la imagen total del pueblo resplandeció ... La niña envolvió ... se apartó ... miró ...". Parece como si la preocupación primordial del autor consistiera en no detener el relato bajo ningún pretexto. La técnica del cine exige, normalmente, la variación de imágenes y evitar la monotonía de un plano prolongado, lo que hallamos también en la forma de disponer las distintas acciones y episodios en "La siesta del martes". Veamos un ejemplo del comienzo: planos de un tren moviéndose. Segundo párrafo: planos de la madre hablando con la niña. La acción se detiene un instante para aproximar a los personajes, pero la dinámica se conserva en el diálogo: "—Es mejor que subas el vidrio". A continuación, "... la niña trató de hacerlo ..." y luego, "... abandonó su puesto ...".

Precisamente por el poder de captación de la imagen, los nombres propios pierden importancia, y los personajes se dan a conocer dinámicamente, actuando y ayudados por la descripción de tipo informativo (sigue el predominio verbal, con el uso del imperfecto): "La mujer parecía demasiado vieja ... cuerpo blando y sin formas, en un traje cortado como una sotana ... Viajaba con la columna vertebral firmemente apoyada ... sosteniendo en el regazo con ambas manos ... tenía la serenidad ...". En todo momento, advertimos la preocupación del autor porque "veamos" aquello que describe; nos cuenta la historia como si fuéramos espectadores que miraran a la pantalla del libro.

Avanzamos la lectura y avanzamos en la acción. Después de describir a madre e hija, nuevos planos del tren: " ... se detuvo diez minutos para aprovisionarse ... El tren no volvió a acelerar. Se detuvo en dos pueblos ...". Nuevos planos de madre e hija: "La mujer inclinó la cabeza ... La niña se quitó los zapatos ... fue a los servicios sanitarios ... Cuando volvió la madre la esperaba para comer". Así podríamos ir desgajando los distintos episodios del cuento en planos de un guión cinematográfico. Si atendemos a la profusión de los detalles visuales, algunos de los cuales recuerdan acotaciones al modo teatral: "Se notaba que era un despacho arreglado por una mujer soltera", "El pelo que le faltaba en la cabeza le sobraba en las manos", "... vestía una franela a rayas de colores, un pantalón ordinario con una soga en lugar de cinturón y estaba descalzo", y también "Su hermana apareció ... con una chaqueta negra sobre la camisa de dormir y el cabello suelto en los hombros", y la comparamos con la escasez de sensaciones olfativas (cuya traducción a imagen es casi imposible), aparecerá más evidente que el cuento está narrado usando los recursos del cine. Lo mismo podríamos decir de las sensaciones auditivas. Estas en sí mismas no engendran la imagen, pero sí pueden colaborar a hacer más intensa la captación del ambiente: "rumor de llovizna", "murmullo de llovizna en el techo de cinc", "golpecito metálico". 0 bien, hace más real la imagen al emitir un ruido que se desprende del objeto, como es el caso de "zumbaba un ventilador eléctrico".

El calor, constante en toda la obra de Gabriel García Márquez, como corresponde a la realidad de los pueblos del trópico, posee un profundo significado, que la crítica más atenta ha explicado así: "... el arte narrativo de García Márquez se alimenta de una obsesión meteorológico-barométrica manifiesta en la manera cómo aquel elemento cálido, húmedo, lúbrico o vaporoso penetra en el tejido permeable de la narración, llena el espacio vacío que se extiende entre los personajes, los rodea de una especie de aura atmosférica y así se convierte en el medio unitivo, propio para crear la densidad peculiar del relato ... (Volkening 154).

Pero el calor viene de la luz del sol, y es su consecuencia, y no olvidemos que, dentro del cine, la luz es de capital importancia. No sólo está implícita en la hora, la de la siesta, en el pueblo "agobiado por el sopor", en "la sombra tenía un aspecto limpio", en "buscando siempre la protección de los almendros", etc., sino que se alude a ella directamente, "luminoso martes de agosto", "cielo brillante y sin nubes", y, ya a punto de cerrarse el relato: "Esperen a que baje el sol", y "Se van a derretir ... Espérense y les presto una sombrilla ...". Si pensamos en el hecho anecdótico, advertimos que el incidente no depende en sí mismo del calor; podía haber tenido lugar durante la estación de lluvias, pero comprendemos inmediatamente las limitaciones expresivas y las dificultades técnicas que su realización cinematográfica acarrearía. Lo cual le permitirá más adelante poner en contraste el hostigante calor, concebido como un verdadero instrumento de tortura, y apresable fácilmente con cámara, con el rumor y el murmullo de la llovizna en el techo de cinc (es decir, sensaciones auditivas, que basta sugerirlas en "off"), la noche que murió Carlos Centeno (con su nombre propio y, sin embargo, desconocido). Pero, qué ironía que ese respiro en el bochorno asfixiante del relato es la musiquilla con la que se confunde la voz baja, apacible y fatigada de un hombre que acaba de recibir un disparo que le destroza la nariz, y que morirá con la acusación popular de ladrón.

Además, el calor canicular intenta cumplir una función "social" amparadora, la de proteger a la madre de las miradas indiscretas. Si no es que el pueblo, que hace la siesta por el calor y por no tener otra cosa mejor que hacer, siente una curiosidad invencible que asfixia la modorra y se apresta, con la rapidez con que proliferan ciertos hongos, a participar del gratuito espectáculo.

Desde el punto de vista estructural, la trama es cronológico-lineal. Existe un solo momento en que nos encontramos con un salto atrás: el tiempo retrocede cuando se nos cuenta la muerte del ladrón por la viuda, pero esto ocurre como *necesidad* de la trama, ya que en un momento dado, llegado el clímax, es necesaria la distensión del "suspense". Esto nos da la posibilidad de advertir cómo García Márquez vuelve a imaginar en términos de cine. He aquí la evocación, como un "skecht": "La señora Rebeca ... sintió ... alguien trataba de forzar. ... Se levantó ... buscó ... fue a la sala sin encender las luces ... localizó ... agarró el arma con las dos manos, cerró los ojos ... apretó el gatillo. ... Inmediatamente después ... no sintió más que el murmullo de la llovizna. ... Después percibió un golpecito ... una voz muy baja, pero terriblemente fatigada ...".

Pobreza y subdesarrollo

Si en el aspecto técnico el cuento debe su tronco estructural al cine, por lo que respecta al asunto, su razón de ser implica una conciencia social, a nivel artístico, de la pobreza y del subdesarrollo latinoamericanos, y de la situación de injusticia respecto a los seres más desprotegidos.

Desde las primeras líneas se advierte esta atmósfera inconfundible: el tren de carbón, la persiana bloqueada por el óxido, dos únicos pasajeros en el vagón, los pueblos iguales y si hay uno más grande, ese también es "más triste", el estrépito de los viejos vagones, los rudimentarios medios empleados para combatir el calor, la viuda que vive entre "cachivaches", la pistola antigua, las llaves del cementerio grandes y oxidadas, como deben ser las del viejo San Pedro, etc. etc.

Ni siquiera se salva el párroco, cuyas funciones se han reducido a burocracia, aunque siga ejerciendo como clase rectora: "La sala era pobre ordenada y limpia ... había una mesa ... con tapete de hule ... una máquina de escribir primitiva ...", y después, "... extrajo del armario un cuaderno forrado de hule, un plumero de palo y un tintero".

Esta conciencia social se agudiza al individualizarse. Es así como la mujer, héroe de la pobreza, se destaca llena de grandeza del polvo anónimo. Está tratada con atención, encumbrada casi a nivel trágico, y si no fuera porque se desvirtuaría el sentido, podría ser considerada una Antígona de la pobreza. Los detalles —como siempre visuales— recortan su inmersión en dicho mundo, "una bolsa de material plástico con cosas de comer", "luto riguroso y pobre", "traje como sotana", "parecía demasiado vieja para ser su madre", "el cuerpo pequeño, blando y sin formas" (recuérdese la hermana del cura, "una mujer madura y regordeta"). La forma de sostener la cartera, "en el regazo con ambas manos", el material, "charol desconchado", todos estos detalles se relacionan con el comentario que le hace al párroco, "Era el único varón", lo que equivaldría a "era el único sostén", puesto que después dirá: "Cada bocado que me comía en ese tiempo me sabía a porrazos que le daban a mi hijo los sábados por la noche". Con lo que automáticamente, lo que es a los ojos de la gente causa de su muerte —el robo— es para la madre consecuencia de una situación económica endémicamente angustiosa. Por esta razón, ella posee una verdad más profunda sobre la muerte de su hijo. En este sentido se explica

la siguiente dualidad: El párroco conoce al muerto como ladrón y no sabe
a quién se refiere la mujer cuando lo llama por su verdadero nombre,
Carlos Centeno; y sin embargo ella evita usar dicha palabra hasta que
comprende que es el único modo de identificarlo, pero una vez que le da
este nombre, vuelve a atraérselo por medio del parentesco: "Yo soy su
madre", con lo que establece una distancia entre lo que piensan los demás, al mismo tiempo que se responsabiliza del robo y la muerte, porque
afirma, "Era muy bueno", y luego, "Yo le decía que nunca robara nada
que le hiciera falta a alguien para comer, y él me hacía caso. En cambio,
antes, cuando boxeaba, pasaba hasta tres días en la cama postrado por los
golpes". Se presenta, pues, a sí misma, como instigadora del robo, y al
hijo como víctima, sin sombra de culpabilidad.

La novedad del viaje la distrae del hecho luctuoso, obedece sin resistencia y dice una única frase en todo el cuento, como quien se refiere a
una cosa muy chocante: "Se tuvo que sacar todos los dientes", refiriéndose
a la experiencia del hermano con el boxeo. De esta forma el yo acuso a la
sociedad es doblemente expresivo.

Los rasgos de su carácter están conformados por el medio. Su gran
capacidad de amor se encuentra en el hecho mismo de desplazarse de un
pueblo a otro buscando la tumba de su hijo para llevarle unas flores (las
flores, en la pobreza, se reservan para los muertos), pero este amor está
dominado por un impulso de la voluntad, que debe ser ejercitada constantemente en la superación incesante de realidades hostiles; de ahí su
estoicismo pagano: come en el tren, le ordena a la hija que no llore,
muestra una gran serenidad, está atenta a los menores detalles, se muestra indiferente ante la gente.

El ambiente determina también las manifestaciones de cariño hacia la
hija, casi nulas, pero no por falta de afecto, pues acabamos de ver que el
hijo, que no pertenece ya al mundo de los seres vivos, está encumbrado
precisamente a través de la madre y llega a nosotros tamizado poéticamente. Puesto que la hija vive aún, debe criarse sin mimos y prepararse
para la obediencia y la sumisión (cuando se dirige a ella lo hace imperati-
vamente).

La niña sirve de contrapunto a la madre y completa la relación ma-
dre-hijo. Sabemos que, a pesar de sus doce años, es la primera vez que
viaja: advertimos lo molesta que se siente con los zapatos, en el tren se
los quita y en la casa del cura se desabotona y se descalza los talones,
con lo cual, aparte del calor, podría sugerírsenos la falta de costumbre de
ir calzada.

La novedad del viaje la distrae del hecho luctuoso, obedece sin resistencia y dice una única frase en todo el cuento, como quien se refiere a
una cosa muy chocante: "Se tuvo que sacar todos los dientes", refiriéndose
a la experiencia del hermano con el boxeo. De esta forma el yo acuso a la
sociedad es doblemente expresivo.

El tercer personaje individualizado y heroizado, Carlos Centeno, se
nos aparece visto en diferentes planos, dependiendo éstos del grado de
conocimiento que de él se posee: plano poético afectivo: la madre; plano
real objetivo: el narrador que asume contarnos el episodio de su muerte;
plano de los demás: que abarcaría el cura, su hermana y en una masifica-
ción lejana, los niños y la gente del pueblo.

El halo poético de Carlos Centeno es lo más destacable de su personalidad. Es el ausente y sin embargo flota en los vapores de la siesta hasta
sacar de su modorra a la colectividad. No sólo está idealizado por la madre. Cuando el narrador toma la palabra, pues por su trascendencia social
y humana no encomienda a ninguno de los personajes la responsabilidad
de exponer el suceso de su muerte, selecciona del hecho escueto los rasgos más relevantes y de ellos quedan fijos en la imagen unos destellos
poéticos, "una voz muy baja la de Carlos Centeno, apacible, pero terriblemente fatigada, *Ay, mi madre*". Iba descalzo y tenía una soga en lugar del
cinturón. Ni una sola alusión a que estuviera armado. Es dolorosamente
poética también la correspondencia entre los golpes de boxeo que lo rete-
nían tres días en la cama y el pistoletazo que le despedazó la nariz, con
lo que se funden los dos primeros planos o puntos de vista, el de la madre que cuenta lo del boxeo y el del narrador que notifica el efecto del
disparo, porque narrador y madre coinciden en un punto común, el del
autor, y éste, pese al subterfugio literario, se solidariza con ellos. Todos
sabemos, por otra parte, que dentro de un mundo subdesarrollado para
tener acceso a la cultura es necesario contar con un determinado nivel
económico; los individuos que quedan por debajo de él no tendrán acceso
a la sociedad a través de ella. Tal vez el muchacho tenía disposiciones
naturales, pues no aceptó la sumisión fatalista de que el mundo es como
es y así debe aceptarse. El brote de rebeldía queda esbozado con el intento de introducirse en el mundo del boxeo, una de las pocas vías de las
que disponía para ser admitido en la sociedad. Al menos, debía probar.
Cuando la realidad le hace ver que el éxito seguro es un engaño, "Pasaba
hasta tres días postrado en la cama por los golpes ..." y "...se tuvo que
sacar todos los dientes ...", se apaga la última luz de redención económica. Su incapacidad como boxeador debió parecerles, a su madre y a él, un
rechazo definitivo por parte de la sociedad que intentaban conquistar.

Desesperanza y soledad

A un lector medio no puede menos de llamarle la atención la abundante cantidad de precisiones numérico-temporales que se dan en el texto.
Sin pretender agotarlas, extractamos algunas: "Eran las once de la mañana", "A las doce había empezado el calor", "El tren se detuvo diez minutos", "Eran casi las dos", "A las tres de la madrugada", "Pasaba hasta tres
días", etc. Esta obsesión por el tiempo cronológico histórico creemos que
tiene relación con el mundo sin esperanza que presenta. Cuando existe la
esperanza, el presente tiene el sentido dinámico de un ir haciéndose. Existe hoy porque existe mañana, y el mañana es diferente al hoy en la medida en que supone nuevos logros y nuevas esperanzas. El hombre se alía a
él porque le facilita la consecución de ellas. Pero cuando no existen cosas
que rellenen el tiempo y lo distraigan, éste aparece con todo su desnudo
y trágico significado y la precisión cronológica marca la imperturbabilidad
del número y su suceder exacto, su irreversibilidad, y su actuación,

avasalladora e implacable, tan asfixiante y opresora como el calor mismo. El tiempo, tan cuidadosamente cronometrado, martillea en los condenados de por vida a no esperar nada fuera de la muerte.

La soledad, tema tan importante para García Márquez en casi toda su obra, se nos presenta aquí indivisible con la desesperanza. Se observa en el relato la soledad de cada uno de los personajes, únicamente unidos por el nexo del achicharrante calor:

La soledad de la viuda: "La señora Rebeca, una viuda solitaria", "Un terror desarrollado en ella por veintiocho años de soledad".

La soledad del muerto: "Nadie lo conocía en el pueblo", "Pasaba hasta tres días en la cama por los golpes", "Era el único varón".

La soledad de madre e hija: "Eran los únicos pasajeros en el escueto vagón".

La soledad de la madre, que desafía al pueblo: "Luego le quitó el ramo de flores a la niña y empezó a moverse hacia la puerta. La niña le siguió".

La soledad del cura y su hermana, como clase rectora: "Ahora está durmiendo", "Se acostó hace cinco minutos", "No se percibía ningún ruido detrás del ventilador".

La soledad del pueblo como entidad: "Un pueblo más grande pero más triste que los anteriores". "No había nadie en la estación", "Estación abandonada", "El pueblo hacía la siesta", "Los almacenes, las oficinas públicas, la escuela municipal se cerraban desde las once", "Las casas ... tenían las puertas cerradas por dentro y las persianas bajas", "Otros ... hacían la siesta sentados en plena calle".

La soledad en la casa del cura (marcada por las palabras que transparentan falta de ruido): "No se oyeron los pasos. Se oyó apenas el leve crujido ... una voz cautelosa", "La puerta se entreabrió sin ruido", "La mujer ... dijo en voz muy baja".

Cuando sobreviene el encuentro entre el cura y la madre, el diálogo es mínimo, "El sacerdote la miró", "La mujer movió la cabeza en silencio", "El sacerdote la escrutó. Ella lo miró fijamente, con un dominio reposado ... Bajó la cabeza para escribir", "Al regreso, no tenían que tocar". Cuando la muchedumbre se agolpa para ver, ninguno de los habitantes se destaca, es decir, nueva soledad de masa anónima:

—Era un grupo de niños.
—Había grupos bajo los almendros.
—La gente se ha dado cuenta.
—Todo el mundo está en las ventanas.

Después de analizar el presente cuento, hemos de convenir con el autor en que se trata de un relato excepcionalmente bien contado. Coinciden los diversos factores, tema, ambiente y estilo, en una unidad artísticamente superior. El calor humano del autor, pese a su intento de desligarse de los hechos y aparentar una frialdad de documento le despega del realismo en el que le hubiera hecho caer fácilmente el tipo de técnica o estilo empleado. Se hace posible un "empinarse" sobre el hecho anecdótico y alcanzar las ráfagas poéticas hasta la heroización de la madre y el hijo. Hay una fusión de las distintas soledades herméticas, la que se deriva de vivir unas circunstancias comunes —falta de futuro, calor de agosto en el trópico— y existe una clara conciencia de hacer justicia a estos personajes ignorados por la sociedad y perdidos en una lucha a muerte por sobrevivir en un mundo que les niega el agua y la sal de su redención.

Nota

1. Los otros cuentos son: "Un día después del sábado", "Un día de éstos", "En este pueblo no hay ladrones", "La prodigiosa tarde de Baltazar", "La viuda de Montiel", "Rosas artificiales" y "Los funerales de la Mamá Grande".

Obras citadas

Fernández Braso, M. *Gabriel García Márquez. Una conversación infinita*. Madrid: Editoral Azur, 1969.

Vargas Llosa, Mario. *9 Asedios a Gabriel García Márquez*. Santiago de Chile: Editorial Universitaria, 1969.

Volkening, Ernesto. *9 Asedios a Gabriel García Márquez*. Santiago de Chile: Editorial Universitaria, 1969.

La novelística de Raúl Guerra Garrido: humanidad y bravura

Gloria Castresana Waid
A.L.D.E.E.U.

Uno de los escritores más incomprendidos en Euskadi es el donostiarra de adopción Raúl Guerra Garrido, doctor en farmacia, Presidente de la Asociación Colegial de Escritores de España, Consejero de Euskaltelebista (Radio y TV vasca), premio Eugenio Nadal 1976 con su novela *Lectura insólita de* El Capital y finalista del Premio Planeta 1984 con *El año del Wolfram*, entre otros.

La gran crisis individual e ideológica que la literatura vasca ha sufrido durante los últimos veinte años, con su subjetivismo y su ofuscación política se ha traducido en una marginación indiscriminada hacia todo autor que, como Guerra Garrido, no ha querido beber del cáliz del partidismo interesado o incluso del fanatismo.

Afortunadamente, empezamos a percibir señales de que las aguas van encauzándose y de que el mundo cultural vasco está abriendo de nuevo sus puertas a todos sus hijos vascos que tienen algo que ofrecer y aportar, abandonando así la actitud suicida que ha rechazado tantos valores humanísticos, artísticos y científicos de estos últimos años.

Raúl Guerra Garrido conoce tan bien como nadie la trayectoria del sentimiento nacionalista de un pueblo que se debate entre osificarse, aferrándose a su tradición y costumbres, o avanzar valerosamente, pagando el precio del progreso, asimilando lo nuevo, lo extraño y sin mirar hacia atrás, cediendo en algunas cosas para poder ganar otras más a tono con el presente y más prometedoras para el futuro. *Cacereño*, terminada en 1970 y publicada en 1974, es su primera novela de importancia y la que plasma con agudeza la lucha del inmigrante obrero del País Vasco, explotado por el empresario vasco acaudalado y déspota. Pepe, el cacereño, contribuye con su trabajo y sudor al desarrollo y progreso de una sociedad, la vasca, que no lo acepta como a su igual. Pepe se casa con Izaskun que habla euskera, y cuando al final de la novela cree que ha conseguido deshacerse para siempre del lastre que lo oprime y angustia, el fantasma de la lengua lo devuelve a la realidad:

—Txiki, non da aitatxo? (Pequeñita, ¿dónde está papá?)
—¡Aitachito! (¡Papaíto!)
—Etorri. Etorri onera, neska polita (253). (Aquí. Ven aquí, niña bonita.)

No es tan fácil deshacerse de lo que nos es más entrañable. Pero el mejor exponente de esta lucha de clases y del terreno tan escurridizo en el que a veces se desliza, es su obra maestra, hasta la fecha, *Lectura insólita de* El Capital. A su protagonista, Jose María Lizarraga, Joshe, no le cabe en la cabeza que le juzguen por haber trabajado duro y haberse sacrificado para crear la industria de la que viven sus obreros y familias.

Secuestrado por un grupo afín a E.T.A., uno de ellos lo acusa:

> Secuestrador.— Usted es capitalista.
> Lizarraga.— Lo que quieras, pero vasco.
> Secuestrador.— Y nosotros somos la fuerza del trabajo en armas, esto no es un problema racial sino la lucha de clases. (55)

Lizarraga no se turba ni flaquea en su convicción: "En mi mismidad, me empuja al trabajo empresarial como una droga, los negocios industriales como una de las bellas artes, el pintor tampoco puede vivir sin pintar y nadie le acusa por ello ... en realidad el trabajo tiene significación propia en sí mismo ..." (96).

Lo que empuja y atrae a Guerra Garrido es escribir, ser escritor. En una entrevista reciente declaraba: "... escribo para mí mismo, para sentirme vivo o para sobrevivir. Por supuesto que necesito un interlocutor, los lectores son algo valioso ... pero yo seguiría escribiendo aunque no existieran ni lectores ni literatura, es decir, seguiré imaginándome historias lo mismo que mi médula ósea seguirá fabricándome glóbulos rojos ... Escribir me divierte y da cierto sentido a mi vida.[1]

Para Guerra, como para Lizarraga el trabajo, escribir es una diversión. Sus dos novelas últimas, *El año del Wolfram* y *La mar es mala mujer* lo confirman. Dejando un poco de lado la angustia que clama, sobre todo en "!Ay!" (1972), "Pluma de pavo real, tambor de piel de perro" (1977), "La costumbre de morir" (1981) y "Escrito en un dólar" (1983), el autor regala al lector con relatos que, si bien permanecen fieles al compromiso social que se ha impuesto, aligeran al mismo tiempo el espíritu, recreándolo, por encima de todo, con la forma y estética de la novela misma.

El año del Wolfram tiene como protagonista al joven Ausencio (Pepe de pila) quien, fugitivo de las cárceles políticas de nuestra incivil guerra, regresa a su tierra natal, el Bierzo, y decide hacer fortuna —como tantos otros— explotando los yacimientos que contienen el wolfram tan codiciado por los alemanes durante la segunda guerra mundial para el acero que consumían a granel. En *La mar es mala mujer*, Antxón Elizalde es un capitán de pesca cincuentón que emprende viaje a Terranova con la obsesión de encontrar el Gran Ser, es decir, el bacalao fabuloso y legendario que ha eludido a todo lobo de mar.

Tanto Ausencio como Antxón representan al arquetipo de antihéroe individual que se debate frente a un entorno colectivo que lo enajena, cuando no lo amenaza de continuo. Don Angel, padrino (y padre natural) de Ausencio achaca este desequilibrio entre el individuo y la sociedad a que "... la masa siempre es despreciable, incluso si existiera una masa de reyes o de sabios, por ser masa sería despreciable, lo dice muy bien Ortega en *La rebelión de las masas ...*" (*El año* 99). El distanciamento y el enfrentamiento de los dos personajes, Ausencio y Antxón, con el mundo que les rodea se trasluce a través de sus relaciones familiares y sociales. Antxón no nos dice nada de la familia en que nació, pero sí nos habla de su fracasado matrimonio y de la falta de contacto con sus dos hijos, de los cuales hasta duda que él sea el padre verdadero. Sus relaciones con su joven amante, Ainara, tampoco marchan muy bien, y apenas si hay algún amigo en la novela. Su amistad con los compañeros de fatigas en el pesquero tiene más de camaradería que de amistad profunda, y el trato que recibe del dueño del barco tampoco denota una amistad especial.

Ausencio tiene muy poco bueno que contar de su familia. Cree que fue abandonado al nacer, y el agradecimiento y cariño que siente por el viejo don Angel que lo recogió y crió como si fuera su hijo propio, se desvanecen cuando éste le confiesa que es su padre. En cuanto a sus amigos, sólo Jovino que trabajaba con él en la peña del Seo buscando el filón de wolfram, y William White, el supuesto americano de los aliados, le echan una mano de vez en cuando sin muestra alguna de amistad por encima de intereses particulares.

Sin embargo, para Raúl la amistad es una preciada joya; una de las pocas virtudes que, según él, todavía le emociona y vale la pena hacer esfuerzos por conservar. Pero piensa que el amigo sincero es difícil de encontrar, y que a pesar de todo "la amistad es la única divisa que resiste el paso del tiempo, no hay quien la devalúe".

Una veta decididamente sentimental hila a todos los protagonistas de la novelística de Guerra Garrido. El amor es el esqueleto que sostiene el total de la obra. En las dos novelas que hemos elegido como exponentes para nuestro ensayo, *El año del Wolfram* y *La mar es mala mujer*, el amor de Ausencio por Olvido y el de Antxón por Ainara respectivamente, son el motor que impulsa y rige las acciones de los dos personajes. No en vano dice Guerra Garrido en la entrevista citada ya: "Lo mejor del hombre es la mujer ... La mujer es la más íntima esencia del hombre, sin ella eres tan poco que no merece la pena serlo" (*La mar* 56).

Ausencio y Antxón llevan esta máxima hasta lo que la mayoría de la gente consideraría una aberración. El primero decide hacer vida matrimonial con Olvido aun cuando ha descubierto que son hermanos de sangre por parte del padre y los dos lo saben:

> Ausencio.— Si el dilema es pecar con la vida o pecar con la muerte, la cosa
>   está clara, vivamos. Vivamos juntos.
> Olvido.— ¿Como hermanos?
> Ausencio.— Como matrimonio.

Olvido.— No puede ser.
Ausencio.— Si no lo sabe nadie ...

"No podía engañarla con el truco de mi fascinación óptica, pero sí convencerla ..." (266). Ausencio había resuelto ya este problema en su mente con el autoconvencimiento de que "el amor incestuoso sigue siendo amor" (247).

Antxón aspira tan sólo a seguir viviendo con Ainara, una seudoprostituta que lo ha dejado por su rival, Errandonea, y que se empeña en atormentarlo acusándolo intermitentemente de su muerte en alta mar, hasta el punto de condenarlo a la duda perpetua de si, en efecto, Errandonea murió por culpa suya: "... por conservar a Ainara soy capaz de cualquier cosa ... estaba escrito en la palma de mi mano, por conservarla serás capaz de cualquier cosa, me dejé agotar, dejé que las fuerzas me abandonaran para que ocurriera lo previsible, lo abandoné a su destino y fue la naturaleza quien decidió" (309).

A pesar de las declaraciones explícitas de admiración por la mujer, ésta no sale muy bien parada, en general, en las novelas de Guerra Garrido. Todas las mujeres que aparecen en *El año del Wolfram* y en *La mar es mala mujer*, si exceptuamos a dos, Olvido, la novia de Ausencio y Vitorina, su madre real, tienen poco o nada que admirar. En lugar de ser un reflejo de la alta estima en que el autor tiene al sexo "débil", son más bien el autorretrato del concepto que Jovino tiene de ellas: "... las mujeres son como las gallinas, les echas maíz y pican en la mierda" (76). Pero, como ya hemos dicho, ni Ausencio ni Antxón saben vivir sin amor. Por él se tragarán amor propio, principios morales y hasta la dignidad. Ausencio está "... tan enamorado que me dejaría matar por ella ..." (37). Para Antxón, "... Ainara es como la mar, imprescindible, caprichosa y ajena" (110). Y ante la inminente amenaza de un futuro con ella, compartido con un nuevo benjamín de pesca, vuelve a claudicar y a resignarse a un *ménage à trois*: "... no era una mala oferta la del trueque, dado lo perverso de mis secretas intenciones, ... él sería el señuelo para retener a Ainara ... el muerto y el futurible eran intercambiables ... Con un mínimo de habilidad y un máximo de tolerancia controlaría el triángulo a la perfección" (311).

Sorprende, pues, que a través de toda la novela Antxón asevere "la quiero" para ser abordado instantáneamente por la terrible pregunta, "¿la quiero?" Estas dos obras son un buen ejemplo de la adaptación del ser humano a las circunstancias y exigencias de la vida cotidiana. Sus personajes muestran una maleabilidad ausente en obras anteriores. Como tantos de nosotros, sueñan despiertos para a la larga tener que ajustarse y vivir con el menor de los males. Por algo dice Antxón: "... a veces tenemos que hacer una cosa para descubrir la razón de haberla hecho, a veces nuestros actos son respuestas precipitadas a preguntas que no nos atrevemos a formular" (51). Por algo reflexiona el narrador omnisciente: "... la historia se repite, todo lo que ocurre es posible porque ya ocurrió y por lo tanto volverá a ocurrir, el eterno retorno es algo más que un mito ..." (*El año* 13). Reflexión, inconsciencia y más reflexión, el hombre y su dicotomía innata y el autor filmando unas escenas que se repiten ad infinitum. Los destellos épicos, al estilo Faulkner, están atenuados por esta subversión del antihéroe ante la cotidianeidad que nivela todo.

Antxón llega más allá que Ausencio en la consecución de su preciada meta; logra dar con el cantil del Gran Ser, el bacalao que le proporcionará fama y dinero. Por el contrario, Ausencio, aunque consigue extraer una gran parte del filón de wolfram codiciado, se queda colgado con él porque nadie lo quiere a la muerte de Hitler.

El mar y el Bierzo, con sus mitos y leyendas; la épica de unos hombres para los que el mar y la sierra con sus promesas y peligros siguen siendo, en la vida moderna, los obstáculos a vencer y conquistar. Las descripciones sobre el mar y la pesca están narradas con la pericia y el apego de un verdadero "forofo" del mar. Además, cuando Ausencio dice: "... el mar me atraía como símbolo de la libertad absoluta ..." (241) habla por Antxón y éste por Guerra Garrido. Antxón añade: "Ya estoy en la mar, en la vida que merece la pena vivirse, en el lugar sin límites del que uno reniega cuando lo sobrenada y lo añora hasta la desesperación cuando no lo respira ... proporciona una confortable sensación de plenitud" (71).

El héroe contemporáneo vuelve pronto a la realidad circundante y no puede evitar ver el mundo con cierta dosis de cinismo, fruto de la experiencia y de unos hechos que, como decíamos antes, se repiten hasta la saciedad. Don Angel, el padrino de Ausencio, expresa llanamente: "... hay un máximo elixir cordial para ricos y un mínimo elixir cordial para pobres, la única diferencia está en el precio, a los que puedan pagar les cobro mucho y a los que no tienen un chavo se lo doy gratis, por desgracia cuanto más caro más efecto hace, el mundo está loco, fíjate en la amistad ..." (30).

Raúl Guerra Garrido imprime sus obras con un sello peculiar y una manera de expresarse muy propios de él. Antxón dice pensando en sus hijos: "... no preocuparos, mientras sigáis tan estudiosos seguiré abonando vuestras facturas, es toda nuestra relación y no seré yo quien la corte; la loba de vuestra madre tampoco, por supuesto, pero tened cuidado u os tendrá estudiando de por vida, es capaz de cualquier cosa con tal de joderme el presupuesto" (294).

Rasgos autobiográficos del autor aparecen por doquier. Dice Antxón: "... vivo en el barrio alto que ya es San Sebastián y no San Pedro, en el Paseo de las Olmos, el barrio de los triunfadores, en una casa con fachada de mármol y portero de uniforme" (22). En efecto, ahí vive Raúl. Don Angel, boticario como el autor, "... leía mucho, eso sí que le gustaba, en el piso de arriba tenía una habitación con tantos libros que parecía una biblioteca ..." (32); la habitación está en el piso de abajo. El gran cariño que el boticario siente por los libros está finamente articulado: "... se compró el Espasa, quería tanto a los libros que puso una orden estricta, nadie podía consultar el diccionario sin haberse antes lavado los manos ..." (33).

También el humor y la ironía que despliega en sus conversaciones personales, están siempre presentes en sus novelas. Nos cuenta: "... su hermano, 'el de Manuel Castiñeira' murió de muerte natural, cuando le meten a uno un tiro en los sesos lo natural es morirse ..." (*El año* 226); "... para matar a la mujer que amas tienes que pillarla en la cama con un enemigo, para matarte a ti mismo tienes que pillarla con un amigo" (*La mar* 44).

El realismo de estas novelas está apuntalado por el lenguaje usado. El autor despliega su perfecto dominio de la lengua y la riqueza de sus giros, refranes, viejas canciones, metáforas, palabras técnicas en inglés, además de las idiosincrasias típicas del habla y forma de ser de cada región.

Algún crítico opinó que las frases en euskera de *La mar...* eran un desacierto. Al contrario, creo yo que estas expresiones anímicas tal como están usadas refuerzan el sabor regional de esta miniepopeya del mar de los vascos. El carácter anecdótico de la narración se ve robustecido por esta especie de jerga consuetudinaria que sabe llamar a la aldaba del corazón como pocos otros recursos.

La mar es mala mujer es la última novela de este autor que ha completado el círculo iniciado con *Cacereño*. Desde Pepe, el cacereño, hasta Elizalde, esta novelística ha ponderado todos los elementos claves de la sociedad, sobre todo, de la vasca: sociología, política, religión, educación, economía, terrorismo, etc.

Más que de un círculo, Raúl Guerra Garrido prefiere hablar de "la espiral que siempre puede dar una vuelta más" (sus palabras), tanto en la estructura particular de la novela, como en su creación literaria, donde esperamos una nueva novela pronto.

Nota

1. Entrevista con Angel Ortiz Alfau, próxima a publicarse.

Obras citadas

Guerra Garrido, Raúl. *Cacereño*. 2ª ed. Barcelona: Ediciones G.P., 1975.

_____. *La lectura insólita de* El Capital. Barcelona: Ediciones Destino, 1977.

_____. *El año del Wolfram*. Barcelona: Editorial Planeta, 1984.

_____. *La mar es mala mujer*. Madrid: Mondadori España, 1987.

Art Mobilized for War: Two Spanish Civil War Plays by Rafael Alberti and Pedro Salinas

Hazel Cazorla
University of Dallas

The fiftieth anniversary of the Spanish Civil War (1936-1939) has been the occasion for many studies of the literature which it inspired and in which it was foreshadowed, witnessed or recalled by writers who recognized it as the tragic prelude to a world-wide struggle of truly epic proportions. A few, like Federico García Lorca, were silenced forever; others emerged from years of political imprisonment or self-imposed silence to carry on the tradition as best they might under censorship, while yet another group sought exile in foreign lands. It was in exile that two great poets of the prewar generation, Rafael Alberti and Pedro Salinas, were to continue their life's work upon which the Civil War, the key traumatic event of their lives, left an indelible imprint.

Among the writers of this generation several had been drawn, as young men, to the study of painting:[1] Alberti, in fact, started his professional life as an artist, and was appointed by the Republican government in 1936 to be the Director of the Museum of Romantic Art. Haunted by the threat posed by war to the artistic heritage of Spain contained in her great museums and libraries,[2] Alberti went in person, when the bombardments began, to organize the evacuation of the priceless treasures of the Prado Museum. In the absence of Pablo Picasso, its nominal director, Alberti and his wife, the talented writer Maria Teresa León, spent anxious days and nights toiling at this immense task, to be recalled by each of them in later writings.[3] Moved by this experience, Alberti was to write the play *Noche de guerra en el Museo del Prado* revealing the coincidence of painter and poet in his work, the artist's eye informing the writer's pen.

Alberti was not the only writer of his generation, of course, to display an inclination towards expression in painterly images and through the icons of the plastic arts. It was no mere coincidence that the thirties, when most of these writers were at the peak of their creative life, were the years of the newly-developing artistic medium, the cinema, when Dalí and Buñuel were experimenting with the surreal on film and when Lorca was not only writing but illustrating his *Poeta en Nueva York*. Such sensibility towards the visual image and the intuitive recognition of its power over an audience is a clear announcement of a cultural reality which was to become increasingly dominant as the century proceeded.

The passion for the visual arts included an extraordinary reverence for museums and the art contained within them together with an awareness of society's responsibility for safeguarding and transmitting them. The generation of the Civil War regarded themselves as guardians entrusted with a sacred stewardship, threatened more and more openly as the decade advanced. After 1933 all Europe became aware of ominous forces on the march, threatening the values of many a Western nation, forces which Europeans in general and Spaniards in particular were then unable to contain or counter. The gathering warclouds released their fury first over Spain, and it is, of course, to the Spaniard Picasso that the world owes the first great timeless statement, in pictorial terms, on the violence of the Spanish Civil War, his painting *Guernica,* which sounded the alarm for a whole civilization, warning us that once more the barbarians were at the gate. Chaos was seen threatening not only human existence in this world but the life of the spirit itself.

The writers of Picasso's generation in Spain took up the very same cry of alarm: both Alberti and Salinas viewed the outbreak of the Civil war as an epic struggle for the defense of a spiritual world inseparably bound up with the artistic treasures of the past, lying vulnerably in museums and cathedrals, in libraries and churches and art galleries. The shattered column of the Picasso canvas, metaphor for the destruction of Western civilization, has its literary counterpart in the bombardment of Madrid as seen by Alberti and in the violation of a village as recreated by Salinas. Each poet gave dramatic form to a night of violence in the early days of the Civil War, in plays whose theme derives in both cases from the inseparability of life and art manifest in the mysterious substitutions which take place between the real and illusional worlds. In each case, the poet engages in a charade-like animation and transformation of figures from the world of Spanish cultural icons. Familiar characters from the heritage of the past step down from their frames or pedestals to become actors in our twentieth-century human drama.

Alberti's play, *Noche de guerra en el Museo del Prado,* is a surrealistic recreation of the author's own personal memory of those tense days and nights spent evacuating the contents of Spain's national art gallery in order to save it from obliteration. It opens with a prologue, spoken by an actor playing the Author as an aging man, in which he recalls the days he spent as a boy, lovingly wandering around the Prado Museum, getting to know the pictures as well as if they had been living persons, close friends whose life he imaginatively shared. As he speaks, reproductions of some of those pictures begin to be seen as projections on the screen behind him, starting with the Rubens *Three Graces* in all their voluptuous beauty. Suddenly he is interrupted by an explosion; the *Three Graces* disappear and voices are heard above sounds of confusion, giving orders for the pictures to be taken down to the basement for their protection. The Author's reminiscences are thus brought suddenly into the time-frame of the supposed action of the play: the first days under bombardment in 1936. Still on stage, the Author-character begins taking inventory of the canvases which must be saved. As he names them, one by one, slides of them are projected behind him, starting with the heroic *Executions of the Third of May, 1808* by Goya, depicting the shooting of hostages by Napoleonic troops in that other historic assault upon Madrid. Other paintings and etchings by Goya follow one another on the screen so that the audience is introduced to the figures who are about to become players in the drama which will shortly begin. From Goya's *Disasters of War* will limp the hideously maimed and wounded soldiers who will head the cast; from the *Assembly of Witches* we glimpse a trio of esperpentic hags, while out of the *Meadow of Saint Isidro* will step the attractive young Maja. Portraits of the Royal Family of Goya's time, followed by that of the Queen's favorite, Godoy, will join the cast along with a number of very different personages from the brush of other painters represented in the Prado: the delicate, pink-robed Archangel Gabriel from Fra Angelico's *Annunciation*; the Velázquez portraits of Philip IV of Spain and one of the court dwarfs. The inventory ends with the *Venus and Adonis* by Titian, hastily removed from its place and unceremoniously taken below as the Author invites the audience to relive the strange events of that November night, while he withdraws into the wings to allow the mystery to unfold upon the stage.

The curtain rises upon a stage-set suggestive of the central gallery of the Prado at the outbreak of war, totally devoid of paintings but cluttered with random heaps of sandbags and furniture. Gunfire can be heard in the distance but little can be seen in the gloom until three figures emerge carrying torches which cast an eery, nightmarish light over the scene. We notice that these men are dressed in the clothing of another century and are talking of another bombardment of Madrid. As our eyes grow accustomed to the light we recognize the characters on stage: three of Goya's wounded soldiers. As they wearily begin to pile up the sandbags to form a barricade, they make the kind of comments that soldiers commonly make upon the war they are fighting, but it is not the Civil War: it is their war, the war against Napoleon and his feared Moorish mercenaries. Gradually, from the shadows, other voices begin to make themselves heard as the rest of the cast, other inhabitants of the Prado, will in their turn join the ragged soldiers in a bizarre, yet heroic effort to defend the house, their house, and to fulfill their designated roles.

As these characters from an illusional world re-enact their moments of crisis in their own disintegrating world, they are interrupted from time to time by the modern sounds of war and by periodic appearances of two uniformed Republican soldiers from the real world of 1936, creating a deliberate confusion of time planes and throwing a strange atemporal light upon the events taking place. The spectator gradually realizes that this macabre charade, played out by ghosts from paintings out of the past, is not just an episode from this war or that, but is a reflection upon the disaster of War itself. The words and actions of Goya's characters, grotesque and horrifying as they are, are as eloquent of the situation in the Madrid of 1936 as they were in 1808. The cast of combatants is really unchanged, the danger is identical and the spirit of the defenders of the house remains the same.

Not all of Alberti's characters have stepped out of the grim world of the Goya etchings: there is, for example, a scene of ironic humor and pathos in which the Court dwarf, Sebastián de Mora, painted by Velázquez, runs around the gallery, bewildered and lost among the sandbags, terrified by the bombardment and looking for his master Philip IV who eventually emerges, pathetically attired in his nightshirt and even more frightened than his tiny subject. Fra Angelico's Archangel Gabriel, another inhabitant of the house, appears trailing a broken wing and bewailing the fact that in the confusion of the bombardment he has lost the Virgin Mary before being able to deliver his message of hope for the future. A more soldierly Archangel Michael promises to help in the search as he places a supporting arm around the crippled Gabriel in a gesture which reminds us of a soldier helping his wounded comrade on the battlefield.

During another lull in the aerial bombing we see Titian's Venus and Adonis reliving their exchange of love words, only to be fatally interrupted by a male figure wearing the mask of a wild boar, who kills Adonis and then reveals himself as Mars, the god of War, ever jealous of the love of humans.

The last scene of the play is a combination of visual and auditive effects in which the illusional world of Goya's *Disasters of War* finally merges with the real world of the Civil War of 1936. Against a background of the dull beating of drums we witness the macabre hanging in effigy of the tyrants, Godoy and his Queen, but we are returned to the twentieth century by the noise of aircraft flying once more over the Musuem, drowning out the beat of the deathdrums. At the same time, the scene is totally engulfed in the flames of incendiary bombs. In a final surreal gesture, one of the most horrifying of the Goya figures, the decapitated soldier, leaps up on the barricade to take his place alongside the 1936 defenders, inspiring them all with words taken from the poet Antonio Machado, which were written at that very time in praise of the courage of the people of Madrid.[4]

Both Alberti and Salinas, the second poet of this study, wrote the plays in question while looking back in time and space from exile: Alberti while living in Buenos Aires in the fifties, and Salinas from his North American refuge, where he wrote *The Saints* in 1945.[5] Though their tone and context are widely divergent, each play focuses upon a mystery: that of the tenuous boundary separating the world of the spirit from material reality. In both cases, for the duration of the play, that boundary is seen to dissolve: it ceases to exist. For each author, the two worlds meet at the same point of crisis in human events: the outbreak of the Spanish Civil War.

Salinas chooses as his tangible representative of the "other world" a few obscure statues of saints belonging to a village church which have been hurriedly placed for safekeeping in the church basement. This poorly lit storage space, with its jumbled collection of holy images and other objects dimly visible in the centre of the stage will, in the course of the play, be the place chosen by occupying troops as a temporary prison for political prisoners who have been rounded up in the village and are awaiting execution.

The first characters to enter the basement are a small group of Republican soldiers engaged in a search for the enemy. One of the soldiers stumbles upon the statues and derisively suggests shooting them up for fun, but is restrained by the sergeant and a local school teacher. Before the detachment leaves, the officer in charge assigns the sergeant to remain in the basement to make an inventory of the church property and to ensure its protection. The sergeant begins his task, dusting off the statues and identifying them aloud: they include a figure of St. Joseph, another of Our Lady of Sorrows, a Mary Magdalene and a St. Francis, but before he can finish the list, a noise of approaching enemy trucks is heard. The sergeant decides to take his chances of being detected in the basement and looks for a possible hiding place among the huddled group of statues. Suddenly, and inexplicably, with a look of terror on his face, he backs away from them, just as a military-sounding voice can be heard from the outside giving orders for unseen prisoners to be placed in the basement. The Sergeant, moving as if in a trance, approaches the statues once more and hides beneath the cloak of Our Lady of Sorrows. The door at the top of the stairs leading down into the basement is opened and a group of civilians is pushed down into the semi-darkness.

What is now to be acted out on stage is the briefest of modern miracle plays, for which Salinas created a double cast consisting of human prisoners and the religious images, thrown together by the fortunes of war. During the ensuing dialogue of the prisoners we become aware that each of the saints, already identified by the sergeant because of his or her conventional iconic form, has a human, and not very saintly counterpart among the villagers who have been rounded up for execution and temporarily imprisoned here. Among the prisoners is a mother, sentenced to death for actively protesting against the killing of her son by the military authorities; a carpenter who has refused to build a scaffold for the execution of political prisoners; a female prostitute who, in the course of this encounter, will repent, and a simple young country fellow whose only crime is having the same name as a notorious Red. The human cast is completed by two other persons: the Republican sergeant whose role is to represent for us the conscience of the people caught up in the war and to demonstrate their innate goodness; the other character is a young woman with short-cropped hair who came in with the other prisoners but is obviously not one of the villagers. As the sergeant quickly guesses, she is a nun whose community has been disbanded in the turmoil of the war and who is accused of helping a Red soldier escape from prison. In the eyes of her fellow-prisoners, she properly belongs to "the other side" and is treated as a potential spy. She will prove them wrong as she refuses to disclose her calling to her captors, preferring to share with her co-prisoners whatever fate may await them. Her role, like that of the others, is allegorical, representing in this case the true spirit of Christianity.

The dialogue, while expressive of the tensions and suspicions which divide human beings in such circumstances, develops into a kind of modern-day "auto sacramental" with its allegorical figures placed in the ultimate limit-situation. As in the Alberti play, familiar figures from our spiritual and cultural heritage intermingle with flesh-and-blood characters born of our twentieth-century world in crisis, in a common confrontation with the forces of darkness and evil. The saints' images will emerge from the shadows to provide a surprising climax and dénouement to the Salinas play: at the moment when the prisoners are called out to be led to execution, and before the astonished eyes of the human characters, five of the statues come to life, quietly removing an outer layer of traditional saintly garb to reveal another set of clothing very similar to that worn by each of their human counterparts. As the prisoners' names are called, one by one, the saints leave their places, silently mount the steps and file through the door. When the last one has exited and the door has closed behind them, the group of human prisoners is left to marvel at the swift, unannounced miracle while the audience, moved by the silent spectacle, is reminded yet again of the essential mystery of life, the power of loving self-sacrifice.

Miracles and mysteries, of course, go back to the very beginnings of drama in medieval Spain, and the tradition of recounting them persists in poetry and prose throughout the centuries.[6] The Salinas play quite obviously belongs to this tradition, as does the Alberti drama in spite of its non-religious tone, for it too invokes the mysterious presence of the spirit in the lives of ordinary men and women in the ever-renewed struggle against the forces of darkness. The Spaniards were the first to recognize the nature of the approaching conflagration of the mid-twentieth century and sounded the alarm which would be taken up by others, with the barbarians pounding even more violently upon the gates of Europe. The two Spanish poets recalling the trauma of 1936, mobilized the denizens of another world, the world of the spirit, to come to the defense of this world, the city under assault. One can imagine no more reassuring statement of faith in the city's eventual salvation.

Notes

1. Juan Ramón Jiménez and Federico García Lorca are well-known examples of this inclination towards painting in their student years.

2. From Alberti's poem "Madrid - Otoño" come these lines:

> Capital ya madura para los bombardeos,
> avenida de escombros y barrios en ruinas,

corre un escalofrío al pensar tus museos
tras de las barricadas que impiden las esquinas.

3. María Teresa León gives a vivid description, tinged with pathos and humor in her *Memoria de la melancolía*, 202-04.

4.   ¡Madrid! ¡Madrid! ¡qué bien tu nombre suena!
Rompeolas de todas las Españas.
La tierra se estremece, el cielo atruena,
Tú sonríes con plomo en las entrañas.

These verses are attributed by Alberti to Antonio Machado in a footnote to his play, 197.

5. Solita Salinas de Marichal gives an account of the genesis of *Los santos* as an introduction to the play in *Estreno* 7.2 (1981): 13-19.

6. From the lyrics of Gonzalo de Berceo, through much of the drama of the Golden Age and the narrative of the *Tradiciones peruanas* of Ricardo Palma, as a few examples, the theme of the miraculous at work is persistent in Hispanic literature.

Works cited

Alberti, Rafael. "Capital de la gloria, Madrid 1936-1938." *Antología poética*. Buenos Aires: Losada, 1943.

_____. *Noche de guerra en el Museo del Prado*. Buenos Aires: Losada, 1964.

León, María Teresa. *Memoria de la melancolía*. Buenos Aires: Losada, 1970.

Salinas, Pedro. *Los santos*. *Estreno* 7.2 (1981): 13-19.

The *Alerta* Theme in Some Major 20th Century Spanish Poets

Carl W. Cobb

University of Tennessee

Over the years in my reading and re-reading of the major Spanish poets, I gradually reached an awareness of what I have for convenience called the *alerta* theme. Surely I first became conscious of the theme years ago in the heart of Lorca's *Poeta en Nueva York*, where the protagonist cries, "Alerta, alerta, alerta!" As an interjection, the phrase is not unusual in form, but when we read "el hombre alerta" we take ourselves immediately to the dictionary. Corominas in his *Diccionario crítico-etimológico de la lengua castellana* tells us that *alerta*, used specifically as interjection and adverb, is from the Italian phrase *all'erta*, and as we would guess, military in origin; according to him, "sirvió para invitar a los soldados a levantarse y ponerse en guardia en caso de ataque." The *alerta* phrase first appeared in the early Renaissance and soon developed into a normal adjective, *alerto*, *alerta*, etc., and is so used in Cervantes. But Corominas declares that the adjective form *alerto* is now obsolete. In this paper, therefore, I should like to touch rapidly upon this *alerta* theme in Machado, Jiménez, Lorca, Aleixandre, and Guillén,[1] with the aim of relating it to the alertness, the heightened consciousness with which each of these poets dedicated himself to poetry as unique vocation.

If we begin our exploration in possible chronological order, perhaps Antonio Machado of the major poets of the Generation of '98 is the first to seize upon the *alerta* motif at a point of crisis in his poetry. In his initial *Soledades* Machado is a poet who works in *sueños*, the purposeful daydream; toward the end of this book he can declare, "De toda la memoria, solo vale / el don preclaro de evocar los sueños." By 1912, however, the solipsism of evoking daydreams has worn thin, has become tinged with irony. In one of his famous "Proverbios y cantares" we find him teasing us and himself as he begins to go beyond the *sueño*; subsequently, he reveals the answer to his previous riddle: "Tras el vivir y el soñar, / está lo que más importa: / despertar." To wake up, to become aware, to become a poet in time —this new order he encapsulates in a chilling *copla*:

> Anoche soñé que oía
> a Dios, gritándome: ¡Alerta!
> Luego era Dios quien dormía,
> y yo gritaba: ¡Despierta! (Machado 207)

In these few gripping words, Machado has focused upon the problem of God for the existentialist, a problem which long tormented Unamuno. While the confident but spiritually lazy Christian can at least confide in God as outflowing source, here Machado as existentialist is "awake" to the agony that perhaps God "sleeps," that he may not exist.

In perhaps his most complex and impressive single poem, his "Recuerdos de sueño, fiebre y duermivela," Machado again touches upon the *alerta* theme. At the same time he was struggling with his God as "Gran Cero," in ironic confusion he was dallying with the reality of an autumn love, that for Guiomar. This is truly a Freudian poem in that guilt hangs over the time-embroiled memories of a love now gone but consecrated and a new love somehow impossible or prohibited. Again the poet's alertness or "clarity" is projected ironically as he introduces the *alerta* theme in the first section:

> Esta maldita fiebre
> que todo me lo enreda ...
> A tu ventana llego
> con una rosa nueva ...
> y el limonero baila
> con la encinilla negra.
> ¡Oh, claro, claro, claro!
> Dormido estás. Alerta. ... (333)

The consciousness of the poet, plagued by new desire, old guilt, and the shadow of death, ultimately reaches the "clarity" that "Amor siempre se hiela." Thus Machado the *poeta sencillo* of *Soledades* becomes in his final period the *poeta alerta*, of a tragic and complex existentialism in which philosophy and poetry are embroiled.

Around the same time as Machado, toward 1917, Juan Ramón Jiménez appropriates the *alerta* theme and initiates an impressive development of it in a series of short lyrics extending into his final period. As is well known, Jiménez as poet begins as an Adamic figure alone in his garden of beauty, oblivious to everything but his own delicate feelings. As he matures toward responsibility as a Spanish and European poet, however, he starts to emphasize his role as poet of high *vocation*. Only Jiménez would have the nerve to publish the following lyric from *Piedra y cielo*, entitled "Ruta."

> Todos duermen, abajo.
> Arriba, alertas, el timonel y yo.
> El, mirando la aguja, dueño de
> los cuerpos, con sus llaves
> echadas. Yo, los ojos en lo infinito, guiando
> los tesoros abiertos de las almas. (Jiménez 597)

Thus a normal leader such as the helmsman guards the "bodies" of humankind; the poet in his high calling is responsible for the souls. In *Belleza*, Jiménez returns to this same theme with variations in a poem specifically entitled "Alerta," in which the poet extols the value of his illumined mind in full awareness. A second lyric, entitled "Y alerta!", is in the form of the pure poetry of the second section of *La estación total*.

> Tesoro de mi conciencia,
> ¿dónde estás, cómo encontrarte? ...
> Pero el secreto aquí siempre
> y ¡alerta! sin revelarse. (815)

Although the poet continues the development of his poetic concept of *conciencia*, this poem ends upon a hesitant and questioning note. A third lyric, found in *Una colina meridiana* and also called simply "Alerta," in its single stanza, in its high sweep, is illustrative of Jiménez in his confident maturity.

> Iluminada, mi cabeza
> alta en el mundo oscuro,
> ¡esta semilla iluminada
> de otro y más bello mundo! (960)

Jiménez in his final major collection of poetry, *Dios deseado y deseante*, twice touches upon the *alerta* theme in essential poems. In this book he finally associates his vocation of poet with that of others, even carpenters and telegraphers. In "Todas las nubes arden," the poet makes his way through the *mar desierto*, a double symbol emphasizing man's essential aloneness, but he reiterates his aware journey toward humankind:

> ... por ti yo paso en pie
> alerta, en mí afirmado,
> conforme con que mi viaje
> es al hombre segundo, que me espera. ... (971)

Finally, in the other lyric in *Dios deseado y deseante*, the very title "Y en oro siempre la cabeza alerta" synthesizes the thrust of his fifty years of "trabajando en poesía." Here the poet looks out in all directions upon the "city" in which he has at last found his god of both consciousness and essence: " ... en sol cardinal siempre la cabeza alerta / a norte, a oeste, a este, a sur, / los cuatro oros de la entrada permanente... " (1023).

When we come to Federico García Lorca, it is significant that the revolutionary poet seizes upon the *alerta* theme in two capital moments of *Poeta en Nueva York*. Lorca initiated his career experimenting with the popular tradition in his *Poema del cante jondo* and the vanguard tradition in *Canciones*, both of which he found wanting; then he suddenly hit full stride in his *Romancero gitano*, although his gypsy protagonists tended to

obscure the poet himself as chief protagonist. In *Poeta en Nueva York*, the
poet develops a protagonist as hero who becomes a solid example of the
Rebirth Archetype. From the despair of an unrequited and prohibited
love, the protagonist plummets into personal psychological depths.

In the poem "Ciudad sin sueño," the protagonist, existing in a state of
sleepless agitation, utters these critically important lines:

> No es sueño la vida. ¡Alerta! ¡Alerta! ¡Alerta!
> Nos caemos por las escaleras para comer la tierra húmeda
> o subimos al filo de la nieve con el coro de las dalias muertas.
> Pero no hay olvido ni sueño:
> carne viva. Los besos atan las bocas
> en una maraña de venas recientes
> y al que le duele su dolor le dolerá sin descanso
> y el que teme la muerte le llevará sobre sus hombros. (Lorca 493)

The initial line "No es sueño la vida" sweepingly negates the Catholic
philosophy of Calderón. For Lorca, the world is "carne viva," by which he
means that his meaningful universe springs from the source of the body,
the body of flesh and blood and desire. This of course does not preclude
an ideal, but this ideal must be grounded in the vitalistic. Here the protagonist is almost at the bottom of the pit, but he goes on in the poem to
envision a return of the ideal:

> Otro día
> veremos la resurrección de las mariposas disecadas ...
> Veremos brillar nuestro anillo y manar rosas de nuestra lengua.
> ¡Alerta! ¡Alerta! ¡Alerta! (493)

The "rosas de nuestra lengua" of course refer to his further creation of
poetry.

It is significant that Lorca returns to the *alerta* theme in the "Oda a
Walt Whitman," one of the key poems at the end of the book. In this difficult poem, the protagonist attacks the "maricas de la ciudad," but he
joins with Whitman as an example of the "classical" homosexual-as-artist.

> ¡No haya cuartel! La muerte
> mana de vuestros ojos
> y agrupa flores grises en la arcilla del cieno.
> ¡No haya cuartel! ¡Alerta!
> Que los confundidos, los puros,
> los clásicos, los señalados, los suplicantes
> os cierren las puertas de la bacanal. (526)

The poet then extols the coming "reino de la espiga," a phrase which
obviously bears phallic suggestion but in the fullest sense embraces natural life. In these and other poems of *Poeta en Nueva York*, Lorca's protagonist emerges as a hero with a program for humankind, revolutionary to

be sure, but a program still struggling today against heavy odds.

When we approach Vicente Aleixandre and his massive poetic work, we must emphasize the two different periods in his illustrious career. After his initial effort *Ambito*, the poet hits stride in *Espadas como labios*, a phallic-aggressive title which characterizes his poetry of the first period. Generally in this period his protagonist lives and moves in a paradise anterior to the contemporary world; in fact, clearly (though not stridently) he rebels against the whole civilized world. His protagonist is a creature of the body (of matter even); the fresh and dew-pearled nude becomes his essential image. The final end of this existence is fusion with the elements, which the poet projects as joyful. In his second period, almost by an act of will, the poet turns to his fellow men living now an existence both forlorn and oppressed. Even near the end of his long life, however, the poet has declared a preference for the authenticity of the first period.

For the purpose of our subject, we should like to focus upon one of the key poems of *Espadas como labios* entitled "Nacimiento último." The reader of Aleixandre will recognize that this becomes a rich phrase in his work, for in 1952 he organized a volume under this title, in which the phrase means, for him, "nacimiento último a la tierra unitaria," that is, death. But in this early poem, clearly the "nacimiento último" is a second birth, a birth to the awareness of his potential. He begins specifically with the *alerta* theme:

> Para final esta actitud alerta.
> Alerta, alerta, alerta.
> Estoy despierto o hermoso. Soy el sol o la respuesta.
>
> (Aleixandre 230)

Here it is meaninful that Aleixandre repeats the triple "alerta, alerta, alerta" in about the same year as Lorca. Like Lorca, Aleixandre is alert to both the demands and potential of his own freedom. In Aleixandre's syntax, being beautiful equals being awake. His being a *sun* implies his full awakened powers; his *reply* will be the reply to "civilization" that it no longer has the answers. Within the poem he continues his assertion of awakening to liberty by embracing the boundlessness of the sea in both its masculine and feminine aspects. Above all, he has embraced the "no-limits," that is, he will no longer defer to laws and customs. This key poem thus provides a base from which Aleixandre created two of his major books, *La destrucción o el amor* and *Sombra del paraíso*.

In the extended body of his poetry, Aleixandre continues to employ the *alerta* theme, in situations essential to his poetry. His protagonist as lover is characterized by being aggressively alert; moreover, his symbolic animals —the eagle, the tiger, the swordfish— function alertly somewhere between love and destruction. In a major poem of *Sombra del paraíso*, "El desnudo," the poet develops a theme which becomes consecrated for him:

> Tu desnudo mojado no teme a la luz.
> Todo el verde paisaje se hace más tierno
> en presencia de tu cuerpo extendido.
> Sobre tu seno alerta un pájaro rumoroso
> viene a posar su canción, y se yergue. (492)

In another major poem, "Plenitud de amor," the nude is exalted in the same vein:

> ¡Ah la verdad tangible de un cuerpo estremecido
> entre los brazos vivos de tu amante furioso,
> que besa vivos labios, blancos dientes, ardores,
> y un cuello como un agua cálidamente alerta! (520)

And in still another important poem of Sombra del Paraíso, entitled "Los dormidos," the poet specifically exhorts the sleeping ones to awaken upon the "nude" earth:

> Despertad! Es el mundo, es su música. ¡Oídla!
> La tierra vuela alerta, embriagada de visos,
> de deseos, desnuda, sin túnica, radiante,
> baccante de los espacios. ... (522)

Thus in his essential poetry, Aleixandre has exalted alertness, especially erotic alertness, with insistence; we assume that this erotic alertness is symbolic of man's vitality in general, a philosophical preoccupation in this century.

It is well known that Jorge Guillén has been a poet extremely alert to the "things" of this world, and that he has been successful in organizing his poetic work. We should observe then that in the long first poem of his *Aire nuestro* he establishes his essential philosophy. First, his "soul returns to the body," and his eyes discover the power of light. This light of morning, of creation, brings "things," and the poet ultimately declares, "Dependo de las cosas." The poet as man awakening to things hence discovers "un tumulto de acordes." But this extreme emphasis upon "things" tends to place Guillén in danger of exalting living experience to the point of negating poetry itself. To forestall this interpretation, Guillén orders as his second poem "Los nombres," and this important lyric specifically emphasizes the *alerta* theme. As usual, it is dawn, and the horizon, strangely personified, begins to see, not things here, but "nombres," which hover above the roses blooming today. The poet's thrust is the salvation of the moment:

> ¡Esa pujanza agraz
> de Instante, tan ágil
> Que en llegando a su meta
> Corre a imponer Después!
> ¡Alerta, alerta, alerta,

yo seré, yo seré! (Guillén 36)

Like Lorca and Aleixandre (and around the same year), Guillén employs the triple phrase for emphasis. And when the roses of this day fade, "quedan los nombres," that is the symbols of poetry endure. As the book progresses Guillén dwells upon alertness, which he of course expresses in various ways.

Throughout the years Guillén returns specifically to the *alerta* theme a number of times. In the full-length poem "El concierto," the poet of course exalts music as a symbol of harmony in the universe: "Solidario en alerta, / Alerta dominada" (192). In the *décima* "Ahora" the poet chooses to emphasize the promise of hours in the café, for many people "idle" and wasted ones: "Y el café. ¿La tarde, alerta, / Me aguarda? Redondo Ahora ..." (234). And in the major poem "El infante" Guillén concentrates in impressive detail upon the infant as the very model of creation, the result of a joyful act of faith:

> Esta incipiente forma de alegría
> Material, es ya fe, la fe ya alerta,
> Illuminada por lo que todavía
> Fulge arcano en la tierra descubierta. (384)

Even during the difficult years of *Clamor* Guillén finds the strength to retain his alertness. In an early poem of this series, "Tren con sol naciente," the action begins in noisy darkness, but with the coming of light the people in shadowy bulk become individuals:

> Cuerpos con ansiedad que no se pierde,
> Testigos
> Felices de así ver:
> Entonces son. Y tan privilegiados
> que les basta su ser.
> ¡Alerta!
> Siempre la luz nos llama. (559)

Guillén again chooses the *décima* for a tricky little poem called "Sintiéndose dormir" in which he attempts to carry his alertness even down into the gulfs of sleep: "Desde lo oscuro yo soy el dueño, / Mi sueño fundido a mi alerta!" (633). Finally, in "Tiempo de valor," the poet brings in the modern world of the airplane and the expanded view made possible: "paredes claras, aire claro, vida abierta ... / Todo guarda alerta (704)." This is where we must leave Guillén, a generous poet who to the end of his career exalted alertness as the prime quality of life.

It remained for José Ortega y Gasset to crystallize this *alerta* theme. In his long prologue to the Conde de Yebes' *Veinte años de caza mayor*, written in 1942, Ortega plunges immediately into the philosophical problem of what it means to be a hunter, and the proper relation of sport to civilized life. In the last section of his essay, Ortega summarizes his ideas on the hunter: "Tenemos una palabra magnífica que conserva aún todo su sabor de vivacidad y de inminencia: alerta. El cazador es el hombre alerta (Ortega 489)." And since Ortega is forever close to his own task, philosophy, he goes further: "Como el cazador en el *fuera* absoluto que es el campo, el filósofo es el hombre alerta en el absoluto *dentro* de las ideas ..." (491). Ten years later a generous Jiménez wrote some ringing words of praise for Ortega as *hombre alerta*: "Ortega siempre ha sido un maestro para mí ... El ha unido la base tradicional española más sólida a la expresión filosófica moderna más alerta (Gullón 120)." Jiménez himself once jotted down the phrase "Mi alerta constante." The major poets we have briefly touched upon are all examples of the *hombre alerta*, the *poeta alerta*, each seeking through the high vocation of poetry to express the self by consistent alertness, by heightened consciousness and, despite their wide differences, there remained a sense of brotherhood among them.

Note

1. We have also found pertinent data for the *alerta* theme in Rafael Alberti and Luis Cernuda, with a bit in Unamuno; we have not yet read Gerardo Diego and Dámaso Alonso in regard to this theme.

Works Cited

Aleixandre, Vicente. *Poesías completas*. Madrid: Aguilar, 1960.
García Lorca, Federico. *Obras completas*. Madrid: Aguilar, 1967.
Guillén, Jorge. *Aire nuestro*. Milano: Schweiller, 1968.
Gullón, Ricardo. *El último Juan Ramón Jiménez*. Madrid: Alfaguara, 1968.
Jiménez, Juan Ramón. *Tercera antología poética*. Madrid: Biblioteca Nueva, 1957.
Machado, Antonio. *Obras, poesía y prosa*. Buenos Aires: Losada, 1964.
Ortega y Gasset. *Obras completas*, II. Madrid: Revista de Occidente, 1958.

Los cuentos de Elena Santiago:
temática y técnica

Eladio Cortés
Rutgers University, Camden

A causa de los importantes premios recibidos en los últimos años, pero también por la elegancia exquisita de su prosa, a Elena Santiago se le comienza a considerar en la literatura peninsular como novelista destacada. Sus principios literarios no fueron precisamente en este género, sino en cuento y poesía, donde la escritora recibió también prestigiosos galardones que la hicieron conocida al lector español.

Elena Santiago empezó su vida literaria cuando en 1974 decidió presentar tres cuentos a los concursos "Ignacio Aldecoa", "Ciudad de León" y "Ciudad de San Sebastián", ganando premios en todos ellos. En sucesivos años los iría recibiendo más continuados, el "Pola de Lena", "Peliart", "Jauja", el "Sarmiento" de Valladolid, de poesía, amén de otros importantísimos por sus novelas. Nos encontramos, pues, en presencia de una de las escritoras más completas de la literatura española de hoy.

Los cuentos de Elena Santiago tienen en común varias de las características del resto de su prosa. Se puede ver en ellos una serie de elementos que distinguen su producción literaria de la de los demás escritores contemporáneos suyos. Tan diferente es su manera de escribir que se ha llamado por algunos críticos "estilo Santiago". Logra ser distinta al usar una serie de repeticiones que tienen como objeto el insistir e imponer al lector lo más importante del relato tratado. A tenor de parecer exagerado, quiero recalcar que la forma en que Elena Santiago escribe no se ha practicado en España desde que Juan Ramón Jiménez y sus seguidores modernistas dejaron de florear con el idioma. La prosa de nuestra escritora está llena de giros poéticos y de metáforas que ensalzan las descripciones hasta un punto lírico extremado. Veamos, para ilustrar este punto, un párrafo de "Una noche llena de agujeros", premio "Nueva Acrópolis" de 1978:

> Era agosto. Era una tarde pesada y lenta que hacía del pueblo un montón de adobe abrasado de luz, de un calor denso y enervante que fustigaba la cosecha. Ya no se sabía si el sol se había caído a la tierra y estaba entero en aquel camino vencido o era aquel trigo ciego o seguía alto en aquel cielo abierto, rutilante, emanando un polvillo de luz que iba cayendo entre la hora, contra la espalda inclinada de Manuel y su pensamiento. ("Una noche" 36, 37)

Por este párrafo vemos que su autora tiene una prosa llena de imágenes que se adapta perfectamente al tipo de descripción que nos ocupa. En sus cuentos la acción no es realmente importante. La escritora toma una

situación y la va casando al relato con toques pincelados que componen
el mosaico de color que cada cuento nos presenta. La repetición de vocablos y frases cortas da fuerza y elegancia a la poca acción existente.
Varias son las características o elementos que acompañan a estas repeticiones citadas. En primer lugar, encontramos contrastes de luz y sombra:

> En el pueblo la vida no cesaba de llegar. Aparecía o desaparecía insaciable-
> mente, doblándose como el sol y los días, como las noches y el viento ... La
> cocina de carbón estaba apagada. No andaba el humo en el tejado, ni el calor
> empañando la ventana. Tino, sentado en una silla baja, no veía que la noche se
> acercaba, que se cerraba la última luz en los cristales. ("Una noche" 35)

Estas oposiciones entre sol y sombra, luz y oscuridad, no son las únicas que se encuentran. Existen también entre colores: grises y blancos,
blancos y negros, rojos y verdes se contrastan una veces o se complementan otras, dependiendo del momento, ayudando de esta manera a matizar
la sonoridad de lo escrito.

En una entrevista celebrada con Michèle Muncy, con motivo de la recepción del premio "Novelas y Cuentos" de 1979, la escritora al explicar el
por qué de las repeticiones y el uso de los colores en su prosa dice:

> Cuando escribo necesito sentir que el relato lleva una fuerza. A mí me pide
> mi forma de hacer o de escribir, en determinados momentos insistir, recoger
> determinada palabra, una frase o un color, como has visto. Insisto, porque esa
> insistencia es como si yo fuera calcando en ese personaje o en ese mundo. Es
> algo no premeditado pero que necesito hacer para mí misma, porque es una
> manera de dar la fuerza que necesito dar en el párrafo. (Muncy 133-34)

El tiempo, un tiempo que se detiene a veces, constituye una espera
que obsesiona a los protagonistas y es otro de los elementos usados por
Elena Santiago en su prosa pára dar a sus relatos la lentitud o velocidad
necesarias de acuerdo con la acción que exista en ellos. La dominación
del tiempo sobre algunos de los protagonistas es palpable:

> La ausencia de Román la tenía Fefa sobre el regazo, en las manos vacías.
> Cuántas horas se había quedado sentada y sumisa comtemplándose el halda y
> las manos, sumisas también, sobre ella mientras pensaba en el hermano. La
> ausencia en un nudo de días y noches. ("Un mundo" 17)

Algunos de sus cuentos, especialmente los escritos desde 1982 tienen
un tono impresionista que está de acuerdo con la opinión de Luis Leal al
definir este género en el cuento mexicano:

> Los impresionistas se distinguen de los modernistas en la temática, mas no
> en el estilo. Al mismo tiempo, se distinguen de los realistas en que, aunque
> recogen los temas de la vida, no dan expresión a la realidad en una copia ser-
> vil, sino pasándola por el tamiz de la sensibilidad íntima. El resultado es una

pintura en donde se refleja más la personalidad del autor que la existencia objetiva. El impresionista, aunque usa temas de la realidad, selecciona aquellos que causan una gran impresión en su ánimo. (Leal 7)

Tomamos como nuestro este comentario de Leal, porque concuerda con el estilo, la técnica y hasta la temática de Santiago. La realidad reflejada en sus cuentos está envuelta o escondida por una sensibilidad muy apropiada al caso y esto hace que los problemas vitales se conviertan en algo lleno de lirismo y modificado por la personalidad de la autora. Al quitar importancia a la acción, la realidad se convierte en un medio para modificar las reacciones subjetivas de los protagonistas, unos martirizados por el tiempo, otros influenciados por las circunstancias o personas que los rodean, sean madres, maridos, la ausencia de seres queridos e incluso la muerte y el silencio.

Sería difícil clasificar los cuentos de Elena Santiago. La temática no es muy fija en ella. Sus temas de esperanza parece que se abandonan a partir de 1982 para caer en una mitigada desesperación. Su estilo, aunque más regular, tiene un pequeño bache que le lleva a no usar tan a menudo las metáforas, repeticiones o colores, aunque en sus últimos cuentos parece que vuelve al principio.

Los títulos cronológicos pueden indicar los cambios. Comenzando por 1974 con "La última puerta", en 1977, "Un mundo detrás de la puerta", también en 1977, "Antes de cerrar la puerta". Detrás de esas puertas hay un mundo de esperanza, de llegada del ausente, o de compromiso entre el pasado y el presente. En 1979, "Relato con lluvia" donde a pesar de la atmósfera de tristeza que da la lluvia, el barco apresado ha sido libertado y llega a puerto. Los títulos van cambiando y se convierten en "Un cuento pequeño, hálito de penumbra", "Una mujer vulgar de insomnios amarillos", en uno de los últimos, inédito, titulado "Estoy naciendo arriba (y no quiero)", donde la protagonista intenta escaparse de una realidad que la ahoga, representada por un baúl olvidado donde se le figura haber un muerto, periódicos viejos con noticias viejas y escaleras que parece que no llevan sino a la desesperación. Es un cuento existencialista donde la redención no llega sino hasta la última frase velada de "Vamos. Arriba nos están amando". ("Estoy naciendo" 163)

Volviendo a sus primeros cuentos en los que el mensaje de esperanza constituye el triunfo frente al recuerdo. En "La última puerta", 1974 se comienza de una manera muy lírica:

> La noche se alargó hasta ser una sola sombra. Se alargó el silencio por encima de los tejados, entre el humo de las chimeneas. Se arrastraba con la oscuridad un viento suave y sin color que se enredaba entre las hojas de la higuera callada en un rincón, era un viento sin camino que jugaba, a subir, a bajar de alguna parte. El sol no estaba, ni los pájaros, pero debían de andar por algún rincón cercano porque su calor, su eco, aún estaba allí. ("Ultima puerta" 51)

Esta descripción nocturna anuncia el principio sombrío del cuento. El viejo médico retirado que siente una enorme nostalgia de sus años de trabajo, a la vez que soledad y desesperación, vuelve a su casa después de un año en un sanatorio. Allí se ha mudado ya su hijo Juan, nuera y nietos. Se siente forastero en el sitio donde ha pasado su vida. Le acercan su viejo sillón pero ve los cambios que se han hecho en su ausencia. Su placa de "Médico" ha desaparecido de la puerta, el perchero, cargado de años, ha sido sustituido por una nueva sillería. Necesitaba volver al punto exacto de donde había salido un año antes, pero al llegar, una sensación de soledad se apodera de él al darse cuenta de que sus muebles, su perchero, sus cuadros y pinturas, todo ha sido relegado al ático, al olvido. Así son sus pensamientos al entrar:

> Cambiaremos unas cosillas le dijeron en el Sanatorio y de momento sólo conservaba de su mundo de antes el sillón, un hueco que encuentra otro hueco, el almohadón, los tejados jugando a asomarse a ver caer los pájaros y la luz calentando un patio sordo. Pero no quería ser injusto. Quedaba mucho por ver, no todo iba a estar cambiado. ("Ultima puerta" 56-57)

Desgraciadamente para él todo está cambiado. La obsesión del perchero, que fue la primera gran impresión de cambio, después de la placa de entrada, le persigue. Sueña con su vida anterior, cuando sus hijos crecen. No sabe cómo reaccionar. El hijo no puede pagarle un préstamo hecho con la excusa de un negocio. En realidad el dinero ha ido para cambiar los muebles de la casa. El padre, que se ha quedado sin fondos, se lo pide:

> —Pero hijo, yo necesito el dinero. Al menos una parte...
> —Bueno, tú no tienes que gastar nada viviendo con nosotros, ¡estaría bueno!, pero si es tan urgente ... ¡lo arreglaré como sea y te lo traigo hoy mismo! ("Ultima puerta" 60)

No insiste en la devolución, pero se da cuenta de que ya no puede tener independencia. Sin embargo un rayo de esperanza llega cuando al decirle Juan que le han "dado" su antigua habitación, que ocupaba el nieto pequeño, él pide:

> —Digo hijo que..., ¿qué te parece si ponemos el perchero en mi habitación?
> —¿El perchero en tu habitación? ¡Pero te va a ocupar mucho!
> La luz de la mañana también ocupaba mucho. Lo alcanzaba ya todo.
> —Bueno, se lo diré a Martina y después se baja. ("Ultima puerta" 62-63)

"Cada invierno" fue el ganador del premio Ignacio Aldecoa de 1975. En él Elena Santiago nos presenta un tema en cierto modo parecido al anterior, de ausencia, de recuerdos, de melancolía y luego, al final, de esperanza. Se trata de la llegada de Tina a la casa de sus padres, después de su ausencia en América por bastantes años. La recibe su hermana

Juliana, casada con Manuel. En un "flash back", la autora nos relata la historia de la familia antes de morirse el padre, que tenía una tienda, y la vida de las dos hermanas, Juliana madrugadora y dispuesta a trabajar desde temprano y Tina, a quien le gusta dormir todas las mañanas. Nos habla del cariño de ésta última por el padre:

> Desde siempre Tina adoraba a su padre. Le gustaba robarle del bolsillo los pañuelos y a escondidas olerlos, apretarlos entre las manos, contra la cara. El olor a tabaco de pipa, a algo de la tienda, un jabón, cajones cerrados, la llenaba. Se apretaba contra el pañuelo, contra una ansiedad. Y aprovechaba cuaquier momento a solas para sentarse en la mecedora que solamente usaba el padre. Y así, sentada, tensa, se cogía, como agobiada, a un balanceo pequeño, familiar y pequeño. ("Cada invierno" 70)

Juliana y su marido temen que la vuelta de Tina suponga la división de la herencia, con la partición de la tienda que ellos han mantenido durante tantos años. Desde la muerte del padre y la consiguiente salida de Tina para América.

La noche de la llegada de la hermana, con los tres reunidos, Manuel intenta explicar cuánto han tenido que trabajar para mantener la tienda a flote. Es una obsesión del matrimonio, ¿cuánto les pedirá Tina por su parte? La tirantez de las dos hermanas salta a la vista. Intentan convencerla de que si queda algo es gracias al esfuerzo del matrimonio. Al cabo, en un final que nos recuerda el cuento anterior, Tina decide darles todo, con una condición:

> Y entre aquel silencio, contra él, se apoya Tina. Los mira un momento más y después, un poco temblorosa, como atragantada con una ternura señala la mecedora.
> Sin querer la roza un poco y la mira balancear su vacío, un hueco. Agobiada se coge a aquel movimiento pequeño, pequeño y familiar y, de golpe la detiene, allí, contra una ternura, contra el silencio. Después, muy despacio, se sienta en ella. Y en la ternura. Y en un silencio. ("Cada invierno" 77-78)

En los dos cuentos se puede ver cómo el pasado, un pasado de recuerdos, lleno de cadencias dadas por la significación de ciertos objetos, constituye el elemento primordial de la trama. En "La última puerta" es el sillón, o el perchero los que traen los recuerdos del pasado, mientras en "En invierno" es la mecedora la que hace que Tina perdone todo por poseerla. Le trae recuerdos de la infancia y especialmente del padre.

En "Hacia un camino", ganador del concurso "Pola de Lena" de 1976, Elena Santiago presenta a Nina, que vuelve de la Universidad, lo mismo que antes el médico o Tina. Vuelve a su lugar natal donde pasó la juventud y donde su padre es panadero. La vista del pueblo le trae todos los recuerdos de su niñez y de su padre, que en estos momentos estaría haciendo pan. El encuentro con el autor de sus días es simple pero profundo de sentimientos.

—Hola, padre.
La cara del padre se llenó, al volverse, de sorpresa.
—¡Nina!
Sobre la vieja chaqueta, sobre los hombros, Nina abrazó aquel polvillo blanco
de harina, y sobre las pestañas y la ternura también. Nina puso las manos so-
bre los hombros y el polvo y como si, al fin, hubiese llegado a lugar seguro
sonrió más tranquila y repitió:
—Hola, padre. (*Relato con lluvia* 150)

Viene Nina a su casa de siempre, a la seguridad del padre, frente a la
inseguridad de la Universidad, ahora cerrada por orden del ministro para
evitar manifestaciones de estudiantes.

Nina, al explicar a su padre los problemas universitarios, compara sin
darse cuenta la vida quieta del pueblo con la ajetreada de la ciudad. Esta
sale perdiendo. Al terminar la explicación a su padre, que todavía lía los
cigarrillos con la mano "por la costumbre", expresa sus deseos de esta
manera:

—¿Sabes lo que quiero como nada, padre, sabes qué?
El se volvió con todo el cuerpo a escucharla.
—¡No será la guerra! -dijo rápido.
Una cierta felicidad estaba llegando, con aquella calma.
—¡Pues claro que no! ¿Sabes qué? Un trozo, un buen trozo de tu pan. (*Relato
con lluvia* 154)

Al final, este triunfo de lo sencillo, de lo del pueblo, se reafirma al
indicar la hija que "cuando deje de llover voy a barrer el patio". (*Relato
con lluvia* 154)

Sería prolijo intentar exponer en pocas cuartillas todos los cuentos de
Elena Santiago. Sus muchos premios indican la importancia que su obra
está alcanzando en España. Sólo quiero detenerme en alguno de sus últimos para mostrar lo que considero el cambio profundo que se lleva a cabo en la temática y en el estilo de la escritora desde 1983.

"Un cuento pequeño, hálito de penumbra" es un relato sobre una niña
que tiene la obsesión de ser ángel o pájaro. Alrededor de esta idea, la autora desarrolla la vida de la protagonista con un estilo y de una manera
surrealistas, en las que mezcla los pensamientos de una mente infantil con
la realidad de la niña que casi sin darse cuenta queda en cinta por culpa
de un soldado. El choque entre la inocencia de mente y la realidad es lo
que da al cuento ese caracter de un surrealismo impresionista que vemos
en las pocas páginas que contiene. El hecho de quedar en cinta hace pensar a la niña en un mundo al revés, que expresa de esta manera, siempre
dentro de la infantilidad de su carácter:

Un día, un día torcido, extravagante, tanto que la niña entendió que los
gatos deberían andar volando y las nubes haciendo olas y espumas en la playa,
las gentes caminando hacia atrás, los niños escupiendo lo aprendido, los árboles

> poniéndose zapatos... aquel día, tan torcido y extravagante en el que Tina, la
> Tinilla, en su pueblo, se levantó hinchada, por culpa de un soldado, con un
> niño dentro tan grande que llenó el mundo. Tina, la Tinilla allá por el pueblo
> de adobe y tiempo, tenía en la tripa al mundo. (*Relato con lluvia* 44)

La mente de Tina sigue queriendo descifrar o entender la significación
de lo bueno y lo malo, de la ética vieja y la nueva, de su manera de entender el mundo y la manera de entenderlo de su madre o de su abuela.
Decide encontrarse a sí misma y ser lo que quiera:

> La niña extiende una mano deteniendo su propia historia, busca lo más cercano
> a la ternura, y protesta:
> —Yo nunca seré tan vieja.
> Además ella, definitivamente, iba a ser ángel o pájaro. Eso era lo sencillo, era lo
> más propio, lo icástico. (*Relato con lluvia* 46)

Nos parece como si la autora quisiera exponer, sin acción, sólo con
pensamientos la independencia del ser humano, su soledad y, sobre todo,
la incomprensión entre las generaciones.

Siguiendo esta línea de cuentos tendientes al surrealismo está "Una
mujer vulgar de insomnios amarillos". De nuevo, como el anterior, se nos
presentan las divagaciones mentales de una mujer que a través de pensamientos interrumpidos por la realidad va desnudando su interior. Así explica la protagonista una de sus ansias:

> Al principio, cuando ella se dio cuenta de que no había querido haber nacido,
> se mostró extraña. Y contó que, en el vientre de su madre, usaba unas gruesas
> gafas para ver bien la salida y no servirse de ella jamás. (*Relato con lluvia* 76)

Su primera salida con un hombre la lleva a rememorar su niñez,
cuando sólo podía ir al jardín acompañada por su extraño abuelo. La
imaginación calenturienta le hace pasear por las esferas de lo inexistente.
Se cree gato o perro o burro y hay que llevarla a un psiquiatra. Quizá
dentro de la bata blanca se encierra otro muerto, como su abuelo, piensa.
La obsesión del abuelo con el pañuelo blanco en la cabeza, que se ponía
para defenderse del sol, le lleva a pensar en los misterios de la vida y de
la muerte. Todo lo ve representado bajo el pañuelo blanco. Tiene ansias
de irse de su casa, de estar sola. Es un vaivén entre la realidad y el pensamiento. Quiere irse con una amiga pero cree pensar que le ha pasado
algo y fabrica una invención irreal que le hace marcar el número de la
policía para denunciar el supuesto suicidio de su amiga. En un momento
real pide al policía en la calle que suba para ver si su amiga está bien. Es
ella la que viaja con su imaginación, la que deja las preguntas sin contestar, la que desbarra por un mundo inexistente.

Este cuento es exponente de ese cambio de la escritora, que se puede
también notar, por otro lado, en su novelística y que hace que sus cuentos se conviertan cada vez más surrealistas, con imágenes incoherentes

que contrastan con las de su primera época de armonía, color, nitidez de prosa. Parece como si Elena Santiago quisiera descubrir el alma desnuda del ser humano a base de intentar infiltrarse en los más escondidos recovecos del espíritu. Los cuentos de esta escritora no han sido nunca convencionales. La acción ha estado limitada siempre por el pensamiento y por la imaginación de sus personajes, casi todos niños o volviendo a la niñez. Pero en los postreros, ya mencionados, se ha sustituído la poca acción por un atropellamiento de pensamientos, de imágenes contradictorias o de presentaciones reales que luchan contra la irrealidad e intentan vencer la voluntad de los personajes. Estos se van haciendo cada vez más irreconocibles, llegando alguno a ser, como en el último citado, seres sin nombre.

Quizá, a mi parecer, lo que existe más que surrealismo es un acercamiento al muy nombrado realismo mágico hispanoamericano. En la entrevista mencionada, la autora reconoce una cierta influencia de Onetti, que como se sabe ha sido calificado por la crítica como uno de los más claros representantes de esta estética.

El valor de los cuentos de Elena Santiago tendrá que pesarse con más exactitud a medida que vaya publicando un mayor número de ellos. De esta manera se podrá observar si el cambio visto es temporal o estamos frente a un nuevo neosurrealismo o superrealismo en España.

Obras citadas

Leal, Luis. *Breve historia del cuento mexicano.* Manuales Studium N. 2. México: Eds. de Andrea, 1956.

Muncy, Michèle. "Conversación con Elena Santiago". *Hispanic Journal* 2.2 (Spring 1981): 133-40.

Santiago, Elena. "Cada invierno". *Cuentos del Premio Ignacio Aldecoa, 1974 y 1975.* Vitoria: Evagraf, 1975.

_____. "Estoy naciendo arriba (y no quiero)". *Relato con lluvia y otros cuentos.* Salamanca: Ed. Europa, 1987.

_____. "La última puerta". *Cuentos del Premio Ignacio Aldecoa, 1974 y 1975.*

_____. *Un mundo detrás de la puerta.* Premio Jauja 1977. Valladolid: Caja de Ahorros de Valladolid, 1977.

_____. "Una noche llena de agujeros". *Nueva Acrópolis.* Madrid: Imp. Tordesillas, 1978.

Discurso de la fiesta y protesta
política en la producción poética
de Antón de Montoro

Marithelma Costa
Hunter College

La producción de Antón de Montoro, poeta de cancionero, se caracteriza por las codificaciones propias del discurso de la fiesta: el elogio y el ornamento (Zumthor 1979: 241-43). Su texto más temprano, "Montoro a la muerte de los dos hermanos comendadores" (c. 1447), un poema de arte mayor e índole político-moral, se inicia con uno de los pasajes más elaborados de toda su obra. En los ocho versos de su exordio se dan cita dos hipérbatos —uno de ellos muy violento— la alusión a una paremia —que establece el motivo de un delito— y una serie de oposiciones, antítesis y latinismos léxicos y sintácticos. En el último texto fechable, "A la reina doña Ysabel" (1474), la voz poética protesta, en una composición de impecable estructura arquitectónica, por las persecuciones que sufren los conversos. Aunque enmarcado por estos dos textos de tema político, el *corpus* poético del Ropero se compone, sobre todo, de panegíricos, sátiras y poemas de circunstancias, cuya temática mundana encaja perfectamente con el virtuosismo formal propio del discurso de la fiesta.

Antón de Montoro, que nace alrededor de 1404, muere poco después de 1478 y vive los conflictivos reinados de Juan II, Enrique IV y los Reyes Católicos, alude en sus textos a la caída de don Alvaro de Luna, a los pogroms anticonversos y a la conquista de Granada. Montoro, converso y menestral, también poetiza costumbres cortesanas como los juegos de cañas, los grandes festines y las tácticas de la conquista amorosa. Tanto los poemas frívolos como los de índole histórica presentan estructuras formales sumamente cuidadas y una profusión de elementos ornamentales. La crítica ha señalado la predilección de la poesía de cancionero por el artificio como dan cuenta los recientes estudios de Miguel Angel Pérez Priego (1979, 1983), Keith Whinnom (1981) y Giovanni Caravaggi (1984). Lo que está todavía por estudiar es cómo el marginado Antón de Montoro extrema el uso de dichos recursos para protegerse —a través del prestigio y la máscara de la forma— de los ataques que su espíritu crítico pudiera suscitar. El combativo converso se percata del clima de intolerancia y represión que se va imponiendo en el país —baste recordar los estatutos de limpieza de sangre y la ordenanza de exclusión tras el motín toledano de 1449 y los disturbios sevillanos de 1465 (Domínguez Ortiz 25-27)— y se vale de un sinnúmero de recursos retóricos para establecer sus posturas ideológicas y apropiarse, aunque formalmente, del discurso del poder. En este trabajo me propongo señalar cómo el encarecimiento de los recursos del ornamento —que coincide con los poemas políticos, y a veces linda significativamente con la opacidad semántica— culmina en "A la reina doña Ysabel", donde el poeta protesta ante la máxima autoridad del país por las persecuciones que sufren los conversos.

La poesía del Ropero está inscrita dentro del discurso de la fiesta, concepto desarrollado por Paul Zumthor en sus trabajos sobre la poesía de los _Rhétoriqueurs_. Según este crítico, ante la crisis de la Edad Media surgen dos respuestas bien diferenciadas: la primera declara que, aunque contradictorio y vacío, el mundo subsiste gracias a una serie de mitos religiosos, sociales y políticos que garantizan su frágil coherencia. Se vuelve nostálgicamente a los ideales del feudalismo, triunfa el discurso de la fiesta y se instaura el gran juego cortesano. La fiesta, que proclama, conserva y justifica los valores en que se funda, es, según Zumthor, "démonstration de ce qui est et doit être" (Zumthor 1978: 33) y el discurso de la fiesta reproduce los ideales de un pasado que no deben cambiar.

La segunda respuesta a la crisis se apropia de las contradicciones del referente para integrarlas en su propio sistema y se identifica con el discurso del carnaval. En ella todo es absurdo y sólo se admiten las relaciones aleatorias (Bajtin 12-22). Aunque se pueden trazar elementos carnavalescos en la obra del Ropero, es el discurso de la fiesta, codificado sobre los parámetros de la ideología cortesana, el que marca su poética.

En la corte, que representa el emblema de un universo perenne y teatral, impera una actitud vital estilizada donde "la rigurosa jerarquía de las telas, los colores y las pieles encerraba a las distintas clases sociales en un marco externo, reconocible (Huizinga 77-78).

> Meticulously ordered according to the rules of a representation both amusing and serious, it is staffed by nobles, clerks, minstrels, ladies, jesters, servants, and traveling artists .... The protocol of daily gestures (eating, dressing, speaking, reading, as well as being born, loving or dying), music painting, poetry intermingles with history, one of the forms of eloquence, and with the sciences, at the time called _artes_ (Zumthor 1979: 239-40).

En sus composiciones, el poeta de la corte reproduce este contexto ritualizado a través de juegos formales, ironías, equívocos y diversas amplificaciones acumulativas. También cultiva las figuras retóricas de la antigüedad, y entre las preferidas del Ropero se pueden citar las _anadiplosis_, _annominatios_, disemias e hipérbatos. Estos últimos, que suelen extenderse a dos y tres versos, ocupan un lugar destacado en su producción ya que, como formas-límite del ornamento, confieren a los textos una marcada elocuencia.

La poesía del Ropero recrea un universo codificado donde todo culmina en gesto, donde toda acción duplica el orden invariable del mundo. De ahí la importancia del elogio que, como modalidad discursiva, constituye una constante en la producción del poeta cordobés. Sus panegíricos, dedicados a los reyes y a sus corregidores, a los grandes nobles castellanos y los señores andaluces, se distinguen por la iteración, en inicio de copla, de dobles y triples epítetos epidícticos.[1]

El largo texto de 1473, "Montoro a don Alonso de Aguilar, cuando la destrucción de los conversos de Córdoba" se abre con un doble elogio donde, como recomendaban los retóricos clásicos, la alabanza se distribuye entre las virtudes del espíritu del noble —aquí representadas por sus palabras— y las de sus acciones (Lausberg, p. 1129): "De palabra verdadera, / con fechos claros, discretos".[2] El inicio de la estrofa con terno de epítetos aparece en la segunda copla: "Mancebo desempachado, / de varoniles industrias, a buen consejo inclinado" y vuelve a utilizarse en la novena: "Buen caballero leal, / quien los defectos olvida, / de sangre toda real"; décima: "Porque gracioso, prudente, / de varonil excelencia, / amado de toda gente"; y onceava: "Buen caballero coumplido / de buena varonidad, / quisto de quien nunca os vido". El poeta utilizará un año más tarde el mismo recurso en "A la reina doña Ysabel", poema que se ha de comentar al final de este trabajo.

Para reforzar el concepto jerárquico de su discurso, el Ropero también se vale de la hipérbole sacro-profana y el tópico de la loa imposible. En la segunda mitad del panegírico "Montoro a don Enrique, loándolo" se constata el uso de ambos recursos:

> Así que quien en vos loar
> quisiere dar su fatiga,
> muy más le vale callar,
> que tanto puede fablar
> que no sabrá qué se diga.
>
> Pues segund vos mercéis
> y virtud en vos florece
> dexando lo que seréis
> manejar lo que valéis
> a sólo Dios pertenesce.[3]

Por su parte, en el inicio de "Montoro al mayordomo del rey que le mandó dar tres varas de carmesí y no gelas dio", el poeta combina el doble epíteto epidíctico, la loa imposible, la *captatio benevolentiae* y varias frases hechas, en una composición que, según confirma su epígrafe, no está exenta de ironía:

> Grand reprehensión de avaros
> en quien discrezas se acaban,
> a mí non cumple loaros,
> porque vuestros fechos claros
> pregonando vos alaban.
>
> Mas con mi discreza poca,
> por fablar más a la llana,

> y decir lo que vos toca,
> cierro mis ojos y boca
> y digo cual es Yllana.[4]

Hay que señalar que el poeta converso también alaba a los porteros de los aristócratas, es decir, a los encargados de franquearle la entrada a los palacios. En "Montoro al portero de Santa Cruz, delante la reyna" también utiliza epítetos epidícticos e hipérboles sacro-profanas, a la vez que menciona abiertamente la raigambre judaica de su propia familia:

> Reprehensor de prudentes,
> de los discretos espanto,
> temido de los valientes,
> como cuando mis parientes
> entran el el templo santo

> a adorar su Criador;
> yo, con mis simples fechos,
> ante vos hiero mis pechos
> deciendo: "Yo pecador".[5]

Aunque el Ropero suele introducir alusiones a su origen, oficio y condición socioeconómica, su mundo poético incorpora fundamentalmente el espacio social de las clases privilegiadas. Su respuesta a la pregunta de un paje del duque de Medina Sidonia "Porque su amiga no le quería esperar a que la hablase, que se le quitaba de la ventana y de que se iba tornábase a parar", se inicia con los tradicionales epítetos epidícticos, esta vez al Duque, y desarrolla una serie de consejos para que el paje lleve a buen fin su conquista amorosa.

> Pan del mijor caballero
> que de yuso del sol mora,
> con vuestro mal, desespero,
> porque sé que se os azora:

> huildes ver y hablar
> ques un mal que las castiga;
> fingid que tenéis amar
> en muy más alto lugar,
> que más os pierde y os liga,
> y veréis si se os mitiga.[6]

Montoro también alude a costumbres cortesanas como el juego de cañas y a pasatiempos venatorios, como las monterías. En un poema sobre este último entretenimiento, "Montoro sobre [un] concierto de monte a don Pedro de Aguilar", se reproduce un diálogo en que la voz poética rechaza galantemente la invitación del quinto señor de Aguilar a que "esperase un puerco".[7] Hay que señalar cómo la voz poética, que se identifica con el autor, alude irónicamente a su condición de converso:

A vuestros mandos y ruegos
presumí de muy montero,
y, ¡por Dios!, buen caballero,
yo me veo entre dos fuegos:

si le fuygo, pensaréis
que de cobarde y mendigo,
y si le mato, diréis
que maté a mi enemigo.[8]

El poema "A la reina doña Ysabel", señalado por la crítica como uno de los textos clásicos de protesta política, también se distingue por el virtuosismo formal característico del discurso de la fiesta. Se compone de ocho estrofas octosilábicas cuya organización y medida lo subdividen en dos secciones simétricas.

I. ¡Oh Ropero, amargo, triste,
   que no sientes su dolor!
   Setenta años que naciste
   y en todos siempre dijiste:
   "Inviolata permansiste"
   y nunca juré al Criador.

II. Hice el Credo, y adorar
    ollas de tocino grueso,
    torreznos a medio asar,
    oir misas y rezar,
    santiguar y persinar:
    y nunca pude matar
    este rastro de confeso.

III. Los hinojos encorvados
     y con muy gran devoción
     en los días señalados,
     con gran devoción contados,
     y rezados
     los nudos de la Pasión.

IV. Adorando a Dios y Hombre
    por muy alto Señor mío,
    por do mi culpa se escombre,
    no pude perder el nombre
    de viejo puto, judío.

V. Pues, alta reina sin par,
   en cuyo mando consiste,
   gran razón es de loar
   y ensalzar
   la muy sancta fe de Criste.

VI. Pues, reina de gran valor,
    que la santa fee crecienta,
    no quiere nuestro Señor
    con furor
    la muerte del pecador,
    mas que viva y se arrepienta.

VII. Pues, reina de gran estado,
     hija de angélica madre,
     aquel Dios crucificado,
     muy abierto su costado,
     con vituperios bordado
     e inclinado,
     dijo: "Perdónalos, Padre".

VIII. Pues, reina de auctoridad,
      esta muerte sin sosiego
      cese ya, por tu piedad
      y bondad,
      hasta allá por Navidad
      cuando sage bien el fuego.[9]

En las primeras cuatro estrofas el yo poético dialoga consigo mismo y reflexiona autobiográficamente sobre su vida. Declara su aceptación del dogma de la virginidad de María —uno de los elementos del cristianismo de más difícil adopción para los conversos (Lida de Malkiel 1962: 503)—, su violación de los tabús alimenticios judíos y su total entrega a los ritos y sistema teológico-cristianos. La quinta copla marca el inicio de la segunda sección puesto que, desde su primer verso, comienza la interpelación a la reina Isabel que se ha de mantener hasta el final del texto. Al igual que la estrofa que le precede, y a fin de que el poema sea perfectamente simétrico, tanto la cuarta como la quinta estrofas son de cinco versos. La estructura del texto se puede visualizar como dos manos que se corresponden o dos espejos que se reflejan mutuamente:

1ª Estr.: 6vv   8ª Estr.: 6vv
ABAAAB   YZYyYZ

   2ª Estr.: 7vv*   7ª Estr.: 7vv
   CDCCCCD   EGEEEeG**

      3ª Estr.: 6vv   6ª Estr.: 6vv
      EFEEeF   BXBbBX

        4ª Estr.: 5vv   5ª Estr.: 5vv
        GHGGH : CACcA

* Primera anomalía: septilla en grupo de sextillas que corresponde a ** la segunda anomalía: pie quebrado en penúltimo verso y no en el antepenúltimo.

Para incrementar la cohesión de la composición, el Ropero se vale de la repetición de las rimas y, como se puede apreciar en el esquema, desde la segunda quintilla se retoman las de la primera sección.

Sin embargo, la sexta, séptima y octava estrofas presentan una variación respecto a las de la primera parte, pues aunque mantienen las rimas iniciales, todas llevan un verso de pie quebrado. El texto parece alterar su estructura, pero la variación se compensa, ya que en la tercera copla del poema había aparecido un verso de pie quebrado. Por último, el verso de pie quebrado de la séptima estrofa no figura en la misma posición que el de sus compañeras, lo que apuntaría a otra quiebra en el sistema de simetrías. Pero, si se revisa cuidadosamente la copla correspondiente de la primera sección, se constata que está compuesta de siete versos, mientras las compañeras llevan sólo seis.

Así, en "A la reyna doña Ysabel" constantemente se compensa, en el interior de los versos y dentro de un esquema de repetición con variantes, la estructura de la totalidad. Sin embargo, éste no es el único recurso que utiliza el Ropero; un estudio detenido del texto revela saturación de coplas con infinitivos (vv. 7, 9, 10, 11, 12) y participios (vv. 14, 16, 17, 18) y paralelismo de versos anafóricos —que coincide con la iteración de vocativos epidícticos— en los vv. 25, 30, 36, 43 (Cf. Huerta Calvo 128-31).

Además, el verso final del texto, que ha dado lugar a los más variados comentarios, introduce uno de los recursos predilectos del discurso de la fiesta: la anfibología.[10] La voz poética juega con el valor polisémico del término *fuego*, que alude tanto al calor que brinda en invierno como a las hogueras que se producen en las persecuciones. El texto, de admirable estructura y tono trágico, se cierra así con una nota de humor negro que refuerza el patetismo de la situación.

En resumen, Montoro utiliza una perfecta construcción arquitectónica y gran número de galas del trobar para protestar, ante la máxima autoridad del reino, de las persecuciones que sufren los conversos y en "A la reyna doña Ysabel" incorpora un tema abiertamente político al ambiente festivo y artificioso del discurso cortesano. Esta combinación no resultaba antitética en el mundo literario del siglo XV; arte y artificio no eran meras categorías que apuntaban a un vacío, sino instrumentos de trabajo a través de los cuales se podían poetizar desde los frívolos hechos cotidianos hasta los aspectos más trágicos de la realidad.

Notas

1. Hay que recordar que la retórica clásica recomendaba el uso del terno de epítetos ya que proporcionaba solemnidad a la alocución (Lausberg, ¶ 678).

2. Tomado del *Cancionero de Pero Guillén*, ff. 588-94. Para su anotación y la de los otros poemas citados, Cf. Marithelma Costa, *Antón de Montoro. Poesía completa.*

3. Tomado del *Cancionero de Pero Guillén*, fol. 600r-v. El *Cancionero de poesías varias* (MP 617), fol. 106r, proporciona el nombre del noble: *Enrique Enríquez* (Cf. Labrador, Zorita y DiFranco 132). Según Emilio Cotarelo y Mori se trata del hijo de Fadrique Enríquez, almirante de Castilla y tío del Rey Católico que le nombró su mayordomo mayor y almirante de Sicilia (Cotarelo 325-26). En su vejez, Alfonso de Palencia lo describe: "caballero de razonable edad y de buena fama, pero de presencia poco agradable a causa de sus ojos enfermos [era tuerto desde 1467] y su nariz de mono" (Palencia II. 67; IV. 438). Para la anotación completa del texto. Cf. Costa 40-41.

Para el problema de la hipérbole sacro-profana y su uso por los conversos, Cf. Lida de Malkiel 1978: 291-309; Márquez Villanueva 234-40.

4. Se reproduce la versión del *Cancionero de Pero Guillén*, ff. 596r-98r. La variante *Yllana* por *villana* en el *Cancionero de poesías varias*, fol. 105r-106r. Cf. Costa 33.

5. Texto tomado del *Cancionero de Pero Guillén*, fol. 586r. Cf. Costa 16.

6. Pregunta y respuesta están tomadas del *Cancionero de Pero Guillén*, fol. 595r-v. La variante *huildes* por *güildes* del *Cancionero de poesías varias*, ff. 111v-12r. Cf. Costa 32.

7. Epígrafe del ms. 83-5, fol. 104r de la Biblioteca Colombina de Sevilla. Cf. Costa 124.

8. Tomado del *Cancionero de Pedro Guillén*, fol. 656r.

9. Texto tomado del *Cancionero de poesías varias*, ff. 101v-102r. Cf. Costa 202-04.

10. Zumthor 1979: 252-58, Scholberg 318-19; Rodríguez Puértolas 301. Para una interpretación marcada por el antisemitismo, Cf. Angel Valbuena Prat I: 303.

Obras citadas

Bajtin, Mijail. *La cultura popular en la Edad Media y Renacimiento*. 1965. Barcelona: Barral Editores, 1974.

Cancioneros manuscritos
    Madrid, Ms. 4114 Biblioteca Nacional, *Cancionero de Pedro Guillén*.
    Madrid, Ms. 617 Biblioteca de Palacio Real, *Cancionero de poesías varias*.
    Sevilla, Js. 83-5 Biblioteca Colombina.

Caravaggi, Giovanni, ed. *Poesía* de Jorge Manrique. Madrid: Tarus, 1984.

Costa, Marithelma. *Antón de Montoro. Poesía completa*. Cleveland: Cleveland State University, 1990.

Cotarelo y Mori, Emilio, ed. *Cancionero de Antón de Montoro (El Ropero de Córdoba) Poeta del siglo XV*. Madrid: Imprenta de José Perales y Martínez, 1900.

Domínguez Ortiz, Antonio. *Los judeoconversos en España y América*. Madrid: Istmo, 1971.

Huerta Calvo, Javier. *La poesía en la Edad Media: Lírica*. Madrid: Playor, 1982.

Huizinga, Johan. *El otoño de la Edad media*. 6ª ed. Madrid: Alianza Universidad, 1984.

Labrador, José J., C. Angel Zorita y Ralph A. DiFranco. *Cancionero de poesías varias. Manuscrito No. 617 de la Biblioteca Real de Madrid*. Madrid: El Crotalón, 1987.

Lausberg, Heinrich. *Elementos de retórica literaria*. 1975. 3 vols. Madrid: Gredos, 1983.

Lida de Malkiel, María Rosa. "La hipérbole sagrada en la poesía castellana del siglo XV". *Estudios sobre la literatura española del siglo XV*. Madrid: José Porrúa Turranzas, 1978, 291-309.

_____. *La originalidad artística de la Celestina*. Buenos Aires: EUDEBA, 1962.

Márquez Villanueva, Francisco. *Investigaciones sobre Juan Alvarez Gato: Contribución al conocimiento de la literatura castellana del siglo XV*. Madrid: BRAE, 1960.

Palencia, Alonso de. *Crónica de Enrique IV*. Trad. D.A. Paz y Melia. 5 tomos. Madrid: Tipografía de la "Revista de Archivos", 1904.

Pérez Priego, Miguel Angel, ed. *Obra lírica* de Juan de Mena. Madrid: Alhambra, 1979.

_____. *Poesías completas* del Marqués de Santillana (Iñigo López de Mendoza). Madrid: Alhambra, 1983.

Rodríguez Puértolas, Julio. *Poesía de protesta en la Edad Media castellana*. Madrid: Gredos, 1968.

Scholberg, Kenneth. *Sátira e invectiva en la España medieval*. Madrid: Gredos, 1971.

Valbuena Prat, Angel. *Historia de la literatura española*, I. Barcelona: G. Gili, 1950.

Whinnom, Keith. *La poesía amatoria de la época de los Reyes Católicos*. Durham: Modern Languages Series, 1981.

Zumthor, Paul. "From Hi(story) to Poem, or the Pathos of Pun: The Grands Rhétoriqueurs of Fifteenth Century France". *New Literary History*. X (1979) 2, 231-63.

_____. *La masque et la lumière: Poétique des grandes retoriqueurs*. Paris: Seuil, 1978.

Cortázar y su diario de amor, de locura y de muerte

Gloria da Cunha-Giabbai
The University of Georgia

En el último cuento del libro *Deshoras*, "Diario para un cuento," Cortázar condensa magistralmente toda su teoría cuentística, el problema de la escritura y la lectura, y su temática, como la realidad y la ficción, lo fantástico, el doble, el tiempo, la muerte, o la inmortalidad. Esta condensación de preocupaciones, que el escritor había ido diseminando en sus ficciones y ensayos, hacen de "Diario" su cuento más original. Para Jaime Alazraki, esta originalidad también se debe a "ese carácter de diálogo que adopta el relato entre la historia que se cuenta y el proceso de contarla, entre el qué y el cómo, entre lo significado y la manera de significarlo" ("Los últimos" 44). Sin embargo, este planteamiento original dentro de la ficción cortazariana no es nuevo en la cuentística latinoamericana, puesto que también se observa en "El crimen del otro" de Horacio Quiroga. Esta consideración proviene del análisis cuidadoso de ambos cuentos, que revela que la similitud entre ellos se debe a la profunda influencia ejercida por Edgar Allan Poe.[1] La herencia teórica y temática de Poe se manifiesta en el proceso de gestación de "Diario" y "El crimen", plano del discurso, y en el plano de la historia a partir de personajes y situaciones de otros cuentos del autor. De la lectura y la abstracción de éstos, Quiroga y Cortázar crean sus propios cuentos, que puede revelar, como reflexiona este último en "Diario", que la literatura sería el acto de escribir lo que se escucha, inventar lo que se copia o copiar lo que se inventa (*Deshoras* 153).

El concepto fundamental para todo gran cuento, la unidad, legado de Poe, se proyecta en Quiroga en su famosa afirmación: "Cuenta como si el relato no tuviera interés más que para el pequeño ambiente de tus personajes, de los que pudiste haber sido uno. No de otro modo se obtiene vida en el cuento" (*Cuentos* 307).[2] Esta es la "forma cerrada" que caracteriza el cuento, según Cortázar, lo que él también llama "esfericidad", es decir, "que la situación narrativa en sí debe nacer y darse dentro de la esfera, sin que los límites del relato se vean trazados como quien moldea una esfera de arcilla" (*Ultimo* 60). Para que la unidad, el pequeño ambiente, la esfericidad, se concrete, es necesario que el narrador esté dentro de ella, indica Quiroga, que se mueva en su "plano interior", reafirma Cortázar, que narre en primera persona desde el corazón mismo de los hechos (*Ultimo* 64). El papel del autor sería el de trazar el contorno de la esfera, encerrar, delimitar el pequeño ambiente, pero quedándose fuera. Según Quiroga, este es el acto de construir el "agujero" del cuento, o el "hueco" de que habla Cortázar, para que "sea de alguna manera ajeno a mí en tanto demiurgo, que eche a vivir con una vida independiente, ... como una pompa de jabón de la pipa de yeso" (*Ultimo* 64-65). Esta, sería como el autor, que actúa de mediador, de "puente" entre la idea-cuento y el cuento-escrito, ese algo vivo, independiente, que queda en la orilla opuesta. O, como añade Cortázar más adelante, como "si el autor hubiera querido desprenderse lo antes posible y de la manera más absoluta de su criatura, exorcisándola en la única forma en que le era dado hacerlo: escribiéndola" (66). La vida propia del cuento proviene de que es algo completo en sí mismo, ya que, asegura Quiroga, desde el principio se sabe adónde se va (*Sobre literatura* 62). Al respecto señala Cortázar: "sé que puedo escribir sin detenerne, viendo presentarse y sucederse los episodios, y que el desenlace está tan incluido en el coágulo inicial como el punto de partida" (*Ultimo* 74). El inicio es como una premisa del desenlace de lo que va a ocurrir, afirma algo que realmente se ha de cumplir. El desarrollo del cuento sólo mostraría la imposibilidad de los personajes de escapar de ese fin previsto.

El ambiente y la intensidad del suceso del cuento son otras caraterísticas fundamentales de la narrativa poeiana.[3] Estos aspectos marcan también la cuentística de Quiroga y Cortázar, habiéndose convertido en indicaciones de todo gran cuento. El ambiente no puede ser dado por ninguna técnica narrativa, pero se lo reconoce, expresa Cortázar, porque es "el aura que pervive en el relato y poseerá al lector como antes había poseído en el otro extremo del puente, al autor" (*Ultimo* 67). Para que este ambiente pueda ser trasmitido, afirma Quiroga, el autor debe poseerlo a priori, porque, "como la vida, el dolor y el amor, hay que vivirlos" (*Sobre literatura* 60).

La intensidad del acaecimiento, como el ambiente, debe existir desde el comienzo, ya que es lo que proporciona, según Quiroga, el "insólito vigor" del cuento (*Sobre literatura* 67). De aquí surge la necesidad de que el relato sea corto, para mantener esa intensidad, esa tensión, ese vigor, esa "enérgica brevedad" de que habla Quiroga y que todos entendemos por cuento. Por eso, añade este autor, el tema no tiene que ser "una historia con principio, medio y fin. Una escena trunca, un incidente, una simple situación sentimental, moral o espiritual, poseen elementos de sobra para realizar con ellos un cuento" (115). Pero, lo que sí es necesario, explica Cortázar, es que "este pequeño fragmento de la realidad ... actúe como una explosión que abre de par en par una realidad mucho más amplia, ... como una especie de apertura, de fermento que proyecta la inteligencia y la sensibilidad hacia algo que va mucho más allá de la anécdota, ..." ("Algunos" 6).

En "El crimen" Quiroga sigue estos principios teóricos para la creación de su cuento a nivel del discurso. Su "agujero" del cuento es Fortunato, cuya aventura evoca su amigo, el narrador, que surge como un personaje más al ser quien recuerda. El fragmento de vida recordado ayuda a delimitar el ambiente, y, además, crea la atmósfera, puesto que se refiere a los momentos de gran crisis emocional por la cual atravesaba el narrador. Con ésta se inicia el relato, y es la que desencadena el desenlace, la muerte de Fortunato, como lo anticipa el título del cuento. Por lo tanto, ya en el primer párrafo se tiene como principio la locura del narrador y la muerte de Fortunato, premisa que ha de cumplirse en el fin del cuento. El resto del mismo, plano tenporal pasado, se vuelve tan sólo la explicación de los hechos que condujeron a ese cumplimiento.

"El crimen" es la segunda elaboración de Quiroga del cuento de Poe "El barril del amontillado". La primera había sido "El tonel del amontillado". O sea que resucita a Fortunato otra vez, le da otra oportunidad de vivir, pero muestra también que no puede escapar de su destino, ya que dejaría de ser Fortunato. La historia y los personajes de Poe que se recrean no se ocultan ya que juegan un papel vital en la de Quiroga, al explicar la aventura de Fortunato. De ahí que se presenten claramente y desde un principio. El narrador se revela como el doble de Poe, de Montresor, el narrador de "El barril", y de todos los narradores de los cuentos a los que hace referencia. La locura de éstos sirve para describir su propia locura. Fortunato, nombre explícito del fin, es el doble del personaje de Poe y un lector del mismo. Su aventura se explica por medio de Ligeia, quien quería ignorar el fin que le esperaba en manos de su esposo-narrador, porque su ansia de vivir era más poderosa que la realidad, y a quien Poe le prolonga la vida en Lady Rowena.[4] Este deseo del narrador de "El crimen" se refleja, también, al mencionar a Valdemar, a quien, efectivamente, el narrador le dilata la llegada de la muerte. A este punto, el lector sabe que la historia consistirá en la lucha interna de Fortunato, aceptar o ignorar la realidad, muerte o vida, y la exterior, con el narrador, cuya locura parece condenarlo a un fin inevitable.

Las posteriores menciones a otros perosonajes de Poe sirven para indicar a Fortunato lo que debería hacer para alterar su destino (12). Este, tendría que analizar, como explica Dupin en "Los crímenes de la calle Morgue", el sentido de las palabras de su enemigo, en este caso el propio narrador, con el objetivo de penetrar en el espíritu contrario, y con astucia desentrañar su plan. En cambio, si Fortunato no logra salir triunfante de este reto, morirá por insignificantes motivos, como le sucedió a Berenice, otra protagonista de Poe (12).

Las menciones a los cuentos y personajes de Poe, y a los propios, forman el plano de la ficción que se desarrolla, y que se yuxtaponen al plano de la realidad, el acto de crear. Realidad y ficción, Quiroga y Poe, van creando una irrealidad, como la locura, el ambiente fantástico en que se mueven los personajes y que contagia al lector. Basándose en una irrealidad, Quiroga crea la realidad del cuento, que, como dice Fortunato, podría indicar que "algunos triunfos de Poe consisten en despertar en nosotros viejas preocupaciones musculares, dar un carácter de excesiva importancia al movimiento, coger al vuelo un ademán cualquiera y desordenarlo insistentemente hasta que la constancia concluya por darle una vida bizarra" (16). De la abstracción de la lectura y relectura de Poe, Quiroga extrae su propia vida bizarra, como lo intenta también el narrador el "El crimen", al leer y releer los cuentos de Poe a Fortunato. Sin embargo, el narrador fracasa, no puede recrear la vida misma. De este punto deriva la diferencia entre el sueño de un loco, "perfectamente posible", que alude a Poe y a Quiroga, y el de Fortunato, "el estado de perfecta locura, ... la facultad de presentarse a sí mismo lo contrario de lo que se está pensando y admitirlo como posible" (18). No obstante la enorme voluntad de vivir que caracteriza a Fortunato, como a Ligeia, lentamente se rinde a la evidencia: "Una semana después Fortunato cayó. La llama que temblaba sobre él se extinguió, y de su aprendizaje inaudito, de aquel lindo cerebro desvariado que daba frutos amargos y jugosos como las plantas de un año, no quedó sino una cabeza distendida y hueca ..." (26). El narrador se sabe triunfador y por eso le relee otros cuentos, para que acepte su final, porque ha de morir, como Berenice, por un motivo insignificante como "el canto de un papel, una mancha diminuta en el piso" (27). En el ambiente de locura de los cuentos de Poe, "Ligeia", "El doble crimen", "El gato negro", "Berenice", Fortunato reconoce con miedo la locura de su propio amigo, que, como la de un doble, trae aparejada su propia muerte. Pero, también el narrador siente miedo al pensar que si lo mata, el corazón de Fortunato lo puede descubrir ante la justicia, como sucedió en el cuento de Poe "El corazón revelador".

A este punto lo leído se ha transformado en realidad, la nueva historia de Fortunato, el nuevo cuento de Quiroga. El narrador decide matar a Fortunato, pero, dejándole una oportunidad para que puede escapar (28-29). Esto evita que, por miedo, él también desaparezca como narrador, dejándose a sí mismo otra ocasión para tener otra aventura con Fortunato. Por esta razón, lo entierra en un pozo, que recuerda al prisionero de otro cuento de Poe, "El pozo y el péndulo", quien logra escapar, como piensa este narrador de Fortunato: "Caminaba con la cabeza alta, dejándome ir a ensueños en que Fortunato lograba salir de su escondrijo" (37). Este fin abierto, en el cual Quiroga impide la muerte de Fortunato, y con ello la del narrador, deja la posibilidad de que ambos se reencarnen, que puedan tener otra aventura en otra historia.

En "Diario" parecería mucho más difícil observar el proceso paralelo del acto de escribir y la historia que se escribe. Esta aparente dificultad se debe a que Cortázar, escritor maduro comparado con el joven e inexperto Quiroga, logra construir un verdadero laberinto que, sin embargo, es básicamente el mismo de "El crimen". Esta diferencia en presentación revela la gran habilidad alcanzada por Cortázar, al perfeccionar las teorías y técnicas de sus maestros y las suyas propias.

La dualidad del proceso se manifiesta ya en el mismo título, "Diario para un cuento", preparación para el cuento y el cuento mismo, puesto que no hay otro. El aspecto dual se mantiene a lo largo de todo el relato mediante el diálogo entre el narrador-adulto y este mismo cuando era joven, que, como frente a un espejo, actúa y se mira actuar, acto de contar y la historia que se cuenta, presente y pasado: "A veces, cuando me va ganando como una cosquilla de cuento, ese sigiloso y creciente emplazamiento que me acerca poco a poco y rezongando a esta Olympia Traveller de Luxe ..." (135). Esta voluntad de escribir y de recordar se expresa por el inmediato desplazamiento hacia el pasado, desdoblándose así en el escritor viejo que escribe la historia en el presente, en París, y el joven, incluido en el mundo de la misma, protagonista de la aventura en Buenos Aires. Esta realidad escindida, realidad y memoria, realidad e irrealidad, marcan la pauta del relato. Retrocediendo en el tiempo llega a Anabel, su "hueco" del cuento. La atmósfera que se va creando no es la de locura sino la de nostalgia, debido al deseo del narrador-adulto de cambiar los recuerdos evocados. Esta imposibilidad de alterar el destino, final contenido en el principio, se convierte en la premisa que se ha de cumplir en el desenlace del cuento. El acto de revivir el pasado es otra oportunidad de vida que quiere darse el narrador-adulto, como también quería hacerlo el narrador de "El crimen" con Fortunato. La lucha interna del narrador-adulto, aceptar la imposibilidad de su deseo o ignorar esta realidad, y la exterior, voluntad de escribir, produce el interés, la tensión del cuento. Esta lucha se mantiene presente en el relato mediante las reflexiones que intercala el narrador-adulto, y que reflejan la derrota de su deseo, que, como el sueño del loco de "El crimen", es perfectamente posible recrear un cuento partiendo de otros, pero nunca la vida misma.

La atmósfera de nostalgia se va formando con los recuerdos del narrador-adulto, que apunta a todo lo que pudo haber sido y no fue. Por ejemplo, la amistad con Bioy Casares: "siempre lo admiré como escritor y lo estimé como persona, aunque nuestras timideces respectivas no ayudaron a que llegáramos a ser amigos" (136). La mención a Joseph Conrad, que también vivió en exilio como Cortázar y quien, por medio de sus personajes, pretendía rescatar su propia vida, revivir con ellos.[5] "Diario" se convierte en un tributo a ese pasado, el homenaje del narrador-adulto a Anabel, como también fue el poema "Anabel Lee" el homenaje de Poe a Virginia, su esposa muerta, con la cual se había casado cuando ella tenía solamente trece años (137). Estos recuerdos le anuncian al narrador-adulto la imposibilidad de cambiar el pasado, alterar el final, como le sucedía a Fortunato, y que lo expresa mediante un oscuro pasaje de Derrida; "Placer cuya experiencia es imposible" (139).

En su búsqueda, el narrador-adulto se ve como el doble del narrador de la novela *El pozo* de Onetti, quien, antes de morir, desea hablar de su mujer amada, una prostituta (140). El miedo a lo que dirían los demás hizo que, tanto este narrador como el de "Diario", la mantuvieran alejada de sus vidas, hecho del cual hoy se arrepienten. Este sentimiento de culpa se revela en lo que el narrador-adulto piensa de Anabel: "Me acuerdo ... que al citarme con ella estuve tentado de decirle que mejor viniera a mi bulín ... y que me contuvo la idea de que Fermín el portero con más ojos que Argos la viera entrar o salir del ascensor y mi crédito con él se viniera abajo, ... él que sabía distinguir en materia de maquillajes, tacos de zapatos y carteras" (149). Por lo tanto, el narrador-adulto se vale de la amargura que siente el protagonista en la novela, y Poe en su poema, para describir su propio pesar, pesar que escondió como a Anabel, puesto que lo unía a los barrios bajos de Buenos Aires, la otra cara de la ciudad.

Si el autor se revela como el doble de Poe, el narrador-adulto como el del narrador de *El pozo*, el traductor, protagonista de "Diario", surge como el doble de William Wilson, del cuento de Poe del mismo nombre, al introducir a William, el enamorado de Anabel. Este personaje de Poe, antes de morir recuerda el pasado y confiesa la muerte que causó. Pero Cortázar cuenta la historia desde la perspectiva del doble de William, que no lo había hecho Poe, ya que, al recrear a ése, se encarna implícitamente en el aspecto bueno de la personalidad, que aparece para arruinarle los planes. De esta forma, todo en el cuento se vuelve un juego de dobles: historia y discurso, William y Anabel, que representan lo bajo, lo popular, como el peronismo imperante, el traductor y su amiga Susana, lo culto, barbarie y civilización, imposibilidad de cohexistir (143-45).

El narrador-joven, en su papel de traductor, de escritor de cartas, oficia de intermediario entre Anabel y William, para ayudarles a crear una vida independiente, de darles otra oportunidad desde que Poe los dejara. Ese es el mismo papel que representa el narrador-adulto como creador, que trata de dar vida al cuento. Pero, paralelamente, Anabel es la intermediaria entre ambos narradores, la que le permite al adulto revivir su pasado, "verse" viviendo otra vez: "Me basta leer este diario —dice— para sentir que ella no es más que una catalizadora que busca arrastrarme al fondo ... al centro del espejo" (149). Este refleja su vida al margen de la de Anabel. Como "mero testigo", como lo había sido Hardoy, otro personaje de Cortázar, de la vida de Celina y Mauro (150). Hoy, arrepentido, reconoce que "hubiera tenido que ser capaz de darle a Anabel lo que ella me daba tan naturalmente ..." (151). Sin embargo, se limitó a ser un interlocutor casual de su presente como lo había sido de su pasado, de su violación (155-56). Esta reflexión indica la opinión de que la vida es una serie de hechos que se repiten, como dice su doble en el cuento de Poe: "Como mejor puedo describir la sensación que me oprimió es diciendo que érame difícil desprenderme de la creencia de que había conocido ya al ser que tenía delante en una época muy lejana, en un pasado remoto" (*Cuentos* 365). Estas observaciones le van mostrando, como le había sucedido a Fortunato, la imposibilidad de cambiar un destino que anticipa en las huellas que deja.

El daño que Dolly le hace a Marucha, al quitarle los clientes, es visto por el traductor como el reflejo del que él le hace a William al quitarle a Anabel. La muerte de Dolly, que planea William, significaría la solución del conflicto en favor de Marucha, y representa el temor del traductor al pensar que William quiere hacer lo mismo con él. Por lo tanto, para el traductor, una solución sería evitar la muerte de Dolly, y la otra, amar abiertamente a Anabel, que le causaría la pérdida de su mundo culto. En cambio, él sabe que William estaba dispuesto a ofrecerle otra oportunidad a Anabel, ya que "quería sacarla de esa vida, llevársela a los States ..."

(159). El traductor, como Fortunato, se siente vencido por el destino e incapaz de alterarlo, permitiendo que se cumpla. El aceptar la invitación de Susana para alejarse de la ciudad, del conflicto, simboliza su derrota (162). Sin embargo, está consciente que la distancia no lo resuelve, como le hubiera sucedido a Bioy Casares, a quien recuerda. Siente temor por el fin que se imagina, temor que se refleja en la mención al cuento "Las ruinas circulares" de Borges, ya que, también él puede desaparecer cuando el que lo sueña, despierte (163). El, como Dolly, espera la propia desaparición, pero, como el personaje Spandrell de *Contrapunto*, escuchando música clásica, en su mundo civilizado, mientras que Dolly lo hace en su mundillo de prostituta, de olores, de perfumes baratos y de tangos (163-64). El miedo a la desaparición total, que también sentía el narrador de "El crimen", se debe a que destruye la relación de dobles, ya que, al eliminar a uno elimina al otro (Rank xviii). Por lo tanto, también el traductor deja una oportunidad de continuar la aventura al alquilarle la oficina a otro traductor, como se la habían dejado a él.

En conclusión, "El crimen del otro" y "Diario para un cuento" ponen en evidencia, a nivel del discurso, el origen poeiano de la teoría cuentística de Quiroga y Cortázar. En el plano de la historia, ambos muestran que los cuentos de Poe les proporcionan el significado a los suyos, actuando de premisas que se cumplen en los mismos. Los narradores se apropian de los personajes y sucesos de los cuentos de Poe, y van tejiendo su realidad con la ficción de los mismos, que se convierten en la clave para entender la nueva historia, ya que generan un sentido ausente en la narración. Por lo tanto, la realidad y la ficción se confunden, creando una irrealidad, el elemento fantástico, ya que los lectores dudan de ella al otorgarle al texto un carácter ambiguo. Esta ambigüedad aumenta porque los mismos narradores confiesan que no ven clara la historia. Así el de "El crimen" dice: "y esto producía una indescriptible confusión de la que no llegaba a coger el hilo en largo rato" (13). O, como afirma el narrador de "Diario", la historia era como una "viejísima, nebulosa madeja con tantas puntas, que puedo tirar de cualquiera sin saber lo que va a dar" (141).

La aparición del tema del doble en ambos cuentos puede deberse al ansia de inmortalidad, cuyo aspecto doble es la muerte. Este afán explicaría que los autores, al presentarse como el doble de Poe, se inmortalizarían como él. De esta forma, señala Rank, "el pensamiento de la Muerte se vuelve más soportable al asegurarse a sí mismo una segunda vida, después de ésta, como un doble (85). En el caso de Cortázar, además, su relato podría considerarse un intento de rescatar su pasado en Buenos Aires y unirlo a su presente en París. "Diario para un cuento" representa el desexilio literario del autor que refleja, además, la imposibilidad de alterar su propio destino.

Notas

1. La fuerte impresión dejada por Poe en Quiroga y Cortázar ha sido el objeto de

numerosos estudios críticos, como: Mary G. Berg, "Obsesionado con Glenda: Cortázar, Quiroga, Poe" en Fernando Burgos, ed., *Los ochenta mundos de Cortázar: ensayos* (Madrid: Edi-6, 1987), Angel Flores, ed., *Aproximaciones a Horacio Quiroga* (Caracas: Monte Avila Editores, 1976), o José Luis Martínez Morales, *Horacio Quiroga* (Veracruz: Centro de Investigaciones Linguísticas-Literarias, 1982).

2. El interés de Quiroga por la teoría cuentística se expresa no sólo en sus cuentos, sino también en ensayos como "El manual del perfecto cuentista", "La retórica del cuento", o en el "Decálogo del perfecto cuentista", publicados en *Sobre Literatura* (Montevideo: Arca, 1967).

3. Para más detalles sobre la teoría y técnica poeiana, véase la traducción de Cortázar de *Edgar Allan Poe: ensayos y críticas* (Madrid: Alianza Ed., 1973).

4. Véase: Edgar Allan Poe, *Cuentos*, Julio Gómez de la Serna, trad. (Barcelona: Planeta, 1983).

5. A propósito de los escritores exiliados, Asher Milbauer señala que sus creaciones literarias son, en gran parte, autobiográficas, ya que es la única forma de rescatar su vida para la posteridad: *Trascending Exile: Conrad, Nabokov I.B. Singer* (Miami: Florida International University Press, 1985) 1-5.

Obras citadas

Allen, Richard F. "Temas y técnicas del taller de Julio Cortázar" en *Homenaje a Julio Cortázar*, Helmy F. Giacoman, ed.

Alazraki, Jaime. "From 'Bestiary' to 'Glenda'," *The Review of Contemporary Fiction*, Fall (1983): 94-99.

_____. "Los últimos cuentos de Julio Cortázar", *Revista iberoamericana* 51.130-131 (1985): 21-46.

Berg, Mary G. "Obsesionado con Glenda: Cortázar, Quriroga, Poe", en *Los ochenta mundos de Cortázar: ensayos*, Fernando Burgos, ed., Madrid: Edi-6, 1987.

Cortázar, Julio. "Algunos aspectos sobre el cuento", *Casa de la Américas*, La Habana, 15-16 (1962-1963): 3-14.

_____. *Deshoras*, México: Ed Nueva Imagen, 1983.

_____. *Ultimo round*, México: Ed, Siglo XXI, 1969.

Gambarini, Elsa. "La escritura como lectura: la parodia en 'El crimen del otro' de Horacio Quiroga", *Revista iberoamericana* 135-36 (1986): 475-88.

Filer, Malva E. "Las transformaciones del yo", en *Homenaje a Julio Cortázar*, Helmy Giacoman, ed.

Flores, Angel, ed. *Aproximacions a Horacio Quiroga*, Caracas: Mote Avila Editores, 1976.

Giacoman, Helmy, ed. *Homenaje a Julio Cortázar*, Madrid: Las Américas, 1972.

Johnson, Barbara. *The Critical Difference*, Baltimore: The Johns Hopkins University Press, 1980.

Martínez, José Luis. *Horacio Quiroga*, Veracruz: Centro de Investigaciones Linguísticas-Literarias, 1982.

Milbauer, Asher Z. *Transcending Exile: Conrad, Nabokov, I. B. Singer*, Miami: Florida International University Press, 1985.

Morello-Frosch, Marta. "El personajes y su doble en las ficciones de Cortázar" en *Homenaje a Julio Cortázar*.

Poe, Edgar Allan. *Cuentos*, Barcelona: Planeta, 1983.

_____. *Ensayos y críticas*, Julio Cortázar trad., Madrid: Alianza Ed., 1973.

Rank, Otto. *The Double*, Chapel Hill: The University of North Carolina Press, 1971.

Quiroga, Horacio. *Cuentos*, Caracas: Biblioteca Ayacucho, 1981.

_____. *El crimen del otro*, Montevideo: Claudio García Ed., 1942.

_____. *Sobre literatura*, Montevideo: Arca, 1967.

Natural Philosophy Buried in Brazil:
Reflections upon the Poetry of a Patriarch

Carmen Chaves McClendon
The University of Georgia

In 1743, Benjamin Franklin set the goals of the American Philosophical Society in Philadelphia with the following words:

> The first Drudgery of Settling new Colonies, which confines the Attention of People to more Necessaries, is now pretty well over, and there are many in every Province in Circumstances that let them at East, and afford leisure to cultivate the finer arts, and improve the common Stock of knowledge. To such of these who are Men of Speculation, many Hints must from time to time arise, many Observations occur, which if well examined, pursued and improved, might produce Discoveries to the Advantage of some or all of the British Plantations, or to the Benefit of Mankind in general.
>
> But as from the Extent of the Country, such Persons are widely separated, and seldom can see and converse, or be acquainted with each other, so that many useful Particulars remain uncommunicated, die with the Discoverers, and are lost to Mankind, it is, to remedy this Inconvenience for the future, proposed, That one society be formed. (*APS Yearbook* 6)

Franklin's Society, composed of at least seven "ingenious men" —a Physician, a Botanist, a Mathematician, a Chemist, a Mechanician, a Geographer, and a General Natural Philosopher— would maintain an active correspondence on themes that "let light into the Nature of Things, tend to increase the Power of Man over Matter, and multiply the Conveniences of Pleasures of Life" (*APS Yearbook* 6).

On June 13, 1763, twenty years after Franklin first circulated his proposal, José Bonifácio de Andrada e Silva was born in the port city of Santos in the state of São Paulo, Brazil. In 1822, José Bonifácio became the first Brazilian elected to membership in the American Philosophical Society of Philadelphia (*APS Yearbook* 488). This election meant that, at long last, José Bonifácio was recognized as a Natural Philosopher by the world scientific community. He joined not only the ranks of the Society, but his life and works began to be compared to those of Thomas Jefferson, Benjamin Franklin, and Alexander Hamilton (Freyre 8). Indeed, many of his ideas are traced to members of the European Enlightenment. Gilberto Freyre points to two facts in José Bonifácio's education which may account for his liberal thinking: First, his primary instruction came from his parents, both well-educated and interested in the literary and philosophical currents of Europe, and not from the Jesuits as was the case for many Brazilian boys. Second, when he attended the University of

Coimbra in Portugal, he studied natural sciences and not only jurisprudence, as did many of the young noblemen who went to Portugal for their formal training. It must be noted that in colonial Brazil, there were no institutions of higher education. The Portuguese government feared that uncontrolled intellectual development would stimulate impulses of political and economic emancipation among the best Brazilian minds. Nonetheless, despite this lack of opportunity for study in Brazil, many eminent men of eighteenth century Portuguese letters and sciences were of Brazilian origin. (Sousa, *José Bonifácio* 14-16).

In Coimbra then, José Bonifácio spent four years studying, reading, questioning authority, and on occasion, writing poetry. A few of his letters still remain from that period. These point to a young man who is very certain of his own abilities —even a bit presumptuous— in his questioning of established norms in science and society. Voltaire and Rousseau were his idols. These "sublime minds" guided him through the preparation of original works on Indian civilizations, and on the development of the Indian race in Brazil. The defense of these theses presented in partial fulfillment for the degrees in Natural Philosophy (1781) and Jurisprudence (1788), came to the attention of João de Bragança, the Duke of Laffões and a cousin of Queen Maria I.

A well-travelled and enlightened man, the Duke of Lafões had founded in Lisbon, in 1780, the Academy of Sciences whose objective was "not to conduct sterile debates or the reiteration of useless vanities, but for courageous scientific investigations and their application to the life of the people" (Sousa 69).[1] José Bonifácio is reputed to have impressed the Duke with his assertion that the two of them were related —through Adam and Eve. It was through the Duke of Lafões' patronage that José Bonifácio was admitted to the Lisbon Academy of Sciences in 1789. He presented as his thesis for admittance to the Academy, *Memória sobre a Pesca das Baleias e Extração de seu Azeite: com algumas reflexões a respeito das nossas Pescarias.* (Treatise about Whale fishing and the Extraction of Whale Oil; with some reflections about our fishing industry). This treatise established José Bonifácio's reputation of a man who carried out scientific experiments before proposing political, social or economic reform. Moreover, this treatise pointed to his clear and lucid command of the Portuguese language —a talent that he would use both in his later political career as well as in his attempts at writing poetry.

As all enlightened young men, he took the mandatory voyage through Europe. He was in France for the revolution and was able to witness first hand the liberal developments there. He spent three years in Germany where he studied metallurgy in the school of mines. It was in Greiberg that José Bonifácio befriended Alexander Von Humboldt and with whom he conducted many scientific experiments. During the ten years of travels, he added other scientific memberships to his credit. He was elected member of the Natural History Society of Paris, member of the Nature Research Society of Berlin, member of the Academy of Science of

Stockholm, and member of the Geologic Society of London. At age 37, José Bonifácio was a well-known and respected scientist in Europe. He returned to Lisbon and promptly became the executive secretary of the Royal Academy of Sciences.[2] It was as secretary of the Royal Academy that he wrote:

> Natural Sciences are the central link in the chain that connects Mathematics and Literature and Fine Arts. The latter begin at the point in which it is not possible to calculate with precision and rigor the natural phenomena and end where the Moral and Aesthetic beauty begin, and where we find the beauty of style and the music of languages. All, however, help each other mutually, because all are expressions of mutual relations among the beings of this visible and observable world. It follows that all are regulated by Philosophy of reason, that is, by a good logical critique, and by a sober and well-defined metaphysic. (Falcão 452)[3]

Ironically, this Brazilian renaissance man sought, throughout his life, the one talent that seemed to evade him —poetry. As one reads his treatises, letters, political proclamations and scientific writings, one finds often a preoccupation with the manipulation of language. José Bonifácio seems constantly aware of the beauty and flexibility of language. He also seems interested in becoming known as a good poet.

In 1819, disillusioned with what he termed intellectual stagnation in Europe, he returned to his home in Santos where he devoted full time to scientific research and writing. During this time he classified hundreds of mineral deposits found near his home. He also observed that his compatriots were ready for a political change and became involved in political debates surrounding controversial issues, such as the utility of the empire and the advisability of slavery. During this time, José Bonifácio became a principal advisor to the Emperor Pedro I. In 1822, Pedro I declared to the Brazilian people "Fico" —I'll stay, in an emotional commitment to maintaining a distance from Portugal. That same year, José Bonifácio was elected to the American Philosophical Society of Philadelphia. The following year, 1823, his passion for the free exchange of ideas, and particularly his outspoken stand for the abolition of slavery estranged him from the Emperor and he was forced into exile in Bourdeaux, France.

During his exile, an English translation (by William Walton) of his latest treatise on slavery was published in Paris under the title, "Memoir addressed to the General Constituent and Legislative Assembly of the Empire of Brazil, On Slavery! [sic]" (Falcão 159-213). The treatise, meant to be presented to the Brazilian legislature but censured, argues that the secret to success in farming is not in the number and/or cost of labor, but in the efficient manner of farming. José Bonifácio states his position by describing an experiment that he conducted in a small sugar plantation run without slaves but with paid workers. As in other writings, he uses a scientific experiment to make a political point. Moreover, the

treatise also presents an ardent and impassioned view of the cruelty to
fellow human beings kept in bondage. He concludes his treatise with the
following words:

> Generous citizens of Brazil, ye sincere lovers of your country, keep in mind
> that, without the total abolition of the abominable traffic in African slaves, and
> without the careful and successive emancipation of the bondmen already
> suffering among us, Brazil will never be able to secure her freedom and
> national independence; her sons will never succeed in firmly raising and
> defending the liberal constitution they have gained; the various casts, by which
> our population is checkered, will never by trained and made useful members of
> society, and we shall never have it in our power to form, as we are
> imperiously called upon to do, a gallant army and a flourishing navy. Without
> individual freedom, civilization and solid riches can never exist; without it,
> morality and justice are not practiced, there can be neither gallantry, strength
> nor power among nations. (Falcão 213).

In 1823, While José Bonifácio's political treatises were the talk of
statesmen throughout Brazil and Portugal, he fulfilled a lifelong dream.
He published a volume of poetry, *Poesias avulsas*. As any enlightened
member of the European republic of letters, he published this volume
under a pseudonym, Americo Elisio. His training in letters was strictly
classical; therefore, his poetry follows the classical tradition set by
Portuguese poets such as Garção and Filinto Elysio. The collection
features sonnets, ballads, odes, and epigrams —all established poetic
forms at the time. However, his passion for literature had introduced him
not only to the classics, but also to the pre-romantics, such as Young, the
romantics Byron and Walter Scott, and one finds their influence in his
themes and languages. For example, "Uma Tarde" is a sensitive and
sensual exhaltation to love and its lyric manifestations. The poem is
subjective and melancholic and clearly depicts the longing and emptiness
often associated with the Romantic period. Indeed, Brazilian critic Celso
Luft, has stated that the Preface to *Poesias avulsas* is a pre-romantic
treatise because of its political overtones, "a certain feeling for nature,
fatherland, and God, exaltation of liberty and execration of tyranny" (20).[4]
Aside from some peripheral mention of José Bonifácio's poetry, critics
have, perhaps justifiably so, neglected to study the Patriarch's muse. Most
studies concerning José Bonifácio deal with his role in Brazilian
independence as well as his role as a world renowned scientist. Since it
was the Patriarch's dream to be known also as a poet, perhaps it is time
to reflect upon a few of his poetic writings. Such review may point to a
new appreciation of his genius.

"Ode aos Bahianos," one of the writings from *Poesias avulsas* is often
cited as the best example of José Bonifácio's poetry. This appreciation is
not surprising given the political content of the Ode. Thematically, José
Bonifácio deals with the period immediately preceding his exile when the
first rumblings of a revolution began in Bahia. Throughout the Ode, José

Bonifácio manages to intersperse an appreciation of nature, Brazil's plants, sunsets, lakes, which could "create a new Eden," within the fight against tyranny in Brazil. The Ode is written from the point of view of an exile who believes that he has been unjustly banished from his country, but who also believes in the future of his country through "liberty, peace, and justice that will become the nerves of the new State" (524).[5] Yet, he fears that he will never see this glorious future, for he has been banished to die in France.

The Ode is a good example of José Bonifácio's argumentation. First an exaltation to the Muse, followed immediately by a review of the facts as he observed them. These facts are stated almost in a scientific review format. After the facts have been discussed, José Bonifácio offers a possible solution to the problems raised. A careful reading of the Ode points to the care with which José Bonifácio crafted his work. The last verse of each stanza, if separated from the rest and read together, tell the story. These verses may be seen as a diagram of the rest of the Ode. Indeed, if each verse is separated from its stanza and read with its counterpart from the other stanzas, the resulting "poems" indicate four different political messages embedded within the Ode. When the Ode is broken down and read separately, none of the apparent *non sequitors* are present. What has been mistaken for unclear, poetic language becomes quite clear and unmistakably political when unscrambled. This technique, already popular among the Baroque writers, will, in the twentieth century, become one of the trademarks of the Brazilian modernist poets who buried political messages within pre-established literary forms.

The meticulous arrangement of words and expressions going from the "cruel demagogues" to the "ground from which flowers will bloom" provides a curious parallel to Pero Vaz de Caminha's letter to the King shortly after the discovery of Brazil in which the chronicler states that the land is so fertile that "whatever you plant grows." Caminha's letter has often been cited in political statements about external influences in Brazil. José Bonifácio, the Patriarch of Brazilian Independence, had already drawn the blueprint for such allusions. Aside from the cleverly embedded political message, the poem itself has very little aesthetic value when read linearly. Yet, when one applies the rules of post-structuralist literary theory to these verses, one finds that José Bonifácio may have been quite ahead of his time in the manipulation of text to suit his particular goal.

In 1829, José Bonifácio returned to Brazil, and once again became involved in the political scene. Ironically, the Emperor who had banished him to exile wrote him the following letter shortly after abdicating the throne in favor of his son Pedro II:

> The time has come for you to give me another proof of your friendship in caring for the education of my son, your Emperor.
> I delegate to such a patriotic citizen the guardianship of my dear son and I hope that by your educating him in those values of honor and patriotism with

which all sovereigns must be educated, he will come one day to be the leader in Brazil's fortune...

I hope that you will do me this favor, and I believe that if you do not grant me this, I shall forever live in torment.

Your friend, Pedro. (Falcão 193)[6]

To this letter he adds a curious P.S.: "See if my daughters can come with me so that I may have them educated in Europe so that they may one day become worthy princesses. Signed: from the same Brazilian."[7]

In 1833, José Bonifácio attempted to bring about the restoration of Pedro I but failed. He was tried for treason and though acquitted, he went into retirement in the Island of Paqueta where he died in 1838. During the last years of his life, he dedicated himself to poetry. Most of the Patriarch's poetry is yet unpublished. Only a small fraction of his poems have been brought into critical debate. Perhaps the time has come to unearth some of the poetry still buried in archival collections in Brazil and to study it through the means of new critical theory. What we may discover through such an exercise is that the Patriarch's poetry is a guide to aesthetics of Imperial Brazil. At the very least, we should follow his advice and read his poetry, "regulated by Philosophy of Reason, that is, by a good logical critique, and by a sober and well defined metaphysic," before we bury it permanently.

Notes

1. ... não para debates estéreis ou remanso de vaidades inúteis, mas para corajosas pesquisas científicas e suas aplicações a vida dos povos. [In text translations are mine, unless otherwise noted.]

2. For biographical details see Sousa, Castro, Dornas Filho, and Falcão.

3. As Sciencias Naturaes são o fuzil central da cadea que liga as Mathematicas com a Litteratura e Bellas Artes: começão aquellas rigorosamente falando, no ponto em que naão he possível calcular com exacção e rigor os phenonemos naturaes, e acabão onde começa o território das bellezas Aesthéticas e Moraes, e dos encantos do estilo e música das línguas. Todas porem se ajudão mútuamente; porque todas são observável. Mas cumpre que todas sejão regidas pela Philosophia da razão, isto he, por huma boa Crítica Lógica, e por huma Metaphysica sóbria e apurada.

4. ... nas ressonâncias políticas, podem-se notar traços pré-românticos: certo sentimento da natureza, da pátria e de Deus, exaltação da liberdade e execração da tirania ...

5. Ha de emfim essa gente generosa
    As trevas dissipar, salvar o imperio!
    Por elles liberdade, paz, justiça,
    Serão nervos do Estado

6. E'chegada a ocasião de me dar mais uma prova de amizade, tomando conta da educação de meu muito amado e prezado Filho, seu Imperador.

Eu delego em tao patriótico cidadão a Tutoria de meu querido Filho, e espero que, educando-o naqueles sentimentos de honra e de patriotismo com que devem ser educados todos os soberanos, para serem dignos de reinar, Ele venha um dia a fazer a fortuna do Brasil, de quem me retiro saudoso.

Eu espero que me faça este obséquio, acreditando que a não mo fazer, eu viverei sempre atormentado.

Seu amigo constante, Pedro

7. Veja se as filhas poderão vir comigo, para as fazer bem educar na Europa e serem um dia dignas princesas.

Do mesmo Brasileiro.

Works cited

Barreto, Fausto, e Carlos de Laet. *Anthologia Nacional dos Principaes escriptores da lingua Portugueza.* Rio de Janeiro: Paulo de Azevedo & Cia., 1921.

Castro, Therezinha de. *José Bonifácio e a Unidade Nacional.* Rio de Janeiro: Distribuidora Record, 1972.

Dornas Filho, João. *Os Andradas na História do Brasil.* Belo Horizonte: Gráphica Queiroz Brezner, 1936.

Falcão, Edgard de Cerqueira. *Obras Científicas, Políticas e Sociáis de José Bonifácio de Andrada e Silva.* 3 vols. Santos: Cidade de Santos, 1964.

Freyre, Gilberto. *A Propósito de José Bonifácio.* Recife: Instituto Joaquim Nabuco de Pesquisas Sociáis, 1972.

Luft, Celso Pedro. *Dicionário de Literatura Portuguesa e Brasileira.* Porto Alegre: Editora Globo, 1979.

Sousa, Octavio Tarquinio. *História dos Fundadores do Império do Brasil.* Vol. I (José Bonifácio). Rio de Janeiro: José Olympio Editora, 1960.

_____. *José Bonifácio, emancipador del Brasil.* México: Fondo de Cultura Económica, 1945.

Yearbook for 1953 of the American Philosophical Society Held at Philadelphia for Promoting Useful Knowledge. Philadelphia: American Philosophical Society, 1954.

Parody of Hagiographic Literature
in *La pícara Justina*

Bruno M. Damiani
The Catholic University of America

La pícara Justina's well known parody of the structure and ideologic aims of *Guzmán de Alfarache* which have a distinct affinity to the form and goals of several spiritual writings, evolves naturally into a parody of hagiographic literature as well. Francisco López de Ubeda is actually so successful in this endeavor of imitating, albeit burlesquely, hagiographic literature that until recently scholars insisted on attributing the novel to the Dominican moralist Fray Andrés Pérez. The parody of saints' lives and deeds is everywhere apparent in *Justina*, and it is indeed one of its most interesting motifs. The parody of hagiographic subject matter begins to be perceived in the novel's preliminary pages where the author instructs us, burlesquely, about the *santo fin* of his book (I, 16).[1] The protagonist herself while still living at home under parental guidance is instructed in the parodic use of holy names. In the chapter dealing with life at the inn, Justina's father counsels his daughters that should problems arise with the patrons of the tavern they should go to the window and cry out to the passerby: "¡Nicolasillo, Nicolasillo!" since, the father adds, "los Nicolases son obligados de la castidad" (I, 101). The innkeeper humorously alludes here to an episode in the life of St. Nicholas of Bari. The saint, seeing that a poor man intended to prostitute his daughters to gain the dowry with which to marry them, secretly and anonymously provided dowries for the three girls.[2] There is also the example of Justina's adventure with Pero Grullo and the Bigornia, the band of rowdy students, shortly after leaving her native Mansilla. "With all the bluntness and gloating over misfortune with which Justina describes this episode," writes Ulrich Stadeer, "one must not overlook the fact that this account of Grullo and his friends, presents an interesting variant from a highly sacred and traditional theme, that of martydom which a saint takes upon herself in order to preserve her chastity." Indeed, we may add, even the name Justina leads one in the direction of a saint who underwent a similar experience: St. Justina, the virgin. According to pious fiction, Justina was a Christian girl who was courted by a sorcerer called Cyprian. She overcame, by the power of prayer and the sign of the cross, all his attempts to win her with the help of the demons. The result was that Cyprian was converted to Christianity; he burned his magical books and subsequently behaved with such edifying piety and humility that he was ordained priest and eventually became bishop of Antioch.

This parallel between Justina's adventure with Pero Grullo and St. Justina's episode with Cyprian leads us to make further observations concerning the parodic intention of López de Ubeda's story.[3] This is manifested in the irony inherent in Pero Grullo's disguise as a "bishop," likely a burlesque allusion to the bishop of Antioch. The parodic intent is also revealed in the significance of Justina's reference to Pero Grullo as a "fantasma eclesiástica" (I, 175), which appears to be yet another allusion to Cyprian, this time as the fabulous magician with phantasmagoric skills. The parodic aim becomes still more apparent in the final scene of Justina's episode with Pero Grullo when, mocked and ridiculed by his own friends, he is deposed and divested of his title in a symbolic "martyrdom" which leaves him suffering "como si en hecho de verdad le quitaran algún insigne oficio" (I, 199).

Following her successful attempts to free herself from the lustful Pero Grullo and his libertine comrades, Justina is received by her family as an "ángel" (I, 201). The image of Justina as a "holy" person is frequent in the novel. She feigns being a virtuous person so well that she is even addressed as "oveja de Dios" by the rascal Martín Pavón (II, 71). Furthermore, Pavón refers to his having placed his trust in her, "una santa" (II, 73), a misplaced confidence to be sure, as he soon discovers following Justina's successful attempt to swindle him out of gold and money. Her countrymen in Mansilla praise her steadfastness and innocence which, they tell us, lies even above that of Lucretia (I, 201), famous Roman heroine who became the symbol of chastity. In a clearly burlesque tone Justina refers to scenting herself with clover and incense (I, 201). From everywhere come people to "pay homage" and to "touch" her, and Justina's town which once was simply called Mansilla is renamed "Mansilla de las Mulas" in memory of the mule-drawn cart that brought her back to her village (I, 202). "It is all as if a miracle had occurred" (Stadler 162).

The irony of the "miracle" of Justina's safe return to her native town is everywhere apparent. Justina's mention of people flocking to "touch" her, that they almost "consumed" her by their "sheer embraces" (I, 202), for example, is a metaphorical allusion to her fundamentally lustful nature and to her libertine conduct. As "the believers touch saints in order to gain or partake of the strength and virtue given the saint" (Stadler 162), so do Justina's admirers come to "touch" her to share her physical attributes. Honoring a saint by baptizing the town of birth with his name was a long-standing tradition; however, in this case, the town is renamed not after the person to be honored but rather, burlesquely, after the mule that brought Justina there. The renaming of the village becomes itself another vehicle for the author's sustained parody of Justina's hagiographic association.

The parody of hagiographic material is again manifested in Justina's symbolic itinerary through León. Upon entering the one-time Asturian capital, Justina hastens to visit St. Ann's district, an old Jewish and Moorish quarter, passes by the shrine of St. Lazarus, wants to enter to pray but is averted by the sight of "unos santitos tan mal ataviados que me quitaron la devoción" (II, 27). At the sound of beggars clapping certain small boards to attract the attention of the passersby, Justina confuses, mockingly, the beggars' clapping with the festive sounds of the celebrations on Holy Thursdays (II, 27). Then, commenting on León's houses of prostitution as the source of both "pleasure and suffering," she makes an irreverent reference to an old saying that "no hay sermonario que no tenga junto con la Pascua la Cuaresma" (II, 29). Equally irreverent is Pavón's religious reference to the "resurrección de la carne" (II, 75), which is used in the novel, however, with a clearly erotic connotation.

As Justina reflects a parodic attitude so does the hypocritical hermit who prefaces his attempt to seduce Justina by reading Fray Luis de Granada's ascetic treatise *Guía de pecadores* (II, 64).[4] The false hermit's cynical intention is underscored when he leads Justina to believe that his reading of the moral treatise is prompted by his desire to avoid sin, an ironical affirmation, of course, as we soon see him advocating that if Justina is to sin it should be with him, in bed (II, 66). The fraudulent hermit's burlesque attitude is manifested also in his mocking salutation of Justina: "¡Dios sea en su alma hermana!" (II, 64). The young *pícara*, a false believer herself, is quick to participate in the parodic greeting scene, as she states: "Yo confieso que como no estava exercitada en esas salutaciones a lo divino, no se me ofreció qué responder, porque ni sabía si le avía de decir, et cum spiritu tuo, o Deo gratias o sursum corda, mas a ventura dixele, amén" (II, 64). Like Justina, the hermit plays his burlesquely sanctimonious part well. For this he is mocked as a man having the figure of an angel, a devil's voice, and the behavior of a thief (II, 64).

Travesty of hagiographic subject matter continues to be evident, as Justina moves on to meet the deceiving cardplayer Martín Pavón (II, 45 ff). He appears as a burlesque replica of a holy figure, St. Martin of Tours, since it is said of Martin that "donde él hurtaba con mejor denuedo era en los hospitales" (II, 63) and since St. Martin of Tours' most notable miracles consisted of curing the sick.

The lampooning of hagiographic material is also noted in the frequency with which the protagonists' speech is marked by exclamatory references to saints: "¡válgame San Macario!," interjects the rascal Pavón in his letter to Justina (II, 74). The reference to St. Macarius here is ironical, as well, since St. Macarius (The Elder) suffered deeply from being accused of hypocrisy (*The Saints* 490), the very sin of which Pavón himself is so conspicuously guilty. In a clearly burlesque context, Justina projects herself as a devout *pícara* who frequently implores the aid of saints, as she does when, feeling her virtue threatened, she beseeches the intervention of St. Lucia (I, 179), one of the chief virgin martyrs. Terrified at the sight of the serpent watermark on her paper, Justina beseeches the aid of St. Raphael, St. George, St. Daniel, and St. Marina, among other godly figures (I, 43-44), all venerated as Holy Helpers. Justina's mockery in this context is further evidenced by her dubious references to these saints —for example, St. George whom she cites as Having killed the spider, instead of the dragon. Justina's burlesque of pious devotion is again revealed during her pilgrimage to Arenillas where she scornfully compares her large coral rosary to a thick rope (I, 145).

Justina's own apocryphal morality and spurious religiosity are noted by another character, Perlícaro, who mocks the pícara's intent to relate her every action and pious thought, by comparing her burlesquely to St. Teresa of Avila. St. Teresa's writings continue to be the object of parody as Justina manifests her interest in developing an intimate relationship with the reader by calling him "hermano lector" (I, 127, 203) and "oyente mío" (II, 185), and by inviting him to "follow" her, for "que buena es mi compañía" (II, 8). These locutions are reminiscent of St. Teresa's own vocative expressions, as are the effects produced by them, which is to establish a close rapport between narrator and reader.[5] The caricature of religious figures persists up to the final pages of the novel, where, at the nuptial feast of Justina, the dancing sacristan gayly toasts St. Martin. This is in honor of the parish's patron, Justina ironically suggests, while her other guests, who recognize the true intent of the sacristan, assert that his toast is "en honor y reverencia del vino" (II, 295) which came from the village of St. Martin.

In conclusion, the most salient literary significance of Justina is its parody of that picaresque fiction that interjects a serious moral message in an amusing narration of a rogue's life typified by the much applauded novel of roguery, *Guzmán de Alfarache*. In an apparent burlesque reply to that "hybrid" literature, López de Ubeda gives *Justina* a form and content that closely resemble that of *Guzmán*, mocking at will all of the structural and contextual elements of Alemán's novel through tongue-in-cheek remarks, exaggerations, and profanations of holy names, places, and even the sanctity of penitence. Against Guzmán's exemplary awareness of life's futile pursuits and vanity, López de Ubeda projects a protagonist whose principal goal is to live a joyous existence in the present, unburdened by any genuinely transcendental considerations. In so doing, he underlines his basic theory of the picaresque novel as an entertaining art form, a work designed to move the reader to laughter, the ideal antidote to man's weariness and boredom.

Notes

1. Textual references to *La pícara Justina* are taken from the edition of Julio Puyol y Alonso, (Madrid, 1912).

2. Cfr. *The Saints*, ed. John Coulson (New York, 1957), 566.

3. Ulrich Stadler, "Parodistsches in der *Justina Dietzin Picarae*—Uber die Entstehungsbedingungen und der Wirkungs-geschichte von Ubedas Schelmenroman in Deutschland," *Arcadia*, 7 (1972): 161.

4. See the fine introduction to the *Guía de pecadores*, ed. Matías Martínez de Burgos (Madrid, 1929).

5. Francis Leadley Trice, "A Literary Study of *La Pícara Justina*", Ph.D. diss., Syracuse University, 1971, 157.

Valentín Llanos Gutiérrez' *Don Esteban* (1825): An Anticlerical Novel

Brian J. Dendle
University of Kentucky

Although all but forgotten by present-day historians of British and Spanish literature, novels dealing with the Peninsular War found a wide readership in Great Britain and the United States in the first half of the nineteenth century. The novels written by the British (as opposed to exiled Spanish) writers are remarkable for their realism and their frank treatment of the often hostile relations between British, Spanish, and Portuguese troops. The novels of the Peninsular War published before 1850 include:

1) Valentín de Llanos Gutiérrez, *Don Esteban; or, Memoirs of a Spaniard. Written by Himself* (London: Henry Colburn, 1825). 3 vols. (2nd ed., 1826; same publisher and pagination). This work will be discussed below.

2) [Francis Glasse], *Ned Clinton; or, The Commissary* (London: William Marsh, 1825). 3 vols. The first volume of this ribald, often scatological, tale relates the picaresque adventures in Spain and Portugal of a commissary's clerk in the British Army. The novel evokes the hardships suffered by the British in the retreat following the Battle of Talavera; it also contains numerous, often amusing, anecdotes of army life. Glasse highly praises Spaniards, who show great kindness to British soldiers. Spanish women are clean and elegant; Portuguese women are "dirty, slovenly, awkward, unpolished, and generally ill-made" (I, 177). The French are vandals and treat their prisoners with brutality. *Ned Clinton* is remarkably hostile to Catholicism, whether Portuguese, Spanish, or Irish. Priests are pimps and swindlers; nuns are unchaste; the Inquisition has degraded Spain.

3) George Robert Gleig, *The Subaltern* (Edinburgh and London: William Blackwood and T. Cadell, 1825). pp. 373. [Also published as a serial novel in *Blackwood's Magazine* in 1825.] The Scottish novelist Gleig (1796-1888) had served as a lieutenant with the allied armies in the campaigns in northern Spain and southern France, 1813-14. The highly readable *The Subaltern* is an account of his experiences, thinly disguised as a novel. Gleig reveals a deep love of the Spanish countryside and offers numerous details of the daily lives of Spanish and British soldiers.

4) Telesforo de Trueba y Cosío, *Salvador the Guerilla* [sic] (London: Richard Bentley, 1834). 3 vols. A hackneyed tale, the only interest of which lies in the brief historical accounts of the role of the *guerrilleros* (I, i-xxvi) and notes on individual historical figures (III, 263-92).

5) William Hamilton Maxwell, *The Bivouac; or, Stories of the Peninsular War* (London: Richard Bentley, 1837). 3 vols. The Irish novelist W. H. Maxwell (1792-1850) was a veteran of the War in Spain. As in Gleig's *The Subaltern*, Maxwell uses the novel to convey his campaign experiences and observations. Maxwell is the first serious novelist —Trueba hardly merits that appellation— to give more than passing mention to the *guerrilleros*.

6) James Grant, *The Romance of War, or, The Highlanders in Spain* (London: George Routledge, 1845). The prolific Scottish novelist James Grant (1822-1877) was the son of a captain in the 92nd. Gordon Highlanders who had served with distinction in the Peninsular campaigns of 1812 to 1814. Relying to a large extent on his father's recollections, Grant paints in *The Romance of War* a gripping account of the exploits and sufferings of Scottish troops in Spain. Grant's fascination with the Spaniards and their customs is obvious throughout the novel, which is of considerable literary merit. Grant frequently comments on Spanish religious practices, which he compares unfavorably to the simplicity of the Scottish kirk. (Paradoxically, Grant later converted to Catholicism; his son Roderick became a Catholic priest.) Grant also acknowledges the superstitious nature of Scottish peasants.

The success of two non-fiction works also indicates the English-language reading public's considerable interest in Spain:

1) Rev. Joseph Blanco White [Don Leucadio Doblado], *Letters from Spain* (London: H. Colburn, 1822). José María Blanco y Crespo (1775-1841) was a priest from Seville who, after his flight to England in 1808, became first an Anglican cleric and later a Unitarian minister; he played a prominent role in English intellectual life and religious and literary controversies. His well-known account of Spanish customs at the close of the 18th and beginning of the 19th centuries treats above all the repressive and superstitious nature of Spanish religion.

2) Colonel Sir William Francis Patrick Napier, *History of the War in the Peninsula and in the South of France* (London: T. & W. Boone, 1828-40). 6 vols. Napier (1785-1860) served throughout the Peninsular War; he received a serious spinal wound at Cazal Nova, was present at the storming of Badajoz, commanded a regiment at the Battle of Salamanca, won a victory for the allies at the Battle of the Nivelle, and took part in the later actions in the South of France. Napier's *History* enjoyed a remarkable success, 39 editions being published between 1828

and 1921. Meticulously researched —and Napier enjoyed the active assistance of Marshal Soult and access to Joseph Bonapart's secret correspondence— his narrative, as fast-paced as many a novel, gives details not only of every campaign but of the varying political situations in England, Spain, and Portugal. His work was in large part written to counter Spanish claims that the deliverance of Spain was due to Spanish efforts. Rather, Napier asserts, Napoleon was beaten by Wellington and his disciplined army. The Spaniards, as portrayed by Napier, were weakened by imbecilic and corrupt rulers and a "sanguinary priesthood." The lack of discipline of Spanish troops and their barbarity toward French prisoners and wounded provoke Napier's disgust.

The novel *Don Esteban; or, Memoirs of a Spaniard, Written by Himself* (1825) was written by Valentín de Llanos Gutiérrez (1795-1885). The Valladolid novelist Llanos had left Spain in 1814, befriended Keats in Rome, and married Fanny Keats, the poet's sister, in 1826. In the Preface to *Don Esteban* Llanos states that he wrote to efface the pain of exile, that he "endeavors to present a faithful picture of the manners, habits, and customs of his countrymen" (iii), and that his aim is to show Spaniards "*as they really are*" (author's italics). He will present the reader with "an unvarnished narrative of facts, related with that scrupulous regard to truth and fidelity, which becomes an impartial historian" (v).

The novel is written in the first person in impeccable English. The plot is trivial. The hero Esteban, a foundling raised by an enlightened couple, saves the beautiful and shyly blushing Isabella Torrealva and her family from bandits. After overcoming numerous obstacles placed in their way by Isabella's evil uncle Facundo, the two wed many years later. (The wretched Don Facundo commits suicide; Esteban, it is discovered, is of noble birth.) Not only is the plot inane; the dialogues of the sentimental lovers are highly stilted. All too often, characters load their conversations with such pieties as: "Patriotism and virtue are the dreaded enemies of tyrants" (ii, 235). However, despite the exemplary sentimentality of the hero and heroine, Llanos reveals an especial relish in relating numerous scenes of rape and torture when treating the war against the French.

However, for most of the novel the plot disappears under the weight of Llanos' far more interesting account of Spanish customs and national vicissitudes. The narration of "customs" reveals Llanos' delight in the ways of his countrymen. The novel contains descriptions of grape-harvesting, a picnic (in which all social classes freely and harmoniously mingle), a *romería*, and a bullfight. The constancy, cleanliness, and beauty of Spanish women are proudly proclaimed (I, 255-58; II, 247; III, 149-51). Cadiz is presented as an earthly paradise (III, 161). Picturesque religious customs (the behavior of women in church, the Corpus Christi procession in Valladolid) are described (II, 107-24). The typical daily routine of a genteel family (II, 100) and the customs of the aristocracy and of the

Royal Guards during the Fernandine Restoration of 1814 are evoked in passages of considerable historical interest. Language also interests Llanos. He gives numerous examples of Spanish proverbs and of picturesque speech, including the comic exaggerations of an Andalusian. The text is loaded with Spanish words and expressions, all —save for the obscenities— accompanied by English translations.

Llanos —and in this he anticipates Napier— recognizes the negative side of Spanish life: the venality of Spanish justice, the vices of the rich, the pride of grandees, the fanaticism and superstitions of the people, the corruption and abuse of power of the clergy, and the inadequate education of women (III, 150).

The ideology of *Don Esteban* is that of the Enlightenment. The hero's adoptive father is an incorruptible lawyer who encourages agricultural development, founds schools and, as a result of his benevolence and virtue, has a perfect marriage. The civilizing reforms of the Cortes of Cadiz are extolled (II, 200-05). In a manner typical of the 18th century, Llanos draws moral lessons from what he observes. Thus, the fertility of the Basque region is explained by the industry of the Basques and by their love of freedom (II, 240-48). Andalusian agriculture suffers from "pernicious" land-holding practices (III, 153-54). Llanos inveighs frequently against the gross extravagance of the Fernandine regime (cf. III, 179-81) and criticizes the degraded manners of the aristocracy (III, 172). Despite the anticlericalism of the novel, sincere prayer is the mark of the superior man. Good morale is essential: lack of resolution condemns the Parliamentary movement of Cadiz to failure (II, 220-21); loss of morale explains the French defeat (II, 17-18).

The novel traces in detail —in paragraphs and even whole chapters barely linked to the novelistic intrigue— Spanish history from the corrupt regime of Charles IV prior to 1808, through the horrors of the war against the French and the despotism of the Fernandine Restoration, to the joyous moment when the Constitution is proclaimed in 1820. Llanos makes no attempt to whitewash the defenders of the Spanish cause. The Spanish mob is superstitious and undisciplined, murdering its leaders on baseless accusations of treachery. The Spanish army, consisting of ill-led and untrained peasants, often behaves with cowardice, as at the Battle of Cabezón. Both sides commit hideous atrocities. The horrible privations of refugees and of country dwellers are traced in detail. The *guerrilleros* are savage monsters; the *guerrillero* leader Merino is "a cruel blood-thirsty coward" (I, 299). The British, however, are "our brave and generous allies" (II, 166). The French behave on occasion with chivalry. (See, for example, I, 271; II, 163, 180-81.)

In *Don Esteban*, Llanos establishes the fundamental characteristic of the "novel of the Peninsular War", namely, that the accurate rendering of history is of far greater importance than novelistic intrigue. Llanos not only attempts to rival the historian; he also wishes to understand the role of his fellow countrymen in a wider European context. In a poignant note,

Llanos regrets Spain's hard-won victory for it led to the enslavement of the Fernandine Restoration: "Would to God we had failed in our attempt! Spain would not now be the prey of civil dissensions, and of the darkest ignorance and misrule" (I, 255).

Don Esteban is also a profoundly anticlerical work. In part, Llanos' attacks are directed at the unworthy behavior of individual clerics. In Chapter XV of Volume I, Esteban meets an arrogant, sottish friar in a Castilian inn. The blood-thirsty *guerrillero* chief, "the Curate" Merino, tortures and murders his prisoners and obliges a woman to live with him under threat of torture (I, 298-99). A hypocritical and crafty priest, Father Mantilla, ostentatiously refuses an unwelcome transfer to a Mexican diocese, thereby convincing the population of Valladolid of his saintliness. This same priest treats other priests with malice and disturbs the peace of families "by raising in the minds of the husbands suspicions injurious to their honor" (II, 131). An uncharitable priest refuses to give refuge to a young woman accused of being an *afrancesada*, handing her over to her enemies to be killed (II, 163). Esteban's mother's estate is seized by ungrateful priests for her war-time inability to pay for the upkeep of a chapel bequeathed to them by the generosity of her father (III, 9). The King's preacher, the womanizing Father Martinez, made his way by commissioning slanderous writings, by twisting with the political wind, and by accepting bribes (III, 57). A venal friar preaches against constitutional liberties. "After this he descended the pulpit, made his collections, sold the corn the pious had given him for the convent, loaded three donkeys with all sorts of provisions, also furnished by the faithful, mounted his fine mule, and rode off to mortify himself with his fair penitent, who lived in a neighbouring village" (III, 239-40).

Priests exploit the credulity of the faithful. Images of the Virgin, hidden from the Saracens, when rediscovered are treated with veneration by the ignorant peasantry. "The priests, always ready to take advantage of human weakness, instead of undeceiving those poor and simple creatures, invented a thousand gross fables, which they sanctified as miracles; and on the spot where an image had been found, they persuaded, or obliged the land proprietors to raise a hermitage or a temple, often at great expense, many of which became afterwards asylums for the banditti and monks. As these miraculous images were said to be in the habit of working many more cures than those effected by the sons of Esculapius, the faithful thronged to them in great numbers; but of late, since the power of faith has decreased among the Spaniards, these images are somewhat sparing of their miracles, and the monks, dreading the end of this valuable mine of wealth, have substituted for miracles, music, dancing, and bull-feasts, the substance of our Romerias, and have found it a very successful expedient" (I, 68-69).

Esteban witnesses the formation of a miracle. A friar of Valladolid claims to see in the sky a crown, a sword, and a palm (which he interprets as the martyrdom of Ferdinand VII, the sword of justice for the people, and the victory of Spain); the entire city sees and hails the miraculous vision. Esteban, who sees nothing, comments: "I could scarcely help smiling at the wild superstition of the deluded people" (I, 159-60). The Church immediately celebrates the vision: ". . . I met all the Franciscan friars, whose convent is in the same square, drawn up in procession and bringing an image of the Virgin Mary with the infant Jesus in her arms, and another of St. Joseph. An immense crowd of people surrounded and followed the friars, who were coming to place those images on the principal balcony of the Consistorio, in honor of the great miracle which they said *we* had witnessed!" (I, 163).

Priests exploit religion for political reasons. The clergy are perfidious in their attacks on enlightened opinion; they have no scruples in stirring up a mob, headed by friars, to overthrow the Constitution of 1812 (II, 210-23) and to place Spain in the hands of the Jesuits and the Inquisition (II, 265). Under Ferdinand VII, "obscure monks, insolent valets, and *mozos de cordel*, who had never possessed either talent, education, or office, and who brought to the palace all the prejudices of the cloisters and the fury of the markets —every thing is explained— justice, reason, must fall before such men, and the empire of cupidity, oppression, fanaticism, misery and desolation, be alone established" (III, 2-3). The King is grossly superstitious, surrounded by fawning clergy (III, 137). Monks obtain the privilege of selling noble titles (III, 139). The secrets of the confessional are used to persecute supporters of enlightened ideas: "The confessional and the pulpit, those two great auxiliaries of despotism, ignorance and monkish oppression, were employed to the utmost" (III, 181-82).

Other manifestations of the abuse of religion by Spanish clergy abound. Esteban notes the greed and wealth of the Bishop of Valladolid (II, 142), of the Benedictines (II, 150), and of the Franciscans (III, 203). The corrupt priest Mantilla terrorizes his congregation by conducting religious exercises in a highly emotional manner (II, 130). As children, Esteban and his brother are induced by the horrible gloom of a Capuchin monastery (II, 137-8), by the monks' self-flagellation (II, 138), and by the "extravagant legends" of the "Lives of the Saints" (II, 138) into "the strongest feelings of a wild superstition" (II, 138). A short-lived attempt at living as hermits rapidly cures them of their "mania for being Saints" (II, 140). Life in a religious college, with its constant floggings, privations, and hypocrisies, soon causes Esteban to abandon his leanings to enter the priesthood.

Esteban is arrested by the Inquisition which "continued to lay its iron hand upon the enlightened class of society; to plot in its dark recesses the ruin of the most useful citizens, and to dig tombs for them, under the name of dungeons" (III, 17). Chapter II of Volume III narrates Esteban's sufferings at the hands of the Inquisitors; his savage torments include starvation, poisoned food, humiliation, torture on the rack, and sadistic hypocrisy on the part of the Dominicans. "Anathematizing sermons" threaten punishment beyond the grave, "for there, too, in imagination, the terrific phantom of superstition stretched its avenging arm over them to all eternity" (III, 17).

Llanos opposes abuses of religion, not sincere belief. Esteban's liberal, enlightened father, Ignacio, falls in fervent prayer at turning points in his life (II, 236, 254). Esteban believes his father will be avenged by the God of Justice (II, 256). He discovers Ignacio kneeling and fervently praying in a simple French village church: "His humble and sincere faith made him derive from his prayers his greatest consolation, and even enabled him to subdue for a while the bitterness of his just grief" (II, 259). Esteban prefers the greater sense of religious awe and simplicity found in French churches to the pomp and grandeur of Spanish temples (II, 259-60).

Although short on characterization and plot, the "novels of the Peninsular War" provide numerous details of military life and of Spanish customs, often observed at first-hand, and attempt to interpret Spain for the foreign reader. A further feature of these novels —the portrayal of Spanish religion from an outside "enlightened" perspective— is more than exemplified in Valentín de Llanos' *Don Esteban*, with its heavy anticlericalism, opposition to "superstition," and example of "true" religious sentiment.

Savonarola en Salamanca:
la *Reprobación* de 1546

Felipe Díaz-Jimeno
California State University, Los Angeles

La anónima *Reprobación de astrología judiciaria*, "sacado de toscano en lengua castellana", hace su aparición en Salamanca de las prensas de Juan de Junta a fines de 1546; hasta épocas recientes, ha constituido una interrogante en cuanto a su autoría para los bibliógrafos y para algunos investigadores como Bataillon que se han ocupado brevemente de ella.[1] La obra, un tratado sin foliar de 81 hojas, contiene un proemio y tres tratados de cinco, ocho y seis capítulos respectivamente, en que se ataca a la astrología judiciaria o divinatoria desde tres frentes: el teológico, el filosófico y el científico, de acuerdo a los presupuestos de la época.

El propósito de este ensayo es fijar sin lugar a dudas la autoría de la obra, elucidar las actitudes y corrientes intelectuales que la informan y apuntar su importancia en el proceso de intercambio de ideas entre España e Italia durante el Renacimiento, particularmente en lo que se refiere a las controversias en torno a interpretaciones deterministas del influjo astral en la vida del ser humano (el hado y la fortuna), en oposición a las corrientes providencialistas que ofrecen una visión teleológica del universo.[2]

Es necesario previamente fijar la evolución de las ideas y corrientes sobre lo oculto que preceden a la *Reprobación*, tanto en Italia como en España, y el lugar que ocupa en ellas a fin de lograr una más justa apreciación. La larga tradición medieval de tratados antisupersticiosos se remonta a Isidoro de Sevilla y sus *Etimologías*, en las que se combate la astrología judiciaria o divinatoria y se relega el hado y la fortuna al campo de las "ficciones" paganas, negándoles valor causal. A lo largo del medievo abunda el pensamiento estoico de Boecio en diversas versiones latinas de *De Consolatione Philosophiae* traducida al castellano principalmente por el canciller Pero López de Ayala, seguida de otra de Alberto Aguayo a principios del siglo XVI. Para el siglo XV ya puede observarse que está ocurriendo en España un cambio gradual de actitud ante la gran interrogante del destino del hombre. Aunque continúan confundiéndose en la mente común los términos hado y fortuna con varios sinónimos (suerte, ventura, ocasión, estrellas, etc.), los literatos, influidos por Dante y su escuela, redescubren el concepto de la Fortuna como *ancilla Dei*, adaptado al punto de vista cristiano como servidora de la Providencia o tratado simplemente como tópico literario más que problema ético y filosófico (Mendoza 51-94), mientras que varios tratadistas la encuadran en el esquema aristotélico de las causas, como ocurre en el *Tratado de Caso y Fortuna* de Lope de Barrientos o el *Compendio de Fortuna* de Martín de Córdoba. Esta última constituye la obra más completa de la época sobre el tema, e incluye la proverbial alegoría de Fortuna y Pobreza (Córdoba II.3: 109-10), al igual que hace el arcipreste de Talavera en su *Corbacho* (251-72).

Alfonso Martínez de Toledo trata asimismo en la tercera parte de su libro "De las complisiones de los onbres e de los planetas e sygnos". Afirma la responsabilidad inherente en el hombre, implícita en el libre albedrío, frente a las excusas de aquéllos que arguyen las teorías galénicas sobre las complexiones y su influjo por los astros, achacando a éstos un poder superior a la voluntad (180-205). Admite el influjo astral en las natividades (208), pero lo subordina al poder providencial y a la razón y voluntad libre del hombre; lo esencial de su concepto del influjo astral es que las estrellas influyen, pero no determinan el destino y la vida del hombre, lo que corresponde a Dios y al libre albedrío.

Aunque brevemente resumidas, estas obras dan una idea de la actitud que podría llamarse teológico-moral frente al problema del influjo astral y del elemento del azar en la vida humana en la España de fines del siglo XV.

Es por esta misma época que se está forjando una serie de cambios importantes en Italia, donde Marsilio Ficino (m. 1499) inicia, por medio de sus traducciones al latín de las obras de Platón, una nueva etapa en la historia de las ideas en la que el pensamiento platónico, interpretado a través de Plotino, Porfirio y otros, entra en oposición con el aristotelismo dominante hasta entonces. Junto con esta nueva corriente de pensamiento que impulsan algunos bizantinos que visitan Italia, como Bessarion y Pletho, se introduce igualmente una visión del mundo que asigna las almas a las estrellas, así como la aserción de una armonía universal en la que la inteligencia y la materia no están en conflicto ni totalmente separadas. En las controversias que surgen de este enfrentamiento de ideas y actitudes, la astrología va a ser objeto de gran atención por parte de los miembros de la Academia Neoplatónica de Florencia, que brilla bajo el mecenazgo de Cosimo de Médici. En ella surgen tres actitudes fundamentales en torno al influjo astral que prolongarán las controversias sobre su validez y legitimidad hasta fines del siglo XVI. Estas actitudes son representativas del pensamiento de tres humanistas italianos del siglo XV: Ficino, ya citado, Giovanni Pico della Mirandola (m. 1494), y Giovanni Pontano (1426-1503), quienes son ejemplos bien definidos de la variación en el rechazo o la aceptación de la astrología durante el Renacimiento. Es necesario tomar en cuenta sus puntos de vista, ya que la mayoría de las controversias que seguirán se hallan esbozadas en estos tres autores, y ayudan a explicar la génesis y publicación anónima de la *Reprobación* de 1546.

Ficino, astrólogo moderado, muestra un interés temprano por el influjo astral y su relación con la medicina en *De vita coelitus comparanda*. Ya ha dado en su *Theologia Platonica* las bases filosóficas que permiten comprender su noción de la astrología. Su universo teleológico incluye el concepto de perfección progresiva, la escala neoplatónica, y la noción de la actividad del alma frente a la pasividad del cuerpo y de la materia (300). En su comentario a Plotino[3] admite que las estrellas puedan ser signos, pero niega que puedan ser causas; apunta las inconsistencias de los astrólogos judiciarios y declara que el futuro del hombre depende de su herencia y no de las estrellas. La mayoría de las cosas que le pasan al hombre se puede trazar más fácilmente a otras causas que a las estrellas.

Giovanni Pico della Mirandola difiere con Ficino en torno al ámbito de libertad que tiene el hombre para escoger y seguir su propio destino. Para Ficino, la providencia divina cuida del hombre y le permite llegar, si lo intenta, hasta las altas esferas. En Pico, como manifiesta en su *Oratio De Hominis Dignitate*, el hombre tiene mayor autonomía y posee la capacidad para degenerar en un bruto o, si se lo propone, colocarse al nivel de los ángeles; esto excluye la posibilidad de que el hombre pueda ser controlado de alguna manera por alguna fuerza externa (314 ss.). Pico rechaza totalmente las doctrinas astrológicas —incluso las moderadas que aceptó Ficino— en sus *Disputationes Adversus Astrologiam* cuyo carácter enciclopédico la constituye en la principal fuente de refutación durante lo que resta del siglo XV y en el siguiente.[4] La obra se inicia con un proemio en el que Pico establece una distinción entre astrónomos y astrólogos; éstos son simplemente unos mercenarios que presumen de predecir el futuro consultando las estrellas. Después estudia a los escritores considerados como autoridades en el tema y ridiculiza a varios de ellos, en particular a Albumasar (Libro I). Basándose en Tolomeo y en razones parecidas a las de Ficino (quien ya adujo la importancia de las leyes y las costumbres, la dieta y la educación recibida en *De vita coelitus comparanda*), examina los errores de los astrólogos: pretenden facilitar al hombre la obtención del fin deseado y evitar el infortunio, pero nunca están de acuerdo entre sí, por lo que frecuentemente son objeto de ridículo; además, dependen de tablas astronómicas (se refiere probablemente a las alfonsinas) que son conocidamente erróneas y faltas de revisión; si los astrólogos no pueden pronosticar el tiempo con acierto, ¿cómo pretenden predecir el futuro del hombre? Y por último, si las predicciones de los astrólogos están basadas en una ciencia, se debería obtener siempre la misma respuesta, pero esto no ocurre nunca (Libro II). El Libro III contiene el argumento principal de Pico, que fue aceptado por los oponentes de la astrología en toda Europa: *motus, lumen et calor*. Los cuerpos celestes transmiten movimiento, luz y calor y nada más. Las estrellas, causas naturales solamente, no son causas de otra cosa sino de lo mencionado, y su influjo en los seres inferiores se reduce a ello; muchos de los efectos atribuidos a las estrellas son en realidad el resultado del calor y la luz solar.

Pico ataca lo absurdo de los argumentos astrológicos, que explotan el temor del hombre ante lo que percibe como una causa desconocida (IV). La influencia de los astros en las religiones del mundo es el tema del libro V, en el que rechaza terminantemente a Albumasar, Bacon y D'Ailly, para quienes las conjunciones de Júpiter con otro planeta señalaban el nacimiento de una nueva religión. Continúa atacando las desavenencias teóricas y prácticas de los astrólogos (VI, VII) y apunta las lagunas por resolver como el desacuerdo en el número de las esferas celestes y la verdadera dirección de movimiento de la esfera de las estrellas fijas (las constelaciones); no cree que los signos astrológicos, cuyo número ha variado a través de la historia, tengan virtud alguna, y son simplemente creaciones fabulosas relacionadas con la mitología de los antiguos (VIII). Incluye una crítica de la teoría tolemaica del *animodar* (la posición de la luna durante el nacimiento y la de los planetas durante la procreación), y la dificultad inherente para precisar el momento exacto de la natividad (IX). En el libro décimo se disputan las bases matemáticas para la asignación de las casas celestes en el horóscopo, y la de diferentes planetas a diferentes partes del cuerpo; las enfermedades provienen de los malos hábitos, y no del influjo astral. Pico cierra sus argumentos, dirigidos hasta ahora a atacar a la astrología como ciencia, en los libros XI y XII en que la ataca como pretendida arte, de origen idolátrico y de carácter supersticioso que la sostuvo a lo largo de la historia, cebándose en ese desasosiego que inquieta al ser humano ante un futuro desconocido. En esencia, las *Disputationes* de Pico atacan a la astrología desde el punto de vista teológico (niega la omnipotencia divina), filosófico (coarta el libre arbitrio del hombre) y científico (es una pseudociencia inexacta) (Boas 42-43).

Como es sabido, las *Disputationes adversus Astrologiam* despertaron una ola de reacciones y comentarios. Muchos fueron hostiles, como las *Responsiones* de Lucio Bellanti o los tres libros que Giovanni Pontano añadió a su *De Rebus Coelestibus*. Es precisamente Pontano quien ofrece un ejemplo de la tercera tendencia a que nos referimos anteriormente: *De Rebus Coelestibus* es una combinación de tratado astrológico y manual de psicología social, pues trata tanto de asuntos astrológicos como del carácter de los seres humanos y de su conducta en la sociedad en que viven. Acepta, basándose en Aristóteles, la noción de la perfección de los cielos y la corruptibilidad de los elementos sublunares, que son influidos y moldeados por aquéllos. El hombre, producto de la materia sublunar, está por tanto sujeto al influjo de los astros sobre su cuerpo y su temperamento físico; éste puede a su vez afectar su temperamento moral, generando inclinaciones que constituyen el carácter del hombre. Se sigue que si el hombre está sujeto al influjo astral, es necesario el horóscopo a fin de ayudar a moldear el carácter conforme a la buena disposición y cualidades, y poder controlar las débiles y perjudiciales. Pontano no cree (retractándose de lo dicho anteriormente en un comentario a Tolomeo) que las estrellas sean causas necesarias, pero sí admite que tienen el poder de inclinar al hombre y darle un carácter definido, a menos que su crianza, educación y ambiente moral en que se desenvuelve constituyan una oposición decidida a las influencias siderales.

Entre las respuestas favorables a las *Disputationes* de Pico se cuenta un interesante tratado de Girolamo Savonarola que se publica en 1497. *Contra astrologia*[5] es, en realidad, un epítome de la obra de Pico, aunque no se ajuste a ella en su orden y disposición. Volverá a publicarse repetidamente en Italia a partir de 1513 con el título de *Contra l'astrologia divinatrice*[6] y Erasto publica una versión latina en 1557. Se trata evidentemente de una obra que mantiene el interés del público lector de la época, y nos ocuparemos de ella nuevamente. Tomando en cuenta el fondo descrito, podemos ahora centrar nuestra atención en Salamanca, en Francisco de Vitoria y en la *Reprobación* de 1546.

En 1540, Francisco de Vitoria dicta en los medios académicos de Salamanca una *relección*, con el título *De Magia*,[7] en la que aparece como continuador de la corriente antisupersticiosa ejemplarizada por Martín de Castañega y Pedro Ciruelo. La obra muestra un enfoque racional y teórico de los fenómenos aparentemente prodigiosos; debido a su relativa falta de observación y corroboración experimental, adolece de una excesiva credulidad que resulta algo difícil de tolerar para el lector de hoy. Establece una división entre la "magia natural" (Cuestiones I-II) y la "magia espiritual" (Cuestiones IV-VIII) que le permite indagar la naturaleza y alcance del poder mágico y sus causas, que son las propiedades ocultas de la naturaleza y el influjo astral en la esfera sublunar mostrando así una estrecha relación entre la magia y la astrología (Vitoria 1239, 1288). Esta "magia natural" de Vitoria tiene puntos de contacto (Tolomeo y Aristóteles) con lo que pocos años antes Pedro Ciruelo ha denominado "astrología cristiana". Vitoria contempla el aspecto efectivo, más que averiguativo, de la utilización de la magia para obtener la "próspera fortuna" terrena. Aunque admite el influjo sublunar no explica claramente si le adscribe carácter malévolo o benigno, o si concuerda con Pico en la limitación al calor, luz y movimiento. Al estudiar las causas espirituales, ofrece un breve pero muy denso tratado de demonología, basado en premisas bíblicas, clásicas y teológicas. Los demonios forman parte de una serie de jerarquías espirituales, susceptibles de mutua interacción y naturalmente limitadas por el poder y designios de la providencia. Admite la efectividad del pacto diabólico explícito sobre la pretendida virtud intrínseca de diversas palabras y sustancias, que carecen de la necesaria virtud natural para lograr los resultados mágicos averiguativos o efectivos que persiguen los nigromantes (Vitoria 1250-1266, 1274).

Al publicarse esta obra de Vitoria, es probable que su intento de racionalizar y clasificar los poderes ocultos y de asignarles una cierta autonomía (aunque siempre dentro del ámbito providencial) llegase a causar una reacción entre aquéllos que estaban en desacuerdo con enfoques reminiscentes de Pontano. La necesidad sentida de reafirmar el esquema presente en Pico, el providencialismo total, la limitación del influjo astral al *motus, lumen et calor* mirandulano puede muy bien ser la causa de que pocos años más tarde aparezca en la misma Salamanca la anónima *Reprobación de astrología judiciaria* que nos ocupa.

La *Reprobación* incluye una exposición de la relación entre el hado, la fortuna y la astrología dentro de un esquema providencial de base científica y filosófico-aristotélica, en que se da cabida a las teorías médicas de

humores (Tractado III, v). Rechaza la diversidad de influjos astrales aduci-
dos por Tolomeo en el *Quadripartitum*, se adhiere a las doctrinas aristoté-
licas de causa y efecto, y tiene destellos literarios de un estilo que no vacila en acudir a la sátira condescendiente y a la burla mordaz si encaja en
sus fines. Al igual que hemos visto en Pico y Savonarola, ofrece un triple
ataque teológico (Tractado I), filosófico y científico (Tractado II) contra la
astrología judiciaria, apuntando que ésta: 1) restringe la omnipotencia divina y concede al hado una capacidad de determinación que es, hasta
cierto punto, independiente de la providencia (Tractado I); 2) limita el libre albedrío del hombre (II.vii) al adscribir poderes inexistentes, lógica y
causalmente indefensibles, a las estrellas (II.ii); éstas no tienen diversos
influjos, como mantienen los tolemaicos, sino la uniformidad de su luz,
calor y movimiento (II.iv, v); es por tanto falsa la pretendida relación causal entre las estrellas, causas universales determinadas, y el hado y la fortuna que son causas indeterminadas, accidentales y contingentes (II.iii); 3)
expone las numerosas faltas de exactitud de la astrología judiciaria, de-
sembozándola no ya como pseudociencia, sino como una falsa arte siquiera; todo ello la hace acreedora de ser reprobada y condenada (Tractado
III).

Nos encontramos, pues, ante actitudes y argumentos reminiscentes de
los de Pico de la Mirandola en sus *Disputationes* contra la astrología divinatoria, que se levantan, al parecer como reacción en contra de otra obra,
De Magia de Vitoria, en la que pueden encontrarse paralelos con algunas
actitudes y conceptos de Giovanni Pontano. Se impone, pues, el examen
de posibles modelos de la anónima *Reprobación*; entre ellos, el tratado anti-
astrológico de Savonarola —o alguna de sus ediciones posteriores en Italia— ofrece una atrayente posibilidad. En efecto, el estudio y cotejo de
ambos textos muestra sin lugar a dudas que la *Reprobación* es una versión
en castellano, bastante fiel, de la edición de 1536 de la obra de Savonarola.[8] *Contra l'astrología divinatrice* fue compuesta por el dominico de Ferrara
en 1497, lo que concuerda exactamente con la fecha declarada de composición del original de la *Reprobación*; dice ésta:

> Albumasar dixo que la fe de christo auia de durar mas de mil y quatrocien-
> tos años, y estamos en el año de mil y quatrocientos y noventa y siete. (III.iiij)

Igualmente, la obra de Savonarola declara que fue escrita "in corrobo-
ratione de la refutatione astrologice del S. Conte Io: Pico de la Mirandola", y la obra salmantina concluye exhortando al lector en el capítulo final,
a que lea "la obra del conde Iuan Pico" (III.vi); incluye asimismo frecuentes alusiones a la división reinante entre los príncipes de Italia, nota característica de las predicaciones del ferrarense.

Debemos preguntarnos por qué una obra de Savonarola, que había
sido puesta en el *Indice* por sus críticas al Papado a fines del siglo XV, se
imprime anónimamente en Salamanca (probablemente a instancias de los
mismos dominicos) cuarenta y nueve años después. La respuesta puede

hallarse, creemos nosotros, en la ortodoxia del libro en sí, que refleja y resume los argumentos providencialistas y aristotélicos de Pico y que ofrece aún una respuesta apropiada a lo que quizá se hubiese considerado como devaneos demonológicos de Vitoria, influido más o menos directamente por las actitudes y teorías de Pontano y por el prurito de racionalizar, clasificar y sistematizar lo oculto, como ocurre en las obras de Pedro Ciruelo que le preceden. Aristotelismo, providencialismo y neoplatonismo: las obras de Pico, Pontano, Vitoria, Savonarola y su anónima versión de Salamanca ilustran las preocupaciores de la época, en que bullen bajo el manto del providencialismo ortodoxo diversos intentos de explicación racional, al tiempo que teológicamente defensible, que aclaren y redefinan el mecanismo de un universo teleológico. Las divergencias de actitud y de perspectiva que emanan de la Academia de Florencia, ilustradas en los autores y obras aquí vistos, y muy señaladamente en la hasta ahora anónima *Reprobación* de Salamanca, continuarán siendo el eje de las numerosas controversias en torno a la naturaleza y alcance del influjo astral, tanto en España como en Europa, a todo lo largo del siglo XVI.

Notas

1. *Reproba/ción de la Astrologia judicia/ria o diuinatoria,/sacado de Tosc/ano en lengua castellana.* (Salamanca: Iuan de Junta, 16-XI-1546). Sin foliar; 14 cm. gót. 81 hs. en 8°. sin paginación. Utilizamos el ejemplar de la colección de Raros de la Biblioteca Nacional de Madrid. La obra no aparece en las bibliografías savonarolianas que pudimos examinar, tales como las de Conti (1939), Giovanozzi (1953) y Ferrara (1958), ni en la *Vita di Girolamo Savonarola* (1974) de Ridolfi. No hemos podido consultar el estudio bibliográfico de Lojendio (1945). Véase Picatoste, n° 890, y Salvá, vol. II: 752, n° 3809, donde indica que no pudo hallar ni el nombre del presunto autor italiano ni el traductor. Bataillon la menciona en su ensayo sobre la difusión de las obras de Savoranola, pero no la ha examinado personalmente y no está seguro de quién pueda ser el autor.

2. Para el trasfondo medieval de la interrogante del futuro y del papel que juega el elemento del azar en la vida del hombre, es útil consultar, entre otros, a V. Cioffari, R. Arias y J. Mendoza.

3. Cf. Ficino, *Plotini Operum* 11-130. Cf. también D. C. Allen 11-16 y L. Thorndike 5: 3-16.

4. *Disputationes Adversus Astrologiam* en *Opera.* Es forzoso resumirla muy brevemente; para mayores detalles puede consultarse la traducción italiana de Semprini. Cf. Allen 19-35; M. Boas 42-43; E. Cassirer 77, 115-17.

5. *Tractado contra li Astrologi* (Firenze: B. de Libri, 1947).

6. Ediciones: Venecia: Lazaro de Soardi, 1513; Vinegia: B. Stagnino, 1536; Venecia: s.i., 1556.

7. T. Urdanoz, ed., *Obras de Francisco Vitoria.*

8. Para el cotejo con la *Reprobación* salmantina hemos utilizado un ejemplar de la edición de Venecia de 1536, cortesía de la biblioteca de Harvard University.

Obras citadas

Allen, D. C. *The Star-Crossed Renaissance.* Nueva York: Octagon, 1966.

Arias, R. *El concepto del destino en la literatura medieval española.* Madrid: Insula, 1970.

Barrientos, Lope de. *Tratado de Caso y Fortuna*. L. Alonso Getino, *Vida y obra de fray Lope de Barrientos*. Salamanca: Anales Salmantinos, 1927.

Bataillon, Marcel. "Sur le diffusion des oeuvres de Savonarola en Espagne". *Mélanges offerts a Joseph Vianey* (1934): 93-103.

Bellanti, Lucio. *De Astrologica Veritate, Et In Disputationes Joannis Pici Adversis Astrologos Responsiones*. Venecia, 1502.

Boecio, Severino. *La consolación de la filosofía*. Alberto Aguayo, trad. Ed. L. Alonso Getino. Buenos Aires: Espasa, 1946.

Boas, M. *The Scientific Renaissance, 1450-1630*. New York: Harper, 1966.

Cassirer, E. *The Individual and the Cosmos in Renaissance Philosophy*. New York: Harper, 1963.

Cioffari, V. *Fortune and Fate from Democritus to St. Thomas Aquinas*. New York: Columbia UP, 1935.

Córdoba, Martín de. *Compendio de la Fortuna*. Ed. F. Rubio. Escorial: Ciudad de Dios, 1958.

Erastus, Thomas, trad. *Astrologia Confutata*. Schleusingen: H. Hamsing, 1557.

Ficino, Marsilio. *De vita coelitus comparanda*. Partes I-III. *Opera Omnia*. Basilea: 1561. 531-67.

_____. *Plotini Operum Philosophicorum Omnium*. Basilea, 1580.

_____. *Theologia Platonica*. *Opera Omnia*. Basilea, 1561.

Isidoro de Sevilla. *Etimologías*, VIII.11: 91-92. Ed. L. Cortés Góngora. Madrid: Ed. Católica, 1951.

Martínez de Toledo, Alfonso. *Arcipreste de Talavera o Corbacho*. Ed. J. González Muela. Madrid: Castalia, 1970.

Mendoza, J. *Fortuna y Providencia en la literatura española*. Anejo del *Boletín de la Real Academia Española*, 1973.

Pico della Mirandola, Giovanni. *Opera*. Venecia, 1557.

Pontano, Giovanni. *De Rebus Coelestibus*. *Opera* III. Venecia, 1505, fols. 275r-80r.

Savonarola, Girolamo. *Contra l'astrologia divinatrice*. Vinegia: Bernardino Stagnino, 1536.

_____. *Reprobación de la astrología judiciaria*. Salamanca: Juan de Junta, 1546.

Shumaker, W. *The Occult Sciences in the Renaissance*. Berkeley: U of California P, 1980. 17, 55.

Thorndike, L. *A History of Magic and Experimental Science*. New York: Columbia UP.

Vitoria, Francisco. *De Magia*. *Obras de Francisco de Vitoria: Relecciones teológicas*. T. Urdanoz, ed. Madrid: Ed. Católica, 1960.

A Spanish Book in the Hands of Hamlet?
An Apparent Echo of Guevara's
Familiar Letters in *Hamlet*

Ramón Díaz-Solís
Appalachian State University

Hamlet comes in the second scene of the second act of Shakespeare's tragedy reading from a book, and this exchange takes place:

> Polon.— ... What do you read my lord?
> Ham.— Words, words, words.
> Polon.— What is the matter, my lord?
> Ham.— Between who?
> Polon.— I mean the matter that you read, my lord.
> Ham.— Slanders, sir, for the satirical rogue says here that old men have great beards, their eyes purging thick amber and plum-tree gum, and that they have a plentiful lack of wit, together with most weak hams. All which, sir, though I most powerfully and potently believe, yet I hold it no honesty to have it thus set down, for yourself, sir, should be old as I am if, like a crab, you could go backward.

Who is this satirical rogue? What book was Hamlet reading? We propose the identification of the book with the *Familiar Letters*, whose author Antonio de Guevara would consequently be the satirical rogue. How often, how humorously bishop Guevara reflects on the miseries of old men particularly in the Letters. Indeed one of the English editions of the Letters throws in relief this aspect already in the title: "Spanish Epistles: Historical, Satyrical and Moral," by J. Savage in 1697. The *Familiar Letters* were almost as popular in the England of the sixteenth century as the *Dial of Princes*, another book by Guevara. A collection of the Letters, translated mostly from the French by Geffrey Fenton, appeared in 1575, and was reprinted at least once, two years later. Before this edition another collection of Letters translated directly from Spanish by E. Hollowes in 1546 had gone through several editions. Hollowes's edition, however, did not include the list of privileges of old men, which Guevara declared in detail in the letter to Alonso Espinel, governor of Oviedo. Felton's edition included the privileges and so did the above mentioned J. Savage.

Texts pertaining to old age are numerous in Fenton's edition. Their immediate sources in Guevara's letters are: the letter to Alonso Espinel; another written to an old man aflicted with love, Mosen Rubin; two letters written to Luis Bravo with a census of frailties common to old men and with exhortations to exemplary life.

A long section of the book compares old age with other ages in life. Fenton closes the book with a letter which comments on a number of signs preceding the death of various people, old men included.

Fenton's translation tend to abbreviate Guevara's original; he often omits the names of the letters destinataries, he tones down the humor of the bishop and his passion for antithesis and realistic annotation. He even inserts in the *Golden Epistles* a fragment from the *Dial of Princes*, namely, the "Villager from the Danube." Fenton alludes in the title to segments taken from other authors. The whole title of his book reads: *Golden Epistles, conteyning varietie of discourse, both morall, philosophicall, and divine: gathered as well out of the remaynder of Gueuraes woorkes, as other authours, Latine, French and Italian.*

I transcribe Felton's text from the edition of 1577, a copy of which is in the Rare Book Collection of Olin Library, at Cornell University.

Disapproving the satirical description of old age miseries:

> Guevara: "But to set downe (certain customs of old men) I hold it neither against reason nor honestie."
> Hamlet: "Yet I hold it not honesty to have it thus set down" (the description of old men's miseries).

Guevara states that his intention is not to criticise any good old man, only those indulging in bad habits. However, while narrating the privileges of old men (Fenton renders the word "privileges" for "customs," "familiar manners," "it is familiar," eliminating so the irony) he affirms without restrictions that old men get impatient, angry, jealous, suspicious ... because of their infirmities; they talk too much about their old times, they resent if somebody inquires about their age ... I quote at length:

> But comming now to exhibite some priuileges and liberties which old men enjoy, I meane not to meddle with the complexions and qualities of those whose wisedome agreeth with their age, and their yeares conformable to their graue discretion; and much lesse to giue libertie to my pen to contest against any of those graue, honorable, and vertuous auncients, by whose direction common weales haue bene gouerned, and in their wisdome rong men haue found suretie of counsell; *but to set downe* some customs of olde men that be wandrers, waspish, bablers, scoffers, players, dissemblers, and suche as are lead by amarous humors, together with what familiar maners their sorrowfull old age is accompanied, *I hold it neither against reason nor honestie.*
>
> It is a custome to old men to have a ghost sight, *their eyes yeelding* double iudgement, comprehending two things for one, and oftentimes to haue cloudes in their eyes when there is none in the skie, by meanes whereof for the moste part they misknow their friend and take him for another. It is a custome to old men *to be thick of* hearing, by means whereof, such thinges as they heare and do no well understand, they thinke is either spoken to the preiudice of their honour, or detriment of their goods. It is familiar with olde men to haue their haires fall without combing, *wrinkles growing* and no seede sowen, and their heade fuming without any fire made, for remedie whereof when they woulde take the bath, it is forbidden them *by reason of their weaknes.* Old men haue this

priuilege to eat bread without crust for the case of their teeth, to haue their meat minced for the helpe of digestion, to haue their drink warmed for the comfort of their stomache, and in case of *infirmities in their legges*, they haue their oyles to souple them, their rollers to wrap them, their hoase at libertie and their buskins buckled: and if any grudge at this brauerie, they haue to answer, that is done more for the case of the disease that troubled them, then for any glory they reappose in suche attire. It is a custome with olde men, to inquire after the disposition of the wether ... It is a custome with olde men to complaine muche of the trauels of the day, and to keepe reckoning of the houres of the night, that their dinner is not resolued into digestion, and their supper would not suffer them to sleepe: and yet, it is not sooner day then they begin to murmur that their breakfast is not readie. It is a priuilege to olde men to search companie, and either in temple, tauerne, or shoppes they enterteyne all that come, inquiring of the newes of the world: and whatsoeuer they heare, be it true or false, they will not only beleeue it for true, and add to it somewhat of their owne. It is familiar to old men to be suspicious, distrustfull, obstinate, intractable, and subject to selfe opinion: by meanes whereof *they lacke reason, and liue in error*, and though they are not abused, yet they will be ielouse of their owne shadowe, yea suche men haue rather want of any other thing, then of suspicion. It is a custome with olde men, once a moneth to be lockt up in their closett and count their treasure, diuiding their coynes, and searching the lockes of their chestes: such men wil not diminish one denaire of that that is heaped up, but love to liue poorely to the ende they may die rich. To some old men it is a custome to haue familiaritie with physicians, an friendship with Apothecaries: but some delight more to haunt tauernes where is vent of good vine, then in the conference of learned men by whom is ministered wholesome regiment of health ... It is due to olde men to wrap and cherish themselues, to haue their chamber hanged, their fire ordinarie, their bed warmed, and yet for the most part, they spend the nights in coughing, and the days in complaintes, making their bed a place to debate the actions of their youth past ... (73a.73b.74)

With only a few traits, mostly of physical nature, Hamlet draws for Polonius a picture of old men. He does not abstain from stirring smiles or laughs specially while describing their shortsightedness and plentiful lack of wit. Polonius' inability to notice that Hamlet is ridiculing him proves the prince is right. He declares to be in agreement with the satirical rogue in the appraisal of the pitiful condition of old men, "all which, sir, though I most powerfully and potently believe it ...", but the rather humorus recitation of the miseries displeases him. When Polonius leaves, however, Hamlet exclaims: "These tedious old fools!" and he would rather see the chamberlain staying at home and not making a spectacle of himself ... The very same reason which the prince uses to discredit any attempt to make fun of old men, namely, that they might still perhaps regain their youth, "for yourself, sir, should be old as I am, if, like a crab, you could go backward," this extravagant reason throws less in relief the impossibility of recovering old men their youth than their grotesque figure when dragging the old body.

That Hamlet uses Guevara's exact words to chastise the critique of old age by the satyrical rogue can hardly be considered a casual concurrence.

The coincidence in words occurs within the same context, namely, the motif of old age; and the purpose of both statements is the same in both places: to discourage unfair critiques of old men. The prince changes Guevara's present infinitive "to set downe," into a past, "to have it thus set down," a necessary change given the fact that Hamlet talks after the satirist had already written. Hamlet retains even that particle of opposition "yet," which recalls Guevara's *"but to set downe"*.

Still another coincidence appears in the syntactic structure that contains the description of the shortsightedness: "their eyes yeelding," Guevara; "their eyes purging (amber and plum.tree gum)," Hamlet. The verb "yeelding," reemerges later in the *Familiar Letters* associated with a particular fruit, black thorns, "olde age brings forth nothing but infirmities, griefe, and sorrow, no more than *the black thorne, who, how so ever he is grafted, will yeelde nothing but prickes*: so that let olde men haue more recourse to medicines to qualifie their aches than to *philosophers who yeelde nothing but wordes*."[1]

"Words, words, words ...". Fenton's book opens with a letter addressed to governor Angulo. The first words of this letter open as a threshold the book of *Familiar Letters*. This prominent position should attract more attention and help them to stay longer in the memory. They read as follows: "The fourth of Januarie I receiued *your Letters, which standing albeit more upon varietie of words than necessity of matter, yet ...".* Guevara makes fun of Angulo's dull letters which consist only of a variety of words lacking serious content. In the tragedy of *Hamlet*, Polonius asks the prince:

> Polon.— What do you read, my lord?
> Ham.— *Words, words, words.*
> Polon.— *What is the matter*, my lord?
> Ham.— Between who?
> Polon.— *I mean, the matter that you read*, my lord? (II, 2).

If we were to assume, based on the previous argument about the satirical book read by the prince, that Hamlet is reasonably acquainted with the *Familiar Letters* and has them in mind when talking to Polonius, would it not seem also plausible to further presume that the prince generalizes Guevara's opening statement about the letters from Angulo, and uses it by synecdoche to characterize the whole book of *Familiar Letters*? I have just quoted a text from the Letters about *the philosophers who yeelde nothing but wordes*.

It goes without saying that this hypothesis does not imply that if Shakespeare happened to use elsewhere in another play the syntagm "words, words, words," such phrase there could be considered an intratextual echo of the *Familiar Letters*.

A book on the «Arts of the Spanish Inquisition» by Reginaldus Montanus. C. Morón Arroyo has convincingly shown[2] how Shakespeare reelaborated in *Hamlet* some of the methods practised by the Spanish Inquisition to detect suspects of crimes against the faith or the State, and to have them convicted. A good part of Professor Morón Arroyo's argument revolves around Polonius, an informer of sorts, who is also in the center of our comments. It seems as if Shakespeare would want to make the spectators aware of the resonance in his play of Reginaldus Montanus' book, indeed the characters Montano (in the quarto edition) and Reinaldo point out to the name of the Spanish author, as Professor Morón Arroyo demonstrated. Even the title of Montanus' book might appear hinted at in an exchange of words between the queen and Polonius: when the chamberlain reports the success of his investigation on the prince, the queen expresses concern: "More matter with less art," and Polonius: "I swear madam, I use no art at all" (II, 2).

This memory of Spain so clearly resuscitated from the text of *Hamlet* by Professor Morón Arroyo gives more credibility to the Guevarian echos I am suggesting in the tragedy.

The theme of old age in the satires of Juvenal. Old age miseries constitute a well known topos. Both Guevara and Shakespeare absorb in their descriptions motifs and developments from the tradition, the classic authors, Juvenal in particular. However, Guevara and Shakespeare agree more closely with one another than with Juvenal. The Latin author describes in his tenth satire, "On the vanities of human wishes," the face of an old man: "Unshapely, tedious, foul and disgusting, unlike its former self" (vers. 190-191). Also: "the hide not anymore skin" (vers. 192); "and look at the wrinkles, like those of a mother baboon carving her mouth" (vers. 193-195). Later he mentions the eyes: "someone has lost both eyes and envies those who barely see" (vers. 227-228). An old man may feel the affliction of weakness at the shoulder, another at the back, another at the sacroiliac (vers. 227).

The tone of Juvenal is serious, almost pathetic in strong contrast with the mixture of seriousness and humor that accompany the descriptions of Guevara and Shakespeare.[3]

Notes

1. The chameleon is used both in the *Familiar Letters* and in *Hamlet* as a metaphor. In Guevara, in a letter dealing with the dangers of love for old age, the chameleon refers to women who "to work their desires, can turne themselues into so many subtilties and surged (sic) humilities, as the Camelion into colours, or the jugler into straunge deuises, to deceiue the beholders" (158a). In *Hamlet*, in the context of the players, the king asks upon entering the place of performance: "How fares our cousin Hamlet? Hamlet: Excellent, i'faith, of the chameleon's dish. I eat the air" (III, II). The image of the chameleon could have occurred through association with jugglers and players as in Guevara.

2. C. Morón Arroyo, "The Spanish source of Hamlet," *Hispanic Journal* 1.2 (1980): 4-81.

3. Translations taken from *The Satires of Juvenal*, by R. Humphrie, Indiana University Press, 1958.

Inspiración y supervivencia
de un soneto de Boscán

Ralph A. DiFranco
University of Denver

> *Caminaba la ausencia por un camino,*
> *y el olvido seguía sus pasos mismos:*
> *que es consiguiente*
> *que el olvido a la ausencia la siga siempre.*
>
> (Del cancionero popular)

Es común que una canción o un villancico perteneciente a la lírica tradicional castellana se difunda de manera extensa en las colecciones poéticas de los siglos XV y XVI y disfrute, gracias a ello, de una larga supervivencia. El repaso a los cancioneros manuscritos de esta época (así como a los pliegos) proporciona una enorme cantidad de villancicos, letras y canciones, casi todos anónimos y de sobra conocidos, con las glosas correspondientes que han inspirado. Sin embargo, hay algunas composiciones que se propagaron de forma tan excepcional que su estudio puede echar mucha luz no sólo a la manera en que se difundieron, sino al porqué de la fruición con que se copiaron durante decenas de años. El vehículo principal de este proceso de difusión y supervivencia es la glosa, procedimiento poético que gozó de gran popularidad durante los siglos de oro.[1] Pero si el dilecto arte de glosar poemas empezó basándose en las poesías compuestas en metros tradicionales, al compás que va avanzando el siglo XVI va extendiéndose para glosar también aquéllas que en nuevos metros traídos de Italia empiezan a florecer en las misceláneas poéticas. Tanto el verso antiguo como el moderno sirve de pretexto para dar nuevas luces a un sencillo cantar o a un festoneado soneto. Tan sólo fijándonos en la pura cantidad, queda patente la gran popularidad de la composición a que nos referimos, la cual atrajo las plumas de multitud de poetas, algunos de bien reconocido mérito. El nutrido número de poemas que inspira podría hacer que este soneto compita muy favorablemente, en cuanto a popularidad, con los más famosos y conocidos villancicos que fueron objeto de inumerables glosas.[2] El soneto a que nos referimos es el número LI del segundo libro de las *Obras* de Juan Boscán:

> Quien dize que'l ausencia causa olvido
> merece ser de todos olvidado.
> El verdadero y firme enamorado
> está, cuando stá ausente, más perdido.

Abiva la memoria su sentido:
la soledad levanta su cuydado;
hallarse de su bien tan apartado
haze su dessear más encendido.

No sanan las heridas en él dadas,
aunque cesse'l mirar que las causó,
si quedan en el alma confirmadas.

Que si uno stá con muchas cuchilladas,
porque huya de quien l'acuchilló,
no por esso serán mejor curadas.[3]

El interés que suscitó este poema inspira el presente estudio, en el cual investigaremos el tema de la ausencia en la poesía que antecedió a Boscán; nos centraremos en Boscán, en quien confluyen las corrientes castellana e italiana, analizaremos el soneto y examinaremos la supervivencia del mismo. Por último se darán a conocer todas las glosas e imitaciones que hemos podido recopilar tomándolas de fuentes manuscritas e impresas del siglo XVI y principios del XVII.

Este acercamiento diacrónico a la obra italianizante de Boscán revela que se inspira en la poesía tradicional y, sin acabar en ella, le da nuevo color, vistiéndola de ropajes traídos del Arezzo. La obra del poeta barcelonés no sólo sirve de modelo a otros poetas que siguieron el gusto italiano, como Garcilaso, Cetina, Herrera, etc., sino que también llega a inspirar a los poetas cancioneriles de la segunda mitad del siglo XVI, quienes utilizan su soneto libre y frecuentemente para basar sus glosas. Y gracias a ellas, el soneto sobrevive a lo largo del siglo XVI.

El tema de la ausencia antes de Boscán

Entre la extensa poesía cancioneril amorosa del siglo XV, hay algunas composiciones que han tenido más suerte que otras. Las piezas cuyo tema principal es el de la ausencia figuran en este grupo privilegiado, y la razón tras de esta feliz suerte se encuentra en la misma teoría del amor cortesano, tan cantado y llorado por los vates del siglo XV. La preocupación por la ausencia y sus resultados en los asuntos del corazón llegó a formar uno de los elementos principales del amor cortés. Estas preocupaciones de los poetas han sido consideradas parte de lo que la crítica de hoy ha llamado las paradojas del amor cortés.[4] Y según se ha demostrado, el gusto por las contraposiciones y las paradojas logra en Castilla extraordinario desarrollo.[5] El hispanista norteamericano, Otis Green, ha señalado las contraposiciones inherentes al amor cortés, lo que el llama "its positive and negative side" (289). Entre ellas se hallan, los conceptos de la constancia y la inconstancia (su opuesto), que resulta inevitable cuando interviene la ausencia del amante o de la amada. Se podría citar muchas poesías cancioneriles que apoyan esta manera de concibir los resultados

de la ausencia; pero tal vez ninguna hay que sea más clara que el poema
que comúnmente se le atribuye a Jorge Manrique:

> Quien no'stuviere en presencia
> no tenga en fe confianza,
> pues son oluido y mudança
> las condiciones d'ausencia.
>
> Quien quisiere ser amado
> trabaje por ser presente,
> que cuan presto fuere ausente,
> tan presto será oluidado:
> y pierda toda esperança
> quien no'stuviere en presencia,
> *pues son oluido y mudança*
> *las condiciones d'ausencia.*[6]

Hay entre la ausencia y la inconstancia una relación de causa y efecto
muy a propósito para dar rienda suelta a la pluma. De esta relación se
hallan a la vez afirmaciones en el decir de tipo tradicional: "Quan lexos
d'ojos/tan lexos de coraçón".[7] Por otra parte, conviene recordar que la ausencia o la lejanía es un elemento deseable y fundamental en el *fin amors*
de los trovadores provenzales.[8] Mejor ejemplo de esta perspectiva en la
poesía cancioneril castellana no puede encontrarse que en el poema del
Marqués de Santillana, quien curiosamente, mientras afirma que la ausencia hace crecer al amor, llega a contradecir la idea de que la ausencia
causa inconstancia:

> Ha bien errada opinión
> que dice: "quan lexos d'ojos
> tan lexos de coraçón".
>
> I
> Ca yo vos juro, señora,
> quanto más vos soy absente,
> más vos amo çiertamente
> y desseo toda ora.
> Esto façe la afiçión,
> sin compaña de los ojos,
> mas del leal coraçón ..."[9]

Los poetas cancioneriles comentaron desde puntos de vista opuestos
uno de los elementos importantes del amor cortés: la ausencia y sus efectos. Y al hacerlo aseguraron la supervivencia de la idea y de sus propias
poesías. Estos dos modos de pensar sobre el tema podrían multiplicarse
fácilmente con sólo una rápida hojeada al *Cancionero general*.[10]

Confluencia de dos tradiciones

Lo que acabamos de comentar sería, por llamarlo de alguna manera, como el primer paso en la vida del concepto de la ausencia en la poesía renacentista española. Con la oleada del metro italiano que invade la península, el tema continúa inspirando y nutriendo las plumas de los poetas españoles del siglo XVI. Este aliento no les llega de manera directa de las páginas del *Cancionero general* (que al compás que va avanzando el siglo va perdiendo terreno a las colecciones poéticas de mediados y finales de siglo), sino a través de un intermediario.[11] Y he aquí una paradoja que fácilmente podría ser rival de las mejores que tanto gustaron a los poetas cancioneriles del siglo XV: este intermediario es nada menos que el escritor responsable de la llegada definitiva del metro italiano a España. Pues el tema de la ausencia y el olvido continuará gozando de muchos años de vida gracias a una breve composición de Juan Boscán, quien sin saberlo, con su soneto número LI del segundo libro de sus *Obras*, estimuló a otros poetas a elaborar sobre el tema.

Rafael Lapesa, en su magistral estudio sobre Garcilaso, señala la confluencia de estas corrientes —clasicismo, petrarquismo y formas italianas, poesía de cancionero— en la poesía de Boscán, y enumera los rasgos de la obra poética del barcelonés que atestiguan su dependencia en la tradición provenzal, Ausias March y la poesía cancioneril, lo que Lapesa llama "lo hispánico en Boscán".[12] Uno de los rasgos que interesa señalar aquí es lo que llama su "intenso conceptismo" (50), que consiste en la repetición de palabras emparentadas y que a veces acompaña a la contraposición de ideas. El soneto LI presenta varios ejemplos de este procedimiento: "olvido/olvidado", "ausencia/ausente", "cuchilladas/ acuchilló". La herencia castellana se encuentra también en las obras italianizantes de Boscán, en cuanto a la forma y en cuanto al planteamiento de las ideas.[13] No es arriesgado suponer que gran parte de la inspiración para este soneto LI le llegó de la poesía amorosa cancioneril, sin que obste la opinión que el mismo Boscán expresa sobre el *Cancionero general* y la poesía en él contenida, en su carta dedicatoria a la Duquesa de Somma:

> Si a estos (sus detractores que se quejan del arte nuevo) mis obras les parecieren duras y tuvieren soledad de la multitud de los consonantes, ahí tienen un cancionero que acordó de llamarse general para que todos ellos bivan y descansen con él generalmente. (88)

Es fuerte y difinitiva la influencia que tan venerable tradición ejerce sobre este inovador, pero, como se sabe, no es la única. Otra corriente poderosa que confluye en Boscán y que nos interesa señalar por estar muy relacionada con el tema es el neoplatonismo.

En el año 1534 apareció la traducción que hizo Boscán del *Cortesano* de Baltassar Castiglione. La obra gozó de un éxito extraordinario.[14] Como afirma David Darst, la obra "was a typical Renaissance work expressing typical Renaissance values ..." (27). Es lógico pensar además, como hacen Darst y Alicia de Colombí Monguió, que este contacto íntimo que Boscán experimenta con la obra de Castiglione deje una clara y honda impresión sobre el catalán. Según la profesora de Colombí Monguió, hay que buscar la inspiración del soneto LIV de Boscán, tan íntimamente relacionado con el núm. LI por el tema y el enfoque, en el cuarto capítulo del cuarto libro del *Cortesano*, en que figura el discurso sobre el amor del Cardenal Bembo.[15] Demuestra la escritora con buenos ejemplos y mejores razones, cómo el soneto LIV presenta una imagen del amante que está a mitad de camino entre el amor perfecto que se distancia de todo lo sensorial y otro amor menos ideal que todavía necesita la presencia física del objeto deseado. Desde esta perspectiva el poema enlaza con la teoría del amor platónico. El amante siente el amor más poderosamente durante la ausencia de la amada, pero el verla y conversar con ella le sosiega. Este ver y hablar es participar en la vida sensorial, baja, que no deja que el amante ascienda a un grado más alto, el de la contemplación: el nivel que no necesita el estímulo sensorial, el amor que nace del entendimiento, el amor puramente espiritual. Tales son las ideas que expresa Bembo en su discurso y tales las ideas que, en parte, se perciben en el soneto LIV y también en el soneto LI. Pero no se puede explicar el soneto LI con fijarse sólo en las ideas de Castiglione. Como dijimos antes, el amor de Boscán se encuentra a mitad de camino. La profesora de Colombí Monguió lo explica así: "La relativa imperfección del amante de Boscán se debe al difícil maridaje del neoplatonismo de Castiglione con la larga y poderosa tradición del amor cortés" (74). Con esto vuelve a afirmar la influencia de ambas tradiciones en nuestro poeta, las cuales se reflejan en sus obras, a la vez ayudan al lector moderno a entenderlas.

Garcilaso y Boscán

Boscán fue atraído por el tema de la ausencia al que le dedica tres sonetos: los núms. XLVIII, LI y LIV de su *Obras*. en ellos analiza los efectos de la ausencia sobre el amante. Como ha demostrado David Darst (57), el tono predominante de los sonetos I a LXXVII es la sublimación de los sentidos a las penas del amor. El poeta concibe el amor como servicio que se caracteriza por sufrimiento y tormento constantes. No ve la posibilidad de aliviar esta pena y, además, es necesario que sea así porque si no hubiera dolor tampoco existirían las llamas del amor que el dolor causa.

En este grupo de tres sonetos, cada uno separado del otro por otros dos, Boscán explora los diferentes aspectos y matices de la ausencia y concluye que, al contrario de lo que dicen otros, durante la ausencia el fuego del amor y sus penas no disminuyen ni desaparecen, sino que se intensifican. De aquí que estos tres poemas tengan en común la idea de que la ausencia no deja perderse ni enfriarse el amor, porque la memoria lo mantiene vivo.

Sin ir más lejos, encontramos que Garcilaso también trató el tema en el soneto VIII, pero dándole otra perspectiva:

De aquella vista pura y excellente
salen espíritus bivos y encendidos,
y siendo por mis ojos recebidos,
me passan hasta donde el mal se siente;
    éntranse en el camino fácilmente
por do los míos, de tal calor movidos,
salen fuera de mí como perdidos,
el amador d'aquel bien que 'sta presente.
    Ausente, en la memoria la imagino;
mis espíritus, pensando que la vían,
se mueren y se encienden sin medida;
    mas no hallando fácil camino
que los suyos entrando detenían,
rebientan por salir do no ay salida.[16]

La fuente principal del soneto es el último capítulo del *Cortesano*, como señalaron muy acertadamente Rivers y otros.[17] En este poema, sin embargo, el amante sufre a causa de la ausencia, al contrario de lo que ocurre en el soneto de Boscán. La amada figura en la memoria del amante, pero la memoria sólo sirve de fuente de dolor y frustración, no de camino a la perfección.[18] El grado de perfección del amante, en el ejemplo de Garcilaso, según Rivers escrito entre 1533 y 1535, es inferior al del amante de los sonetos del poeta barcelonés.

Divorcio

El soneto de Boscán, cuya inspiración hemos venido rastreando, figura como el núm. LI del segundo libro de sus *Obras*, el cual consta de 10 canciones italianizantes y 92 sonetos. La composición del libro demuestra cómo Boscán a partir de 1526 abraza la poesía italiana, y esta intención queda muy claramente expuesta en la carta que dirige a la Duquesa de Somma y que sirve de prólogo al segundo libro en que le explica el contenido del primero y su diferenciación del segundo:

En el primero avrá vuestra señoría visto essas coplas (quiero dezillo assí) hechas a la castellana. Solía holgarse con ellas un hombre muy avisado y a quien vuestra señoría deve de conocer muy bien, que es don Diego de Mendoza. Mas paréceme que se holgava con ellas como con niños, y assí las llamava las redondillas. Este segundo libro terná otras cosas hechas al modo italiano, las quales son sonetos y canciones, que las trobas d'esta arte assí han sido llamadas siempre. (87)

Los escritos fueron publicados por su esposa, Ana de Girón, en mayo de 1543, unos meses después de la muerte del poeta, e impresas por Galles Amorós con el título: *Las obras de Boscán y algunas de Garcilaso de la*

Vega repartidas en quatro libros. Las obras gozaron de más de 20 ediciones entre 1543 y 1569, año en que, por primera vez, se publican las obras de Garcilaso aparte de las de Boscán.[19] A partir de 1569 sólo hay 4 reimpresiones, lo que ha hecho a algunos estudiosos pensar que lo que realmente interesaba de las *Obras* eran las composiciones de Garcilaso y no las de Boscán. Los garcilasistas, sin embargo, no se olvidaron del todo de Boscán. Si éste y Garcilaso oscurecieron el *Cancionero General*, si la imaginería de Garcilaso fue molde y patrón de la poesía manierista que le imitó, de tal manera que el "garcilasismo" desplaza al "profeta", al introductor de la moda italiana, no ocurrió así con este soneto, pues el haber sido tan imitado hace que el divorcio sea sólo aparente, ya que Boscán siguió en pie firme, ganando batallas después de muerto, tal como lo hiciera su amigo Garcilaso.

Supervivencia

Es curioso notar que, al contrario de lo que ocurre con las Obras de Boscán tomadas en su conjunto, "divorciadas" de las de Garcilaso, el soneto LI continúa gozando de popularidad durante el siglo XVI. En 1551, por ejemplo, Juan Vázquez lo incluye en su *Villancicos y canciones ... a tres y a cuatro.* En la dedicatoria del libro, Vázquez le explica a su destinatario, Antonio de Zúñiga, cómo quiere "dedicar[le] esta música de canciones y villancicos castellanos con algunos sonetos, que no creo dejará a V. M. algún contentamiento".[20] Este soneto lleva el número 8, es el único que va acompañado de música, según Gallardo, y es anónimo. También figura impreso en un pliego suelto, sin fecha, atribuido a Juan de Timoneda titulado *Las coplas de Flérida con dos sonetos.*[21] Es interesante notar que el otro soneto que figura en este pliego es de Garcilaso y comienza "Pasando el mar Leandro el animoso" aunque, como el de Boscán, va sin atribución.[22] Si al componer su antología a principios de este siglo al maestro santanderino no le pareció incluir en ella este soneto, según sus propias palabras porque imprime en la antología "los sonetos que tengo por mejores ..."(308), no ocurrió lo mismo con los coleccionistas del siglo XVI. Lo que realmente aseguró la supervivencia y nos sirve de prueba clara de la popularidad del soneto son las imitaciones y, sobre todo, las glosas.

Imitaciones

A los pocos años de salir la edición de las obras de Boscán, se encuentra un soneto anónimo, publicado en el *Cancionero general de obras nuevas nunca hasta agora impressas assi por ell arte española como por la toscana, 1554,* que por su tema y estilo se podría llamar claramente una imitación del de Boscán.[23] El soneto comienza: "Ausencia es para pocos, por razón" y en él, su autor da el mismo enfoque que Boscán al tema de la ausencia y el olvido. Utiliza, sobre todo en los tercetos, las mismas expresiones e imágenes que Boscán: "llagado", "acuchillado", y repite la idea que es inútil tratar de escaparse de las heridas porque uno no va a dejar por eso de estar herido.

Otro ejemplo de imitación del soneto de Boscán se encuentra en un códice de mediados del siglo XVI, MN 3902, fol. 25v.[24] Es un soneto también y empieza: "No puede ausencia resfriar un pecho". El autor anónimo llega en el primer terceto a decir: "Amor en el ausente se rrefuerza", con lo cual está claro que adopta la misma postura que Boscán y la contraria a la de Manrique. El *Romancero general* de 1600 contiene un romance que utiliza los primeros dos versos del soneto de Boscán como sus primeros dos versos.[25]

Glosas

La prueba más irrefutable de la fama y el influjo del soneto se encuentra en la gran cantidad de glosas inspiradas en el poema, que se hallan recogidas en los cancioneros manuscritos de mediados y finales del siglo XVI. A continuación daremos noticia de todas estas fuentes.

Primer verso	códice	folio	glosa
Amor es un deseo congoxoso	MN 3806	59v	8 versos
Amor y su contrario	MN 3915	163r	8 versos
Amor y su contrario	MN 3968	109v	8 versos
Amor y su contrario	MP 531	97v	7 versos
Amor y su contrario	PN 373	261v	8 versos
Ardiente rayo hiera	BC82339	77v	8 versos
Con ponzoñosas fieras se ha criado	MP 1580	114r	7 versos
Los que amores constantes	FR 2864	27v	4 versos
Los que amores constantes	MP 973	193v	4 versos
Los que amores constantes	MP 2803	215v	4 versos
No fue de amor llagado	MP 2803	210v	7 versos
No muestra en sus conceptos	HSA 2486	204r	completo
No muestra en sus conceptos	TP 506	398v	completo
Poco sabe de amor el dulce efecto	EM ÇIII.22	103v	1 verso
Según entre amadores	MP 531	23v	completo
Si amor es pura fuerza que captiva	MP 531	186r	1 verso
Si amor es pura fuerza que cautiva	MP 1577	130r	8 versos
Si de mi pensamiento	MP 531	7v	completo
Si de mi pensamiento	MP 1580	112r	completo
Si de mi pensamiento	PN 373	131r	completo
Si yo estuviera ausente	MN 3915	162r	8 versos
Una dama que siendo yo partido	MP 531	56r	completo[26]

Poemas de ideas afines

Además de la enorme cantidad de glosas que del poema se hallan re-
copiladas en los muchos y diversos cancioneros manuscritos del siglo XVI,
también es posible encontrar buen número de poemas del mismo tema. A
continuación citaremos algunos ejemplos:

En el códice 1581 de la Biblioteca Real de Madrid, en los fols. 4r y
153v se leen unos poemas que empiezan: "No hable en mal de ausencia
quel qu'á sido" y "Ausente vive Florino". En la misma biblioteca, MS
3560, fol. 33r, se encuentra un soneto que empieza: "Bien me pudo apartar
ausencia dura". En un romancero, también custodiado en la Biblioteca Real, MS 996, f. 218v, se halla un romance pastoril que empieza: "O dura y
terrible ausençia", en el cual la ausencia se presenta como causadora de
males, aunque a pesar de ello el amor sigue firme.[27] En un códice de la
Biblioteca Nacional que tiene poesías de Francisco de Rioja, MS 3888, f.
287r, se encuentra un soneto que empieza, "Remedio pudo alguno ser la
ausentia".[28] La canción "Zagala di, qué harás", que recoje muy bien la
esencia del soneto de Boscán, ha tenido una ilustre fama entre las obras
de los glosistas del siglo XVI. Una glosa muy interesante es la de Hernando de Acuña y se halla en su *Varias poesías.*[29]

Tampoco faltan ejemplos de las plumas de otros grandes maestros del
Siglo de Oro: de San Juan de la Cruz se leen estos versos, tomados de
Canciones entre el alma y el esposo:

> Descubre tu presencia,
> y máteme tu vista y hermosura;
> mira que la dolencia
> de amor, que no se cura
> sino con la presencia y la figura.[30]

Y de Jorge de Montemayor tenemos un soneto reminiscente del poema de
Boscán que comienza: "De hoy más ninguno diga que la ausencia".[31] Entre
las poesías de Lope figura el soneto "Ir y quedarse y con quedar partirse"
tomado del tomo de *Rimas humanas* de 1602.[32] En su nota al poema, Montesinos da una explicación muy importante que nos ayuda a entender la
popularización de esta composición, la cual bien pudiera también aplicarse
al soneto de Boscán, explicación que se basa en el carácter popularizador
de la música.[33] En la *Galatea* de Cervantes encontramos un soneto que comienza: "El firme y puro amor jamás descrece", puesto en boca de la pas-
tora Tirsi.[34] Por último, habría que citar el soneto de Medrano que comienza: "Quien te dize que ausencia causa olvido".[35]

Conclusiones

La obra italianizante de Boscán marca una nueva época en la historia
de la poesía española porque se distancia de la tradición lírica precedente

de los cancioneros y del amor cortés, aunque esa tradición deja huellas claras en esta obra de innovación. La nueva poesía no acaba con la antigua y ni siquiera disminuye su valor e influencia, más bien sirve de paso intermedio o camino para que la inspiración de la generación cancioneril pase a épocas posteriores. En términos concretos, el soneto LI de las *Obras*, atestigua y admite la influencia de la generación previa sobre su autor, una influencia que encuentra larga vida en las glosas e imitaciones de los poetas de mediados y finales del siglo XVI. Uno de los temas predilectos de los poetas cancioneriles sobrevive gracias a esta obra de Boscán que, a su vez, también disfruta de longevidad, ya no como algo revolucionariamente nuevo, separado de lo anterior por una ruptura, sino como una obra de transición que conecta, une dos períodos, al abarcar con la larga y rica tradición cancioneril, formas italianas portadoras de las trabajadas teorías amorosas contenidas en el neoplatonismo plasmado en obras como *El cortesano*.

Notas

1. Sobre este tema, ver los estudios de Ramón Menéndez Pidal, "La primitiva lírica española", *Estudios literarios* (Madrid, 1920) 254-344; Hans Janer, "La glosa española: estudio histórico de su métrica y de sus temas", *RFE* 27 (1943): 181-232, y *La glosa en el Siglo de Oro* (Madrid: Ediciones Nueva Epoca, 1946); *Pierre Le Gentil, *La poésie lyrique espagnole et portugaise à la fin du Moyen Age* (Rennes, 1953), II; Antonio Sánchez Romeralo, *El villancico* (*Estudios sobre la lírica popular en los siglos XV y XVI*) (Madrid: Gredos, 1969) 26-34; Margit Frenk Alatorre, *Estudios sobre lírica antigua* (Madrid: Castalia, 1978) 266-304 y José J. Labrador, C. Angel Zorita, Ralph A. DiFranco, "El glosario, reflexiones sobre un capítulo de la literatura española", *Cuadernos de ALDEEU* 3 (1987): 53-62.

2. Entre ellos, "La bella malmaridada", "Las tristes lágrimas mías", "Ve do vas mi pensamiento", "Justa fue mi perdición", "Tiempo bueno, tiempo bueno", "Dónde estás que no te veo". Ver los estudios-antologías de Julio Cejador y Frauca, *La verdadera poesía castellana*, 10 tomos (Madrid, 1921-1930), José María Alín, *El cancionero español de tipo tradicional* (Madrid: Taurus, 1968), Sánchez Romeralo, *El villancico*. También nuestras ediciones *Cancionero de poesías varias. Manuscrito No. 617 de la Biblioteca Real de Madrid*, eds. José J. Labrador, C. Angel Zorita, Ralph A. DiFranco (Madrid: El Crotalón, 1986), *Cancionero de Pedro de Rojas*. Eds. José J. Labrador Herraiz, Ralph A. DiFranco, María Teresa Cacho (Cleveland: Cleveland State University, 1988), *Cartapacio de Francisco Morán de la Estrella*. Eds. Ralph A. DiFranco, José J. Labrador Herraiz, C. Angel Zorita (Madrid: Editorial Patrimonio Nacional, 1989), *Cancionero de poesías varias. Manuscrito No. 2803 de la Biblioteca Real de Madrid*, eds. José J. Labrador Herraiz, Ralph A. DiFranco (Madrid: Editorial Patrimonio Nacional, 1989) y *Cancionero de poesías varias. Manuscrito No. 3902 de la Biblioteca Nacional de Madrid*, eds. Ralph A. DiFranco, José J. Labrador Herraiz (Cleveland: Cleveland State University, 1989).

3. Citamos de la edición que sobre la original hicieron Martín de Riquer, Joaquín Molas y Antonio Comas, *Obras poéticas de Juan Boscán* (Barcelona: Facultad de Filosofía y Letras, 1957) 182, nº LXXXV. Los editores numeran los poemas de forma seguida mientras que en el original están numerados por libro, de ahí la discrepancia entre los dos números. Sigo la numeración de la original.

4. Ver los estudios de Otis Green, "Courtly Love in the Spanish *Cancioneros*", *PMLA* 64 (1949): 247-301 y *Spain and the Western Tradition: The Castilian Mind in Literature from El Cid to Calderón* (Madison: University of Wisconsin Press, 1968) I, 72-122.

5. Rafael Lapesa, *La trayectoria poética de Garcilaso*, 2ª ed. corregida (Madrid: Revista de Occidente, 1968) 28.

6. Citamos por la edición de Giovanni Caravaggi, *Poesía. Jorge Manrique* (Madrid: Taurus, 1984). Ver también sus comentarios en las páginas 14-15. La composición gozó de gran difusión y se encuentra en muchos manuscritos y obras impresas del siglo XVI. Ver Caravaggi 145 y también el nº 141 de *Cancionero de poesías varias. Manuscrito No. 617 de la Biblioteca Real de Madrid*, p. 585, para las fuentes. Fue también glosado por Castillejo y Silvestre, y Juan Alfonso Carrizo lo pone de ejemplo de los antecedentes de la poesía popular argentina: *Antecedentes hispanomedievales de la poesía tradicional argentina* (Buenos Aires: Estudios Hispánicos, 1945) 665-69.

7. Este refrán fue recogido por Gonzalo Correas en su *Vocabulario de refranes y frases proverbiales* de 1627, edición moderna de Luis Combet (Bordeaux: Institut d'Etudes Ibériques et Ibero-Américaines, 1967), dato mencionado por Sánchez Romeralo, *El villancico*, 68-71, quien también trata el tema de la ausencia, el olvido y la infidelidad en la poesía de tipo tradicional. Sin embargo, el refrán es de fecha muy anterior a la obra de Correas, pues lo encontramos en un poema del Marqués de Santillana, como veremos en seguida, escrito antes de 1454, en el cual el poeta parece insinuar que la expresión ya gozaba de cierta fama cuando él la recoge. Ver también el libro de Eduardo Torner, *Lírica hispánica relaciones entre lo popular y lo culto* (Madrid: Castalia, 1966) 43-49, en que se recogen muchos ejemplos del tema en la lírica popular, antigua y moderna, castellana y portuguesa, y de la poesía cancioneril.

8. Sobre este punto, ver el estudio de Alicia C. de Ferraresi, *De amor y poesía en la España medieval. Prólogo a Juan Ruiz* (México: Colegio de México, 1976) 58-64.

9. Citamos por la edición de Angel Gómez Moreno y Maximilian P. A. M. Kerkhof, *Iñigo López de Mendoza, Marqués de Santillana. Obras completas* (Madrid: Planeta, 1988) 23-24. Texto tomado de SA8 (Salamanca Universitaria, 2655).

10. Citamos únicamente el nombre del autor, el primer verso del poema y su número: Soria, "Yo hallo por esperiencia", 1511, núm. 282; Juan de Tapia, "Ausencia puede mudar", 1511, núm. 292; Sánchez de Badajoz, "La mucha tristeza mía", 1511, núm. 275 y "Despedido de consuelo", 1514, núm. 88, *Suplemento al Cancionero general de Hernando del Castillo*, Antonio Rodríguez-Moñino (Madrid: Castalia, 1959); Bivero, "Mira tus males ausencia", 1511, nº 305; Obispo Villaquirán, "Los grandes merescimientos", 1514, núm. 142, *Suplemento*; Guevara, "Yo pese por apartarme", 1511, núm. 232; Pedro de Cartagena, "En partirme de miraros", 1511, nº 331; Alonso de Cardona, "Triste estava el cauallero", 1511, núm. 460 y "Libre va la triste vida", 1511, nº 940.

11. Se nota que va disminuyendo la frecuencia de las ediciones a partir de la de 1527 y se echa de menos la influencia del *General* en las colecciones de mediados y finales del XVI. Aparte el hecho de compartir con él algunos de los villancicos más difundidos, apenas se percibe el influjo del *General* en tan fundamentales cancioneros como el MP 531 y 2803 y MN 3924.

12. Lapesa, *Op. cit.*, 45-53. Ver también su artículo "Poesía de cancionero y poesía italianizante" en *De la edad media a nuestros días* (Madrid: Gredos, 1967) 145-71. Sobre el influjo de la poesía cortesana y cancioneril en Boscán y Garcilaso, don Rafael es muy explícito: "Pero a ellas (las primeras composiciones de Boscán de tipo cancioneril) debía un renombre que hubo de pesar sobre Garcilaso, diez o quince años más joven. La producción endecasilábica de ambos poetas no dejará de ofrecer ecos de estas composiciones" (48). Ver también Giovanni Caravaggi, "Alle origini del Petrarchismo in spagna", *Miscellanea di studi ispanici* (Pisa, 1971-73): 7-101; en particular, 54-55.

13. Sobre la influencia de las ideas ver la nota de Raúl Moglia, "Manrique en un soneto de Boscán", *RFH*, 8 (1945): 392-93, en que propone que la canción "Quien no estuviera en presencia" es la fuente de la composición de Boscán. Lo es en cuanto que plantea el mismo tema, y, lo que no llega a decir Moglia, que el soneto está pensado tal vez

como respuesta a la composición de Manrique, puesto que la contradice en su manera de acercarse a la idea.

14. David Darst, *Juan Boscán*, (Boston: Twayne Publishers, 1978) 26-27.

15. Alicia de Colombí Monguió, "El discurso del Cardenal Bembo en tres sonetos del Siglo de Oro", en *La Chispa '87 Selected Proceedings*, ed. Gilbert Paolini (Tulane: Tulane University, 1987) 71-79. La profesora de Colombí Monguió incluye en su análisis también el soneto VIII de Garcilaso, "De aquella vista pura y excelente" y un soneto del petrarquista peruano Diego Dávalos contenido en su *Miscelánea Austral* de 1602, "El firme amante que lamenta ausencia".

16. Citamos de la edición de Elias Rivers, *Garcilaso de la Vega Obras completas* (Columbus Ohio: Ohio State University Press, 1974) 88.

17. Elias Rivers, "The Sources of Garcilaso's Sonnet VIII", *RN* 2 (1960-61): 96-100; A. Ruffler, "Zur Garcilaso-Frage", *Archiv fur das Studium des Neueren Sprachen und Literaturen*, 153 (1928): 219-30; Otis Green, *Spain and the Western Tradition* I, 146-47; Manuel Altolaguirre, *Garcilaso de la Vega* (Madrid, 1933) 201-02, y Alicia de Colombí Monguió, "El discurso", 75.

18. La profesora de Colombí Monguió lo pone así: "Para el Cortesano de Garcilaso la amada ausente es causa del llanto; no de contemplación intemporal" (76).

19. Elias Rivers, "Garcilaso divorciado de Boscán", en *Homenaje a Rodríguez-Moñino* (Madrid, 1966) II, 121-29.

20. Publicado por Bartolomé José Gallardo, *Ensayo de una biblioteca española de libros raros y curiosos* (Madrid: Rivadeneyra, 1863; ed. facsímil, Madrid: Gredos, 1969) IV, col. 921.

21. Lucas de Torre, "Varias poesías de Juan Timoneda", *BRAE* 3 (1916): 564-70, con la rúbrica, "Otro soneto".

22. Para un resumen muy completo del tema de Hero y Leandro en la literatura española ver Marcelino Menéndez Pelayo, *Antología de poetas líricos castellanos* (Madrid: Sucesores de Hernando, 1919) XIII, 359-78.

23. Editado por Alfred Morel-Fatio en *L'Espagne au XVI et au XVII siècle. Documents historiques et littéraires* (Heilbronn: Henninger Frères, 1978) 489-602:

> Ausencia es para pocos, por razón
> que ay pocos que amen verdaderamente.
> A quien da tregua en ella su acidente
> no tiene de amor lleno el coraçón,
>
> sino un amor común, una afición,
> que, llegándose al fuego, amor se siente
> sin que penetre al pecho, y, quando ausente,
> se dexa con la causa la passión.
>
> Mas aquél que le tiene atravessado
> ¿qué presta yrse de dó l'an herido,
> que no puede dexar de ser llagado?
>
> Pues, para ver si hablo acuchillado,
> baste, señora, haver vos entendido
> qu'estuve do me hirieron desmayado.

24. Ver nuestra edición citada en la nota 2. El poema es el núm. 23. En un códice de finales del XVI, MS 2803 de la Biblioteca Real de Madrid, fols. 4v-5v, se encuentran varios sonetos que tratan el tema de la ausencia y uno de ellos está escrito en forma de un "contrahecho" al original. Va así:

> Quien niega que la ausençia causa olvido
> presume de muy fiel enamorado,
> al fin, un coraçón que está apartado
> oluida y no es de nuebo combatido.

Emplea en otras cossas el sentido,
afloxa la memoria su cuidado,
si mucho de quien ama está apartado,
apágase el querer muy ençendido.
Bórranse las heridas començadas,
quando cesa el mirar que las causó
con otras de presente señaladas.
El tiempo sana reçias cuchilladas
y si se afrenta aquel que acuchilló
también las echiçerías son curadas.

Los otros dos empiezan: "Quien dubda que en el fuego de Cupido" y "Jamás merescí, Amor, ser maltratado". Ver nuestra edición, pp. 8-9, núms. 10-12, citada en la nota 2.

25. Es el núm. 772 de la edición de Angel González Palencia, *Romancero general* (Madrid: CSIC, 1957) I, 520.

26. Algunas de estas composiciones fueron señaladas y publicadas por Antonio Blanco Sánchez en su estudio, *Entre Fray Luis y Quevedo. En busca de Francisco de la Torre* (Salamanca, 1972) 607-36. MN: Madrid, Biblioteca Nacional; MP: Madrid, Biblioteca de Palacio; PN: París: Bibliothèque Nationale; BC: Sevilla, Biblioteca Colombina; FR: Florencia, Biblioteca Riccardiana; HSA: New York, The Hispanic Society of America; TP: Toledo Pública; EM: Escorial, Monasterio.

27. Mi colaborador, José J. Labrador ha publicado el índice del manuscrito 996 en "Los cancioneros manuscritos de la Real Biblioteca de Palacio. Más fragmentos de un fragmento", *Reales Sitios* 24, n° 93 (1987): 21-32, y prepara los índices de otros dos códices de esa misma biblioteca, uno de los cuales se publica en este mismo homenaje.

28. Debo esta noticia a la generosidad de Christopher Maurer, profesor de Harvard University y autor de *Obra y vida de Francisco de Figueroa* (Madrid: Itsmo, 1988).

29. Ver la ed. de Luis F. Díaz Larios (Madrid: Cátedra, 1982) 194.

30. Ver la ed. *Obras de San Juan de la Cruz* (Madrid, 1948) 475. A la gentileza de mi colega Luis P. Fonseca debo esta noticia.

31. *Jorge de Montemayor. Cancionero* (Madrid: Soc. de Bibliófilos, 1932) 45.

32. Ver la ed. de José F. Montesinos, *Poesías líricas* (Madrid: Espasa Calpe, 1925) 129.

33. Sobre este punto ver el estudio de José M. Blecua, "Mudarra y la poesía del Renacimiento: una lección sencilla", en *Studia Hispanica in Honorem R. Lapesa* (Madrid: Gredos, 1972) I, 173-79, y reimpreso en *Sobre el rigor poético en España y otros ensayos* (Barcelona: Ariel, 1977) 45-56. Alberto Blecua ha tratado el tema de la transmisión de la poesía en el siglo XVI en dos estudios: "Algunas notas curiosas acerca de la transmisión poética española en el siglo XVI", *BRABL* 32 (Barcelona 1967): 113-38, y "El entorno poético de Fray Luis", en *Academia literaria renacentista I. Fray Luis de León*, ed. Victor García de la Concha (Salamanca: Universidad de Salamanca, 1981) 77-99. En este último estudio Blecua plantea el asunto de la transmisión de la obra poética no impresa de autores conocidos y concluye que "los cancioneros, las *Dianas*, el teatro, la épica son los trasmisores" (83). Es una conclusión con la que estamos muy de acuerdo. Proporcionar más datos de esta transmisión es lo que nos anima a continuar nuestra labor de editar cuantos cancioneros inéditos nos sea posible.

34. Ver la ed. de Juan B. Avalle-Arce (Madrid: Espasa Calpe, 1961) I, 107.

35. Ver la ed. de Dámaso Alonso y Stephen Reckert, *Vida y obra de Medrano* (Madrid, 1958) II, 239.

La velada en Benicarló:
¿Teatro, ensayo dialogado
o testamento político?

Juan Espadas
Ursinus College

Durante los primeros días del mes de mayo de 1937, tuvo lugar en Barcelona la culminación cruenta del conflicto en que desde hacía unos meses estaban envueltos los anarquistas con el gobierno de la República, y con el Partido Comunista. Los sucesos —que fueran inmortalizados desde su propia perspectiva por George Orwell en su *Homage to Catalonia*— sorprendieron al presidente Azaña en Barcelona. Aislado del gobierno —que permanecía en Valencia—, temiendo por su vida, y desconociendo lo que pasaba a su alrededor, Azaña se entretuvo dictando a su mecanógrafa el texto de *La velada en Benicarló* (*Memorias* 2: 28), "obra maestra del desengaño melancólico" (Lázaro Carreter 84).

El título "fue sugerido sin duda a Azaña por el palacio de Benicarló en Valencia ... sede de la Presidencia del Consejo durante la estancia del Gobierno en el Parador Nacional de Turismo desde el principio del invierno de 1936-1937" (Marichal 262). Fue escrita en Barcelona "dos semanas antes de la insurrección de mayo de 1937" (*Velada* 383), pero no sería publicada hasta dos años más tarde en Buenos Aires y, en traducción francesa, en París (*La veillée à Benicarló*, trad. de Jean Camp. Paris: Gallimard, 1939). Con la publicación de *La velada*, estando ya su autor en el exilio, se cumplía prácticamente la vida pública del intelectual-político que fuera Manuel Azaña Díaz, quien moriría poco más tarde en Montauban.

La velada en Benicarló comienza en el camino entre Barcelona y Valencia "un día de marzo" (385), en plena guerra civil. En el coche del doctor Lluch viajan, además del médico, dos militares: Blanchart, comandante de infantería, y Laredo, oficial de aviación; el joven diputado, "y hasta seis meses antes millonario" (385), Miguel Rivera, y Paquita Vargas, artista de zarzuela. Después de un pequeño roce con unas milicias populares, llegan al anochecer al albergue donde tendrá lugar la acción de la obra misma, y donde están ya otros viajeros: Claudio Marón, abogado; Eliseo Morales, escritor; Garcés, ex-ministro; un capitán; el socialista Pastrana, y Barcala, "propagandista" (383). El diálogo, comienza con las expresiones de sorpresa, asombro y alborozo que la llegada de Rivera provoca entre aquéllos que ya estaban en el albergue, ya que daban por muerto al ex-ministro. Este cuenta su reciente odisea en Aragón, lo cual sirve para comparar las dos zonas, republicana y rebelde, al principio de la guerra. Lluch expresa su desagrado hacia la revolución, por lo que tiene de confusión, malgasto y desaliño. Igualmente critica al gobierno catalán. Marón matiza las diferencias entre los asesinatos de una y otra zonas y Blanchart hace una crítica del comisariado político y de la situación militar en general, con especial énfasis en la falta de profesionalismo del ejército republicano.

Al intervenir Paquita en la conversación, el diálogo gira hacia el papel de la mujer en la guerra, en realidad en el advenimiento de la contienda. Marón, "burgués y católico" (404), reprueba el papel de la iglesia y en consecuencia el de la mujer en la guerra: "El acento de cruzada religiosa que muchos enemigos de la República ponen sobre esta guerra se debe a las mujeres" (403). No todos están de acuerdo, sobre todo Morales y Garcés, quien hace una lista de los enemigos de la República "por orden de importancia, de mayor a menor ... la política franco inglesa; la intervención armada de Italia y Alemania; los desmanes, la indisciplina y los fines subalternos que han menoscabado la reputación de la República y la autoridad del Gobierno; por último, las fuerzas propias de los rebeldes" (408). Morales, por otra parte, busca las raíces y las causas del conflicto en la misma historia de España: "La sociedad española busca, hace más de cien años, un asentamiento firme. No lo encuentra. No sabe construirlo. La expresión política de este desbarajuste se halla en los golpes de Estado, pronunciamientos, dictaduras, guerras civiles, destronamientos y restauraciones de nuestro siglo XIX. La guerra presente, en lo que tiene de conflicto interno español, es una peripecia grandiosa de aquella historia. No será la última" (412). Pastrana y, sobre todo, Barcala no están de acuerdo. Este se enfrenta a Garcés al que acusa de derrotista. Este defiende su postura de amargura con lo que está pasando, comparando a España con Ciempozuelos y su famoso sanatorio siquiátrico. En su posterior análisis de la guerra y de los problemas y fracaso de la República, Garcés culpa a los revolucionarios y al nacionalismo catalán frente al "Estado inerme" (426).

En contra del análisis pesimista de Garcés, Marón expone su fe en el "pueblo" español y su confianza en el triunfo final de la República, siendo a su vez criticado por Garcés, quien no puede admitir la "lógica de la historia" que utiliza Marón al justificar la violencia de los defensores de la República contra las derechas. Morales se suma a los argumentos de Garcés, analizando los problemas en términos raciales y culturales, criticando a los vascos y a las "nuevas ortodoxias", esto es anarquismo y comunismo: "Veo a muchos jóvenes, en general desprovistos de primeras letras, lanzarse a oprimir el juicio ajeno, como si hubieran descubierto razones desconocidas por el Santo Oficio. Se engañan. Pero si hemos de padecer tamaña calamidad, confesemos que la lógica de la historia nos lleva al embrutecimiento. No lo soportaré. En tal estado hecha la paz, me iré de España. No hemos sacudido los anatemas del Concilio de Trento para respetar los de la Confederación o los de otro colegio por el estilo" (433). Garcés a su vez reconoce el "hundimiento de la República" (434) y confiesa su impotencia al no comprender lo que está sucediendo.

Morales y Garcés son los que controlan, casi monopolizan el diálogo, en esta parte de la obra, con algunos incisos de crítica por parte del optimista Marón, de Rivera o de Barcala, este último siempre más proclive al eslogan. Es en estos parlamentos en los que *La velada* refleja más claramente el Azaña de los discursos políticos y de sus artículos sobre la guerra de 1939 a 1940: los españoles son violentos, aunque no más que otros europeos; son radicales e intolerantes; si a la llegada de la República hubiera sabido (Morales) que iba a traer la guerra se habría resignado a no verla; sea cual sea el resultado final de la contienda, la nación pierde.

En su última larga intervención, Morales, volviendo sobre la intolerancia y el radical exclusivismo de los españoles, profetiza: "Si perdiésemos la guerra se enseñará a los niños durante muchas generaciones que en 1937 fueron aniquilados, o expulsados de España, los enemigos de 'su unidad'. Como en 1492 o en 1610" (453). La reacción de Pastrana, sarcástica, aunque realista y crítica de la postura del intelectual liberal/conservador, provoca el abandono del derrotado Morales: "He terciado en la polémica esperando ahuyentar la melancolía, cobrar fuerzas en la contradicción de ustedes. Fracaso. No me lastima el sarcasmo de usted. Creía merecer otra cosa. Usted gana. Me voy a ladrar a la luna. En esta sala hay tanto humo como en las cabezas" (456). Después de la salida de Morales, Pastrana concede que la guerra "no sirve para nada. Se entiende, para nada bueno", lo que provoca que Rivera lo tilde de "derrotista máximo" (457).

La velada en Benicarló acaba en una rápida conversación/reflexión sobre la obra misma:

> Lluch.— ... Si escribe usted la crónica de esta velada, no la falsifique acabándola con un símbolo trivial.
>
> Morales.— No escribiré la crónica. Cuanto he oído y meditado esta noche, me servirá para añadir un capítulo a mi obra última, todavía inédita.
>
> Rivera.— ¿Cuál es?
>
> Morales.— El *Viaje impensado a la Isla de los Bacallaos.*   El capítulo nuevo contará cómo los bacallaos entraron en guerra con los atunes y de las paces que hicieron sobre sus raspas.
>
> Garcés.— ¿Sátira?
>
> Morales.— Apenas. Traspongo a términos generales muchas observaciones.
>
> Garcés.— ¿Quiénes son los bacallaos?
>
> Morales.— Todos y nadie. Si usted quiere, nosotros mismos. (458-59)

Como hiciera al principio. Azaña concluye con una descripción (¿direcciones escénicas?) del tiempo y espacio escénico (?) en su típicamente rápida prosa:

> La gran función de la amanecida comienza, con timbres y colores siempre nuevos. El hombre, preso del capullo del ensueño, agoniza con fantasmas desapacibles, se queja como un bicho desvalido. Del cielo se desploman los aviones, flechados al pueblo. Ya están encima. Estrépito. En manojos, las detonaciones rebotan. Chasquidos, desplomes, polvo, llamas. ¿De dónde sale tanta criatura? Otra pasada. Estruendo de bombas. Ráfagas de metralla. El pueblo corre, aúlla,

se desangra. El pueblo arde. Del albergue quedan montones de ladrillos, que expiran humo negro, como si los cociesen otra vez. Los aviones, rumbo al este, brillan a los rayos del sol, invisible desde tierra. (460)

¿Qué sucede con los contertulios? ¿Mueren? ¿Se salvan? Quizás sea otra historia.

¿Qué es *La velada en Benicarló*? Es pregunta que hay que hacerse y a la que, como veremos más adelante es difícil responder. En su nota preliminar, Azaña lo llama diálogo, así como en el encabezamiento de la lista de personajes: "Hablan en el diálogo" (383). Nos dice además que es "una demostración. Exhibe agrupadas, en formación polémica, algunas opiniones muy pregonadas durante la guerra española, y otras difícilmente audibles en el estruendo de la batalla, pero existentes, y con profunda raíz. Sería trabajo inútil querer desenmascarar los interlocutores, buscando encontrar, debajo de su máscara, rostros populares. Los personajes son inventados" (381). Como todo escritor, Azaña se equivoca al enjuiciar su obra, porque precisamente al ser cierta su aseveración de que las opiniones expresadas por los dialogantes/personajes se habían expresado ya, no es difícil hallar detrás de ellos personalidades bien reales de la vida política española. Esto hizo Carlos Rojas en su novela *Azaña* (1973) en la que el protagonista se identifica como Morales y Garcés, Marón con Angel Ossorio, Pastrana con Indalecio Prieto y Barcala con Francisco Largo Caballero (nótese aquí incluso el mal disimulado acrónimo LARgo CABAllero) (126). E incluso podría añadirse que el Azaña que "sufre la historia" en la novela de Rojas es el Lluch que en *La velada* expresa igual opinión.

En carta a Roberto Escribano (antiguo correligionario de Azaña) del 25 de enero de 1940 (*Obras Completas* 3: 557-59), el ex-presidente se refiere a *La velada* como libro o librito, mantiene que las opiniones expresadas en él, ya lo habían sido en discursos suyos y que fue él el primero en expresarlas. Rojas corrige tal aseveración en su pequeña biografía sobre Azaña (*Diez figuras* 97).

Su cuñado, Cipriano Rivas Cherif, dice que *La velada* "era un diálogo socrático, al modo platónico, es decir, animada la moral política de su filosofía por el resplandor de la creación de arte. En él iba consignando el autor ... las reflexiones dramáticas a que por manera mucho más directa que en *La Corona* trascendía su pensamiento, incorporándolo a diferentes figuras humanas de la trágica controversia civil, que se dilucidaba en nuestra guerra" (384).

Juan Marichal, quien declara *La velada* "originalísima obra" (262), la considera,

> un documento parcial de una fase de la guerra de España, de la fase que concluye justamente con la insurrección anarquista de los primeros días de mayo de 1937. No es estrictamente un documento *histórico* sino el testimonio de un espectador angustiado ante el terrible drama de España, ... es el único libro español con altura literaria y, por lo tanto, de nivel universal ... Azaña escribe ... para *salvar* la verdad. Por eso puede decirse con Aldo Garosci que *La velada*

en *Benicarló* es a la vez un acto de desesperación y un acto de fe ... este 'diálogo' es 'una memoria de ultratumba', sentado ya su autor sobre su propio féretro: Azaña sabía que su vida propiamente política había terminado y quería sobre todo apuntar a los españoles del futuro". (262-63)

Manuel Tuñón de Lara, contestando a Gonzalo Fernández de la Mora, indica que *La velada* "es obra tanto o más política que literaria y apenas vela Don Manuel el juicio que le merecieron ciertos acontecimientos españoles en 1936 y comienzos de 1937 en que el Estado se halló en crisis de eficacia, que no de legitimidad" (5).

Acabamos este necesario repaso a los juicios sobre *La velada* —juicios que revelan la dificultad de catalogarla, así como la general coincidencia sobre el carácter testimonial de la obra— con la opinión del quizás mejor conocedor de Azaña y su obra, Carlos Rojas. Para él, *La velada* es obra que refleja un amargo pesimismo debido a las circunstancias en que se escribe (1975, 133). En su galardonada novela *Azaña* que debe mucho a *La velada* por cierto, se habla en varias ocasiones del "diálogo". Al rememorar los sucesos de mayo del 1937, Azaña nos dice que *La velada*, junto con los diarios, será su testamento político (99). En otra ocasión, el protagonista hace una autocrítica de las cualidades literarias de la prosa de su obra que para él es irrepresentable, y a la que califica de "farsa, inspirada en la historia; pero la historia deviene drama donde los papeles trascienden a los actores" (117-18).

Finalmente, en una de sus agitadas discusiones con el Presidente del Gobierno, Juan Negrín, se trata otra vez de la obra, la cual este último desconocía:

> No imprimiré *La velada en Benicarló* mientras sea Presidente de la República ni publicaré mis diarios sino a título póstumo. Muerto, sí me gustaría se difundiesen. No para transmitir mensajes, que yo no los tengo, sino para precisar mi patrimonio moral ... *La velada* es un diálogo, con personajes reales, de nombres imaginarios. En dos de ellos me reparto yo, aunque éstos no siempre coincidan, como a veces desacuerdo conmigo mismo ... No es el fruto de un arrebato fatídico. No es un vaticinio. Es una demostración.
>
> En *La velada* tengo muy poca fe; sólo en las verdades mías que en ella enquisté. La pieza ni siquiera es representable. No hay actor que alcance a fingir allí su papel. Unicamente los auténticos protagonistas podríamos recitarlos. (126-28)

A los siete años de publicadas estas líneas, Azaña/Rojas serían desmentidos en cuanto a que la obra fuera irrepresentable, puesto que se estrenó en el otoño de 1980, en el Centro Dramático Nacional de Madrid. Pero por lo que podemos colegir de los comentarios y críticas de la adaptación al teatro de José Luis Gómez, *La velada en Benicarló* que fuera un gran éxito en la temporada teatral 1980-81, no era exactamente el texto de Azaña, aunque mantuviera lo esencial.

"La palabra de Azaña ... resuena portentosa en el escenario del Bellas Artes, despojada de acción y lanzando continuos estímulos a un público que sigue la representación con un fervor que cada vez se nos antoja más insólito. Podrá discutirse el criterio con que el extenso diálogo azañista se fragmentó, así como alguna tergiversación —por omisiones no justificadas desde el punto de vista dramático— del pensamiento republicano del autor, pero lo innegable es el interés de un texto, que a los más de cuarenta años de su redacción, manifiesta una inquietante vigencia" (Huerta Calvo). Lorenzo López Sancho (*ABC-Edición semanal aérea*) indica que la adaptación del "magnífico" texto de Azaña que hiciera Gómez, aunque respetuosa, traslada la acción del chalé original a una estación de ferrocarril abandonada que se va llenando progresivamente de baúles, maletas y papeles para expresar el "final de un tiempo ... la destrucción de un mundo". Para el crítico de *ABC*, este "traslado de la acción a un tiempo más tardío en el que la derrota se ha consumado, roba clarividencia al texto, lo reduce a comentario amargado y hasta resentido del verdadero gran vencido, que ése fue don Manuel Azaña. Era mejor Benicarló que la estación. Era menos situación límite, menos fuertemente dramático". López Sancho apunta con estas últimas palabras al problema de la representabilidad de la obra, aunque no profundice en ello. Porque al conocer el final de los acontecimientos históricos hay que hacer lo que hizo Gómez para que la obra de Azaña adquiera tensión dramática. Finalmente, López Sancho comenta el hecho de que la adaptación teatral eliminara los personajes de Barceló y el capitán, con lo que el tipo del socialista adquiere un carácter que —y sobre ello tampoco insiste el crítico— no ya no existía en la mente de Azaña, sino que históricamente era incomprensible; Prieto no era Largo ni viceversa.

Adolfo Prego (*Blanco y Negro*) duda que *La velada*, en su versión teatral, pueda tener el mismo impacto entre los que vivieron la guerra que entre los que la conocen sólo por los libros:

> Porque la obra teatral en que la 'Velada' se ha convertido adolece de una mutilación dramática profunda: se habla continuamente de la guerra civil, pero no se escucha la voz del otro bando, es decir, del otro personaje fundamental, dolorido hasta el tuétano sobre el hecho fundamental de que el enemigo del español sea siempre otro español ... la ausencia de aquel otro protagonista, sin cuya intervención el drama teatral carece del vigor polémico que hubiera tenido de haber salido de la pluma de un dramaturgo en ejercicio, nos introduce en el romanticismo de la República.

Otros, Emilio Romero (*ABC*) y Juan Marichal, Justino de Azcárate y Vicente Palacio Attard (*Blanco y Negro*) pusieron énfasis, no tanto en la adaptación teatral misma de Gómez sino en la oportunidad histórica de sacar a la luz esta obra desconocida del gran público. Esto es, Romero y los otros se enfocaron en los valores testimoniales y ensayísticos de *La velada*, no en los teatrales.

Y en efecto, la obra de Azaña —que debe ser leída en conjunción con sus memorias y otros escritos— es, en verdad, un ensayo-meditación sobre la guerra civil española, sus causas inmediatas y lejanas, e incluso sobre el carácter y la condición del español. Azaña, convencido prácticamente desde el 18 de julio de 1936 de que la guerra estaba perdida, y viéndose en un papel, inacostumbrado para él, de espectador impotente, quiso dejar en este diálogo entre personajes ficticios —pero muy reales— sus últimas impresiones sobre los trágicos sucesos de España.

Si en las *Memorias* su intención es la de recoger lo más cuidadosamente posible los hechos diarios: "Procuro reunir el mayor número de estos testimonios directos, escritos en caliente, durante el desarrollo de los sucesos mismos. Después todo lo que escriban será para la historia, y *ad probandum* (184), nos dice el 29 de julio de 1937, en *La velada* nos deja, como le hace decir Rojas, su testamento político. Todo lo que hay en "el diálogo" puede encontrarse en las *Memorias*. *La velada* es un resumen-reflexión de sus apuntes diarios, un ensayo y un testamento.

La contestación a la pregunta hecha más arriba ¿Qué es *La velada en Benicarló* es por lo tanto múltiple, es un diálogo, pero ¿teatral?, poco. La longitud de los parlamentos —pequeños ensayos— le resta la agilidad de los diálogos dramáticos, la falta del otro protagonista —siguiendo a Prego— milita igualmente contra la consideración de la obra como drama, la carencia absoluta de direcciones escénicas, indica que Azaña nunca pensó en su representación; que pueda adaptarse al teatro como se ha hecho, es otra cosa. *La velada* es, sobre todo, obra para leer y meditar sobre España, los españoles y también sobre la tragedia y el fracaso de un hombre que quiso transformar a una España a la que, en realidad, no conocía.

Obras citadas

Azaña, Manuel. *La velada en Benicarló*. *Obras completas*. Vol. 3 México: Ediciones Oasis, 1967. 381-460

_____. *Memorias políticas y de guerra*. 2 tomos. Barcelona: Editorial Crítica, 1978.

Blanco y Negro. "A los cuarenta años de su muerte y cien de su nacimiento. Vigencia y recuperación de Manuel Azaña". No. 3576 (12-18 de noviembre, 1980): 49-51.

Huerta Calvo, Javier. "Cartelera". *Estreno* 8.1 (1981): 23.

Lázaro Carreter, Fernando. "El liberalismo imposible de Manuel Azaña". *ABC* (8 de mayo, 1988): 80-84.

López Sancho, Lorenzo. "España de hoy, en *La velada en Benicarló* de don Manuel Azaña". *ABC-Edición semanal aérea* (13 de noviembre, 1980): 29.

Marichal, Juan. *La vocación de Manuel Azaña*. Madrid: Edicusa, 1971.

Prego, Adolfo. "Un drama al que le falta el otro protagonista". *Blanco y Negro* No. 3576 (12-18 de noviembre, 1980): 51.

Rivas Cherif, Cipriano de. *Retrato de un desconocido. Vida de Manuel Azaña*. Barcelona: Grijalbo, 1980.

Rojas, Carlos. *Azaña*. Barcelona: Planeta, 1973.

_____. *Diez figuras ante la guerra civil*. Barcelona: Ediciones Nauta, 1973.

_____. *La guerra civil vista por los exiliados*. Barcelona: Planeta, 1975.

Romero, Emilio. "Azaña." *ABC Edición semanal aerea* (13 de noviembre, 1980): 28.

Sedwick, Frank. *The Tragedy of Manuel Azaña and the Fate of the Spanish Republic*. Columbus: Ohio State University Press, 1963.

Tuñón de Lara, Manuel. "Don Manuel Azaña en la historia de la cultura española". *Ibérica* 16.8-9 (1968): 3-7.

Elena Soriano y su materno testimonio

Ana María Fagundo
University of California, Riverside

Una vivencia conflictiva, dolorosa y dramática es la que origina el libro *Testimonio materno* de Elena Soriano.[1] En este texto, de unas seiscientas páginas, la novelista nos da una emotiva y punzante biografía de una etapa de su vida, la relacionada con su único hijo varón muerto trágicamente en accidente de tráfico ocurrido en 1977. El relato que hace esta madre de la vida de su hijo no es algo exclusivamente suyo ni de su familia sino que nos atañe a todos porque al hablar de la vida y de la muerte de Juanjo Arnedo Soriano, la escritora está hablando de toda una época; de una juventud plagada por el peligro —tan real en los sesenta como en los ochenta— de la droga. Esta mujer en la cual se configura la madre, la novelista y la intelectual, al contar la historia de su hijo y al intentar analizar el por qué de su prematura muerte, está calando a fondo en la problemática de tantos y tantos jóvenes que en nuestra época contemporánea viven esclavizados por la droga.

Esta obra, entre la narración y el ensayo; entre la vida con su pálpito de sufrimiento y gozo y el análisis y la reflexión certera sobre esa misma vida en su dimensión social, llega a la emoción y al intelecto del lector. Sólo una escritora, una auténtica novelista (la novelista de la rica prosa de *Caza menor* o la aguda percepción de *La playa de los locos*), podría haber conjugado tan eficazmente la dolorosísima experiencia personal con el análisis de la sociedad contemporánea. La experiencia ha sido devastadora para Elena Soriano. No obstante, una vez superada la angustia inicial, intenta por todos los medios a su alcance saber por qué murió su hijo. Para ello leerá atenta y críticamente toda la literatura que sobre el tema de la droga y la juventud de la época pudiera darle alguna respuesta. *Testimonio materno* es un vivo y valiente ejemplo de esa pesquisa de la madre y de la intelectual que se aúnan en Elena Soriano. Nunca, que yo sepa, ha profundizado nadie en la maternidad como lo hace esta autora. Tampoco nadie ha escrito con tanta sinceridad y de modo tan lacerante sobre el dilema madre-escritora que preocupa a la mujer Elena Soriano y que, sin duda, preocupa a muchas mujeres que comparten la labor de madre y esposa con la de la escritura.

Testimonio materno está estructurado a modo de diario íntimo (reflexiones, impresiones, anécdotas personales) particularmente en las primeras páginas. A medida que avanza el libro, la narración y la emoción dan paso a la documentación y a la reflexión intelectual sobre la sociedad española durante los sesenta y setenta. En la introducción la autora explica que esta obra no pertenece a ningún género literario determinado, pero que, desde luego, no es ficción novelesca puesto que los hechos que se relatan son reales y no inventados. También aduce que al escribirlo no le ha guiado ninguna pretensión narrativa, que no ha querido hacer una obra literaria, pero que lo ha escrito una madre que, a su vez, es escritora. A pesar de las repetidas advertencias de la autora respecto a la naturaleza real de este libro y a su intención no literaria, la verdad es que desde las primeras páginas de la obra se nota que quien escribe, aparte de ser una madre dolorida, es una novelista que no puede escapar, afortunadamente, de su condición de tal; si no hubiera sido así el libro no tendría la fuerza que tiene. Precisamente es la creación —esta narración, ensayo, libro de memorias y testimonio vivo y sangrante de una realidad no sólo personal sino social— la que en última instancia ha salvado a la escritora que es Elena Soriano de caer en el abismo de la total desesperación. Desde el momento que su dolor cede un poco, es la escritura la que va restituyéndola a la normalidad y a la lucidez. Al final de la obra la autora así lo tendrá que confesar:

> Tengo que decir, pues, que mi manía por conocer mejor a mi hijo y la causa de su muerte, me devolvió poco a poco al mundo de la escritura, que creía haber abandonado para siempre tres años antes. Y que éste fue para mí el filtro que me habían aconsejado para aliviar el trago más amargo de mi vida. Y que me maravilló no sin pizca de remordimiento absurdo, sentir que renacía mi mayor pasión desde la infancia: la palabra (ajena en la lectura, mía en la escritura). (*Testimonio materno* 603)

Tres elementos se conjugan en este libro: el emotivo, el narrativo y el analítico. Estos elementos alternándose producen un efecto que convida a la reflexión pero que también lleva a que el lector se conmueva o, al menos, sienta el sufrimiento que se relata. Hay fragmentos del propio diario que la novelista escribió durante los años que siguieron a la muerte del hijo y que, como es de esperar, tienen un tono fundamentalmente emotivo. Hay trozos narrativos que cuentan la historia de la niñez y la juventud de Juanjo Arnedo Soriano y lo presentan como un niño sensible, inteligente, idealista y, más tarde, en la adolescencia y primera juventud, con esas mismas características pero con aspectos conflictivos, (inadaptación al medio, insastisfacción, búsqueda desesperada de la razón de la existencia, desconcierto). Y, hay por último, fragmentos analíticos a través de los cuales la escritora trata de comprender el entorno social que ha nutrido a su hijo e intenta ver qué posible culpa tuvo en su fracaso y final aniquilación. A este respecto Soriano estudia y analiza todo lo relativo a las clínicas siquiátricas y las sectas religiosas que se dieron en la época y que en un momento determinado tuvieron relación con su hijo. La combinación de estos tres elementos está sabiamente concebida de forma que el lector pasa de lo que es desahogo emotivo a la narración en sí o a la exposición documentada y lúcida de la problemática de la juventud contemporánea.

En cuanto a su estructura, el libro está dividido en cinco capítulos con un título y una cita en cada uno de ellos. Antes de empezar el capítulo primero aparece una poderosa descripción de cuando la novelista ve por primera vez a su hijo muerto. Este fragmento lleva una cita de César Vallejo: "Hay golpes como del odio de Dios". Con aguda precisión la autora describe la habitación mortuoria y todos los pormenores del aspecto físico de su hijo muerto. Esta minuciosa narración es de un extraordinario impacto emotivo:

> Pasé mi mano por su brazo y por la parte alta de su pecho desnudo, aún un poco amarillos, y reconocí en ellos la dirección de su vello. Al tocarle, sentí plenamente —aún la siento— la profunda identidad de nuestras carnes: la suya aún estaba un poco tibia, la mía casi fría de terror. Ambas tenían igual consistencia y flexibilidad: eran una misma cosa. Intenté descubrir todo aquel cuerpo, palpar más y besar toda aquella carne de mi carne; fundirlas ambas en el ser y el no ser. (24)

Al salir de la cámara mortuoria, la escritora oye que alguien grita una blasfemia y al preguntar qué pasa le dicen que se trata de un hombre que acaba de perder a una hija de catorce años atropellada por un automóvil. Elena Soriano puede por fin —dice— sollozar, quejarse y sentir una indecible envidia de aquel hombre que "tenía un Dios contra el que blasfemar". Repetidas veces a través del libro se pone de manifiesto la falta de fe religiosa de la autora. También aparece claro su estoicismo.

El primer capítulo de *Testimonio materno*, que lleva una cita de Concepción Arenal relativa a los niños, describe la infancia y adolescencia de Juanjo. Los fragmentos narrativos se entrecruzan con otros del diario de Elena Soriano correspondiente a los tres años siguientes a la muerte de su hijo. El tono, pues, varía entre la narración, el comentario a los sucesos que están ocurriendo en esos años y las emociones de la autora. El tema central de este capítulo es la educación de los jóvenes. La autora hace acopio de una extensa información tanto de los medios de comunicación como de los libros que han tratado el tema y que ella ha leído. Aparte de expresar con conmovedora fuerza sus sentimientos pone de manifiesto las dudas que plagan a la madre respecto a la educación dada a su hijo. Se atormenta hurgando en el pasado en busca de alguna clave que le explique en que falló como madre. A veces se nota una sombra de remordimiento: "¿Le dolían mis impaciencias, mis rechazos ocasionales, mis intentos de un aislamiento que me era indispensable para escribir?" (40).

Elena Soriano cumplió con su papel de madre pero no sin dificultades. Explica la novelista que cuando salió *El segundo sexo* de Simone de Beauvoir compartía las ideas de la escritora francesa con respecto a la maternidad pero que fue "más cobarde, más débil" y por ello aceptó el papel clásico de la mujer: "... representé con abnegación —pero con espíritu de sacrificio— mi papel de madre modelo, en un país y en unas circunstancias personales que no lo hacían fácilmente conciliable con mi otro papel de mujer intelectual. Yo tenía la sensación permanente de que uno y otro eran incompletos y falsos" (34).

Elena Soriano va de la reflexión y el análisis a la más conmovedora expresión de sus sentimientos. Ve con meridiana claridad cómo el régimen de hipocresía y ocultación de la época franquista podría estar al fondo de las primeras mentiras que su hijo dice en la adolescencia; cómo en una sociedad ferozmente competitiva donde reina "el consumismo, el mercantilismo y el amoralismo" (64), es fácil que muchos jóvenes, al no tener modelos sociales adecuados para fomentar lo recto y lo bueno, terminen por descarriarse y destruirse a sí mismos. La autora intenta a toda costa explicarse no sólo en qué pudo fallar ella como madre sino tambien en que falló la sociedad en que le tocó vivir a su hijo. Pero por debajo de la intelectual que pregunta, analiza y hace conjeturas, está la mujer que se duele visceral y desconsoladamente:

> Soy una perra malparidora, con los pechos hinchados de lágrimas, de hieles y de sangre, pero sin leche. Soy una perra que aúlla sin tregua en medio de una noche interminable y fría, sin esperanza. Soy una perra vieja y estéril que ha perdido su último cachorro y que ahora se reseca, se arruga y se consume a solas. (32)

El capítulo segundo titulado "Encrucijadas" lleva una cita del doctor John C. Lilly relativa a la naturaleza de la verdad. Narrativamente el capítulo recorre la vida de Juanjo desde sus dieciséis años a sus veinte y pocos, es decir, sus últimos años en el Instituto y los primeros de Universidad. El título del capítulo alude a los significativos cambios y rebeldías del muchacho cuya juventud corre pareja, a nivel nacional e internacional, con la llamada prodigiosa década de los sesenta y parte de los setenta. El tono emotivo de la narración es menos fuerte cuantitativamente que en el capítulo anterior aunque sigue siendo importante. La autora hace documentadas incursiones en los acontecimientos políticos de la época tanto en España como a nivel internacional en un intento por profundizar en esa conflictiva y dinámica época que tantos cambios fundamentales trajo al mundo occidental. Asimismo es destacable el pulso narrativo que permite al lector adentrarse en las transformaciones que se van produciendo en Juanjo y que, como la narradora bien sugiere, se deben no sólo a genes sino a la educación y el medio ambiente. El personaje emerge ahora con mayor complejidad. Es, sin duda, un muchacho nada corriente cuya sensibilidad es tan acusada como su inteligencia y aptitudes para la música y la escritura. Como ejemplo del interés del joven Juanjo en la literatura se incluyen dos poemas de una revista que fundó con unos amigos. Uno de estos poemas, el titulado "Canción", es muy significativo por el fuerte sentimiento de desolación y muerte en un texto que se supondría tendría que ser alegre. En su totalidad este capítulo alude a los cambios de Juanjo y a la incomunicación de fondo que se va produciendo entre él y sus padres. Es el comienzo de los primeros conflictos de inadaptación social del joven y su paulatina caída en el mundo de la droga. Es el comienzo de su declive hacia la muerte.

El tercer capítulo lleva significativamente un título reminiscente de unos conocidos versos de Antonio Machado: "Caminante sin camino" y una cita de Cortázar describiendo al personaje Johnny que se ha convertido en "un absurdo viviente, en un cazador sin brazos y sin piernas, en una liebre que corre tras un tigre que duerme" (207). Y esta podría ser una perfecta descripción de Juanjo en ese momento de su vida en que está buscándose a sí mismo. Deja los estudios de Derecho y se va a vivir en una comuna con unos amigos para más tarde, decepcionado, vagabundear por Europa como los *hippies* de la época. Al hilo de esta narración de las peripecias del joven, Elena Soriano va reflexionando sobre la familia actual, la educación de la juventud y los tópicos creados sobre la madurez de los jóvenes y la liberación tanto de la mujer como de los hijos. A este respecto, Soriano expresa ideas muy certeras sobre nuestra sociedad contemporánea. Sugiere, por ejemplo, que aunque el modelo del paterfamilias y el de la mujer-esposa que nos ha legado la tradición ahora no se acepten, sin embargo, a nivel ancestral, quedan reductos sicológicos muy difíciles de erradicar y esto, en definitiva, produce muchos de los conflictos de jóvenes y mayores hoy día. La novelista pone en tela de juicio la creencia en la obligada emancipación de los jóvenes al llegar a la mayoría de edad ya que no siempre —como fue el caso de su hijo— éstos están sicológicamente maduros para abandonar la casa paterna.

Otro de los temas que Soriano analiza con gran perspicacia es la libertad que después de la muerte del general Franco cundió por todo el país. De esa libertad extrema se derivó no poco desconcierto entre muchos jóvenes; dice muy certeramente la autora que: "el uso de la libertad, como el de las armas de fuego, requiere un aprendizaje, sobre todo, de sus limitaciones" (252). Sobre el tema escribe algunas de las páginas más lúcidas y convincentes de este extraordinario libro. Pero con todo, es el tema de la droga —el mal del siglo XX— el que la autora trata con más agudeza. Valiéndose de una minuciosa y bien presentada documentación Elena Soriano explica los avatares por los que ha pasado la legislación sobre la droga que aprobó el Parlamento bajo mandato socialista en 1982 y las posteriores enmiendas y ampliaciones de la ley. La autora no sólo expresa su desaprobación de la droga, sea blanda o dura, como perniciosa y destructiva para la salud del ser humano, de la familia y de la sociedad, sino que, además, respalda su punto de vista con los estudios y opiniones de reconocidos especialistas en este campo. En el capítulo tercero la narración es a veces de gran dramatismo como cuando describe el tormento del drogadicto:

> Yo pertenezco a la generación que conoce el miedo, lo he vivido de manera múltiple, física y mentalmente: he pasado miedo al hambre, a las bombas, al exilio, a la cárcel, a la enfermedad, a la violación, a la muerte, al insulto, al menosprecio, a la humillación, al ostracismo, a la soledad ... Pero no conocí el gran miedo total hasta aquella larga tarde de diciembre de 1974, sentada junto a la cabeza de mi hijo, apretando una de sus manos heladas y absorbiendo con mi mirada la suya despavorida, que sin duda, veía el mismo pánico en la mía

... No existe, no puede existir un miedo igual que aquél que compartíamos los dos sin decirlo con palabras, porque ni siquiera las hay en el lenguaje, aunque ahora mismo me atrevo a resumirlas en una fórmula muy simple: sentíamos miedo a la locura (299).

El capítulo cuarto comienza con dos citas. Una es de Gorki y dice "El alma humana no se puede tocar" y la otra del evangelio según San Mateo y se refiere al versículo en que el apóstol advierte de los falsos cristos. El capítulo se titula, muy significativamente, "Baile de curanderos". La autora narra el largo y penoso peregrinaje suyo y de su marido a través de cinco siquiatras distintos en busca de la curación de su hijo. Pero ninguno de esos "curanderos" logra diagnosticar la enfermedad del muchacho ni el tratamiento adecuado, aunque lo que sí parecen tener bien claro son los honorarios a cobrar. La crítica de los siquiatras, que hace Elena Soriano en este libro, se respalda con referencias, citas y análisis de mucha de la literatura que sobre el tema han escrito especialistas internacionales. Igual actitud crítica ejerce la autora cuando escribe sobre las sectas religiosas que invadieron España a raíz de la instauración de las libertades democráticas. En una de esas sectas,[2] la de "La luz divina", se metió su hijo en busca de la curación que no le habían dado los cinco siquiatras a los que había acudido a lo largo de su penosa enfermedad de drogradicción.

En este capítulo imperan los tonos narrativo y analítico. Se incluyen pocas anotaciones del diario de la novelista, pero no por eso el impacto emotivo es menor. Elena Soriano relata vívidamente el calvario que vivieron ella y su marido en los últimos tres años de la vida de su hijo quien pasaba alternativamente por estados síquicos de tremenda angustia, violencia física contra sus padres, intentos de suicidio y regresión a estados infantiles de indefensión y miedo. El pulso dramático de la narración es, desde luego, angustiador, pero se compensa, muy certeramente, con las reflexiones críticas sobre los modernos mercaderes de salud mental y espiritual.

El capítulo quinto lleva por título "El último viaje" y tiene una cita de un poema de Raúl Castro Oliveira relativa a la muerte. Soriano aclara que este poeta argentino fue asesinado durante la dictadura del general Videla. Esta aclaración creo que es significativa porque en el relato de la muerte de Juanjo hay muchos puntos oscuros. No queda claro en la narración, porque tampoco lo fue en la realidad, si a Juanjo Arnedo Soriano le atropelló un camión al intentar cruzar la autopista del aeropuerto de Barajas después de llegar, decepcionado quizás, de una concentración de la secta religiosa a la que pertenecía, o fue un suicidio al perder fe en sus compañeros de religión. Elena Soriano pone en tela de juicio la sinceridad de esa secta y, por ende, de las muchas religiones que proliferaron en España al amparo de la nueva libertad política en la década de los setenta. Lo hace, como siempre, a través de una investigación exhaustiva sobre el tema, leyendo distintos libros, analizándolos e informándose antes de escribir sobre ellos.

Fundamentalmente este último capítulo es narrativo y emotivo. Se retoma el tono dramático de la narración, pues no en vano se asiste a los últimos meses de la vida del hijo de la escritora, vida que, en esos momentos de la narración, parece estar condenada a la muerte y que así lo presagiará la propia autora. El libro termina con la visita al cementerio de Elena Soriano y su marido; la visita al hijo de veinte y cinco años al que, pese a sus sobrehumanos esfuerzos, no pudieron salvar de la autodestrucción.

Se podría decir que *Testimonio materno* es, en parte, un libro de investigación y que Elena Soriano despliega, en todo momento, su capacidad para el análisis y la crítica, pero también es el texto de una narradora. Sus bien probadas dotes de novelista le ayudan a la hora del análisis sicológico de su hijo, de sí misma y de las demás personas que aparecen en el libro. Destaca en particular la presentación de los varios siquiatras, los líderes de la secta religiosa de su hijo y la descripción del ambiente de la juventud de la época.

Con este sincero testimonio de Elena Soriano se ha enriquecido el panorama de las letras españolas y la sociedad en general porque si el libro es, a nivel narrativo y vivencial, una conmovedora historia muy bien escrita; a nivel intelectual es una decidida aportación a las muchas voces que hoy día se han alzado contra el mal del siglo: la droga. A Elena Soriano hay que agradecerle la valentía con que ha escrito este libro confesional, testimonial y profundo. La palabra ha salvado a la madre a la par que nos ha devuelto a los lectores a la narradora que sabe adentrarse en los estados anímicos de sus personajes con nitidez, a la estilista que sabe expresarse con acierto y a la ensayista que discurre con claridad e inteligencia. Creo que hasta el momento esta es su obra más profunda y más conseguida.[3]

Notas

1. Elena Soriano ha escrito novela, ensayo y cuento. Fue fundadora y directora de la revista *El Urogallo*. Hasta el presente ha publicado las siguientes novelas: *Caza menor* (Madrid: La Nave, 1951 y Madrid, Prensa Española, 1976). Las tres novelas que siguen forman parte de la trilogía *Mujer y Hombre* aunque son independientes entre sí: *Espejismos*, *Medea* y *La playa de los locos* (Madrid: Calleja, 1955). De estas dos últimas hay sendas ediciones: Barcelona, Plaza y Janés, 1985 y Barcelona, Argos Vergara, 1984. De *Testimonio materno* se hicieron tan sólo en 1986 cinco ediciones.

2. La escritora habla ampliamente de este tema y otros que aparecen en *Testimonio materno* en una entrevista. Véase Antonio Núñez, "Encuentro con Elena Soriano", *Insula* 475 (1986): 1, 12.

3. Soriano dice de este libro que es además de la biografía de su hijo su propia "biografía sentimental, moral e intelectual". Véase Antonio Núñez (12).

Obras citadas

Soriano, Elena. *Testimonio materno*. Barcelona: Plaza y Janés, 1985.

Amor, honor y libertad en el *Don Alvaro* de Rivas

Carlos Feal
State University of New York

Desde el día mismo de su estreno (22 marzo 1835), el *Don Alvaro* de Rivas, considerado tópicamente como la obra que marca el triunfo del romanticismo en la escena española, ha dado lugar a las más encontradas opiniones.[1] Ateniéndonos sólo a nuestro siglo, el juicio negativo, verdaderamente devastador, lo formulan, entre otros, Azorín y Ruiz Ramón, mientras el juicio positivo aparece en críticos como Valbuena Prat, Casalduero y Alborg. Por supuesto, la diversidad de criterios tiene que ver con distintas interpretaciones: para unos *Don Alvaro* es un embrollo sin sentido, mientras otros destacan la profundidad e intensidad del drama, además de sus grandes bellezas expresivas.

El tema de la *fuerza del sino*, y de la opuesta libertad, ha atraído tal como era de esperar el interés de la crítica, y aquí también abordaremos ese tema. Pero, junto al mismo, otros temas como el del amor y el honor ocuparán nuestra atención, por juzgarlos imprescindibles para un entendimiento del drama de Rivas.

Amor y honor se enfrentan ya desde el comienzo del *Don Alvaro*. Al cortejo de Leonor por el protagonista se opone el padre de ella, el marqués de Calatrava, quien juzga a don Alvaro un advenedizo de condición social inferior. Las vacilaciones de Leonor ante don Alvaro, resistiéndose a huir con él en el último momento, han sido juzgadas duramente por Valbuena Prat: "Fijémonos en que Alvaro, que no es jactancioso, dice que el plan a seguir se lo 'ofreció' ella misma. Y esto es muy femenino, y muy de su clase también. Querer y no querer, y jugar, con el hombre de supuesta clase inferior, como con un muñeco" (488). Así, pues, Leonor sería una coqueta, una frívola. Sin embargo, es indudable que la mujer está desgarrada interiormente, vive un auténtico drama: "¡Ay! Me partís el alma ..." (25). Más bien que actuar Leonor femeninamente, diríamos —invirtiendo los términos de Valbuena— que don Alvaro actúa masculinamente en su brusco tránsito de la exaltación de la mujer ("¡Angel consolador del alma mía!..." [22]) a su degradación ("Hechicera engañosa" [25]). La resistencia de la mujer ocasiona, de un modo típico, la cólera del hombre. No es tanto ella la que cambia cuanto él; es decir, cambia (radicalmente) la imagen que él tiene de ella. Después de todo, tras su resistencia, vemos que Leonor está dispuesta a seguirlo, como declaran sus últimas palabras, antes de que el padre de Leonor los sorprenda. A don Alvaro, por tanto, se le puede acusar de insensibilidad ante el drama de la mujer. Don Alvaro se muestra demasiado impetuoso para ponerse a pensar, a ponderar las razones de la conducta de Leonor, dividida entre el padre y el amante. Su impaciencia y rabia vuelven a manifestarse después con la criada Curra: "Calla, maldita" (27).

Finalmente, el marqués mostrará análogo rencor respecto a su hija, a la que maldice antes de morir. Ni siquiera en el momento de la muerte puede perdonarla. Se ve que Leonor no tiene una salida fácil y que su drama íntimo no es ninguna exageración de su mente, sino que corresponde a la dificultad (o imposibilidad) de complacer a la vez a los dos hombres que se la disputan.

Tras la muerte de su padre, Leonor pasa un año escondida en casa de una tía suya, en Córdoba. La decisión de esconderse —alejarse del mundo— la completa Leonor posteriormente con su deseo de hacer penitencia, en un lugar apartado, durante el resto de su vida. Leonor no tiene madre, lo cual la aproxima a las heroínas del teatro del Siglo de Oro, un teatro sin madres. Ella misma, en su diálogo con Curra al principio del drama, lamenta su situación: "Más dulce mi suerte fuera / si aún me viviera mi madre" (18). Falta de apoyo materno, se las ingenia sin embargo para buscar la ayuda de la tía (un sustituto maternal). Desafía así la autoridad del padre o la de los hermanos, a quienes no acude en ningún momento para pedir castigo contra don Alvaro (o contra ella misma). Si su decisión de hacer rigurosa penitencia el resto de su vida resulta exagerada —según afirma Azorín (31)— por lo menos es su decisión, como antes lo fue escapar con don Alvaro (contraviniendo los deseos paternos) o refugiarse en casa de su tía. Como lectores, nos interesa destacar esa voluntad de la mujer, ese rechazo del mundo (injusto) en que vive.

El monólogo de Leonor (J. II, esc. III) ofrece precisiones interesantes:

> ¿Y no murió la noche desastrada
> en que yo, yo ... manchada
> con la sangre infeliz del padre mío,
> le seguí ... le perdí ... ¿Y huye el impío?
> ¿Y huye el ingrato? ... ¿Y huye y me abandona? (43)

Leonor, antes de oír a escondidas al Estudiante, creía que don Alvaro había muerto. Ahora, al saber que vive, siente resucitar su amor, aunque se defiende en seguida contra este afecto. Su resolución de apartarse del mundo es firme. Por otra parte, la reacción inmediata de Leonor tras la muerte del padre fue, en sus propias palabras, seguir a don Alvaro. Mas no deja de ser curioso que imagine al amante huyendo de ella, sin pensar que, a su modo, ella también huye de él y que, de proponérselo de veras, hubiera podido encontrarlo.

Si se objeta que Leonor no busca a don Alvaro al creerlo muerto, nos preguntaremos por qué lo cree así, pues en ninguna de las noticias que sobre él circulan, tras el fatal suceso, se afirma nada semejante. Cierto, Leonor podría pensar que don Alvaro, si viviera, la hubiese buscado y hallado. Pero, según dijimos, ella no parece facilitar tal encuentro. Y, aun sabiendo que él vive, Leonor no altera su plan de retirarse del mundo. En la Jornada I, vacilaba entre el padre y el amante, para acabar inclinándose por éste. Ahora vacila de nuevo (entre el amante y la divinidad) para inclinarse en contra del amante. Su decisión no se explica sólo por un sentimiento de culpa. Más tarde dice: "aunque me encuentro inocente, / no puedo, tiemblo al decirlo, / vivir sino donde nadie / viva y converse conmigo" (54). Leonor es, pues, capaz de reconocer su inocencia. No puede, sin embargo, seguir viviendo en un mundo que la hostiga y le controla todos sus movimientos.

Es también significativo que Leonor, en su monólogo citado y en su diálogo posterior con el Padre Guardián (esc. VII), invoque repetidamente a la Virgen, madre o refugio de pecadores: "Por eso aquí busco ansiosa / dulce consuelo y auxilio, / y de la Reina del cielo / bajo el regio manto abrigo" (50). La invocación constante de la Virgen Madre tiene todo el valor de un síntoma: huida del mundo de los hombres. La imagen del padre maldiciéndola persigue a Leonor, así como el temor a sus hermanos: "Mi muerte / sólo anhelan, vengativos" (54). En fin, Leonor sigue el ejemplo de otra mujer, la penitente que la precedió en su retiro a aquellos yermos. Se apoya o inserta por tanto, reiteradamente, en un mundo femenino. Añádase aún el simbolismo maternal de las montañas entre las que piensa hundirse: "Vengo resuelta, lo he dicho, / a sepultarme por siempre / en la tumba de estos riscos" (51).

En cuanto a don Alvaro, en estricto paralelismo con Leonor y coincidiendo con el Estudiante y don Alfonso, cree que ella ha muerto (J. III, esc. III). Esto resulta sorprendente. Azorín, con razón, se extraña de que el Estudiante y el hermano de Leonor, den tal fingida muerte por verdadera: "Si Vargas y el Estudiante estuvieron en Sevilla y en el cortijo, ¿cómo no saben si la hermana se escapó o murió en la refriega? Es que si murió en la refriega, ¿no se enteró nadie de ello? ¿No se enteraría toda Sevilla y no tendrían que enterrar a la víctima?" (28). Cabe, sin embargo, una razón psicológica: uno cree fácilmente aquello en que quiere creer. Para el hermano de Leonor, la muerte de ésta satisface el deseo de castigarla, dispensándole al mismo tiempo del deber de ejecutar personalmente el castigo. El caso de don Alvaro es más complejo. Indudablemente, sigue queriendo a Leonor. Pero pensamos que una parte de él —dividido como ser humano y, más aún, romántico— se complace en creer muerta a Leonor, a quien haría responsable de las desgracias que lo aquejan. No en vano en boca de don Carlos, el otro hermano de Leonor, aparece luego la imagen de la "caja fatal de Pandora" (83), refiriéndose a aquélla que contiene el retrato de Leonor, identificada así con la causante de todas las desgracias y males humanos. Hay que suponer que también en don Alvaro, siquiera inconscientemente, existe esta imagen negativa de la mujer. En la Jornada IV, don Alvaro, tras haber dado muerte a don Carlos, se dirige a Leonor en estos términos: "¡Hora de maldición, aciaga hora / fue aquella en que te vi la vez primera [...]!" (103). A la *hora maldita* corresponde una *mujer maldita*. Aunque indirectamente, los improperios a la mujer siguen asomando en los labios de don Alvaro. (Sobre la semejanza entre éste y don Carlos hablaremos en seguida.)

La supuesta muerte de Leonor, si bien lamentable, constituiría, pues, desde determinada perspectiva, una especie de liberación, y ello hace posible que don Alvaro se la crea. No obstante, un verdadero amador debiera ser el menos inclinado a aceptar la muerte del ser querido, y sólo la noticia irrefutable de esa muerte aportaría alguna convicción. En el diálogo posterior (Jornada IV, esc. I) entre don Alvaro y don Carlos, vemos que éste averiguó la verdad: Leonor no murió, como piensa don Alvaro, en ningún "combate horrible" (91) sobrevenido tras la muerte del marqués de Calatrava. Curiosamente, es al odiador y· no al amante a quien la verdad se le revela. De tal modo, don Alvaro se configura como alguien temeroso de la verdad o del amor. Como Leonor, él también huye del mundo. Lo que le atrae verdaderamente es la muerte o el amor más allá de la muerte.[2] Muerto ya don Carlos, en duelo, a manos de don Alvaro, conversa éste con el Capitán (J. IV, esc. III). No sin razón don Alvaro se considera un "monstruo, una fiera", que ha faltado a la "obligación más santa" (99): la de la amistad y el afecto a un hombre (don Carlos) a quien le debe la vida. Pero también don Carlos debía su vida a don Alvaro, y así los dos hombres, aceptando batirse, están incursos en la misma falta. Lo que nos impresiona, efectivamente, es la similitud entre don Alvaro y don Carlos. Los dos ocultan su nombre y se lanzan al mundo militar. Los dos se admiran uno a otro por su gran valentía y, sin embargo, sacrifican la obligación y el amor que se tienen a las leyes del honor exigidoras de venganza. Toda la admiración de Carlos por Alvaro no basta para cambiar la imagen negativa de éste, una vez que descubre que es el matador de su padre. Carlos no tiene en cuenta ningún atenuante: la muerte del padre no fue intencionada y la compensa la vida que él le debe a don Alvaro, cuyo valor, por otra parte, acredita su nobleza.[3] Don Alvaro, a su vez, se solivianta al ver que tanto el padre como el hijo no reconocen tal nobleza (89-90).

Lo curioso, no obstante, es que Alvaro da la razón a Carlos, a quien considera un "digno caballero" (100), aunque afirma que él mismo también obró rectamente: "Retóme con razón harta, / y yo también le he matado / con razón" (100). No hay aquí ningún arrepentimiento. Como en el teatro del Siglo de Oro, la conducta de los personajes está gobernada por la ley del honor más que por los principios cristianos. Aunque trató algún tiempo de evitar el duelo, don Alvaro finalmente lo acepta. Desde esta perspectiva, es el honor —caballeresco y anticristiano— el que se configura como causante de tragedias.

Si posteriormente don Alvaro se considera "homicida" y "reo" (101), es sólo porque hay una ley (ley de origen real) que castiga el duelo. De no existir esa ley, acabada de promulgar, don Alvaro se creería inocente. 0 sea, para don Alvaro, su culpabilidad emana de su oposición a la autoridad real: una autoridad que, como noble, acata. Pero no se le ocurre cuestionar la autoridad o la ley, o juzgarse criminal simplemente por haber matado a un hombre, aun si existiera una ley amparadora del duelo. En este sentido, lejos de ser un rebelde —como algunos críticos piensan— resulta notable su grado de conformismo. Don Alvaro se ajusta a lo que dicta la ley —cualquiera que sea— en un momento determinado. Por eso, ni siquiera apoya el intento de rebelión contra el rey por parte de los otros militares. Y, pese a su desesperación y a su desestima total de la vida, lo afectan aún consideraciones mundanas al pensar que la muerte que lo aguarda no es digna de él; esto es, de su clase. Está dispuesto a morir, pero no a morir "sin honra" (102).

El encuentro entre don Alvaro y don Alfonso, en la Jornada V, permite aquilatar la pugna de los principios nobiliarios o caballerescos frente a los cristianos. Aunque se supone que el cristianismo debe formar parte de la mentalidad del caballero, no resulta así. A don Alfonso, quien —siguiendo el ejemplo de su hermano muerto— reta a don Alvaro, responde éste humildemente: "De los vanos pensamientos / que en este punto en vos arden, / también el juguete he sido; / quiera el Señor perdonarme" (119). Don Alvaro es ahora consciente de la tensión que existe entre esos dos mundos opuestos de valores y, habiendo abrazado el estado monacal, muestra un deseo de alejarse, a través de la religión, de la mentalidad caballeresca. Don Alfonso acusa a don Alvaro de "cobarde infame" (120) por resistirse a pelear, sin advertir lo valioso de dominar las propias pasiones. Interpreta, como los otros Calatrava, la humildad (humildad cristiana) como si fuera cobardía. Desgraciadamente, don Alvaro acaba una vez más sucumbiendo a la incitación de su feroz enemigo, cuya muerte causará también. La cólera de don Alvaro, nunca suficientemente reprimida, asoma finalmente arrastrándole a un nuevo duelo. Don Alvaro revela su falta, su trágica *hamartía*, consistente en su orgullosa adhesión a principios sociales anticristianos y en su precario dominio de sí mismo. Aquí también don Alfonso hace mella en don Alvaro cuando cuestiona la nobleza de su origen (122-23). Don Alvaro olvida la lección del Tío Paco, al comienzo de la obra, saliendo al paso de maledicencias análogas: "para mí cada uno es hijo de sus obras, y en siendo buen cristiano y caritativo ..." (11).[4]

Respecto a don Alvaro como amante, tienen interés sus palabras a Alfonso preguntándole por Leonor: "¿Y qué, vive?, / ¿sabéis vos noticias suyas?... / Decid que me ama y matadme" (121). El amor que revive no incita a don Alvaro a desear la unión con el ser amado sino, contrariamente, a morir; o sea, a interponer entre los dos una distancia ya insuperable. Don Alvaro se mueve básicamente en un mundo de hombres (caballeresco, militar, monacal); huye, en cambio, de Leonor, cuya existencia niega o cuestiona.

En la escena última, antes de suicidarse, don Alvaro se identifica con el demonio: "Yo soy un enviado del infierno, soy el demonio exterminador..." (133). Tal sorprendente identificación en un héroe cristiano ha causado perplejidad entre los críticos de la obra. Para Ernest Gray, el demonismo de don Alvaro se relaciona con el orgullo: "The force of destiny demonstrates where pride can lead even the noblest of men" (302). Pero tal orgullo, segun Gray, se basa en motivos estrictamente singulares: "He [don Alvaro] wishes to be recognized on his own merits, on the basis of his own personal worth" (301). Esta sería la razón por la cual don Alvaro oculta satánica, orgullosamente, su origen. Así formulada, la interpretación de Gray es, para mí, discutible. Mas creo que encierra alguna verdad si desplazamos el acento de lo individual a lo social, para referirnos a un orgullo de casta o clase: la clase nobiliaria, cuyos valores don Alvaro fundamentalmente acepta. En la medida en que esos valores se oponen a la doctrina cristiana, que en principio debería sustentarlos, no faltaría razón en considerarlos satánicos. Abrazando los prejuicios mundanales, que creía haber dominado, don Alvaro es víctima de la tentación satánica, representada por don Alfonso. Este, en efecto, queda visto por don Alvaro como si fuera un demonio: "Y vos, hombre / o ilusión, ¿sois por ventura / un tentador que renueva / mis criminales angustias / para perderme? ..." (121). "No ... no triunfa / tampoco con esta industria / de mi constancia el infierno" (122).

No es sólo, entonces, la muerte de Alfonso y Leonor lo que perturba finalmente a don Alvaro sino la convicción ya irresistible de que no puede conformar su vida según los principios cristianos. Despojado de su identidad como religioso, don Alvaro no se siente con fuerza para forjarse una nueva identidad. O, dicho de otro modo, la única identidad posible es la de él con el demonio, ese demonio que ahora parece triunfar.

Sin embargo, en cuanto que don Alvaro —a diferencia, por ejemplo, del estudiante de Salamanca esproncediano— no asume intelectualmente su demonismo, presa como es de un auténtico delirio, podemos sentir compasión por él. La compasión y terror que, según Aristóteles, emanan de la tragedia. Típico héroe trágico, don Alvaro no es ni enteramente bueno ni enteramente malo.[5] Su culpa es una culpa colectiva, lo que facilita la identificación con él (al menos la del lector o espectador masculino). Don Alvaro, en suma, se muestra a la vez víctima y representante de un sistema injusto y desgarrador. Las contradicciones de don Alvaro —la pugna entablada en él por dos órdenes de valores conflictivos— acaban destruyéndolo.

Pero la última palabra del *Don Alvaro* no es el suicidio sino el *miserere*, entonado por la comunidad de frailes que presencia aterrada el suicidio del protagonista. Así, pues, la tragedia concluye con una nota cristiana, lo cual indicaría que no posee ese carácter de protesta contra la injusticia divina o cósmica que algunos críticos, modernamente, le atribuyen. Citemos a Navas Ruiz:

> El suicidio de don Alvaro, piedra de escándalo de muchos críticos, se yergue como la respuesta de un hombre al negro espectro del absurdo, de la futilidad de la vida. [...] don Alvaro se alza en el momento mismo de arrojarse al abismo a la categoría de símbolo: símbolo de total rebeldía frente a una sociedad hostil, frente a un destino ciego, inmisericorde, terrible.
> Esta nota final de nihilismo y rebeldía separa a *Don Alvaro* de toda la tradición literaria española anterior. [...] Rivas [...] coloca a su héroe en un clima

de abierto desafío a Dios y a la sociedad, en un orden público, y hace de él el primer inconformista romántico español. Históricamente la novedad y trascendencia de *Don Alvaro* son rotundas. (lvi-lvii)

Alborg acepta la opinión de Navas, la cual él entronca con la de Cardwell, de quien dice que "ha podido situar el drama de don Alvaro en el plano metafísico y, en absoluta negación de toda providencia, calificarlo de *cosmic injustice*" (502). Donald L. Shaw, por último, refrenda estas ideas: "Damos por sentado, con Cardwell, Navas Ruiz y Alborg, que el objeto principal de Rivas fue legitimizar (conscientemente o no) la idea de que la fuerza del sino, la injusticia cósmica, es la que gobierna la vida del hombre y no la providencia divina" (35).[6]

Para mí, si tal fuera el sentido del drama, el *miserere* sobra. Más que como un rebelde, don Alvaro se nos aparece, en última instancia, como un ser perturbado, sin dominio sobre sus acciones, que merece cristiana compasión. Resulta discutible hablar —como hace Navas— de un "desafío a Dios y a la sociedad" por parte de alguien a quien vemos actuar con conciencia muy viva de pertenecer a una clase social superior. Si algo reclama don Alvaro es su inserción plena en ese mundo nobiliario y, aun cuando quiera alejarse de él, no puede al fin resistir la presión de sus férreos esquemas mentales. Shaw tergiversa los hechos cuando, en apoyo de su tesis, apunta a la "decisión [de don Alvaro] de dedicar el resto de su vida a la soledad y la penitencia. ¡Con consecuencias funestas!" (40). Las "consecuencias funestas" no proceden de dedicarse a la soledad y penitencia sino, precisamente, del abandono de estas virtudes para abrazar, de nuevo, los prejuicios mundanos.

Shaw escribe igualmente: "Ante el desprecio que muestra don Alfonso al referirse a su sangre mestiza, don Alvaro no se inmuta. Sí reacciona cuando don Alfonso le golpea. Aquí destaca de nuevo el aspecto anticristiano de la obra. En vez de ofrecer la otra mejilla, como enseña la doctrina cristiana, don Alvaro acepta el desafío a pesar de sus votos" (41). Hay en estas líneas dos afirmaciones insostenibles. Ante la actitud despreciativa de Alfonso, don Alvaro se inmuta notablemente (aunque luego se reporte): "¡Vos mentís, mentís, infame! / Venga el acero; mi furia / os arrancara la lengua, / que mi clara estirpe insulta" (122). Y, cuando ya en el campo de batalla el insulto suena por segunda vez ("eres un mestizo, / fruto de traiciones"), don Alvaro replica: "Baste. / ¡Muerte y exterminio! ¡Muerte / para los dos!" (130). En lo que toca al "aspecto anticristiano de la obra", Shaw confunde ingenuamente la actitud del personaje (anticristiana *malgré lui*) con una tesis larvada de la obra. Pues, precisamente, la desviación del espíritu cristiano o el atenerse a normas sociales aberrantes —y no una injusticia divina o cósmica— es lo que ocasiona la tragedia. En don Alvaro sólo vemos un acto de rebeldía social —al comienzo del drama— cuando, desafiando la autoridad paterna, intenta huir con Leonor (si bien, añadamos, para casarse con ella). Pero la conducta posterior de don Alvaro se ajusta a un ideario tradicional, donde el honor se sobrepone al amor y a los principios cristianos. Irónicamente, pues, la ruina de don Alvaro no brota de un desafío a la sociedad sino de una ciega sumisión a sus dictados.

Notas

1. Un buen resumen de las críticas suscitadas por la primera representación del *Don Alvaro* puede verse en Azorín (44-55) y, más recientemente, en Andioc.

2. Sobre el ejército, en cuyas filas se alista don Alvaro, escribe Boussagol: "Cependant, D. Alvaro, privé de Leonor, qu'il croit morte, veut mourir à son tour. L'armée, de tout temps, a été pour certains hommes ce que le couvent est pour certaines femmes: le refuge des passions déçues" (272).

3. Para Pattison, la nobleza de don Alvaro, al ser mestizo (hijo de una princesa inca), no resulta aceptable para la aristocracia española de su tiempo. Por eso oculta su origen.

4. Dice Nicolás González Ruiz: "Son los hermanos de Doña Leonor, con su concepto —falseado por el Duque, pero esto no importa— sobre el honor de la familia y la manera de restaurarlo, los que van forjando el sino del protagonista. En cierto modo, es el criterio de una sociedad, o sea el perfil exterior de un momento histórico, lo que tiene una fuerza contra la cual nada pueden los recursos individuales" (13). Esto es cierto, pero habría que añadir que don Alvaro sólo superficialmente se enfrenta con la sociedad que lo persigue, pues en el fondo él también participa del concepto externo o social del honor.

5. Navas Ruiz (li) percibe bien este punto, aunque su interpretación —como veremos— difiera esencialmente de la mía.

6. Ha sido incesante la discusión crítica sobre si *Don Alvaro* expone una tesis fatalista o no. Para un resumen de las divergentes opiniones formuladas, véase Alborg, 488-92.

Obras citadas

Alborg, Juan Luis. *Historia de la literatura española*, v. 4. Madrid: Gredos, 1980.

Andioc, René. "Sobre el estreno del *Don Alvaro*". *Homenaje a Juan López-Morillas*. Madrid: Castalia, 1982. 63-86.

Azorín. *Rivas y Larra. Razón social del romanticismo en España*. 2ª ed. Madrid: Espasa-Calpe, 1957.

Boussagol, Gabriel. *Angel de Saavedra, Duc de Rivas. Sa vie, son oeuvre poétique*. Toulouse: Imprimerie et Librairie Edouard Privat, 1926.

Cardwell, Richard A. "*Don Alvaro* or the Force of Cosmic Injustice". *Studies in Romanticism* 12 (1973): 559-79.

Casalduero, Joaquín. "*Don Alvaro* o el destino como fuerza". *Estudios sobre el teatro español*. Madrid: Gredos, 1962. 217-58. Publicado primero en *La Torre* 7 (1959): 11-49.

González Ruiz, Nicolás. *El Duque de Rivas o la fuerza del sino (El hombre y su época)*. Madrid: Aspas, 1943.

Gray, Ernest. "Satanism in *Don Alvaro*". *Romanische Forschungen* 80 (1968): 292-302.

Navas Ruiz, Ricardo. Introducción a *Don Alvaro o la fuerza del sino*. Clásicos castellanos. Madrid: Espasa-Calpe, 1975. vii-lxiii.

Pattison, Walter T. "The Secret of Don Alvaro". *Symposium* 21 (1967): 67-81.

Rivas, Angel de Saavedra, Duque de. *Don Alvaro o la fuerza del sino*. Ed. Ricardo Navas Ruiz. Clásicos castellanos. Madrid: Espasa-Calpe, 1975.

Ruiz Ramón, Francisco. *Historia del teatro español (Desde sus orígenes hasta 1900)*. Madrid: Alianza, 1967.

Shaw, Donald L. Introducción a *Don Alvaro o la fuerza del sino*. Madrid: Castalia, 1986. 9-45.

Valbuena Prat, Angel. *Historia del teatro español*. Barcelona: Noguer, 1956.

Apuntes sobre *Faustino*, obra dramática de Emilio López Medina

Juan Fernández Jiménez
The Pennsylvania State University at Erie
The Behrend College

Emilio López Medina nace en 1946 en Jódar, provincia de Jaén, pueblo en donde pasó su infancia y aprendió las primeras letras. Al cumplir los diez años, va a Jaén a cursar los estudios de Bachillerato en el Instituto de Enseñanza Media de la capital andaluza. En esta misma ciudad continúa sus estudios superiores, matriculándose en la Escuela Normal de Magisterio, estudios que finaliza unos años después, obteniendo el Premio Extraordinario Fin de Carrera. Marcha entonces a Valencia y se inscribe en la Facultad de Filosofía y Letras de la Universidad levantina, culminando sus estudios superiores en 1973 con una licenciatura en Filosofía.

De vuelta en Jaén, y tras unos años de dedicación a la enseñanza primaria, López Medina obtiene una posición docente en la Escuela Universitaria de Profesorado de Educación General Básica, dependiente de la Universidad de Granada, de la que hoy es profesor titular de Filosofía.

Aunque atraído a la literatura desde los años del Bachillerato, la afición y vocación artística de Emilio López no aparecen hasta una época relativamente tardía. Hasta recientemente, el autor se había dedicado mayormente a los estudios académicos o eruditos, propios de su profesión universitaria. Como tal, la mayor parte de las publicaciones realizadas hasta la fecha son de carácter profesional, dedicadas específicamente a la Filosofía, disciplina a la que se dedica y enseña.[1]

La literatura representa para López Medina, según sus propias palabras, como un refugio espiritual en el que se recupera del cansancio intelectual que le ocasionan los formalismos secos y el mundo vacío de la lógica matemática, tan despegados y alejados de la propia existencia, que, para Emilio, es como un torrente o torbellino vital lleno de pasiones (alegría, dolores, gozos, tristeza, etc.), amalgamadas en una forma muy contraria a como pretende enseñarnos la lógica.

En el camino hacia la creación literaria, López Medina es atraído por los clásicos griegos, sobre todo Sófocles, y los españoles. Cervantes, Quevedo, la picaresca (por mencionar brevemente), son fuentes de inspiración para nuestro autor, como lo han sido para tantos otros escritores españoles de este siglo. Pero son los alemanes Schopenhauer y Nietzsche, seguidos en menor escala por Unamuno, los que más intensamente influyen en el ánimo de Emilio López, quizás porque representan como un puente entre la Literatura y la Filosofía, disciplinas y ocupaciones ambas a las que él se dedica.

El primer fruto de esta vocación artística del profesor-filósofo es *Faustino*, obra teatral que López Medina presenta al certamen Plaza Mayor, convocado por la Casa de España en París en 1984, y obtiene el segundo premio. Más recientemente ha venido publicando en *Campus*, revista literaria de la Universidad de Granada, una novela de ambiente estudiantil, titulada *Florecillas de Universidad*. Y ha acabado, además, *Amador y Amalia*, especie de tragedia amorosa de los tiempos de hoy en un plano sarcástico-esperpéntico.

El escritor jiennense conoce y sigue las innovaciones del teatro contemporáneo, interesándose, principalmente, en las obras de Buero Vallejo, Sastre, Brecht y Weiss. Siente afinidad, sobre todo, con Ramón del Valle-Inclán, y cree que el mejor teatro es el de Federico García Lorca, por su estructura teatral, su trasfondo musical y poético; el más completo, en definitiva, por la fuerza vital que representa. Confiesa, sin embargo, no tener ninguna afinidad con el poeta granadino, ni buscar los mismos planteamientos artísticos.[2]

Faustino ha sido publicada por la Casa de España en París, como ya hemos mencionado anteriormente, en una edición bastante deficiente que, aunque lleva la fecha de 1984, no apareció hasta 1986, y que lleva el título original, más largo, de *Faustino o la fuerza del vino*. La edición parisina reproduce el texto que Emilio López Medina presentó al concurso Plaza Mayor. La impresión se llevó a cabo sin tener en cuenta la colaboración del autor, en cuanto a corrección de pruebas y otros detalles, quizás por falta de organización o por problemas presupuestarios. Tampoco tuvo oportunidad López Medina de alterar párrafos, frases o palabras del original que, en su juicio, mejorasen artísticamente la obra. El resultado es, pues, una edición lejos de ser perfecta, en la que abundan los errores tipográficos e, incluso, se encuentran cambios de orden en las secuencias dramáticas.

En el tiempo transcurrido desde su presentación al Premio Plaza Mayor, sin embargo, el autor ha repasado y corregido cuidadosamente la obra varias veces, en un intento por presentar la más clara expresión dramática en cada caso, depurando los contenidos semánticos de palabras, frases, párrafos o nombres. La depuración está presente desde el título, que se ve reducido a *Faustino*, perdiendo la coletilla original, *o la fuerza del vino*, y se extiende a los personajes, al orden en que éstos salen a escena, y a las veces que algunos de ellos aparecen en la misma.[3]

Como se nos indica inmediatamente después del título, *Faustino* es un "sueño teológico de una Noche de Difuntos en un solo acto, bastante largo, en el que no hay sexo, pero sí violencia". Un sueño, el de Faustino, provocado por sus amigos y compañeros, inspirados en la liturgia del Día de los Difuntos, para intentar volverlo a la realidad de las cosas; una realidad que, por otra parte, está cuestionada a lo largo de la obra.

La trama es bastante sencilla. Faustino, preocupado y obsesionado con un examen de oposiciones a un puesto de trabajo, ha caído en el hábito de la bebida, lo que le está llevando a peligrar su estado de salud y la relación con su novia y sus amigos. Estos, para evitar que Faustino llegue a extremos mayores, acuerdan gastarle una broma pesada que le sirva de susto y escarmiento. La broma consiste en disfrazarse una Noche de Difuntos de diablos, ángeles, muerte, etc., y presentarse ante Faustino a hacerle creer que son seres supraterrenales. Un pequeño susto, de poca trascendencia, que esperan que haga a su amigo reaccionar en forma positiva y le haga apartarse de la bebida. Se forma así una especie de teatro dentro del teatro, en donde los amigos quieren representar ante Faustino el drama de la caducidad de la vida y la realidad de la muerte.

Los amigos no han previsto, sin embargo, que las cosas pudieran complicarse en una manera abrumadora con la aparición de otros personajes ajenos que vienen a formar parte del desarrollo dramático sin haberles sido programada su participación. Esta complicación escénica viene a alargar la broma de los amigos, pero, aún más, le sirve al autor para interrelacionar a unos personajes con otros convertidos en actores. Toma importancia así la ficción montada por los estudiantes, al ser relacionada con la ficción primera del escenario y los personajes que actúan como tales. La distinción entre unos y otros se difumina en el transcurso de la obra, al punto de que los que están difrazados se creen su propia patraña, resultado de la seriedad con que se toman su papel y del esfuerzo puesto para convencer a los otros. Como dice uno de los personajes al principio de la obra, en una especie de presentación de la misma a la audiencia:

> Faustino estaba tan borracho que era el único que no se enteraba de que aquello era chanza y chacota, el único que creía que aquello iba en serio; pero, en los demás, nunca he acertado a comprender cómo fue posible que, sabiendo que todo era un juego, viniéramos a defender nuestros papeles y nuestras opiniones personales tan encrespadamente. En fin, el diablo ... o tal vez el vino, que es el agua bendita del diablo, hicieron que llegara un momento en que todos actuábamos en una especie de irrealidad, en la que casi llegamos a creernos convertidos en los personajes que representábamos. (5)

Esta confusión está planeada por el autor a partir de la lista de los personajes, en la que sólo aparece un nombre propio, Faustino, mientras que los demás aparecen con el nombre del papel que van a representar dentro del drama. Esto es, Diablo, Muerte, Diablillo Borracho, Diablilla, Angel, Angelote, Gibao, Caguetoso, Ciego, Cabo, Guardia, Vieja, Espectador 1°, Espectador 2°, etc. Hay varios momentos, sin embargo, en que los personajes disfrazados hacen referencias al juego dramático que están llevando a cabo. Es así como, por sus propias palabras, nos enteramos de que el Diablo, el Angel y la Muerte, se llaman Manolo, Pepe y Margarita respectivamente, y que son los mejores amigos y la novia de Faustino.

Esta metaficción, drama dentro del drama, le sirve al autor para ir exponiendo distintos temas, distintos aspectos de su concepción filosófica de la existencia humana, de aspiración de libertad por un lado, pero reducidos y delimitados por los distintos órdenes sociales, por otro. En este aspecto, podemos observar en *Faustino* varias etapas o secciones en las que predomina un tema sobre otros. Así, tras una introducción en la que se presenta la fábula como tal, se hace alusión al Tiempo y se exalta la juventud —a la que se define como "el tiempo de la magia en las cosas" (6)—, comienza la representación, propiamente dicha, con una primera parte en la que predomina el tema existencial y el contraste entre la juventud y la vejez. Con el sentido dialéctico que le caracteriza, López Medina parece aunar por un lado la experiencia humana en forma colectiva —"La vida de cada cual no es más que nuestra propia vida repetida en otro" (8)—, mientras que, por otro lado, exalta la experiencia individual como la única que importa: "La vida es buena o mala según nosotros creamos que es buena o mala" (10).

Viene a predominar después el miedo —al que señala como "base de nuestra conducta, del trabajo, del matrimonio, de la religión ..." (13)— y la muerte, "verdadera obra de arte de la Vida y la única filosofía" (14), según comenta uno de los personajes. Siguen a éstos los temas del hambre y el sexo, el pecado, la justicia, los conflictos entre la realidad de la broma y su importancia, la dialéctica constante sobre la esencia y la existencia humanas, una existencia efímera, dominada por el sufrimiento y el absurdo, ya que "la juventud, la belleza, la salud, no es la vida, sino una excepción en la vida" (43); una existencia única y personal de la que el hombre no puede huir, pues dentro de él están los problemas, sus problemas, y no fuera de él. No por ello, sin embargo, propone López Medina la pasividad ante los acontecimientos que nos acarrea la vida, aceptando el destino como determinismo incontrolable, sino que, en línea con otros hombres, como Unamuno o Sartre, nos anima y encomia a enfrentarnos con el destino, a rebelarnos contra el absurdo de nuestra existencia, afirmando que "en cada uno de nosotros está encerrada toda la historia" (44).

El motivo de la obra es las oposiciones, tema presente en otras obras de teatro de nuestro siglo.[4] Pero, mientras que en otras piezas dramáticas aparece solamente como parte de la trama, en *Faustino* las oposiciones representan la esencia misma de la obra, y de la vida, ya que regulan el *modus vivendi* del individuo, por lo que se convierten en instrumento primordial no sólo de tranquilidad social, sino en la lucha por el poder. Como dice el Diablillo Borracho, que viene a ser una especie de gracioso clásico, evocando las palabras de Carlos Marx: " La lucha por el poder no sólo es tan antigua como el hombre, sino tan antigua como los dioses ... La lucha de clases es universal y absoluta ... y *ha alcanzado su quintaesencia y expresión final en nuestros días con el sistema de oposiciones*" (28).[5]

Las oposiciones crean verdaderamente un clima de irrealidad, de lucha y de poder en la sociedad española. No es solamente la seguridad de un sueldo fijo, sino el paso de ser ciudadano de segunda a ciudadano de primera, a tener derechos, poder, propiedad, orgullo. En una palabra, a sentirse realizado. Para los que aún no han aprobado las oposiciones, los otros son unos enchufados. Los que tienen sus puestos de trabajo, dicen que han ganado sus plazas "en concurso de méritos muy bien juzgado por el Jefe" (28).[6]

López Medina ataca la situación social ocasionada por las oposiciones de varias formas, ya sea en plan irónico, al poner en boca de la Diablilla que "exigimos una convocatoria de oposiciones restringidas para pasar del Infierno al Cielo" (*Idem*), ya sea en un plano subversivo, bien protestando contra el sistema —"Libertad, amnistía, las oposiciones abolías" (33)—, o bien cuestionando su implantación en los grupos dominantes: "¿Vosotros sabéis si Dios ha hecho oposiciones a su cátedra" (*Idem*). Y termina expresando tanto el absurdo del sistema como el deseo de abolición del mismo, cuando Faustino le dice a los guardias que le llevan al hospital psiquiátrico: "Ustedes podrán encarcelar a los revolucionarios, pero la eficacia del Estado no quedará demostrada hasta que nuestros hijos nazcan con las oposiciones aprobadas" (58). Expresión absurda, por descontado, pero que demuestra el anhelo del autor por una sociedad más justa y equitativa.

Podemos decir, por otro lado, que *Faustino* encarna la duda por antonomasia. La duda ante todo sistema de autoridad, duda de la vida misma, duda de lo más transcendente, porque, como nos asegura uno de los protagonistas, "nada es verdad ni mentira: depende del interlocutor" (47). Duda que se extiende a la comunicación humana, ya que "las máximas mentiras se nos dicen siempre con la máxima seriedad" (*Idem*).

Y es que, en realidad, no sabemos lo que es la vida y, por lo tanto, no podemos saber "dónde está la verdad o la mentira de la vida" (48). Por ello, debemos aceptar que todos tenemos algo de razón, por muy distintas que sean nuestras opiniones. Llevamos razón desde el momento en que nos aferramos a una idea, recreando así su existencia. Como dice uno de los personajes, el Angel, "no habría partidarios de cualquier idea si no tuviesen su chispita de razón" (47)

Estas ideas primordiales de vida, muerte, juventud, vejez, poder absoluto, democracia, verdad, mentira, seriedad, humor, opresión, libertad, etc., se van desarrollando e intermezclando a través de la obra en un entramado dramático bien conseguido que circunda alrededor de la esencia del hombre y de una actividad suya en particular, responsable de este estado de cosas: la preparación de unas oposiciones.

El efecto dramático está conseguido desde el principio por un constante movimiento escénico y por la introducción de elementos de distinta índole, no totalmente ajenos al teatro, que le dan a la obra una gran fluidez y dinamismo. Desde el principio, la broma teológica, que los compañeros de Faustino esperaban llevar a cabo de forma rápida, se ve alargada, o cortada, por la irrupción de nuevos personajes, o por la disertación o discusión espontánea y estentoria de los protagonistas. Desde la aparición en escena de la Vieja al comienzo de la obra, hasta la venida de la policía al final, pasando por la llegada atrasada de los ángeles y la irrupción de otros tres personajes inesperados (Ciego, Jibao y Caguetoso), la acción de la obra se va enriqueciendo con lo que aportan los nuevos personajes y la discusión de los temas que su entrada provoca. La comunicación dramática no se consigue solamente por medio de los parlamentos de los personajes, sino también introduciendo una serie de elementos adyacentes, como son la música, los coros, la acción o movimiento de los personajes, etc. Con respecto a esto último, las acotaciones de escena de *Faustino* nos muestran un gran detalle de movimientos y acción a lo largo de la obra.

Los coros, evocación clásica, aparecen a menudo gritando *slogans* —como, por ejemplo, "Faustino, buen amigo, cambiaste tu sangre en vino" (57), que se hace a imitación de "Fulano, amigo, el pueblo está contigo"—, o cantando, o canturreando, canciones bien conocidas. La música forma parte de los coros, pero también hay uso de la música en otras ocasiones, a veces por parte de un personaje individual, a veces por medio de la radio, etc. La música presenta, además, una dimensión temática importante al expresar Faustino el deseo de que su vida se disuelva en la música, cuando afirma: "¡Quiero que mi Dios sea la Música y Beethoven su Profeta!" (41).

El título de la obra, nombre asimismo del protagonista principal, Faustino, nos evoca irremediablemente a *Fausto*, o *Faust*. En verdad, Goethe ha influido profundamente en López Medina, no sólo en la similitud de título y nombres (la novia de Faustino se llama Margarita) y en el planteamiento general de la obra, sino que, incluso, repite literalmente algunos de los versos de *Faust* en varias ocasiones, como son los versos en latín, que luego traduce por boca de otro personaje.[7] En *Faustino*, sin embargo, el mundo supraterrenal está sólo representado en la ficción dramática de los personajes de la obra y sólo como tal se relaciona con el hombre. Para López Medina el destino humano viene impuesto por el hombre, por los órdenes sociales y por la vida misma, que está totalmente controlada por el tiempo. Si Faustino cree por un momento en lo que está siendo representado delante de él, es porque está bajo los efectos del vino, y aun así no entra en una creencia ciega y total. Primero piensa que está viendo visiones provocadas por el alcohol; luego, cuando cree que tiene enfrente de sí al verdadero diablo, le trata de tú a tú, le discute y protesta, y, cuando éste, parafraseando los Evangelios, le promete que todo se lo devolverá doblado, "si postrado me adoras", Faustino le constesta pronta y sarcásticamente: "Venga ya, Mefistófeles, que eso ya te dio mal resultado en una ocasión" (19).

Además de Goethe, *Faustino* está lleno de alusiones y referencias a otros autores conocidos y sus obras, en una amalgama intertextual que muestra la formación intelectual del autor y su habilidad en integrar textos de dispar procedencia en un conjunto dramático homogéneo. A veces se trata de la simple enumeración de nombres; otras muchas, de citas y paráfrasis de autores, entre ellos, Cervantes, Carlos Marx y, sobre todo, Nietzsche, autor sumamente influyente en López Medina, cuya personalidad es discutida por los personajes, así como su idea del superhombre.

Junto a las alusiones y paráfrasis eruditas, muchas veces en los mismos parlamentos, López Medina introduce frecuentemente elementos populares, tradición que entronca con los clásicos españoles y que se deriva de la creencia de que en lo popular se encuentra el alma del hombre. Lo popular se manifiesta en *Faustino* en varios aspectos: la lengua que utiliza está llena de expresiones coloquiales, de palabras anticuadas (*do*, por *donde*, *creatura*, por *criatura*), etc. Se manifiesta también en la creación de vocablos nuevos, basando su formación en otros, como es el caso de *oloraciones*, formada por asociación con *audiciones*. Más importantes que las palabras aisladas son los refranes, dichos o frases conocidas, de los que López Medina hace un buen uso, tradición esta que nos remonta a la Edad Media (Marqués de Santillana) y que encierra tanto sabor popular. El autor no sólo hace uso de ellos, sino que introduce cambios para acomodarlos a su intención, como en el siguiente ejemplo: "Tened buen estómago y todo se os dará por añadidura" (23); en este otro: "Mens sana in stomacho sano" (22), o en el que imita las últimas palabras de Cristo en la Cruz, que cambia substancialmente: "¡Ay, Faustino, perdónanos, que no sabíamos lo que hacíamos!" (57).

Donde más se nota la huella de lo popular es en la adaptación de las canciones populares, como las que entonan los niños jugando al corro, algunas de las cuales ha cambiado el autor en forma considerable. Así, el *Himno de la Alegría*, de la Novena Sinfonía de Beethoven, se convierte, de manera sarcástica, en el *Himno de la Avería*, cantado por los tres mendigos. Los cantos de los niños de la catequesis al estilo de "Qué buenas son / las hermanas ursulinas / qué buenas son / que nos llevan de excursión", se dirigen a los diablos y a los ángeles cambiados substancialmente,[8] e igualmente ocurre con los cantos del Rosario de la Aurora, que ofrece esta versión: "El Diablo en la oreja / me está diciendo: / no reces el rosario, / sigue bebiendo" (26). Por otro lado, otras cancioncillas de este tipo están imitadas en un tono irónico, como cuando le dice el Cabo de la policía a nuestro protagonista: "¡Faustino, que los guardias de este pueblo te queremos consolar!", después de haber dicho, de manera un poco más profana, a todo el *entourage*: "No lloréis más, ¡coño!, que me vais a hacer llorar" (57).[9]

Finalmente queremos señalar la presencia de otras canciones populares, propias de taberna y jolgorio, de las que el autor nos da una nueva versión, infundiendo un tono irónico y sarcástico apropiado al desarrollo de la obra. El "Pipiribipipí" presenta estas líneas originales: "Cuando yo me muera / tengo ya dispuesto / en mi testamento / que han de disfrutar / en mi funeral / un rico banquete / bien regado en vino / todos mis amigos / como la señal / de su gran pesar" (23); mientras que las verdiales malagueñas están representadas por una estrofa propia del mundillo de la sátira y la juerga: "Me gusta el vino / y 'la coñá', / pero las suecas / de Torremolinos / a mí me gustan más" (24).

Podemos decir, para concluir, que las caractísticas puestas de relieve en estos apuntes, nos permiten afirmar que *Faustino* es una obra bien construida, con un dinamismo dramático que sirve para desarrollar unos temas esenciales de la existencia humana, con acentuada precisión lingüística. Unese a esto una combinación de elementos populares que enriquecen el carácter verosímil de la obra. El componente clásico, por ejemplo, con citas o paráfrasis de la Biblia, Cicerón, Virgilio, Cervantes, Goethe, Nietzsche, Marx, etc. aparece al lado de expresiones vulgares (no obscenas, sin embargo), del "Pipiribipipí" o de la música de verdiales. Y lo llena todo de un humor muy fino e irónico que, a veces, llega a la sátira dolida e hiriente.

Esta combinación de factores hace de *Faustino* una buena muestra del teatro español de nuestros días, que bien merece la pena ser representada. Preludia, al mismo tiempo, una dedicación dramática intensa que esperamos dé buenos frutos que consigan para este joven dramaturgo un lugar merecido en las listas de autores dramáticos españoles de nuestros días.

Notas

1. Las obras publicadas en este campo son las siguientes: *Para una lógica dialéctica* (Jaén, 1976), y *Fundamentos de una lógica simbólica de la contradicción* (Oviedo: Pentalfa, 1982). Tiene publicados, además, varios artículos en *Guadalbullón*, revista publicada por la institución docente a la que pertenece el autor, de la que es asiduo colaborador. Y también tiene en estado avanzado de preparación un ensayo filosófico, con ribetes literarios y líricos, que titula, por el momento, "El hombre ante la enfermedad".

2. Información extractada de conversaciones mantenidas con el autor en julio, agosto y noviembre de 1986.

3. Para los que gustan de estadísticas, podemos decir que el número de los cambios realizados al texto en esta segunda edición se aproxima a cuatrocientos, cantidad considerable, sobre todo teniendo en cuenta la extensión de la obra. Esta nueva redacción, que, en versión tipográfica es la que utilizamos para nuestro estudio, aparecerá en un futuro próximo en la Editorial Almar de Salamanca.

4. Como, por ejemplo, José María Rodríguez Méndez, *Los inocentes de la Moncloa*, ed. de Martha Halsey (Salamanca: Ediciones Almar, 1980), y Antonio Martínez Ballesteros, *Los opositores*, *Primer Acto* 119 (1970): 67-69.

5. El énfasis es nuestro. Dice el mismo personaje en otra ocasión: "¡Aristóteles, Galileo, Voltaire, Goethe y los opositores españoles: he ahí los pilares fundamentales de la Civilización Occidental! (32-33).

6. De entre lo mucho que se ha escrito sobre las oposiciones, queremos señalar, por su humor e ironía, las narraciones de Joaquín Calvo-Sotelo, recogidas en *Cinco historias de opositores y once historias más* (1968; Madrid: Espasa-Calpe, 1981), 27-98, y precedidas por un prólogo de Antonio Valencia Remón en el que trata del problema social de las oposiciones (13-22).

7. Los versos latinos, recitados por la Muerte y traducidos por la Diablilla, son éstos: "Judex ergo cum sedebit / quidquid latet apparebit / nihil inultum remanebit" (13), y "Quid sum miser tunc dictirus? / Quem patronum rogaturus? / Cum vix justus sit securus?" (14). También extrae de *Faust* la estrofa que dice: "Dispérsate en las llamas, Salamandra; / en las olas súmete, Ondina; / piérdete, Silfo, en claro meteoro; / Incubo; tu labor presta a la mía" (14), o el célebre pareado: "Bebamos aprisa, hermanos, / como quinientos marranos" (44).

8. Dicen así: "Qué buenos son / los hermanos satanases / tan buenos son / que no hacen revolución". Y para los ángeles: "Qué buenos son / los hermanos angelares / con los que hacemos / acuerdos generales" (50).

9. El autor imita aquí la conocida canción religiosa: "No llores, Jesús, no llores, / que nos vas a hacer llorar, / que los niños de este pueblo / te queremos consolar".

La España histórica ante los Estados Unidos

Carlos M. Fernández-Shaw
Cónsul General de España, Miami

España ha enseñoreado el territorio de los Estados Unidos durante 309 años, ha permanecido en él por más tiempo que en algunos países hispánicos. Recordemos las fechas del desembarco de Cortés en México o de la fundación de Lima por Francisco Pizarro, por citar dos ejemplos sobresalientes. Comparémoslas con la fecha auroral de aquel territorio: la del avistamiento y posterior toma de posesión de la península meridional de Florida, en 1513, por Ponce de León, quien la bautizó como tal por aquello de la Pascua Florida en que tuvo lugar. Es 1822 el año de partida definitiva, cuando el gobernador español de California cedió sus trastos al representante de México, país que heredó los dominios españoles en el sudoeste. No puede afirmarse desinterés español en el tiempo por Norteamérica.

En la coordenada del espacio tampoco España fue remisa en su atención al continente norteamericano. Numerosas expediciones se organizaron para desentrañarlo, no fueron pocos los intentos de establecimiento permanente y se echaron las bases de su geografía, levantando mapas, descubriendo y bautizando cordilleras y ríos, conociendo el contorno marítimo del país. En una de sus costas orientales pudo desembarcar Colón en su viaje auroral, de no haberse interpuesto la cadena isleña de las Bahamas que pertenece, al fin y al cabo, al hemisferio septentrional americano. Si se midiesen los kilómetros recorridos por los conquistadores españoles en las tierras al norte del río Grande, no quedarían muy perdedores en relación con sus colosos colegas exploradores de complejos montañosos y de pampas meridionales. Si en el Sur tropezaron con el Amazonas, en el Norte tuvieron que superar al Mississippi; si en el sur se enfrentaron con la barrera de los Andes, en el norte hubieron de atravesar el mismo complejo orográfico, denominado Montañas Rocosas. Los araucanos defendieron con heroismo sus tierras ante las huestes de Valdivia, y en el norte los Apaches y los Comanches consumieron muchas vidas y mucho esfuerzo con la colaboración de los hispanos caballos, luego de robados o convertidos en salvajes, cimarrones.

El Dorado anidó para muchas mentes aventureras en la zona amazónica, pero también otras creyeron encontrar el ensueño imposible en Quivira o en las Siete Ciudades de Cibola, en los hoy Estados de Kansas o de Nuevo México, o recordaron el reino de las Amazonas al bautizar a California, o se ilusionaron con beber en la fuente de la juventud, como

Ponce de León en Florida, equivocación originadora del primer contacto físico del mundo occidental con el actual territorio estadounidense.

Muchos de los caudales obtenidos en el Caribe, en México o en el Perú fueron invertidos —mal invertidos— en el Norte por el mencionado Gobernador de Puerto Rico Juan Ponce de León en su enamorada aventura floridiana, o por el acaudalado Hernando de Soto, compañero de Pizarro, y protagonista y financiador desgraciado de la expedición que recorrería un montón de vírgenes Estados de la Unión, o por los Virreyes de Nueva España en las múltiples entradas en el sudoeste norteamericano. Aunque bien es verdad que, por otra parte, Cabeza de Vaca, primer peatón de los Estados Unidos en su épica jornada de ocho años por el mediodía de este país, acabó dedicando sus afanes y su indomable ambición a la cuenca del Río de la Plata para la que consiguió el título de Adelantado; ambas gestas aparecen hermanadas en su pionero libro *Naufragios y Comentarios*, publicado en 1542.

En el continente sudamericano, las tareas de conquista habíanse terminado casi por completo en el siglo XVI, con velocidad ciertamente portentosa, mientras que en el septentrional se verificaron el el XVIII dos acontecimientos de enorme magnitud tanto por su significado político, como por su extensión material: la incorporación de la Luisiana —por francesa cesión en 1763— con la enorme preocupación que ello añadió a Carlos III y su equipo, y la apertura de California seis años después, gracias a la intrepidez de virreyes y capitanes y al celo apostólico franciscano, encarnado en Fray Junípero Serra. Tales expansiones territoriales conllevaron otras tantas consecuencias de enorme repercusión en el futuro de los Estados Unidos: con la presencia hispana en San Francisco —en la que jugaron papel protagonístico los ojos enamoradores de Conchita Argüello, la hermana del Gobernador— se neutralizaron los intentos rusos de establecerse en la costa pacífica, con el apasionado Conde Rezanov como punta de lanza (1805); con la existencia de un gobierno fuerte en Nueva Orleans, pudo España disponer de un eficaz ejército, que tomó la iniciativa en la bélica colaboración con los sublevados colonos en su lucha independentista contra Gran Bretaña, ejército que, al mando de don Bernardo de Gálvez, tomó a los ingleses las plazas de Baton Rouge, Fort Manchac, Fort Panmure, Mobile y Pensacola (ésta en 1781), y al mando de Eugenio Purré conquistó el fuerte San José (1781) en el lejano Michigan; en la guerra defensiva, el gobernador Leyba, de San Luis, Missouri, pudo rechazar con éxito un ataque indio-inglés en 1780. Estos mencionados hechos colaboraron grandemente en hacer factible la victoria en Yorktown de Washington y los suyos.

Mientras los reinos del Río de la Plata sufrían el trauma causado por la expulsión de los jesuitas, y el Virreinato del Perú padecía los efectos de la sublevación de Tupac-Amaru, más arriba del paralelo 25 se echaba a andar en el oeste una cadena fabulosa de misiones civilizadoras, hablando en español, y en el este se iniciaba un proyecto político trascendental, posible en buena parte merced a la colaboración hispana en su previa e indispensable independencia. No deja de ser simbólico que el 4 de Julio de 1776 se proclamara simultánea y casualmente la independencia de los Estados Unidos en Filadelfia y se fundara la ciudad de San Francisco por la gente de Carlos III.

Es el continente norte indispensable para redactar la historia de la Armada de Su Majestad Católica, pues aparte de haber arribado a él las naves descubridoras de Colón, fueron protagonistas sus atlánticas aguas —en las que se incluyen las del Golfo de México o Ponce de León, originadoras de la famosa corriente— de los más devastadores ataques de piratas y bucaneros a la flota mantenedora del comercio entre la Península y sus dominios, de los que triste prueba son los galeones hundidos por culpa de huracanes y arrecifes, hoy objetivos de potentes buscadores; de aquí el empeño de Don Felipe II en asegurar la Florida y en comisionar para tal empresa al mejor marino de la época, Don Pedro Menéndez de Avilés, quien hubiera capitaneado la Armada Invencible de no haber capitulado ante la muerte en edad temprana. No estuvieron las costas californianas exentas de piratas (recordemos a Drake) y de trascendencia en la expansión imperial de las comunicaciones con Asia, pues a ellas llegaban los famosos galeones de Acapulco, portadores de mercancías orientales, tras haber sido descubierta por Urdaneta la ruta apropiada, escapándose de los vientos alisios. La Marina española tuvo una intervención especial en la guerra independentista de las trece colonias.

Los afanes ilustradores carloceristas incluyen a California en sus viajes científicos, y así vemos a Alejandro Malaspina arribar a sus costas en la última década del siglo XVIII, y aun ascender hasta Alaska; le había precedido años antes en aquella visita con permiso real el conde de La Perouse, científico francés. Las tierras orientales no eran objeto en el entretanto de análogo interés: se encontraban en el ojo del huracán —símil nunca más apropiado— de la rivalidad bélica hispano-anglo-francesa que involucraba las posesiones americanas en las contiendas europeas, haciendo pasar de unas manos a otras La Habana, San Agustín y Nueva Orleans, preludiando el conflicto que la sublevación contra Gran Bretaña había de originar.

En punto a la difusión de la fe católica, no fueron remisos los gobernantes y misioneros españoles en las tierras del norte: en 1542 el franciscano Juan de Padilla fue asesinado en las llanuras de Kansas, y en 1566, el jesuita Pedro Martínez pereció a manos de los indios en las costas de Georgia. La primera parroquia de Norteamérica fue erigida en San Agustín en 1565 (lo recordó recientemente S.S. Juan Pablo II en su homilía en Miami) y un total de 203 misiones fueron elevándose en Florida, Texas, Nuevo México, Arizona y California. La Catedral de Nueva Orleans (1795) es la más antigua del país.

Por su parte, los capitanes hispanos levantaron fuertes y presidios en dieciséis estados por una cifra superior a los setenta. Como dato significativo, recordemos el número de los gobernadores españoles que ejercieron sus funciones en lo que hoy son los Estados Unidos, sin pretender una cifra irrebatible: 57 en Florida, 10 en Luisiana, 36 en Texas, 58 en Nuevo México y 10 en California.

En la lista áurea de la Conquista del Nuevo Mundo figuran a la cabeza Hernán Cortés, Francisco Pizarro, Vasco Núñez de Balboa, Pedro de Alvarado, Pedro de Valdivia y Sebastián de Benalcázar, por citar unos cuantos tan sólo, que dedicaron sus afanes a las tierras al sur del Río Grande; ya hemos visto que algunos gastaron sus energías en ambas áreas, como Hernando de Soto, Alvar Núñez Cabeza de Vaca o Pánfilo de Narváez; pero ... ¿gozan de la merecida fama, que tanto anhelaron, Francisco Vázquez de Coronado, Juan de Oñate, Juan Bautista de Anza, José de Escandón, Diego de Vargas o Gaspar de Portolá, quienes, entre otros nombres ilustres, descollaron en los esfuerzos expansionistas y civilizadores de la Corona española en Norteamérica? ¿Es que el Conde de Gálvez —el título nobiliario lo obtuvo por sus victorias en la Florida— cuenta con el reconocimiento proporcionado al papel que jugó en el acontecer estadounidense?

¿Por qué, se preguntará el posible lector, dicho Continente Norte ha seguido un curso histórico distinto del resto de las tierras americanas que se han visto exploradas y organizadas casi en su totalidad por los dos países que tienen su origen en la Península Ibérica? La navegación en los siglos XV y XVI dependía menos de los hombres que de los vientos y corrientes marinas que hicieron descender a Colón y a sus seguidores de los paralelos de los puertos andaluces de partida. Las condiciones, por otra parte, del hemisferio norte dificultaban la navegación y, aún más, el asentamiento en sus tierras; de aquí que ese abordaje lo comenzaran a realizar en los inicios del siglo XVII gentes europeas, avezadas a los climas inclementes: la colonización hispana de América fue confiada en un comienzo a peninsulares procedentes de las tierras cálidas de Andalucía y Extremadura, que se habituaron con gran facilidad a las exigencias del trópico y del subtrópico (con la excepción de las tremendas hazañas en los Andes). Las tierras del Norte se mostraron, por otra parte, inhóspitas para los hispanos, pues junto a las zonas pantanosas de la Florida, infestadas de insectos y difíciles de hollar, los conquistadores se toparon en el sudoeste con extensas llanuras desérticas que sólo su indomable esfuerzo pudo domeñar.

Conforme los años transcurrían, América se ampliaba cada vez más para España, y también se abría para ésta la posibilidad de Australia y del dominio del Pacífico occidental, con las islas Filipinas como centro operativo. Teniendo que hacer frente a las cruentas luchas europeas, España comenzó a despoblarse y a perder inevitablemente el potencial colonizador. ¿Era posible penetrar en el interior norteamericano, siguiendo las experiencias de Pardo y Boyano en los años sesenta del siglo XVI? ¿Cabía sacarle partido a las exploraciones de un Pedro de Villazur (1720) en el centro del país, o de un Sánchez Chamuscado (1581), o se contaba con recursos para remontar los ríos Missouri o Mississippi durante la segunda mitad del siglo XVIII cuando los extensos territorios de la Luisiana fueron transferidos a España? Añádase a ello la importante circunstancia de la creciente presión inglesa en la costa oriental atlántica a partir del desembarco en 1620 de los peregrinos del Mayflower y de la gradual penetración francesa por el centro, desde las posesiones del Canadá, a partir de 1672. Los fuertes y las misiones españolas a lo largo de Carolina del Sur y de Georgia cumplieron con su destino hasta comienzos del siglo XVIII en que fueron destruidos por superiores fuerzas inglesas.

No obstante, cuando se produjo la Independencia de los Estados Unidos en 1776 España poseía dos tercios del actual territorio de la Unión. Fue, en realidad, en los comienzos del siglo XIX cuando comenzó el ocaso español en el continente norte, en parte por causas derivadas de las de la emancipación en el hemisferio sur (los territorios de Texas, Nuevo México y California pasaron a México en 1822), en parte por causas ajenas (como la retrocesión de la Luisiana a Francia en 1803, o la cesión de las Floridas a los Estados Unidos por el Tratado Adams-Onís de 1819). La última razón de todo ello debe buscarse, sin embargo, en el debilitamiento progresivo del poder español, agudizado con la invasión napoleónica y el correlativo alzamiento popular, y la consolidación de la estructura política del nuevo país, los Estados Unidos (perseguidores del Destino Manifiesto), junto con la expansión de las potencias coloniales, Gran Bretaña y Francia, otrora enemigas en América.

Creación literaria y análisis de textos en la clase de español

Mercedes Fornés Guardia
Universidad de Navarra

Muchos de los interrogantes que se le plantean al profesor de español a extranjeros giran en torno al empleo de textos, bien sean literarios, periodísticos o de otro tipo en la clase: ¿Qué materiales son los idóneos para estudiantes de un determinado nivel? ¿Cuál es la efectividad de esos materiales para el aprendizaje? ¿Deben reformarse de algún modo?, etc.[1]

No es mi propósito responder aquí a estas preguntas tal como las he planteado —pretender hacerlo supondría una ingenua osadía por mi parte— aunque tenga una relación estrecha con ellas puesto que lo que se pretende es analizar un tipo de texto de características especiales —como ahora veremos— y plantear sus posibilidades de uso en el aula.

En 1969, R. J. Sender publicó una novela de humor, *La tesis de Nancy*.[2] Escrita en forma epistolar, en cada una de las cartas, Nancy, una norteamericana venida a España para realizar su tesis doctoral, narra sus peripecias a una prima suya, Betsy, también estudiante de español, que vive en Estados Unidos. Las cartas han sido supuestamente traducidas del original inglés por el propio Sender, lo que explica que el recurso cómico fundamental en la obra sean los equívocos y la descomposición léxica de locuciones, como en el siguiente ejemplo:

> Eso de soltar la mosca es, creo yo, una superstición. Parece que en las cajas de caudales tienen una mosca guardada. Cuando sacan dinero sueltan la mosca. Cuando meten dinero en la caja parece que guardan la mosca otra vez. No sé si es la misma mosca u otra. (174)

Otro recurso bastante empleado es la adscripción de un término a un registro lingüístico que no le es propio: "A la insistencia objetiva se le da un nombre en la psicopatología española que es *pejiguera*".

El hecho de que las cartas se den como traducidas explica que en ellas no haya alteraciones morfológicas y sintácticas. Sólo se encuentran en una carta, la quinta. En ella se rompe la estructura general del texto; no es Nancy quien la escribe sino su prima y lo hace en un español que imita la interlengua[3] de un estudiante norteamericano de nivel poco avanzado.

Lo que se plantea ante este texto es, por una parte, si la carta responde a lo que escribiría un estudiante norteamericano y, por otra, si sería útil en una clase.

Para responder a ello, veré en primer lugar algunos errores que se presentan en el texto como típicos de un estudiante anglosajón y si ello corresponde o no a la realidad. Agrupo los errores detectados bajo dos rótulos generales, "Morfosintaxis" y "Léxico", a los que se añade un tercero, "Rasgos arcaicos", que recoge fenómenos que podrían incluirse en los dos anteriores; he preferido, sin embargo, colocarlos en grupo aparte por su peculiaridad.

Morfosintaxis

1) *Sustantivo*

  a) Adscripción errónea de un determinado género a un sustantivo sin alteración de la forma de ese sustantivo

   La problema atómica (132)
   Toda la planeta (134)

  b) Adscripción errónea de un determinado género a un sustantivo con alteración de la forma de ese sustantivo.

   Por la momenta (133)
   Una manoja de llaves (132)

  c) Incorrección en el género del determinante

   La país española (132)
   La arte (134)

2) *Pronombres*

  2.1) Pronombres personales

  a) Pronombre sujeto de 2ª persona singular tras preposición

   Hay una esquina reservada para tú y tu romance (134)
   No bailaba más para tú (131)

  b) Pronombre átono tras preposición

   Tus advisos son de la mayor importancia a me (134)
   En esa comparación y renegancia de me (134)

  c) Pronombre tónico por pronombre átono

   Yo tenía una previsión antes de dejar tú (131)

  d) Ausencia de pronombre átono en construcciones pleonásticas

   Envidio a ti sin razón específica (134)

  e) Cambio en el orden de colocación de los pronombres dentro de la frase

   Háceme nostálgica la [tu] falta (132)

  f) Cambio de significado de la frase por ausencia de pronombre

   Preparar[se] contra los años (133)

Yo [me] siento melancólica y solitaria (132)

g) Incorrecciones en el uso del neutro *lo* por transferencia del inglés *it*

Como complemento directo del verbo gustar

Como me gusta lo (135)
Porque me gusta mucho lo (131)

Como antecendente de un pronombre relativo, en vez de la conjunción *que*

Lo siento muchíssimo que no bailaba más para tú (131)

Calco en el orden de palabras

Y tú tienes lo (135)

3) *Otros adyacentes del sustantivo*

3.1) Adjetivo

a) Falta de concordancia con el sustantivo

Los verdaderas historiadores (133)
La atmósfera internacionala parece volver trágico (134)

b) Moción de género en adjetivos invariables

La civilización ... superiora (133)
La atmósfera internacionala (134)

c) Adjetivos sin apocopar

Grande problema (134)
Ciento años (132)

3.2) Artículo

a) Ausencia de artículo necesario

Cuando experiencia llega (133)
Salvarnos todos de extinción (134)
Todas artes y sciencias (133)

b) Presencia de artículo en contextos que exigen 0

Por la caridad (135)

c) Zonas concurrentes con posesivos, demostrativos, 0, etc.

Ausencia de posesivo

Abrazos amigables a [mi] querida Nancy (135)
Te envidio ... sólo por [tu] fecundo contacto con los gitanos (134)

Artículo por posesivo

Háceme nostálgica la falta porque. (132)

Ausencia del pronombre indefinido *un*

Es grande problema (134)
Sin [una] razón específica (134)

4) *Preposiciones*

a) *A* y *en* con valor locativo.

[Como se dice] a la cantina (132)

El buen Dios ... descenerá en la tierra (132

b) *Por* y *en* para expresar medio de locomoción

Una vieja por tren a Pensilvania (132)

c) *A* y *O* ante Complemento Directo

Puede salvarnos todos de extinción (134)

d) *A* y *para*

Tus advisos son de la mayor importancia a me (134)

e) *De* y *O*

La hora antes la puesta del sol (134)

Testigos (gas) son que la nación ... (133)

5) *El verbo*

5.1) Regularización de paradigmas verbales

E decirá a la Humanidad ... (132)

Columpando una manoja de llaves (132)

5.2) Confusión de tiempos

a) Pretérito indefinido y compuesto

Ahora el tiempo caliente pasó (134)

b) Presente y pretérito imperfecto

No puede dejar los estados porque mi sobrino favorito tiene sólo tres años. Su madre iba a trabajar y es grande problema (134)

5.3) Confusión de modos

a) Oraciones independientes sin que exista ninguna causa que justifique la aparación de un subjuntivo

Yo lea cosas inquietadoras (132)

Berthelot haya predicho ... (132)

b) Oraciones temporales que expresan una acción futura

Sentimos que cuando ese día llega en la sciencia (133)

Hasta [que] recibo una foto de Curro (132)

c) "Consecutio temporum" en oraciones condicionales

Todo sería bien si yo misma no aplaudo (134)

5.4) Los copulativos *ser* y *estar*

a) *Ser* por *estar* por calco de la forma inglesa *To be happy*

Yo soy feliz de tu romance con Mr. Curro (131)

b) *Ser* acompañado del adverbio *bien*

> *Todo sería bien* (134)

5.5) Formas no personales del verbo

a) Uso de infinitivos por formas verbales personales,

> *Perdón por las violencias de mi lengua. Un día aprender bien* (133)
> *En mi situación no hay cambio. Siempre esperar que algo sucederá*
> *para bueno* (134)

b) Calco de construcciones inglesas de gerundio

> *Una previsión interesante tocante la problema atómica* (132)

5.6) Régimen preposicional de algunos verbos

a) Régimen calcado de la correspondiente forma inglesa

> *Buscando por tu respuesta* (132)
> *Cada noche pregunto lo a Dios por* (133)[4]

b) Verbos que en español rigen un suplemento aparecen sin preposición

> *Testigos son [de] que ...* (133)
> *Tocante [a] la problema atómica ...* (132)

c) Verbos transitivos aparecen con preposición

> *Es importante de quedarte* (133)
> *Te aconsejo ... de quedarte* (133)

Léxico

1) *Confusión de palabras quasi homónimas:*

> *Vieja* (132) por *viaje, agradecer* (132) por *agradar, previsión* (131) por
> *prevención, entender* (131) por *intentar, respectos* (133) por *aspectos,*
> *caballo* (132) por *cabello.*

2) *Confusión entre las posibles traducciones de palabras inglesas*

> *To know* se traduce por *saber* en vez de *conocer*
> *La humanidad sabría la formación esenciale de los átomos* (132)
> *To take* se traduce por *tomar* en vez de *llevar, enviar*
> *Tu larga carta me toma a mi con la imaginación a Alcalá de Guadeira*
> (132)

3) *Confusión de palabras o construcciones quasi sinónimas*

a) *Rincón y esquina*

> *En mi corazón hay una esquina reservada para tú y tu romance* (134)

b) *Venir bien/mal y sentar bien/mal*

> *Mi caballo ya no es negro, sino rubio, y no me viene mal del* todo
> (132)

4) *Calcos de palabras o sintagmas ingleses.*

a) Adaptación de forma: *sciencia* (132)

b) Calcos

> *Aquí la vida es expensiva [por 'cara'] y las groserias [por 'tiendas de alimentación'] cada día más caras* (134)
> *Tus advisos [por 'consejos'] son de la mayor ...* (134)
> *Oír una lectura* (132)
> *Yo pregunto una cuestión* (134)
> *En el concierto de la vida ... yo juego mi instrumento* (133)

5) *Confusiones en algunos procedimientos de derivación*

a) Formación de sustantivos abstractos

> *Las sufrancias y placencias de los gitanos* (132)

b) Formación de adjetivos

> *Inquietadoras* (132) por *inquietantes*
> *Asombrador* (131) por *asombroso*
> *Bárbaricas* (133) por *bárbaras*.

6) Interjecciones empleadas fuera de contexto

> *En los tiempos menos tempestuosos fotos suyas mirarán y comprenderá la humanidad mucho que estaría oscuro sin el trabajo esotérico de los calés. Viva tu madre. Los artistas son los verdaderos historiadores ...* (133)

Rasgos arcaicos

a) Sustantivos o adjetivos que toman una -e epentética, como *sinceridade, conforte* y *esenciale*.

b) Se usa el verbo *tornar* por *volverse* o *convertirse en*

c) Aparece el sintagma *el amor de la vida*, que aunque hoy sea también correcto, tiende a expresarse como *el amor a la vida* para evitar la ambigüedad entre complemento objetivo y subjetivo.

d) El uso del verbo *acomplir* se puede considerar también como arcaico, así como el uso de la conjunción *e* por *y* o de un adjetivo como *eternal* por *eterno*.[5]

Conclusiones

A la vista de este análisis, creo que la respuesta a la primera de las preguntas formuladas —si el texto refleja o no la realidad— debe ser afirmativa. Pienso que en él se observa claramente que Sender, como profesor de español que fue en Estados Unidos, conocía bien los defectos más corrientes del español hablado por una persona de origen anglosajón: los errores cometidos en cuanto al género del sustantivo, la conjugación verbal, los tiempos y modos verbales, los copulativos *ser* y *estar*, artículos, preposiciones o pronombres complementarios son los que podríamos encontrar en el ejercicio de cualquier estudiante de español.[6]

Junto a ello, y, sobre todo en el ámbito del léxico, encontramos con gran frecuencia casos de calco de términos o construcciones inglesas[7] así como el empleo de palabras fuera de contexto, bien en el uso de interjecciones, bien en el de sustantivos y adjetivos que se confunden con otros homónimos o quasi homónimos.

La impresión general que produce el texto es que Sender explota, de los datos que la realidad le ofrece y que él conoce bien, no aquellos más frecuentes sino los que pueden resultar más vistosos o, al menos, más chocantes. Ello no puede extrañar si se piensa en "para qué" escribió Sender esta novela. Ya en la introducción, el autor afirma que la comicidad es el fin último de lo escrito: "Aquí están [las cartas] y ojalá te diviertan, lector. Hacer reír es tarea de discretos, según decía Cervantes" (18).

Esta búsqueda de lo risible explica que el autor cargue las tintas en aquellos aspectos más superficiales de la lengua pues son los que pueden despertar la risa con mayor facilidad. Por ejemplo, para un lector medio español, resulta mucho más cómico que Betsy emplee *caballo* por *cabello*, que Nancy interprete literalmente una locución como *estar en la higuera* o desconozca el sistema de loterías, a que confunda los tiempos de un verbo o deje de emplear un artículo.

Para responder a la segunda de las preguntas formuladas al comienzo de este artículo —posibilidades de uso del texto en la clase— debemos tener en cuenta las características del grupo al que el texto se dirija, el propósito que con él se persiga y las actividades que se realicen para conseguirlo.

Un primer requisito, indispensable, es que los componentes del curso tengan el inglés como lengua materna o, al menos, lo dominen lo suficiente como para poder detectar los anglicismos que aparecen. Creo también que, para que el texto pueda emplearse en una clase, esta debe componerse de estudiantes de nivel avanzado que hayan superado el estudio de interlengua que se refleja en la carta. Así, los estudiantes podrán tener la suficiente capacidad de análisis de los errores cometidos y podrán captar la comicidad que la carta encierra de forma similar a como lo haría un nativo.

Creo que el texto puede emplearse básicamente con dos propósitos: por una parte, puede servir como pretexto para llevar a cabo una revisión de aspectos gramaticales a partir de los errores cometidos por Betsy. Lo que debe plantearse entonces un profesor es el alcance que quiera dar a esa revisión. Si lo que se pretende es estudiar un aspecto particular —uso de pronombres, género, verbos, etc.— puede trabajarse con el texto completo señalando gráficamente los casos de los temas que se trate. Si, en cambio, se lleva a cabo un análisis general, será recomendable revisar sólo algunos fragmentos para no dispersar la atención de los estudiantes.

Para no reducir el trabajo a un mero análisis de errores, este puede complementarse con otras actividades tales como revisión de léxico relacionado con el texto, ejercicios gramaticales complementarios o bien otras actividades más distendidas tales como el juego de "la subasta de frases"[8]

El segundo propósito para el que puede ser útil trabajar con el texto que comentamos es el perfeccionamiento de la redacción. Para ello se puede pedir a los estudiantes que reescriban la carta de forma que pueda ser comprensible para un posible lector. Con ello se conseguirá hacer hincapié en aspectos más complejos y propios de una clase de nivel avanzado tales como el orden de palabras, fenómenos de correferencia y enlace, etc. a la vez que se practica la redacción de distintos estilos de escritura como la narración, confección de cartas, etc.

Creo que de todo lo dicho se puede deducir fácilmente que nos encontramos ante un buen material para una clase. El provecho que de él se pueda obtener dependerá siempre del profesor, que deberá tener en cuenta el nivel y las circunstancias del grupo al que pretenda aplicarlo. De todas maneras, creo que puede ser un buen punto de partida para realizar una serie de actividades que complementen los libros de texto, sobre todo si tenemos en cuenta, que las actividades pueden dirigirse a estudiantes de un nivel para el que los materiales ya elaborados no son, precisamente, muy abundantes.

Notas

1. Cfr. L. Costa, "Viene en el periódico ...": Análisis lingüístico de textos del lenguaje cotidiano", *Actas del IV Congreso Nacional de AESLA* (Córdoba, 1987) 183-208; C. Olivares, "Integración de la literatura en el ESP: la ciencia ficción", *Actas del V Congreso Nacional De AESLA* (Pamplona, 1988) 449-53; B. Steel, "Español avanzado para estudiantes de literatura", *Yelmo* 21 (1974): 14-19.

2. R.J.Sender, *La tesis de Nancy*. (Madrid: Emesa, 1969). Tiene su continuación en *Nancy, doctora en gitanería* (Madrid: Emesa, 1974) y *Nancy y el Bato loco* (Madrid: Emesa, 1974).

3. Cfr. Larry, Selinker, "Interlanguage", *IRAL* 10.3 (1972): 209-31. Para el caso concreto del español, Milton Azevedo, "The interlanguage of advanced learners: An error analysis of graduate students' Spanish", *IRAL* 18.3 (1980): 217-27.

4. En que además se confunden dos posibles traducciones del verbo *to ask*, *pedir* y *preguntar*.

5. ¿Puede deberse todo ello a un intento por parte de Sender de hacer hablar a Betsy un español sacado de los libros, mostrando así que conoce el español escrito en épocas pasadas pero no el español coloquial? Probablemente, puesto que este es uno de los defectos de que adolecen muchas veces los estudiantes extranjeros.

6. La falta de espacio me impide reproducir aquí ejemplos tomados de escritos reales para contrastarlos con los que se han citado.

7. El mismo autor señala que éste es uno de los recursos más frecuentes cuando afirma: "He copiado la carta para que se vea que Betsy trata de expresar en español no sólo ideas corrientes, sino también sensaciones peculiares e intuiciones complejas. Si lo consigue o no, el lector dirá, pero *yo creo que sabiendo un poco de inglés se puede entender el español de Betsy*" (135).

8. Para llevar a cabo este juego, el profesor deberá seleccionar algunas frases de la carta procurando combinar un ejemplo de frase correcta con otras en las que haya algún tipo de error cuya detección implique un grado mayor o menor de dificultad para los estudiantes. Estos deberán realizar una puja por aquel caso que consideren correcto. El profesor deberá decidir cuál es el sistema para premiar a los estudiantes que pujen por la frase correcta.

Female Presence, Male Prescience:
The Creation of the Subject
in *La gran sultana*

Edward H. Friedman
Indiana University

> The active heroine in a folktale sets out to make her
> own life, to change the rules in her own favor. However,
> this is not a takeover, not a process of authority but a
> *deterritorialization*. Morgiana, the active heroine of 'Alibaba
> and the Forty Thieves,' does not make war upon society,
> she merely uses her intelligence to make her master's space
> her own. A woman and a slave, she changes the rules to
> achieve equality. Her marriage is itself a transgression.
>
> (Marie Maclean, "Oppositional Practices in
> Women's Traditional Narrative")

One may claim —hyperbolically, of course— that an examination of
Cervantes' literary trajectory ultimately rests on how the reader/critic responds to the rejection of the chivalric enterprise in the final chapter of
Don Quijote. This ingeniously open chapter poses a number of questions
fundamental to analysis (and often psychoanalysis) of self and circumstance with regard to creation *and* creator. What is accepted, and what is
rejected, as a result of the conversional mechanism? Who is doing the
accepting and the rejecting? How clearly is Cervantes to be associated
with his characters, and to what extent are the protagonist's problems
analogues of the issues which concern the author? Is the Cervantes whose
consciousness is etched on the pages of his fictions an artistic or a philosophical construct —more properly the subject of metacriticism or of metaphysics? Is the work of art an end in itself or a means through which
to discover the author? In short, is the object of scrutiny a text or its
inventor, or are they one and the same?

Ruth El Saffar, in *Beyond Fiction: The Recovery of the Feminine in the
Novels of Cervantes*, finds a writer intimately linked to his protagonists:
"The hero's success or failure ... tells us something about the author and
how he sees the world" (4). The lifting of the chivalric veil in *Don Quijote*
Part II shows a character conquering his dependence on illusion and an
author in control of his literary precedents and in control of his own life.
Self-mastery operates on both levels, pointing beyond illusion —"beyond
fiction"— to reality, to truth with a capital T. At the end of the quest is
the authentic self, the product of a process of disillusionment. The "re-

covery of the feminine" refers to the reconciliation of oppositions, a coming to terms with the "other," the victory of harmony over violence and madness. The final event in Cervantine fiction —the reunion and marriage of the protagonists of the *Persiles*— underscores the idea of recovery, the recuperation of complementary elements earlier presented in conflict. El Saffar sees the interpolated tales of Cervantes' narratives "as indices of the stage of development of the primary characters and as efforts to reach beyond the confines ... in which those characters are trapped," as well as markers of "the author's stage of development" (8). While *La Galatea* and *Don Quijote* I are built around unresolved conflict, *Don Quijote* II and the *Persiles* demonstrate narrative stability, successful integration of episodes, and closure. The "inhibiting power" (6) of rival fiction is no longer a threat. The obstacles removed, Cervantes may approach the creative task without recourse to the irony born of metaphysical tension.

Professor El Saffar's argument —which takes its direction from Karl Jung, René Girard, Cesáreo Bandera, and from her own study of the *Novelas ejemplares*, *Novel to Romance*— is subtle, profound, beautifully sustained, and, appropriately, provocative. It may inspire one, for example, to reflect upon the development of Cervantes' view of fiction and to reconsider the role of the episode in the narrative and dramatic works. It may inspire one, as well, to take another look at *La gran sultana*, the only one of Cervantes' *comedias* which gives heroic status and titular force to a woman. *La gran sultana*, one of four plays on the captivity of Spanish Christians by Moslems, is rich in secondary action, a dramatic counterpart of the interpolated tale. Correspondingly, the question of narrative control finds an analogue in the playwright's control of language and event. By foregrounding a female character, Cervantes may offer a significant variation on the theme of the "other."

It is not my intention here to critique *Beyond Fiction*, but rather to allow El Saffar's treatment of interpolation and "the feminine" to guide and enrich a reading of the play. At the risk of emulating Cervantes in the prologue to *Don Quijote* II —that is, by proceeding to do what I have just stated I would not do— I would like to state briefly where my approach to Cervantes differs from El Saffar's. I submit this merely as an alternate perspective, one that will affect my analysis of *La gran sultana*.

In his chapter on Góngora in *Reality and the Poet in Spanish Poetry*, Pedro Salinas shows how the poet intensifies the signifier through the devices of rhetoric. A single object may undergo infinite metaphorical refashioning. Words are not inferior to the reality to which they refer, but paradoxically superior, adding verbal grafts to objects in the world, inverting the traditional concept of macrocosm and microcosm. Salinas' elaboration of Baroque sensibility may be applied to *Don Quixote*, which brings the world into the text and the text into the world and back again. For Cervantes, the desired end of literature may not be the victory of reality over fiction, but the incorporation of reality into fiction. Art recreates and embellishes life. If this reading demonstrates the "romantic" fallacy, perhaps El Saffar's reading suggests a "realistic" fallacy, one that would have Cervantes resign himself to, rather than resist, the limits of the word. Does literary method —or maturity— demand a rejection of the medium? Does the conversion in *Don Quijote* II break down a structure established in over a thousand pages? Does Cervantes see the light, or does he see another Avellaneda lurking in the background? Does the *Persiles* say more about life (or art) than *Don Quijote* I? Does Cervantes, in the course of his writings, seek to free himself from a "prison-house of language"? Does Don Quijote's conversion signal Cervantes' choice of reality over the imagination? And, finally, must the revelation of truth occur "beyond fiction"?

El Saffar, if I read her correctly (or "misread" her minimally), argues that in Cervantes' early fiction the dominant literary forms occupy the space between the written word and reality as a type of rival to creative freedom. In the later works, the adversarial situation breaks down as the writer gains assurance, as he recognizes "the lie of escapist literature, with its emphasis on the Rival and the Impossible Lady" (13). Assimilation replaces opposition, and the emergence of the independent female character "at the same time that the male characters are undergoing conversion" (15) becomes a sign of change on Cervantes' part, a sign of self-discovery.

Judging Cervantes' works from another angle of vision, one may see literary precedents —components of the intertext— as "friendly" rivals. The "romantic" bent may predispose one to classify Cervantes as a precocious deconstructionist, whose aim is not so much to close the gap between word and reality, signifier and signified, expression and meaning, as to concentrate on the "space between," what may be termed a *locus amoenus* of mediation. Literature is a symbolic medium, and its approach to the truth need not be direct. Textual irony may be an acknowledgment of the dialectics of discourse, of the problematical middle ground between idea, or immanence, and manifestation. Certain recent studies of Spanish Golden Age narrative tend to negate the value of irony. One critic of *Lazarillo de Tormes* contends that "life is simple if we forget Wayne Booth and assume that the book means what it says" (Wright, 532). It is difficult to ignore the presence of irony in Cervantine fiction, as the foundation of a contract of sorts between the implied author and implied readers. One need not view irony negatively, as if it were a type of defense mechanism through which to avoid confrontation with the truth. Fact and fiction are not mutually exclusive; each is inscribed within the other, like the historical figures and art objects of *Las Meninas*. Velázquez includes numerous "rivals" in the painting: works of art, a mirror and open doorway as framing devices, a work in progress, a self-portrait. *Las Meninas* is an ironic commentary on the conventions of representation and on the interplay of art and life, as are the heroic "deconstructions" in Velázquez's mythological paintings. Rivalry here, as in Cervantes, may not be a covering of truth but a truthful juxtaposition of complementary domains. The meta-artistic, or metaliterary, mode does not necessarily point to a lack of maturity, or of understanding, but may be a means by which to elevate the self by elevating art.

Cervantes' four plays on captivity —*Los tratos de Argel* of the first period, and *Los baños de Argel*, *El gallardo español* and *La gran sultana* published in 1615 as three of the *Ocho comedias*— call attention to the blending of truth with the devices of fiction. Cervantes himself spent five years as a prisoner in Algiers, so that the historical elements depicted in the plays are, in part, autobiographical. The Spanish captives of the *comedias* are often "captives of love" as well, versed in the poetics of metaphor. The discourse of the plays consistently employs the *body/soul* dichotomy, an allusion to captivity on the spiritual plane. On the structural level, a common denominator is the contrast between the happy endings of fiction and the tragedies of war, a distinction between literary plotting and historical destiny (Friedman esp. 61-79).

La gran sultana is the story of Doña Catalina de Oviedo, held prisoner in Moslem territory from early childhood. For almost seven years she resides in the harem of the Gran Turco, hidden from his lust by a kindly (and Christian) eunuch. An unkind Moslem eunuch reports her presence to the sultan, who, on discovering that the lofty descriptions of her beauty are, if anything, understatements, falls madly in love with her. The sultan becomes captive to the Christian lady and asks for her hand in marriage. Willing to die for her faith, Doña Catalina rejects the offer. The insistent suitor, blinded by love, makes a grand gesture: he will let her practice Christianity and retain her name. Satisfying the objections raised by her father, Doña Catalina marries the sultan and, at the play's end, is about to bear him an heir.

One may contemplate the play that Cervantes could have written but did not. The initial premise could have formed the basis of a saint's play, the story of a Christian martyr who refuses to sacrifice her religion as the wife of a Moslem potentate. The sultan's loving generosity —his tolerance— precludes a spiritual victory of this kind and entitles Doña Catalina to theoretical martyrdom, at best. "Mártir soy en el deseo," she says at one point (Cervantes 277). The trials facing the heroine could also have led to a progressive weakening of faith, to a sinner's play, as it were. Suffering and even torture could have caused a renunciation of her homeland and its national religion. But this woman is nothing if not determined, and circumstances give her little reason to vacillate. Suicide, a legitimate option in pre-Christian Numantia, would here be a far greater sin than intermarriage, a fact not lost on the protagonist.[1] Doña Catalina's resoluteness is exemplary and, at the same time, dramatically limiting. She begins where most heroes end; her words and her actions bear the firmness of her faith. Not only is she a tower of strength, but her powerful Moslem suitor is, from the outset, the epitome of submission. He neither demands, begs for, nor suggests conversion; consumed by passion, he offers an "equitable solution" to the religious differences in his sixth speech after meeting Doña Catalina, at the end of Act I. She requests three days to decide, but there is only negligible tension at this point, even with the unexpected intervention of her father.

The *comedias* on captivity, by their very nature, lend themselves to the use of antithesis as a rhetorical analogue, centered on the conflict of faith, Christian versus Moslem. In *La gran sultana*, the gender distinction heightens the dichotomy. The male protagonist, a Moslem, places love above matters of faith and of state; he is exaggeratedly idealistic, obsessive, ingenuous. The female protagonist, a Christian, relegates personal concerns to religious devotion; she is realistic, analytical, and clear-sighted. Disoriented by love, he is duped by the metatheatrics of others. Motivated by a sense of duty, she resorts to metatheater in order to serve the Christian cause. The marriage represents a tropological shift from antithesis to oxymoron, manifested in the play's title, *La Gran Sultana Doña Catalina de Oviedo*. The sultan is submissive; his captive, demanding. The man is inordinately passionate; the woman, impressively dispassionate. He is, in sum, bedazzled by her beauty, while her eye is on the beauty of eternity.

The sultan actively pursues Doña Catalina, but is passive as the agent of his people's fate. He forgets the holy war to pursue a distaff member of the enemy camp. He does not belabor the question of allegiance, but quickly chooses the flesh over the spirit. If Doña Catalina's discourse prioritizes the soul (*alma* above *cuerpo*), the sultan's foregrounds beauty (*hermosura, belleza*), to create an ironic variation on the topos of love's heresy. A Persian ambassador appears early in Act II, but the sultan is too preoccupied to arrange a peace settlement. He betrays his people and his faith, and the distraction may work to Spain's advantage. The "happy ending" of the play —matrimony and impending paternity— marks a closure of the dramatic premise, but even the fictional dimension of the work is oddly unresolved. What will be the faith —and the political allegiance— of the sultan's heir? Will the heroine of the play give birth to the antagonist of an unwritten sequel? Or will the unborn child adopt the Christian religion and be captive to Moslem authority? Does Doña Catalina unwittingly sacrifice her child's citizenship and birthright? For a play whose primary action is lacking in tension, *La gran sultana* offers a deceptively "open" dénouement. Since the problem of faith is resolved in the first act and the future of the heir lies outside the play, it is important to note how Cervantes fills the dramatic space.

The play opens (and closes) with a subplot concerning a Christian youth Lamberto, who left Prague in pursuit of his beloved Clara. Lamberto's tutor, the renegade Roberto, fears (correctly) that his charge is now a prisoner of the Moslems. Clara and Lamberto, dressed as a woman to be near his lover, are now *odalisques*, members of the sultan's harem and calling themselves, respectively, Zayda and Zelinda. The two are in grave danger, one because he is a man and the other because she is pregnant. In Act III, when the sultan picks Zelinda (that is, Lamberto) as the object of his affection, Zayda (or Clara) places her trust in Doña Catalina. The *sultana* feigns jealousy, demands a monogamous relationship, announces her pregnancy, and receives a joyful response from the sultan. They name the transformed harem girl pasha of Rhodes.

The gullible —or starry-eyed— sultan accepts Zelinda's metamorphosis without question, but the major object of mockery in the play is a Moslem magistrate, the first to be convinced of the sex change and tricked by the Spanish captive Madrigal into believing that the latter can translate the secret language of birds and teach an elephant to talk. Madrigal is the daring Spaniard par excellence: robust, playful, proud. In his first appearance in the play —a scene which Joaquín Casalduero calls an *entremés*— Madrigal incurs the wrath of the Jewish quarter by dropping a piece of bacon into a cooking pot. He enrages his captors by directing his amorous attention to a Moslem woman. In his final appearance on stage, he is plotting an escape, made possible by the unsuspecting magistrate.

In *La gran sultana*, Cervantes uses subplot as a counterpoint to the main plot. Madrigal and his Moslem lover invert the case of the sultan and his Christian bride. Lamberto and Clara offer variations on the themes of captivity —real and figurative— and pregnancy. Madrigal, the Spanish prisoner, exerts an authority missing in the enamored Moslem ruler; he moves toward freedom while the sultan becomes subservient to Doña Catalina. In a clever and convincing article entitled "*La gran sultana Doña Catalina de Oviedo*: A Cervantine Practical Joke," P. Lewis Smith sees Madrigal as an alter-ego of the author, who toys with his audience by ensnaring them in the question: Is the play fact or fiction? The clues, made gradually clearer, will lead discreet spectators to the conclusion that the work is pure fiction.[2] Madrigal himself, echoing the opening chapter of *Don Quijote* I in the line, "sin discrepar de la verdad un punto," proposes to write a play based on Doña Catalina's life, a work —one would suspect— not unlike *La gran sultana*. The distinction between truth and falsehood —as seen in Madrigal's tricks on stage and Cervantes' from behind the scenes— lies at the center of this particular fiction.

Casalduero, in contrast, argues that the theme of the play can be nothing other than original sin. He finds a marker in Doña Catalina's reference to the fall of man ("la mísera de Adán primer caída"), to contend that Cervantes sets forth a spiritual doctrine for life on earth. Original sin has made the world an enemy of mankind, but one must live in the world, without losing good will or abandoning Christianity (133, 144).

Between the theological lesson and the metaliterary "hidden agenda" of *La gran sultana* stand a protagonist and a playwright facing crises: Doña Catalina must deal with the sultan's proposal and Cervantes with the exigencies of the stage and with a "rival" dramatic form, the *comedia* of Lope de Vega. Unlike such plays as *El rufián dichoso*, *La entretenida*, and *La casa de los celos*, *La gran sultana* does not consciously acknowledge Lope's formula for drama, and one may hypothesize a link to *La gran turquesca*, a "lost" play of the first period (to which Cervantes alludes in the *Adjunta al Parnaso*). Whatever her origin, Doña Catalina is an exemplary yet static character. In no way is she deluded, "trapped" within the fiction, in need of conversion. The sultan's subservience further reduces her histrionic space. What appears to be a reversal of roles and status may merely rewrite —albeit with respect— the feminine code of passivity. It is Doña Catalina's beauty —not her nobility of spirit— that captivates the sultan, and she is cheered at the end for her ability to satisfy her husband and to procreate. (And, with respect to the heir, we can surmise what sex the characters are hoping for.) While the Moslem mortal is no match for the Christian God, Doña Catalina finds happiness on earth because the sultan's will is stronger than her own, because he "upstages" his love object by preventing her from becoming a tragic heroine, or a martyr. The result is a modified vision of sacrifice, the sacrament of marriage, and patriotism.

The Gran Turco's selection of Zelinda/Lamberto over the other harem girls is a parody of the theme of rivalry. The sultan, Madrigal, and —after his transformation— Lamberto control the dramatic situations and the women in their lives. The Moslem woman seduced by Madrigal does not appear in the play, and it is Lamberto —not Clara— who receives a title. The spirituality that gives Doña Catalina her strength makes her a symbolic presence, an icon. On the other hand, the sultan's flaws —his willingness to compromise his faith and his shortsightedness caused by love— add to his dramatic weight. Yet he, too, cedes the stage to another Spanish captive, Madrigal, whom Smith sees as representing Cervantes. Madrigal projects a return to Madrid, where he will write, stage, and play himself in a "truthful" rendition of Doña Catalina's story, a work which, he notes, will undoubtedly please some and displease others. This may be a projection of Cervantes' dream as a captive and of his current dilemma before a fickle public, a public which gets the last laugh if, indeed, *La gran sultana* was intended to mock its spectators. The success of Doña Catalina does not mirror the theatrical career of Cervantes, the author of sixteen works —eight *comedias* and eight *entremeses*— "nunca representados." There is, nonetheless, a certain ambiguity of tone and message in *La gran sultana*. Whereas in *Los tratos de Argel*, *Los baños de Argel*, and *El gallardo español* there is a balance between fact and fiction and a clear boundary between Christian and Moslem, *La gran sultana* accentuates fiction and union. The signifying systems —"la verdadera historia"— may operate, like the female protagonist, on an abstract level. Doña Catalina de Oviedo is both a Christian symbol and a sign of otherness, of alterity.[3] She is dramatic subject and semiotic object, independent yet at the mercy of her captors, her creator, and the interpretive options of the spectator or reader. Cervantes *lives* and *writes* captivity, and the rivalry of the world and the word —mediated by experience in both realms— is, perhaps, as Ruth El Saffar suggests, a starting point for the critical act.

Notes

1. David Burton considers the theological implications of intermarriage, with a special focus on "disparity of cult" (the case in which a Catholic marries a non-baptized pagan or infidel) and its relation to *La gran sultana*. He concludes that "although Cervantes was probably aware of the existence of the prohibitions associated with 'disparity of cult,' he turned away from the strict observance of the law to demonstrate that firm faith transcends social restrictions" (61).

2. There have been noteworthy attempts to uncover the historical bases of *La gran sultana* (e.g., Canavaggio 58-64). Smith offers a brief survey of the hypotheses.

3. In an essay entitled "From Symbol to Sign," Julia Kristeva (62-73) distinguishes between the *symbol*, which presupposes faith in the stability of the signifier, and the *sign*, which marks a growing instability, or lack of faith. Doña Catalina, in a sense, represents both categories; she serves as an icon and as an open sign.

Works Cited

Burton, David G. "The Question of 'Disparity of Cult' in *La gran sultana.*" *Romance Notes* 28.1 (1987): 57-61.

Canavaggio, Jean. *Cervantès dramaturge*. Presses Universitaires de France, 1977.

Casalduero, Joaquín. *Sentido y forma del teatro de Cervantes*. Madrid: Gredos, 1966.

Cervantes Saavedra, Miguel de. *Obras de Miguel de Cervantes Saavedra. II. Obras dramáticas.* Ed. Francisco Ynduráin. Biblioteca de Autores Españoles 156. Madrid: Atlas, 1962.

El Saffar, Ruth. *Beyond Fiction: The Recovery of the Feminine in the Novels of Cervantes.* Berkeley: University of California Press, 1984.

_____. *Novel to Romance: A Study of Cervantes's* Novelas ejemplares. Baltimore and London: The Johns Hopkins University Press, 1974.

Friedman, Edward H. *The Unifying Concept: Approaches to the Structure of Cervantes' Comedias.* York, South Carolina: Spanish Literature Publications, 1981.

Kristeva, Julia. *The Kristeva Reader.* Ed. Toril Moi. New York: Columbia University Press, 1986.

Maclean, Marie. "Oppositional Practices in Women's Traditional Narrative." *New Literary History* 19.1 (1987): 37-50 [44].

Salinas, Pedro. *Reality and the Poet in Spanish Poetry.* Trans. Edith Fishtine Helman. Baltimore: The Johns Hopkins Press, 1966 ["The Exaltation of Reality: Luis de Góngora" 129-47].

Smith, P. Lewis. "*La gran sultana Doña Catalina de Oviedo*: A Cervantine Practical Joke." *Forum for Modern Language Studies* 17.1 (1981): 68-82.

Wright, Roger. "Lázaro's Success." *Neophilologus* 68.4 (1984): 529-33.

Don Alvaro o la fuerza del sino: ¿contradicción u ortodoxia?

John P. Gabriele
The College of Wooster

El asunto de *Don Alvaro o la fuerza del sino*, obra cumbre del romanticismo español, es archiconocido. Obra de fuerte raigambre filosófica y religiosa, se trata —en resumidas cuentas— de un hombre acosado por una fuerza misteriosa e incoercible que le lleva a provocar varias desventuras y la eventual ruina de todo lo que ama, incluso de sí mismo. La pieza de Rivas ha inspirado una variedad de estudios literarios desde su estreno en 1835. De particular interés crítico, son las especulaciones que han surgido a raíz de los temas del sino y libre albedrío.

Se suele señalar como peculiaridad del drama la curiosa e innegable mezcla de elementos cristianos y paganos en que todo comentarista no deja de hacer hincapié. Prevalece en la obra un fuerte ambiente religioso que se da a conocer mediante varios y distintos elementos tales como la inmutable devoción de Doña Leonor, sus hermanos Don Alfonso y Don Carlos, y otros personajes menores como el Canónigo, el Padre Guardián y el Hermano Melitón. A este respecto se añadiría además, el inequivocable aire de piedad evocado por detalles específicos del escenario como las celdas del convento, los oratorios, las cruces, los breviarios y la sombría música del órgano. De mayor consecuencia aún, es el conformismo religioso que demuestra el mismo Don Alvaro en varias ocasiones en frases convencionales como "¿Te complaces en levantarme al trono del Eterno ...?"[1] "Vuestra hija es inocente ... Tan pura como el aliento de los ángeles que rodean el trono del Altísimo" (73), y "¡Dentro de breves horas, lejos de las mundanas afecciones, vanas y engañadoras, iré de Dios al tribunal severo!" (107). Señalamos también las numerosas invocaciones de Dios por nuestro héroe que abundan en las últimas escenas del drama inmediatamente precedentes a su muerte. En específico, notamos su propia admisión firme de fe. "La muerte" dice, "Como cristiano la sufriré: no me aterra" (108).

Por lo que toca a Don Alvaro, sus acciones son igualmente indicativas de su devoción. Por ejemplo, cuando decide fugarse con Leonor, manda preparar una ceremonia matrimonial religiosa. Le anuncia a Leonor, "¡Oh loco estoy de amor y alegría! En San Juan de Alfarache, preparado todo, con gran secreto, lo he dejado. El sacerdote en el altar espera; Dios nos bendecirá desde su esfera" (70). Al final de la Jornada IV, inesperadamente salvado de la ejecución a causa del ataque austriaco, Don Alvaro hace voto a Dios para renunciar al mundo si no es matado en batalla: "Denme una espada: volaré a la muerte, y si es vivir mi suerte, y no la logro en tanto desconcierto, yo os hago, eterno Dios, voto profundo de renunciar al mundo, y de acabar mi vida en un desierto" (109). De hecho, y por consiguiente, acaba entrando en un monasterio franciscano.

En oposición a los elementos religiosos, se acusa en la pieza la maniobra de cierta fuerza fatal que viene sugerida de inmediato por la palabra *sino* en el subtítulo. Subsiguientemente, se reafirma en la Primera Jornada por el pronóstico de Preciosilla y, por fin, viene evidenciada repetidas veces a lo largo de la obra por la adversa fortuna del personaje central que comienza con el fatal disparo de la pistola que causa la muerte del Marqués de Calatrava.

El sino figuraba prominentemente en el pensamiento de Angel Saavedra. Según lo que se ha escrito sobre Rivas, sabemos que el tema representaba un motivo constante en su vida y obra. E. A. Peers, en su estudio pormenorizado, ya clásico, al comentar el papel del sino en *Don Alvaro* nota que el dramaturgo mismo "seemed to be undergoing some kind of crisis of belief in the religious dogmas in which he had been educated and to be questioning many of the habitual preconceptions, values, and beliefs which were held to be essential to the safety and stability of society and that make for a harmonious view of existence" (574). Además de *Don Alvaro*, es notable el papel de "la fuerza del sino" en otras composiciones de Rivas como *Florinda* (1834) y *El desengaño en un sueño* (1842), entre otras. No obstante, a pesar de la evidente fascinación personal y literaria del Duque por el tópico, su ortodoxia, en la opinion de los críticos, queda inmutable.[2]

El criterio que ha prevalecido para juzgar a *Don Alvaro o la fuerza del sino* se adhiere a uno de dos puntos de vista fundamentales. El primero propone el indiscutible papel del "sino" como único promotor de las acciones trágicas y fútiles de Don Alvaro. Para los críticos como Nicomedes Pastor Díaz, Ferrer del Río, Ernest Merimée y Menéndez Pelayo no hay escape ninguno para Don Alvaro y cualquier intento de corregir sus errores resulta siempre en derrotas mayores. Don Alvaro está predestinado a sufrir y el sino, según ellos, le niega cualquier oportunidad de vivir alegremente, incluso amar. Otro grupo de críticos, entre los cuales figuran Leopoldo Augusto de Cueto, Manuel Cañete y Enrique Funes, sostienen que tal consideración del drama desatiende por completo las numerosas alusiones a Dios en la obra y su ambiente religioso imperante. Estos críticos recalcan, contrariamente, una lectura estrictamente cristiana del drama y destacan el papel de la Providencia Divina como el elemento determinista en la obra. Aquí, pues, reside la base de la irresoluble controversia que desde hace más de un siglo ha acaparado el interés de los que han estudiado la obra. Es decir, mientras la primera postura niega rotundamente cualquier expresión de libre albedrío por parte del protagonista la segunda lo reafirma y descuenta, por total, la idea de predestinación.

Gabriel Lovett ha sintetizado la desorientación frente a la obra de la siguiente manera:

> There is on the one hand the religious atmosphere of the play —the references to God; but on the other hand God's will is not really apparent. It is as if He had not decided to intervene through Providence and to let fate run its course. Rivas was orthodox enough to point to the existence of God and to make his characters God-fearing, but he strongly emphasized the factor of destiny and did not let God interfere with its actions. There is then an essential contradiction between the pagan and the Christian aspects of _Don Alvaro_; but if Rivas realized that the end result of the play was contradictory, he was apparently happy to let the work stand or fall with it. (82)

Lovett concluye que la caracterización del protagonista de Rivas es esencialmente inconsistente y que la composición de la pieza es, en su base, contradictoria.

No existe estudio de _Don Alvaro_ que no recoja, de alguna manera u otra, la contienda con que se ha asociado la obra por tanto tiempo. Aunque cada estudio, aporta o vislumbra una idea para iluminar el camino crítico hacia una comprensión más enfocada del drama, la conclusión no dista mucho de la de Lovett. Entre los esfuerzos críticos más convincentes para idear una evaluación substancial del significado de la pieza de Rivas, se destaca el estudio de Richard Cardwell quien mantiene que la irresoluble ambivalencia del drama se debe mayormente al hecho de que es considerada por la crítica una obra realista. Para Cardwell, "manifestly Don Alvaro as a 'Romantic hero' is an archetype. Albeit differing from the neoclassical models, he is nevertheless archetypal in that he exemplifies the outlook of an influential minority of the age and voices the misgivings concerning traditional interpretations of the universe and man's status and role within it" (561). En otras palabras, Cardwell mantiene que _Don Alvaro_ es una obra simbólica en que se dramatiza un conflicto entre una nueva visión inconformista del universo y el punto de vista católico tradicional y ortodoxo. El argumento de Cardwell es, en mi opinión, la primera intención seria de reconciliar dos facetas conflictivas, pero céntricas, del drama.

La afirmación de Cardwell de considerar _Don Alvaro_ una obra simbólica nos proporciona la primera clave para apreciar su difícil, pero intrigante, composición. El segundo paso hacia la resolución del problema es quitarse de encima el peso de la crítica que hasta el presente se ha dedicado a analizar las dos facetas del drama independientemente una de otra. No ha habido esfuerzo ninguno por analizar el concepto de predestinación exclusivamente dentro de un contexto dogmático cristiano. En las siguientes páginas me propongo esclarecer las interpretaciones conflictivas de _Don Alvaro_ mediante una referencia textual a la Biblia. Mi intención es mostrar que el concepto de predestinación no es, del todo, incompatible con las creencias del dogma cristiano y que la pieza de Rivas y, por consiguiente, su protagonista pueden considerarse desde una sola perspectiva sin admitir contradicciones.

El pasaje bíblico a que me refiero es la carta de San Pablo a los Romanos 9:6-23.[3] La selección de este pasaje con atención a la caracterización de Don Alvaro, responde al deseo de comentar un texto de conocimiento universal que plantea la misma cuestión filosófica que dramatiza Rivas en su obra. Una lectura cuidadosa descubre que dichos versículos se orientan hacia un debate entre el libre albedrío y la predestinación; asunto que se ha debatido ardientemente por los siglos.

Se trata en este pasaje de una declaración de la supremacía absoluta de Dios relacionada con un problema particular: su elección de los recipientes de su gracia, o sea, "los escogidos". Queda patente en los primeros versículos que, de los hijos de Abraham, fue escogido Isaac (no Ismael) por cumplimiento de una promesa de Dios y, por tanto, que los descendientes de Issac fueron los hijos de tal promesa (vs. 7-9).[4] "Los términos de la promesa son éstos", escribe Pablo. 'Por este tiempo volveré y Sara tendrá un hijo'. Ni es sólo esto: también Rebeca concibió de un solo varón, nuestro padre Issac. Pues bien, cuando aún no había nacido ni había hecho aún bien ni mal, para que el propósito de Dios, conforme a la elección, no por la obras sino por el que llama, permaneciese, le fue a ella dicho: 'El mayor servirá al menor', según lo que está escrito: 'Amé a Jacob y odié a Esaú'". Estos versículos revelan que la elección de Jacob sobre Esaú por Dios no fue a consecuencia de los méritos de uno y otro en la vida mundial sino el resultado de un plan puramente arbitrario. No se dan razones por las acciones de Dios ni la casualidad de su selección. Ambos, en los casos de Isaac e Ismael y Jacob y Esaú las fortunas de la prosperidad personal resultan de una actitud de odio y amor providencial predeterminado. Al citar de Exodo 13:19, Pablo vuelve nuevamente a recalcar la arbitraria selección de Dios. "Pues a Moisés le dijo [Dios]: 'Tendré misericordia de quien tenga misericordia y tendré compasión de quien tenga compasión'. Por consiguiente, no es del que quiere ni del que corre, sino de Dios, que tiene misericordia". Asimismo, Pablo pone el ejemplo del faraón como individuo predestinado a la destrucción por Dios para mostrar su poder absoluto y supremo y hacer ejemplos de los destruídos para los que se destinan a la gloria. Añade Pablo, "Porque dice la Escritura al faraón: 'Precisamente para esto te he levantado, para mostrar en ti mi poder y para dar a conocer mi nombre en toda la tierra'. Así que tiene misericordia de quien quiere y a quien quiere le endurece".[5]

Pablo sigue insistiendo en que los favores de Dios se ajustan a un plan predeterminado y elabora su concepción de tal presdestinación por medio de la muy conocida analogía del alfarero: "¡Oh hombre! ¿Quién eres tú para pedir cuentas a Dios: ¿Acaso dice el vaso al alfarero: Por qué me has hecho así? ¿O es que no puede el alfarero hacer del mismo barro un vaso para usos honorables y otro para usos viles? Pues si para mostrar Dios su ira y dar a conocer su poder soportó con mucha longanimidad a los vasos de ira, maduros para la perdición, al contrario, quiso hacer ostentación de la riqueza de su gloria sobre los vasos de su misericordia, que El preparó para la gloria ..." Igual que el barro del alfarero el material original puede ser el mismo, pero los objetos formados pueden tener fines distintos. Algunos son destinados para usos honorables, otros serviles. Por analogía, algunos hombres son preparados para la gloria, otros para la perdición. Conclusivamente, debemos acusar que los versículos de Romanos a que se han hecho referencia mantienen últimamente que Dios observa cierta arbitrariedad en la elección de "los escogidos". Las implicaciones de esta lectura de Romanos nos permite formular, creo, una nueva estimación del drama de Rivas.

En vista de los detalles de la vida de Rivas y el paralelismo de dicho texto bíblico con *Don Alvaro*, no me parece, del todo, indebido un análisis del drama en los términos que se han propuesto en el presente estudio. Si adoptamos el pasaje de Romanos para idear una visión de la gracia de Dios como una fuerza divina fundada en lo casual, se esclarece mucha de la desorientación que por tanto tiempo ha envuelto el drama de Rivas. Cobra, por ejemplo, renovado significado el pronóstico de Preciosilla la cual predice en la Primera Jornada la adversa fortuna de Don Alvaro, antes de tener éste cualquier oportunidad de ganar favores ni la ira de Dios por sus futuras acciones. También se reduce al mínimo la polémica respecto a los sucesos inverosímiles que le acaecen no sólo a Don Alvaro sino a otros individuos supuestamente inocentes (la familia de Calatrava). Las muertes del Marqués de Calatrava y sus hijos a manos de Don Alvaro, por ejemplo, se interpretan fácilmente de conjunto como partes del plan más amplio de la preconcebida destrucción de éste por Dios; hecho, del todo, comparable a las siete plagas sufridas por el faraón antes de su destrucción final. Igualmente y, por extensión, la interdependencia simbólica de los versículos de Romanos y el drama de Rivas nos permite restituir cierta validez a la escena final del drama cuando en la cima de su desesperación Don Alvaro se suicida tirándose al abismo mientras los observadores piden misericordia. Pues, Dios muestra ostensiblemente en Don Alvaro su poder imponente y da a conocer su "nombre en toda la tierra" para el beneficio y amonestación de los que están destinados a la gloria, es decir, los monjes y otros habitantes del convento, presentes como testigos del suicidio. Don Alvaro puede igualarse, entonces, a Ismael, Esaú y el faraón los cuales todos jugaron papeles que no fueron de su elección personal.

Según explica Marie Philomène de los Reyes, la integración de un tema bíblico dentro de la composición de una obra dramática "is a means of *giving freedom* to the dramatist by enabling him to *enlarge the dimension of his poetic* vision of life through the transparency of mythopoetic designs integrating the fragmented events in the life of another age" (167). La afinidad temática de *Don Alvaro* con los versículos de Romanos le proporciona a Rivas cierta libertad para tratar un tema corriente de su época que trasciende todo límite temporal y espacial. La adopción de los versículos de Romanos por Rivas funciona a base de los mismos principios asociados con el concepto de "figural interpretation", según lo define Auerbach.[6] Es decir, partiendo de la carta de San Pablo a los Romanos, Rivas logra crear un texto de dimensiones simbólicas que recoge un tema precedente del pasado pero firmemente arraigado en su época. De hecho, el drama de Rivas cobra un significado renovado a la luz de su interdependencia simbólica con los versículos de Romanos.

Consta decir que la doctrina de la predestinación ha inspirado durante mucho tiempo interminables debates infructuosos. Lo mismo podría decirse de la consideración por la crítica del asunto en cuanto a *Don Alvaro*. El ambiente religioso del drama, la devoción inequívoca de sus personajes mayores y menores y las numerosas admisiones de fe de Don Alvaro hacen difícil aceptar que éste sea controlado por el sino, en el sentido clásico de la palabra. Por lo contrario, tampoco es convincente el papel de la Divina Providencia en la pieza. La carta de San Pablo a los Romanos pues, nos permite atenuar hasta cierto punto dicha polémica. Partiendo de la casual selectividad practicada por Dios en los casos de Isaac e Ismael, Jacob y Esaú y el faraón, es posible concluir que el concepto del sino o predestinación no es, del todo, ajeno al dogma cristiano. De hecho, el asunto —hasta el mismo texto de Romanos— contemplado con óptica inquisitiva de un católico ortodoxo, quien expresa dudas sobre la interpretación tradicional del hombre dentro del universo y en cuya propia vida la casualidad jugó cierto papel focal, bien pudiera resultar en lo que presenciamos en el drama de Angel Saavedra.

Notas

1. Angel Saavedra, Duque de Rivas, *Don Alvaro o la fuerza del sino*, en *Nineteenth Century Spanish Plays*, editado por Lewis E. Brett (New York: Appleton Century-Crofts, 1935) 71. Toda cita del drama procede de esta edición y se indica en el texto del estudio.

2. Numerosos son los críticos y biógrafos que vuelven sobre la cuestión del conformismo católico de Rivas. Además de Peers, véanse los sumamente informativos estudios de Gabriel Boussagol, *Angel de Saavedra, duc de Rivas. Sa vie, son oeuvre poétique.* (Toulouse: E. Privat, 1926) y Nicolás González Ruiz, *El Duque de Rivas o la fuerza del sino. El hombre y su época,* 2ª ed., (Madrid: Ediciones Aspa, 1944). De paso, hacemos hincapié en un hecho curioso de la vida de Angel Saavedra. Notamos que su ducado le viene indirectamente, o sea por "sino" o casualidad. Debiera de haber sido duque su hermano mayor que murió antes de tiempo. Posteriormente, sea por consecuencia de su título o no, la situación social y política de Rivas viene notablemente aumentada. Entre otros puestos, es elegido senador por Cádiz, nombrado presidente del Consejo de Estado, y embajador en Francia y en Nápoles. También, se le conceden honores y es nombrado miembro de varias academias importantes.

3. A continuación se reproducen los versículos de Romanos que nos servirán en el presente estudio.

[6]Y no es que la palabra de Dios haya caído (vacía), pues no todos los de Israel son Israel, [7]ni todos los descendientes de Abraham son hijos de Abraham, sino que "por Isaac será nombrada tu descendencia". [8]Esto es, no los hijos de la carne son hijos de Dios, sino los hijos de la promesa son tenidos por descendencia. [9]Los términos de la promesa son éstos: "Por este tiempo volveré y Sara tendrá un hijo". [10]Ni sólo esto: también Rebeca concibió de un solo varón, nuestro padre Isaac. Pues bien, [11]cuando aun no había nacido ni había hecho aún bien ni mal, para que el propósito de Dios, conforme a la elección, no por la obras, sino por el que llama, permaneciese, [12]le fue a ella dicho: "El mayor servirá al menor", [13]según lo que está escrito: "Amé a Jacob y odié a Esaú".

[14]¿Qué diremos pues? ¿Qué hay injusticia en Dios? No, [15]pues a Moisés le dijo: "Tendré misericordia de quien tenga misericordia, y tendré compasión de quien tenga compasión".

[16]Por consiguiente, no es del que quiere ni del que corre, sino de Dios que tiene misericordia. [17]Porque dice la Escritura al faraón: "Precisamente para esto te he levantado, para mostrar en ti mi poder y para dar a conocer mi nombre en toda la tierra". [18]Así que tiene misericordia de quien quiere y a quien quiere le endurece. [19]Pero me dirás: Entonces, ¿por qué reprende? Porque ¿quién puede resistir a su voluntad? [20]¡Oh hombre! ¿Quién eres tú para pedir cuentas a Dios? ¿Acaso dice el vaso al alfarero: Por qué me has hecho así? [21]¿O es que no puede el alfarero hacer del mismo barro un vaso para usos honorables y otro para usos viles? [22]Pues si para mostrar Dios su ira y dar a conocer su poder soportó con mucha longanimidad a los vasos de ira, maduros para la perdición, [23]y al contrario, quiso hacer ostentación de la riqueza de su gloria sobre los vasos de su misericordia, que El preparó para la gloria ...

4. La alianza se había hecho originalmente con Abraham y su descendencia pero pronto fue evidente que sólo los hijos de Isaac serían los herederos de la promesa y, en específico, Jacob. Véase a este repecto Génesis 12:7, 21:12-14 y 25:23-26.

5. El endurecer del corazón del faraón se describe de varios modos en la Biblia. Véase, por ejemplo, Exodo 7:13, 7:22, 8:15, 9:12 y 9:17. No obstante, el efecto remonta al origen de Dios en cada caso.

6. Para una detallada definición de "figural interpretation" véase el ensayo de Eric Auerbach, "Figura", traducido por Ralph Manheim, en *Scenes from the Drama of European Literature* 11-76 prestando atención particular a las páginas 58-60.

Obras citadas

Auerbach, Eric. *Scenes from the Drama of European Literature.* Trad. Ralph Manheim. New York: Meridian, 1959.

Brett, Lewis E., Ed. *Nineteenth Century Spanish Plays.* New York: Appleton Century Crofts, 1935.

Cardwell, Richard. "*Don Alvaro* or the Force of Cosmic Injustice". *Studies in Romanticism* 12.2 (1973): 559-579.

De los Reyes, Marie Philomène. *The Biblical Theme in Modern Drama.* Quezon City, The Philippines: University of the Philippines Press, 1978.

Lovett, Gabriel. *The Duke of Rivas.* Boston: Twayne, 1977.

Peers, E. Allison. *Angel de Saavedra, duque de Rivas. A Critical Study.* Tomo LVIII de *Revue Hispanique,* 1923.

Saavedra, Angel de. *Don Alvaro o la fuerza del sino.* Brett, 61-120.

El cabello de Melibea (Medusa)
Entre la petrificación y el emborricamiento

Miguel Garci-Gómez
Duke University

Cuando Calisto, en su delirio amoroso, se dispuso a dibujarle a Sempronio el retrato de Melibea, con su irresistible atractivo sexual, comenzó por sus cabellos:

> CAL.— ... Su longura hasta el postrero assiento de sus pies; después crinados e atados con la delgada cuerda, como ella se los pone, no ha más menester para convertir los hombres en piedras.
> SEM.— ¡Mas en asnos!
> CAL.— ¿Qué dices?
> SEM.— Dije que essos tales no serían cerdas de asno.
> CAL.— Veed qué torpe e qué comparación!
> SEM.— ¿Tú cuerdo? (I, 1.54-55).

La imagen de los hermosos cabellos de Melibea provocó en Sempronio tan inquietante ansiedad que, apenas había comenzado Calisto la descripción, se vio obligado aquél a interrumpirle. Y es que el "cabello" actuó en el ánimo de Sempronio con el excitante y turbador poder del fetiche. Como han explicado extensamente los psicoanalistas y otros que han estudiado los símbolos en los mitos, el folclore, las fantasías y los sueños, el cabello es un consagrado sustitutivo del objeto sexual, motivado por la represión cultural (Cela II, 468). El hombre queda petrificado como castigo por ese prurito incontrolado de mirar lo que no le conviene ver (Fenichel 178).

La represión cultural del sexo ha sido tal que de sus zonas fisiológicas, sus órganos y operaciones, en el lenguaje del buen gusto, no se puede o no se debe hablar, si no es con circunlocuciones y eufemismos, con metonimias, metáforas y símbolos; algunos de éstos llegan a constituirse en verdaderos fetiches, objetos de una veneración especial. Freud explicó que el fetiche solía ser por lo general "una parte del cuerpo muy poco apropiada para fines sexuales (los pies o el cabello)" (1985, 22). En la alusión al "cabello" se ha dado lo que puede denominarse represión parcial, *pars pro toto*, con la que se permite que aflore a la conciencia sólo uno de los componentes de la zona genital, el pelo común a otras partes, al tiempo que el todo queda silenciado (Fenichel 343).

La función del cabello como sustitutivo del órgano sexual es frecuente en la lírica tradicional, hecha en el pueblo, por el pueblo, y para el pueblo; hecha para el entretenimiento y agrado de todos, grandes y pequeños, con el fin de que a ninguno de ellos pueda dar motivo de escándalo. Véanse por ejemplo estas dos coplas tan cargadas de emoción, de sentido y de inocencia:

> Tu cabello y el mío
> se han trenzado
> como las zarzamoras
> por los vallados.
> ¡Cómo lo tuerce y lo lava
> la monjita el su cabello!
> ¡Cómo lo tuerce y lo lava!
> Luego lo tiende al hielo.
> (Cummings 76 y 129).

En estas cancioncillas se escucha un canto de voz sencilla, sentida y sutil al cabello, fetiche dignamente entronizado en la bella hornacina de nuestra tradición lírica. A su lado, en lo más escogido de nuestra tradición épica, han resonado otros cantos, otras voces entonadas bien en defensa, bien en denuesto del pelo, según se hiciera del fetiche un objeto de veneración o de maltrato. Ejemplo interesante es el pasaje de la polémica entre el Cid Campeador y Don García, en *Cantar de mio Cid* (vv. 3270 y ss.).

Si de lo sublime a lo ridículo el paso es muy corto, en los ejemplos del *Cantar* y de *La Celestina* se acerca tanto lo uno a lo otro que su apreciación sólo depende del punto de vista: la voluntad de significación del hablante y la voluntad de interpretación del oyente. En el *Cantar* es el propio Cid el que canta los elogios de su barba, tan grande que el moro Búcar, aterrado, puso pies en polvorosa (Garci-Gómez 1975, 159): "verte has con el Cid, el de la barba grande" (2410).

Don García recogería el tema de la barba luenga, intonsa del Cid, y lo emplearía en la corte en vituperio del Campeador:

> Dexóla crecer y luenga trae la barba
> Los unos le han miedo y los otros espanta (3273-74).

Intencionalidad aparte, los citados pasajes de estos dos grandes monumentos literarios de la lengua castellana tienen en común la aceptación de la virtud aterradora del pelo largo. Entre los hombres el paradigma de la cabellera terrorífica es la del celebrado Sansón. Este, se nos cuenta en la Biblia, en un momento de debilidad moral, le confesó a Dalila que su fuerza radicaba en su cabello jamás rasurado: "Nunca ha tocado la navaja mi cabeza, pues soy nazareo de Dios desde el vientre de mi madre. Si me rapasen, perdería mi fuerza, quedaría débil y sería como todos los otros hombres" (*Jue.* 16.17).

El argumento que Don García adujo en vituperio del Cid, lo retorció éste en panegírico propio. El Cid, aseguraba él mismo, a mucha honra, había tenido un gran cuidado en proteger su pelo, el de la cabeza y el de la barba, desde el día en que nació ("Ca de quando nasco a deliçio fue criada" 3284). Hasta tal punto que —se nos aclara en otro lugar— vestía un cordón con el que se ataba la barba y una cofia que estaba confeccionada con miras a que las labores y adornos de oro no le cortasen, enredasen o estropeasen los cabellos (vv. 3094-98). También la Melibea de Calisto dejaba caer y ataba sus cabellos ("crinados e atados con la delgada cuerda") con personal cuidado y esmero ("como ella se los pone").

El Cid trataba y decoraba con reverencia su barba y Melibea sus cabellos, como el hombre primitivo trataba y decoraba a su fetiche. El fetiche inspiraba sentimientos de asombro, como si estuviera dotado de misteriosos poderes y mereciera el respeto y la reverencia propios de una divinidad. En la Biblia no es difícil apreciar la conexión del pelo con el fetiche sexual. Sansón sucumbió a los engaños de Dalila (Kahr) quien "le durmió sobre sus rodillas, y llamando un hombre, hizo que raparan las siete trenzas de la cabellera" (*Jue.* 16.19). En el Antiguo Testamento se nos dice de las prostitutas de Corinto que solían llevar por distintivo el pelo corto; a las cristianas, les amonestaba San Pablo que dejaran crecer su cabello para que les sirviera de velo (1 *Cor.* 11.15). El mismo apóstol, quizá también como censura a las modas de las prostitutas, aconsejaba a las cristianas que no se rizaran el pelo (1 *Tim.* 2:9). Debía ser la razón que el pelo corto y rizado se asemeja al pubiano. El cabello de Melibea, era luengo y crinado y, como un velo, le caía liso hasta cubrirle los talones (Garci-Gómez).

La barba luenga, intonsa del Cid infundía miedo al enemigo; el cabello inviolado de Melibea, largo hasta los pies, convertía a los hombres en piedra. En la tradición el paradigma de la virtud subyugadora, aterradora del cabello de la mujer eran las trenzas de Medusa.

Dice el mito clásico que Medusa, la única de las gorgonas que estaba sujeta a la mortalidad, cautivó a Neptuno por la hermosura de su cabello y se dejó poseer del dios marino en el templo de Minerva. Esta, indignada por la violación de su recinto sagrado, convirtió las mechas de Medusa en serpientes. Desde entonces los hombres que cruzaban su mirada con la del monstruo se convertían en piedra. Por fin Perseo consiguió decapitar a Medusa y como trofeo colocó su cabeza en el escudo de Minerva. Aun en efigie conservó Medusa su poder petrificador. En todo mito, bajo el lenguaje de una historia aparentemente manifiesta, yace latente una verdad psicológica. Muchos y muy importantes maestros del psicoanálisis (Ferenczi, Freud, Jones) están de acuerdo en que la cabeza de Medusa es un símbolo de los genitales femeninos. y que el terror que las serpientes inspiran es el miedo a la castración (Coriat). El cabello es un símbolo aterrador, tan aterrador como es para el niño la contemplación de los peludos genitales maternos; el símbolo se logra en la fantasía mediante el frecuente fenómeno del desplazamiento, en este caso hacia arriba (Ferenczi). Las muchas cabezas de serpiente vienen a ser como un polifalo, un símbolo de doble significado de destrucción y reproducción (Knight), muerte y resurrección (Suhr), inventado para sustituir, por oposición, por reacción excesiva, la falta del pene en la madre, en la mujer (Ferenczi). Teniendo en cuenta que eran únicamente los hombres los afectados por la mirada de Medusa, la petrificación que les causaba esa mirada es la simbolización del endurecimiento, la rigidez, la erección que, según Freud, viene de alguna manera a tranquilizarlos, prestándoles a la vez la garantía no sólo de su diferencia sino también del funcionamiento y la eficacia de su propio pene; la seguridad de su pene erecto sirve al mismo tiempo como de desafío y provocación a la mujer castrada (Freud). ¿Fue "cuerdo" Calisto al compararse a esos hombres petrificados ante la contemplación de unos luengos y hermosos cabellos?

Como personaje literario, personaje de ficción, fue cuerdo en cuanto que su actitud se identificaba con la de tantos varones de la antigüedad clásica, todos ellos, para el hombre renacentista, prototipos de cordura.

Los lectores de la primera escena de *La Celestina* conocemos bastante bien el complejo de Calisto: es él el "inmérito" por antonomasia, el que en el cenit de su beatitud se sentía atormentado por un íntimo "temor de caer de tal bienauenturança", acosado por el "recelo del esquiuo tormento". Incluso en las palabras de Melibea no es difícil percibir el runruneo de cierta duda sobre si Calisto podría perseverar: "más ygual galardón te daré yo si perseueras", le dice aquélla. ¿Perseuerar en qué?, habría que preguntarse. Aquel hombre que se reconocía a sí mismo como de "plebérico coraçón" (Garci-Gómez) carecía de "esperanza de salud". Hombre tal no podía menos de quedarse tan de piedra ante la visión del cabello de Melibea, como ante los de Medusa se habían quedado tantos varones griegos. Calisto estaba confeccionado con retazos de leyendas religiosas y míticas: parte cuerpo glorificado como el de los gloriosos santos, parte espíritu perdido como el de Píramo y Tisbe.

Calisto es el producto de la fantasía de Antiguo Autor; y es en esa fantasía donde el cuerpo del personaje se transformó en piedra, se volvió rígido, inmóvil: como si todo su cuerpo, siguiendo las averiguaciones de los psicoanalistas (Lewin), se hubiera convertido en un enorme falo, tan duro como inmóvil: falo erguido, hiniesto, pero falo frígido e insensible. Esa frigidez de la piedra, esa insensibilidad e impotencia de Calisto, su complejo de castración, es lo que provoca la zumba y el mentís de su criado.

¿Fue "torpe" Sempronio al caracterizar los efectos de la contemplación como conversión en asno, una especie de emborricamiento? También Sempronio es un producto de la fantasía de escritor. En él el Antiguo Autor se ha figurado un tipo de personaje afectado por una primera sensación de no menor ansiedad, una sensación un tanto semejante a la de Calisto, de enajenación y atontamiento, de 'convertirse en asno', o sea, de emborricamiento. Según el Diccionario de autoridades 'emborricarse' es "quedarse como aturdido, hecho un bruto, sin saber ir atrás ni adelante". Ahora bien, si la primera actitud de Sempronio no difiere de la de Calisto en un inicial enajenamiento, la reacción subsiguiente no puede ser más diversa una reacción de eretismo, bestial y trepidante, como la del asno de su comparación: ¡Mas en asnos!

Si Calisto estaba hecho de retazos de leyendas, Sempronio lo estaba de experiencias personales. En la cultura de represión, cerrados al niño herméticamente los portales de la sexualidad humana, sólo le queda abierta la gatera por donde asomarse y contemplar el comportamiento de los animales. Entre los recuerdos infantiles de sexualidad animal se le queda muy gravado el del burro con su enorme armamento genital, estirado sin inhibición alguna, alargado hasta casi rozar el suelo, y blandido con aparatosos rebuznos por las calles de los pueblos.

Si a Calisto, el cuerdo, le obsesionaban de entre los mitos los de amor y gozo, los de ensoñación, deseos o temor, a Sempronio, el torpe, le fascinaban los de bestialidad, atribuida tanto a los dioses de la Grecia de tiempo inmemorial como a los humanos de la Castilla de sus contemporáneos. De acuerdo con esa fascinación suya el "necio" criado le ponía sobre aviso a su amo en aquel conocido diálogo:

> SEMP.— Dixe que tú, que tienes más coraçón que Nembrot ni Alexandre, desesperas de alcançar vna muger, muchas de las quales en grandes estados constituydas se sometieron a los pechos e resollos de viles azemileros e otras a brutos animales. ¿No has leydo de Pasifé con el toro, de Minerua con el can?
>
> CAL.— No lo creo; hablillas son.
>
> SEM.— Lo de tu abuela con el ximio, ¿hablilla fue? Testigo es el cuchillo de tu abuelo.
>
> CAL.— ¡Maldito sea este necio! ¡E qué porradas dize! (I, 1.45).

En la fantasía del Antiguo Autor, como en la de todo gran artista y genio, se citaron a la par, para la confección de sus personajes, de sus imágenes y símbolos, no sólo sus experiencias personales sino tamién el tumultuoso subconsciente cultural colectivo.

También en la alusión al asno se pueden detectar ciertas huellas de la antigüedad clásica. Este animal aparece en algunas leyendas relacionado con Príapo, hijo de Baco y Venus, dios aquél de la orgía, diosa ésta del amor. De tal ayuntamiento nació un niño cuyo pene era tan enorme que su madre, horrorizada, lo abandonó en las montañas. Unos pastores que le recogieron le pusieron por nombre Príapo (pene), *propter deformitatem ac membri virilis magnitudinem.* Cuentan algunos que en Lansaco, donde vivió y se le veneraba, era costumbre inmolar en su honor un asno por haber este animal vencido al dios en un certamen que se celebró sobre la longitud del miembro genital (Forcellini).

Entre los romanos, Plinio, gran sabio en materias de historia natural, de gran influencia en los recetarios de la farmacología del medievo, recomendaba entre los de afrodisíacos el testículo derecho de un asno, con una copa de vino (*Historia* 28.80). Esa proverbialidad del asno como símbolo de la sexualidad "torpe" aparece reafirmada en otro pasaje de La Celestina, también del Antiguo Autor; en él cuando la sabia alcahueta adoctrina extensamente a Pármeno sobre lo esencial y lo bello del amor, concluye con una expresión lapidaria:

> CEL.— El deleite es con los amigos en las cosas sensuales e especial en recontar las cosas de amores e comunicarlas ... que lo al, mejor lo fazen los asnos en el prado (I, 1.107-08).

En el subconsciente cultural y lingüístico se mantiene para siempre el rescoldo de las experiencias infantiles y viejos mitos, elaboraciones artísticas éstos de aquéllas. En la crítica literaria es extraordinaria la ayuda que puede recibirse del psicoanálisis. Los psicoanalistas aportan a la interpretación de la sinfonía literaria unas voces valiosísimas; pero esas voces son una de las cuerdas y el crítico, por fascinadoras que le resulten, no debe escucharlas con exclusividad, haciéndose el sordo a las otras. Los buenos lectores debemos estar atentos a toda la polifonía.

El psicoanalista nos ilumina con luz precisa e ineludible en su enfoque sobre el miedo a la castración de un Calisto petrificado. El análisis literario no puede quedarse en eso, a su vez petrificado. Cuenta Freud que una paciente se le quejaba de que los sueños, tras su interpretación, perdían la belleza. Es cierto, porque perdían la ambigüedad poética, perdían la polifonía, al encontrarle el analista una respuesta, al parecer un tanto simplista, a cuestiones tan complejas.

En el texto literario hay además de los complejos de la infancia, palabras. Entre ellas hay una con la que siguen preguntándose sobre los Calistos los Sempronios de todos los tiempos: ¿Tú cuerdo?.

Si nos hacemos a la idea de que convertirse en asno vino a dar 'emborricarse', y que emborricarse recibe entre las acepciones figurativas de nuestros diccionarios la de "enamorarse perdidamente", podríamos pensar que el verdaderamente cuerdo fue el criado, y que la torpeza fue totalmente de su amo.

Ante belleza tal, ¿a quién se le ocurre convertirse en piedra?

Trabajos citados

Cantar de mio Cid. Ed. M. Garci-Gómez. Madrid: CUPSA, 1977.

Cela, Camilo José. *Diccionario del erotismo.* 2 vol. Barcelona: Grijalbo, 1988.

Coriat, Isador H. "A Note on the Medusa Symbolism". *American Imago* 2 (1941): 281-85.

Cummins, John G. *The Traditional Spanish Lyric.* Oxford: Pergamon, 1977.

Fenichel, Otto. *The Psychoanalytic Theory of Neurosis.* New York: W. W. Norton & Co., 1945. Trad. castellana: *La teoría psicoanalítica de la neurosis.* Buenos Aires: Paidós.

Ferenczi, Sandor, "The Symbolism of the Medusa's Head". Ferenczi, Sandor, *Further Contributions to the Theory and Technique of Psycho-Analysis.* London, 1926. Trad. castellana: *Teoría y técnica del psicoanálisis.* Buenos Aires: Paidós, 1967.

Forcellini. *Lexicon Totius Latinitatis.* Tomo 6. "Onomasticon". Patavii, 1940.

Freud, Sigmund. "Medusa's Head". *The Standard Edition of the Complete Psychological Works of Sigmund Freud.* Ed. J. Strachey. Vol. 18. London: Hogarth Press, 1957.

———. *Tres ensayos sobre teoría sexual.* Madrid: Alianza Editorial, 1985.

Garci-Gómez, Miguel. "Genitalidad del pie en la tradición literaria y folklórica". *LA Chispa '89: Selected Prodeedings*. Gilbert Paolini, ed. New Orleans: Tulane University, 1989. 139-52.

————. *Mio Cid: Estudios de endocrítica*. Barcelona: Planeta, 1975.

————. "Sobre el plebérico coraçón de Calisto y la razón de Pleberio". *Hispania* 66 (1983): 201-07.

Jones, Ernest. *On the Nightmare*. London, 1931.

Kahr, Madlyn. "Delilah". *Art Bulletin* 54 (1972): 282-300.

Laplanche, Jean y Pontalis, Jean-Bertrand. *Diccionario de Psicoanálisis*. Barcelona: Labor, 1968.

Lewin, Bertram D. "The Body as Phallus". *Psychoanalytic Quarterly* 2 (1933): 24-47.

Rojas, Fernando de. *La Celestina*. Ed. J. Cejador y Frauca. 2 vols. Madrid: Clásicos Castellanos, 1985.

Suhr, Elmer G. "An Interpretation of the Medusa". *Folklore* 76 (1965): 90-103.

Un extranjero en su patria o las andanzas de Don Juan de Vega

Salvador García Castañeda
The Ohio State University

Me refiero aquí a un curioso libro de viajes escrito por Charles Cochrane, uno de aquellos jóvenes idealistas que abrazaron con entusiasmo la causa de la Libertad en la Península Ibérica. Recorrió buena parte de las Islas Británicas entre 1828 y 1829 haciéndose pasar por un emigrado español y su relato tiene gran interés pues arroja nueva luz sobre la situación de los refugiados en el Reino Unido y revela los verdaderos sentimientos del pueblo británico hacia sus forzados huéspedes.

Como escribe Ian Robertson, "desde mucho tiempo atrás España venía teniendo un atractivo peculiar para los viajeros ingleses pero por quedar muy a trasmano de los itinerarios habituales del 'Grand Tourist' pocos la visitaban" ("Prefacio a la primera edición"). Sin embargo, aunque las obras sobre España escritas por aquellos viajeros fueron muy escasas hasta bien mediado el siglo XVIII, éstas proliferaron en el siguiente a consecuencia de la intervención inglesa en la Península, y luego al interés que despertó el romanticidmo por las tierras pintorescas y exóticas. Bajo el epígrafe "Historia, viajes, política y otros temas" recoge José Alberich 42 obras publicadas entre 1701 y 1808, nada menos que 217 sobre la guerra de la Península y un total de 64 para el reinado de Fernando VII.

En cambio, pocos fueron los españoles que viajaron a Inglaterra y debieron ser escasísimos quienes lo hicieran sin más fin que ver mundo aunque, a partir de la guerra de la Independencia muchos abandonaron España camino del exilio. Tantos hubo que pronto fueron personajes habituales en nuestra literatura y cuando Eugenio de Ochoa describió a "El emigrado" dentro de una colección de tipos costumbristas, aseguraba que en España "los hombres que más la honran en virtud, en letras y en armas, han comido, en alguna época de su vida, el pan amargo del destierro" (3).

Sobre la vida de aquellos españoles quedan *memorias* de quienes la conocieron como Alcalá Galiano, referencias en obras de contemporáneos, o trabajos como el de Núñez de Arenas para el exilio en Francia, o el imprescindible *Liberales y románticos* de Vicente Llorens para el de Inglaterra,[1] aparte de estudios dedicados concretamente a un personaje.

Ochoa describió los *depósitos* de Francia donde malvivían los emigrados pobres, vigilados por el gobierno que les pasaba un pequeño socorro. La situación de los refugiados en Inglaterra era muy semejante; sin más medios de subsistencia que una modesta pensión del gobierno británico, vivían casi todos en Somers Town, apiñados y apenas sin contactos externos.

La reacción de aquellos españoles ante un país y un modo de vivir tan diversos al propio fue muy diversa. Común a todos era el asombro producido por Londres, una metrópolis de millón y medio de habitantes entonces, llena de movimiento y de vida y con hermosos edificios. El país prosperaba gracias a una larga tradición mercantil, a la incipiente revolución industrial y a su política colonial. Otro aspecto sorprendente era el ambiente de libertad y de tolerancia política y religiosa inherentes a la vida inglesa que originaban en los emigrados tristes reflexiones si le comparaban con el de su patria.

Les desagradaban, en cambio, la arrogancia de la oligarquía dominante, la triste condición del naciente proletariado y el contraste entre la opulencia de la primera y la miseria del último. Les fastidiaba también una rigidez moral y de costumbres que alcanzaba incluso al sacrosanto aburrimiento de los domingos.

De excepcional interés resultan los testimonios de Valentín de Llanos y de Telésforo de Trueba y Cossío, dos novelistas emigrados que hablaban el inglés perfectamente y que estaban asimilados a la vida londinense. El primero en *Paris and London* (1831) y el segundo en *El español expatriado*, o sea *Las Memorias de don Esteban durante su residencia en Londres* (Ms), critican la hipocresía y el puritanismo de los ingleses, la arrogancia de unos aristócratas que ayer habían sido negociantes o tenderos, la gazmoñería y el quiero y no puedo de la clase media y la brutalidad de la baja.

En contraste con la visión que el viajero inglés tiene de España y la que da el español de Inglaterra, hay otra, muy poco frecuente, que podríamos llamar del "extranjero en su patria". Es la de quien viaja por su propio país haciéndose pasar por extranjero o por miembro de una minoría étnica o religiosa y experimenta por sí mismo tanto el trato que reciben éstos como las virtudes y prejuicios de sus verdaderos compatriotas.

Este fue el caso de Charles Cochrane, un joven de familia aristocrática y rica y de temperamento aventurero y generoso. Para distraerse y para tener una experiencia única decidió hacerse pasar por un español refugiado y bajo esta identidad recorrer las Islas Británicas. Tenía grandes simpatías por la causa liberal española, entre cuyos partidarios contaba con amigos, y hablaba también el castellano, que había aprendido en Colombia.

El proyecto era un tanto estrafalario, sobre todo si tenemos en cuenta la rigidez de costumbres de la época y que Cochrane pertenecía a la alta sociedad londinense, y más de uno pensó que el joven trovador estaba mal de la cabeza.

Resultado de sus andanzas fue *Journal of a tour made by Señor Juan de Vega, the Spanish minstrel of 1828-9, through Great Britain and Ireland, a character assumed by an English gentleman*, un curioso libro, hoy desconocido, pero que en su tiempo despertó suficiente interés para alcanzar tres ediciones en 1830, 1832, y 1847.[2] Para el lector medio, *Journal of a tour* sería uno más entre los relatos de viajes, tan populares entonces. En cambio, para los de la clase alta tuvo cierto carácter de escándalo, al descubrirse la identidad de su autor, por el tono más o menos escabroso de las aventuras referidas y por considerar que éste abusó de la buena fe de sus favorecedores, aunque lo hiciera con fines benéficos.[3]

Veinte años después, cuando Cochrane era ya un prohombre respetado por sus tareas filantrópicas, sus enemigos políticos todavía le reprochaban aquellos devaneos juveniles. El folleto *An Address to the Business-like Men of Westminster*, publicado en 1840, sin nombre de autor, por algún partidario suyo, hacía un examen exculpatorio del *Journal* y exaltaba la integridad moral, la experiencia y la capacidad política de Charles Cochrane, a la sazón candidato para representar a Westminster en el Parlamento.

Su familia provenía de cerca de Glasgow, en Escocia, donde tenía propiedades y donde se alzaban las ruinas del castillo de sus antepasados.[4] Tuvo negocios en Colombia y, de vuelta a Londres, un grave acontecimiento que podría haber sido de índole amorosa, le impulsó a emprender su viaje por el Reino Unido a fines de julio de 1828 (*Journal*, I, 1-2).

Poco después de concluir sus andanzas, reunió a su costa en 1831 un regimiento con el que ayudó a Don Pedro de Portugal en la liberación de Oporto, que estaba en manos del absolutista don Miguel (*Address*, 21). Notable fue también su intervención a favor de los miembros de la Legión Auxiliar Británica, cuando regresaron a su patria al final de la guerra Carlista. Aunque se hallaban en una situación desesperada, pues su antiguo general De Lacy Evans se desentendió de ellos, Cochrane consiguió la ayuda del Lord Mayor de Londres y de los banqueros y que el Gobierno español les pagara los sueldos atrasados. Cuando Cochrane estuvo en España en 1844 la reina Isabel agradeció oficialmente sus desvelos y el Ayuntamiento de Madrid le dio un voto unánime de gracias (*Address*, 21-23].[5]

Aun cuando al narrar sus aventuras, con excepción de las amorosas, el joven Cochrane sea bastante modesto, parece que estaba menos familiarizado con las costumbres españolas, hablaba castellano con menos soltura y tocaba peor la guitarra de lo que parece. Suplió estas faltas con entusiasmo por la aventura y con el atrevimiento que dan los pocos años. Escogió llamarse "Don Juan de Vega", como el personaje de Tirso y el autor de *La Dorotea*, y un traje que, a juzgar por su descripción —amplio sombrero de paja, capa y guitarra en bandolera— y por un grabado que ilustra el primer tomo del libro, era más propio de un facineroso napolitano de Salvator Rosa que de un emigrado español. Pertrechado así, anduvo por los caminos buscando el trato de sus verdaderos compatriotas y evitando cuidadosamente el de los españoles, quienes podrían haber descubierto con facilidad la superchería.

Ni que decir tiene que su presencia despertaba la expectación, sobre todo entre las gentes del pueblo quienes nunca habían visto nada semejante. Era frecuente que le siguieran por la calle, que se rieran de él y que hicieran las conjeturas más diversas sobre su origen. Unos le llamaban

"Turkee", otros "Frenchee", un asombrado irlandés creyó que era chino ("Arrah, there goes the Chinese juggler!"), en cierta ocasión, unos judíos sefarditas y en otra, unos gitanos le preguntaron si era uno de los suyos, aunque entre quienes conocían bien las costumbres españolas despertaba no pocas sospechas. Y aunque en un hotel le tomaron por un príncipe oriental, en varios sitios se negaron a recibirle por su aspecto derrotado y estrafalario.

Con excepciones notables de quienes demostraban inquina o desagrado por los extranjeros, la gente de aquellas islas se mostró generosa y amable con el pretendido refugiado. Le trataban con respeto, y en más de una posada no quisieron cobrarle.

Aparte de tocar por las calles, don Juan de Vega frecuentaba el trato de las familias acomodadas que le llamaban para oírle. A veces le contrataban para dar alguna lección de guitarra a las señoritas de la casa, de cuya compañía gustaba mucho y para las que describía, con la mayor frescura y sin haberlas visto nunca, las peleas a navaja entre maleantes, las serenatas y las corridas de toros de una España panderetera.

Quienes mejor le acogieron, sin duda, fueron los militares, gente desprendida y franca que no se asombraba de su extraña catadura. En especial, los que sirvieron en la Península guardaban al cabo de los años recuerdos de España tan afectuosos como vivos. En repetidas ocasiones cuenta cómo le paraban en la calle, le socorrían con dinero y le invitaban a comer en sus casas. Algunos fumaban cigarros, una costumbre que los oficiales de Wellington trajeron de la Península, bastantes sabían algo de castellano y gustaban de usarlo. Solían pedirle canciones de España y, en casa de uno de ellos, brindaron "a la sagrada memoria del desgraciado Riego" (II, 163). Cochrane le menciona más de una vez en su relato y, a juzgar por referencias en algunas obras de esta época, Riego alcanzó cierto carácter de héroe popular entre los ingleses con simpatías liberales.

El país estaba lleno de refugiados de todas clases a los que el gobierno ayudaba con una subvención modesta. Se hacían además suscripciones públicas, la gente de buena sociedad gustaba de organizar bailes y fiestas benéficas y tanto el *Times* y otros periódicos contemporáneos como las publicaciones de los emigrados traen reseñas de actos en favor de los patriotas griegos, españoles, italianos, polacos y de otros países. Cochrane organizó en Dublin un concierto a beneficio de los españoles y a pesar de que en aquellos días se ventilaba la aprobación de la *Catholic Emancipation Act* resultó un gran éxito.

Durante su viaje tuvo ocasión de tratar a los galeses, de quienes hablaba con gran elogio, y a los escoceses, gente buena pero inquisitiva, desconfiada y de pocas palabras. De especial interés para nosotros es lo que dice de los irlandeses. Como se recordará, Daniel O'Connell, el caudillo de la independencia de Irlanda, llevaba muchos años tratando de movilizar el espíritu independentista de sus compatriotas principalmente a través de la *Catholic Association* que había fundado en 1823. Cuando salió elegido al Parlamento se negó a tomar el juramento requerido a sus miembros, apoyado por seis millones de católicos irlandeses organizados y decididos, que pedían la emancipación. Para evitar males mayores, Sir Robert Peel y Lord Wellington aconsejaron a Jorge IV que firmase la *Catholic Relief Act*, lo que hizo en 1829.

Cochrane viajó entre agosto de 1828 y mayo del 29 y por su prentendido carácter de caminante desvalido, tuvo ocasión de conocer a bastantes irlandeses que eran trabajadores o soldados en el ejército inglés. Todos tenían gran simpatía por los españoles y cuando se enteraban de que el itinerante trovador lo era, le saludaban con grandes muestras de afecto como a un compatriota y le invitaban a beber. Algunos hacían la señal de la cruz, por lo general a espaldas de los ingleses pues, como explicaba otro irlandés en esa lengua estrafalaria con que se habla a los extranjeros, "They no *bom*, no catholic" (I, 202).

Lo mismo sucedía a niveles sociales más altos: un cura, con quien conversó en latín, le habló largamente de la desdichada situación de su país (II, 47) y en Lewis, dos jóvenes educados le confiaron que los irlandeses estaban decididos a conquistar sus derechos por la fuerza y que se entrenaban diariamente en el uso de las armas de fuego (I, 239). En general, identificaban el catolicismo con el derecho a la independencia y su intolerancia religiosa corría pareja con el odio por los ingleses y su gobierno. Estos últimos, sobre todo al nivel de las clases populares, correspondían a tales sentimientos con larguexa y la situación estaba a punto de resolverse de manera violenta. En Dublin, tuvo ocasión de observar la falta general de dinero en todos los niveles sociales, y la tensa expectación —era a mediados de abril de 1829— con que se esperaba la decisión del gobierno inglés sobre el problema católico (II, 314).

El pretendido don Juan de Vega anduvo diez meses por Inglaterra, Gales, Irlanda y Escocia observando y tomando notas. Comenzó su viaje para distraerse y a la vez para conocer, valiéndose de su disfraz, gentes y escenas inaccesibles de otro modo. Fue en busca de tipos y de usos populares que describió con el paternalismo despectivo y la ironía propios de los escritores de costumbres. Sin embargo, el conocimiento directo de la calidad humana de aquellas gentes así como de sus penalidades y trabajos le llevaron desde entonces a interesarse genuinamente por ellas.

En su doble papel de inglés y de extranjero tuvo vivencias desconocidas para los refugiados españoles pero, como él no lo era, no experimentó la inadaptación, la desesperanza y la amargura propias de los exilados verdaderos[6] y su aventura resultó una diversión agradable. Cochrane tenía algunos prejuicios propios de su tiempo y de su clase y además su interpretación de lo que vio podría haber sido selectiva o parcial. Con todo, las experiencias adquiridas en tan dilatado viaje constituyen un valioso testimonio para conocer el sentir de los británicos hacia unos españoles de cuyos afanes políticos la mayoría sabía poco o nada, y para entender la relación, siempre delicada, que existe entre los extranjeros y los nativos del país que les dio refugio.[7]

Notas

1. *Recuerdos de un anciano* de Alcalá Galiano, *L'Espagne des lumières au Romantisme* (París, 1963) de Manuel Núñez de Arenas y *Liberales y Románticos. La emigración española en Inglaterra 1823-1834* (1968, 2a. ed.) de Vicente Llorens. Cf. también mi artículo "El pan amargo del destierro: Letras y exilio en el período fernandino", *Monographic Review* 2 (1986): 20-35.

2. Londres: Simpkin and Marshall, 1830, 2 vols; *Ibid.*: ed. del autor, 1832, 2 vols.; e *Ibid.*: W. Strange, 1847.

3. Cf. la reseña del libro en *The Gentlemen's Magazine* (September 1830): 239-40.

4. Era hijo del Honorable Basil Cochrane y sobrino de Lord Dundonald, luego Lord Cochrane, almirante de la Armada inglesa, quien sirvió con distinción en España durante la guerra de la Independencia.

5. Residió en Londres en la parroquia de Marylebone, participó activamente en la política local y formó varias Asociaciones dedicadas todas ellas a proteger a los menesterosos contra las injusticias de la *Poor Law* vigente y para mejorar su condición económica. En 1839 formó una Sociedad con Lord Nugent para favorecer la abolición de impuestos sobre el grano y otros alimentos, y en 1847 se presentaba como senador por Westminster. Para entonces, y en compañía de otros aristócratas dedicados a las obras sociales, había fundado ya la "National Philantropic Association, for the Promotion of Social and Sanitary Improvements, and the Employment of the Poor" con el fin de emplear a los indigentes en la limpieza urbana y sacarles de las "Poor Houses", "The Health of London Association" y "The City and Liberty of Westminster Association" (*Address* 21). Murió en 1855 a los 48 años.

6. Cf. Paul Tabori, *The Anatomy of Exile. A Semantic and Historical Study* (Londres: Harrap, 1972).

7. De vuelta en Londres, envió al *Times* y con destino al Comité de refugiados españoles, 58 libras esterlinas, que era todo lo recogido durante su peregrinaje, acompañadas de una carta en la que se excusaba por haberse hecho pasar por uno de aquéllos. Según Vicente Llorens, a este Comité, creado en 1824 y presidido por el Lord Mayor de Londres, pertenecían principalmente comerciantes y banqueros y el hispanista John Bowring y le asesoraban Joaquín Lorenzo Villanueva y Alcalá Galiano. Desde fines de 1827 aumentó la cantidad de emigrados con los que llegaron de Portugal (*Liberales y románticos*, pp. 50-55). El *Times* del 5 de noviembre de 1829 publicó la carta de "Juan de Vega" precedida de unos párrafos muy laudatorios.

Obras citadas

Alberich, José. *Bibliografía Anglo-Hispánica 1801-1850* (Oxford: The Dolphin Book Co. Ltd., 1978).

Anónimo. *An Adresss to the Business-like Men of Westminster, on their present candidates with a review of Mr. Cochrane's work "Juan de Vega"*. Londres: Longman & Co., 1847.

Cochrane, Charles. *Journal of a tour made by Señor Juan de Vega, the Spanish minstrel of 1828-9, through Great Britain and Ireland, a character assumed by an English gentleman.* 2 vols. Ed. del autor. Londres: Simpkin and Marshall, 1830.

Ochoa, Eugenio de. *Los españoles pintados por sí mismos.* Madrid, 1843-44.

Robertson, Ian. "Prefacio a la primera edición". *Los curiosos impertinentes. Viajeros ingleses por España desde la accesión de Carlos III hasta 1855.* 2ª ed. Madrid: Serbal/CSIC, 1988.

Visión y razón: Elementos trágicos en *La Celestina*

Elena Gascón-Vera
Wellesley College

*Los placeres y dulçores
d'esta vida trabajada
que tenemos,
¿qué son sino corredores
y la muerte es la celada
en que caemos?*

(Jorge Manrique)

La contienda o batalla en la que se debaten los personajes principales de *La Celestina* (Rojas) y que será la causa de su destrucción moral y de su muerte, está determinada por el uso que hacen de sus facultades de la vista y de la razón. Desde la primera frase con la que comienza la obra: "En esto *veo* Melibea, la grandeza de Dios" (I, 46), es la visión de la belleza femenina y la imposibilidad inicial de gozar de ella lo que produce una obsesión y falta de juicio en el joven Calisto, quien se deja arrastrar por actos que perjudican su nombre y su honra con el único afán de satisfacer esa pasión. Pármeno en el Acto II resume este primer encuentro de Calisto y Melibea, como un acto fortuito en donde el uso de la visión de la dama ocasionó la pasión (II, 77). El equipara visión con razón y achaca a la visión de la joven la causa primera de la pasión de su amo. Asimismo, el propio Calisto, a lo largo de la obra, alude repetidas veces a sus ojos como el vehículo de su pasión (VI, 115), (Faulhaber, Deyermond). A partir de esta inicial vista de la dama, el desarrollo de la acción y el dinamismo psicológico de los personajes se mueven en dos dicotomías: visión / ceguera; razón / sin-razón. Sin embargo, ninguno de los personajes cae en ninguna especie de enajenación o locura, su sin-razón está en la ausencia de uso lógico de sus acciones.

La equivalencia entre luz = razón, y su opuesto oscuridad = sin-razón, está claramente expresada desde el principio cuando Calisto, inmediatamente después de ver a Melibea, renuncia a la luz y se encierra en la oscuridad exclamando: "Mis pensamientos tristes *no son dignos de luz*" (I, 47), a lo que su criado Sempronio comenta extrañado: "¿Cuál fue tan contrario acontecimiento, que así tan presto robó la alegría de este hombre, y lo peor es, junto con ella, el *seso*?" (I, 47-48).

La visión de Calisto está tan distorsionada que no ve, o no quiere ver, la realidad que tiene ante los ojos, sino que la modifica a su antojo para justificar la consecución de sus deseos amorosos (Hall Martin). Cuando Celestina, una bruja vieja, flaca, rota, con una cuchillada en la cara, llega a su casa, él la ve, por su conveniencia, con la dignidad y la virtud de una gran señora. Y cabe preguntarse, ¿fueron estos mismos ojos tan poco realistas los que vieron la belleza de Melibea? La ceguera de Calisto parece, a veces, ser voluntaria aunque inconsciente. La utiliza cuando le conviene huir de la realidad y evitar el enfrentamiento de las responsabilidades que como hombre de linaje tiene ante la sociedad. El conocimiento que él tiene de no estar cumpliendo con su deber y de lo erróneo de su comportamiento es evidente en el hecho de que, una vez conseguida la primera cita con Melibea, decide vivir su pasión en la oscuridad, durmiendo de día y amando de noche. Una vez satisfecha su pasión amorosa, por la entrega de la amada, busca, de nuevo, la oscuridad. No tanto para el paladeo de la visión amorosa, como antes, sino para huir de la conciencia de su deshonra y de su cobardía. No puede evitar un sentimiento de vergüenza por no haber exigido reparaciones o por no haber impedido la muerte de sus criados en la plaza pública (Lapesa). La visión inicial de la belleza de Melibea, que es lo que había producido su deseo amoroso, va desapareciendo en la mente de Calisto una vez conseguidos sus deseos. Poco a poco se sustituye la pasión por la visión siniestra de la muerte. En el acto XVI, en la oscuridad, Calisto ya no visualiza la figura gentil de Melibea, sino la muerte horrible de Celestina a cuchilladas, y el patíbulo donde Pármeno y Sempronio cuelgan ajusticiados.

A pesar de ello, Calisto decide volver a su pasión primera porque con ello justifica las tragedias que están ocurriendo en su vida, pero, una vez satisfecha su lujuria, ya no es la necesidad de la visión directa de la belleza de Melibea la que le atormenta, sino sólo la imaginación y la fantasía de esa belleza: "Pero tú, dulce imaginación, tú que puedes, me acorre. Trae a mi fantasía la presencia angélica de aquella imagen *luciente* (XIV, 196), (Severin, *Memory*).

Por su parte, Sempronio, personaje manipulador y cínico, trata primero de razonar con su amo para quitarle su obsesión amorosa. Para ello utiliza argumentos escolásticos que intentan de forma racional mostrar a Calisto la realidad de su ser y de su situación social (Gerli, Bussel, Rank, Barbera). Poco después, percibiendo el beneficio que la ceguera de Calisto puede traerle, deja de darle consejos, y decide explotar esa pasión introduciendo la tercería de Celestina. Asímismo, ante la posibilidad de ganancias materiales permite, consciente o inconscientemente, que Elicia le engañe. En su primera visita a casa de las rameras, su deseo de saber y ver quién está en la cámara de Elicia se calma pronto ante la esperanza de una alianza con Celestina. De forma paralela al efecto que la visión de Melibea tiene en la razón de Calisto, la codicia por el dinero debilita el entendimiento de Sempronio. Su obsesión por el reparto de la cadena que Calisto le ha dado a Celestina y el temor de que ésta también le engañe hacen que su actitud fría y racional del principio se desbarate. Va a casa de Celestina a altas horas de la noche y, en la oscuridad exclama: "Por

Dios, sin *seso* vengo desesperado" (XII, 179). Su pérdida de la razón está ratificada por la propia Celestina cuando, al verle entrar, reconoce su obsesión y codicia: "¿Estás en tu *seso*, Sempronio?" (XII, 180). Momentos después, furioso e impotente por haber perdido su única esperanza de riqueza, mata a cuchilladas a Celestina, ocasionando con ello su propia muerte.

El conflicto visión/razón se presenta en el personaje Pármeno de forma más complicada que en los anteriores. Su entrada en escena coincide con la llegada de Celestina a casa de Calisto y su presencia sirve para reconocer y ser testigo de la personalidad y profesión de la vieja hechicera. Su postura al comienzo de la obra es testimonial y crítica y su actuación es la de ver, analizar y juzgar a fin de que Calisto salga de su ceguera y confronte el peligro de su asociación con Celestina: "Aunque soy mozo, cosas *he visto* asaz y el *seso* y la *vista* de las muchas cosas demuestran la experiencia" (I, 64). Esta sabiduría de la vida le viene a Pármeno de las experiencias arduas de la niñez (Lida de Malquiel), que le han enseñado desde una edad temprana que: "... en los bienes mejor es el acto que la potencia y en los males mejor la potencia que el acto" (I, 66). Su enfrentamiento y denuncia de Celestina, amiga y socia de sus padres, supone para Pármeno el deseo de rechazar su propio origen e identidad. Quiere destruir a Celestina para poder conseguir la liberación psicológica de un pasado que le atormenta. Su deseo de virtud parece ser en Pármeno el resultado de la necesidad de enterrar las inclinaciones de su propio ser y poder, al mismo tiempo, medrar y prosperar en casa de su señor. A pesar de sus sensatas palabras, su virtud tiene desde un principio una base utilitaria y egoísta (Barón Palma, Wilhite). Sin embargo, al ver que Calisto, quien representa el ideal al que él aspira y de quien espera reconocimiento y generosidad, no responde a los avisos y consejos que él le da, se desconcierta y desespera y cae presa fácil de las tentaciones que le tiende Celestina (Truesdell). Su origen y su circunstancia servil pueden más que sus deseos de liberación y virtud, siempre precarios siendo él un criado. Sus actos son un claro ejemplo de la ambivalencia de la voluntad al querer, al mismo tiempo, la lealtad a su amo y la satisfacción de sus sentidos (Moore). Aunque vislumbra las codiciosas intenciones de Celestina y Sempronio, es incapaz de discernir por sí mismo y, finalmente, se deja arrastrar por las pasiones de quienes son sus modelos: la lujuria de Calisto y la avaricia de Sempronio.

La clarividencia de Pármeno sobre la verdadera personalidad de Celestina, no le sirve de nada ante la habilidad psicológica y la experiencia humana de la vieja. Ella es la que le fuerza a reconocer dentro de sí la realidad profunda de su propio ser que él había querido olvidar. Con el recuerdo de su madre Claudina, Celestina le demuestra que ambas son la misma cosa: brujas, alcahuetas, rameras. Poco a poco, ante el huérfano que se ve abandonado por el amo, ella toma el papel de padre y madre y le exige que sea fiel a su propia clase: "Deja los vanos prometimientos de los señores, los cuales desechan la subsistencia de sus sirvientes con huecos y vanos prometimientos" (I, 69).

La conversión definitiva de Pármeno hacia el mal que representa Celestina y asimismo, la aceptación del recuerdo de su origen e identidad, le viene, de forma paralela que a Calisto, a través de una pasión amorosa. Sus instintos juveniles le inclinan a la lujuria y su situación de criado mal pagado le suscita la codicia y la avaricia. Todo ello será manipulado por Celestina, quien, en forma de parodia virtuosa, manejará el paradigma visión/razón que atormenta a Pármeno. Con una frase llena de perversidad, que tergiversa la idea de virtud y honradez que ha querido mantener el joven, la vieja le recuerda su origen: "por ende gózome, Pármeno, que *hayas limpiado las turbias telas de tus ojos* y respondido al reconocimiento, discreción e ingenio sotil de tu padre" (I, 72), (Gascón-Vera). Finalmente, anticipando los deleites sexuales que disfrutará con la bella Areusa y aceptando su nacimiento, su identidad y su clase, Pármeno se entrega a Celestina permitiendo el resurgir de su verdadero ser que, ya sin los frenos de la razón, le llevará al crimen y a la muerte.

La visión y razón de Melibea están en harmonía cuando, en el Primer Acto, ve a Calisto y escucha sus palabras que al principio le tientan (Russell, *Times*). En seguida, reconoce la proposición de amor ilícito que él le ofrece e indignada lo rechaza (I, 47), (Green, Trotter). A pesar de este primer rechazo, la ofuscación de la razón de Melibea está decidida cuando Celestina invoca al diablo en el conjuro para encantar el hilado: "Conjúrote, triste Plutón, señor de la profundidad infernal ... vengas sin tardanza a obedecer mi voluntad ... hasta que Melibea con aparejada oportunidad y con ello de tal manera quede enredada, que cuanto más lo *mirare*, tanto más su corazón se ablande ... y se le abrase y lastime del crudo y fuerte amor de Calisto" (III, 85). Melibea también pierde el uso de su raciocinio a través de los ojos, al contemplar el hilado embrujado, decide escuchar las palabras de Celestina (Russell, "Magia"; Deyermond, "Hilado"; "Symbolic"). Se acepte o no se acepte la eficacia de Celestina como bruja, se podrán atribuir o bien poderes diabólicos o bien de carácter psicológico no sólo al hilado, sino también a la misma presencia de la vieja. Melibea comienza recordando visualmente la figura física de Calisto, tal como lo había visto ella en su primer encuentro: un joven atrevido que, a primera vista, parecía repugnarle. Sin embargo, a pesar de que a Melibea no le agrade mucho la visión del joven, tiene en esos momentos ante ella una figura aún más repugnante, la de Celestina, cuyo aspecto físico y palabras sobre la vejez, le impresionan muchísimo.

En el transcurso de la escena la joven y bella Melibea está contemplando los estragos del tiempo que han desfigurado la antigua belleza de Celestina y, al mismo tiempo, está escuchando las hábiles palabras de la hechicera sobre las tristezas de la vejez y, con ellas, la implícita idea del *carpe diem* que la vieja quiere instilar en la mente de la joven. En ella, lo mismo que en Pármeno, la pérdida de la razón le viene no sólo por la visión sino también por las palabras. Ante ella se despliegan dos imágenes simultáneas, la de Calisto quien, aunque no lo recuerda muy hermoso, es por lo menos joven y está deseoso de amarla, y la de la vieja y desfigurada Celestina, reflejo futuro de su propia vejez. Esta última visión despierta en Melibea el impulso de apurar y disfrutar la vida presente hasta el máximo. Es por esto que en el Décimo Acto, cuando Melibea llama a Celestina para confesarle su amor por Calisto admite, retrospectivamente, que fue la vista del joven lo que le hizo perder la razón: "Y no me fuera mejor conceder su petición y demanda ayer a Celestina, cuando de parte de aquel señor, *cuya vista me cautivó* ..." (X, 153). A partir de entonces acepta como propias las intenciones deshonestas que le ha propuesto Celestina y se ciega ante las consecuencias de sus actos y parece hacer uso de su razón sólo cuando quiere justificar su afán de disfrutar de la vida y del amor. Como Calisto, Sempronio y Pármeno, su ceguera es interesada y voluntaria y, por lo tanto responsable. Llama a Celestina con la excusa de encontrar un remedio para su pasión, pero con la intención oculta de concertar una cita con Calisto.

Sin embargo, la conciencia racional de Melibea está a dos niveles. Por un lado es capaz de reconocer la transcendencia de sus actos y por eso le pregunta a su criada Lucrecia sobre su futuro y su opinión sobre lo que está ocurriendo (X, 153). Pero, por otro lado, Melibea es incapaz de resistir la obsesión que el recuerdo de la visión de Calisto y la presencia de Celestina han producido en ella. Así pues, es posible afirmar que, a los dos amantes, les ha venido la pasión y la consecuente pérdida de su capacidad de juicio a través de los ojos. Una vez aceptado y reconocido su amor, no tienen otra esperanza que el deseo de verse.

Celestina parece no tener ningún conflicto con el uso de las facultades de la razón y de la visión. Percibe inmediatamente los deseos y las intenciones de los otros personajes y, al hacerlo, es capaz de enredarles con argumentos cargados de lógica y de psicología que contribuyen a aumentar más la ceguera y pasión que les domina (Singleton, Clarke). Con sus palabras ella les dice y les muestra lo que ellos quieren oír y ver y, como el Satán que ella invoca, es proteica y puede variar de forma y de propósito de acuerdo con las apetencias de sus víctimas. Ante Pármeno se presenta, como ya indicamos, con el papel de madre y de padre y hace que abandone sus escrúpulos morales al implantar en su mente visiones de satisfacciones sexuales. Ante Calisto y Melibea se presenta como una anciana generosa que parece querer sólo la consecución de su felicidad. El papel que toma ante Sempronio es el de una buena amiga cuya relación puede servir de beneficio a los dos.

La clarividencia y profundidad psicológica que Celestina muestra a lo largo de la obra le vienen como resultado de su experiencia de la vida y/o de los poderes de su magia, si se quiere creer en ella. Sin embargo, sus facultades de visión y razón, tan desarrolladas, flaquean en el momento más importante: el momento de su muerte. Por lo intempestivo de la visita y a causa de su vejez y del cansancio producido por la intensidad de los acontecimientos, ella, tan alerta siempre, no reconoce el alcance del peligro que representan los criados (Gascón-Vera). No ve ni comprende el grado de agresión de los dos hombres, quienes, satisfechos sus apetitos sexuales, ahora sólo quieren dinero y a falta de ello un objeto para descargar su violencia y agresión que les permita liberarse de las frustraciones inherentes a su condición de criados.

Celestina, en vez de satisfacerles en sus deseos perentorios y creyendo que sus apetencias son las mismas de antes, utiliza argumentos que le habían servido en el pasado y les promete vagos deleites sexuales para el futuro. Al presentir que sus promesas no surten efecto, trata de someterles a su poder por medio de la manipulación psicológica que le había sido eficaz hasta entonces. Para ello, en plena ofuscación, alude, sin saberlo, a las únicas ventajas que ellos tienen sobre ella. Al violento Sempronio le nombra la violencia: "Y no pienses con tu ira maltratarme ..." (XII, 182). Al huérfano Pármeno le avergüenza con el recuerdo del pasado: "Y tú, Pármeno, no pienses que soy tu cativa por saber mis secretos y mi vida pasada y los casos que nos acaecieron a mí y a la desdichada de tu madre" (XII, 182-83). Estas dos alusiones, que ella cree le salvarán, son la causa última de su muerte. La mención de la violencia a Sempronio y la mención de la madre a Pármeno en un momento en que cualquier introspección dolorosa podría ser fatal, decide el crimen que hasta ese momento había estado latente. La codicia y la confianza en su habilidad psicológica ofuscan a Celestina y le impiden el uso de la razón. En el último momento lo reconoce: "No me hagáis salir de *seso*!" (XII, 183), pero ya es demasiado tarde.

Los padres de Melibea, Alisa y Pleberio, también son ejemplo de cómo el paradigma visión/razón contribuye a la tragedia. Alisa es advertida por Lucrecia de la verdadera identidad física y moral de la vieja cuya personalidad impresiona y escandaliza tanto a la criada que se avergüenza de pronunciar el nombre de Celestina ante su señora. Sin embargo, Alisa, tal vez por influencia del hilado encantado, permanece insensible a estas advertencias y permite su entrevista con Melibea. Más tarde, en la segunda visita, parece resentir más claramente el peligro y avisa a su hija, pero la advertencia llega demasiado tarde; Melibea ya ha caído bajo las palabras y la visión de Celestina.

Se podrían explicar las acciones imprudentes de la madre de forma semejante a las de la hija. Como dije más arriba, podría ser el resultado del poder mágico del hilado embrujado, pero también se puede ver como el comportamiento típico de una satisfecha y pudiente madre de familia que sólo ve y comprende lo que, según sus valores autocomplacientes y burgueses, puede aceptar y ver (Gilman, "Introducción"). Esta satisfacción y orgullo también se percibe en Pleberio, el cual considera a Melibea como la personificación de los bienes materiales que son sus posesiones y riquezas. El ha adquirido con sus negocios un mundo material de incalculable valor y tiene a su única hija por la propiedad más valiosa. Con ella puede continuar haciendo negocios: "¿Quién no se hallará gozoso de tomar tal joya en su compañía?" (XVI, 205).

Son precisamente esos bienes materiales que los padres creen absolutos e imperecederos los que les impide ver la verdadera personalidad de su hija y los peligros a los que está expuesta por su independencia e inteligencia (Green, "Pleberio", Dunn). Alisa con una absoluta seguridad y satisfacción en lo que ella y su esposo son y en lo que tienen, atribuye una ignorancia sexual a su hija cuando ella, en un segundo encuentro con su amante, acaba de disiparla. La ironía implícita en las palabras autocongratulatorias de la madre: "Que yo sé bien lo que tengo criado en mi guardada hija" (XVI, 207), se vuelve tragedia en las palabras desgarradas de la hija que la está oyendo: "Lucrecia, Lucrecia, corre presto, ... estórbales su hablar, interrúmpeles sus alabanzas, ... si no quieres que vaya yo dando voces como loca, según estoy enojada del concepto engañoso que tienen de mi ignorancia" (XVI, 207) (Gilman, "Introducción"). El paradigma visión/razón toma mayor significado en la forma trágica en que los cinco protagonistas mueren. La primera es Celestina, manipuladora de recuerdos, quien muere ofuscada por su avaricia y por su excesiva confianza en su habilidad psicológica. Su muerte, a cuchilladas, abrazada a los dos hombres, es distinta al símbolo gráfico de la pérdida de la razón como ocurre en los otros personajes, que mueren como resultado de una caída desde un lugar alto. De un muro Calisto, de una torre Melibea, de unas ventanas Pármeno y Sempronio. Caídas todas ellas que, como muy bien ha indicado Gilman, simbolizan la acción de la Fortuna (Gilman, "Fortune", "Fall").

La muerte de los criados está descrita así por el joven Sosia: "¡Oh señor, que si los vieres, quebraras el corazón de dolor! El uno *llevaba los sesos de la cabeza de fuera*, sin ningún sentido; el otro quebrados entrambos brazos y la cara magullada ... Que saltaron de unas ventanas muy altas por huir del alguacil. Y así casi muertos *les cortaron las cabezas*, ... (XIII, 187). Una muerte semejante es la que sufren después Calisto y Melibea. Calisto, en su precipitación por saber quién hace ruido en la calle, baja la escala sin verla, cae y se rompe la cabeza. Mas tarde Melibea lo cuenta de esta manera: "... como las paredes eran altas, la noche oscura, la escala delgada ... *no vido bien los pasos*, puso el pie en el vacío y cayó. De la triste caída *sus más escondidos sesos* quedaron repartidos por las piedras y paredes" (XX, 230). Melibea, desesperada, decide imitar esta muerte: "Su muerte convida a la mía ... muéstrame que he de ser despeñada por seguille en todo" (XX, 230).

El castigo que los cuatro personajes jóvenes reciben por la ceguera y ofuscación con la que, buscando sus placeres, han conducido sus vidas, es la de caer desde lo alto de sus ilusiones de lujuria y deseo, *cupiditas*, hacia la frustración, la deseperación y, finalmente, la muerte. En su caída exponen los sesos al aire para que al ser vistos por los demás, sean ejemplo y expresión gráfica de su locura y ceguera.

Volviendo a la forma en que muere Celestina, es interesante notar que, a pesar de las apariencias también tiene una iconografía coherente con la de los otros personajes ya mencionados. Durante toda la obra ella vive vicariamente los placeres sexuales de los personajes jóvenes. Su ofuscación de la razón no parece haber sido ocasionada por la lujuria, sino sólo por la avaricia. Sin embargo, muere abrazada por dos hombres que le clavan cuchillos, lo que representa la penetración final y apoteósica de la excitación sexual que ella ha fomentado, durante toda la obra, a su alrededor. En el abrazo violento en el que muere Celestina se nos muestra una imagen que se integra totalmente con la personalidad y vida de la vieja alcahueta y prostituta.

Dentro de un sentido cristiano el autor parece querer ofrecer al lector la muestra de un castigo ejemplar para sus personajes, ya que todos mueren sin confesión. Sin embargo, a mi entender, la obra no es absolutamente pesimista. Hay que tener en cuenta que Celestina y Calisto, con expresión de arrepentimiento, piden "confesión" antes de morir. En el caso de los criados, uno de ellos, (que no es identificado pero que, posiblemente es Pármeno ya que él es el segundo que salta las ventanas y caería encima de Sempronio) utiliza sus ojos y su vista para trasmitir su pesar y arrepentimiento a otro criado, su alter-ego Sosia, quien observa horrorizado su muerte: "... como me sintió que con lloro le miraba, *hincó los ojos en mí, alzando las manos al cielo, así dando gracias a Dios* y como preguntándome si sentía su morir. Y en señal de triste despedida *abajó su cabeza con lágrimas en los ojos, dando bien a entender que no me había de ver más hasta el día del gran juicio* (XIII, 186). En este encuentro se resume, a mi entender, el significado y trascendencia moral de la *Tragicomedia*, coincidiendo con las interpretaciones de Bataillon y de Morón Arroyo. El criado, empujado y atrapado en el mal por la fuerza de sus pasiones, es capaz de reconocer el error y, desengañado de todo lo material, a la hora de la muerte vuelve la vista a Dios, el bien eterno, a la par que, también por medio de los ojos, quiere prevenir a su compañero para que no caiga en los mismos errores.

Melibea y sus padres también encuentran la tragedia en las pérdidas terribles que sufren y en el desengaño de sus deseos y pasiones. A través de su dolor reciben una lección moral que les abre los ojos y les vuelve a la razón. Melibea reconoce la dimensión de su desgracia y, a causa de la intensidad de su amor, no tiene otro camino que el suicidio. Sin embargo, en este suicidio no parece haber desesperación. Una vez tomada la decisión, confía, hasta el último momento, en la misericordia divina: "Tú, Señor, que de mi habla eres testigo, ves mi poco poder, ves cuán cativa tengo mi libertad". Y le dice a su padre Pleberio: "Dios quede contigo y con ella. A él ofrezco mi alma" (XX, 229-31). Pleberio reconoce, en la muerte de su hija, el poco valor de las riquezas y del mundo material que él ha amasado durante su vida y que le llevaron a descuidar la seguridad de su hija. El castigo que recibe es el de aceptar, de acuerdo con el espíritu ascético cristiano, que el destino del hombre justo es vivir "solo in hac lachrymarum valle" (XXI, 236).

Obras citadas

Barbera, Raymond E. "Sempronio", *Hispania* 45 (1962): 24-42.
Barón Palma, Emilio. "Pármeno: la liberación del ser auténtico. El antihéroe". *Cuadernos Hispanoamericanos* 317 (1976): 383-400.
Bataillon, Marcel. *La Celestine selon Fernando de Rojas*. Paris, 1961.
Bussell, B. "Misoginy and Misprint in *La Celestina*". *Celestinesca* 1.2 (1977): 21-28.
Clarke, D. C. *Allegory, Decalogue and Deadly Sins in «La Celestina»*. Berkeley: University of California Press, 1969.
Deyermond, A. D. "Hilado-Cordón-Cadena: Symbolic Equivalence en *La Celestina*". *Celestinesca* 1.1 (1977): 6-12.
_____. "The Text Book Mishandled: Andreas Capellanus and the Opening Scene of *La Celestina*". *Neofilologus* 41 (1961): 218-21.
_____. "Symbolic Equivalence in *La Celestina*". *Celestinesca* 2.1 (1978): 25-28.
Dunn, Peter N. "Pleberio's World". *PMLA* 91 (1976): 406-19.
Faulhaber, Ch. A. "The Hawk in Melibea's Garden". *Hispanic Review* 45 (1977): 435-50.
Gascón-Vera, Elena. "Celestina: Dama Filosofía". *Celestinesca* 7.2 (1983): 3-10.
Gerli, E. Michael. "'Mira a Bernando': Alusión sin sospecha". *Celestinesca* 1.2 (1977): 7-10.
Gilman, Stephen. "Introducción" a la edición de Dorothy Severin de *Tragicomedia de Calisto y Melibea*. Londres: Támesis, 1976.
_____. "Fortune and Space in *La Celestina*". *Romanische Forshungen* 66 (1965): 342-60.
_____. "The Fall of Fortune: From Allegory to Fiction". *Filologia Romanza* 4 (1957): 337-54.
Green, Otis H. "La furia de Melibea". *Clavileño* 4 (1953): 1-3.
_____. "Did the 'World' create Pleberio". *Romanische Forschungen* 77 (1975): 108-10.
Hall Martin, June. *Love's Fools: Aucassin, Troilus, Calisto and the Parody of the Courtly Lover*. Londres: Tamesis, 1972.
Lapesa, Rafael. "En torno a un monólogo de Calisto". *Poetas y prosistas de ayer y hoy*. Madrid: Gredos, 1977. 73-91.
Lida de Malkiel, María Rosa. *La originalidad artística de «La Celestina»*. 2a ed. Buenos Aires: Eudeba, 1970. 602-10.
Moore, John A. "Ambivalence of Will in *La Celestina*". *Hispania* 47 (1964): 251-55.
Morón Arroyo, Ciriaco. *Sentido y forma de «La Celestina»*. Madrid: Cátedra, 1974.
Rank, Jerry R. "Awareness and Reaction: The Underlying Elements of Characterizations in the Servants of *La Celestina*". *Kentucky Romance Quarterly* 19 (1972): 223-36.
Rojas, Fernando de. *Tragicomedia de Calisto y Melibea*. Ed. Dorothy Severin. Madrid: Alianza Editorial, 1976.
Russell, P. E. "*La Celestina*". *The Times Literary Supplement* (July 10th, 1969): 411.
_____. "La magia como tema integral de la La Tragicomedia de Calisto y Melibea". *Temas de «La Celestina» y otros estudios*. Barcelona: Ariel, 1978.
Severin, Dorothy. *Memory in «La Celestina»*. Londres: Támesis, 1970.
Singleton, M. "Morality and Tragedy in *La Celestina*". *Studies in Honor of Lloyd A. Kasten*. Madison: University of Wisconsin Press, 1975: 249-59.
Trotter, G. D. "Sobre la furia de Melibea". *Clavileño* 5 (1954): 55-56.
Truesdell, William D. "Pármeno's Triple Temptation. *Celestina* Act I". *Hispania* 58 (1975): 267-76.
Wilhite, John F. "Fernando de Rojas' Pármeno: The Making of a *pícaro*". *South Atlantic Bulletin* 41 (1976): 137-44.

Más allá del *carpe diem*: el soneto "Mientras por competir con tu cabello" de Luis de Góngora

E. Michael Gerli

Georgetown University

> *Mientras por competir con tu cabello,*
> *oro bruñido al sol relumbra en vano,*
> *mientras con menosprecio en medio el llano*
> *mira tu blanca frente el lilio bello;*
> 5   *mientras a cada labio, por cogello,*
> *siguen más ojos que al clavel temprano,*
> *y mientras triunfa con desdén lozano*
> *del luciente cristal tu gentil cuello;*
> 9   *goza cuello, cabello, labio y frente,*
> *antes que lo que fue en tu edad dorada*
> *oro, lilio, clavel, cristal luciente,*
> 12   *no sólo en plata o víola troncada*
> *se vuelva, más tú y ello juntamente*
> *en tierra, en humo, en polvo, en sombra, en nada.*[1]

Como demuestran los estudios de Alfredo Carballo Picazo y Edward Stanton, este soneto de Góngora está repleto de ecos literarios.[2] El tema es de origen clásico y resuena del *Carpe diem* horaciano tanto como del *Collige, virgo, rosas* del idilio *Ver erat* de Ausonio y de las rosas y azucenas de Garcilaso (Soneto XXIII). La exhortación al goce de la vida en todos encarna la respuesta humana ante el poder intransigente del tiempo. Sin embargo, a la vez que pertenecen innegablemente a esta tradición lírica, los metros de Góngora se distinguen de sus antecedentes más inmediatos al intensificarse la belleza idealizada de la mujer invocada por el poeta, y al amenazarla explícitamente no sólo con la decrepitud y la vejez, sino con la inevitable y radical transformación de todo en la nada. Góngora, pues, se sobrepasa y transforma la blanda melancolía del *Carpe diem* en un cuadro de nihilismo truculento.

El primer efecto se logra al aumentarse y duplicarse las notas dinámicas y sensoriales en las comparaciones de los atributos de la dama y el mundo material. En un torbellino ascendente de movimiento y de luz se visualiza el esplendor no sólo del oro, sino del "oro bruñido al sol" que fracasa al "competir" con el cabello dorado de la dama. La luminosidad es tal que oro y sol, sinónimos de luz, quedan vanamente atrás frente a la claridad desbordante del cabello. La blancura de la frente, por su intensidad superlativa, menosprecia altivamente la del mítico lilio del llano (lo cual añade la primera nota amenazadora ante la presunción femenina, ya que recuerda el lilio bíblico [Lucas 12, 27], símbolo de la vanidad transitoria). Los labios, seguidos por los ojos de la muchedumbre anónima y más codiciados que el "clavel temprano," así como el cuello más brillante que el "luciente cristal" donde se contempla ufana la belleza, exceden el plano de las metáforas clásicas y renacentistas de los antecedentes y se transforman en acendradas hipérboles sensuales.

Además, lo inerme cobra vida en la búsqueda gongorina de la expresión de la hermosura extremada, sobrenatural, de la dama. A la vez, por la misma calidad hiperbólica de las comparaciones, la belleza femenina se transforma aquí en algo abstracto. Aunque sensual y colorista, la etopeya de la señora carece de intimidad por falta de rasgos individuales. Góngora nos presenta un momento de intuición psicológica más que la evocación de un ser de carne y hueso, y como las estatuas griegas que aspiran a expresar la misma perfección ideal, la dama del soneto no tiene ojos. No es propiamente una mujer lo que se describe en los cuartetos gongorinos como un concepto arcano de la belleza encarnado en la feminidad.

Esta idealizada imagen femenina no es, por tanto, mera decoración u ornamento barrocos. Al desplazarse hacia la abstracción impersonal, se le permite al poeta enfrentarse con las consecuencias universales implícitas en la belleza. El retrato sirve, pues, un propósito intelectual y moral definidos en el soneto. La exaltada beldad e incandescente descripción colorista de la dama en los cuartetos se hace para intensificar el brusco descenso de los tercetos, para aumentar el impacto del nihilismo progresivo que se encuentra, sobre todo, en el último. Sus luminosos atributos exagerados refuerzan el chocante contraste entre lo sensual y lo lóbrego, entre el algo bello de la dama y la nada terrorífica del verso final. Al pasar en catorce endecasílabos de lo sensorialmente bello al vacío radical, Góngora dramatiza la expresión de la fugacidad del tiempo y sobrepasa los límites de la tradición lírica que lo inspira. A la vez, el poema busca expresar el mensaje de una verdad escondida, la del inexorable y humillante proceso de ruina que existe potencialmente en todo, y que termina no sólo en la vejez, sino en la aniquilación total.

La arquitectura del soneto es precisa: se formula a base de una elegante serie de analogías verbales paralelas en que se compara la belleza de la mujer ideal y el mundo de la naturaleza. No obstante la correlación casi matemática entre las imágenes,[3] la concordancia es más que mecánica y menos que armónica: la competencia entre la hermosura humana y la naturaleza genera una tensión psicológica que deja al lector pendiente del resultado. No se sabe hasta el pretérito endecasílabo crujiente que, a pesar del triunfo momentáneo, se caducan la juventud y la beldad superlativa, y vencen con tétrico vigor el tiempo, la muerte, y la nada —que lo bello está predestinado a convertirse en algo más allá de lo feo, en algo espantoso.

La simetría se refleja en todo el soneto. Los versos de los cuartetos aparecen encabalgados por parejas (1-2, 3-4, 5-6, 7-8). La anáfora de la conjunción temporal *mientras*, puesta en posición inicial y repetida cuatro veces en los cuartetos, además de la carencia de verbo principal hasta el primer terceto, contribuyen al aumento de la tensión psicológica y la sensación del transcurso del tiempo en la lectura. El imperativo exclamatorio *goza* del terceto inicial es seguido por la amenaza de la frase adverbial temporal *antes que*, que en la próxima línea choca con la terrible verdad de *fue*, el ineluctable pretérito de todo *ser*. La acumulación adverbial y el mandato enfático imprimen un ritmo apresurado a la lectura. Al nivel estilístico sentimos la urgencia de gozar de la vida antes de que todo, por medio de un proceso involuntario representado en el reflexivo de la línea 11, *se vuelva* vertiginosamente en la *nada* de la 12. Al nivel conceptual, la noción de la nada tiene un contrapeso moral en la soberbia de la dama. La bella ideal del soneto no está inconsciente de su beldad, ni de la futilidad de las comparaciones de sus atributos físicos con las cosas codiciadas por la humanidad (*oro, clavel, cristal*). Segura de su superioridad, se enorgullece de su belleza, de una hermosura que "triunfa con desdén lozano" frente a los objetos naturales más preciados. Se presentan aquí la vanidad y el orgullo como acompañantes de lo bello sólo para convertirlos en los tercetos en sustancia de la muerte. El objeto es, pues, la expresión de un desengaño —el descubrimiento de que la existencia, a pesar de los triunfos transitorios, trae consigo fuerzas más allá del individuo y la finalidad de su propia destrucción. Ante el paso del tiempo Góngora revela no sólo la transformación de las cosas, sino la falsedad de la belleza, el mito de la modestia femenina, y la patética mentira vana de la juventud.

Por otra parte, Góngora juega deliberadamente con las imágenes de luz, claridad y oscuridad para reforzar esta moral. En las líneas 1-8, el color y la luz inundan la descripción y van junto a apelaciones a la vista (*mira, siguen más ojos*), y "el poeta se complace en presentarnos un mundo luminoso, de colores brillantes, juveniles, puros" (Carballo Picazo 395). Sin embargo, el triunfo luciente de los cuartetos sufre una devaluación progresiva en los tercetos, primero atenuándose la luminosidad, y después transformándose en tiniebla: el *oro bruñido* se convierte en *plata*, metal inferior; el rojo encarnado del *clavel temprano* en la oscura *víola troncada*, símbolo del luto; y el cabello dorado, la blanca frente, y el cuello luciente de la dama, presentes ahora en el vocativo *tú*, con todo lo demás, "en tierra, en humo, en polvo, en sombra, en nada". Para Góngora, pues, no basta robar el oro el tiempo y transformarlo en plata, ni siquiera volver las flores primaverales en un marchito negro-violeta. La luz, imagen de vida y entendimiento, se transforma en oscuridad inerme, en tenebroso misterio, ininteligencia y abismo. El proceso ilustra dramáticamente la impotencia de las cosas ante la fuerza del tiempo. La victoria momentánea de la belleza es un triunfo hueco, una ilusión fugaz. El tiempo impone un hado fatal a todo: tanto la humanidad como los elementos de la naturaleza están destinados a sufrir una continua decomposición —la progresiva transformación de todo en nada. Los cuartetos, pues, fijan un período de plenitud, pero de plenitud incierta, subvertida por la verdad escondida en los tercetos, donde el ser se vuelve en el no ser.

Los tercetos ilustran el fatídico proceso de descomposición futura a la vez de invocar la decepcionada candidez de la juventud orgullosa. La frase "Lo que fue en tu dorada edad", evoca ya con ironía no sólo la incomparable belleza juvenil de la dama, sino su inocencia moral destinada por el tiempo a perecer. Se alude aquí fugazmente al mito clásico de la Edad de Oro, versión culterana del Edén, el envidiable estado de perfección inmortal perdido al caer la humanidad e imponerse la muerte. La luminosidad inocente de los cuartetos se funde en los últimos seis versos del soneto con la apocalíptica oscuridad. La caducidad de todo culmina en la lógica fatal del verso pretérito: en la evocación del cuerpo muerto sepultado en *tierra*; la transformación de la tierra en *polvo*, masa seca e infértil, y ya menos sustancial; la conversión del polvo en *humo*, recuerdo efímero del fuego vital que se escapa de los lazos de la tierra, se dispersa en el aire, y se hace *nada*.

En el soneto de Góngora estamos ante algo nuevo. De la imitación del viejo tema clásico emerge una visión conflictiva del placer, llena de luz y de oscuridad, de goce y de angustia. Aquí, además de rayos de luz y flores, hay un decidido énfasis en lo macabro, ausente de la trayectoria poética del *Carpe diem* hasta reelaborarlo Góngora. Al contrario de los modelos de la tradición, este soneto resalta la conexión entre la belleza y la muerte, y prueba con lógica fatal su no contradicción. Ante la imagen del placer de la hermosura se enfrentan sistemática y explícitamente lo mortecino, lo lóbrego y el terror de la nada. La brusca trabazón y la lucha entre lo bello y lo desagradable en el poema extrema y desplaza, pues, el horizonte imaginario del *Carpe diem*. En el entrecruce de la vida y la muerte del poeta cordobés más bien se anula el motivo y se traduce en una síntesis espantosa —en un *ex nihilo nihil fit*. El clamor hedonista del *Carpe diem* por el goce y el amor, aunque enfáticamente presente, se pasa a un plano secundario al enfocarse la mentira de la existencia por medio de la hermosura femenina. Sentimos la frustración de la evanescencia de todo, pero sobre todo la de la belleza, y llegamos a la patética realización de que inclusive los ideales están predestinados a la ruina. Aquí la vida no es sino correlativo de la nada, la hermosura el espejo de la muerte. Los triunfos de la juventud son invalidados por la crueldad del tiempo. La visión de la belleza perfecta implica, pues, meditar en el horror del vacío. En esta muestra ejemplar de la ideología barroca, Góngora nos lleva a la exhortación del bien del placer sólo para desgarrarnos hacia la extinción de las cosas y dejarnos al borde del abismo insondable.

Notas

1. Cito por el texto en *Poesía lírica del Siglo de Oro*, ed. de Elias Rivers (Madrid: Cátedra, 1983) 212.

2. Alfredo Carballo Picazo, "El soneto 'Mientras por competir con tu cabello' de Góngora", *Revista de Filología Española* 47 (1964): 380-98; y Edward Stanton, "Garcilaso's Sonnet XXIII", *Hispanic Review* 40 (1972): 198-205, especialmente 203-05.

3. Véase el análisis de la correlación verbal del soneto que hace Dámaso Alonso en su *De los siglos oscuros al de oro* (Madrid: Gredos, 1964) 187-88.

Elementos románicos, y su función, en el milagro XIV de Berceo: "La imagen respetada"

Joaquín Gimeno Casalduero
University of California at Los Angeles

El Románico, que llega hasta el final del siglo XII y que se apoya en un andamiaje feudal muy evidente, acusa la necesidad de reducir lo múltiple a lo uno, de relacionar distintos elementos y distintos materiales para llegar de esa manera a una unidad más alta, a un universo que se entiende como la forma que el conjunto de las criaturas toma cuando el peso de la majestad divina las coloca y sostiene en su lugar preciso. Peso este ante el cual reacciona lo creado dando lugar con su reacción a una resistencia; peso que las criaturas aceptan —o que deben aceptarlo— y de cuya aceptación deriva la armonía, el resplandor del cosmos, el buen funcionamiento del conjunto. Se trata, pues, de un peso que oprime y que defiende, y de una aceptación que limita y que asegura. La jerarquía es el resultado de ese peso y de esa resistencia: jerárquico es el mundo divino, organizado de manera graduada y descendente, desde Dios que lo preside hasta los peldaños inferiores; jerárquico es el mundo de los cielos, desde el empíreo hasta la tierra, pasando por los círculos en donde los cuerpos celestes se colocan; jerárquico es también el mundo humano que aparece en series de distintos escalones. En resumen, peso de la autoridad divina que no es más que la voluntad que coloca a las criaturas en su sitio, y que en el mundo del hombre se transforma en reglas y en preceptos. Sujección de las criaturas al Creador, por otra parte, que no es más que la aceptación por éstas de ese peso, y que en el mundo del hombre se transforma en obediencia a leyes y a contratos. Jerarquía, por último, que no es más que las relaciones que ligan a los seres, con Dios o entre sí mismos, y que en el mundo del hombre se transforman en ligaduras religiosas, sociales y políticas.

Así es como se explica la índole feudal de las instituciones del Románico, su escalonado ordenamiento. La sociedad humana se conforma a la jerarquía del empíreo y a la forma arquitectónica del cosmos. Su sistema político-social, por poner un caso, se destribuye en distintos estamentos que llevan, con movimiento descendente, desde el rey que es la cúspide hasta el pueblo que es la base de esa pirámide jerárquica que el feudalismo adopta y establece. Así también se explica la importancia que entonces se concede a los contratos que ligan a unos hombres con los otros. No es que esto sea privativo del Románico; es en cuanto feudal, común a

la Edad Media, pero al ser este aspecto el que el Románico destaca es el
que le caracteriza y el que le diferencia del momento que a continuación
le sigue. La ley, responsable de que tanto la variedad como la unidad per-
manezca, aparece, por eso, cargada de esplendor y de prestigio; si, en
cierta manera, oprime y hasta cierto punto inmoviliza, protege por otra
parte y asegura. Eso es, por poner un ejemplo, la impresión que provocan
entoces la pintura y la escultura. El Padre es, en relación con la Trinidad,
el que predomina en el Románico: desde su almendra mística, despliega
un inmenso poder que con sus leyes todo lo sujeta y con su rayos todo
lo defiende. El es el creador, el Pantocrátor, el que dispone la marcha armoniosa del universo. Elementos hieráticos, falta de detalles, simetría, geometría y colorido cooperan para envolverlo en la majestad que corresponde al rey de reyes. Obedientes, a sus pies, se colocan las ondas de los
mares. Regia corona adorna su cabeza. Sentado rígido en su trono dirige
la mirada al infinito. Empuña su mano derecha el cetro o se levanta con
majestad terminante; sostiene la izquierda el globo que simboliza el mundo o abre el libro de la vida. Se manifiesta así la gloria ilimitada del
Todopoderoso, cuya acción transcendente produce y da sentido al universo. Con el Padre aparece, por supuesto, la Teotocos, la madre, la Gloriosa;
rígida como él, adornada con los mismos símbolos: silla de Dios, omnipo-
tente y, por eso, manantial de ayuda y de socorro. De manera semejante
se representa al Hijo. Sólo una cruz tras la cabeza distingue a veces del
Pantocrátor al Cristo en gloria. Y si se trata de la crucifixión, aparece éste
en la cruz como en un trono. Regios son su corona y sus vestidos. No
hay flaqueza; sólo divinidad y omnipotencia. Una grandiosidad épica que,
el Apocalipsis respalda y magnifica, tiñe, pues, toda manifestación románica: cada uno de sus pormenores, de sus actitudes, de sus elementos.

El Gótico, que comienza en Castilla alrededor del año 1200 y que llega hasta el 1500 por lo menos, continúa apoyándose en un andamiaje feudal muy evidente; sin embargo, no se pone ahora el acento, a diferencia
de lo que sucedía en el Románico, en la estructura que da forma al conjunto, en el orden que embellece ese conjunto y en las leyes que lo afirman. Se acentúa lo que de maravilloso tiene esa estructura, lo que tienen
de prodigioso ese orden y esas leyes que armonizando lo distinto reducen
lo múltiple a lo uno. Por eso (es decir, porque no se pretende mostrar
cómo se organizan las distintas plataformas, sino revelar el carácter prodigioso del proceso), el movimiento del Gótico deja de ser un movimiento
descendente y se convierte en ascendente. No se trata de un peso que
desciende de lo alto; se trata de un impulso que naciendo en el hombre
—en lo más bajo— se dispara al infinito, unificando todo y elevándolo al
compás que lo aligera, confiriendo al mundo que entonces se dibuja, y a
los elementos que lo integran, un carácter maravilloso y novelesco.

Es el sentimiento, el impulso que en el Gótico todo lo conmueve y lo
levanta. De ahí que la pintura y la escultura abandonen la frontalidad y
la falta de detalles, la lejanía y el aislamiento, la rigidez y la grandiosidad, el descuido anatómico y la geometría que les caracteriza en el Romá-

nico, para llenarse ahora de ternura, para acumular detalles que suministren a su fondo carácter novelesco, para acercarse al espectador, para relacionar entre sí a los personajes, para hacer a cada uno de esos personajes centro de sí mismo y a sus cuerpos —que en el Románico desaparecían bajo el ropaje caracterizador que los explicaba— núcleos de sentimiento apasionado.

No es extraño, por eso, que el Pantocrátor se borre del horizonte y que en su lugar ocupe Cristo el primer término: un Cristo humanizado que en la cruz muere por los hombres, que sufre con un realismo sorprendente, buscando, por supuesto, la compasión, el sentimiento del que mira. También desaparece la Teotocos suplantada por la madre, por María: madre carnal de Cristo y madre adoptiva de los hombres. En el Gótico, pues, el sentimiento todo lo impulsa y todo lo determina; da sentido al mundo y a sus varios elementos, al hombre incluso, puesto que asegura su destino. Es decir, el dolor que el hombre experimenta por la pasión de Cristo, provoca necesariamente el amor de éste: un amor que garantiza la salvación, que asegura el triunfo. De ahí, pues, que utilicen los autores todos los recursos a su alcance para provocar en el hombre ese sentimiento; es decir, para asegurar su aparición cuando, a causa de la debilidad humana, no ocurre ésta por sí sola.[1]

Al Gótico pertenecen los *Milagros de Nuestra Señora* de Berceo: lo testimonian su fecha y sus características. Se escriben en la primera mitad del siglo XIII cuando comienzan en Castilla a construirse las catedrales góticas. Ellos también, como aquéllas, se estremecen conmovidos por ráfagas de sentimiento; ellos, también, se proyectan hacia el infinito transportando desde la tierra al cielo a personajes y a lectores; ellos también, adoptan un carácter novelesco que confiere a sus líneas una profundidad fabulosa y un interés muy grande.

Es María, por supuesto, la figura que en la obra predomina; lo es, claro está, intencionadamente, puesto que lo que en el poema se pretende es relatar una serie de milagros de la Virgen, y la Virgen, por lo tanto, ha de realizar esos milagros. Se pretende relatar esos milagros para que se animen los oyentes a invocarla; y se la presenta, para conseguirlo, como salvación de sus devotos. Berceo, por eso, la define como salvadora, y se las arregla, incluso, para que sea María la que afirme que es éste el oficio que en realidad le corresponde: "Quiero yo ir mi vía, salvar algún cuitado, / esso es mi delicio, mi officio usado" (estr. 485).[2] Y es ese el oficio de María, por ser madre de Cristo; es decir, por ser madre del Salvador es salvadora. Coopera de esa forma María con su hijo en la redención del hombre: "Los qe por Eva fuemos en perdición caídos / por Ella [por María] recombramos los solares perdidos" (estr. 621). Al ser María salvadora porque coopera con su hijo, el hijo de María está siempre presente en los milagros de una manera explícita o implícita: en segundo término, por lo general, puesto que, como antes afirmamos, lo que en el poema se pretende es mostrar la función redentora de María, y no la función redentora de su hijo, que se da naturalmente por supuesta: el "vero Salvador, / qe por salvar el mundo sufrió muerte dolor" (estr. 487). Es verdad, que en algún caso (Milagro XXIII) pasa Cristo a ocupar el primer término, como si se quisiera de ese modo recordar a los lectores que la redención se debe a Cristo. Esto, sin embargo, es excepcional como ya dije: lo corriente es que sea María la dueña de la acción, la que interviene, la que salva al hombre. De ese modo la obra realiza su propósito. Por otra parte al presentar Berceo esos milagros para que a través de ellos puedan salvarse los lectores, coopera también Berceo en la función redentora de Cristo y de María.

De esa manera, pues, y para atraer a los lectores, debe presentarse a María como acogedora y asequible, como capaz de escuchar y de acudir en defensa de los hombres. Esa presentación de María no es difícil en el momento del que hablamos; al contrario, todo ayuda entonces a presentarla de ese modo. En efecto, el Gótico, al acentuar el sentimiento facilita la empresa de Berceo. Berceo lo que hace es actuar sobre la imagen románica de María y transformar a ésta en una imagen gótica; es decir, convierte a la Teotocos —madre carnal de Cristo (del Dios Hombre) y madre adoptiva de los hombres— en madre cariñosa de su hijo, y en Madre piadosa de los hombres. Y, así, por ser madre piadosa, pueden los hombres acudir a ella en sus desgracias y pueden además encomendarle su salvación (el más transcendental de sus problemas); puede, por otra parte, por ser madre cariñosa del Dios-Hombre —a la que nada niega éste: "No li diçrié tal Fijo a tal Madre de non" (estr. 181)— neutralizar las desgracias de los hombres y garantizar la salvación de éstos.

Así es como María aparece en los *Milagros*: así se la presenta, así se la define, y así se la hace actuar en los distintos episodios. Es decir, María aparece como mujer del gótico. No es necesario, por supuesto, demostrar lo que digo: basta leer las veinticuatro (o veinticinco) historias. El Milagro XIV, rompe, sin embargo, ese patrón característico, y en vez de presentar a María de acuerdo con los presupuestos góticos, la presenta según los viejos presupuestos del Románico. Lo que quisiera hacer en las líneas que me quedan es explicar lo que esa presentación románica significa en el libro de Berceo.

Para empezar resumiré el milagro. En la iglesia de un monasterio que se alza en un lugar aislado y peligroso se venera una imagen de María: María aparece en un trono, coronada, rodeada de los reyes, y con su hijo entre los brazos. Le hace de dosel un velo, y las plumas de un pavo real le sirven de abanico. Un día cae un rayo sobre el monasterio y la iglesia arde; sin embargo, ni el fuego ni el humo se acercan a la imagen ni al velo ni a las plumas. Termina el episodio con una estrofa en la que se afirma que María, así como salvó a su imagen del fuego del rayo, salva a sus siervos del fuego del infierno.

Se observa inmediatamente que faltan aquí ciertos elementos que son esenciales a todos los otros episodios; es ésta la única vez, por ejemplo, en la que no se relaciona, ni directa ni indirectamente, con un personaje —es decir, con un ser humano— el milagro de María. María, por lo tanto

—porque no acude a socorrer al hombre—, no aparece ni como madre acogedora ni como mujer piadosa. Es cierto que el milagro de Berceo sigue su fuente románica con una fidelidad muy grande. Notaremos, sin embargo, que ésta, aunque no mucho, se modifica, y que al modificarse no lo hace para introducir características del Gótico; es decir, para acentuar de alguna forma la piedad que se atribuye a María de manera reiterada. Al contrario, percibimos un deseo evidente de no introducir características del Gótico: la única afirmación que de algún modo une con la debilidad humana este milagro no se debe a Berceo, sino que la toma Berceo de la fuente, traduciéndola con una fidelidad desconcertante. Digo desconcertante porque, por su misma naturaleza, se prestaba a la introducción de un sentimiento: "Sic ipsa sancta Dei genitrix ymaginem suam, ut diximus, ab igne defendit ostendens quod sibi servientes ab igne eterno liberare facillime possit" (Dutton 117). Dice Berceo:

> La Virgo benedicta, Reína general,
> como libró su toca de esti fuego tal.
> asín libra sus siervos del fuego perennal,
> liévalos a la Gloria do nunqua vean mal. (estr. 329)

Por otra parte, es evidente también, que las leves modificaciones de Berceo sirven, aunque parezca paradójico, para acentuar los rasgos románicos transmitidos por la fuente. Lo veremos enseguida. Tres son las variaciones de Berceo: la primera —penúltima estrofa— indica sólo como se escribe el milagro después de sucedido. Las otras dos, que son en realidad las que interesan, consisten en un detallismo acentuado; es decir, vuelve Berceo sobre dos descripciones y las amplía con un número extraordinario de detalles. La primera descripción es la de la imagen. La fuente sólo afirma que representaba como a madre de Dios a Nuestra Señora, que era de madera y que tenía sobre la cabeza, a manera de mitra, un velo: "Erat autem ibidem ymago quedam decenter ex ligno fabricata in sancte Dei genetricis Marie veneracione habes super capud suum in modum mitre candidum velamen" (Dutton 117). Berceo añade el trono, la corona y la adoración de los tres reyes:

> Estava la imagen en su trono posada,
> so Fijo en sos brazos, cosa es costumnada,
> los reis redor Ella, sedié bien compannada,
> como rica Reína de Dios santificada.
> Tenié rica corona como rica Reína,
> de suso rica impla en logar de cortina ...
> Colgava delant ella un buen aventadero ...
> de alas de pavones lo fizo el obrero. (estrs. 319-21)[3]

La segunda descripción es la de los objetos que se queman. Una frase en la fuente: "todo lo que estaba cerca de la imagen" ("Omnia que circa erant combussit" [Dutton 117]). En Berceo, en cambio, dos estrofas que

enumeran con prolijidad muy grande los objetos particulares y determinados que consume el fuego:

> Cadió rayo del cielo por los graves peccados,
> encendió la eglesia de todos quatro cabos;
> quemó todos los libros e los pannos sagrados ...
> Ardieron los armarios e todos los frontales,
> las vigas, las gateras, los cabrios, los cumbrales;
> ardieron las ampollas, cálizes e ciriales ... (322-23)

Ese detallismo, por supuesto, está muy lejos del detallismo del siglo
XIX, que caracteriza al costumbrismo, al realismo o al naturalismo. En
otras palabras, la acumulación de detalles no busca presentar una fotogra-
fía de lo que se describe, ni conservar para el futuro el recuerdo de algo
que va a ser consumido por la naturaleza o por el tiempo, ni explicar el
medio ambiente que determina los sucesos o da sentido a lo que sucede o
a lo que no sucede —en este caso a lo que consume el fuego o a lo que
no consume. Se trata de un detallismo con una función muy diferente: lo
que el Milagro XIV busca con su morosa descripción de unos objetos, no
es poner una realidad exacta y fiel delante de nuestros ojos, sino, por el
contrario, convertir una realidad en algo prodigioso y novelesco. En efecto, la cuidadosa enumeración de lo quemado (con su pesadez, su densidad y su resistencia) contrasta, por supuesto, con la ligereza y levedad de
lo no quemado, dando lugar al prodigio de ese modo, pues el fuego que
devora lo pesado debió, con mucha más razón, devorar lo leve y lo lige-
ro:

> Maguer qe fue el fuego tan fuert e tan qemant,
> nin plegó a la duenna nin plegó al ifant,
> nin plegó al flabello qe colgava delant,
> ni li fizo de danno un dinero pesant.
>   Nin ardió la imagen nin ardió el flabello,
> nin prisieron de danno quanto val un cabello:
> solamiente el fumo non se llegó a ello ... (324-25)

Ese detallismo exagerado acentúa el poder de Nuestra Señora y acentúa el milagro narrado por la fuente. En efecto, la descripción primera, al
hacer resaltar el trono y la corona de la imagen, al cubrirla con un dosel
y al aventarla con "buen aventadero" (estr. 321) la convierte en reina; al
poner sobre sus rodillas a su hijo explica el origen de su poder y su carácter (por provenir de Dios, todopoderoso); además, al rodearla de los
reyes oferentes acentúa su carácter pantocrático, la presenta como "regina
regum". Es verdad, por supuesto, como dice Dutton, que se alude así a
una escena navideña, pero en realidad no es eso lo que importa (ni al milagro ni a Berceo); lo que importa es que se alude —en sentido románico— a la maternidad de María. Es decir, la maternidad de María se convierte en causa de su poder sin límites.[4]

Debemos decir, resumiendo, que así como la descripción primera muestra el poder de María a través de los objetos simbólicos que la adornan; la descripción segunda muestra ese mismo poder a través de los objetos que destruye el fuego. Al acentuar el poder devorador del fuego y la combustibilidad de los adornos de la imagen, acentúa Berceo el poder de Nuestra Señora. La evidencia de lo que afirmamos es obvia, a nuestro juicio. Sin embargo, precisamente el peso de esa evidencia crea una interesante paradoja: acentúa Berceo, en una obra gótica, los elementos románicos de la fuente. Paradoja que nos lleva a preguntarnos a qué se debe el interés de Berceo en acentuar en el Milagro XIV los elementos románicos primitivos. La clave está, por supuesto, en la función que el poder de María tiene en los *Milagros*; comprendida esa función la explicación es fácil. Obsérvese que, así como la falta de seres humanos sobre los que caigan los efectos de la Virgen es algo excepcional ahora, y diferencia de los otros veintitrés o veinticuatro al Milagro que estudiamos, el acentuar el poder de María es un motivo recurrente en el poema. En efecto, el poder de María es uno de los dos grandes temas —el otro es el de su piedad— sobre los cuales la obra se levanta. La razón de todo ello es muy sencilla. Al pretender Berceo presentar a María como salvadora de los hombres; el poder y la piedad se necesitan para que su función pueda realizarse.

Ahora bien, así como para presentar la piedad de Nuestra Señora puede Berceo aprovechar los elementos que el Gótico utiliza, puede, para presentar su poder, aprovechar los elementos que el Románico había utilizado. De ahí que, desde la introducción alegórica explicada por Berceo, la piedad y el poder adornen a María, y que se apoyen, para hacerlo, en la imagen de reina, en la de gloriosa y en la de madre: "Madre, plena de gracia, reína poderosa, / Tú me guía en ello, ca eres piadosa" (estr. 46). De ahí, también, que desde que comienzan los milagros —desde el primero hasta el veinticuatro o el veinticinco— las dos características, repitiéndose constantemente y apoyándose en las imágenes señaladas, se conviertan en los temas que al enlazarse, al trenzarse y al superponerse, permiten que el poema se construya y que la función salvadora de María se realice. Veamos tan sólo algunos testimonios: "Rendieron a Dios gracias de buena boluntat, / a la sancta Reína, madre de piadat" (estr. 98); "Rendieron todos gracias a la Madre gloriosa, / qe sobre sos vassallos es siempre piadosa" (estr. 302); "Madre tan piadosa siempre sea laudada, / siempre sea bendicha e siempre adorada" (estr. 316); "Bien devemos creer qe la Madre Gloriosa ... / no lo oblidarié, como es piadosa" (estr. 351); "Entendredes en ello como es la Gloriosa ... / nunqa trovó omne madre tan piadosa" (estr. 432); "Reígna coronada, templo de castidat, / fuent de misericordia, torre de salvedat" (estr. 526); "La merced e la gracia que me dennesti fer / no lo savría, Madre, yo a ti gradecer" (estr. 545); "Reína poderosa de los fechos onrrados, / qe siempre te travajas en salvar los errados" (estr. 829).

El Milagro XIV, por lo tanto, no es un episodio paradójico, no es un momento excepcional en el poema, no es un salto que retrotrae temporalmente a la obra que estudiamos, es sencillamente un elemento —un pilar románico— que permite que el espíritu gótico de la obra se produzca y se sostenga.

Notas

1. Los comentarios que hago sobre el Románico y el Gótico pueden encontrarse en mi libro de manera más extensa (Gimeno 46-52 y 87-91).

2. Sigo la edición de Claudio García Turza. Indicaré, tras la cita, el número de la estrofa.

3. La fuente, unas líneas después de hablar de la mitra, cuando habla del incendio, se refiere al abanico de plumas: "Una scopa de pennis pavonis iuxta flabellum" (Dutton 117).

4. Es esto lo que importa: lleve, como quisiera Dutton, o no lleve, a Nuestra Señora de Marzo (Dutton 118).

Obras citadas

Dutton, Brian, ed. *Obras completas, II: Los «Milagros de Nuestra Señora»*. De Gonzalo de Berceo. 2ª ed. London: Tamesis, 1980.

Gonzalo de Berceo, *Milagros de Nuestra Señora*, ed. Claudio García Turza, Logroño: Colegio Universitario de La Rioja, 1984.

Gimeno Casalduero, Joaquín. *El misterio de la redención y la cultura medieval: el «Poema de Mio Cid» y los «Loores» de Berceo*. Murcia: Academia Alfonso X el Sabio, 1988.

Marina Mayoral's *La única libertad*:
A Postmodern Narrative

Kathleen M. Glenn
Wake Forest University

In *Apostillas a El nombre de la rosa*, Umberto Eco reflects upon the postmodern esthetic, which he describes as marked by irony and an emphasis upon narrativity. Underlying postmodern discourse is the recognition that since the past cannot be destroyed or denied, it must be treated ironically. After all, ours is an era in which writers as well as readers are no longer innocent. In support of his argument Eco gives the example of a man who loves a cultured woman and realizes that he cannot say to her "I love you madly," because he knows that she knows —and that she knows that he knows— that such a phrase has already been used by Liala (the Italian equivalent of Corín Tellado). What he *can* do is say "I love you madly, as Liala would put it." He thus succeeds in declaring his love and in avoiding false innocence. Eco concludes that postmodern discourse "exige, no la negación de lo ya dicho, sino su relectura irónica" (75).

La amenidad, the second feature Eco identifies with postmodernism, is also emphasized by Philip Stevick. Stevick asserts that "the single quality that most firmly unites postmodern writers is the recovery of the pleasures of telling" (140). These writers are fabulators who take great pleasure in invention. Much of recent peninsular narrative is distinguished, precisely, by a renewed interest in telling stories, in creating characters, and in depicting concrete settings, while offering a personal vision of the world. In a recent interview Marina Mayoral described herself as a "novelista de personajes, novelista fabuladora," and she laughingly declared that "afortunadamente esto está muy de moda ahora" whereas not too long ago it was regarded as hopelessly démodé (personal interview). In addition to being a novelist, Mayoral is professor of Spanish literature at the Universidad Complutense in Madrid and a literary scholar, perhaps best known for her studies of Rosalía de Castro and Emilia Pardo Bazán, fellow *gallegas*.[1] Her training and critical sophistication preclude literary artlessness, and her fiction is a prime example of the postmodern ironic view and interest in fabulation. *La única libertad*, published in 1982, is a sprawling saga that at times is evocative of the nineteenth century, but it is enlivened by a tongue-in-cheek sophistication that is very postmodern. The present essay examines Mayoral's ironic rereading of earlier literary works and the metafictionality of her narrative.

The narrator of *La única libertad* is twenty-five-year-old Etelvina, who has been asked by her great-aunts to write the *Historia de La Braña*, a project begun by her great-uncle Alejandro but cut short by his death from tuberculosis. (La Braña is the family's summer house and a convenient focal point for the history.) Etelvina is an inexperienced, naive writer, dismayed by the magnitude of her task. Over the course of a year she wrestles with the knowledge that she too is dying of tuberculosis and works on her manuscript, which assumes increasing importance for her. To complete it would be to leave a legacy to her family and a memory of herself. It would also be an indication that she is not as indecisive, as disorganized, as much of a failure as others apparently consider her to be. Mayoral, of course, is not to be confused with her narrator, and she is amused by those who assume that the latter's difficulties are a reflection of her creator's (Sánchez Arnosi 4). Within the novel Mayoral distances herself from her character through the headings that introduce and comment upon each chapter. She has pointed out that these headings are reminiscent of such classical works as the novels of chivalry and picaresque literature (personal interview). Even greater, I believe, is the resemblance to *Don Quijote*. On the one hand the headings give the reader an idea of what is to follow and stimulate interest; on the other they make fun of this suspense-generating function. They exemplify what Linda Hutcheon in her study of parody refers to as "repetition with critical distance" (6).[2]

The headings used in *Amadís de Gaula* are brief résumés that orient the reader as to the content of chapters: "Cómo la infanta Helisena y su donzella Darioleta fueron a la cámara donde el rey Perión estaua" (bk. 1, ch. 1) and "De cómo Amadís vino en socorro de la cibdad de Londres y mató al traydor de Barsinán, y puso toda la cibdad en sossiego" (bk. 1, ch. 38). The first heading of Mateo Alemán's novel is similar in nature: "En que Guzmán de Alfarache cuenta quién fué su padre" (pt. 1, bk. 1, ch. 1). The situation in the *Quijote* is quite different. The tone of Cervantes' headings is often gently mocking, as in references to "la espantable y jamás imaginada aventura de los molinos de viento" (pt. 1, ch. 8) and "nuestro invencible caballero" (pt. 1, ch. 21). At other times his titles induce us to continue reading by holding out the promise of entertainment, alluding to "otras aventuras dignas de ser contadas" (pt. 1, ch. 18) and "otras muchas cosas dignas de saberse" (pt. 1, ch. 42). In the following quotations from Part 2, Cervantes openly makes fun of the convention of the heading, with his "Donde se cuenta lo que en él se verá" (ch. 9) and "Que se trata de cosas tocantes a esta historia, y no a otra alguna" (ch. 54).

Mayoral, too, plays with the convention, employing an ironic, at times belittling tone and slightly anachronistic language, calling attention to the narrator's ingenuousness, and making disparaging remarks about her work. Through spacing and the use of different typefaces she turns several of the introductions into minidramas or mininarratives with certain details headlined and others reduced to parenthetical asides in small print. Ch. 2, for instance, is billed as:

Retrato de Benilde, Ana Luz y Georgina,

tías abuelas de la narradora a la que encargaron escribir
la *Historia de La Braña* y le ofrecieron consejos, información,
lecho y sustento, amén de una pequeña y simbólica paga,
modernamente llamada *pocket money*.   (19)

The introduction for ch. 14 highlights the narrator's failure to grasp the
meaning of events:

Un desagradable incidente

(¿amenaza o intento de asesinato?)
viene a turbar la paz de Cotomelos, convirtiendo a la
narradora en centro de una sórdida intriga. Pese a tan
privilegiada situación y a la inapreciable ayuda de sus tías
abuelas, la narradora sigue sin comprender el sentido
de lo que sucede ante sus ojos.   (267)

The heading for ch. 9 undercuts both the veracity and the merit of the intercalated tale it introduces, describing that tale as "marginal ... sin fundamento ... prescindible y ... desechable:

Historia de *Black Fraiz*

el chico que quería ser boxeador.
Historia Marginal,
que no pertenece a La Braña, tejida
a base de murmuraciones y chismes de criados y pueblo llano
que intenta dar una explicación al parecido físico
de *Black Fraiz* con Alfonsito Villaurín, nieto de un amigo
íntimo de la familia de la narradora.
Historia sin fundamento ni testigos
imparciales: prescindible y
(probablemente)
desechable   (161)

Here again the shadow of Cervantes is discernible, and we are reminded of the mock humility of the prologue to Part 1 of the *Quijote*.
There are further parallels, as when Gilberto, Etelvina's former lover, remarks that "nunca segundas partes fueron buenas" (195), echoing Sansón
Carrasco (pt. 2, ch. 4). The three intercalated narratives (chs. 3, 9, 13) are
variations upon the theme of love, as are the interpolated tales of Part 1
of the *Quijote*. The fact that Cervantes' chapter headings on occasion seem
inappropriate or misplaced (e.g., pt. 1, ch. 46) and that *La única libertad*
also includes a title that is wrongly situated may be a coincidence or it
may be a tribute on Mayoral's part.[3]
She likewise plays with the clichés of romanticism. Although Etelvina

has broken with Gilberto, she still writes to him and sends him portions of her manuscript for his comments. He affirms that she has an incorrigible fondness for love stories, and he pokes fun at her propensity for self-dramatization, claiming that she is turning herself into a novelistic character —solitary, misunderstood, the victim of blind fate and condemned to a premature death. He diagnoses her illness not as tuberculosis but as an acute attack of romanticism and jokingly compares her to Dumas' Camille and to Bernardin de Saint-Pierre's Virginia. Gilberto also concludes one of his letters to Etelvina with a parody of her stylistic excesses: "Ciao, bambina, o, si prefieres, en consonancia con tu·nuevo estilo epistolar: besa tu frente pálida, nimbada por el halo fatal de los elegidos, y se arroja a tus pies con el corazón transido de dolor y acongojado por tétricos y fatales presentimientos, tu esclavo *Gilberto*" (190). Mayoral consciously utilizes melodramatic and feuilletonistic elements throughout her fiction (see Sánchez Arnosi and "La novela") and several of the characters of *La única libertad* unabashedly confess their fondness for this type of (sub)literature. Etelvina's father-uncle Alberto proclaims "Yo adoro lo sentimental y lo folletinesco" (378), and her cousin Valen, who is married to Luis, writes in purple prose of her love for another man: "lo de Maurice es otra cosa, lo veo y todo me da vueltas, se me borra, no existe el mundo, sólo él y yo, y alrededor un torbellino que nos empuja al uno hacia el otro" (107). Etelvina herself longs to have someone declare undying love for her, although she admits that "no te olvidaré nunca" is a ridiculous phrase. Mayoral is cognizant not only of the depth and intensity of certain human desires —to be loved, to live in another's memory— but also of the fact that those desires may seem dreadfully sentimental. Like Eco's hypothetical lover, she resorts to irony, inasmuch as it is not possible to speak, write, or read with innocence. Some twenty years ago John Barth pointed out that "if Beethoven's Sixth were composed today, it would be an embarrassment; but clearly it wouldn't be, necessarily, if done with ironic intent by a composer quite aware of where we've been and where we are" ("The Literature of Exhaustion" 31). Mayoral, obviously, possesses such awareness.

Another feature of postmodern narrative is its self-reflexivity, its tendency to thematize its fictionality, to reflect upon or lay bare its own creation and incorporate self-commentary. In *La única libertad* the acts of reading and writing are foregrounded. Both Gilberto and Valen are dramatized readers, but the two are not alike. One is male, the other female; one is an informed reader, the other is totally uncritical. Valen has a particular fondness for love scenes, the more detailed the better, and her reactions to texts are strictly emotional. Gilberto, in contrast, is a professional critic of art and film. He is intellectually brilliant but lacking in human warmth; emotions make him uncomfortable. The two characters' responses to what they read differ markedly. Gilberto, the more perceptive of the two, repeatedly insists that what Etel is writing has the makings of a first-rate novel and he urges her to forget about the idea of a family history. As the critic within the text, he comments upon the sections of the manuscript she sends him and advises her to clarify or develop certain passages and not to worry about structure. "De la estructura y esas pamplinas decimonónicas no te preocupes. Si llega a ser una novela ya habrá algún crítico que la descubra, aunque tú no te hayas molestado en estructurarla. Lo que pasa es que eres una carquilla que lo que te gustaría es escribir como Galdós" (112). The quotation is interesting, first for the jab at critics who "discover" in literary works what is not there, and second for the allusion to Galdós, one of Mayoral's favorite authors ("La novela"). *La única libertad* is decidedly Galdosian in flavor. Don Benito was a master storyteller and creator of characters, a writer who did not hesitate to utilize melodramatic and sentimental elements when appropriate. Moreover, as modern critics have noted, a number of his works fall within the metafictional mode; *El amigo Manso* and *Misericordia* immediately come to mind. Gilberto also tells Etelvina to stop worrying about veracity, since in a novel the question of whether things have or have not really happened is irrelevant. What matters is the form of the story, the way in which it is told.

If Gilberto is a sophisticated and sensitive critic, Etelvina is a naive and often bewildered writer. At one point she plaintively remarks that "Esto de escribir es mucho más complicado de lo que podría creerse y mucho más comprometido" (215). One of her main problems is that of how to organize her material, how to decide what to eliminate. Should she write only of the relatives who actually lived at La Braña or should she also speak of persons connected with the house in some way and of still others who had little connection with it but who have awakened her curiosity, as is the case with the protagonists of the intercalated tales? The multiple narratives and narrative threads are entangled like a handful of cherries, and it is virtually impossible for her to determine where one ends and another begins.

Equally troublesome is the question of sources and their reliability. There is a dearth of information about some episodes and a surfeit regarding others. In the case of the tale of Inmaculada de Silva and Antón do Cañote, for instance, eyewitnesses offer conflicting versions and criticize each other's accounts. Mayoral's narrative world is a relativistic one in which conflicting viewpoints are constantly juxtaposed without one being privileged over another. The titular character of *Cándida otra vez* reflects that "todo depende de quien lo cuente" (89), and in *Al otro lado* Beni observes that each teller modifies the tale according to his or her own personality and fantasies (115).

At the end of *La única libertad* Etel still has hopes of pulling all her material together and shaping it into the *Historia de La Braña*. She is unaware that her work is in fact finished, that it is the novel we are reading. In her view, all she has is an "informe montón de folios ... [un] revoltijo de noticias contradictorias" (15), a draft consisting of several completed narratives (those of Inmaculada and Antón, of *Black Fraiz*, and of

Doña Petronila and her son Eduardo); letters she has received and copies
of others she has written; fragments from her diary; anecdotes passed on
by her great-aunts, her great-uncle Euxío Morais and the family doctor
and records of her conversations with the same people; as well as accounts of her upbringing and her affair with Toño. Stories, storytellers,
and forms of telling proliferate, as do love affairs, illegitimate children,
homosexuality, and incest. All the stories deal in some way with the
theme of love, as is underscored by the novel's title, taken from a poem
in which Luis Cernuda writes that "Libertad no conozco sino la libertad
de estar preso en alguien / ... / la libertad del amor / La única libertad
que me exalta" (9). All this is served up with a large dash of intrigue.
Etel's great-aunts are amateur detectives, and they attempt to solve the
mystery of *Black Fraiz'* parentage and of the unexplained accidents that
have been plaguing Morais' household.[4] The wealth of material in *La
única libertad* attests to Mayoral's zest for fabulation, and the use of
techniques and strategies drawn from popular fiction, such as the
detective novel, links her to another postmodern writer, Eduardo
Mendoza.

The self-consciousness of Mayoral's 1982 novel is further manifested in
repeated instances of intertextuality and an emphasis upon the fluidity of
the boundaries between life and art, as "fictional" and "real" beings coexist. Jean Paul Daumond, lover of one of Etel's great-aunts, is an actor
who supposedly ranked with Valentino and Gable as one of the idols of
his time. Morais knew Picasso during the early days in Paris. Alberto
designs sets for Francisco Nieva who, in real life, collaborated with
Mayoral and Andrés Amorós on a book about the postwar theater.[5] *La
única libertad* is permeated with intertextual references ranging from
ancient ballads ("Gerineldo, Gerineldo") to modern ballet (Maurice Bejart),
from popular music (the Beatles) to classical (Yehudi Menuhin), from
Spanish literature (Zorrilla, Bécquer, Rosalía de Castro, Pardo Bazán,
Galdós) to French (*Madame Bovary* and *Nana*) to English (*Lady Chatterley's
Lover*).

Eco reminds us in *Apostillas* that "los libros siempre hablan de otros
libros y cada historia cuenta una historia que ya se ha contado" (26).
Love and death are as old as humankind, but that does not mean they
are no longer viable literary themes. Mayoral, "aware of where we've
been and where we are," in *La única libertad* rereads the literature of the
past with irony, playfully subverts conventions and spoofs clichés, calls
attention to the artifices of fiction and its games of illusion, and
exuberantly tells tales, creating new fictional worlds. Her novel, to borrow
a phrase from John Barth, exemplifies "the literature of replenishment."

Notes

1. Mayoral was born in Mondoñedo and spent the first twenty years of her life in
Galicia. She has written most of her novels in Castilian, with the exception of *Unha árbore*,

un adeus (Vigo: Galaxia, 1988), which is a reworking of her *Plantar un árbol.*

2. Hutcheon observes that "parody prospers in periods of cultural sophistication that enable parodies to rely on the competence of the reader (viewer, listener) of the parody" (19); it has proliferated in the postmodern era.

3. The heading for ch. 10 refers to the narrator's doubts as to where the history of La Braña ends and her own story begins, and to fragments from her diary, but this material does not appear until ch. 12.

4. See Zatlin regarding the relationship between Mayoral's novels and detective fiction.

5. *Análisis de cinco comedias: Teatro español de la postguerra* (Madrid: Castalia, 1977).

Works Cited

Alemán, Mateo. *Guzmán de Alfarache.* Ed. Samuel Gili y Gaya. Vol. 1. Madrid: Espasa-Calpe, 1942. 5 vols.

Amadís de Gaula. Ed. Edwin B. Place. Vol. 1.   Madrid: Consejo Superior de Investigaciones Científicas, 1959. 3 vols.

Barth, John. "The Literature of Exhaustion." *Atlantic Monthly,* Aug. 1967: 29-34.

_____. "The Literature of Replenishment." *Atlantic Monthly,* Jan. 1980: 65-71.

Cervantes Saavedra, Miguel de. *Obras completas.* Ed. Angel Valbuena Prat. Madrid: Aguilar, 1960.

Eco, Umberto. *Apostillas a El nombre de la rosa.* Trans. Ricardo Pochtar. Barcelona: Lumen, 1984.

Hutcheon, Linda. *A Theory of Parody.* New York: Methuen, 1985.

Mayoral, Marina. *Cándida otra vez.* Barcelona: Ambito Literario, 1979.

_____. "La novela ha de contar algo." *El Urogallo,* June 1988: 49.

_____. *Al otro lado.* Madrid: Magisterio Español, 1981.

_____. Personal interview. 30 May 1988.

_____. *La única libertad.* Madrid: Cátedra, 1982.

Sánchez Arnosi, Milagros. "Entrevista a Marina Mayoral." *Insula,* Oct. 1982: 4.

Stevick, Philip. "Literature." *The Postmodern Moment.* Ed. Stanley Trachtenberg. Westport: Greenwood Press, 1985. 135-56.

Zatlin, Phyllis. "Detective Fiction and the Novels of Mayoral." *Monographic Review/Revista Monográfica* 3 (1987): 279-87.

La ficción como señuelo y terapia o la realidad de la ficción en *Casas de encantamiento* de Ignacio Solares

Alfonso González
California State University, Los Angeles

El interés de Ignacio Solares en los sueños y en la parasicología como agentes terapéuticos de los inexplicables miedos y fobias de sus personajes, es una constante desde su primera novela, *Puerta del cielo* (1976). Los sueños y la fantasía, tan reales en su prosa como el trabajar para pagar la renta, proveen, si no un escape al personaje enajenado, sí una especie de terapia que le ayuda a sobrellevar su existencia. Si la novela sicológica tradicional se enfoca en las causas del comportamiento anormal de sus protagonistas, la prosa de Solares se interesa sólo por el comportamiento extraño y las diferentes maneras en que la mente humana equilibra y hace frente a sus carencias. Aunque en algunas de sus obras anteriores se encuentran personajes que son escritores, como el periodista Raúl Estrada de *Anónimo* o la cuentista suicida, Luisita, en *El árbol del deseo*, no es sino hasta *Casas de encantamiento*, su más compleja novela, donde la ficción funciona como terapia y señuelo para escapar de una situación anómala.

Si la sicología moderna nos dice que la realidad de los sueños, del inconsciente, es tan importante como la realidad consciente, Solares parece decirnos que la realidad del inconsciente es superior a la de la consciencia. En sus obras, las fobias de los personajes y sus reacciones inconscientes se convierten en la realidad. La inclusión de la ficción como elemento determinante en *Casas de encantamiento*, nos lleva a una analogía entre sueño y ficción. Nos dice Freud que lo soñado es una fabricación del inconsciente, que no es un hecho real, pero también nos dice que las emociones que experimentamos durante un sueño son tan reales como cualquier otra (Freud 460). Los sueños responden a la necesidad del inconsciente de realizar nuestros deseos, de equilibrarnos. La ficción tiene la misma función en esta novela. Aunque controlada por el consciente, la ficción es una creación igual que el sueño y la misma analogía se pudiera hacer entre la ficción y lo "real". La ficción es una creación, pero las emociones que experimenta el lector son tan reales como las que experimenta el soñador.

El propósito de este estudio es ver cómo la ficción ejerce una función de carnada y de terapia en esta novela, creando una atmósfera de irrealidad y suscitando y sustentando el interés del lector y del protagonista. Al igual que en otras obras suyas las fronteras entre el consciente y el inconsciente, entre lo real y lo imaginario están diluidas. No sólo se borran estos límites sino que la lectura acepta dos posibles interpretaciones. Refiriéndose a *Anónimo* (1979), Aida M. Beaupied dice que la obra de Solares sigue el esquema de Todorov tocante a "lo fantástico" ya que acepta cualquiera de las dos "explicaciones" de lo sobrenatural: "lo extraordinario" se relaciona a un hecho sobrenatural que se explica atribuyéndolo a un sueño o alucinación; "lo maravilloso" ocurre cuando la persona que lo experimenta cree en efecto que el hecho tuvo lugar. En *Casas de encantamiento* el hecho sobrenatural es un viaje al pasado. Tanto el lector como los personajes se sienten hechizados por: 1) la creación de un mundo ambiguo, a base del lenguaje, en donde es imposible separar los hechos de los deseos, lo real y lo fictivo; 2) la búsqueda de la realización de sí mismo; 3) la necesidad de creer a un narrador inconfiable, y 4) el uso de la ironía.

Si los motivos de las acciones de los protagonistas de *Anónimo* y de *El árbol del deseo* (1980) son, respectivamente, el miedo irracional a una nota anónima y ser controlada o limitada contra su voluntad, la razón del aislamiento y enajenación de Javier Lezama, protagonista de *Casas de encantamiento*, se debe a su firme convicción de no pertenecer a la época que le tocó vivir, 1945-1985, y a su fracaso como escritor, esposo y padre de familia. Javier Lezama era un hombre fascinado por la lectura y por la reescritura de lo que leía. Este ejercicio era para él como un volver a vivir la aventura leída, pero como personaje, reencarnándose como protagonista. El reescribir le permite realizar sus anhelos, los cuales no puede o no se atreve a llevar a cabo: escribir un reportaje sobre la ciudad de México y buscar y conquistar a la mujer ideal. El hecho de que no escribió nada en su diario durante todo el tiempo que estuvo casado, 20 años, es una buena indicación de lo infeliz que debió de haber sido.

El relato se inicia precisamente después de que Javier se separa de su esposa, al reempezar su diario, reescribiendo lo que leía. La identificación con un hombre muy parecido a él, Luis Enrique Bautista, lo saca del letargo en que había caído después de su separación, pero lo sumerge, irónica y trágicamente, en otra realidad: la de Bautista. Investigando por su cuenta la noticia periodística sobre el suicidio de Luis Enrique Bautista, descubre el sorprendente paralelismo de sus vidas. Ambos eran reporteros que habían querido siempre escribir una crónica excepcional de la Ciudad de México, sentían una gran reverencia y obsesión por el oficio de escritor, pero no podían ganarse la vida ejerciéndolo. Los dos tenían problemas económicos y conyugales; hijos y la misma edad. Una diferencia importante, sin embargo, es que Luis Enrique había escrito y dejado inéditas dos obras: un reportaje sobre la capital y un cuento. Estas obras ejercen un magnetismo irresistible en Javier pues, le dan la oportunidad de reescribirlos y convertirse en co-autor, narrador y protagonista de ellas. Al hacer esto se realiza a sí mismo.

Irónicamente la salvación de Javier es también una suerte de cárcel. Javier se siente encantado, atrapado, por la realidad del escritor que sí ha hecho lo que él no ha podido hacer: escribir. Siente necesidad de ver a su hija, pero cuando su ex-esposa le pregunta cuándo, éste le contesta: "Cuándo, ése es el problema. Te podría decir nomás que salga y tú preguntarías de dónde y yo no sabría explicarte de dónde" (33). Su esposa le dice que él la abandonó, "porque ya estabas en otra parte aunque estuvieras aquí, conmigo y con la niña" (34). Este diálogo sugiere el carácter soñador de Javier y el encantamiento por la ficción de Luis Enrique.

En cuanto al cuento, que versa sobre un joven que padece de "agorafobia", pues no se atreve a salir de su barrio para ir a la ciudad, sabemos que Javier se identifica con el protagonista y que sólo cambió una o dos comas. En lo concerniente al reportaje, no se dice qué fue lo que alteró durante la reescritura. Es precisamente durante la lectura-reescritura de la obra de Luis Enrique que Javier se embarca en la aventura de su vida: un viaje al pasado donde halla la felicidad. Al transportarse al México de 1945 la narración parece seguir un esquema trillado: halla a la mujer ideal a la cual rescata de un novio iracundo y logra escribir varios reportajes que revelan una nueva conciencia social por su parte.

El proceso del viaje de Javier al pasado es interesante pues es casi imperceptible. A fin de recabar datos para un reportaje sobre la reconstrucción del Cine Olimpia, Javier va a la hemeroteca donde, después de leer, parpadea y "pensó que cuanto tenía enfrente era mentira ... porque en lugar de tener 40 tenía 20 años y suponía un poder mágico a la escritura: sólo ella penetraba el misterio, mostraba la sombra" (36). Al llegar al cine, el encargado de las obras le da a Javier una cartera que tiene el carnet de identificación de Margarita Vélez, empleada de Salinas y Rocha en 1945. Doblados en la cartera hay dos pesos y un programa del antiguo Teatro Iris con un recado en la parte de atrás que parece estar dirigido a Javier. Después de esto regresa a la hemeroteca donde lee y relee, acaricia, como dice Edgardo, el periódico *El Universal* del día del debut de Carmen Amaya anunciado en el programa. Para Javier la lectura de un diario posee las mismas posibilidades que el espejo de Alicia: le permite transportarse a otro mundo (13). Siente un mareo y todo a su alrededor le parece falso, como si estuviera en un museo de cera. Sale, toma varias cervezas; ya de noche y sin comer regresa caminando al Cine Olimpia. Hallándolo cerrado, encamina sus pasos al Teatro de la Ciudad, el antiguo Teatro Iris. Al llegar oye voces a su espalda que comentan sobre el debut de Carmen Amaya en 1945. Al voltear la cara se encuentra ya en 1945.

El título *Casas de encantamiento*, metáfora que Bernal Díaz del Castillo usa para referirse a la Ciudad de México, se refiere al poder de encantamiento que tiene la lectura y la escritura para Javier. Es el mismo hechizo que siente al leer la noticia del suicidio de Luis Enrique y al investigar y reescribir la crónica y el cuento de éste. Algo parecido siente Edgardo, amigo de Javier y narrador principal, al no cejar en su intento por reconstruir el aparente misterio de los dos últimos años de la vida de Javier. Es lo mismo que siente el lector al leer los comentarios de Edgardo, el diario de Javier y la crónica y cuento de Javier y Luis Enrique. Edgardo nos presenta con entusiasmo sus recuerdos e investigaciones sobre la vida de Javier, quien a su vez nos relata su vida, entremezclada con sus escritos, y sus lecturas e indagaciones sobre la vida y obra de Luis Enrique. Los tres narradores hablan en primera persona como testigos, protagonistas o personajes de su relato y en tercera persona para referirse a los otros. Al igual que el encantamiento que sufre un narrador por el otro, una narración se halla encuadrada en otra, que a su vez lo está en otra más.

El ambiente de irrealidad se crea en parte gracias al uso del lenguaje. Hay abundancia de frases adjetivales que sugieren nebulosidad o ambivalencia: "foto borrosa, cielo gris, café caliginoso, rostros nebulosos". Javier se siente a gusto, protegido, en una mesita del fondo de un café donde el mundo exterior, visto a través de un cristal sucio, le parece fantasmal (19). En ocasiones ve la realidad reflejada en "un espejo cóncavo" (74). La sugerencia de una realidad imaginada es frecuente. Al presenciar un espectáculo en 1945, "tenía la impresión de que leía el espectáculo más que verlo" (102). El uso frecuente del símil contribuye a la creación del ambiente onírico. Javier relata su percepción del mundo así: "la fiebre me hacía ver las cosas envueltas como en una mermelada de durazno temblorosas" (68). Se crea también por la ambivalencia entre realidad/sueño, realidad/ficción: "Entró en la calle como en la calle de ciertos sueños" (74). Javier se mueve "con movimientos lentos como abajo del agua" (61). El uso del símil también sirve para darnos una serie de aproximaciones, pero no datos exactos de la realidad ficticia. Javier "sobreponía —como un dibujo en un papel translúcido— la otra ciudad" (59). El cuento de Luis Enrique motiva a Javier "a escribir un libro sobre la ciudad de México como si lo escribiera el personaje al abandonar por fin su colonia" (109).

Otro recurso estilístico que contribuye a la creación de incertidumbre son las preguntas retóricas. La novela empieza con una: "¿Cómo empezaremos, profesor?" Hay once preguntas hipotéticas en las primeras tres páginas. Su función no es iluminar ni enseñar, sino sumirnos más en esa incertidumbre y aumentarnos el suspenso y la ansiedad. Las posibilidades de la realidad se acentúan gracias al polisíndeton como cuando al analizar un hecho, este puede ser: "O una casa en la que adivinamos lo que sucede adentro. O un autor que se nos pierde ... o el número de crímenes que se cometen" (15). Este recurso intensifica la duda y curiosidad del lector.

El uso de narradores "no-confiables" o inestables es otro recurso que acentúa la ambigüedad de la novela. Edgardo, el narrador principal que se dirige a un interlocutor mudo llamado profesor, insiste en buscar datos y documentar su hipótesis sobre el misterio de los últimos días de Javier. Irónicamente surge como una inocente víctima de su propio celo ya que esta acumulación de información científica sirve principalmente para convencer a Edgardo de la realidad de lo que ha podido comprobar. Debido a que ha ido a la hemeroteca a ver por sus propios ojos el número del periódico *El Universal* donde dice Javier haber aparecido retratado en 1945, no duda del traslado de su amigo al pasado, pero sí duda de que haya conocido a Margarita, mujer que encarna sus ideales femeninos. Sin embargo, este mismo narrador incrédulo cree que algo es real porque Javier "lo narra en su diario" (78). Es curioso notar también que este narrador, que se preocupa por documentar todo, se emocione e imagine cosas (78). Hay ironía también en que el detective narrador Edgardo no cuestiona por qué Javier escribe su diario a máquina. Como un inocente dice: "es curioso que no haya intentado la ficción" (10). Por otra parte, el narrador no inspira confianza pues hace lo opuesto de lo que dice que va a hacer. Dice que se va a concentrar en las últimas horas de Javier, pero se remonta a la llegada de éste al Distrito Federal (10). Es un narrador inestable e irónico. Interrumpe su propia narración y después regaña al mudo profesor por interrumpir. Constantemente hace preguntas y después dice: "No hagamos tantas preguntas" (37). El uso de la ironía mantiene el interés del lector y caracteriza a los personajes narradores.

Hay ironía en el cuento de Luis Enrique, germen de toda la novela, ya que, de acuerdo con Javier, explica el modo de ser de él y de Luis Enrique. Los preparativos que hace el joven agorafóbico para viajar de su colonia al centro de la ciudad se ven así:

> Cincuenta pesos en el bolsillo, la Guía Roji (aunque de seguro no tendría que utilizarla): podía enumerar en orden, sin equivocarme una sola vez, todas las calles del centro y de las principales colonias; teléfonos de parientes para en caso de extravío y una bolsita con dos tortas de jamón y una manzana. Mamá estaba feliz: hizo que estrenara el traje oscuro. (68)

La ironía está en que después de todo el planeamiento, entusiasmo y apoyo que recibe el narrador, no puede pasar la línea fronteriza de su colonia. También es irónico que Javier se sienta superior al protagonista de este cuento ya que, según él, él sí se ha atrevido a ir a la ciudad. La agorafobia de Javier es el no atreverse a ser. Logra realizarse únicamente a través de la ficción.

Irónica es también la realidad contrapuesta a las aspiraciones de los personajes. Enamorado de la Ciudad de México antes de conocerla, Javier quiere llegar a su verdad más profunda, quiere llegar a unirse con ella. Durante su viaje al pasado llega a la calle del Organo y se deja convencer por una prostituta asquerosa. Ya en el cuarto sólo logra vomitar. Mientras Javier sufre los insultos de la arpía que le obliga a limpiar su suciedad, piensa que esto es también "estar en lo mero hondo de la ciudad" (78).

La ciudad para Javier, lo mismo que el diario para Edgardo y la novela para el lector, representa "un misterio para adentrarse en él más que para descifrarlo, para envolvernos usted y yo en su oscuridad más que para encontrarle salida" (56). El escribir un diario basándose en la interpretación de otras vidas, de otras ficciones, es otra manera de decir que mi vida es mi ficción que es mi realidad.

Obras citadas

Beaupied, Aida M. "La teoría de lo fantástico de Todorov en *Anónimo* de Ignacio Solares". *Chasqui* 9.2-3 (1980): 59-64.

Freud, Sigmund. "The Interpretation of Dreams". *The Standard Edition of the Complete Psychological Works of Sigmund Freud*. Vol 5. London: The Hogarth Press, 1964.

Solares, Agustín. *Casas de encantamiento*. México: Plaza y Janés, 1987.

Radiografía de *El público*

Ricardo Gullón
Real Academia Española

Examinar un drama del que no se conoce sino un borrador acaso incompleto, no revisado por el autor, puede parecer y ser una temeridad, pero, en el caso presente, necesaria e inevitable. Federico García Lorca escribió *El público* en 1930, probablemente en La Habana y Madrid. A su muerte, 1936, dejó dos ejemplares del texto completo corregidos y puestos a máquina y el mencionado borrador, éste en manos de su amigo Rafael Martínez Nadal. Uno de los ejemplares de la versión final fue destruido durante la guerra civil y del otro no se tienen noticias. Por el momento (un largo momento de medio siglo) solamente se dispone del borrador confiado a Martínez Nadal.

La primera lectura del drama, o al menos la primera de que tengo noticia, tuvo lugar en La Habana, posiblemente a poco de concluirse la escritura. A Marcelle Auclair debemos la información: "Fue en casa de los Loynaz donde leyó Lorca *El público*. Dulce María Loynaz, poetisa, es hoy una señora reticente, salvo cuando habla de esta obra: "Un horror —dice— absurda y escandalosa. Federico me regaló el manuscrito y yo lo rompí y tiré al cesto de los papeles" (Auclair 455).

Una cuestión se plantea por sí misma: ¿qué manuscrito recibió Dulce María si el entregado a Nadal es el que preparó su autor utilizando papel del Hotel La Unión, de la capital cubana? ¿Acaso ya, en momento tan temprano, existía una copia y ésa fue la regalada a la poetisa? La fecha de conclusión del drama aparece muy clara en el autógrafo: Sábado 22 de agosto de 1930, y Lorca regresó a España en junio.

Sabemos de otras lecturas: en casa de Carlos María Lynch, ¿finales del 30, 1931? Según Martínez Nadal, al concluir la lectura "se produjo un silencio que no lo motivaba honda impresión sino desorientación o sorpresa. Estupendo —dijo alguien— pero irrepresentable". Y otro, más sincero: "Yo, la verdad, confieso que no he entendido nada" (Martínez Nadal 17).

Marcelle Auclair amplía estos detalles y ayuda a fijar la fecha de la lectura; al poco tiempo de llegar Lorca a Madrid leyó una primera versión a Carlos Morla, su mujer Bebé y Martínez Nadal. Según la escritora francesa el efecto fue desfavorable, Rafael tenía un recuerdo poco grato de aquella tarde, Carlos y Bebé, desconcertados por los primeros párrafos e incómodos ante la violencia y la declarada homosexualidad de la obra dejaron que Federico la leyera sin decir palabra. Cuando terminó, Bebé casi lloraba, no de emoción sino de consternación.

"Federico —le dijo— me imagino que no pensarás poner en escena esta obra. No se puede. Aparte del escándalo no es representable"

(Auclair). Lorca calló.

Saliendo de la casa, le dijo a Martínez Nadal: "No se han enterado de nada o se han asustado, y lo comprendo. La obra es muy difícil y por el momento irrepresentable, tienen razón. Pero dentro de diez o veinte años será un exitazo; ya lo verás" (Martínez Nadal 17).

Dos de los seis cuadros integrantes del drama, aparecieron en el nº 3 de la revista *Los cuatro vientos* (Madrid, junio 1933) y ésta fue para muchos (entre los cuales me cuento), la primera noticia que tuvieron (que tuvimos) de *El público*. Poco o nada entendí de aquellas páginas, que hubieron de esperar más de treinta años para encontrar un primer comentarista, y eso en Estados Unidos, Wilma Newberry.

Mediado julio de 1936, poco antes de marchar a Granada, leyó Federico la versión definitiva del drama en el restaurante Buenavista a varios amigos. Martínez Nadal tuvo en sus manos el texto y observó que "las cuartillas estaban escritas a mano y con bastantes correcciones (Martínez Nadal 17).

La publicación por él en 1970 de *El público. Amor, teatro y caballos en la obra de Federico García Lorca* iluminó la cuestión. Si no el manuscrito, (la familia del poeta todavía confiaba en encontrar una de las versiones completas y revisadas), daba una descripción rigurosa de su forma y contenido, señalando las dificultades de transcripción y ordenación del material. Aunque no con absoluta seguridad, podía aceptarse el hecho de que los "veinte cuadros y un asesinato" indicados por Lorca quedaran en seis, los cinco del borrador conservado y otro, que el trancriptor considera perdido.[1] Ni del texto que pudiéramos llamar intermedio, leído en el restaurante Buenavista, ni del leído en casa de los Morla, ni del último de que se tiene noticia, ha vuelto a saberse nada.

Tuve la fortuna de hallarme en Austin, Texas, cuando invitado por el Departamento de Español y Portugués visitó Martínez Nadal la Universidad para dar una lectura (fragmentaria y en inglés) sobre *El público*. Los alumnos del Departamento de Drama y Ballet cooperaron decisivamente al éxito de la representación, efectuada en un escenario circular. Desde un punto de la circunferencia leía su texto el conferenciante mientras los actores ilustraban en el escenario lo traducido o descrito por él. Mímica y danza sirvieron bien al poeta: la gracia en los movimientos, la alada coreografía delicadamente bordada por los jóvenes se grabó con fuerza en mi memoria.

A casi veinticinco años de distancia, las imágenes de entonces siguen animadas en el recuerdo, más vivas que las palabras. La "representación" superaba a la lectura, a lo leído, pero desvirtuaba el texto. Cuando más tarde tuve ocasión de leerlo y releerlo, esta impresión cristalizó y se fortaleció: lo visto en Texas era más que una ilustración, tenía vida propia y el encanto de la música sin palabras.

Ignoro si tal impresión la produjo igualmente la presentación en el "taller" de *The Place*, Londres, 1972, de una coreografía de "Ruina romana". Presentación dirigida por Jacinta Castillejo, en la que música, danza y poesía, complementarias, trataron de poner en claro el propósito del poeta (García Lorca, *El público* 269).

Por fin en 1973 Martínez Nadal publicó el manuscrito de *El público*, tan celosamente conservado durante cerca de cuatro décadas, acompañándolo de una transcripción y una "versión depurada" del texto.[2] Transcripción y versión depurada fueron reimpresas por la editoral Seix y Barral de Barcelona (véase la sección de "Obras citadas").

No pude asistir al "estreno mundial" del drama en la Universidad de Puerto Rico (febrero 1978), bajo la dirección de Victoria Espinosa, y desconozco los cambios introducidos por ella: "ha alterado el orden, fraccionando el cuadro sexto e incorporando estas escenas en el desarrollo de la obra", dice José M. Lacomba (77). Hay algo que me intriga: el comentarista habla de "cálida y entusiasta acogida y reacción del público" quien según dice, "se identificó como tal y al final de la obra rompió la barrera del arco proscénico ... invadiendo el escenario y uniéndose a los actores" (Lacomba 78). El diagnóstico del suceso podría fundarse en la magia del nombre, en el trabajo de la directora y de los actores y en el nuevo tipo de espectadores. Un análisis comparativo entre tiempo de escritura y tiempo de representación ilustraría la idea lorquiana respecto a cuándo su drama podría ser aceptado, superando "las imposibilidades" advertidas en 1936, pero tal análisis no tiene cabida en este trabajo.

Los dramas irrepresentables no carecen de antecedentes en la obra anterior de Lorca, pero ellos, y lo mismo cabe afirmar de *Poeta en Nueva York* y *Tierra y Luna*, con los que enlazan literal y no sólo literariamente (quiero decir que, además de analogías de estilo, comparten imágenes y modos de adjetivación) corresponden a un cambio de perspectiva en la creatividad del poeta.

Alejado de Madrid y de España; alejado de los corifeos que le acompañaban desde la mañana hasta la noche y trasplantado a un medio extraño en todo, el cambio de ambiente produjo un cambio de contexto y un lirismo de dirección más secreta. La escena entre el Niño y la Gata, en *Así que pasen cinco años* es un ejemplo de penetración poética en las veladuras más delicadas de la vida y de la muerte.

Ese alejamiento de lo consabido y habitual, sea lo que fuere la crisis personal del hombre (faltan datos concretos para documentarla), la crisis artística del poeta está bien probada por sus cuatro libros de América. Si el deseo de renovación se traslucía ya en algún texto anterior, aquí salta a la vista en la invención y en la verbalización. Puedo admitir que las palabras de Mosquito, "personaje misterioso", en la Advertencia inicial de *Tragicomedia de don Cristóbal y la señá Rosita* se refieren a un teatro en libertad semejante al postulado en *El público*, pero la dirección aquí seguida es muy diferente, con la diferencia que va de la farsa guiñolesca al misterio.

En esta pieza los personajes, lejos de ser "fotográficos", captados en un instante y en él inmovilizados, con reducidas posibilidades de alteración —"conductas" previsibles, pues— en cada escena, en cada momento, sirven una determinada función. El espectador debe descubrir cuál es, aceptando en principio la propuesta del director, transmitida por los actores, o rechazándola en beneficio de su propia versión de lo representado. De la realidad miméticamente transmitida —caso de Galdós, de Benavente— se pasó en *Así que pasen cinco años* y *El público* a una realidad de otro orden, a una realidad profunda a la cual Valle-Inclán llegó por vía expresionista y Lorca por la fragmentación y condensación onírica del incidente. Si pensamos en esos dramas como "misterios", tal calificación ha de tenerse presente al escuchar ciertos silencios que muy adrede se dejan oír en ellos. Será mejor atenerse a la ley del texto y aceptar la elemental paradoja de que ciertas situaciones y ciertos pasajes pueden resultar más significativos si una capa de niebla los rodea.

Puede el silencio imponer una recepción que lo cargue de sentido; no tanto una lectura o una audición "entre líneas", como una atribución de valor a lo ya oído en relación con lo después callado. ¿Por qué llora el niño fuera de escena? ¿le acosa el Emperador? ¿le ha violado, como muestra de su poder? ¿Violación-sinécdoque del poder?

Personajes-símbolos, los actantes de los dramas imposibles serán comprendidos a partir de su función simbólica. Veamos algunos ejemplos: no es difícil ver a Elena como emblema de la belleza y a Julieta del amor, y aun —en contexto— el sangrante pez luna del cuadro final con el Hombre 1º, pero ¿quiénes son los Caballos blancos que tan cortésmente son introducidos a la presencia del Director, anunciados por el Criado como "el Público"? Al comienzo parecen solicitantes de una renovación que son incapaces de articular, más concretamente exigida por los Hombres barbados.

Cuando en el cuadro tercero asedian a Julieta, su función primera se ha disipado. La desean carnalmente, y su rijosidad les acerca a los miembros del público, pero no al que pide renovación sino al interesado por lo mismo de siempre: acostarse con la hermana. Este cambio y su huida final, cuando la revolución llega, no responden al sistema general de metamorfosis rector del drama: siendo los mismos, abandonan —¡como tantos!— la renovación por la acomodación.

Caso distinto al del Caballo negro, adscrito al mundo del mito, representante de la dimensión tónica del espacio dramático. Procedente del reino de Hades, de las profundidades a que en la representación se pretende llegar, actúa como velador del misterio y, más en concreto, como guardián de Julieta, figura de ese reino que no puede ser violado por los adscritos a otros territorios. Interviene cuando es necesaria, aparta a Julieta del Hombre 2º, la tiende en el sepulcro y la devuelve al sueño eterno, con la vaga insinuación de un mañana que nunca llegará a ser hoy.

Calificada la obra de difícil, imposible e irrepresentable tanto por Lorca como por los amigos a quienes se la leyó, el lector actual no puede negar lo apropiado de tales calificativos, aunque, como es mi caso, crea explicables sus dificultades (o gran parte de ellas) y posible la representación, con las cautelas y limitacioanes impuestas por lo provisional de la versión disponible.

No es fácil aclarar con exactitud lo que representan la Figura de Pámpanos y la Figura de Cascabeles que en el cuadro segundo, "Ruina romana", se aúnan en lucha hermosa. Pueden ser reminiscencia junguiana del *animus* y el *anima*, los opuestos complementarios, pugnantes por ser el uno, el elegido por el poderoso, por el Emperador, cuya violencia acaba de manifestarse en la violación (?) y muerte del niño. Lleva puestos los guantes negros de la muerte, debajo de los guantes rojos del crimen cubriendo las manos blancas de la estatua.

La Figura de Pámpanos —alusión al vino, a la embriaguez— es el Hombre 1º, Gonzalo, el que se cree sin máscara, y la Figura de Cascabeles —tintineo sin estridencia, asociado a ligereza, suavidad— es el Director; aquel actúa primero como dominador, habla enérgico, mas cuando el tierno y débil replica "más fuerte", empieza a ceder. Las acotaciones (perspectiva autorial) registran las alternancias propias de una escena de amor.

Otra dificultad, que sólo a medias me creo capaz de resolver, se encuentra en la breve escena (dos hojas del autógrafo) dedicada al "pastor bobo". ¿Quién es tal personaje? El bobo, en el sentido de inocente, es el custodio de las máscaras ("el pastor bobo guarda las caretas") y las hace expresarse dócilmente ("balan", como ovejas). Su inocencia misma garantiza la naturalidad, casi diríamos la pureza de las transfiguraciones que —por implicación, se indica— ocurren sin intervención ajena al desarrollo del fenómeno en sí.

Recurriendo a la intertextualidad es posible dilucidar algunos puntos, por ejemplo, la simbología de la "cara blanca, lisa y comba como un huevo de avestruz" del personaje Traje de pijama (80). Ya el niño de "Vuelta de paseo" (*Poeta en Nueva York*) tenía "el blanco rostro de huevo" y en la "Oda al Santísimo Sacramento del altar" el rostro de la noche era blanco: "Nube noche sin rostro", como en *El público* es el caso, significando personalidad vacante, inexpresiva para siempre —y por eso la figura se golpea "incesantemente" el rostro "con las manos". La idea del yo perdido abruma al Traje, al que fue y ya no es ni enigma siquiera: símbolo del vacío o vaciado al que quedó reducido el ente.[3]

Pues los trajes de que se desprenden los personajes siguen viviendo y representando; siguen presentes en el escenario con función reducida al gesto, a dar testimonio de que conservan un resto de conciencia. Como el que ayer fuimos y abandonamos, el yo pasado tiene una cierta vida, y una cierta capacidad de obsesión.[4]

La actividad crítica de Martínez Nadal, Gwynne Edwards, Mildred Adams, Marie Laffranque, Carlos Feal; André Belamich, y antes Wilma Newberry, entre otros, ha servido para despejar algunas incógnitas. Situar el drama en relación con el supertexto lorquiano es un acierto (Newberry 286): la conexión con *Así que pasen cinco años*, *Poeta en Nueva York*, *Tierra y cielo* y otras páginas, no puede, no debe negarse; Miguel García Posada y Mario Hernández vienen aquí en nuestra ayuda.

Si paralelamente a la escritura de estos libros trabajaba Lorca en otras direcciones, *Yerma* y *La casa de Bernarda Alba*, se impone constatar la coexistencia de dos estilos, no del todo divergentes, pero sí distintos.[5] No hay por qué negar cruces y analogías entre éstos y aquéllos, pero sería injusto no reconocer sus diferencias. Valle-Inclán cambió su estilo y pasó del idealismo romántico a la revulsión esperpéntica; Lorca, tan próximo a Don Ramón, no varió como él, sino que lo simbólico-realista se mantuvo, codo a codo, con las fantasías que traen los sueños.

Coincidencias temáticas son visibles (amor, muerte, por ejemplo) aquí y allá, pero si unir es uno de los movimientos de la operación crítica, separar es su natural complementario en quien se proponga distinguir. El tema de *El público* es el amor, sí, pero en conjunción con la dialéctica Autor/Público. Dos enfrentamientos coincidentes en tiempo y espacio, siendo el primero razón de ser del segundo.

Esto observado añadiré que el tema es la clave del descifrado. No siempre será así, pero en este caso lo es: el espectador es llamado a presenciar un drama insólito y a participar en la representación de otro. Me parece que Lorca pensó en el espectador como una unidad cuyos condicionamientos morales, intelectuales y sociales los contradecía un texto que necesariamente convertía la representación en reto.

Dije "amor" y debí añadir "oscuro". Y esta oscuridad se transmite al texto, mediador e instrumento a la vez: mediador entre Autor y Espectador e instrumento del desafío. Lo personal fue decisivo en la elección del tema: el poeta homosexual obligado a silenciar su ser genuino y a vivir bajo una máscara que lo falsea, decide alzar su caso de lo particular a lo general y atacar para defenderse: de ahí su provocación y su choque con el Público, en quien se agrupan las unidades receptoras.

Se levanta el telón y en su cuarto está sentado el Director. Más que el personaje sorprenderá el decorado, especialmente el hecho de que las ventanas sean radiografías. El espectador avisado las supondrá símbolo de algo, pero en ese momento no sabrá de qué. Cuando la representación prosiga y el sentido del drama vaya aclarándose como penetración en el fondo de seres y situaciones, se entenderá el significado de esas ventanas que no dan al exterior sino al interior —de las almas.

Un breve diálogo entre el Director y el Criado abre la obra, y la cerrará luego:

> Criado.— Señor.
> Director.— Qué.
> Criado.— Ahí está el público.
> Director.— Que pase.

¿Quién entra, respondiendo a la indicación del Director? Cuatro caballos blancos que en las primeras intervenciones, luego tachadas por Lorca, profieren palabras de un peculiar lenguaje equino: "Ja guaá maa taá", y cosas así. Pronto advirtió el autor la imposibilidad de seguir, y los caballos pasarán de lo inarticulado al sonido de sus trompetas en que piden la renovación del teatro que el Director no quiere aceptar. En esta primera escena son expulsados y sus pretensiones de acercamiento rechazadas.

Por segunda vez el criado anuncia al público. Entran tres hombres barbados, vestidos de frac. En su diálogo con el Director el subtema de las equivalencias, inequívocamente referido al amor, señala lo en verdad esencial. El Hombre 1º, clave de la obra, pronuncia en ese momento palabras que resumen su sentido: "Romeo puede ser un ave y Julieta puede ser una piedra. Romeo puede ser un grano de sal y Julieta puede ser un mapa" (12). El sentimiento no depende del objeto y, más allá, traslúcese la idea de la personalidad como fachada, revestimiento, máscara: cualquier cosa en apariencia, nada en verdad.

Gonzalo, el impulsor de las metamorfosis (acaso el productor), es el único que no tiene —o no cree tener— máscara y resultará finalmente quien afirme la realidad de una sustancia que salvaría si alguien escuchara. Desde su exilio, Hendaya, Unamuno clamaba: "la existencia es una locura y el que existe, el que está fuera de sí, el que se da, el que trasciende, está loco (117).

Cuando, en seguida, el espectador oye al personaje asegurar que el teatro perecerá "por la cobardía de todos", se pregunta quién es quien así habla y declara que habrá de darse "un tiro para inaugurar el verdadero teatro, el teatro bajo la arena"; quién es el dispuesto a sacrificarse para sacar a la luz lo escondido.

Ni la sustancia del ser es inequívoca, ni hay fronteras en el amor. Si esto fuera una tesis, el alegato encaminado a probarla no podría llevar consigo mayor fuerza que la observable en ulteriores secuencias. Si el argumento de la obra no fuere tan difícil de precisar, y la obra misma tan "abrupta, impenetrable, que parece desorientar adrede" (Belamich 79), lo que acabo de indicar saltaría a la vista y al oído del espectador. Tal como está, y tal como lo vemos, la representación de *El público* ha de entenderse como un ataque a los valores sociales vigentes en el tiempo de la escritura y como proclamación del derecho a decir lo indecible. Hacía falta un oído excepcional para recoger lo tan oscuramente dicho, y se explica que la profesora Newberry relacionara los pronunciamientos del drama con las ideas de Ortega en *La deshumanización del arte*, especialmente en lo relativo a que "el contenido ideológico del arte nuevo se aleja demasiado de la mayoría de la gente para que pueda entenderlo". Así fue, pero en el caso bajo examen han de precisarse dos puntos: 1) lo distancian del público, primero y sobre todo, la forma y la expresión; 2) eliminadas esas barreras, "la ideología" no presenta dificultades de comprensión; sí, en la anteguerra, actitudes mayoritarias de rechazo.

La significación cabal del drama no se conseguirá si no se reconoce la provocación junto al experimento. Y si para averiguar hasta dónde llega éste es suficiente la versión Nadal, para fijar el alcance de aquélla necesitaríamos disponer del texto de 1936, revisado y corregido por el autor.

Los caballos blancos ponen en palabras el significado de lo que se está representando. En la escena del cuadro sin numerar, 3º en *Autógrafos*, el Caballo primero exclama "¡Amar!", respondiendo a lo que acaba de decir Julieta: "Yo lo que quiero es amar". Si entonces suena como un eco, pronto se manifiesta como encarnación del deseo que quiere hacer suya a la muchacha y la invita a que monte en su grupa para llevarla a lo oscuro (60).

Escena muy acabada y desde luego cargada de lirismo. Insite el Caballo 1º en solicitar a Julieta: "Amor. Amar. Amor", pasando de la prosa al verso, con incursiones en lo popular y en lo mítico. (Hasta Garcilaso se daba de alta en una línea, tachada en el autógrafo [64]). La aparición del Caballo Negro viene a recordar a Julieta y a sus solicitantes que pertenecen a mundos diferentes: "tierra de asfodelos y [...] tierra de semillas", separando a los muertos de los vivos (66). No es necesario examinar el significado del obvio simbolismo de los colores, pero sí mencionar que el Caballo blanco 1º lleva en la mano una espada, símbolo fálico, y el negro una rueda, emblema del tiempo.

"Aparecen los tres caballos blancos; traen largos bastones de laca negra", y su presencia y su voz acompañan la solicitud de amor del primero con variantes sobre el tema "Amor, Amor, Amor" expresivamente acompañado por los golpes de sus bastones: "Hemos de pasar por tu vientre para encontrar la resurrección de los caballos", "Queremos acostarnos" (68,70). Cuando Julieta declara que "Ahora soy yo la que quiere acostarse con vosotros" (70), otra vez su velador, el Caballo negro, la incita a dormir.

A la entrada del Hombre 1º y del Director de escena con su segunda máscara, la de Arlequín blanco, el Caballo blanco 1º les anuncia la inauguración (por ellos) del nuevo teatro, opuesto al superficial practicado con tanto éxito por el director, contra el cual ya oímos en el cuadro 1º pronunciarse con energía al Hombre 1º.

Vuelvo a Unamuno y a su concepción de los ex-"yos" futuros, "yos" posibles de que el ser va desprendiéndose según avanza hacia el "yo" presente con quien se identifica. Don Miguel, como don Quijote, sabía quién era y quién quería ser. Lorca, menos seguro de sí mismo, o seguro de otra manera (¿seguro *en* su inseguridad?) imaginaba al hombre sometido a incesantes metamorfosis que podemos ver como equivalencias.

Estas metamorfosis, cambios de máscara, se producen en el primer cuadro cuando los personajes pasan detrás del biombo y salen otros de como entraron. En el supertexto de la literatura española contemporánea es lícito y conveniente relacionar el fenómeno con el esperpento valleinclanesco. Si Valle envió los héroes clásicos al Callejón del Gato para desmitificarlos y presentarlos en la verdad que historia y leyenda negaban, el Hombre 1º lorquiano al forzarles a los personajes a pasar tras el biombo revelador los priva del "yo" aparencial que era su escudo y su instrumento (el Director "encerró una liebre que era un prodigio de velocidad en una pequeña cartera de libros" (18-20) o sea, sacrificó a lo literario el libre movimiento de la vida). Espejos cóncavos y biombo sirven un mismo fin de revelación y verdad, con la particularidad de que en *El público* la máscara puede volver ocasionalmente al rostro abandonado.

El Director se muda en arlequín, luego ("Ruina romana") en Figura de Cascabeles, luego en bailarina que de Guillermina se afirma en la Dominga de los negritos (versión actualizada de la Dominga de Rubén Darío). El Hombre 1º, "Gonzalo", no disimula sus concomitancias con el autor implícito. Actúa como figura de Pámpanos a la que se abraza el Emperador romano y en el cuadro penúltimo figura como sucedáneo de Cristo, o del actor que hace de Cristo, duplicación, eco e inversión de la figura evangélica. Es como si el agonizante pasara tras el biombo y reapareciera, agonizante asimismo, convertido en el Hombre cuya forma aceptara para el sacrificio (y, claro está, para su vida terrenal).

Recuérdese lo que el Hombre 1º dijo al Director sobre Romeo y Julieta al comienzo del drama y escuchamos lo que más que mediado éste, oímos al Estudiante 2º, ajustándose al sistema de ecos que rige la obra: "Romeo puede ser un ave y Julieta puede ser una piedra. Romeo puede ser un grano de sal y Julieta puede ser un mapa" (98). A las objeciones del Estudiante 4º replica: "Es cuestión de forma, de máscara. Un gato puede ser una rana y la luna de invierno puede ser muy bien un haz de leña cubierto de gusanos ateridos". Es una cadena metafórica, pero también una teoría de las revelaciones sugeridas por la imagen, coincidiendo con lo dicho por Sklovski, con esta diferencia: en Lorca no es en el plano real sino en el imaginario donde la verdad reside.

Esta verdad la expone el Estudiante 4º: "Romeo era un hombre de treinta años y Julieta un muchacho de quince" (110), y más adelante, el Estudiante 5º: "¿Pero no te has dado cuenta de que la Julieta que estaba en el sepulcro era un joven disfrazado, un truco del director de escena y que la verdad era que Julieta estaba amordazada, debajo de los asientos?" (114). Verdad primero, truco-mentira dos páginas después, ¿a qué atenerse? Desde su perspectiva decidirá el espectador si le alegra, como al Estudiante 5º, la sustitución o si la considera un mero procedimiento para observar sus reacciones.

Fue el Hombre 1º quien reprochó al Director que quiera "engañarnos para que todo sea igual" (18) e hizo traer al escenario el biombo de las transformaciones, y él es el convocado para las afirmaciones más crudas. Al comienzo del cuadro sin numerar, 3º, explicita su sentir del modo más descarnado: "Pero el ano es el castigo del hombre, es el fracaso del hombre, es su vergüenza y su muerte" (50). ¿Qué dolor se expresa aquí?

Oímos en la voz del Hombre 1º resonancias de Lorca y de otras, predecesoras (*Corydon*, de André Gide), coetáneas (*La destrucción o el amor*, de Vicente Aleixandre), continuadoras (confesiones de Luis Cernuda, dramas de Jean Genet) y ello facilita la tarea de situar y asimilar el texto. Ténganse presentes las palabras finales del Hombre 1º antes de morir (crucificado sin cruz o, signo transparente, con una cama por cruz) como respuesta al "¡Alegría!" de los estudiantes tras repetir como un eco la "Agonía" del Desnudo rojo y de declarar la total soledad del hombre, pronuncia por última vez el nombre del Director —de su amor— "(*con voz débil*) ¡Enrique!", y muere.

A la luz de la cadena metonímica, Hombre 1º-Desnudo rojo-Cristo, cobra sentido lo que en el cuadro tercero dijo el Hombre 2º: "Quédate Gonzalo y permite que te lave los pies". Desecho el significado —no inaceptable— de la frase como inversión funcional del incidente evangélico del lavatorio a los pobres, por parecerme más precisa la alusión a María Magdalena lavando y ungiendo los pies de Jesús, acto aquí premonitorio.

Enfrentándose con los caballos blancos, les acusa de no querer el teatro bajo la arena y de temer a la verdad y al público. Es entonces cuando confiesa que ama al Director. Al declarar el abandono de la máscara escuchamos en su voz la del Autor implícito y su desafío a que todos sigan su ejemplo.

Cuando Federico García Lorca (entrevista en *La Libertad*, Madrid, 24 de diciembre, 1930) declaraba que *El público* era "drama profundo, profundísimo", no exageraba. Su tema incesante, el del Amor, se presenta aquí en una forma enunciativa apasionante y la radiografía alcanza honduras antes no caladas por él ni, según creo, por ninguno de los dramaturgos que le precedieron o le acompañaron. No aceptaba límites ni limitaciones a su propósito de presentar las cosas sin máscara, "quitando las barricadas" que mentienen al público a distancia.

Las "barricadas", expresión del Director, pertenecen al vocabulario de las revoluciones y una revolución, además de la artística (el profesor de retórica es la primera víctima; la verdadera Julieta es asesinada cuando la descubren bajo un asiento), ocurre al final del drama. Del escenario lateral, situado fuera de su mirada, recibirá el espectador noticias a través de quienes transmigran desde allí al escenario que está contemplando, cambiando su condición de público por la de actores (caso de los Estudiantes y, en menor grado, de las Damas, imperturbables y estúpidas, que no se enteran de nada).

Esto nos lleva a señalar la peculiaridad del espacio dramático; había de ser y es teatral: unos asientos para los asistentes a la representación y el escenario en que el drama acontece. A medida que la acción adelanta el espacio se enriquece —o se complica, dependiendo del punto de vista— con un complemento marginal, teatro al fondo del teatro, con actores de quienes se habla y con personajes que cuentan lo allí acontecido, "la revolución", comedia que convirtió al público en partícipe subversivo de la representación.[6]

Asistimos a la del drama nuevo y oímos lo sucedido en el drama tradicional —atenuado su tradicionalismo por la sustitución de Julieta por un joven. Dualidad y simultaneidad que en los dos últimos cuadros opera sobre un espectador ya sacado de sus casillas por lo contemplado en los cuadros anteriores.

No hay duda en cuanto al tiempo del espectador: el que dura la representación es el de su existencia y funcionamiento como tal espectador ("como público"). No encuentro indicaciones seguras respecto al tiempo que transcurre "dentro" del drama, es decir, el que pasa desde la primera escena a la última, pero considero posible señalar la duración del "argumento" en unas horas, las que van desde el primer anuncio del Criado hasta el que, con voz apagada, hace al final.

Durante el tiempo en que el espectador desempeña su función, ¿a qué distancia se encuentra del drama que está contemplando? El cuidadoso análisis de la profesora Newberry es sugerente pero no convincente. Por lo pronto, el público del teatro lateral anula la distancia al pasar de neutral a beligerante y de espectatorial a actancial.

Si distanciar consiste en liberar emocionalmente al espectador para facilitarle el examen frío y desapasionado del objeto artístico —y de sus propuestas— es dudoso que el concepto pueda aplicarse a *El público*. Argumento y modalidades expresivas, difíciles de asimilar, establecerían en su momento la distancia del enigma no resuelto. Ahora bien, no es el auditorio cerrado de 1936 al que se dirigía Lorca, sino al más abierto y receptivo de "veinte años después" y a quienes en el momento de la escritura fueran capaces de entenderle, aún si reaccionaban negativamente (como los Morla tras la lectura en su casa).

Esta reacción negativa, tormentosa incluso, la buscaba el autor: palabra y gesto, exaltación de la homosexualidad, daban por supuesto un rechazo tras del cual, tras el improperio y el ataque, podrían las mentes abrirse a realidades que están ahí, sepultadas pero palpitantes; a realidades que el teatro bajo la arena había de reactivar.

Desde mi perspectiva, asistir a la representación de *El público* es mucho más que un ejercicio intelectual. El autor convoca al hombre y lo convierte en el espectador implícito que el drama requiere para ser como aquél se propuso que fuera. Si desempeña su parte correctamente, si participa según de él se espera, al espectador podrá llamársele de muchas maneras: curioso, sorprendido, extrañado, ¿distanciado?, pero no indiferente.

Al levantarse el telón del Cuadro 5º se presenta al público del teatro no visible: "se oye una salva de aplausos" y en seguida algunos miembros de ese público entran en escena e informan de lo que está ocurriendo. Los estudiantes hablan de gente armada en la callejuela, y uno de ellos es quien dice: "La primera bomba de la revolución barrió la cabeza del profesor de Retórica". En el escenario dialogan el Desnudo rojo y el trivial Enfermero-verdugo (recuérdese a Hannah Arendt a propósito de "la banalidad del mal" en el mundo contemporáneo) cuando aparecen los estudiantes, y más tarde las damas "vestidas de noche". Ni unos ni otros pertenecen al mismo mundo que el Desnudo y quienes le acompañan, pero el vínculo entre ellos se establece cuando hablan de los Caballos, escapados con el Director de escena.

El Muchacho 1º (entiéndase el Estudiante 1º) declara a las damas: "El público quiere que el poeta sea arrastrado por los caballos" (92), concretando así la respuesta del receptor al inventor y a la invención. Evidentemente este público nada tiene en común con los revolucionarios que lanzaron la bomba contra el profesor, ni con las Damas que consideran "delicioso" el drama.

Doble trastorno, pues: el producido por el tumulto y el causado por la revolución. El espectador capta mezcladas referencias a los dos, y aun de lo que acaso sean escenas del drama sespiriano: ("del teatro llegan murmullos y ruido de espadas" [94]). La causa del tumulto y el alzamiento contra el poeta no está clara: un estudiante lo atribuye a que "Romeo y Julieta se amaban de verdad"; otro a "todo lo contrario. El tumulto empezó cuando observaron que no se amaban, que no podían amarse nunca" (96). ¿es la verdad o la ficción, sentirse forzado a reconocer lo que prefería ignorar o saberse engañado, la causa de la protesta?

El público, no *ese* público del otro lado, sino el asistente a la representación final, el leyente en la mayoría de los casos, es llamado a resolver la contradicción o a aceptarla según se presenta, como expresión de opiniones divergentes que sus titulares tienen perfecto derecho a sostener desde sus puntos de vista. ¿Será mera opinión del Estudiante primero o indicación del Autor implícito, y tras él del Autor a secas, la afirmación de que "El público no debe atravesar las sedas y los cartones que el poeta levanta en su dormitorio" (98). Aseveraciones así refuerzan el argumento de Wilma Newberry respecto a la distancia entre poeta y público, tanto más cuanto después se oye decir al mismo Estudiante: "Un espectador no debe formar nunca parte del drama" (110).

Personaje y argumento —creo yo— no coinciden. El espectador o, cuando menos, el espectador de los años treinta, primer destinatario del drama, era provocado en puntos muy sensibles. Los Estudiantes quieren destruirlo todo: "Los tejados y las familias", quemar "el libro donde los sacerdotes dicen la misa" (116), es decir, acabar con los puntales del orden, y hacer la revolución: echar las maromas a las rocas, a los baluartes más sólidos de ese orden, "para partirlas y que salga un volcán" (118).

Todo esto se dice en presencia del Desnudo rojo, inadvertida por los Estudiantes y por las Damas hasta, quizá, al final del Cuadro en que una de ellas al oír las últimas palabras del Hombre 1º (que ha sustituido al Desnudo rojo) pregunta: "¿Qué ha sido eso?". Pero en ningún momento los procedentes del teatro lateral tienen conciencia de lo que está sucediendo en el escenario principal, invisible acaso para ellos.

La atención del espectador pasa sin dificultad de una acción a la otra, dócil a la trama, aunque reacio a la propuesta. El Director entiende que lo ha forzado a la aceptación de un teatro que "sale de las humedades confinadas". En el último cuadro, el sexto, le dice al Prestidigitador: "Yo hice el túnel para apoderarnos de los trajes, y a través de ellos haber enseñado el perfil de una fuerza oculta cuando ya el público no tuviera más remedio que atender, lleno de espíritu y subyugado por la acción" (130). El forzador es el poeta y el arte su instrumento y, a la vez, el ámbito de su ejercicio. Si en el escenario lateral triunfa la revolución, no puede decirse que haya sido derrotado el poeta que, bajo mano, avivó la hoguera. Y en el escenario visible la palabra "agonía" del moribundo encuentra su réplica en la repetida "¡alegría!" de los jóvenes.

El propósito último del drama, según el drama mismo lo da a

entender, se esclarece en este diálogo tardío entre Prestifigitador y Director. Pregunta aquél: "... ¿quién pensó nunca que se pueden romper todas las puertas de un drama?" y contesta éste: "Es rompiendo todas las puertas el único modo que tiene el drama de justificarse viendo por sus propios ojos que la ley es un marco que se disuelve en la más pequeña gota de sangre. ... Aquí está usted pisando un teatro donde se han dado dramas auténticos y donde se ha sostenido un verdadero combate que ha costado la vida a todos los intérpretes. (*Llora*)" (134, 136).

Tremendas palabras en que es posible escuchar algo semejante a una premonición. El poeta-vate, bien lo sabemos, vaticina, siente antes que los demás, aunque quizá borrosamente, lo lejano que se acerca, el futuro que va a hacerse presente, y ese presentimiento, traducido por el lector-espectador, le estremece. Eugenio F. Granell, crítico con sensibilidad de artista, sintió ese presentimiento en otros textos, y lo dijo (31). Y la *Comedia sin título* (publicada primero en el *Bulletin Hispanique* por Marie Laffranque, y luego en volumen) va aún más allá en el augurio, según Margarita Xirgu en testimonio recogido por Laffranque: "En el segundo acto agonizaba el poeta (García Lorca, *El público* 287), un poeta cuyas palabras, según consta en su "sermón" inicial y en su diálogo con los espectadores, expone ideas coincidentes con las del autor de la pieza.

Entra la Muerte en el drama. Otra de las grandes obsesiones de Lorca. La Muerte en forma de Prestidigitador, que por oficio hace desaparecer los objetos y las personas. Cubre con su capa a la Señora (la madre del Hombre 1º) y ésta se evapora; el Criado elimina, a su vez, el Traje de arlequín (una de las máscaras desechadas por el Director). Un leve airecillo, el del gran abanico blanco del Prestidigitador, penetra la escena. El frío hace desfallecer al Director y a su Criado: se repite el breve diálogo del comienzo, pero esta vez nadie entra. "Todo el ángulo izquierdo de la decoración se parte y aparece un cielo de nubes largas, vivamente iluminado, y una lluvia lenta de guantes blancos, rígidos y espaciados".

Guantes que pudieran ser emblemas de los figurantes desaparecidos. Vestido de etiqueta, al Prestidigitador —frac, capa blanca de raso, sombrero de copa— le faltan los guantes para completar su atavío, y ahí están, sinécdoques de quienes ya pasaron a su territorio. Se apagan las voces, pero no los ecos que "fuera", más allá, lejos y por implicación más y más lejos, más y más débiles, inaudibles pero perceptibles en las resonancias de la recepción, vibran mientras "empiezan a caer copos de nieve ...".

Si el drama es oscuro, su oscuridad deslumbra. Como en textos coetáneos de Lorca, inexcusablemente asociados con éste, se exponen hechos que, leídos en los propios términos del texto, son verdad, aunque no lo sean para el tipo de espectador representado por "las Damas", ni los acepte como tales un público que los resiente —hasta el punto de experimentarlos como una tentativa de castración.

Obra en que la fantasía predomina y rige concepción y expresión. La riqueza imaginativa vertida en unas situaciones singulares y en un sistema verbal excitante, es rigurosamente encauzada por la "lógica poética" de que Lorca decía (1928) en carta a Sebastián Gasch (*Obras completas* 1654). Cuando Gwynne Edwards afirma que "a diferencia de los sueños, posee la lógica y la coherencia de unas ideas en proceso de constante elaboración" (108), apunta —en el final de la oración— a algo muy interesante. *El público*, como los poemas de Nueva York, conserva algo de la sustancia —menos depurada— que obras escritas en otro "estilo" —*La casa de Bernarda Alba, Gacelas y Casidas* ... Al tratarse de un primer borrador, como lo es la versión de 1930, la falta de depuración puede y en parte debe atribuirse a esta condición textual, pero hay algo más, y lo prueban los dos cuadros publicados en *Los cuatro vientos* ("Ruina romana" y "Cuadro quinto"), sin duda revisados y bien revisados por el autor, que no por eso dejan de adscribirse a un momento de significativa renovación que alcanzaba tanto a las ideas, según indicó Edwards, como a la forma.

Filiar este drama recurriendo a "ismos" del momento es más que un error, es una negación de la originalidad de Federico García Lorca y de la fusión de personalismo y didactismo que se da en la obra. En cambio, el examen de las relaciones inter-textuales, especialmente las que se refieren a Shakespeare, muestra cuán delicadas son las bases culturales en que se afirma *El público*. Martínez Nadal ha estudiado la cuestión con meticulosidad y competencia, mas tal vez cabría añadir algo a su versión del cuadro sin número, en concreto a la cita de Shakespeare que Lorca no llegó a precisar (casi al final del cuadro).

En el hueco dejado por el autor puso el editor en boca del Hombre 3º la traducción de casi dos versos de *Romeo y Julieta* (escena 5ª del acto 3º), en mi opnión los pertinentes. Dado el contexto, me pregunto si a esas líneas no convendría anteponer el comienzo del parlamento de Romeo, poco más de otra línea, que precede a las seleccionadas por Nadal. La razón es ésta: allí, enlazando con lo que acaba de decir para retener a su amante, Julieta, habla del ruiseñor ("Believe me, love, it was the nightingale"); Romeo blandamente la contradice: "it was the lark, the herald of the morn. / No nightingale".

Conviene retener el comienzo del breve pasaje por la mención del ruiseñor, pájaro de la noche, cuyo canto señala un momento de posible dilatación del amor; todavía queda tiempo ... antes de que la luz del alba imponga la separación de los enamorados. Y la Julieta de Lorca, exaltada ("temblando", reza la acotación), exclama: "El ruiseñor, ¡Dios mío! El ruiseñor" (82) inmediatamente antes de que el Caballo negro —color de lo fúnebre— la coja "rápidamente" y "la tienda en el sepulcro". El Hombre 3º llora a su lado y le pide "Amor mío, vuelve" (82), en situación no muy diferente a la de Romeo en la escena 3ª del acto 5º ("I love thee better than myself") antes de envenenarse en la cripta donde yace su amada.

No; no se omita la mención del ruiseñor. La proclividad lorquiana hacia los símbolos, tan visible hasta en los decorados, en los trajes y en las situaciones, le fue inclinando cada vez más a un modo personal de representación que para ser correctamente dilucidado requiere conocimiento de la obra total del poeta. El pajarillo dulcísimo es una excepción, y no ya por su procedencia sespiriana, sino por la larga tradición poética que durante siglos escuchó en su canto la voz del amor, cuando no lo vio —Filomela— como el amor mismo.

Y en el trance de la invención, junto al amor, como desembocadura natural de los ríos que son las vidas, manriqueñas siempre, la muerte. Ya dije del final del drama en la versión que conocemos. Anticipándolo, Amor y Muerte rigen el Cuadro sin número, como rigieron la vida del autor, tan cruelmente cortada en aquella incivil contienda que él presintió como inevitable y que ahora, a medio siglo de distancia, nos parece, sobre monstruosa, inútil.

Notas

1. Aunque el autógrafo no lo autoriza y, en apariencia, el texto no presenta solución de continuidad, en la página 58 (ed. Dolphin Books) hay un cambio de escena que tal vez abriera otro cuadro, el cuarto, o "perdido". Sólo el hallazgo de una de las copias revisadas podría decirnos con certeza si la hipótesis tiene fundamento.

2. Federico García Lorca, *Autógrafos, II: El público* (Oxford: The Dolphin Books, 1976). De este volumen tomo las citas del drama; las cifras entre paréntesis corresponden a las páginas del autógrafo. Quiero dejar constancia de la deuda contraída con Martínez Nadal; su transcripción del manuscrito me ayudó a resolver algunos problemas de lectura.

3. Carlos Feal relaciona el Traje con el poema "Fábula y rueda de los tres amigos" (*Poeta en Nueva York*), del que cita estos versos:

Tres
y dos
y uno.
Los vi perderse llorando y cantando
por un huevo de gallina
por la noche que enseñaba su esqueleto de tabaco
por mi dolor lleno de rostros y punzantes esquirlas de luna.

y concluye: "A la blancura del huevo, símbolo de anonimia o disolución de la personalidad, corresponde al otro extremo la multiplicación de rostros (o de trajes, en *El público*". "El Lorca póstumo: *El público y Comedia sin título*", *Anales de la literatura española contemporánea* 5 (1981): 51.

4. Respecto a los objetos y específicamente los trajes conviene leer las observaciones de Francisco García Lorca sobre la importancia de lo concreto en la poesía y en el teatro de su hermano, con especial referencia al tema del traje. *Federico y su mundo* (Madrid: Alianza Editorial, 1980, 327.

5. Véase André Belamich.

6. "Que es la Revolución una comedia / que el soñar ha inventado contra el tedio" (Unamuno: *De Fuerteventura a París*, soneto 78). Otra concordancia en Valle-Inclán. El Director equipara la revolución a "soltar los leones" (126), y en el prólogo a *Tirano Banderas* dice un personaje: "Con solamente otro compañero dispuesto, revoluciono la feria. Vuelco la barraca de las fieras y abro las jaulas".

Obras citadas

Auclair, Marcelle. *Enfances et mort de García Lorca*. París: Seuil, 1968.

Belamich, André. "*El público* y *La casa de Bernarda Alba*, polos opuestos en la dramaturgia lorquiana". "*La casa de Bernarda Alba*" y el teatro de Lorca. Ricardo Doménech, ed. Madrid: Cátedra, 1985.

Edwards, Gwynne. *El teatro de F.G.L.* Madrid: Gredos, 1960.

García Lorca, Federico. *El público y Comedia sin título.* Nota de R[afael] M[artínez[N[adal]. Barcelona: Seix y Barral, 1978.

García Lorca, Federico. *Obras completas.* Madrid: Aguilar, 1969.

Granell, Eugenio F. "Estudio preliminar a *Así que pasen cinco años.* Madrid: Taurus, 1976.

Lacomba, José M. "*El público* de García Lorca. Estreno mundial". *Sin nombre* 9.1 (1978): 77-82.

Martínez Nadal, Rafael. *El público. Amor, teatro y caballos en la obra de Federico García Lorca.* Oxford: The Dolphin Books, 1970.

_____. "*El público*". Amor y muerte en la obra de Federico García Lorca". 2ª ed. México: Joaquín Mortiz, 1974.

Newberry, Wilma. "Aesthetic Distance in *El público*". *Hispanic Review* 37 (1969).

Unamuno y Jugo, Miguel de. *Cómo se hace una novela.* Madrid: Alianza Editorial, 1971.

The Quest for and Terror of Identity in Fuentes' *Gringo viejo*

Lanin A. Gyurko
The University of Arizona

Carlos Fuentes has stated in an interview that themes which are fundamental to his narrative vision are the quest for and, at the same time, the
terror of the identity.[1] In no other of the works of this foremost Mexican
author is this statement more strikingly evidenced than in his novel *Gringo viejo* (1985). Here all three of the main characters, Ambrose Bierce, Harriet Winslow, and Tomás Arroyo, exemplify this paradoxical urge —on
the one hand, to define, assert, and transcend the self, to create a new
self— and on the other hand to negate and destroy it.

Although in this brief narrative, that Fuentes has stated was originally
to be entitled "Frontiers," all three characters boldly cross geographical
frontiers, none is willing to traverse the inner, psychological and spiritual
boundaries that separate the old or wasted self from the new. All three
become like the timorous fish in the aquarium depicted by the Argentine
author Julio Cortázar in his novel *Rayuela*. These fish become used to
boundaries when a glass pane is placed in the middle of the aquarium
and they find that they cannot go through it. Indeed, so fixed in their
habits do the fish become that even when the glass pane is removed, they
dare not transgress the boundary that separates them from the other side
of the tank, dare not cross over to "the other side" —symbolic of an existential and metaphysical "other side" that the protagonist of the work,
Horacio Oliveira, incessantly attempts to reach.

In *Gringo viejo* the young and headstrong Harriet Winslow abandons
the comfort and security of her life with her mother in Washington, D.C.,
to set out for the unknown, as she accepts an offer of employment from
the Miranda family to be governess for their children on their estate in
Sonora. Upon arriving at the *hacienda*, Harriet finds that the family has
sold it and hastily departed to France to avoid the perils of the revolution
that has broken out.

Bierce too enters the adventurous and extremely dangerous world of
Revolutionary Mexico, but determined to die, preferably to be shot by
Pancho Villa himself. Possessed by a thanatos instinct, Bierce is too
cowardly to commit suicide. He seeks not to die of old age in his bed
but on the battle field. A soldier who fought on the side of the Union in
the American Civil War, Bierce makes a nostalgic trip to the battle sites
where he fought a half century earlier, prior to crossing the frontier from
El Paso into Mexico in 1913. The historical Bierce joined the forces of

Pancho Villa and was never heard from again after the battle of Ojinaga. Some sources maintain that he died as the result of disease and malnutrition; others that he was slain by an enraged Pancho Villa when the cantankerous Bierce declared that he was abandoning Villa to fight on the side of Obregón and Carranza. In any case, the ambiguity that surrounds the disappearance of Bierce, never fully dissipated, provides fertile terrain for fantasy making, and Fuentes has supplied another ending to the misterious saga of Ambrose Bierce.

The third central character of Fuentes' intriguing novel, Tomás Arroyo, is a peón and the illegitimate son of the *hacendado* Miranda. Like Artemio Cruz in Fuentes' bold and powerful novel *La muerte de Artemio Cruz*, and similar also to Federico Robles in *La región más transparente*, Arroyo is granted an identity by the Revolution, which catapults him from poverty and insignificance to the rank of general in the army of Pancho Villa.

Like so many of *los de abajo*, were it not for the Revolution, Arroyo would have remained his entire life on the *hacienda*, in *de facto* slavery. Thus the oncoming of the Revolution is for Arroyo a liberating force. He plans to travel south, to Mexico City, to join his "brother", another young *peón* who has also joined the Revolution after killing Arroyo's own father. Arroyo revels in the opportunity that he has to break out of geographical isolation. His planned journey from Sonora to the South symbolizes the attempts by Mexicans to break the boundaries of geographical fatalism and seek unity —one that was achieved, for a brief and triumphant moment, when the forces of Emiliano Zapata from the South and those of the other great populist leader Pancho Villa from the North met in Mexico City and occupied the National Palace where Villa even was photographed sitting in the august presidential chair.

Yet, despite their initial temerariousness, none of these three major characters in *Gringo viejo* achieves the self-transcendence and the self-fulfillment that Mexico initially holds open to them. All three characters remain existentially paralyzed, immured in the self and in personal pasts. All three are fiercely held in a trancelike or dream-state that prevents them from ever being able to transcend the boundaries of self to establish a meaningful, redemptive relationship with the Other.

In *Gringo viejo*, which like so many of Fuentes' works exemplifies a cyclical, negative time process that again and again plunges the characters into a fatalistic past, only on the level of the collective rather than the individual identity is the opportunity for true, positive change ever realized. Much more optimistic in its evocation of the Revolution of 1910 than either of Fuentes' two previous novels that treat this theme —*La región más transparente* (1958) and *La muerte de Artemio Cruz* (1962), two epic works which evoke ironically the lives of the protagonists who fashion themselves in their egomania as molders and masters of Mexico— in *Gringo viejo* the emphasis is on the people and on the collective discovery and assertion of a new identity, an identity which for centuries has been *ninguneada* —economically, politically, and even sexually.

In contrast to the harsh, even acerbic portrayal of the *pueblo* in Azue-la's searing novel of the Revolution, *Los de abajo,* where the corruption, lasciviousness, cruelty and even pathological nature of many of *los de abajo* are revealed, characters such as the sadistic Güero Margarito and the homicidal La Pintada, in *Gringo viejo* the *pueblo* is idealized. In Azuela's mordant vision, both the leaders, men catapulted to prominence such as Demetrio Macías and his followers, are shown as ultimately defeated. Only the opportunist, only the manipulator and exploiter of the Revolu-tion, Luis Cervantes, survives and only because he takes his monetary gains and flees Mexico, to open a restaurant in the United States.

As occurs so often in Fuentes' pessimistic narrative world, the central characters in *Gringo viejo* are unable to achieve a redemptive *cambio de piel.* Although Bierce, Harriet Winslow, and Arroyo all attempt to break away from the old, from fruitless past lives and sterile past relationships, from past failures or inadequacies, all are ultimately defined not in terms of the new existences which they have been given the opportunity to create for themselves, but as bound to the old.

Seeking to leave behind forever the loneliness and the emotional and spiritual vacuity of life with her mother in their rented apartment in Washington D.C., abandoned forever by the adventurous father, Captain Winslow, who went off to fight in the Spanish American War and who remained in Cuba with his black mistress, Harriet is impelled to emulate her father's personal rebellion. Obsessed by the memories of her father's relationships with his lovers, Harriet travels alone to what is for her an exotic land and becomes the lover of the revolutionary general Arroyo.

But in Mexico she finds not only a virile substitute for the effete and prissy beau Delaney, she also finds what for her is far more important —a surrogate father, in the form of Ambrose Bierce. Yet instead of remaining in a distant land with a markedly different culture, Harriet abruptly abandons her new life, rejects her Mexican lover, and crosses the border forever into the United States, choosing to live a life of devastating solitude, consecrating herself only to memory. It is as an aged and embit-tered recluse that Harriet summons up the dead spirits of Arroyo and Bierce, bringing them to life in a way that parallels the manner in which the one-hundred-nine-year old Consuelo fanatically dedicates herself to the past and summons up the phantom of her husband, Llorente.

Ironically, although the fiercely proud and willful Harriet has sought to break the mold of her mother's truncated existence, the daughter is not only doomed to repeat her mother's anguished solitude but to suffer even more. Harriet is an extremely contradictory character. On the one hand, she courageously saves the life of a dying child by giving her mouth to mouth resuscitation. Yet the traumatic experience convinces her never to have children of her own. Similarly, although her erotic experience with Arroyo fulfills her, she decides abruptly to abandon him, even before he infuriates her by killing the one person with whom she can strongly and permanently relate, her fellow North American Bierce. Instead of love,

Harriet for the rest of her life dedicates herself to hate —her obsessive desire for vengeance on Arroyo for his slaying of Bierce, who fails in his unconfessed desire to become her lover but succeeds in becoming her surrogate father.

In her solitude and her fixation on the past, Harriet becomes similar to Rosenda Pola and Mercedes Zamacona in Fuentes' first novel, *La región más transparente*. Both of these solitary women, abandoned by males who later fight in the Revolution, are inert but nonetheless controlling entities. Rosenda Pola takes vengeance on her husband Gervasio, whom she chastises mentally for having abandoned her, by controlling and stifling the identity of her son, Rodrigo. Mercedes, seduced and abandoned by the young Federico Robles, from within her isolation and loneliness is the one who prophesies the only way in which he will be able to achieve a meaningful identity, through his symbolic acceptance of the past, and thus of the son who dies before Robles ever realizes that he is the father —Manuel Zamacona.

It is Bierce's body which lies in the tomb at Arlington instead of the body of Harriet's real father, who never returns to the United States. The recluse Harriet becomes circumscribed by time, similar to so many of Fuentes' characters, from the delusion-enshrouded Consuelo in *Aura* to the agonized Artemio Cruz in *La muerte de Artemio Cruz*. Harriet's only identity is in the past, which she endlessly relives as both present and as her only future, just as does Cruz on his deathbed.

The characters of *Gringo viejo* are united ironically, only in death, as occurs in so many of Fuentes' narratives, such as *Aura*, in which the spiritual death of Felipe Montero, the sacrifice of his soul, is necessary so that the spirit of the dead Llorente can return from the tomb to achieve unity with his beloved Consuelo; or the three selves, the *yo-tú-él* of Artemio Cruz, that remain distinct entities as long as Cruz is still alive but as a prelude to his death finally merge into one another; or the death-haunted characters María and Dolores in Fuentes' drama *Orquídeas a la luz de la luna*, who are unified only after the suicide of María.

The sudden death of Bierce, shot in the back by an outraged Arroyo, marks only an ironic triumph for "Old Bitters" —he has finally found the death in Mexico for which he has been obsessively searching, and which he had made several attempts to encounter, one by riding a white horse straight toward a nest of federales with machine guns. Paralleling the violent death of Bierce is that of Arroyo himself, who is suddenly killed by his own commander, Villa, for daring to act independently of Villa and for causing him unnecessary problems by provoking an international incident as the result of Arroyo's shooting of the North American Bierce.

Gringo viejo begins in a grisly manner, with a focus on death, as it evokes the disinterment by the troops of Arroyo of the body of Bierce. Bierce dies twice; Villa has him shot again, this time from the front, so that he can claim that the old man died as the result of a firing squad of federal troops. And the novel ends with a focus on death, as it flashes back to record the final seduction by the aged father of Arroyo, evoked as a despotic patriarch, and the sudden vengeance taken by the *novio* of the girl victimized by Miranda. The disinterment of the body of Bierce is paralleled at the end by the frightening evocation of the body of Miranda, hanging in the well, which Arroyo longs to contemplate and gloat over. And the process of physical disinterment parallels what Harriet does in her imagination, as she disinters the ghosts of the past. The physical deaths of Bierce and Arroyo are paralleled by the life-in-death existence to which Harriet condemns herself.

Similar to so many of Fuentes' characters of the Revolution, Tomás Arroyo is a representative of *los de abajo*. Like the cowardly Cruz in *La muerte de Artemio Cruz*, Arroyo does not wish to fight; he wants to acquire the vast domains of his father for himself alone, and by legal means. His most precious possessions are the historical documents that he guards: land grants signed by the King of Spain. These are the documents that Bierce deliberately sets on fire, knowing that their destruction will provoke the insane rage of Arroyo. Like Cruz, whose arrogant father, the *hacendado* Menchaca, wanted to kill the child at birth, Arroyo is an illegitimate child who has no strong memory of his mother and who has been ignored, *ninguneado*, by his father.

Arroyo is granted an identity by the Mexican Revolution, which frees him from his *peón* status. Yet, similar to both Federico Robles and Artemio Cruz, Arroyo betrays his origins. After the Revolution is over, the grasping Robles takes full advantage of his position of power and dedicates himself to self-aggrandizement. He becomes a banker and a financier, and, as he dresses in expensive cashmere suits and powders his dark Indian features white, he becomes identified not with *los de abajo*, on whose behalf the Revolution was waged, but with the very *dictador* against whom Robles had fought, Porfirio Díaz. Similarly, Cruz after the fighting is over claims as a prize of war the daughter of a Porfirian aristocrat, Catalina Bernal, and dedicates himself to a private war of self-aggrandizement. He cunningly uses as his base the lands of his father-in-law and rapidly subdues the neighboring landowners by turning the *campesinos* against them with false promises that he will cede the appropriated lands over to them. But Cruz betrays *los de abajo* again and again as he secretly sells off the lands in exchange for building lots in Mexico City. Cruz even manages to get himself elected as regional deputy by playing to the hilt the role of revolutionary hero and patriot even though he had fled from battle.

Tomás Arroyo is in the mold of both of these former revolutionaries turned empire builders and magnates. Ironically, Arroyo defines himself not in terms of the new, not by identification with Pancho Villa, but with the old —as does Robles— with Porfirio Díaz. Although Arroyo enthusiastically identifies with the *young* Díaz, the ardent supporter of the reformist Benito Juárez and the hero of the Battle of Puebla, where the invading French forces were defeated, Bierce senses a further identification:

—Hay algo que no sabes —le dijo Arroyo al gringo. De joven Porfirio Díaz
era un luchador valiente, el mejor guerrillero contra el ejército francés y Maximiliano. Cuando tenía mi edad, era un pobre general como yo, un revolucionario y un patriota, ¿a qué no lo sabías? (79)

The skeptical Bierce, who like Harriet questions both the positive outcome of the Revolution and the idealistic motives of Arroyo, sees the
young and ambitious general launched unvaryingly along the same trajectory of youthful liberalism and subsequent dictatorship with which Arroyo has so strongly identified:

—Mi destino es mío.
—Deje que me lo imagine igual que el de Porfirio Díaz —dijo impávidamente
el gringo. Deje que me lo imagine a usted en el porvenir del poder, la fuerza,
la opresión, la soberbia, la indiferencia. ¿Hay una revolución que haya escapado
a este destino, señor general? ¿Por qué han de escapar sus hijos al destino de
su madre la revolución? (81)

And the trenchant Bierce utters the negative destiny of Arroyo at the
very outset of the narrative: "usted sólo se salvará de la corrupción si
muere joven" (81). For Bierce, the evocation of one part of the trajectory
of Porfirio Díaz's political career inevitably evokes the rest of it, and the
cynical North American sees the predestined trajectory of Arroyo's life as
going from rebel to ruler. So too does the perspicuous Harriet see beyond
what she dismisses as the mere façade of Revolutionary general donned
by Arroyo as she harshly refers to him as Tomás Miranda —another,
even more explicit identification of him not with Mexico's revolutionary
and egalitarian future but with its feudal, *hacendado* past.

And indeed, because of his lingering at the Miranda estate, his ap-
propriating for his exclusive use the elegant private railroad car once
owned by his father, Arroyo reveals his lust for power behind his populist façade. Federico Robles, the arrogant plutocrat in *La región más transparente*, once he has consolidated his power shuns contact with his own
people, with *los de abajo*, as he travels between his skyscraper office and
his elegant colonial mansion, living a sanitized existence and betraying the
very people who had fought and died to give him the opportunity to
construct a new nation. Like the hypocritical Robles, who exalts himself
as a national savior, the bragging Arroyo repeatedly affirms how he has
given a new identity to his people, while he is really concerned with
building his power base.

In contrast to the valiant Macías, the misguided protagonist of Azuela's *Los de abajo* who finally dies in the heat of battle, Arroyo is a "reluctant revolutionary" and one who does not like being "shown up," cast
in an unfavorable light by the foolhardy but extremely valorous actions of
the crazed "gringo viejo" as he sallies forth into battle —and returns a
hero in the eyes of Arroyo's own men. The jealous Mexican general, none

of whose own combat feats are recounted in the narrative, seeks to humiliate Bierce or to find the pretext to kill him, by ordering Bierce to kill some fleeing *federales* who had been taken prisoners. But Bierce refuses to do so, and fires at some wild pigs instead. Because of the glorious reputation as a valiant fighter that Bierce has achieved, Arroyo does not dare to have Bierce executed for disobeying his orders. Ironic too is that Arroyo ultimately has to be compelled by his own followers to join up with the main body of revolutionaries in the North under the command of Pancho Villa who is preparing for the major battle of Zacatecas. The extreme ambivalence of Arroyo toward his familial past —his desire on the one hand to kill the father and on the other to assume his father's place as master of the *hacienda*— is demonstrated by his destroying of all of the Miranda mansion except the huge mirrored ballroom which he saves in order to provide a place where his troops can celebrate and also contemplate their reflections.

The *hacienda* represents privilege, power, and above all for the highly resentful and vindictive Arroyo, humiliating exclusion. In contrast, in Azuela's *Los de abajo*,[2] Demetrio Macías has no desire to become Don Mónico, the cacique who has wanted to imprison him for supporting Madero and who has ordered the burning of Macías' house. In his eye-for-an-eye type of justice, Macías, when the tables are turned and he invades the house of the person who had been his overlord, commands his troops simply to burn the house down —without looting it or violating the women inside. Demetrio has no ambitions to become one of *los de arriba*, in contrast to Arroyo, who masks his ambitions, as does Artemio Cruz, behind the façade of a generous and concerned leader.

In *La región más transparente*, Fuentes states cynically that the only hero that is acceptable in Mexico is the dead hero, that death is the proof that the hero is not a mere façade. Arroyo at the end is consecrated as a revolutionary hero because his untimely death impedes him from betraying his ideals, from becoming in the future more ruthless and rapacious than the *porfiristas* against whom he had fought, as is the case with Federico Robles, Artemio Cruz, and even the son of Federico Robles, Robles Chacón, whose rapid rise to political power is delineated in Fuentes' *Cristóbal nonato* (1987), a futurist narrative that concentrates on the Mexican political scene in 1992.

The ironic ending of *Gringo viejo* parallels that of *Los de abajo* when the insane poet Valderrama begins a highly emotional panegyric to the fallen revolutionary heroes, an encomium stopped short by a cynical remark from a soldier who, after the defeat of Huerta, had joined the forces of Villa against Carranza and Obregón:

> —¡Juchipila, cuna de la Revolución de 1910, tierra bendita, tierra regada con sangre de mártires, con sangre de soñadores ... de los únicos buenos! ...
> —Porque no tuvieron tiempo de ser malos —completa la frase brutalmente un oficial ex federal que va pasando. Valderrama se interrumpe, reflexiona, frunce

el ceño, lanza una sonora carcajada que resuena por las peñas, monta y corre tras el oficial a pedirle un trago de tequila. (*LA* 243)

Ironically, the ode to the fallen delivered by a madman who at the slightest interruption abandons his "prayer" in search of a drink of tequila, constitutes a caustic commentary by Azuela on the motives of revolutionaries throughout all phases of the conflict, from the initial victory of Madero, himself surrounded by pseudo-adherents that Azuela lambastes in his satiric novel *Andrés Pérez, maderista*, to the Convention at Aguascalientes that marked the dissolution of the revolutionary forces into groups that attacked one another after their common enemy Huerta had been defeated

But in Fuentes' work the revolutionaries are seen as temperate and devout, evoked as they pray to the Virgin of Guadalupe, or engaged in folkloric dances, again reminiscent of the idealized evocation of the pueblo in the paintings of Diego Rivera. Fuentes humanizes the *pueblo*, individualizing its members and presenting them as honest, forthright and compassionate. For example, the prostitute La Garduña expresses at first suspicion but later compassion for Bierce, whom she evokes as a martyr. The revolutionaries readily accept both Bierce and Harriet, with warmth and generosity.

The evocation of the *pueblo* in *Gringo viejo* is in marked contrast to its portrayal in Guzman's *El águila y la serpiente*, where the masses are seen as nebulous, dehumanized, and at times even animalized, while only the leaders appear in sharp and detailed and often idealistic focus. In contrast to the grotesque portrait that Azuela gives of La Pintada, the temperamental prostitute in *Los de abajo*, who viciously turns on her rival for the love of Demetrio Macías, Camila, and knifes her to death, La Garduña in *Gringo viejo* is seen as leading a revolution of freedom and of love, and as joyously celebrating her newfound liberty to travel from town to town. "Todos somos Villa" shout the troops of Arroyo ecstatically, again in contrast to the withering way in which the Centaur of the North is evoked in *Los de abajo*. Even the metaphors used to depict the Revolution in *Los de abajo* are given a new meaning in *Gringo viejo*.

In contrast with the fated movement depicted by Azuela, movement of the revolutionaries in *Gringo viejo* is exhilarating and self-fulfilling, yet it is contrasted with the stasis of their leader, Arroyo, whose revolutionary trajectory, similar to that of Macías, takes him back where he started from. In the case of Arroyo this is back to the great estate of his father, the *hacienda* that is for Arroyo a Medusa-head that keeps him spellbound and reawakens his ultimate desire —that of possession of hacienda and lands and authority that was wielded by his tyrannical father.

After Arroyo is executed by Villa for disobeying his orders and remaining too long at the *hacienda* of the Mirandas, it is La Luna who claims his body and who at the end disappears forever. Ironically, she is reunited with her lover but only in death; just as Harriet claims the body of her beloved Bierce after he is slain by Arroyo.

In many aspects, La Luna is the double of Harriet, perhaps the mirror of Harriet's own future fate that the arrogant *gringa* rejects. La Luna's act of courage in entering the cellar leads to the rebirth of her emotional, sensual, and ultimately spiritual self:

> Dejé que mi cuerpo exhausto descansara encima de los tablones y me dije: "Estás oliendo otro cuerpo. Estás compartiendo otro aliento. No son monstruos los que te esperan allá abajo. El sótano no esconde el terror que tu marido te dijo." ¿Qué había allá abajo? (159)

In contrast, Harriet's deep fear of the Other, of the unknown, of letting herself go, of experiencing a genuine and liberating *cambio de piel*, as does La Luna, is stunningly symbolized by the ballroom that Harriet enters, with its huge, ornate mirrors modelled by the pretentious Mirandas after the palace at Versailles. Although the Mexican revolutionaries gaze in wonder and joyously contemplate themselves in the full-length mirrors —an act which dramatically symbolizes their sudden acquisition of an integral identity and their complete acceptance of that new identity, it is significant that while Harriet is dancing in the ballroom with Arroyo, she refuses to look at her reflection in the mirrors.

Once again, Fuentes develops a scene with consummate irony. The same mirrors that corroborate and strengthen the identity of *los de abajo*, who have suddenly emerged from their state of *ninguneamiento* by the *hacendado* and the *patrón*, are depicted as knives that destroy the identities of both Harriet and Arroyo: "Bailaron lentamente, reproducidos en los espejos como una esfera de navajas que corta por donde se la tome" (105). Harriet's avoidance of her reflection adumbrates the ultimate disintegration of her relationship with Arroyo —perhaps because she intuits that becoming his *soldadera* will lead only to her one day being replaced by a new lover, just as she has replaced La Luna.

The quest for an identity is replaced by self-absorption, self-entrapment, and obsession with the past. It is the terror of identity and not its assertion that is ultimately emphasized.

Notes

1. See "La experiencia de los novelistas," a round-table discussion with Carlos Fuentes, Juan Goytisolo, Jorge Edwards, and Mario Vargas Llosa, included in *Revista iberoamericana* 47.116-117 (1981): 311.

2. Mariano Azuela, *Los de abajo* (1915). Subsequent references are to the 1949 edition and are included in the text, preceded by *LA*.

Works cited

Azuela, Mariano. *Los de abajo*. México: Ediciones Botas, 1949.

Fuentes, Carlos. *Gringo viejo*. México: Fondo de Cultura Económica, 1985.

Buero and Velázquez

Martha T. Halsey
The Pennsylvania State University

In *Las Meninas* and *Diálogo secreto* Buero uses two of Velázquez' best-known paintings to present very similar pictures of Spanish society at two different times: the 1960s and the 1980s. Although the message is similar, the way in which the paintings are utilized is radically different. The choice of the paintings —the one used as title for the first play and "Las hilanderas" in the case of the second— evinces the continuing interest Buero has demonstrated in Velázquez.

It has been said that in *Las Meninas* (1961), Buero uses the mirror of Velázquez' canvas of the same name to force us to enter into the spirit and problems of the seventeenth century. And since we live in the twentieth, past and present become one as we contemplate Velázquez' masterpiece (Rodríguez Puértolas 47). Doménech adds that this mirror is in —or is— in a certain sense, Buero's entire theater, where the playwright shows us a picture which, like Velázquez' canvas, encompasses all the sadness of Spain (Prólogo 24-25).

The period of Philip IV is one of economic and moral decadence, of oppression and human misery, of pretence and hypocrisy. Just as the Spanish lion has become a dog in Velázquez' painting, there remains of the grandeur of Spain's Empire only its name. Behind the façade is nothing. The parallel is clear to the Franco era, whose officials saw the regime as heir to the so-called glories of Spain's imperial past.

In the Spain called by Ortega "alucinante y alucinada," (Doménech, *El teatro de Buero Vallejo* 153) Buero's Velázquez suffers the torment of seeing clearly in a country he says is populated by blindmen and lunatics. He has painted for someone —for an audience— he has never found. His painting, he states "se siente sola" (122). Buero depicts Velázquez, who attempts to paint the truth, as the historical conscience of his time.[1] He thus suggests that it is perhaps the artist who sees the beauty of the world who can best understand its pain.

Velázquez himself and other figures from "Las meninas" participate as characters in the play's action so that, as Nicholas states, Buero's work is at least in part a "dramatization of the painting" (63). This dramatization is introduced by Martín, one of two beggars who are fictional creations based on the models for Velázquez' "Esopo" and "Menipo." Addressing us as if we were his contemporaries, Martín explains that, although he invents a lot of tales, the present one could be true. Martín thus begins "a process of fictionalization of the audience" (Holt xiii).

The action of the play occurs at the time Velázquez has prepared, for the king's approval, a small-scale sketch of the proposed painting. For Buero Velázquez' famous "abbreviated style", by which he attempts to paint the impression that objects leave upon the eye for a fleeting moment, is more than an aesthetic phenomenon; it supposes a judgement on Spain. In Ortega's words, Velázquez "pinta el tiempo mismo que es el instante, que es el ser en cuanto que está condenado a dejar de ser, a transcurrir, a corromperse" (65).

If things change, then their truth is in their appearance, which also changes. A conversation with the king toward the end of the play leads us back to the sketch as the painter, charged with attacking the everlasting foundations of power by sheltering the old beggar Pedro, once his model and now a fugitive from the law, replies that nothing is everlasting, that everything, both men and institutions, are born to die. Time, he says, carries everything away just as it will some day take away the age of sorrow that is the Spain of Philip IV —and of Franco. We are all ghosts in the hands of time.

The truth about Spain that Velázquez reveals in his sketch lies not in her pomp or grandeur but in her pain. Only Pedro, the near-blind beggar, understands the artist's sketch. His eyes transform the sketch into the larger canvas that Velázquez will paint:

> Un cuadro sereno: pero con toda la tristeza de España dentro. Quien vea a estos seres comprenderá lo irremediablemente condenados al dolor que están. Son fantasmas vivos de personas cuya verdad es la muerte. Quien los mire mañana lo advertirá con espanto ... Sí, con espanto, pues llegará un momento, como a mí me sucede ahora, en que ya no sabrá si es él el fantasma ante las miradas de estas figuras ... Y querrá salvarse con ellas, embarcarse en el navío inmóvil de esta sala, puesto que ellas lo miran, puesto que él está ya en el cuadro cuando lo miran ... Y tal vez, mientras busca su propia cara en el espejo del fondo, se salve por un momento de morir. (174) [2]

In the words of Buero's Velázquez, the sketch, criticized in the play for the lack of solemnity that makes the Infantas equal in importance to the servants, the dwarfs, and even the dog and for the choice of a background unsuited to the magnificence of the royal daughters,[3] represents a simple moment that constitutes one of the truths of the palace. Holt emphasizes the deep compassion and humanitarian concern that typify the canvas (xi). Velázquez himself states that the sketch depicts "pobres seres salvados por la luz" (175). These poor beings include the spectators who, as Pedro realizes, are brought into the picture's timeless space. Pedro, the aged revolutionary near death, becomes the spectator for whom Velázquez has always painted without knowing it. If only the artist who sees the world's beauty can truly comprehend its pain, then only the one who suffers can truly see beauty (Nicholas 68).

In Buero's play, Velázquez has not yet painted his masterpiece; no reproduction of the canvas can be utilized on stage. However, at the end, the characters assume the positions of their namesakes in the painting. This *tableau vivant* is introduced by Martín, still functioning as narrator, who states that if someone would paint him a poster, he could earn a living at the fairs, pretending that puppets talk. The sketch which Pedro understood thus becomes visible; but since the latter is now dead, having been shot by the palace guards, it is the spectators who assume his place to contemplate a theatrical recreation of the finished work (Perri 28). Buero's purpose is to bring the spectators to experience the "immersion" of which Pedro spoke: "a final moment of temporal suspension" in which we are invited to "embark on the motionless ship of Velázquez' studio" (Holt xvii).

Before the final curtain the figures of the *tableau* are animated by Martín (or re-animated, if we consider the entire action of the play the dramatization of the story that, at the end, he states he will tell in towns and along the roads). The fact that the characters now speak suggests that we are seeing, not the finished canvas, but a moment in its actual execution, as we are drawn into Velázquez' studio where we see members of the royal family, not in their majesty, but in all their simplicity and humanity. In order to produce the scene that is the subject matter of "Las meninas" Velázquez painted his canvas as if another were painting it or as if it were reflected in an enormous mirror that is invisible. The result is the illusion that we are inside the painting: "El contemplador, se halla como en medio de un ámbito, como visitante y sorprendedor de la escena que contempla" (Del Hoyo 4).[4] The same may be said in regards to Buero's *tableau*.

Martín now expresses the significance Buero attaches to the luminous figure of the little Infanta Margarita: in the midst of the lies and hyprocrisy, intrigue and deceit that characterize the life and words of many of the other figures in Buero's play, she represents innocence: "La infantita calla. Aún lo ignora todo. Don Diego la ama por eso y porque está hecha de luz" (238). Through these words to the audience Buero suggests hope for the future, creating the active relationship between actors and viewers that is the aim of his "immersion effects."

Some twenty years after his veiled indictment of the Franco regime in *Las Meninas*, Buero renders an equally harsh judgement on the transition period, denouncing the hypocrisy and deception he still sees in Spanish society after two years of Socialist government. This hypocrisy is now centered in the protagonist, who another character aptly describes as he states to him: "Tú eres tu mentira. Si prescindes de ella, ¿qué serás? Nada" (117).

In *Diálogo secreto* (1984) the protagonist is not an artist but an art critic whose current study or "diálogo del arte" focuses on "Las hilanderas," a large reproduction of which hangs on the rear wall of his living room. No figure from the painting participates as a character in the play's action; however Fabio, the critic, identifies with one of these figures and associates his wife with another. Moreover, the drama's action parallels the action depicted in the painting.

The art critic, who has attained wealth, power and prestige, desperately conceals a terrible secret: the fact that he has been color blind since birth and, thus, has lived a lie. Buero's protagonist, who suffers from discromatopsia or the inability to distinguish reds and greens, is based on an actual critic who functioned professionally with this disability (Pennington, "La ceguera..."). Buero forces the spectators to experience Fabio's defective vision by means of "immersion" effects; as the latter contemplates the reproduction, its brilliant colors turn into lustreless ochres and sepias, gloomy browns and blues.

Even more importantly, Buero utilizes the painting to share with us Fabio's inner torment and guilt; for there comes the moment when the latter must face the consequences of the fraud he has perpetrated. A young artist whom his daughter, Aurora, loves commits suicide after the critic, who detests him because of his relationship with her, unjustly attacks his use of color. Fabio's constant fear of discreditation, after Aurora discovers he is color blind, occasions a series of imaginary dialogues —not with figures from the painting, as is his custom, but with his father— in which the critic confesses the truth that he refuses to acknowledge publically. These "secret" dialogues, which take place in front of the painting and continue the "immersion" effect initiated by the loss of color, draw us into the critic's mind, leading us to identify with him at the same time that he, in turn, identifies with the figures from Velázquez' work.

Contemplating the painting titled "Fábula de Palas y Aracne" although commonly known as "Las hilanderas," Fabio describes the figures, in the brightly-lit rear alcove, of the helmeted goddess with her uplifted arm and of the young girl cowering before her after the weaving contest as "insondables. Como el hombre que las pintó" (44). The critic declares that the painting depicts the beginning of Arachne's metamorphosis, as her trunk shrinks and her arm lengthens to become a spider's leg,[5] when she is punished by the goddess. Arachne was an implacable critic whose tapestries —such as the one Velázquez places behind her showing the rape of Europa— reveal the errors of the gods and Fabio's own guilt leads him to imagine she is punished not for being ambitious but for weaving lies. Arachne is condemned, Fabio supposes Pallas tells her, "'Por mentirosa. Las lacras que les achacas a los dioses no son más que tus propias lacras'" (49).

Fabio identifies with Arachne because the errors in color that he attributes to Samuel Cosme, the young artist he has destroyed, are really the critic's own. Fabio, then, like Arachne, has lied; for this reason he sees himself increasingly as the young mortal punished, "shrinking before the all-knowing, condemning gaze of the goddess" (Pennington, "Art and Music..." 18). Even though Fabio sees the parallel between himself and Pallas and between Cosme and Arachne, and although he might be expected to identify more strongly with the harsh goddess given his severe opinions and words about upholding high standards, he is not and cannot be the infallible goddess of wisdom. His defective vision precludes this possibility, as he himself realizes. In one of the secret dialogues he confesses to his father: "Si ha recordado a Samuel Cosme cuando miraba a Aracne, se ha equivocado. Soy yo quien se achica como Aracne. Si ha pensado en mí como en la diosa de la sabiduría que destruye a Cosme, le falla la intuición" (75). Fabio alternatively identifies Pallas with Aurora and his wife Teresa. He thinks the latter will scorn him if she learns the truth: "Ella, tan verdadera, verá en mí, de pronto, a un bicho repelente, la araña que se encoge de vergüenza (*Ríe amargo*.) Ella será Palas Atenea y me aplastará con su pie" (84-85).

Fabio's obsession with death is suggested by his association of the elderly spinner in the foreground of the painting with his mother, who died in the study where he shuts himself up to contemplate suicide. The old spinner, the girl winding, and the one at rest in the center have been identified as the Fates (Ortega, *Velázquez*, 219). Buero joins this myth with that of Arachne in his play —just as he believes Velázquez does in his painting:

> Fabio.— ... Las dueñas del tiempo en el primer término: las Moiras. Es decir, las Parcas. Ortega lo apuntó y yo voy a unir los dos mitos. Velázquez no pudo dejar de pensar en las Parcas ... Son las tres devanadoras oscuras, que hacen y deshacen nuestros hilos ante el fugaz espectáculo de la vida que se representa al fondo ... Grandes. Cercanas. Inexorables. Ese cuadro es una meditación de la muerte. Otro gran teatro del mundo, pero más sutil que el de su contemporáneo Calderón. (48)

Teresa saves Fabio from suicide with her love.[6] Nevertheless, Fabio imagines that the Fates laugh and proclaim their victory at Arachne's metamorphosis —because, although she does not die, for her to have the errors in her tapestries known will be *as if* she died. The same may be said of the critic and the mistakes in his commentaries. The consequence of deception is the death represented by the Fates —whose presence is no less felt in *Las Meninas*.

The action of *Diálogo secreto* thus mirrors that being acted out or rehearsed by Pallas and Arachne in the elevated stage-like alcove —"fondo luminoso del cuadro, donde culmina el arte de Velázquez como pintor de la luz" (Ortega, *Velázquez* 218). So ethereal are the figures of the goddess and the young girl that they appear at first to belong to the tapestry behind them[7] —a theory long rejected, as Fabio notes. The figures are real, as are those of the three splendidly-dressed court ladies who are witnesses to the myth re-enacted. Our eyes are drawn inward to this re-enactment by the one lady whose figure is turned toward us as if inquiring what is happening or attempting to see our reaction to the myth (Orozco Díaz 198-99).

Since the court ladies witness the drama re-enacted in the rear alcove of the painting and the painting is contemplated, in turn, by Fabio at the same time as we observe the latter and establish our own "secret" dialogue with him and the other characters, it is possible to speak of a drama within a drama within a drama. By identifying characters in his drama with figures from the painting Buero adds to the two visual planes of Velázquez' work two additional ones: stage and house. This prolongation of space results in a movement preceding outward from the painting, first to the actors and then to the spectators and, finally, back inward, through "ever-receding planes". Buero thus transforms "Barroque pictoral technique into contemporary dramatic practice" (Jones 34-35) —just as he does in *Las Meninas*.

Through Velázquez' painting Buero leads us into the tragedy of a man caught between terror of discovery and remorse at a life of deceit. Fabio's erroneous perception is not just physical; and Buero denounces the critic's denial of what he does not see and therefore cannot understand in Cosme's painting. It is Gaspar, an old ex-Francoist who spent more than twenty four years in prison for political activities and who is clearly reminiscent of the old beggar Pedro of *Las Meninas*, who makes clear the collective tragedy Fabio represents, as he calls present-day Spaniards to greater sincerity and authenticity. He explains that Fabio's duplicity is no greater than society's in general, as he speaks of "la solidaridad en el basurero." This "basurero" is a "cotarro de daltónicos" (118-119) who are leading Spain to disaster. Buero himself explains that the play's theme is "la hipocresía vista como una fatalidad, como un destino elegido por el individuo, y a la vez forzado por la sociedad" (Armiño 33).

And yet Fabio is not a totally negative figure; his words expressing his authentic anguish at his inability to enjoy the colors of "Las hilanderas," which are perceived by others in all their splendor, win for him our sympathy, as he calls himself "un amante de los colores que ignoro ... Un irrevocable explorador de esa belleza para mí incomprensible que irisa las formas .... El perseguidor de un mundo desconocido sin cuya posesión no puedo vivir" (131).

Hope rests with Aurora, who leaves home unwilling to acquiesce in her father's deception. Her name obviously suggests a new beginning. Teresa's final words link her to the figure in the painting which is turned toward the viewer —and thus the spectator of the drama. Her purity, like that of the Infanta Margarita seems to communicate hope for a world without hypocrisy. One critic states: "Los rayos del sol que han quemado la hipocresía son, tal vez, los ojos de la doncella velazqueña en tan misteriosa como compleja obra de arte" (Díez Crespo 38). Buero thus uses "Las hilanderas" like "Las meninas" to facilitate the sort of active contemplation on the part of the viewer that he considers the aim of the theater.

Notes

1. Buero states that the biographical data available refute the frequent charges of Velázquez' support of existing institutions, vain pretensions to nobility and obsequious deference to authority (*Tres maestros* 92).

Art historian Enrique Lafuente Ferrari concurs and strongly praises Buero's treatment of Velázquez, stating: "El intelectual —y el verdadero artista lo es— es una conciencia sensible e insobornable. Y Velázquez fue el dechado insuperable de esta condición que el intelectual de verdad [...] lleva consigo inevitablemente. [...] Velázquez aceptó limpia y serenamente esa responsabilidad fatal sin traicionarla. Eso es lo que insuperablemente nos ha hecho ver, en *Las Meninas*, Buero Vallejo" (Quoted in Doménech, Prólogo, 20).

2. In an important article on Velázquez' masterpiece, Buero disproves the idea that the mirror in the painting reflects directly the monarchs, whose position outside the canvas the spectators share. He explains the "immersion" effect at work in the painting. It is as if the painter, conscious of the error into which we will fall, wants us to try to find ourselves in the mirror so that, in the process, our eyes will cross his and the other figures' in a sort of "participación teatral." We will then accept the fact that the mirror shows the canvas of the monarchs that Velázquez is painting and no longer attempt to see our own reflections: "porque el pintor nos ha persuadido, con las miradas de todos, la suya propia y el milagroso hueco de esa galería transitable, de nuestra incorporación definitiva al momento fugaz y eterno que 'Las Meninas' nos regala" (*Tres maestros* 93).

3. In Buero's play the Infanta María Teresa appears together with the Infanta Margarita in Velázquez' *bosquejo* although of course she does not appear in the final painting.

4. Del Hoyo writes of the real mirror in the painting and of the other large mirror he postulates: "Velázquez, pintor barroco, no dudó en 'Las meninas' de emplear este ardid de los espejos —del espejo y del seudo-espejo— con valentía de ingenio, para enrealizar un momento de la vida en su obrador: para mostrárnosla, presentes nosotros allí" (4).

5. This original observation is Buero's own contribution to our understanding of Velázquez' painting.

6. Teresa's words, "Resucita, muerto mío" echo Pallas' in Ovid's version of the myth as Pallas lifts up Arachne, who has hanged herself from humiliation, before turning her into a spider. Buero's action thus parallels the myth as told by Ovid even though in Velázquez' painting there is no reference to Arachne's suicide attempt.

7. Through Fabio, Buero explains: "Velázquez era un hombre misterioso. Y ese cuadro también lo es. (*Ríe.*) Me figuro lo que reiría para su capote pensando en todos los que iban a confundirse ... ¡Porque él lo sabía! Pintó a la diosa y a la doncella casi incorpóreas. Puros destellos impresionistas ante un borroso tapiz envuelto en luz. Pero las dos rivales están en la estancia, mirándose. Y odiándose" (47-48).

Works Cited

Armiño, Mauro. "Diálogo público con Antonio Buero Vallejo." *Teleradio* 17-23 Sept. 1984: 32-33.

Buero Vallejo, Antonio. *Historia de una escalera. Las Meninas.* Madrid: Espasa-Calpe, 1975.

_____. *Diálogo secreto: Fantasía en dos partes.* Madrid: Espasa-Calpe, 1985.

_____. "El espejo de *Las Meninas*." Antonio Buero Vallejo, *Tres maestros ante el público.* Madrid: Alianza, 1973. 55-93.

Díez Crespo, M. "Comments in *El Espectador y la Crítica (El Teatro en España en 1984).*" Valladolid, 1985. 37-42.

Doménech, Ricardo. "Prólogo". Antonio Buero Vallejo, *Historia de una escalera. Las Meninas.* Madrid: Espasa-Calpe, 1975, 9-25.

_____. *El teatro de Buero Vallejo.* Madrid: Gredos. 1973.

Holt, Marion Peter. Introduction. Antonio Buero Vallejo, *Las Meninas: A Fantasy in Two Parts*. San Antonio: Trinity University Press, 1987. vii-xxiv.

Hoyo, Arturo del. "El conceptismo de Velázquez." *Insula* 162 (1960): 4-13.

Iglesias Feijoo, Luis. Introducción. Antonio Buero Vallejo, *Diálogo secreto: Fantasía en dos partes*. Madrid: Espasa-Calpe, 1985. 9-30.

Jones, Margaret E. W. "Psychological and Visual Planes in Buero Vallejo's *Diálogo secreto*." *Estreno* 12 (1986): 33-35.

Nicholas, Robert L. *The Tragic Stages of Antonio Buero Vallejo*. Chapel Hill: Estudios de Hispanófila, 1972.

Orozco Díaz, Emilio. "Un aspecto del Barroquismo de Velázquez." *Varia Velazqueña* I. Madrid, 1960. 84-199.

Ortega y Gasset, José. *Velázquez*. Madrid: Revista de Occidente, 1968.

Pennington, Eric. "Art and Music in Buero Vallejo's *Diálogo secreto*." *Hispanic Journal* 9 (1987): 51-61.

_____. "La ceguera del crítico: Reexamining Buero's Premise in *Diálogo secreto*." *Estreno* 12 (1986): 2-3.

Perri, Dennis. "*Las Meninas*: The Artist in Search of a Spectator." *Estreno* 11 (1985): 25-29.

Rodríguez Puértolas, J. "Tres aspectos de una misma realidad en el teatro español contemporáneo: Buero, Sastre, Olmo." *Hispanófila* 11 (1967): 43-58.

Las lenguas de España en la universidad norteamericana

María Paz Haro
Stanford University

L*a enseñanza del castellano: una mirada retrospectiva*. Dice Sturgis E. Leavitt que el estudio de las lenguas clásicas dominaba por completo en los primeros años de las colonias americanas, y quienes querían estudiar una lengua moderna lo hacían con tutores particulares o saliendo al extranjero.

En 1749, Benjamin Franklin propuso al patronato de la Academia Pública de Philadelphia (más tarde University of Pennsylvania) que contrataran personas capaces de enseñar francés, alemán y español (que es el nombre dado al castellano en los Estados Unidos y que, por razones pragmáticas, usaremos en el resto de este trabajo). Pocos años después, bajo la dirección de Thomas Jefferson, el estado de Virginia estableció un programa de estudios que incluía, entre otras lenguas, la española. Pero, el latín y el griego seguían siendo materias prestigiosas mientras las lenguas modernas eran la cenicienta en la mayoría de las instituciones académicas hasta tal punto que el hispanista George Ticknor, primer profesor de Literatura Española en Harvard, se quejaba del mezquino trato otorgado a su materia haciendo el siguiente comentario poco antes de abandonar su puesto en 1835: "No somos ni una universidad —como nos llamamos— ni una escuela secundaria —como deberíamos ser".[1]

Está claro que durante el siglo XIX el español no formaba parte del curriculum universitario de este país, que se enseñaba más bien esporádicamente, a veces fuera de las aulas y sin reconocimiento oficial; que la mayoría del profesorado era de España o americanos que habían estado allá, que enseñaban varias lenguas y que cobraban salarios modestos. A pesar de ello, hubo algunos profesores excelentes, como Hugo Rennert, quien enseñó en la Universidad de Pennsylvania hacia fines de siglo, distinguiéndose por sus estudios sobre la vida de Lope y el teatro español.

Cuando la Asociación Americana de Lenguas Modernas (MLA) se fundó en 1883 en una reunión celebrada en Columbia, no consta que asistiese ningún hispanista conocido, aunque es cierto que entre los posteriores presidentes de la MLA ha habido hispanistas importantes como Rudolph Schevill o S. G. Morley. A principios de siglo, en 1910 se fundó la Asociación Americana de Profesores de Español y Portugués (AATSP) y dos años más tarde apareció la revista *Hispania*, órgano de la misma.

Durante los años 20 aumentó considerablemente la popularidad del español, quizás debido a la decadencia fulminante del alemán tras el conflicto bélico, o quizás también a una nueva actitud marcada por políticos como Herbert Hoover, Secretario General de Comercio, quien respondió a una encuesta realizada por Lawrence Wilkins, diciendo que: "la realización de una política comercial estable con Latinoamérica dependería de un creciente número de personas preparadas en español y portugués".[2]

En cuanto a metodología, desde el principio las lenguas modernas se enseñaron siguiendo las prácticas aplicadas a la enseñanza de las clásicas, es decir estudiando gramática y haciendo traducción. A pesar y en contra de la mayoría tradicionalista, el famoso hispanista Ticknor y otros se inclinaron por el método comunicativo. John Manseca (1774-1837), por ejemplo, creó el llamado "Serial and Oral Method" que consistía en enseñar la lengua española como si los alumnos fueran niños hispanohablantes.

El hecho de que los soldados norteamericanos no hubieran podido entenderse en ninguna lengua durante la primera guerra mundial hizo que por algún tiempo se ensayara el método directo, pero pronto se lo abandonó por considerarlo damasiado lento. Sin embargo, en la Escuela de Español de Middlebury se usó desde sus comienzos en 1917 un método "directo, intensivo y continuo", según especificaba un folleto propagandístico de la institución. Entre sus directores, por cierto, se hallaron Moreno Lacalle, Samuel Gili y Gaya, Francisco García Lorca. etc. Por otro lado, Doyle, entonces profesor de Harvard, afirmaba que el español llegaba a aprenderse por medio de la disciplina mental que se alcanza con el estudio de la gramática, expresiones idiomáticas y sintaxis.[3]

En 1929, la MLA, reconociendo la casi imposibilidad de lograr que el estudiante, tanto universitario como de secundaria, pudiera llegar a hablar una lengua en las circustancias docentes del momento, recomendaba en el famoso "Informe Coleman" un enfoque pasivo, de lectura principalmente. Si los profesores de español no estaban de acuerdo, no se oyó su protesta.

Tras la segunda guerra mundial, los Estados Unidos pasaron por un período casi ininterrumpido de crecimiento y prosperidad que influyó en la educación en general y en las lenguas modernas en particular, volviendo a considerarse aquéllas como base para promover y mejorar las relaciones internacionales. Así, en 1949, el español sobrepasaba en matrícula a todas las otras lenguas con un 8.2% del total, seguido del francés con el 4% y del alemán con apenas un 0.1%.

La era del NDEA (National Defense Education Act). En 1954 aparecía la obra de William Parker (presidente de MLA), *The National Interest in Foreign Languages*, en la cual subrayaba la necesidad de estudiar lenguas por razones de defensa nacional, citando las palabras del Secretario de Estado John Foster Dulles: "Los intérpretes no son substitutos. No es posible comprender lo que piensan otros sin entender su lengua, y sin entender su lengua es imposible estar seguros de que comprenden lo que pensamos".[4] Esta obra influyó enormemente en la aprobación del Acta de Educación para la Defensa Nacional (NDEA) que, por primera vez, proveía amplios fondos gubernamentales para estimular, desarrollar y mejorar la enseñanza de lenguas. Se llevó a cabo una revolución: profesores de todos los niveles asistían a asambleas, cursillos e institutos de verano para aprender el método audiolingüe, iniciado por el Ejército durante la guerra y basado en la idea de que la lengua es esencialmente un conjunto de hábitos de conducta aprendida y que los estudiantes, como los niños, aprenden a hablar antes que a escribir. Las revistas del campo lingüístico se saturaron de artículos referentes a la nueva metodología. Se puso de moda estudiar lenguas; la matrícula crecía. En tres años, cientos de miles de estudiantes estudiaban en nuevos laboratorios por el método milagroso.

Entre los proyectos más destacados se halló la preparación de *Modern Spanish* un texto para la enseñanza del español realizado en la Universidad de Austin, Texas, por un grupo de distinguidos profesores bajo la dirección de Dwight Bolinger; texto basado totalmente en el método audiolingüe y que, tras su publicación en 1960, se convirtió en el evangelio de los programas universitarios durante más de una década.

La época post-Vietnam. Durante los años sesenta, la guerra del Vietnam fue inundando al país de insatisfacción y protesta, de repudio por la moral y los valores establecidos. Un aura de individualismo y pluralismo social se cirnió sobre la nación rechazando la idea del "crisol" y dando por resultado la creación de programas bilingües en español o en chino en aquellas áreas donde había mucha población de esas lenguas.

En 1970, un proyecto de la Universidad de Pennsylvania revelaba que el audiolingüismo no había resultado mejor método que otros y que los laboratorios no habían tenido el impacto esperado en la mejora del aprendizaje. Chomsky y otros teóricos cognitivos comenzaron a criticar seriamente las teorías del estímulo-respuesta, la repetición y la memorización. Con la desunión bajó la matrícula de lenguas, menos en español.

Los estudiantes comenzaban a demandar mayor participación en el gobierno de las instituciones educativas y el primer blanco de sus ataques fue el requisito de idioma extranjero. Entre 1966 y 1970, el 4.5% de las universidades modificaron, redujeron o eliminaron el requisito de lengua extranjera tanto para ingreso como para graduación. En un estudio de los años 1972-1976, Renate Schultz informaba de una notable baja de matrícula tanto en francés como en alemán mientras el español lograba mantener una pequeña alza del 2.5% en instituciones universitarias de cuatro años.[5]

Sorprendentemente, sin embargo, el número de "majors" o especialistas en español sí bajó un 3.25% en ese período. Con todo, el curso de 1973-74 batió el record de especialistas: 7.250 recibieron su "Bachelor of Arts" en español; 1.217 lograron el *Master*; y 203 terminaron su doctorado.[6]

Evidentemente, como consecuencia del declive, los profesores de lengua tuvieron que tratar de estimular el interés del estudiantado por medio de un enfoque comunicativo y creativo que hiciera posible el uso de la lengua y que diera énfasis a los aspectos culturales. Así comenzaron a ofrecerse cursos individualizados, en que el alumno trabajaba a su propio ritmo; mini-cursos de una hora semanal sobre "Cocina hispánica" o "Un corto viaje a..."; cursos intensivos de verano; de español técnico; para bomberos, policías, enfermeros, personal de vuelo, seminaristas, etc. Muchas veces eran cursos solicitados por las propias comunidades; cursos innovadores, que desbordaban los limites tradicionales de la enseñanza de lenguas: "Civilización española reflejada en el arte", "Folclore hispánico", "La experiencia chicana", etc.

Muchos "colleges" establecieron o restablecieron "residencias hispánicas" donde los residentes se veían obligados a hablar español dentro y fuera de clase, se beneficiaban de la ayuda de informantes nativos, teniendo además la oportunidad de asistir a conferencias y películas, o de escuchar en cualquier momento programas especialmente grabados para ellos.

Toda esta actividad tuvo como resultado una proliferación de métodos que vinieron a sustituir el gastado audiolingüismo y que incorporaron técnicas de campos tan diversos como la psicología, la hipnosis o el yoga.

Así, quienes usaban el método directo ravitalizado por John Rassias, de Darmouth College, sólo hablaban español con sus alumnos; no les explicaban las reglas gramaticales, que éstos habían de inferir y pagaban a subgraduados avanzados para dirigir intensas prácticas diarias de preguntas y respuestas. Su matrícula se dobló entre 1972 y 1976, mientras el "Rassianismo" se extendía por todo el país gracias a la organización de cursillos para profesores de todos los niveles.

La Universidad de Iowa del Norte atribuía el aumento de estudiantes de español al método psico-generativo empleado en sus clases elementales y a la diversificación de sus cursos avanzados. La Universidad del Sur de California (USC) hizo crecer su matrícula de español estableciendo un programa en el que se podía obtener crédito trabajando en puestos que requirieran el uso del español: ayudantes de enfermería escolar, profesores de educación para el consumidor hispanohablante, higiene dental para niños, etc. Y la Universidad de California en Los Angeles (UCLA) creó asimismo un curso para ayudar a los asistentes sociales a conversar con los necesitados y a desarrollar un mayor aperturismo cultural.

Viendo que la generación de los 70 ya no parecía poder o querer concentrarse en los sonidos tal como había ocurrido en los laboratorios del audiolingüismo, sino que comenzaba a entusiasmarse con la combinación de imagen y sonido proporcionada por la televisión, la Universidad de Oregon, por ejemplo, experimentó con el programa de la BBC, "Zarabanda", en sus clases para principiantes; otros "colleges", como Middlebury, prepararon sus propios materiales audiovisuales.

En los "colleges" comunitarios de dos años o "Junior colleges", Schultz señalaba un aumento del 15.8% en español, que seguía siendo la lengua más popular. En muchas de estas instituciones, como en el City College de San Francisco, el éxito del español se debía al aumento general de alumnos de origen hispánico, nacidos en los Estados Unidos, pero que no hablaban la lengua de sus padres y se matriculaban en cursos de principiantes. Tarrant College, Texas, manifestó haber tenido un aumento del 84% en español cuando, entre sus innovaciones, ofreció un curso para niños de cinco a doce años durante el verano.

El "sistema confluente" de Beverly Galyean, empleado en varios "colleges" de Los Angeles, atrajo a muchos alumnos también; en sus aulas, éstos participaban en actividades de grupo diseñadas para facilitar la comunicación interpersonal, explorando y discutiendo aspectos personales en español, es decir, haciendo introspección mientras estudiaban la lengua. A los alumnos adultos de las clases nocturnas el método les fascinó.

Una actitud esperanzadora. Muchos norteamericanos han creído y todavía creen que la única lengua que vale la pena aprender es la suya; la emergencia del inglés como "lengua franca" no ha hecho sino reforzar esta actitud. En su obra *The Tongue-tied American*, Paul Simon, diputado del Congreso y candidato demócrata a la presidencia de los Estados Unidos en 1988, describió la amplitud del problema, exponiendo su teoría de que además de contribuir al déficit económico, el monolingüismo aísla al país científica y culturalmente amenazando incluso su seguridad nacional.[7]

Pero, afortunadamente, ya se va vislumbrando un cambio de mentalidad esperanzador en la encuesta realizada conjuntamente por la Oficina de Educación, la Fundación Ford, la Comisión Nacional de Lenguas y la MLA, donde por sus respuestas el público norteamericano parecía mostrarse más receptivo al estudio de lenguas extranjeras: la mitad de los norteamericanos hubiera deseado hablar otra lengua; tres cuartas partes de la gente creía que debería comenzarse a estudiar lenguas en la escuela elemental y el 90% que debería enseñarse en la secundaria; y de ellos, el 40% recomendaba que fuera requisito a ese nivel.[8]

La respuesta a esa actitud esperanzadora no se ha hecho esperar: muchos "colleges" y universidades han reinstaurado el requisito de lenguas tanto para ingreso como para graduación. A la cabeza se pusieron las diez universidades de la "IVY League"; las diez grandes del medio-oeste; las mejores del oeste, etc. Algunas, como las de Pennsylvania y Minnesota no requieren equis años de estudio sino un cierto nivel concreto de conocimiento del idioma. En general, un 25% de las instituciones universitarias tienen hoy requisito de ingreso, y un 70% lo tienen para graduarse.

En agosto de 1987, Richard Brod terminó para la MLA un estudio sobre la matrícula de lenguas en instituciones universitarias. El "año cumbre" fue 1968; entre 1972 y 1980 cayó un 8.3%, pero entre 1983 y 1986 volvió otra vez a subir un 8.5%. El español aumentó un 6.5% en esos años, sólo aventajado por el aumento del ruso (11.8%), aunque nunca por el número total de estudiantes que era de 411.293 en español frente a 33.961 en ruso. Hoy el español es la lengua que más se enseña en "college" y universidad: un 87% lo ofrecían en 1986.[9]

Nuevos cursos, enfoques y recursos. Un 60% de las instituciones académicas universitarias ofrecen hoy día cursos de español relacionados con negocios, medicina, enfermería, periodismo, hostelería, policía, etc., muy especialmente en los "colleges" de dos años, patrocinados por las comunidades, y sobre todo en aquellas áreas de alta población hispánica. La presión para que se ofrezca este tipo de curso profesional es tal que incluso universidades de alto prestigio intelectual, como Stanford, ofrecen en la actualidad cursos especiales para estudiantes de medicina y derecho.

No se puede negar, vivimos en la era del ordenador y del vídeo. En los congresos nacionales y estatales de lenguas, un número significativo de expositores exhiben y demuestran "software" recientemente desarrollado para la instrucción; virtualmente todos los textos universitarios que salen hoy al mercado van acompañados de programas para ordenador y de vídeos, sean de Televisión Española, de la BBC o de las casas editoriales.

En cuanto a metodología, muy popular está resultando el método "natural" de Tracy Terrell, profesor en la Universidad de California, influido por las ideas de Krashen sobre las diferencias entre adquisición y aprendizaje. Terrell y sus seguidores eliminan de sus clases toda explicación gramatical para que sus alumnos "adquieran" la lengua de la forma más natural posible, sin inhibiciones, como si estuvieran en Sevilla o Puebla.

En general puede decirse que en las aulas de idiomas ha habido en los últimos años un énfasis en la comunicación; pero naturalmente esto presenta un problema básico: ¿cómo evaluar la competencia oral? Desde 1982, el Consejo Norteamericano de Enseñanza de Lenguas Extranjeras (ACTFL) con la esperanza de hallar una medida estándar, ha estado entrenando profesorado de todos los niveles en el arte de la entrevista y la evaluación del entrevistado según una escala usada por el gobierno norteamericano y adaptada por ACTFL a las necesidades escolares. Pero la promoción de los llamados cursillos de "proficiency" va más allá de enseñar a los profesores a manejar esta delicada herramienta de la entrevista ... El objetivo es en realidad una reestructuración de la enseñanza de lenguas en todo el país y a todo nivel, dando énfasis a la comunicación oral, haciendo que los estudiantes "funcionen" en la lengua objeto de estudio. ACTFL rechaza la acusación frecuente de estar desarrollando y tratando de imponer un método. El sistema —dice— no es más que un principio organizador; muchos métodos pueden llevar al mismo fin. Aparte de lo que pueda haber de realidad en la manipulación del sistema por parte de ACTFL, los resultados son muy positivos.

Un futuro optimista para el español. Como hemos visto, en estos últimos años ha habido un considerable aumento de interés en el español. Este fenómeno se ha debido a los factores arriba mencionados, cuya influencia no parece que vaya a desaparecer sino a perdurar. Los cambios demográficos del país, con la llegada constante de inmigrantes hispánicos y el crecimiento de la ya asentada población de este origen, juegan y jugarán un importante papel en la sensibilización de los estudiantes y de sus padres hacia la lengua y cultura hispánicas, de tal manera que hasta un candidato a la presidencia do los Estados Unidos como Michael Dukakis en 1988, tuvo qua hacer alarde de sus conocimientos de español para ganarse el voto de una parte de la población que cada día tiene más influencia.

Los mandatos de las legislaturas estatales relativos a comercio exterior y estudio de matemáticas e idiomas extranjeros, así como sobre la formación del profesorado, y los fondos del gobierno federal destinados a programas de lenguas y relaciones internacionales, contribuyen y contribuirán a la bonanza. La búsqueda de la panacea del mejor método para aprender una lengua, lleva a algunos a adoptar y adaptar los enfoques más innovativos, pero la mayoría sigue un camino ecléctico y de sentido común. El entusiasmo creado por el movimiento de "proficiency" hace prever mejores resultados en la enseñanza y mayor matrícula en las aulas de español.

La enseñanza del catalán. El interés por la cultura catalana en los Estados Unidos es una corriente relativamente reciente. Pionera de los estudios catalanes fue Josephine Boer, quien a raíz de un viaje a Mallorca en los años veinte, descubrió la cultura catalana llegando a ser mantenedora de los primeros "Jocs Florals" que tuvieron lugar en Nueva York en 1951. Ella misma fue quien consiguió la creación de una sección catalano-provenzal en el congreso anual de la MLA en 1958. Veinte años después, tendría lugar en la Universidad de Illinois, Urbana, el Primer Coloquio de Estudios Catalanes, así como la fundación de la Asociación Catalana-Norteamericana (NASC), que ya publica su propio boletín. En 1983, la Asociación Americana de Profesores de Español y Portugués (AATSP) incluyó por primera vez una sección dedicada a estudios catalanes.[10]

Más recientemente, y según el estudio realizado por Milton Azevedo, director del Programa Internacional de Estudios Catalanes de la Universidad de California, Berkeley, sabemos que en 1986 14 universidades estadounidenses impartían cursos de lengua catalana; 9 de literatura moderna; 8 de literatura medieval y 4 de lingüística catalana.[11]

Los estudios vascos. El primer programa de estudios vascos en los Estados Unidos surgió en 1961 cuando una comisión consultiva se lo recomendó a la Universidad de Nevada basándose en la presencia de numerosos vascos en la región y en su identificación con la industria ovina de la misma. En la actualidad, el programa de estudios vascos de la Universidad de Nevada, Reno, incluye cursos de lengua y literatura vascas dentro del departamento de Idiomas Extranjeros; cultura, en el de Antropología; e historia, en el de Historia. En 1969, en cooperación con la Universidad del País Vasco en San Sebastián, se inició un programa de verano al que asisten estudiantes de otras diez universidades norteamericanas.

Un futuro optimista para las otras lenguas de España. Tras haber intentado crear artificialmente durante más de tres siglos una España monolítica, el Estado español ha reconocido al fin que su sociedad es pluralista y que las diferencias entre las comunidades autóctonas constituyen un tesoro nacional. Las universidades norteamericanas deberían hacer lo mismo. Sería bueno desarrollar y apoyar cursos sobre la historia, lengua y cultura de las otras Españas en los departamentos de Español; sólo de esa manera podrían los estudiantes experimentar la rica diversidad de Iberia. Si de momento no hubiera expertos, por lo menos se debería incorporar a los cursos tradicionales un componente que refleje la variedad cultural y lingüística de nuestro país, por tanto tiempo ignorada incluso por especialista de español. Por la misma razón, los libros de texto deberían incluir también algunas muestras de literaturas y culturas no castellanas.

¿Será esto posible? Es cierto que en algunas universidades sólo se puede enseñar una materia si hay una demanda mínima. De momento, claro, no la hay. Pero si no se hace la prueba, nunca habrá demanda. Algunos profesores apoyarán el catalán o el vasco; otros no, entre otras cosas porque un nuevo idioma hace siempre la competencia. Los manuales de lengua vasca o catalana no son todavía tan estimulantes y eficaces como los de castellano; habría que hacerlos y, para ello, convencer a las editoriales siempre reacias a publicar para un mercado limitado. Quizás convendría potenciar —dice Azevedo— los estudios a nivel de postgrado, pues hay estudiantes que quieren ampliar sus estudios o que quieren enfocar su investigación hacia las lenguas y culturas no castellanas. Pero, en realidad, sus posibilidades de encontrar trabajo, aun si escribieran sus tesis en catalán, estarían en otros campos de las lenguas románicas.

Recordemos, sin embargo, los modestos principios del español en los Estados Unidos y su ascensión al primer puesto entre las lenguas extranjeras. El entusiasmo y la tenacidad de profesores vascos y catalanes, vasquistas y catalanistas en los escasos programas existentes, sus incesantes publicaciones, numerosos congresos, y ayuda real y potencial tanto del gobierno del País Vasco como de la Generalitat de Cataluña, hacen vislumbrar un futuro esperanzador para las otras lenguas de España.

Notas

1. Citado por Sturgis E. Leavitt en "The Teaching of Spanish in the United States", *Reports of Surveys and Studies in the Teaching of Modern Languages* (New York: MLA, 1959-1961) 309-25.

2. Lawrence Wilkins, "Concerning the Study of Spanish in the United States", *Educational Review* 64 (1922): 409-14.

3. Henry G. Doyle, "The course in Spanish", *Journal of Education* 91.1 (1920): 34-35.

4. William Raley Parker, *The National Interest and Foreign Languages* (United States National Committee for UNESCO, Department of State, 1957) 68.

5. Para una descripción de programas y enfoques, véase R. Schultz, *Options for Undergraduate For. Lang. Programs. Four Year and Two Year Colleges* (New York: MLA, 1979).

6. United States Department of Education and Welfare, Statistical Summary.

7. Paul Simon, *The Tongue-tied American: Confronting the Foreign Language Crisis* (New York: Continuum, 1980).

8. Albert Benderson, "Foreign Languages in the Schools", *Focus* 12, ETS, 1983.

9. Richard Brod, "Foreign Languages in US Institutions of Higher Education", *ADFL Bulletin* 19.2 (1988): 34-44.

10. Alberto Porqueras-Mayo, "Los Estudios Catalanes en Norteamérica y la North American Catalan Society", *Las nacionalidades del Estado español: una poblemática cultural*, Institute for the Study of Ideologies and Literature, Universidad de Minnesota: 229-37.

11. Milton Azevedo, "La projecció dels estudis catalans als Estats Units", *Butlletí Collegi Oficial de Doctors/Llicenciats en Filosofía i Lletres i en Ciencies de Catalunya* 62 (Abril 1988).

Antonio Machado y sus *Campos de Castilla*

Ana María Hernández de López
Mississippi State University

Es en Castilla donde Machado pasa tal vez los mejores años de su vida, y es su obra poética de esa época la que mejor evidencia la intimidad del escritor y el amor que siente por la región castellana. Soria y Segovia son las ciudades elegidas por Machado para vivir en dos épocas distintas días de grandes recuerdos.

A Machado le preocupan los problemas que afectan a España a finales de siglo; con el correr de los días el pensar machadiano va acercándose a la corriente noventaiochista que ve con acentuado pesimismo el panorama que presenta la nación, y se adhiere al sentimiento de aquellos hombres cuyas ideas comparte en su obra. Estos escritores, todos ellos de tierras periféricas, sienten como un arrastre, como un tironazo desde el centro que los arranca de su patria chica: a Unamuno de Bilbao a Salamanca, a Azorín de Levante a la Mancha, a Machado de Sevilla a Soria y Segovia.

Machado ve en Castilla la fuerza del pasado y el estancamiento del presente; su paisaje guerrero, sus castillos; sus viejas pero suntuosas catedrales le hablan de un pasado histórico frente a la debilidad y penuria del momento actual; está empezando la segunda década del siglo y el poeta recoge la idea decadentista en unos versos significativos y reveladores:

> Castilla miserable, ayer dominadora
> envuelta en sus andrajos desprecia cuanto ignora.
> ¿Espera, duerme o sueña? ¿La sangre derramada
> recuerda, cuando tuvo la fiebre de la espada?

En las *Soledades* de 1899 sus poemas presentan un aire modernista.[1] Sin embargo, la tendencia de sus primeras poesías va abocando día a día a una poesía más íntima, más profunda, una poesía en la que encuentra su nuevo estilo, un estilo sencillo, natural, emotivo, "con el paulatino despojo de la sonoridad y el colorido modernista" (Giovacchini 106). Ocho años más tarde, cuando aparece *Soledades, galerías y otros poemas*, el influjo modernista ha decaído notoriamente, si bien en toda su poemática existen reminiscencias, pues, como dice Ferreres, "seguramente Antonio Machado es de su generación y la siguiente el poeta que ha tenido un eco más prolongado de Rubén Darío a través de toda su obra" (29). Con *Campos de Castilla* podríamos decir que Machado entra de lleno en el sentir del 98; su ideología liberal le impele a luchar por el futuro, es entonces cuando evidencia su preocupación por España, por la justicia y por el progreso.

Tanto las *Poesías de Unamuno* y su *En torno al casticismo*, como la *Castilla* de Azorín, ejercieron un poderoso influjo en el poeta andaluz que empieza a fijarse en Castilla, en el paisaje castellano, en esos detalles minuciosos que no aparecían en *Soledades*. En *Campos de Castilla* da la impresión de que el poeta no ve más que las cosas pequeñas y sencillas. Mezclado con esta sencillez aparece "el predominio del elemento afectivo, voluntarista. Hay en esto afinidad con el arte franciscano. En ambos el contorno es pobre: las cosas son humildes, la hierba diminuta, la tierra modesta, pero todo está visto a través de un amor profundo" (Molina 70). Y esta poesía de lo cotidiano, de lo elemental, sobresale en la postguerra, nadie como Antonio Machado "había ido jamás tan al fondo de la intimidad. Nadie había llegado tan alto en la expresión del desconsuelo y del consuelo. Nadie con tan sabia serenidad, con tan serena sabiduría, había mostrado la inmensa joyería emocional que se contiene en el menesteroso y casi inadvertido acontecer de lo diario" (Grande 76). No obstante, en distintas poesías arraigadas a la vida en torno y aplicando diversas estéticas, hace que el lector cale, se abisme en la realidad y palpe el atraso de aquella tierra:

> Bajo el pesado yugo
> pende un cesto de juncos y retama,
> que es la cuna de un niño;
> y tras la yunta marcha
> un hombre que se inclina hacia la tierra
> y una mujer que en las abiertas zanjas
> arroja la semilla.[2] (*Poesías completas* 89)

En los versos que siguen muestra también un paisaje realista de los altos sorianos, un paisaje que el poeta recorre camino del Moncayo:

> Yo solo por las hierbas del pedregal subía
> ....
> trepaba por los cerros que habitan las rapaces
> aves de altura, hollando las hierbas montaraces. (51)

o este otro:

> Colinas plateadas
> grises alcores, cárdenas roquedas
> por donde traza el Duero
> su curva de ballesta
> en torno a Soria, obscuros encinares,
> ariscos pedregales, calvas sierras,
> caminos blancos y álamos del río. ... (91)

Además, en el paisaje que Machado poetiza se pueden apreciar dos formas distintas de realizarlo. A veces se palpa su intención de presentar un paisaje real tal y como lo capta su retina y como lo captaría también la nuestra; pero otras veces, sobre todo en los últimos tiempos, exhibe un paisaje de acuerdo con sus emociones, con su dolor, con su pena.[3] Podríamos decir que es un paisaje sentimental cuando desde Baeza recuerda Soria, por ejemplo, y en Soria a Leonor; es también un paisaje real pero de otra forma, tiene vida a través del recuerdo, de sus recuerdos.

Bien podemos estimar la diferencia si comparamos, por ejemplo, el de "Colinas plateadas" con aquel otro en el que el paisaje parece estar en función del sentir del poeta: "Es una tarde cenicienta y mustia / destartalada como el alma mía" (57), o "Desnuda está la tierra, y el alma aulla al horizonte pálido / como loba famélica. ¿Qué buscas poeta, en el ocaso?" (58). Es clara la evidencia de la angustia y el desconsuelo que invaden el alma del poeta, y es clara también su técnica poética que le lleva a personificar elementos de la naturaleza "estos paisajes humanizados e interiorizados", como cuando dice: "Castilla tuvo la fiebre de la espada" (53), "tras la tierra esquelética y sequiza" (74), "al empezar abril está nevada la espalda del Moncayo" (87), "el campo sueña". Razón tenía Ortega, considerado por Machado como "el arquitecto de esa nueva España" (Cano 15) con la que ambos soñaban, al señalar que "el mayor acierto de Machado en la descripción del paisaje es su humanización" (cit. por Grant 17) como cuando alude a las tierras de Alvargonzález en el centro de Castilla: "Tierras pobres, tierras tristes / tan tristes que tienen alma" (114).

Muchas veces la naturaleza es la musa para sus poemas, la tranquilidad que sirve de sedante a su corazón, la dicha y la felicidad que manifiesta en su misma mirada. Y dentro de la naturaleza para Machado sobresalen los ríos que también tienen vida en su poesía. Cuando está en Soria se remonta hasta los picos del Urbión y ve los campos atravesados por el Duero desde sus mismas fuentes, o se fija en el Guadalquivir que los cruza en Baeza; y es que desde que Jorge Manrique los utilizara como representación integral para la vida —"nuestras vidas son los ríos"— los ríos de Machado tienen vida intelectiva y corriente, refleja, con ellos ha logrado los más bellos sonetos y canciones.

Machado, pues, se une íntimamente al paisaje durante los años de su residencia en Soria y al mismo tiempo se interesa por los labriegos de aquella zona, por su vida paupérrima en los altos yermos sorianos. Otras veces el silencio monástico del campo castellano es la musa de Machado; los poemas que le inspira esta tierra parda tienen un "algo" que impregna el espíritu de gozo y deleite, parece como si el poeta arrobado en profundo éxtasis envolviera de una sola mirada el paisaje del alto Duero ante sus ojos y el paisaje interior, ese que también veía con los ojos del alma, para fundirlos en un solo verso: ¡Hermosa tierra de España! Dice Azorín que "estas visiones de los campos de Soria, no están trazadas por una mano carnal, sino que son tan sutiles, tan aladas, tan éreas y al mismo tiempo tan reales y tangibles que diríase que es el propio espíritu del poeta —no su cuerpo— el que alienta en esos paisajes" (Rand 662).

Podríamos hablar también del impresionismo de Machado en sus cuadros grises pálidos de fondos imprecisos, en esas tardes tan claras que imitan el alborear del día, en las nubes plateadas del ocaso, en las noches serenas de cielo resplandeciente. Es sobre todo en su primera época cuando la poesía de Machado es una poesía de ensueño. El colorido y la musicalidad se pierden en la imprecisión de la fantasía, pero lo visual sigue teniendo gran importancia en sus paisajes sobre cualquier otra sensación. No se acierta a comprender cómo se pueda decir que solamente "la luz y el aire son dos elementos fundamentales en el paisaje de Machado. Tan fundamentales que las figuras, el color, el sonido ... parecen estar allí para contraste y corroboración de la atmósfera en que flotan" (Mostaza 628). Su adjetivación es en gran parte colorista, "colinas plateadas, grises alcores, cárdenas roquedas" (91), "verdes álamos" (52), "grises peñascales" (80), "amarillentos helechos" (114), "blanca neblina (117). Hay poesías enteras en las que el color ocupa el primer puesto:

> Soñé que tú me llevabas
> por una blanca vereda,
> en medio del campo verde,
> hacia el azul de las sierras,
> hacia los montes azules,
> una mañana serena. (133)

o esta otra:

> bajo una nube de carmín y llama
> en el oro fluido y verdinoso
> ....
> verde ribete a su estameña grana. (89)
> ....
> en los días azules y dorados
> cuando crecen las blancas margaritas. (90)

Son, pues, los años de Soria el período culminante de su vida; de tal manera que la añoranza de aquellas sierras sombrías y aceradas, presididas por el Moncayo y el Urbión, no le abandonará nunca. Allí ha nacido su amor y allí ha muerto también.

Su vida en Soria no tiene razón de ser después de muerta Leonor: le abate la soledad. Cuando una noche de verano sale de casa y deambula por la plaza de la ciudad amplia y desierta, le oímos decir: "Yo en este viejo pueblo paseando / solo, como un fantasma" (84). Y cuando va en el tren camino del sur de España, no puede menos de exclamar:

> ¡Adiós, tierra de Soria; adiós el alto llano
> cercado de colinas y crestas militares,
> alcores y roquedas del yermo castellano,
> fantasmas de robledos y sombras de encinares!
> En la desesperanza y en la melancolía
> de tu recuerdo, Soria, mi corazón se abreva.
> Tierra de alma, toda, hacia la tierra mía,
> por los floridos valles, mi corazón te lleva. (124)

La vida de Machado está envuelta por completo en los recuerdos de
Soria, está unida fuertemente al amor de su vida y al infortunio que lo
lanza a su tierra. A lo largo de su creación poética no es difícil observar
ese no sentirse feliz con la nueva vivencia del paisaje andaluz, en una región dulce y feraz que, por añadidura, es su patria chica. Bien es verdad
que tiene motivos. En Soria ha dejado parte de su alma:

> Señor, ya me arrancaste lo que yo más quería
> oye otra vez, Dios mío, mi corazón clamar.
> Tu voluntad se hizo, Señor, contra la mía
> Señor, ya estamos solos mi corazón y el mar. (130)

La muerte de Leonor le ha dejado un profundo vacío, su figura no se
le aparta del pensamiento, sueña con ella y a veces espera volverla a encontrar:

> ¡Eran tu voz y tu mano,
> en sueños tan verdaderas ...!
> Vive, esperanza: ¡quién sabe
> lo que se traga la tierra! (134)

En una carta que escribe a Unamuno por entonces le dice entre otras
cosas recordando a Leonor: "el golpe fue tan terrible y no creo haberme
repuesto ... hoy vive en mí más que nunca y algunas veces creo firmemente que la he de recobrar" (García Blanco 233). El tema amoroso está
impregnado de melancolía y amargura profundas por el cariño perdido.
Al poeta le cuesta trabajo resignarse y se abisma en el pensamiento filosófico, cuyo sustrato es palmario desde sus primeros versos, pero tampoco
en esto encuentra lo que busca. Su poesía deja a veces de ser "emocional
e íntima" para hacerse con frecuencia discursiva y contradictoria. La llanura elevada de Numancia, los Picos de Urbión, el Moncayo, y las bellas
orillas del Duero penetran en su retina para siempre y afloran a sus labios cuando el poeta, ya fuera de esas tierras, sigue recordándolas desde
la suya natal: "Soria de montes azules / y de yermos de violeta / cuántas
veces te he soñado / en esta florida Vega" (68).

No es extraño que en otra carta a Unamuno le diga en 1913 que le
gusta, que ama a su patria chica, "sin embargo, reconozco la superioridad
espiritual de las tierras pobres del alto Duero. En lo bueno y lo malo supera aquella gente" (Ferreres 18).

En 1919 Machado va a Segovia y allí permanece doce años. En el corazón del poeta brota la ilusión. Los cuatro primeros de los siguientes
versos evocan a Leonor, pero en los dos últimos parece como si el poeta
animándose a sí mismo pensara ya en un nuevo romance:

> Dice la esperanza: un día
> la verás, si bien esperas.
> Dice la desesperanza:
> sólo tu amargura es ella.

Late, corazón ... No todo
se lo ha tragado la tierra. (131)

Es entonces cuando conoce a Guiomar, el amor de su viudez. Con ella se consuela varios años. Sus paseos a solas por la carretera de Santa María de Nieva, contemplando en sus idas y venidas la gigantesca mole de Guadarrama, le inspiran el recuerdo de la mujer que le ayuda a mitigar su soledad. El poeta se la imagina junto a él: "Conmigo vienes, Guiomar; / nos sorbe la serranía".[4]

La temporada que pasa en Segovia es como un sedante para el poeta, allí "recibió constantes muestras de afecto y homenaje público de los segovianos" (López Gorgé 85).

No obstante, él sigue absorto en su preocupación metafísica, pero siempre mirando al futuro. En su tendencia filosófico-aforística exhorta a bregar en la vida, haciendo ver que cada uno, si lucha como debe, se abrirá un paso para triunfar. En *Campos de Castilla* había dicho:

Caminante, son tus huellas
el camino, y nada más;
caminante, no hay camino:
se hace camino al andar. (174)

Con *Juan de Mairena* (1934) marca un nuevo hito en su obra que revela una vez más la secuela que en él dejó la Institución Libre de Enseñanza. Es aquí donde mejor se nos manifiesta el pensador y filósofo. La angustia aparece en estos versos "como un hecho psíquico de raíz" (Wilcox 164). Al mismo tiempo Angel del Río hace también alusión a la obra de Machado destacando "la importancia que en ella tiene el paisaje castellano; la predilección por todo lo popular; el entusiasmo que le inspira la esperanza de una España renaciente; la religiosidad viva de su espíritu y su constante preocupación metafísica, tan cercana a la de Unamuno" (del Río 412).

Pero en Machado hay una visión optimista del futuro, "él nunca pierde la esperanza de una superación sobre las dificultades, de un resurgir a tiempos más gloriosos" (Ferreres 33), y así dice en "El mañana efímero" de *Campos de Castilla*:

Mas otra España nace,
la España del cincel y de la maza,
con esa eterna juventud que se hace
del pasado macizo de la raza. (166)

Y es que Machado cree en su pueblo, tiene esperanza en los jóvenes de esa "España implacable y redentora, España que alborea" (166).

Como segoviana, quiero concluir este estudio resaltando la obra de este insigne poeta como homenaje en el cincuenta aniversario de su muerte; la obra de este gran soñador, el poeta de *Soledades* y *Galerías*, que cantó a Castilla como su cuna del alma, que se entusiasmó con las tierras yermas de la meseta y con el pueblo recio y sufrido que la habita, la obra de este pensador y patriota que murió fuera de España, pero con ella clavada en el corazón.

Notas

1. Recordemos que colabora con su hermano Manuel en la difusión de la corriente simbolista francesa a través de la revista *Electra* que ve las primeras luces en Madrid en 1901.

2. Los poemas que aparecen en el texto se citan por la edición Austral de 1959.

3. Machado pierde a Leonor, su esposa, en esta época.

4. En *Blanco y Negro*, correspondiente al 16 de agosto de]975, y con el título "Escriben las hijas de la novia de Antonio Machado," aparece una carta de Alicia y Maria Luz Martínez Valderrama hijas de "Guiomar" en la que desmienten lo que Jacinto López Gorgé dijera un mes antes en la misma revista respecto a los amores de Machado con su madre puesto que "menoscaban gravemente la elevada y limpísima amistad que el poeta tuvo con nuestra madre Pilar de Valderrama [al decir que] los amantes se citaban en los jardines que hay junto al alcázar segoviano, por el lado del Eresma ... Esta calificación de amantes es totalmente falsa e inadmisible en unas relaciones que siempre se mantuvieron en un plano absolutamente espiritual por voluntad tajante de nuestra madre; lo que no excluye el auténtico y apasionado enamoramiento del poeta por ella" (13). Años después, en el número correspondiente a marzo de 1982, *Insula* publica un texto de José Luis Cano, titulado "Las memorias de Pilar de Valderrama", extraído de "Breve historia de la amistad y el afecto que unieron a Antonio Machado y Pilar de Valderrama", escrito por la misma Pilar. Es evidente que no hubo más que "amistad y afecto por parte de Guiomar, honda pasión amorosa por parte de Machado" que tuvo que conformarse con divinizarla como a una diosa.

Obras citadas

Cano, José Luis. "El epistolario de Machado a Ortega". *Insula* 440-441 (julio-agosto 1983): 14, 15.

Del Río, Angel del y María José Bernadete. *El concepto contemporáneo de España: Antología de ensayos 1895-1931*. Nueva York, 1982.

Ferreres, Rafael. *Los límites del modernismo y del 98*. Madrid: Taurus, 1964.

García Blanco, Manuel. *En torno a Unamuno*. Madrid: Taurus, 1965.

Giovacchini, Teresa Iris. "Sem Tob, posible fuente de la poesía aforística de Antonio Machado". *Revista de literatura* 47 (1985): 105-06.

Grande, Félix. "De cómo don Antonio Machado dibujó nuestro rostro". *Cuadernos hispanoamericanos* 406 (abril 1984): 71-82.

Grant, Helen. "Apostillas a una edición de 1917 de las *Poesías completas* de Antonio Machado". *Insula* (enero 1960): 17.

López Gorgé, Jacinto. "Itinerario vital de Antonio Machado". *Blanco y Negro* 26 de julio, 1975: 85.

Machado, Antonio. *Poesías completas*. Madrid: Austral, 1959.

Molina, Rodrigo A. "Antonio Machado y el paisaje soriano". *La Torre* 45-46 (enero-junio 1964): 65-73.

Mostaza, Bartolomé. "El paisaje en la poesía de Antonio Machado". *Cuadernos hispanoamericanos* 10-12 (julio-diciembre 1949): 623-41.

Rand, Marguerite C. *Castilla de Azorín*. Madrid: 1956.

Wilcox, John C. "The Rhetoric of existential anguish in a poem LXXVII by Antonio Machado". *Hispanic Review* 53 (Spring 1985): 163-80.

Reminiscencias de treinta y cinco viajes por España (1949-1989).

Ofrecidas al Dr. Enrique Ruiz-Fornells con motivo del XXXV aniversario de su dedicación a la enseñanza

Roma Hoff
University of Wisconsin, Eau Claire

1949.— Verano de restricciones de agua y electricidad, pasado en Madrid con el segundo grupo del Experimento en la Convivencia Internacional. Vivimos diez estudiantes de diferentes universidades con diez familias madrileñas, yo con la del poeta y crítico literario Antonio Montoro, amigo y conciudadano de "Azorín". No nos dimos cuenta en aquel entonces que la mayoría de estas familias representaban la crema de la intelectualidad y, en muchos casos, los perdedores de la Guerra Civil. El pan se compraba de estraperlo en las estaciones de ferrocarril, y por la calle se decía "Menos Franco, más pan blanco". Hacía sol hasta las diez o las once de la noche y, debido a la sequía, recogíamos agua en la bañera y en cubos durante las tres horas que la había. Planchábamos a la medianoche o sea que las restricciones controlaban la vida diaria de la capital.

Nos movilizábamos en tranvía y para ir al Guadarrama un fin de semana, tuvimos que subir a camiones de leche porque no había autobuses de línea. A los dos días y tras pasar las noches en sacos de dormir en pleno campo, volví bastante acatarrada. Mi padre español me recetó una buena dosis de coñac, que no había probado en mi vida. Me lo hizo tomar *so pena de castigo*. Después me dieron mis hermanas unas *Marías*, que se encontraban, junto al coñac, en un armario bajo llave. Y como postre, me metieron en la cama y me echaron encima cuatro o cinco mantas. A las tres horas ya estaba lo suficientemente recuperada como para ir a una fiesta en la casa del Charge d'affaires americano, el señor Culbertson. En dos meses y medio en España no conocimos ni vimos a más norteamericanos que esta familia y a dos hermanos de apellido Duncan que visitaban Toledo el mismo día que nosotros.

Los únicos vínculos entre EE.UU. y España parecían ser unas películas americanas y un joven profesor, don Angel Rubio, que iba a enseñar en la Universidad de San Luis en el otoño, y nuestro grupo.

Mi padre español me regañó un día por haber estado secándome el pelo en el balcón. A mi hermana "Charín" que no había nadado en su vida, le compramos un traje de baño para ir a nadar a *El Lago*. Mis cuatro hermanas me dijeron un domingo que le comprara a "mamá" un ramo de flores porque "esto se hacía". Así iba aprendiendo costumbres nuevas mientras que ellas se interesaban por la vida americana que conocían sólo por unas películas y revistas.

El dólar estaba a 16 pesetas. El "Experimento" nos había recomendado que lleváramos $72.00 para comprar sellos, postales y recuerdos. Si yo no hubiera vendido mi saco de dormir por 20, no me habría alcanzado el dinero. El chico rico del grupo nos invitaba de vez en cuando a una copa y también nos escandalizaba con sus borracheras. La noche de la salida de Madrid para Córdoba en un tren de tercera fue un verdadero espectáculo.

Después de pasar un mes y pico en Madrid con visitas a ciudades y monumentos en los alrededores, salimos en compañía de un chico español de cada una de las diez familias para ver Andalucía, Levante, Mallorca y Barcelona. Yendo hacia Córdoba, se fue volando el sombrero de Gary. Un señor tiró del cordón para parar el tren y gritó que se le había volado el sombrero cordobés a un joven. Otro español bajó del tren con su "bici" y fue en busca del sombrero. Lo recuperó y se lo llevó al dueño y el tren siguió la marcha. Aquella misma tarde nos sentamos antes de la corrida en Córdoba a tomar un refresco; en aquel entonces no había ni Coca Cola ni Pepsi Cola. Cuando llegó el camarero con la bandeja de bebidas y vertió la naranjada en un vaso caliente, se partió el vaso en dos. Nos dijeron que la temperatura estaba a 42 grados.

Donde sí había abundancia de agua era en La Alhambra. Toda España estaba sufriendo de una terrible sequía y el palacio árabe lucía fuentes que cantaban, albercas de agua cristalina y leones que escupían chorros de agua continuos.

Pasamos a gusto la noche en la cubierta yendo a Palma; tal fue el calor de las noches de julio y agosto. En Barcelona nos reunimos con un grupo de chicos que nos hicieron cien preguntas sobre la política mundial; si mal no me acuerdo, nadie del grupo nuestro sabía contestar bien.

No faltaba la novia española o el novio español. En mi caso un Luis me regalaba flores en Madrid y otro Luis me invitó a pasar una semana en la casa de su hermana en Llafranch. Fuimos en el trenecito que iba de Gerona por Palafrugell a la Costa Brava. Si existiera hoy formaría el núcleo de un parque de atracciones.

La salida de España fue triste pero sabía que volvería. Lo que no sabía era que volvería un año después y treinta y cuatro veces más en los cuarenta años siguientes.

1950.— Nuestro vuelo *charter* tuvo mala suerte a la ida y peor a la vuelta. Yendo de Chicago a Bruselas hubo una escala inesperada en las Islas Azores y a la vuelta, al llegar a París, supimos que la agencia de viajes se había declarado en bancarrota. Con un cablegrama al Presidente Truman y no sé qué maniobras más, el mismo presidente mandó un avión a Londres a recogernos.

Entre Bruselas y Madrid pasé un mes en un pueblo vasco, de nombre Ubidea, entre Vitoria y Bilbao. Allí trabajaba en una presa el Luis de las flores y allí viví con Fernando y Mariángeles Erviti y su hijo, Fernandito. Todas las mañanas las pasábamos Mari, Fernandito y yo con la mujer de Santiago, el jefe de la obra, y sus hijas, sentados en el jardín. No recuerdo si había merienda, no recuerdo bien las caras, pero no he olvidado las más de doscientas canciones folklóricas que me enseñaron. Me compró Mari el *Cancionero* de las J.O.N.S. que ciertamente llevaba en lápiz anotaciones como "No apta para menores". Miguel, su benjamín, vivió con nosotros cuando tenía quince años, y otra vez en 1983 cuando nuestro hijo Pablo vivió en su casa.

Al llegar a Madrid volví a ver a la familia Montoro y a otros amigos. Donde pasé casi todo un mes fue en la casa de Pilar Gobernado, cuyo tío, Antonio Solalinde, había enseñado español en la Universidad de Wisconsin en Madison. Allí se murió y allí está enterrado. Su hermana, doña Carmen, me trató como a una hija más y me divertí mucho con Diego, el hijo de Pilar cuyo marido desapareció en la guerra. Al profesor Lloyd Kasten, de Madison, el esposo de Pilar le mandaba cartas de Rusia que las traducía al inglés y así Pilar sabía de él. Estando yo en la casa de los Gobernado, ella vino llorando un día diciendo que "un amigo" le había dicho haber visto a su marido en Lima. Así es que cuando salí para París en agosto, Pilar me acompañó para ir a la Cruz Roja Internacional para revisar mil fichas. No encontró rastro de su marido.

Aquel verano viví con ocho familias más en visitas de dos o tres días y con los amigos de Llafranch unos quince días. Fue más difícil viajar sola que con un grupo pero sólo me encontré en un aprieto en Barcelona y en Santiago de Compostela. Había ido a Llafranch desde Barcelona después de pasar una noche en el *Hotel Roma* en la Plaza Real. No sólo andaba con un kilométrico sino también con el formulario especial para ir de hotel en hotel, el famoso *tríptico*. Pero, al volver al *Roma* de Llafranch, no encontré el tríptico y no querían darme alojamiento. Menos mal que una amiga, Carmen, me invitó a su casa, sin el papel que también pedía el gobierno para estancias en casas privadas.

En Santiago me quedaba tan poco dinero tras visitar Logroño, Burgos y León que no tenía ni para pagar un hotel decente. Cuando entré en mi habitación no me di cuenta de que dos hombres iban a estar al otro lado de una cortina. Pasé la noche en vigilia y al amanecer cogí el primer tren para Salamanca. Recuerdo haber llevado una maleta de aluminio dentro de otra porque el padre de Luis —el de las flores— había pedido que le comprara una. Había escasez de muchos artículos aquel verano. El dólar había subido a 25 pesetas y pude comprar docenas de regalos típicos —botijos, abanicos, castañuelas, el cofre de El Cid, toros felpudos y muñecas de distintas regiones.

1952-57.— Tras un verano en Colombia y un puesto en Aruba con la *Lago Community School*, volví a Europa como jefe de grupo de un viaje de 88 días con Eur-Cal Tours (Universidad de California-Berkeley). Gracias a los directores, Dewey Bergman y Harry Anderson, que tenían confianza en mí y que me ayudaron infinitamente, hice el "Grand Tour" por el sur de Europa seis veranos seguidos, siempre pasando aproximadamente un mes en España, Portugal y Marruecos.

Destacan recuerdos de visitas a San Sebastián y Vitoria y reuniones con amigos en Irún cuando entramos en España por Francia. En una ocasión un amigo fue en bicicleta a la frontera de Irún a esperarnos. Una vez compramos unos 30 fuelles en Vitoria y los vendimos en el autocar. En 1955, volamos de Valencia a Palma, dejando las maletas grandes en manos de un chaval de 15 años que las facturó hasta Barcelona. No faltaba ninguna a nuestra llegada cinco días más tarde.

En aquellos viajes con agencias de Holanda y Alemania todo fue bien en cuatro de los seis viajes. En el primero sufrimos una avería en Chirivel en cuyo pueblo pasamos muchas horas, hasta el atardecer. Uno del grupo, Don, de Stanford, subió al techo del autocar para regalar sus muletas. Otro chico se compró una guitarra en Baza. A las 2 de la madrugada llegamos a Granada para encontrar que nos esperaba una cena fría en el *Hotel Sudán*. ¡Qué buenos amigos los señores Mingorance, que siguen siendo hoteleros en Granada! Cuando me casé, la mantilla que llevaba fue su regalo de boda. He conocido a cuatro generaciones de la familia y una visita a Granada no está completa sin una visita al Hotel Sudán. El año pasado Manuel consiguió para mi grupo, 27 entradas para un concierto de guitarra en los jardines de La Alhambra durante el Festival Internacional de Música ... así son de buenos los Mingorance.

El segundo accidente resultó grave y tuvo repercusiones casi inacabables. Al estropeársenos el autocar alemán al norte de Burgos, me llevó un señor de San Sebastián hasta un garage. Un autobús escolar fue por los estudiantes, el chófer y el equipaje. Cuando un mecánico dijo que nuestro autocar no se podía reparar en Burgos, alquilé un autobús para llevarnos hasta Madrid. Acabada nuestra visita a Madrid, hacía falta alquilar un autocar de ATESA para llevarnos a Portugal. De allí un autocar de Oliveiras nos llevó hasta Algeciras, sin que recibiera yo nunca información del chófer alemán que había quedado en Burgos. Tras ocho días en Marruecos volvimos a España y creí ver un autocar alemán de la misma compañía de Frankfurt. Subí al autocar en el estacionamiento del Hotel Reina Cristina y por muchas señales me di cuenta de que era de otro grupo. Estaba desesperada y se me iba acabando el dinero. ¿Qué hacer? Decidí llamar a Dewey Bergman, cuyo grupo andaba por Italia, y tuve la suerte de localizarlo en Roma. Me dijo que siguiéramos hasta Valencia y que de Palma volviera yo a Madrid a hacer los trámites con ATESA para alquilar un autocar para el resto del viaje —Francia, Italia, Yugoslavia, Austria, Suiza, Alemania, Holanda, Bélgica y París. Algeciras no tenía ningún autocar para nosotros y fuimos en una caravana de taxis a Granada. De allí a Murcia y a Valencia. Y en barco a Palma. De allí volé a Madrid, hice los arreglos para que un autocar y chófer nos esperaran en Barcelona y volví a Palma para descansar. En Barcelona nos esperaba Julio Ortega, nuestro salvador, con un autocar que nos llevó sin ningún incidente a París.

Como yo había pasado el año escolar estudiando en Madrid, volé a Londres para pagar la cuenta. ATESA me entregó de vuelta un sobre que contenía algo blando. ¡Una mantilla!, pensé. Eran pesetas —muchas pesetas— cien dólares en pesetas como reconocimiento por haberles dado tanto negocio en el curso del verano. Me pidieron que me comprara un recuerdo especial de España, sabiendo que llevaba un año de estudios allí antes del viaje. Así es que en nuestra casa en las Navidades siempre ponemos un nacimiento de casi cien figuras, de esas clásicas que vamos viendo en Honduras y México pero que vienen de España. El mío, lo compré en *Palacios y Palacios*, Calle Mayor, el día de la inesperada propina.

Hagamos hincapié en nuestras reminiscencias para hablar un poco de aquel año escolar. Como Fígaro en *Vuelva usted mañana*, pasé las de Caín con la documentación, pero por fin todo estuvo en orden con sellos del Ministerio de Educación por todas partes. El Instituto de Educación Internacional en Nueva York me había dicho que tenía que estar en Madrid para el primero de octubre. Nadie sabía cuándo empezaban las clases. Un bedel por fin me avisó que hasta después del 12 no pasaría nada. Y así fue. Me incorporé a la promoción de 5º de pedagogía. Aún conservo una amistad estrecha con un compañero de clase, Juan Mateu Alba, entonces un estudiante mallorquín bien pobre. El llegó a ser inspector de la primaria y ahora se jacta de ser un jubilado muy venerado en Valladolid. Los cuatro hijos de él y su mujer Sagrario, también maestra, son amigos de los nuestros. Los siete son bilingües, multilingües, que han estudiado y vivido y trabajado en el extranjero. Uno de ellos, Pablo, vino a los Estados Unidos un verano a trabajar como consejero en el Campamento Español de la Universidad de Concordia en Minnesota en donde nuestros hijos aprendieron español durante diez veranos seguidos.

Juan, el padre, terminado aquel año escolar, se reunió con mi grupo en Palma. Salimos de noche y nos divertimos en una verbena. Otro día me llevó en tren a Inca. Allí se dio cuenta de que no tenía con qué pagar la vuelta en autobús. Siempre que nos vemos recordamos aquella excursión, los buenos tiempos en Madrid y a los colegas, con los cuales él se mantiene en contacto.

Hablando de dinero, aquel año yo pagaba 4,000 pesetas al mes por un apartamento de un solo cuarto en el *Hotel Residencia Ramón de la Cruz*. Tenía un cuarto de baño y una cocina aún más pequeña. La beca era de $2000., más de lo que ganaban algunos de mis profesores. El describir aquel año escolar completo sería como escribir un libro. Así es que me limito a tres anéctotas relacionadas con la vida universitaria:

1) Según el calendario escolar nos tocaban 52 días de vacaciones pero no incluían la festividad de San José ... ¡con las ganas que yo tenía de ver las Fallas! Todos mis amigos me aconsejaron que faltara a clase. Así es que reservé una habitación sencilla en el *Hotel Astoria* de Valencia y me fui en autobús. La primera tarde salí con otros dos chicos becarios del IEI y tuvimos la suerte de conocer a unos falleros simpatiquísimos entre los cuales destaca la familia de José Martínez Franco. Desde entonces no hay visita a Valencia sin que yo lleve a una docena de personas a su fábrica de cajas (cajas para corbatas, guantes, regalos navideños, abanicos, ...). En

1985, mi hijo Pedro anduvo en tren 52 horas seguidas de Estanbul a Valencia para acompañarme en las Fallas en el trigésimo aniversario de mi primera experiencia en este festival único.

Volviendo a las Fallas de 1955, el día después de conocer a los falleros, bajé a desayunar y me encontré con uno de mis profesores, el famoso Dr. Victor García Hoz, que también se había "fumado" las clases. A los dos días me di con otro profesor, el Dr. Villarejo. Nos ruborizamos los tres al vernos de nuevo entre nuestros amigos en las clases que habían continuado durante nuestra ausencia.

2) En febrero hubo una excursión al Guadarrama: se trataba de una convocatoria de la llamada Misión Pedagógica. Antes ya he escrito sobre esto, pero en breves palabras puedo decir que nunca había pasado tanto frío en España, pero que tampoco lo había pasado tan bien. En tres pueblos de la montaña la gente nos esperaba delante de las escuelas en donde dimos programas de una hora. Me tocaron, ¡cinco minutos para describir los Estados Unidos! Dos chicas de Chile bailaron. Un religioso prestidigitador actuó. Y la profesora encargada, la Hermana Ana, dio una charla y presentó a las tres personas más distinguidas de cada pueblo que estaban sentadas siempre en la primera fila: el señor cura, el señor alcalde y la señorita maestra. Después los muchachos recitaron poemas. Una niña de diez años me llamó la atención por su candor y sencillez. Comparó nuestra visita con la de Isabel a María, nosotros los mayores que llevábamos un poco de cultura a los del pueblo. Trabé amistad con ella y le mandé sellos y cartas de los Estados Unidos. Años más tarde supe que se iba a casar pero después perdí su pista, desgraciadamente.

3) ¡Los exámenes! El mismo García Hoz nos dio el primero de dos exámenes y reinaba una confusión total. Había estudiantes laicos y religiosos casi todos con sus chuletas, y los tres extranjeros: Antonia Cardoza Serrano, el Padre Juan Kung Kwan y yo. El ruido seguía durante el examen. De repente el catedrático bajó del podio y cogió a una alumna de los hombros. Físicamente la cambió de asiento. Y en voz alta y medio trémula nos pidió que dejáramos un espacio de un centímetro cuadrado en el examen y que escribiéramos el número de estudiantes que se valían de chuletas. Yo, que soy muy torpe en las matemáticas, puse '95' y Antonia escribió en letra fina "todos menos los extranjeros". El día siguiente en el segundo examen con el Dr. García Hoz, reinaba un silencio absoluto.

El año escolar me sirvió de mil maneras; hasta diría que cambió mi modo de pensar. Si la primera visita a España y el estudio del castellano cambiaron la dirección de mi vida, el año de estudios me convirtió en española. Como dice el Dr. E. Robert Mulvihill, "The magic happens over there". Yo hablaba bien pero después del primer verano, hablaba mejor. Con otros años de estudios y enseñanza, el año de estudios sirvió de perfeccionamiento y de mayor comprensión del carácter español y de un conocimiento de casi todas las partes de España. ¡Hasta diría que me convendría en 1991 ir a pasar otro año entero en ese país!

La deshumanización urbana de
Poeta en Nueva York

Mercedes Junquera
Bowling Green State University

En 1929 Federico García Lorca era ya un consumado poeta por el éxito alcanzado en su *Romancero gitano*. El poeta quiso huir de la provincia, del Madrid de la Residencia de Estudiantes. Quiso arrancarse de cuajo de la popularidad del folklore andaluz y acercarse al mundo internacional del surrealismo francés. El joven provinciano, rodeado de amigos, eufórico en la alegría de la juventud se trasladó a Nueva York ese mismo año. En su mundo interior germinaban tres crisis: la sentimental de su sexualidad, la literaria de su evolución en el mundo europeo de los "ismos" y la crisis provocada por el escenario americano en que iba a vivir.

Otros poetas españoles también salieron de España y vieron el escenario de otros continentes. Cernuda describiría sus impresiones de Inglaterra y México; Juan Ramón Jiménez nos hablaría de Florida y Pedro Salinas de New England, Nueva York y Puerto Rico; pero ninguno de ellos vivió con la misma intensidad que Lorca, *la ciudad* en su poesía (Belver).

Federico, el poeta simpático, con don de gentes, que alegraba con su música y su poesía las veladas de sus amigos neoyorquinos durante el día, se convertía en un poeta surrealista cuando transcribía a versos sus impresiones de Nueva York, escritas muchas veces a las altas horas de la madrugada (Durán 108).

Entre el año 1925 y el 1930 corrió por España un espasmo de literatura revolucionaria como reacción contra la dictadura de Primo de Rivera. Los Estados Unidos eran el duro emblema del capitalismo explotador y se convertirían en víctima de sus ataques. A finales de junio de 1929 llegó Federico García Lorca a la Universidad de Columbia en Nueva York con el fin de tomar los cursos de inglés para extranjeros que empezaban el 8 de julio. Instalado en el John Jay Hall asistió a clases la primera semana; luego, convencido de que el inglés "no era para él", siguió viviendo su experiencia de Nueva York por las calles y contemplaría *la ciudad* desde la ventana de su habitación en uno de los pisos más altos de la residencia estudiantil. Desde allí, por encima de otros edificios más bajos se podía contemplar el Riverside Park y el río Hudson.

La revolución tecnológica e industrial había prometido un paraíso para los norteamericanos. El escenario urbano de Nueva York aterrorizaba al mismo tiempo que encandilaba a los seres más sensibles. Lorca cayó víctima de esta dicotomía. Este mundo neoyorquino tan lejano de su Granada, este mundo americano que se tambaleaba ante la depresión económica y el puritanismo que al mismo tiempo que prohibía las bebidas alcohólicas permitía la mafia, iba a conmover al poeta transplantado de cuajo y ajeno a la lengua inglesa que le incapacitaba de entender y ser entendido en la gran metrópoli —infierno urbano colectivo. *La ciudad* era un mundo creado por los hombres, contenido dentro de los confines urbanos, donde la naturaleza había sido cubierta de asfalto y los árboles encasillados en cemento. Lo natural, lo telúrico, la llamada de lo primitivo había quedado suprimida, enmudecida, o muerta. La imagen de *la ciudad* se convierte en un arquetipo que encarna la angustia existencial. La constancia de esta crisis en el poeta, crisis espiritual de su ego, y crisis artística de su búsqueda de lenguaje poético, va a polarizarse en la imagen de *la ciudad*, va a convertirse en su centro de conflicto. *La ciudad* va a representar la lucha del yo y el mundo, el individuo y la colectividad, lo real y lo ideal. A este quehacer artístico, García Lorca dedica todo su libro: *Poeta en Nueva York*.

El gitano que llevaba dentro, el poeta sensorial de Granada, el señorito con "duende" que vivía y se sentía cómodo en el mito local, sufrió un contraste rudo, violentísimo al chocar con la hipercivilización mecánica. Para algunos críticos,[1] Lorca escribió este libro en un delirio frenético que forma un paréntesis en su obra.[2] El poeta Alberti creyó que "se tambaleaba como borracho sin sentir lo que dice". A unos años de distancia y cuando el lenguaje surrealista no es tan incomprensible, la mayoría de la crítica ha creído ver en este libro lo más esencial, la catarsis de su pensamiento, el depurador anímico que hiciera evolucionar al poeta para que luego pudiera lamentar la muerte de Ignacio Sánchez Mejías con versos depurados o que universalizara el tema femenino en sus famosas tragedias de años posteriores.

En sus paseos desde Columbia University, Lorca no vio el verdor del parque ni el río. Al deambular por la colina de la calle 119 sólo sintió la denuncia entre los bajos fondos de la gran urbe y los rascacielos de cristal y se sintió "asesinado por el cielo ..."

Cuando Federico regresó del campo —Vermont y los Catskills— depuró sus impresiones de *la ciudad* por el Battery Place, Lower East Side, Broadway, la Quinta Avenida y el barrio negro de Harlem. Todos estos lugares junto con Coney Island aparecen inspirando sus poemas. Con sus amigos León Felipe, Dámaso Alonso, Onís, Angel del Río y otros hispanos que residían en Nueva York, Lorca vivió *la ciudad* hasta trasladarse a Cuba a finales del año 1930. Su estancia había durado escasamente un año.

Aquella experiencia vivida en la gran metrópoli, fue corta en tiempo pero luenga en inspiración. Años posteriores siguió inspirándose en las vivencias de este período neoyorquino. En 1931 dio un recital de estas poesías en Madrid. Al presentar su lectura al auditorio, Lorca les dijo: "no quiero daros miel porque no la tengo, sino arena y cicuta o agua salada" (Del Río 264). No, Lorca no quiso narrar su viaje, sino el ritmo de *la ciudad* "geometría y angustia". "Angustia vacía que hace perdonable por evasión hasta el crimen y el bandidaje". "Los rascacielos de Nueva York suben hasta el cielo sin voluntad de nube, ni voluntad de gloria, frías aristas, belleza sin raíces ni ansia final". Son catedrales góticas sin Dios, ni arquitectura espiritual. "Nieves, lluvia y nieblas subrayan, mojan, tapan, las inmensas torres, pero éstas, ciegas de todo fuego, expresan su intención fría enemiga del misterio o cortan los cabellos a la lluvia, o hacen invisibles sus tres mil espadas a través del cisne suave de la niebla".

Esta es *la ciudad* que vamos a comentar. Dos elementos distinguen a Nueva York y la hacen única, y a ambos se refiere el poeta. De un lado la pesadilla de las multitudes que la habitan. De otro lado el barrio Harlem de los negros a quien *la ciudad* amenaza. Las imágenes de estos dos mundos no describen una imagen real, sino que Nueva York aparece como una realidad privada e invisible. El valor *mimético* se cambia por otra realidad tranformada en el estado anímico del poeta a base de analogías emotivas. Esta imagen ha sido suscitada por el ambiente metropolitano americano, pero *no es* su copia fotográfica. La relación existe entre el signo exterior y su significado; adquiere elementos estéticos y éticos que producen en el poeta una conciencia social que antes, aunque existiera, no había sido expresada. Este quehacer nos lleva al tercer punto de su mensaje: la denuncia de *la ciudad*. El libro más que una impresión de Nueva York se convierte así en una *diatriba contra la civilización moderna*.

Como en toda obra lorquiana, la fuente principal es aquí la experiencia vivida a su modo. Los versos nacen de impresiones directas que en algunos casos se pueden localizar fácilmente. Estas sensaciones que él vio o sintió se tornan irreales al pasarlas por el proceso de su imaginación, de su subsconsciente. La gran megalópolis con toda su carga de materialismo deshumanizador produjo un evidente *shock*, un trauma. Todo el libro está dominado por símbolos negativos de destrucción y angustia. *La ciudad* contagia al poeta de su patológica muerte que a su vez refleja la crisis por la que él atraviesa. La esterilidad sufrida por Lorca antes de llegar a Nueva York —falto de creatividad— la búsqueda de su sexualidad y el caos de Nueva York se identifican con igual fuerza. La megalópolis es un mundo dominado por la conciencia del ego, cuyo valor está medido por el logos (Allen).

Nueva York aparece a los ojos de Lorca con una fealdad, una suciedad en que vive el "hombre masa orteguiano", *ciudad* vacía de espiritualidad, deshumanizada, donde los elementos constantes son terror, el vacío, la violencia y la muerte. Repugna tanto como angustia. Cieno, fango, agua podrida son emblema de su agonía; son pesadillas oníricas del poeta. Las imágenes aparecen superpuestas sin perspectiva determinada. Los símbolos que utiliza carecen de lo vital; son lo seco, lo muerto, lo oxidado. Para conseguir este efecto, ordena el material poético con una sucesión de símbolos positivos, seguidos de una correlación de signos negativos que confrontan a los primeros o los deforman por negarlos o porque carecen de armonía. El resultado producido es que lo *negativo* anula lo *positivo*. Así en "Vuelta de paseo", los símbolos positivos de *árbol, niño* sonrosado, *animalito, agua, mariposa* aparecen confrontados por "árboles de muñones que no cantan", "niño con el blanco rostro de huevo", "animalitos de cabeza rota", "agua harapienta de los pies secos", "mariposa ahogada en el tintero". La *multitud* que se mueve incomunicable, esta vista con trajes sin cabeza, los niños pálidos de la ciudad, los borrachos en las tabernas, los homosexuales marineros, todos ellos pululando en un mundo dantesco.

> Yo muchas veces me he perdido
> para buscar la quemadura que mantiene despiertas las cosas
> y sólo he encontrado marineros echados sobre las barandillas
> y pequeñas criaturas del cielo enterradas bajo la nieve.
> ("Panorama ciego en Nueva York" 483)

Al amanecer, Lorca, que había visto cómo en Granada "mil panderos de cristal herían la madrugada ...", sólo vio que

> La Aurora de Nueva York gime
> por las inmensas escaleras
> buscando entre las aristas
> nardos de angustia dibujada.
>   La Aurora llega y nadie la recibe en su boca
> porque allí no hay mañana ni esperanza posible.
> A veces las monedas en enjambres furiosos
> taladran y devoran abandonados niños. ("La Aurora" 485)

En medio de un mundo que con su insensibilidad arrastra todo lo bello, Federico García Lorca se mantiene alerta, despierto en esta pesadilla existencial que le enseña a ver la vida, como no la había visto antes:

> Aquellos ojos míos de mil novecientos diez
> no vieron enterrar a los muertos
> ni la feria de ceniza del que llora por la madrugada,
> ni el corazón que tiembla arrinconado como un caballito de mar.
> ("Intermedio" 448)

Pero Lorca sí había visto la muerte, o al menos la había cantado al embrujo de la luz lunar en las reyertas de los gitanos. Las navajas de Albacete relucen en su poesía; las cinco heridas son una fuente de sangre con cinco chorros. Lorca había ascendido a contemplar la muerte de la gitana con el compadre, dejando un rastro de sangre, dejando un rastro de lágrimas ... y al contemplar la muerte veía equilibrio y belleza.

> Y la sábana impecable
> de duro acento romano,
> daba equilibrio a la muerte
> con las rectas de sus paños.
> ("Romance del emplazado" 423; *Romancero gitano*)

Y sin embargo ahora el poeta, al ver la muerte en Nueva York, tan lejos de su Granada, dice:

> No es el infierno, es la calle
> No es la muerte, es la tienda de frutas.
> Hay un mundo de ríos quebrados y distancias inasibles
> En la patita de ese gato quebrada por el automóvil.

Conmovido por lo que ve, el poeta se obceca consigo mismo y dice a sus amigos: ¿Qué voy a hacer, ordenar los paisajes?, no me digáis nada, "¡no comprendo nada!"

> No preguntarme nada. He visto que las cosas
> cuando buscan su curso encuentran su vacío.
> Hay un dolor de huecos por el aire sin gente
> y en mis ojos criaturas vestidas ¡sin desnudo!
> ("Intermedio" 448)

Con este lenguaje surrealista Lorca deja hablar a su subconciencia haciendo una cirugía espiritual. Sólo después de este descenso purgativo su poesía quedaría depurada y llegaría a la cumbre de sus últimas obras. En este trabajo Lorca ahonda en las imágenes personales. El plano se desplaza o se reemplaza por otras imágenes dispares, objetos que nacen de su caos obsesivo, muy al igual que lo que su íntimo Dalí pintaba en sus cuadros o Buñuel, también amigo, filmaba en sus películas. Desde aquellos gitanos que iban por el monte solos hasta los barrios de Brooklyn o Harlem hay una línea humana no interrumpida.

En el "Panorama Ciego de Nueva York" el poeta desolado siente el ansia de asesinato que nos oprime cada momento, el metálico rumor de suicidio que nos anima cada madrugada.[3] Desde el puente de Brooklyn el zizaguear de las luces de *la ciudad*, nos dicen que Nueva York nunca duerme, permanece en un insomnio existencial. Es una "Ciudad sin Sueño":

> No duerme nadie por el mundo. Nadie, nadie
> No duerme nadie.
> Hay un muerto en el cementerio lejano
> que se queja tres años
> porque tiene un paisaje seco en la rodilla;
> y el niño que enterraron esta mañana lloraba tanto
> que hubo necesidad de llamar a los perros para que callase.
> ("Ciudad sin sueño" 480)

Coney Island en verano es la bacanal de Nueva York. Millones de criaturas beben, gritan, comen, se revuelcan, dejando a su paso la basura de sus meriendas y sus tacones rotos mientras "vomitan cien personas apoyadas en las barandillas de los embarcaderos y orinan en grupo mil, en los rincones sobre las barcas abandonadas". Lorca vivió allí durante los años del *bathtub gin* de los *bootleggers* y de los disturbios gástricos que producían y vería cómo "... La mujer gorda seguía adelante / y la gente

buscaba las farmacias / donde el amargo trópico se fija ...". Impotente el
poeta, confiesa:

> yo, poeta sin brazos, perdido
> entre la multitud que vomita,
> sin cabello efusivo que corte
> los espesos musgos de mis sienes.
> ("Paisaje de la multitud que vomita" 473)

A Lorca le atraían los problemas de los negros por las mismas razones temperamentales que hacían de él, el cantor de los gitanos; su inclinación poética hacia lo primitivo y artístico hacia el ritmo y la danza. Harlem era famoso por sus cafés donde los elegantes intelectuales de Park
Avenue descubrían la música negra, sus lamentos espirituales y el "jazz".
Lorca había visto muy pocos negros en Granada o en Madrid; aquellos
miles de Harlem tendrían que ser inolvidables. Veía su barrio negro, tan
suyo, con sus casas rojizas, música de pianola y fonógrafos; puertas entor-
nadas y ojos suspicaces que parecían observar en la riada rubia, al enemigo, que venía por el East River. La tragedia servil de este negro en el
mundo blanco la percibió Lorca como "el perpetuo susto de que se le ol-
vide un día encender la estufa de gas o guiar el automóvil o abrocharse
el cuello almidonado". La tremenda realidad que el observó es que aquel
negro vivía de "prestado" en la sociedad blanca y Lorca dijo: "yo protes-
taba de ver a los muchachitos negros degollados por los cuellos duros
con trajes violentos, sacando escupideras de hombres fríos que hablan como patos". La renuncia del negro a su cultura, acongojaba a Lorca. Sus
gitanos, de cutis amasado con aceituna y jazmín, eran perseguidos por la
Guardia Civil pero ... ¡se sabían hijos de una Emperatriz! Estos negros por
el contrario usaban pomadas para alisar sus cabellos, marchitaban el kaki
de sus labios, buscaban la carne rubia y aliviaban su sangre en el mesti-
zaje. Necesitaban un rey, una selva que invadiera Nueva York, que llevara vida, fecundidad y calor a sus aristas muertas.

> Es preciso cruzar los puentes
> y llegar al rubor negro
> para que el perfume de pulmón
> nos golpee las sienes con su vestido
> de caliente piña.
>   Es preciso matar al rubio vendedor de aguardiente,
> a todos los amigos de la manzana y de la arena ...
> ("Oda al Rey de Harlem" 460)

Estos negros que soñaban con su música africana habían sido trans-
plantados a la jungla de asfalto, y "su gran rey prisionero, con un traje de
conserje ..." Las imágenes surrealistas de sus dos odas *Los Negros* y *El Rey
de Harlem* nos presentan a un Lorca preocupado más que nunca por el
tema social: la aculturación del negro. Sus raíces en Nueva York son tan

artificiales como la bebida alcohólica con que le emborrachan los blancos: "escarabajos borrachos de anís olvidaban el musgo de la aldea". Ambos, el escarabajo y el negro han olvidado sus raíces, su estado original de inocencia y han sucumbido a la prostitución de "las muchachas americanas [que] llevaban niños y monedas en el vientre y los muchachos que se desmayan en la cruz del desperezo ..." Lorca necesita su sangre "para quemar la clorofila de las mujeres rubias, y huir de ese muro impasible blanco en que no penetrarán ..."

> No busquéis, negros, su grieta
> para hallar la máscara infinita.
> Buscad el gran sol del centro
> hechos una piña zumbadora.   ("Oda al Rey de Harlem" 460)

Ante este espectáculo, "el poeta sin brazos, perdido" en Nueva York, blandea su única arma, la poesía, para denunciar lo que siente. Desde lo alto del Chrysler Building, símbolo de la industria, Lorca lanza un grito a Roma, símbolo del cristianismo. Con imágenes surrealistas llena su oda de tiburones, reptiles, iguanas y cocodrilos que anuncian la perversión y decadencia de Nueva York, "porque ya no hay quien reparta el pan ni el vino ni quien cultive hierbas en la boca del muerto, ni quien abra los linos del reposo ..."

> No hay más que un millón de herreros
> forjando cadenas para los niños que han de venir.
> No hay más que un millón de carpinteros
> que hacen ataúdes sin cruz.   ("Grito hacia Roma" 525)

Pero Roma, el cristianismo, ignora el sacrificio; la redención no existe, "ignora el misterio de la espiga, que Cristo puede dar agua todavía, que el amor está en las carnes desgarradas por la sed". Con imágenes vivísimas del Papa, "hombre vestido de blanco, con anillos, con manos translúcidas, aclamado por moribundos entre el tisú estremecido de ternura".[4] El Papa seguirá hablando de amor ... mientras tanto

> los negros que sacan las escupideras,
> los muchachos que tiemblan bajo el terror pálido de los directores,
> las mujeres ahogadas en aceites minerales,
> la muchedumbre de martillo, de violín o de nube,
> ha de gritar aunque le estrellen los sesos en el muro,
> . . . .
> porque queremos que se cumpla la voluntad de la Tierra
> que da sus frutos para todos.   (Grito hacia Roma" 525)

Cuando llega la hora de partir, Lorca verá huir el cielo "ante el tumulto de las ventanas". El barco al alejarse desdibujará las aristas de los rascacielos, apagaría el ritmo de los negros que se sacaban música hasta de los bolsillos. En todo el libro se nos recuerda que la experiencia

metropolitana es una emoción impura. La tranquilidad nativa del individuo es sacudida por el mundo industrial y su razón adulterada por el
medio ambiente pragmático. Este conflicto produce los poemas de Nueva
York. El rumor de la multitud que se agolpaba en el puerto desaparecería
envuelto en una masa informe. "Ya no hay lucha de torre y nube, el cielo
ha triunfado de los rascacielos y el Chrysler Building se defiende del sol
como un enorme pico de plata y puentes ..." Lorca abandona Nueva York
contento de no verse rodeado de hombres encadenados y sordos, a quienes "les sobra disciplina y les falta la imprescindible dosis de locura ...
"Lorca no pudo superar el defecto de bifocalismo y así aisla los dos polos
de la vida humana —inocencia y vicio— en lugar de fundirlos en la síntesis viable que es la realidad. Polariza la industria y lo primitivo, el conflicto del hombre y la máquina están en términos *arquetípicos*. Cuando regrese a España, después de su estancia en Cuba y de un viaje por Argentina, todos verían que Lorca había cambiado. Había depurado la metáfora,
tenía una visión nueva de la vida, de la muerte y del amor. Su arte perdura, pero su vida sería cortada en flor, víctima de otro cataclismo, esta
vez ocurrido en el blanco muro, el ciprés erguido de su España. El 19 de
agosto de 1936 fecundaría con su sangre las pitas agrias de *su* Granada.

Notas

1. Arturo Berenguer, *Las Máscaras de Federico García Lorca* (Buenos Aires: Editorial Universitaria, 1969). El autor cree que Lorca padecía "el histerismo de lo absurdo" y las imágenes caóticas del libro lo hacen de difícil comprensión.

2. Roy Campbells, *Federico García Lorca* (New Haven, Conn.: Yale University Press,
1952). Según este crítico "his metaphors and images fall out of focus ... Lorca's talent is
not cosmopolitan, and it did not flourish far from the scent of the orange groves of the
South" (95).

3. Ver el proceso simbólico de estas imágenes en G. Correa, *La poesía mítica de Federico
García Lorca* (Madrid: Editorial Gredos, 1975).

4. Véase la teoría de este proceso en Paul Ilie, *Los surrealistas españoles*, (Madrid: Taurus, 1977).

5. Todas las citas del poeta están tomadas de su conferencia titulada "Un poeta en
Nueva York".

Obras citadas

Alberti, Rafael. "Comentario a *Poeta en Nueva York*". *Los libros del Sur* 57 (1940).
Allen, R. *The Symbolic World of Federico García Lorca*. Albuquerque: New Mexico UP, 1972.
Belver, C.G.. "La Ciudad en la poesía española surrealista". *Hispania* 66 (1983): 542.
Del Río, Angel. *Estudios sobre la literatura contemporánea española*. Madrid: Editorial Gredos,
    1966.
Durán, Manuel, ed. *Lorca. A Collection the Critical Essays*. Englewood Cliffs, New Jersey:
    Prentice-Hall, 1962.
García Lorca, Federico. *Obras completas*. Tomo I. Madrid: Aguilar, 1980.

El juego y la ambigüedad en «Después del almuerzo»

Nancy M. Kason
The University of Georgia

En varios de sus cuentos, Cortázar enfoca su atención en la psicología de los niños para explorar las diferentes maneras en que ellos se encaran con la realidad o se escapan de ella. Examina las características malévolas de los adolescentes en "Bestiario" y en "Los venenos", donde los personajes reaccionan con una fuerza destructiva ante la situación en que se encuentran. En otros relatos, como en "Silvia" y "Final del juego", el argentino establece una perspectiva idealizada de ciertos jóvenes que contrasta con la desilusión que ocurre al final en sus mundos verdaderos.

"Después del almuerzo" es otra obra en que Cortázar estudia la adolescencia, pero esta vez le interesa la transición hacia la madurez. Para desarrollar este cambio en la personalidad juvenil, se utilizan dos técnicas fundamentales, el juego y la ambigüedad. Desde la primera oración, la relación simbiótica de estos dos elementos queda establecida: "Después del almuerzo yo hubiera querido quedarme en mi cuarto leyendo, pero papá y mamá vinieron casi en seguida a decirme que esa tarde tenía que llevarlo de paseo".[1] Aquí Cortázar plantea el juego psicológico entre los deseos del niño narrador y la voluntad de sus padres, e introduce la ambigüedad en cuanto al referente del complemento directo, "lo". Podría ser una persona o un animal. El hecho de que el autor no aclara esta imprecisión inmediatamente intensifica la perplejidad que siente el lector sobre la naturaleza de este "lo" y la causa de la hostilidad que el niño demuestra hacia él. También, esta primera frase resume lo esencial de la anécdota. Es la historia de un muchacho que lleva al centro lo que a fin de cuentas parece ser un hermanito, posiblemente retardado o mongoloide. Viajan en tranvía hasta la Plaza de Mayo en Buenos Aires, donde el mayor abandona al otro por un tiempo corto. Luego el chico regresa a la Plaza y los dos vuelven a casa. Cortázar entreteje la función del juego y la ambigüedad enigmática para complementar y desarrollar el núcleo temático del relato, que es el rito del pasaje de la ingenuidad juvenil a la madurez responsable del mundo adulto.

Varios filósofos y críticos han ofrecido sus interpretaciones sobre la importancia del juego en el mundo de los niños. Heidegger sugiere que la esencia del carácter del ser humano es el juego y que el juego es el regreso al *illo tempore*. Relacionado con esta idea está el principio "mágico" observado por Géza Róheim, que representa una fusión de dos conceptos de Freud sobre el placer y la realidad en que el hombre logra realizar sus sueños. Tzvetan Todorov también toca el tema de la vacilación entre la fantasía y la realidad, y en particular, opina que las fantasías infantiles llegan a permitir que los sueños se introduzcan en el mundo real.[2] Todas estas teorías contribuyen a descifrar la función del juego y la ambigüedad en "Después del almuerzo".

Cortázar inicia el cuento planteando el juego psicológico entre los padres que imponen sus deseos, y el niño que los cumple involuntariamente:

> ... pero papá dio un paso adelante y se puso a mirarme en esa forma que no puedo resistir, me clava los ojos y yo siento que se me van entrando cada vez más hondo en la cara, hasta que estoy a punto de gritar y tengo que darme vuelta y contestar que sí, que claro, en seguida. Mamá en esos casos no dice nada y no me mira, pero se queda un poco atrás con las dos manos juntas, y yo le veo el pelo gris que le cae sobre la frente y tengo que darme vuelta y contestar que sí, que claro, en seguida. (148)

El autor sugiere la fuerza de ese sentimiento de culpabilidad que se apodera del narrador cuando éste decide hacer lo pedido y así evitar que sus padres se desilusionen de él. Al final del relato este mismo sentimiento reaparece después del abandono del hermanito, pero esta vez el niño mismo reconoce su responsabilidad y su obligación familiar.

Otro juego utilizado por Cortázar para reforzar la temática es el juego a las damas de los padres del narrador cuando lleva al hermano a pasear. Para los padres, las damas representan su única diversión en un mundo limitado por la carga de los hijos, especialmente la del hijo menor. También, el formato del juego sugiere los pasos del viaje que hacen los dos niños al centro, viaje que el mayor percibe como un desafío a su libertad.

Las teorías de Heidegger, Róheim y Todorov describen exactamente el proceso psicológico del muchacho mayor, en particular, cuando relata cómo solía caminar libremente por la ciudad, sin preocupaciones: "Además yo estoy acostumbrado a andar por las calles con las manos en los bolsillos del pantalón, silbando o mascando chicle, o leyendo historietas ..." (149). El narrador recuerda la sensación de absoluta libertad de la que ya no goza por la presencia de su hermanito, pero después de llegar a la Plaza de Mayo logra realizarlo en fantasía, aunque efímeramente. Luego de abandonar a su hermano, el chico efectivamente recobra la independencia soñada, sólo para descartarla voluntariamente al aceptar sus responsabilidades.

Cortázar también plantea el juego del disimulo para destacar la presión externa que siente el niño de asimilarse a las normas de la sociedad tradicional, una sociedad que rechaza todo lo diferente. En el tranvía de ida al centro, el narrador describe lo que tiene que hacer para vigilar las actividades del otro desde que no pudieron sentarse juntos:

> Lo peor era que a cada momento tenía que darme vuelta para ver si seguía quieto en el asiento de atrás, y con eso iba llamando la atención de algunos

pasajeros. Primero decidí que sólo me daría la vuelta al pasar cada esquina ... Entonces me puse a contar hasta diez, igual que en las peleas, y eso venía a ser más o menos media cuadra. Al llegar a diez me daba vuelta disimuladamente, por ejemplo arreglándome el cuello de la camisa o metiendo la mano en el bolsillo del saco, cualquier cosa que diera la impresión de un tic nervioso o algo así. (150-51)

La alusión al boxeo, frecuente en Cortázar, expresa claramente la impaciencia del niño mayor, para quien la lentitud con que pasa el tiempo es tormentosa. El contricante no es su hermanito sino la sociedad en general dentro de la cual no se siente a gusto. El joven reconoce que es un ser marginado a causa de "él", y su deseo de ser aceptado y pertenecer a esta sociedad predomina sobre las necesidades del hermano menor. El narrador tiene miedo de que el otro cause un escándalo y que por eso los pasajeros del tranvía lo miren con reproche y repugnancia. Las cosas que hace cuando trata de disimular su obligación de vigilar a su carga representan su esfuerzo de desasociarse de su hermanito quien le hace sentir turbado y avergonzado.

Los sentimientos susodichos llevan al narrador a participar en el juego más serio del cuento, el de alejarse y esconderse de su hermano menor en la Plaza de Mayo, lo cual resulta siendo no sólo el abandono físico sino también espiritual:

Yo no sé en que momento me vino la idea de abandonarlo ahí, lo único que me acuerdo es que estaba pelándole un maní y pensando al mismo tiempo que se me hacía el que iba a tirarles algo a las palomas que andaban más lejos, sería facilísimo dar la vuelta a la pirámide y perderlo de vista. (156)

Para el joven este acto representa su último esfuerzo de mantener su estado de inocencia ingenua e ignorar las obligaciones de la madurez. Huye de sus responsabilidades y espera que, al esconderse de ellas y no verlas, desaparezcan. La crisis emocional producida por el deseo de eludir lo inevitable se manifiesta en un trauma físico que el muchacho experimenta detrás de la Casa Rosada en el Paseo Colón. El dolor estomacal y el mareo que lo afligen, simbolizan la transición que ocurre cuando acepta su papel y regresa a la Plaza para cumplir con su deber.

Junto con todos los juegos presentes en "Después del almuerzo", Cortázar utiliza la técnica de la ambigüedad para llevarlos a un nivel metafísico. Como ya se ha mencionado, la ambigüedad central se basa en el personaje del hermanito. Su caracterización es tan nebulosa que aun al final del relato no se sabe exactamente cómo es ni cuál es su defecto, sea físico, mental, o una combinación de los dos. Es preciso notar que la naturaleza de su anormalidad es de poca importancia y que el muchachito podría tener una apariencia externa completamente normal. Cortázar destaca la actitud negativa del mayor hacia su hermanito basada en la conducta de éste, lo cual sugiere una deficiencia de alguna categoría. Lo que el autor sí nos revela es que este niño se desvía del comportamiento social tradicional. El aspecto violento de su carácter, indicado por su agresividad anterior con el gato de los Alvarez, se presenta con cierta inocencia y sin sugerir la imposibilidad de controlarlo. Para Cortázar este personaje representa la imperfección del ser humano cuyos defectos y debilidades son inevitables y, en un sentido más universal, simboliza las obligaciones y responsabilidades de las cuales no se puede ni huir ni esconderse.

Otra faceta ambigua de la caracterización es la falta de nombres. De los cinco personajes, ni los padres ni los dos hijos tienen nombres. Sólo la tía Encarnación, una mujer generosa y sensible, idealizada por el narrador, es identificada con un nombre específico de valor simbólico. Así el autor ubica a los cuatro miembros de la familia en un nivel metafísico. El muchacho quiere escaparse de la situación desagradable en que se encuentra, pero lo curioso es que su frustración e inquietud se manifiestan en un deseo de morir: "... hubiera querido que se muriera, que ya estuviera muerto, o que papá y mamá estuvieran muertos, y yo también al fin y al cabo, que todos estuvieran muertos y enterrados menos tía Encarnación" (155). Para el niño, su hermanito es la causa de sus problemas y sus padres son figuras negativas porque ellos lo obligan a llevarlo a pasear. Por otra parte, la tía Encarnación es la única figura positiva porque ella comprende que al narrador no le gusta cuidar al menor, y para hacer la situación menos desagradable, ella le da cinco pesos para comprarse un helado o algo. Se debe notar que aunque el muchacho procura alejarse de las obligaciones impuestas por la familia, él se incluye en su deseo mortal como parte integrante de ella.

El viaje es otra forma de ambigüedad utilizada por Cortázar. Se inicia el viaje de los dos niños en un barrio residencial sin nombre, que queda a una hora del centro de Buenos Aires. Es probable que sea uno de los barrios burgueses como Mataderos, Floresta o Flores. En la cuentística cortazariana, observa Martha Francescato, "el viaje se asocia con una empresa difícil, merecedora de una recompensa o de un castigo. El camino que se debe recorrer es arduo ya que a través de él se desarrolla un rito de pasaje de lo profano a lo sagrado, de lo efímero o ilusorio a lo real o a lo eterno, de la muerte a la vida o viceversa, del hombre a la divinidad". En "Después del almuerzo", Cortázar implementa el viaje en tranvía al centro como el vehículo mediante el cual se realiza la transición de la inocencia juvenil a la madurez emocional. Es un recorrido de un lugar indefinido al corazón de Buenos Aires, descrito con lujo de detalles geográficos para indicar claramente el movimiento de los dos chicos al centro. Bajan del tranvía en la esquina de Sarmiento y San Martín, que está a tres cuadras de la Plaza de Mayo. En el momento de bajar, se inicia la transformación emocional del narrador sugerido por el mareo que siente. Cortázar intensifica esta sensación con las descripciones del movimiento vertiginoso del tráfico en esa zona congestionada de la ciudad: "Cuanto más pensaba más me afligía, y al final tuve miedo de veras, casi como ganas de vomitar, lo juro, y en un momento en que paró el tráfico lo agarré bien y cerré los ojos y tiré para adelante doblándome casi en dos ..." (155). Una vez en la Plaza de Mayo, el muchacho se siente mejor y decide abandonar al otro, pero después de pasar por la pirámide, la Casa Rosada y llegar al Paseo Colón, se enferma de nuevo. Cortázar no explica la causa de su aflicción que, de un mareo, pasa a ser un dolor estomacal con calambres acompañado de alucinaciones y fiebre: "... delante de mí se veía como una mancha verde y puntitos que bailaban, y la cara de papá ..." (157). En este momento, ocurre la transición emocional del niño y decide volver a la Plaza, buscar a su hermano y regresar a casa. El cuento termina de manera ambigua haciendo alusión a la posibilidad de que los padres también tengan ganas de abandonar sus responsabilidades. El autor vincula esta idea a los sentimientos del narrador mediante la imagen de la hoja seca en el pañuelo que le lastima la cara cuando se limpia el sudor de la frente.

Lo que Cortázar explora en este relato mediante el personaje del narrador, es el proceso de autodescubrimiento. El niño acepta al final del relato que tiene que regresar a casa con su hermano, pero no abandona sus fantasías totalmente: "Lo abandoné, y aunque no me había olvidado del Paseo Colón me sentía tan bien, casi orgulloso. A lo mejor otra vez ... No era fácil, pero a lo mejor ..." (158). El autor señala que el muchacho reconoce su deber, pero que al mismo tiempo, esta obligación sigue siendo una carga. El joven seguirá buscando su libertad soñada, reconociendo al mismo tiempo, sin embargo, las limitaciones que le impiden el logro de una añoranza. Hay una evolución en los sentimientos expresados por el narrador, que empieza con la obligación involuntaria y pasa al resentimiento que luego se manifiesta en el abandono. Después, la liberación resulta en una aflicción aliviada sólo cuando su conciencia lo lleva a la convicción de que debe reconocer sus responsabilidades. Cortázar sugiere que los padres han experimentado la misma evolución espiritual, que empezó cuando tuvieron que encararse con la responsabilidad de sus dos hijos, una carga que no pueden abandonar.

La ubicación geográfica del relato tiene un papel importante en la profundización del proceso de autodescubrimiento y la aceptación de la realidad. Si se estudia cuidadosamente el uso de nombres de lugares en Buenos Aires, Cortázar sutilmente alude al concepto de la libertad y el descubrimiento de la conciencia. El autor escogió para el paseo de sus personajes unas calles, como Sarmiento, San Martín y Bartolomé Mitre, cuyos nombres se refieren a los grandes líderes de la independencia o a los que ayudaron a formar lo que es la esencia de la Argentina actual. El núcleo geográfico del cuento es la Plaza de Mayo, símbolo de la independencia del dominio español. La Casa Rosada al extremo de la Plaza de Mayo representa la libertad lograda y la autodeterminación del pueblo argentino. Es significativo que la transición que experimenta el niño ocurra en el Paseo Colón, avenida cuyo nombre recuerda el descubrimiento del Nuevo Mundo. Es posible extender el significado onomástico a una interpretación más amplia, que aluda a una relación simbólica entre el proceso de autodescubrimiento del niño y el reconocimiento de sus responsabilidades, a la liberación del pueblo argentino del yugo español y el reconocimiento de que es imposible negar los vínculos con la madre patria. Aunque este enfoque político es secundario, Cortázar lo incluye para complementar la presentación del carácter argentino que se desarrolla en el mundo juvenil del protagonista.

En conclusión, Cortázar utiliza las técnicas del juego la ambigüedad en "Después del almuerzo" para establecer la base del significado metafísico de su relato. Estos dos elementos complementan la presentación de los dos extremos de una situación. Los juegos son la puerta entre la realidad, a veces desagradable del mundo cotidiano, y el escapismo que le permite al hombre explorar otros horizontes en sus fantasías. El autor reconoce la utilidad de los sueños y las fantasías, que le ofrecen al hombre cierto alivio a sus problemas. Sin embargo, Cortázar nos recuerda que siempre hay que regresar al mundo en que vivimos y encararnos con las dificultades y las penas.

Notas

1. Julio Cortázar, "Después del almuerzo," en *Final del juego*, 147-159. Se identificarán todas las futuras referencias a este cuento entre paréntesis en el texto de este artículo.

2. Martin Heidegger, *Being and Time*, trad. John Macquarrie y Edward Robinson (New York: Harper and Row, 1962); Géza Róheim, *Magic and Schizophrenia* (Bloomington: Indiana UP 1962); Tzvetan Todorov, *Introducción a la literatura fantástica*, trad. Silvia Delpu (Buenos Aires: Editorial Tiempo Contemporáneo, 1972); Ana María Hernández menciona a estos dos últimos refiriéndose a *Rayuela* en su estudio, "Camaleonismo y vampirismo: la poética de Julio Cortázar," en *Julio Cortázar*, ed. Pedro Bastra (Madrid: Taurus Ediciones, S.A., 1981) 79-106.

Obras citadas

Cortázar, Julio. "Después del almuerzo". *Final del juego*. 16ª ed. Buenos Aires: Editorial Sudamericana, 1974.

Paley de Francescato, Martha. "El viaje: función, estructura y mito en los cuentos de Julio Cortázar". *Estudio sobre los cuentos de Julio Cortázar*. Barcelona: Ediciones Hispam, 1975. 125-37.

La actuación del pueblo en la novela de la revolución mexicana: visión literaria de la historia

Robert Kirsner
University of Miami

La historia suele proyectar la actuación del pueblo en un plano abstracto, virtualmente romántico, como si fuera el elemento iluminante en una guerra o en una revolución. La historia expresa un concepto mítico, repleto de propaganda, en torno a su propio pueblo, como si en los momentos de crisis nacionales el pueblo sólo pensara y actuara dentro de la situación política colectiva, siempre teniendo en cuenta el bienestar del país. En la narrativa histórica, el pueblo se desliga de los quehaceres cotidianos que en realidad constituyen los factores determinantes de su existencia. En su afán de exaltar la grandeza de la nación, la historia deja en abandono las preocupaciones personales de los pequeños héroes quienes se convierten en figuras evanescentes. Será la literatura, y en particular la novela historiada, la que se encargará de recrear las vidas humanas dentro del drama de la desavenencia nacional.

Tanto los *Episodios Nacionales* de Benito Pérez Galdós como las destacadas novelas de la revolución mexicana enfocan sus problemas nacionales en términos personales, dentro de un marco individualizado en el cual giran sueños, amores, matrimonios, angustias y desvaríos en torno al holocausto que amenaza al país. La situación político-militar formará la escena para la actuación de un pueblo que no deja de experimentar sus propias pasiones tanto en la guerra como en la paz. A manera de preludio, sea en perspectiva actual o retrospectiva, la novela mexicana de la revolución capta la íntima realidad de la vida cotidiana a estilo de la tradicional novela histórica realista. Por encima del emblema nacional se iza la bandera inmanente de un *yo* y otros tantos *yos* que vienen a formar la identidad de un pueblo en marcha hacia la realización de su propio destino personal.

Si en general la historia consiste en el relato de sucesos que afectan el destino de un pueblo, en el caso de las novelas que forjan el entretejido histórico-literario, lo gentilicio adquiere transcendencia cuando se narra en armonía con lo personal, con lo privado. Dentro de la experiencia vital del ser humano, los proyectos nacionales no se desligan de los quehaceres personales. Al contrario, se compenetran hasta formar sentimientos comunes. No es de extrañar que a menudo lleguen momentos en que sea imposible el distinguir los desasosiegos patrióticos de los amorosos. ¡Y no pocas veces las batallas que se dan en la guerra coinciden con las que produce el amor! Vivificante es comprobar cómo el relato integral predomina en la crónica novelesca. En la obra de Galdós, por ejemplo, la ironía que proyecta el abismo que existe entre lo militar y lo personal desmitifica la heroicidad. En *Trafalgar* así se describe a un valiente marinero: "... el héroe ... no tenía miedo a los ingleses, ni a los franceses, ni a los argelinos, ni a los salvajes del estrecho de Magallanes, ni al mar irritado, ni a los monstruos acuáticos, ni a la ruidosa tempestad, ni al cielo, ni a la tierra: no tenía miedo a cosa alguna creada por Dios, más que a su bendita mujer" (9). El aspecto perínclito de la humanidad se rebaja ante la vida cotidiana. Por supuesto que respecto a la guerra, la posición de Galdós es bien extremada.

Mientras que la novela de la revolución mexicana no llega al mismo grado de ironía galdosiana, ironía que a veces linda con la procacidad, (hasta medio siglo después de la revolución cuando aparece *La muerte de Artemio Cruz*), ya en 1914 cuando escribe el médico jaliscience, Mariano Azuela, *Los de abajo*, se establece una visión personal en la cual irradiará la actuación del pueblo como el aspecto más significativo de la novela. Más importancia tiene el enfoque del destino colectivo a lo individual que el resultado político nacional. Recordemos como ya hacia el final de la obra, cuando apenas faltan unas cuatro páginas para los tres puntos suspensivos (la obra no tiene punto final), se expresa la angustia de los pueblos dentro de la guerra que arde.

> Se acordaron de que hacía un año ya de la toma de Zacatecas. Y todos se pusieron más tristes todavía.
> Igual a los otros pueblos que venían recorriendo desde Tepic, pasando por Jalisco, Aguascalientes y Zacatecas, Juchipila era una ruina ... La mueca pavorosa del hambre estaba ya en las caras terrosas de la gente, en la llama luminosa de sus ojos que, cuando se detenían sobre un soldado, quemaban con el fuego de la maldición. (205)

Y cuando Demetrio Macías regresa a su casa, no encuentra a la mujer y al hijo en la misma situación personal que el Cid ve a doña Ximena y a las dos hijas al volver del destierro. La vida de los esposos, como la situación de la revolución, ya no tiene solución; es también "como una piedra que no para".

> —¿Por qué pelean ya, Demetrio?
> Demetrio, las cejas muy juntas, toma distraído una piedrecita y la arroja al fondo del cañón. Se mantiene pensativo viendo el desfiladero, y dice:
> —Mira esa piedra cómo ya no se para ... (207)

Claro está que no es solamente la familia Macías la que constituye el pueblo. No se trata de alegorías; cada vida tiene su propia historia. En la recreación novelística de la revolución, existencias humanas no menos importantes unas que otras, se destacan con cariño y comprensión. Por ejemplo, experimentamos el idealismo del intelectual que no llega a penetrar en las realidades de los revolucionarios militares. Después de escuchar el lindo discurso de "Luisito" quien afirma que se está luchando "por principios, por tener ideales", se viene abajo la ilusión de que los soldados hayan comprendido en verdad las palabras poéticas del secretario del jefe cuando se oye decir a Venancio, "—Pancracio, apéate otras dos cervezas ..."

Ya a la presentación de Luis Cervantes (el nombre tiene malicia) se había notado el cervantino abismo que existía entre los principios y el plano de la experiencia humana inmediata.

> —Yo he procurado hacerme entender, convencerlos de que soy un verdadero correligionario ...
> —¿Corre ... qué? —inquirió Demetrio, tendiendo una oreja ... es decir, que persigo los mismos ideales y defiendo la misma causa que ustedes defienden.
> Demetrio sonrió:
> —¿Pos cuál causa defendemos nosotros? ... (93)

El pueblo actúa a base de sus cotidianos intereses creados. A veces tal actuación requiere sacrificio como en el caso de Camila que está enamorada de Luis Cervantes pero se ve obligada a ser la compañera de Demetrio Macías que ya va para viejo. Y para añadidura de amargura, es el propio Luisito ("el curro") quien la anima para que ella desempeñe el papel debido en la revolución.

> —Pero ¿qué diablos estás esperando, pues, boba? Si el jefe te quiere, ¿tú que más pretendes? ... (110)

El caso es que el tema de la revolución sirve de escena para que el pueblo se desenvuelva y haga teatro. La revolución se presta como pretexto literario: el impulso, o sea, la motivación del autor para recrear la vida de un pueblo que lucha individualmente por su propia existencia, por arrancarle al destino el poder determinante, en otras palabras, el control que ejerce sobre su persona. El que no se logre vencer al destino, ennoblece literariamente la talla de los personajes novelísticos que en conjunto representan al pueblo mexicano. Los que se denominan "los de abajo" no son meras entidades sociológicas cuya existencia material inspira lástima; "los de abajo" se componen de personas cuyos conflictos, si bien son dignos de compasión, lo son por su carácter netamente humano y no por su condición social. Irónicamente se siente la agonía de quienes forman *el pueblo*: Demetrio Macías tiene presente cuánto ha envejecido su mujer, pero a sí mismo no se ve; no llega a enterarse de lo repulsivo que le parece a Camila; Luis Cervantes, mientras que aconseja a Camila que se una al jefe, no tiene la menor idea de que es él mismo quien causa el conflicto de la chica; y los soldados de la revolución, por mucho que alaben las palabras de Luis Cervantes, no tienen conciencia de que les son impenetrables esas palabras y que ellos seguirán bebiendo y matando sin más razón que por el mero gusto de hacerlo.

> —Yo maté dos coroneles —clama con voz ríspida y gutural un sujeto pequeño y gordo ... ¡Ja!, ¡ja!, ¡ja! ... La comieron los muy ... ¡Paf, ¡paf! ¡Uno para cada uno ... y de veras descansaron!
> —Yo maté a un tendajonero en el Parral porque me metió en un cambio dos billetes de Huerta —dijo otro ... refulgentes.
> —Yo, en Chihuahua, maté a un tío porque me lo topaba siempre en la mesma mesa y a la mesma hora, cuando yo iba a almorzar ...
> —Yo maté ...
> El tema es inagotable. (145, 149)

En la visión irónica del pueblo (es tal visión cimiento indispensable de lo que llamamos *novela*) la persona humana se conceptúa experimentando, consciente o inconscientemente, el abismo vital que existe entre el plano de los ideales, sueños, e imaginaciones, y el plano inmediato de su experiencia. Es decir, la persona se ve embrollada o entrelazada entre su *ser* y *su querer ser*, entre lo que la persona en realidad es y lo que cree que es. Se pone de relieve la imposibilidad de realizar los principios cotidianamente; creer en principios es algo lindo; vivirlos, cuando se interponen los intereses creados, ya es otro cantar. Y por mucho que se quiera, el control está fuera de las manos de uno.

En *El águila y la serpiente* (1928), de Martín Luis Guzmán, se revela una actuación del pueblo en perspectiva contrapuntística con los valores del Norte.

> Asomarse en Nogales, Arizona, viniendo de nuestras ciudades empobrecidas y nuestros campos asolados por la guerra, era como presenciar un grato panorama nunca visto ... era el magnetismo de lo comercial, de lo vital ... (174 y 175)

"El Norte" con todo su confort crea problemas aunque satisface cuerpo y vanidad. A la vez que los mexicanos se sienten complacidos, tienen conciencia de que podría dañarles el alma vivir al sol del lujo capitalista.

> En el Hotel MacAlpin pasé entonces unos cuantos días de vida sibarítica —sibarítica a lo burgués, o mejor aún: a lo miembro del Elk Club. (179)

Se nos presenta a los revolucionarios mexicanos que actúan en nombre del pueblo experimentando el aflojamiento —para no decir la corrosión— de sus elevados principios en el plano inmediato de su existencia. "Las ilusiones revolucionarias", como las llama Guzmán, se estremecen en contacto con la suprema vida burguesa (no se trata de que sea superior o inferior sino extremadamente *burguesa*) del vecino país.

En esta obra el mexicano se proyecta en su totalidad existencial, en lo que había de denominar Américo Castro, en su "vivir desviviéndose". El pueblo, con todos sus conflictos en función paradójica, se proyecta en disonancia conflictiva, lo cual realza el proceso humanizante literario. No se intenta disfrazar la estructura vital del mexicano; al contrario, el autor nos lleva a nosotros, los lectores, al enfrentamiento de la realidad histórica.

> ... el hijo de México (como el de toda nación que se sabe físicamente débil ante la naturaleza o ante el poder de otras naciones) compensa su debilidad refugiándose en una excesiva fe en la potencia del espíritu frente a frente de la fuerza bruta. (143)

Ya que *El águila y la serpiente* es en último término una narrativa novelizada más bien que una novela puramente creativa, la actuación del pueblo se manifiesta en las experiencias personales y conceptuales del autor. *El águila y la serpiente* es una novela intelectualizada, novela en la que los personajes en su mayoría tienen trasfondo histórico. El gran logro del autor ha sido fundir la historia con la literatura, haciendo que sus modelos de carne y hueso no se desliguen completamente de su propia realidad al ingresar cn el plano artístico como entes de ficción. En una palabra, lo artístico conserva y hace brillar lo histórico.

En *Al filo del agua* (1947) la revolución, todavía por estallar, se proyecta como lejano augurio que apenas afecta el fluir de la acción en un pueblecito de Jalisco (quizás Yahualica) que lleva por nombre Teocaltiche en la narración, pero, como cervantinamente nos dice el autor, "cuyo nombre no importa recordar". El caso es que la estructura vital del pueblo, su formación esencial, gira en torno a una tradición históricamente estática y a una actuación personal inexorablemente dinámica. Dentro de los límites de la tradición se desenvuelven vidas humanas individuales, cada una a su manera en armonía con sus experiencias únicas; cada personaje es su "yo y sus circunstancias", es decir, tanto sus circunstancias inmanentemente personales como sus circunstancias trascendentales o colectivas. La revolución servirá de expresión para un personaje, María, que, como don Quijote, vive en un mundo de fantasías literarias. Para ella será la revolución su "molino de viento". Téngase en cuenta que la novela de la Revolución Mexicana, como toda obra valiosa, ha perdurado y se perpetuará no por sus referencias o narraciones políticas o económicas, o de cualquier tipo social que sea, sino por su poder humanizante de hacernos vivir en toda su extensión a los seres imaginados o ya conocidos cuyas vidas individualmente se ligaron o rozaron con la revolución, antes, durante o después del gran evento.

El "Acto Preparatorio", efectivamente el primer capítulo de la novela, constituye la obertura que también servirá de cantatas. (Hay que escuchar como la recita el propio Agustín Yáñez para apreciar su fuerza musical.) En términos literarios, el "Acto Preparatorio" rige como el coro griego. "Pueblo de mujeres enlutadas ... pueblo sin fiestas ... pueblo seco sin árboles ni huertos ... pueblo sin alameda ... pueblo conventual ... pueblos de perpetua cuaresma ... (3-14)

Dentro del ambiente lúgubre, sin embargo, se desenlazan hechos inolvidables. Y las experiencias de esos hechos quedarán grabadas inextricablemente en nuestras vidas. (En una novela importa no tanto lo que pasa sino cómo se está experimentado lo que está pasando.) En la creación de María, personaje quijotesco que nos recuerda a Marcela y a otras mujeres que buscan su propia identidad, aparte de la del hombre, en el *Quijote*, se nos presenta a una mujer que solamente se somete a su libre albedrío. "Micaela y yo fuimos como hermanas; no voy a dejar su empresa de rebeldía", declara María al hacerse la defensora de la desgraciada amiga que deshonra al pueblo (295). Con admiración la describe el autor: "... tenía cierto encanto sentirse pilar imposible ante aquel torpe jovenzuelo cuyas pasiones despertaban, ineficaces para el contagio. ¡Cuán lejos estaba de los héroes que la entusiasmaban en las novelas y de los criminales cuyos hechos registraban los periódicos" (296). Pero no se lleva un disgusto ni el narrador ni el lector. Todo lo contrario, María bien se mide y logra infundir respeto como si ella misma fuera (¡y claro que lo es!) también "héroe de novela". (Aquí juega Yáñez con los lectores, dándonos a conocer que hay *novela* dentro de la novela, y que María ha quedado novelizada.) Y cuando el "torpe jovenzuelo" le suelta "... no quiero estorbarte: quedas en libertad, María", preludiando el feminismo combativo que cobrará fuerzas años más tarde, declara, "—yo no soy mercancía, ... repuso [ella] con sorda voz y con airado gesto" (297). Terminará siendo *revolucionaria* María pero, ¿quién sabe si aun dentro de la revolución no seguirá siendo rebelde?

Más atrevidamente rebelde, y más trágicamente también, lo es Micaela. Es ella al mismo tiempo la causa, una de las víctimas, y la heroína del aciago entrelace. Antes de morir, se confiesa culpable del crimen; su propio crimen, el de ser la causa, lo considera primordial. Espeluznantes recaen las palabras de Micaela en el momento supremo, como lo llama Yáñez: "—No le hagan nada, ¡suéltenlo! El no es culpable, yo fui la que quise, porque lo quiero y a nadie como a él he querido, ¡suéltenlo!" (261). Otra imponente mujer, aunque no precisamente del pueblo (ella viene de visita desde la gran ciudad de Guadalajara), es Victoria, cuya belleza y encanto femenino casi vuelven loco a Gabriel, "sobrino del cura" y campanero de gran talento musical. De su "locura" logrará curarse Gabriel, pero ya será otro. Es decir, el mismo Gabriel jamás será. Y hay quien se vuelve loco sin remedio: "Luis Gonzaga Pérez fue seminarista y ahora con sus extravagancias da mucho que hablar y reír. Es el hijo único, mimado ... Lo alegórico subyuga a Luis Gonzaga: su *incendio* es de fantasía" (83). Enloquece Luis Gonzaga al hallarse incapaz de zafarse de su conflicto vital, su dilema espiritual: ni cree, ni deja de creer. Ateo hubiera querido ser, pero no puede. He aquí un magnífico ejemplo de un personaje novelístico que tiene un pie en la tierra y el otro va hacia el cielo. Ejemplo es Luis Gonzaga del *to be or not to be*; su existencia desarraigada reside entre el ser y el querer ser, entre querer y poder. Irónicamente, es Luis Gonzaga quien más recuerda a Jesucristo durante la cuaresma aunque se le prohibe formar parte de la procesión por haber él asistido a una reunión de espiritistas.

Al filo del agua proyecta la actuación del pueblo en términos humanos, es decir, fuera del concepto positivista de causa y efecto. Como ya se ha intentado decir, la revolución es un lejano trueno, una realidad inexorable que traerá cambios sociales pero nada más cambiará: las vidas humanas se irán desenvolviendo igual que si hubiera o no hubiera cambio de gobierno. *Al filo del agua* se merecería páginas y páginas de escrito y una exégesis bien detallada. A base de su lectura podría recrearse la vida mexicana en un pueblecito remoto, alejado de las grandes metrópolis. Más allá de la vida de un pueblo particular, la novela pone de relieve "la comedia humana", para decirlo así, de todo pueblo, de cualquier país que sea. Más bien que la novela de la revolución, debiera calificarse como novela del pueblo en vísperas de la revolución.

En cuanto a *Pedro Páramo* (1955) de Juan Rulfo, como lo dice José Carlos González Boixó en su edición de la novela, "... la revolución podría haber dado la libertad a Comala; [el pueblo de *Pedro Páramo*]; sin embargo, Rulfo la presenta, al igual que lo había hecho en el cuento *El llano en llamas*, como un desengaño más que ha sufrido el mexicano" (43). En esta novela en que se integra la vida con la muerte podría decirse que los muertos viven y los vivos andan como si estuvieran muertos; Juan Preciado es el de carne y hueso mientras que la revolución yace en el olvido. El acierto literario, dejando aparte por el momento la maravillosa técnica dramática de Rulfo, consiste en la recreación de vidas desaparecidas que nos conmueven con una profundidad vital que no habría sido posible de captar sino en forma retrospectiva, como cuando ya se pueden dar el lujo de ser representadas dentro de una verdad artística. Aquí el pueblo actúa con una honestidad propia de quien se interesa más bien por la eternidad que por la vida material. Echesele la culpa a los españoles o no, el irreductible hecho que se destaca en la novela es que el *caciquismo* no es meramente un mal social que se cura con una u otra revolución, sino un mal endémico que quizás hasta sea una necesidad para que el organismo funcione dentro de la forma de vida mexicana. *Pedro Páramo* no es novela de tesis. Todo lo contrario, no hay más compromiso que proyectar en forma estética la visión interna, o sea, su vivencia, que siente el autor en torno a los vivos y a los muertos para quienes queda la revolución como un fantasma lejano y sombrío. Sólo tiene realidad su patrimonio devastador.

La última novela a tratar es *La muerte de Artemio Cruz* (1962), de Carlos Fuentes. En esta obra se proyecta al pueblo mexicano enfretándose con los mitos patrióticos de la revolución; todo parece haber sido un sueño irrealizable, una pesadilla paródica. A través de la vida del protagonista que oscila entre la vida y la cercana muerte se experimenta la inutilidad de la revolución. Prevalece la misma manera de ser. La actuación del pueblo se enfoca como el haber desempeñado el papel principal en una farsa dramática, farsa que se había tomado en serio y en la cual se había hecho el papel hasta con la vida propia. "... ¿Cómo se llamaban todos los muertos? No sólo los de esta revolución: los de todas las revoluciones ...

—¿Qué?— Morir a manos de uno de los caudillos y no creer en ninguno de ellos" (192, 193).

El logro artístico de Fuentes consiste en convertir en una experiencia literaria el gran evento de la revolución. La historia se enfoca como drama, y no pocas veces como un drama del absurdo. Devuelve Fuentes al plano de la experiencia inmediata el mito social del patriotismo. En una palabra, el autor, siguiendo el hilo cervantino en *Don Quijote* y el galdosiano en los *Episodios Nacionales*, noveliza los valores colectivos míticos. Claro está que la ironía del mexicano es más directa y mordaz que la de los modelos peninsulares. El momento vital de los años sesenta exige una completa desnudez del alma; la misión del autor es enfrentarse con la realidad histórica de su país. Por otro lado, la función de la novela consiste en hacernos experimentar el problema vital que nos acosa a todos, la imposibilidad de obrar en armonía con las ilusiones que mantenemos de nosotros mismos; no llegar a ser como quienes creemos que somos. Como consecuencia, la novela se forja dentro de una visión irónica del ser humano. Las grandes hazañas les pertenecen a la epopeya; en las novelas la heroicidad está bastante limitada.

En términos literarios, la actuación del pueblo, tanto en los *Episodios* de Galdós como en la novela mexicana de la Revolución es la de un protagonista novelístico que dentro de un tiempo y espacio (vivibles y transferibles para los lectores), es decir, precisamente definidos, se enfrenta con la problemática de no poder realizar los sueños, las ilusiones, que se ha forjado. Lo que no se quita, lo que queda grabado para siempre en nuestras almas, no es la desilusión sino la búsqueda del sueño, lo que podría denominarse "el viaje infinito en la tierra".

Obras citadas

Azuela, Mariano. *Los de abajo*. 3ª ed. Madrid: Ediciones Cátedra, 1984.

Fuentes, Carlos. *La muerte de Artemio Cruz*. México: Fondo de Cultura Económica, 1962.

Guzmán, Martín Luis. *El águila y la serpiente*. México: Editorial Porrúa, Colección de Escritores Mexicanos, 1984.

Pérez Galdós, Benito. *Trafalgar. Obras Completas*. Tomo I. *Episodios Nacionales*. Madrid: Aguilar, 1941.

Rulfo, Juan. *Pedro Páramo*. Edición de José Carlos González Boixó. Madrid: Cátedra, 1983.

Yáñez, Agustín. *Al filo del agua*. Prólogo de Antonio Castro Leal. México: Editorial Porrúa, Colección de Escritores Mexicanos, 1977. Explicación del autor antes de comenzar el "Acto Preparatorio."

Una fuente para el estudio de
la poesía de F. Luis de León.
El Ms. 3560 de la Biblioteca Real de Madrid

José J. Labrador Herraiz
Cleveland State University

Mucho se ha escrito sobre la poesía de uno de nuestros más grandes poetas del Siglo de Oro y, a pesar de ello, todavía no existe una buena edición que se encargue de poner en orden la obra completa de fray Luis de León. Por lo general, uno tras otro, los estudiosos que se han acercado a sus poemas han ido avanzando diversas teorías sobre distintos aspectos de la fecha de composición, de la autenticidad de un poema o, a veces, repitiendo lo ya consabido en ediciones de divulgación. Es cierto que hay un buen puñado de agudos y profundos estudios sobre fray Luis, y que recientemente José Manuel Blecua, a quien tanto le debemos todos, ha preparado una edición del agustino que publicará Gredos.[1]

Cinco años después de que Oreste Macrí[2] publicara su magistral "testo critico reveduto", el P. Angel C. Vega sacó su edición crítica (incompleta) con el primer estudio documental comprensivo —mayor compilación que su antecesor el P. Llobera—, de las fuentes manuscritas e impresas en las que se hallan obras auténticas o atribuidas a fray Luis.[3] A pesar del gran esfuerzo del P. Vega por no dejar nada fuera de su rebusca, algunos códices se le escaparon y, alertado por el poeta Luis Rosales, los incluyó en un apéndice. Pero, nada sorprendente, no dio con algunos: se fio demasiado de la venerable edición del P. Merino.

Al repasar hoy el estudio del P. Vega, notamos que hay varios códices que el erudito no llegó a ver, aunque los tuvo muy cerca. Nos referimos a los manuscritos de la Biblioteca Real de Madrid II-961,[4] II-996 y el manuscrito II-3560 de la misma biblioteca que describimos a continuación. No parece que el P. Merino conociera la existencia de los manuscritos II-996 y el que aquí inventariamos.[5]

El códice que hoy nos ocupa contiene una sección dedicada a las traducciones que de los Salmos, según esta fuente, hiciera fray Luis. No pretende este artículo verificar si dichas composiciones son de fray Luis o se trata de falsa atribución (dejo eso para los especialistas de la poesía del agustino), en cualquiera de los casos son textos con los que tienen que contar los estudiosos para descartar, tal vez, su paternidad o para verificar la exactitud de las atribuciones hechas por el copista.

El códice, cuyo contenido inventariamos a continuación, lleva la signatura moderna 3560; sabemos que antiguamente tenía la de 2-N-10 y no consta la fecha en que pasó a los estantes de la Biblioteca de Palacio. Componen esta colección cinco partes distintas, sin que tengan que ver unas con las otras. Aquellos cuadernillos sueltos debieron coserse juntos a finales del siglo XVIII o principios del XIX, cuando se encuadernó el tomo, como tantos otros códices de la biblioteca. Algunos de los cuadernillos que forman el volumen son sin duda de finales del siglo XVI, mientras que otros lo son claramente del siglo XVII. Estas partes son:

Folios 1r-38r; papel más nuevo. Se halla una comedia religiosa, 33 sonetos y una canción. Letra de finales del siglo XVI o principios del siguiente. El papel de los folios 1-18v es menos fuerte que el de los folios 19r-38v. El folio 38v quedó en blanco.

Folios 39r-45v; cuadernillo de papel viejo con los bordes muy doblados y desgastados, letra del siglo XVI. Contiene traducciones atribuidas a fray Luis de León, unos sonetos y una canción, todos de la misma mano. Tal vez este cuadernillo perteneciera a un manuscrito más grande con otras poesías del maestro. El pliego que contiene los números 40-43 está trastocado con el que lleva los folios 41-42.[6] En el folio 45v hay firmas de un tal D. Diego, anotaciones latinas carentes de importancia, varias sumas de números y una relación precedida de "El señor Juan de Vega, 6808; el señor don Pedro, 7555; el Señor Maldonado 9972".[7]

Folios 46r-60v; cuadernillo de papel mejor y más nuevo, contiene el poema satírico a don Beltrán de Castro y de la Cueva.[8] Letra del siglo XVII.

Folios 61r-64v; cuadernillo de papel más viejo, contiene las cuartetas puestas en los arcos de triunfo que Sevilla erigió a Carlos V y una octava también al Emperador. Letra del siglo XVI.

Folios 65r-67r; papel más nuevo. Egloga de Dalmiro. Letra del siglo XVII. El folio 67v quedó en blanco.

La ficha de la biblioteca da las siguientes indicaciones del códice:

> Poesías varias y una comedia del "Santísimo Sacramento". L[etras] siglos XVI y XVII. 1 vol. 4º. Comedia Smo. Sacr. que se representó en Segovia en 1595. No dice quién es el autor. Hay además unos sonetos y una canción del siglo XVI, cuyo argumento es amoroso. Siguen unas cuartetas al arco de triunfo que dedicó Sevilla a Carlos 5º, y al fin una Egloga de letra moderna que se intitula *Dalmiro*. 1 vol. 4º pta. 67 fol. 210 x 140 mm.

Domínguez Bordona tuvo en cuenta este códice para incluirlo, como el nº 507 de su inventario, e hizo notar el poema que se encuentra en el fol. 46r:

> "La victoria naval Peruntina que el famoso don Beltrán de Castro y de la Cueva tuvo contra ingleses en el Golfo de la Gorgonia en el mar del Sur, etc". Poema burlesco. Emp.: *Un hombre rico, pobre y mal contento.* 15 fols. 210 x 145 mm. L. del s. XVII. En un tomo de Poesías varias. Pasta valenciana con hierros dorados. 3560.[9]

Para no extendernos demasiado, y puesto que el propósito es dar a conocer unos poemas atribuidos a fray Luis, dejamos para otra ocasión el estudio completo de este interesante códice. Una rápida comparación entre las versiones aquí contenidas y las que publican la edición de la BAE y el Padre Felix García[10] indican, en algún caso, versiones distintas, en otros, más estrofas y, en casi todas, arrojan una cantidad considerable de variantes, sin duda, de interés. A continuación exponemos el índice del códice y después detallaremos su tercera parte, los núms. 36-48, con obras de fray Luis.

MANUSCRITO 3560

1. Hállome tan pobre y corto / quando pienso y quando hablo. DEL SANCTISSIMO SACRAMENTO. FAMOSA COMEDIA QUE SE REPRESENTO EN SEGOUIA EL AÑO DE 1599. f. 1r.
2. Del mundo, ocho son ya las marauillas / y ocho son los planetas çelestiales. SONETO. f. 18r.
3. Tierra, di, qué deidad es esta nueua / que al mundo admira y llena de alegría. SONETO. f. 18v.
4. Quando os quiso formar naturaleza / España la ofreció quanto tenía. SONETO. f. 19r.
5. La tierra a tu pisar se buelbe amena / el fuego a tu reyr arde contento. SONETO. f. 19v.
6. El que entender desea / nueua arte, oyga la mía. CANÇION. f. 20r.
7. Hártase el presto azor de coraçones / Marte a tiempos de sangre tiene hastío. SONETO. f. 23v.
8. No tiene el ancho mar tantas arenas / ni el cielo estrellas ni tierra hormigas. SONETO. f. 24r.
9. Ardo en el yelo y yélome en el fuego / tiemblo en agosto, en el diciembre sudo. SONETO. f. 24v.
10. Todo el mundo en mi amor miro y dicierno / y es la tierra mi fee firme y constante. SONETO. f. 25r.
11. Si otro dilubio Júpiter llouiese / con que'l fuego matase totalmente. SONETO. f. 25v.
12. No ay que admirar que Epiro tenga fuente / que fuego enciende y mata el encendido. SONETO. f. 26r.
13. Tiñó la cara en púrpura de Tiro / y los ojos bajó resplandeçientes. SONETO. f. 26v.
14. Después de hauerse el hombre transformado / en piedra por Medusa, no sentía. SONETO. f. 27r.
15. Quando estás en el campo y la ribera / cargas de fruto, de virtud y olores. SONETO. f. 27v.
16. Llega, llega, mi bien, llega, señora. / Señora, al cuello mío hecha esos brazos. SONETO. f. 28r.
17. O digna, qu'en metal Fidias te forme / y que te pinte Apelles el famoso. SONETO. f. 28v.
18. Abrióme amor sin golpe el un costado / y un árbol trasplantó en el valle hermoso. SONETO. f. 29r.
19. Entre mançanas y agua está el cuitado / de Tántalo, y eterna sed lo lima. SONETO. f. 29v.

20. Cuenca, que tienes el çeleste coro, / como Atlante en el hombro sufiçiente. SONETO. f. 30r.
21. Si agrado tanto al persa poderoso / con voluntad una poca agua dada. SONETO. f. 30v.
22. Manná distila, estrellas nueuas cría, / o noche sacra, alegre y venturosa. SONETO. f. 31r.
23. Sé que'l amor como sirena canta / y sé que amor qual cocodillo llora. SONETO. f. 31v.
24. Mi amarga vida engendra dulçe muerte / mi amarga muerte causa dulçe vida. SONETO. f. 32r.
25. ¿Qué agua matará mi viuo fuego?, / ¿qué fuego consumir podrá tanta agua? SONETO. f. 32v.
26. Bien me pudo apartar ausencia dura / de vos, pero no puede de que os vea. SONETO. f. 33r.
27. En un pie solo velo noche y día / con sólo un pie camina mi deseo. SONETO A UN PIE DE ALBAHACA QUE DIO UNA DAMA A UN GA[LAN]. f. 33v.
28. Para yllustrar en torno el monumento / ¿quién luçes me dará, quién llama ardiente? SONETO A LA MUERTE DE UNA DAMA. f. 34r.
29. Porque yerbas no dio para sanarte / tiembla la tierra ympetuosamente. SONETO A LO MISMO. f. 34v.
30. Di, bellíssima virgen malograda, / ¿son tus bodas aquestas, por ventura?. SONETO A LO MISMO. f. 35r.
31. ¡O si fuera tan grande mi ventura / que Medusa me hubiera transformado! SONETO A LO MISMO. f. 35v.
32. Camina, tiempo, y quítale a esta dama / la admirable belleça, a mí el tormento. SONETO. f. 36r.
33. Qual mariposa torno a ti, luz mía, / qual Fenix a ti, Apolo, hago mi nido. SONETO. f. 36v.
34. Mi bagel pasa un golfo alborotado / en noche larga y lóbrega de ymbierno. SONETO. f. 37r.
35. Ya me enojo, ya aplaco, viuo y muero / ya lloro, ya me río, yelo y ardo. SONETO. f. 37v.

* * * *

36. Bienabenturado / aquel a quien la multitud profana. POEMAS A LO DIUINO CONPUESTOS POR FRAY LUIS DE LEON SOBRE EL PSALMO *BEATUS UIR, QUI NO HABET [ABIIT].* f. 38r.
37. Quando en grabe dolencia / del alma te llame tú me escuchas. TRADUTION DEL PSALMO *CUM INVOCAREM [EXAUDIVIT ME].* f. 38r.
38. Del hondo de mi pecho / te he llamado, Señor, con mil gemidos. TRADUTION DEL PSALMO *DE PROFUNDIS [CLAMAVI].* f. 38v.
39. Quando pressos passamos / los ríos de Babilonia y sollocando. TRADUTION DEL PSALMO *SUPER FLUMINA BABILONIS.* f. 39r.
40. Como ni trastornado / el monte de Sión ni de su asiento. TRADUTION DEL PSALMO *QUI CUMFIDUNT IN DOMINO.* f. 39v.
41. Hierusalem gloriosa, / ciudad del cielo, amiga y amparo. TRADUCION DEL PSALMO *LAUDA, HIERUSALEM.* f. 39v.
42. Mientras que gouernare / el alma aquestos miembros, y entre tanto. TRADUCION DEL PSALMO *LAUDA, ANIMA MEA, DOMINUM.* f. 40r.
43. En la felix salida / del pueblo y casta de Jacob famosa. TRADUCTION DEL PSALMO *IN EXITU ISRAEL DE [A]EGI[P]TO.* f. 40v.

44. Como la cierba brama / por las corientes aguas encendida. TRADUCION DEL PSALMO *QUEMADMODUM [CERVUS] DESIDERAT.* f. 41v.
45. El pecho fatigado / de sentencias mayores y subidas. TRADUCION DEL PSALMO *ERU[C]TAUIT COR MEUM.* f. 42r.
46. [ ]us ego habeo noticias abstratibam imperatoris ... [CUATRO RENGLONES EN PROSA LATINA].f. 42v
47. A ti, Dios poderoso, / enderece mis ojos desde el suelo. TRADUTION DEL PSALMO *AD TE LEUAUI OCULOS MEOS.* f. 44r.
48. Es bienabenturado / varón el que en juycio malicioso. TRADUCION DEL PSALMO *BEATUS VIR QUI NON ABIIT.* f. 44r.
FIN DE LOS PSALMOS
49. ¿Qué hombre es éste, un ángel disfracado? / ¿Angel en la montaña? El lo hace cielo. SONETO DE SAN JUAN BAPTISTA. f. 44v.
50. Aquél que de Dios Padre fue enbrado, / aquél que fue antes sancto que nacido. OTRO SONETO A EL MISMO. f. 44v.
51. Del soberano Espíritu alunbrado / en el maduro vientre careciendo. OTRO SONETO A EL MISMO. f. 44v.
52. Las manos, a quien la muerte a tantos dieron, / veslas en tu seruiçio diligentes. SONETO A LA MAGDALENA. f. 44v.
53. Vio Dios en el mundo una figura / a los hijos del siglo enamoraba. OTRO SONETO A LA MAGDALENA. f. 45r.
54. El resplandor celeste se querella / con las lunbreras del luciente Cielo. SONETO DE LA NATIUIDAD. f. 45r.
55. Al hielo nace la flor, / ved qué calor ay en ella. [COPLA] AL NASCIMIENTO DE NUESTRO SEÑOR. f. 45r.
56. De la cepa virginal / ques la sagrada María. [GLOSA A LO ANTERIOR]. f. 45r.
57. ¿Savéis quién es el amor / que al mismo Dios hiço guerra? OTRAS [COPLAS] A LO MESMO. f. 45r.
58. El amor muy atreuido / a Dios á desafiado. [GLOSA A LO ANTERIOR]. f. 45v.
* * * *
59. Un hombre necio, pobre y malcontento / y aun mal contentadizo y disgustado. [POR MATEO ROÇAS DE OQUENDO]. f. 46r.
* * * *
60. El universal imperio, / ¡o gran Céssar! qué te á dado. JESUS, MARIA SPES MEA. PRIMER ARCO QUE EN ESPAÑOL DICE LA CIUDAD DE SEUILLA DEDICO EN ESTE ARCO EL TRIMUPHO DE LA FORTALEZA A LA INCOMPARABLE DEL MAXIMO AUGUSTO ÇESSAR CARLOS Y BAXO DEL GLOBO ESTOS UERSOS QUE EN ESPAÑOL DICEN. f. 61r.
61. Aunque tus brazos temidos, / ¡o gran Carlos! nos an dado. SEGUNDO ARCO. LA CIUDAD DE SEUILLA CONSAGRO ESTE ARCO TRIUMPHAL A LA CESSAREA FORTALEZA DEL EMPERADOR CARLOS PRIMERO REY Y SEÑOR NUESTRO Y PROTECTOR DE TODA LA RREPUBLICA CHRISTIANA. f. 61v.
62. No es uictoria menor auer sabido / perdonar como rey al que os á dado. TERCER ARCO. LA CIUDAD DE SEUILLA MANDO HACER ESTE ARCO EN HONOR DE LA CLEMENCIA DEL ÇESSAR SEÑOR NUESTRO, UIRTUD TAN SUYA QUE A LOS ENEMIGOS QUE CON MANO ARMADA A VENCIDO, CON MANO LIBERAL PERDONA Y HONRRA. f. 62r.
63. Ir con una coyunda, / baxo de un yugo, el fiero tygre y toro. CUARTO ARCO. LA CIUDAD DE SEUILLA LEUANTO ESTE ARCO EN MEMORIA

Y AGRADECIMIENTO DE LA PAZ UNIUERSAL QUE EN ESTE SIGLO
DE ORO GOZA LA CHRISTIANDAD POR LA RUDENCIA FORTALEZA
Y ÇLEMENÇIA DEL CESSAR REY Y SEÑOR NUESTRO. f. 62r.

64. La justiçia que huyó / por las maldades del suelo. QUINTO ARCO. LA
CIUDAD DE SEUILLA CONSAGRO ESTE ARCO Y TRIUMPHO DE LA
JUSTICIA AL MAS JUSTO Y RRECTO DE TODOS LOS PRINCIPES, CAR-
LOS PRIMERO, EMPERADOR SEMPER AUGUSTO, COMO LO A MOS-
TRADO HONRRANDO A LOS BUENOS Y DOMANDO A LOS RREBEL-
DES. f. 62v.

65. ¡Qué uirtud, magno Carlos, no floreçe / en esse corazón fiero a medida!
SEXTO ARCO. TU FE TE LABRA UNA CORONA DE MAYOR DURA-
CION QUE DE HIERRO Y TU CHARIDAD, O ÇESSAR, MAS PRECIOSSA
NOS ASIGURA DE LA ESPERANZA QUE PODEMOS TENER EN TU MA-
GESTAD SACRA. f. 62v.

66. La gloria que a los mortales / o por su brazo o su pecho. SEPTIMO ARCO.
LA INMORTAL FAMA DE QUE ES DEUDOR ESTE MUNDO MORTAL A
LA GLORIA DEL EMPERADOR Y EMPERATRIZ, SEÑORES NUESTROS,
MUESTRA LA CIUDAD DE SEUILLA PAGANDO LA PARTE DE LA
DEUDA QUE TOCA A SU CONOCIMIENTO EN ESTE ARCO. f. 63r.

67. Este es el mayor señor / a quien el Cielo le á dado. MAXIMUS IN TOTO
ETC. f. 63v.

68. Carlos y Henrrico uiuan, no se acabe / el blassón inmortal que les conuie-
ne. CAROLUS ET HENRICUS ETC. f. 63v.

69. [Composición corta en prosa]. Carlos, que señoreas el mundo, tú que los felices
hados los fuerzas a foboreçer tus cosas; tú que hazes temblar al turco feroz
y la tierra de Africa, la qual te vio superior en el rendimiento... f. 64r.

70. Invicto Carlos, que de uno y otro mundo / a ti solo el gouierno se atribuya. OCTAUA A LA PRUDENCIA DE CARLOS PRIMERO. f. 64r.

71. Aunque eternos loores te offreçemos, / o Carlos quinto, emperador famoso.
OCTAUA A LA FORTALEZA. f. 64v.
                              * * * *

72. Aquellas sombras que a la tarde crecen, / aquel cielo sereno, aquel retiro.
DALMIRO, EGLOGA. f. 65r.
                         [FIN DEL CODICE]

Once son las traducciones que, como hemos visto, se le atribuyen en
este códice a fray Luis de León. Once salmos, de los cuales todos menos
dos publica el P. García tomándolos del P. Merino. No hemos podido
consultar para esta ocasión la obra del P. Merino, que se halla en la Nacional de Madrid, para constatar la información que en sus notas da el P.
García, pero está claro que en ellas no aparecen las variantes de este códice, como da, por ejemplo, las del Fuentesol (MP 973), de la edición de
Quevedo y de otros códices. Además, en las listas de manuscritos que
consultó el Padre Vega (1955), tanto en la que precede a los textos como
en la apendicular, tampoco se da razón de esta fuente.[11] Al comparar estos versos con la edición de las obras de fray Luis publicada en la BAE[12]
y otras ediciones, encontramos notables diferencias.

Nº 36: "Es bienaventurado / aquél a quien la multitud profana" (Salmo 1). No encontramos esta versión del Salmo.

Nº 37: "Quando en grabe dolencia" (Salmo 4). No fue incluida en la ed. de la B.A.E. Tiene variantes con la versión publicada por el P. García. Nº 38: "Del hondo de mi pecho" (Salmo 129). No se incluyó en las ediciones de la B.A.E. ni del P. García.

Nº 39: "Quando pressos passamos" (Salmo 136). Tiene variantes respecto a las versiones de la B.A.E. y del P. García. También la hallamos en el MN 3902, fol. 157v, cuyo contenido acabamos de editar.

Nº 40: "Como si trastornado" (Salmo 124). Con variantes respecto a las versiones de la B.A.E. y del P. García.

Nº 41: "Hierusalem gloriosa" (Salmo 147) Tiene variantes notables con las versiones de la B.A.E. y del P. García.

Nº 42: "Mientras que gouernare" (Salmo 145). También tiene variantes esta versión respecto a las de la B.E.A y del P. García.

Nº 43: "En la felix" (Salmo 113). Incompleta en la edición de la B.A.E. Tiene la misma extensión que la versión publicada por el P. García, aunque con alguna variante.

Nº 44: "Como la cierba" (Salmo 41). Con variantes de importancia respecto a las ediciones de la B.A.E. y del P. García.

Nº 45: "El pecho fatigado" (Salmo 44). Tiene una estrofa más y variantes respecto a las ediciones de la B.A.E. y del P. García.

Nº 47: "A ti, Dios poderoso". (Salmo 24). Versión distinta de las publicadas en la B.A.E. y por el Padre García.

Nº 48: "Es bienaventurado / varón el que en juycio malicioso" (Salmo 1). Existen variantes de importancia. La última estrofa no se copió en el manuscrito.

Esta parte termina con la nota "Fin de los Psalmos" y a continuación se copian tres sonetos dirigidos a San Juan Bautista, dos a la Magdalena, uno a la Natividad y dos canciones glosadas al Nacimiento de Nuestro Señor. El soneto a la Magdalena, "Las manos a quien la muerte a tantos dieron", fue publicado en 1582 por el Lic. D. Juan López de Ubeda en su *Vergel de flores divinas*. El Padre Vega lo publica en apéndice (580), quien se sorpende de encontrarlo en el MN 3909 y, aunque le parece de gran interés, deja que la crítica decida su autoría.[13] Queda por ver si las otras composiciones copiadas en esta parte salieron de la pluma de fray Luis.

Notas

1. Desconocemos en el momento de redactar este trabajo si don José Manuel Blecua ha utilizado esta fuente. Innecesario parece recordar a los lectores la edición básica del Padre Llobera (1931-1933). De la larguísima bibliografía sobre fray Luis, sólo citaré lo más reciente llegado a nuestras manos: *Fray Luis de León y la escuela salmantina*, ed. de Cristóbal Cuevas (Madrid: Taurus, 1982); *Fray Luis de León. Poesía*, ed. de Manuel Durán y Michael Atlee (Madrid: Cátedra, 1985); *Fray Luis de León: Poesía*, introducción y notas de Darío Fernández-Morera y Germán Bleiberg (Madrid: Alianza, 1986); *Fray Luis de León. Poesías*, ed. de Juan Francisco Alcina (Madrid: Cátedra, 1987), estudio que recomendamos, aunque omite las traducciones sagradas; *Fray Luis de León. Poesías completas. Escuela sal-*

mantina. Antología, ed. de Ricardo Senabre (Madrid: Espasa Calpe, 1988). José Manuel Blecua, "Sobre el salmo *Super flumina*" en *Homenaje a Eugenio Asensio* (Madrid, Gredos, 1988) 113-26. También en el mismo volumen: "Notas sobre las odas de fray Luis de León", de Juan Francisco Alcina Rovira, 33-40. La Biblioteca de Menéndez Pelayo acaba de publicar unos interesantes trabajos sobre fray Luis.

2. *Fray Luis de León. Poesie,* ed. de Oreste Macrí (Firenze: G.C. Sansoni Editore, 1950).

3. *Poesías de Fray Luis de León,* ed. del P. Angel C. Vega (Madrid: Saeta, 1955).

4. Que lo usó el P. Merino nos consta por unas notas que el entonces bibliotecario de S. M., Miguel Salvá, puso al frente del códice, el 18 de enero de 1844.

5. Es conjetura circunstancial, pues en el momento de escribir este estudio no tenemos a nuestro alcance los tomos del P. Merino, aunque los hemos consultado anteriormente para otros trabajos. Ignoramos asimismo si éste hizo uso del MP 996 (2-H-4), que el P. Vega tampoco menciona. Para el inventario del contenido de esta miscelánea véase nuestro artículo citado en nota 11, abajo.

6. El orden actual de los folios es 39, 41, 40, 43, 42, 44, pero por error del encuadernador; no afecta al texto.

7. El texto salta del fol. 42r al 43v (según están colocados ahora), dejando los fols. 42v y 43r en blanco. En el fol. 42v se han añadido cuatro líneas con unas notas en latín que carecen de importancia.

8. En el MN 19.387, "Colección de poesías, la mayor parte anónimas y algunas de Mateo Rosas de Oquendo ...", lo encontramos junto a poemas de Cervantes, Lope de Vega, Cristóbal de Flores de Alderete, Alonso Alvarez de Zorita y Francisco de Quevedo.

9. Domínguez Bordona, *Manuscritos de América* (Madrid: Patrimonio de la República, 1935) 197.

10. *Obras completas castellanas de Fray Luis de León,* ed. revisada y anotada por el Rdo. P. Félix García (Madrid: BAC, 1944). El P. García se aprovecha de la edición que en los años 1804-1814 publicara el P. Merino.

11. *Poesías de Fray Luis de León,* ed. P. Angel C. Vega (Madrid: Saeta, 1955) 361-95, 603-05. Aunque nos consta que el P. Merino también consultó el MS. 961 de Palacio, el P. Vega no lo incluye. Los profesores C. A. Zorita, R. A. DiFranco, J. J. Labrador Herraiz llevan muy avanzada la edición de este códice: *Manuscrito llamado "Poesías del Maestro León"* (MP 961), que saldrá en 1991. De este manuscrito ya dimos noticia en el artículo "Los cancioneros manuscritos de la Real Biblioteca de Palacio. Más fragmentos de un fragmento", *Reales Sitios* 24.93 (1987): 21-32.

12. *Obras del Maestro Fray Luis de León,* en *Escritores del siglo XVI,* II, precedida de la vida escrita por don Gregorio Mayans y Siscar (Madrid, Rivadeneyra, 1885), tomo 37.

13. En apéndice lo imprime también Manuel de Santiago, en *Fray Luis. Obra poética completa* (Sant Cugat de Vallés: Libros Río Nuevo, 1981), 187.

Anonimia y seudonimia en el Siglo de Oro: La censura inquisitorial y los pliegos sueltos

Felipe A. Lapuente
Memphis State University

La vida cultural de las Españas en los siglos XVI y XVII se nos presenta en una encrucijada de corrientes ideológicas: el renacimiento y el humanismo resurgen en conflicto con una variedad de herencias medievales; el erasmismo y el escolasticismo —innovación y continuidad— se enfrentan y, a veces, se mezclan; el conflicto entre los cristianos viejos y los nuevos desemboca en la labor de vigilancia y de control que ejerce la Inquisición sobre todo el quehacer cultural de la nación. El reciente brote de la reforma protestante agudiza todavía más el papel de vigía que continuamente se asigna a la Inquisición. La libertad de pensamiento, el derecho a escribir, se somete a una censura que el poder político —ahora unificado— puede respaldar. ¿Qué impacto tiene la censura en el desarrollo del pensamiento de los escritores del Siglo de Oro? ¿Cómo se desdobla el yo creador, usando anónimos y seudónimos, al liberar la lengua escrita de las presiones externas que le imponen las circunstancias históricas? Para zanjar estas preguntas hay que describir brevemente el clima intelectual en que los escritores se mueven. Al principio del siglo XVI existe un marcado cambio cultural de la producción erudita hacia una producción artística. Quizás se deba esto al declive de las universidades y al descenso de la matrícula universitaria (Linz 65-67). Se calcula que en 1541 todavía quedan 250,000 judeo-conversos no perturbados por la Inquisición en una población de 7,4 millones de habitantes. Es decir, el 3,3% de la población. Y esto a pesar de dos siglos de motines antisemitas y 50 años de ser sometidos a la limpieza de sangre, un serio obstáculo que les prohibía acceso a círculos intelectuales tales como oficiales de la Inquisición, cargos de la universidad o posibilidades de entrar en las órdenes religiosas (con la excepción de los jesuitas). El 6% ciento de los jóvenes cursaban estudios en 36 universidades del imperio. La mitad de los miembros de los concilios de Castilla y de las Indias y 40% de los obispos españoles habían estudiado en las universidades de Alcalá, Salamanca y Valladolid. Pero para mediados del siglo XVII (1660) estas universidades producen la mitad de todos estos números (Linz 76-79). A todos éstos debemos añadir los educados por las órdenes religiosas, especialmente los jesuitas. Aunque la Inquisición cambia un poco el rumbo intelectual de la universidad a una función de censura y expurgación del libro, sin embargo, todavía florece una gran cantidad de hombres capaces por su liderato intelectual. Muchos de ellos trabajan bajo la burocracia de la Inquisición que ofrece no sólo la ventaja de la libertad de impuestos, sino que, junto con los administradores del estado (gobernadores, miembros de consejos) reciben los mejores salarios. Su función intelectual es clara: juzgar la compatibilidad de las nuevas ideas con la herencia filosófico-religiosa del pasado. La atalaya intelectual de la Inquisición se extiende por igual a los escritores ascetas y místicos como a los poetas y los dramaturgos, a los que ocupan altos cargos en la Iglesia como a los que sostienen las riendas del estado. Generalmente no se condenan todas las obras de un autor ni una obra completa. El escrutinio de expurgación tacha párrafos y frases que requieren un discernimiento intelectual considerable. En *Don Quijote* tan sólo se encuentra una frase censurable (II ª parte, capítulo 36 en el *Indice* de 1632): "Las obras de caridad que se hacen flojamente no tienen mérito ni valen nada". Un estudio detallado de los *Indices*, prohibiciones y expurgaciones, y de los archivos de sus procesos, arrojaría un obvio resultado: la Inquisición tiene un impacto considerable en la formación de anónimos y seudónimos en tres grupos de escritores del Siglo de Oro: el judeo-converso, el asceta-místico y el literato. También contribuye a crear una segunda inquisición que Unamuno llama "inquisición inmanente": la previa censura, consciente o inconsciente, a la que el intelectual o el científico somete su obra antes de escribirla. Causa una ruptura entre lo que se piensa escribir y lo que finalmente se escribe. En estas circunstancias cuando el escritor escribe lo que piensa se escuda en anonimia o seudonimia. Pero no siempre. A veces el escritor no hace distinción entre su propia censura previa y su creatividad literaria. En este caso el anonimato o el seudónimo es un personaje más. Los seudónimos de Lope, por ejemplo, nacen del oscuro instinto de multiplicar su yo, de romperlo, de tratar el seudónimo como una extensión del yo plurivalente (Lapuente 658).

El resumen del trabajo expurgatorio y prohibitorio de la Inquisición es el siguiente: 25 autores literarios son procesados y 82 censurados. Ahora bien, ¿cuál es el número total de autores y obras producidas en relación con las que han sido modificadas de algún modo por la Inquisición? De los 25 procesados sólo 8 terminan en el *Indice*. De los 82, sólo 7 fueron procesados y no por su obra literaria. De los 25 procesados 10 son condenados a cárcel o destierro; ninguno es condenado a cárcel perpetua, excepto Molinos que es condenado por la Inquisición romana. Existen casos de cárcel preventiva como Mal Lara, Arias Montano y, más tarde, Marchena. Sólo un personaje, Antonio Pérez, es torturado y no en la cárcel de la Inquisición sino en la pública y esto por tretas y odios políticos. El P. Llorente da 118 aunque su definición de "literatos" es demasiado amplia.

En España los anónimos y seudónimos literarios forman una parte mínima de la lista de los *Indices* desde 1551 hasta 1848. Sólo hay 82 autores censurados. De ellos 12 nunca son prohibidos sino expurgados. En algunos se expurga una frase marginal o secundaria (Cervantes, Espinel) y a veces se expurga una sola palabra (Silvestre, Ocampo). Otras veces la expurgación se extiende a cientos de páginas o versos (Granada, Castillejo).

Es obvio que desde el principio hay un interés en perseguir el anonimato cosa que indica que se sigue escribiendo. Hay autores que no figuran en los *Indices* cuyas obras son recogidas antes de presentarse en público: Lope, Montalbán, Calderón, pero los anónimos siguen apareciendo hasta el siglo XIX. Lo curioso es que los censores, aun sabiendo el nombre del autor, callan su nombre. Así, quedan legalmente en el anonimato y bajo el dominio celoso de los inquisidores. Este silencio ha creado enormes problemas de autoría para el historiador literario: El *Lazarillo*, *La Celestina*, Góngora y Quevedo. Estos dos últimos autores son los más interesantes casos de la Inquisición. La obra de Góngora no sale durante su vida y cuando se publica es expurgada. Quevedo aparece por primera vez en el *Indice* de Zapata (1632) donde se prohibe *El Chitón*. Más tarde se prohiben "todos los demás libros ... en nombre de dicho autor", después que se enumeran las obras que se permiten. Mucho más tarde, en el *Indice* de Rubín de Cevallos (1790), se prohibe un anónimo, *El entremetido, la dueña y el soplón*, obra que según Vicente Llorens es de Quevedo.

Un caso interesante de la censura inquisitorial es el de los pliegos. Hay algunos pliegos recogidos por la Inquisición: jácaras mordientes, sangrientas y plebeyas; coplas desvergonzadas y atentatorias contra la autoridad civil o eclesiástica. Pero el lector de hoy queda sorprendido de la "liberalidad" de la Inquisición en este campo, lo cual indica que la censura no daba mucha importancia a los pliegos. Muchos de estos aparecían, contra las normas establecidas, como anónimos y aun seudónimos, sin lugar, ni fecha. Así llegaban al lector numerosas obrillas que luego el Santo Oficio tenía que recoger. Esto ocasionaba pérdidas y molestias a los autores. De ahí que encontremos acerbas parodias de todo este proceso. ¿Fue la Inquisición en todo esto "liberal" o "descuidada"? (Sierra Corella 22, 113).

Los pliegos censurados podrían dividirse en cuatro apartados: 1) *de contenido religioso*: vidas de santos, la Inmaculada Concepción, poesía ascético-moral, catecismos en verso, villancicos o temas navideños; 2) *de contenido religioso ortodoxo y contra supersticiones*: apariciones, el demonio, devociones, racismo antisemita y antimorisco, monstruos extraños y señales del cielo; 3) *de contenido político*: celebraciones reales (nacimientos, bodas, etc.), sucesos de estado, guerras y batallas y los privados del rey; 4) *de miscelánea temática*: alabanza de ciudades, sátiras (contra las mujeres y las clases sociales), alabanzas de animales, etc. Con todo esto hay mucho —muchísimo— que escapó la vigilancia de la censura: poesía de burdel, alabanza de la sífilis, burla cariñosa de quien sufre la enfermedad, métodos de curación, etc. El vulgo leía casos horrendos, sangrientos y espantosos (García de Enterría 102-04).

Al principio del siglo XVI los ciegos y los impresores necesitan vender sus pliegos y establecer una literatura de cordel que el público acepte. Por eso, necesitan sacar los pliegos con anónimos o aquéllos en los que se esté usando erróneamente a los autores conocidos como autores supuestos de los pliegos. Así, en el *Diccionario* de Rodríguez-Moñino hay 646 pliegos en los que aparece el nombre del autor, pero otros 529 son anónimos. Muchos de estos anónimos fueron editados en el siglo XVII asignándoles nombre de un autor conocido para mejor vender la obrilla. Ya entrado el siglo XVII también comienzan a aparecer pliegos con nombres tales como Manríquez Sarmiento, Pedro Yñíquez, Blas de las Casas, etc. Algunos de estos autores se hacen famosos repitiendo sus nombres en ediciones subsiguientes. Nace así su propio respeto y la aceptación más o menos acentuada de esta literatura de cordel que ya no necesitará esconderse en la anonimia o seudonimia, "ni atribuir a buenos autores cultos obras vulgares" (García de Enterría 114).

A finales del siglo XVII existe un interés, por parte de los escritores cultos, en imitar la literatura de cordel y escribir con desenfado rebajándose a un gusto plebeyo (Wilson 1-27). A veces estos escritores cultos se refugian en el anonimato aunque el público conocía muy bien el nombre del autor ya que conocía la obra en cuestión. Un pliego de 1633 con una elegía a la muerte de Fr. Hortensio Félix Paravicino, tiene anotado al margen: "de un amigo suyo", Don Gabriel de Moncada. Otro lleva el nombre de Candamo. Pero ocurre algo de notar: los autores cultos quieren separarse de los vulgares en las fórmulas y títulos que usan en las dedicatorias de los pliegos (Doctor, Licenciado, Don). Como reacción a esta curiosa discriminación social en la república de las letras, los autores simples buscan sus propios mecenas con títulos, a quienes les dedican sus obras, o terminan añadiendo sus propios títulos, algunas veces con mordaces parodias. Por ejemplo: "Doña Juana de Quaquos, hija de Culata, y vezina de Bufalí, como la verá el curioso" (García de Enterría 119).

Por otra parte existen numerosos pliegos que tratan de la salud del Rey Carlos II "El Hechizado" y de su esposa. Están escritos por poetas de la corte que satirizan "las saludes reales" y se esconden con seudónimos quizás conocidos en aquel entonces. El pueblo reacciona, en general, poniéndose de parte del pobre rey (Wilson 13, 24-27; G. de Enterría 279).

Durante el período de Felipe II se crean unos decretos extremadamente severos para controlar los libros publicados en el extranjero: se vigilan las fronteras y se fuerzan a los libreros a que revisen sus librerías así como a sus clientes pasando revista a las listas de libros prohibidos. Se les pide que entreguen los libros y que se busquen los que se hayan vendido. Lo mismo pasa con las bibliotecas donde se pide que se retiren los libros entredichos (Bujanda 53). Aunque existe cierta relación entre prohibiciones y la producción de libros, la nómina no explica los graves problemas económicos por los que atravesaban los libreros. A finales del siglo XVII, éstos se vieron forzados a publicar numerosos pliegos al alcance económico del vulgo. La producción de libros serios no rentaba. Escritores de la talla de Lope, Quevedo y Gracián, por otra parte, publican en Aragón por las prohibiciones de Castilla (Cruickshank 811-24).

El origen del control de licencias de imprimir libros es interesante. En 1502 los Reyes Católicos ordenan que no se impriman libros sin licencia real. De hecho, es raro encontrar un libro con licencia antes de 1521. A partir de entonces el autor quiere poner la licencia en la primera página para que no se le tache de heterodoxo. Por otra parte, la Inquisición comienza a conceder licencias de imprimir en 1515 y la dualidad de las licencias (el Estado y la Iglesia) continúa hasta 1550 cuando la corona usurpa todos los poderes de imprimir. A partir de 1559, fecha del *Indice* de Valdés, la Inquisición establece un rígido control ordenando visitas a librerías, vigilancia de las fronteras (sobre todo después del caso de Julián Hernández, "Julianillo", 1557, que trajo numerosas obras de Flandes), supresión de todas las licencias para leer libros prohibidos (no se les permite ni a los consultores) y, finalmente, el derecho a reservar al Consejo de la Inquisición la autoridad sobre la ortodoxia de un libro (Martínez Millán 551-62, 573-77).

En conclusión, en el anonimato hay casi una anulación completa del actor-autor al servicio de la ideología del texto; o, mejor, al servicio del lector. Por eso, las prohibiciones de la Inquisición iban dirigidas a proteger al lector de la heterodoxia. En el seudónimo el autor suplanta la persona real por otra no-persona: una invención más o personaje que se interpone entre el yo referencial del texto y el yo enunciado. Persona y discurso se funden en el uso de un nombre propio (el seudónimo) que es ficticio. Esto quiere decir que el producto de la censura histórica resulta en un nuevo contrato de lectura entre el autor y el lector donde el método textual de contacto no es sólo el camuflaje del yo personal —como en todo texto gramatical— sino, incluso, la ostensiva y deliberada intención de mitificar el yo en multivalentes sustituciones para tratar de salvar el enunciado (Benveniste 161-87).

Obras citadas

Benveniste, Emile. *Problemas de lingüística general*. Trad. de Juan Almeda. México: Siglo XXI, 1971.

Bujanda, J[esús] M[artínez]. "Literatura e Inquisición en España". Joaquín Pérez Villanueva, ed. *La Inquisición Española. Nueva visión, nuevos horizontes*. Madrid: Siglo XXI, 1980. 579-92.

Cruickshank, D. W. "Literature and the book trade in Golden-Age Spain". *The Modern Language Review* 73 (1978): 799-824.

García de Enterría, María Cruz. *Sociedad y poesía de cordel en el barroco*. Madrid: Taurus, 1973.

Lapuente, Felipe-Antonio. "Más sobre los seudónimos de Lope de Vega". Manuel Criado de Val, ed. *Lope y los orígenes del teatro español*. Madrid: EDI-6, 1981. 657-69.

Linz, Juan. "Intellectual roles in Sixteenth and Seventeenth-Century Spain." *Daedalus* 101 (1972): 59-108.

Martínez Millán, José. "Aportaciones a la formación del estado moderno y a la política española a través de la censura inquisitorial durante el período 1480-1559". Joaquín Pérez Villanueva, ed. *La Inquisición española. Nueva visión, nuevos horizontes*. Madrid: Siglo XXI, 1980. 537-78.

Sierra Corella, Antonio. *La censura de libros y papeles en España y los Indices y Catálogos de libros prohibidos*. Madrid: Cuerpo Facultativo de Archiveros y Arqueólogos, 1947.

Wilson, E. M. "La estética de Don García Salcedo Coronel y la poesía española del siglo XVII". *Revista de Filología Española* 44 (1961): 1-27.

Sentido y dimensión de lo fantástico en los *Cuentos del reino secreto*, de José María Merino

Eduardo-Martín Larequi García
Universidad de Navarra

José María Merino es, sin lugar a dudas, uno de los narradores más interesantes de entre los que comenzaron su andadura en los años de la democracia española. Su obra narrativa, que hasta el momento comprende cinco novelas, *Novela de Andrés Choz* (1976), *El caldero de oro* (1981), *La orilla oscura* (1985), *El oro de los sueños* (1986) y *La tierra del tiempo perdido* (1987), un libro de cuentos, *Cuentos del reino secreto* (1982), y un texto difícilmente clasificable, a caballo entre el cuento largo y la fábula, *Artrópodos y Hadanes* (1987), ha recibido elogios unánimes por parte de la crítica, la cual ha coincidido en destacar la coherencia, autenticidad y originalidad de su mundo novelístico, fundado en torno a una poética narrativa que incorpora con vigor extraordinario las experiencias del sueño, la ficción y la imaginación a la expresión de la realidad.[1] Merino rechaza conscientemente la concepción del relato como mero testimonio de los aspectos más epidérmicos de la realidad y al mismo tiempo evita el error opuesto, es decir, la reducción de lo narrativo a un puro artificio verbal o a un estéril experimentalismo formalista.[2] Lo que caracteriza su narrativa es la constante reivindicación del acto de narrar entendido como gozosa fabulación, como libérrimo ejercicio de invención y relación de historias, si bien basado en una experiencia muy directa y sensible de la realidad personal y colectiva, vinculada en su caso a un mundo imaginario propio y a los escenarios y paisajes leoneses donde transcurrió la mayor parte de su infancia y juventud.

Imaginación y experiencia de la tierras de León son los dos pilares que sustentan la arquitectura de los *Cuentos del reino secreto*, libro donde la fusión del mundo imaginario del autor y el sabor inmediato y director de la cultura, las gentes y los paisajes leoneses alcanza un resultado estético muy estimable.[3] La singularidad de este libro, sin embargo, no estriba en esa fusión a la que acabo de referirme —común a todos los textos narrativos del escritor— sino en el modo en que se produce. En efecto, mientras que en las dos novelas anteriores los elementos imaginarios pertenecían sobre todo a la esfera de la experiencia psicológica, es decir, al campo de expresión de las ensoñaciones o fantasías de los personajes, en este volumen de cuentos adquieren una dimensión real, se "realizan" en el interior de la anécdota. De este modo, sobre el marco realista en que se localizan estas narraciones sucede una serie de fenómenos o acontecimientos ajenos a la normalidad del mundo empírico y cotidiano, que son percibidos por el lector y por los personajes como extraordinarios e insólitos, como violaciones inexplicables de la lógica y de las leyes que dominan el mundo que conocemos.

Es evidente que el esquema de organización del mundo narrativo que acabo de trazar se corresponde con lo que habitualmente denominamos literatura fantástica.[4] Y este hecho debe ponerse de relieve, pues es indudable que la característica más conspicua de estos veintiún relatos[5] es su dimensión fantástica, ciertamente poco común en el panorama de las letras españolas. Menos común todavía es un rasgo no suficientemente destacado por los reseñadores, como es la frescura y la sinceridad que respiran estas historias, ajenas al servilismo imitativo en el que han caído no pocos narradores españoles de los últimos tiempos, fascinados por el caudal renovador de la novelística hispanoamericana, cuando no por los modelos narrativos ofrecidos por la narrativa anglosajona, con sus *ghost stories* y sus *gothic novels*. Si bien es cierto que los cuentos de Merino tienen algunos puntos de contacto con el realismo mágico hispanoamericano y con los subgéneros narrativos que acabo de mencionar —más adelante lo comprobaremos— es preciso destacar que en su conjunto forman un mundo singular e individual, lo cual no impide que podamos percibir en él algo así como un sabor tradicional y añejo, propio de las historias fantásticas tan abundantes en las literaturas europeas del siglo pasado.

El carácter tradicional de los temas fantásticos de estos cuentos queda claro si hacemos un breve repaso de los mismos: animación de representaciones figurativas y de imágenes ("El nacimiento en el desván", "Los valedores"), transformaciones y metamorfosis de los seres humanos ("La prima Rosa", "Valle del silencio", "Zarasia, la maga"), aparecidos, fantasmas y almas en pena ("Genarín y el Gobernador", "El desertor", "Madre del ánima", "El anillo judío", "La torre del alemán"), alteraciones del curso normal del tiempo cronológico ("La noche más larga", "La tropa perdida", "La casa de los dos portales", "Expiación"), sueños que interfieren con la realidad ("El soñador"), intervención de seres maléficos o demoníacos ("Los de allá arriba", "El acompañante", "El enemigo embotellado"). Junto a ellos, nos encontramos con otros cuentos que desarrollan temas más propios de la literatura fantástica contemporánea, como pueden ser una versión rural del encuentro con una nave extraterrestre ("Buscador de prodigios") o la interferencia del mundo de la ficción cinematográfica en el mundo real ("El niño lobo del Cine Mari"). Dicho carácter tradicional no sólo tiene que ver con la prosapia literaria de los temas mencionados, sino con la consideración que merecen esos sucesos fantásticos en el interior de los textos. En este sentido, hay que subrayar el hecho de que en casi ningún momento el prodigio resulta postizo o artificial, y esto ocurre así por dos razones fundamentales: en unos casos, porque el acontecimiento extraordinario se integra en el acervo cultural de una comunidad donde sobreviven historias, leyendas y tradiciones que admiten la existencia de sucesos extraordinarios e inexplicables; en otros, porque lo prodigioso se vincula de manera inmediata a una experiencia imaginaria de tipo personal que se impone a la realidad por la fuerza y la sinceridad del deseo. El resultado es un conjunto de cuentos en los que predomina una concepción armoniosa y tranquilizadora de la realidad y en donde el prodigio funciona no como elemento pertubador y destructivo, sino como garantía de la permanencia de un modo de vida o de un anhelo íntimo. En este sentido, cabe relacionar los cuentos de Merino con el realismo mágico, caracterizado por la convivencia armoniosa de lo natural y lo sobrenatural.[6] Ahora bien, resulta evidente que en la mayoría de los cuentos el suceso extraordinario es para los personajes (que a pesar de su contacto con tradiciones y leyendas favorecedoras de la convivencia con lo insólito participan del modo de pensamiento racional del hombre occidental) claramente prodigioso y, en varias ocasiones, incluso siniestro y ominoso. No se trata, por tanto, de la existencia de una identidad en la consideración de un suceso habitual y otro extraordinario (es decir, los dos sucesos no pertenecen a la misma esfera de normalidad), sino de la armonía de sentido entre uno y otro, por lo cual estos cuentos se aproximan más a los rasgos definidores de lo fantástico que a los del realismo mágico.

En los *Cuentos del reino secreto* podemos encontrar, casi "en estado puro" debido a la concentración y la intensidad propias del género y sin los artificios técnicos y estructurales que abundan en *El caldero de oro* y en *La orilla oscura*, todos los elementos esenciales de la narrativa de José María Merino. Quizás el más llamativo sea la presencia de la tierra natal, que aparece sin excepción en todos los relatos, con un sabor de inmediatez, plenitud y autenticidad ciertamente notable, especialmente en lo que concierne a los escenarios rurales, contemplados a menudo desde la experiencia gozosa de la adolescencia y la juventud. En varios cuentos, la nostalgia de los orígenes —un motivo recurrente en Merino, que constituye el núcleo de *El caldero de oro* y que aparece también con ímpetu en *La orilla oscura*— lleva a los personajes a buscar con ahínco la tierra natal. Así ocurre en "La noche más larga", cuyo protagonista, atraído por un súbito impulso, llega a la ciudad de León donde reencuentra a sus viejos amigos y, tras evocar una historia fantástica narrada por un borrachín famoso, se ve prodigiosamente transportado hacia las añoradas y felices aventuras románticas de su pasado. Otro viaje extraordinario hacia el pasado se desarrolla en "Expiación", relato en el que el regreso a la tierra natal supone también el reencuentro con un tiempo ya transcurrido y con la posibilidad de expiar un homicidio cainita por el que el protagonista había sido condenado a una eterna peregrinación. En el cuento titulado "El desertor", el deseo de volver al hogar campesino tiene tal fuerza que sobrevive incluso a la muerte. El cuento narra, delicada y melancólicamente, la historia de una mujer que anhela que su marido regrese del frente; cuando aparece el hombre, a principios del verano, después de haber desertado, su mujer lo oculta de sus perseguidores. Tres meses después, el hombre desaparece y los guardias civiles comunican a su mujer que lo han encontrado muerto, mirando al pueblo, y que debía haber fallecido alrededor de la noche de San Juan. Ya me he referido anteriormente a la atracción y fascinación, casi irracionales, que ejerce el medio rural en el protagonista de "El museo". Pues bien, este motivo del forastero fascinado por la belleza y la entidad casi humana de los paisajes de la tierra leonesa se repite en "Valle del silencio", que narra desde la nostalgia y el recuerdo emocionado de un amigo el caso de Marcellus, un joven militar romano, sensible y melancólico, tan atraído por un valle sagrado que renuncia a su existencia individual y prefiere integrarse en la sustancia misma del valle, el cual lo acoge en las entrañas de una cueva. Es éste uno de los relatos más sugestivos y poéticos del libro, y su rasgo más notable es el tono panteísta y cuasi místico con el que el autor aborda la relación del hombre con la tierra.

En algunos cuentos la belleza de los paisajes leoneses se desborda en descripciones llenas de luz y de color, caracterizadas por un apasionado sensualismo y por una prosa gustosa y densa que favorece la integración armoniosa del prodigio. En "La prima Rosa" la narración sugiere la metamorfosis de una joven en una trucha capturada por el protagonista. El prodigio tiene aquí un sentido muy singular, a saber, el de una hermosísima metáfora del soterrado deseo erótico del protagonista, la cual subraya y resalta la poderosa sensualidad derivada de la descripción del soto fluvial donde se sitúa la anécdota. En cuanto a "Buscador de prodigios", es sin lugar a dudas uno de los mejores cuentos del libro; no sólo posee el encanto particular de los tradicionales filandones —la primera parte del cuento adopta la forma de una conversación nocturna, en la que participa todo el pueblo— sino que además pone de relieve, sobre el fondo espléndidamente retratado de la montaña leonesa, el triunfo del espíritu sensible ante el prodigio, frente a la prosaica mentalidad positivista. Otro cuento dominado por la armoniosa presencia del prodigio, aunque en esta ocasión teñido por la melancolía y un suave tono elegíaco, es "Madre del ánima", evocación de un muchacho despierto e ingenioso que consigue devolver la paz a un alma en pena.

El mundo rural que con tanta emoción retrata Merino no es sin embargo un lugar idílico a salvo de amenazas. A partir de dos problemas inmediatos que afligen a la región —el expolio de sus tesoros culturales y la inundación de sus tierras a causa de las presas— el autor ha imaginado dos historias cuya semejanza reside en el hecho de que el prodigio constituye una especie de venganza o castigo por los desafueros cometidos. Así, en "Los valedores" asistimos a la muerte de los ladrones que habían intentado robar unas imágenes religiosas, las cuales cobran vida y vengan el asesinato de la guardesa del monasterio. El cuento se caracteriza por una contrucción narrativa muy precisa y por una plasticidad que lo aproximan a las convenciones del *thriller* cinematográfico. "La torre del alemán", por su parte, utiliza de nuevo el motivo del aparecido o del alma en pena, combinado esta vez con una visión apocalíptica de la naturaleza desatada, que da muerte a quienes pretenden descubrir el tesoro presuntamente escondido en el castillo que una vez habitara el alemán. El aspecto trágico de la anécdota resulta atemperado aquí por la forma irónica y un tanto burlona en que se retrata al ingeniero jefe responsable de los trabajos de búsqueda del tesoro, bajo cuya apariencia se esconde la personalidad de otro ingeniero apasionado de los pantanos, Juan Benet.

Si bien los relatos que tienen como escenario el mundo rural están presididos por la armonía entre los elementos naturales y sobrenaturales —y en este rasgo general podemos ver un factor de diferenciación respecto a los cuentos de ambiente urbano, en general más grises y apagados por término medio y más propicios a la manifestación de lo fantástico con un sentido perturbador, ominoso o siniestro, como luego veremos— no faltan los que se caracterizan por las características a que acabo de referirme. Así ocurre en "El nacimiento en el desván", relato tal vez excesivamente truculento que gira en torno a la inexplicable vivificación de las figuritas de un belén. Más significativos resultan a este respecto "El soñador", cuento de vago ambiente medieval en el que las fronteras entre la realidad y el sueño parecen desvanecerse, y, sobre todo, "Zarasia, la maga", probablemente el cuento más inquietante del volumen, en el cual se nos cuenta la amenaza de disolución de la identidad física y psicológica de una muchacha que investiga una antigua comunidad monástica, invadida por sueños apocalípticos que al parecer corresponden a las visiones de una extraña maga medieval. Se trata de una narración magníficamente construida de acuerdo con los cánones clásicos de la narrativa de terror, a base de una serie de indicios y presagios destinados a provocar un suspense creciente y a crear un efecto pavoroso. Ambos cuentos prescinden completamente de la visión idílica y armoniosa de los ya comentados y, a cambio, anticipan el mundo alucinante y tortuoso creado por Merino en *La orilla oscura*.

Mientras que en los cuentos de ambiente rural el predominio del sentido positivo de los hechos prodigiosos es muy evidente, los cuentos localizados en la ciudad de León ofrecen una mayor diversidad. No sería erróneo afirmar, como ya hemos hecho, la preeminencia de los aspectos siniestros y ominosos, si bien esta característica exige numerosas matizaciones. En primer lugar, recordemos el valor de integración y plenitud personal del regreso a la ciudad en "La noche más larga", cuento cuyo desenlace es uno de los más positivos y felices de todos los de Merino. Anotemos también el hermosísimo homenaje que rinde el autor a la capacidad fabuladora y ficcionalizadora del cine en "El niño lobo del Cine Mari", relato que expresa mediante la historia de un niño prodigiosamente perdido en el interior de las películas otro *leit-motiv* de la obra del escritor, como es la fascinación por la ficción cinematográfica. En cuanto a "La tropa perdida", donde se narra la inexplicable penetración de una compañía de soldados napoleónicos en la Colegiata de San Isidoro de León, casi doscientos años después de la Guerra de la Independencia, a través de una puerta o falla temporal, es preciso poner de relieve la perfecta inocuidad del fenómeno prodigioso, que da lugar a una serie de escenas cómicas motivadas por la desproporción entre la nula peligrosidad del suceso y la movilización militar con la que las autoridades intentan controlarlo.

La ironía es un rasgo casi constante en los cuentos de ambiente urbano, en los cuales cumple una doble función. Por una parte, está vinculada a una voluntad crítica de la vida provinciana y de las figuras que encarnan el poder institucional —un aspecto que Merino comparte con su paisano y compañero de generación, Luis Mateo Díez— mientras que por otra parte crea cierta distancia en la percepción de los sucesos fantásticos, a los cuales despoja, si no totalmente sí en una proporción considerable, de sus aspectos más tenebrosos y lúgubres. Esta intención irónica es especialmente perceptible en tres cuentos: "Los de allá arriba", "El enemigo embotellado" y "Genarín y el Gobernador". El primero es una historia deliciosa cuyos verdaderos protagonistas son unos bulliciosos y malvados duendes que, tras ser desalojados de su hogar —la techumbre de la catedral de León— siembran la confusión y el caos en el palacio episcopal. Sólo un ensalmo grotesco, que obliga a los sacerdotes que lo ofician a posturas y actitudes ridículas, consigue devolverlos a sus dominios. El cuento es probablemente el más cómico del volumen, y resulta muy atractivo porque la malicia irónica del autor se combina con una cierta ternura hacia los pobres clérigos que sufren las iras de unos seres en cuya existencia creen sin la más mínima sombra de duda, en una actitud muy semejante a la de los aldeanos de "Buscador de prodigios", "La torre del alemán" o "Madre del ánima". En "El enemigo embotellado", cuento que se basa en un tema de tan fecunda tradición como el del diablo atrapado en un frasco, la ironía se dirige contra el protagonista, Román Farballes, un individuo apocado y ridículo que en cierto modo simboliza la gazmoñería y la pacatería de la vida provinciana. En este caso, los efectos apocalípticos que trae consigo la liberación del diablo atrapado en la botella se alejan completamente de los típicos del cuento de terror gracias a su inserción dentro de una escena grotesca e irreverente, que acaba por convertir al protagonista en un ser patético. En "Genarín y el Gobernador" los acontecimientos prodigiosos —apariciones inoportunas del fantasma del borracho Genarín ante el gobernador civil, que se opone a la conmemoración del entierro de este personaje histórico— tienen un carácter cómicamente grotesco que elimina cualquier posible dimensión inquietante o perturbadora. Por otro lado, es evidente que el centro de interés del relato no tiene nada que ver con el mundo de lo sobrenatural, sino más bien con la intención satírica del autor, dirigida en esta ocasión contra una clase política oportunista e hipócrita, heredera de los hábitos del franquismo y que intenta adaptarse a toda prisa a las demandas de la nueva situación democrática.

Los tres cuentos de ambientación urbana que quedan por comentar —"El acompañante", "El anillo judío" y "La casa de los dos portales"— se aproximan más a la expresión de los aspectos perturbadores o inquietantes que normalmente solemos asociar a la literatura fantástica, aunque en cada uno de ellos pueden observarse ciertos rasgos peculiares que atemperan lo que puedan tener de ominoso o siniestro. En el cuento citado en primer lugar el narrador-protagonista evoca la figura de una antigua novia, al parecer muerta debido al poder vampírico de un hombre de aspecto tenebroso y de entidad incorpórea —su acompañante— y a continuación la asocia con la repentina enfermedad de otra mujer que parece estar destinada a convertirse en la próxima víctima del siniestro individuo. Si bien es innegable la dimensión inquietante de estos sucesos, ésta se ve diluida por un tono de resignada melancolía y por la grisura del retrato de la vida de la ciudad de provincias, que contribuyen a restarle intensidad. "El anillo judío" es una narración tan tenebrosa y truculenta que casi resulta paródica: narra la obsesión de un sacerdote por el anillo de un anticuario, que le lleva hasta el extremo de profanar su tumba y cortar el dedo que exhibe la joya. Poco después, el fantasma del anticuario se presenta en casa del cura y le arrebata el anillo por el mismo procedimiento, con lo cual le causa la muerte. La escenografía de esta narración es tan lúgubre en las escenas del cementerio (por otro lado caracterizadas por su aspecto grotesco y esperpéntico), que la impresión del lector es la de estar leyendo una parodia del género de terror. Por otra parte, el aspecto siniestro de la narración está subordinado a la actitud de la voz narrativa, la cual muestra una impasibilidad estúpida y una capacidad de asunción del prodigio que acaban por reducir éste a la categoría de un suceso cotidiano y familiar. "La casa de los dos portales", por último, es en mi opinión el cuento que ofrece un sentido más hondo en relación con el aspecto inquietante de lo fantástico. La anécdota nos cuenta la exploración de una casa abandonada por un grupo de muchachos que ven en ella un escenario ideal para sus aventuras y ensoñaciones. Cuando trasponen el umbral del portal que da a la calle, se encuentran con que el aspecto habitual de su ciudad ha cambiado completamente y que están inmersos en el seno de una realidad decrépita, corrompida y ruinosa, de la cual sólo se libran al regresar a la casa y salir por el portal por donde entraron. Las espléndidas imágenes de lobreguez y tenebrosidad que se suceden en la segunda parte de este cuento pueden ser interpretadas como un eco deformado del ambiente degradado y tristísimo de la posguerra española, pero tienen también un sentido más profundo que las acerca a la atmósfera de pesadilla propia de muchas escenas de *La orilla oscura*, una atmósfera que amenaza las tranquilizadoras apariencias de la realidad para proyectar sobre ella zonas de sombra, de inseguridad y provisionalidad.

Notas

1. Véanse los siguientes estudios: Santos Alonso, *La novela en la transición* (Madrid, Puerta del Sol, 1983) passim; id., "José María Merino", *Literatura leonesa actual. Estudio y antología de 17 escritores* (Valladolid, Junta de Castilla y León, 1986) 219-42; id., "Narrativa última en Castilla y León", Víctor García de la Concha y otros, *Literatura contemporánea en Castilla y León* (Valladolid, Junta de Castilla y León, 1986) 363-83; Kathleen M. Glenn, "Reflections on the Writing of a Fantastic Narrative", Michael R. Collings, ed., *Reflections on*

the Fantastic (New York, Greenwood, 1986) 51-58; id., "Recapturing the Past: José María Merino's *El caldero de oro*", *Monographic Review/Revista Monográfica* 3.1-2 (1987): 119-28; Germán Gullón, "El reencantamiento de la realidad: *La orilla oscura*, de José María Merino", Ricardo Landeira y Luis T. González del Valle, eds., *Nuevos y novísimos. Algunas perspectivas críticas sobre la narrativa española desde la década de los 60* (Boulder, Society of Spanish and Spanish-American Studies, 1987) 71-81; Eduardo Larequi García, "Sueño, imaginación, ficción. Los límites de la realidad en la narrativa de José María Merino", *Anales de la literatura española comtemporánea* 13.3 (1988): 225-47; Antonio Martínez Menchén, "La doble orilla de José María Merino", *Cuadernos hispanoamericanos* 437 (1987): 115-21.

2. Los elementos constitutivos de su poética narrativa los desarrolla el escritor en "Notas para una poética:, *ABC*, "Sábado Cultural", 29 jun. 1985: viii; "Ecos espectrales:, *El Urogallo* 5 (1986): 11; y "Novelar después de todo", *Las Nuevas Letras* 5 (1986): 32-38. Véanse también las siguientes entrevistas: Luis Mateo Díez, "José María Merino. El novelista como mediador", *El Urogallo* 1 (1986): 26-28; Carlos Ruvalcaba, "Entrevista a José María Merino: 'Imaginación, memoria y sueño son los elementos que me llevan a escribir'", *La Gaceta del Libro*, 1ª quincena de abril de 1985: 4-5.

3. Véanse, a este respecto, las siguientes reseñas: Santos Alonso, *Nueva Estafeta* 53 (1983): 84-85; Borja Delclaux, *Libros* 17 (1983): 12-13; Ramón Freixas, *Quimera* 29 (1983): 64; Julio Llamazares, *Diario 16*, "Disidencias" 27 feb. 1983: xi; Luis Suñén, *El País*, "Libros" 9 enero 1983: 5.

4. Tomo el concepto de literatura fantástica que utilizo en este estudio del libro de Antonio Risco, *Literatura fantástica de lengua española. Teoría y aplicaciones* (Madrid, Taurus, 1987).

5. En realidad, habría que decir que son veinte los cuentos fantásticos, pues no creo que el titulado "El museo" pueda considerarse como tal. En este cuento se narra la historia de un hombre vinculado, durante la mayor parte de su vida y casi contra su voluntad, al estudio y conservación de un museo rural heredado de su tío; el protagonista sólo puede abandonarlo cuando lo deja en herencia a unos parientes más jovenes. El relato, a pesar de numerosas sugerencias acerca de la fuerza de atracción que ejerce el museo, no desarrolla plenamente un suceso extranatural o extraordinario que merezca el calificativo de fantástico.

6. No me refiero específicamente al realismo mágico hispanoamericano, sino a un modo literario próximo a lo fantástico —si bien con características propias— que puede localizarse en muy diversas literaturas. Este concepto lo ha desarrollado con acierto Amaryll Beatrice Chanady en su obra *Magical Realism and the Fantastic. Resolved Versus Unresolved Antinomy* (New York, Garland Publishing Inc., 1985).

Tirano Banderas y Aguirre, der Zorn Gottes: Diapositivas en un continuum cinematográfico

Kevin S. Larsen
University of Wyoming

El gran impacto de las diferentes versiones del tema de Lope de Aguirre sobre *Tirano Banderas* (1926), la obra maestra de Ramón del Valle-Inclán, ha sido ya estudiado.[1] A su vez, la reencarnación valleinclaniana del Tirano vascuence, junto con ciertas técnicas e ideas que utilizó para caracterizarlo en su novela, influyeron profundamente en la trayectoria del tema más tarde cuando se apropiaron de él algunos artistas. Por ejemplo, se aprecia bien clara la huella sangrienta del texto "lopesco" de Valle-Inclán en *El camino de El dorado* (1947), del venezolano Arturo Uslar-Pietri, en *La aventura equinoccial de Lope de Aguirre* (1962), de Ramón Sender, en *Daimón* (1978), del argentino Abel Posse, y en *Lope de Aguirre, Príncipe de la libertad* (1979), del venezolano Miguel Otero Silva.[2] Por supuesto, habrían de influir en estas obras "futuras" las mismas fuentes que Valle-Inclán empleara, y quizá otras nuevas. Pero *Tirano Banderas*, por su ubicación temporal y su tendencia innovadora, revistió una importancia especial, sirviendo como lente y como filtro entre los géneros y las generaciones.

Otra obra sobre el tema de Lope de Aguirre que también parece participar en este "continuum" (la cual tal vez sea más conocida por el mundo no hispánico que cualquiera de las obras ya citadas) es la extraordinaria película, *Aguirre, der Zorn Gottes* (1978) por Werner Herzog. Queda patente que el director estudió una gran variedad de fuentes históricas y artísticas sobre su tema, pero nunca reconoció influencia alguna de Valle-Inclán cuando habló de las fuerzas creativas que moldearon su arte. Además, su llamado "art of illiterates", a pesar de nunca pecar de ignorancia ni miopía, tampoco mantenía una relación muy amistosa con cualquier "texto" anterior al suyo, ya que, con cierta "ansiedad de influencia", luchaba con la tradición: como dice Brigitte Peucker, "his films must channel and surmount a rich literary heritage" ("Literature and Writing" 105-07).[3] Al menos había una traducción al alemán que le estaba disponible, *Tyrann Banderas. Roman der tropisches Amerika* (trad. por A. Rothbauer, Stuttgart: Henry Goverts Kruger, 1961). Herzog reconoció, en cambio, la significativa influencia de Buñuel en su cinematografía. Por supuesto, el director español conocía la obra tan anti-burguesa y casi surreal de Valle-Inclán, y siempre hay la posibilidad de cierta influencia indirecta a través de Buñuel en Herzog (Pflaum 59). Pero al mismo tiempo es posible la influencia directa, aunque sólo como una importantísima fuente de material "lopesco".

Es cierto lo que Francisco Ayala ha dicho, que en general "la novela ... sirve de base a la película en la misma forma y con el mismo alcance que podría haberle servido un argumento inventado *ex profeso*, una leyenda popular, un acontecimiento extraído de la Historia o un suceso recogido de un relato periodístico ... la novela-base es (o quiere ser) una obra de arte, y la película sacada de ella será otra obra de arte distinta". Pero Ayala se equivoca, por lo menos en el caso de *Aguirre* y *Tirano Banderas*, al aseverar que "cada una tiene sus correspondientes intenciones estéticas, y aún cuando coincidieran en el problema artístico intentado, los distintos medios técnicos conducirían a creaciones diferentes" (*El escritor* 128-29). No es que haya una completa correspondencia entre los medios de Valle-Inclán y Herzog —y es verdad que han creado dos obras de arte muy diferentes— pero las múltiples dimensiones cinematográficas de esta novela sin duda atraerían a un director tan omnívoro como Herzog. Y, además de cualquier "paralelo" o posible "influencia", vale la pena estudiar juntas estas dos obras, ya que se iluminan mutuamente como diapositivas cinematográficas de un tema verdaderamente proteico.

José Balseiro, por ejemplo, habla de cómo *Tirano Banderas* tiene de la película "la esquematización de la materia y el elemento plástico acelerado mediante efectiva desintegración: justo sentido del elemento esencial y la poliédrica visualización de las ideas, junto a superposiciones de planos, los primeros términos a manera de *close-ups*, y la sugestión de motivos más que la realización cabal de las escenas" (164). A su vez, Verity Smith asevera otros muchos paralelos entre *Tirano Banderas* y la técnica cinematográfica, incluyendo "abrupt switches of scene, like camera-cuts from one shot to the next; close-ups of characters' faces or other details of their person; and angled shots in which a scene is described from a viewpoint of one individual, sometimes providing a very strange angle of vision" (71). De hecho, esta escritora queda tan convencida de la técnica cinematográfica de la novela, que por fin dice que "it would be both worthwhile and relatively simple to turn this novel into a film script. The only real difficulty would be presented by the cultivated artificiality of the background, for the film at present admits only of naturalism in this extent" (73).[4] *Tirano Banderas* es, en efecto, casi una película sin celuloide, o, como ha dicho un crítico, Ximénez de Sandoval, "una lectura proyección" (198-99). Es muy lógico, pues, que un director como Herzog reconociera lo cinematográfico del texto valleinclaniano y se valiera de algunos de sus aspectos y técnicas al tratar el mismo tema. Por eso, pasaría muy poco tiempo entre la sugerencia de Smith y el día cuando la novela se viera hecha "a film-script". Pero, en fin, la novela como novela todavía no es, al contrario de lo que ha aseverado Díaz Migoyo, "la representación de su propio guión" (178), ya que esa representación, el hacerse una película con celuloide, requeriría la atención y los esfuerzos de un verdadero director como Herzog.

No quiere decir que no haya grandes diferencias entre la película de Herzog y *Tirano Banderas* en su tratamiento del tema de Lope de Aguirre, entre las cuales figuran, por ejemplo, la distancia física —especialmente en cuanto a la tez— entre el muy rubio Klaus Kinski, el actor-protagonista de *Aguirre*, y el indio Santos Banderas. Sobre esto se podría aseverar que tal vez Herzog haya regresado al Lope de Aguirre original, un vasco de facciones no indias. Pero también el Santos de Valle-Inclán parece creerse más europeo y menos indígena, especialmente en cuanto a su actitud negativa hacia los indios de su país y tan afirmativa hacia los blancos extranjeros. Ofrece una cara oscura, pero un corazón que, si en lo moral es igualmente oscuro, es "blanco" por su prejuicio tan obvio. Además, hay que notar aquí la indumentaria del Lope de Herzog: se viste no como conquistador español, sino como *Landsknecht* alemán,[5] lo cual sólo hace hincapié en su absoluta calidad de extranjero. Tal como el Tirano y Valle-Inclán mismo, él es un "stranger in a strange land".

En otros aspectos también se asemejan la representación "lopesca" de Kinski y la de Banderas. Como notó Smith, hubo muchos "close-ups", especialmente de la cara, de los dos personajes principales, siempre enfocando sus características "manieristas", si no grotescas. Los famosos tics faciales del actor, junto con sus histéricos movimientos de "muñeco", se aproximan bastante a los del dictador de Tierra Caliente, cuya cara se congelaba en una serie de muecas grotescas. Aun "el paso de rata fisgona" con que el Tirano anda recuerda los bien calculados movimientos a tirones de Kinski.[6] La perspectiva nerviosa y movediza de los dos "directores" también refleja el "manierismo" de sus personajes. Mientras tanto el erotismo latente pero patente de Kinski corre parejas con una similar cualidad en Santos Banderas. Sin duda, la "mueca verde" de éste (810-27), con las muchas veces que este color se usa en la novela, lleva en sí una profunda asociación con América, el continente nuevo y verde. Representa, además, el terror y la atracción de la selva, fuerzas que se notarían más tarde en la película de Herzog y Kinski, tanto en el producto como en el arduo proceso de rodarla en exteriores. Pero el color verde, a su vez, sugiere un libido desenfrenado en Santos, el supuesto "asceta". Es un "viejo verde" y "the green oozing from the corners of the dictator's mouth" quizá represente "an overflowing of sensuality".[7]

Otros aspectos de la caracterización de Tirano Banderas también sugieren el modo de representación de Kinski. Por ejemplo, se ha escrito que "Kinski's portrayal ... is conceived in terms of a treacherous serpent. His ... features a frozen mask of ferocity, Aguirre can ... twist and coil like a cobra posed for a strike" (Giannetti 228). Por supuesto, recuerda esto el pasaje en *Tirano Banderas* donde el dictador se describe como "la Serpiente de Génesis" (794). Aun su Santa Fe de Tierra Firme, que llega a ser una reflexión de su personalidad, desde "las cartas antiguas" se ha llamado la "Punta de las Serpientes" (676). Varios críticos ya han señalado "lo expresionista" del estilo de Kinski, notando cómo su "style stresses a symbolic concept rather than a believable three-dimensional character. It is presentational rather than representational, a style of extremes rather than norms. Psychological complexity is replaced by thematic essence: (Giannetti 228). Esto recuerda la representación de Santos Banderas —aunque no necesariamente la de otros personajes de la novela como Zacarías o el Coronel de la Gándara. A su vez, Valle-Inclán se ha valido del lente esperpéntico de un expresionismo cinematográfico. Así, su visión artística tan idiosincrática fomenta una representación de la naturaleza hostil y un paisaje bien abstracto y estilizado. Tal como en el cine expresionista, en su novela se distorsionan el tiempo, el espacio y la perspectiva. Hay en ella un énfasis en la "esencia" de los personajes y las cosas, aunque no necesariamente en su superficie. Mientras tanto, se utiliza una gran variedad de ángulos extremos con muchos efectos especiales.[8] Sin duda, habría otras influencias expresionistas en el actor, además de la de su antecesor español, incluyendo, por lo menos, a Brecht. Pero es bien posible, si no probable, que la expresión espresionista de Kinski deba algo importante a Valle-Inclán y su esperpentismo, ya que Kinski es actor esperpéntico, aunque quizá ni siquiera conociera la palabra.

Mientras tanto, la animalización del ser humano presentada en la figura de Kinski como serpiente, se resume en la tropa de simios (Peucker llama esto "the ultimate reduction") que él preside al final, cuando todos los seres humanos de su expedición ya están muertos. Estas imágenes por supuesto son una continuación natural de la animalización y la deshumanización que tanto caracterizan a Tirano Banderas.[9] En fin, los dos Aguirres del siglo veinte, igual que su antepasado, son personificaciones, tanto de la cara maléfica de la naturaleza, como de la brutalidad y la animalidad del hombre. Lo surreal estilizado y esperpentizado de mucha de la narrativa visual en la última escena con los simios, y aun más en aquélla donde se muestra un barco en la cima de un árbol, se crea por el chocante hiperrealismo del escenario, junto con la falta de un sentido de la "realidad" en los dos dictadores y sus visiones del mundo. Así, Herzog, como Valle-Inclán, introduce como tal cosa en su material "a curious air of unreality invoking a sense of wonder" (Elley 38). El "naturalismo" necesario de la película, del que Smith hablaba, ya cuaja con la "cultivated artificiality of the background". En fin, las dos obras, dolorosamente realistas y hasta superrealistas, son "hallucinations made concrete" (Elley 38-39). El extraño ángulo de visión notado por Smith en la novela se reconcentra en la película, mientras todo parece familiar y todo extraño a la vez.

Otro aspecto de esta visión, tanto en la película como en la novela, se expresa con la frecuente imagen del círculo. Por supuesto, hay muchísimas obras basadas de alguna manera u otra en esta figura,[10] pero las peregrinaciones cinematográficas por la selva y a la deriva de los Marañones, sus locos ensueños con la lógica circular y aun el remolino de agua que se traga a algunos sugieren visualmente los círculos concéntricos (aunque siempre excéntricos) que varios escritores han notado en Tirano Banderas. Además, la revolución en la novela y la de la película de Herzog, tanto verbal como visualmente, forman parte del ciclo sin fin de las

revoluciones latinoamericanas. Motivo a la vez de lo eterno y del ence-
rramiento inescapable, el círculo se revela aquí como dantesco e infernal,
compenetrado también con todos los molinos y remolinos locos del caballero andante de La Mancha, cuya contrafigura diabólica llega a ser Aguirre, tanto en Valle-Inclán como en Herzog. El fin y el principio se engan-
chan, se circundan y se pierden, tiranía tras tiranía, revolución tras revolución, rollo tras rollo.[11]

El círculo de esta tiranía eterna se extiende aun más allá de América
Latina, ya que existe en *Tirano Banderas* y *Aguirre*, tal como en *La aventura
equinoccial de Lope de Aguirre* y otros textos "lopescos", la sugerencia de
otros tiranos más "modernos" y aun del tirano en abstracto, el "once and
future tyrant". El director infunde en su protagonista rasgos de Hitler,[12]
con su locura y megalomanía "lopescas", quizá de Stalin con su brutalidad
animalística, de Franco con su frío fascismo "tradicional" que renovaba la
gloria del Siglo de Oro y tal vez aun de algunos norteamericanos con sus
locas ambiciones en las selvas de Indochina. Ya se ha notado cómo Lope
de Aguirre no era el único dictador, ni literario ni de la vida histórica,
cuya presencia e imagen penetraron en la persona de Santos Banderas:
participan en la caracterización Rosas de la Argentina, Porfirio Díaz de
México y quizá también Primo de Rivera de España. De todos modos,
este indio no indio (tal como la geografía, la lingüística y otras muchas
disciplinas reflejadas en la novela) llega a ser una figura compuesta. Igual
que el llamado endemoniado gadareno de la Biblia (San Lucas 8:26-34), se
le pregunta su nombre al Lope "endemoniado" de Valle-Inclán, y más tarde al Lope de Herzog, y responden "Legión". Son representantes de una
verdadera multitud de tiranos que han afligido a América y a Europa.
Por supuesto, quedan estos dos como variantes interesantes y muy perspi-
caces de "la novela del dictador" que casi siempre se menciona como paradigma de literatura hispanoamericana, aunque no típicamente de las del
Viejo Mundo.[13]

Pues bien, Herzog sigue a Valle-Inclán en su intento de universalizar
el mito sin perder su fijación temporal y geográfica. Además, Herzog, un
"peregrino" tal como Valle-Inclán, Sender y Lope mismo, era muy consciente de ser un europeo trabajando "en exteriores", frente a la gran expansión de América. Escogió así un tema extenso que podría, por su naturaleza y su tradición, abarcar las generaciones, los géneros y los idiomas. Es bien posible que encontrara un modelo ya armado, pero siempre
para armar, en el Lope de *Tirano Banderas*. La novela le habría proveído,
como dijo Balseiro, una "poliédrica visualización de las ideas", sin que tuviera que comprometer su propia originalidad o independencia artística.
Tirano Banderas le ofrece la "sugestión de motivos más que la realización
cabal de las escenas", una realización que intentó en *Aguirre, der Zorn
Gottes*. Así es que Valle-Inclán dio al tema un ímpetu que lo ha llevado a
través de los océanos, los continentes, las tradiciones lingüísticas y artísticas y aun del tiempo.

Notas

1. Véanse, entre otros, J. Murcia, "Fuentes del último capítulo de *Tirano Banderas* de Valle-Inclán", *BH* 52 (1950): 118-22; E. Speratti-Piñero, *La elaboración artística en Tirano Banderas* (México: Colegio de México, 1957) 12-15 *et passim*; J. Silverman, "Valle-Inclán y Ciro Bayo: Sobre una fuente desconocida de *Tirano Banderas*", *NRFH* 14 (1960): 73-88; R. Marcus, "El mito literario de Lope de Aguirre en España y en Hispanoamérica", *Actas del tercer congreso internacional de hispanistas* (México: Colegio de México, 1970) 581-92; H. Espinoza, "Lope de Aguirre y Santos Banderas: La manipulación del mito", *Maize* 4 (1981): 32-43.

2. Algunos de los estudios del tema de Lope de Aguirre después de su "ocurrencia" en *Tirano Banderas* incluyen: Marcus, "El mito literario", ya citado; R. Duvivier, "La pérégrination du *tirano* Lope de Aguirre d'Emiliano Jos à Ramón J. Sender", en *Études de Philologie Romane et d'Histoire Littéraire offertes à Jules Horrent* (Liège: Université de Liège, 1980) 643-59; F. Moreno, "Dos novelas sobre Lope de Aguirre", *Araucaria* 9 (1980): 201-5; Espinoza, "Lope de Aguirre y Santos Banderas": 32-43.

3. Sobre las influencias en el cine de Herzog, especialmente en *Aguirre, der Zorn Gottes*, véanse: H. Pflaum, H. Prinzler, *et al*, *Werner Herzog* (Munich, Viena: Hauser, 1979) 59-61 y 105-08; F. Grosoli, *Werner Herzog* (Fierenza: La Nuova Italia, 1981) 52-62; G. Waller, "Aguirre, The Wrath of God", *South Atlantic Review* 46 (1981): 55-69; E. Carrère, *Werner Herzog* (París: Edilig, 1982) 26-33; B. Peucker, "Literature and Writing in the Films of Werner Herzog". Hasta ahora, el único escritor que siquiera ha mentado la película y la novela juntas es G. Díaz Migoyo quien sólo las describe de paso como dos tratamientos del tema de Lope de Aguirre, sin sugerir ninguna influencia. *Guía de Tirano Banderas* (Madrid: Fundamentos, 1985) 237. A su vez, L. Quesada, *La novela española y el cine* (Madrid: Ediciones JS, 1986) 168, asevera que *Tirano Banderas* "contiene bases, sujetos, elementos más que suficientes para dar origen a una película". Quesada también sugiere que habría ciertos paralelos entre una posible adaptación de *El caballero de la Virgen* (1929) de Blasco Ibáñez y *Aguirre*, aunque nunca habla específicamente de esta película y la novela de Valle-Inclán (177).

4. Es de interés aquí notar que también se había representado una versión teatral de la novela en Colombia y México. Véase A. Castilla, "Tirano Banderas, versión teatral de Buenaventura", *LATR* 10 (1977): 65-71.

5. El profesor F. Márquez Villanueva de Harvard University me sugirió esta distinción.

6. R. Coombs, "*Aguirre, der Zorn Gottes*", *Monthly Film Bulletin* 42 (1975): 4, dice que Aguirre es "a ridiculous puppet" y que "Kinski's anthology of mannerist tics comes remarkably into its own here". Carrère (75), habla del histerismo de Kinski. Smith (63-69), escribe sobre las muchísimas imágenes de "puppets and dolls" en la novela, enfocando la cara (mueca) del dictador. Las muchas descripciones de cómo Tirano Banderas andaba como "una rata fisgona" se encontrarán en *Tirano Banderas*, *Obras completas* (Madrid: Plenitud, 1954) 2: 692, 705 *et passim*. Las demás referencias a esta novela se notarán en el ensayo según esta edición.

7. V. Chamberlin, "Symbolic Green: A Time-Honored Characterizing Device in Spanish Literature", *Hispania* 51 (1968): 29-37. Sobre el erotismo de Kinski, véase Grosoli (11).

8. Smith (60-62), hace un buen resumen y comentario de los rasgos expresionistas de *Tirano Banderas*.

9. R. Gullón, "Técnicas de Valle-Inclán", *Papeles de Son Armadans* 43 (1966): 50-51, y Smith (63-65) han comentado las imágenes de animales y la animalización en la novela. Sobre estos temas en la película, especialmente con respecto a los simios, véanse Grosoli (10), Waller (66-67), Carrère (77), y B. Peucker, "In Quest of the Sublime".

10. Véase, por ejemplo, G. Poulet, *Metamorphoses of the Circle*, trad. C. Dawson y E.

382   *Kevin S. Larsen*

Coleman (Baltimore: Johns Hopkins, 1966).

11. Sobre la figura del círculo y el ciclo de la tiranía en *Tirano Banderas*, véanse: O. Belic, *La estructura narrativa de Tirano Banderas* (Madrid: Ateneo, 1968); S. Kirkpatrick, "*Tirano Banderas* y la estructura de la historia", *NRFH* 24 (1975): 449-68; D. Dougherty, "The Question of Revolution in *Tirano Banderas*" *BHS* 53 (1976): 207-13; P. Tucker Lane, *Time and History in Valle-Inclán's Historical Novels and Tirano Banderas* (Valencia: Albatrós Hispanófila, 1980); Díaz Migoyo (132-135 y 191-95). Entre los que han comentado el círculo en *Aguirre* se incluyen A. Simon, "Werner Herzog's *Aguirre, the Wrath of God*", *Monogram* 6 (1975): 26; Waller (67-69); Carrère (32) y D. Benelli, en *The Films of Werner Herzog*, ya citado (91, 95-98).

12. Sobre la conexión entre Lope de Aguirre y Hitler, véanse, Waller (55) y Peucker ("the Sublime" 178).

13. M. Durán, "Actualidad de *Tirano Banderas*", *Mundo Nuevo* (París) 10 (1967): 54, explica cómo la novela "es la interpretación en América de un problema español: la presencia repetida e insistente del Espadón que se opone al buen deseo democrático". Algunos de los estudios de *Tirano Banderas* y la novela latinoamericana del dictador (o de la novela del dictador latinoamericano) son: S. Menton, "La novela experimental y la república comprensiva de Hispanoamérica", *Humanitas* (Universidad de Nuevo León) 1 (1960): 409-64; G. Bellini, "Visión del dictador en la literatura hispanoamericana contemporánea", *El Ursallo* 2 (1970): 31-50; B. Subercaseaux, "*Tirano Banderas* en la narrativa hispanoamericana" *CHA* 359 (1980): 323-40; Díaz Migoyo (195-203).

Obras citadas

Ayala, Francisco. *El escritor y el cine*. Madrid: Ediciones del Centro, 1975.

Balseiro, José. *Blasco Ibáñez, Unamuno, Valle Inclán, Baroja: Cuatro individualistas de España*. Nueva York: Eliseo Torres, 1949.

Díaz Migoyo, G. *Guía de Tirano Banderas*. Madrid: Fundamentos, 1985.

Elley, D. *Aguirre, the Wrath of God, Films and Filming* 21 (1975): 38-39.

Giannetti, L. *Understanding Movies*. 3ª ed. Engelwood Cliffs, N.J.: Prentice-Hall, 1982.

Peucker, B. "In Quest of the Sublime". *New German Filmmakers*. Ed. K. Phillips. Nueva York: Frederick Ungar, 1984.

_____. "Literature and Writing in the Films of Werner Herzog". *The Films of Werner Herzog*. Ed. T. Corrigan. Nueva York: Metuchen, 1986.

Pflaum, H., H. Prinzler, *et al*. *Werner Herzog*. Munich, Viena: Hauser, 1979.

Smith, Verity. *Valle-Inclán: Tirano Banderas*. Londres: Grant and Cutler, 1971.

Ximénez de Sandoval, F. "Cuatro facetas de D. Ramón del Valle-Inclán". *Boletín de la Biblioteca de Menéndez Pelayo* 45 (1969): 123-203.

Signs, Symbols and Meaning in Sergio Fernández's *Los signos perdidos*

Myron I. Lichtblau
Syracuse University

Los signos perdidos[1] is Sergio Fernández's first novel and probably his weakest: in terms of sustained narrative interest and structural unity and form. But at the same time it represents one of the most notable examples of existentialism in the Mexican novel of the 1950s. Fernández's work was published in 1958, about the same time that Mallea's *Simbad* and Cortázar's *Los premios* were also exploring Sartrean themes in Latin American environments. The themes of solitude, alienation and lack of communication, or what Mallea aptly calls "mutismo," are the common staple of many diverse kinds of novels, some not even existential. And so Fernández's incursion into that familiar domain is neither original nor strikingly engaging. What is important in *Los signos perdidos* is Fernández's narrative approach to these themes and in particular the relationship between theme and form on the one hand and theme and language on the other. We recognize that there is a modicum of painful truth in the novelist's own statement that his first two works, that is, *Los signos perdidos* and *En tela de juicio* (1960), were "exercises in front of a keyboard, executed with such lack of sureness that they are almost nothing but babbling" (qtd. in Langford 185-86). But a much more objective appraisal would be that the frequent inconsequential and undirected outpourings are verbal manifestations of anguish and aloneness that reveal not only the innermost feelings of the characters, but more importantly how the characters manage and control these feelings within the context of their experiences and relationships with others.

In *Los signos perdidos* the lives of two men run parallel in their essential emptiness and frustration and form the structural framework of the novel. The principal character, Clemente, is a cynical writer who is invited to a lavish dinner at the home of his friend Gerardo, a rather successful attorney whose emotional anguish the reader senses largely through Clemente's clouded vision. Temporally, the entire novel takes place during the three-hour period of the anticipation and realization of the dinner, a kind of ritual shrouded in convention and superficiality; spatially, the novel is Gerardo's comfortable residence, a kind of Mecca to which friends and old acquaintances have come for sundry reasons. Thus the temporal and spatial limitations result in a closed, controlled environment in which the characters play out their passions and feelings on a stage that hides nothing.

Clemente's love for Mercedes, Gerardo's ex-wife, is futile, while Gerardo's pursuit of an actress named Mara, who is some twenty-five years younger than he, is just as fruitless. Idealistically, Clemente fashions for himself a Mercedes quite unknown to Gerardo and in his desperate search for answers comes to believe that Gerardo precipitated the divorce because he did not want children. The interweaving of Clemente's life and Gerardo's creates a juxtaposition of motives, attitudes, and states of mind that gives the novel a broader psychological perspective than it would otherwise have. Essentially, the neutral narrator is telling us about Clemente as his real center of interest, and mentions Gerardo's actions and feelings as something Clemente observes and then reacts to. What is more, the thoughts of the narrator and those of Clemente not infrequently merge, as for example when the narrator speaks of the absurd relationship between Gerardo and Mara. The conjecture "¿Serían amantes?" (19) may be considered Clemente's thoughts independent of the narrator, or the narrator's thoughts independent of Clemente. It matters little narratively, but aesthetically produces a pleasing ambiguity. Another instance of the merging of narrative voices occurs in the sequence "Clemente malgastaba su tiempo en la Historia. ¡Si al menos hiciera una novela!" (39). The first sentence is the narrator's clear rebuke of Clemente's actions, while the following exclamation could be either the narrator's comment or Clemente's repressed desire. Or in the sentence "Gerardo se arrepentía de haberse divorciado" (43), it is not the narrator who objectively makes this assertion, but rather Clemente out of a need to rationalize his lack of success with Mercedes. Clemente never really expects to win the love of Mercedes, who apparently is happily married to Héctor, a figure who does not appear directly in the novel but whose presence is felt as the object of Clemente's scorn and jealousy.

The dinner is a symbol of the pretense, show, and vacuity that surround the relationships among the characters. For Gerardo the dinner is really just a pretext to invite Mara and then persuade her to spend the night with him. Why could he not do it openly, he thinks. "¿Cuántos rodeos para diluir la ilusión de una realidad?" (66). For the other characters, self-interest and egotism color their friendships and determine their actions. The dinner, rather than an occasion for relaxation and spontaneity, is a time of stress and deviousness, as for example the anxiety occasioned by the mysterious disappearance of Alfonso, Rita's husband, or the obsessive concern about the tardiness of Andrés, Teresa's boyfriend, or Clemente's inordinate preoccupation with Gerardo's affairs and the feeling of inferiority he feels toward him. Their conversation becomes a game of non-communication, their language becomes false, stilted, inane, or so evasive that it is a parody of itself. The "hidden signs" given by Gerardo and Clemente and the others become a substitute for meaningful dialogue and are indicative of a state of consciousness in which man refuses to share his inner feelings with even his family or most intimate friends. In this regard the critic Edmundo O'Gorman states:

> Es una conversación en que todos hablan pero nadie dice, en que todos de-sean pero todos ocultan ... Los signos perdidos son santo y seña del sombrío encerramiento que es el vivir humano, su insuperable y trágica incapacidad de comunicarse, su soledad inalienable, en callada comunión con las otras soleda-des. (Qtd. in *Los signos*, book jacket)

And the novelist Rosario Castellanos suggests the same idea when she says:

> Y hay que observar otro fenómeno: el lenguaje comienza a convertirse en un problema —como vehículo de comunicación ha cesado de funcionar. No revela la intimidad, no manifiesta lo secreto. Si sirve para algo es para que las con-ciencias individuales, en sus soliloquios, puedan darle un nombre, más o menos aproximado, a los procesos psicológicos de los que son al mismo tiempo, actores y espectadores. (19)

The existential emotion projected most often by the frequent solilo-quies and monologues in the text is that of tedium and solitude, a kind of distaste for living, a lassitude and boredom with what life offers. Tedium becomes a metaphysical transcendence, and on one occasion the narrator says that "... como si el tedio de vivir en sí mismo se desmoro-nara al tocar, fuera del vidrio, las plantas, el paso de los niños al ir a la escuela o el sonido ronco de los aguaceros" (32). Solitude is so all em-bracing that the narrator distinguishes several nuances: "... Teresa llegó a las seis ... y su soledad, de un tono distinto a la que rondaba por la casa, se le extendió por todo el campo" (54). At one point, solitude is personi-fied to indicate its very real presence and effect. After Andrés and Teresa attempt a reconciliation, solitude (with the plural form "soledades" to mark its pervasiveness) becomes an overwhelming feeling that is ex-pressed in imagistic terms as "rodaron por la monotonía de la alfombra, se escondieron detrás de las puertas, dieron vueltas a la mesa cuadrada, sin pintar, que estaba en el centro del cuarto; se olvidaron de Tey, que, allí, las observaba" (54).

The dinner table as metaphor is extended to a very complex personif-cation that covers three pages of text. The device recalls Manuel Rojas's splendid metaphor of the "herida" in *Hijo de ladrón*, in which the personi-fied wound stands for society's ills. In *Los signos perdidos*, the table is seen in an inverse of striking images, as something that reacts to the presence of people around it, to food on it, and to activity associated with it. And the table reacts with varying shades of feeling, as if to replicate the emo-tions felt by human beings who are using it as a place on which to eat. This lengthy and bizarre personification begins as follows:

> La mesa ... era como un cuerpo desmayado. Un letargo que le provenía, quizá, de meditar en las palpitaciones de cuatro velas blancas encendidas, le daba esa apariencia. Pero con detenimiento se podía observar, en tal actitud, un disimu-lo. Sonreía por dentro, pendiente de lo que aguardaba con rara impaciencia. (135)

The food is described in terms of the table on which it lies: "Envane-cida con su adorno, se recreaba al ver una inmensa col. ... Dominante, altiva, escandalosa, se envolvía con hojas de acelga, de romero, con habas tiernas y con betabeles" (136). The image continues on, detailing the ob-vious things associated with the dinner from the perspective of the table. In a kind of symbiosis, the table says that it feels it is Gerardo's confessor or confidant, since it has become a witness to the attorney's boredom, dis-illusion, scepticism, and even foolish liaison with Mara (137). The conflicts of other characters too are framed in the context of the table's observation of the scene —Mercedes's ambitions, vanity, and jealousy, Mara's utter self-centeredness as she pretends to be listening to people when in reality she is just thinking of herself and her next opportunistic move. Finally, the narrator exclaims referring to the table: "¡Cuánta gente se habrá sentado a hacerle compañía! Iban y venían inexorablemente, como cuando al agua la mira la luna. La mesa extrañaba a los que no volvían, a los que habían muerto para la vida o la amistad. Retuvo presencias de distintos hombres, de distintas mujeres. Las había ecuánimes, soberbias, necias" (139).

The picture of humanity Sergio Fernández presents is a grim and pes-simistic one, in which the characters are not only involved in external conflicts with others, but perhaps more deeply with their own psyche. Mara more so than any other character seems deeply troubled with find-ing her own identity. On one occasion, she looks into a mirror and sees a congruent, harmonious figure. And she likes what she sees. To look into the mirror is to observe her other self, which is her transformed self. The mirror is a more intimate reality, a more friendly reality, "era la realidad concreta en la cual ella, Mara, tomaba una forma adecuada porque vivía, así, simultáneamente, dos planos distintos, pero complementarios, de la realidad" (79). The mirror symbolism goes on. The mirror provides the insecure woman with shelter, with protection, with security. For Mara the mirror is like a clean, solid force that transmitts to her a violence of feeling, seizing, capturing. Yet for all this, Mara harbors the fear that Gerardo is not truly serious with her, that he is using her as a diversion. Her feeling of course may be correct, for Gerardo's cynicism once led him to call love "el ridículo afán de hacernos martirizar por alguien que es, ya por eso, nuestra víctima" (55).

There is one feature of Fernández's style that can not go unnoticed. Although cold, statistical computation in literary criticism is never impres-sive, in this case an exception should be made because of the frequency and narrative significance of this feature. The stylistic device I am refer-ring to involves an inordinate use of interpolated remarks by the narrator. Evenly distributed throughout the novel's two hundred and thirty-five pages we find two hundred eighty-five separate parenthetical comments and sixty bracketed comments, a total of three hundred forty-five inser-tions, for an average of over one per page in both categories. These com-ments vary in length from three words to three lines, the average being about seven or eight words. Essentially, the device is used to provide an additional narrative perspective or point of view to the text and perhaps more importantly to furnish insights into the mental and emotional world of the characters. If they were not so frequent and deliberate a device, they could easily be labeled "asides," or at most parenthetical rejoinders. The device is so revealing and important that the reader almost comes to anticipate it, to depend on it as a kind of narrator's private dialogue with him. There does not seem to be too great a distinction between the parenthetical commentaries and the bracketed ones, but the former seem more directly concerned with the action and feelings described, while the latter partake of a more general, abstract nature.

Among the many functions of both forms of this device the following are the most notable: 1) to indicate what a character did physically to accompany an emotion or thought expressed ("Y puso la mano izquierda en la rodilla de Clemente." [125]); 2) to give the reader reasons or motivation for actions described ("... tenía un compromiso media hora después." [16]); 3) to furnish information by means of a kind of flashback ("Clemente nunca supo el porqué de esta última atribución, que ella pregonaba con frecuencia." [91]); 4) to indicate conjecture or doubt or subconscious feeling, much of which is consonant with typical existential moods and sentiments about the meaning and purpose of life ("La memoria parecía más pródiga, mucho más generosa con los seres que, como él, se torturaban a sí mismos." [17]); 5) to express assent or dissent by one character of what another has done ("palabra que estaba, según él, desprovista de aspiraciones." [25]) ; 6) to describe on just a few occasions the physical environment, generally absent in the text as exaggerated proof of the dominance of existential states of mind ("el frío se iba a acentuar en enero; cada vez los inviernos eran más crudos y las casas no estaban acondicionadas." [148]); and 7) to express through recorded speech the words of the characters as they react to situations ("Tú viniste porque no hubo otro remedio." [35]). Lastly, there are even several occasions where a brief bracketed text occurs within a longer parenthetical text, revealing for the reader a kind of kaleidoscopic image of reactions and feelings regarding a given situation or condition in the novel ("Pero en su lugar (Mercedes, abrazando a Gerardo desde lejos [Tey, ¡qué gusto verte!] la saludaba amablemente) entró Mara con sus amigos" [68]).

Los signos perdidos is too prolix, too repetitive, which leads to a sort of unrelieved tedium that tries the patience of even the most tolerant reader. The novel at times seems adrift, going nowhere, and sometimes approaches the static quality of some of Mallea's weakest existential works, such as *Simbad*. Of course this narrative immobility may be reflective of a basic theme of the novel, namely the frustrated possibilities in life, the futility of human endeavor, the meaningless existence from which there is no escape, but merely resignation. The several pairs of characters in the novel, Gerardo/Mara, Teresa/Andrés, and perhaps most significantly Clemente/Mercedes[2] are seen enduring their banalities, their trivialities, their inconsequential acts and actions in an environment that seems to look down on them with ironic superiority. All the characters are in some kind of emotional turmoil, whether for real or imagined reasons; they seem driven by unrelenting masters, like Teresa who has just left her distasteful job at an orphanage, which by its very nature serves as a metaphor for abandonment and innocent suffering. Likewise, the anguish of characters seems to feed one on the other, as their lives become interdependent both in joy and in sorrow. Witness Clemente's inordinate preoccupation with Mercedes's words, "Hay algo en ti que me confunde" (15), said to him without irony or pique.

To conclude: Writers have used multiple approaches to express the concept of man's ultimate responsibility for his own actions in a chaotic world that eludes his comprehension. Sergio Fernández's approach to this existential world is a reunion of friends around a dinner table in ironical non-communication and estrangement. The characters he brings together for this ultimate irony of emotional withdrawal represent individually and collectively various stages of existential disquietude in an ambience that is Mexican and universal at the same time. The fact that Fernández has chosen to deemphasize the specific locale of the action may lessen the artistic value of the novel but it heightens its transcendental qualities as applicable to all men. The novel ends with the departure of all the guests and the servant Clara complaining to herself about the cleaning chores she now has entrusted to her: "¡Qué fastidio con los invitados! No se acababa nunca: barrer, limpiar, cocinar" (244). And in a final summation regarding the existential silence that now reigns in the Gerardo household, the narrator explains: "Y dejándolo a oscuras se fue hablando entre dientes lo que sólo para sí misma comprendía, como si el silencio, al expulsarla para quedarse aislado, pretendiera disfrutar la comunicación que nada más con él, con el silencio, se obtenía" (244).

Notes

1. The edition of the novel I have used for this article is that of México: Compañía General de Ediciones, 1958. All references in the text are to this edition.

2. Clemente's relationships with all women are strained, as if he feels constantly threatened by them. He calls Teresa a "mujer insípida." The narrator continues: "Lo fatigaba. No le tenía mala voluntad, al contrario, siempre la trató con cariño. Pero le inspiraba lástima, una especial piedad, como si Tey fuera la imagen de algunas zonas propias que eran las que más lo atormentaban. Veía en ella, acentuada, su incapacidad para lograr determinados fines" (60).

Works cited

Castellanos, Rosario. *La novela mexicana contemporánea y su valor testimonial*. México: Cuadernos de la Juventud, n.d.

Fernández, Sergio. *Los signos perdidos*. México: Compañía General de Ediciones, 1958.

Langford, Walter M. *The Mexican Novel Comes of Age*. N. Bend: U of Notre Dame P, 1971.

Supernatural Fantasy in Spanish Drama

Robert Lima
The Pennsylvania State University

If Fantasy is "the forming of grotesque mental images,"[1] as one source has it, then a great body of world literature normally included under the rubric is immediately excluded from consideration. Such an action would be particularly detrimental in the case of Spanish literature, although certain works by Quevedo, Valle-Inclán and Cela, for example, would qualify. However, if as another source defines it, Fantasy is "visionary fancy"[2] or unrestrained imagination, then the very works excluded by the first definition would be restored to a prominent place. It is this second definition which best conveys the generally accepted view of Fantasy as the expression (oral or written) of concepts beyond the reality we know and experience daily.

One particular type of Fantasy that is very evident in Spanish drama since its inception is what I have termed "Supernatural Fantasy." By this I mean the application of unrestrained imagination to subjects of a supernatural order. These may be within a religious category explicitly Christian: apparitions and miraculous interventions by such as the Virgin Mary, saints and angels; extraordinary temptations of humans by Satan and his devils; out-of-the-body experiences in the lives of the saints; combat between the heavenly forces and the demonic hordes, usually over a human soul; blood pacts between human beings and the Devil ... Or, they may be within a secular category, that is, non-religious practices towards the attainment of knowledge of (and thus power over) cosmic forces. Among such endeavors are Astrology, Alchemy, Divination (prognostication through a seemingly infinite number of methods), Kabbalism (a Jewish mystical tradition of heterodox origin) and Magic (replete with positive and negative formulae and incantations from esoteric traditions East and West).

All of the topics under these two sub-headings of Supernatural Fantasy have been the subject of Spanish drama since the Middle Ages. The first such evidence is provided by a twelfth-century fragment of 147 verses which has come to be known as the *Auto de los Reyes Magos*. It is, of course, a dramatization of part of the Christmas story. Yet, it is curious that the only extant verses of the Mystery Play are the ones dealing with the supernatural aspects of the birth of Christ, itself an event of astounding proportions for it is the manifestation of God as man in Christianity. Besides this miraculous element, which is the fragment's background, the *Auto* itself has many supernatural aspects: the Magi, who are Zoroastrian priests; a never-before-seen star beckoning to the Wise Men; a superstitious king; court astrologers and seers; a warning given the Magi in a dream ... In its blending of religious belief and superstition, the *Auto de los Reyes Magos* typifies the medieval concept of Supernatural Fantasy.

But the work which is, perhaps, most representative of this interaction is the *Tragicomedia de Calisto y Melibea*, attributed to Fernando de Rojas. *The Celestina*, as the novelesque 15th century drama is popularly known after its most picturesque character, presents the definitive version of the pagan old crone in Christian society. More than a mere go-between and love broker, Celestina is a practitioner of the black arts. A very human witch with many sidelines, Celestina seems unbounded in the practice of her vocation. That she serves the needs of society is obvious in the lack of secrecy of her affairs and in the lucrative manner in which she's repaid, especially by those in high places.

More often than not, these services are aided by her conjurations of demonic forces. In the third act, for example, Celestina prepares the ingredients that she requires to summon Pluto, classical lord of the Underworld; she instructs Elicia, one of the prostitutes in her bordello:

> Run up to the garret over the sun porch and bring me that vial of snake oil, the one that's hanging from the rope I found in the fields that dark and rainy night. Then open the sewing cabinet; on the right you'll find a piece of paper written in bat's blood, under the wing of that dragon whose claws we removed yesterday .... If not there, go to the room where I keep the ointments and you'll find it in the hide of the black cat, where I told you to put the wolf eyes. Bring down the goat's blood too, and a few of his whiskers ...[3]

These instructions leave no doubt that her pharmacopeia is replete with ingredients for traditional witchery. Using these unsavory (but apparently effective) ingredients, Celestina proceeds with the lengthy and twisted conjuration of the pagan god:

> I conjure you, dark Pluto, lord and master of the hellish depths ... I, Celestina ... conjure you through the potent force of these scarlet letters; through the blood of the nocturnal creature in which they're scrawled; through the weight of the names and signs written on this paper; through the venom in this snake oil now anointing this yarn.

Her offering, being made to a pagan rather than a Christian deity, does not necessarily imply the pledging of her soul to eternal damnation. Celestina's statement, in keeping with tradition, may contain the offer of her body for possession by Pluto (a not unsatisfying experience in the eyes of a witch, whose grotesqueness made her unappealing to men), but her immediate concern is with the swift completion of the appointed task and the subsequent assurance of its satisfactory conclusion in the eyes of her patron.

The influence of this novelesque drama is widespread in Spanish literature. In the two centuries that followed its publication, many plays made direct connection to *The Celestina* in their titles, while others employed characters whose ancestry in that work cannot be doubted. Among Renaissance and Baroque dramatists who engaged this tradition in their works were some of Spain's greatest names.

Lope de Vega, for one, made use of the character Celestina as the model for Fabia in his play *El caballero de Olmedo*. The old crone possesses the same qualities and vices that defined Celestina; like her, Fabia is a witch whose powers are available to all for a fee. Like her, too, she is hired to facilitate the seduction of a virgin. In the fifth scene of the first act, Fabia tricks Doña Inés into answering Don Alonso's letter, saying in an aside: "... Attend me quickly, dweller of the depths, and bring a scorching flame to sear the breast of this fair maid."[4]

Fabia's words are as much an invocation to her familiar spirit or demon as were Celestina's in conjuring Pluto. Furthermore, while Celestina discussed how she obtained the ingredients for her spells and incantations, Fabia is seen in the actual process of gathering the constituent elements of her folk pharmacopeia.

Besides Celestina and her numerous descendants, the Golden Age drama contains many witches and magicians of fact and fantasy. Zoroaster appears in Juan de la Cueva's *Comedia de la constancia de Arcelina*; Circe is a central figure in Loti's *La Circe* and in Mira de Amescua et al.'s *Polifemo y Circe*; Merlin has the leading role in Rey de Artieda's *Los encantos de Merlín* and acts, too, in *La casa de los celos y selvas de Ardenia* by Cervantes. Ruiz de Alarcón's *Quien mal anda en mal acaba* deals with Román Ramírez, a Moor who was arrested and punished by the Inquisition on charges of being a magician; it is a typical *comedia* of intricate plot and superimposed identities maneuvered by Satan. Another reputed magician, Pedro Vallalarde, is the subject of Salvo y Vela's *El mágico de Salerno*, while the eighteenth-century dramatist Valladares de Sotomayor wrote numerous plays in which magicians are protagonists.

One of the more fascinating historical figures prominent in the works of the Golden Age is the Marqués Enrique de Villena, the Aragonese nobleman born about 1384, who published an influential treatise on the "Evil Eye" (*Libro de aojamiento*, 1425) which caused him to be branded a sorcerer and moved the Church to burn his library upon his death in 1434. The confrontation between the Church and a member of the nobility could not help but be dramatic, and its appeal to the major playwrights of this period is evident in the works they created on this theme: Ruiz de Alarcón wrote *La cueva de Salamanca*, Calderón *Los encantos del Marqués de Villena*, Rojas Zorrilla *Lo que quería ver el Marqués de Villena* and Lope de Vega *Porfiar hasta morir*.

Another magician of interest to Golden Age playwrights was Don Illán de Toledo, whose story can be traced back to Don Juan Manuel's medieval collection of *exemplae* in which Patronio instructs Count Lucanor.[5] In *La prueba de las promesas*, Ruiz de Alarcón wrote an effective adaptation of Patronio's tale for the stage.

But Supernatural Fantasy in the Golden Age extends into other esoteric areas as well. There are countless plays in which astrology and other
forms of divination are basic motifs or appear with frequency and importance. Such is the case with many of Lope de Vega's dramas. Likewise,
the plays of José de Cañizares exhibit a particular interest in astrology as
an occult science, apart from their attentiveness to magical operations. The
tracks of the astrologers can also be found in Guillén de Castro's *Las mocedades del Cid*, Ruiz de Alarcón's *El anticristo*, Bances Candamo's *El esclavo
en grillos de oro* and Nanclares' *La hechicera del cielo*. The great Calderón
also used astrology in various of his works, especially *La vida es sueño*,
Apolo y Climene and *El laurel de Apolo*. Further, there are a number of dramas and *entremeses* in which the principal character is an astrologer, as
exemplified by the anonymous *Entremés del astrólogo borracho*, Bances
Candamo's *El astrólogo tunante*, Arroyo y Velasco's *Entremés del astrólogo
burlado*, and Calderón's *El astrólogo fingido*. The treatment of astrology in
these and other plays of the Golden Age ranges from slapstick to the
serious, encompassing all the gradations in between. This variety of
approaches is indicative of the social, religious and political attitudes to
the astrological beliefs of the times. But while in most instances astrology
is acknowledged as an impressive phenomenon, it is at the same time
treated mundanely in most of the works in which it plays a role and,
therefore, loses much of its occult character. Such is the fate of the
esoteric when it comes into vogue.

There is yet one more major facet of Supernatural Fantasy in the
Golden Age that remains to be considered. It is the role of Satan, the
Devil. Although the Lord of Hell appeared not infrequently on the medieval stage, often directing the downfall of humanity from atop the Mouth
of Hell into which sinners were dragged, he did not possess the grandeur
and the potency that the Golden Age dramatist was to give him. Even in
The Celestina and *El caballero de Olmedo* the dark beings on whom the
witches call have only a power implicit in the words of their conjurers;
indeed, these deities never materialize, and the effectiveness of their
power is ambiguous. But in important plays by Cervantes, Mira de Amescua and Calderón the Devil emerges as an impressive, and dangerous,
being. To these dramatists Satan was not the grotesque, one-faceted creature that he often was on the medieval stage. Rather, he was the great
Archangel whose pride and arrogance drove him and his followers to
open rebellion against the majesty and supremacy of God. To the clas-
sically-oriented Golden Age, Lucifer was not unlike Prometheus in his
rebelliousness, although the latter's Christ-like beneficence to humanity
strains the comparison.

In the Golden Age, the Devil was interpreted in more sophisticated
terms. He lost his association with Pan and other satyr figures; in the
course of change he also lost much of the physical absurdity which had
made his presence terrifying in earlier days. Additionally, the influence of
Mithraic and other dualistic religions imprinted upon the Christian con-

cept of Satan the near equality of the evil being to the deity. Through these refinements of his outwardness, accompanied by purgations of his character and role, the Golden Age Devil became an epic figure not unlike Ahriman in the Zoroastrian pantheon. In his new grandeur Satan was evil incarnate. A tragic figure in that through his own action he had denied himself the divine vision for all eternity, he sought to derail from God's path as many souls as inhumanly possible into the sharing of his wretchedness in Hell. In his misery, he coveted the company of other sinners. In *Autos sacramentales* and other religious dramatizations of this period, the Devil is introduced in the guise which Christianity eventually came to grant him. In Lope de Vega's *La Maya*, he is the Prince of Darkness who vies with the Prince of Light for the soul in a Christian approximation to Zoroastrian dualism. But this is largely a canonical stance.

Quite different is the case of Cervantes' *El rufián dichoso*, in which the Devil is the purveyor of temptations and the means to their satisfaction; yet, he is mocked and defeated in a Christian resolution typical of the age. Characteristic of the play is the mixture of conceptions regarding the devils; in the case of Lucifer, Cervantes presents the "new" view, while in the treatment of the minor devils he returns to the medieval depiction. The *comedia*'s principal interest as an example of occultism in Golden Age drama rests, therefore, on its bridging two attitudes towards the Devil and his cohorts.

In *El esclavo del demonio* by Mira de Amescua, the plot centers on a satanic pact made by a rogue who would later repent and become Saint Gil de Santarem. In his treatment of this Portuguese legend, the playwright creates a Faustian figure which compares favorably with Marlowe's protagonist, although the Spanish play lacks the element of damnation mandated by the medieval code that governed the outcome of the English tragedy.

Calderón patterned one of his best plays, *El mágico prodigioso*, on Mira de Amescua's outstanding drama. But there are other examples of Calderón's approach to the occult as a subject for his plays. In *La dama duende* the dramatist shows himself an enemy of popular superstitions regarding ghosts, familiars, witches, magicians, succubi and incubi, and other such. But in his attack through comic ridicule Calderón in fact underscores the frequency and seriousness of these beliefs among Spaniards of the Golden Age.

Regardless of his attitude toward superstition in *La dama duende*, Calderón never laughs at the Devil. He portrays him in the accepted fashion of the period as a doomed figure of tragic proportions, prefiguring the Romantic conception of Satan as hero. It is in this manner that the Devil is depicted in the four of his plays in which he's a character: *El José de las mujeres, Las cadenas del demonio, La Margarita preciosa* and the aforementioned *El mágico prodigioso*. All four works have leading characters born and raised in pagan cultures with polytheistic religions, and the basic conflict emerges in the attempt by the Church to gain these souls away from a Satan whose sphere of nefarious action is seen as not limited to Christianity due to an unrecognized faulty demonology. In these plays, then, the Devil is a composite of pagan elements (Greek, Egyptian, Semitic, Celtic) and Christian traditions (largely derived from verbatim readings of the pseudepigraphous *Book of Enoch*); as such, Satan personifies falsehood in opposition to truth, superstition in conflict with faith, the principle of evil in furious combat with that of good as manifested in the Supreme Deity.

The travails of Satan as outlined in these selections are typical of the treatment he received in the Golden Age at the hands of Christian dramatists whose plays had as their climax the defeat of the Devil. Indeed, all aspects of Supernatural Fantasy during this period came to be subsumed under and dealt with in the context of the Christian faith.

After a hiatus during the eighteenth century's Age of Reason, magic, witchcraft, divination and similar topics again became attractive themes to dramatists in Spain, but never again would they be motivated by the theological premises laid down by Church Fathers in their writings and Church Councils in their pronouncements, ideas and laws that had guided the playwrights of the Golden Age. Satan himself evolved into a tragic figure of heroic dimension —the first rebel— in the eyes of the nineteenth century Romantics, themselves rebels against strictures of all kinds. Some of their characters, such as Zorrilla's Don Juan Tenorio and the Duque de Rivas' Don Alvaro, are perceived as satanic by society; the latter also comes to consider himself as Satan personified and, despairing, jumps from a cliff to his death.

In this period, folk beliefs, no matter how outlandish, were added to the repertory of Supernatural Fantasy in Spain, among them concepts dealing with ghost phenomena, lycanthropy, vampirism, possession ... Despite the nineteenth century's culmination in Realism, concerns with these and other aspects of occultism, including intellectualized systems of belief such as Madame Blavatsky's Theosophy and Allen Kardec's Spiritism, continue into our own time.

Bridging the two centuries are works by members of the noted "Generation of 1898." Valle-Inclán peppers the *Comedias bárbaras* and others of his plays with folk superstitions of a supernatural kind from his native Galicia; he personifies the Devil as El Macho Cabrío in *Divinas palabras*, while witches discuss their nefarious rituals in *Ligazón*, which, as the title makes clear, involves a blood pact.[6] Pío Baroja delves into the rich lode of Basque folklore in *La leyenda de Jaun de Alzate*, a novelesque drama of myths, gods, demons, and ancient rites, while in *Lo invisible* Azorín makes death the focal point of the trilogy.

Major dramatists of the next generation likewise turned to Supernatural Fantasy in some of their important works. Casona, who makes Death the title character in *La dama del alba*, gives the Devil important roles in *¡A Belén, pastores!*, *El caballero de las espuelas de oro*, *Otra vez el Diablo*, and *La barca sin pescador*.[7] García Lorca's participation in the thematics of the supernatural is most evident in the rural tragedies *Bodas de sangre*, with its lyrical personification of Death and the Moon, and *Yerma*, in which the four Elements, witchcraft, and pagan fertility rituals to ancient deities abound.[8]

In the post-Civil War period, Alfonso Sastre has delved into occult thematics in three short plays: *Frankenstein en Hortaleza, El vampiro de Upsala* and *Las cintas magnéticas,* which appear in his *El escenario diabólico.* Others of his contemporaries show a concern with reinterpreting the magical tradition of Spain. Domingo Miras, for one, turns to the 16th century in his *Las brujas de Barahona,* in which appear Astaroth, El Gran Cabrón, Succubi and Incubi, focusing as well on various aspects of occultism in *El doctor Torralba, La venta del ahorcado,* and *Las alumbradas de la Encarnación Benita,* among other plays. Similarly, Francisco Nieva concerns himself with the Illuminati, heterodoxy and the mysticism of Baroque Spain in *El rayo colgado,* vampirism in *Aquelarre y noche roja de Nosferatu,* and witchcraft in *La carroza del plomo candente.* And the renowned Buero Vallejo has written *El sueño de la razón,* based on Goya's famous etching.

This compressed overview of Supernatural Fantasy in Spanish drama reveals that even in a highly Christianized nation of Europe, such as Spain, there is a pagan substratum that defies all attempts at eradication. Christian dogma may have been imposed upon the populace of Europe with apparent success but beneath the churches of the continent lie the remains of pagan temples; just outside towns with churches at their centers lie the wooded sites where witches congregated for sabbats and esbats. People continued to accept as true matters classified as heretical by the Church or scoffed at by society as mere superstition. Among these was the belief in hidden or mysterious powers and the possibility of subjecting them to human control. And Spanish drama continues to depict this deep, ingrained tradition of Supernatural Fantasy.

Notes

1. *Webster's New World Dictionary of the American Language* (Cleveland and New York: The World Publishing Co., 1959) 526.

2. *The American College Dictionary* (New York: Random House, 1966) 437.

3. This and the subsequent passage are in my translation.

4. This is my translation.

5. Don Juan Manuel, *Libro de Enxemplos del Conde Lucanor et de Patronio,* a masterpiece of 14th century Spanish prose.

6. On *Divinas palabras,* see Robert Lima, "Farse, Esperpento and Death: Valle-Inclán's Terminal Grimaces," *Revista de Estudios Hispánicos* (Alabama), 17.1 (1983): 3-20. On *Ligazón,* see Robert Lima, "Melodramas for Puppets and Playlets for Silhouettes: Four Stageworks by Valle-Inclán," *Modern Drama* 13.4 (1971): 374-81.

7. See Robert Lima, "El Demonio en la sangre: Génesis y superación del pacto diabólico en dos obras dramáticas de Alejandro Casona," *Romance Notes* (Chapel Hill, N.C.) 24.1 (1983): 10-16.

8. See Robert Lima, "Toward the Dionysiac: Pagan Elements and Rites in *Yerma,*" *Journal of Dramatic Theory and Criticism* (Spring 1990).

La sonrisa etrusca o la profunda ternura de Sampedro

Francisco D. López-Herrera
Texas A & I University

En 1985 José Luis Sampedro publica *La sonrisa etrusca*, la más encantadora y humana de sus novelas. Cuando el público lee esta obra encuentra en Sampedro a un escritor hecho y maduro, en control, profundamente humano. Ya en 1962 la crítica habla de su "madurez que le puede hacer caminar seguro por el ancho campo del género" (Marra 4). Con *Octubre, Octubre* (1981), el novelista llega al cenit de su labor narrativa.

Sampedro sitúa la acción de *La sonrisa etrusca* en Milán. Un viejo calabrés llega a casa de sus hijos para someterse a una revisión médica. Hombre duro, amante del Sur y de su sociedad campesina, choca con la sociedad urbana del Norte —"la blanda gente milanesa" (65). Entonces "Sampedro otorga a un niño este rango protagónico" (Sánchez 19) opuesto al otro personaje central, el anciano. A través de ambos el novelista catalán reflexiona sobre la vida, la vejez y la muerte.

Los hombres del Sur italiano quieren a los niños cuando "no se asustan del burro ni del gallo" (34); mientras esto no ocurre, "son ... nada, bultos que lloran" (26), que están bajo el cuidado absoluto de las hembras, esos seres nacidos para servir al hombre en la cocina o en la cama. El viejo protagonista de esta entrañable novela se enfrenta con su nieto, "un niño ... de ... trece meses" (32). Cuando oye pronunciar el nombre del niño, Brunettino, impulsivamente, estrangulada la voz, goza por el azar que ha hecho que su nieto se llame igual que él; no Salvatore, nombre que le pusieron, sino Bruno, su nombre, el que él se hizo en la guerra. Cuando lo toca "no recuerda haber tocado jamás la piel de un niño tan pequeño" que, por otra parte, ya "posee músculos y nervios" (33). Los primeros momentos del encuentro son para él vivencias originales, porque —piensa— "en el pueblo los hombres no tenemos hijos"; así que ahora este padre de tres hijos en casa y sabe Dios cuántos en nidos ajenos considera a su nieto su "primer hijo" (34). ¡Qué desconcierto el del viejo cuando con dificultad sostiene por primera vez al pequeño en sus membrudos brazos! ¡Qué pensarían de él en el pueblo! Se sorprende al notar su "piel más suave que la de mujer" (35) y su olor inefable, embriagante y posesivo. Pronto se sorprende a sí mismo estrujando contra su pecho el cuerpecillo cálido del niño que le rechaza al ser rozada su mejilla por la áspera barba del viejo; después se indigna al saber que el niño duerme solo en su cunita en un cuarto aparte: "¡Pobrecillo, toda la noche solo! ¿Y si no le oyen llorar? ¿Y si le da un cólico sin tener a nadie o un ahogo con la sábana? ...

¡Pobre inocente abandonado!" (36). El viejo Bruno ha descubierto al niño.

Sampedro, casi de golpe, muestra al viejo adusto y tradicional del Sur, inexperto en cuestión de niños, frente a su nieto. A él se dirige en un nivel lingüístico lleno de diminutivos, lenguaje de afectos. De ahora en adelante el escritor barcelonés irá mostrando, cada vez con mayor ternura y profundidad, los sentimientos, acciones y reacciones del partisano calabrés.

Por ejemplo, al día siguiente de llegar a Milán, el viejo compra una sencilla maquinita de hojas, pues ahora quiere afeitarse a diario. Poco después, cuando compra vituallas en una tienda, contesta vivamente la pregunta de la hermosa dueña cuarentona con cuatro palabras jamás pronunciadas antes: "Vivo con mi nieto" (41). Y se repite la frase y se asombra: "Cierto, es mi nieto. Soy su *nonnu*", así en calabrés. En otras ocasiones, más adelante, dirá a su nuera que no le llame papá, sino abuelo, *nonno*, pues es lo que es: "más que padre y suegro, mucho más: 'abuelo'" (166). Y, esa misma mañana, sentado en un banco de una gran plaza, fumando fuera de casa, pues tal vez "no le siente bien el humo al niño, [el anciano] se siente culpable fumando: es una traición a Brunettino" (44).

Un día de nieve en que el viejo se ilusiona recordando la nieve, que en su tierra es maravilla y juego pero en la ciudad es charco embarrado y corrompido, coge en sus brazos al nieto en contra de los consejos de la criada Anunziata, a quien dice indignado: "¡Hasta a los cabritillos, que van solos a la teta apenas nacen, les lame la madre todo el día, y son animales!" (52). Y entonces "estrecha esa vida palpitante todo latido a flor de piel" como, de zagalillo, cogía en brazos a su corderillo. Y —más adelante— "el viejo le abraza tiernamente, le besa, le huele", le toca ... ¡Tocar, pegar, acariciar...! Así hizo el viejo y así enseñará al pequeño; así son "los hombres: duros y amantes ..." (53).

En su obsesión por hacer hombre a ese niño, a quien no pastorean como es debido, el viejo llega hasta olvidarse de la *Rusca*, como él llama a su enfermedad. Luego habla a su hijo de lo sencillísimo que es cuidar a los niños: basta querer y no estorbar el cariño de los padres. Por eso teme y empieza a odiar a ese médico y a esos libros con nuevas teorías educativas. Y con ese primer y claro empuje de ternura dice mentalmente a su nieto que bien necesitaría una de esas mujeres del Sur, sabedora de hombres, pero: "no te apures: si no la tienes, aquí estoy yo. ¡Déjate llevar por mí, niñito mío! ¡Yo te pondré en la buena senda" (58).

El episodio del niño gateando en dirección a la aspiradora de Anunziata (60-64) añade una nueva dimensión a esta visión del abuelo. Este está convencido que en los días pasados el niño va ganando seguridad en sus brazos, se está haciendo hombre a su lado, ya pisa el suelo y se mueve. Y así, cuando el angelote oye la aspiradora, no se arredra y gatea hacia el fascinante ruido en esta aventura gozosa compartida por el abuelo, escudero también a cuatro patas, hasta llegar a trepar sobre la trepidante cabalgadura. El partisano de antaño ve la acción del nieto como un acto militar: el niño ha vencido al tanque, lo ha bloqueado, ¡es grande! Por eso el vencedor merece desfilar a caballo, y así lo instala a horcajadas sobre

sus hombros, mientras va y viene a zancadas por el pasillo del piso cantándole la famosa marcha triunfal: ¡Brunettino, *ritorna vincitor* ...!" (64).

Sí, el viejo se alía al nieto y con él consuma un mágico pacto ejempla-
rizado en aquella ocasión excepcional de la gran ceremonia cotidiana del
baño cuando el pequeño, superando quizás la fase anal, acaricia su miem-
brito, rosada turgencia semejante a las yemas del castaño en primavera, y
antes de llevarse los deditos a su nariz, sonriéndole invitadoramente, ofrece las primicias al viejo, que se inclina hacia la manita y aspira conmovido la ofrenda; el niño, a su vez, huele sus ungidos deditos. Para el abuelo esto significa que el niño ya sabe, y ha decidido confiarse al viejo, como a su protector, lleno de ternura y totalmente entregado (66-67).

El viejo ha decidido salvar al niño de la soledad, incluso de sus padres (201). Ya es su compañero. Por eso, en algo que se repetirá muchísimos días cada vez con más devoción y profundo apego, el viejo entra de
noche en el cuarto del nieto y cierra en silencio. "En la almohada hecha
espejo se refleja serena la copia de la luna, esa carita dormida y tibia cuyo aliento acaricia la vieja faz que se ha inclinado a olerla, a sentirla, a
calentar junto a ella los viejos pómulos" (68-69). El tiempo los entreteje en
el telar de la vida. Y el viejo vive algo apenas sentido días atrás: el recuerdo del "olmo ya seco de la ermita [que] debe su único verdor a la
hiedra que le abraza, pero ella a su vez sólo gracias al viejo tronco logra
crecer hacia el sol" (68). Y así madera y verdor, raíz y sangre, viejo y niño avanzan compañeros "en extremos opuestos de la vida" (69).

Cuando la criada tiene problemas con el niño, es el viejo quien lo sosiega con su voz grave o lo duerme, sentado a sus pies, con su canturreo
melancólico, como medio siglo atrás junto a sus corderos. Todos en la casa reconocen el amor profundo e insondable, la delicadeza y entrega del
viejo hacia el nieto. Hasta Andrea —con la que no siempre se entiende
bien el suegro— dirá un día que "al niño lo adora; yo no tenía idea de lo
que es un abuelo" (292). Una de las veces en que cuida al niño Bruno se
contempla las manos, zarpas de oso montañés, como no las hay en Milán
(191), manos buenas para curar (280), fuertes y anchas, con dedos como
recios sarmientos, garras que saben degollar y acariciar, manos de hombre, para todo. Pero manos que tienen dificultad para sostener al niño y,
sobre todo, para abotonar los botones de su pelele. Brevemente, por única
vez en su vida, no se siente orgulloso de esas manos, mas recapacita y se
asegura que sus manos servirán para todo, "para lo que sea! ... ¡Fuera
mujeres! ¡Mi Brunettino y yo; nadie más para hacerle hombre!" (81). La
idea de los dos solos le encanta. El será no su niñero, sino su maestro.
Días más tarde esconderá un pelele para adiestrarse en abrocharlo y desa-
brocharlo por las noches, convirtiéndolas así en manos de mujer para el
nietecito (112). Y recordando a su amor de la guerra, su Dunka, acaricia-
da por esas manos recias, "violentísimo arrebato de ternura le arranca un
sordo suspiro y encamina su mano hacia esa carita" (82) dormida en la
cuna. Escandalizada hombría cuaja los sollozos del viejo pecho. "Pero la
ternura le anega en un mar apacible donde —inesperado delfín— saltan

estas palabras: Brunettino, ¿qué vas a hacer de mí?" En dialecto también había preguntado a Dunka cuarenta años atrás. Y esos dos momentos vitales se funden "arrancándole este conjuro, gemido, confesión, entrega ... ¡Brunettino mío!" (83) Un paso más, pues, en las relaciones entre abuelo y nieto. Ahora el que dirige o guía o empuja es el niño, que le trasfunde su verdad de niño y le hace más hombre. El viejo se va entregando más y más a su nieto. Ya sólo fuma dos cigarrillos diarios y pronto dejará de fumar totalmente a pesar de la calma temporal que encuentra del cáncer que le va comiendo insaciable. Pero no quiere perjudicar al pequeño: ha de aguantar, al menos, hasta que hable, para enseñarle a salir del pozo milanés, para que no esté solo en esas noches largas.

El abuelo va aprendiendo lo mucho que necesita un niño: alimentarle, cambiarle a cada paso, bañarle, dormirle, curarle, calzarle, abrocharle los botones ... "Hace falta ser mujer para aguantar así meses y meses" (106). Así hace él con ternura y paciencia, conmovido por el gesto maternal de la sobrina de Anunziata, o cogiendo y achuchando esa suavidad de seda y jazmín cuando no le ven, o sentándose en la penumbra crepuscular junto al niño, por fin dormido, o en tantas noches durmiéndolo en sus brazos y luego acostándolo en su cunita y permaneciendo junto a él horas enteras, sentado en el suelo, liado en su vieja manta, pensando para él, susurrándole ideas, hablándole ... Cuando ya se ha ido la joven Simonetta, el viejo piensa en ella y en las mozas de Roccasera, allá en sus montañas. Y la idea es que esa moza viene para ayudar al viejo a hacer hombre a su nieto, aunque —concluye— no necesita Brunettino de esos pechos de la joven: "No tienes más pechos que los míos [... piensa riéndose en silencio de sí mismo—]. Estamos solos, todo he de hacerlo yo, todo ..." (112).

En el episodio de la enfermedad del niño el viejo muestra en todo momento ternura, angustia, entrega, paciencia y zozobra entrañables. No acepta sujetar al niño para que le saquen sangre, sino que espera en la puerta, con la mano oprimiendo la cerrada navaja en el bolsillo por si desgraciaran a su ángel; se queda con Brunettino en brazos mientras su nuera acompaña al practicante hacia la puerta; "besa la frentecita ardorosa y, acongojado, se hace nido para el niño" (121); no descansa, asomándose de vez en cuando a la alcobita, vagando en silencio, ayudando como le piden, velando al niño, cavilando acongojado; cuida al nieto durante la cena del matrimonio; y le trae, después de mucho presionar a su nuera y al médico, hojas de eucalipto para hervirlas y así curarle.

Los cuidados del viejo por el niño aumentan: ahora lo saca al parque en su cochecito. Orgulloso entre tantas mamás, contempla sus manos recias, pero vivas y ágiles todavía. Ahora —después de muchas noches de práctica— puede ya abrochar el vestidito del niño. Y al comparar sus manos con las del niño, se derrite su corazón: "¡cómo serán cuando derriben a un rival, cuando acaricien unos pechos jóvenes ...!" (126).

Sin duda alguna las meditaciones, los susurros, lo que el viejo dice en voz baja a su nieto en su alcobita es lo más importante que este "novelista de recia fibra" (García Viñó 27) cuenta en su novela. A veces es al

atardecer, cuando Anunziata se ha marchado y todavía no han regresado
los esposos: "En la alcobita, silencio y penumbra. En el silencio, el alentar
de Brunettino ya dormido; en la penumbra, el nácar de su carita. Y, gozando ese mundo, el viejo sentado sobre la moqueta. Guardando ese sueño como guardaba sus rebaños: solitaria plenitud, lenta sucesión de momentos infinitos" (137). Es la vida que el viejo siente pasar —explica el
autor— la vida que le da el nieto. Otras veces, las más, es por la noche,
en la madrugada generalmente, mientras duermen los padres, cuando el
viejo, de guardia junto a su nieto, liado en su manta, da rienda suelta a
sus pensamientos. El niño aprenderá a bajarse de la cunita con ayuda del
viejo. Y así, con frecuencia, se dormirá en sus brazos: "Así, ojitos cerrados,
tranquilito ... ¡Tú ... que eres dulce, y durito, y tierno, y niño, y grande, y
todo! ¡Tú ... que llenas el corazón del viejo Bruno!" (150); luego el viejo lo
acostará en su camita. Así una vez y otra hace el viejo que "se inclina sobre la carita: ese blanco imán que pone luna llena en todas sus noches"
(161).

El viejo quisiera llevarse al nieto de ese "Milán de asco" (164) y verlo
juguetear en su tierra, y contemplarlo ya mozo. La congoja le estrangula y
oprime sus ojos ... hasta un sollozo rompe su pecho. Es cuando el nieto
despierta y se baja de la cunita, y entonces se vuelve hacia el abuelo sentado "¡y da tres pasitos tambaleantes, él solo, hasta llegar a los viejos brazos conmovidos!" (165), brazos que le acogen y le estrechan, bajo unos
ojos mojados y unos labios temblorosos que musitan: "¡Tus primeros pasitos! ¡Para mí! ¡Ya puedo ...! La felicidad, tan inmensa que le duele, anega
sus palabras" (165).

Y cuando días después el viejo le pone a su nieto las botitas que le
ha comprado con ayuda de una amiga, el niño sonriente, ante los padres,
se lanza a atravesar el cuarto, abrazándose a la pierna del viejo cuando
iba a caerse. "¡Esos bracitos rodeándole la rodilla, como la hiedra al olmo
de la ermita! Por el muslo, entrañas arriba, anegando el corazón y oprimiendo la garganta, la felicidad sube hasta los ojos del abuelo" (193).

Una noche el niño, andando sin miedo a la oscuridad, entra al cuarto
de los padres; desde entonces le cierran su habitación. El viejo se estremece ante el primer grito del niño encerrado. Los puñitos aporreando la
puerta, los alaridos de esa gargantita de seda le queman como trallazos.
No le permiten al viejo que vaya al niño, no pueden consentirle todo.
Cuando el niño, al fin, calla, la tortura del viejo culmina en el dolor de
ese silencio, y, empapado en sudor, imagina lo peor, que se haya encara-
mado a la ventana ... y ciego, olvidado de los padres, pero sigiloso,
"avanza a salvar al prisionero, a devolverle la esperanza en la vida" (210).

Desde ahora el viejo duerme cada noche en alerta. Hace guardia y así,
además, tiene tiempo para pensar, para recordar, para comprender mejor.
En alguna ocasión, la madre o el padre entrarán en la alcoba del niño
mientras el viejo está a su lado. Pero éste, rápido, se esconde bajo la mesa con faldas donde arreglan al pequeño. Sin embargo, con el tiempo, los
esposos llegarán a darse cuenta de su presencia; pero no harán nada; ¡al

fin y al cabo le queda tan poca vida al abuelo!

El deseo más íntimo y repetido del viejo, el que continuamente le susurra a su nieto, es que le hable. "¡Ay, qué gusto me daría oírte! ¡Qué ganas tengo de que me hables! Seguro, tu voz es como la mía: voces compañeras" (219). Intensamente necesita que el pequeño le llame *nonno*; y así frecuentemente el autor habla de ello en las últimas ciento y pico de páginas. Bruno no quiere morirse sin oírle llamarle abuelo. Sólo le falta repetir el "no" aprendido, y ya está: "non-no" ... (282). El día que se lo oiga, le dará la vida (282); *nonno* será la mejor contraseña (320) y el viejo dará la gran fiesta cuando su nieto le llame *nonno* (343).

El calabrés, amante de su pueblo, no quisiera vivir en el norte frío. Podría volver a su tierra; pero ya no puede dejar Milán, pues el nieto es ahora todo para él: "no me cuesta trabajo quedarme —le dice— tú eres mi Roccasera. Y mis huesos y la sangre de mi corazón ... Todo lo eres, cordero mío, y el viejo Bruno es tuyo. ¿Dónde iba yo a ir?" (236). Aún más, le dice que lo necesita: "Mira, la verdad de verdad, niño mío, es que me quedo porque te necesito. Ahora sin ti me derrumbaría ... Así es, yo te defiendo a ti, pero tú a mí" (237). Y entonces en el moflete de nardo del niño cae "la lágrima resbalada desde la vieja mejilla de cuero". A lo largo de la novela se ha ido mencionando ese hecho: el niño transformaba al abuelo (141); el viejo aprendía del nieto (198); el niño, brujito inocente, enseñaba al abuelo (219). Como también lo hacía su amiga Hortensia.

Hortensia, esa mujer también del Sur con la que se encontró en noviembre en una plaza milanesa, con la que ha ido intimando honestamente y creando una relación mutua de dependencia, delicada y casi subconscientemente influye y enseña al viejo, le revela sorpresas y secretos femeninos, ternura y sumisión posesiva hasta el misterio de la niña, la madre, la hembra (248). Hortensia es la fuerza de reserva hacia el nieto, el refugio, la montaña (222).

Parcialmente por ello, el viejo ha sabido cuidar maternalmente a su amiga Hortensia, postrada en cama varios días (222-26). Ahora tiene sentido para el viejo la *Pietà Rondanini* que vio en el museo del *Castello Sforzesco* tiempo atrás (93). Claro que el sentido completo de esta estatua inacabada de Miguel Angel no lo conoceremos hasta que sea la mujer quien, en su piso, levante en sus brazos al viejo desmayado por la gran hemorragia (284-89) y hasta que la mujer vea esta estatua con el viejo (329). Pero es que el viejo reconoce que le gusta cuidar al niño (244). Cuidándolo, al igual que a Hortensia, se da cuenta de lo grande que es esto, de la suerte que tienen las mujeres; se alegra de aprender, pues nunca es tarde; y el acto de cuidar a otros es también —Bruno aprende— acto de ser muy hombre. Y es que Bruno —le decía un día a la *Rusca*— disfruta al achuchar "ese cuerpecito contra uno y oírle murmujear como un palomo amansado" (167), pues algo blando y tierno le crece dentro; algo de lo que se reía antes y consideraba cosa de mujeres. Y así Bruno le dice al niño acunado: "quiero ser todo lo que te falta; tu padre y hasta tu madre cada noche. Sí, hasta tu madre" (220).

Bruno, ya acostado, en la confusa orilla del sueño, recordando lo oído en la universidad sobre el tema hombre-mujer, piensa que Dios no acertó a dar tetas a los hombres; si así hubiera sido, los niños serían felices (273). Pero en otra ocasión el viejo, mientras acuna en sus brazos a Brunettino, le dice bajito que si necesita abuela, él lo será para el niño; ya se va haciendo ... solo por arriba, ¡cuidado! "Me están creciendo pechos, acabaré teniéndolos para ti, niño mío ... son mi florecer de hombre. Para que tú y yo juntos no necesitemos a nadie" (296). Aunque sean las hormonas que el viejo toma para su cáncer, él le repetirá al nieto otra vez: "ahora ... para ti me salen pechos" (322).

El narrador ha ido descubriendo y desarrollando a lo largo de la novela las relaciones del abuelo con su nieto cada vez con más sensibilidad y detalle. También muestra desde la mitad de la novela las entrañables relaciones entre Bruno y Hortensia, relaciones llenas de compasión, delicadeza y amor auténticos. Cada vez más, según avanza la historia, Sampedro habla del cariño y devoción del hijo hacia el padre y del agrado, suavidad y terneza del viejo para con su hijo. Aun entre suegro y nuera crece cada vez más cierto aprecio, entendimiento, mansedumbre, simpatía y respeto. En sus conversaciones con la gente de la universidad y otros, aun en sus ideas sobre su enemigo de Roccasera, el fuerte viejo calabrés adquiere o crece en piedad, sensibilidad, cordialidad y humanidad. Todo, claro está (Sampedro insiste en ello), debido especialmente al nieto.

Por ello, así, después de estos meses en la ciudad, el viejo es ahora un hombre afable y completo. Buen estudiante en los meses milaneses ha aprendido bien la lección de la ternura. Y esto es así por Milán. Es decir, el niño y Hortensia; sus dos amores, que más bien son uno; él es los dos amores, él que los da (334). Y con este amor y vitalidad el viejo los liga a todos, los enlaza y arrebata, como una madre dulce, suave, amorosa.

Y así en la última noche divina, el niño, blanquísimo ángel que se acerca a su cielo, entra en la alcoba del viejo que apenas tiene fuerzas para llevarle a la cama y sentarle a su lado. El abuelo se pone en pie con el nieto, pero pronto cae de rodillas, soltando al niño. El pequeño, inquieto, gatea por la cama para abrazar al viejo, "se pone en pie, su carita junto a la del abuelo, esperando" (346-47). Parece que su instinto le revela el aletazo de la soledad que "le arranca la palabra tantas veces oída: *nonno*" (347). El cántico celeste se alza del cachorro perdido a los oídos, que no a los ojos invidentes, anegados de júbilo del mastín guardián: *nonno, nonno*. ¡*Nonno*! A esa palabra insondable "se entrega para siempre el viejo, invocando el nombre infantil que sus labios ya no logran pronunciar" (347).

Obras citadas

García Viñó, M. *Novela española de posguerra*. Madrid: Publicaciones españolas, 1971.
Marra-López, José Ramón. "Cuatro nuevos novelistas". *Insula* 182 (1962): 4.
Sampedro, José Luis. *La sonrisa etrusca*. Madrid: Ediciones Alfaguara, 1986.
Sánchez Arnosi, Milagros. "*La sonrisa etrusca*". *Insula* 467 (1985): 19.

Larra, Borrego y Mendizábal:
liberales, o pícaros

Gregorio C. Martín
Duquesne University

Es interesante el papel que, de una manera casi anecdótica, juega Portugal durante el siglo XIX en la vida de muchos españoles y de la propia España. En Portugal luchó Godoy la Guerra de las Naranjas; comenzó Espronceda su pirueta romántica; Don Carlos, su aventura política; Mendizábal, su ascenso al poder y —aunque el occidente no sea el camino más rápido para llegar a oriente— Larra comenzó en Portugal su viaje a París. De Godoy podemos decir que luchó en Portugal porque, siendo político, algo tenía que arriesgar y que hacer, y Manuel Godoy arriesgaba personalmente poco, hacía menos y ganaba mucho en aquel sitio; don Carlos se marchó a Portugal porque en España se había quedado sin sitio; Espronceda salió por Portugal porque tenía que salir por algún sitio; allí comenzó Mendizábal porque, para un financiero como él, Portugal no era entonces un sitio cualquiera, sino un buen sitio; por su parte, Larra fue desde Madrid a París a través de Portugal porque hacia allí estaba entonces un sitio muy importante para él: el sitio de Dolores Armijo. Por una razón u otra, todos van a Portugal buscando sitio. Esta búsqueda, que era la de muchos españoles de aquellos años, les llevará a coincidir, a unirse y a separarse en no pocas ocasiones, según las circunstancias del complejísimo mundo político y social de la España del siglo XIX.

En 1853, Larra abandona Madrid porque no cabía ni en el teatro, ni en el café, ni en los empleos. En otras palabras, se había quedado sin sitio. Estaba, dice, "empotrado en un rincón de *La Revista Española*". Allí lo habían colocado sus buenos amigos José María Carnerero y Juan Grimaldi, dos hombres que disponían del sortilegio para quedar en todas las revoluciones al lado del árbol de mejor sombra.

Grimaldi había venido a España con la Santa Alianza para restaurar el absolutismo de Fernando VII, gran amigo de Angulema, relacionado con el teatro madrileño, del que fue empresario y director de escena, llegó a ocupar el puesto de redactor en jefe de *La Revista Española*.[1] Carnerero también estaba relacionado con el teatro, al que proporcionaba arreglos y traducciones, era igualmente amigo de Angulema y editor de *La Revista*.

Al quedarse sin sitio —ya mostré en otro lugar los documentos que aportaban algunas de las razones[2]— Larra decide hacer un viaje que él mismo califica de "precipitado", para "tomar dinero". Larra, quien no tiene ni tuvo nunca dinero (lo cual no quiere decir que no lo ganara), va a buscarlo desde Madrid al centro de Europa, al noreste. Para ello no se le ocurre nada mejor que tomar la dirección contraria, y la falta de recursos económicos no le impide hacer turismo en Lisboa y en Londres. No es que yo ponga en duda la penuria económica del escritor, tantas veces mencionada; pero, como es bien sabido, hacia Portugal, en Badajoz, estaba entonces Dolores Armijo, su amante, y la pasión amorosa era irresistible por estas fechas cuando ella había recibido una inesperada herencia.

Hay dos Larra. Uno que hace con su sátira la biografía de España, y otro que esconde tras esa sátira su propia biografía. Dos buenos ejemplos de lo que digo se deben a este viaje. La *Revista Mensajero* publicó por esos días una breve nota que tiene todas las trazas de ser de Larra. Informa de su llegada a la ciudad extremeña y no pierde la ocasión de hacer una sátira contra el Gobierno: "Llegué, amigo mío, a ésta cansado y molido de la maldita galera; traje mi escolta porque venían unas 16 ó 20 arrobas de tabaco, mas esto contribuyó mucho a que el viaje fuese más pesado; bien que no dejó de ocupar mi imaginación algunos ratos cuánto gastará la Real Hacienda en estas escoltas, que en lugar de ofrecer seguridad no sirven más que para llamar la atención hacia unos objetos que en cualquier otro caso se ven pasar con la mayor indiferencia".[3]

Que Larra tenía razón al quejarse del mal uso que se hacía de los fondos públicos, se confirmaría en breve con la caída de los gobernantes. Y lo mismo puede decirse de la crítica que hizo de la diligencia de Extremadura en su artículo "Impresiones de un viaje", publicado en *La Revista* del 19 de julio de 1835. Larra realizó el viaje a que se refiere ese artículo a finales de abril de 1835. Exactamente un año más tarde, el 3 de mayo de 1836, la empresa de la diligencia de mensajerías de Extremadura (que pertenecía entre otros al Conde de Montealegre, y de la que era director don Fernando de Vera) contrató con el maestro de coches Dionisio Lefebre la compostura de los carruajes de dicha diligencia —tres góndolas y tres galeras de quince, doce y nueve asientos— por un importe de 23,300 reales anuales durante tres años, mejora que el escritor no llegaría a disfrutar.[4]

Pero la verdad innegable de cuanto escribe Larra contrasta con las razones de su viaje y las mentiras a que recurre para explicarlo. Es muy posible que el viaje fuera precipitado, pero el verdadero motivo del mismo parece un misterio. No obstante, cuando deja España, varios acontecimientos tienen lugar entre los hombres de ideas similares a las suyas y que aún siguen emigrados por Europa. Es la segunda vez que estos emigrados, los más exaltados del liberalismo español, se reúnen en París para una posible toma del poder, que ahora parece segura por medios pacíficos. La primera tuvo lugar en 1830, y uno de sus cabecillas tendría un papel importante en la vida de Larra. Los primeros biógrafos de Fígaro lo consideran como un simple oportunista sin mérito alguno. Documentación existe no obstante que prueba que Ramón Ceruti era uno de los revolucionarios más exaltados y temidos de Europa y América. Tras intentar en 1823, en unión de otros doce, dar un golpe de estado contra el gobierno constitucional que quería pactar con Fernando VII, Ceruti fue encarcelado en Tenerife con Blas Ostolaza, Félix Mejía, José Spínola, Domingo de la Vega (quien era también pariente de Dolores Armijo y sería después gobernador de Avila cuando Larra lograra el acta de diputado) y otros. Ceruti se disfrazó de dominico y, con ayuda de las logias masónicas, logró escapar.[5] Vino a América, donde adquirió pronto la misma fama que tenía en Europa, como muestra la siguiente noticia anunciando una de sus visitas a Nueva Orleans:

> A los españoles. Faustosísimo notición. Lo prometido es deuda. ¡Ya no es chanza ...! Está ahí el incomparable y sin par Cerutillo, la flor y la nata del bando Yorquino.
>
> ¡Que viva don Ramoncilloooooo!
> ¡Que viva el señor Cerutiiiiiii!
> ¡Que viva este Yorkinillooooo!
> ¡Que viva manya con tutiiiii!

Ceruti tomaba su defensa con un tesón y fuerza inagotables. Como pudieron experimentar los autores de *Ocios de los Españoles Emigrados*, con quienes tuvo Ceruti una polémica literaria en 1827. En fin, su importancia era tal, que regentaba la jefatura en el continente americano de la llamada Gran Junta de Varones Constantes, que estaba compuesta por Torrijos, Mina, Gorostiza y Ramiro Alpuente, entre otros. En el otoño de 1830, Ceruti comunica a los exilados que las diferencias que dividían a los grupos políticos han sido superadas para formar un frente común. Unión a la que había llamado repetidas veces Andrés Borrego desde París a través de las páginas de su periódico *El Precursor*. Los exilados regresan a la capital francesa, donde se les unen los portugueses. Objetivo: asesinar a don Miguel y a Fernando VII, a quien Ceruti llama repetidas veces "la bestia". Según la correspondencia del Vizconde de Santarem, se enteraron del proyecto por una mujer de Montmartre, quien se había enterado por la amante del cónsul del Brasil, Silva, posiblemente uno de los conspiradores.[6] Pero la revolución fracasó, y Ceruti y los suyos permanecieron en Europa en espera de otra oportunidad.

Los acontecimientos políticos que siguieron a la muerte de Fernando VII y la perdida popularidad del gobierno de Cea Bermúdez, hacían pensar que la oportunidad se acercaba. Un hombre buscaba también su sitio en dirección contraria a como lo hacía Larra. Don Juan Alvarez Mendizábal se aproximaba a la presidencia del Gobierno español tras lograr la confianza y apoyo total del Gobierno inglés. Palmerston, primer ministro británico, estaba dispuesto a que Mendizábal fuera presidente español. El embajador inglés notificaba en septiembre de 1835 el éxito de su plan: "He hecho cuanto he podido hasta conseguirle la jefatura del estado".[7]

El expediente que como liberal y hombre de acción le había ganado a Alvarez Mendizábal la confianza inglesa, era sin duda alguna de primera clase. Tras conseguir un préstamo de cien mil libras para la campaña de don Pedro I del Brasil contra don Miguel, Luiz Antonio de Abreu e Lima nombró a Mendizábal agente especial del Emperador para asuntos económicos. Según carta del propio Abreu e Lima, del 14 de octubre de 1831, Mendizábal formaba parte con Sartorius y Manoel Gonçalves de Miranda de la junta encargada de adquirir todo lo necesario para la expedición. En las actas que se conservan entre la correspondencia de Abreu e Lima, consta que la comisión se reunió el 12 de septiembre de 1831 a las ocho de la mañana, y Mendizábal informó de la posibilidad de comprar dos fragatas (la "Aveu", de cuarenta cañones, y la "Congres", de cuarenta y seis) por veintitrés mil libras, precio que fue considerado muy ventajoso. Sin embargo, Mendizábal propuso que, si lo dejaban de su cuenta, él podría conseguir aún mejores condiciones. En efecto, al día siguiente, Mendizábal había logrado rematar la compra de las dos fragatas en veintiuna mil libras. Para la comisión, un ahorro de dos mil libras en veinticuatro horas.[8] En 1835, el embajador británico en Lisboa había tratado sin éxito de conseguir una garantía de los banqueros portugueses contra la deuda de su país. Mendizábal pasa por Lisboa camino de Madrid, se reúne con los banqueros y consigue que pongan doscientas mil libras a disposición inmediata del Gobierno; además, que ofrezcan una garantía para todos los gastos que puedan surgir durante el resto de 1835. El embajador inglés escribe a Palmerston expresando su asombro. Y esto no es todo. Al día siguiente, 29 de agosto de 1835, Mendizábal se reúne por la mañana con la reina portuguesa y consigue establecer la paz en las discordias que existían en la familia real, en lo que había fracasado también el embajador inglés. Por la tarde, se reúne con los ministros portugueses y logra un acuerdo para la navegación del Duero, y una rebaja de cinco mil libras esterlinas de las quince mil que los portugueses pedían por mes para las tropas auxiliares que intervendrían en España (F/O 63/437). No en balde William Moore recomendará a Palmerston que se haga una mención especial de Mendizábal en el parlamento británico por ser "a clear and most skilful man in all matters of business" (F/O 72/473).

Pero no todos pensaban lo mismo de Alvarez Mendizábal. Entre sus mayores enemigos estaban Pérez de Castro, embajador español en Portugal, y el secretario de la misma embajada, Campuzano (F/O 63/437). Pero ambos eran grandes amigos de Larra. Es bajo esta perspectiva política que el viaje de Fígaro parece tener sentido. Se nota un tremendo interés en sus cartas por reunirse con los diplomáticos españoles de las capitales europeas. Reuniones que comienza en Portugal con Pérez de Castro y Campuzano, y termina en París, donde se encuentra de embajador el duque de Frías, otro de sus grandes amigos. En Francia está también Ramón Ceruti, quien anda ahora envuelto en una contienda con Sebastián Miñano, porque el canónigo trata de conseguir un préstamo de treinta millones de francos para formar un ejército que reconquiste las colonias de América.[9] Con París y Burdeos está en relación constante Mendizábal a través de sus agentes, como se desprende de su correspondencia con Palmerston. Hay proyectos periodísticos por parte de Ceruti, y casi seguro del mismo Larra. Mendizábal es nombrado ministro de Hacienda, y comienza a ejecutarse la campaña que se preparaba desde Londres y París. Mendizábal pide el primero de agosto a Palmerston que haga las diligencias necesarias para que un barco vaya el 15 a Burdeos, donde llegará él ese mismo día, y lo lleve a Lisboa. Palmerston escribe en la misma carta de Mendizábal la orden para que se cumpla inmediatamente lo pedido. El 5 de agosto de 1835, el Almirantazgo informa a Palmerston que el vapor "Meteoro" estará en Burdeos el 15 para embarcar a Mendizábal (*F/O* 72/454).

Justo entre el 1 y el 5 de agosto, se publica en Madrid el día 3 un artículo de Larra en *La Revista Española* que parece un avance del programa de Mendizábal. Lleva por título "Conventos españoles. Tesoros artísticos encerrados en ellos". Pero no es un artículo sobre arte ni mucho menos sobre conventos, sino todo un manifiesto político. El censor captó en seguida la verdadera intención del artículo y suprimió algunos párrafos. En primer lugar, el hecho de que los tesoros no estén custodiados, sino encerrados, como indica el título, implicaba ya una fuerza y la necesidad de una apertura. Al estar los tesoros dentro de los conventos "como en los siglos medios", se requería, dice Larra, una reforma que los abriera a los tiempos modernos. Sólo podría conseguirse esa apertura mediante "una ley pacíficamente meditada y votada por la nación". No cabe duda que esta ley no la quería Larra para los tesoros, los encerrados, sino para los conventos que los encerraban. Se hacía necesario romper la costra creada por la ignorancia y el fanatismo de los siglos pasados, para adaptarse a las necesidades sociales del XIX. Es necesario rescatar la religión de las manos de los cenobitas, dice Larra, para concebirla como algo grandioso y consolador, "sin víctimas fanáticas ni fanatizadoras". Las revoluciones no había que frenarlas, sino encauzarlas. De ahí que los tesoros se salvarían "cuando un Gobierno ilustrado, conociendo su verdadera posición, se coloque al frente de la revolución para dirigirla". El progreso es total, o no es progreso. No hay término medio. Para que los nuevos principios prosperen, es necesario la caída de los viejos. Por eso que debemos tomar, dice Larra, lo que nos lega el pasado para gastarlo "en la corona que nos ofrece el porvenir". Pero no sólo expone Fígaro las ideas que Mendizábal tratará de realizar más tarde, sino también lo próximo que se halla del poder. Informa a sus lectores que "España va a dar el gran paso", que "está en el momento crítico de la transición", que "acaso el día de las venganzas, o el del triunfo completo de la buena causa, no esté lejos". También dice algo de los tesoros: sabe positivamente que un establecimiento literario de París va a mandar agentes a España para que compren y lleven cuanto de valor puedan. Pudo ser cierto, pero el primer ministro británico escribió también a sus cónsules en España para que hicieran inventarios de los tesoros contenidos en las bibliotecas y museos (*F/O* 72/423). Nada tendría de particular que la noticia se la hubiera dado Mendizábal para que la incluyera Larra en el periódico, pues le venía de perlas para su proyectada desamortización. El entusiasmo político que muestra Larra, coincide con el de la primera parte de la carta que escribe a sus padres el 24 de septiembre, donde augura el triunfo completo de su partido, que era entonces el del señor Mendizábal.

Pero Mendizábal estaba ahora expuesto a la opinión pública como jefe de gobierno, y ésta comenzó a dudar de su integridad y capacidad. En enero de 1835, se habían denunciado en Inglaterra los métodos del financiero español como irregulares, injustificables y contrarios a todo principio mercantil (*F/O* 63/434). Y tan pronto como diciembre de ese año, el joven embajador británico, quien se había declarado responsable del ascenso al poder del ministro español, escribió a Palmerston que muchos pensaban que Mendizábal prometió más que podía dar y se había hecho cargo del gobierno sin tener plan económico alguno. Aunque el español le aseguraba que obtendría poderes dictatoriales y gobernaría a su gusto, la duda de Villiers aumenta hasta desconfiar de la honradez del ministro, pues afirma que "el servicio público sufre con lo que Mendizábal ha hecho para su ventaja". Poco después, llega a la conclusión de que es un imprudente sin ningún conocimiento de su país, que no ha corregido los abusos y que han aumentado los desfalcos del tesoro público (*F/O* 72/445 y 72/-457). Todo esto, dicho por un amigo de Mendizábal, no puede pasar ignorado. Wellington, quien no era partidario ni del embajador ni del ministro, afirma que éste es un charlatán arrogante y vanidoso.[10] Por su parte, Arthur Middleton escribe en su diario que hay un dicho entre los españoles según el cual "la única manera de conseguir dinero en el país es por medios ilícitos —ergo Mendizábal". Y en otra ocasión se refiere a la frialdad con que el ministro pone las manos en todo lo que está a su alcance.[11] Por último, si Mendizábal no tenía ningún plan para los asuntos públicos, según dice Villiers, lo tenía para los privados, como demuestra que, el 20 de noviembre de 1935, concediera poder a su representante para que adquiriera a nombre del ministro tierras y otras propiedades en Galicia y León.[12]

Cuando Mendizábal tomó el poder en 1835, ya había regresado a España el año antes Andrés Borrego, a quien le son protestadas varias letras meses más tarde, que hacen suponer pasaba por una difícil situación económica. Sin embargo, aparece en septiembre de 1835 como director de *El Español*, uno de los mejores periódicos de Europa, publicado por la Compañía Tipográfica, cuyo consejo de administración lo formaban el Conde de Montijo, el Marqués de San Felices y el señor José de Arunciaga. Consta en la escritura de fundación, realizada el 14 de mayo de 1835, que Borrego había ido a Inglaterra para adquirir maquinaria y operarios.[13] Todo se importa de Londres, donde tiene gran influencia el señor Mendizábal, y los trámites de rigor se finalizan en breve tiempo. Por esas mismas fechas, el 22 de abril de 1835, Mendizábal escribe a Palmerston, para que pase con su recomendación una carta al tesoro inglés, solicitando se autorice rápidamente exportación de maquinaria a Lisboa. Le escribe de nuevo el 23 y el 24 con el mismo objeto (*F/O* 63/4455). Es muy posible que esa maquinaria, que Mendizábal dice ser para acuñar moneda en Portugal, fuera en realidad la prensa de *El Español*. Acuñar moneda es un asunto extremadamente delicado e importante para la seguridad de un país, y no es sensato hacerlo como se da a entender en estos documentos. Añádase a esto que el periódico fue acusado de gubernamental repetidas veces, y que el mismo Borrego reconoció la gran ayuda que le habían prestado importantes personas del Gobierno. Incluso Larra fue acusado por la voz pública de haber realizado su viaje a costa del estado. Si bien no figuran más nombres que los tres mencionados y el de Borrego en la escritura de fundación del periódico, si existe un documento privado de Mendizábal en el que consta textualmente que era socio de *El Español*.

En conclusión, Larra no se opuso a Mendizábal desde el primer momento, como se ha dicho, pues un periodista no es invitado a colaborar en el periódico de un ministro si no va a defender sus ideas. El viaje de Larra, más que una misión familiar, parece una intriga política en favor de Mendizábal. Tenemos a los dos mejores periodistas de la España de entonces, Borrego y Larra, sirviendo al mismo amo. En el futuro, los tres se van a acusar mutuamente como enemigos irreconciliables, pero se guardarán muy bien de decir que estuvieron juntos en el mismo sitio buscando precisamente hallar cada uno el suyo. Y es que para sobrevivir como liberal en la España del siglo XIX, había que tener también algo de pícaro.

Notas

1. Sobre Grimaldi, ver David Thatcher Gies, *Theatre and Politics in Nineteenth-Century Spain. Juan de Grimaldi as Impresario and Government Agent* (Cambridge: Cambridge University Press, 1988), de imprescindible consulta, y G. C. Martín, "Los teatros madrileños bajo Grimaldi y Gaviria", *Boletín de la Biblioteca Menéndez y Pelayo* 64 (1988): 209-22.

2. Gregorio C. Martín, *Hacia una revision de la biografía de Larra. Nuevos documentos* (Porto Alegre: PUC-EMMA, 1975) 95-106.

3. *Revista Mensajero* (8 de abril de 1835).

4. *Archivo de Protocolos*. Protocolo 23437.

5. Ver los periódicos mejicanos *Aguila Mexicana* (15 de agosto de 1825) y *El Sol* (28 de septiembre de 1828).

6. Carta de Manuel María Cuthinho al Conde da Ponte, fechada en Londres el 16 de diciembre de 1830. Puede consultarse en *Correspondencia do 2º Visconde de Santarem*, colligida, coordenada e com annotações de Rocha Martins (Dela Academia das Sciencias de Lisboa). Publicada pelo 3º. Visconde de Santarem (Lisboa: Alfred Lamas, Motta & Cia, Lta., 1918), volumen III, 350-51.

7. *Foreign Office* 72/419. Referido en adelante como *F/O*.

8. *Correspondencia do 2º Visconde de Santarem*, IV, pp. 319-20.

9. Según dice el periódico mejicano *El Sol* (6 de julio de 1829).

10. British Museum. Ms. 43060. Carta del 18 de enero de 1836.

11. "The Spanish Diary of Arthur Middleton". *The Southern Quarterly* 7 (1969): 399, 423.

12. *Archivo de Protocolos*. Protocolo 24501.

13. Para éstos y otros datos sobre *El Español*, ver mi artículo "Los orígenes de *El Español*", de próxima aparición.

Carlos Rojas: *El Valle de los Caídos*
o la metáfora del prodigio

María Jesús Mayans Natal
The University of the South

Dieciséis años después de erigirse cerca de las chabolas de Cuelgamuros (Madrid) El Valle de los Caídos, la basílica, y también necrópolis que representa indecibles lutos enclavados en la piedra desnuda del monte, Carlos Rojas publica *El Valle de los Caídos* (1978) o sea, una versión literaria de la Historia, la que resulta de la traslación de los significantes del portento a metáfora vital del artificio narrativo. La realidad de una España concertada en la vislumbre de su asombrosa dimensión trágica se cifra en el monumento nacional, templo, cementerio, mausoleo de héroes, de víctimas de la Guerra Civil Española sublimadas en la admirable obra arquitectónica levantada en su honor y memoria. A desemejanza suya y tropológicamente se produce la obra de Rojas, dedicada a los vivos sentenciados en el texto "a la inmortalidad de un mundo perecedero"(64) que se busca más allá del marco simbólico de la piedra. La Historia, en ambos casos, se enhebra a través de hechos imaginados en la percepción de la forma que busca eternizar las consecuencias de los conflictos humanos, trasfigurando la experiencia real en objeto artístico. Sin embargo, Rojas afirma que el título de su libro no lo inspira el monumento, y es más que nada "alegórico" apuntando a "la intrahistoria, el subconsciente nacional y colectivo como dirían los jungianos, que hizo posible a Franco, a su basílica y a las circunstancias en que este templo fue levantado a mayor gloria del Señor" (*Selected Proceedings* 275).

El libro es un gran monolito cuya contextura se forja en la cifra de pasajes cimentados en la interpretación de un sistema de probabilidades concebido en el *quid* de núcleos históricos acaparados en el colage de signos y significantes. De esta manera, en el texto de Rojas cobran relieve elementos clave que emergen de su particular estética figurada en metáforas, reproduciendo la incógnita encubierta en la estructura poética de la forma que amplía la percepción de España bajo la divisa inspiradora de Picasso, la que mantiene que "el arte es la mentira que oculta la otra verdad" (García-Viñó, 130), principio esbozado ya en las tempranas obras del autor. Este es el lema en el que se apoya la estructura del lenguaje traslativo de la narración precisamente porque, como observa Cristina de la Torre, "En esa otra verdad radica la clave de una época, su sentido verdadero", la que establece lo que West-Settle considera "la yuxtaposición entre lo pasajero de la historia, y la trascendencia conseguida a través de la intemporalidad del arte" (*En torno al hombre* 107, 21).

En el *Valle de los Caídos* se consigna la gran metáfora de la vida sacando a los muertos de la inanidad, una vez recreados en los subterfugios de la intrahistoria a través de "ojos más veraces que los espejos"(20): los de Francisco de Goya. Contrariamente al símbolo que el título pudiera representar, la obra persigue ofrecer la disparidad panorámica del hombre suspendido en el vaivén de "dos siglos encabalgados" a causa de una realidad histórica fluctuante, desgajada en varias otras que, a su vez, se trastuecan en marejadas de hechos o "mentiras de verdad" e "increíbles verdades" encauzadas en la única posibilidad, la del lenguaje metafórico del arte. Los personajes, verídicos muertos unos, sueños de doblajes percibidos en la imaginación bajo "un trance de tinieblas" todos, se mueven en círculos oníricos, engranados en espacios y tiempos que coinciden en su mudanza con los ángulos extremos de una misma metáfora: la convenida en la constante del estar sin ser, "la pesadilla demasiado larga"(88) recogida en las oscilaciones del péndulo del reloj que en la obra rescata el tiempo en los lienzos, frescos y óleos de Goya recreados en el texto literario. El péndulo que recupera y revive el pasado en el presente, se trasmuta en pincel que aprehende en borrones, primero, la gama de hechos. Pero a su vez, la péndola es pluma que traduce a texto colores y formas, los elementos básicos del diseño narrativo que figura el asombro en acto visionario y trueca la realidad informe en prodigio; y el prodigio en metáfora que colige el sentido último de los silencios aparentes, "la quietud siniestra", en el valle donde los muertos son presencias vivas del pasado.

La metáfora, en calidad de traslación de varias categorías de lo extraordinario, es el elemento estructural de la obra que permite lograr el portento al reducir significantes contradictorios a un todo significativo acoplado en el sentido último que alcanza *El Valle de los Caídos*. Su función en el relato es compleja puesto que ella carga la fuerza motriz que configura la narración contraponiendo niveles de tiempos y espacios, duplicados y equiparados significativamente en la formulación de lo insólito a través de figuras como Carlos IV y Francisco Franco. Pero como además, los elementos constituyentes de la metáfora, las imágenes deslumbrantes y las analogías, surgen evocadas con la naturalidad de lo que reproduce lo ya reproducido anteriormente, la dimensión disonante de lo sorpresivo e inverosímil se transforma en simple hecho prodigioso, que la combinación de palabras capta en giros cuya superposición teje el texto. En éste, la imaginería, azogue de múltiples espejos propagadores de imágenes, confabula la magia: la metáfora del "sinvivir" de los hombres, la que Goya reproduce "viviendo de prestado", como "medium", que "conjura espectros vivos, no fantasmas muertos"(15), en la España metamorfoseada en "El Valle", lugar donde comparten la tragedia de vivir tanto los vivos como los que dejan de estar en vida siendo presencia en el tiempo.

En la narración se pone de manifiesto la concepción orteguiana que propugna la desrealización de la "ingenua idealización de lo real" en la obra literaria, infiriéndose la "inversión del proceso estético" al variarse el enfoque de "los esquemas, lo interno y lo subjetivo", la visión tradicional del mundo de lo humano (*Obras completas* 376). Con este fin, la metáfora juega en la narración de Rojas un papel esencial por cuanto es el poderoso resorte intertextual que polariza lo real y converge lo subrepticio, "la sustancia" velada bajo el "tabú" que representa la metáfora ornamental del arte humanizado según Ortega (373-74). En el relato, por lo tanto, ésta se convierte en instrumento imprescindible, en metalenguaje, y en recurso primordial utilizado en la interpretación de cuadros de personajes auténticos y ficticias situaciones que alcanzan sentidos sorprendentes, *La familia de Carlos IV*, *Pepe Hillo*, *La gallina ciega*, entre otros. A su vez, la convocatoria de voces que giran y alternan la identificación de los términos, el metafórico y el metaforizado, figura la vía comunicativa en la "taimada arteria" (11) que vibra en el libro desde la primera página. La metáfora resulta en sí texto que resuelve la dispersión de imágenes vertiginosas, la diáspora que pudiera ocasionar la sucesión de analogías que tienden a desrealizar el referente, el hombre ignorante de su propia razón de ser y de su destino. Este proceso figura la sombra trágica que persigue a los personajes, la que el pintor descubre en la honda coyuntura del pensamiento desde donde nos dice, "Calladamente, con recogido sobresalto, me pregunto quién seré yo y quién fue Don Francisco de Goya Lucientes" (143).

Obviamente, las metáforas son figuras que iluminan el texto alterándolo, convirtiéndolo en cuadro donde la pincelada "trasciende las circunstancias de su encargo como Goya sobrevive a Fernando VII" (142), su retrato al pintor y al rey, y la obra, al artista y al retrato que plasma sus sueños. Además, la gama de comparaciones entreveradas en la reiterativa sustitución de significados provoca figuraciones portentosas de lo representado literariamente, llegando a aprehender realidades inalcanzables, "El sueño de la Razón" indecible. La analogía de índole variada, sin embargo, es la que subyace en el texto desgarrando el hermetismo de la metáfora absoluta, la que alejada del referente convoca en el texto el fluir de la "sinrazón del desespero". El proceso analógico resultante multiplica su distorsión en planos donde se dibuja, desdibuja y se convoca a la familia real, por ejemplo, vista a través de "rasgos, " "borrones," "espejos" de lo absurdo o de lo grotesco donde "El Rey, parece la estatua de cera de sí mismo", su hermano el infante, la "caricatura de una caricatura" (13), la Reina, "augusta testa" sobre la que "parece metamorfosearse un pajarraco mítico de Los Caprichos" (12), y todos en el relato convertidos en unos "reales imbéciles" (11) que, como señala Borrás, acaban por crear la "metáfora de la Historia" (*En torno al hombre* 98).

Ahora bien, la sucesión de analogías distorsiona la imagen primigenia, la que arraiga en el consciente colectivo en el transcurso de la vida del hombre que juega su papel en la Historia, Goya en este caso. Pero el panorama de significaciones reorganizadas por la paleta del pintor, el contenido en los lienzos y el transferido a la galería de frescos de su quinta en las afueras de Madrid, hecha presencia en el relato, supondría un disparate si los trazos recreados en el texto no fueran portadores de una visión del mundo incitada por el arte gracias a su protagonismo en la obra. Esto lo atestigua Goya traduciendo el papel que juegan sus telas al decir "mis cuadros, puestos en movimiento, no son sino el transcurso fugitivo de la historia de mi tiempo" (276).

A través del arte del doblaje de la distorsión misma, violentando y violando conceptos que una vez fueron y dejan de ser para converger otros nuevos surge, a su vez, el personaje del artista, una traslación de sí mismo. Sobre este punto, Rojas nos aclara que su figura representa "la actitud de un hombre como Goya frente al eterno absurdo de su país", y que "la ficción narrada" se apoya en una "lista de imposibilidades humanas, todas en verdad acaecidas", como resulta el retrato de Fernando VII donde "el Soberano se transforma en una suerte de bufón coronado, con cuerpo de chimpacé, manto y cetro de teatro porque los verdaderos los habían robado los franceses" (*Selected Proceedings* 277-79). Por medio de una técnica muy particular, consistente en el doblaje de signos invertidos, se provoca la persistencia de lo inesperado, la forja de metáforas que convocan la presencia obsesiva de sentidos analógicos y a la vez desconcertantes: las "sombras de absurdos", el "Disparate Ridículo", el "Disparate Furioso", la experiencia goyesca: "¿España?" España no existe. Es uno de mis Disparates, puesto en pie en la noche de los tiempos" (36), que diría Goya, el personaje, a la hora de explicar el sentido de sus lienzos y grabados recreados en la ficción. El sentimiento trágico de la Historia que Unamuno percibiera en la raíz del ser, es en Goya "noche de los tiempos", metáfora recurrente del universo significado en *El Valle de los Caídos*, monumento de una España que al paso de los años transcurridos en dos siglos acompasa un mismo tiempo de tragedia. Esta la repite el ritmo del péndulo que preside con ojos de pintor el paso del "rebaño de caricatos" y el de los "duendes" o "la canalla" sobre los que pesa la imagen agorera del destino, el Saturno devorador de todos en el que Goya y Fernando VII, entre otros personajes, creyeran verse personificados. En *El Valle de los Caídos*, "Sueño de la Razón" colegida de la interrelación metafórica, se establece la proyección de lo indecible, el *summum malum absoluto*, visto en el parricidio del monstruo, en la sangrienta mirada del *Toro Bravo* y en *Los Desastres de la Guerra* porque, como apunta la voz narradora,

> Si este toro de lidia ha sido antes Saturno, pronto se transformará en el descamisado a quien asesinan en *El 3 de mayo de 1808 en Madrid: Los fusilamientos en la Montaña del Príncipe Pío*. Los ojos del astado devienen los ojos del hombre, a quien dicen ajusticiar aquella amanecida. La mirada sangrienta del bruto, que allá embestía y corneaba, se esclarece e ilumina aquí al destello de un fanal gigantesco. Pasamos del monstruo al toro; del toro al hombre sacrificado por sus semejantes. (135)

La traslación que compagina lo horrendo en la faz del espectro reinante en la historia responde a la configuración de signos irreconciliables: la creación y la destrucción traducida en artística metaforización de lo monstruoso e inconcebible, una presencia permanente en los lienzos, la que emana de sus telas porque "Goya paraliza el tiempo cuando el descamisado de rodillas abre los brazos ante las bocas de los fusiles" (142).

En su libro *Metaphors of Evil* (1979), Hamida Bosmajian explica que la creación de nuevos universos verbales de orden teratológico responde a la necesidad del hombre de escapar de las privaciones o agonías sufridas a consecuencia de la realidad histórica que como veedor o testigo trata de captar y a la vez evadir, y del aliento de la veta creadora que le impulsa a revelar el aspecto ético de los acontecimientos (22). Es el caso que se observa en *El Valle de los Caídos* donde se ilustra esa búsqueda de la forma de expresión del drama humano en el desplazamiento del autor narrante que va de Goya a sus cuadros, a Sandro, su biógrafo del siglo XX, un descendiente de Georgio Vasari, pintor, aunque también fuera en el siglo XVI arquitecto, historiador y autor de una colección de *Vidas de los más excelentes pintores, escultores y arquitectos* cuya sombra se injerta en el libro. Como consecuencia, la onda del péndulo que desplaza la conciencia del protagonista de un siglo a otro, a través de la reincorporación de más de un "alter ego", se manifiesta apareciendo, desapareciendo y reincidiendo a modo de conciencia creadora, en un misterioso personaje llamado R., a secas, pero con mayúscula. R. es, en última instancia, la voz inquisitiva, voz del desvelo, la sombra de una "historia de una sombra" (44) que, oculta, aflora traduciendo en metáforas los trazos "sin perfiles" del laberinto humano, el "sueño ajeno" de Godoy y de todos, captados en el desamparo que representa el "precepto ético de Goya": "Amarás al prójimo, el monstruo, como a ti mismo" (16), el que el texto figura a las puertas del Museo del Prado donde toman vida los lienzos de la historia.

La rapidez con la que se reproducen en la obra los desdoblamientos y los "sinsentidos" contradice la secuencia de los hechos dados por absolutos en la realidad y en la historia recogida por los artistas, escritores y poetas, que en el relato emergen junto a Goya. Los conflictos surgen, se interpolan y se multiplican y al revelarse la panorámica trágica, el todo resultante del colage que aglutina los elementos deformados emerge representando "la caricatura del esperpento", el monstruo agorero en ciernes. Por medio de las variantes que emiten imágenes dispares y voces narradoras se reafirma el disparate, el giro contrahecho, las disparidades y analogías que al perseguir hacer justicia a la verdad en el texto revelan la "sinrazón de los hombres". Así se recupera lo insólito de los significantes enlazados en la creación de un "monstruo irónico", el que emana y reincide en los famosos lienzos, *El tres de mayo de 1808: Los fusilamientos en la montaña del Príncipe Pío, Los Desastres*, y el *Toro bravo* al fin, el que reduce a testa de zaíno el universo concebido en el arquetipo de la fiera.

El horror llevado a la palestra del "sordo" representa el principio de inmovilidad, de parálisis o de rigidez que se asienta en las estructuras mentales del pueblo, en los "¡Viva Fernando VII!" Pero en el texto, ese clamor delirante que rinde homenaje a seres endiosados e inauténticos, tiene su contrapartida en la ironía situacional que la Historia misma institucionaliza bajo los signos de la pesadilla, repetición de hechos, "simplificaciones" de crímenes y masacres de hombres-títeres-muñecos. Lo inaudito-alucinante plasma las "pinturas negras" de diversas gestas ocurridas con la única lógica posible, la de "divertir a los dioses locos que nos sueñan" (113). De aquí que el protagonismo de Goya resulte ser su arte, el hijo logrado del pintor que traspone las lindes del tiempo histórico, representando lo imperecedero a modo de luz mágica capaz de hacer que trasluzca en sus pinturas, la vigilia eterna del artista frente al pueblo. De manera que la proyección del pueblo traspone el lienzo, resultando ser los que gritan y los que lloran al paso de El Deseado o a la muerte de Franco, en su afán por "reverenciar espectros" en el contexto literario. El encuentro de significados contradictorios actualizados en vivencias, resulta en la visión alucinante de la pesadilla provocada por la ofuscación reiterativa del caos que reina. Con el "Viva" que concierta varios "¡Viva las cadenas!" y "¡Viva el Déspota!," se atraen los referentes que dominan la pesadilla abismal, "cuerpos luminosos y cuerpos oscuros, planos que avanzan y planos que se alejan; reveses y concavidades" (133). Estos elementos del letargo enajenante son manifestaciones del delirio de Goya que busca, finalmente, la "redención en la locura". De aquí el revés alucinante del texto, el cifrado en la metáfora traslaticia del fenómeno paranoico traducido en arte, equivalente al fenómeno que en su día Dalí persigue encontrar a través de la búsqueda del sentido de lo irracional, el que Picasso traduce en *Guernica* y Rojas concibe en la historia sin nombre de "la crisis española, la de un pueblo condenado a buscarse en un espejo perdido a su espalda" (236).

La metáfora obsesionante, la monstruosa y la alucinante, se alternan en la narración con otras de carácter agónico sustraídas al impulso redentorista que afirma la trascendencia de la obra. La agonía prevalece en la búsqueda de los que se buscan en los otros, ajenos a sí mismos, y prevalece en el texto porque la misma metáfora establece el nivel onírico donde ser "el sueño de otro" expande el ámbito aterrador del laberinto a que da lugar el conflicto entre la naturaleza de las cosas y las acciones humanas. En *El Valle de los Caídos* los vivos han de mirarse en los espectros para llegar a vislumbrarse "en la raíz cuadrada de las tinieblas" (98), en un " estar sin ser", en el "rompecabezas" que culmina en la traslación del "insomnio". La comparación implícita que compagina los términos metafóricos en lo insólito, procede del flujo de elementos hostiles y antagónicos, "hombre", "espectros", "bestias", "locura colectiva", "arte", " desastre", "la sinrazón del desespero", "sueño de la razón", lengua de sangre, cuernos de sangre, asta ensangretada, monstruosa testa, toro bravío y, en resumen, su proclama: la monstruosa destrucción creadora de múltiples engendros. Como ejemplo, en el ruedo de una plaza se pinta y se traduce la historia cifrada de los muertos. Entre las varillas de un abanico y el abaniqueo de la reina, a ritmo fijo, se efectúa el acto de conciliación razonable transformado en la figuración del hombre frente a la reincidencia de la historia, un "toro de muerte" que tiene la mirada de Saturno y Gorgona, y en los ojos y en las astas lleva clavada la imagen del hombre.

Ahora bien, si bajo "el signo del toro" el universo a que se reduce la Historia permite la transformación del hombre en monstruo, del monstruo en minotauro, en testuz monstruosa, espectral, y la historia de todos se manifiesta en "un sueño delirante que por contraste daba apariencia de realidad a los desvaríos y a las ficciones" (312), "el sueño de la razón" ha de superar en sí las lindes del raciocinio. Dentro del plano alucinatorio, la realidad pintada se transforma en eje de lo irracional-real y el irracionalismo resultante en la traslación de la búsqueda del hombre, en un mundo de fantasmas "disfrazados de sí mismos". En este punto cabe decir que Goya descubrió el surrealismo, y que en este plano, *El Valle de los Caídos*, adquiere categoría de metáfora alucinante, de locura colectiva, una vez que ella cifra significados surgidos a nivel del inconsciente, en sueños que "Sandro soñaba que soñaba" (306), soñando, a su vez, los sueños delirantes que Goya soñara en *Caprichos* y *Disparates Furiosos* a la búsqueda de un espejismo, España, el prójimo y sí mismo: *El Valle de los Caídos* que en el arte persigue hallar la "razón" de la pesadilla en la que se convierte el espectro de la Historia.

Obras citadas

Bosmajian, Hamida. *Metaphors of Evil*. Iowa City: University of Iowa Press, 1979.

Castro Lee, Cecilia y C. Cristopher Soufas, Jr., eds. *En torno al hombre y a los monstruos: ensayos críticos sobre la novelística de Carlos Rojas*. Potomac: Scripta Humanistica, 1987.

García-Viñó, Manuel. *Papeles sobre la "Nueva Novela" española*. Pamplona: Ediciones Universidad de Navarra, S.A., 1975.

Ortega y Gasset, José. "La deshumanización del arte". *Obras completas*. Vol. III. Madrid: Revista de Occidente, 1966.

Rojas, Carlos. *El Valle de los Caídos* . Barcelona: Destino, 1978.

_____. "Goya como protagonista. El arte como medida y limites de la novela". *Selected Proceedings: 32nd Mountain Interstate Foreign Language Conference*. Ed. Gregorio C. Martín. Wiston-Salem: Wake Forest University, 1984. 275-84.

En la ardiente oscuridad, sociedad invidente

Juan Cruz Mendizábal
Indiana University of Pennsylvania

Con Buero Vallejo entramos en el reino de los ciegos. No es el ciego que en medio de los videntes reclama la atención de un mundo distinto al nuestro. En este caso, somos nosotros los que entramos de lleno en la vida real del ciego, en su sociedad limitada, en sus angustias y ansiedades. Es indudable que dentro de esta realidad hay un simbolismo universal y que a Buero Vallejo los ciegos le preocupan pero no "exactamente como desgracia física, sino la ceguera como factor de limitación humana muy significativo ... Todas las limitaciones humanas me interesan —continúa Buero—, porque el hombre tiene que saber que está limitado para ilimitarse" (Entrevista en *Telva* con Covadonga O'Shea).

En esta última frase está el eje de la obra de Buero Vallejo, especialmente en *En la ardiente oscuridad* y *El concierto de San Ovidio*. En ambas obras los ciegos no nos revelan una realidad distinta, más allá de la visión; lo que hacen es, a base de sus protestas, las de Ignacio y las de David, nos abren los ojos, nos tocan el corazón. Nos hacen ver la ilusión, la lucha que se requiere para romper con cualquier limitación. El ciego, como tal, está marginado y David protesta contra ese gigante que los deja de lado y nosotros nos percatamos del hecho. Ignacio nos grita que no se resigna a no ver y nosotros nos acercamos a esa realidad. No sospechábamos la angustia, la agonía que existe en ese ciego consciente, que reconoce su limitación y grita desesperado por adquirir la vista.

En la ardiente oscuridad Buero nos hace la presentación de los personajes en un ambiente que para nosotros podría ser el no más allá de los adelantos en el mundo de los ciegos. El Centro, alberga un grupo de jóvenes que andan sin bastón de ciego, estudian, hacen deporte, se enamoran. Una vida feliz para el vidente que observa únicamente el exterior. Una vida feliz para el ciego que se ha acostumbrado a no pensar en otra manera de vida. Es ahora cuando entra en el Centro el personaje Ignacio pregonando a gritos que: "Os digo que soy ciego". Carlos y Juana reclaman para ellos la misma característica, "Todos lo somos. ¿Es que no sabes donde estás?" Ignacio está extrañado de que los chicos del Centro actúen como si vieran, que anden con total seguridad, que vivan como si llevaran una vida sin limitación alguna. No lo puede comprender. No entra en su cabeza el que acepten o desconozcan la ceguera que los limita y sigan viviendo *como si* fueran videntes.

Desde el comienzo de la obra se nos presenta el triángulo que habrá

de ser la clave del drama. El director del Centro asegura al padre de Ignacio que: "El chico ha encontrado en seguida amigos. Y de los buenos;
Carlos, que es uno de nuestros mejores alumnos y Juana" (24). Carlos,
Juana e Ignacio. La lucha ideológica y la lucha por la mujer. Entre los
tres llevan el peso de la obra y la continua concienciación de lo que es
aceptar las limitaciones o luchar contra ellas.

El padre de Ignacio termina por darnos un detalle que nos une al final trágico de la obra. Es como una predicción de los hechos futuros:
"¡Nunca pude suponer que los ciegos pudieran jugar al balón y menos
deslizarse por un tobogán tan alto! (*Tímido*) ¿Cree usted que mi Ignacio
podrá hacer esas cosas sin peligro?" (24).

Padre e hijo están convencidos de sus limitaciones; lo que no sabe el
padre es que ha llevado a su hijo al lugar menos apropiado, pues allí intentan, y a primera vista parece que lo logran, olvidar sus limitaciones,
vivir una vida normal, es decir como la de los videntes. Por eso pide,
precisamente a Carlos y a Juana, que infundan en su hijo esa "moral de
acero" que parece ser característica del Centro. Sin embargo no se hace
esperar la reacción de Ignacio. A la pregunta de Juana, " ¿Qué te ha parecido don Pablo?" no duda en responder: "Un hombre ... absurdamente feliz" (28).

Don Pablo, director del Centro, es también ciego. En su ceguera consciente, Ignacio ha visto más que sus compañeros invidentes. Absurdamente feliz es el que no haciendo caso de sus limitaciones quiere convencer a
los demás que vivan de la misma manera. Absurdamente feliz es para
Ignacio el hombre que no se analiza y no aspira a alcanzar lo inalcanzable. Absurdamente feliz es para Ignacio don Pablo ya que vive derrotado
pero con una apariencia de éxito, de gloria, de moral de acero que retransmite a sus ovejas.

Es evidente la insistencia de Ignacio en llamarse ciego y llamar a los
otros compañeros de la misma forma: ¡ciegos! Por el contrario Carlos, Miguelín y el resto de la comunidad del Centro se llaman invidentes, pues
la palabra ciego supone una tragedia mayor, una imposibilidad, una limitación que ellos no la tienen, no piensan que la tienen. Creen vivir alegremente y esto le crispa a Ignacio. "Estáis envenenados de alegría". No puede existir una alegría verdadera si no se libra uno del no ver, si no tiene
ambiciones de superarse y llegar a lo inalcanzable. "Creí que encontraría
... a mis verdaderos compañeros, no a unos ilusos" (37).

A primera vista Ignacio es petulante, engreído. ¿Por qué tiene que
protestar? Ha encontrado un Centro donde puede hacer una vida normal:
clases, comidas, juegos, jóvenes, música, amistad, incluso —¿quién sabe?—
un futuro matrimonio con una vidente. ¿Por qué esta actitud? ¿Por qué
llamar ilusos a los que han conseguido en sus vidas un nivel de reconocimiento, desconocido hasta entonces, y el ser admitidos en la sociedad, desempeñar acciones que anteriormente estaban reservadas exclusivamente a
los videntes?

Juana es la que conecta con Ignacio y le persuade de que no se vaya del Centro. El diálogo entre los dos es de una delicadeza suma. La furia natural de Ignacio va suavizándose ante la dulzura femenina de Juana, afianzándose así dos de los lados del triángulo al que nos hemos referido antes. Juana siente simpatía por Ignacio pero todavía lo considera un ser desgraciado. Quiere ante todo salvar la reputación del Centro y nada se le ocurre mejor que sugerir a Ignacio que se eche una novia. Ignacio, igual que ante el concepto de ceguera e invidencia, se enfurece al oír la propuesta de Juana. "Todos decís: '¿Por qué no te echas novia?' Pero ninguna con la inefable emoción del amor en la voz, ha dicho: 'Te quiero' (*Furioso*) Ni tú tampoco, ¿no es así? ... ¡Necesito un 'te quiero' dicho con toda el alma! Te quiero con tu tristeza y tu angustia, para sufrir contigo, y no para llevarte a ningún falso reino de la alegría. No hay mujeres así.

> Juana.— (*Vagamente dolida en su condición femenina*) Acaso tú no le hayas preguntado a ninguna mujer.
> Ignacio.— (*Duro*) ¿A una vidente?
> Juana.— ¿Por qué no?
> Ignacio.— (*Irónico*) ¿A una vidente?
> Juana.— ¡Qué más da! ¡A una mujer!" (38)

Ignacio, herido en su amor propio, esperando, quizás, que Juana se transformara inmediatamente en su seguidora y en su *mujer* capaz de acompañarlo por el camino de la agonía, se rebela contra Carlos y contra ella. Contra todo el Centro. Y es precisamente en ese estado cuando proclama su ideal, su filosofía, su modo de ver la vida al decirle a Juana "que no tenéis derecho a vivir, porque os empeñáis en no sufrir; porque os negáis a enfrentaros con vuestra tragedia, fingiendo una normalidad que no existe" (38).

Juana se conmueve, no sabe qué hacer, ni qué decir ante la tragedia de Ignacio que ahora sí ve que es sincera. Lo que quiere Juana es que no se vaya, no precisamente para salvaguardar el prestigio del Centro, sino porque siente en su interior una atracción especial hacia el dolor y la verdad dolorosa de Ignacio. De rodillas, gesto de los videntes que tanto recrimina Ignacio, consigue de Ignacio la palabra mágica: "Me quedo". Ella ha cumplido su misión, pero en el proceso ha quedado influida por la manera enérgica y vibrante de pensar de Ignacio. No alcanza aún a comprender lo que quiere decir eso de que arde por dentro "con un fuego terrible que no me deja vivir", y que es capaz de contaminar a todos, pues está, "Ardiendo en esto que los videntes llaman oscuridad y que es horrorosa ..., porque no sabemos lo que es. Yo os voy a traer guerra y no paz" (39). La misión que se ha impuesto Ignacio es la de la sinceridad; es la de buscar la verdad, la de no contentarse con aceptar la oscuridad sin saber lo que es. De nuevo, desconcertada, la pobre Juana intenta averiguar la raíz del dolor de Ignacio: "¿Por qué sufres tanto? ¿Qué te pasa? ¿Qué es lo que quieres?" A lo que Ignacio responde "(*con tremenda energía contenida*) ¡VER!" (39).

¡Sí! ¡Ver! Aunque sé que es imposible, ¡ver! Aunque en este deseo se consuma estérilmente mi vida entera, ¡quiero ver! No puedo conformarme. ¡No debemos conformarnos, y menos sonreír! Y resignarnos con vuestra estúpida alegría de ciego, ¡nunca! (*Pausa*) Y aunque no haya ninguna mujer de corazón que sea capaz de acompañarme en mi calvario, marcharé solo, negándome a vivir resignado, ¡porque quiero ver! (40)

Aquí está, dramáticamente expresada, la idea central de Buero, el no resignarse a vivir con limitaciones. El buscar algo más elevado, algo con que luchar para romper las amarras que lo limitan a uno. Nada más dramático que el que un ciego reclame la vista; pero aquí, Buero, trasciende a un campo universal y nada mejor, al mismo tiempo, que el uso del símil de la vista. Ignacio, en el Centro para invidentes, es un Unamuno cizañoso que no trae la paz sino la guerra, un Unamuno arrogante que no se resigna a aceptar la existencia de Dios sino que se lanza a buscarlo a sabiendas de que no va a encontrarlo. Unamuno rugía por no ser como Dios. Ignacio grita desesperado por ver, por ser uno más de los videntes. Ambos llevan a cabo sutiles incisiones con el bisturí de la pregunta, de la duda, de la insatisfacción, de la negación a vivir resignados. Ignacio quiere abrir los ojos de sus compañeros para que reconozcan primero su propia ceguera y luego lanzarlos a vivir inconformes.

La primera parte del segundo acto es una confirmación de que la teoría de Ignacio va teniendo adeptos en el Centro. Está destruyendo la "moral de acero" que tanto Carlos como Juana deberían haber infundido ya en Ignacio de acuerdo con los deseos del Director y del propio padre de Ignacio. Carlos como jefe, como representante de la filosofía del Centro, está preocupado por la labor de zapa que ha llevado a cabo Ignacio. Especialmente las chicas le siguen entusiasmadas. Hasta Juana parece haberse dejado influir por él e incluso nota Carlos que el afecto los va uniendo a los dos. La obsesión de Ignacio de saber por qué unos tienen vista y él no, es ahora el tema de discusión en el Centro y siempre sale victorioso Ignacio. Carlos vela por la salud del Centro y está celoso de la labor de Ignacio en Juana. Carlos se afana por parar la labor destructora de Ignacio pero no lo logra. Ignacio replica que se limita "a ser sincero y ese contagio de que me hablas no es más que el despertar de la sinceridad de cada cual" (56). Es tal el contagio que hasta en los deportes se nota inseguridad en los que antes patinaban sin tropezar. Carlos achaca ese fenómeno a Ignacio y le ruega que mantenga "limpio el Centro de problemas y de ruinas. Creo que a todos nos interesa" (56). Pero no así a Ignacio quien proclama enérgicamente que "este Centro está fundado sobre una mentira" (56).

Al final del segundo acto la labor de Ignacio es evidente. Pero ocurre un acontecimiento que es necesario tenerlo muy presente. Ignacio, en una escena con Juana, le demuestra el amor que le tiene y Juana se deja querer. Hay una declaración amorosa, sellada con un largo beso. Ignacio ha declarado el amor que tiene por Juana y hablando por ella dice: "Me quieres con mi angustia y mi tristeza, para sufrir conmigo de cara a la verdad ... Porque eres fuerte para eso y porque eres buena ... tú sólo puedes amar a un ciego verdadero" (62). Al final, sale Ignacio sin necesidad de bastón. Es la victoria de Juana sobre Ignacio. Es la victoria del amor.

Claro que la actitud de Ignacio es todavía equívoca. Su arrebato de alegría ¿se debe al convencimiento íntimo de que Juana le quiere, de que habrá de seguirle fiel hasta el final —que no está muy lejos— en angustia y tristeza, en común sufrimiento, o es más bien la satisfacción de haber vencido a su enemigo, Carlos, destruyendo la moral del Centro y quitándole, arrebatándole la mujer a quien quería? Ignacio es lógico en su teoría de que el ciego, reconociendo sus límites, debe luchar por superarlos no como Carlos, que se cree normal, sino sufriendo, luchando contra lo imposible. ¿Y Juana? ¿Sigue de veras a Ignacio? Juana no ha dicho: "Ignacio, te quiero", lo ha dicho Ignacio por ella. Sólo sabemos que cuando Ignacio sella su felicidad con un beso prolongado, Juana apenas resiste y que, al entrar Don Pablo y Carlos, es conducida rápidamente hacia la portalada y que levanta y baja la cabeza llena de congoja. En Ignacio está mezclada la ideología de la ceguera que quiere propagar por el Centro y para ello, necesita el estímulo del amor, el convencimiento de que una mujer, una ciega, está con él y aún mayor estímulo le produce el hecho de que esa mujer es la llamada novia de su antagonista.

El antagonismo se hace patente al comienzo del tercer acto. Carlos mantiene un diálogo con Elisa en estos términos: "Me niego a sufrir ... Me niego a llorar ... Pero, ¿no comprendes que no podemos dejarnos vencer por Ignacio? si sufrimos por su culpa, ¡ese sufrimiento será para él una victoria! ¡Y no debemos darle ninguna!" (65) ¡Ninguna! Bien clara aparece la posición de ambos. El triángulo que en sus dos lados —Ignacio, Juana— se ha solidificado, debe ahora completarse con Ignacio-Carlos. Si la feminidad de Juana es capaz de abarcar a los dos, Ignacio y Carlos no pueden jamás estar de acuerdo. Si Carlos se niega a sufrir, Ignacio le dirá que no tiene derecho a vivir, "porque os empeñáis en no sufrir".

No hay duda de que, como enemigos, debe halagar a Ignacio oír de boca de Carlos que su labor va a acabar con el Centro a pesar de la promesa de que antes de que eso ocurra "tú te habrás ido". Pero Ignacio vuelve a estar por encima del significado literal de enemistad, de victoria o derrota y da una lección universal que lo pone muy por encima de rencillas y desavenencias, victorias y conquistas. Ignacio, entusiasmado, le habla a Carlos de las estrellas. De la añoranza que siente por ellas. Cómo siente "gravitar su dulce luz sobre mi rostro, ¡y me parece que casi las veo!" (69) Ahí está el sufrir angustioso de Ignacio en ese "casi" que no llega a realizarse y que sabe que nunca llegará. "Bien sé —añade ahora para lección de los videntes— que si gozara de la vista moriría de pesar por no poder alcanzarlas. Pero, al menos, ¡las vería! Y ninguno de nosotros las ve, Carlos. ¿Y crees malas estas preocupaciones?" (69)

El espectador, el lector, entra de lleno en la angustia de Ignacio. Hay un momento en que ilumina la conciencia del vidente: "moriría de pesar

422 *Juan Cruz Mendizábal*

por no poder alcanzarlas". También hay en nosotros limitaciones que las aceptamos y no nos preocupamos más de ellas. La voz de Ignacio, su mirada ciega, penetra en las mentes de los normales videntes y las sacude de la inercia, como está pretendiendo sacudir la inercia y mentira del Centro.

Por supuesto, Carlos no se convierte. Al contrario, se aferra más a su posición, cosa natural para el desarrollo de la escena como en el desarrollo natural de la vida. "¡Rechazas la fe que te traigo!" —replica Ignacio— fe en la luz aunque ahora parezca no ser más que un disparate, una ambición inalcanzable. Por eso Carlos reconoce y protesta que, "¡Nosotros estamos ciegos! ... ¡Ciegos, sí!

> Ignacio.— Ciegos ¿de qué?
> Carlos.— (*Vacilante*) ¿De qué?
> Ignacio.— ¡De la luz! De algo que anhelas comprender ... aunque lo niegues."
> (70)

El efecto que consigue Buero Vallejo al ir dejando la escena y la sala en completa oscuridad es eficaz para comprender lo que es vivir en ella; la tragedia de que "nuestras voces se cruzan ... en la tiniebla". Quizás se comprenda mejor la idea central de Ignacio. No quiere resignarse a no ver. Luchará aun a sabiendas de que no lo habrá de conseguir. El espectador, al poco tiempo, vuelve a ver las estrellas, las mismas por las que añora Ignacio y que sigue sin ver. El espectador va viendo los contornos, los objetos, conforme va llegando de nuevo la luz. Ignacio y con él los demás del Centro, siguen dirigiéndose por tacto, por la rutina del moverse a diario por el mismo lugar. Se comprende así la angustia de Ignacio y parece increíble que Carlos y con él los demás vivan incluso felices en su ceguera.   En este momento la ceguera de Ignacio alcanza valor universal. Ya no es la ceguera visual, es la ceguera mental la que aqueja a una gran mayoría que vive feliz en su ignorancia, segura en sus argumentos convincentes para continuar de esa forma y acabar con quien quiera perturbar la calma y bienestar del *Centro*. Pueblos enteros pueden identificarse con el Centro, donde un ciego guía a los otros ciegos, donde se trata de expulsar a quien intenta remover conciencias haciéndolas conscientes y sinceras. Evidentemente Ignacio tiene que salir del Centro por las buenas o por las malas. "Todos luchábamos por la vida aquí ... hasta que tú viniste. ¡Márchate!" (71).

Ignacio vuelve de nuevo a la razón, la más honda, del odio de Carlos hacia él: JUANA. El triángulo está perfectamente cerrado. "Quieres que me vaya por una razón bien vital: ¡Juana! ... ¡Y por ella me voy! Como por ella quieres tú que me marche" (72).

Hemos pasado del punto crucial ideológico, en el que Ignacio ha triunfado sobre Carlos, al punto vital, Juana. Dos enamorados, ciegos enamorados, en busca de una ciega. Sus posiciones se afirman por ella. Ignacio que nos dice que alguna vez pensó en el suicidio, sin embargo "ahora no pienso hacerlo". Su angustia, su tragedia, su sufrimiento tienen ahora compañera con quien compartir y por mucho que Carlos le amenace con que, "Te marcharás de aquí sea como sea", Ignacio se encuentra firme en su posición, más seguro que nunca, más dispuesto que nunca a defender su ideal y a Juana que es la luz amorosa de su vida.

La actitud terca de Ignacio empieza a preocupar seriamente al Centro. Es una obsesión. Hasta los ciegos que antes se vestían bien, ahora tratan de imitar a Ignacio y prescinden de la corbata. "Tendrá que irse", dice don Pablo. A lo que Carlos, plenamente convencido, corrobora: " Sí. Tiene que irse". Por la cabeza de Carlos danza nerviosa la aseveración que poco antes ha pronunciado Ignacio: "Carlitos, no podrás hacer nada contra mí. No me iré de ningún modo" (72).

Cuando Ignacio muere a manos ciegas de Carlos, no por eso ha desaparecido. Aparentemente Miguelín vuelve a Elisa, Juana a Carlos. Pero ninguno es como era antes. La ponzoña de la duda, de la pregunta sin respuesta, el querer VER, sobreviven a Ignacio. "No me iré de ningún modo". La ceguera feliz del Centro ya no será la misma. Carlos, el antagonista, el enemigo declarado, el criminal, tampoco se libra de su influencia. Ignacio está presente, mucho más de lo que él cree. Es Carlos el que cierra el drama frente a la cristalera: "Y ahora están brillando las estrellas ... —dice Carlos— y los videntes gozan de su presencia maravillosa ... ¡Al alcance de nuestra vista ... si la tuviéramos ...!" (86). Ignacio lo ha envenenado. Ha hecho trizas la "moral de acero" del Centro. Ha vencido a su enemigo precisamente cuando lo asesina. Carlos está solo. Buero lo describe "en la suprema amargura de su soledad irremediable" (85). Victoria de Ignacio. Permanencia prometida: "No me iré de ningún modo".

Elisa parece alegrarse al desaparecer la causa de su desdicha. Pero, en adelante, la residencia de ciegos no será ya lugar de paz. "Yo os voy a traer guerra, y no paz", proclamó Ignacio y es lo que ocurre en el Centro. Carlos no puede ya defender, como antes defendía, a Elisa. Está envenenado. Está encarcelado en la prisión de cristal que deja ver tan claramente las estrellas pero que para él y para todos los demás están tan en la oscuridad. Como Sancho se quijotiza al término de la carrera con don Quijote, Carlos se hace ignaciano, es decir, lleva también dentro el fuego que lo irá consumiendo, el germen de la lucha, de la guerra. Carlos ha pasado del crimen pasional a la pasión por la luz. Ignacio ha abierto los ojos de la sinceridad al invidente Carlos y a los demás ciegos que ahora no pueden reposar, no pueden desenvolverse con la seguridad de antes.

El drama trasciende los límites del Centro. El director, don Pablo, ciego también, recibe con entusiasmo a Ignacio en la casa de invidentes y espera que pronto sea adoctrinado por Carlos y embaucado por los encantos de Juana. Pero ocurre lo contrario y llega a tal extremo la influencia perniciosa del libre pensar de Ignacio, de la duda y angustia vitales que socava el Centro, que ya el director no se encuentra satisfecho, ¿qué digo satisfecho?, está que no sabe qué hacer con el revoltoso que ha roto la armonía del Centro. "¿Usted cree posible que un solo hombre pueda desmoralizar a cien compañeros? Yo no me lo explico" (73).

En la ciega dictadura de don Pablo no cabe la posibilidad de que la guerra que trae Ignacio pueda hacer tales estragos y en tan poco tiempo. ¡Cómo pueden pensar los invidentes en buscar la luz! Pensar, hacer reflexionar, abrir los ojos a nuevos horizontes, ha sido siempre causa de desconcierto, de destrucción de las "grandes" obras cimentadas en la mentira. El pensar ha sido el enemigo número uno del sistema impositivo. Don Pablo, pues, autoriza a Carlos que busque el medio de que Ignacio se vaya. Nadie mejor que Carlos, seguidor ciego de don Pablo y herido sentimental e ideológicamente por Ignacio. En la oscuridad de la noche estrellada Ignacio se va para siempre del Centro, de la vida, por obra de Carlos. Cuando don Pablo se entera del acontecimiento parece temblar hasta saber todos los pormenores. "¡Ah! Cuéntenos, cuéntenos, Carlos". Se habla de suicidio, (qué hacía a esas horas subido en la torreta del tobogán). Le preocupa a don Pablo las consecuencias que la muerte de Ignacio pueda traer al Centro. Como ciertas muertes pueden traer consecuencias desastrosas para un país dictatorial, se busca la manera de dar una interpretación adecuada que deje a la institución dominante, limpia y libre de mancha. Sólo doña Pepita, la única vidente, sabe que ha habido un crimen con doble causa: la de Carlos, personal, pasional y la de don Pablo, su esposo, ideológica, ejecutada hábilmente por una sola mano. Doña Pepita, sabedora de todo lo que ocurrió, sin embargo permanecerá callada pues acepta las limitaciones del Centro, pero no para decirle a Carlos la verdad, una verdad que ya antes se la había predicado Ignacio: "Y usted no quiere amistad, ni paz ... Porque cree haber vencido, y eso le basta. Pero usted no ha vencido, Carlos; acuérdese de lo que le digo ... usted no ha vencido" (85).

Buero Vallejo ha escogido acertadamente sus personajes. Carlos e Ignacio habrán de luchar del comienzo al final de la obra. Se sostienen dos luchas y hay dos victorias y dos derrotas. El triángulo que lo hemos visto formarse durante la obra, no se deshace al desaparecer Ignacio. Al contrario, es aún más fuerte ahora, a pesar de que Juana aparenta apasionadamente volver a Carlos. Se abrió la puerta a nuevos horizontes y no puede ya cerrarse. La semilla plantada por Ignacio no puede hacer otra cosa que crecer, buscar salida en un terreno abonado ya para dar su fruto.

Obra citada

Buero Vallejo, Antonio. *En la ardiente oscuridad*. Colección Novelas y Cuentos. Madrid: Magisterio Español, 1967.

La poesía cancioneril de entretenimiento en la Corte de los Reyes Católicos: El *Juego trovado* de Pinar

Ana Menéndez Collera
S.U.N.Y., Stony Brook

Desde el último tercio del siglo XIV hasta principios del siglo XVI se extiende una moda literaria conocida con el nombre de poesía cancioneril. El elemento didáctico-moral, la sátira y el amor son los temas fundamentales que recogen estas composiciones, pero no son los únicos; junto a esta poesía existe otra más intranscendente cuya finalidad es la de entretener, poemas con una intención lúdica, escritos para el esparcimiento de los cortesanos y los reyes. A uno de estos juegos poéticos cancioneriles, el *Juego trovado* de Pinar, va dedicado el presente estudio.

Esta composición no es única en su género, existen numerosos poemas de este tipo dentro del corpus cancioneril: el *Juego por coplas* de Fernando de la Torre, el abecedario anónimo del *Cancionero de Herberay*, la *Querella de amor* del Marqués de Santillana, el *Infierno de amor* de Garci Sánchez de Badajoz, *Para los días de la semana de amores* de Gómez Manrique y otros que desgraciadamente apenas han recibido la atención que se merecen por parte de los críticos y los estudiosos de la literatura y consecuentemente no han sido aún analizados.

Hemos elegido el juego de Pinar no sólo por ser una de las composiciones más extensas, o por la intensa sutileza e ingeniosidad de la que hace gala, sino porque constituye un testimonio vivo de la cultura cortesana del siglo XV en general y en particular de la corte de los reyes Católicos.

Este juego, dedicado a Isabel la Católica, fue escrito hacia 1498 y la única versión conservada aparece recogida en el *Cancionero General* de 1511. Pinar probablemente ideó esta composición basándose en el abecedario anónimo del *Cancionero de Herberay*, ya que ambos juegos coinciden en el número de coplas y en algunos de los elementos constitutivos como veremos más adelante, y esto no sería de extrañar si tenemos en cuenta que con el matrimonio de Isabel y Fernando se reforzaron extensiblemente los lazos culturales ya existentes entre Navarra y Castilla.

El juego consta de cuarenta y seis coplas de diez versos divididas en dos partes, precedidas de una pequeña introducción en prosa, posiblemente de Hernando del Castillo, compilador del *Cancionero General* de 1511 y no del propio Pinar. En este brevísimo prólogo se nos describe la mecánica del juego:

... esta primera es un juego trobado que hizo a la Reyna doña Ysabel, con el qual se puede jugar como con dados o naypes, y con él se puede ganar o perder, y echar encuentro o azar y hazer par; las coplas son los naypes y las quatro cosas que van en cada una d'ellas han de ser las suertes. (Fol. 183ra)

La primera parte incluye seis coplas dedicadas a los miembros de la familia real, cuyos nombres incluye, excepto en el caso del rey y esta parte constituye la introducción poética del juego. La segunda presenta las cuarenta coplas restantes, dedicadas a las damas de la corte, cuya identidad no es revelada, aunque suponemos que los participantes en el juego podrían identificarlas por el contenido de la copla.

En los diez versos de cada copla aparecen los cuatro elementos básicos para entender el contenido de la misma, los cuales ya aparecían en el abecedario anónimo de Herberay: un árbol, un ave, el primer verso de una canción y un refrán, con los que el autor establece un juego de conceptos dotando a la estrofa de un significado total, establecido por la conjunción de los cuatro símbolos. Desgraciadamente no se conservan ni las instrucciones en prosa de este juego, ni la descripción de las ilustraciones de los naipes, pero podemos suponer que representarían escenas de la vida cortesana, dibujos o ilustraciones de los cuatro símbolos, o ambas cosas como sucede en el *Juego por coplas* de Fernando de la Torre, el cual incluye una amplísima descripción de los naipes al final de su composición, que nos podrían ser de gran utilidad para explicar "las suertes" en cada caso.

El tema central es el amor, pero no en términos generales sino aplicado a los casos específicos de los avatares amorosos de las damas de la corte, a las que avisa y aconseja sobre su situación particular, sirviéndose de la fauna y la flora, es decir de los conocimientos de la naturaleza; de la experiencia vertida por los poetas en canciones conocidas de la época; y finalmente con los refranes, de la sabiduría popular.

La elección de los cuatro elementos por parte de Pinar resulta bastante lógica si tenemos en cuenta que el público para quien fue ingeniado el juego participaba frecuentemente en este tipo de actividades lúdicas, como se puede observar en la descripción de Alonso de Palencia de las actividades de la nobleza en la corte de Isabel la Católica en su *Crónica de Enrique IV*: "Pasábanse los días en la distracción de los juegos, y la nobleza acudía a muy varias atenciones, pues la juventud había hallado recientes estímulos al deleite en el séquito de la Reina (Palencia 2:194). Estos participantes, pues, estaban acostumbrados a estas alusiones, conocían los elementos y establecían las conexiones inmediatamente.

Otra prueba de que Pinar tenía en mente a un público iniciado reside en los elementos en sí: los árboles citados eran o muy comunes en la región, o frutales en su mayoría, o conocidos por sus poderes curativos. En caso de las aves, la mayor parte eran de altanería y cetrería o aves tan comunes que era imposible que no las conocieran. Las canciones elegidas aparecen citadas en otros poemas, eran frecuentemente glosadas e incluso de las más conocidas tenemos distintas versiones, como es el caso de "Nunca fue pena mayor" de la que tenemos versiones hasta en italiano, lo que nos hace pensar que indudablemente eran muy populares en la época. La presencia de los refranes tampoco nos sorprende en absoluto, ya que su uso es constante no sólo en la poesía cancioneril, sino a lo largo de toda la producción literaria de la Edad Media, para resumir un concepto desarrollado previamente.

Las seis primeras coplas, las dedicadas a la familia real son indudablemente las más interesantes porque en ellas aparecen datos significativos para la comprensión del juego y su mecánica. La primera está dedicada a la reina:

> Tome vuestra Magestad
> primero como primera
> la palma por castidad
> porqu'en vos sola s'esmera;
> y un fénix que sólo fue
> como vuestra alteza en todo,
> con la cancion d'este modo:
> "Reina de muy alta .c."
> y el refrán que "Allá van leyes,
> donde las mandan los reyes".

Esta copla constituye un prólogo o introducción dedicatoria, en la que hace resaltar las muchas y grandes virtudes de la monarca: "primera en castidad" con la palma, insignia de la victoria y el premio; como ave el fénix, el cual simboliza su piedad y moral. De la canción no se conserva el texto, pero podemos imaginar que se trataba de una composición laudatoria, ya que existe dentro del corpus cancioneril un gran número de poemas de este tipo. Y finalmente, el refrán "Allá van leyes, donde las mandan los reyes" alude al poder de los monarcas, ya que en él se da a entender que los poderosos pueden cambiar y quebrantar las leyes acomodándolas e interpretándolas a su gusto.

La segunda es la copla clave, ya que gracias a ella se puede entender la mecánica del juego y también dar una fecha aproximada al poema:

> Dize la del Príncipe:
> Vuestra Alteza ha de tener
> Príncipe, rey y señor
> tres coronas a la par,
> qu'es señal d'emperador;
> y por árbol la justicia,
> por ave la caridad,
> por canción la humildad
> qu'es cantar de aver cobdicia
> y el refran "En cosa alguna
> pensar muchas y hazer una".

Es obvio que el príncipe no puede ser otro que don Fernando, ya que aunque pudiera haber sido su hijo Juan, éste nunca llegó a reinar y su ausencia en el juego nos hace pensar que la composición fue escrita después de su muerte, hacia 1498.

Como se puede observar, Pinar no nos presenta un árbol, un ave o una canción, sino el significado atribuido a los mismos. Estamos, pues, ante la introducción y explicación del juego, puesto que en esta copla se nos ejemplifica de una forma más obvia su mecánica. A partir de este momento el público ya sabe que se trata de un acertijo y qué elementos son los claves para identificar el significado de las próximas coplas y sus cuatro símbolos.

A continuación el autor va dedicando una copla a cada una de las infantas: doña Isabel, doña Juana "la Loca", doña María y doña Catalina. En las cuales hace referencia a algunos detalles de su vida, pero resulta especialmente interesante la dedicada a doña María porque en ella se alude a la política matrimonial de sus padres:

> Tomara la gran señora,
> infanta segunda qu'es,
> por árbol un robre agora
> y el ave sabrá después
> que ha de ser un gavilán,
> y el cantar a bozes llenas
> "Que ha de ir a tierras agenas",
> donde la coronarán
> y el refrán que "Quien se muda
> las más vezes Dios le ayuda".

El hecho de que María no se haya casado todavía y que su hermana Isabel esté todavía viva, nos acerca aún más a una fecha de composición del poema: posterior a la muerte del príncipe Juan, pero anterior a la muerte de Isabel en 1498.

A María le ofrece un "robre agora", que simbolizaba la fuerza y la reciedumbre, que necesita para esperar a que sus padres le encuentren "el gavilán", ave asociada con la nobleza y la hidalguía, es decir un futuro marido. Todo esto tiene sentido ya que en la canción le dice que irá "a tierras ajenas donde la coronarán", nada de extrañar si tenemos en cuenta la política expansionista de sus padres. De cualquier modo, ya que va a abandonar su casa y la corte, va a echar de menos su país, como le dice la canción. Con el refrán Pinar juega con dos ideas simultáneamente; por una lado alude a la ayuda de Dios cuando una persona cambia de residencia y por otro, este mudarse se puede entender como darse ánimo y por lo tanto la consuela diciendo que el salir fuera de la corte le va a ser beneficioso en todos los sentidos.

Después de esta introducción al juego, vienen las cuarenta coplas restantes, que corresponden a los cuarenta naipes de la baraja española. Desgraciadamente como el autor no nos da ningún nombre, nos es imposible poder identificar a estas damas, pero suponemos que eran mujeres que vivían en el ambiente de la corte y que ellas no tendrían ningún problema en identificar los símbolos para reconocer la copla que les correspondía.

La única dama que hemos podido identificar es la primera de ellas, que era la que servía al príncipe. Podría ser Doña Beatriz de Ricarte ya que en los últimos folios de un manuscrito del *Tratado de Montería*, obra del siglo XV, conservado en el British Museum, se encuentran varios motes y entre ellos el primero, que lleva el título: *En nombre del Rey porque Doña Beatriz Ricarte a quien él servía se desposó; y el mote dice*:

> No quiero d'el no quexarme
> por él si vino a matarme.

Como vamos a ver a continuación este mote guarda perfecta relación con la copla del poema de Pinar, si tenemos en cuenta que el "matarme" aquí tiene un significado sexual "hacer el amor". La copla dice así:

> Vos dama que tenéys
> nueva dirección y ufana,
> un cerezo tomaréis
> porqu'es fruta temprana,
> y por ave un girifalte
> y el cantar "Yo madre, yo"
> visto lo que Dios os dio,
> y el refrán por más estima:
> "Quien a buen árbol s'arrima".

Con el cerezo nos da la primera alusión a su juventud, ya que es el primer árbol que florece en primavera y esta idea viene reforzada por el gerifalte, ya que tiene la habilidad de cazar a su presa con gran velocidad. La canción hace referencia a la belleza e importancia de la dama: "Yo madre, yo / que la flor de la villa, so". Finalmente el refrán complementa esa idea de la importancia social de esta señora por tener la protección del príncipe, cuya "buena sombra la cobija".

Todas estas coplas constituyen un claro ejemplo de la sutileza, agudeza y originalidad de la composición y de su valor no sólo literario sino también conceptual. Nos es totalmente imposible aquí incluir todas estas coplas, pero incluimos otras dos para dar más ejemplos.

La primera corresponde a la copla número ocho y dice:

> Tomará quando quisiera
> vuestra merced un espino
> con qu'ell alma de contino
> comporte quanto viniere,
> y ell ave será un açor,
> con una canción garrida
> muy discreta y muy sentida

"Donzella por cuyo amor"
y el refrán "Por más aína
con aguja sale espina".

Aquí el autor le ofrece a la dama un espino, que por sus puntiagudas y tiesas espinas representa el dolor y el padecer sufrimiento, y también se asociaba con las bodas y con cosas siniestras, es decir con el sufrimiento inevitable, que tiene su origen en la corona de espinos que llevaba Cristo en la cruz; lo cual se explica con el azor, ya que cuando esta ave caza mata a su presa en seguida sin que se dé cuenta de lo que está pasando, y también era el símbolo del amante conquistador. En la canción se trata el tema del sufrimiento continuo del amor y la necesidad de una recompensa por todo lo sufrido, y esta idea se complementa con el refrán: interpretando la espina con el dolor de la dama y la aguja con los servicios del caballero al que ama, se puede deducir que le ésta proponiendo una posible solución a su dolor, con una persona adecuada para ella.

La otra copla que es necesario incluir es la número dieciséis, porque en ella aparece el topos de la tortolica viuda y porque en ella aparece "nunca fue pena mayor", que tiene que ser sin duda la canción más conocida de todas, pues el número de versiones y glosas que tenemos de ella es enorme.

Un álamo todo seco
señora deves tomar
la rayz y todo hueco
en que os podays assentar,
y ell ave "la tortolilla
desque bive con dolor"
y el cantar, por más manzilla
"Nunca fue pena mayor",
y el refrán que "Por do ves,
como vieres assí haz".

Este naipe es definitivamente para una dama viuda. El álamo era considerado infeliz por carecer de fruto. Esta misma idea de tristeza viene reforzada por el ave, de la que no sólo menciona el nombre sino que se refiere a otra composición, el romance de la tortolica viuda, que, por amor a su marido muerto, no desea tener relaciones con otros hombres y no quiere consolación. Por medio de la canción la avisa de los posibles engaños de los hombres, que aprovechándose de su tristeza, pretenden hacerle creer que la aman. El refrán alude claramente a la conveniencia de que siga el ejemplo de la tortolica que sigue fiel a su marido y no se deja engañar por el ruiseñor.

En resumen, nos encontramos ante lo que aparentemente parece un mero pasatiempo intranscendente, pero es en realidad un complicado juego de conceptos relacionados con el tema del amor. Es evidente que lo que a primera vista parece un insulso juego cortesano, no tiene nada de simple, al contrario, debido a su intensa sutileza e ingeniosidad, parece que fue escrito para verdaderos iniciados en el arte de la "cortesía" con todo el bagaje cultural que ello conlleva. Esta poesía cortesana de entretenimiento supone el primer paso en el proceso de literarización del juego y constituye un intento de elevar un simple divertimiento a la categoría de arte poético.

Obras citadas

Castillo, Hernando del. *Cancionero general.* Valencia: Cristóbal Kofman, 15 de enero de 1511. 234 folios. Facsímil, Antonio Rodríguez Moñino. Madrid: Real Academia Española, 1958. Suplemento 1959.

Palencia, Alonso de. *Crónica de Enrique IV.* Transcripción de Antonio Paz y Mélia. 5 vols. Madrid: Revista de Archivos, 1904-09.

La función temática de los objetos inanimados en *La Celestina*

Raúl Muñoz

University of Northern Iowa

En *La Celestina* se encuentra un gran número de objetos inanimados que adquieren gran importancia como elementos indispensables a la estructura ideológica de le obra. Sin embargo, en su monumental libro *La originalidad artística de La Celestina*, Maria Rosa Lida de Malkiel apenas menciona estos objetos tan comunes en toda la novela de Fernando de Rojas. Basándonos en esta omisión hemos tratado de estudiar la importancia de estos objetos en relación con la ideología de la obra.

Trataremos de mostrar que los objetos inanimados que aparecen en la obra no son exclusivamente elementos decorativos del espacio físico sino obstáculos o barreras simbólicas al amor sensual y a la engañosa naturaleza humana. Estas cosas adquieren personalidad y llegan a convertirse en impedimentos que arruinan las maquinaciones y planes de los personajes y eventualmente contribuyen a darle forma especial al destino del hombre. Como tales, estos objetos aportan una dimensión especial a la vigencia de la filosofía pesimista del amor, de la vida y del mundo que promulga la tragicomedia y que queda resumida en la exclamación de Pleberio que aparece en el último acto: "¡Oh vida de congoxas llena, de miserias acompañada! ¡O mundo, mundo! ... Muchos en tus qualidades metieron la mano" (II: 203).

De hecho, en la obra los objetos inanimados tienen dos funciones complementarias cuyo propósito es adjudicar la intención temática del autor. En primer lugar, al comienzo los objetos más importantes conllevan una peculiaridad primaria ya que parecen servir de intermediarios para facilitar las maquinaciones o trazas de los personajes. Sin embargo, este propósito primario adquiere otros matices a medida que progresa la acción. Entonces, los mismos objetos se convienten en obstáculos o barreras simbólicas que sirven de instrumentos para mostrar los efectos perjudiciales de la engañosa naturaleza humana. El autor quiere mostrarnos que estas cosas simples pueden convertirse en impedimentos que arruinan los planes inmediatos del hombre, interviniendo así en su destino.

Al principio el huerto, la torre, las puertas, los muros, las salas, las calles, etc., cooperan con los personajes para que éstos disfruten de los placeres de la vida. Pero más tarde parecen intervenir, de una manera sutil, en la vida de los personajes para determinar su existencia. Sobre esto ha afirmado Stephen Gilman que Rojas crea un mundo en el que el simple espacio toma el lugar de la fortuna (22). La muerte trágica de todos los personajes principales se vincula directamente con esos objetos simples del espacio físico. Tres de esos personajes mueren como resultado de caídas sufridas por pura casualidad —un desafortunado mal paso en una escalera o un cálculo equivocado de la altura de una ventana en la oscuridad. Por ejemplo, los criados de Calisto, llevados por la codicia, matan a Celestina, para quedar ellos mismos descalabrados al saltar por una ventana, tratando de escapar de la justicia. La cuarta muerte ocurre cuando Melibea se tira de la torre para quedar destrozada en el lugar donde disfrutó de su amor. Esta muerte también es resultado de una casualidad porque como Melibea misma dice quiere imitar la muerte de su amante.

Veamos cómo se proyectan en la obra las dos funciones de los principales objetos inaminados que aparecen en la tragicomedia. En primer lugar, en los pasos iniciales de la acción estos objetos contribuyen de una manera directa al deleite inicial de los personajes. Se convierten en resortes que despiertan y facilitan los deseos primitivos de los personajes. La médula misma de la acción de la obra se inicia con un acto fortuito de Calisto que a la larga causará su muerte en el mismo lugar: el huerto donde disfruta de las delicias de su amor. El proceso evolutivo de la acción toma lugar de la siguiente manera. La pérdida de su halcón lo lleva a entrar en el huerto de Melibea, donde la ve por primera vez y queda locamente prendado de ella. Al ser rechazado por Melibea, Calisto se retira a su cámara, a sufrir su pena, y hasta desea morir. Le corresponde al criado Pármeno darnos la cadena de circunstancias que han llevado a Calisto a la situación desesperada en que se encuentra y que pronostican la futura destrucción del personaje. Resume Pármeno este proceso de causa y efecto así al hablarle a su amo: "Señor, porque perderse el otro dia el neblí fue causa de tu entrada en la huerta de Melibea a le buscar, la entrada causa de la ver y hablar, la habla engendró el amor, el amor parió tu pena, la pena causará perder tu cuerpo é alma é hazienda" (I: 121).

Sin duda, el huerto representa el lugar adecuado para amenizar los amores de Calisto y Melibea en un ambiente sensual que participa de los sentimientos de los amantes. Dice Rojas, "dispuso el adversa fortuna lugar oportuno, donde a la presencia de Calisto se presentó la desseada Melibea" (I: 28). Es significativo que el huerto es el lugar donde se inicia el desarrollo de los amores de Calisto y Melibea. Es allí también donde más tarde Melibea, protegida por su puerta cita a Calisto para que la venga a visitar la siguiente noche "a esta hora por las paredes de mi huerto" (II: 87). En seguida Calisto acepta la propuesta de su amada: "Mi venida será como ordenaste, por el huerto" (II: 92).

A medida que avanza la acción la importancia del huerto cobra mayores proporciones después que Calisto logra sobreponerse a la actitud inicial de oposición de Melibea. Es en este lugar donde se encuentran los amantes para disfrutar de su amor; un lugar sensual, que como dice Calisto es sitio propicio "para mejor gozar deste sabroso deleite de mis amores" (II: 113). La culminación de este proceso acontece en el episodio del último encuentro de los amantes. El huerto adquiere rasgos especiales que

lo convierten en lugar apacible propicio para desatar las pasiones eróticas
de los personajes. Melibea desea disfrutar a plenitud de este ambiente e
invita a Calisto:

> Todo se goza este huerto con tu venida. Mira la luna quán clara se nos mues-
> tra, mira las nuves cómo huyen. Oye la corriente agua desta fontezica, ¡quanto
> más suave murmurio su rio lleva por entre las frescas yervas! Escucha los altos
> cipreses, cómo se dan paz unos ramos con otros por intercesión de un templa-
> dico viento que los menea! Mira sus quietas sombras, ¡quán escuras están para
> encobrir nuestro deleyte! (II: 180)

Desafortunadamente ese mismo huerto se transforma de repente en un
lugar siniestro donde ocurren los eventos trágicos que culminan con la
muerte prematura de Calisto y Melibea.

En un nivel más dramático después de la conquista de Melibea, estos
mismos objetos, especialmente las puertas y los muros, dificultan por el
momento los deseos amorosos de los personajes. Sin embargo, el ímpetu
amoroso de los personajes rompe las barreras que imposibilitan la satisfacción de sus deseos. Por ejemplo, Melibea se queja de las puertas que le
obstaculizan la unión fisica con el objeto amado: "Las puertas impiden
nuestro gozo, las cuales yo maldigo" (II: 86). A estas palabras responde
Calisto con frases que atribuyen rasgos humanos a las puertas. Dice: "¡O
molestas e enojosas puertas! Ruego a Dios que tal fuego os abrase, como
a mi da guerra: que con la tercia parte seriades en un punto quemadas.
Pues, por Dios, señora mia, permite que llame a mis criados para que las
quiebren" (II: 86).

El simbolismo implícito en esta escena de la puerta se sugiere cuando
Melibea se opone al rompimiento del objeto que evita el encuentro de los
amantes. No es necesario hacerlo porque Melibea ha cedido ya a las intenciones amorosas de Calisto, influida por el ambiente propicio del huerto que la invita a consumar su pasión amorosa. De acuerdo a Melibea,
ella ha venido al huerto por su propia voluntad, "donde te suplico orde-
nes e dispongas de mi persona segund querrás" (II: 86). Sin embargo, para aplacar la pasión amorosa de Calisto, Melibea le sugiere que entre el
día siguiente escalando las paredes de su huerto. Esta decisión será trágica para los amantes porque contribuirá a la deshonra de Melibea primero,
y luego, a la muerte de Calisto. En la explicación que Melibea da a su
padre antes de tirarse de la torre, resume todo el proceso. Dice: "Vencida
de su amor, dile entrada en tu casa. Quebrantó con escalas las paredes de
tu huerto, quebrantó mi propósito. Perdi mi virginidad" (II: 197).

Hasta cierto punto, la muerte trágica de Calisto en el mismo lugar
que le despertó la pasión amorosa conlleva una serie de coincidencias en-
cadenadas que se inician durante la primera visita de Calisto al huerto.
Melibea, preocupada, le sugiere a su amado que tenga cuidado al entrar
al huerto porque tendrá que usar escalas, "que son muy altas las paredes"
(II: 113). Más tarde, la misma noche que se consume el goce amoroso,

Melibea verbaliza su presentimiento trágico cuando amonesta a Calisto por su descuido al saltar la muralla para entrar al huerto. Le dice: "O mi señor, no saltes de tan alto, que me moriré en verlo; baxa, baxa poco a poco, por la escala; no vengas con tanta pressura" (II: 116). Melibea no es la única que se preocupa por esta acción impremeditada del personaje. Cuando Calisto sale a averiguar el ruido causado por un cojo en la calle, su criado Tristán le advierte: "Tente, tente, señor, con las manos en la escala" (II: 184). Pero ya es tarde. Calisto no oye lo que le dice su criado y cae a su muerte. Le toca a Melibea resumir, antes de suicidarse, los acontecimientos que llevaron a la tragedia. Resume que la fortuna se sirvió de una cadena de incidentes fortuitos para fraguar los trágicos acontecimientos: "Como las paredes eran altas, la noche escura, la escala delgada, ... no vido bien los pasos, puso el pie en vazío e cayó" (II: 197).

En otras palabras, en un momento dado se invierten los papeles que juegan estos objetos en la obra para asumir roles más dinámicos. Tomemos por ejemplo el episodio que culmina con la muerte de Pármeno y Sempronio. En este episodio dos objetos, la puerta y la ventana, son instrumentos del destino para causar la destrucción de ambos personajes. Después de asesinar a la hechicera, Sempronio y Pármeno tratan de escapar de la justicia por la misma puerta que les había encubierto el disfrute de sus amores. Sin embargo, en esta ocasión el mismo objeto contribuye a su perdición al quedar la puerta franqueada por un alguacil. Cuando Pármeno se da cuenta de su precaria situación dice: "O pecador de mi!, que no hay por dó nos vamos, que está tomada la puerta" (II: 104). La única alternativa que les queda es saltar por una ventana, con el desastroso final que hemos indicado.

Como vemos, los mismos objetos inanimados adquieren una función especial para intervenir directamente en los asuntos de los personajes. Por ejemplo, en el primer acto, después de enterarse Celestina de que Calisto está enamorado de Melibea y solicita su ayuda, la vieja se despide de su casa con la siguiente frase: "Vamos. Elicia, quédate adios, cierra la puerta. ¡Adios paredes!" (I: 6). Esta despedida es curiosa si tomamos en cuenta que la casa es un centro de actividades ilícitas y en ese momento, Elicia, novia de Sempronio, esconde a otro "amigo" en la camarilla de las escobas. En esta situación, las paredes tienen dos funciones: son protectoras del secreto de Elicia y, a las vez, simbolizan la seguridad de Celestina (que, dentro de la casa, puede controlar lo que pasa). Cuando Celestina se dirige a ellas directamente, implica que las paredes adquieren significado especial porque actúan como seres inteligentes. Saben muy bien lo que pasa en casa de Celestina, pero lo callan todo. Saben guardar los secretos del lugar. Otra parte donde hay personificación de puertas y paredes ocurre en la escena en la cual Celestina acude a la primera cita con Calisto. Sempronio y Celestina esperan a la entrada de la casa de Calisto mientras planean los detalles del negocio que más les conviene para obtener el máximo provecho del estado emocional del enamorado hombre. Sempronio percibe el peligro de la situación y reacciona súbitamente. Dice a Celestina: "Callemos, que á la puerta estamos é, como dizen, las paredes han oidos" (I: 66). Pero, como acabamos de notar, no tienen boca para contar lo que oyen.

En las páginas siguientes (I: 66-90) aparece una escena en la que la puerta sirve de medio para separar a los hablantes. A un lado de la puerta se encuentran Calisto y Pármeno, al otro, Celestina y Sempronio. En este caso, la puerta permite el engaño mutuo de ambos grupos. Cada grupo finge que no oye al otro mientras los dos crean conversaciones falsas. El uso de puertas y paredes aquí, como en muchas otras escenas, indica claramente que estos objetos sirven de recursos para el engaño mutuo de los personajes. Aunque son objetos neutros, adquieren vida cuando los personajes los emplean para proyectar sus propios propósitos. En otras palabras, el uso de puertas y paredes en muchas escenas de la obra conlleva una intención específica: crear un ambiente especial de aislamiento espacial en el cual podemos observar los verdaderos sentimientos de los personajes. Un ejemplo singular de este uso de los objetos mencionados aparece en una escena donde Lucrecia habla con Celestina en casa de Melibea. Sabemos que la astuta hechicera ha acudido al hogar con la intención de engañar a Melibea. Lucrecia conoce muy bien a la vieja y le ordena que espere en la puerta. Mientras tanto, por el diálogo que inmediatamente se desarrolla entre Lucrecia y Alicia nos enteramos de la pésima opinión que ambas mujeres tienen del carácter y la reputación de Celestina. Se sienten avergonzadas del comportamiento de la hechicera (I: 160-61), y se niegan a mencionar su nombre. Dice Alicia: "Veo el desamor que debes de tener á esa vieja, que su nombre has vergüenza nombrar!" (I: 161).

Las calles también tienen una función relacionada con el aislamiento, aunque resulta algo distinta de la de las puertas. En este uso, las calles funcionan como lugares donde los personajes pueden alejarse del resto del mundo para meditar o planear sus engaños. En el cuarto acto Celestina, mientras camina sola por una larga calle, conduce un monólogo consigo misma. Se habla a ella misma para ponderar cuidadosamente su plan y el peligro que podría sufrir si fracasara. En esta ocasión, el empleo de la calle y lo que ocurre allí nos permite penetrar los pensamientos más secretos del personaje, además de darnos una idea concreta de cómo funciona su mente diabólica.

Por supuesto, el uso de calles, y también habitaciones y murallas, para aislar al personaje y revelarnos sus sentimientos y acciones adquiere en otras ocasiones matices diferentes. No se trata ahora de un aislamiento total sino de que el personaje cree que está solo y revela los secretos del alma mientras otros le escuchan a través de puertas o paredes. Esta circunstancia se da en la escena donde Calisto se encierra en su cámara para cantar sus tristezas, causadas por el rechazo amoroso de Melibea. Sus criados escuchan sus lamentos y concluyen que su amo está loco. Conocen así los sentimientos de Calisto y usan esta información para aprovecharse de las circunstancias. Más tarde, la muralla del huerto de Melibea tiene una función semejante cuando los criados esperan en un lado de la muralla y Calisto hace el amor a Melibea al otro lado de ésta. Los criados escuchan y saben bien lo que está ocurriendo pero la muralla forma un espacio de aislamiento que esconde las actividades de los dos amantes.

Es irónico que la misma muralla que contribuye al goce de los amantes porque los protege del mundo exterior, será la causante de la muerte de Calisto. Poco antes de su caída, Melibea le pide a Calisto que tenga cuidado al subir la muralla. Este consejo implica que Melibea presiente que la muralla puede cambiar el destino de su amado. Por unos momentos la muralla provee el paraíso del amor, para luego convertirse en el instrumento de la trágica muerte de Calisto e, indirectamente, de la de Melibea. Desde luego el instrumento directo de la muerte por suicidio de Melibea es la torre, lugar al que acude para aislarse de sus padres y mitigar la soledad causada por la muerte de su amante. En la imagen final de la tragedia, la torre queda sin expresión alguna con el cuerpo destrozado de Melibea en su base.

En conclusión, el empleo de ciertos objetos inanimados en *La Celestina* conlleva una intención temática. En algunas partes de la obra estas cosas inanimadas se personifican para convertirse en elementos integrantes de la acción, como en el caso de la muralla del jardín de Pleberio. Después de este proceso, los mismos objetos se transforman en instrumentos activos de la casualidad y son usados para precipitar los eventos predeterminados, como en el caso de la torre. Por medio de estas cosas inanimadas, Fernando de Rojas ha demostrado la fragilidad de la vida y cómo estos objetos, que parecen casi insignificantes, pueden afectar el destino del hombre.

Obras citadas

Ayllón, Candido. *La visión pesimista de "La Celestina"*. México: Ediciones de Andrea, 1965.

Berndt, Erna Ruth. *Amor, muerte y Fortuna en "La Celestina"*. Madrid: Editorial Gredos, 1963.

Gilman, Stephen. *The Art of "La Celestina"*. Madison: University of Wisconsin Press, 1956.

Lida de Malkiel, Maria R. *La Originalidad Artística de "La Celestina"*. Buenos Aires: Editorial Universitaria, 1962.

Rojas, Fernando de. *La Celestina*. Ed. Julio Cejador y Frauca. 2 vols. Madrid: Espasa-Calpe, 1966.

Galdós y Baroja: caminos intertextuales hacia la perfección

José María Naharro-Calderón
University of Maryland at College Park

En sus *Memorias: desde la última vuelta del camino,* iniciadas en 1944, Pío Baroja vuelve a tocar asuntos de estética novelesca, tema del que también se había ocupado en su polémica con Ortega, en el "prólogo" a *La nave de los locos* (1925). En éste, señala Baroja que "toda la gran literatura moderna está hecha a base de perturbaciones mentales" (81), por lo que las ficciones se deben escribir, al modo unamuniano, basándose en el marasmo psicológico interior del novelista, y con el apoyo de la sensibilidad que se adquiere a lo largo de la vida. Entre este tipo de narradores perturbados, Baroja excluye a Galdós, ya que el escritor vasco afirma que "se necesita una fuerza espiritual, que él no tenía" (81) aunque supiera apreciar el valor de la enajenación ejemplificada en los personajes de Dostoievsky. Esta arbitraria apreciación de Galdós, injusta a todas luces, si recordamos la demencia lírica de Maximiliano Rubín en *Fortunata y Jacinta,* o el espiritualismo de Benigna en *Misericordia* o Leré en *Angel Guerra,* representa un ejemplo más de la descalificación barojiana de Galdós como novelista que hubiera podido sentar pautas estéticas para los escritores modernistas.

En las *Memorias,* y en particular, en las secciones tituladas "El escritor según él y según los críticos", "Final del siglo XIX y principios del XX", "Galerías de tipos de la época" y "La intuición y el estilo", Baroja vuelve a la carga contra Galdós. Parte de la aversión que muestra por Don Benito, es atribuible a los esfuerzos de los críticos por equiparar las *Memorias de un hombre de acción* a los *Episodios Nacionales.* Anota Baroja respecto a los relatos históricos que Galdós es un escritor reflexivo, consciente de su público, mientras que él escribe románticamente, por inspiración. Recuerda que en la novela *De Oñate a La Granja,* el novelista canario, en vez de desplazarse personalmente al espacio de la ficción, había preferido solicitar informes para describir la ciudad de Laguardia, por lo que la representación novelesca se parecía poco al referente. Por ello, Baroja se enorgullece de su capacidad para ver "que el cuadro no está inspirado en el original", y se autocalifica de escritor-lector "que se aparta de los lugares comunes literarios y artísticos" (*Memorias* 467). Al amplificar luego esta idea sobre la superación de los modelos, Baroja se adentra por terrenos de la retórica para distinguir entre *imitatio* e *inspiratio-inventio,* ya que para él existen dos métodos distintos para la composición literaria.

Uno es el de leer lo antiguo y repetir los tipos y las tramas y, a poder ser, modernizarlos, complicándolos o, por lo menos, cambiándolos [*imitatio*]. El otro es dejarse impresionar por el medio y buscar lo característico entre el conjunto de las impresiones [*inspiratio*] ... Es más fácil ser original con esta segunda manera que con la primera, como es más fácil, para componer bien, utilizar el sistema de imitación ... Yo nunca he sido partidario de ir del libro a las cosas de la vida, sino de ir de las cosas de la vida al libro. (1026)

Y en otro lugar, afirma tajantemente que "yo no tengo la costumbre de mentir ... yo no he partido nunca de la lectura de un libro para escribir otro. Esto no han querido reconocerlo mis críticos, sobre todo al principio de mi tarea literaria" (436). Y recalca que "a base de lo que he leído, no me interesa escribir nada". Sin embargo, Baroja reconoce que a raíz de una conversación con Galdós, percibió el interés del novelista canario por la técnica de otros (Dickens, Tolstoi, Dostoievski) y comprobó que "en gran parte Galdós tenía razón, y que en los mejors escritores modernos ... hay, a pesar del aspecto un poco descosido de la acción, una ciencia del novelista quizá intuitiva, muy perfecta y muy sabia" (1081). Por su referencia a la intuición, Baroja se niega a reconocer que haya aprendido formalmente nada de técnica novelesca. Vuelve a presentar el modelo ya esbozado en el "prólogo" de *La nave de los locos* de una novela "anárquica, multiforme, proteica y porosa" (1078) donde no existe la composición ni la técnica y priman la imaginación y la fantasía; *inventio*, que duerme en los pozos del sentimentalismo forjado en la época infantil y juvenil del novelista "todo ... grabado de una manera fuerte, áspera e indeleble" (1058).

Esta reafirmación de anarquía creativa se encuentra inserta en la parte quinta de "La intuición y el estilo" que Baroja titula paradójicamente "La técnica novelesca", sección que venía antecedida de una declaración de cuidado lectorial: "de ahí que el novelista que ha sido sobre todo lector, y que mide la capacidad y resistencia de los demás lectores por la suya, tenga en sus libros que poner muchas ventanas al campo" (1048). Pero anteriormente, "el hombre malo de Itzea" había vuelto a su cantinela de que "casi prefiere uno el novelista de mala técnica, ingenuo, o un poco bárbaro, que no el fabricante de libros hábiles, que da la impresión de que los va elaborando con precisión en su despacho, como una máquina hace tarjetas o chocolate" (1047). Y al retornar a Galdós vuelve a distanciarse de él por la técnica de la composición: "Muchos novelistas, Galdós entre ellos, por lo que él me dijo, pensaba un plan ... Yo escribo sin plan; si hiciera un plan, no llegaría al fin" (1032). Y por otro lado, recalca como en 1925 que la novela es "un género multiforme, [que] lo abarca todo: el libro filosófico, el psicológico, la aventura, la utopía, lo épico, todo absolutamente" (1041).

Por lo tanto, para Baroja, la novela es un arte imaginativo e individual, que nace gracias a la invención e inspiración, ajeno a las trazas de lecturas anteriores y a su mímesis, de técnica intuitiva sin *dispositio* aparente, donde se proyectan personajes como sombras del autor. Baroja afirma que mientras exista la *inventio* habrá novela abierta frente a la novela cerrada y mimética de otros modelos, como la ficción de composición "parnasiana" a la Galdós. Estos esfuerzos barojianos por negar su interés por la técnica narrativa y su insistencia en mostrar distancia en sus primeras novelas hacia los modelos del XIX, Galdós en particular, nos hace sospechar que, como dice el refrán, "cuando el río suena, agua lleva".

En este apartado, Baroja se sitúa dentro de una línea historicista, en el triángulo autor-obra-tradición donde el texto se encuentra determinado diacrónicamente en el modelo evolutivo de la historia literaria, en el que priman el origen textual y la preservación de una serie de normas fijas. Para contrarrestar la teoría de la influencia, Baroja se apoya en la metáfora heurística de la *inventio* o intuición psicológica, por lo que el sistema de fuentes de base conservadora se transforma en un proceso progresista que considera los textos modernos como divergencias canónicas de la literatura del pasado (Morgan 2-3). No obstante, la teoría del expresionismo barojiano es contradictoria ya que la metáfora de la lámpara individual y romántica siempre tiene sus raíces en el espejo de la mimesis aristotélica. Como afirma Murray Krieger, "we could thus collapse the mimetic-expressive opposition ... by saying that, on the whole, the history of literary theory is the story of the many varied roads that have led to imitation" (82). Lo que Baroja no quiere aceptar es la presencia de otros textos en los suyos, se mire desde un punto de vista evolutivo y diacrónico como imitación de modelos, o a través de una perspectiva moderna y sincrónica basada en el juego infinito de relaciones intertextuales con otros textos o semiosis.

A Galdós, cierta crítica impresionista lo tipificó como padre de la después controvertida generación del 98. Pero estos estudios no pasaron de vagos apuntes temáticos y de afinidad ideológica. Los modernistas, aunque solidarios con la ética estética progresista esbozada por el Galdós dramaturgo, parecen oponerse a la poética del narrador canario. Sólo hay que recordar el manifiesto antirrealista en *La voluntad* de Azorín, novela gemela de *Camino de perfección*. Allí Yuste declara a Antonio Azorín cómo odia a Campoamor como arquetipo de una estética "que me da la idea de un señor asmático que lee una novela de Galdós y habla bien de la Revolución de Septiembre" (112). En otro momento, Yuste ataca la falsedad de los diálogos galdosianos cuya coherencia se aparta de la fragmentación de sensaciones que Azorín buscaba en la novela.

Pero si se critica tan duramente al maestro, muchas veces es porque como decía Juan Ramón Jiménez, "se acepta mejor al abuelo que al tío, entre otras razones, porque el abuelo se va a morir más pronto; y el tío no es precisamente el padre" (48). Hacia Galdós parece haber en los primeros balbuceos narrativos de modernistas como Baroja, una seria ansiedad edípica que Harold Bloom ha estudiado en *The Anxiety of Influence*. Señala Bloom cómo los escritores se ven sometidos al complejo de Edipo creativo al tener que escapar del efecto de castración que produce la escritura a la sombra de un padre literario. De ahí que los escritores "fuertes" se enfrenten a la figura paterna, recuperando, reescribiendo, transformando el texto del precursor.

Algo de esto me parece que ocurre cuando se contrastan dos textos de precursor y efebo: *Doña Pefecta* (1876) y *Camino de perfección* (1902); novelas primerizas para ambos novelistas, aparecidas como folletín, la de Galdós en la *Revista de España* y la de Baroja, en *La Opinión*. Curiosamente señala Galdós en carta a Clarín, que la suya no tuvo plan ya "que la comencé sin saber cómo había de desarrollar el asunto. La escribí a empujones, quiero decir, a trozos, como iba saliendo ..." (cit. en Montesinos: 176). Nacidas ambas a la vera de importantes cambios políticos (fracaso revolucionario y desastre finisecular), los puntos de contacto van más allá de la coincidencia semántica de los títulos, como si se tratara de esmerados bancos de pruebas novelescos y ambos relatos también protagonizaran un mano a mano en busca de la perfección narrativa.

Las dos novelas desarrollan el paradigma de la Arcadia de Virgilio, pues la Orbajosa galdosiana y la geografía castellanolevantina de Baroja surgen del arquetipo de la atrasada comunidad rural del Peloponeso (Zahareas 53-54). Para ambas, se trata de la reescritura de *Menosprecio de corte y alabanza de aldea* de Fray Antonio de Guevara, y como ha mostrado Juana Truel, se puede hablar de claros paralelismos entre *Doña Perfecta* y la *Eugénie Grandet* balzaquiana, los cuales se podrían extender al relato de Baroja. A nivel histórico-geográfico, asistimos a lo que Gérard Genette llama una transdiegetización de espacio y tiempo, ya que hemos pasado de una España simbólica a una real y de una nación en aras del experimento liberal de la setembrina, a un país bajo el yugo conservador de la Restauración. Como se verá, esta transdiegetización implica cambios en la acción.

Los dos burgueses Pepe Rey y Fernando Ossorio, se refugian en un ambiente rural, porque como dice Rey, "deseo darme, como decía no sé quién, un baño de cuerpo entero en la Naturaleza; vivir lejos del bullicio, en la soledad y sosiego del campo" (*Doña Perfecta* 29). Los dos protagonistas alejados del ámbito familiar, se destacan por sus singulares capacidades intelectuales. Ambos se enfrentan con diversa suerte a la intransigencia religiosa de las autoridades locales: Rey con el canónigo y Ossorio con un joven escolapio; tienen un amorío de acento incestuoso con primas instaladas en el campo, Rosario y Dolores, "mi prima, así la llamo", dice Ossorio, "aunque no seamos parientes" (*Camino de perfección* 289). También comparten una difícil relación con sus respectivas tías (Perfecta y Laura) y finalmente muestran una peculiar inclinación estética.

Respecto a sus divergencias religiosas, Pepe Rey sostiene frente al canónigo de Orbajosa su positivismo mientras que Fernando Ossorio discute en Yécora con el joven escolapio desde una posición de panteísmo místico. Pero ambos deben enfrentarse a la falsa humildad e hipocresía de los prelados, lo que termina por derrotarlos dialécticamente ya que los dos protagonistas acaban por perder la compostura. Por ello, el episodio barojiano es una transposición del de Galdós, todo ayudado por una transformación del modo narrativo que pasa del estilo directo del canónigo ("Yo soy un pobre clérigo que no sabe más que la ciencia antigua —repuso D. Inocencio. Reconozco el inmenso valor científico mundano del Sr. D. José, y ante tan brillante oráculo, callo y me postro" [*Doña Perfecta* 39]) al indirecto del narrador de Baroja: "El escolapio, que comprendió que desde aquel momento tenía la partida ganada, reconoció que era un pecador que lo sabía ..." (265). En otro momento, Pepe Rey protesta ante el espectáculo grotesco de la Catedral de Orbajosa mientras que por transformación narrativa, el narrador de Baroja nos refiere que una procesión de disciplinantes "era el colmo de lo tétrico, de lo lúgubre, de lo malsano" (253). Todo ello obliga a Ossorio, practicante de endeble fe, a apartar la vista de allí bajo la "mirada iracunda de los disciplinantes" mientras que Rey, ante el gesto contrariado de sus interlocutores, mantiene con el mismo criterio que "las aberraciones del gusto ... fomentan la superstición, enfrían el entusiasmo, obligan a los ojos del creyente a apartarse de los altares, y con los ojos se apartan las almas que no tienen fe muy profunda ni muy segura" (61).

En la descripción de la Yécora barojiana asistimos a la traducción espacial de la Orbajosa de Galdós. Con la misma negatividad con que Galdós nos presenta la desolación de su simbólica urbe, "grietas de aquel sepulcro donde una ciudad estaba no sólo enterrada sino también podrida" (15), el narrador de Baroja acumula oraciones negativas y concluye que paradigmáticamente la ciudad también es una tumba ya que "la vida en Yécora es sombría, tétrica, repulsiva; no se siente la alegría de vivir" (208). Se duele el narrador de la desolación estética que encuentra en las iglesias de la ciudad: "No hay allá los místicos retablos de los grandes maestros del Renacimiento con sus hieráticas figuras que miraron en éxtasis los ojos llenos de cándida fe, de los antepasados ... En las iglesias, grandes y frías, no hay apenas cuadros, ni altares, y éstos se hallan adornados con imágenes baratas traídas de alguna fábrica alemana o francesa" (*Camino de perfección*, 208). Pepe Rey se lamenta a su vez de "la deplorable decadencia de las artes religiosas" y de las "imágenes charoladas y bermellonas ... del más deplorable gusto artístico" (60). Esta preferencia por el tradicionalismo artístico que según Rey da "formas sensibles a las ideas, a los dogmas, a la fe, a la exaltación mística" (61) se ve reforzada en Baroja por su afinidad con el goticismo europeo y las ideas de John Ruskin que le inclinan hacia el espiritualismo medieval (Litvak 211-12).

Cuando Fernando llega de noche al apeadero cercano a Yécora, se encuentra en una tartana con un compañero de viaje que lo mira de forma altanera y que lo intimida con sus "trazas de salteador de caminos", "ojos amenazadores" y "bigotazo de carabinero" (201). De la misma forma Pepe Rey topa camino a Orbajosa con un Caballuco "de complexión recia y sanguínea, ojos grandes, ardientes, cabeza ruda, negros bigotes, mediana edad y el aspecto en general brusco y provocativo, con indicios de fuerza en toda su persona" (11). Pero se produce una transformación irónica en el texto de Baroja, ya que el temible forajido tiene "una voz de tiple" que el narrador termina por calificar de "ridícula" (201-02).

Si ambos jóvenes tienen abundantes puntos de contacto estéticos y pragmáticos, bien es verdad que Ossorio se presenta en muchos aspectos como un revés de Rey, una transvalorización intertextual de éste. Enfermizo, opuesto al progreso positivista, nietzschiano, antidemocrático y antisocial, edénico individualista, adverso a la institucionalización educativa, Ossorio es el modelo negado de Rey, el liberal decimonónico progresista, seguro del progreso y de los valores democráticos y burgueses, paladín de las ventajas urbanas. Y si la relación de Fernando Ossorio con su tía Laura apunta a una relación palimp-cestuosa respecto a Perfecta, no hay intertextualidad clara entre estos dos personajes.

Sí existe entre Ossorio y el protagonista de *Angel Guerra*, que también quiere educar a su niña Ción, sin restricción alguna ya que "el sistema de prohibiciones viene a ser como ligaduras que oprimen los músculos y detienen la circulación, y que el efecto de dichas ligaduras se ve en las anquilosis que se forman luego, así en lo físico como en lo moral" (1276). Este es el deseo zaratrustino que esboza Ossorio, después de haber seguido en parte el místico camino toledano del héroe galdosiano. Al final de la novela se propone dejar "a su hijo libre con sus instintos ... para saborear el jugo del placer y de la fuerza en la ubre repleta de vida" (334-35).

En cuanto a la técnica, hacia el final de la novela, el narrador barojiano se escuda tras el hallazgo de lo que no recuerda bien si es un manuscrito o una colección de cartas para justificar una transvocalización por la que pasamos de un narrador omnisciente a otro de primera persona. También se produce este cambio de la historia al discurso al final de *Doña Perfecta*, cuando Pepe Rey escribe a su padre y Don Cayetano Polentinos se encarga de referir su versión de los hechos. A su vez, en *Camino de perfección*, se entabla un diálogo entre técnicas realistas y modernistas. Baroja se encontraba en la encrucijada de dos estéticas, por lo que la novela le sirve como espacio dialéctico para enfrentarlas. La discusión entre narrador y protagonista se inclina por el impresionismo de Fernando. Ossorio odia el realismo "demasiado perfecto" de Velázquez, prefiere el manierismo místico de Pantoja de la Cruz, Sánchez Coello y el Greco y alaba el impresionismo de Santiago Rusiñol, Ignacio Zuloaga y Darío Regoyos (8, 14).

Y con ese mismo impresionismo describe el narrador multitudes urbanas o paisajes castellanos. Predominan en éstos los crepúsculos y las noches con colores sombríos (plomo, azul-añil) a lo Greco, propios de las dificultades psíquicas del personaje. Cuando narra el protagonista o cuando de alguna forma se ha iluminado interiormente, el campo se llena correlativamente de una luz tenue y apacible: "El ideal de su vida era un paisaje intelectual, frío, limpio, puro, siempre cristalino, con una claridad blanca, sin un sol bestial" (41) en contraste con el deslumbrante resplandor castellano que ciega a Fernando en su anterior deambular, y el paisaje yermo y sofocante que recorremos en los capítulos iniciales de *Doña Perfecta*. Se rechaza el realismo, el naturalismo defendido tenuemente en el primer capítulo por el narrador de *Camino de perfección*, e implícitamente sus entornos novelescos burgueses, porque la técnica de la observación minuciosa se agota, se vuelve repetitiva y anodina. Por ello, el narrador barojiano comenta metatextualmente que "esto [el mundo burgués], que mientras lo fué conociendo pareció interesantísimo a Fernando, ya conocido no lo encontró nada digno de observación" (38). El texto es por consiguiente un "camino de perfección" estético para el propio novelista, inseguro de la técnica a seguir.

En los relatos del Siglo XIX del tipo de *Doña Perfecta*, donde los protagonistas deben pagar sus desviaciones éticas subyacentes, se precisa una clausura al final de la novela: la muerte, el matrimonio, la separación, el castigo ... Todo se vuelve a organizar y la experiencia de los personajes es cerrada. Como novela de tesis que ejemplifica el experimento fracasado del liberalismo, la moral de *Doña Perfecta*, es la que delimita toda la obra. Frente a ella, *Camino de perfección* es abierta como ficción biográfica del héroe problemático opuesto a la conciencia burguesa. Todo en la narración es un proceso que puede quedar sin resolver en una gran interrogación por lo que no se llega a una nueva relación entre el yo y el mundo. Es un relato que según Ricardo Gullón aplica lo que Baroja quería para la novela, es decir que no tuviera "principio, ni fin" (98). Si seguimos el patrón lectorial de Umberto Eco, la narración queda en suspenso porque aunque tengamos un desenlace, aparentemente negativo para Fernando Ossorio —su amor y "curación" quedan negados por la sofocante perspectiva del matrimonio y el recuerdo de las taras culturales—, también nos encontramos con las perspectivas abiertas, coloreadas de ironía, de que será su hijo quien lleve a cabo el sueño frustrado del protagonista.

Surge aquí la novela dialógica estudiada por Mikhail Bakhtin, donde se enfrentan dos estéticas y por ello dos ideologías, frente al imposible monologismo basado en la individualidad creativa que Baroja defendía en sus *Memorias*. Se trata de un hipertexto cuya lectura es posible sin referencia a sus hipotextos, *Doña Perfecta*, *Angel Guerra*. Dicha lectura no intertextual puede ser como dice Genette, suficiente: Pero "suffisante ne signifie pas exhaustive" (450). En *Camino de perfección* se encuentran tres de las pautas revisionistas presentadas por Bloom: la repetición ("kenosis"), la antítesis ("tessera"), y la superación ("apophrades") de los textos precursores. La porosidad de la novela abierta de Baroja hacia los textos galdosianos y su autoconciencia antirrealista ratifican que el buen novelista era ante todo un mejor lector.

Obras citadas

Abrams, M. H. *The Mirror and the Lamp: Romantic Theory and the Critical Tradition*. New York: Oxford UP, 1971.
Bakhtin, Mikhail. *The Dialogic Imagination: Four Essays*. Trad. Caryl Emerson y Michael Holquist. Austin: University of Texas Press, 1981.
Baroja, Pío. *Camino de perfección*. 1902. Madrid: Caro Raggio, 1974.

_____. "Prólogo casi doctrinal sobre la novela que el lector sencillo puede saltar impunemente". *Teoría de la novela*. Agnes y Germán Gullón, eds. Madrid: Taurus, 1974. 65-95.

_____. *Memorias: desde la última vuelta del camino*. Madrid: Biblioteca Nueva, 1949. 384-1364. Vol. 7 de *Obras completas*. 8 vols. 1946-1952.

Bloom, Harold. *The Anxiety of Influence*. New York: Oxford UP, 1975.

Eco, Umberto. *L'oeuvre ouverte*. Trad. Chantal Roux de Bézieux. Paris: Seuil, 1965.

Genette, Gérard. *Palimpsestes: La littérature au second degré*. Paris: Seuil, 1982.

Gilman, Stephen. "Novel and Society: Doña Perfecta". *Anales Galdosianos* 11 (1976): 15-27.

Gullón, Ricardo. "Saquemos a Baroja del purgatorio". *La invención del 98 y otros ensayos*. Madrid: Gredos, 1963. 94-99.

Jiménez, Juan Ramón. *Política poética*. Ed. Germán Bleiberg. Madrid: Alianza, 1982.

Krieger, Murray. *Theory of Criticism: A Tradition and Its System*. Baltimore: The John Hopkins University Press, 1976.

Litvak, Lily. *Transformación industrial y literatura en España (1895-1905)*. Madrid: Taurus, 1980.

Martínez Ruiz, José. *La voluntad*. Ed. E. Inman Fox. Madrid: Castalia, 1968.

Montesinos, José Francisco. *Galdós*. Vol. 1. Madrid: Castalia, 1968. 3 vols.

Morgan, Thais E. "Is There an Intertext in this Text?" *American Journal of Semiotics* 3.4 (1985): 1-40.

Pérez Galdós, Benito. *Doña Perfecta*. Boston: Ginn & Company, 1897.

_____. *Angel Guerra*. Madrid: Aguilar, 1942. 1229-1579. vol. 5 de *Obras completas*. 6 vols. 1941-1945.

Truel, Juana. "La huella de *Eugénie Grandet* en *Doña Perfecta*". *Sin nombre* (1976): 105-15.

Unamuno, Miguel de. *Cómo se hace una novela*. Ed. Paul R. Olson. Madrid: Labor, 1977.

Zahareas, Anthony. "Galdós' *Doña Perfecta*: Fiction, History and Ideology". *Anales galdosianos* 11 (1976): 28-58

Modernismo, posmodernismo y novela policíaca: *El aire de un crimen* de Juan Benet

Gonzalo Navajas
University of California, Irvine

Andreas Huyssen, Bernard Gendron y G. Ulmer han presentado como criterio explicativo de la dicotomía entre modernismo y posmodernismo las actitudes respectivas que ambos asumen frente al arte masivo.[1] Para estos y otros intérpretes de la cultura, el modernismo (desde el grupo de Bloomsbury y Ortega y Gasset a la Bauhaus y el estilo internacional en arquitectura) mantiene una visión oposicional frente a la cultura multitudinaria y aboga por el selectivismo del artista y su obra, su separación irrevocable de las manifestaciones amplias y no restrictivas de la cultura. De modo diferente, el posmodernismo (con Barthes, Umberto Eco y Manuel Vázquez Montalbán, y Andy Warhol y Venturi en pintura y arquitectura) adopta, por el contrario, una actitud más acogedora hacia lo masivo, intenta modos de validación de ello y propone diversas maneras de reconciliación del arte elevado y selectivo y el arte bajo y masivo. Según esta interpretación, el posmodernismo se define de modo central por su aspiración a la superación del *great divide* del arte de nuestro tiempo y persigue una reversión del divorcio entre esas dos tendencias fundamentales.

El impulso de reconciliación de modos estéticos diversos, propio del posmodernismo, no está exento de dificultades. A pesar de la orientación posmodernista hacia la superación de diferencias, las relaciones entre el arte elevado y el masivo son todavía problemáticas en el posmodernismo y crean dentro de él un intenso campo de tensión. De modo considerable, el posmodernismo, más que a una unión igualitaria de dos estéticas contrarias, aspira a la incorporación o absorción del arte masivo dentro del elevado, procurando de ese modo la potenciación de formas consideradas como de naturaleza inferior a través de la influencia de otras que se juzgan más profundas y exquisitas. Puede concluirse, por consiguiente, que el *great divide* no ha sido cancelado. Ha sido más bien redefinido y atenuado; se ha establecido puentes de contacto entre los componentes del conflicto; pero ese conflicto sigue operando —de modo no necesariamente disruptivo sino probablemente creativo— dentro de la obra.[2]

Los ejemplos en donde se revela el campo de tensión posmodernista son numerosos. Para verificación de mis ideas he elegido la novela de Juan Benet, *El aire de un crimen*. Como tesis central, propongo que ese texto adopta como medio semiótico más general para su desarrollo una forma procedente de modo esencial de la literatura de masas: la novela policíaca. Sin embargo, aunque se sitúa dentro de esa estructura que le proporciona una identidad específica, acomete al mismo tiempo su cuestionamiento. Consideraré algunos modos de materialización concreta de esa tensa bipolaridad de la novela.

El texto no puede ser más explícito desde el principio con relación a su impulso inicial de inclusión de una forma periférica dentro de la literatura elevada con la que la obra de Benet en general queda notoriamente identificada. La apertura del libro es taxativa en su intencionalidad: "Una mañana de bronce apareció el cadáver de un hombre en la plaza de Bocentellas" (5). Desde la primera línea se fija patentemente la naturaleza de la novela. No quiere manifestarse reservas en torno a su identidad genérica: se pretende que el lector sepa desde el primer momento a qué atenerse, que la imprecisa expectativa que ha emergido en él a partir de la aparición en el título del término "crimen" se haga definida. Nos hallamos ciertamente ante una novela sobre un asesinato y muy probablemente sobre el proceso de su elucidación posterior. Temáticamente, el texto parece estar más allá de toda ambivalencia.

La opción genérica de la novela se hace ostensible no sólo en su modalidad temática. Se extiende también a su elección de modos formales de realización ficcional. Un ejemplo es su preferencia general por la representacionalidad. La realidad —el medio, los personajes de la novela— son reconocibles en *El aire de un crimen* y se corresponden con una visión mimética del arte de la que la literatura masiva (a diferencia de la elevada modernista) no desconfía. Para la novela policíaca es imperativo que el mundo sea identificable y descifrable ya que de ese modo puede practicarse sobre él la lógica todopoderosa de la deducción, que disuelve las ambigüedades y el misterio —un objetivo primordial del género. La presentación de personajes en *El aire de un crimen* se asocia con esa visión representacional de la realidad. La minuciosidad y la extensión con que se introduce a los personajes es un indicio de que el texto se adhiere a la creencia de que la acumulación de pormenores definitorios de la apariencia de la persona nos da la persona misma, que el espejo de la ficción devuelve una imagen exacta y fiable de la exterioridad que representa.[3] Cuantos más hechos le agreguemos a un personaje más lo conocemos: el detalle tangible y fáctico se revela como un sustituto de la investigación más insegura del territorio indeterminado e invisible de la conciencia (Norris 52).

Algunas configuraciones genéricas de la novela policíaca no sólo son incluidas activamente en *El aire de un crimen* sino que incluso son magnificadas, confiriéndoles una prominencia textual destacada. Como es notorio, la mención de un cadáver ocurre con frecuencia en el género. En la novela de Benet esa mención se hace altisonante, de una evidencia flagrante: "el cuerpo empezaba a heder y el principio de su descomposición se había anunciado con una eyaculación por su boca entreabierta, que había cubierto casi toda su barbilla "(50). La referencia a este cadáver se reitera en varias ocasiones en un crescendo de delectación en la morbosidad. El exceso reiterativo cita al género de un modo paródico, que revierte en parte la significación inicial de la referencia. Hay varias escenas grotescas en torno a ese cadáver que tienden a desdramatizar la muerte violenta, a convertirla en un hecho natural y sin relieve especial, que no merece la atención y dedicación persistente que le otorgan los detectives de la novela policíaca convencional. Podríamos considerar esa desdramatización paródica como un primer índice de las tendencias contragenéricas de la novela.

La moratoria de la resolución del enigma —uno de los procedimientos más distintivos de la forma policíaca— se practica también en *El aire de un crimen*. La novela avanza numerosos datos que nutren el misterio en torno al asesinato, pero pospone indefinidamente el desencubrimiento del enigma. Técnica inequívocamente convencional, la moratoria tiene como propósito producir el incremento del deseo del lector en la progresión de la lectura y acelerar así su avance hacia el final de la novela. En el texto de Benet se ofrece con frecuencia información relacionada con el enigma sin facilitar por ello su resolución sino, por el contrario, haciéndola más compleja y elusiva. La expectativa creada en torno a la fuga de Luis Barceló y la oblicua sugerencia de su implicación en el asesinato y las alusiones más o menos directas a las conexiones criminales de Amaro son ejemplos de modos de intensificación del enigma que el género requiere de modo esencial (Todorov 60).

La renuncia al selectivismo que he asociado con la orientación modernista se manifiesta de modo particularmente acusado en el contexto popular creado por la novela. Hay una abundancia de personajes oscuros, perdidos en las agrupaciones amorfas de las masas. No sólo es el pueblo anónimo pero digno el que habita el texto. Es sobre todo el mundo subpopular, el hampa —las prostitutas, el ladrón, el matón a sueldo. Su prominencia es tan considerable que esos personajes llegan a alcanzar casi la categoría de protagonistas. Su lenguaje, contundente y sin gracia, abarca sectores amplios del discurso textual; sus actos carentes de moralidad se exponen sin reservas. Un medio torpe y primitivo circunda a esos personajes. El texto no minimiza esa elementalidad ignorándola o marginalizándola; por el contrario, la convierte en material central. De ese medio hace sobresalir a personajes que son testimonio del embrutecimiento al que someten a una masa menospreciada quienes, no formando parte de ella, la instrumentalizan para sus fines. El texto, aunque no se identifica con la elementalidad de grupos sociales periféricos, los considera lo suficientemente significativos como para hacerlos dignos de ficcionalización, de incorporación íntegra en el texto. Su separación del modelo estético del que el modernismo es un prototipo parece agrandarse.

Podría incluir otros datos que corroborarían la voluntad de conflación de elementos contrarios. Creo que los ya mencionados son suficientes. A partir de ellos, puede concluirse que la novela adopta francamente una forma genérica procedente de la estética de las masas. No obstante, ésta es sólo una impresión parcial. Voy a completarla refiriéndome a una tendencia divergente del texto, que lo mantiene vinculado al arte elevado y lo distancia de la orientación inicial. Examinemos, por ejemplo, de modo más complejo que el ensayado anteriormente, la actitud del texto frente a la representacionalidad.

El impulso representacional considerado previamente se halla contrapuesto por la tendencia a la fabulación fantástica del medio. Aunque el espacio de la novela aparece específicamente situado en España, en una zona no lejana a Madrid y el tiempo se refiere al período contemporáneo, espacio y tiempo son sometidos a un proceso de *Unbestimmtheit*, de negación de realidad que los transforma de puntos de referencia concretos en categorías abstractas sin una naturaleza reconocible.[4] La referencia específica inicial se ve descalificada por una fabulación no-representacional que trastorna las premisas teóricas establecidas antes por el texto.

Ese impulso fabulador se aplica, por ejemplo, a Bocentellas. Aunque en principio sus casas, campos y la región en la que está situado son presentados para que sean identificados miméticamente por el lector, son convertidos después en lugares misteriosos, sin una configuración delimitada. Por ejemplo, la casa de Mazón deja de ser una vivienda habitual en un pueblo castellano y aparece desfamiliarizada y transformada en un edificio fantasmagórico como si hubiera sido sometido a la influencia de una fuerza mágica indefinida:

> todas las mañanas ... amanecía la casa con una ventana abierta, una ventana que decididamente había quedado cerrada la noche anterior. La casa era tan grande, tan numerosos sus ventanas y huecos y tan escasa la gente que la habitaba —Cristino, Eugenia y aquel singular Yosen, recluido también en otra estancia para estudiar noche y día la cartografía de la comarca— que durante mucho tiempo nadie se percató del hecho, del que solamente cobraron evidencia el año anterior a la desaparición del uno en el monte y la muerte de los otros dos. (130)

La inclusión del dato incongruente de la ventana abierta, la referencia al carácter excéntrico de Yosen, su desaparición imprevista y la muerte no explicada de Cristino y Eugenia convierten la casa de Mazón en un recinto fantástico, con más conexiones con un mundo inmaterial que con la realidad tangible. La tendencia representacional aparece efectivamente cancelada. Más que ante una casa que tipifique las otras casas de la comarca nos hallamos ante una casa única, altamente singularizada que no obedece al principio de reconocimiento inmediato que preconiza la estética de la literatura de masas.[5]

La orientación genérica de la forma policíaca requiere una línea central de la trama que se desarrolle con claridad y según principios lógicos que faciliten el rápido entendimiento de los hechos. Esa tendencia no conlleva el que la complejidad no sea posible en el género. Por el contrario, la novela policíaca promueve la complicación y la multiplicidad de posibilidades de desciframiento de la trama que incrementan la no fijación semántica del texto y provocan con ella una implicación más directa del lector en él. Sin embargo, esa complejidad es más periférica y provisional que consustancial con la forma. El género se orienta de modo esencial hacia la clarificación de lo oscuro, la organización coherente de lo que carecía de orden. Por esa razón, es posible identificar una historia principal que predomina sobre otras historias y elementos secundarios. Un propósito jerarquizante determina la forma.

No hallamos el mismo impulso organizativo en *El aire de un crimen*. El texto se aleja de la claridad y la coherencia. Es probable que las juzgue demasiado triviales y previsibles. Debe, por tanto, subvertirlas. El componente argumental central, iniciado con convicción, se hace progresivamente más tenue. Pronto aparece imbricado con una multiplicidad de tramas divergentes o escasamente relacionadas con ella. La historia del asesinato llega a hacerse marginal, abrumada por las amplias secciones del texto dedicadas al recuento de los sucesos biográficos del coronel Olvera, la Tacón, Amaro, etc. El núcleo del texto se aleja de la investigación en torno al asesinato hasta tal punto que esa investigación se disipa y llega virtualmente a extinguirse. Esta pérdida de focalización contraviene concluyentemente un rasgo determinante del género en el que *El aire de un crimen* ha optado por incluirse.

He aludido ya someramente a la vinculación de la razón con la forma policíaca. Esa forma debe depender de la razón de manera esencial y asentar sobre ella el desarrollo y desenlace satisfactorio de la acción. Por encima de la instintividad y violencia del criminal prevalecen categorías universales de naturaleza racional. *El aire de un crimen* no comparte esa complicidad con la razón. Por el contrario, el mundo que presenta se caracteriza por la irracionalidad y con frecuencia por la demencia.[6] No son infrecuentes los personajes, como la Tinacia, cuya conducta es afín a la locura, y la locura se considera más como un modo de identidad de la que sentirse orgulloso que como una enfermedad. Tal como afirma uno de los personajes, si nos desposeen de la locura "nos quitan lo más privado" (175). No sorprende, por tanto, que el mundo de la novela esté destinado a un estado de declive irreversible. Los pasajes donde se alude a la destrucción y al desamparo del medio son numerosos, como ocurre en esta descripción del pueblo de La Cenicienta: "Tres de los barracones estaban abandonados y arrasados; de algunos se habían llevado hasta los cercos metálicos y la fábrica de bloques mostraba sus incurables cicatrices, cosidas por los pernos y hierros fijos " (150).
No se entrevé ninguna posibilidad de superación del abandono, de reconstrucción de lo que ha sido destruido inexorablemente. Frente a esa degradación universal, los intentos del capitán Medina de reestablecer la racionalidad fracasan de modo irremisible. El propio capitán acaba siendo absorbido por la decadencia general, se ve implicado en una relación con una prostituta y se sugiere que deberá renunciar a su carrera militar, que le había conferido seguridad moral y existencial.

El lenguaje de la forma policíaca requiere la transparencia, la rápida inmediatez comunicacional, sin desviaciones o rodeos figurativos. Debe quedar tan próximo al mensaje como sea posible. En algunas ocasiones, este concepto del lenguaje se materializa en el texto de Benet, como ocurre con la incorporación del lenguaje popular y coloquial. A menudo, no obstante, el lenguaje se aleja abiertamente de la comunicatividad y adopta la indirección de la metáfora elaborada y la dificultad de la terminología especializada, por ejemplo, de la técnica y la medicina. La complejidad expresiva desvirtúa la tendencia contraria a la diafanidad. El lector se ve obligado a demorarse, detener el avance ininterrumpido y veloz de su lectura al que le tiene habituado la forma convencional de lo policíaco. En ocasiones, el alejamiento de la transparencia se evidencia en los diálogos que se hacen abiertamente absurdos, más juegos de una imaginación sin restricciones que intercambios consecuentes entre interlocutores que aspiran a un entendimiento mutuo real. Los encuentros hablados entre el capitán y el capellán (163-64) y el capitán y Tinacia son ejemplos de esta visión que transgrede el lenguaje concebido como medio comunicacional.[7]

La ruptura con el medio genérico se manifiesta además en el desenlace de la novela. Las novelas policíacas concluyen de modo esclarecedor. Procuran una solución abierta, sólida, inequívoca. El texto queda clausurado y, con él, la incertidumbre precedente. La palabra ha cumplido su función recuperativa del equilibrio del mundo. Se justifica fuera de sí misma, en la exterioridad de la realidad. No es así en *El aire de un crimen*. El enigma no se resuelve. No se ofrece una respuesta a las múltiples interrogaciones que los asesinatos han hecho emerger. La duda y la inseguridad siguen operando indefinidamente y la sinrazón impera en la comarca de Bocentellas sin impedimentos. En este caso, la palabra no ha hecho sino hablar de sí misma, en una circularidad autorreflexiva, al margen de la efectividad de los hechos. El discurso literario queda divorciado de la realidad, parece no poder referirse sino a sí mismo. La confianza incuestionada que, según Huyssen, tiene el arte masivo en la captación genuina de la realidad y en la posibilidad de actuar sobre ella de modo significativo se configura en Benet como una quimera.

Fundándonos en este aspecto de *El aire de un crimen*, la literatura podría percibirse como un campo exclusivo, tan privilegiado como estéril. Podría juzgarse, por consiguiente, que la novela fracasa en su intento de conjunción de contrarios estéticos. Sin embargo, esa lectura de la novela, aunque consecuente y posible, no parece la más adecuada ya que está excesivamente condicionada por la parcialidad interpretativa. *El aire de un crimen* no se propone probar la realidad ya hecha y totalizada de una síntesis armónica de elementos contrapuestos. Intenta más bien, a través de la praxis ficcional, la exploración de una hipótesis según la cual los términos de la dicotomía entre el arte elevado y el masivo no son fijos y eternos como una ley imperturbable de la naturaleza. Son, por el contrario, modificables e incluso superables. El texto de Benet aspira a revelar que las relaciones entre ambos modos artísticos deben ser más de tensa pero productiva interfecundación que de mutuo desconocimiento e indiferencia.

Notas

1. Huyssen 178-221; Gendron 18-36; Ulmer 83-110.
2. Este impulso problematizante y abierto del posmodernismo es relacionable con tendencias centrales del pensamiento deconstruccionista que elude la clausura epistemológica, la *Aufhebung* de contrarios. V. De Man 3-19; Harari 33-34.
3. En relación con estos rasgos de la ficción, ver Barthes 9-20.
4. Este procedimiento se corresponde con una tendencia general profunda del arte moderno hacia la desfiguración de la visión convencional del mundo exterior. Se manifiesta, por ejemplo, en la desfamiliarización del formalismo ruso y la *Verfremdung* brechtiana. V. Navajas 27; Todorov, *Theorie* 83; Jameson 58.
5. En torno al movimiento de tipificación propio de la novela convencional, ver Lukács 77.
6. En relación con la actitud de la novela de nuestro tiempo frente a los procedimientos racionales, ver Kristeva 142.
7. Para un estudio relacionado con este concepto del lenguaje, ver el trabajo seminal de Hamburger 23-54. También, Eco 58-91.

Obras citadas

Barthes, Roland. *S/Z*. París: Seuil, 1970.
Benet, Juan. *El aire de un crimen*. Barcelona: Planeta, 1980.
De Man, Paul. *Allegories of Reading*. New Haven: Yale UP, 1979.
Eco, Umberto. *A Theory of Semiotics*. Bloomington: Indiana UP, 1979.
Gendron, Bernard, " Theodor Adorno Meets the Cadillacs". *Studies in Entertainment. Critical Approaches to Mass Culture*, ed. Tania Modleski. Bloomington: Indiana UP, 1986. 18-36.
Hamburger, Käte. *The Logic of Literature*. Bloomington: Indiana UP, 1973.
Harari, Josué, "Critical Factions/Critical Fictions". *Textual Strategies. Perspectives in Post-Structuralist Criticism*, ed. Josué Harari. Itaca: Cornell UP, 1979. 17-72.
Huyssen, Andreas. *After the Great Divide. Modernism, Mass Culture, Postmodernism*. Bloomington: Indiana UP, 1986.
Jameson, Fredric. *The Prison-House of Language*. Princeton: Princeton UP, 1972.
Kristeva, Julia. *Desire in Language*. Nueva York: Columbia UP, 1980.
Lukács, Georg. *Writer and Critic and Other Essays*. Nueva York: Grosset and Dunlap, 1970.
Navajas, Gonzalo. *Mímesis y cultura en la ficción. Teoría de la novela*. Londres: Tamesis Books, 1985.
Norris, Christopher. *The Contest of Faculties. Philosophy and Theory after Deconstruction*. Londres: Methuen, 1985.
Todorov, Tzvetan. *Poétique de la la prose*. París: Seuil, 1971.
_____. *Théorie de la littérature*. París: Seuil, 1965.
Ulmer, Gregory. "The Object of Post-Criticism". *The Anti-Aesthetic. Essays on Postmodern Culture*. ed. Hal Foster. Port Towsend: Bay Press, 1983. 83-110.

Signos poéticos en la obra
de Ana María Fagundo

Candelas Newton
Wake Forest University

La reflexión poética de Ana María Fagundo se sitúa bajo el epígrafe general de una búsqueda ontológica que la hablante, como ser humano en general y mujer poeta en particular, se debate por articular artísticamente mediante unos signos poéticos propios. La poesía se concibe entonces como el método indagatorio en la naturaleza del ser: "el poema es mi vehículo de conocimiento," afirma Fagundo en una de sus conferencias ("Mi literatura" 86). La creación artística, como elaboración con y sobre el lenguaje, deviene el medio de penetrar en la verdad del ser, de ahí que para Fagundo poesía y vida vayan intrínsecamente unidas y que, desde su primer libro, el proceso artístico se conciba a partir de la propia fisicalidad o cuerpo de la autora.[1] En la misma conferencia anteriormente citada Fagundo afirma: "La poesía tiene forma, tiene vida; es una realidad consanguínea a mí misma" (84). La escritura se percibe como algo vivo que la autora modela, parte sustancial de su propia fisiología, de su cuerpo configurándose en la poesía. Concebido como parto desde el comienzo de su obra, el poema se convierte en contexto o espacio donde la verdad ontológica se revela.

La asociación poesía-fisiología implica una tercera a la geografía en la referencia a la isla de Tenerife donde Fagundo nació. La tríada "poesía-fisiología-geografía", y sus derivados "poema-cuerpo-isla", constituyen el instrumento esencial en torno al cual gira la reflexión poética de Fagundo. Al igual que la isla en punta, pugnando por afirmar su ser en medio del océano, el poema, como inscripción del cuerpo femenino, va a ser el contexto donde la búsqueda ontológica y sus hallazgos o fracasos hallan su configuración. "Poema-cuerpo-isla" constituyen tres signos con que Fagundo connota una única realidad: su deseo de afirmación vital que, como en la geografía de la isla natal, la autora experimenta en su cuerpo e intenta configurar en el espacio poemático. El presente ensayo se propone trazar la trayectoria poética de Fagundo tomando como punto de partida la presencia recurrente de estos signos, por considerar que es en y por medio de ellos, junto con otros derivados y equivalentes, que la autora articula artísticamente su búsqueda y deseo de identidad ontológica.

La cita que encabeza su primer libro *Brotes* (1965), "Poesía es lo que puede ser / y está siempre siendo", fusiona la poesía con la cuestión ontológica: la poesía como un proceso entre el deseo o poder ser, situado en un futuro de posibilidad, y el ser en su actualidad continua; entre la ausencia y la presencia.[2] Esta primera intuición se confirma en el "brote" aludido ya en el título y signo central del libro, connotador del impulso vital que aún no ha logrado culminar en una forma plena.

Desde el primer poema la autora establece su relación consanguínea con la poesía, de ahí que la escritura se revele como un "desnudarse" o "destaparse" de lo más íntimo. Su entrega en el poema se asocia con la actividad fisiológica del parir o dar vida en un lento proceso que, como la autora confiesa, "sabemos / escapable, inconseguido" (13). Paralela a la dolorosa entrega de vida en el parto, la escritura poética es un movimiento eternamente inconcluso, ya que la inmensurabilidad del Ser nunca es total y definitivamente captada en cada uno de los poemas: "la lucha es simple y vieja: eterno diálogo del poeta con el Poeta" (11), del ser concreto del poeta en su acto específico de escritura, con el potencial infinito del Poeta y la Poesía con mayúsculas.

La angustia del vivir-escribir, como proceso eternamente inacabado, se elabora en la sección "Caos": "Qué duro este oficio de ir pariendo / a trozos, a gritos, a cuajarones de silencio / toda la muerte en sucesivas muertes concéntricas" (18). El quehacer existencial, y su expresión poética, buscan en el poema-parto su configuración ontológica. Pero esa entrega conduce a una forma que, al constituirse, comporta en sí su propia negación ya que fijada en un proceso temporal repetido en ciclos o círculos, se va diluyendo hasta fundirse en su opuesto o silencio. El fracaso del poema-parto como labor de configuración ontológica se expresa en una serie de poemas mediante signos de "parir", "transir", "hundir":

> Qué partida llevo el alma ...
>   qué transida
> hasta lo tope, lo cúmulo ...
> que hundimiento de lo vivo ...
> y lo radio y lo redondo
> chorreando sus flores de tristeza. (24)

La insistencia en los neutros, aquí y en muchos otros poemas, connota realidades de contornos indefinidos. Según Barthes el neutro es "the vacancy of the 'self' —a self which, if it has not been entirely annihilated, can at least no longer be clearly located" (Jardine 113). En la escritura-parto, Fagundo percibe la imposibilidad de fundir la palabra con su objeto, el deseo vital con su realización. Transido el impulso en su avance, acaba chocando contra "lo tope", "lo cúmulo", representaciones de un espacio que por su designación neutra se vuelve abstracto, general e indeterminado, como toda un área o zona donde la frustración ha llegado a su colmo, hundiendo el impulso vital. Este "colmo" de la frustración ontológica se ha configurado poéticamente a modo de elevación o brote vertical —el impulso— frustrado en su ascenso, por lo que debe recular constituyendo ese círculo —lo radio, redondo— en que se repite el proceso temporal y del cual el fruto o flor sólo puede ser de tristeza, por ser productos de un impulso vital coartado. Lo que queda es el deseo que Fagundo representa mediante una serie de signos de verticalidad frustrada: "espada en despunte", "torre truncada", por los que su canto se eleva para acabar en "plegaria naciente / muriente ... / De todo y de nada" (29). La verticalidad del deseo de afirmación vital se contagia de su opuesto, el descenso de la frustración o muerte, fundiéndose en un mismo movimiento el impulso vital y su negación.

En "Camino abierto", última sección de *Brotes*, la autora elabora sobre la búsqueda a que se reduce el existir: "y todo permanece en vísperas de ser ... / y todo se queda, siempre, en ciernes" (46). Tanto a nivel existencial como poético, la configuración del ser es una imposibilidad, ya que el poema concreto nunca puede captar plenamente ni identificarse con el ser de la Poesía que anhela expresar.

La situación existencial, como un constante hacer-deshacer del deseo a su frustración, de la presencia a la ausencia, adquiere una nueva concreción en el signo "isla", referencia directa a la de Tenerife o paisaje natal de Fagundo, y signo central de su segundo libro, *Isla adentro* (1969). El impulso vertical de la isla (doble de su cuerpo enhiesto expresándose en el poema-parto), se configura como tal respecto al mar que la rodea y que, simultáneamente, la circunscribe, limitando su deseo de afirmación vital. En plena soledad, la isla se eleva como síntesis de conciencia y voluntad de ser (Cirlot 254), delimitada por un mar inmenso que, al configurarla en su ser, al mismo tiempo amenaza con tragarla en su fondo inconsciente, en un proceso de realización y negación simultáneas.

La oscilación entre el deseo y su realización, la identidad y su disolución, domina las tres restantes secciones del libro, "Isla-hombre", "Isla-amor" e "Isla-muerte". En la primera, la isla va a representar los límites existenciales frente al deseo de lograr una plenitud ontológica. El vaivén entre ambos polos de la dialéctica ocupa las dos últimas secciones en una serie de poemas sobre la repetición del movimiento temporal, en cuyo ciclo el amor vital se contagia de la muerte. El poema "Girando", entre otros, se concentra en esta problemática: "Y el muslo tibio girando. / Capullo a punto de ser. No siendo. / ... / en ciernes como un beso aún sin labios" (89). El muslo tibio, signo del deseo humano, se reduce a un girar donde nunca logra coincidir con su objetivo, de igual modo que el beso no se realiza sin los labios donde concretizarse. Al final del poema, la reflexión recae sobre la irrealización del ser. Vida y muerte, deseo y frustración, se ven sujetos a un constante movimiento donde sus proyectos se contaminan, donde la identidad de cada uno de ellos lleva en sí la marca de su opuesto. La muerte es "el falso beso / con que nos vende la vida" (145). La autora ve su condición existencial en particular, y la del ser humano en general, como objeto de un engaño, ya que nos proporciona el deseo de realización para negarnos su logro en el mismo punto donde creímos conseguirlo.

La palabra poética, en su impulso configurador, va a ser el medio de contrarrestar la muerte: "Volver a decirlo / para acallar el aguijón de la agonía" (150). El "decir" se afirma como actividad de salvación con la que defenderse de la muerte. Así en *Diario de una muerte* (1970), la del padre, la autora adopta la consigna expresada en la cita de Dylan Thomas al comienzo del libro: "Do not go gentle into that good night. / Rage, rage against the dying of the light". Con palabras como "dagas de ácidas cuchilladas / que embisten ciegamente a la muerte" (22), la voz femenina se eleva enfurecida contra el designio superior de un Dios que permanece sordo e indiferente ante la destrucción de lo vital (11, 23). Impulsada por el deseo de dar a la vida la concreción de una forma ontológica, Fagundo se entrega a una lucha abierta con la muerte que "es supremo albor hacia la nada" (35), y cuyas dentelladas, filos y cuchilladas sajan toda su labor de construcción y arquitectura esperanzadoras (44).

En los tres libros siguientes, *Configurado tiempo* (1974), *Invención de la luz* (1978) y *Desde Chanatel, el canto* (1982), la autora se entrega a su labor poética de inscribir el cuerpo femenino y su impulso generador para contrarrestar la destrucción temporal. Adrienne Rich considera como característica de la función femenina la actividad de "world-protection, world-preservation, world-repair" (Grimshaw 210-11). En *Configurado tiempo* Fagundo rechaza el avance temporal para, mediante la palabra, volver al origen, "a la entrañable luz del comienzo" (12), donde configurar al tiempo en un espacio de plenitud ontológica. El modo de aprehender ese principio unitario se efectúa mediante los sentidos: el "pisar" y "tocar" el paisaje natal, como medios de recobrar las señas de identidad que den concreción a nuestro existir. Al "tocar" se une el "decir" sentido en la lengua, paladar y dientes; lenguaje corporeizado y cuerpo configurado en la escritura. Con la palabra la autora palpa el paisaje natal, recobrando su primigenia unión con la isla, la que había perdido pero que "hoy vibra de nuevo en tu piel ... / subiendo por tu cuerpo recobrado / haciéndote paisaje de cima" (919-20). Isla y cuerpo se funden en una relación de continuidad, superando la disgregación causada por el pensamiento y la lógica y sus parámetros temporales. Simultáneamente, la voz recupera toda su "hechura" con la que configurar la "jubilosa evidencia" del paisaje-cuerpo (12).

En *Invención de la luz* la palabra sigue siendo "la realidad más mía que llevo contra el cuerpo / bien ajustada, la faja que me sostiene enhiesta" (13-14). La autora es consciente de que la poesía es una invención de la luz, labor esperanzadora en el camino existencial y ofrecida como único medio de salvación ante la destrucción temporal. Al igual que el cuerpo femenino, hecho para generar, la palabra, fisiológicamente sentida, es la que al nombrar las cosas las dota de nitidez y perfil. Emanando del vientre y senos, el poema-parto surge de "entre mis muslos de mujer" (28), recreando y configurando el universo. Fundida con la labor regeneradora de la mujer, la escritura poética se vuelve acto de amor y fe vitales frente a la razón que niega toda permanencia. "La vida es amor", afirma Fagundo, y "el amor es el poema que todos sabemos escribirnos" (102). El vivir debe ser una entrega de nuestro ser en "holocausto diario de amor", ya que en el darse constante nos afirmamos. El poema se vuelve el contexto de encuentro con nosotros mismos, instante de plenitud desasido de espacio y tiempo (79). Mediante la palabra, la autora reconstruye ese momento pleno de fusión donde la identidad ontológica adquiere sus perfiles más nítidos.

En *Desde Chanatel, el canto*, ese espacio de plenitud (confluencia del pasado y futuro en un presente absoluto), se configura poéticamente en el signo "Chanatel". Espacio imaginario que nos devuelve al origen maternal y pleno, ya elaborado en *Configurado tiempo*, "Chanatel" se corresponde con lo que Julia Kristeva define como lo semiótico o disposición de los instintos en el cuerpo y su efecto en el lenguaje, lo heterogéneo al sentido y la significación lógica (18). Frente a las limitaciones espacio-temporales, "Chanatel" representa la fuente de vida, el canto voluntarioso "de ser que no quiere dejar de ser". Asociado con los signos de isla y mujer, "Chanatel" ofrece una nueva configuración del deseo, que traspasa toda la poética de Fagundo, de afirmarse vitalmente.

Frente a la plenitud ontológica que connota el signo "Chanatel", la segunda parte de este libro presenta una aguda crítica de la civilización actual. Los avances científicos, que igualmente permiten el control de la vida, al generarla en probetas o al finalizarla en el aborto, son denunciados por la autora como ejemplos de un intento de circunscribir la libre expresión del impulso vital dentro de unos confines determinados por la razón. Igualmente, los sistemas económicos y políticos actuales, que permiten la pobreza y miseria de tantos niños, son acusados por una voz de mujer que se opone tanto a la destrucción de lo vital como al intento de fijarlo dentro de leyes rígidas. Al final del libro Fagundo reflexiona sobre el universo maternal que imaginó con "Chanatel", y constata: "ese universo que sabemos no existe aunque mi palabra / lo nombre" (60). Frente a la palabra configuradora se opone la realidad de la razón y la temporalidad, mostrando que "vida o muerte [son] dos nichos al fin iguales" (62). El contagio de ambos polos es inevitable ya que no son extremos opuestos sino dos caras de la misma realidad. El espacio maternal de plenitud se ve invadido por la marca del tiempo cuyo avance disgrega su unidad primera.

En su último libro hasta la fecha, *Como quien no dice voz alguna al viento* (1984), la autora busca indagar poéticamente en la materia, como realidad cuya sustancia se define al no fijarse en una forma determinada. Luce Irigaray indica que la materia "is not Reality ... for Matter remains as it was, taking no thing to itself ...; mere receptacle to the Realities as they meet and mingle there ... means by which other things appear, but it can not announce its presence" (175-76). Adrienne Rich señala la estrecha relación que existe en un gran número de lenguas entre las palabras "madre" y "materia": "(earth, slime, the matter of which the planet is composed, the dust or clay of which "man" is built)" (108). El "como quien no dice voz alguna al viento" sugiere la expresión popular "como quien no quiere la cosa", usada para referirse a una acción cuyo objetivo se oculta tras una apariencia de indiferencia, tanteo, modestia o clandestinidad. La escritura se asocia con un decir al viento, o lanzar voces en el espacio, equivalente a un "no decir" por percibirse de antemano la imposibilidad de inscribir la voz en el viento. El acto de escritura se hace sinónimo con la materia que ocupa la meditación poética de este último libro, decir-materia que al articularse se desdibuja, base para toda forma sin imponer de por sí ninguna configuración o designio determinados. En "Voluntad de concreción" (52-54), asociado con la materia el cuerpo femenino se vuelve receptáculo inmenso donde las cosas hallan su configuración, sin que dicho cuerpo deje su impronta en ninguna de ellas. De igual modo en "Don de la materia" (35), la materia aparece como "la geografía que copiaba tu dilema de mujer / al borde del universo de sí misma". Por su carencia de forma fija, siéndolo todo sin fijarse definitivamente en nada, la materia, como el decir, ofrece el paradigma de la mujer: ser abocado por su biología a dar forma, identidad que se encuentra en su fusión con lo otro, forma no en sí, sino para el otro.

En "Visión", última sección del libro, Fagundo desarrolla una serie de poemas donde dominan los signos de lo blanco, lo gris, la osificación y petrificación de la materia. Sobre la playa, al igual que sobre la página en blanco, el cuerpo femenino aparece como "garabato nítido" (66), "blanquísimo diseño primigenio" roído por el "diente avaro" del tiempo (83). Carente de configuración, el cuerpo-materia se vuelve contexto o espacio del vacío: "Tu cuerpo desnudo llenaba el espacio / de aquel vacío" (87). El paisaje o espacio ontológico deviene espectáculo fantasmagórico de lo otro, contexto de la muerte. Susceptible de toda clase de formas, la materia no posee propiamente ninguna, apuntando a la nada en la base del ser:

> eras ya tú tan única ...
> No venías.
> No ibas ...
> No eras ni arena, ni estrella, ni mar,
> ni espuma.
> No eras. (87-88)

El brote, la isla, el poema, el cuerpo, son expresión de un deseo de realización vital nunca culminado y que, al final de su trayectoria poética, Fagundo parece englobar en esa materia donde la forma identificadora no halla su inscripción.

Tras una intensa meditación sobre la función configuradora de la palabra, Fagundo llega a la constatación de que el curso temporal somete el existir a un proceso donde la forma o presencia ontológica se marca de su ausencia, sin nunca llegar a la culminación del brote. La búsqueda no logra su cenit, y lo que queda es la oscilación constante, el ir y venir entre polos opuestos. Pero hasta el final de su obra la palabra se mantiene como el único instrumento, las "manos de amor" con que "crear el trayecto / de tu cuerpo de tierra yendo" (97-98). La palabra femenina se reafirma en su deseo de configuración ontológica que, aunque eternamente frustrado, se mantiene como función esperanzadora. En su nunca lograda identidad con la plenitud que desea configurar, la palabra de Fagundo deja la impronta fiel de la diferencia o alteridad que marca nuestra situación existencial.

Notas

1. Cavallari (235) señala la misma relación entre "poesía" y "vida" en el texto de Fagundo donde, según el crítico, "toda indagación a través del lenguaje constituye, en alguna medida, una autoindagación".
2. La poesía adquiere así una identidad oscilante entre un poder ser nunca realizado y un estar siendo en ese mismo "anhelar sin logro". Cavallari (229-30) habla de "Muerte" y "Deseo" "trágica e ineluctablemente interrelacionados".

Obras citadas

Cavallari, Hector Mario. "El límite de las palabras. Poesía y Tragicidad en *Como quien no dice voz alguna al viento*, de Ana María Fagundo". *ALEC* 12 (1987): 227-42.

Cirlot, Juan-Eduardo. *Diccionario de símbolos*. Barcelona: Labor, 1985.

Fagundo, Ana María. *Brotes*. Tenerife: Litografía Maype, 1965.

———. *Como quien no dice voz alguna al viento*. Tenerife: Junta de Publicaciones de la Caja de Ahorros, 1984.

———. *Configurado tiempo*. Madrid: Editorial Oriens, 1974.

———. *Desde Chanatel, el canto*. Colección de poesía "Angaro" 78. Sevilla: Artes Gráficas Salesianas, 1982.

———. *Diario de una muerte*. Colección "Agora". Madrid: Alfaguara, 1970.

———. *Invención de la luz*. Barcelona: Vosgos, 1978.

———. *Isla adentro*. Tenerife: Imp. Editora Católica, 1969.

———. "Mi literatura es mía en mí". *La Chispa '85. Selected Proceedings*. Ed. Gilbert Paolini. New Orleans: Tulane University, 1985. 83-92.

Grimshaw, Jean. *Philosophy and Feminist Thinking*. Minneapolis: University of Minnesota Press, 1968.

Irigaray, Luce. *Speculum of the Other Woman*. Ithaca: Cornell UP, 1985.

Jardine, Alice A. *Gynesis. Configurations of Woman and Modernity*. Ithaca: Cornell UP, 1985.

Kristeva, Julia. *Desire in Language*. New York: Columbia UP, 1980.

Rich, Adrienne. *Of Woman Born. Motherhood as Experience and Institution*. New York. London: W. W. Norton & Co., 1986.

Censorship of the Franco Era and Women Dramatists

Patricia W. O'Connor
University of Cincinnati

When one thinks of censorship, various images come to mind: the burning of books, the banning of films, the blue-penciling of texts, a rigid and puritanical government, an oppressive bureaucracy of small-minded functionaries ever alert to outside concepts, a dogmatic power structure bent on orthodoxy, a list of norms not to be transgressed, etc.[1] Most of the above formed part of the Franco system of overt as well as covert censorship during its thirty six years (1939-1975) of operation. Not surprisingly, given the paternalistic nature of the regime in power, women were more vulnerable to its pressures than men. As regards government censorship of the novel, Manuel Abellán found that women were doubly limited in that censors: "consideraban impropias de ellas ciertos temas y tratamientos permitidos a los hombres" (78). If this was the case with the novel, I reasoned, what might one expect of theater, the most closely monitored (because of its popular and immediate influence) and most male dominated of the arts?[2]

As I approached researching my hypothesis that women dramatists of the Franco era had had even less freedom than men —a factor that could help explain the notable absence of women dramatists in contemporary Spain— I focused attention on three women: Maria Aurèlia Capmany, Lidia Falcón, and Carmen Resino, the only *dramaturgas* who had attempted to voice non-doctrinaire concepts. Other women with a substantial repertory of performed plays, Pilar Millán Astray, Dora Sedano, Mercedes Ballesteros, and Julia Maura, were not only well connected politically and personally with the Franco system, but wrote plays useful in perpetuating the government's conservative values. Neutral playwrights, María Isabel Suárez de Deza and Carmen Troitiño, neither helped nor hindered official purposes, and Ana Diosdado began writing for theater in 1970, when official censorship had relaxed considerably.

In response to my inquires about government censorship in the Franco era, Capmany, Falcón, and Resino were unanimous in pointing to a subterranean and para-legal censorship as more restrictive than the bureaucratic process. In affirming that they had experienced no problems with this process that would not have been encountered by men attempting to express identical material, all may well have exemplified denial, a reaction common to minorities. Without dealing further with that particular point, I quote Capmany, for her position sums up the attitude of all three: "Las dificultades de las mujeres son en España como en todo el mundo, para lograr situaciones de mando. La discriminación de la mujer en el teatro continúa siendo una discriminación profesional en lo que podríamos llamar macroestructura económica del teatro. Empresarios, directores y cargos políticos continúan en manos de los hombres y alejan a las mujeres a causa de la dureza de su logro."[3] Capmany goes on to explain that her own censorship problems "derivaban fundamentalmente del hecho de estar escrito [mi teatro] en lengua catalana, del hecho de pertenecer a una nueva generación y muy poco al contenido específico de las obras, aunque como es de suponer, en las prohibiciones se comentara razones morales de tal prohibición. Nunca registré una especial censura por el hecho de ser mujer ... "[4] All three women agreed that the principal barrier to women dramatists was not government censorship per se, but a curiously invisible-to-some masculine *macroestructura* or *sistema*.

Underlying this *macroestructura* or *sistema* of male resistance is tradition and the belief that what has been should continue to be. Not only have women performed the many energy-sapping maternal and nurturing functions, but they have had to struggle against the system of binary opposites that channels males into public spaces and encourages them to act aggressively and speak authoritatively as it restrains women. This system has downplayed formal education for women in favor of preparing them to be "good" wives and mothers. This system has taught them to sit quietly, smile approvingly, speak softly —if at all— and to respect the dominant males of their society. This insistence on feminine docility and silence particularly discourages women's participation in an art that rewards aggressiveness and verbal virtuosity.

In a more specific way, the absence of Spanish women playwrights everywhere has roots in an ancient Hindu prohibition —reflecting the sentiments of those in power, of course— against the presence of women at public spectacles. The Veddic *Code of Manu*, operative in Spain during the Moslem occupation and subsequently a source for modern European law, moved to confine women to their homes, prohibiting the presence of women at spectacles. This code also forbade their venturing out after dark, even to visit other women (Brijbhushan 19). After the fall of Granada and under the Christian monarchs (1492-), women were permitted to attend plays, performed for centuries in daylight hours. However, Spanish theaters of the sixteenth and seventeenth centuries observed the Greco-Roman social and architectural traditions that separated the sexes. As simple theater spectators, women of this period were relegated to the *cazuela* or *gallinero* (terms as blatantly denigrating as the segregation), a cage-like area in the uppermost and least-desirable area of the gallery, far from the stage. Male spectators, on the other hand, occupied the open courtyard (now the "orchestra" section), and could move about as freely there as they did in life. Consistently segregated and restrained, women even entered and left the theater via a special door, now an emergency exit in the Teatro Español. The principal barriers to women dramatists, however, continue much less tangible and visible than the door.[5]

Not surprisingly, women attempting to participate in any area of the public domain, long defined as masculine, face formidable odds. In Spain, the word "public" continues to have negative connotations as applied to women. Precisely because of its public and social nature, men have enjoyed open access to theater and have dominated its infrastructure and expression. Confirming the persistence of male prejudice against women playwrights in the twentieth century, theater critic Cristóbal de Castro writes: "'Los hombres de teatro' —empresarios, autores, actores— consideran a las autoras, como Schopenhauer, *sexu sequor*. Pese a todas las conquistas sociales, políticas y económicas del feminismo, ellos persisten en que la mujer es, como autora, algo inferior, por no decir algo imposible. La admiten como actriz o como empresaria; mas, como autora, la recusan. Y si alguna —rara excepción, mirlo blanco— logra estrenar con éxito alguna vez, todos forman 'el frente único' para que no estrene la segunda. Los 'hombres de teatro', gregarios de la costumbre y del prejuicio, por un lado, y no muy viriles en afrontar la lucha, por el otro, piensan que el teatro, como ciertas novelas, es 'sólo para hombres'" (Castro 10).

For a variety of reasons, then, women lack a tradition as creators of drama. In this connection, they also lack role models to assure them that their efforts will be accepted. Not only have men had role models, but they have had the added advantage of a network of helpful contacts in all areas of public life. The Islamic *purdah* (forced feminine seclusion, the veil, etc.) has persisted as women, isolated in domestic cells, have for centuries lacked not only the basic language tools and important support systems but the potential for feminine solidarity. Partially to avoid even the appearance of a subversive conspiracy, the few Spanish women who have written for the stage have not sought out one another even to exchange ideas and compare notes until brought together for a first meeting in 1986. Their delight in finding common concerns and their determination to support one another led to the formation of the *Asociación de Dramaturgas Españolas*. At the 1987 inauguration of the association, the group's first president, Carmen Resino, denounced the continuing censorship problem encountered by women who want to write for theater as she spoke to the press about the aims of the organization, but she played politics in rejecting the still counterproductive feminist label. The organization was founded, she asserted, to "reivindicar, sin ningún tipo de tinturas ideológicas ni pancartas feministas, la actividad dramatúrgica femenina y a través del teatro, contribuir a mejorar la situación de la mujer dentro del contexto social, cuyo sistema se obstina todavía en cerrarle determinados ámbitos de actuación" (Oliva 41).[6]

The long tradition of a male-dominated canon, the practical results of which involve the silencing of women and devaluing their words, tastes, and ideas, is of course another major factor in this *sistema* (Resino) or *macroestructura* (Capmany).[7] Public exposure has never been part of women's culture pattern, and rejection, first at the hands of theater managers and then of audiences and critics, may be even more painful for women writers than for men. Having been conditioned to believe they have nothing important to say, women have dreaded —and continue to dread— the scorn of the critical community. Theater critics, overwhelmingly male, have firmly established masculine concerns and masculine rhetoric as the norm. Often condescending or demeaning when reviewing women's writing, critics have found their style weak, their expressions clumsy, their characters dull, their ideas shallow, their action insufficient, their tone saccharine, their focus limited, their point of view naive, and their subject matter trivial (Russ 96-97). Faced with the unpleasant prospect of public humiliation, women have often consoled themselves with private readings and publications. Only a special few have seen their plays commercially performed under their own names, and even fewer have enjoyed relative acceptance into the theatrical community. The ones who did, moreover, played down their gender, apparently hoping that no one would notice. In a sense, they became honorary men in the theatrical fraternity, the dues of which involved allowing male colleagues to point to them as proof that no animosity existed toward those rare females capable of creating a play. To gain access to the male world of theater, most women relinquished not only their female identity but consciously or subconsciously adopted the writing style, attitudes, and prejudices of the dominant group. Like the men, they frequently idealized motherhood, portrayed positively the submissive female whose consuming ambition was matrimony, and ridiculed the independent, intellectual, or career-oriented woman. In the male tradition, they created sweet "angels in the home" or aggressive "monsters."[8]

Although a willingness to conform to the established (male) canon works to the advantage of women writers, Spanish dramatists need certain other dispositions not only inimical to the poetic spirit but specifically foreign to the acculturation of women. Because Spanish dramatists do not work through agents, they must deal directly with producers or dramatic companies. Aside from being sensitive, knowledgeable, and disciplined, the Spanish playwright must be tough, aggressive, patient, practical, and shrewd; must be willing to undergo ego-crushing rejections, probably preceded by long waits in various anterooms. In the unlikely event that the woman playwright's text is considered, she must then come to terms with those concerned with a comfortable and economically-sound evolution from text to performance. In this business transaction, which involves dealing with the least artistic and enlightened sector of theater, women face additional pressures and prejudices. In a survey of Spanish women writers regarding the absence of women playwrights, the respondents most frequently cited difficulties in the area of contract negotiations ("Encuesta" 13-25).

Further, what Sandra Gilbert and Susan Gubar have observed regarding nineteenth-century English women writers continues applicable to Spanish women: "... the loneliness of the female artist, her feelings of alienation from male predecessors coupled with her need for sisterly precursors and successors, her urgent sense of her need for a female audience together with her fear of the antagonism of male readers, her culturally conditioned timidity about self-dramatization, her dread of the patriarchal authority of art, her anxiety about the impropriety of female invention —all these phenomena of 'interiorization' mark the woman writer's struggle for artistic self-definition and differentiate her efforts at self-creation from those of her male counterpart" (50).

Despite the more subtle forms of censorship that continue to plague women dramatists in Spain today, currents of enlightenment offer hope. Patriarchy, widely associated with the policies of the Franco regime, are now officially, at least, discredited. With changing attitudes and the easing of gender limitations, the barriers to women are less formidable; perhaps in the twenty-first century the works of women playwrights will be performed and accepted in numbers approximately equal to those of men, thus offering the promise of a more eclectic canon.

Notes

1. This study was read at the 1988 MLA Convention as part of a session devoted to censorship in the Franco era.

2. For information on government censorship norms and practices in the Franco years, see my articles: "Government Censorship in the Contemporary Spanish Theater," *Educational Theater Journal* 18 (1966): 443-49, and "Torquemada in the Theater," *Theater Survey* 14.2 (November 1973): 33-45.

3. Quoted from a letter to me dated August 29, 1988.

4. Quoted from the aforesaid letter.

5. Curiously enough, even the most sophisticated of the male dramatists seem oblivious to the existence of the intangible barriers to women playwrights. In response to my question put informally to several of them recently (1988) as to why so few women had had a major impact on Spanish theater, I received such reactions as the following: that in general women lacked the intellectual discipline to write a text performable in two hours; that women naturally gravitated to the freer forms and preferred to write first-person narratives; that they were good at telling a story or dealing with "minor" themes but did not write about "important" issues; that women showed talent for writing about feelings but not about action, and that action was the heart of drama. Others turned the corners of their mouths down and palms of their hands up to plead ignorance.

6. For a more detailed treatment of the difficulties encountered by women dramatists, see my book: *Dramaturgas españolas de hoy* (Madrid: Fundamentos, 1989).

7. For more information on the changing attitudes of women toward the presentation of female characters, see my article "Women Playwrights in Contemporary Spain and the Male-Dominated Canon," *Signs: Journal of Women in Culture and Society* 15.2 (Winter 1990): 376-90.

8. See Bridget Aldaraca, "El ángel del hogar: The Cult of Domesticity in Nineteenth-Century Spain," *Theory and Practice of Feminist Literary Criticism*, ed. Gabriela Mora and Karen S. Van Hooft (Ypsilanti, Michigan: Bilingual Press/Ediciones Bilingües, 1982) 62-87.

Works Cited

Abellán, Manuel. "He bajado a los sótanos de la censura y lo he copiado todo." *Actual* 32 (1982): 78-83.

Brijbhushan, Jamila. *Muslim Women: In Purdah and Out of It*. New Deli: Vikas, 1980.

Castro, Cristóbal de, ed. *Teatro de mujeres: tres autoras españolas*. Madrid: Aguilar, 1934.

"Encuesta: ¿Por qué no estrenan las mujeres en España?" *Estreno* 10.2 (1985): 12-25.

Gilbert, Sandra M. and Susan Gubar. *The Madwoman in the Attic: The Woman Writer and the Nineteenth-Century Literary Imagination*. New Haven: Yale University Press, 1979.

Oliva, María Victoria. "Las dramaturgas se asocian." *El Público* 43 (1987): 41.

Russ, Joanna. *How to Suppress Women's Writing*. Austin: U of Texas P, 1983.

Carlos Fuentes from the American Point of View

Celso de Oliveira
University of South Carolina

Carlos Fuentes came into his fame very soon, and not just in Mexico. His first novel, *La región más transparente*, was published in 1958, and two years later it was translated under the title of *Where the Air Is Clear* in the United States. Then in quick succession came *Las buenas conciencias*, *La muerte de Artemio Cruz*, and *Aura*. By 1965 he was the subject of critical discussion in American academic circles, frequently among people who did not even know Spanish. Only Borges and García Márquez have created as much excitement. Carlos Fuentes is also a dazzling public speaker; his appearances at American universities have undoubtedly drawn attention to his novels, which have gone through many printings by now.

One reason for his success with us may be that his novels bear an interesting relationship to certain American novels, and we in the United States, in reading him, become aware of potentialities in our fiction which he has carried forward in unexpected ways. It seems natural that a writer with his cultural resources, which include an extensive knowledge of French, British, and American fiction, would try to write different kinds of novels, but his line of development has been unusual.

La región más transparente is a novel that attempts to portray all levels of Mexico City society in the early 1950s: a "biography of a city," as Fuentes calls it, and a "synthesis of present-day Mexico." At this early stage in his novel-writing he revived the panoramic or "collective" technique made famous by the American novelist John Dos Passos in *Manhattan Transfer* and the trilogy *U.S.A.* many years ago. Dos Passos himself had adapted certain features of Joyce's *Ulysses* to the American scene: the multiple point of view, the journalistic devices such as newspaper headlines, the cinematic shots cutting from one scene to another. It was a technique that was altogether appropriate for rendering the teeming, random life of a great city, Dublin or New York or Mexico City. Any large modern city is held together by its systems of transportation and communication; Dos Passos makes us aware of this. During the 1930s he must have seemed the most "advanced" American novelist. But after the Second World War he lost his interest for a newer generation, and by the time that Carlos Fuentes started writing, more than thirty years ago, Dos Passos would have been considered old-fashioned in the United States. This was not so in Latin America. Fuentes himself commented in 1967:

> Because Latin America is caught in a perpetual cultural lag of at least forty
> or fifty years, forms reach it with delay. Now the moment has arrived when it
> finds a very adequate form of expression in the kind of literature John Dos
> Passos was producing forty years ago. (Harss 295)

Fuentes is by no means a mere imitator. He departs from Dos Passos
in a significant way: he sets off the comtemporary scene against the past.
Perhaps this is his advantage as a Mexican. He does so in this case by
using a major character, Ixca Cienfuegos, who is a link with the Aztec
culture that lingers on in memory in modern Mexico City. Ixca Cienfuegos' identity is not altogether clear, because Fuentes presents him in different guises from one scene to the next. One thing is certain: he is an
affront to, or at least an implied criticism of, contemporary society with
its money-making and selfishness. In an interesting essay entitled "El mito
azteca en *La región más transparente*," María Salgado has summarized the
effect that Ixca Cienfuegos has on the action of the novel:

> Fuentes usa, pues, el mito para expresar su opinión de México. Al finalizar
> la novela nada ha sido resuelto para la sociedad contemporánea. Las palabras
> de Ixca expresan dos sentimientos típicos del mexicano de hoy en día: primero,
> rebeldía ante las exigencias del pasado, representado por Teódula, y segundo,
> resignación estoica ante su circunstancia, que le hace exclamar: "Aquí no tocó.
> Qué le vamos a hacer. En la región más transparente del aire." (*Región* 460).
> Con estas palabras, Ixca había concluido también su primer monólogo, apun-
> tando hacia una cierta actitud fatalista ante el círculo vicioso que es la vida.
> (491)

Carlos Fuentes' development as a novelist is a gradual movement
from the "external" technique of *La región más transparente* to the "inward"
treatment of reality in *La muerte de Artemio Cruz* and *Aura*. Since *Artemio
Cruz* is usually considered the crucial work in his oeuvre, it is worth
some attention here. This novel also has a large subject, which is modern
Mexico as it has evolved from its revolutionary period into the 1950s. But
here the action is brought into focus by one character, Artemio Cruz, as
he lies dying and lets his mind wander back over the history that he has
lived through. He is a kind of microcosm of Mexico in this century.

The reader learns by stages that Artemio Cruz was an illegitimate
child growing up as the Revolution broke out. He was to become a
leader in the rebellion. This youthful "heroic" episode coincided with a
love affair which ended in despair when his sweetheart was executed. He
then fell back on his worst instincts and became a ruthless man of
business. This period of his life was accompanied by a loveless marriage
to a rich woman. At the time of the Spanish Civil War his revolutionary
ardor was momentarily revived when his son went off to fight for the
Loyalists. The son, however, was killed and Artemio Cruz, abandoning
any principles he might have had, set out to pursue wealth in a single-

minded way. Now dying painfully at the end of the 1950s, he re-enacts his life which seems to touch on so much in the national life of Mexico.

A subject of this kind could have been treated through the panoramic technique of *La región más transparente,* and the novel does contain several scenes involving masses of people in large actions. Nevertheless, everything is related to Artemio Cruz and seems to grow out of his situation. Since the novel is ultimately the drama of one man coming to terms with himself at the point of death, there is an obsession with time. The sequence of events does not occur in chronological fashion: reminiscences cut back and forth over a period of many years, and near the end of the novel Fuentes rather boldly introduces the birth of Artemio Cruz just before his death.

Fuentes certainly was aware of the breakup of linear time in a number of modern novels, for instance in Aldous Huxley's *Eyeless in Gaza* (1936), but it was Faulkner who most impressed him in this regard. In his recent interview in *The Paris Review* (Winter 1981) he spoke about this with considerable eloquence:

> This breaking up of time, this refusal to accept the singular concept of linear time which the West had been imposing economically and politically, coincides profoundly with our sense of circular time, which comes from the Indian religions. Our idea of time as a spiral, our basic historical vision is derived from Vico and from our everyday experience of times that coexist. You have the Iron Age in the mountains and the 20th Century in our cities. This recognition that time is not linear is particularly strong in Faulkner because he is a baroque writer and because he shares the Baroque with Latin America. He is probably the only Western novelist in the 20th Century who has the same sense of defeat and loss that we have. (152)

In this extraordinary interpretation of Faulkner, Fuentes extends the usual perception of him that we have in the United States, and novels like *The Sound and the Fury* and *Light in August* thus take on a different interest for us, and not just a technical interest.

The most distinctive technical feature of Fuentes' novel, however, is the division of Artemio himself into a "yo" and a "tú." The "yo" registers his instinctive and unscrupulous ego, his contempt for the world. The "tú" is his conscience, his awareness of what he could have been. In a sense the "tú" of Artemio Cruz has the same role that the allegorical figure of Ixca Cienfuegos has in *La región más transparente,* but it is a far more convincing fictional device.

The first episode of the novel (1941: Julio 6) concerns Artemio Cruz's wife Catalina and daughter Teresa as much as himself. It presents the failure of love that is at the center of the family. They are bound together only by money, and the aimless privileged existence of the mother and daughter is parallel to the ruthless financial schemes of the father. The second episode (1919: Mayo 20) takes us back to that moment when the promise of the Revolution —a transition from the feudal system of the hacienda into the modern world— is betrayed. The old order is personified by Don Gamaliel Bernal, Catalina's father. Artemio Cruz has come to him as the friend of the old man's only son, Gonzalo —the friend who was with Gonzalo when he died in the Revolution. But in fact Artemio, as we learn presently, abandoned Gonzalo to his death. Why was he so heartless? The reason for this is not stated, but it is implied by the structure of the novel. The third episode (1913: Diciembre 4) takes us further back in time to an apparently sacred moment by which all others are measured: Artemio Cruz's brief love affair with Regina, which ends with her execution. The technique of the novel, then, with its deliberate manipulation of the time sequence, invites the reader to speculate on the tangle of motives as the recesses of a mind are gradually revealed. The "inwardness" of the treatment is brought to its climax near the end, when Fuentes takes us back to Artemio's boyhood and then, briefly, his birth, just before he dies and the "yo" and the "tú" finally merge.

In a brilliant essay on Fuentes, his compatriot and literary mentor Octavio Paz says:

> ... El niño y el adolescente acechan su muerte porque creen que ella será la revelación de lo que está detrás de la realidad, en el otro lado; el viejo agonizante busca en su vida pasada el indicio de lo que es verdaderamente, ese momento inmaculado que le permitirá ver de cara a la muerte. Estas oposiciones no se manifiestan una detrás de otra sino simultáneamente. Fuentes suprime el antes y el después, la historia como tiempo lineal: no hay sucesión, todos los tiempos y los espacios coinciden y se conjugan en ese instante en que Artemio Cruz interroga a su vida. Cruz muere indescifrado. Mejor dicho: su muerte nos enfrenta a otro jeroglífico, que es la suma de todo lo que fue —y su negación. Hay que volver a empezar. (47)

By the time he finished *Artemio Cruz,* Fuentes' technical exploration became a way of discovering the nature of his subject. The "inwardness" of the divided self, the interior drama, is the focus of attention, and here it accomodates a large and important subject out of modern history. This novel has become a landmark in Spanish-American fiction.

At the same time that he was composing *Artemio Cruz,* Fuentes finished and published *Aura.* This novela corta appears to have had more success abroad than any of his books except *Artemio Cruz.* One reason for this may be that *Aura* almost immediately reminded reviewers in Mexico and elsewhere of a genre of fiction associated with Edgar Allan Poe —what is sometimes called the "gothic tale." Otherwise it had the attraction of a highly finished work; Octavio Paz's judgement was immediate and succinct: "... macabra y perfecta a un tiempo —como lo exige el género: la geometría es la antesala del horror ..."

In a number of ways *Aura* is complementary to *Artemio Cruz;* as Fuentes himself recently remarked, "... *Artemio Cruz* is about the death of life and *Aura* is about the life of death." This remark might seem a little enigmatic, but we can immediately observe some of the similarities in the two novels. In *Aura* the scene is again Mexico City with its skyscrapers and jukeboxes and crowded transportation system. In the midst of this urban sprawl the narrator, Felipe Montero, finds an ancient mansion inhabited by an old woman, the widow of a General Llorente who long ago served on Maximilian's staff. He comes in answer to an advertisement for a scholar to edit her husband's papers. Again Carlos Fuentes confronts the modern world with the past. But the world of the present is muted and finally unreal in the bizarre setting where Felipe Montero comes to terms with his employer. Again there is a problem of identity. The narrator, with his scholar's knowledge of history, tries to understand the present by way of the past, but the facts of history seem useless in this place. Reality presents itself in the form of Señora Llorente's niece, Aura, for whom Felipe develops an infatuation. But how real is she? The story leads us through an interior drama in which the self is finally brought face-to-face with its double. In a sense, then, *Aura* is a kind of refinement of the larger action of *Artemio Cruz*.

This time Carlos Fuentes has turned for his fictional model to an older American writer, Henry James, and specifically his short novel called *The Aspern Papers* (1888). James' novel is set in an old palazzo in Venice, but his characters are Americans, and his story concerns an American Romantic poet, not unlike Byron, whose papers are an object of great interest. The curious effect of reading *Aura*, for an American who knows James, is to put *The Aspern Papers* into the tradition of the gothic tale, which is represented at its most typical for us by Poe's "The Fall of the House of Usher." It now almost looks like a direct line of descent, from Poe to James to Fuentes. In each case the narrator makes his way to an old mansion and comes to terms with a vampire-figure or *bruja*. The house itself seems more real than the inhabitants. One could easily trace the gothic features of both James' novel and Fuentes' in considerable detail.

But there are, of course, differences. Carlos Fuentes no doubt has a more powerful sense of history than James and certainly than Poe. *Aura* is, among other things, a fable about Mexico. It was an American reviewer, the poet Richard Howard, who most clearly saw this:

> For the old woman ... is an emblem of a whole aspect of Mexican life —or rather, of a life which has always had a stranglehold on Mexico, though given over to foreign powers and interests. Consuelo Llorente's husband, whose memoirs the young hero is editing, had served on Maximilian's staff; indeed, the old lady was a friend of the Empress Eugénie, and as he studies the history of this pair, the hero identifies them with that alien empire. (23)

After twenty-seven years *Aura* remains the most perfect of Fuentes' works, the small classic. But he is much too ambitious a writer to be satisfied with perfection, and in 1975 he published the biggest of all Latin-American novels, *Terra Nostra*. The subject might be described as what happened to Spain and its empire, including Mexico. The title, in Latin not English, suggests something of its vast historical scope, which extends from Imperial Rome to December 1999, with the Spain of Felipe II at its center. Fuentes' vision of Western history, as seen from the Hispanic point of view, is apocalyptic and unsettling. *Terra Nostra* has its counterpart in Thomas Pynchon's *Gravity's Rainbow*, an American novel that was published about the same time, but it is a much more coherent vision of doom. It is a serious, discursive, fearless work of art that one should at least know about, because it is the larger setting for many smaller works of fiction, and not only those by Fuentes.

By now Carlos Fuentes has become a very familiar personage in the United States; indeed he has the unusual distinction of being an intermediary between two cultures. And his knowledge of our literary tradition is rewarding, not only for him but for us. His "interpretations" of Dos Passos and Faulkner and James —to name only three of our novelists whom he admires— are works of a master.

Works Cited

Fuentes, Carlos. "The Art of Fiction LXVIII." *Paris Review* 82 (1981): 152.

_____. *La región más transparente*. México: Fondo de Cultura Económica, 1958.

Harss, Luis, and Barbara Dohmann. *Into the Mainstream: Conversations with Latin-American Writers*. New York: Harper and Row, 1967. 295.

Howard, Richard. "Girls of His Dreams". *Book Week* Nov. 7, 1965.

Paz, Octavio. *Corriente alterna*, 3ª ed. México: Siglo Veintiuno, 1969.

Salgado, María A. "El mito azteca en *La región más transparente*". Helmy F. Giacommo, ed., *Homenaje a Carlos Fuentes*. Long Island City, NY: Las Américas, 1971.

El encuentro con la otredad:
«Estampas bostonianas» de Rosa Montero

Salvador Oropesa
Arizona State University

En ese monumento a la lucidez crítica que es *Los hijos del limo*, Octavio Paz explica la fascinación que Baudelaire, y la modernidad europea, sintieron para con Edgard A. Poe:

> Poe es el mito del hermano perdido, no en país extraño y hostil, sino en la historia moderna. Para todos estos poetas los Estados Unidos no son un país: son el futuro. (Paz 163)

Tras pasar cinco meses en Wellesley como profesora visitante, después de haber realizado una docena de visitas previas a los Estados Unidos, Rosa Montero decide aceptar el reto de explicar qué es esta nación. Así, durante los días del 13 al 15 de agosto de 1985, en una de las secciones estivales del matutino madrileño *El País* y bajo el título de "Lecturas de verano" aparecieron las "Estampas bostonianas", conjunto de impresiones a modo de ensayo recogidas durante su estadía en Nueva Inglaterra. La cita introductora de Paz aventura ya la primera premisa: lo que lleva al intelectual español a indagar la cultura estadounidense es el vértigo que supone el intuir que se está contemplando lo que va a ser el futuro de la propia realidad, vislumbrar, deslumbrarse ante la contingencia española, el poder ser, el *deber* ser, un intento de advertir a sus compatriotas de los peligros y las ventajas de un régimen que se les viene encima.

Al mismo tiempo, nos encontramos ante el discurso de la otredad. Si nos reconocemos, si somos, existimos en el otro, su aprehensión será la nuestra, si ellos son el término no marcado en la sociedad capitalista actual, nos incluyen en tanto que líderes "naturales" de la sociedad postindustrial, es imposible pues, intentar siquiera la indagación del yo nacional hispánico en la España de mediados de los ochenta sin tamizar ese conocimiento por el de la primera potencia del mundo libre, de la economía de mercado, de la competencia.

I. *La intención ética*

Comienzan y acaban los artículos con la metáfora *tuétano* para referirse a lo esencial estadounidense, y reconociendo la autora su incapacidad de "desentrañar" (10/1) o "saber" (9/3) el país, de poder elevar a universales sus observaciones y conclusiones. Es más, en ningún momento intenta el salto hacia el absoluto porque sus presupuestos éticos son los de la España democrática, lo que puede ser interpretado de este modo:

El objetivo fundamental de cualquier investigación ética que hoy aspire a trascender el academicismo trivial será buscar el momento originario del tratamiento ético, es decir, el *punto en que la acción comienza a ser valorada sin coagularse todavía en juicio objetivador*, la mirada que considera a la acción como tal y la valora *antes de decidir si es buena o mala*, incluso resistiéndose a someterla a esa dicotomía legal. (Savater 24)

Nos encontramos, pues, con una actitud fundamentalmente ética, con un intento sincero de una intelectual de izquierdas española formada durante y contra el franquismo, de conocer sin prejuicios; pero recordemos que, en los dos libros de entrevistas publicados hasta el momento por nuestra autora, no se aprecia esto sino todo lo contrario, e incluso con sarcasmo hace gala de sus filias y sus fobias —si bien es verdad que los resabios de la dictadura se prestan menos para el matiz y sí para afirmaciones más diáfanas— ya que la superación del maniqueísmo de que nos habla Savater y su cientificidad es directamente proporcional al número de observaciones de los derechos humanos en una comunidad dada. Si esto no fuera así, a no dudar el filo de la dialéctica hegeliana hubiera sido la herramienta, léanse entre otras, las entrevistas a Gonzalo Fernández de la Mora, la duquesa de Alba y López Ibor en *España para ti para siempre*, y a Gregorio López Bravo, Pilar Primo de Rivera, Manuel Fraga Iribarne y Montserrat Caballé en *Cinco años de País*. Estos textos se presentan con la no ocultada intención de hacer daño a la imagen pública de los individuos en cuestión e intentar forzar un cambio en sus actitudes (el machismo de la Caballé), si no a su desaparición de la vida pública (Gonzalo Fernández de la Mora). Aunque en las "Estampas" se califica de sandez la necesidad de tener "un buen malo al que agarrarse" (11/2), es ésta una aserción factible en 1985, pero no cuando formas y modos de la dictadura se proyectaban sobre los primeros momentos de la democracia. En palabras de nuestra autora: "La objetividad es una entelequia, es algo que no existe" (8/3), lo que es coherente con la línea orteguiana del periódico. Ya que hemos comenzado con aquella observación metaensayística, sigamos con las otras que encontramos en el texto:

Estoy generalizando, por supuesto, como en el resto de las afirmaciones de este artículo. (10/2)
Ya sé, ya sé que es una generalización y que como tal tiene muchas excepciones y quizá también muchos errores. (11/2)

Esta asimilación de los roles de autor implícito y narrador en el yo autobiográfico tiene dos funciones, por un lado el compromiso ético del que hablábamos anteriormente y que le impide diluirse en la despersonalización, por ejemplo, "no sé cómo explicar*les* lo hermoso que es Wellesley" (8/3), [el subrayado es nuestro]. La coincidencia del lector implícito y el lector real apela a nuestro entendimiento, a nuestra capacidad de digerir opiniones, la mediación esta reducida a su mínimo, no se presentan los hechos y las opiniones como los resultados de sesudas investigaciones bajo complicados y eficaces instrumentos teóricos y críticos, sino como vivencias avaladas por su experiencia y su credibilidad, fenomenológicas, punto este cuya importancia radica en que al rebatir a Tom Broke (sic), lo hace usando el mismo artificio que aquél pero con los valores invertidos, el presentador estadounidense basa su credibilidad en su supuesta objetividad, mientras que ella se indigna ante la posibilidad de que alguien pueda en 1985 pensar siquiera en el mito de la objetividad periodística: en los diálogos el narrador o es uno de los interlocutores o es el oyente al que se interpela. En cuanto a la segunda función, ocupa un papel menos inocente y más combativo pues es un ataque a uno de los ideologemas más falaces de la sociedad, del periodismo estadounidense, el espejismo de la objetividad como ya apuntábamos, cita Rosa Montero para ello a Broke (sic) quien, sin rubor, afirma: "Al público norteamericano hay que darle sólo los datos objetivos, y ellos sacan sus conclusiones" (8/3). Le sorprende la ingenuidad de esa fe del carbonero. Indigna a Montero el hecho de que esa *objetividad* encubra burdamente un maniqueísmo simplón y difícil de comprender. En descargo de la sociedad estadounidense se podría decir que este público no ha desarrollado el recelo de aquellos otros acostumbrados a censuras férreas y entrenados en el noble arte de leer entre líneas. Además, la respuesta de ella es redundante en tanto que su medio es de comunicación de masas y social, el estudio del otro es autorreferencial, lo que no exime a *El País* de ciertos excesos, véanse para ello los estudios de Amando de Miguel o Encarna Nicolás.

II. *Símbolos, mitos y ritos*

Así denomina el primer epígrafe de su trabajo, pero lo que vamos a encontrar no es una descripción de estas formas de conocerse pues se dan por sobreentendidas, sino que le sirven para marcar la distancia con el objeto de estudio: "me sé todos sus símbolos, sus mitos y sus ritos" (1/2). Hemos afirmado anteriormente que los Estados Unidos son el término no marcado. Del grado de autoconocimiento, de autoconciencia dependerá en gran medida la existencia de los demás, de España como elemento marcado, incluido, *diferente*. Lo que se reivindica es la parte No-USA de España. La prepotencia de la autora es total y absoluta, "me sé", pero sólo en apariencia, ya que esta omnisciencia viene de ser dentro del otro, así lo que encontraremos de ahora en adelante será la constatación de que en estos meses sólo hizo confirmar lo que previamente había adquirido no ya en las visitas anteriores sino en la amplísima difusión que la idiosincrasia estadounidense tiene por todo el orbe. En este epígrafe lo que encontramos es la frustración de que España no existe para los EE.UU.: "ausencia total" son las palabras con que se define la situación. La Montero en los ochenta lo que hace es poner de relieve un fenómeno paralelo al de la reivindicación de las minorías raciales que lo que exigen no es la construcción de una sociedad futura utópica, sino el derecho al reconocimiento de su existencia. Es este un tiempo en el que sólo el planteamiento de un problema es la solución en tanto que no se espera o confía en soluciones absolutas. Levantar la voz aunque sólo sea para oírse a sí mismo, diez años antes sólo hubiera sido posible la sumisión. Perdida la fe en el mesianismo del futuro las reivindicaciones se plantean en el momento presente, que estéticamente se corresponde con el "desenfado" postmoderno de este tipo de ensayo:

> No es que yo pretenda que se sepan el himno de la Legión española, pongo por caso. Sé bien que ellos son la primera potencia del mundo y nosotros nada, una birrita. (10/1)

Compáreselo para ver la diferencia con los estudios que sobre los Estados Unidos ha hecho otro ex-profesor de Wellesley, Julián Marías, sobre todo en *Análisis de los Estados Unidos* (1968).

Dice Paz que la necesidad de ser en el otro existe porque la sociedad postindustrial trata a los hombres "como signos" (216), por ello establecíamos anteriormente que la dialéctica no le podía servir a la autora porque su estrategia retórica es poder marcar la diferencia, no ser absorbidos por los "símbolos, mitos y ritos" de ese otro que puede fagocitar precisamente nuestra otredad: "En apariencia son como nosotros. O sería mejor decir que nosotros somos como ellos" (10/1). El marcador de la aporía estaría en ese "como" que impide la ecuación "nosotros somos ellos", pero hablamos de aporía por la presencia de "consabidos", "idénticos", "mismas", "sus", es decir, todo el trabajo que en apariencia es un conjunto de "estampas" para difundir ante el público español mayor conocimiento (poder) de la potencia estadounidense, no es más que una reivindicación de la identidad nacional, del derecho a ser diferentes.

III. *Utopías*

De todos es conocido el ataque que desde posiciones feministas Rosa Montero ha mantenido contra la familia nuclear tradicional latina en tanto que alienadora de las capacidades individuales, de la expresión espontánea, de la libertad, y ello lo podemos rastrear en su producción literaria, personajes como Eduardo Soto Amón en *Crónica del desamor* (1979). En *La función delta* (1982) —una muy interesante y memorable versión hispana del mito del mundo feliz huxleyano— Lucía reflexiona sobre el papel de la pareja, de la familia, desde su espera de la muerte como enferma terminal de cáncer allá por el año 2010, la relación Antonio-Antonia en *Te trataré como a una reina* (1983), hermano déspota, hermana alienada; en *Amado amo* (1988): César. No encontramos en las páginas de Rosa Montero ni una sola línea que reivindique la familia nuclear: se denuncia por lo tanto la realidad de la familia como constructo social, no natural (en la geopolítica franquista las tres unidades básicas eran la familia, el municipio y el sindicato, y era en aquélla donde en primer lugar se debía de reproducir la represión estatal) y la anomia que esa institución sufre. Una de las cuestiones motrices en este ensayo es si realmente existe ese modelo o si es sólo un desideratum, y junto a esto la constatación de que la progresía del país no escapa al espejismo de aspirar a ese núcleo armonioso.

> Yo, por si acaso, y entre ambos extremos, empiezo a pensar por vez primera
> que prefiero la odiada familia patriarcal, la madre clueca. Esa familia contra la
> que hay que pelear, que te ofrece símbolos concretos, personas tangibles a las
> que oponerte, creando así, en el fragor de la batalla, tu propia entidad. (2/11)

La alternativa que se rechaza, la del otro, la estadounidense, es la de la independencia, porque tras su apariencia superadora se da de bruces con la soledad. Lo que nos interesa resaltar son dos puntos, la necesidad de nuevo de marcar diferencias, lo que no es posible en el discurso de la soledad, y la falta de una respuesta, lo que no es un demérito sino la constancia una vez más de que lo que caracteriza la contemporaneidad de los ochenta es la ausencia del dogma. El conflicto en el ensayo se desplaza del nivel genérico (reivindicar la diferencia de la mujer) al de nacionalidad. En este caso es la españolidad como entidad cultural la que se reivindica y se relega a un segundo plano el discurso feminista que en ella ha estudiado Elena Gascón Vera.

Dentro de este apartado no queremos dejar pasar la ocasión de hablar de uno de los mitos estadounidenses que repasa Montero, el de la libertad, y que nos servirá para relacionarla con la familia y la utopía:

> Cuando se tacha a los estadounidenses de inocentes, se está empleando el
> término en un sentido peyorativo. Pero yo no encuentro nada negativo en
> mantener las utopías, en creer en un proyecto de felicidad común y colectiva.
> Que los norteamericanos asuman la libertad como un principio inalienable me
> parece estupendo. (11/2)

Pensamos que con esta afirmación sufre un espejismo Rosa Montero: si hasta ahora había reivindicado el derecho a la diferencia, sorprendentemente aquí, al unir "el maquiavélico sistema", eufemismo de capitalismo con "utopías", ídem por socialismo, olvida que ambos procesos son unificadores y que se oponen a sus reivindicaciones genéricas o nacionalistas en el buen sentido del término, y repetimos, la prueba más palpable es que en ningún momento haya apelado a la dialéctica para aprehender la realidad estadounidense. Nuestra tesis es que deja en el aire, lo que es coherente con su postestructuralismo feminista, qué quiere decir con *utopía*.

Volviendo a su producción literaria, parece ser que al menos al largo plazo de la primera década del siglo XXI lo que se nos aventura según Ricardo, uno de los personajes de *La función delta* es lo que sigue:

> Hoy lo normal es ser feliz en los polígonos, en esas preciosas cajas urbanas
> todas iguales ... me estremece pensar en el futuro que les espera a los jóvenes
> que intenten ser distintos. (166-67)

Si recordamos la novela de Huxley *A Brave New World,* uno de sus puntos más interesantes era que se ofrecía una alternativa utópica a la sexualidad tal como la entendemos desde San Agustín hasta su formalización contemporánea por Kant (Schérer 154-55), aunque fuera a modo de ejemplo negativo. La prospección que Huxley realiza le hace pensar que los nuevos modos de producción de la sociedad futura van a llevar consigo un cambio radical en la estructura familiar basados en la descentralización del yo de Fourier, alternativa que no se contempla en *La función delta,* al igual que la utopía de la satisfacción universal de Sade (Schérer 168). No ponemos en duda que Rosa Montero vea como algo positivo el mantener utopías, pero no nos muestra cuál es su modelo de utopía ni político, ni en cuanto a las manifestaciones genéricas se refiere, y destacamos este aspecto por ser esencial en su obra. Denunciar anomias no es presentar un proyecto utópico, aunque tampoco sea un demérito en este punto de la historia, de mayor indefinición y proyectado hacia el presente. En cuanto a la segunda parte de su afirmación, la existencia de ese "proyecto de felicidad común y colectiva" en la sociedad estadounidense, no lo plantearíamos en el futuro de la utopía, sino que lo vemos más bien como lo hace Julián Marías cuando afirma que "la unidad de los Estados Unidos es proyectiva, es una unidad hacia adelante, que no viene sólo de tener las mismas raíces, sino principalmente los mismos fines, las mismas esperanzas" (53).

Es decir, algo que se va haciendo presente en cada momento. La eficacia, la competitividad en el buen sentido del término, la generosidad de los movimientos voluntarios, la sensibilidad que detecta Rosa Montero en ningún momento cuestionan la supervivencia del sistema y/o proponen la construcción de un futuro utópico, y mucho menos, colectivo.

IV. *Conclusión*

Volviendo a la cita de Octavio Paz, a ese futuro que fascinaba a Baudelaire y en el que se resistía a reconocerse, Rosa Montero, al querer marcar las diferencias, al buscar la forma —al menos según lo vemos nosotros— de salirse de la dicotomía y de evitar la inclusión de España en los Estados Unidos emplea al final un artificio retórico muy sutil: todo el texto nos ha sido presentado como un intento de "desentrañar el tuétano del monstruo" (10/1), afirmación —recordemos— que encontramos en el primer párrafo del texto y se presenta como leitmotiv del artículo. En el penúltimo se concluye que "no sé dónde está el tuétano" (15/3). Pero analicemos el último párrafo, que en realidad es un final apócrifo ya que el cierre del marcador *tuétano* es el que culmina el análisis.

> Cegada por la opulencia, emborrachada por los brillos, me asalta una loca idea, un desatino: quizá Estados Unidos no sea más que un colosal almacén de lámparas vacío. (9/3)

Dos aspectos nos interesan aquí, en primer lugar la declaración de inocencia ante esta conclusión por parte de la autora, no es ella quien dice esto sino una loca, alguien que está fuera de sí, que por lo tanto no es esencialmente sí mismo sino un otro del que no es responsable y que le hace "desatinar"; además es algo que la "asalta", que le viene violentamente desde el exterior, y esa idea es la ausencia de tuétano: no ha podido aprehender lo que no existe, "un colosal almacén de lámparas vacío", o casi vacío, porque están las lámparas prendidas, "una especie de hipermercado de la iluminación, todo resplandeciente, encendido como una verbena, un puro ascua [sic]" (9/30). Al darnos "verbena" y "ascua" la imagen de efimeridad, se acentúa más la idea de ausencia necesaria para diluir la necesidad de la diferencia, negando al otro afirmamos nuestra contingencia en la que sí es posible el proyecto utópico y la fe en un poder ser solidario y comunitario como nos dice Montero que le gustaría que fuera. Decía Baudelaire que "los Estados Unidos no fueron para Poe más que ... una gran barbarie iluminada por el gas" (211). Resultó ser más coherente Baudelaire, también podía ser más coherente, la negación del otro no es la solución, sólo es útil como pequeña venganza ante la falta de reconocimiento, que muchas veces no es más que ignorancia por su parte, a quien la luz artificial de su propia tecnología le ciega para ver a los demás, aunque, como decía Fuentes, los tenga tan cerca.

Obras citadas

Baudelaire, Charles. "Edgar Poe, su vida y sus obras". "Nuevas notas sobre Edgar Poe". *Escritos sobre literatura*. Trad. Carlos Pujol. Barcelona: Bruguera, 1984. 209-39. 241-63.

Fuentes, Carlos. Prologue. *Ariel*. Por José Enrique Rodó. Trad. Margaret Sayers Peden. Austin: U of Texas P, 1988. 13-28.

Gascón Vera, Elena. "Rosa Montero ante la escritura femenina". *ALEC* 12 (1987): 59-77.

Marías, Julián. *Análisis de los Estados Unidos*. Madrid: Guadarrama, 1968.

Nicolás, Encarna, et al. "Una propuesta de crítica historiográfica. *La guerra de España* de El País como expediente de legitimación". *Arbor* 125.491-92 (1986): 183-215.

Miguel, Amando de. "*El País* y el medio intelectual". *Historia y crítica de la literatura española*. Vol. 8. Ed. Domingo Ynduráin. Barcelona: Crítica, 1981. 103-08. 8 vols.

Montero, Rosa. *España para ti para siempre*. Madrid: A.Q., 1976.

————. *Crónica del desamor*. Madrid: Debate, 1980.

————. *Cinco años de País*. Madrid: Debate, 1982.

————. *La función delta*. Madrid: Debate, 1982.

————. *Te trataré como a una reina*. Barcelona: Seix Barral, 1984.

————. *Amado amo*. Barcelona: Círculo de lectores, 1988.

————. "Estampas bostonianas". *El País* 13, 14 y 15 agosto 1985: 10-11, 10-11 y 8-9.

Paz, Octavio. *Los hijos del limo: Del romanticismo a la vanguardia*. Barcelona: Seix Barral, 1981.

Savater, Fernando. *La tarea del héroe (elementos para una ética trágica)*. Madrid: Taurus, 1986.

Schérer, René. "Sexualidad y pasión (sobre la filosofía moderna de la sexualidad)". *Filosofía y sexualidad*. Ed. Fernando Savater. Barcelona: Anagrama, 1988. 149-73.

Resonancia armónica del mundo mágico creadora del porvenir regeneracional en *La alegría del capitán Ribot*

Gilbert Paolini
Tulane University

> En el fondo del mar los seres se devoran con devoción infatigable: el más grande se merienda religiosamente al más pequeño ... Algunas noches de verano, tendido bajo la toldilla de mi barco, me he preguntado: "¿Será posible que los hombres estemos obligados eternamente a imitar esa lucha feroz, implacable, que siento debajo de mí? ¿No llegará un día en que renunciemos de buena voluntad a ella? ¿En que la compasión prepondere sobre el interés, y el dolor que causemos, no sólo a un semejante nuestro, sino a un ser vivo cualquiera, se nos haga irresistible?"
>
> (*La alegría* 877)

Esta es la contestación de Ribot al postulado de su rival, Castell, quien fuertemente opina que el progreso y la existencia tienen su raíz en el antagonismo de los seres, empeñados en una batalla sin tregua.

Palacio Valdés instila en Ribot un profundo sentimiento de amistad que, podría decirse, domina en distintos grados todas sus relaciones con los demás. En cuanto al matrimonio Martí/Cristina, singularmente noble y virtuosa es su amistad con Martí y ejemplar con Cristina. Al leer unos pasajes de esta novela se respira un salubre aire ciceroniano del *De amicitia*. Para Cicerón, la amistad verdadera, que sólo reside en la virtud, consiste en una armonía perfecta de ideas y es un tesoro inestimable, superior a todos los otros valores de la vida. Palacio Valdés coincide con Cicerón al asignar a la fraternidad y a la amistad una fuerza y valor vitales en el proceso regeneracional de su país. Al concluirse la novela nos parece percibir a Palacio Valdés que nos recita al oído las últimas palabras del tratado ciceroniano:

> He aquí todo lo que tengo que decir sobre la amistad. Os exhorto para que así también hagáis relucir la virtud, sin la cual la amistad no tiene vida; sin embargo, aceptada [la virtud] en el alma, no hay nada que de la amistad más valga. (111)[1]

El filósofo griego Epicteto, también, había dicho:

> La amistad radica allí donde están la fe, el pudor, el don de lo bello y del bien. Si tú quieres vivir sin ser turbado y siendo feliz, procura que todos

> aquellos que habitan contigo sean buenos; y lo serán, si instruyes a los que
> quieren serlo y rechazas a los que se niegan. (Citado en Guyau, *La educación*
> 370)

Ribot, en consonancia con él, afirma:

> Nada más apetezco. Seguro del afecto de los seres que amo y de mi propia
> estimación, contemplo con calma el curso de las Horas divinas. La nieve cae
> lentamente sobre mi cabeza, pero no llega al corazón. (*La alegría* 919)

A esta altura de percepción y sensibilidad han llegado Ribot y Cristina. Vivirán no en el matrimonio, sino en la amistad. Las dos conciencias
comparten al unísono una misma determinación. De esta compenetración
ético-espiritual se origina ese contento, esa alegría, que siente Ribot al mirarse en los ojos de Cristina. Son los ojos, ventanas del corazón, que
abren de par en par las dos almas y hacen percibir y gozar esa belleza
interior. Así podemos entender nosotros mismos lo bello, lo honesto y lo
bueno de la dulce y aparentemente enigmática plegaria con que Ribot
concluye el diálogo con Cristina:

> Yo necesito poco para ser feliz, Cristina. Si tantas veces, reclinado en el
> puente de mi barco, me sentí dichoso contemplando el brillo de las estrellas,
> ¿por qué no he de serlo ahora mirando esos ojos tan dulces, tan francos, tan
> serenos? Déjeme usted verlos todos los días, y yo le prometo vivir siempre ale-
> gre y tranquilo. (*La alegría* 918)

He aquí la consecuencia lógica del carácter de Ribot. Para Ribot como
para Cristina la vida tiene sentido porque han sabido dárselo. Sus días
corren felices y serenos. Hermosa es la vida, llena de alegría. "Todo ríe",
dice él, "todo se agita, todo canta en el mundo mágico que he creado en
mi pecho" (*La alegría* 919). Ribot a la postre encuentra la felicidad en la
convicción de haber actuado de acuerdo con los dictados de su conciencia. Protege a la viuda y a su hija, y logra la paz espiritual. "Una alegría
pura y serena emana de su renuncia y del cumplimiento del deber cristiano" (Pedraza 876).

Ribot no ha escogido el camino fácil, descendente, sino una ruta tor-
tuosa con zarzales y alimañas en la cual las muchas luchas parecen debili-
tar, mientras que, al contrario, robustecen, llenan de satisfacción y de orgullo con cada superación, con cada victoria conseguida.

Así que Ribot, al fin, contento y alegre, podrá exclamar: "Soy el artista
de mi dicha" (*La alegría* 919). Este es el concepto fundamental de la felicidad. Siempre la buscamos en los goces, en la adquisición de un objeto o
en un suceso. Pero la alegría es un estado de ánimo, estado que es efecto
de la sugestión. El hombre, por ser tal, debe aspirar a poder fabricarse un
mundo mágico, todo suyo, dentro del cual pueda vivir acompañado del
amor, de la amistad y de la virtud. "Soñemos", exclamará Ribot, "que esta
triste realidad no es más que una apariencia, una horrible pesadilla de la

cual quizá el espíritu humano despertará algún día. Y mientras tanto, que cada hombre se fabrique un mundo mágico y camine dentro de él acompañado del amor, de la amistad, de la virtud, de todos esos fantasmas hermosos que alegran la vida" (*La alegría* 877). Alguien diría que esos fantasmas son ilusiones y que vivirlos sería vivir entre ilusiones carentes de realidad. Sin embargo, ¿qué vale el ser humano sin ilusiones? ¿No es la realidad, como la ilusión, una radiación de nosotros mismos? El que nos arranca una ilusión, ¿no nos daña más que si nos privara de un objeto físico? Somos nosotros los que damos existencia y matices y, por lo tanto, ilusión a lo que nos rodea. "La moral es la única verdad que existe fuera de nuestro pensamiento", dirá Palacio Valdés (*Album* 842). Porque con ella debemos vivir y es ella, según nuestra conducta, la que nos causa tristeza o alegría. Estas vitales preguntas sin duda nos llevan a otra pregunta fundamental que las incorpora: ¿Cuál es el verdadero propósito de todos los que vivimos en el mundo? A esta, sin vacilación, Ribot contesta: "La fraternidad de los hombres" (*La alegría* 852). Esta es la ley moral que hay que reconocer como la fase más importante en el progreso humano y en cada conquista de la civilización (*La alegría* 852). Es éste un punto de gran divergencia entre Castell y Ribot. Mientras para aquél, cuya mayor preocupación reside en el avance material, el progreso se mide por los descubrimientos útiles, para éste sólo los progresos morales se pueden llamar verdaderas conquistas de la civilización. Así que para Ribot, todo verdadero progreso depende de la fraternidad de los hombres. El fin del hombre, de sus acciones y de sus deseos es la felicidad, todo informado por el sentido moral. También, podemos afirmar que es esta obligación moral la que a su vez, en la aspiración a conseguir su propia felicidad, propende a hacer posible la felicidad en otros. El filósofo francés Guyau explica que la vida tiene dos aspectos: el uno es nutrición y asimilación y el otro producción y fecundidad y, deteniéndose en este segundo aspecto, define el trabajo como "el fenómeno a la vez económico y moral en que mejor se concilian el egoísmo y el altruísmo (*Esbozo* 76). Según Guyau, es necesario trabajar no sólo para sí mismo, sino también para los demás, sacrificarse en una cierta medida a partir con los demás ya que el individuo no puede bastarse a sí mismo. Por consiguiente, el organismo más perfecto es el más sociable y el ideal de la vida será la vida en común (*Esbozo* 76). El egoísmo que aisla los seres unos de otros, que hace de los individuos mónadas[2] que no se comunican, y que, por consiguiente, hace imposible la percepción y mediación de los intersticios entre los seres humanos, controlado por este sentido moral, evoluciona hasta convertirse en abnegación y aun en sacrificio. De este proceso de búsqueda y atracción, brota entonces una comunidad de afectos que podríamos identificar como "simpatía", que en su significado etimológico significa "sentir juntos", que nos obliga a unirnos, a coexistir, a cooperar, a vibrar al unísono, con la resonancia armónica de un arpa eolia.[3] Esta simpatía o fraternidad o llamémosla amor, hace asequible, según González Serrano en *Psicología del amor*, "la experiencia íntima, directa, de la comunicación de dos seres, *término medio* que sirve de nexo al pensamiento y a la realidad, a la idea y a la vida" (27). Volviendo a la antigüedad, el filósofo griego Epicteto asevera que "la naturaleza ha hecho a los hombres los unos para los otros ... juntos es preciso que sean felices, y cuando se separan deben entristecerse" (Citado en Guyau, *La educación* 369).

Es evidente que Palacio Valdés, al hacer que Ribot proclame el ideal de la fraternidad y amor entre los hombres, tiene un propósito que se hace aún más evidente cuando, tras unas preguntas angustiosas sobre el futuro de la humanidad, concluye:

> Y si en aquel instante la Junta Directiva del Ateneo de Madrid me invitase a ello, pienso que no tendría inconveniente en dar en este Centro una conferencia sobre el porvenir de la raza latina u otro tema más amplio todavía. (*La alegría* 877)

Es obvia nuestra deducción que el propósito de Palacio Valdés es primeramente el de mejorar la conducta del hombre; enfoca éste su propósito hacia un mejoramiento de la raza latina y, por consiguiente, de los españoles para abrirles un porvenir brillante que los saque del nebuloso y aun pantanoso estado de fin de siglo. Sin duda alguna, Palacio Valdés es consciente de que la fuerza de las naciones se basa en la fuerza moral y no en la fuerza material. Echegaray, que también comparte esta actitud, en 1898, precisamente el año de la catástrofe, en el discurso en el Ateneo, lo pone en forma de interrogación, "... ¿qué es lo que constituye la fuerza de una nación? ¿Qué hay que hacer para que una nación sea poderosa, para que si cayó, se levante ...?" (8). Luego, al contestarse a sí mismo admite que la verdadera fuerza no es la fuerza material sino que la que dura en el individuo como en las sociedades, "es la que resulta del equilibrio armónico entre todas las partes del organismo humano o del organismo social" (11). Más tarde añade que "en esa fuerza de armonía y de equilibrio está la verdadera regeneración de los pueblos" (11). Es decir que la nación tiene que ser fuerte por dentro y en todos sus organismos, porque si no, al fin caerá vencida (13). La regeneración de un pueblo ha de buscarse en la regeneración de cada individuo ya que "la verdadera regeneración de un pueblo la realizan sus individuos regenerándose a sí propios" (34). Palacio Valdés resume: "Los progresos industriales nos ahogan. Mucha gente identifica con ellos la civilización. Pero no es el cuerpo el que debemos civilizar sino el espíritu" (*Album* 826).

El filósofo de la evolución, Herbert Spencer, quien en *Los primeros principios* se había revelado profundamente individualista y consideraba la sociedad como un producto del hombre y no el hombre como producto de la sociedad, en las postrimerías del siglo y de su vida, en una carta dirigida a Otto Gaupp al respecto, expone muy claramente sus ideas:

> Entre las ideas que quisiera ver puestas más de relieve, quizá la de mayor importancia práctica sea una a que he dado expresión de tiempo en tiempo, a saber: que el mejoramiento duradero de una sociedad es imposible sin un

mejoramiento de los individuos: que los tipos de sociedades y sus formas de actividad están determinados necesariamente por el carácter de sus componentes; que a pesar de todas las transformaciones superficiales, su naturaleza no puede variar con rapidez mayor que los individuos ... (Citado en Iraizoz 72)

También Guyau, unos años antes, en *Esbozo de una moral sin obligación ni sanción*, había llegado a la misma evaluación de que "el progreso definitivo puede decirse que no ha de venir más que de dentro de los seres" (148).

Volviendo al ambiente cultural y literario español queremos mencionar la actitud y aseveraciones de Galdós sobre este tema de la regeneración de España. En un trabajo mío al hablar sobre el propósito de Galdós al escribir el drama *Voluntad* (1895) afirmé:

> En *Voluntad*, Galdós traza un plan para el futuro de España, un plan de la regeneración de su patria. Pero no por solevantamiento o revolución, sino por el silencioso proceso de la renovación de valores morales y espirituales, del lento y constante cambio que ha de verificarse dentro de la célula más pequeña del organismo social: el individuo.
>
> De aquí que la rehabilitación procederá gradualmente de la familia a la comunidad y a las instituciones. (71)[4]

Palacio Valdés comparte esta actitud y a la vez entra más adentro en su visión de la constitución misma del alma. Vemos en la realización del carácter de Ribot el proceso ejemplar para conseguir una renovación y un mejoramiento del ser humano. Observamos al hombre que veía en la vida diaria, desde el punto de vista de mejorarse, no solamente a sí mismo sino también en relación a los demás que le rodean y no por la preocupación de lo que será o debería ser en la vida futura, lo que resultaría ser una actitud egoísta, sino por su valor intrínseco, por la tranquilidad de su conciencia, por la satisfacción interior de cumplir con el deber de dar sentido alegre y armónico a su vida y a sus circunstancias.

Por esto, Ribot, seguro y contento de sí mismo, viviendo en alegría, puede decir:

> Y cuando la muerte inexorable llame a mi puerta, no tendrá que llamar dos veces. Con pie firme y corazón tranquilo saldré a su encuentro y le diré, entregándole mi mano: "He cumplido con mi deber y he vivido feliz. A nadie he hecho daño. Ora me invites a un sueño dulce y eterno, ora a una nueva encarnación de la fuerza que me anima, nada temo. Aquí me tienes". (*La alegría* 919)

Lo que resalta de esto no es una moraleja sino una norma de conducta, un mostrar, con el ejemplo, las fibras de su contextura moral y la satisfacción última de su ser. Por aquel entonces, González Blanco ya acertaba al decir que "la novela de Palacio Valdés era la novela más purificadora sin moraleja y más docente sin tesis que se ha escrito en España desde hace muchos años" (534-35). Sin embargo, lo docente de esta novela no consiste en predicar sino en enseñar en su sentido etimológico, en preceder, tocando la flauta, sirviendo de ejemplo para que los demás lo tomen de guía. La renovacion humana sólo puede conseguirse mediante el esfuerzo humano, la misión de cada individuo que, al unísono, empuja el barco hacia el futuro. Ribot se nos presenta de ejemplo, de guía, de ser superior y por eso es quien más emprende y más arriesga por lo que piensa y por lo que hace. Posee un tesoro más grande de fuerza interior y por eso tiene un deber superior. Si esta idea del deber se instila en los demás de tal modo que cada uno procure cumplirlo en la medida de sus fuerzas, entonces cada uno se regenera ya que la idea del deber es la fuente de todas las energías. Además, esta renovación no se limitaría a la presente generación ya que entra en juego la memoria, la cual, siendo parte del carácter humano, hace que las actividades, caracterizadas por la intensidad de las impresiones y por la repetición, pasen gradualmente a convertirse en costumbre y eventualmente, por el automatismo hasta trasmitirse como actitud, como tendencia innata en la herencia (Pilo 375).[5]

En conclusión, podemos resumir que el ejemplo del capitán Ribot, imitado y repetido por generaciones, resultaría un factor importantísimo no solamente en el desarrollo moral del individuo sino también, mediante la herencia de la experiencia, en la evolución moral de la especie humana, causando eventualmente, así, el mejoramiento de la sociedad.[6]

Notas

1. La versión española es mía. He aquí el texto latino: "Haec habui de amicitia quae dicerem. Vos autem hortor ut ita virtutem lucetis, sine qua amicitia esse non potest, ut ea excepta nihil amicitia praestabilius putetis".

2. Leibniz (Gottfried Wilhelm), filósofo y matemático alemán (Leipzig 1646-1716), en su *Nuevo tratado sobre el entendimiento humano, la Teodicea y la Monadología*, desarrolla una filosofía idealista. Según él todos los seres están constituidos por sustancias simples (mónadas), entre las cuales existe una armonía preestablecida. Dios es el punto central de la armonía universal y el creador de este mundo, "el mejor de los mundos posibles".

3. Al explicar la existencia de un altruísmo intelectual, Feuillet explica que "la conciencia, proyectándose así en los demás seres y en el todo, se liga a los otros y al todo por una idea que es al mismo tiempo una fuerza" (Citado en Guyau, *Esbozo* 61). También Guyau admite la existencia de un altruísmo intelectual, pero va más allá, acercándose así más a nosotros, al añadir que "... Para concebir bien las *demás* conciencias, para ponerse en su lugar y entrar en ellas, por decirlo así, es menester, ante todo, simpatizar con ellas: la simpatía de las sensibilidades es el germen de la extensión de las conciencias. Comprender es, en el fondo, sentir: comprender a otro es sentir en armonía con él" (Guyau, *Esbozo* 65).

4. De una manera más específica y muchos años antes, en 1881, en *La desheredada*, Galdós veía la necesidad de la regeneración de España mediante la educación de los niños, y así escribía yo al respecto en *Lingua e Letteratura*:

> Si hay la esperanza de una regeneración de España, ésta se llevará a cabo mediante un proceso muy lento y la clave de esta regeneración no reside en la labor de los filósofos ni de los políticos, sino en la de los maestros de escuela, cuya responsabilidad es la de inculcar en el ánimo de los niños la paciencia, el trabajo y la modestia. (122)

5. El profesor Edward 0. Wilson de la Universidad de Harvard, en 1977, en el prefacio a *The Sociobiology Debate* afirma:

> The evidence immediately available from human genetics, psychology, and anthropology seemed to leave room only for the last conclusion, that human social behavior is to some extent genetically constrained over the entire species and furthermore subject to genetic variation with the species. (xi-xii)

Con esto se establece la existencia de tres grupos de elementos formativos en el desarrollo físico-moral del ser humano. Uno de ellos, de índole exógena, es el que se adquiere y asimila en el curso de la existencia; otro, de índole genética o endógena, y por eso de carácter innato, se puede identificar y trazar mediante el estudio de los antepasados; el tercero, cuya existencia sólo en estas últimas decadas va reconociéndose en el ambiente científico, es también de índole congénita y comparte de los dos precedentes. Este tercer grupo, que se podría llamar endo-exógeno, está formado por los elementos que resultan de las variaciones genéticas dentro de la especie a través de las generaciones y ambientes. Es este tercer grupo el que, más claramente, nos explica cómo la conducta o comportamiento social es hasta cierto punto, genéticamente forzado dentro de toda la especie y, además, sujeto a la variación genética dentro de la misma especie.

Por supuesto, Palacio Valdés, a pesar de estar al día y compartir el pensamiento científico de la época, en aquel entonces ya intuye y auspicia la existencia de esta tercera fuerza y en sus obras, en particular en *La alegría del capitán Ribot*, la hace percibir y la ilustra mediante la conducta y el ejemplo del Capitán Ribot.

6. De Bella, en "Il fine ultimo dell'uomo", hablando al respecto admite que "l'individuo acquista l'attitudine a determinate funzioni, le quali si specializzano e si migliorano in lui e nella specie ... ogni organo ed ogni funzione, migliorati nell'individuo tramandando questi miglioramenti ai suoi discendenti" (97).

Obras citadas

Cicerone, M. Tullio. *Laelius de amicitia*. Introduzione e commento di Vittorio Agostino. Torino: S.E.I., 1947.

De Bella, A. "Il fine ultimo dell'uomo". *Rivista di Filosofia Scientifica* (1889): 89-102.

Echegaray, José. *Discurso*. Leído en el Ateneo, el 10 de noviembre de 1898. Madrid: Sucesores de Rivadeneyra, 1898.

González Blanco, Andrés. *Historia de la novela en España*. Madrid: Sáenz de Tubera, 1909.

González Serrano, U. *Psicología del amor*. 2ª ed. Madrid: Librería Fernando Fe, 1897.

Guyau, M. *Esbozo de una moral sin obligación ni sanción*. Madrid: Biblioteca Júcar, 1978.

_____. *La educación y la herencia. Estudio sociológico*. Trad. de Adolfo Posada. Madrid: La España Moderna, s.f.

Iraizoz, Antonio. "Visión profética de Spencer". *Hombres y libros pasan ...* Madrid: Afrodisio-Aguado, 1955. 71-73.

Palacio Valdés, Armando. *Album de un viejo. Obras*, II. Madrid: Aguilar, 1965. 811-76.

_____. *La alegría del capitán Ribot* (1899). *Obras*, I. Madrid: Aguilar, 1968. 835-919.

Paolini, Gilbert. "Polivalente rebeldía en *La desheredada* de B. Pérez Galdós". *Lingua e Letteratura* 5 (1985): 115-22.

_____. "Voluntad y el ideario galdosiano". *Estudios escénicos* 18, (1974): 63-72.

Pedraza Jiménez, Felipe B. *Manual de literatura española*. VII. *Epoca del Realismo*. Tafalla (Navarra): Cenlit Ediciones, 1983.

Pilo, Mario. "Il carattere umano secondo Ribot". *Rivista di Filosofia Scientifica* 5 (1886): 372-79, 420-37.

Wilson, Edward O. *The Sociobiology Debate*. New York: Harper, 1978.

Visión del paisaje en la Generación del 98

Aniano Peña
Mary Washington College

Es bien conocida la frase de Montesquieu cuando allá por 1715 apuntaba a una de nuestras lacras nacionales: "Los españoles han hecho descubrimientos inmensos en el Nuevo Mundo, pero desconocen todavía su propio país" (167). Sin pretender canonizar esta crítica sarcástica de la carta LXXVIII de sus *Lettres persannes*, bien podemos decir que toda la labor de la Generación del 98 y coetáneos no fue otra sino una constante campaña por combatir esa ignorancia patria mediante la búsqueda del alma nacional. Sobrepasando el fuerte sentido geográfico y los consabidos prejuicios del hispanista francés, Unamuno reconoce en *En torno al casticismo* (1895) la existencia de una fundamental oquedad en el conocimiento que los españoles tienen de España: "España está por descubrir y sólo la descubrirán españoles europeizados. Se ignora el paisaje, el paisanaje y la vida toda de nuestro pueblo" (I, 866), es decir, se desconoce el espíritu colectivo, el *Volksgeist*, la intra-historia. Partiendo de los postulados de la *Völkerpsychologie*, los escritos de psicología colectiva de la generación se orientaron hacia un descubrimiento e identificación de lo auténtico español, convencidos de que todos los productos culturales son manifestaciones de la esencia del alma de un pueblo.

Desde 1978, en que apareció mi primer artículo extenso sobre la *Völkerpsychologie*, he venido centrando mi atención sobre el tema llegando a esta firme convicción: es imposible, a mi entender, una compresión global de la Generación del 98 sin un capítulo básico sobre la "psicología de los pueblos". Sólo a la luz de este movimiento socio-psicológico, fomentado en Europa por los dióscuros de la lingüística alemana (Lazarus, Steinthal, Waitz) en la segunda mital del siglo XIX, cobra razón de ser la mayor parte de la literatura regeneracionista en torno a la identidad colectiva del alma de España.[1]

Escritores de inteligencia alerta (Menéndez Pelayo, Unamuno, Altamira, Rodríguez Carracido, Macías Picavea, Isern, Menéndez Pidal ..., por citar algunos de una lista mucho más extensa) detectaron inmediatamente el influjo e impacto de la *Völkerpsychologie*, cuyos postulados y supuestos habían penetrado los Pirineos ya directamente, ya a través de publicaciones y traducciones francesas, y de la revista *Romania*.[2]

El término *Völkerpsychologie* ("etnopsicología", "psicología de los pueblos", "psicología colectiva, comparada o social", según las diversas versiones) pretendía proporcionar un soporte científico (que Ortega calificará de "pseudocientífico") a la sociología descriptiva de los pueblos, al tema tan en boga del carácter o espíritu nacional. Esta *neue Wissenschaft* ("ciencia novísima" en términos de Menéndez Pelayo) representaba, pues, la aplicación de los métodos científicos de la psicología naturalista, al "pueblo" como colectividad social. Su propósito era bien definido: hallar en las condiciones naturales (*medio*, geografía, paisaje, clima, raza) una explicación *científica* a los productos y manifestaciones histórico-culturales de los pueblos. Para la *Völkerpsychologie*, el medio naturalista —ya geográfico, ya biológico— iba a proporcionar claves interpretativas de las personalidades nacionales, ya que todo, empresas históricas y productos culturales (lengua, literatura, arte, ciencia, religión, mitología, etc.) son procesos mentales, actividades psicológicas, *no* de un individuo aislado, sino de esa comunidad social *pueblo*, cuyo espíritu (*Volksgeist*) los marcará indeleblemente con el cuño de su carácter propio e individualidad. De ahí el "eterno español" (de Menéndez Pidal) y el "dauerfranzose" (al que alude Américo Castro), marcados por su geografía.

Caracterizaciones de los pueblos, estereotipos culturales, antropomorfismos, han existido desde el principio de pueblos y naciones, ya en pluma de historiadores y geógrafos, ya de visitantes extranjeros. Pasando por alto escritores antiguos bíblicos, griegos y romanos, ya en la Edad Media, época de gestación de nacionalidades más modernas, la *Crónica Albeldense* contiene el capítulo "de propietatibus gentium", un primer intento de caracterización de los pueblos. Pero se trata de impresiones que siempre han revestido un carácter difuso de ornamentación literaria, de inspiración mítica ..., con un gran contingente de falacia, inexactitud, insuficiencia, indeterminación, frecuentemente personales y apriorísticas, y siempre sujetas a variación. Lo fundamental de la "psicología de los pueblos" es el haber pretendido dar a esos esquemas de caracterización colectiva, una base socio-psicológica *científica*. De ahí el programa de Moritz Lazarus: "la vida social será descrita por la historia y explicada por la psicología, y la verdadera ciencia de la historia será una psicología comparada", es decir, la *Völkerpsychologie* (M. Lazarus, 395).

Partiendo de estos postulados, no es de extrañar la gran atención que nuestros regeneracionistas prestaron a todos los productos de la cultura patria, incluyendo el medio geográfico, que aquí particularmente nos interesa, para llegar a esa identidad y descubrimiento del alma nacional. Dentro del medio naturalista, el estudio de la tierra bajo figura de *paisaje* será, pues, una constante en muchos de sus escritos.

Laín Entralgo, entre otros, ha desmenuzado este rasgo generacional dedicando al tema nada menos que tres capítulos de su libro *España como problema*. Los títulos son bien significativos: "Un paisaje y sus inventores", "*De limo terrae*" y "Tierra soñada". Para don Pedro, la Generación del 98 "inventó", "descubrió" el paisaje para la literatura española. Tres son, según él, las razones explicativas de esta visión y retorno a la tierra: a) la actitud de hastío de estos escritores ante el problema de la historia patria, que les lleva a buscar en la naturaleza el apoyo de su existencia; b) el prestigio, vivo aún, de las corrientes positivistas del *medio*; y c) la recia corporeidad de la España por ellos soñada. Una razón más añadiría yo, y que Laín no ha señalado, aunque pudiera estar vagamente implícita en esas "corrientes positivistas del medio" a que alude: la influencia notoria de la *Völkerpsychologie*, que busca precisamente en el medio naturalista —y me estoy repitiendo— la conformación del alma nacional, una psicología patria, una explicación científica de los productos y manifestaciones culturales de los pueblos, en este caso, de España, la España del desastre.

Paisajes, descripciones geográficas de la tierra, más o menos realistas, más o menos alegóricas, se encuentran en todas las épocas de la literatura: el quiebro de los albores del Mío Cid por las laderas del río Ubierna con un transfondo musical de quiquiriquíes de gallos, las verdes praderas de Berceo, las serranías del Marqués de Santillana, el huerto embriagante y voluptuoso de Melibea frente al solitario y anacorético de Fray Luis en La Flecha salamantina, la Toledo garcilosiana, la "maestría geográfica" de un Cervantes, etc. Se trata de trozos de tierra limitados, soporte momentáneo de una acción o sensación, lugares con intención alegórica ..., nada más. Para Cervantes, por ejemplo, el cosmos influye en los espíritus, sí, pero "indirectamente". Se trata del cosmos estelar (las estrellas "inclinan", no "arrastran", según él, siguiendo aquel adagio latino de "astra docunt, non trahunt"), más que del terrestre, y su mayor influencia se da en la hora del nacimiento, como en el caso de Segismundo en *La vida es sueño*. Si, por el contrario, abrimos el ensayo II de *En torno al casticismo* de Unamuno, encontramos una descripción del paisaje y paisanaje, ensamblados, de esa vasta Castilla que ha hecho a España. Una cosa importante salta inmediatamente a la vista: en ese ensayo, como en otros muchos de la época brotados bajo el mismo impacto psicologista, el paisaje adquiere categoría de ingrediente esencial del carácter de una colectividad. La tierra, el clima, el medio conforman el alma castellana, aunque no se llegue a precisar ni el cómo, ni el cuándo, ni el contenido exacto de esa alma nacional.

Ante la frase de Azorín, en *El paisaje de España visto por los españoles*, de que "el gusto por la Naturaleza en la literatura es completamente moderno" (7), refiriéndose al romanticismo precedente, Unamuno parece contradecirle al contemplar el paraje de La Flecha, rincón solitario de Fray Luis, afirmando que uno de los sentimientos de la literatura castiza castellana ha sido siempre "el sentimiento de la Naturaleza" (I, 57). De ahí que en muchas "obras de la más genuina literatura castellana se siente el campo de Castilla ... Y sólo dejando que nos embeba el espíritu el alma del vasto páramo castellano, se revive a Segismundo y se recogen con fruto las encendidas aspiraciones místicas de Santa Teresa o de San Juan de la Cruz" (I, 60). Es que, para Unamuno, "la Tierra Madre, la Demeter de la mitología ... ha hecho al hombre, y haciéndole le ha ganado el corazón ... Así es como concurren a concuerdo el hombre, humanizando con su labor a la Naturaleza, y ésta naturalizando de rechazo y como en pago al hombre" (I, 59).

Innumerables son los pasajes en que refleja Unamuno esa mutua dependencia, ese ensamblaje espiritual y hasta fisiológico del hombre y la Madre Tierra: "Como en su retina, vive en el alma del hombre el paisaje que le rodea" (I, 998); "El paisaje sólo en el hombre, por el hombre y para el hombre existe en arte" (I, 999), hasta llegar a aquella pregunta: "¿No se refleja acaso en el paisanaje el paisaje?" (I, 998). La respuesta la había dado ya en *En torno al casticismo*, cuando tras la descripción desoladora de ese paisaje seco, uniforme, monoteístico de la meseta castellana, "penetrad", nos invita, "en uno de esos lugares" donde vive "una casta de complexión seca, dura y sarmentosa, tostada por el sol y curtida por el frío" (I, 811), una casta sobria, producto de la inclemencia del cielo y de la pobreza de la vida.

Para este don Miguel joven, "la comarca hace a la casta, el paisaje ... al paisanaje" (I, 432). Más tarde la tierra irá perdiendo este fuerte sabor naturalista y geográfico propio de los postulados de la psicología de los pueblos. El paisaje de España, esa mano tendida al mar poniente, se le hará psique, alma, ánima, un estado de conciencia, una geografía en cuyas rayas terrestres se puede visionar, leer y rastrear la historia, porque "en esta mano, entre sus dedos, entre las rayas de su palma, vive una humanidad; a este paisaje le llena y da sentido y sentimiento humanos un paisanaje" (I, 706). Y Unamuno recibe su primera honda lección de patriotismo al contemplar proyectada la vida toda de la patria, la pretérita y la venidera, sobre este lienzo desnudo del paisaje patrio. Con ojos noventayochistas ve el pasado actualizado en los recuerdos que suscita la tierra y el futuro en forma de esperanza: "Es sumergirse en el paisaje", escribe, "lo que nos hace recobrar fe en un dichoso porvenir de la Patria" (I, 432).

Ganivet se declara incapaz del paisaje. Pero, en su búsqueda del alma nacional que diera expresión a los hechos de la historia, señala dos componentes de la casta de España: 1) el espíritu primitivo nativo (anterior a la hoja de parra del senequismo), y 2) El "espíritu territorial", peninsular, ese espíritu permanente, invariable que brota de la posición geográfica de la península, que determina la psicología del hombre español una vez adquirida conciencia del territorio en que habita. Así se explica la configuración psicológica de los españoles, sus productos artísticos y la orientación de su historia.

Azorín llega a la intimidad del alma española a través de la visión estética, impresionista, del paisaje. Según el maestro Yuste, en *La voluntad*, "un escritor será tanto más artista cuanto mejor sepa interpretar la emoción del paisaje" (79), es decir ver en él una evocación de la historia española. El paisaje de España —sus viejas ciudades y costumbres milenarias— ya estaba descubierto por los románticos, nos dice Azorín. "Pero nosotros", escribe en "Madrid", aludiendo a la generación, "hemos ampliado esos descubrimientos y hemos sabido dar entonación lírica y sentimental a cosas y hombres de España ... Hay que conocer —amándola— la historia patria. Y hay que conocer —sintiendo por ella cariño— la tierra española" (O.S. 999). En *La voluntad* establece una relación poética y romántica entre el Greco y los Cigarrales toledanos, Santa Teresa y el paisaje de Avila, nuestra literatura castiza y la llanura de Castilla, el alma de don Quijote y la Argamasilla manchega. Yuste y Azorín, ante la inmensa llanura del Pulpillo de Yecla, de lomas desnudas y estepas sin fin, perciben la inspiración que informara nuestra literatura y arte, una tristeza arrancada del paisaje. Dos géneros marcan nuestra decadencia austríaca: el teatro y la novela picaresca. Por sus páginas corre el espíritu hipertrofiado de la raza. "Entre una página de Quevedo", escribe, "y un lienzo de Zurbarán y una estatua de Alonso Cano, la correspondencia es solidaria. Y entre estas páginas, esos lienzos, esas estatuas y el paisaje castellano de quebraduras bruscas y páramos inmensos, la afinidad es lógica y perfecta" (166-67).

En *La ruta del Quijote* (1905) vemos a un Azorín firmemente apoyado en los postulados de la *Völkerpsychologie*. El capítulo III tiene un encabezamiento bien significativo: "Psicología de Argamasilla". Es una evocación de esa villa manchega allá en el siglo XVI cuando Alonso Quijano el Bueno, de busto amojamado, sentado en una oscura mesa de nogal, nervioso y afanoso, clava su mirada ávida y llameante de los blancos folios caballerescos a la vieja y mohosa espada que pende en la pared. Y se pregunta Azorín: "¿Qué hay en el ambiente de este pueblo que haya hecho posible el nacimiento y desarrollo ... de esta extraordinaria, amada y dolorosa figura? ... ¿De qué suerte Argamasilla de Alba, y no otra cualquiera villa manchega, ha podido ser la cuna del más ilustre, del más grande de los caballeros andantes?" (30). Y he aquí su aportación naturalista: Argamasilla es un pueblo psicológicamente "andante" porque la historia nos revela que su población original fue el resultado de poblados andantes, huyentes de epidemias y plagas de langosta que sobrevinieron a la comarca entre 1555 y 1575. De ahí que el pánico, la inquietud nerviosa, la exasperación, las angustias de las madres se hayan comunicado a la nueva generación de nuestro Alonso Quijano. Aún más, la topografía ha agravado este ambiente de morbosidad y de hiperestesia sensitiva. Cerca de esta villa los remansos del río Guadiana causan vapores insalubres que afectan al pueblo por el aire. Consecuentemente, "Argamasilla es un pueblo enfermizo, fundado por una generación presa de hiperestesia nerviosa" (34). Azorín concluye haciéndose esta pregunta: "¿No es natural que todas estas causas y concausas de locura, de exasperación, que flotan en el ambiente hayan convergido en un momento supremo de la historia y hayan creado la figura de este sin par hidalgo ... que vemos leyendo ... y lanzando súbitas y relampagueantes miradas hacia la vieja espada llena de herrumbre?" (35).

Campos de Castilla (1912), de Machado, "es una colección de paisajes castellanos", según Azorín en *Clásicos y modernos* (99). Por paisajes castellanos entiende los campos de Soria, "tierras altas y frías", "alto castellano", con sus roquedas y alcores, serrijones y colinas por donde cruza el Duero, algo distinto de la vasta planicie donde le toca vivir a Unamuno. Pero para ambos poetas, el trozo que contemplan adquiere un valor trascendente de corazón de España, de alma nacional. Como en otros generacionistas, a una visión telúrica corresponde una visión de España.

También en Machado parecen unirse paisaje y paisanaje bajo un principio de causalidad. De ahí sus versos, en "Por tierras de España", al describir al campesino habitante de esos páramos altocastellanos. Hijo de una raza fuerte y dura, y de un suelo ingrato y árido, el labriego soriano tiene rasgos bien definidos y una moralidad recelosa: "Abunda el hombre malo del campo y de la aldea, / capaz de inmensos vicios y crímenes bestiales, / que bajo el pardo sayo esconde un alma fea, / esclava de los siete pecados capitales" (139). Uno de esos pecados capitales, el más obsesivo, sin duda, en *Campos de Castilla*, es la envidia, que alimentada por la codicia, lleva a esos crímenes bestiales perpetrados en "La tierra de Alvargonzález". Los vislumbra ya en el poema citado: "Veréis llanuras bélicas y páramos de asceta / —no fue por estos campos el bíblico jardín—; / son tierras para el águila, un trozo de planeta / por donde cruza errante la sombra de Caín" (139). Es el cainismo castellano, tan aireado por Unamuno y otros generacionistas: "Mucha sangre de Caín / tiene la gente labriega", dice en otro lugar (162-63). Una solución posible contra este determinismo fatalista fruto de la fusión de paisaje y paisanaje, es la emigración, el abandono de esos páramos malditos, hacia otra tierra menos ingrata y más generosa y esperanzadora, donde se descubra a la auténtica España, esa España de cinceles, martillos, yunques y mazas, en los brazos de "esa juventud que se hace del pasado macizo de la raza" (211).

Dentro de la acción configuradora del *medio*, Baroja acentúa la importancia primaria de la raza. Pero *Camino de perfección* (1902) "es una colección, colección magnífica de paisajes", dice igualmente Azorín, y Fernando Osorio, un peregrino impresionista que los recorre en busca de sosiego. Desolación, desnudez, drama, austeridad, rigidez, soledad ... son las notas psicológicas de esa Castilla barojiana. Vasconia, su otra patria, la verde tierra de Shanti Andía, ofrece tonos más dulces y suaves. Pero por ambos campos ibéricos ve cruzar a vascos y castellanos, hoscos, torvos, trágicos, agónicos perturbadores del paisaje. Son los mismos "tipos clásicos" que describe Osorio en el café de Segovia: "Caras hoscas por costumbre, gente de mirada siniestra y hablar dulce. En aquellos tipos se comprendía la enorme decadencia de una raza que no guardaba de su antigua energía más que gestos y ademanes, el cascarón de la gallardía y de la fuerza" (74).

La presencia de Galicia en la obra de Valle-Inclán es algo insistentemente destacado por los valleinclanistas. Identificando al escritor con su tierra natal, ha escrito Castelao: "Galicia es un pueblo manco y glorioso; glorioso y manco como don Ramón del Valle-Inclán, el hijo emigrante que más se le parecía" (*Insula* 15). Pero el mismo Valle insistía: "Yo no he querido ser un escritor regional". Su identificación con Galicia se produce en el nivel estético más alto, lejos de todo costumbrismo. Nuestro escritor se acerca a la primitiva e íntima esencia del pueblo a través del arte y de la palabra escrita en conexión con el paisaje. La tesis valleinclaniana es: el paisaje es coautor del lenguage, y el verbo el creador del alma colectiva de los pueblos. A los dos paisajes fundamentales, montaña y llanura, corresponde un modo de lenguaje. En *La lámpara maravillosa* escribe: "El alma colectiva de los pueblos es una creación del verbo más que de la raza" (51).

Finalmente, Menéndez Pidal, admirador de Steinthal y de sus métodos, y que tanto ha acentuado los caracteres psicológicos de nuestra literatura (tradicionalismo, realismo, arte de mayorías, etc.) nos da su visión y valoración del paisaje tras su recorrido histórico por la Castilla cidiana. Su visión es más suave y realista que la de Unamuno, Azorín, Baroja o Machado. El mismo lo dice en *La España del Cid*, intentando colocarse al margen del grupo: "La mayor parte de esa meseta se compone de vastas planicies abrasadas por los soles y resquebrajadas por los hielos ... La generación del 98 no acertó a ver sino una desoladora Castilla" (73). Pero a él le bastan unos verdes chopos enhiestos a orillas del Ubierna para sublimar ese paisaje amarillento por donde campeó el Cid, y que nuestro medievalista recorre profundamente identificado con él en cuanto escenario de la historia.

La psicología de los pueblos, que tanto influyó en esta visión del paisaje español de la generación, pierde vigor entrado el siglo XX al establecerse otro concepto de sociología, no basado ya en los postulados de la *Völkerpsychologie*, sino sobre bases diferentes: producción, clases sociales y economía (marxismo), conducta, etc. Ortega, por su parte, en su campaña contra la generación anterior y la barbarie nacional, establecerá un nuevo concepto de "europeización" (Europa no será ya "espíritu europeo", sino "Ciencia"), propagará un nuevo sentido de *Cultura* (opuesto al popularismo de Costa y de otros partidarios de la etnopsicología) y se declarará abiertamente "enemigo de esas presuntas psicologías de los pueblos" (I, 165). El *Volksgeist*, insiste, "el espíritu popular no existe más que en los libros de una filosofía superada, supuesto que fuera alguna vez bien entendido" (I, 169). Por otra parte, la nueva historiografía (Dilthey, Ortega, Américo Castro), con su concepción futurista, dinámica y vitalista del agente histórico, pasará por alto la naturaleza y el pasado, elementos conformadores de nacionalidades, según la psicología de los pueblos. El mito del "eterno español" (Menéndez Pidal), la estratificación de su genérica caracterización (la intrahistoria de Unamuno), el relativismo de su psicología ..., nos llevarían, en términos de don Américo, a una "congelación" de la vida española, a una "fatalización de su historia". Consecuentemente, el paisaje, que tan preeminente posición tuvo en la generación del 98, perderá su carácter de modelador del paisanaje, para quedar reducido a su prístino papel literario: ya realista, ya alegórico, ya proyección romántica del estado y sentimientos anímicos del poeta.

Cuadernos hispanoamericanos 331 (1978): 82-101. A este artículo han seguido: "La *Völker-psychologie y Campos de Castilla, Hispanic Literatures* (1984): 131-40; y "La *Völkerpsychologie* y el problema de la Ciencia en España", *Boletín de la Biblioteca de Menéndez Pelayo* 62 (1986): 333-44.

2. En las siguientes obras se hace alusión directa a la *Völkerpsychologie*: Marcelino Menéndez Pelayo, *Historia de las ideas estéticas en España (1882-1889) y Estudios y discursos de crítica histórico-literaria*; Miguel de Unamuno, *La lengua vasca*, y *En torno al casticismo*; Rafael Altamira, *Psicología del pueblo español*; Rodríguez Carracido, *Estudios histórico-críticos de la Ciencia española*; Macía Picavea, *El problema nacional. Hechos, causas y remedios*; Menéndez Pidal, *Romancero Hispánico*.

Obras citadas

Azorín (J. Martínez Ruiz). *La voluntad*. Madrid: Biblioteca Nueva, 1939.

———. *La ruta del Quijote*. Buenos Aires: Losada, 1964.

———. *Obras selectas*. Madrid: Biblioteca Nueva, 1943.

———. *El paisaje de España visto por los españoles*. Madrid: Austral, 1953.

———. *Clásicos y modernos*. Madrid: Rafael Caro Raggio, 1919.

Baroja, Pío. *Camino de perfección*. New York: Las Americas Publishing Co., 1952.

Ganivet, Angel. *Idearium español*. Madrid: Austral, 1964.

Insula. Nos. 488-489, Julio-Agosto, 1987.

Laín Entralgo, Pedro. *España como problema*. Madrid: Aguilar, 1962.

Lazarus, Moritz. *Zeitschrift für Völkerpsychologie und Sprachwissenscharft*, I, 19 y III, (1860): 395.

Machado, Antonio. *Campos de Castilla*. Madrid: Cátedra, 1984.

Montesquieu. *Lettres persannes*. Paris: Garnier Frères, 1960.

Ortega y Gasset, José. *Obras completas*. Madrid: Revista de Occidente, 1967.

Entomological Imagery and Violence as Vehicles of Psychological Alienation in Arrabal's *La piedra iluminada*

Janet Pérez
Texas Tech University

Arrabal's international fame as a playwright has often obscured his ac-complishments in fiction. Nevertheless, throughout a career spanning more than three decades, he has returned repeatedly to the novel. Early narratives drew little attention: *Baal, Babilonia* (1959), *El entierro de la sardina* (1961), *La piedra de la locura* (1963), and *Arrabal celebrando la ceremonia de la confusión* (1966) appeared (with the exception of the last) first in French editions, and remained essentially unknown. Yet in all of these, Arrabal exorcises the same familiar demons of his theater, often resorting to fantasy, and employing an assortment of freudian motifs. Other motifs are drawn from art —especially El Bosco and Goya— and writings of the French Surrealists. Sexuality, dreams, complexes and deviance are recurring themes, all treated in a manner that is both recognizably Arrabal and unlike anything else in Spanish during the same years. With the awarding of the 1982 Premio Nadal to *La torre herida por el rayo*, critics began to study Arrabal's fiction. *La piedra iluminada* (1985) plumbs the depths of eccentric and deviant eroticism, presenting a psychotic fantasy world where amorality reigns supreme (as in the author's theater). New for his fiction are Orientalist motifs and utilization of a variant of detective fiction; the use of allegorical elements, however, dates from his earliest prose.

Arrabal's interest in abnormal personality development is regularly expressed as sexual aberration. From the sadomasochistic pair in *Fando y Lis* to the necrophiliac of *Primera comunión* or the cannibalistic homosexu-ality of *El Arquitecto y el Emperador de Asiria*, Arrabal's characters display a broad and varied range of psychosexual deviance. Indeed, those without personality disorders are fewer and usually less memorable than the shockingly deviant, the criminally aberrant, or the merely psychoneurotic. One of Arrabal's enduring interests, the Oedipal character, frequently appears in combination with some version of the Terrible Mother, a cas-trating, hypocritical female who engages in the pious destruction of her husband, son(s) or both. The prototype in especially pure form appears in *Los dos verdugos*, but is also present in Arrabal's first work of fiction, his autobiographical *Baal, Babylone* (Paris: Julliard, 1959; castellano, 1977). The absence of the father figure in many of Arrabal's works, or the father's victimization by the mother (who self-righteously seeks to extirpate paternal memory from the son's consciousness) has been noted by several commentators, as well as the autobiographical basis. Arrabal's obvious familiarity with basic freudian theory and his creation of amoral, childlike personalities have also been repeatedly observed. What is novel in *La piedra iluminada* (Barcelona: Destino, 1985) is the manner in which such elements have been reshuffled. Childlike amorality and sexual aberration are combined in a sociopathic variation on the theme of the devouring female, a portrait in which Arrabal displays a detailed, almost clinical knowledge of the schizophrenic personality. However, this novel's focus is no longer upon an idealized father figure —quite the contrary. And the devouring female is not a mother, but believes herself incapable of motherhood: "Mi cuerpo de mujer no daba la vida. Yo era el punto final" (50). Unlike most of Arrabal's females (excepting the victimizing matriarch), this one is not relegated to a secondary role, nor is she a passive, submissive pawn.

The nameless protagonist offers a nearly classic case of schizophrenia: an eighteen-year-old female who lives in a semi-feral state in an abandoned green-house, she exists figuratively and literally in another world. The only other inhabitants of the property of the ruinous mansion are "el Mutilado" and "las hermanas," her putative father and two aging, obese, repugnant women she must address as aunt (while mentally denying any such relationship). The major function of the "hermanas" (aside from ravenous, continuous eating) is bathing and feeding "el Mutilado" and ministering to his sexual pleasures. The youth and relative purity of the narrator-protagonist contrast with the age, decrepitude and moral bankruptcy of the residents of the *caserón*. Their separateness is underscored by the protagonist's refusal to live in the house and her prolonged self-isolation, including her viewing of their distinct domains as hemispheres (cf. 13). Her solitary existence, almost hermit-like, has ascetic and mystic overtones, symbolically reinforced by elevation. She reaches the greenhouse attic by ladder, an area completely inaccessible to the *Mutilado* with his missing leg and the *hermanas* with their excessive corpulence.

The adult, alien, contemporary world of the *caserón*, identified with bourgeois conformity and hypocrisy, conceals extreme decadence and degradation behind its façade of respectability. "El mutilado y las hermanas vivían la decadencia como si formara parte de sus biografías" (44). A broad open patio with a fountain divides this lower, infernal domain from that of the protagonist, whose timeless, mythic realm thus comprises two regions, one lower and hostile, the other an elevated refuge (somewhat in the nature of a mandala).[1] In "el Firmamento," the greenhouse with its fantastic miniature reconstruction of the world as she conceives it, the protagonist has painstakingly re-enacted creation and history on the scale of insects, using matchboxes, toothpicks, bits of foil, buttons, twigs, wood chips and pins to build miniature temples and palaces, railway stations and public buildings whose origins and functions span the centuries of recorded time. The geography of "el Firmamento" features lakes, rivers, mountains and plains, scaled to the insects who are its only inhabitants saving occasional stray rodents or small reptiles.

The protagonist's relationship to this fauna is ambivalent, contradictory. She seemingly reveres insects, preferring their company to that of most people, but she performs regular, gory rituals of sacrifice: an electric train —the one bit of technology to penetrate "el Firmamento"— is sent at fixed intervals for the sole purpose of crushing the insects in its path. Nevertheless, her myths of creation are formulated with insects as the major actors (cf. 24). The protagonist's creative and destructive capacities are given equally free rein in "el Firmamento," but her destructive potential is confined to the insects until an unspecified impulse moves her out into society. Given the parellels between her and the insect world, the otherwise inexplicable change of habitat may be considered a new stage in her life cycle, moving from the pupal or larval stage (out of her sheltering cocoon) into an adult phase where she is guided by the urgings of instinct.

The protagonist is a fascinating creation because she is more than mere instinct, with a refined, lyric sensibility no less real because it is seldom externalized. At times, her meditative concentration achieves a mystic identification with nature and the world around her (cf. 43). Her hostility toward the *caserón* is metonymically symbolic of her rejection of its inhabitants, who on the psychosocial level represent adults generally, but specifically the generation that passively or actively supported Franco: "una poderosa corriente fatalista modeló la realidad del Caserón. Sustituyó al triunfalismo que conoció años atrás" (13). The protagonist's hostility to this world is attenuated or suppressed in her contacts with "el Mutilado" and "las hermanas," or externalized indirectly via self-imposed isolation. She seldom leaves "el Firmamento," but when she does, the mechanisms of habituation and repression regulating her conduct toward adults no longer function to control her conduct.

No clues are supplied as to the trauma which initially provoked this extreme separation between generations. It may be related to the death or disappearance of the girl's mother, who is never mentioned. Clearly, the protagonist has never identified with her mother as a role model, and this underlies a severe psychosexual imbalance; she has identified not with the nurturing or life-giving aspects of womanhood but with those of a priestess of death:

> En el Firmamento, los ritos funerarios eran de la misma índole que los culturales. Todos los días enterraba uno de los insectos que amanecía muerto. Le soplaba en la boca y en los ojos ... Mientras envolvía los restos del insecto muerto en tiritas de papel de fumar hacía como que gimoteaba. (57)

The schizoid personality is characterized by aloofness and indifference to others, traits evident in all of the protagonist's few relationships excepting her platonic friendship with a Japanese Sumo wrestler, "K," whose radical innocence makes him equally childlike. Incapable of sustaining normal social relationships, the schizoid simply withdraws, yet may be capable of sustained, even brilliant creative work. These traits are obvious in the protagonist, whose creative energies have been channeled to the invention of a complex cosmogony whereby she transforms her domain from the dust and rotting leaves of the greenhouse attic to the lofty, spiritual plane of "el Firmamento." It is no longer a forgotten, crumbling space populated by insects and vermin: she has symbolically recreated there the myths and religious history of mankind complete with tombs, monuments, temples and mausoleums, whose existence in turn supports her mythology. Portions obviously have biblical resonances, as in these intertextual echoes of Noah and the Ark:

> Según una leyenda, antes de la muerte del jardinero hubo una inundación en el invernadero. Todos los insectos perecieron ahogados. Sólo se salvaron algunas parejas que se refugiaron dentro de un caparazón de tortuga. Cuando se retiraron las aguas, estas parejas reconstruyeron el invernadero. (109)

The schizoid is often reclusive, reacting with hostility and even violence to invasions of privacy, symptoms found in the protagonist of *La piedra iluminada* who, if not a total recluse, is so to a degree, having absented herself from "el Firmamento" only once since beginning her residence. This occurred during a week some three years before when, at the age of fifteen, she visited a famous ninety-one year old painter, known by the initial P (a character reminiscent of Picasso). Almost the only acquaintance she sees regularly is a homosexual painter, S, who represents decadence much as the *Mutilado* and *hermanas* represent degeneration or degradation. S "intuía que la decadencia formaba parte del presente [y] ... apreciaba sus aspectos positivos" (47). Furthermore, S appears to be the link between the protagonist and the external world, having acted as liaison in her visit to P (whom he admired and hoped to possess vicariously through the girl).

The obscenity of the relationship between the *Mutilado* and the *hermanas*, the abject masochism of S, and the exaggerated sexual deviance of the wealthy, titled, but scarcely "beautiful" people introduced by S to the protagonist —all contrast vividly with the pure spirit of K, a symbolic pilgrim in quest of wisdom and spirituality, whose energies are dedicated to liberating the soul from carnal enslavement. K's enormous obesity (necessary attribute of the Sumo) is scorned by S who terms him "ese bebé de diez toneladas" (159). But for the protagonist, this huge body is pure spirit: "Su cuerpo irradiaba una luz interior, mientras que el de los demás, en torno a él, difundían tinieblas" (156). K thus provides the starkest contrast to the protagonist's other contacts, constituting a possibility of "salvation." The juxtaposition of K and S, the only two human beings with whom the protagonist sustains meaningful relationships, re-emphasizes her schizophrenia, for they are utterly dichotomous: not only do they represent Occident and Orient, but purity and spirituality versus corruption and carnality, rendered more reprehensible in S's case because he is an intellectual who has surrendered to the flesh.

In schizophrenics, the "splitting of the mind" produces not so much a dual personality as a massive "dropping out" of the individual from his or her surroundings and a preoccupation with delusions or fantasies. For the protagonist, these take the form of complex evolutionary histories, retelling the history of mankind in totally egocentric fashion: her small private world ("el Firmamento") becomes the center and motivating force of all creation. Another aspect of splitting of the mind involves the protagonist's capability of separating herself as psychic entity from her body: she thinks and speaks as though her body were an object which does not intimately involve her, especially at those times when she is treated as an object of sexual desire. She offers no resistance to such invasion of privacy, but those who approach her end by paying with their lives. Modelling herself on the black widow, she becomes the executioner of those who invade her body. She employs the insect analogy to dispose of two men simultaneously —the *bedel* and *portero* of the Conservatory who (finding her there alone late at night) had joined forces to rape and sodomize her. Consulting K, who replies allegorically, she reflects: "Cuando terminaba el enlace aéreo la reina hormiga y el macho volvían a la tierra. El macho para morir. La reina encontraba en seguida un agujero en el suelo bajo una piedra o una yerba" (40). Her identification with the "reina hormiga" extends to "going underground" after executing the *portero* and *bedel*, retiring from her murderous career. Meditating upon S's attempts to entrap her in a discussion of the murders, she wonders, "Las hormigas guerreras, ¿sentían una alegría existencial al matar?" (90). Her identification with insects and separation of emotion and intellect seem complete.

Arrabal has effectively captured and reproduced the major schizophrenic symptoms in the protagonist, whose alienation from those around her is evident in this recollection of her first victim, a mature man who invited her to see a movie where he proceeded to take advantage of her. The girl's recollection of the incident illustrates her separate of psyche and body, the sociopathic absence of emotion:

> El desconocido se arrodilló entre las piernas-de-mi-cuerpo. Cubrió mis muslos de baba y de saliva. De esta manera sus manos y sus brazos no me impedían ver la pantalla. Los aviones habían cesado de dar vueltas y revueltas. Con su frente apoyada en mi ombligo emitía sonidos indefinibles. ¿Rezaba?, ¿sollozaba?, ¿relinchaba suavemente? Todo lo maloliente, sucio, inmundo que cargaba con mi cuerpo le preocupaba. (17-18)

The reiteration of rhetorical questions is characteristic of the protagonist's discourse, as is her insistent refusal to speak of the parts of her body as belonging to an integrated entity. She terms "velada" those occasions when she executes her ardent swains, but narrates in third person, as though it did not involve her. Further distancing results from metaphorical indirectness in relating the murders (cf. 19).

A probable reason for the protagonist's lack of remorse is her division of the world in two groups, one containing "mortals," and the other comprised of herself and K. When a mailman finds her sleeping in the park and takes her to his apartment, he becomes her second victim. Again, the murder is related with such distanciation as to suggest that the protagonist was physically absent:

> La Velada se prosiguió todopoderosa. Como un príncipe, el cartero repartía el botín entre las células de su cuerpo. ¿Esperaba el fulgor del oro?, ¿del diamante?, ¿del rayo?, ¿de la luz perpetua? El almohadón cubría su cabeza, pero no el levísimo ronquido o lamento interminablemente aconsonantado que emitía. No vio como la hoja entraba en su cuello. (27)

The night on which the protagonist returns to the Conservatory to execute her revenge against the *portero* and *bedel*, she employs other metaphorical equations with insects, first to describe the two rivals for her favors:

> Las hormigas guerreras del invernadero atacaban a sus rivales con sus mandíbulas, como alicates cortaalambres. ¿Cegadas por la virulencia? Hubieran podido renunciar a ella ... ¿Qué satisfacción experimentaban cuando al final de la batalla contemplaban el campo plagado de abdómenes descuartizados, de patas cortadas y de antenas cercenadas? (73)

A few lines below, the *bedel* is compared to "ciertas moscas pupíparas," evoking an almost immediate association with her ritualistic, twice-daily sacrifice of insects to the train which "Volvía a mí con las ruedas delanteras y el morro ensangrentados y con restos de insectos aplastados, reventados" (75). More philosophically, mankind's acts of mutual aggression are compared to the struggles of insects driven by reproductive urges: "La caza de cabezas, el canibalismo, las mutilaciones físicas, el escalpado, las guerras de exterminio, los sacrificios humanos, ¿daban respuestas complejas a tensiones inexplicables, dóciles vocaciones enardecidas por el son de la carne?" (75) Unable to kill both the *portero* and *bedel* by slitting their throats as she had the stranger and mailman, she provokes them with a striptease, leading the *portero* to stab the *bedel* in the back in order to have her to himself, thereby facilitating her subsequent dispatch of the survivor. A moment of meditation (stimulated by S's discussion of the unsolved crimes) leads her to reflect upon connections between Eros and Thanatos, love and death, again comparing the instincts which drew her victims to their deaths with those of insects:

> Entre las polillas del invernadero, el placer era preponderante. Entre las
> termitas la procreación. Placer y procreación, ¿eran dos fuerzas del Firmamento
> terribles y sombrías? ¿infieles a la gloria? ¿Eran las instintivas estampas de un
> paraíso perdido? (84)

However, it is not only her victims who are equated with insects, since
her admired K is similarly described: "Radiante de felicidad, K parecía un
insecto recién salido de la larva" (97). And when she thinks of going
away with K in search of a complete spiritual union, she expresses their
relationship in terms of the mating ritual of a pair of cockroaches (145-
51). A special analogy is drawn between K's separation of love from
immediate sexual gratification and the courting behavior of the
cockroaches. K had told her:

> Separo el deseo del amor, lo reprimo, lo modelo. ... Practico la continencia
> cuando alimentas mi deseo. Esta ruda abstinencia ilumina mi castidad y da
> paso a todos los goces espirituales. También tiene un carácter sensual: es el
> resorte de la clarividencia y del éxtasis. (148-49)

These words are associated with the insects' motionless wait, postponing
the copulation: "¿Vivían momentos de frustración? ¿Gozaban por el contrario de la espera? El retraso, ¿lo habían planeado? ¿Era una etapa necesaria?, ¿un prólogo?, ¿una apertura? ... ¿Sentían crecer el deseo?" (148)
Implicitly, this association emphasizes the parallel between the insect
world and her own (including K), further separating them from the rest
of humanity. The break is complete.

Arrabal is no writer of exemplary tales, and it appears that the protagonist's crimes will go unpunished. She and K commence their prolonged,
symbolic journey, he holding in his hand the *piedra iluminada* whose nature and function are never elucidated, although it obviously relates to
the spiritual quest. Stone is a "symbol of being, of cohesion and
harmonious reconciliation with self" (Cirlot 299), and thus apparently
represents the path to psychic integration. But it is the opposite process
which interests Arrabal, i.e., the presentation of psychic disintegration,
and thus he does not follow the protagonist beyond the moment when K
arrives and she responds, "vamos" (161). With *La piedra iluminada*, Arrabal
has taken another step in his own quest for psychic integration, exorcising
the demon phantoms of Devouring Mother and Victim Father which have
haunted his work heretofore. On a deeper archetypal plane, however,
what he has done is to fragment the Devouring Mother (replacing her
with the *Mutilado* and *hermanas*) and reversing the passive, victim's role of
Father and Son(s) by combining them with the sociopathic aggression of
the female protagonist (who is a victim, but far from passive). If Arrabal's
complexes have been to a significant degree the wellspring of his art, his
fans need not despair: mutations notwithstanding, his personal demons
are alive and well.

Note

1. Jung specifically associates the mandala with "certain states of conflict, and cases of schizophrenia" (3), and observes that they occur frequently "in the form of a cross, a square, an octagon, etc." He further relates the mandala to "conditions of psychic dissociation or disorientation," all of which are relevant to the mentality of the protagonist of *La piedra iluminada*.

Cirlot remarks that the mandala is "found all over the Orient, and always as a means towards contemplation and concentration" (190), adding that "in a purely psychological sense it is feasible to identify the mandala with all figures composed of various elements enclosed in a square or a circle" (191), thus providing further points of coincidence with the universe created by Arrabal's protagonist. Arrabal, whose paintings abound in hermetic symbols, is unlikely to be ignorant of the mandala symbolism.

Works cited

Arrabal, Fernando. *La piedra iluminada*. Barcelona: Destino, 1985.

Cirlot, Juan Eduardo. *A Dictionary of Symbols*, translated by Jack Sage. New York: Philosophical Library, 1962.

Jung, Carl G. *Mandala Symbolism*, translated by R. F. C. Hull. Princeton: Bollingen Paperbacks, 1962.

Explicaciones diacrónicas en la enseñanza del español a extranjeros

Carmela Pérez-Salazar Resano
Universidad de Navarra

Pocas veces he podido encontrar alusiones a la conveniencia de la perspectiva diacrónica en la enseñanza de una lengua,[1] y menos aún cuando esa enseñanza, en concreto del español, va dirigida a extranjeros.[2] Y sin embargo, mi corta experiencia como docente en esta materia me ha confirmado no ya la conveniencia sino la necesidad de introducir el plano histórico a la hora de explicar algunas cuestiones gramaticales; valga añadir que los estudiantes, lejos de mostrarse reticentes, reciben con gusto este tipo de aclaraciones.

Se podría pensar que, si ya la gramática castellana es compleja considerada sincrónicamente, la explicación diacrónica contribuirá a hacer más difícil el aprendizaje; muy al contrario, he tenido ocasión de comprobar que, a la pregunta tantas veces formulada por el estudiante de español como segunda lengua de "por qué", ante un hecho sincrónico, la respuesta más clara deberá partir de una etapa anterior, dado que, como es bien sabido, la lengua funciona en la sincronía, pero se constituye en la diacronía. Así lo señala Diego Catalán: "Todo estudio sincrónico de una lengua obra sobre una abstracción muy artificial al tratar de reducir a un sistema de signos único lo que en cualquier hablante es una pugna entre varios sistemas simultáneos y a menudo incompatibles" (Marcos Marín 61).

En otras palabras, la perspectiva histórica puede evitar el aprendizaje puramente memorístico, ofreciendo a un sistema de signos y reglas aparentemente arbitrarios una explicación lógica al menos de cómo se ha llegado hasta él.

No menos importante es que a menudo permitirá al estudiante el conocimiento del idioma en sus variedades diatópicas y diastráticas —según haya operado la evolución en boca de hablantes de una u otra región, de tal o cual estrato social— así como la posibilidad de enfrentarse a textos castellanos antiguos, siendo tan rico el caudal literario en lengua española.

No creo imprescindible que se parta del conocimiento del latín. Para explicar ciertos aspectos fonéticos, morfológicos, sintácticos y léxicos basta con acudir al español medieval y clásico. No obstante, es condición básica que el alumno a quien se dirija la enseñanza posea ya cierta habilidad en el manejo del castellano.

Son muchos los fenómenos lingüísticos susceptibles de ser presentados desde el plano histórico. Dada la imposibilidad de desarrollarlos todos en tan pocas páginas, voy a centrarme en la explicación de dos de ellos: el *pronombre usted* y el *tiempo verbal de futuro*, no sin antes citar otros como mera sugerencia: participios en *a(d)o*; leísmo, laísmo y loísmo; uso de la preposición *a* ante complemento directo de persona; tiempos verbales compuestos; formación de la voz pasiva; superlativo, etc.

1. Una de las cuestiones que puede plantearse el estudiante de español —no sólo el extranjero sino incluso el hablante de castellano como primera lengua— es el hecho de que al pronombre de segunda persona *usted* le corresponda la tercera persona verbal. Considerado sincrónicamente, puede parecer incoherente que, siendo el receptor una misma persona en las secuencias:

tú tienes suerte

usted tiene suerte

haya que variar la forma verbal por el mero hecho de la diferencia de circunstancias sociales (Lapesa).

Habrá que partir de la evolución de las formas de tratamiento en castellano para comprobar cómo en función de las vicisitudes sociales se ha llegado hasta el estadio actual.

Tú y *vos* eran las formas pronominales sujeto de segunda persona en la Edad Media. Siendo mucho más compleja que actualmente la organización social, es difícil establecer la división exacta en el empleo de ambas formas. En líneas generales, los primeros textos castellanos muestran que *tú* era usual entre las clases populares, mientras que *vos* era propio de las personas de clase elevada.[3]

A lo largo de la Edad Media, el uso cada vez más generalizado de *vos* vino a rebajar de tal manera su valor de respeto que, progresivamente, llegó a indicar familiaridad íntima, inferioridad de la persona tratada e incluso podía ser un insulto, tal como indican numerosos autores de la época áurea y del siglo XVIII, gramáticos y literatos.[4]

> Pronombre primitivo de la segunda persona del plural ... y no todas las veces es bien recibido, con ser en latín término honesto y común a todos (S. de Covarrubias, *Tesoro de la lengua Castellana*, 1611).
>
> De vos tratamos a criados y vasallos ... Entre amigos, donde no hay gravedad ni cumplimientos, se tratan de vos (G. Correas, *Arte de la lengua castellana*, 1626).
>
> > [M]udad, señor, en tú el vos;
> > que el vos en los caballeros
> > es bueno para escuderos.
> > (Tirso de Molina, *La huerta de Juan Fernández*)
>
> [D]el pronombre *vos* nos servimos hablando con inferiores y de ordinario con alguna suerte de enojo (D. Gregorio Garcés, *Fundamento del vigor y elegancia de la lengua castellana*, 1791).

Esta progresiva degradación de *vos* produjo la necesidad de crear nuevas formas de cortesía, como el pronombre de tercera persona *él*. De más difusión gozaron las basadas en un sustantivo de contenido elogioso: *merced*, *gracia*, *excelencia*, *alteza*, etc, precedido de un posesivo.

Vuestra merced, documentado ya en el siglo XV (Pla Carceles 245), se generalizó como tratamiento cortés en el Siglo de Oro. Esta nueva fórmula permitía el distanciamiento —por exigir la tercera persona verbal— frente a las connotaciones señaladas de *vos*. *Vos* sobrevivió en España hasta mediados del siglo XIX[5] y hoy perdura en amplias zonas de Hispanoamérica (Salaregui, "Aproximación").

Dada la frecuencia de uso de las formas pronominales, no es de extrañar que se produjera una progresiva simplificación: *vuessa merçed, vuesarçed o vuesançed, vuçed o vuested*, que ha derivado en *usted*.

Usted (plural *ustedes*), gramaticalizado con verbo en tercera persona —a excepción de parte del andaluz, donde se emplea la 5ª persona verbal para la forma ustedes: *ustedes hacéis, ustedes venís*— es el actual pronombre de respeto.[6] El mero hecho de que este pronombre, al menos en español, sea cada vez menos usual entre las generaciones más jóvenes en favor de *tú*, que tiende a generalizarse, da una idea del dinamismo del sistema, en perpetua evolución, de modo que podría pensarse hasta en la posible desaparición de este pronombre y, quien sabe, en la creación de un nuevo recurso para significar la cortesía.

2. Entre las múltiples irregularidades que es necesario explicar al exponer la conjugación en español, hay que mencionar la del futuro y condicional de algunos verbos en -er, -ir. Así, junto a formas como *cantaré, temeré, partiré*, encontramos otras con alteraciones en el radical: *podré, vendré* (y lo mismo en los condicionales, *podría, vendría*).

Si bien es cierto que son pocos los verbos que presentan esta particularidad —tan sólo doce— y que resulta fácil memorizarlos, no estaría de más aludir al proceso de formación del futuro; y ello por varias razones.

En primer lugar, interesa saber que las formas de futuro y condicional son de creación romance y que ambas se han formado a partir del infinitivo y del auxiliar *haber* en presente e imperfecto respectivamente.

Por otra parte, las alteraciones en dichos tiempos no han afectado siempre exclusivamente al grupo de verbos que aparecen hoy como excepcionales. Es muy frecuente encontrar en la Edad Media, cuando todavía no existía una normativa de uso, otros verbos en -er, -ir con pérdida de vocal (Saralegui, "Morfología" 419-59; Company 48-107) y actualmente pueden oírse, en determinadas zonas de habla hispana, futuros y condicionales que discrepan de la norma, de modo que aún está vigente la vacilación medieval.[7]

Antes de proceder a explicar la creación del tiempo verbal futuro, conviene dejar clara una cuestión que atañe a la fonética: las vocales no acentuadas, especialmente cuando están entre un acento principal y otro secundario, tienden a la relajación, en mayor o menor grado según sea la pronunciación más o menos cuidada (T. Navarro Tomás, *Manual de pronunciación española* [Madrid: CSIC, 1980] § 44). Teniendo en cuenta esta tendencia —más acusada aún en francés e inglés— no es de extrañar que en la lengua vulgar actual se produzca incluso la pérdida de la vocal átona, como ocurre en la terminación *-ísimo* del superlativo, de modo que es frecuente oír: *buenismo, muchismo,* etc. (De hecho, muchas palabras han perdido, en su paso del latín al castellano, una vocal no acentuada —a excepción de la *a*. Así: tabla < TABULAM. Esto puede provocar nuevos trastornos fonéticos, como la intercalación de una consonante *b* o *d* entre dos consonantes impronunciables (MEMORARE > memrar > membrar). Ambos fenómenos van a tener lugar en el futuro verbal.

Como se ha señalado, este tiempo fue en origen una perífrasis formada por dos elementos: infinitivo y presente del verbo *haber*, que en principio tuvo valor obligativo, es decir, equivaldría a las actuales *he de cantar, tengo que cantar, debo cantar*. En la medida en que pasó a ser una forma simple, de modo que el infinitivo quedaba como raíz verbal y el auxiliar como desinencia de futuro, perdió este valor: *cantar + hé > cantaré*.

Se observa que este proceso trajo consigo que, de dos acentos originarios —*cantar, hé*— se conservara un único acento principal, el del verbo *haber*. En los verbos de las conjugaciones segunda y tercera quedó entonces una vocal *e, i*, átona, entre dos acentos, secundario y principal.

> vivír + hé > viviré
> comér + hé > comeré

La tendencia apuntada a la pérdida de esta vocal va a actuar irregularmente, de modo que afecta a algunos futuros que hoy son regulares según la norma académica —*debré, morré*— o no afecta siempre a los que se han generalizado como sincopados: *cabré, diré, habré, haré, podré, pondré, querré, sabré, saldré, tendré, valdré* y *vendré* (Saralegui, "Morfología" §§ 10-11).

Puede decirse, como señala C. Saralegui, que la autoridad normativa de Nebrija contribuyó a la fijación de estos verbos como irregulares; prueba de ello es el hecho de que los futuros que menciona como sincopados son los mismos que hoy se mantienen como tales, a excepción de *pondré*, que no cita, y de *morré*, hoy *moriré* (Saralegui, "Sobre la morfología" 204).

Un nuevo dato confirma el dinamismo del sistema. Es un hecho que en algunos puntos del dominio del español (Saralegui, "Morfología" 210-11) hay una tendencia a recurrir a la perífrasis *ir a + infinitivo* para la expresión del futuro en detrimento de la forma única gramaticalizada, que en origen fue también perífrasis y desterró a las formas latinas. No extrañará por tanto la afirmación de que existe un movimiento "desgaste-renovación" palpable en las dos cuestiones tratadas.

3. En pocas palabras, son muchas las ventajas de introducir la explicación histórica en la clase de español:

Viene a mostrar al alumno que la lengua es un sistema de sistemas constituido a lo largo del tiempo y en perpetua evolución.

Facilita la interrelación de los distintos ámbitos lingüísticos: fonético, morfosintáctico y léxico, y de éstos con lo extralingüístico, como se ha visto al exponer los pronombres de tratamiento.

Puede dar a conocer, en algunos aspectos, la forma interna del español, es decir, las tendencias que han caracterizado desde siempre a la lengua y que continúan vigentes; así si considerásemos —como antes sugerí— el problema del *leísmo, laísmo* y *loísmo*, observaríamos algunas constantes de la lengua española, tales como la confusión de las nociones de complemento directo e indirecto —o de transitividad-intransitividad— o la búsqueda de distinción entre lo personal y lo no personal y lo masculino y femenino.

Notas

1. "[N]o puede entenderse una compleja situación sincrónica sin conocer cómo ha llegado la lengua a tal estado" (Marcos Marín, "La lengua" 56).

2. "[E]l aspecto histórico de la lengua se escatima la mayor parte de las veces —si no todas— en la enseñanza del español, de tal modo que sólo los estudiantes universitarios de Filología acceden a las disciplinas de lingüística histórica. Pues bien, la explicación del *voseo* a estudiantes de Bachillerato, o de español como segunda lengua, permite a éstos entrar en contacto con determinadas cuestiones del español medieval y clásico" (Saralegui, "Aproximación" 56).

3. Así, por ejemplo, el Cid y Doña Jimena se vosean (Cfr. R. Menéndez Pidal, *Poema de Mío Cid*). De tuteo pueden sevir como testimonio las estrofas 959-971 del *Libro de Buen Amor* de J. Ruiz, Arcipreste de Hita.

4. Las citas que recojo están tomadas del artículo de J. Pla Carceles, "La evolución del tratamiento vuestra merced". Este autor aduce numerosos testimonios del avulgaramiento de *vos* durante los siglos XVI, XVII y XVIII.

5. Cfr. Pla Carceles ("La evolución") que cita como último testimonio un artículo de D. Enrique Gil, publicado en *Los españoles pintados por sí mismos*.

6. Valga indicar que en Canarias y América las nociones de confianza y respeto se neutralizan en el único plural *ustedes*.

7. Cfr. A. Rosemblat 2: 234-36, y C. Saralegui, "Morfología", que comenta el artículo de Rosemblat y añade algunas notas a la clasificación que éste hace de los futuros y condicionales.

Obras citadas

Company, C. "Los futuros en el español medieval. Sus orígenes y su evolución". *NRFH* 34 (1985-86): 48-107.

Lapesa, R. "Personas gramaticales y tratamientos de sistemas". *Revista de la Universidad de Madrid* (Homenaje a Menéndez Pidal) 4: 141-67.

Marcos Marín, F. "La lengua como pluralidad de sistemas". M. Alvar y otros. *Lecturas de sociolingüística*. Madrid: 1977. 53-61.

Menéndez Pidal, Ramón. *Poema de Mío Cid. Texto, gramática y vocabulario*. 3 vols. Madrid: 1956.

Pla y Carceles, J. "La evolución del tratamiento vuestra merced". *RFE* 10 (1923): 244-80.

Rosenblat, Angel. "Notas de morfología dialectal". *Estudios sobre el español de Nuevo Méjico*. 2 vols. Buenos Aires: 1946.

Salaregui, C. "Aproximación al voseo hispanoamericano". *RILCE* 2.2 (1986): 277-88.

———. "Morfología del futuro y condicional castellanos: polimorfismo antiguo y fijación lingüística". *Medioevo Romanzo* 8 (1981-83): 419-59.

———. "Sobre la morfología de algunos futuros y condicionales de las hablas hispánicas". *Homenaje a Alvaro Galmés de Fuentes*. II. Madrid: Gredos.

La Viña de Nabot, de Segundo Serrano Poncela: novela de la Guerra Civil

Gerardo Piña-Rosales
C.U.N.Y. at Lehman College

> ¡Señor! la guerra es mala y bárbara; la guerra,
> odiada por las madres, las almas entigrece;
> mientras la guerra pasa, ¿quién sembrará la tierra?
> ¿Quién segará la espiga que junio amarillece?
>
> (Antonio Machado)

> ¡Qué tres años sin sentido! España desgarrada, con sus
> grandes Idearios frente a frente, auto-mutilándose ... Miles y
> miles de muertos, ciudades castigadas por el fuego, pueblos
> destruidos, riqueza aventada, hermanos asesinados por her-
> manos, venganzas, guerra incivil, bruta. Estos dedos míos
> con que escribo, ¿no están, asimismo, manchados de san-
> gre?
>
> (S. S. P.)

En 1976, sin haber regresado aún a España, moría en Caracas el escritor exiliado Segundo Serrano Poncela. A raíz de la terminación de la Guerra Civil, Serrano Poncela se había visto obligado —como tantos otros españoles del éxodo y el llanto— a abandonar la Península. Truncada su vida por el desgarrón de la guerra —en la que había participado activamente—, tuvo que emprender en 1939 el rumbo ignoto del destierro. Tras un largo y arriesgado periplo por Europa, Africa, Brasil, Centroamérica y Estados Unidos, Serrano Poncela recaló, al fin, en Santo Domingo. Después de ejercer la docencia durante varios años en la Republica Dominicana y Puerto Rico, en 1968 se trasladó a Caracas, en cuya Universidad Central desempeñaría la cátedra de Literatura y Teoría Literaria hasta su muerte.[1]

En 1953, el mismo Serrano Poncela se lamentaba de que todavía no hubiese aparecido la gran novela de la Guerra Civil. Treinta años más tarde, el escritor exiliado Roberto Ruiz, afirmaba —en una conferencia pronunciada en Nueva York— que, a esas alturas, la gran novela de la guerra española seguía brillando por su ausencia.[2] Serrano Poncela trabajó en La Viña de Nabot desde enero de 1958 hasta diciembre de 1970, aunque la novela se publicaría de forma póstuma en 1979.

A diferencia de tantas y tantas novelas escritas sobre la Guerra Civil que, en puridad, son memorias anoveladas —más o menos tergiversadas por la subjetividad cerril y maniquea de sus autores— La Viña de Nabot descuella, ante todo, por ser una honda y decantada meditación sobre las

causas y consecuencias del gran drama nacional.[3] Los testigos de este drama no son otros que los propios personajes de la novela; víctimas del horror y del caos convulsivos de la guerra, son ellos mismos quienes se en-
cargarán de relatarnos sus traumáticas experiencias.[4] El protagonista, Tomás Dídimo Balsaín, es, sin lugar a dudas, el *alter ego* del autor, portavoz
de sus pensamientos, reflexiones, dudas, temores y esperanzas.

Con ciega impotencia, Tomás Dídimo Balsaín, joven combatiente en la
Guerra Civil, contemplará el desmoronamiento de sus ideales, fundados
en la creación de una España auténticamente democrática, igualitaria y
progresista, liberada por fin de su reaccionarismo secular. A pesar de que
al final de la historia, Dídimo Balsaín acabe frente al paredón de fusila-
miento, su lucha no habrá sido en vano: en el hijo que Marta María —su
amante y compañera— lleva en sus entrañas se vislumbra al menos un
débil rayo de esperanza.

Son muchos los personajes que desfilan por este gran mural de la
Guerra Civil española, y sería prolijo —e innecesario— que pretendiese
hacer ahora referencia a todos ellos. Baste mencionar, sin embargo, a
Diosdado, hermano de Marta María, sacerdote desgarrado entre sus arraigadas creencias religiosas y el clima de odio y crueldad que le rodea. Lugar preeminente en la novela ocupan las relaciones amorosas entre Garcés,
amigo de Tomás, y Ana —relaciones que alcanzarán dimensiones trágicas
cuando la muchacha muera durante un bombardeo en el Madrid sitiado.
Trágica es también la historia de Claudia —la bella y dulce hermana de
Tomás— víctima del depravado Arsenio, asesinado a su vez por la ven-
gativa y justiciera mano de Dídimo Balsaín. Aherrojados a una situación
límite, los *dramatis personae* de esta tragedia sentirán aflorar en sus conciencias lo mejor y lo peor de sí mismos.

El alegórico título de *La Viña de Nabot* nos remite a un pasaje bíblico
—no muy conocido—, glosado por el autor en el texto mismo de la novela. Simbólica y alegóricamente,[5] las uvas aluden a un rito de sacrificio y
de fecundidad: España sacrificada en una guerra atroz y sanguinaria de la
que, a pesar de los pesares, brotará algún día la paz y la concordia. La
viña es símbolo de juventud y de vida eterna: España ha de superar los
oscurantismos e intransigencias de su pasado tormentoso y guerrero y
avanzar con optimismo hacia el futuro (J. L. Cirlot 360).[6] El sentido último y trascendental de *La Viña de Nabot* cabría interpretarse, pues, de la
siguiente manera: la Viña es España; Nabot, su legítimo dueño; Jezabel, el
ambicioso enemigo.

Al estallar la guerra, Tomás Dídimo Balsaín, de veinticuatro años, universitario, idealista apasionado, aboga por el nacimiento de una sociedad
y de un hombre radicalmente nuevos. A su juicio —todavía tan inma-
duro— la guerra supondría, con su estela de sangre y de fuego, la extir-
pación de los endémicos males que durante siglos habían azotado a su
país:

Una gran pústula cubrió el cuerpo de España, su cuerpo caduco, retrógrado, provinciano, y él era parte de esta pústula. Pensaba en la delicia de pasar por encima del cuerpo con la lenta pesadez de una apisonadora; por encima de siglos de historia heroica, de hábitos acartonados, de vanidades y modos de vivir centenarios. (180-81)

Para Tomás, los primeros días de la guerra suponen una verdadera liberación del ambiente tedioso y anodino en que hasta ese momento había vivido:

> Todo triste, vacío, desprovisto de sustancia. Ahora está seguro de haber decidido bien convirtiéndose en soldado de la república. Patria, Libertad, Revolución. Vivir en el presente puro tejiendo y destejiendo la propia vida. Penélope con fusil y botas de polaina, en la cima de la Sierra de Guadarrama, oliendo a romero y resina, inmune e inocente a la vez. Lo demás, miseria. (102)

Conforme la guerra avanza y recrudece, el joven soldado —mal que le pese— ve cómo sus convicciones y actitudes iniciales se van derrumbando inexorablemente: "En mi experiencia aun creía que se crece con el sufrimiento, que el sufrimiento enseña; ignoraba que el sufrir, por el contrario, limita la vida del espíritu" (187).

Indagando en el pasado histórico de su pueblo, Dídimo Balsaín pretende justificar el enajenante y turbador sentimiento de culpa que le atenaza:

> Siempre hemos vivido los malaventurados españoles bajo el signo de la guerra civil: moros y cristianos, judíos y cristianos, herejes y católicos, Portugal contra Castilla, Cataluña contra Castilla, ilustrados y tradicionalistas, gabachos y capones, polacos y panduros, carlistas e isabelinos, cantonales y unitarios, separatistas y centralizados, krausistas y donosinos, marxistas y falangistas. Por supuesto, hablamos de ideologías o creencias y cubrimos la pelleja con exóticas vestimentas; pero esta guerra, como las demás, no es otra cosa que la sangría suelta que acostumbramos a aplicarnos los españoles de tiempo en tiempo. (207)

Cuando se le revelen a Tomás, en toda su crudeza, lo absurdo y sórdido de la guerra —de toda guerra— la aureola de heroicidad, y aun de misticismo, que había conferido a la contienda se desvanecerá como por ensalmo. A su entusiasmo inicial seguirá un creciente desaliento e insobornable escepticismo; su valor personal, individual, se irá diluyendo en la uniformidad e inocuidad del grupo. Considerada en sus preliminares como el único medio posible de salvación y de recuperación social y colectiva, la Guerra Civil le parece ahora —entre la sangre y la ceniza— un feraz y esterilizador castigo divino.

Si en *La Viña de Nabot* los tres años de violencia y muerte aparecen descritos en apocalípticos tonos, los pasajes sobre la recién comenzada diáspora no le van a la zaga. La transcripción de una de estas dramáticas secuencias, que recoge con fidelidad cinematográfica —potemkimiana— lo que la derrota y el destierro habían supuesto para aquellos españoles del éxodo y el llanto, me eximirá de otros comentarios:

> El campo parecía mudo y muerto: los habitantes de los pueblos por donde
> pasaba el ejército en retirada iniciaban también su éxodo por carreteras arras-
> tradas por bestias asustadizas, cargando bienes heterogéneos, colchones, sacos
> de harina, cerdos gruñidores; interceptaban los caminos reatas de asnos y des-
> tartalados camiones con el techo remendado y ejes de rueda renqueantes; gentes
> a pie, con su hatillo al hombro; perros inquietos que recibían feroces puntapiés.
> ... Era frecuente la aparición de escuadrillas de aviones italianos y alemanes que
> ametrallaban las concentraciones humanas. Ardían techos y pajonales; columnas
> de humo, enormes culebras aéreas, se arrastraban lentamente por un cielo hosco
> y cargado de chispas. Todas las miradas estaban fijas en la raya del horizonte
> más allá de las onduladas protuberancias que escondían las vegas naranjeras, ya
> cercanas, de Valencia y Castellón. (308)

Los elementos que configuran esta patética descripción del éxodo republicano durante los últimos días de la guerra pueden ser reducidos a
cuatro:

1. La desnaturalización del campo por el estremecido temblor de la
   batalla.
2. El apego del ser humano a los bienes materiales, incluso en circunstancias tales donde sólo la vida debería importarle.
3. El caos de la huida, agigantado por el miedo y las contradictorias
   noticias del frente.
4. La esperanza de salvación en las costas mediterráneas.[7]

En la cárcel, Tomás Dídimo Balsaín se refugia en las palabras de la
Biblia que, iluminándole, parecen adquirir de pronto un significado nuevo
y trascendental. Diosdado, el sacerdote, se esfuerza en vano por comprender su desolación y angustia. Se ha abierto entre ellos una zanja insalva-
ble, símbolo revelador e infausto del carácter discordante y cismático de
la guerra. Cuando Diosdado anima a Tomás a ponerse a bien con Dios,
sugiriéndole que se confiese y comulgue, éste —como si continuara en
voz alta el hilo de sus reflexiones— le contesta:

> No me preocupa blanquear mi conciencia ... si es que puede blanquearse.
> Más bien, quisiera, antes de morir, saber por qué muero. ¿Tú lo sabes? Pude
> escapar, como tantos otros y no sucedió así por azar, aunque éste sea un azar
> poco visible. Pero, desde otra perspectiva más lejana, mi muerte es el resultado
> de un compromiso. ¿Soy o no culpable? ... ¿Fue voluntario? ¿Quiénes somos
> inocentes y culpables? Me siento culpable, Diosdado, y tú también aunque no
> lo aceptes. En realidad todos tenemos una parte de culpa, mayor o menor, y
> esta conciencia acusadora es la que no me dejará morir tranquilo. (427)

Presintiendo cercana su muerte, Tomás le escribe a Marta María una
última carta, lúcida y postrera meditación en torno a los trágicos acontecimientos de la guerra, a sus razones —o sinrazones— y a sus devastado-
ras consecuencias. La guerra —telón de fondo y desencadenante de

infames y canallescos sucesos— fue una especie de microcosmos donde lucharon, para vencer o morir, los principios del Bien y del Mal: " ... comprendo —escribe Tomás— el significado de palabras como 'hombre', 'libertad', 'respeto', y otras como 'destruir' y 'matar' se me hacen claras" (431-32).

En *La Viña de Nabot* se enfrentan, de forma violenta y despiadada, el instinto de vida y el instinto de muerte (*eros* y *thanatos* freudianos), omnipresentes en la dialéctica de la cosmovisión nihilista y darwiniana de Serrano Poncela:

> La contienda entre los impulsos destructivos parece irresoluble y sólo encuentro una razón plausible para entender una dialéctica de, cada vez, más degeneradas síntesis: la criatura humana, el mono desnudo, la hiena locuaz es simultáneamente biófila y biófora, egoísta de vida y aniquiladora. Asimismo, como en todo lo inorgánico, el instinto de muerte acompaña a la pasión de vida. De tal modo somos algo carente de seriedad y finalidad; continuo girar en un vacío como resultado del encuentro de dos fuerzas poderosas y contrapuestas. (373)⁸

El ser humano, piensa el autor, emponzoña el Universo. La sociedad sólo nos tiende pérfidas trampas; al caer en ellas, el hombre se envilece aún más, y acaba por perder, en el maremágnum del gregarismo, el último reducto de su individualidad. De aquí, la patética soledad del protagonista, su exasperado pesimismo. Años después de la guerra, ya en su destierro americano, Serrano Poncela comprendería que, en realidad, la Guerra Civil no había hecho sino exponer, de modo descarnado, la crueldad innata del hombre y su capacidad para destruir y violar los principios mismos por los que se rige.

El hijo de Marta María, por ser hijo de un combatiente republicano, habrá de nacer también con el estigma indeleble de los vencidos. Marta María se debate entre la vida y el suicidio; sólo su hijo podrá salvarla y salvar así algún día la memoria del padre fusilado.

La Viña de Nabot (más de cuatrocientas páginas) está dividida en cinco partes: Jezabel (11-105); Los perros (109-231); Elías (235-316); El carro de fuego (317-80); Las uvas bermejas (383-434). Estos títulos —de obvias resonancias bíblicas— aluden directamente al contenido de los capítulos que nominan. En el poema "Elías" (314-15), escrito por el Arcángel (íntimo amigo de Tomás), se encuentran, de modo embrionario, los temas y motivos que habrán de desarrollarse en cada sección.

Muchos de los pasajes de la novela que, por su especial idiosincrasia, podrían inducir al desbordamiento retórico, están tratados, sin embargo, con gran contención y mesura. A ello se presta la prosa de Serrano Poncela, provista no sólo de gran plasticidad y sonoridad, sino también de una maleabilidad sorprendente para adaptarse a cualquier situación o personaje, infundiéndoles verosimilitud. Serrano Poncela demuestra poseer un fino oído para los tonos de voz y ritmos del habla que distinguen tanto a individuos como a las clases sociales. Como botón de muestra de esta heteroglosia, valga un fragmento extraído de una larga arenga, cuajada de modismos del Madrid popular y castizo, que pronuncia un bravucón y fantasioso miliciano:

> Y el Tomás dice, pa'lante pasmas que será un paseo, con cuatro tiros; pin, pan, pun y los fachas perdiendo el culo, así que me trepé al camión con el que iba en el baqué mandando que parece como nacido propiamente pa eso y no con el Gafas, porque siempre me cayó como plomo, pero os diré que aquello fue de órdiga, nos las piramos pal Guadarrama sentaos en el suelo del camión con el fusil en la entrepierna, la barba de días así con roncos pa no dejar un fascista vivo y los emboscados nos decían saluz camaradas alzando el puño, los muy cabritos decían saluz, la puta que los parió, si se les veía disposición de pegar un tiro, así es la vida compañeros, unos se joden y otros no. (60)

Frente a la tendencia fosilizante del lenguaje, Serrano Poncela se esfuerza en infundir a su discurso un aliento a la vez poético y realista, que se nutre no sólo del léxico y sintaxis familiar, vulgar o rústico, sino también del lenguaje especializado de la Literatura, la Filosofía, o las Bellas Artes. En esta imbricada intertextualidad contrapuntística aparecen, salpicadas a lo largo de toda la novela, un sinnúmero de alusiones a conocidas figuras de la cultura y la civilización universales: Bach, Marx, Lenin, Dostoyevsky, Baudelaire, Stendhal, Nietzsche, Unamuno, Machado, Dante, Quevedo, Fray Luis de León, Proudhon, Tales de Mileto, San Agustín, Santo Tomás, San Juan de la Cruz, García Lorca, Valle-Inclán, Rimbaud, Flaubert, Homero, El Greco, Cervantes, Shakespeare, y un largo etcétera.

Por la profundidad de su reflexión, su ecuanimidad moral y la ambición de su empeño estilístico y estructural, *La Viña de Nabot* constituye la culminación del arte narrativo ponceliano. Como *El laberinto mágico*, de Max Aub, *La cabeza del cordero*, de Francisco Ayala, o *Historias de una historia*, de Manuel Andújar, *La Viña de Nabot*, de Serrano Poncela, es una de las grandes novelas inspiradas en la Guerra Civil y debería ocupar, junto a ellas (esperemos que sea pronto), el lugar señero y privilegiado que le corresponde en el panorama de la novelística española contemporánea.

Notas

1. Disponemos de pocos datos sobre la vida de Serrano Poncela. Pueden percibirse, sin embargo, en algunos de sus escritos, veladas referencias de carácter autobiográfico, siendo *Habitación para hombre solo* (Barcelona: Seix Barral, 1963) el más revelador en este sentido. Además de algunos libros de crítica literaria, Serrano Poncela publicó varios volúmenes de cuentos y novelas, entre los que habría que destacar *La raya oscura* (Buenos Aires: Editorial Sudamericana, 1959) y *El hombre de la cruz verde* (Andorra: Editorial Andorra, 1969). Estudio estas novelas, y el resto de la obra ponceliana, en mi libro, *La obra narrativa de Segundo Serrano Poncela*, que publicará la Editorial Anthropos en un futuro próximo.

2. Roberto Ruiz, "Símbolos novelísticos del exilio", conferencia dada en la reunión de la *Modern Language Association en* Nueva York, diciembre de 1981.

3. Jorge Campos, al reseñar *La Viña de Nabot* en la revista *Insula*, declara sin ambages que esta novela de Serrano Poncela constituye "una gran meditación en torno a unos

hombres y mujeres determinados en unas condiciones sociales, históricas y aún familiares en unas circunstancias igualmente preciosas. Meditación que trasciende de la anécdota, incluso de la gran anécdota que ha pasado a los manuales de la historia" (Jorge Campos, "*La Viña de Nabot*, por Segundo Serrano Poncela", *Insula* 399 [1980]: 10):

4. En este sentido, *La Viña de Nabot* pertenecería a lo que Bajtín ha llamado "novel of ordeal" ("novela de la adversidad"), "The Bildungsroman and Its Significance in the History of Realism", *Speech Genres and Other Late Essays* (Austin: U of Texas P, 1986).

5. "Alegoría y símbolo no se excluyen recíprocamente", como afirma Marcello Pagnini en *Estructura literaria y método crítico* (Madrid: Ediciones Cátedra, 1982) 85.

6. J. L. Cirlot, *A Dictionary of Symbols* (New York: Philosophical Library, 1981) 360. Para la interpretación simbólica de las Sagradas Escrituras, véase Umberto Eco, *Semiotics and the Philosophy of Language* (Bloomington: Indiana UP, 1984) 147-53.

7. Demasiado bien sabían los vencidos la suerte que habrían corrido de caer en manos de los rebeldes. "After the Civil War a calculated reign of terror began aimed at punishing those who had opposed the Movimiento ... a law of February 9, 1939, declared all persons who had engaged in subversion or opposed the Movimiento even by 'serious passiveness' to be criminals" (Richard Herr, *Spain* [New Jersey: Prentice-Hall, 1971] 212).

8. La incesante lucha entre contrarios en que se debate el hombre y su afán destructivo son temas recurrentes en los escritos de Serrano Poncela. Ya en el Prólogo a *La Celestina*, Fernando de Rojas —haciendo suyas las palabras de Petrarca— afirmaba que lo que caracteriza a la Naturaleza es la lucha entre contrarios. Si todas las especies de animales luchan entre sí, "¿qué diremos entre los hombres a quien todo lo sobredicho es subjeto? ¿Quién explanará sus guerras, sus enemistades, sus embidias, sus aceleramientos é descontentamientos?" (*La Celestina*, Julio Cejador y Frauca ed., I [Madrid: Espasa-Calpe, 1966] 22).

Obra citada

Serrano Poncela, Segundo. *La Viña de Nabot*. Madrid: Ediciones Albia, 1979.

La hermandad del crimen:
Genet examina a Goytisolo

Randolph D. Pope
Washington University in St. Louis

En 1948 Genet se encontró por décima vez ante un juez y la ley francesa dictaminó que el castigo de semejante desacato era la cadena perpetua, la *relégation*. Lo salvó la fama que había adquirido mediante sus poemas y novelas, apenas veladas autobiografías, y la intervención de numerosos intelectuales franceses, especialmente de Cocteau y Sartre. Sus textos, primero editados privadamente en tiradas reducidas, aparecieron pronto, en versiones censuradas, en la prestigiosa editorial Gallimard. Una de las editoras allí era Monique Lange, quien convidó a cenar a su casa el 8 de octubre de 1955 a Genet y a Juan Goytisolo, recién llegado de España. Diez años después, Goytisolo escribe que "Genet le ayudará más tarde a desprenderse sucesivamente de sus tabús políticos, patrióticos, sociales, sexuales. El encuentro con una y otro —con Monique y Genet— desempeñará en su existencia futura un papel comparable, en importancia, a la guerra civil o a la muerte de su madre" (Sobejano 16). En *Coto vedado*, Goytisolo recuerda esa tarde que decidiría su destino y que es vista como el rápido y duro examen a que somete un maestro espiritual a su discípulo. Goytisolo se siente "intimidado" (259) por Genet, a quien describe como "calvo, menudo, lampiño, con una cazadora y pantalones de pana" (259-60). Goytisolo está por primera vez en casa de Monique, con quien ya se inicia una atracción compartida. Había razones para que ella pudiera haberle hablado bien del joven español al gran maestro francés, al exaltador del crimen, el castigo, la homosexualidad y la violencia, pues Goytisolo había escrito en su primera novela, *Juegos de manos* (1954), sobre el asesinato como un acto ritual que desarraiga definitivamente de la conformidad social.

Lo que dice exactamente Goytisolo es que está "intimidado por su presencia" (260). ¿Qué podía significar para él Genet? Los datos biográficos de los dos escritores eran muy diversos. Jean Genet era el hijo de una prostituta, que lo había abandonado, y de un padre desconocido. Había nacido el 19 de diciembre de 1910, y era por lo tanto veintiún años mayor que Goytisolo. Cuando niño había sido educado por el estado y fue asignado a una familia adoptiva, unos campesinos en Morvan, donde parece haber sido un niño modelo y feliz hasta los diez años. Era una sociedad rutinaria, tradicional, que valoraba el tener la tierra, el solar heredado, pero donde Genet, que todo lo recibe gratuitamente, se siente desposeído, por lo que comienza a robar, es castigado y finalmente enviado a un reformatorio. Sartre, en un largo y profundo estudio publicado en 1952, *Saint Genet: Comédien et martyr*, analiza meticulosamente el episodio del primer robo de Genet a sus padres adoptivos, y lo considera un intento de rebelarse ante un sistema al que no puede pertenecer. Pero a la vez, como lo ha señalado Coe en *The Vision of Jean Genet*, puede tratarse de un deseo de atraer sobre sí el peso del castigo para encontrar un lugar definitivo y claro dentro de esa sociedad, en una reserva marginal, donde escucha la voz del padre/juez y donde es devorado por el sistema judicial que se hace cargo de Genet y lo entrega a la protección del vientre materno, a la prisión.

Goytisolo había perdido a su madre en 1938 durante un bombardeo aéreo de la Guerra Civil y la relación con su padre estaba marcada por un cariñoso desprecio, pues éste había sido incapaz de hacer prosperar a la familia y vivía postrado por la enfermedad. La sociedad catalana le había enseñado (como la de Morvan a Genet) que uno era lo que tenía. Robar se transformó en un acto sacrílego que recuerda "perfectamente" en *Reivindicación del Conde don Julián* (289), como una forma de satisfacer al sádico amante, pero también como una forma de llamar la atención del (dios) padre. En el *Journal du Voleur* Genet explica: "Lo que necesito primero es que me condene mi raza" (31). Ni Genet ni Goytisolo simplemente dejan atrás lo que los ha repelido y expulsado, sino que buscan examinar y talar el árbol genealógico mediante una escritura narcisista, escrita para excitarse y masturbarse en la cárcel, en el caso de Genet, como una labor improductiva de provocación, en el caso de Goytisolo. El narratario de Genet y el de Goytisolo es el mismo escritor que nos excluye, buscando con su acción escandalosa de la escritura la completa marginación en la que encontrará su libertad y donde podrá ser lo que realmente es y no la máscara que le impone la sociedad. Si el lector está dispuesto a seguirlos en este viaje infernal de despojamiento, deberá poner en el crisol sus valores más preciados, aquellos por los que es estimado por los demás. Lo que dice Tom Driver de Genet puede aplicarse plenamente a Goytisolo:

> Insofar as Genet's appeal is to recognize the self's repressed sexual desires, to accept one's masculine and feminine duality, to accept the body and all its functions, and to dethrone all merely bourgeois definitions of what is allowed, one may find oneself drawn by it for reasons that are not to be despised. (*Jean Genet* 21-22)

Se trata pues de una búsqueda de la autenticidad, de un rechazo de la duplicidad y el ocultamiento. "Ecrire, c'est choisir", escribe Genet en *Pompes funèbres* (63). Se trata de elegir y de aceptar lo que normalmente la sociedad relega a los tapujos de la conciencia, a los diques del inconsciente, y a las cárceles. Sólo entonces se puede estar realmente presente. Genet describe con deleite la atención al presente que es necesaria para el crimen cuando describe el robo de una moneda del bolsillo de un hombre dormido: "todo concentra nuestro ser en nosotros, lo comprime, nos hace un puño de presencia, lo que bien puede explicar la observación de Guy: 'Te sientes vivir'" (*Journal* 30). Esta "presencia total" (*Journal* 30) es la que intimida a Goytisolo, pues es la de quien da testimonio de estar absolutamente vivo, en contacto con su ser más hondo, sin máscaras o corazas. De ahí que Genet insista en que su texto no debe de ser visto como unas memorias (tampoco el de Goytisolo), sino como un acto de presencia mediante la escritura: el *Diario de un ladrón*, dice el narrador, "indica lo que soy hoy, cuando lo escribo. No es una búsqueda del tiempo perdido, sino una obra de arte cuyo pretexto-sujeto es mi vida pasada. Será un presente fijado con la ayuda del pasado, y no al revés" (71). Esta intensa vida en el presente es la que Goytisolo no ha conseguido todavía al encontrarse con Genet y sentirse intimidado por su presencia.

"Bruscamente, se vuelve hacia mí" (*Coto vedado* 260). Notamos ahora que el texto está en tiempo presente. El gesto de Genet, acaso brusco porque Goytisolo lo teme y espera, ha quedado fijo con la intensidad de un presente reiterado, de una escena primordial. "Bruscamente, se vuelve hacia mí y pregunta a quemarropa". La voz del maestro es un disparo, una ejecución, el comienzo de la muerte del niño inocente que ya Genet ha dejado atrás: "Como mi infancia está muerta, cuando hable de ella hablaré de una muerta" (*Miracle* 207). "Bruscamente, se vuelve hacia mí y pregunta a quemarropa: —Y usted, ¿es maricón?" La "y" señala gráficamente la disyuntiva, la obligación de afiliarse, de tomar partido. Genet utiliza su homosexualidad como un desafío, como una invitación a desenmascararse, a ser y no simplemente parecer. Pero la respuesta no es fácil, espontánea. Cernuda había escrito en "Diré como nacisteis", un poema de *Los placeres prohibidos*:

> Diré como nacisteis, placeres prohibidos,
> Como nace un deseo sobre torres de espanto,
> Amenazadores barrotes, hiel descolorida,
> Noche petrificada a fuerza de puños,
> Ante todos, incluso el más rebelde,
> Apto solamente en la vida sin muros.
>
> Corazas infranqueables, lanzas o puñales,
> Todo es bueno si deforma un cuerpo;
> Tu deseo es beber esas hojas lascivas
> O dormir en esa agua acariciadora.
> No importa;
> Ya declaran tu espíritu impuro.
> ....
>
> Extender entonces la mano
> Es hallar una montaña que prohíbe,
> Un bosque impenetrable que niega,
> Un mar que traga adolescentes rebeldes. (*Poesía* 117-18)

Estas prohibiciones son internalizadas. Goytisolo ante el paredón de Genet siente el peso de su propio muro interno: "Confundido, contesto que he tenido experiencias homosexuales".

Esta confusión no es sólo de un instante. Goytisolo siente que ha sido confundido en su vida con la máscara impuesta por el niño interior que todavía escucha la voz del padre y le impide mostrarse como quien es. De hecho, al final de *Coto vedado* confiesa que le alegra haber publicado este texto después de la muerte de su padre, a quien no le pudo decir ni siquiera "He tenido experiencias homosexuales". En esta formulación las experiencias son calificadas de homosexuales, con lo que Goytisolo aleja así el adjetivo de sí mismo. El ve esta declaración, sin embargo, como un primer paso de apertura, como la flor que se entreabre bajo los expertos dedos de Genet: "Confundido, contesto que he tenido experiencias homosexuales —algo que hasta entonces no había manifestado en público". No simplemente "dicho en público", pues se trata de algo más profundo: de un manifiesto que llama a una vida nueva. Pero el momento se diluye porque, no lo olvidemos, la escena que Goytisolo parece describir es la de la seducción de Monique: "algo que hasta entonces no había manifestado en público y me ayuda a aclarar las cosas ante Monique, con quien simpatizo ya de modo instintivo". Pero el maestro, Genet, ve instantáneamente los biombos tras los que trata de ocultarse Goytisolo: "pero mi audacia —supongo que debí de enrojecer al responderle— no le impresiona en absoluto". La vergüenza indica que el muro sigue en su lugar. Y Genet pone las cosas en su punto: "—¡Experiencias! ¡Todo el mundo ha tenido experiencias! ¡Habla usted como los pederastas anglosajones!" Este rechazo es fundamental. Las novelas de Goytisolo, que dejan progresivamente atrás el asidero de la anécdota, de las experiencias neo-realistas, así lo atestiguan. ¿Qué es lo que Goytisolo debía contemplar para aprobar el riguroso examen de Genet? "—Habla usted como los pederastas anglosajones. Yo me refería a sueños, deseos, fantasmas". El *sueño*, escritura del subconsciente reprimido; los *deseos*, anteriores al juicio, pura presencia espontánea, pulsión; los *fantasmas*, los momentos de intensidad que renuncian a morir y que se arrastran seductores en la memoria. ¿Qué mejor definición de los elementos centrales de la gran trilogía de Goytisolo iniciada con *Señas de identidad* que llamarlos una confesión de los sueños, deseos y fantasmas que habitan en el escritor? Sólo mediante el acto de escribirlos puede entrar a la hermandad del crimen, al haberse ganado el repudio de la sociedad honesta y haberse revelado sin que ya nadie pueda confundirlo. Pero esa noche de octubre el resultado fue frustrante: "Genet no volverá a dirigirme la palabra durante la noche y, con una mezcla de desencanto y alivio, comprendo que no he aprobado el examen". Desencanto y alivio: por ahora se consagra del todo a Monique. Pero por dentro el desencanto ejerce su dominio corrosivo. El alivio es solo superficial. La santidad de Genet, su impecable *presencia*, ha quedado marcada en Goytisolo. Años más tarde, una larga carta a Genet, compuesta por tres novelas y dos volúmenes de autobiografías, escritas en dos de los lugares favoritos de

Genet, París y Tánger, serán material suficiente para pasar el examen. Pero pasar el examen significa precisamente llegar a saber que el examen es
innecesario. Explica Genet:

> Dios: mi tribunal íntimo.
> Santidad: unión con Dios.
> La santidad se dará cuando el tribunal deje de funcionar, esto es, cuando se
> fundan el juez y el reo. Un tribunal decide entre el bien y el mal. Da juicios,
> impone un castigo. Dejaré de ser el juez y el acusado. (*Journal* 245)

El hecho de que Genet no *vuelva* a dirigirle la palabra no es sólo o
principalmente que Genet no le hable otra vez esa noche, sino también
—en una paráfrasis más honda— que la palabra de Goytisolo ha recibido
una dirección en esta entrevista, pero ahora debe encontrar su propio camino en la noche, su propio camino de la libertad: "Genet no volverá a
dirigirme la palabra durante la noche".

De la lectura de este encuentro es posible comprender por qué Goytisolo llama a Genet el "único moralista serio de nuestros días" (*Disidencias*
301). Este primer rechazo obligó a Goytisolo a ir más hondo, encontrando
en Genet la motivación y "la fuerza de romper con la escala de valores"
de la derecha y de la izquierda española y "aceptar con orgullo el previsible rechazo y aislamiento" ("El territorio del poeta" 16). El maestro finalmente aprobará al discípulo, el único moralista español serio de nuestros
días. Desde las páginas iniciales de las *Obras completas* de Goytisolo sonríe
Genet junto a Goytisolo en Amsterdam en 1958, una sonrisa espontánea,
de complicidad, reunidos por el crimen reconocido, por la traición asumi-
da, más allá del bien y del mal.

Obras citadas

Cernuda, Luis. *Poesía completa.* 2ª edición. Barcelona: Barral Editores, 1977.

Coe, Richard N. *The Vision of Jean Genet.* New York: Grove Press, 1968.

Driver, Tom F. *Jean Genet.* New York: Columbia University Press, 1966.

Genet, Jean. *Miracle de la Rose. Oeuvres Completes,* vol. II. Paris: Gallimard, 1951.

_____. *Pompes funèbres. Oeuvres Completes,* vol. III. Paris: Gallimard, 1953.

_____. *Journal du voleur.* Paris: Gallimard, 1949.

Goytisolo, Juan. *Obras completas.* Edición de Pere Gimferrer. Madrid: Aguilar, 1977.

_____. *Disidencias.* Barcelona: Seix Barral, 1977.

_____. "El territorio del poeta". *Quimera* 16 (1982): 8-16.

_____. *Reivindicación del Conde don Julián.* Edición de Linda Gould Levine. Madrid: Cá-
tedra, 1985.

_____. *Coto vedado.* Barcelona: Seix Barral, 1985.

Sartre, Jean Paul. *Saint Genet: Comédien et martyr.* Paris: Gallimard, 1952.

Sobejano, Gonzalo, et. al. *Juan Goytisolo.* Madrid: Espiral/Figuras, 1975.

Literature as Philosophic Analogue in José Ortega y Gasset

Harold Raley
University of Houston

There are two levels (at least) from which the question of Ortega's literary relevance may be considered: on the one hand there is the evidence of his own literary superiority —commonly acknowledged by his peers and routinely ignored by a good many hispanists— and on the other, the matter of certain doctrinal linkages between literature and philosophy in the corpus of Ortegan thought. We shall concentrate on the latter aspect.

The very perplexity over Ortega's status as a "literary" figure seems to be a good place to begin. For it involves what may arguably be a fundamental misconception about the very nature of literature, at least as Ortega understood it. Few would quibble over a general definition of literature as a fictional account and therefore as linguistic inventiveness and ingenuity. Indeed this is Ortega's personal approach to art. Even his severest critics can appreciate his gift of metaphor, his flair for the dramatic phrase, his wonderful plasticity of language.[1] Yet these qualities are seen for the most part as literary adjuncts to his more basic purpose of philosophizing. This means for most of us that his gifts as a writer and speaker are approximations and hints of literature, something more —or perhaps less— than what we commonly expect as literature. If only he had written the novel he promised! If only we could find his poetry or dramatic writings! Then the problems would cease and we could simply classify him as a kind of philosopher-novelist or poetic philosopher in the style of Unamuno or Sartre.

Of course we could do something more decisive than idle daydreaming: we could claim philosophy as a province of literature. Time was when everything written was literature. Medieval, Renaissance, or Neoclassic letters *include* history, political treatises, philosophy, sermons, chronicles, and other things that our modern canons will not admit as "literature." One wonders why not. When and why did literature surrender entire provinces of its literary empire to other disciplines? When did history become the exclusive property of historians, or science the hermetic domain of scientists? Morris Bishop asked same of these same questions a quarter of a century ago. So far no really valid answers have dispelled them.

The shrinkage of the literary patrimony has brought us to the illogical notion that in many areas —philosophy, for example— one may write well, even brilliantly, and yet not create what we could call "literature."

On the other hand, we routinely classify as literature poorly written poems, inane novels, or shabby dramas.

What we may call "Northern" philosophy, meaning primarily English or German varieties, has seemed, with few exceptions, eager to shed any semblance to literature. Obedient to a notion of "supine" truth, this kind of philosophy recognized no need to engage in a dramatic quest. Reality was simply "there" as an inert, timeless commodity patiently awaiting discovery.

From the beginning of Spanish philosophy (from the seventeenth century onward) another intuition of truth was at work. Spanish thinkers were always more disposed to the public forum than to the private cloister, more to the masses and the *agora* than to closed circles, esoteric schools, and university chairs. In Ortega this dramatic intuition was elevated to method and doctrine. Over against a Northern European tradition that frowned on philosophical dramatics and instilled in us all the suspicion that rhetoric is synonymous with the shallow and the false, Ortega veers toward the idea that good rhetoric is always "true" in its effect and, conversely, that anything poorly stated ceases to be truth.

With Ortega philosophy comes to share a common purpose with the other forms of literature: to move us with metaphor and imagery and convince us with clarity, power, and beauty. In this regard Ortega is both typical and exemplary. To begin with, he presupposes an audience when he writes. Consequently his purpose is serious; he expects to be read and held accountable for what he says. (By way of contrast, Madariaga once pointed out that English writers resort to outlandish notions and subscribe to preposterous ideas because they know deep down inside that nobody takes them seriously anyway.) This is what Julián Marías calls "responsible vision."

Much has been said about Ortega's dramatic sense and much of it is true, but the drama in Ortega is not only a matter of style in the Modernist mode, certainly not a question of pose or posturing, but a conviction that he is dealing with truths that really matter to him and to his audience. He has been variously praised and damned for his ability to turn his hand to the most unexpected and mundane topics and make them reveal their surprising secrets. To some it is proof that his thinking is varicose and facile.[2] But to others it amounts to evidence that his genius encompasses everything in his purview. Most likely the truth is that his responsible field of vision and his faithfulness to reality in good Mediterranean style lead him to discover under the most trivial things threads of truth that lead to ever larger and more coherent realities. How like Ortega to have said that the ideal would be to make each thing the center of the universe in order to discover and savor its multiple ties to all other realities. Probably he went as far as is humanly possible to realize this ideal maneuver.

Ortega's system is, if we can believe him, imposed by reality itself from the personal perspective that extends over the Spanish landscape toward the Guadarrama Mountains. In other words, his thought is conditioned by the same sort of concreteness that we expect in, say, a novel. This is why we will miss a great deal of Ortega's literary relevance if we limit our scrutiny to a simple appreciation of his metaphorical or poetic power. For it is not just that Ortega could at times create powerful, poetic metaphors, paradoxes, and the like, but rather that he preached what he practiced. Metaphor and literary ingenuity are *formal* requirements of his philosophy. To put it another way, without metaphor and his striving for a kind of apocalyptic brilliance that brings us into dramatic contact with protean reality, his work would not be philosophy as Ortega understood it, any more than poorly written poetry would be poetry in any esthetic sense.

Under scrutiny Ortega's insistence on metaphor points us in the direction of several theoretical bridges between philosophy and literature. The first is visual. Metaphor is a means of making things visible or apparent to us. Ortega would not really dispute Plato's statement that the deeper truths are essentially unutterable (hence his own silence in times of collective rage). Words in the abstract probably cannot encompass reality except in a limited and hence dangerous way. But this does not mean that reality must remain invisible as well as mute. Things deny us their entirety but not their perspectivistic dimensions. We see things in a certain way, and when developed to the fullest possible degree this view of things becomes a "theory" of their reality (remembering of course that the Greek *theoria* means "vision").

In this sense vision also means an ordering of things. As we look at the world around us, i.e., the circumstances of our life, we place them in a surface-depth relationship *to us*. In other words, we allow them to be circumstances, that is, things that "stand around" us. And this is the primary interpretation of reality. For as Ortega reminds us, were seeing merely passive, then reality would be reduced to a series of chaotic luminous dots.

Metaphor is a means of extending the light of understanding so that things previously chaotic and structureless may appear *en photí*, in the light, and become amenable to our comprehension. In this way things reveal themselves to us as *alétheia*, as the shining truth by which to live, and the magnitude of their revelation is a function of our vital need to know them.

What has this to do with literature? Perhaps a great deal, for literature and art approach reality in the same way described here. Unlike the timeless, abstract view of reality often ascribed to what has been called the "supine" forms of philosophy, art and literature require of things that they appear in context, that is, in the light of temporal, human, and therefore structural perspectives. In other words, art and literature allow things to appear metaphorically linked to other things, ideally of course to all other things. In the primary sense that interests us here, art and literature are an exercise of what Ortega and Marías would call vital reason, that is, life apprehending reality in its connectedness, or to put it in simpler terms, life discovering the sense of things.[3]

This means that living is the most pressing and urgent way of understanding reality. In the formal Ortegan sense we would say that all reality must be understood *first of all* from the perspective of human life. This does not imply a perfect or theoretical mastery of things. We may understand things in a highly deficient way. The point is that in order to live we must reach a minimal sort of comprehension of how things function circumstantially, even if they function largely as ignorance on our part.

But this is still an abstraction of real life. Human life as such does not exist. Human beings do not really exist, even though the notion has become a convenient commonplace. The term "human life" becomes meaningful only when it appears concretely as a person of flesh and blood with a name, a biography, and a sexuate character. Ortega was among the first thinkers to put us on track of the disjunctive implications of human life —life as men and women— although it has remained for Julián Marías to flesh out the anthropological and metaphysical dimensions of this intuition.[4]

An immediate consequence of this understanding is that life cannot be defined, as we might define a star or a tiger. In order to understand life in any primary or full way we must live it, for living is making sense of things; it is the plenary exercise of what Ortega calls "vital reason." Yet life is not hermetic or solipsistic. The analogue of vital reason is dramatic telling. "To comprehend anything human," Ortega reminds us, "be it personal or collective, one must tell its history. This man, this nation does such and such a thing and is in such and such a manner *because* formerly he or it did that other thing and was in such another way of being" (214). At the first level of understanding human things we find the *logos*. The word is always the beginning.

Such is Ortega's guiding intuition of literature and art. They portray life and its circumstantial reality from personal, temporal, and dramatic points of view. For example, Julián Marías states: "The novel is ... an instrument that makes possible the access to human reality. And this is the original meaning of the word *method*." (Marías, *Obras* 5: 488 [my translation]).

The full implications of this statement cannot be understood until we reverse the terms of our topic, so that instead of asking what philosophy can contribute to literature, specifically what Ortega brought to literature, we ask what literature can offer philosophy. Marías' statement, deeply rooted in Ortegan metaphysics, puts us on track of the answer. Literature, particularly the novel, is a form of knowledge of human reality. The novel makes accessible a middle ground between the absolute concreteness of reality ("my life") and the abstraction of mere conceptual notions. It can serve as a bridge between human life and theory. Or to put it another way, it is a theory incarnate, an idea in the flesh. Unamuno was not far from this same intuition when he remarked that the most abstract work of philosophy, Kant's *Critique of Pure Reason*, for instance, is really a novel because it presupposes the drama and trauma of human contact with circumstantial reality.[5]

Yet art and literature offer more for philosophic consideration than simple access to the radical reality of human life. While it shuns abstraction, art embraces the ideal, and in so doing, takes us beyond the limits of actual experience and allows us to enjoy and ponder portions of reality that our personal life could never encompass. In other words, it allows us to make virtual or vicarious contact with realities ordinarily denied us by the limits of our own life. Such encounters are of course not literal but suggestive or metaphorical. And in expanding our range of imagination and experience, our world grows richer and our freedom increases. In every sense art is a human conquest of spirit over real limitation.[6]

There is also a more modest but perhaps no less useful adjunct of the relationship of theory and artistic canon. In our time the work of art or literature may function as the interpretation of theory at a human level of understanding. Few of us can grasp the full theoretical implications of arcane psychological theories, much less the mathematical notions of, say, relativity constructs. But the literary or artistic interpretations of such theories make them more or less accessible to us in another form. Perhaps a more evident example would be existentialism. Hardly anyone reads its conceptual framework in Heidegger, Husserl, or Jaspers, but many of us have read its literary manifestations in the novels of Sartre, Camus, and at a different level and tempo, Unamuno.

But now we must ask again what philosophy, and Ortega specifically, has to offer art and literature in return. For so far we seem to banish philosophy in favor of art and to replace philosophic theory with the richness of artistic concreteness. But the truth leads us to another view. Ortega reminds us that all art begins with a primary intuition of what is real; in other words, it presupposes a metaphysics. For human life, he argues, can be lived only by understanding reality in a concrete, given way. The reabsorption of circumstance, he tells us in *Meditations on Quijote*, remains our personal destiny.[7]

This means, among other things, that art and literature depend on a prior notion, theory, or intuition of real structure, on the belief, tacit or otherwise, that the world is constituted in a certain way. Philosophy, therefore, offers the metaphysical underpinning of such a necessary belief. Where intuition has grasped feebly for understanding, philosophy in the Ortegan sense offers a theory of human life that not only supports art but makes it primary and necessary. Far from being a mere frill of human experience, art in the Ortegan metaphysics functions as the image of theory at the human level, in other words, as experiential theory. In summary and leaving much unsaid, Ortega offers the possibility of binding art and theory in a single creative movement toward the discovery and understanding of radical human reality.[8]

To insist on these points is to illuminate what may be the most radical and least understood consequence of Ortegan thought: the question of philosophy as form. Our starting point was the problematic nature of the Ortegan writings and the perplexity we encounter if we try to describe them in classic or academic terms. On the other hand, if we take the protean perspective of philosophy subscribed to by Ortega himself we discover him to be the great innovator —or perhaps renovator— of the philosophic genres. For the nucleus of his message is the human "vibration," the dramatic force, the esthetic dimension, the profound respect for the most arcane and humble realities. Like one of his "dialectical fauns" Ortega pursues the ultimate secrets of this "amorous task" we call human life with the alert eye of the philosopher and the irrepressible heart of the poet.

And what are the final results? From the point of view just described I would subscribe to the opinion expressed by Julián Marías:

> ... the great radical themes, systematically united, reciprocally reclaimed and justified, appear on the initial horizon of this philosophy: philosophic theory as the 'general science of love'; circumstance; perspective; human life ... as radical reality ... the theory of reality, in which *being* is but one interpretation; truth as *alétheia* and, further, as authenticity; and from this conception the reappearance of human life as a *project* finally responsible to its own unavoidable deeper impulses; and, finally, the idea that closes the cycle and makes the whole philosophy possible: *vital reason*. (*Ortega II, Las trayectorias* 34-35; my translation)

Since the appearance of Morón-Arroyo's *El sistema de Ortega y Gasset* (1968) it has been a commonplace of Ortegan scholarship to attribute Ortega's thought to Germanic sources and, naturally, to deny Zubiri's assertion that Ortega stands as one of the ten greatest thinkers of the ages. There is no neeed to deny Ortega's Germanic roots to remain unconvinced by Morón-Arroyo's thesis. And for this very simple reason: there is nothing similar to Ortegan philosophy —particularly in its form— that I am familiar with in Germanic thought. To put it another way but not to insist further, if the Germanic concepts resemble those of Ortega in certain important ways, which corroborates the so-called "teutonic influences," the *radicality* of the Ortegan approach and its links to dramatic and artistic modes seem to have no parallels in Germany, which confirms his philosophic originality, illuminates the Spanish dimensions of his thought, and solidifies his claim as the first philosopher of Spain instead of the fifth of Germany, as his detractors are fond of saying.[9]

Notes

1. An earlier generation of critics scolded Ortega for his supposed "mundane" dabbling and dilettante posturings. See, for example, Vicente Marrero, *Ortega, filósofo "mondain"* (Madrid: Ediciones Rialp, 1961). Since the appearance of Ricardo Senabre Sempere's *Lengua y estilo de Ortega y Gasset* (Salamanca: Acta Salamanticensia, 1964) there has been a more even-handed approach to Ortega as stylist. In a recent work Pelayo H. Fernández has attempted to outline the doctrinal implications of Ortega's use of paradox. See *La paradoja en Ortega y Gasset* (Madrid: Ediciones José Porrúa Turanzas, 1987). The reader is

referred to several works by Julián Marías for a fuller appreciation of the philosophic meaning of style, metaphor, and rhetoric in Ortega: commentary and prologue to *Meditaciones del Quijote* (San Juan, Puerto Rico: Editorial Universitaria, 1957); *Ortega I. Circunstancia y vocación* y *Ortega II. Las trayectorias.*

2. In his *The Evolution of Ortega y Gasset as Literary Critic*, Demetrios Basdekis chides Ortega for "sophomoric statements" and "mental lapses and leaps, " thus repeating the old accusation of a lack of seriousness and an inability of the Spanish thinker to formulate a coherent system of philosophy.

3. Beginning with this thesis Marías develops a splendid essay on what we could call "Ortegan" metaphysics. Among other conclusions Marías states that metaphysics does not necessarily coincide with ontology (even though this assumption has prevailed since the Greeks). Living, he notes, is perforce a metaphysics at the most primary level for it consists of apprehending reality in its connectedness. Therefore, metaphysics turns out to be a theory of human life. See Julián Marías, "La idea de la metafísica," *Obras* (373-413); also my *La visión responsable* (Madrid: Espasa Calpe, 1977) 195-222.

4. Human life in its sexuate forms is implied in Ortegan thought, but it remained for Julián Marías to treat it extensively in *Antropología metafísica: la estructura empírica de la vida humana.*

5. Unamuno states axiomatically: "Todo, y sobre todo la filosofía, es, en rigor, novela o leyenda" (*Amor y pedagogía, prólogo-epílogo* to the second edition [1934]).

6. Ortega's celebrated "dehumanization" of art was in essence an attempt to rid it of *excessive* pathetic weight so as to increase its "virtual" range and expand our esthetic universe. At the same time he acknowledged that a vestige or mark of the human must always remain in art. For him "dehumanized" art was far from being "inhuman".

7. "En suma: la reabsorción de la circunstancia es el destino concreto del hombre" (*Obras completas* 1: 322).

8. Not enough has been said on the relationship of style and philosophy in Ortega. According to Marías, the literary style of Ortega implied that he was fully *in possession* of a philosophic method by 1914: "... lejos de ser algo marginal, era el cauce por el que esa filosofía transcurre, el repertorio de géneros en que podía realmente *engendrarse*" (*Ortega II. Las trayectorias* 34).

9. I have treated elsewhere the question of Ortega's "originality" in view of his Germanic influences: "Phenomenological 'Life': A New Look at the Philosophic Enterprise in Ortega y Gasset," *Man's Self Interpretation of Existence. Analecta Husserliana* 28 (1989); and "Husserlian 'Reduction' Seen from the Perspective of Phenomenological 'Life' in the Ortegan School," World Congress on Phenomenology, Santiago (Spain), September, 1988.

Obras citadas

Basdeskis, Demetrios. *The Evolution of Ortega y Gasset as Literary Critic*. Lanham, Maryland: University Presses of America, 1986.

Bishop, Morris. "Research and Reward." *PMLA* 80 (1965): 3-8.

Marías, Julián. *Antropología metafísica: la estructura empírica de la vida humana*. Madrid: Revista de Occidente, 1970.

_____. *Obras*. Vol. 2. Madrid: Revista de Occidente, 1961. 373-413.

_____. *Ortega I. Circunstancia y vocación*. Madrid: Revista de Occidente, 1960.

_____. *Ortega II. Las trayectorias*. Madrid: Alianza Universidad, 1983.

Morón-Arroyo, Ciriaco. *El sistema de Ortega y Gasset*. Madrid: Ediciones Alcalá, 1968.

Ortega y Gasset, José. *History as a System, and Other Essays Toward a Philosophy of History*. Trans. Helene Weyl, Afterword by John William Miller. New York: W. W. Norton and Co., 1961).

_____. *Obras completas*. Madrid: Revista de Occidente, 1961-64.

La estética platónica
de la mística española

Arsenio Rey-Tejerina
University of Alaska

En los años postreros del siglo XIX, cuando Don Marcelino Menéndez Pelayo apenas frisaba en los 33, publicó un estudio que hizo época. La *Historia de las ideas estéticas* en España es, según Gil y Gaya, que apoya su aserto en Miguel Artigas, "la obra quizás más importante de cuantas escribió Menéndez Pelayo, una honda visión panorámica de la estética" (*Diccionario* 584). De tan ingente obra intento ahora entresacar y analizar únicamente sus opiniones en torno a los místicos españoles.[1]

Es sorprendente que todavía siga en pie desde hace más de un siglo el desafío que entonces lanzara el gran polígrafo santanderino a todos los picapedreros del idioma que: la literatura mística española con más de tres mil libros continúa siendo la cantera más rica del idioma, no sólo ideológica, sino literaria y lingüísticamente. Generalmente reconocida como fruto tardío europeo, después de lograda la unidad nacional, la mística española representa un cambio o progresión a lo divino del ideal caballeresco medieval y del renacentista cortesano. Después de recorrer los caminos de la ascética, el místico va en busca del reino interior —platonismo— (429-347 A.C.) hasta el centro —el hondón— de sí mismo donde se asienta la belleza absoluta e inefable:

> Entreme donde no supe
> y quedeme no sabiendo,
> toda ciencia transcendiendo,

dirá sin saber más explicar Juan de la Cruz.

Menéndez Pelayo esboza la trayectoria de esa búsqueda pero nunca llega a marcar metódicamente los jalones que ella implica. Este es el punto más débil de toda su exposición. No supo o no quiso comprometerse con una definición de lo que significaba la mística para él y consecuentemente tampoco nos hizo una clasificación valorativa de la misma. ¿Cuáles eran sus categorías al afirmar que "Toda la diligencia de los más eruditos ... no ha podido descubrir en las tres centurias anteriores [al XVI] un solo autor que pueda llamarse místico en toda la precisión científica de la frase" (80). Tampoco él, nuestro mayor erudito, las explica para las dos centurias siguientes a las que asigna la gran floración mística. La mística pura, que indica la introversión total del hombre en el centro de su espíritu en busca del principio de su existencia para unirse al Ser Ideal, es el viejo sistema neoplatónico. Plotino (205-262— D.C.) y Proclo (410-485 D.C.) los neoplatónicos más insignes lo habían explicado como la reintegración del alma en el Uno y el discípulo del último, el Pseudo Dionisio Areopagita (ca. 500), lo adaptaría como base de toda la mística cristiana. Las ideas seminales de éste se propagan durante toda la Edad Media por occidente a través de la traducción latina de Scotus Erigena el año 858, siendo re-elaboradas después por muchos otros escritores religiosos. Incluso después de asimiladas por místicos renano-flamencos como Meister (Johannes) Eck-hart (ca. 1260-1327) y Jan Van Ruusbroecs (1293-1381) en los siglos XIV y XV se vierten también al latín para entrar así de nuevo en España. Me-néndez Pelayo pone por tope el 1550 como "época de influencia alemana y de incubación de la escuela española" (81). En la Biblioteca Nacional de Madrid he encontrado en la sección de raros e incunables numerosas muestras de esa transmisión ideológica, intensificada desde el primer ac-ceso de los Augsburgos (1495), que no han sido suficientemente analiza-das. Mientras hubo ideas, las influencias, transmitidas casi siempre en la-tín, lo mismo que la incubación nunca cesaron; lo que sucede es que des-pués de la fecha apuntada por Menéndez Pelayo la producción española se desborda por todas partes.

De idéntico modo, también es cierta, según lo han probado Julián Ri-bera y Miguel Asín Palacios, la influencia arábigo-española en Europa. El místico mallorquín Raimundo Lulio florece a mediados del siglo XIII y la mística de corte heterodoxo está entrando ya desde el XIV en Aragón y Cataluña. El profesor Charles Fraker de la Universidad de Michigan seña-la el hecho del quietismo místico de varios autores ya en el *Cancionero de Baena* recopilado el año 1445. Menéndez Pelayo cubre demasiado terreno y a saltos, no sólo cronológicos sino temáticos, el frondoso mundo de la espiritualidad española no se puede recortar en un solo capítulo. Después de señalar la génesis platónica indicando que los elementos principales son "Platón, Plotino, el falso Areopagita, San Buenaventura" (80), no deter-mina su desarrollo. Incluso hasta parece olvidarse del título del capítulo contentándose con presentarnos a los autores más bien ascéticos. Aunque a veces vacile, parece establecer el año de 1559 —fecha del índice de Val-dés— como la línea divisoria entre dos modos de mística que él deno-mina de "efervescencia y depuración".

Para Don Marcelino la segunda es sin duda superior, mas la primera encierra la clave donde hemos de buscar la raigambre, los grandes proble-mas y engendros del alma española del Siglo de Oro. Después de los ín-dices inquisitoriales gran parte de sus escritores fueron retocados, expur-gados, suprimidos, prostituyendo su genuino pensar. Las interpolaciones y la penuria de documentos, perdidos o echados a perder, suponen una ta-rea ardua, por no decir imposible, para que los estudiosos de hoy poda-mos recomponer el pasado. Mas este problema, tan candente en la actuali-dad para los defensores de los derechos de autor, no le preocupaba ma-yormente a Menéndez Pelayo; solamente de pasada y en nota lo toca ex-plicando la condenación inquisitorial del P. Granada (82).

Se ha criticado en el polígrafo santanderino la falta de rigor científico en la clasificación, por órdenes religiosas, de la mística; debiendo tener en cuenta el desarrollo orgánico o substancial a la vez que cronológico del tema. De las cinco clasificaciones o agrupaciones, como él las llama, hay una de místicos únicamente: carmelitas. Otra lo es sólo de ascéticos: dominicos. Las restantes se componen de entrambos: franciscanos, agustinos, jesuitas. Los laicos y clérigos seculares, lo mismo que Valdés y Molinos a quienes nombra heterodoxos, forman dos grupos complementarios. A los primeros, los únicamente místicos, a quienes debería aplicar con mayor justeza la serie de principios estéticos sacados de Platón, Aristóteles, Plotino y San Agustín, apenas les dedica unas quince líneas (113). A Luis de Granada, dominico, es a quien dedica mayor atención, que, aunque se la merezca por su alto calibre literario, no deja de ser un escritor ascético, sobre todo, después de haber sido expurgado. En el *Memorial de la vida cristiana* Granada no se desdeña de confesar que todo lo dicho por él de la divina hermosura lo "dice maravillosamente Platón en el *Convite*". Si entresacamos al desgraciado Bartolomé de Carranza, puede afirmarse que lo que más señaló a los dominicos fue un decidido antimisticismo.

De los escritores ascético-místicos franciscanos "serie muy numerosa" se limita a comentar a dos, Juan de los Angeles, moralista y psicólogo (91) y Diego de Estella, escritor de "secas moralidades, erizado de lugares comunes" (93) cuya obra quinta de sus *Meditaciones del amor*, posee escaso valor místico. Antes que estos Menéndez Pelayo tenía que haber expuesto las ideas de otros tres franciscanos, figuras fundamentales de toda la mística española: Francisco de Osuna, de quien sólo recoge el nombre, Bernabé de Palma y Bernardino de Laredo a quienes ni siquiera menciona. Los dos primeros fueron víctimas del índice de 1559, mas el tercero, cuya obra contiene la mayor carga mística septentrional y fue una de las lecturas básicas de los alumbrados, de Teresa de Jesús y Juan de la Cruz, se conservó sorprendentemente ileso.

Estos tres franciscanos se habían formado a pricipios del siglo XVI en la Salceda, cerca de Guadalajara, vergel donde el Cardenal Cisneros y otros de su orden habían plantado la mística europea, tanto alemana como italiana, como flamenca. Con ellos la mística cobra carácter autóctono, ganando su carta de ciudadanía en el corazón de España. Antonio Sobrino es otro miembro del mismo grupo aunque bastante posterior (1556-1622), "uno de los grandes místicos españoles más olvidados" dice Andrés Martín, un buen conocedor de la creación religiosa (336). La obra de Sobrino *Vida espiritual* es un nudo de contacto entre la espiritualidad carmelita y la mercedaria en el reino de Valencia, donde el quietismo de Miguel de Molinos vendría a ser el resultado final formando el crepúsculo de la mística. Menéndez Pelayo pasa por alto toda una serie de místicos menores del siglo XVII en Valencia pero que tienen el mérito de haber sido a través de Molinos la semilla del brillante misticismo francés de fines del siglo en el tan decantado *Amour Pur* de Jeanne Marie Bouvier de la Motte de Guyon y François de Salignac Fenelon.

Otro místico de corte platónico que merecía haber sido mencionado dentro de la clasificación menendeziana de clero secular y laicos es el sacerdote Antonio Rojas cuya *Vida del espíritu* terminó en el tribunal del Santo Oficio. Por lo bien escrita, su riqueza mística y su reducido tamaño, la obra fue tenida como una joya luego que se publicó en Lisboa, 1627 (Andrés Martín 730-48, *passim*).

De los jesuitas, Menéndez Pelayo nombra cinco, más que de ningún otro grupo (84), aunque después se entretiene con el menos místico de todos ellos: Juan Eusebio Nieremberg (103-13). Hasta el año 1575, fecha del famoso edicto del P. Mercuriano, General de los jesuitas, éstos se hallaban totalmente imbuidos de la estética platónica con relación a la mística como lo evidencian no sólo las obras sino también la vida de Baltasar Alvarez y Antonio Cordeses.

Si no nos gusta la clasificación de Menéndez Pelayo por su falta de sistematización interna, al no seguir los módulos rigurosos de la ciencia hay que reconocer en él su labor germinal de iniciador de estos estudios. Tenemos desgraciadamente que aceptar con él, a más de un siglo de distancia, que todavía no se ha escrito el libro que intentara Paul Rousselot de *Los místicos españoles*. Mas yo creo, contrariando su optimismo, que ese libro no se escribirá nunca. Sí, es cierto, hemos avanzado en los estudios monográficos que él preconizara como base previa al análisis del conjunto, pero el gran problema, el infranqueable obstáculo (y él mismo lo sabía pero por su archicatolicismo no lo quería admitir) lo levanta la Inquisición que les cortó tajantemente las alas, quemando después lo cortado.[2] Debido a esa "tibetización de España" como muy gráficamente la calificara Ortega y Gasset, se introdujo el fracaso de la literatura mística española, que apenas había comenzado a cruzar los linderos de la ascética.

Notas

1. Cito según la Edición Nacional de las *Obras Completas*. Las opïniones que comento están concentradas mayormente en el cap. VII del volumen II de la *Historia de las ideas estéticas*.
2. Los estudios más significativos, monográficos en su mayoría, se deben a Joaquín Sanchís Alventosa, Pierre Groult, Fidèle de Ros, Angela Selke, Joaquín I. Tellechea, Jean Orcibal, Pedro Sáinz Rodríguez.

Obras citadas

Andrés Martín, Melquíades. *Los recogidos: Nueva visión de la mística española (1500-1700)*. Madrid: F.U.E. 1976.
Diccionario de la literatura española. Dirigido por Julián Marías y Germán Bleiberg. 4ª ed. Madrid: Revista de Occidente. 1964.
Menéndez Pelayo, Marcelino. *Historia de las ideas estéticas*. Edición Nacional de las *Obras Completas*. E. Sánchez Reyes, ed. Madrid: C.S.I.C., 1962.

A Possible Source of an Episode in the Life and Loves of Tirso de Molina's Don Juan Tenorio:

Bandello's LIV *novella* and Don Juan Tenorio's Invasion of the Wedding of Aminta and Patricio

Joseph V. Ricapito
Louisiana State University

To investigators of the *teatro clásico español* the presentation of a new possible Italianate source for an episode, in this case, in a play by Tirso de Molina, should come as no surprise. Nancy D'Antuono, in her excellent book on the intertextuality of Lope de Vega's theater in this vein, amply fills in the various *lacunae* in Lope's work with respect to the Italian sources of many of his works.[1] Other scholars have also penetrated this aspect of the work of Calderón and Tirso.[2] I shall study a *novella* from the work of Bandello for a possible source in Tirso's *El burlador de Sevilla y convidado de piedra*. I refer to Bandello's LIV *novella*. The title of the *novella* should give us a glimpse of the applicability of this possible source to a situation in the life of Don Juan Tenorio: "Invitato il re di Ragona a certe nozze, s'innamora de la sposa e la piglia per moglie il giorno de le nozze" (523).[3]

One of the central characters of the story "Il conte di Prata, gentiluomo barcellonese," (523) being young and rich, had decided to take as a spouse the "Ammirante di Spagna"'s daughter who, as luck would have it, was "la piú bella e leggiadra e di piú belle maniere giovane che si sapesse in tutti quei regni" (524). The Count does all he can to win her over and finally obtains a marriage contract; an initial ceremony is performed and the dowry arrangement made. The bridal party proceeds to Barcelona where a sumptuous banquet and reception is prepared during which time the marriage vows will later be taken again in Barcelona. At the same time the Count of Prata entreats his king to attend his wedding reception. The king accepts the invitation and even suggests that he himself go to the outskirts of Barcelona and escort the beautiful Maria to the city.

When the moment arrives, the king leaves the city to meet Maria's entourage and leads them into the city. But Maria's striking physical beauty and the intrinsic beauty of her person impresses the king deeply. The king, however, does not and cannot reveal this new love, but nevertheless he keeps thinking about how he could satisfy his passion and make Maria his. The entourage with the king is heading for the city and arrives there one hour before the dinner. Dancing and festivities had already begun. The king has the first dance with Maria and enjoys the experience thoroughly, hoping that it will never end. When the first dance ends, the king sits in a corner quietly ruminating on how to possess this beauty. He reasons that he is king and therefore could, if he wished, take possession of her. In a series of questions which he poses to himself he even thinks about the possibility of killing the Count of Prata, with the aid of his faithful servants. He expresses himself thusly:

> E se io facessi ammazzar il conte di Prata, che danno me ne seguirebbe? non lo potrei io fare sí celatamente per via dei miei fidati servidori, che nulla mai se ne risapesse? Ma come una cosa è in mano de' servidori, ella per l'ordinario è in bocca del volgo. Aimé, che dura vita è questa, ove io da poco in qua sono entrato! lasso me, che io non sono piú quello que esser soleva! (525)

The king senses that this passion is extreme and out of control, and how it has reduced him to a person he can hardly recognize. His soul-searching includes a consideration for the count of Prata, and he wonders what ill the Count might have done to the king for him to destroy the Count's life with this seemingly unquenchable passion. He continues to question: "E contra questo povero conte, che tanto m'ama e che mille volte l'ora metterebbe la vita in mio servigio, vorró io incrudelire e levargli la moglie, che forse piú di me, ragionevolmente, come si sia, ama?" (526).

Thinking he has solved the problem of his passion, he decides to leave the dinner but when he looks at Maria and contemplates her beauty, he succumbs to his thoughts and decides to possess her at all costs. Throughout the wedding dinner Maria sat opposite the king. At the end of the dinner and the festivities, the guests joined together to accompany the bride to her husband's lodgings.

Accompanied by some of his faithful servants, now armed, the king turns to the husband and confesses how he has fallen madly in love with Maria. He reminds the Count that although he and Maria were nominally married, the marriage itself had not yet been consumated; this would allow the king to take Maria in marriage for himself. He tells the Count: "... conoscendo manifestamente che senza lei io viver non potrei, e ... vi prego per quell'amore che mi portate, che vogliate esser contento che io lei, di contessa che essere sperava, faccia reina di Ragona, prendendola per moglie" (527). Naturally, the Count recognizes the strength and urgency of the king's proposal; a proposal, moreover, that the Count may not be in a position to reject: "il conte fece di necessitá vertú, non potendo far altrimenti" (527). After requesting (and receiving) a dispensation from Rome, the king takes Maria for his bride. This marriage will eventually produce the "glorioso re Ferrando di Ragona, che sposò la reina Isabella di Spagna e conquistò il regno di Granata" (527).

* * *

In the *Burlador de Sevilla,* Tirso has don Juan come upon a bridal party. Using beautiful poetry Tirso prepares his arrival on the scene:

> Sobre esta alfombra florida,
> A donde en campos de escarcha
> El sol sin aliento marcha
> Con su luz recién nacida,
> Os sentad, pues nos convida
> Al tálamo el sitio hermoso ....⁴   (582b)

With the arrival of Don Juan and his servant Catalinón, Patricio senses an ill-omen, since presumably Don Juan, the son of another illustrious Tenorio, is well known for his notorious life:

> Patricio (*aparte*):
> Téngolo por mal agüero
> Que galán y caballero
> Quitan gusto y celos dan.
> Pues ¿quién noticia le dió
> De mis bodas?   (582b)

He adds:

> (*Aparte*):
> Imagino
> Que el demonio le envió.
> Mas, ¿de qué me aflijo yo?)
> ¡Vengan a mis dulces bodas
> Del mundo las gentes todas.
> Mas Con todo, ¡un caballero
> En mis bodas! ¡mal agüero!   (582b,c)

Later, after Gaseno's invocation and praise of the wedding feast, Patricio repeats his suspicion:

> (*Aparte*):   Todo es mal agüero
> Para mí, pues le han de dar
> Junto á mi esposa lugar.
> Aún no gozo, y ya los cielos
> Me están condenando á celos,
> Amor, sufrir y callar.   (582b, c)

Overwhelmed by the presence of this nobleman in the simple arcadic world, Gaseno, the father of the bride Aminta, happily welcomes him. Don Juan's presence at the *bodas* will "honrallas y engrandecellas" (582c).

Don Juan deliberately manages to sit next to the bride. Patricio, who senses that his worst fears are being realized, sees the symbolic meaning in Don Juan's move. He says:

> Si os sentáis
> Delante de mí, señor,
> Seréis de aquesa manera
> El novio.   (582c)

In the banter between Don Juan, Gaseno and Patricio, Catalinón, among whose functions it is to reveal certain disturbing truths to the public, states:

> ¡Desventurado marido!
> Don Juan: ... *(aparte á Catalinón)*
> Corrido está.
> Catalinón: No lo ignoro.
> (*Ap.* Mas si tiene de ser toro,
> ¿Qué mucho que esté corrido?
> No daré por su mujer,
> Ni por su honor un cornado.
> ¡Desdichado tú, que has dado
> En manos de Lucifer!)   (582c)

Patricio, in his doubts, reveals a preoccupation of a social and political nature. As a *labrador*, Patricio does well to fear Don Juan's presence: "(*Aparte*) Bien dije, que es mal agüero / En bodas un poderoso" (583a). This social dimension is further underscored when Patricio reveals that:

> ...
> ¿No es bueno que se sentó
> A cenar con mi mujer,
> Y á mí en el plato meter
> La mano no me dejó;
> Pues cada vez que quería
> Meterla, la desviaba,
> Diciendo á cuanto tomaba:
> 'Grosería, grosería'?   (583a)

Don Juan daringly reveals his feelings toward Aminta to Patricio:

> Que ha muchos días, Patricio,
> Que á Aminta el alma le di,
> Y he gozado ....
> Patricio: ¿Su honor?
> Don Juan: Sí   (583b)

Moreover, spurred on by Aminta's encouragement, Don Juan hopes to consume his passion with her despite Patricio's feelings:

> Don Juan: Dad [to Patricio] a vuestra vida un medio;
> Que le daré sin remedio
> A quien lo impida, la muerte.   (583b)

To which Patricio unhappily answers:

> ...
> Gózala, señor, mil años;
> Que yo quiero resistir
> Desengaños, y morir
> Y no vivir con engaños.   (583b)

Emboldened by his bravura, Don Juan can look to the skies and claim:

> Estrellas, que me alumbráis,
> Dadme en este engaño suerte,
> Si el galardón en la muerte,
> Tan largo me lo guardáis.   (583c)

Readying herself for the marriage bed, Aminta is also worried by the presence of this disrupting, noble outsider in the arcadic world of Gaseno, Patricio and herself:

> Déjame, que estoy corrida.
> La desvergüenza en España
> Se ha hecho caballería.
> ¡Mal hubiese el caballero
> Que de mi esposo me priva!   (583c)

Don Juan's ruses allow him to get beyond Aminta's father and into Aminta's bed chamber. Aminta pleads to Don Juan:

> Volveos, que daré voces:
> No excedáis la cortesía
> Que a mi Patricio se debe.   (584b)

Don Juan, hoping to win Aminta over, speaks of the importance of his family, of his father's prominent place in the court. Aminta begins to weaken in her resolve:

> No sé qué diga,
> Que se encubren tus verdades
> Con retóricas mentiras;
> Porque si estoy desposada,
> (Como es cosa conocida)
> Con Patricio, el matrimonio
> No se absuelve, aunque él desista.   (584b)

To which Don Juan, coldly pushing his advantage over the irresolute Aminta, says:

> En no siendo consumado,
> Por engaño o por malicia
> Puede anularse. (584b)

Finally, Aminta succumbs to Don Juan's proposal and promises:

> A tu voluntad, esposo,
> La mía desde hoy se inclina:
> Tuya soy. (584b)

To which Don Juan answers cynically in *aparte*:

> Don Juan: (¡Qué mal conoces
> Al Burlador de Sevilla!) (584b)

Both tales utilize the motif of young attractive couples; the Count (and the king) and Maria, Don Juan and Aminta. Don Juan, through his family connections, is well protected by the king, as is the Count of Prata. Both the king of Ragona and Don Juan are smitten strongly by love, and both feel the need to satisfy this passion in a physical way. While the king must acknowledge some arrogance in his approach to satisfying his passion, Don Juan's arrogance becomes obvious to the reader because it is so blatant. The king keeps to himself his ruminations concerning the possibility of carrying out possible criminal acts in order to obtain the desired prize. There is, however, in Don Juan a malevolence about what he has in mind and what he wishes to carry out.

The suggestion of taking either by fiat or deception what belongs to another legally and morally is treated by both authors. The king views his passion as an aberration of his reason:

> Non veggio io che tutti questi pensieri, che per la mente mi vanno, mi mostrano certamente che io son fuor di me stesso e che, di re che sono, voglio diventar crudelissimo tiranno? (525)

He goes even further when he observes:

> Egli è necessario adunque che io, me stesso vincendo, non solamente temperi questo mio sfrenato appetito, ma che in tutto l'ammorzi e levi fuor del mio petto, e quantunque egli a metterlo in essequizione sia duro, anzi difficuli[ss]-mo, bisogna che io mostri che la ragione in me piu vale che il senso ... (526)

The king in Bandello's *novella* is expressing what will be treated in many a Spanish Golden Age play: that the victory over one's self and one's passions is the greatest victory possible (even though the king of Ragona himself in the final analysis cannot control this passion). The touchstone upon which Tirso creates his Don Juan character is precisely that Don Juan has openly given in to his many passions without regard for any possible divine retribution.

Another feature which is common to both accounts is the social station of both protagonists. Don Juan reminds Catalinón that his father's position in the court would protect them from any judicial action that might result from their transgressions:

> Si es mi padre
> El dueño de la justicia,
> Y es la privanza del Rey,
> ¿Qué temes?   (584a)

The king of Rogona has similar thoughts:

> —Non sono io re di Ragona e padrone libero di tutto questo reame? ... Chi presumerá di cosa, ch'io mi faccia, riprendermi? a qual tribunale sarò io, di ciò che farò, accusato? ... (525)

It is very clear that social station and political power are important bases and supports for the designs of both characters. Finally, the Count of Prata realizes that he cannot oppose the wishes of his king, in spite of the fact that a marriage contract has been drawn up, just as Aminta and Patricio realize that part of Don Juan's strength resides in the social position which buttresses his. This is particularly accentuated by Tirso in having Don Juan be the outsider to the arcadian world which Gaseno, Aminta and Patricio occupy, even to the point of having Don Juan point out to Patricio his country bumpkin manners. Don Juan acts boorishly at the wedding feast, in part, because he looks down at the rural society that he has invaded. In fact, it is precisely Don Juan's arrival in the pastoral world that serves as a ruinous invasion to the peace and harmony which the simple lovers enjoy. His presence there is in every way for Patricio a "mal agüero," as he says over and over again.

It is also interesting and perhaps not at all fortuitous that the characters of Bandello's story are Spanish; that Maria is the daughter of a Spanish admiral; that the site of the final marriage will be in Barcelona. The marriage of the king of Ragona will produce the future Catholic king Fernando. It would seem almost natural for Tirso to accept an environment and characters that are so close to his own uniquely Spanish atmosphere and characters. It strikes me that we are dealing with something more than mere coincidence or blind luck in this connection.

Quite apart from the basic differences of genre in both accounts, there are also some differences to be acknowledged.

The king will not resort to any chicanery in order to satisfy his passion, although such thoughts certainly cross his mind. Bandello keeps his king on as high a symbolic and moral level as the situation will allow, whereas Don Juan resorts to a vulgar and cruel trick to deceive both Patricio and Aminta. (Don Juan convinces Patricio that Aminta has already violated the faith by writing Don Juan a letter inviting him to come to the *boda*. He claims that he has already enjoyed her favor.)

> Don Juan: Patricio.
> Patricio: Su señoría
>   ¿Qué manda?
> Don Juan: Haceros saber
>   ...
>   Que ha muchos días, Patricio,
>   Que á Aminta el alma le di,
>   Y he gozado ...
> Patricio: ¿Su honor?
> Don Juan: Sí.   (583b)

This causes Patricio to rail against all women, while Don Juan glories in this kind of deception, and states proudly that

> La burla más escogida
> De todas ha de ser ésta.   (584a)

This *engaño* also allows for Patricio to develop further the theme of *celos*, which seen from the social perspective may be Tirso's way of dealing with a fairly well-developed literary convention of an amourous situation as well as to underscore further the differences between peasant (Patricio) and an arrogant and morally heedless nobleman —Don Juan (as was stated earlier by Aminta, "La desvergüenza en España/ Se ha hecho caballería" [see above]).

Perhaps the greatest difference between the two accounts is to have Don Juan enter the sacred confines of Aminta's bridal wedding chamber the night of the wedding. The king of Ragona does not resort to any deceptions but openly confronts the Count of Prata. Don Juan must depend upon his verbal gifts to further deceive Aminta, and carry out what he must regard as a coup: to enjoy the sexual favors of a bride on the very night of her wedding without becoming or being her husband.[5]

While both characters involve marriage as a part of their passion, the king of Ragona is sincere in wanting Maria; Don Juan uses the false marriage promise only to enjoy Aminta sexually, a promise which will come to haunt him later. It must also be borne in mind that both lovers, the king and Don Juan, will take full advantage of the fact that both espousals exist on an early level of legality: the couples are betrothed but the act of consumation has not taken place, therefore a realignment of marriages is certainly legal and, literarily and aesthetically, in the realm of possibilities.

In spite of some of these differences, the similarities are, I think, strong and significant enough to warrant seeing that the Bandello account may have suggested to Tirso the motif of the invading outsider and guest to a marriage reception who destroys the happiness of both couples, and while Bandello manipulates what is basically an unhappy and infelicitious gesture —the overturning of a marriage agreement— he manages to give to his tale a "happy ending" by pointing to the child born to the king of Ragona's marriage as becoming *that* king Ferrando who goes on to great successes: "Di questo amoroso matrimonio nacque quel glorioso re Ferrando di Ragona, che sposò la reina Isabella de Spagna e conquistò il regno di Granata; cacciando i mori in Africa ... " (527).

Having taken the motif of the disrupting outsider-guest Tirso must, as do most of the authors who liberally took from the Italian *novellistica* (Cervantes, the author of *Lazarillo de Tormes*, Lope de Vega, *et al.*) refashion some features of the motif to fit particular, Hispanic demands. He makes Don Juan's transgression become part of a religious, Counter Reformation preoccupation of the reckless disregard of God's moral laws, and with its concomitant painful and punishing consequences.

It is always difficult to treat the intertextuality of motifs, characters, borrowings, etc. —so much can interfere with the initial spark of inspiration— but in this case, I believe that there is legitimate evidence to see Tirso appreciating a possible inspiration in Bandello's embryonic story and exploiting it for his own needs in creating a character whose actions clearly mark him as one of the most monumental sinners of world literature.

Notes

1. Nancy L. D'Antuono. *Boccaccio's "Novelle" in the Theater of Lope de Vega*. Madrid: Porrúa Turanzas, 1983.

2. For useful materials on the Italianate link with Tirso's works see the following: V. G. Williamsen and Walter Poesse. *An Annotated, Analytical Bibliography of Tirso de Molina Studies*. Columbia [Mo.] and London: UP, 1979. See entries 78, 133, 233, 355, 439, 460, 591, 680, 709, 739, 778, 814; also 312, 701, 199 and 1080. See also A. E. Singer, *A Bibliography of the Don Juan Theme: Versions and Criticism*. Morgantown, West Virginia: West Virginia University Bulletin, 1954. See entries 92, 101, 105, 117 and 124 for suggestions regarding possible Italian sources. See also W. T. McCready, *Bibliografía temática de estudios sobre el teatro español antiguo*. Toronto: UP, 1966; see entries 2855, 2857, 2858, 2864. For a recent contribution to the question (and whose title indicates his point of view) see V. F. Dixon, "Lope de Vega no conocía el *Decameron* de Boccaccio," in *El mundo del teatro español en su Siglo de Oro: Ensayos dedicados a John E. Varey*, ed. J. J. Ruano de la Haza, Ottawa Hispanic Studies, 3 (Ottawa: Dovehouse Editions, 1989) 185-96. It seems obvious to me that while general and specific sources to *El Burlador* can be found in several suggested authors, I do not locate one that would specifically identify this particular *novella* of Bandello as a source of the Tirso version. I wish to express my thanks to my colleague Walter Poesse who so kindly offered me very useful insights into the problem I am studying.

3. All citations from this tale are taken from *Tutte le opere di Matteo Bandello*, a cura di Francesco Flora, 2 vols. (Milano: Mondadori, 1934-5). See vol. 2: 523-27.

4. All citations of *El Burlador* are taken from the BAE edition, vol. 5, *Comedias escogidas de Fray Gabriel Téllez (el maestro Tirso de Molina)*, 7th edition (Madrid: Lib. Sucesores de Hernando, 1924). See pp. 572-90.

5. I exclude any possible view of Don Juan's action as part of *ius primae noctis*. There is no basis for him to claim any such rights.

Idealización y realidad en la novela rural de Delibes

Jesús Rodríguez
Albright College

No cabe duda que Miguel Delibes pasará a la posteridad como el mejor cronista de la cultura rural castellana de los últimos cuarenta años. Muchos han sido los escritores que han escrito sobre Castilla y pocos los que al acercarse al campo de esta región han logrado dar una visión tan variada y tan auténtica como la que se observa en la novela rural delibiana. A diferencia de los escritores del 98, Delibes desde un principio postula una estética muy distinta:

> Mi pupila, acomodada ya desde su origen, no se ha dejado vislumbrar por los cielos tan altos y los horizontes lejanos de mi región, envolviéndolos en una piadosa ojeada contemplativa para recrearme, luego en blandas pinturas a la acuarela, sino que ha descendido, tal vez un poco demasiado abruptamente al hombre para describir su marginación, su soledad, su pobreza y su deserción presentes. (Pastor 75)

Siendo así, resulta sorprendente que ciertos críticos al comentar su obra afirmen que en ella predomina la exaltación y la alabanza del campo y de la vida rural. Para Gil Casado, "*El camino* es una novela que obecece a una concepción ... falsamente idílica de la aldea" (115). Refiriéndose también a esta novela, José Domingo se expresa en términos muy similares: "La única objeción que podría hacérsele es la de representar un mundo idílico, desligado de los problemas suscitados por la guerra" (52). García Viñó, por su parte, no duda en declarar que casi todas las anécdotas de *El camino* "entrañan una significación acorde con la idea expresa del menosprecio de corte y alabanza de aldea que sustenta el autor" (27). De *Las guerras de nuestros antepasados*, una de las últimas novelas rurales de Delibes, afirma Rosendo Roig que "su alabanza de la aldea deja entrever cierto distanciamiento de laboratorio. Alabanza pero desde la ciudad. Algo de esto tendría la literatura rural de Delibes. Y muy claro queda que el bucolismo de Delibes resulta hoy día algo artificial" (270). A pesar de que estos críticos no andan muy descaminados al afirmar que la novela rural delibiana exalta la vida campesina, Delibes, como veremos enseguida, se mantiene fiel a su estética.

Miguel Delibes se mueve entre dos tendencias aparentemente contradictorias: una tendencia realista a través de la cual mostrará al lector los rincones más míseros y desolados de Castilla, y una tendencia idealizadora que le impulsa a crear ciertos personajes que, a pesar de las miserables condiciones de vida que existen a su alrededor, viven relativamente felices y en perfecta armonía con la naturaleza. Estos personajes, un tanto idealizados, contrastan fuertemente con el resto de los campesinos que aparecen en su novela rural y de ahí la variedad de juicios opuestos expresados por la crítica delibiana al comentar su novela rural. A continuación, analizaremos la presencia y la evolución de esta dos tendencias en sus novelas rurales más representativas.

La ambivalencia que se observa en el tratamiento del campo castellano por Delibes tiene su origen en el conjunto de conocimientos adquiridos por el autor en su largo y sostenido contacto con los pueblos de Castilla. Aunque nació en Valladolid y ha residido siempre en esta ciudad, pasó largas temporadas veraniegas durante su infancia en Molledo-Portolín, un pueblo de Santander. Fueron estos largos veranos pasados en este pueblo de la montaña el principio de su gran pasión por la naturaleza y por las gentes del campo. Sin duda, debió ser una experiencia inolvidable para un muchacho de ciudad la oportunidad de corretear por esos bellos parajes de la cordillera cantábrica en contraste tan pronunciado con la geografía desértica del páramo castellano. De este pueblo y de sus alrededores se sirvió Delibes para pintar el trasfondo rural de *El camino* y para evocar su niñez en Molledo-Portolín. Su familiaridad con el campo castellano es asimismo resultado de su afición a la caza, actividad que ya practicaba de muchacho con su padre y que le ha permitido adquirir un conocimiento profundo de la gentes de Castilla. Su pasión por el campo se fue acentuando aún más con el paso de los años y por eso, en cuanto pudo, se construyó una casa en Sedano, un pueblecito del norte de Burgos donde se refugia siempre que sus tareas profesionales se lo permiten. Así describe Alonso de los Ríos el refugio del novelista:

> Es una casa sencilla de un solo piso a las afueras del pueblo ... situada en una ladera desde donde se divisa todo el valle ... Los montes manchados a trechos por pinares y robledales, el pueblo a la izquierda y, al fondo, una faja de huertas y pastos tendidos al hilo del río Moradillo. (12)

Delibes mismo describe el carácter paradisíaco de estos parajes: "Sedano es mi pueblo adoptivo ... donde la gente llega a vieja comiendo manzanas y miel, los cangrejos y las truchas se multiplican confiadamente en los regatos y los conejos corren por el monte sin temor a la mixamastosis" (*Vivir al día* 99). Desafortunadamente, en medio de esa naturaleza se halla el campo castellano sembrado de pueblos pobres y semiabandonados habitados por campesinos que malviven cultivando tierras de secano de escaso rendimiento. Desde un principio Delibes es consciente de esta realidad y no tardará en trasladarla a su novela y a su obra periodística para poner de manifiesto la grave situación económica que se vivía en el campo castellano por aquel entonces.

A finales de los cincuenta, cuando ocupaba el puesto de director de *El Norte de Castilla*, Delibes emprende una campaña periodística con el objeto de denunciar las condiciones de vida infrahumana existentes en muchos pueblos de su región. La campaña fue tan eficaz que tan pronto como llegó a oídos de Madrid, Delibes se vio forzado a dimitir de su puesto. De aquí surgió precisamente la novela *Las ratas*: único recurso que encontró para continuar con su labor de denuncia ante el silencio que le imponía el regimen franquista.[1] Curiosamente, ya en su primera novela nuestro novelista se muestra plenamente consciente de los aspectos menos benignos del campo. En *La sombra del ciprés es alargada* el protagonista se va al campo a convalecer de su enfermedad en busca de paz y de tranquilidad. En una de las conversaciones que sostiene con Cristián, un campesino de la comarca, Pedro alaba los beneficios que reporta la vida campestre:

> —En el campo es donde se ha refugiado lo único que aún queda de verdad en el mundo. (dice Pedro)
> —Prefiero la ciudad. (contesta Cristián)
> — ... allí todo es ficticio.
> ....
> —No importa ... Ustedes no saben lo que es el campo. Por eso lo cantan. Pero si hubiesen probado cuánta es su ingratitud pensarían como yo. (278)

Como se puede observar, aquí ya aparecen perfectamente diferenciados los dos modos de percibir el campo. Pedro encuentra en la tranquilidad del campo una naturaleza que, además de ser fuente de belleza, le proporciona la serenidad que su mente necesita para reponerse de su enfermedad, mientras que para Cristián el campo es ante todo un medio de subsistencia. Es asimismo revelador el comentario de Cristián, "Ustedes no saben lo que es el campo, por eso lo cantan", con el cual se alude a la tradición literaria que al acercarse al campo presta atención únicamente a sus valores estéticos e ignora todo lo demás. Tal vez tuviese aquí Delibes en mente la exaltación de Castilla llevada a cabo por los noventayochistas que transforman el paisaje castellano en símbolo ideal de esa España mítica de tiempos pasados. Y es que, como muy acertadamente señala Laín Entralgo, en estos escritores "se interpone entre la pupila y la tierra una idea y un sentimiento de la historia" que les impide percibir la realidad castellana (22). El único noventayochista que se hace eco de la miseria y del atraso de esta región es Antonio Machado, como se pone de manifiesto en estos versos tomados de *Campos de Castilla*:

> !Oh, tierra triste y noble,
> la de los altos llanos y yermos y roquedas,
> de campos sin arados, regatos ni arboledas;
> decrépitas ciudades, caminos sin mesones,
> y atónitos palurdos sin danzas ni canciones
> ....
> Castilla miserable, ayer dominadora,
> envuelta en sus andrajos desprecia cuanto ignora". (78)

Ya en *El camino*, su primera novela rural publicada en 1950, nos da

Delibes una imagen más realista y más cabal de este palurdo atónito que tanto impresionó al poeta. La infancia de Daniel y de sus dos amigos tiene como escenario de fondo una naturaleza benigna y un ambiente paradisíaco. Daniel vive en perfecta armonía con su medio ambiente y no siente ningún deseo de abandonarlo. Como la novela está narrada desde la perspectiva infantil del personaje que la noche antes de partir para la ciudad recuerda los mejores momentos de su vida pasada en el pueblo, algunos críticos concluyen que el autor idealiza la vida campesina. Sin embargo, en medio del ambiente paradisíaco en que trascurren las aventuras de estos tres muchachos se observa que las gentes de este pueblo son campesinos normales, cuya existencia es más bien triste y frustada. De ahí que sus padres deseen que abandone la aldea y se marche a la ciudad a educarse y a prosperar. Naturalmente, Daniel, un muchacho de once años, se resiste a la idea. De su negativa a abandonar el pueblo deduce García Viñó[2] que Delibes está en contra del progreso, lo cual es erróneo pues Delibes "es consciente de la ambigüedad del campo en su doble función de naturaleza y campo, de vida simple y atraso, de lo bueno y de lo malo que hay en quedarse en la propia condición natal" (Pauk 10). Los continuadores de Daniel serán el Nini, el tío Ratero, Pacífico, el tío Paco y el señor Cayo. todos ellos comparten una misma actitud hacia el medio rural en que viven: una compenetración total con la naturaleza y una absoluta negativa a abandonar su modo de vida.

La publicación de *Las ratas* en 1962 esclarece aún mejor la cuestión que nos concierne, ya que en ella se pasa de la visión idealizada de un niño que está a punto de dejar el pueblo santanderino donde ha transcurrido su infancia a la visión más realista de la cultura campesina de un pueblo de la Meseta. El cuadro de la vida rural que pinta Delibes es tan desolador que a muchos les sorprendió entonces la existencia de seres como el Tío Ratero y el Nini que cazan ratas para sobrevivir. No obstante, como ya declaró Delibes en una entrevista: "las condiciones de vida son tan brutales y los tipos tan primarios que puede llegarse a estos extremos" (Alonso 183). A diferencia de *El camino*, su intención ahora no es describir el carácter benigno de la naturaleza o evocar la idílica existencia de unos niños, sino mostrar la otra cara de la vida rural. Para ello ha elegido un pueblo de la Meseta que vive en el atraso y en el abandono en medio de una naturaleza ingrata e indiferente. La naturaleza que aparece en *Las ratas* es desoladora: los campesinos viven pendientes del cielo, es decir de las condiciones climatológicas, pues son éstas el factor determinante del éxito o del fracaso de los esfuerzos invertidos durante todo el año. En este sentido, los resultados no pueden ser más desastrosos: primero cae una helada que daña seriamente los trigos y, después, un pedrisco que destruye la cosecha y arruina a los campesinos. A los medios de subsistencia claramente inciertos, hay que añadir el tedio y la indigencia que existen en el pueblo, como se observa a continuación: "La Columbia echaba en falta su infancia en un arrabal de la ciudad y no transigía con el silencio del pueblo, ni con el primitivismo del pueblo. La Columbia exigía al menos, agua corriente, calles asfaltadas y un cine y mal baile donde matar el rato" (*Las ratas* 111).

Sin embargo, a Delibes no le basta con ser cronista de esa Castilla rural pobre y primitiva y, como contrapunto, crea la figura del Nini, un ser dotado de unas facultades extraordinarias que contrasta fuertemente con el carácter gris y deprimente del resto de los habitantes del pueblo. Al igual que los niños de *El camino*, el Nini vive compenetrado con la naturaleza: sale al campo durante la noche para observar las costumbres de los animales, juega con la nieve, caza lagartos, muestra un gran amor por los animales e incluso trata de salvarlos de los cazadores furtivos. Pero, a diferencia de Daniel, un ente de ficción verosímil, el Nini es un niño sabio que posee un impresionante caudal de conocimientos prácticos sobre los más diversos aspectos de la fauna y de la flora del campo. Su sabiduría y su prestigio entre los campesinos del pueblo son tan grandes que éstos acuden a él en busca de consejo. Al llegar a este punto conviene preguntarse por el papel que desempeña este personaje en una novela que, como el mismo autor ha declarado, fue escrita con un claro propósito de denuncia. Y es que, en efecto, la caracterización y la actuación del Nini ponen en duda la clasificación de *Las ratas* no sólo ya como novela de denuncia sino incluso como novela realista. ¿Cómo es posible que el niño se erija en consejero supremo de los habitantes del pueblo, les recomiende cuándo deben hacer ciertas labores y tenga el don de predecir el arbitrario comportamiento del clima castellano? Es evidente que nos hallamos ante una criatura tan extraordinaria y tan carente de verosimilitud psicológica que por fuerza debemos preguntarnos cuál es el propósito del novelista al crear semejante personaje. En una entrevista con el autor se nos da la siguiente explicación:

> Con el Nini, intenté, por un lado, un contrapunto de la vida tremenda del medio rural castellano. Le di una elevación espiritual por encima del resto de los convecinos. Por otro lado, trato de simbolizar con él las dificultades que encuentra un ser inteligente para realizarse. Por último, el Nini es una especie de conciencia social. (Alonso 204)

Teniendo en cuenta el resto de su novela rural, otra explicación es posible. El rasgo de su personalidad que más nos interesa destacar aquí es su soledad y su independencia. El Nini reside con su padre y una perra en una cueva a las afueras del pueblo. Este alejamiento del pueblo es lo que le permite al Nini vivir con cierta independencia de la comunidad rural de la que es parte. En situación bastante similar a la del Nini encontramos a otros personajes que aparecen en dos novelas rurales publicadas por Delibes en los setenta: *Las guerras de nuestros antepasados* y *El disputado voto del señor Cayo*, ambas nos ayudan a esclarecer el sentido de la figura del Nini. Si comparamos al Nini con algunos personajes de estas tres novelas, nos damos cuenta en seguida de que éste es un exponente más de ese ser solitario e independiente que, viviendo un tanto al margen de la comunidad rural, mantiene una relación íntima con la naturaleza. A mi juicio, en la extraña personalidad de estos personajes junto con la relación idílica que sostienen con la naturaleza estriba la razón de que se hable de la idealización de la vida campesina en la novela rural de Miguel Delibes.

Otero del Humán, el pueblo donde transcurre la acción de *Las guerras de nuestros antepasados*, está habitado por unos seres que gozan de una vitalidad fuera de lo común, cuya existencia transcurre en un ajetreo continuo y esperpéntico, evocadora de ciertas obras y personajes de García Márquez y de Valle-Inclán. A pesar de que la descripción de Otero del Humán está basada en la realidad, el panorama que Delibes nos ofrece de esta comunidad rural es ahora más fascinante y, sobre todo, más novelesco que el que se encuentra en *El camino* o en *Las ratas*. En *Las guerras de nuestros antepasados* la realidad rural no es idealizada, sino más bien distorsionada, estilizada y exagerada. A través de la evocación de Pacífico surge ante el lector un pueblo típico en cuanto a sus tradiciones aldeanas pero poblado de personajes inverosímiles, como la abuela de Pacífico que padece misticismos, arrobos y visiones, o el Bisa, con su extravagante comportamiento, o el mismo Pacífico con sus extrañas dolencias y sus disparatados experimentos gallináceos. Y, sin embargo, en medio de esta absurda realidad se alza la simpática figura del tío Paco, un campesino sabio que vive solo a las afueras del pueblo. La afición de Pacífico por la naturaleza le viene de su tío Paco, quien le ha enseñado a gozar de la belleza y de la paz que ofrece la vida solitaria en el campo. Nos dice Pacífico que su tío vive solo a las afueras del pueblo "a cosa de medio kilómetro del pueblo, a orilla del Embustes, entre las ringleras de manzanos. Y allí vivía, con un par de cabras, media docena de gallinas y dos docenas de pichones blancos" (*Las guerras* 113). En el tío Paco se descubren ecos de la independencia de un Robinson así como de la vida campestre que tanto elogiaban Horacio, Fray Luis de León y otros muchos literatos. A pesar de los muchos rasgos realistas que conforman su carácter, su insólita conducta es poco verosímil y el lector recibe la impresion de estar ante un ente idealizado. Y es que la intención del autor es encarnar en el tío Paco a un ser que mantiene una relación idílica con la naturaleza, del mismo modo que el Nini también era otra encarnación del mismo ideal.

Por último, otro personaje que aparece transformado por esta tendencia idealizadora de la vida campesina es el protagonista de *El disputado voto del señor Cayo*. El señor Cayo es uno de los tres únicos supervivientes de un pueblo que ha sido abandonado por la marcha a la ciudad del resto de sus habitantes. En esta isla-aldea, como un moderno Robinson Crusoe, transcurre la tranquila existencia de este viejo campesino en compañía de su esposa, su perro y unos pocos animales domésticos. Se alimenta de los frutos que saca de su huerta, de la miel de las abejas, del pan que él mismo prepara y de la pesca de cangrejos. Su aislamiento es casi total, ya que el único contacto que mantiene con la civilización ocurre una vez al mes cuando sale a la carretera a hablar con un camionero que pasa por allí. A primera vista, parecería que de nuevo nos hallamos ante un ser extravagante como el tío Paco o un ser dotado de cualidades extraordinarias como sucedía con el Nini. Pero no es así. Aunque se trata de un caso extremo, el señor Cayo es un retrato vivo de ese campesino viejo que aún existe en ciertos pueblos abandonados de Castilla y que no ha emigrado a la ciudad. Si el lector recibe la impresión de estar ante un personaje idealizado, es porque, al igual que el Nini, el señor Cayo posee un impresionante caudal de conocimientos prácticos sobre la fauna y la flora del campo castellano, lo cual es absolutamente verosímil teniendo en cuenta su larga experiencia campesina. Es más, el autor nunca intenta idealizarlo y sólo resulta singular ante los atónitos ojos de estos tres visitantes de la ciudad que no conciben que existan individuos como él. Como cualquier ser humano, este anciano tiene sus faltas: odia a su único vecino, maltrata a su perro y su actitud hacia la mujer deja mucho que desear, como se observa en el siguiente comentario hecho por él mismo: "El Bernardo decía que lo más práctico con una mujer era taparla la boca con una almohada" (103). Al parecer, el señor Cayo siguió este consejo al pie de la letra casándose con una mujer muda. Como ya es habitual en él, Delibes tiene de nuevo en cuenta las dos caras que presenta la vida rural. Por una parte, hace de cronista de la vida rural castellana actual para poner de manifiesto los estragos causados por el éxodo rural ocurrido en Castilla en los últimos veinte años; pero, por otra, se sirve de este pintoresco personaje para mostrar a estos tres visitantes de la ciudad los beneficios que se derivan de una vida sana y sencilla en íntimo contacto con la naturaleza.

Como se ha puesto de manifiesto a lo largo de este estudio, la novela rural delibiana se caracteriza por la presencia de una serie de personajes que, además de mantener una estrecha relación con la naturaleza y poseer un profundo conocimiento de sus secretos, viven un tanto al margen de la sociedad rural de que forman parte. Asimismo, está claro que su función es dramatizar lo que Delibes considera que debe ser la relación ideal del hombre con la naturaleza. Ahora bien, al ser un campesino el personaje que encarna este ideal, ciertos críticos han llegado a la conclusión que nuestro autor exalta y alaba la vida campesina, lo cual es erróneo, pues, como ha quedado claro, el resto de los personajes rurales son campesinos "normales", es decir, son un retrato veraz y auténtico del campesino que ha existido y que aún existe en cualquier pueblo de Castilla que vive ocupado en sus tareas agrícolas y para quien la naturaleza es sobre todo un medio de supervivencia. Daniel, el Nini, el tío Paco y el señor Cayo sirven para exponer su tesis de que el hombre moderno necesita recuperar los lazos que le unen a la naturaleza, lo cual no significa que Delibes abogue por un modo de vida más primitivo o que esté en contra del progreso, ya que como él mismo ha declarado: "El progreso no consiste, tal como hoy lo entendemos, en hacer más tupida la cortina que separa al hombre de los goces naturales, de las exigencias primarias de los instintos" (Alonso 200).

Notas

1. En su entrevista con Alonso de los Ríos, Delibes declara: "En cierto modo *Las ratas* y *Viejas historias de Castilla la Vieja* son la consecuencia inmediata de mi amordazamiento como periodista. Es decir, que cuando a mí no me dejan hablar en los periódicos, hablo en las novelas" (*Conversaciones* 182).

2. Según García Viñó: "La visión de la naturaleza (en *El camino*) no desde un punto de vista horaciano, sino desde una auténtica oposición al progreso" (33). Aunque es cierto que Delibes se ha manifestado en contra de la marcha del progreso —véase su Discurso de entrada en la Academia, publicado más tarde en forma de libro con el título de *Un mundo que agoniza*— es difícil sacar esta conclusión de una lectura atenta de *El camino*. Es más, lo que le preocupa a Delibes del progreso son sus deplorables efectos en el medio ambiente y la naturaleza y no los beneficios que el avance tecnológico reporta a la humanidad.

Obras citadas

Alonso de los Ríos, César. *Conversaciones con Miguel Delibes*. Madrid: Magisterio Español, 1971.

Delibes, Miguel. *La sombra del ciprés es alargada*. Barcelona: Destino.

————. *El camino*. Barcelona: Destino, 1950.

————. *Las ratas*. Barcelona: Destino, 1962.

————. *Vivir al día*. Barcelona: Destino, 1968.

————. *Las guerras de nuestros antepasados*. 2ª ed. Barcelona: Destino, 1975.

————. *El disputado voto del señor Cayo*. 7ª ed. Barcelona: Destino, 1978.

Domingo, José. *La novela española del siglo XX. De la posguerra a nuestros días*. Barcelona: Editorial Labor, 1973.

García Viñó, M. *Novela española actual*. 2ª segunda ed. Madrid: Prensa Española, 1975.

Gil Casado, Pablo. *Novela social española (1920-1971)*. Barcelona: Seix Barral, 1973.

Laín Entralgo, Pedro. *La generación del noventa y ocho*. 7ª ed. Madrid: Espasa-Calpe, 1970.

Machado, Antonio. *Poesías Completas*, undécima edición. Madrid: Espasa-Calpe, 1966.

Pauk, Edgar. *Miguel Delibes: desarrollo de un escritor (1947-1974)*. Madrid: Gredos, 1975.

Pastor, Miguel Angel. "Castilla en la obra de Delibes". *Nueva estafeta* 15 (1980): 75-77.

Roig, Rosendo. "Alabanza de aldea desde la ciudad: análisis del último Delibes". *Razón y fe* 191 (1975): 261-75.

Yo Goya.
Yo, Francisco de Goya y Lucientes

Carlos Rojas
Emory University

La voz, aquella voz que viene del centro de mí mismo que no existe, me pide que dicte mi semblanza. Si ignoro de quién pueda ser la voz, tampoco sé a quién dicto.

Yo, Goya. Yo, Francisco de Goya y Lucientes.

Saber, sólo sé que estoy muerto y muerto llevo años, acaso siglos. Pero la muerte no es sino un presente oscuro, que esclarezco e ilumino libremente con mis recuerdos. Hablo de las memorias de aquella vida mía, que antes pinté en mis cuadros, grabé en mis grabados y ahora me piden que haga retoñar en palabras.

Yo, Goya.

Fue la mía una vida que físicamente concluyó en Burdeos la noche del 15 al 16 de abril de 1828. Pero en la tierra y desde entonces, debe de haber mudado y todavía hoy mudará la de otros muchos seres. Aunque la muerte sea el presente de tinieblas interminables, donde destellan mis visones y las visiones de mis cuadros, sé y doy fe de no haber vivido en vano.

Yo.

A veces pienso que me piden las memorias para el juicio universal. Lo pienso aunque no lo crea. Por más que lo presagien, tal juicio es imposible puesto que en el fondo la muerte y la existencia son irrevocables soledades. En este ámbito eterno y ensombrecido, cada hombre perdurará tan aislado como de verdad vivió en el mundo.

Yo, nada. Yo, nadie.

Múltiple, si bien irónica es mi soledad. Fallecí lejos de mi pueblo y de mi tierra, aunque mi destierro fuera renovado, voluntario y tuviera por pretexto una toma de baños y aires para remozarme la salud en la vejez. Hoy les falta la cabeza desaparecida a mis despojos sepultados, debajo de la cúpula que pinté en San Antonio de la Florida. Un destino siempre sardónico hace que los restos de otro proscrito, Martín Miguel de Goicoechea, se repartan con los míos la tumba de San Antonio. Arriba, tal como yo lo pinté en la bóveda, San Antonio de Padua ha venido volando milagrosamente desde Italia a Lisboa y resucita a un asesinado, para que revele el nombre de quien lo mató y exculpe al padre del santo monje, acusado de aquel crimen por error de la justicia. Los ángeles de los coros celestiales, en pechinas y lunetas, son mujeres incitantes y carnales. Un pueblo de celestinas, mozas fingidas, truhanes, criadillas, modistas, verduleras, pescateras y entretenidas presencia el milagro casi indiferente. María Teresa, la duquesa de Alba, me preguntó riéndose una vez qué demonios hacían todas las putas de Madrid, salvo la reina, repartidas entre la gloria y la Lisboa de la Edad Media.

Yo, Francisco de Goya y Lucientes. Yo Martín Miguel de Goicoechea.

En el mundo, Martín Miguel de Geoicoechea era mi consuegro. Con su hija Gumersinda casó mi Xavier, dos o tres años antes de la guerra con el francés, una mañana de julio madrileño que fundía los cantos en las calles. Abuelos y padrinos fuimos los cuatro —él, yo, su María Juana y mi Josefa— de nuestro nieto Marianito al verano siguiente. Pero ninguno de nosotros pudo anticipar entonces que el azar, otros dirían la historia, nos llevaría a Martín Miguel y a mí a compartir el destierro en vida y al menos tres sepulcros muertos. Si ahora nuestros espectros saliesen de San Antonio de la Florida y juntos se fueran de paseo por la orilla del Manzanares, me imagino sus casi obligados coloquios.

—Compañero, permítame que le tome del brazo, como si fuese mi lazarillo de ciego caminante —le pediría yo. En fin de cuentas, puesto que de su cabeza nos valemos los dos, suyos y no míos son ahora mis cinco sentidos.

—Amigo Goya —replicaría Martín Miguel de Goicoechea—, tampoco quiero abusar de situación tan insólita, como la que nos deparan las circunstancias. No es justo que siempre ande usted decapitado y yo vaya tan orondo por la vega, como si mi cráneo fuese sólo mío. En menos de nada se lo presto, para que disfrute cumplidamente de la brisa que peina el río y del canto del gurriato.

El más adinerado de los proscritos de Burdeos, el banquero Muguiro —yerno de Martín Miguel como mi Xavier— le compró el panteón al consuegro. Allí, en el cementerio de la Grande Chartreuse y en una tarde de truenos secos, le enterramos en verano de 1825.

De rojo veneciano se teñían los cielos, en un desgarro de la súbita borrasca que enfoscaba el horizonte sobre el estuario. A aquella luz, que ya tiraba a cinabrio, leí la lápida de Martín Miguel con la precisión que el recuerdo la devuelve ahora. Sin puntos ni comas, de una sola tirada entre dos parpadeos. EL AMOR FILIAL ELEVA ESTE MONUMENTO EN MEMORIA DE MARTIN MIGUEL DE GOICOECHEA DEL COMERCIO DE MADRID NACIO EN ALSASUA REYNO DE NAVARRA EL 27 DE OCTUBRE DE 1755 Y FALLECIO EN BURDEOS EL 30 DE JUNIO DE 1825. A los tres años fueron a turbarle el sueño, levantando la losa para soterrarme a su lado, según acuerdo de nuestros hijos. A su epitafio, le añadieron el mío en latines de Josef Pío de Molina: antiguo alcalde mayor de la Corte en la francesada y el último modelo a quien quise pintar, aunque mi muerte le dejase el retrato inconcluso y a sobrepeine. FRANCISCUS A GOYA ET LUCIENTES HISPANIENSIS PERITISSIMUS PICTOR.

Yo, Goya. Yo, polvo y ceniza decapitada.

Y he aquí que al cabo de otros años, sesenta ahora, de nuevo nos abren el lecho de piedra para llevarse mi cadáver a Madrid. El tiempo nos confundió los féretros y los despojos, como en Marianito se cruzaron nuestras sangres. Había desaparecido mi cabeza y en la podre sólo dieron con la de Martín Miguel. Así informan a Madrid la alcaldía de Burdeos y la prefectura de la Gironda. Madrid tarda seis inviernos en contestarles. En su incertidumbre, nos encierran los franceses en un par de ataúdes sellados del depósito de la Grande Chartreuse. En 1899 meten aquellas cajas de caoba en otra de plomo y la de plomo en un féretro de roble. Es propósito de la reina regente y de su Gobierno que nos acoja el mismo panteón en el Cementerio de la Sacramental de San Isidro. A los veinte años, vuelven a trasladarnos y nos dejan al pie del presbiterio de San Antonio de la Florida.

Yo, Goya. Tú, Goya.

Yo, FRANCISCUS A GOYA ET LUCIENTES, yazgo eternamente descabezado y en compañía del consuegro en la parroquia que pinté y luego volvieron museo, para gloria de tu nombre. A ti, Goya, Francho o don Francisco el de los Toros, como a veces te firmabas, te recuerdo la cabeza que te bosquejaste e iluminaste, en una de tus obras más vastas: *La familia de Carlos IV*. No fue tu mayor audacia disponer tu vera efigies entre reyes e infantes, sino medirte con el propio don Diego Velázquez. También él en su siglo quiso retratarse en otro cuadro, que asimismo decían *La familia*, y donde se fue a copiar al paso que lo ejecutaba. Casi de cuerpo entero, se agiganta allí en tanto sus monarcas se enturbian y disminuyen en un espejo, prendido al fondo del obrador. Tú asomas la maciza testa baturra, detrás de la familia de Carlos IV en *La familia de Carlos IV*. Eternamente se remansa en tu tela el verano de 1800, mientras desde las sombras y por encima de los anteojos contemplas a quienquiera que te contemple, en todo instante del porvenir. Tienes en tu pintura cincuenta y cuatro años y ocho llevas reparado de la vista y sordo como una tapia.

Tú, Goya.

Hace once años que te nombraron Pintor de Cámara de su Majestad y seis meses que te ascendieron a Primer Pintor del Rey, con un sueldo de cincuenta mil reales vellón, cuando los soberanos te encomiendan su grupo de familia en Aranjuez. Como te cuenta Godoy, despereciéndose de risa: *Desde que pintaste el retrato de mi mujer, la condesa de Chinchón, no se le cuece el pan a la reina hasta que le ilumines una sábana o una vela, con ella, el marido, los infantes y toda la parentela.* Le recuerdas que ya firmaste y dataste los retratos ecuestres de don Carlos y de doña María Luisa, entre otras varias semblanzas suyas. Se encoge de hombros y sonríe cínicamente. *Ahora los reyes quieren retratarse con los hijos, las hijas, el yerno, los hermanos, el nieto y hasta su futura nuera: aquella princesa de Asturias napolitana, que tendrás que inventarte si no la copias del camafeo que atesora su novio. Reflejado en tu cuadro como en un cristal, dejarás testimonio de toda su sangre, tantas veces probada. Si la verdad no teme ni ofende, la honra familiar hay que servirla como el buen vino, en su punto y sin aguar.* Vuelves la cabeza para esquivarle la sonrisa de jayán o de jifero. Todo el mundo sabe que la infanta Isabel y el menor de los príncipes, aquel infante don Francisco de

Paula —*el del abominable parecido*, como le dicen— son hijos suyos y no del rey. Todo el mundo, menos los niños y don Carlos.

Rubio y rubicundo, corpulento y ya entrado en carnes, aunque sólo tenga la edad de Cristo, Godoy —príncipe de la Paz, duque de Alcudia, marqués de Alvarez, almirante de Castilla, capitán general y caballero de la orden del Toisón de Oro— es nuestro primer ministro dimisionario. La reina le condicionó el poder político a la rotura con su querida Pepita Tudó. A la Tudó, la hija de un artillero, tuvo el cuajo de acogerla en casa para infamia de la condesa de Chinchón, después de obsequiarla con el condado de Castillofiel. Abdicó Godoy, sin renunciar a Pepita y a sabiendas de que volvería a regir en un país como el nuestro, a tan triste hechura de un corral de histriones. En la fría primavera de 1800, te invita unos días a su palacete de Aranjuez. Como tú protestas del cierzo y la tardía helada, que aterido te amilanan en las anchas estancias, riendo te llama friolero enfierecido y permite cenar con el capote puesto. Al revés de quienes se atropellan al dirigirse a ti, desadvertidos de que sólo les lees los labios y las manos de forma trabajosa, él te mira de frente cuando habla y casi deletrea cada sílaba en el aire.

Tú, Goya, nunca sabes qué pensar de Manuel Godoy. Si le desprecias, también te confunde y desconcierta. Te repele y deslumbra su vertiginoso ascenso, desde la Guardia de Corps de la Real Casa hasta adueñarse de España. Todavía ignoras que pronto vas a aborrecerle y a envidiarle, por celosos rencores de un amor perdido. En los anaranjados crepúsculos de Aranjuez, a solas los dos, te lleva de paseo cada tarde en su carroza. Casi sin percatarlo, le espetas entonces no haber pintado a la condesa de Chinchón, por primera vez esta primavera. A solas y también con sus padres y hermano —el infante don Luis, la señora de Ballabriga y el futuro primado de las Españas—, la retrataste al óleo en Arenas de San Pedro, cuando no tenía ni tres años. El príncipe de la Paz quédase pensativo al oírlo. Despacio te contempla de hito en hito y luego replica: *Pues es verdad. Ella me lo contó y yo lo eché en olvido.* Abstraído se encoge de hombros. *Me pregunto qué quedará de todos nosotros dentro de dos siglos. Acaso sólo palabras. En ese espejo entenebrecido que llaman la historia.*

También aquella primavera, en Aranjuez, empiezas tus esbozos de cada miembro de la familia de Carlos IV, sobre un fondo de lavado rojo. Si en la tela grande, dispondrás todas las figuras con la otra *Familia*, la velazqueña, por pauta y modelo, para los borrones —como tú llamas a los bocetos— piensas en distintas telas del maestro. Traes a mientes los bufones, que pintó casi un siglo atrás y tu cuñado, Francisco Bayeu, te mostraba en el Palacio Real. Frente a tus reyes y como él lo hizo con sus histriones, vas a distanciarte por igual de la adulación y del sarcasmo. Despiadadamente detallarás sus deformidades físicas. Pero quieres que a través de aquellas lacras y mentiras aparentes, se refleje otra verdad mucho más honda: la de su mundo interior. Ésta es tu lección aprendida de Velázquez.

Pero tú eres Goya. No eres Velázquez, ni tus reyes son sus bufones.

Aunque enanos, tarados y contrahechos, por las oscuras ventanas de los ojos, los juglares velazqueños revelan su desollada sensibilidad, su dolor herido, su sufrido talante, su melancólica ironía y su templada entereza. En cambio, los reyes y los infantes que pintaste delatan inadvertidamente su rencor, su ambición, su artería, su lujuria, su torpeza y a veces la necedad que los devoran. Pero tú no puedes mentirles; no debes nunca engañar a nadie. A todos y a cada uno de ellos, incluidos los dos bastardos de Godoy y la reina, todavía tan niños, les muestras los borrones terminados y les dices que aquélla será su última y definitiva imagen en el cuadro. No te sorprende que todos se sientan muy complacidos, salvo el infante Fernando. El heredero de la Corona sólo te contempla con aquellos azabachados ojos suyos, donde juntas destellan la alevosía y la inteligencia. Ojos aun más turbadores y desconcertantes, por perdidos en un rostro que siempre se te antoja ajeno: larguirucho y todavía crecedero, con todas las trazas de un idiota irreparable. Fernando sonríe, sacude la cabeza y se marcha en silencio del taller que te improvisaron en la Casita del Labrador.

Al rey le place sobremanera su propio borrón. Ríe como un niño halagado y en su afecto de toro jubillo te golpea la espalda con la palma abierta. A los cincuenta y dos años, dos menos que tú, aún será el hombre más fuerte de España. Titubeas y habrías caído de no asirte por instinto a una mesa de encina, donde has esparcido pinceles, pinturas, botes de aguarrás y carpetas abiertas. A tus diez arrobas aragonesas, les lleva otra cumplida y te pasa pulgadas por todas partes. Con risas que no le oyes, se carcajea y parece ahogarse boqueando en el aire. Como lo tiene por hábito, vuelve a repetirte que tocaría el violín para ti, si no fueses sordo. Añade que otro día, con sus propias manos, te hará unas zapatillas o unas botas de escalfarote, con espuelas incluidas. Está orgulloso de su destreza de tiracuero y en la misma Casita del Labrador, le dispusieron una chapinería. Ríese otra vez, aunque entonces con malvado regocijo, cuando le muestras el borrón de su hermana la anciana infanta María Josefa. Dice que la sacaste calcada; pero, si cabe, más vieja y más bruja. De nuevo te congratula por lo bien parecido que él salió en su bosquejo. Más fiel que aquel óleo, no lo sería el mismísimo estanque del niño Narciso.

Cuando ve el borrón de su cuñada, la reina, cloquea entre risillas la infanta María Josefa. Con su vocecilla chillona y entre temblorosos aspavientos, que casi amenazan partirle la diminuta fragilidad, dice que talmente respira en la tela aquella harpía. Por la mirada de *pescivèndola di grido*, le asoman el azufre y el arsénico que la habitan, según lo asegura la infanta. *Es toda rejalgar, la muy rabiza. Así en la vida como en tu cuadro. Parece mentira que mi hermano sea tan ciego, o tan bragazas, para no enterarse de cuanto ocurre.* Luego te pregunta si la reina te dio venia, para que la pintases sin la dentadura postiza, Aquella que suelen ajustarle tres sacamuelas franceses a sueldo de Palacio. Replicas que doña María Luisa quiso posar sin los dientes falsos, porque le torcían el gesto las doloridas encías. Reitera las risas doña María Josefa, olvidada de que también ella está desdentada y así la retrataste. La deleita aquel esbozo suyo, donde no omitiste ni la peca de artificio que en la sien le oculta una mancha de la vejez. *Tu don viene del cielo, hijo,* dice inadvertida de sus años y de los tuyos. Te da a besar la mano, extendiendo el bracito sarmentoso, como si ella fuese una emperatriz y tú el más devoto de sus validos. *Tan ciego y tan calzonazos,* repite pensativa sacudiendo la cabeza debajo del moño. *Si nuestro padre reviviera, volvería a morirse avergonzado. La tarde que libró el alma, la pasé rezando a la cabecera de su cama. Pidió un caldo con yema y tardaron una hora en servirlo. Cuando se lo llevaron ya había fallecido. El caldo venía frío y cubierto por una tela de grasa, espesa como la nata. ¡Qué país, hijo! ¡Qué país el nuestro!*

También la reina alaba el apunte que le hiciste. Luego le dice a Godoy que allí está muy propia y su retrato salió el mejor de todos. Se felicita por hacerse abocetar sin la dentadura, porque el dolor de encías habría restado veracidad a lo que llama con deje italiano *el mío semblante y la mía persona.* No obstante tú le iluminaste la vera efigies, como honradamente la ves por dentro y por fuera. En mitad del lavado rojo, sonríe desagradablemente con labios prietos y casi desaparecidos. Muy descotada y enjoyadas la peluca, las orejas y la pechuga, comparte los ojos aviesos de su hijo mayor, aunque la oscura inteligencia del muchacho se le pierda en un gesto un tanto distraído. Ocho años después, cuando la más salvaje de las guerras acabe con esta feria y Napoleón tome Madrid, van a describírtelo deleitándose perversamente con tu cuadro *La familia de Carlos IV.* *¡Es increíble! ¡Es inimaginable!,* le citarán frente a la imagen de doña María Luisa. *¡Qué cabeza de garza o de grifo, para una furia!*

Pero la francesada, con sus crímenes, sus hambres, su vileza y su bárbaro heroísmo, aún pertenece al porvenir. En este frío abril de 1800, todavía aguarda Napoleón su conquista de Madrid. A petición de la soberana, le muestras todos los demás retratos, salvo el del rey que pintarás mañana. Se recrea con los borrones de sus cuñados, don Antonio Pascual y doña María Josefa. Te alaba el valor y la ironía, al escarnecerles como los satirizaste. Protestas y afirmas que fuiste a trasladarlos como los percibes o crees avistarlos. Te dices más respetuoso que nadie ante cada infante y postrado a los pies de todos ellos. *Non fare scherzi e non dire cretinate. No te burles ni digas tonterías,* te ataja sonriendo. *Sé muy bien de qué forma tan distinta los tratas a ellos y a mí.* Definitivamente nadie se conoce. Contemplan y advierten a los demás como tú los representas. Pero cada uno de ellos se ve a sí mismo como quiere verse. Con todo, acaso no sea suya la entera culpa de tanto engaño. Tal vez este mundo, donde creemos vivir de veras, no es sino fingimiento y burlería. Cabe que se reduzca a la artera imitación de otro ámbito y otra vida, donde sí existimos o existiremos de cierto. Entre tanto y al menos aquí, te inclinas a pensar que los rostros son máscaras y la historia mentira.

No obstante, en algunas ocasiones, crees vislumbrar un atisbo de verdad en medio de la farsa. Entonces te desasosiegas, como nos sobresalta en sueños saber que soñamos. En la Casita del Labrador, pintas al infante don Antonio Pascual junto a un brasero encendido. Detrás de la ventana, vuelan faisanes rojizos y tu augusto modelo te dice que en la arboleda cantan los mirlos y las oropéndolas, aunque tú no puedas oírlos. Por los rasgos y la corpulencia, mucho se parece el infante a su hermano el rey. Pero el azul de los ojos de don Carlos se esclarece en los suyos. Diríase que en cualquier momento, va a desleírse en pálida agüilla. Como nadie lo ignora, nació imbécil incurable. Su triste condición le veda el Trono; pero no le ha impedido a la Universidad de Salamanca concederle un título honorífico. Su sobrino, el príncipe de Asturias, siempre le llama *mi tío, el doctor* o *mi tío, el idiota*. No obstante nunca osa fumar en presencia de don Antonio Pascual, quien detesta el aroma y el humo del tabaco. Ni cuando sea rey, se atreverá a enfrentarle prendiendo un cigarro en sus barbas. Te contó Godoy que por los días de antruejo del pasado invierno, unos señoritos de la más clara nobleza invitaron a Fernando y al hermano del monarca a un partido de pelota, en el patio del Hospicio. Fue a ahuyentarlos a todos, supendiéndoles el juego, una súbita tormenta de mucho relampagueo. En el refectorio del asilo, aquellos descamisados con cachirulo y alpargatas, todos ellos de sangre azul resplandeciente, ofrecieron a las regias personas naranjada y aguardiente. El príncipe de Asturias les suplicó de rebozo que le ocultasen en un cuchitril, avistado de paso, para fumarse un veguero a espaldas del tío, entre cestas y pelotas.

Mientras posa para ti, te mira de hito en hito don Antonio Pascual. Nunca pestañea ni concluye su parloteo de niño. Habla como una urraca y tú te las ves y te las deseas, para seguirle la parlería. No se te hace difícil leerle los labios porque bachilleree con demasiada rapidez, sino por lo mucho que vacila, se demora y confunde, en tanto trata de hilar palabras e ideas antes de que se le vaya el santo al cielo. Aunque servilmente le sonrías y asientas a cuanto dice, o pretende decirte, te exaspera casi tanto como pronto va a desconcertarte. A la vuelta de ocho años, después de que el pueblo de Madrid se levante para impedir que secuestren y conduzcan a Francia y este gigante tarado y al bastardo de Godoy, don Francisco de Paula, el infante Antonio Pascual felicitará a Murat, el cuñado de Napoleón, por haber pasado por las armas a aquellos madrileños, que inmortalizarás muertos en una de tus telas más vastas de 1814: *El 3 de mayo de 1808, en Madrid: los fusilamientos en la Montaña del Príncipe Pío.*

Estamos encantados con lo sucedido, le confiesa entonces don Antonio Pascual a Murat, sin tartajear ni atropellarse. *Nunca más dirán que con palos y navajas destruya la chusma a un ejército regular. Bastaría cualquier batallón de línea, entre todos los de vuestra merced para dispersar y fusilar a diez mil cabezas de nuestra canalla.* Pero al igual que Napoleón en Madrid, las descargas que suenan y taladran la entera noche del 2 al 3 de mayo de 1808, o los cobardes elogios del infante a Murat, todo esto es todavía patrimonio del porvenir. Ahora, en esta primavera de 1800 y en tu taller de Aranjuez, don Antonio Pascual te pide de pronto:

—Háblame esta tarde de tus primeros recuerdos.

—Su alteza me pone en un aprieto. En cuanto trato de contemplar un primer recuerdo, evoco otro distinto que creía olvidado. La memoria es una mujer caprichosa y siempre empeñada en inventarse un pasado distinto.

—Dichoso tú que aún tienes memoria. Yo tiendo a recordar cada vez menos. Pronto lo arrinconaré todo entre renglones. Cuéntame tu vida, antes de que tuvieses memoria. Así te será más fácil. Lo olvidado, lo inventas.

Con un pincel en la mano, pringado de blanco zinc para empolvarle la peluca en la pintura, le miras perplejo. Crees confundirte al leerle los labios. Pero con despaciosa tardanza, como si advirtiese tu asombro, repite don Antonio Pascual: ... *antes de que tuvieses memoria. Así te será más fácil. Lo olvidado, lo inventas.*

—Soy de una aldea, Fuendetodos, a pocas leguas de Zaragoza. Allí vine al mundo hace más de medio siglo. Temo que mis padres anduvieran desavenidos y distanciados, cuando vi la luz. Lo cierto es que sólo a mí, entre todos los hijos, me parieron en el pueblo mientras mi padre residía y trabajaba de dorador a la sombra del Pilar. Decíase mi madre de la pequeña nobleza y antes había librado en Zaragoza a mis hermanas Rita y Jacinta, así como a mi hermano mayor, Tomás, luego dorador y batihoja como nuestro padre. A la vuelta de unos años, compuesto el matrimonio, también en Zaragoza nacerían Mariano y Camilo.

—A tu hermano Camilo le conozco —te corta don Antonio Pascual, levantando la palma sonrosada, de grueso canto y anchos artejos. Mi tío, el cardenal infante, le consiguió la capellanía de Chinchón. Creo parecerme un poco por dentro a mi tío Luis. Yo nunca podré reinar por ser idiota. Mi tío tuvo la Corona casi en la mano, porque la ley daba preferencia a los infantes criados en España, como él, en tanto mi padre era casi napolitano. El tío Luis renunció al Trono para sí y para sus hijos. Antes le hicieron cardenal y arzobispo de Toledo y de Sevilla. Pero le pesaba tanta púrpura y no quiso llevarla. Mi padre tuvo que dictar una sanción, para que el tío Luis pudiera casarse con la Ballabriga. No sé cómo recuerdo ahora todo esto.

Tampoco tú lo sabes. En tanto interrogas aquel azul tan desvaído de sus ojos, crece tu desconcierto. Turbado, casi temes que don Antonio Pascual no sea de veras necio, sino simule su propia sandez por sombrías razones. Por su parte, ignoraba doña María Teresa de Ballabriga su resplandeciente hermosura, aunque preciábase de descender de los antiguos reyes de Navarra. Para tu callado gobierno, siempre pensaste que no trascendería la buena burguesía aragonesa. Con ella se retiró don Luis a sus tierras de Arenas de San Pedro, después de las bodas. Parte del verano de 1783, lo pasaste allí pintando a aquel matrimonio y a sus hijicos niños. Dos años después, su súbita muerte te dejaba inacabado otro retrato del infante. Si don Luis sobreviviese, quien nunca quiso nada vería a su hija infeliz y desposada con Godoy, que es el más ávido ambicioso de la tierra. Al margen de la caza, la pintura, los amigos y la familia, a aquel príncipe parecía pesarle el mundo casi tanto como antes el capelo cardenalicio. Contigo se sintió siempre a sus anchas, aunque fuese tímido y respetuoso hasta con los braceros de sus campos. Dio en apreciarte de veras, al ver que eras una buena escopeta. En Arenas te abonaron honorarios muy superiores a los concertados y doña María Teresa te ofreció una bata, toda recamada en plata y oro, para tu Josefa. Vuelto a Madrid, caíste en la villanía de tasarla. Boquiabiertos os quedasteis tú y la Pepa, cuando dijo el guardarropa que el menos valía treinta mil reales.

—Sigue con Fuendetodos y tus viejas memorias —insiste don Antonio Pascual, regresándote de tus mudas divagaciones.

—Ocre es el pueblo, bajo el sol y el cierzo. Sembradas de peñascos amarillos, se tienden las tierras hasta el horizonte. Cuando yo era chico, llevaba la escuela un fraile rebotado. Hicimos buena liga, por ser él hombre devoto, paciente y yo entonces un niño callado y sumiso. Con todo, enseñaría mal y poco aprendí de mi primer maestro. Aún cuento con los dedos y escribo con faltas, que no puedo remediar y a mi mujer regocijan. Dibujar, dibujaba siempre e iba por todas partes con el cabás de la escuela lleno de carboncillos y papeles. Creo, o quisiera creer, que uno de mis primeros recuerdos es el espacioso esbozo al carbón de la fortaleza de Fuendetodos, con sus roquedales, que hice y expuse en una tapia. Lo raro es que pienso haber bosquejado las piedras vivas y los restos del castillo, prendidos en el vacío o volando por el aire. Todo desmigándose entre el cielo y la tierra, sobre aquel muro que ya no existe.

—Por ventura lo soñaste y luego diste por cierto. Yo olvido antes lo vivido que lo soñado.

—¡Quién sabe, señor! —se te enfosca el entrecejo, al pensar en las pesadillas de tu larga enfermedad, hace ocho años cumplidos, cuando te desahuciaban inconsciente y sólo sobreviviste, tarado y menguado por la cerrada sordera y las empeoradas jaquecas. Para ahuyentar recuerdos y espectros, empiezas a hablarle a don Antonio Pascual de otros días, de fugitiva dicha. Dieciocho años tenía yo y estudiaba pintura en Zaragoza, cuando me llamó el párroco de Fuendetodos para que le ilustrase la capilla de las Reliquias. Vuelto al pueblo, me abrazaron mosén Josef Ximeno, que me había bautizado y aquel maestro que me enseñó a echar cuentas con los dedos. En las puertas de la capilla, pinté la aparición de la Virgen del Pilar debajo de un cortinaje anudado a una corona.

—¿Cuándo te llevaron a Zaragoza?

—Muy niño sería yo. Pero pienso que poco antes renovó mi padre sus espaciadas visitas a Fuendetodos. Querría convencer a su mujer de que nos juntásemos con él, con Rita, con Tomás y Jacinta, de quienes cuidaba entonces un aya en la ciudad. Debió persuadirla, al cabo de interminables encuentros a puerta cerrada, que vagamente les evoco. Antes mi padre era para mí casi un extraño, que de tarde en tarde iba al pueblo y se ocultaba horas enteras en la alcoba con mi madre. Encenderían sus visitas mis celos de niño y descubriría la carne, imaginándome que ellos la gozaban a escondidas, sin dejar de odiarse. En realidad eran muy distintos. Presumía mi madre de hidalguía local y hasta heredó una casona en la calle del Coso, muy cerca de la cuestecita de la Verónica. En cambio, mi padre sólo hablaba de su oficio y muy poco. Murió en diciembre del 81 y yo tuve que sufragarle el entierro en San Miguel de los Navarros, su parroquia de Zaragoza. En la partida de defunción, dijo el escribano que no pudo testar por no tener de qué. Así es todo de triste y de sencillo, alteza.

—¿Te acuerdas del viaje a Zaragoza?

—Lo tengo muy presente, señor. Apretujados con los bártulos, los perros, la sirvienta y la jaula del jilguero, íbamos en un carromato de toldo tan amarillo como los peñones del pueblo, al sol de agosto. En Zaragoza, primero recalamos en la calle de la Morería Cerrada. Detrás nos caían la plazuela y el huerto del León de Fuentes. A la vuelta de una esquina, veíamos por un lado el convento de las monjas de San Fíes y por el opuesto el beaterio de los Agonizantes de San Camilo. Poco paramos en la Morería Cerrada, porque ya había apalabrado mi padre otra vivienda en el Coso. Pero desde antes de mudarnos, ya asistía yo a una escuela calasancia. En las aulas del padre Joaquín, conocí a Martín Zapater Clavería. Fue y todavía es el mejor de mis amigos. Nos escribimos con frecuencia y le cuento lo que nunca diría a otros. Ni a mi mujer, ni por supuesto a mi hijo Xavier cuando sea hombre hecho y derecho.

Dentro de nueve años y en plena guerra con el francés, regresarás por última vez en tu vida a Zaragoza y a Fuendetodos. A Zaragoza, te llevará el joven general Palafox, para que pintes las ruinas del sitio que levantó Verdier, después de arrasada y defendida piedra por piedra media ciudad, cuando al decir del propio Palafox a la guerra al cañón, siguió la guerra al cuchillo. Tan pronto empiece el segundo asedio, aquel en que caerá Zaragoza y apresarán a Palafox enfermo y delirante, con cuitados pies de plomo, tú, Goya, te vas a retirar a Fuendetodos y no pararás hasta Madrid. Allí, puestos a salvar tu arte, tu piel y la paz de los tuyos, jurarás y perjurarás fidelidad al rey de los invasores. Delgado y picudo como un galgo, Martín Zapater irá contigo hasta Fuendetodos. Pensando en quien fuiste a los dieciocho años, le pedirás pensativo ante la puerta de las Reliquias: *No cuentes nunca a nadie que esto lo pinté yo.*

—¿En Zaragoza te hiciste pintor?

—El hombre más poderoso de la ciudad, el canónigo Ramón Pignatelli, era conocido de mi padre. Me imagino se compadecería de su escasa ventura. A mí me apreciaba de veras y me puso aquel fúcar de aprendiz de José Luzán. En paz descanse el señor de Pignatelli Moncayo, pues partióse de este mundo hace siete años, cuando también yo estaba a las puertas de la muerte. Don José, como todos llamábamos a Luzán en el taller, era triste y reticente. Aunque algo frío, fue un buen colorista, formado en la escuela napolitana. Había sido Pintor. El de Cámara de vuestro abuelo; pero dejó el puesto y la Corte, para establecerse en Zaragoza. Distante y desprendido, enseñaba a los aprendices pobres sin cobrarles. Hasta el punto en que podía turbarse, impacientábase conmigo. Decía que mi incapacidad para someterme al copiado, acabaría con mis dotes naturales. En su casa, conocí a otro gran señor zaragozano, que también me cobró afecto y quiso ampararme como don Ramón. Me refiero a don Juan Martín Goicoechea. Él me llevó a las clases de dibujo, que impartía el escultor Juan Ramírez. Pero, naturalmente, todo esto es otra vida y nada tiene que ver con mis primeras memorias.

—Serás dichoso al remirar y retener así tus pasos por la tierra —afirma don Antonio Pascual, meneando la cabeza—. Por el contrario, yo no recuerdo casi nada. Salvo mis sueños, como te dije. A tiempos llego a olvidarme de mi nombre y del nombre de mi hermano. Entonces no sé de fijo si yo soy yo. O acaso seré el rey, y el rey es el idiota de nuestra familia. ¿Estás tú convencido de haberme pintado a mí y no a él, en esta tela que tienes en el caballete?

Claramente le lees ahora labios, gestos y ademanes. Si no le respondes, es porque te tiene cada vez más azorado y perplejo. De mal grado, vuelves a maliciar que finja su propia insensatez. Acaso haya resuelto don Antonio Pascual hacer el papel de don Antonio Pascual —un príncipe convertido en benigno y neceante bufón— para al menos saberse actor en la farsa, que los demás representan sin saber quién son. De improviso vuelve a sobresaltarte, cuando muy serio prosigue:

—No pases nunca por alto, como ahora te lo adveirto, que si olvido el pasado conozco el futuro. O al menos tengo atisbos de lo venidero. Muy hondas y ocultas dentro de mí, unas extrañas voces me aseguran que todo lo que a mi pesar preveo no tardará en cumplirse.

—¿Tenéis presagios del porvenir, alteza? ¿Voces secretas os sancionan la veracidad de cuanto presentís?

—Préstame fe a pies juntillas —sonríe malignamente, como si se deleitase en anticiparte los augurios—. Tú, Goya, que tantas memorias tienes, no eches en saco roto cuanto te adelanto, pues ni yo ni nadie puede impedirlo. Dentro de poco años, casi desaparecerá este país en la más monstruosa de las guerras. A millares, perecerán de hambre los madrileños. Primero los viejos y los niños. Luego los hombres y por último las mujeres, que son las más fuertes. Arderán los campos y se secarán las fuentes envenenadas, en tanto ciudades enteras van a reducirse a escombros humeantes. Tú mismo verás cadáveres desnudos y descuartizados, prendidos de los árboles y perros bebiendo la sangre de otros muertos, fusilados de rodillas...

—¿Os burláis de mí, señor? ¿Pretendéis acobardarme? —no alcanzas a oír tus propias palabras; pero sabes que las dices en voz muy baja e involuntariamente turbada. Para acrecentarte el estupor, de forma tan súbita como imprevista rompe a reír don Antonio Pascual. Ríe como un endemoniado.

—Nunca des crédito a lo que te cuento —grita golpeándote la espalda festivamente, al igual que en unos días lo hará el rey. No me creas ni cuando te diga que dejes de creerme. Si te aseguro que soy un imbécil, desconfía de mí. Si te digo que en realidad yo no soy yo, sino aquel hermano mío a quien tomas por tu rey, ponlo en tela de juicio aunque tanto nos parezcamos los dos. Si no te miento ahora, piensa que en mi familia todos mentimos siempre. Por eso los Borbones seguiremos eternamente en el Trono de este país. Si hoy supones que desbarro, perdido en un trabalenguas, pronto tendrás que darme la razón. Desde luego, a su debido día, vendrá la guerra como Dios manda. Este mundo de pavanas, zarabandas y bastidores arderá como aquellos campos llenos de muertos. Nadie lo sabe; pero se acaba una época que no ha de volver. Sólo nosotros regresaremos una y otra vez, para reinar aquí hasta la consumación de los tiempos. Y acaso más allá, todavía.

Don Antonio Pascual contempla el borrón de su retrato. Antes parecía abstraído y desatendido de la pintura, aun en frente de la tela. Poco a poco le abandona la pasión que le arrebataba. Empalidecido, se le desluce el encaro y vuelve a ser aquel por quien todos le tomamos: el benévolo gigante anieblado y ensandecido, que tú pintarás detrás del soberano en *La familia de Carlos IV*. De nuevo, rojos faisanes cruzan por el vano de la ventana. Entre los álamos, cantarán los mirlos y las oropéndolas que no puedes oír. Don Antonio Pascual apunta al lienzo con el índice y vagamente sonríe.

—Esto no está nada mal —te dice. Nada mal. Aunque en verdad, podrías mejorarlo.

—¿No os veis parecido? —atinas a preguntarle, pasando del desconcierto a la ira mal refrenada. Siempre fuiste pagado de tu pintura y el tiempo te exacerbó la vanidad en orgullo.

—Aquí me veo como en un cristal. Pero los cristales no se hicieron para reflejar los rostros sino las palabras.

—Las palabras se dicen y se desdicen. Deberían escribirse en el agua —le replicas casi de improviso. Así cayeron los dados. Aunque asegure el príncipe de la Paz que en un par de siglos, hallarán nuestros nombres extraviados en un espejo oscuro, que llaman la historia.

De buena gana, ríe el infante don Antonio Pascual. Perderá su risa el timbre y el cascabeleo del poseso. Ríe de pie, con la cabeza echada hacia atrás entre los anchos hombros. Tiémblanle la papada, el perigallo y las mejillas. Ríe como un ganapán achispado, en la romería de la Florida, entre las pendangas, las desorejadas, las alcahuetas, los cortabolsas, los trajineros y las hurgamanderas, que pintaste hace dos años en la capilla de San Antonio. Ríe como un tahonero o un maestro albañil en las bodas de su hija, al saberla desposada con un labrador adinerado o un ganadero de anchos pastos, con una buena punta de merinos.

—Tú, que tanto recuerdas, no entierres ni relegues lo que voy a decirte acerca de Godoy. Dentro de nada, le apedrean, le tunden y le acuchillan, aquí mismo, en Aranjuez. Más muerto que vivo, le llevarán a rastras al Palacio Real para arrojarle a un establo. La canalla invadirá nuestras estancias, pidiendo a gritos que le degüellen —calla por un instante don Antonio Pascual y luego prosigue. Todavía no sé de cierto si van a ajusticiarle o no. A veces veo su cabeza de rufián en la punta de una pica. A veces temo que nos sobreviva a ti y a mí. Poco importa. ¿No crees?

Se marcha de improviso, despidiéndose con un ademán. Camino de la parroquia de los Alpages, le ves alejarse por la alameda. Un tanto encorvado, al andar se le bambolea la maciza humanidad. Tú consultas el reloj de bolsillo, que te dio María Teresa. Llamarán al ángelus las companas de San Marcos y del oratorio de Felipe V. Don Antonio Pascual evita a todos los confesores de la familia de Carlos IV. Prefiere al viejo penitenciario de los Alpages, que está más sordo que tú. Cuentan que siempre se acusa arrodillado en la penumbra y el cura asiente sin oírle. Mientras te limpias las manos con trementina, y luego las lavas en la jofaina, te preguntas si aquel hermano del rey estará diciendo en el confesionario ser descabellado embuste cuanto vino a revelarte, en esta tarde extraordinaria. O mentira acaso, al culparse de haberte mentido.*

Nota

*Estas páginas representan el primer capítulo del libro *Yo, Goya*, que publicará Editorial Planeta en un futuro próximo.

Un homenaje de Sender a Cervantes:
Las gallinas de Cervantes

Antonio Román Román
Villanova University

> Alguien tenía que escribir sobre las gallinas de la
> esposa de Cervantes y una de las modas de van-
> guardia (el surrealismo) me ha ofrecido a mí, tan
> enemigo de modas, la manera. (Sender 317)

Con estas palabras empieza Ramón J. Sender la "Nota preliminar" que sirve de presentación a su novela corta *Las gallinas de Cervantes*.[1] Sender tiene un doble propósito al escribir esta novela: experimentar con el estilo surrealista, tan en moda en la primera mitad del siglo XX,[2] y sacarse la "obsesión" de escribir sobre las veintinueve gallinas que la esposa de Cervantes, doña Catalina de Salazar, trajo al matrimonio como parte de su dote. De la anotación referente a las gallinas que aparece en el acta matrimonial, dice Sender: "siempre que releía algún capítulo del *Quijote*, o algo sobre su autor, me acordaba de esas condenadas gallinas de Esquivias" (Peñuelas 163-64). El satisfacer el deseo obsesivo de Sender por tratar este tema y su interés de hacerlo al estilo surrealista han dado como resultado esta novela que voy a comentar. Un magnífico homenaje a Miguel de Cervantes del que, como dice Sender, "lo mismo que cualquier español, sobre todo un escritor, [estoy] profundamente enamorado" (Peñuelas 163).

El surrealismo y su aplicación a la literatura tuvo su época de mayor popularidad en la década de los treinta, pero sus principios y algunas de sus técnicas aún siguen empleándose. Hagamos un resumen de las que Sender se ha valido al escribir *Las gallinas de Cervantes*.

El surrealista cree encontrar la verdad auténtica no en el mundo consciente de las horas de vigilia, sino en el mundo del subconsciente y de los sueños. De aquí que, al escribir una obra artística literaria, busque la verdad recreando un mundo semejante al de los sueños. Las personas y los objetos que pueblan la mente en el estado de vigilia se transforman al pasar al universo onírico hasta alcanzar los límites de lo imposible. En el sueño, dice Marcial de Onís en su libro *El surrealismo*,

> los objetos pueden reducirse de tamaño y aparecer diminutos o bien adquirir
> proporciones desmesuradas. Se puede vivir bajo el agua, o encima de una nube,
> o flotando en el aire. Se produce en la fantasía onírica las transformaciones o
> metamorfosis más imposibles y los objetos, personas o animales pueden tener
> propiedades de las que carecen en realidad. (53)

Los seres, los objetos y las situaciones fantasmagóricas en los que se sumerge la mente en ese estado onírico no son para el surrealismo mera fantasía, sino una realidad, la suprarrealidad. La validez objetiva de esta suprarrealidad es consecuencia del postulado surrealista por el que se admite que los deseos del ser humano pueden tener una influencia tan profunda en la creación de la realidad que, de hecho, esos deseos se convierten en realidad objetiva. J. H. Mathews, en su libro *Surrealism and Film*, resume así la posición surrealista con respecto a la realidad:

> Surrealists are adamantly opposed to compartmentalizing experience, and refuse to separate what they call dream from life. They are free, therefore, to subject reality to re-evaluation. They demonstrate that man's sensitivity to what is real is deeply influenced by his desires, which lend outline and consistency to what he wishes to see. (4)

Los deseos más sinceros del hombre se manifiestan especialmente en el subconsciente, cuando la mente no está regida por las leyes de la lógica, y en este sentido, para el surrealista, lo que el subconsciente nos da es la verdad.

Una vez alcanzada la suprarrealidad a que se llega por la aplicación del método surrealista, se introduce un elemento lírico, casi milagroso, que hace posible una redención o solución de los problemas que han ido apareciendo en la realidad onírica, y que estaban latentes en el estado de vigilia del que se partió. Este elemento lírico hace posible realizar las aspiraciones que la mente consciente estaba sofocando en el subconsciente. El conocimiento adquirido al materializarse el subconsciente en una suprarrealidad da la posibilidad al ser humano de encontrar su nuevo ser.

Pasemos ahora a analizar cómo Sender ha aplicado estos elementos surrealistas a su novela. El novelista parte de un dato objetivo tomado de la vida de Miguel de Cervantes: el acta matrimonial de su boda con doña Catalina de Salazar que se conserva en la parroquia de Esquivias. En el acta consta que la novia aportó al matrimonio, entre otros bienes, un corral con veintinueve gallinas. Pero durante la ceremonia de la firma del contrato de matrimonio, ocurre algo que llama poderosamente la atención de Cervantes: la insistencia por parte de la familia de la novia de hacer constar en el acta, como elemento importante de su dote, las veintinueve gallinas del corral:

> Cuando iban a firmar el contrato de boda la novia se quedó con la pluma en el aire al oír decir a su importante tío las primeras y las últimas palabras que dijo aquel día:
> —Que cuenten las gallinas y las pongan en el papel.
> Cervantes se quedó un momento confuso viendo que la vieja sirvienta se acercaba al hidalgo y le decía al oído el número de las aves de corral. Lo secreto de aquella diligencia impresionó muy de veras a Cervantes. (320)

Un hecho suministrado por la mente en estado de vigilia —el acta con el número de gallinas— es el trampolín desde el que se lanza el narrador surrealista para de las gallinas reales pasar a las que van a llenar el mundo inverosímil de esta novela.[3] Una vez dado el salto, ya no habrá dificultad en admitir que una mujer se pueda convertir en gallina:

> Lo que pasaba con la mujer de Cervantes, doña Catalina, era un poco raro al principio, más tarde llegó a ser alarmante y luego fabuloso e increíble. ... Lo que le pasaba a doña Catalina Salazar era que se estaba volviendo gallina. (319)

Doña Catalina va adquiriendo las características físicas de gallina. Primero son unas plumas que le salen en el cuero cabelludo y que después se multiplican recubriéndole el cuerpo, "al mismo tiempo las piernas se enflaquecían y aparecían cubiertas de una piel seca y escamosa" (334). Su conversación se hace incomprensible y llega a ser una especie de cacareo. Pronto la metamorfosis es completa, "era ya una gallina hecha y derecha" (334). Incluso duerme encaramada en el barandal de la cama matrimonial "igual que un ave en su percha" (339), ocasionando así toda clase de incomodidades a su marido, pues como la gallina "tenía el peso de una persona mayor, cualquier movimiento, aun el más pequeño, en su percha sacudía la cama entera" (343).

De una manera más lenta y menos dramática, las personas que viven en la casa de doña Catalina van adquiriendo también las características de gallina. La sobrina dice de sí misma: "mi tía dice que le he salido a ella y que soy ya una pollita" (335). A veces la sobrina interpreta —y "lo hacía bien"— el sonido que hacían las gallinas al poner los huevos: "¡Por por por por ... poner! Eso gritaba la niña imitando a las gallinas, y la verdad es que lo hacía bien" (324). Los tíos de doña Catalina y el cura y el barbero del lugar, que solían ir a su casa para jugar a las cartas, también se van asimilando a las gallinas: "Los jugadores domingueros de cartas comenzaron a mirar a Cervantes como las gallinas miraban a la que había sido atacada por el gato gigantesco" (345). La gallinización afecta incluso a los objetos inanimados. Doña Catalina ve de este modo un paraguas:

> Mientras [doña Catalina] hablaba miraba el paraguas abierto con respeto, casi con temor. Más tarde, cuando su hermano el cura fue a cogerlo viendo que estaba ya seco el parasol ... se desarmó un poco y quedó en el suelo desenvarillado y lacio. Ella dijo retrocediendo:
> —Mirandiyo que hacéis señor hermano, que el batiaguas rompido parese una gallinita muerta. (351)

El proceso de gallinización llega a convertirse en una verdadera pesadilla cuando la transformación va a afectar al mismo Cervantes. Una de las veintinueve gallinas fue atacada por un gato y quedó con el cuerpo lleno de heridas y un ala dañada. Como Cervantes había quedado manco y con heridas en la batalla de Lepanto, alguien hizo la comparación entre ambos. Después de describir a la gallina herida que arrastraba un ala ensangrentada, Sender comenta:

Veía Cervantes su propia mano manca por heridas de guerra y recordaba el arcabuzazo en el pecho. Creía hallar alguna congruencia en la actitud de toda aquella gente con él. Tampoco él se podía valer con las dos manos. (343)

La identificación de Cervantes con la gallina implica, según las reglas del sueño, graves peligros porque la gallina-símbolo es maltratada por las demás, y doña Catalina decreta que ha de morir, descabezada, como cualquier otra gallina destinada a la olla. La amenaza de doña Catalina se cumplirá. Viendo que la gallina estaba medio muerta, fue a la cocina, volvió con un hacha y la decapitó. Esta afirmación ostentosa de los deseos de doña Catalina coincide con su transformación total en gallina, representada por la posibilidad de poner huevos: "Lo más curioso sucedió después. Doña Catalina ... acurrucándose en un rincón del cobertizo puso un huevo. Un huevo ni mayor ni menor que los que ponían las otras gallinas" (345).

Mientras en la casa de Cervantes las personas y objetos continúan asemejándose a las gallinas, en el corral, las gallinas están adquiriendo características humanas. Todas tienen su nombre propio por el que les llaman doña Catalina y su familia. Las gallinas tienen reacciones propias de seres humanos: las dos preferidas del gallo duermen a su lado, y de ellas dice la sobrina que son "murmuradoras y rebusconas". Doña Catalina siente celos de las preferidas del gallo, y hace de éste su confidente.

Con estos acontecimientos fantásticos, Sender construyó el andamiaje de su narración surrealista. Las verdades ocultas en el subconsciente están ya fuera del control de la razón. Lo verosímil, la realidad aportada por el mundo consciente, se ha amalgamado con lo inverosímil, lo ilógico. Del lado de la realidad consciente están los siguientes elementos: un acta matrimonial con anotaciones al margen, la boda de Cervantes con Catalina, las cicatrices de las heridas que sufrió en Lepanto. A esta lista de hechos reales hay que añadir las referencias que se hacen en la novela a *La Galatea* que está escribiendo Cervantes y a los vecinos de Esquivias que le servirán años más tarde para crear los personajes de su libro *Don Quijote de la Mancha*: Alonso Quijano, tío de doña Catalina, el cura, y el barbero que frecuentan la casa, y una muchacha del Toboso. Por otro lado están los elementos inverosímiles del sueño: la metamorfosis de doña Catalina, la gallina de proporciones inmensas que duerme en el barandal de la cama, el lenguaje que se deteriora hasta llegar a un cacareo, y el huevo que pone doña Catalina. En medio de este vaivén entre lo verosímil y lo imposible se impone a veces la lógica de la razón que hace exclamar a Cervantes expresiones como "ninguna de las cosas que suceden a mi alrededor es razonable" (334), o que le hace pensar que lo que ocurre no debería ser así: "Cervantes no sabía qué pensar de ella [su mujer] ... A veces tampoco sabía qué pensar sobre sí mismo; ¿era posible estar casado con una gallina?" (329).

Debajo del ropaje surrealista, ¿hay algún mensaje oculto? ¿Sobre qué está escribiendo Sender en esta novela? De acuerdo con el pensamiento de

Segismundo Freud, del que tomó mucho el surrealismo, el universo creado en los sueños necesita una interpretación. Hay que descifrar lo irreal,
darle un valor real al valor simbólico. Sender da una pista para descubrir
la realidad que yace oculta en la novela. En la "Nota preliminar" se refiere a una conversación que tuvo con Américo Castro en la que éste le hablaba "de lo poco que se había escrito de la vida privada de Cervantes"
(318). Llenar este vacío es lo que quiso hacer Sender: una semblanza no-
velada de un aspecto de la vida privada de Cervantes: el de la situación
económica precaria en que pasó la mayor parte de su vida, a pesar de ser
el creador de la obra literaria más alabada de la literatura española. Las
veintinueve gallinas de la dote de doña Catalina representan los bienes
económicos. A estos valores materiales se les da tanta importancia en el
acto solemne de la boda que Cervantes se queda "confuso" y "perplejo".
Desde este momento, las gallinas y lo que ellas representan lo invaden
todo hasta el punto de transformarse las personas y los objetos en gallinas; la medida de las personas y las cosas es su valor económico. Por
otro lado, al humanizarse las gallinas, se sugiere que lo representado por
ellas, el dinero, es lo único que tiene valor en las relaciones entre los seres humanos.

Cervantes está preocupado por la sumisión que supone su dependencia económica que tanta importancia ha tomado en sus relaciones con su
esposa y con el resto de la familia. Para empeorar su situación, su gran
contribución a la humanidad, sus escritos, no pueden canjearse por dinero
de modo que sus familiares pudieran entender su verdadero valor al mos-
trárselos en el único lenguaje que entienden, el económico. Los problemas
por los que pasaba Cervantes los comenta así Sender:

> Había otras razones para la melancolía de Cervantes. No consiguió venderle
> su comedia a ningún cómico de Madrid y su fracaso le preocupaba. Aquel día
> no sabía qué hacer y salió al solanar. Estuvo contando las gallinas ... Cuando
> Cervantes vio que había veintinueve gallinas recordó que a veces habían comi-
> do pollo en la casa y por lo tanto se había desnivelado la cuenta del corral
> pero siempre había veintinueve, y un día averiguó que su cuñado el clérigo
> cuando mataban una hacía comprar otra para que el total del gallinero estuvie-
> ra completo según el contrato de matrimonio. (328)

La relación entre gallinas, dinero y la obra intelectual de Cervantes se
hace aún más evidente en la siguiente conversación entre doña Catalina y
Cervantes. La mujer juzga la obra intelectual de su marido por el valor
económico que representa, lo cual traduce ella inmediatamente en gallinas:

> Estaba una tarde ojeando su propia *Galatea* y pensando en escribir la segunda
> parte cuando Catalina le sacó de sus reflexiones con una pregunta:
> —¿Cuánto os valió ese libro, señor? Digo el montón que el librero os pagó.
> —No recuerdo exactamente. Creo que fueron ochocientos reales.
> Doña Catalina que nunca tuvo interés en leer el libro ... dijo:
> —Las seiscientas gallinas que vendió mi abuelo a los polleros de Valdemoro
> le valieron bastante más. (337)

Para no dejar Sender ninguna duda sobre el énfasis que pone en las humillaciones a las que se veía sometido Cervantes a causa de la supervaloración que se le asignaba a los valores económicos, vuelve a tratar el mismo tema unas páginas más adelante. Ahora se agrava el problema porque ya hasta se habla de eso en el pueblo, "algunos comenzaban a pensar":

> ... que Cervantes no hacía nada dentro ni fuera de la casa ... tanto el clérigo como doña Catalina aprovechaban cualquier ocasión para hablar con grandes elogios de otros parientes que hacían dinero. Después de referirse a alguno de ellos y contar sus habilidades, el comentario de doña Catalina era siempre el mismo:
> —Ese, vale mucho.
> Lo decía con una convicción profunda y un tono enfático que dolía mucho a Cervantes ... Por si aquello no bastaba, el clérigo añadió un día:
> —Ese arbitrista no se anda en Galateas ni galateos. (341)

La situación difícil por la que pasa Cervantes está ya claramente delineada en la novela. Ahora es necesario encontrar una salida dentro de la teoría del surrealismo. El ideal al que aspira el surrealista al crear su obra artística es el de encontrar una solución al problema que se ha puesto en primer plano al liberarse las realidades que estaban ocultas en el subconsciente. Las aspiraciones que el protagonista no pudo ver colmadas en su vida consciente serán satisfechas acudiendo a la intervención de un elemento casi milagroso que es esencial al surrealismo. Lo que la vida real no pudo dar a Cervantes, su libertad económica, el surrealismo se lo ofrecerá. Sender, siguiendo el simbolismo ya establecido en la novela, opone al binomio gallina/dinero el de halcón/liberador. Un halcón, el enemigo tradicional de las gallinas, será el elemento liberador. Sender lo presenta en la novela de una manera solemne:

> Sucedió un día que ... hallaron ... un halcón joven, al parecer caído del nido ... Cervantes lo recogió con esa emoción con que se recibe en las manos ... una criatura de Dios ... Yo te cuidaré y alimentaré hasta que puedas valerte y entonces volarás donde está tu reino. (326)

El Cervantes pesimista que describe Sender al principio de la novela está ahora lleno de entusiasmo. Antes estaba tan preocupado al ver la importancia que se le daba a las veintinueve gallinas que "se quedó un momento confuso", y al ver cómo se identificaba doña Catalina con las aves del corral, se "inclinó a presentimientos que él mismo desechaba al principio, pero sobre los cuales volvía más tarde" (321). Ahora le invade el optimismo, recoge al halcón "con emoción" y se dirige a él con expresiones como "¡Oh rey de los aires ...! ¿qué haces aquí abajo?" (326). El proceso de embrutecimiento o gallinización que amenazaba a Cervantes desaparecerá debido a la influencia del halcón, "porque los halcones son enemigos milenarios de las gallinas" (327). Imitando al halcón, Cervantes se remontará por encima de las limitaciones que la falta de medios económicos le imponía. El simbolismo del halcón como la contrarréplica al valor puramente utilitario que representan las gallinas se va perfilando con los comentarios que hacen sobre el halcón doña Catalina y sus familiares. El clérigo piensa que el halcón no tiene ninguna utilidad:

> Cuando el clérigo vio el halcón, torció el gesto y preguntó:
> —¿Quién ha traído a nuestra casa esta alimaña?
> Declaró que aquellas aves no eran buenas para comerlas y que por lo tanto eran inútiles para criarlas. (327)

Doña Catalina piensa también lo mismo: "la esposa, indicando al halconete, dijo una vez más: no sirve para nada y come su propio peso en carne cruda" (333).

Doña Catalina está decidida a que el halcón —al que se empeña en llamar buitre— no pueda nunca volar. Para conseguirlo aprovecha una ausencia de Cervantes y le corta al animal las alas:

> ¡Ah, el pícaro buitre! —dijo doña Catalina. Quiso escapar y casi lo consiguió porque la verdad es que le habían crecido bastante las alas, pero yo se las corté y ahora no puede volar y me sigue a brinquitos como un sapo. (327)

El halcón conseguirá librarse de la vida rastrera —"como un sapo"— a que le han condenado. Al crecerle las alas, podrá elevarse y volar, siguiendo el ejemplo de sus padres que, con frecuencia, revoloteaban alrededor de la casa como si le animaran a seguirles. El vuelo de los halcones también le sirve a Cervantes para liberarse de la obsesión de las gallinas. Pensando en los halcones que vuelan por las alturas, deja de prestar atención a quien le hable de las gallinas. El elemento liberador del surrealismo actúa ahora; el milagro ocurre. Aunque le cortaron las alas al halcón, le han crecido de nuevo y ha volado:

> Menos mal que el halconete escapó y no volvió a verlo Cervantes. Debió encontrar a sus padres porque el ave de presa que antes pasaba de noche por el aire chillando —llorando— no volvió a pasar. Y Cervantes pensó: "Por lo menos el halcón se ha salvado, bendito sea Dios". (340)

El paralelismo entre el halcón y Cervantes es perfecto: Cervantes también "salió aquel día de Esquivias y no volvió nunca" (355), voló a las esferas superiores, al plano de la creación intelectual de su genio de escritor, y pudo así sobreponerse a las dificultades económicas que le rodearon en su vida. Sender ha usado la técnica surrealista para rendir un homenaje al Cervantes que estaba por encima de los reveses de la fortuna, al Cervantes que "después de todos los fracasos y derrotas supo dar el ejemplo sublime de su caricatura de caballero frustado (pero no vencido) en don Quijote" (318).[4]

Notas

1. En adelante toda referencia y cita a *Las gallinas de Cervantes* se hará siguiendo la edición de Barcelona, Editorial Destino, 1977.

2. Ramón J. Sender escribió varias novelas y obras de teatro con trazos surrealistas. Charles L. King en "El surrealismo en dos novelas de Sender" ha estudiado *La esfera* y *El rey y la reina*. Otras obras de Sender en las que King encuentra elementos surrealistas son *Imán, Siete domingos rojos*, y *Epitalamio del Prieto Trinidad*.

3. En las obras surrealistas se suele partir de un hecho real que sirve de base para el resto del argumento. Esto es muy común en las películas. En el estudio que dedica J. H. Matthews al cine surrealista dice: "To all surrealists, their scripts and scenarios testify, the real is but the departure point for the unforeseen, the unknown, and even the unknowable" (4-5).

4. *Las gallinas de Cervantes* fue filmada por Televisión Española, S.A. en 1987 bajo la dirección de Alfredo Castellón. La película está realizada dentro de los cánones del surrealismo. En este sentido supera a la novela. Dos escenas sobre todo, las gallinas que están sueltas en la iglesia durante la ceremonia de la boda y cuando casi al final se asoma Cervantes a la ventana y ve las calles del pueblo invadidas por las gallinas, son ideales para crear el ambiente de irrealidad de un sueño. Sin embargo, el homenaje al Cervantes que supo superar los contratiempos económicos de su vida, que es un elemento tan importante en la obra de Sender, se pierde en la película.

Obras citadas

King, Charles L. "El surrealismo en dos novelas de Sender". *Ramón J. Sender In Memoriam. Antología crítica*. Ed. José-Carlos Mainer. Zaragoza: Diputación General de Aragón, 1983. 251-61.

Marcial de Onís, Carlos. *El surrealismo y cuatro poetas de la generación del 27*. Madrid: Ediciones José Porrúa Turanzas, 1974.

Matthews, J. H. *Surrealism and Film*. Ann Arbor, Michigan: The U of Michigan P, 1971.

Peñuelas, Marcelino C. *Conversaciones con R. J. Sender*. Madrid: Editorial Magisterio Español, 1969.

Sender, Ramón J. *Las gallinas de Cervantes*. En *Obras completas*, II. Barcelona: Ediciones Destino, 1977.

Un cronista de Indias en clase
de español para extranjeros

Mª Victoria Romero Gualda
Universidad de Navarra

El profesor de español a extranjeros sabe que enseñar una lengua a hablantes que tienen otra distinta como materna, plantea situaciones muy curiosas. En este tipo de docencia[1] hay que resolver a veces problemas muy diversos y, por supuesto, no solamente lingüísticos: un alumno puede requerirnos, por ejemplo, para que le expliquemos el sentido que determinada palabra adquiere en tal o cual frase, o para que le aclaremos por qué ciertos gestos o posturas son considerados incorrectos por la comunidad cuya lengua está aprendiendo. Todo lo que en terminología educativa puede llamarse estrategias de comunicación encierra un profundo conocimiento de las diferentes situaciones comunicativas, que nunca podrán definirse únicamente en términos de lengua sino que abarcarán conocimientos más variados que se refieren a las formas de vida de la comunidad cuya lengua quiere conocer el extranjero. Por esto la referencia a costumbres o a hechos que pueden resultar triviales para el nativo, se convierte en relevante y no debe ser desdeñado su aprendizaje.

Pocos son, por otra parte, los extranjeros que quieren aprender exclusivamente una lengua sin referencias que la sitúen histórica y culturalmente, lo cual sería además bastante inoperante y dificultoso. De ahí que el profesor que ha de enseñar español a extranjeros, sobre todo si se encuentra en un ámbito no hispánico, habrá de tener conocimientos muy diversos; por ello en todos los *Cursos para Extranjeros*, lo que ha venido en llamarse *Cultura y Civilización* se ha convertido en un capítulo importante del *curriculum*, capítulo de difícil delimitación y que exige del profesor una especialísima atención, unos conocimientos amplios y variados, que no deben implicar superficialidad en el tratamiento de los diferentes temas o recurrencia a los tópicos más trillados. No tomar conciencia de esto supondrá que las horas dedicadas a estas cuestiones no pasen de ser sino reuniones con comentarios más o menos divertidos, más o menos afortunados según el ingenio o el humor del profesor y de los estudiantes.

No es, sin embargo, del problema particular de este tipo de clases de lo que quiero ocuparme sino de las que suelen designarse como *Lengua Española* (adquisición de vocabulario, aprendizaje de la gramática —sea cual sea el método elegido— enseñanza de la pronunciación correcta, etc.) y lo hago desde una perspectiva fundamentalmente didáctica, partiendo del convencimiento de que en estas enseñanzas deberíamos ayudarnos de cuanto material sirva para acercar al estudiante al pueblo cuya lengua pretende dominar. Durante mucho tiempo se pensó que los ejemplos traídos a colación, que los textos empleados en clase, debían ser literarios. Hoy no parece que la lengua literaria sea la preferida en las aulas; hemos convertido el periódico en fuente privilegiada para nuestra docencia. No hay duda de que esta práctica es utilísima; conviene, sin embargo, tener cuidado en la elección, escoger textos que muestren el español estándar y no aquellos con solecismos y barbarismos, cuyo mejor aprovechamiento está en corregirlos, o aquellos otros de columnistas cuyas peculiaridades estilísticas son más adecuadas para un análisis de registros especiales de lengua y no como muestra del español medio. Si acertamos en la muestra escogida, esos textos facilitarán la adquisición de la *competencia lingüística* necesaria para la comprensión de esos enunciados y la competencia comunicativa mínima para entender el "*aquí y el ahora*" del país.

Ahora bien, un pueblo no es sólo "un aquí y un ahora". La lengua de la que y en la que estamos hablando hunde sus raíces en una larga y rica historia que se ha tejido a ambos lados del Atlántico, característica que no creo debamos olvidar. Por ello no debe parecer peregrino acercarse a un cronista de Indias, testigo de la Conquista y ayudarnos de él para explicar algunas cuestiones propias de un programa de Lengua Española. Vayan también estas líneas como mínima contribución a la celebración de aquellos hechos que, a pesar de las sombras que toda obra humana presenta, cambiaron el mundo y la Historia.

> En aquel tiempo en Tierra Firme tuvieron noticia de una provincia que se llamaba el Perú ... está más abajo de las Barbacoas hacia Panamá, pusieron el nombre a esta tierra del Perú; la cual provincia del Perú no la pudieron conquistar por estar entre montañas y ser gente muy belicosa y que tienen yerba en las flechas. ... La tierra poblada es poca y en mala tierra.[2]

Así escribe Pedro Pizarro, uno de tantos héroes anónimos de la Conquista, cuando comienza su *Relación del descubrimiento y conquista de los Reinos del Perú* en la que da cuenta no sólo de aspectos de esa conquista sino del paisaje, de los hombres, usos y costumbres de la sociedad con la que trabaron contacto los españoles. Habla de animales difíciles de identificar, como esos "patos de agua pequeños: digo que son pescados porque nunca salen de la mar ni vuelan. Cantan debajo del agua y su gemido es muy doloroso" (*Relación* 248), o de modas femeninas: "tienen ellas horadados los labios junto a la barba y metidos en los agujeros unas puntas de oro y plata redondas" (*Relación* 240). Ahora bien, nuestro propósito no es utilizar la Crónica como una fuente fundamental de la etnohistoria andina sino comprobar cómo un texto no habitual, ni siquiera cercano al alumno, puede utilizarse con provecho didáctico en la explicación de temas gramaticales en los que generalmente acudimos tan sólo al español conversacional o cómo con un texto del siglo XVI también se puede "jugar en clase" y el alumno no lo siente mucho más extraño que uno de nuestra época.

Los diminutivos en la «Relación»

La primera cuestión que se le presenta al estudiante de nuestra lengua cuando estudia los diminutivos es distinguir aquéllos que no tienen función minorativa, es decir, no indican disminución de tamaño, o indicándola, no es la función principal, comunican algo más que la pura minoración. Ante casos como: *"¡Un cafetito, por favor!"*, *"Tómate esta sopita bien calentita"*, o *"¿Nos tomamos unos vinitos?"*, el profesor debe explicar el valor *afectivo* que tiene nuestro diminutivo. Claros diminutivos expresivos como los que emplea Pedro Pizarro en su obra cuando dice: "Declaro que una *viñuela* que está en Capanique la he dado a Pedro Pizarro mi hijo" (*Relación* III), podemos imaginar que esa *viña* no sería una gran propiedad como tampoco fue grande su obra cronística, pero parece que Pizarro busca el menosprecio hacia lo propio y gusta de emplear esta forma. Así, en la dedicatoria al Rey Felipe II escribe:

> Aunque las cosas bajas y pequeñas son indignas de ser ofrecidas a los grandes y altos príncipes como Vuestra Majestad, todavía me atreví a dedicar y dirigir la presente y *pequeñuela* obra para que con su favor y amparo sea hecha grande. (*Relación* 1)

No se contenta con calificar de *pequeña* su obra y contrastarla con los adjetivos *grande* y *alto*, sino que emplea un diminutivo sobre el adjetivo que ya indica pequeñez, uso que no se separa mucho de los actuales: *pequeñito, chiquitín, menudito*, etc.

¿Qué ocurre cuando el español no quiere teñir estos adjetivos de contenido minorativo sino que los usa referencialmente? Se trata de emplearlos en situaciones donde prima lo nocional sobre lo expresivo:

> *Tengo una casa pequeña.*
> *Es una mujer menuda y delgada.*
> *Venía con dos niños chicos.*

Empleamos la llamada fórmula del diminutivo analítico: *sustantivo + adjetivo que indica disminución*; es la que emplea Pedro Pizarro:

> Estas lomas son unos cerros pequeños donde llueve una mollina. (245)
> Vieron un monstruo, que de la cintura para abajo era de hechura de cabra, y de la cintura para arriba era de hechura de hombre; el rostro chato, en la cabeza unos *cuernos pequeños*. (248)
> Una piedra redonda que tenían por ídolo, en mitad de la plaza y hecha alrededor una *alberca pequeña*.
> Asismismo sacaban un *bulto pequeño*, tapado, que decían que era el sol. (90)

Este sintagma *sustantivo + adjetivo* permite la hipercaracterización; son las "cabritas enanas" de Unamuno o la "exigua sillita" de Goytisolo o la *mesita pequeña,* el *cuartito chiquito,* la *manchita diminuta,* etc., etc., de cualquier hablante; Pedro Pizarro lo usa cuando se detiene en detalles que parecen ser recordados con especial afectividad:

> A manera de alfileres que estas mujeres de este reino usaban, de más de un palmo de largor, y la cabeza muy ancha y llana, y colgaban de estas cabezas muchos *cascabelitos chiquitos.* (82)
> Pues tiene delante este Tambo un *llanito pequeño* que se hace antes de esta entrada (147). Hay asimismo unos *pajaritos pequeños* (247). Hay asimismo unas *raicitas pequeñas* que se llama maní. (251)
> Siémbranse de rama porque no tiene pepita, sino que es un *corazoncito pequeño* en medio que hace muestra de unas *pepiticas muy menudas.*

Este sintagma que vemos repetido en la *Relación* ... nos permite hablar en clase de cómo esta combinación de diminutivo analítico y sintético, que ha sido calificada de redundante, es empleada por el hablante cuando quiere dejar bien clara la función minorativa sin renunciar al uso más común del diminutivo expresivo; en esta combinación se explicitan formalmente los dos contenidos —afectivo y minorativo— que presentan los diminutivos españoles.

La forma de los diminutivos en español no es complicada, supone, en niveles algo avanzados, una ampliación de vocabulario. La comprobación de las variedades regionales cuando se viaja por España suele ser motivo de comentario por parte del alumno extranjero:

> La niña lleva un *vestidico* muy majo.
> Vamos a tomar un *cafetillo.*
> Se han comprado un *pisito.*

Variedades regionales, *-ico, -illo, -uco,* etc., frente a la general *-ito,* que vamos a ver en el texto manejado. En la *Relación* aparecen las formas *-illo, -ito, -ico* y *-uelo,* y ya vemos en él algo fijado en el español estándar actual: *-ito* es el sufijo generalizado, como ya hamos dicho. Es el más usado por Pizarro que lo elige para sus descripciones de frutos o animales, descripciones éstas que constituyen los capítulos más relevantes de su obra:

> Es una fruta madura tan suave y dulce que no se puede encarecer cosa mejor, porque en metiéndola en la boca da un sabor mejor que de azúcar, ... Tiene un *ollejito* como papel (249).[3] Hay asimismo unas raicitas pequeñas que se llama [sic] maní, de largor de media haba. Tiene una *cascarita* encima ... Son *larguitos.* Esto se come tostado y cocido. Es dulce. (251)

Como vemos, *-ito* se une también a adjetivos; recordemos cómo el diminutivo puede modificar otras clases de palabras como gerundios —*corriendito, callandito*— o adverbios —*deprisita, despacito.* En estos casos parece preferirse esta variante en tanto que otros sufijos aparecen, en la *Relación,* unidos a sustantivos: *arbolillos, corredorcillo, cerrillos, fortalecilla, matica, pepitica.*

Con lo que brevemente hemos examinado ya vemos que la situación del texto cronístico respecto del uso del diminutivo no difiere de la que podemos encontrar hoy en hablantes españoles o americanos, por ello su aprovechamiento en clase no deja de ser interesante.

El lexicógrafo aficionado

Algo muy diferente quiero proponer en las líneas siguientes. Parece que existe bastante acuerdo entre los profesores de lenguas en que lo lúdico es algo con lo que hay que contar cuando se quiere hacer del aprendizaje una tarea grata. También es cierto, que la tradición de "*la letra con sangre entra*" aún ofrece ejemplos más o menos disimulados. Por otra parte, la enseñanza a adultos y en niveles avanzados de conocimientos exige que el juego tenga muy explicitados los objetivos para que el estudiante sepa que es él el sujeto del juego, el que lo domina, y no que se está jugando con él, y sobre todo que no tenga, en modo alguno, la sensación de pérdida de tiempo.

El juego que presentamos no es excesivamente original, muchos aún recordamos veladas familiares en las que, ante una palabra sacada al azar del diccionario, cada uno de los jugadores intentaba definiciones más o menos afortunadas, ganaba aquél que más se aproximaba con su definición a la ofrecida por la compilación lexicográfica. Todos ganábamos pues todos establecíamos contacto con ese objeto mágico que es el diccionario, haciendo, como el personaje de Cabrera Infante, "*safaris semánticos*", y además enriquecíamos nuestras habilidades definitorias, algo que sigue sin ser muy practicado y enseñado.[4]

Cuando un hablante se siente ante una nueva situación, un objeto desconocido, una realidad distinta de la habitual, necesita de la palabra para dominarla, es algo connatural a nuestra naturaleza que es como es, gracias al lenguaje. En ese dominio tiene mucho que ver la comunicación con otros hablantes, el hombre quiere conocer para poder comunicarse, y esto sólo es posible gracias al lenguaje.[5] Pedro Pizarro, como muchos otros cronistas, se encuentra en esta situación en las ocasiones en que ha de dar noticia del nuevo mundo que se había descubierto y conquistado. Para ello actúa de distintas maneras,[6] desde narrar sin introducir ningún término extraño a su lengua castellana:

> estos naturales de Cajamarca y Guamachuco y sus comarca es gente dispuesta; traían los cabellos largos, y en las cabezas unas madejas ... idolatraban como los demás ya dichos, teniendo al sol por principal ídolo. (73)

hasta el decirnos cómo se llaman en lengua indígena determinados objetos, costumbres, etc.: "unos rodetes en las cabezas que ellos llaman *pillos*" (73); "tenían delante de estos muertos unos cangilones grandes (que ellos llamaban *birques*)" (89).

En otros casos, junto a la palabra que se introduce, se da una más o menos detallada descripción:

> *Galpón* quiere decir un aposento muy largo, con una entrada a la culata de este *galpón*, que desde ella se ve todo lo que hay dentro, porque es tan grande la entrada quanto dice de una pared a otra, y hasta el techo está toda abierta. Estos galpones tenían estos indios para hacer sus borracheras. ... Estos galpones eran muy grandes. (160)

Se nos explica el contenido o se nos dice qué es aquello de que se habla: "un cesto de *guavas* (que es una fruta que en esta tierra hay)" (27); "unos *llautos*, que son unas trenzas de lanas de colores" (66); "coger *coca*, que era una hierba que ellos traían en la boca" (96).

Pues bien, hemos visto cómo el hablante Pedro Pizarro aclara a sus "interlocutores" las voces que emplea; nuestro "lexicógrafo aficionado" deberá hacer lo mismo con las que le proponga su adversario en el juego: dadas unas frases por el jugador A, éste pedirá al jugador B que defina unas palabras determinadas, podrá hacerlo con la fórmula lingüística que prefiera, por ejemplo:

> Jug. A: —No me gusta beber mucha *sidra*
>
> Jug. B: —La *sidra* es una bebida que se hace con manzana/ La *sidra* es una bebida típica de Asturias/ *Sidra* llaman los asturianos a su bebida más típica.
>
> Jug. A: —Quiero comprarme una *boquilla*
>
> Jug. B: —Diminutivo de boca/ Boca pequeña

Como vemos, el jugador B ha acertado en el primer ejemplo y no en el segundo; no creo necesario precisar más la dinámica del juego, no se trata más que de apuntar alguna posibilidad cuya aplicación sabrá encontrar cada profesor en su clase concreta. El deberá establecer las reglas para que el juego sea algo que haga participar a todos sus alumnos y que no haya sentimientos de desánimo entre aquéllos cuyos conocimientos de vocabulario sean muy limitados. Asimismo debe decidir el área léxica con la cual se va a trabajar; el grado de dificultad estará marcado por el nivel en el que se haga el juego. No ofrece la misma dificultad definir palabras como las citadas que otras como *reacción, entendimiento, cariñoso, perfectibilidad*, etc.[7]

Una segunda fase del juego será la comprobación en el diccionario, comprobación que ayudará a distinguir los rasgos que el hablante destaca en un acto concreto de habla y los que la lengua presenta fijados, ayudará a ver a qué rasgos de contenido la palabra puede servir en diferentes situaciones, o si puede emplearse figuradamente o adquirir connotaciones peyorativas.

Con esta breve propuesta didáctica no he querido sino animar a los docentes al empleo de textos que suelen marginarse y que sin embargo, sin necesidad de especiales conocimientos de Historia de la Lengua, podrían romper en ocasiones la monotonía del "*hic et nunc*". Y he querido emplear el texto elegido en una tarea como es el aprendizaje del vocabulario, que pasa muchas veces por ser labor más o menos aburrida, dejada únicamente a la explicación del profesor; el ejercicio-juego permitirá que los alumnos destaquen las palabras que les interesan y que busquen el contenido en ellas, es decir que operen semasiológicamente, de la misma manera que como siempre nos han propuesto los diccionarios.[8] Uniremos así lo que la tradición nos ha legado, obra de hombres que hablaron nuestra lengua a nuestra actividad lingüística que la enriquece día a día y la mantiene como insustituible instrumento de comunicación.

Notas

1. Habría que distinguir en primer lugar si la clase se da en el país en que se habla la lengua o fuera de él, y, por supuesto, el nivel del grupo con el que se trabaja. En este caso me referiré a clases impartidas en España y a un nivel intermedio alto.

2. Pedro Pizarro, *Relación del descubrimiento y conquista de los reinos del Perú*, 3. Para este tipo de trabajo me ha parecido más oportuno actualizar todas las grafías, emplear las originales no creo que ayudara a la comprensión del texto.

3. "Pellejo o piel delgada que cubre algunas frutas y legumbres; como la uva, la habichuela, etc." *DRAE*, s. v. *hollejo*. Se trata del *mango*, fruta muy frecuente en la América meridional, de sabor y olor agradable.

4. Resulta frecuente en estudiantes universitarios de carreras en las que se supone un buen dominio del idioma, como Periodismo o Filología, encontrarse con definiciones como, *alopécico*: "enfermedad de quedarse calvo", o *solazar*: "lugar de descanso, con frecuencia referido a parques y jardines", por lo que quizás no fuera del todo inútil que este juego-ejercicio no quedara totalmente fuera de la actividad académica.

5. Conocemos la insistencia que hoy se hace en la comunicación no-verbal, sin desdeñar su importancia en la enseñanza de lenguas extranjeras, hay que reivindicar para lo lingüístico toda la importancia que tiene; lo gestual no puede sino cubrir unos niveles y necesidades mínimas de comunicación, niveles en los que ningún extranjero desea permanecer, ni siquiera cuando su estancia en el país de la lengua en cuestión se reduzca a unos días.

6. Esta situación ha sido examinada por varios autores. Lo que yo he llamado "técnica lexicográfica" puede verse en mi artículo sobre la *Relación*.

7. Asimismo un nivel superior permitirá jugar con definiciones actualizadas en distintos registros o niveles, definir, por ejemplo, en nivel familiar y pasar esa misma definición a nivel culto o a un registro especializado.

8. Nos referimos a la idea habitual de diccionario, no entramos en todas las variedades que una compilación lexicográfica puede ofrecer. Vid. G. Haensch *et aut.*, *La lexicografía*.

Obras citadas

Diccionario de la Lengua Española. 20ª ed. 2 vols. Madrid: Real Academia Española, 1984.

Haensch G., *et aut. La lexicografía*. Madrid: Gredos, 1982.

Pizarro, Pedro. *Relación del descubrimiento y conquista de los reinos del Perú*. Ed. Guillermo Lohman Villena. Lima: Pontificia Universidad Católica del Perú, 1978.

Romero Gualda, Mª Victoria. "Técnica lexicográfica en la *Relación del descubrimiento y conquista de los Reinos del Perú*". *Lingüística española actual* 10 (1988): 217-21.

La *España defendida* de Quevedo
y la tradición del *Laus Hispaniae*

Victoriano Roncero López

S.U.N.Y., Stony Brook

El "laus Hispaniae" se inicia en la tradición historiográfica española con el proemio de la *Historia de regibus Gothorum* de San Isidoro. El elogio del clima, de la geografía, de los productos y habitantes de la Hispania romana aparece ya con un carácter parcial en algunos autores latinos como Trogo Pompeyo, Plinio o Claudiano, entre otros.[1] Precisamente en estas descripciones de geógrafos e historiadores y en la tradición literaria del "laudes Italiae" y del "laudes Romae" se basó el escritor hispano-visigodo para su panegírico.[2] La novedad del "proemio" isidoriano reside en el tono de apasionado patriotismo que el autor le imprime desde el comienzo: "De todas las tierras que existen desde el Occidente hasta el país de los Indios, tú eres la más hermosa, sagrada y siempre feliz entre los príncipes y las gentes. ¡Madre España!".[3] Continúa San Isidoro ponderando los frutos, el clima, la geografía, los animales, y los habitantes para terminar con un canto a la armonía entre el pueblo godo y España.[4]

Todos estos componentes perviven en la tradición medieval del "laus". A principios del siglo XIII, con el nacimiento de la historiografía española, el elogio de España se convierte en un lugar común, acompañado en ocasiones por la "lamentatio". A este renacimiento del panegírico contribuyó el interés de los soberanos castellano-leoneses por presentarse como sucesores de los monarcas visigodos. Por esta causa, el "laus Hispaniae" sobrepasa en esta época el ámbito historiográfico y aparece en autores como Vincentius Hispanus,[5] defensores de la idea de la unidad de la España visigoda y la de la reconquista. Sin embargo, será el "De excellentiae Hispaniae" de Lucas de Tuy en su *Chronicon Mundi* el que marque el inicio de una nueva etapa. El Tudense amplía el elogio de San Isidoro citando los hombres ilustres que España dio al mundo, entre los que cita a Aristóteles.[6]

Con la llegada del Renacimiento la tradición del "laus Hispaniae" cobró nuevo aliento. Los humanistas españoles vieron en él el perfecto vehículo para expresar su nacionalismo. Es por ello que en esta época el panegírico ya no forma parte como mera introducción de una obra de mayor envergadura histórica o literaria, sino que se convierte en tema único de esa obra, como sucede en el *Opus de rebus Hispaniae memorabilibus* de Lucio Marineo Sículo o en el *Libro de grandezas y cosas memorables de España* de Pedro de Medina.

En esta tradición renacentista del "laus" se halla la *España defendida i los tiempos de aora de las calumnias de los noveleros i sediziosos* de Quevedo, escrita en 1609 y desgraciadamente inconclusa.[7] El escritor madrileño no es desconocido para sus contemporáneos cuando se embarca en el ambicioso proyecto de escribir un "laus Hispaniae": varias de sus poesías han aparecido en las *Flores de poetas ilustres*,[8] ha escrito ya algunos de los *Sueños*, que circulan en copias manuscritas, y el *Buscón*. Por otra parte, su dimensión intelectual queda patente en su correspondencia con el humanista belga Justo Lipsio, que había elogiado al joven autor como "mega kydos Iberon" (gloria suprema de los españoles).[9] Todo esto y algunos motivos que vamos a ver a continuación impulsaron a Quevedo a emprender la defensa de España.

Pero ¿cuáles son esos otros motivos? En la dedicatoria de la obra al rey Felipe III escribe:

> cansado de uer el zufrimiento despaña, con que a dejado pasar sin castigo tantas calumnias destranjeros, quiza desprezandolas jenerosamente, i viendo que, desvergonzados nuestros enemigos, lo que perdonamos modestos, juzgan que lo conzedemos convenzidos i mudos, me e atreuido a responder por mi patria i por mis tiempos (E 529).

Quevedo, herido su orgullo de español ante lo que él considera como calumnias propagadas por los extranjeros, quiere levantar su voz y dejar testimonio de la grandeza de España. Le duelen a Quevedo los juicios que "Josepho Escalijero" emite sobre los escritores hispano-latinos.[10] No puede ver con buenos ojos que un extranjero menosprecie a aquellos autores de quienes tan orgullosos se sentían los españoles desde la Edad Media.[11]

Pero quizás lo que más exaspera su orgullo y condición patriótica es que algunos autores nieguen la veracidad de dos de las leyendas más enraizadas en la tradición española: la del apóstol Santiago y la de Bernardo del Carpio. La negación de la existencia de estas dos figuras significaba el resquebrajamiento de dos pilares sobre los que se asentaba la conciencia nacional. Un país al que muchos de sus gobernantes consideraban como instrumento del poder divino, defensor de la única y verdadera fe, no podía ser ultrajado en sus más íntimas y profundas creencias. Esto concuerda con la imagen utópica que Quevedo tenía de España, tierra libre de pecados y vicios, que fueron introducidos por los países europeos: así la lascivia tuvo su origen en Italia, el exceso en el consumo de alcohol en Alemania y, por último, las herejías en Alemania, Suiza o Francia, aunque éstas fueron contenidas por la Inquisición y no corrompieron la fe de los españoles (E 532-33).

Pero Quevedo no critica sólo a los escritores extranjeros, sino que también pone en la picota a los españoles que no han salido en defensa de su país.[12] Porque si nuestros héroes, piensa el escritor madrileño, no han alcanzado la fama que por sus hechos merecen ha sido también culpa de nuestros cronistas e historiadores que no han sabido perpetuarlos. La lamentación no es nueva; ya Salustio se quejaba de que los héroes romanos habían llevado a cabo mayores gestas que los griegos, pero que no habían alcanzado la fama de éstos, porque los escritores romanos no habían sabido cantar sus hazañas.[13] Quevedo quiere reparar ese "lapsus", reflejando los hechos históricos con absoluta imparcialidad: "lo hare con estas memorias, que seran las primeras que, desnudas de amor y miedo, se abran visto sin disculpa de relaciones i istoria (si este nombre mereze), en que se leeran los ojos y no los oidos del autor" (E 530). Pero hemos de entender bien el párrafo: la verdad ha de prevalecer si concuerda con el interés del país, porque si se produce un conflicto entre ambos es este último el que debe predominar. Así lo afirma cuando discute la veracidad del Cid y de Bernardo, puesta en duda por algunos autores extranjeros: no tenemos por qué creer que ambos héroes no existieron, piensa Quevedo, sólo porque en ciertos libros de autores extranjeros su veracidad es puesta en duda, más aún cuando en muchos otros se afirma lo contrario. Por otra parte el deber patriótico obliga a los españoles a ser propicios a su patria (E 532).

El propósito de Quevedo al escribir su "laus Hispaniae" es separar los disparates históricos de los hechos reales, siempre que estos no afecten a la antigüedad y a las profundas creencias de España y su imagen ante los adversarios, ya que como él mismo afirma: "Hijo despaña, scribo sus glorias; sea el referirlas relijiosa lastima de uerlas escuras" (E 530).

El "laus" se inicia con una breve descripción geográfica, en la que hace referencia a la localización de España y a las bondades de su clima:

> iaze entre Africa i Franzia, i es çeñida del estrecho del oçeano i de los Pirineos; i como es menor que entrambas tierras, es mas fertil, porque, ni es tan ençendida como Africa de violento sol, ni fatigada de vientos importunos como Franzia, antes medio virtuoso en estos dos extremos: del vno admitiendo templado calor, i del otro fertiles i sazonadas lluvias. (E 534)

Con este principio Quevedo continúa la tradición latina de los "laudes" de ciudades,[14] recogida en los elogios medievales de España. El fragmento es una traducción del comienzo del libro XLIV de Trogo Pompeyo.[15]

A continuación, siguiendo el texto de Trogo Pompeyo, pondera la fertilidad y abundancia de frutos, la riqueza de minerales y la bondad de los ríos. No hay ni un solo detalle añadido a la enumeración del texto latino, contrariamente a lo que hace Pedro de Medina que, bajo el epígrafe "Cosas de mucha abundancia muy notables y de gran calidad que en esta región de España se hallan", detalla minuciosamente todos aquellos productos que se dan de manera abundante.[16] Nuestro autor no quiere extenderse demasiado; para él esta breve descripción es suficiente, ya que como él mismo escribe: "Esto dize de España, no español hijo apasionado, sino Justino de Trogo Pompeo" (E 535). La traducción del texto del autor latino cumple dos funciones: por una parte, hacer ver que la riqueza de la Península es tal que incluso los autores extranjeros no pueden menos que admirarse, y, por otra, demostrar que la alabanza se halla libre de toda sospecha de parcialidad. Pero no son sólo los antiguos los únicos conscientes de este hecho, sino que también en la época de Quevedo hay extranjeros que conocen la abundancia que se da en España y quieren aprovecharse de ella:

> Solo se a de aduertir que es tal la tierra, fertilidad, sitio i clima despaña, que tenemos en ella por guespedes, olvidados de sus patrias, a todas las naziones, haziendose con nuestra comunicazion ricos, i dejandonos con la suia pobres i engañados. (E 536)

El mismo tema, aunque en esta ocasión visto desde una óptica satírica, aparecerá bastantes años más tarde en *La Hora de todos y la Fortuna con seso*, cuando un español que va a servir al rey a Flandes tropieza en las montañas de Vizcaya con tres franceses que vienen a comerciar a España.[17]

Si Quevedo no ha querido extenderse más en lo que se refiere a la geografía, clima y riquezas de la Península no escatimará detalles a la hora de considerar la antigüedad de su nación. Pretende demostrar aquí la falsedad del origen que se atribuyen los otros países y la mayor honra que en este punto le cabe a España. Su actitud ha sido descrita perfectamente por Raimundo Lida que escribe: "Como quien registrara los documentos geneálogicos de un falso hidalgo, Quevedo se aplica a revolver la antigüedad de los pueblos para mostrarla ante el mundo ridícula y despreciable".[18] Su espíritu humanista no le permite aceptar como verdaderas las fábulas que escritores anteriores a él han inventado para adornar con una aureola mítica el pasado de sus respectivas naciones. No olvidemos que los romanos y los turcos pretendían descender de los troyanos, que Venecia atribuía su fundación a Antenor y que los franceses se consideraban descendientes bien de Hércules Gálico o bien de Franco, presunto hijo de Héctor.

En la *España defendida* se encuentra una clara repulsa de todas estas fábulas. Quevedo arremete duramente contra los romanos, el gran imperio de la antigüedad: "Gozen su antiguedad i prinzipios los rromanos fabulosos, indignos de credito i uerdaderos dignos de desprezio i burla" (E 538). Quevedo rechaza estas leyendas, quiere construir un "laus Hispaniae" basado en los hechos históricos; el pasado de España es lo suficientemente glorioso para no tener que recurrir a estas invenciones, que sólo contribuyen a desprestigiar a aquellos que las aceptan. Es por ello que, frente a la tradición del panegírico de reconstruir el pasado glorioso, destruye lo que considera como una ignominia. De esta manera le vemos derribar el mito, que ya aparecía en San Isidoro,[19] de Túbal como primer poblador de España. No le era difícil a Quevedo demostrar la falsedad de esta fábula, que tenía su fundamento en el nombre de las ciudades de Setúbal y Tudela (E 540).

Se burla de esta práctica cuando afirma que, siguiendo la misma línea etimológica, habrá quien piense que Odón "vna triste i moderna aldea tres leguas de Madrid" (E 540) fue fundada por Adán, por la similitud del nombre hebreo Adán con el de la aldea madrileña.[20] También ataca a los historiadores, que basándose en nombres de ríos, inventan falsos reyes;[21] por Ebro a Ibero, por Tajo a Tago y por Betis a Beto (E 542).

Quevedo quiere una historia limpia de leyendas, sin que por ello se pueda concluir que el pasado de España es menos antiguo y venerable que el de aquellas otras naciones que, aprovechándose de la oscuridad de los tiempos remotos, lo arropan con falsos mitos.

Su "laus Hispaniae" ha de basarse en la historia real no en la inventada. Pero, ¿cuál es esa historia? y ¿qué épocas cubre? No se aventura con los tiempos remotos, no quiere caer en los mismos errores que ha criticado en otros. Para él la historia que conocemos empieza con la invasión de los cartagineses, continúa con las invasiones de los romanos y de los visigodos y llega a la Edad Media.[22] Todos estos pueblos llegaron a España codiciosos de sus riquezas, aunque no pudieron corromper las virtudes de sus habitantes, entre las que destaca el valor y la lealtad. Quevedo refiere orgulloso cómo un "godo perdido" derrotó a los árabes y consagró su pueblo a Dios (E 177).[23] En otras ocasiones, este mismo pueblo fue brazo divino; la batalla de las Navas de Tolosa, las victorias del Cid, incluso la conquista de América, son indicios de que España es el pueblo elegido por Dios: "i asi Dios, cuio fabor es premio justo de los buenos i castigo de los malos, peleo con algunos capitanes i dio sus anjeles a otros" (E 177). Ninguna otra nación puede arrogarse un pasado más ilustre.

La célebre frase de Nebrija de que "siempre la lengua fue compañera del imperio" colocó a ésta en "la vía central de la historia", en palabras de Eugenio Asensio.[24] Los españoles estaban orgullosos de su lengua a la que consideraban ya en igualdad de condiciones con la latina; incluso autores como Gonzalo de Correas pensaban que "la Española fue la madre, i la Latina hija i jirón suyo".[25] En el panegírico de Quevedo el origen y la exaltación de la lengua española sirven como muestras de la grandeza de España. Habiendo quedado demostrada la antigüedad y gloria del pasado español, le correspondía ahora investigar el remoto origen de la lengua.

Los siglos XVI y XVII abundan en libros con las más disparatadas teorías acerca del origen de la lengua castellana.[26] Basta recordar el *Libro de alabanças de las lenguas* de Martín de Viziana en el que el lingüista valenciano afirma que la lengua antigua de España era el vasco, traído por Túbal;[27] o las obras de López Madera para quien el castellano era una de las 72 lenguas de la confusión.[28] No debemos, pues, sonrojarnos ante los errores que comete Quevedo en este apartado empujado, al mismo tiempo, por las hipótesis más descabelladas de sus contemporáneos y por su apasionado patriotismo.

Llamo lengua propia despaña, la que mesclaron con la suia los romanos, penos i moros; despues la propia de los españoles, de la qual pocas reliquias, sin rrazon despreziadas, apenas guarda la antigüedad, pues solas tenemos las que perdono el tiempo en algunos libros; i aun esas no sabemos si son çiertas. (E 141)

Pero, ¿cuál era esa "lengua propia despaña" que corrompieron "romanos, penos i moros"? Desgraciadamente apenas quedan restos de ella, pues los sucesivos invasores la hicieron desaparecer; sólo algunas palabras han sobrevivido, tal es el caso de "aspalato", "alarguez", "briga" o "escudo". Todas ellas recogidas por Bernardo Aldrete,[29] de donde las toma Quevedo, aunque rechaza algunas de ellas (E 141-43).

Si nada o casi nada conservamos de la lengua primitiva, sí conocemos con exactitud su origen. San Agustín había escrito que la lengua hablada antes de la confusión era el hebreo, llamada así por Heber, bisabuelo de Abrahán, el único que la había conservado.[30] Si Quevedo buscaba el origen que más honrase al antiguo español en esta tradición lo encontró. No podía aceptar el origen latino o griego, porque unas páginas antes había considerado a ambos pueblos como "fabulosos, indignos de credito i uerdaderos dignos de desprezio i burla" (E 538), por lo que le era imposible concebir el pasado del español ligado a cualquiera de ellos. No rechaza la influencia que ambas lenguas tuvieron en el español, sobre todo en lo que se refiere a la latina, pues conocía y aceptaba la teoría de la corrupción de Aldrete,[31] pero reconoce en la lengua primitiva un origen más remoto.

Quevedo acude al hebreo como origen de su protoespañol: "es tan antigua nuestra lengua, que no tomo de la griega ni de la latina, sino que conserva con mas rigor la antigua hebrea; cosa que la da mas autoridad que a ellas" (E 149). Con la elección del hebreo como lengua de la que derivaba la lengua primitiva, coloca a los habitantes de la Península en relación de parentesco con el pueblo de Israel, el pueblo elegido. Para él, cuando los hebreos se dispersaron después de la confusión, poblaron, en primer lugar, las zonas más templadas de la tierra, entre ellas España. Cuando estas zonas estuvieron superpobladas se empezaron a habitar los países del centro y norte de Europa (E 182). Estos primeros pobladores conservaron su lengua, emparentada con el hebreo, de la que Quevedo cree entrever ciertos rasgos en el español moderno que permiten colocarla en la misma familia que la lengua semítica.

¿Cuáles son estos rasgos supervivientes? El primero de ellos se encuentra en la gramática. En las declinaciones de los nombres y en las conjugaciones de los verbos encuentra Quevedo una estrecha relación entre ambas lenguas (E 145). El segundo se halla en el vocabulario, pues en el hebreo tienen su origen, entre otras: "ala", "arrabal", "vientre", o "mazmorra" (E 146). Pero aquí existe un grave problema: la mayor parte de las palabras españolas de origen hebreo no pertenecen a la lengua primitiva, sino que fueron introducidas por los judíos que invadieron España. Estos judíos se asentaron principalmente en Toledo, y aprovecharon la influencia lingüística de esta ciudad para imponer ciertos vocablos (E 147). La semejanza en la forma de las letras es el último rasgo común que destaca;

en esta última parte lleva a cabo verdaderos malabarismos, pues cuando no halla el mínimo parecido entre la letra española y la hebrea acude al siriaco (E 147-49).

No sólo el origen hebreo indica la superioridad del español sobre el latín, el griego y las otras lenguas europeas modernas, también la literatura contribuye a este hecho. Los autores latinos, que una o dos generaciones anteriores habían sido considerados como modelos a imitar, no resisten la comparación con los escritores hispanos : el cronista Jerónimo Zurita es comparado con Tito Livio; Horacio, Propercio, Tíbulo con Garcilaso y Boscán; Pitágoras y Focílides con las coplas de Jorge Manrique (E 161-63).[32] La lista incluye gran número de poetas de los siglos XV y XVI. De esta manera aparecen unidas en condiciones de igualdad la poesía cancioneril y la petrarquista, con lo que el catálogo de escritores es bastante representativo de los gustos poéticos de lo españoles de la época. En lo que se refiere a la prosa, los autores citados son en su mayor parte religiosos (fray Luis de Granada, fray Luis de León, Ribadeneira), tan sólo el *Lazarillo* y *La Celestina*, a la que se elogia como "tragedia exemplar" (E 163) pertenecen a la literatura profana.

En la literatura científica también sobresalen los ingenios españoles. Quevedo deja muy claro que las prioridades científicas de los extranjeros son muy diferentes de las de sus compatriotas y las de él mismo. Mientras ellos se preocupan de nimiedades, como son los problemas ortográficos o gramaticales, los españoles estudian materias más útiles: "la philosophia, teolojia y medizina, canones i leyes" (E 165). De nuevo ha combinado en su "laus" el elogio a sus compatriotas con el ataque, el desprecio a los enemigos.

Como resumen podemos afirmar que la originalidad del "laus" quevediano reside: en primer lugar, en que el panegírico no está concebido únicamente como elogio de España, de su geografía, de su historia o de su escritores, sino también como réplica y ataque al enemigo,[33] y en segundo, en que quiere limpiar el pasado de España de todo aquello que no está en consonancia con la mentalidad humanista. Su elogio aprovecha aquella tradición iniciada por San Isidoro para demostrar la grandeza y superioridad de España frente a una corrompida y hereje Europa. La *España defendida* es un recuerdo a los españoles de principios del siglo XVII de los valores que han prevalecido en el pasado y han hecho de España un imperio. Pero, a la vez, constituye un aviso de que esos valores se están perdiendo y el poderío español está resquebrajándose.

Notas

1. Véase Trogo Pompeyo, *Historiae Philippicae*, lib. XLIV; C. Plinio, *Naturalis Historia*, lib. III y IV, y Claudio Claudiano, *Laus Serenae*, 50-56.

2. Para las características de estos "laudes" véase Ernst Robert Curtius, *Literatura europea y Edad Media latina*, trad. Antonio Alatorre y Margit Frenk, vol. 1 (México: Fondo de Cultura Económica, 1976) 228.

3. Cito por: San Isidoro, *Historia de regibus Gothorum*, en Enrique Flórez, ed., *España Sagrada*, vol. 6 (Madrid: 1747) 481.

4. "Jure itaque te jam pridem aurea Roma caput gentium concupivit, et licet, te sibimet eadem Romulea virtusprimum victrix sponderit, denuo tamen Gothorum forentissima gens post multiplices in orbe victorias certatim rapuit et amavit, fruiturque hactenus inter regias infulas, et opes largas, imperii felicitate secura". *España Sagrada*, vol. 6, 482.

5. En su *Apparatus* (1210-1215) escribió: "Quis valeat numerare, Yspania, laudes tuas, dives equis, praeclara cibis auroque refulgens; parca fuge, prudens, et cunctis invidiosa; iura sciens, et stans sublimibus alta columpnis". Citado por Gaines Post, "'Blessed Lady Spain'—Vincentius Hispanus and Spanish national imperialism in the thirteenth century", *Speculum* 29 (1954): 207 n.

6. "Antiquitate praetea philosophorum fulget Hispania, eo quod genuit Aristotelem, summum philosophum, nobilem investigatorem astrorum". Cito por Andres Schott, ed., *Hispania Illustrata*, vol. 4 (Frankfurt: 1608) 3. Para la trayectoria de esta españolización del filósofo griego véase Francisco Rico, "Aristoteles Hispanus: en torno a Gil de Zamora, Petrarca y Juan de Mena", en *Mitos, folklore y literatura* (Zaragoza: Caja de Ahorros y Monte de Piedad de Zaragoza, Aragón y Rioja, 1987) 57-77.

7. La primera edición de la obra es la de R. Selden Rose en el *Boletín de la Real Academia de la Historia* 68 (1916): 529-43, 629-39 y 69 (1916): 140-82. Todas las citas de la obra están sacadas de esta edición, por lo que abreviaré E y me limitaré a indicar sólo la página sin indicación al tomo.

8. *Primera parte de las Flores de poetas ilvstres de España*, ordenada por Pedro Espinosa (Valladolid: Luis Sánchez, 1605). Son dieciocho las composiciones de Quevedo que aparecen en la recopilación, entre ellas la famosa letrilla: "Poderoso caballero es don dinero".

9. Francisco de Quevedo, *Epistolario completo*, ed. Luis Astrana Marín (Madrid: Instituto Editorial Reus, 1946) 9.

10. Para los juicios de Escalíjero sobre los autores latinos véase George W. Robinson, "Joseph Scaliger's Estimates of Greek and Latin Authors", *Harvard Studies in Classical Philology* 29 (1918): 133-77. Sobre los escritores hispano-latinos véanse las páginas: 154, 158, 160 y 169-70.

11. Fernán Pérez de Guzmán en el "Prólogo en loor de los claros varones de la Spaña" vv. 361-92 coloca a Séneca, Lucano y Quintiliano por encima de Ovidio y Virgilio. Cito por *Cancionero de poesías varias*, ed. José J. Labrador, C. Angel Zorita y Ralph A. DiFranco (Madrid: El Crotalón, 1986) 60.

12. Raimundo Lida, *Prosas de Quevedo*, (Barcelona: Crítica, 1981) 43 ve a Quevedo como a un "impetuoso escritor fluctuando entre dos distintos papeles: el de representante de España ante un mundo enemigo (y toca entonces al representante ensalzar la grandeza de su país) y el de español egregio que echa en cara a sus compatriotas, entre otros muchos pecados, el abandono en que tienen esa tarea glorificadora".

13. "Atheniensium res gestae, sicut ego aestumo, satis amplae magnificaeque fuere, uerum aliquanto minores tamen quam fama feruntur. Sed quia prouenere ibi scriptorum magna ingenia, per terrarum orbem Atheniensium facta pro maxumis celebrantur. Ita eorum qui facere uirtus tanta habetur, quantum eam verbis potuere extollere praeclara ingenia. At populo Romano nunquam ea copia fuit, quia prudentussumus quisque maxume negotiosus erat, ingenio nemo sine corpore exercebat, optumus quisque facere quam dicere, sua ab aliis bene facta laudari quam ipse aliorum narrare malebat". *De Catilinae con-*

juratione, VIII, 2-3.

14. Véase Ernst Robert Curtius, *Literatura europea...*, vol. 1, 228.

15. "Haec inter Africam et Galliam posita, Oceani freto, et Pyrenaeis montibus clauditur. Sicut minor utraque terra, ita utraque fertilior. Nam neque, ut Africa, violento sole torretur: neque, ut Gallia, assiduis ventis fatigatur, sed media inter utramque, hinc temperato calore, inde felicibus et tempestivis imbribus". Cito por *Histoire Universelle de Justin extraite de Trogue Pompée*, ed. Jules Pierrot et E. Boitard, vol. 2 (Paris: C.L.F. Panckoucke, 1833) 328.

16. Véase su *Libro de grandezas de España* en Pedro de Medina, *Obras*, ed. Angel González Palencia (Madrid: C.S.I.C., 1944) 44-46.

17. Uno de los tres franceses explica sus intenciones al español: "Nosotros somos gentileshombres mal contentos del Rey de Francia; hémonos perdido en los rumores, y yo he perdido más por haber hecho tres viajes a España, donde con este carretoncillo y esta mula sola, he mascado a Castilla mucho y grande número de pistolas, que vosotros llamáis doblones". Cito por la edición de Jean Bourg, Pierre Dupont y Pierre Geneste (Madrid: Cátedra, 1987) 272-73.

18. *Prosas de Quevedo*, 51.

19. "Thubal, a quo Iberi, qui et Hispani". San Isidoro de Sevilla, *Etimologias*, ed. José Oroz Reta y Manuel-A. Marcos Casquero, vol. 1 (Madrid: BAC, 1982) 744.

20. Mariana, *Historia General de España*, 9 confirma la existencia del rey Gerión por la existencia de una ciudad frente a Cádiz llamada Geronda y por la de la ciudad de Gerona.

21. Mariana, *Historia General de España*, 8 también critica esta práctica: "Haber después de Brigo reinado Tago, como lo dicen los mismos, es a propósito de dar razón, porque el río Tajo se llamó así; y en universal pretenden que ninguna cosa haya de algún momento en España, de cuyo nombre luego no se halle algún rey, y esto para que se dé origen cierta de todo y se señale la derivación y causa de los nombres y apellidos particulares".

22. Su postura sobre la historia remota aparece reflejada en el *Epítome a fray Tomás de Villanueva*, donde leemos: "si la historia es antigua, la escura y remota noticia la hace dudosa y desacreditada". Cito por Francisco de Quevedo, *Obras*, ed. Aureliano Fernández-Guerra, vol. 2 (Madrid: BAE, 1876) 57.

23. Sobre las ideas de los españoles de la Edad Media y Siglo de Oro sobre los visigodos véanse: Américo Castro, "El enfoque histórico y la no hispanidad de los godos", *Nueva Revista de Filología Hispánica* 3 (1949): 217-63; José Antonio Maravall, "La 'morada vital hispánica' y los visigodos", *Clavileño* 34 (1955): 28-34 y Carlos Clavería, "Reflejos del 'goticismo' español en la fraseología del Siglo de Oro", *Studia Philologica. Homenaje ofrecido a Dámaso Alonso*, vol. 1 (Madrid: Gredos, 1960) 357-72.

24. "La lengua compañera del Imperio". *RFE* 43 (1962): 407.

25. Citado por Werner Bahner, *La lingüística española del Siglo de Oro* (Madrid: Editorial Ciencia Nueva, 1966) 113.

26. Véase Werner Bahner, *La lingüística española del Siglo de Oro*; El conde de la Viñaza, *Biblioteca Histórica de la lengua castellana* (Madrid: Real Academia Española, 1893), y Emilio Alarcos, "Una teoría acerca del castellano", *BRAE* 21 (1934): 209-28.

27. Véase un resumen de sus teorías en el libro citado del conde de la Viñaza, *Biblioteca histórica de la filología castellana*, 17.

28. Véase el artículo citado de Emilio Alarcos, "Una teoría acerca del castellano".

29. Véase su *Del origen y principio de la lengua castellana o romance que oi se usa en España*, publicada en Roma en 1606. Hay edición moderna de Lidio Nieto Jiménez (Madrid: CSIC, 1975).

30. *De civitate Dei*, lib. 16, caps. IV, VI y XI. También San Jerónimo en una epístola a Damasus escribía: "Initium oris et communis eloquii, et hoc omne quod loquimur, Habraeam esse linguam qua vetus Testamentum scriptum est, universita antiquitas tradidit". Citado por Fernando Lázaro Carreter, *Las ideas lingüísticas en España durante el siglo XVIII*, 2ª ed. (Barcelona: Crítica, 1985) 110.

31. Su teoría está expuesta en su *Del origen y principio de la lengua castellana o romance que oi se usa en España*.

32. Sobre las coplas de Jorge Manrique se halla un parecido elogio en Juan de Valdés, *Diálogo de la lengua*, ed. José F. Montesinos, 6ª ed. (Madrid: Espasa-Calpe, 1976) 164: "Y son mejores la de don Jorge Manrique que comiençan 'Recuerde el alma dormida', las quales a mi juizio son muy dinas de ser leídas y estimadas, assí por la sentencia como por el estilo".

33. "Su *laus Hispaniae*, tomada en conjunto, nos muestra un Quevedo que oscila entre la réplica al enemigo y una invitación como a construir la leyenda patriótica adecuada; una argumentación discontinua que toma sus armas donde las halle y las moviliza con ingenio y rapidez para el ataque". Raimundo Lida, *Prosas de Quevedo*, 68.

La serpiente como símbolo y estructura en *Cristo versus Arizona*

Pilar V. Rotella
Saint Xavier College

> *The blood-dimmed tide is loosed, and everywhere*
> *The ceremony of innocence is drowned;*
> *The best lack all convictions, while the worst*
> *Are full of passionate intensity.*
>
> (William Butler Yeats, "The Second Coming")

Introduciendo desde el principio las varias tensiones y oposiciones que caracterizan su composición, el narrador-protagonista de *Cristo versus Arizona* (*CVA*), empieza el largo monólogo (238 págs.) que compone dicha obra de esta manera:

> Mi nombre es Wendell Espana, Wendell Liverpool Espana, quizá no sea Espana sino Span o Aspen, nunca lo supe bien, ... antes de saber quiénes habían sido mi padre y mi madre, ... yo me llamaba Wendell Liverpool Lochiel, es lo mismo, ... y las páginas que siguen son mías, las escribí de mi puño y letra, mi papá, ... era dueño de un caimán domado, primero lo tuvo a medias con Taco Lopes, otros le dicen Taco Mendes ...

Es el suyo un lenguaje escrito (como él mismo afirma repetidamente) que, sin embargo, parece mucho más cercano a la lengua hablada con sus rectificaciones, paréntesis declarativos, enmiendas, interpolaciones, *non-sequitur*, etc. Es, sin duda, un monólogo que muy pronto se convierte en diálogo al solicitar el "yo" la cooperación de un "tú" a la vez intra y extra-textual ("yo digo kyrie eleison y tú dices kyrie eleison" [11]). Los nombres del narrador, asimismo, nombres híbridos y fluctuantes, con ecos angloamericanos e hispanizantes a un tiempo —Wendell Liverpool Espana o Span o Aspen (y más adelante Craig Tiger Teresa)— reiteran el doble enfoque que define al texto desde un principio.[1] Ya el título establece la dualidad central y trascendente en que se cifra el libro entero: la relación ambivalente (versus = hacia y contra) entre Cristo y Arizona, términos-clave que resumen la polaridad esencial del relato. A Cristo como forma de vida y medio de salvación espiritual se opone la fuerza avasalladora del mundo, el demonio y la carne que, en la visión del narrador, controlan el ámbito de Arizona e inexorablemente encauzan la vida de sus habitantes por el camino de la lujuria, de la violencia y de la perdición.

Wendell Liverpool Espana vive en esta tierra dejada (¿o aún no tocada?) de la mano de Dios. Conoce, nombra, describe y frecuentemente juzga a sus compatriotas, de razas diversas, de ocupaciones varias, de destinos inciertos, pero, al parecer, colectivamente sumergidos en el pecado, estragados por el vicio, mordidos por las serpientes, mutilados, colgados, muertos a tiros. Para citar unos pocos: Gerard Ospino, el mejor amigo del narrador, a quien picó la tortuga verde cuando estaba de misionero en Port Tiritianne con la consiguiente debilitación de su masculinidad; el droguero ambulante Marco Saragosa, a quien "colgaron del único árbol que había en Hilltop" (14); Cam Coyote Gonsales que "vive de atrapar serpientes venenosas en el desierto" (12); la negra Vicky Farley, cuyo cuerpo es "mitad mujer y mitad hombre" (17); Eddie Peugeot "que se ve que viene de blancos que comieron caliente toda la vida" (59); la india Chabela Paradise, el zambo Tachito Smith, el indio Abel Tumacácori, etc. etc. Todos ellos —hombres, mujeres, niños, negros, indios, mestizos, blancos (incluido un cachupín primo del apóstol Santiago [102])— se mueven en un espacio a la vez ilimitado y circunscrito que incorpora las anchas perspectivas del desierto pero se centra en el microcosmos de Tomistón, el pueblo que "es como Sodoma y Gomorra," pueblo "muy caluroso, en el invierno casi como en el verano, y el sol cayendo a plomo sobre el desierto hacía cocer los sesos y los corazones, por eso se daban tantas deslealtades y crímenes, algunos muy novedosos y otros de hechura más antigua" (9).[2]

A la precisión geográfica corresponde también la cronológica. El período evocado por el narrador hay que situarlo entre 1880 y 1920, por las referencias al duelo del O.K. corral y otras indicaciones en el texto.[3] Concretamente, el 20 de setiembre de 1917 (aunque "a lo mejor esta fecha está equivocada" [7]), "el mismo día que descarriló el tren ... que iba lleno de indios casi todos enfermos de paludismo a los que llevaban a que se muriesen lejos" (7), la madre del narrador, prostituta de profesión, le reconoce como hijo y, de común acuerdo, deciden continuar su relación incestuosa (14). Otros rasgos autobiográficos se refieren a su padre, ahogado "a veinte millas de Ankororoka, al sur de Madagascar" (8), a sus hermanos ilegítimos, a sus propias experiencias en la cárcel y en el hospicio (66), a su mujer Clarice (que, posiblemente, no existe [153, 158]). Wendell Liverpool Espana no sólo describe sino que forma parte de un mundo primitivo, caótico y desgarrado donde —en sus propias palabras— hay una variedad infinita de muertes (9) y también, a juzgar por lo que nos cuenta y comenta, de violencias y perversiones sexuales. La diferencia principal entre él y los que le rodean estriba precisamente en su facultad de observación, su vocación consciente de historiador y su igualmente consciente elaboración de la materia narrativa. De ahí también su contradictoria insistencia en afirmar, por una parte, "todo lo que escribo es verdad aunque no lo parezca" (21) y por otra, "todo cuanto hasta aquí queda dicho lo escribí de mi puño y letra, hay mucho de verdad aunque metí algunas mentiras de adorno" (124). La memoria es pertinaz, pero falible; las fuentes de información, dudosas: "Unos dicen una cosa y otros otra" (214). Por eso, a veces, es tan difícil asegurar como negar (216).

Por encima del grado de veracidad de lo narrado, lo que preocupa al narrador con creciente intensidad es la dificultad de la narración en sí, los obstáculos que se oponen al acto mismo de contar: "Me parece que esto no está quedando muy claro pero yo sé bien lo que quisiera decir" (62). Cuando Gerard Ospino aconseja al narrador "debes poner orden en lo que vas explicando para que la gente no se confunda" (79), él responde que "hablar es muy fácil pero poner orden en lo que se va diciendo ya no lo es tanto" (79). El deseo de poner orden por medio de las palabras, de crear un sistema expresivo lúcido y coherente refleja, al nivel verbal, un deseo más hondo de remediar el desorden y dar sentido al absurdo que es la vida. El narrador concibe la existencia humana como caos y en los términos casi maniqueístas de una tensión fundamental entre las fuerzas del bien y del mal, tensión reflejada en la dicotomía Cristo-Arizona.

Tal y como indica el uso de versus, entre Cristo y Arizona hay oposición y hostilidad. Según dice Wendell Liverpool Espana (o Span o Aspen) "es posible que Arizona le metiera pleito a Cristo" (32) y que llevara las de perder ya que "Cristo es más duro que Arizona" (52), o, al contrario, que fuera Cristo quien quiso meter pleito a Arizona, "harto de los pecadores" (137), o —tercera posibilidad— "no es verdad que a Cristo le metieran pleito en Arizona, tampoco al revés. Cristo va hacia Arizona y hacia todo el mundo, no va en contra de nadie" (176).[4] "Cristo es Dios ... Cristo va hacia Arizona ... el demonio también va ... y hay que cortarle el paso con la letanía" (238). A pesar del paralelismo entre las acciones de Cristo y el demonio (los dos van hacia Arizona), la influencia satánica parece haber precedido y, por el momento, anulado, la influencia benéfica del Redentor. Cristo aún no ha llegado a Arizona y, hasta su venida, la única posibilidad de salvación reside en el esfuerzo individual de cortar el paso al diablo, de atajarle y someterle con los oportunos ritos propiciatorios, en este caso principalmente con el poder de encantamiento de la letanía de la Santísima Virgen.[5] Las invocaciones rituales con su respuesta prescrita (Sancta Maria-Ora pro nobis) empiezan con la afirmación del narrador: "La letanía de Nuestra Señora es la coraza que nos preserva del pecado" (11) y continúan sin interrupción y a intervalos regulares (cada cinco o seis páginas más o menos) excepto que, a partir de un cierto punto, se desgranan de dos en dos ("yo digo mater intemerata mater inmaculata y tú dices ora pro nobis dos veces" [114-15]). El narrador concluye: "ya se me acabaron las letanías del ora pro nobis y ahora vienen las tres que invocan al cordero de Dios" (238). Con la triple invocación del "Agnus Dei" seguida de la frase "sólo me queda pedir a Dios que los muertos me perdonen" se cierra el proceso narrativo.

El recitar la letanía en voz alta y en forma colaborativa (yo digo ... tú dices) es una actividad ritual asociada con los dogmas y misterios de la fe cristiana. El rito consiste siempre en una acción repetida obsesivamente (Doty 75), gestos acompañados generalmente de palabras que declaran su significado y que solicitan una intervención favorable para el ejecutor de la fórmula ritual. La repetición ritual hace evidente la estructura del mito

en que se funda (Ruthven 43) y, al mismo tiempo, ejemplifica la búsqueda insistente y simbólica de un resultado apetecido (Malefijit 195). Mito y
rito se reproducen mutuamente; el mito existe al nivel conceptual y el rito
al nivel de la acción (Ruthven 232). Unidos, mito y rito proporcionan
puntos fijos de referencia en un mundo caótico y engañoso (Kluckhohn
101) y sirven para disminuir la ansiedad o angustia existencial (Doty 49).
La preocupación por el mito revela un anhelo de orden en medio de los
trastornos y fragmentación de la vida humana mientras las formas y ce-
remonias rituales ayudan a crear un cierto sentido de estabilidad (Jordan-
Smith 101). Esta parece ser la función primordial de la letanía en la vida
y en el relato de Wendell Liverpool Espana. No sólo constituye la coraza
que le preserva del pecado sino que, con sus ritmos regulares y cadencias
repetidas, les otorga, a él y a su discurso, estabilidad y equilibrio. Y no es
la letanía la única manifestación ritual que hallamos en el texto. Wendell
Liverpool Espana constantemente estructura su experiencia de acuerdo con
fórmulas establecidas que, al reproducirse periódicamente, crean el mismo
efecto ritualista y ordenador de la letanía. Así, por ejemplo, las siete maniobras que cada sábado ejecutan Wendell y su amigo Gerard Ospino (y
que se repiten en el texto ocho veces con ligeras variaciones): "hacíamos
... las siete maniobras siguientes, silbar con los dedos en la boca ... comer
piñones ... saltar por encima de las banquetas de la taberna, ... limpiar ...
las flores de trapo de la catequesis ... lustrarnos las botas con betún,
mearle la puerta al chino, ... y acostarnos con mi madre" (28-29). Continuamente se dan listas y enumeraciones que reducen ideas, actividades,
situaciones y características personales a unos límites específicos y contro-
lables: las tres etapas del hombre (212), las cuatro edades del hombre
(237), las cinco taras de los hijos de Zach Dusteen (69), los siete olores de
los malos alientos (194), las siete teclas del concierto de Tomiston (230),
las "nueve cosas" que el narrador decide contar (184-85), el decálogo de
Telesforo Babybuttock Polvadera (105). De singular importancia es el decálogo del propio Wendell Liverpool Espana que resume su código de conducta y que subvierte, uno por uno, los diez mandamientos. Así, al quinto (no matar) opone Wendell su confesión "he desafiado agraviado calum-
niado ofendido murmurado insultado herido matado" (231); al octavo (no
levantar falsos testimonios ni mentir), "he mentido todo el mundo miente
pero no para salvar la vida para presumir" (331). Al enumerar ritualmente
estas transgresiones a la ley de Dios, el narrador reitera su pertenencia al
mundo elemental y demoníaco de Arizona, la distancia que le separa de
Dios ("Cristo es Dios bien claro lo dice el catecismo" [228]) y la necesidad
de ayuda espiritual insistentemente expresada a través de la letanía. Nuestra Señora es quien destruye el poder de Satanás y, por su intercesión,
salva a los pecadores. Una imagen central de la mitología cristiana presenta a la Virgen María aplastando la cabeza a la serpiente, es decir, al
demonio.[6] Esta imagen se evoca insistentemente a lo largo del texto que
nos ocupa.

En primer lugar, Arizona abunda —literalmente— en serpientes.[7]

Varios personajes en *CVA* viven de las serpientes o mueren por causa de ellas.[8] A los casos y situaciones concretas en que aparecen serpientes, culebras, culebras cascabel, víboras de cuernitos, etc. se añaden, al nivel del discurso, múltiples usos de la palabra y sus variantes: Irma aullaba como "una víbora revolcándose con el demonio" (37), el indio Nepomuceno Senorito hablaba sólo en invierno cuando las serpientes duermen (170), la culebra sorda de San Genaro "no muerde a los indios ópatas por orden del emperador Maximiliano" (176), los sacerdotes y las serpientes caminan sin párpados (195), la serpiente coral habla las cincuenta lenguas de los indios pero no las dos de los blancos (73). Omnipresente y todopoderosa, la serpiente adquiere un relieve especial que señala su dimensión simbólica.[9] La serpiente es un símbolo de validez universal, polivalente y complejo. En la mitología cristiana se asocia con Satanás, el enemigo de Dios y responsable de la caída del Hombre; representa el mal y la destrucción tanto exteriores como inherentes a la condición humana desde la expulsión del Paraíso terrenal.[10] Así como en el desierto, donde "hace tanto calor como en el infierno ... la víbora de cuernitos acecha detrás de cualquier piedra" (186), mensajera de la muerte, así también el poder satánico de los bajos instintos y las tentaciones perversas destruye con su veneno la vida espiritual. Por eso el narrador de *CVA* invoca, sino con gran fervor al menos con pertinacia, a Nuestra Señora, única vencedora total de la serpiente y mediadora entre Cristo/Dios y el hombre pecador.[11]

La serpiente funciona también como clave estructural del relato ofrecido por Wendell Liverpool Espana. Es la suya una narración que podría llamarse "reptilínea," una narración que avanza despacio, que se repliega sobre sí misma, que se lanza en movimiento rápido para luego detenerse y volver hacia atrás, que oscila, gira y se repite en un continuo vaivén. El narrador parece reconocerlo cuando afirma que no "es malo repetir los renglones que no se acaban jamás de saber del todo, el tiempo no está confundido pero sí revuelto y esto hace que la gente pase por la vida tropezando" (161), "todo da siempre diez vueltas, cien vueltas, mil vueltas, un millón de vueltas, es igual la vida que la muerte" (166), "todo pasa siempre al mismo tiempo" (184). La imagen de un presente que es a la vez pasado y futuro, que se consume a sí mismo en un constante proceso renovador, evoca la figura del Ouroboros, la serpiente o dragón que se muerde la cola y que simboliza tiempo circular.[12] Aparentemente inmóvil, en verdad su esencia es el movimiento perpetuo y repetición eterna, sin principio ni fin. Dice Wendell Liverpool Espana, enumerando varios tipos de serpientes casi al principio de su monólogo, que "la serpiente de aro ... se sujeta la cola con la boca y rueda como una rueda" (10); repite, casi al final, que "la serpiente de aro rueda como una rueda veloz" (231), llamando así la atención no sólo a su concepto circular del tiempo que rueda inexorable sino a la circularidad misma de su relato que puede continuar para siempre, empezando *da capo* desde donde terminó. Dada la importancia del elemento ritual en *CVA* y dada la definición de rito como acto obsesivamente repetido, la aparente conclusión del texto contiene su potencial reapertura. La letanía puede volver a desgranarse, y con ella todas las otras enumeraciones rituales: de nombres extraños, de actos perversos, de maniobras propiciatorias, de muertes inesperadas. Mientras exista la oposición Cristo-Arizona, la tensión entre el bien y el mal, la necesidad de transformar el caos en cosmos y de aplastar la cabeza a la serpiente con la fuerza de invocaciones sagradas, las mismas fórmulas verbales y procedimientos de encantamiento pueden continuar repitiéndose incansablemente en un tiempo y espacio cerrados que, como la serpiente de aro —el mítico Ouroboros— no tienen principio ni fin.

Cela crea un efecto de circularidad que se extiende de lo formal hasta lo conceptual. Subraya, por una parte, el movimiento repetitivo del texto volcado sobre sí mismo en un continuo devenir eternamente prolongable y, por otra, la tensión entre dos polos opuestos, Cristo y Arizona, también para siempre vigente (por lo menos hasta que Cristo llegue a Arizona: ¿la segunda venida?). El narrador recuenta su pasado, recuerda a los muertos, reprende a los vivos y, en general, trata de ritualizar, es decir, de dar sentido y poner orden a la confusión ineludible del vivir y del decir. Consciente del poder de la palabra, pide que no se publiquen sus papeles "hasta que no hayan muerto el último y la última [porque] la escritura puede hacer mucho daño a las personas" (224), pero también (como en el caso de Wendell Liverpool Espana o Span o Aspen) puede convertirse en un medio de auto-descubrimiento, de exploración de la naturaleza humana e incluso, posiblemente, de salvación espiritual.

Notas

1. Empezando con el narrador/protagonista la mayoría de los personajes tienen más de un nombre. Así, Higinio de Anda se llama también Arcadio, a Taco Lopes le llaman Taco Mendes y Taco Peres, a Marco Saragosa se le conoce igualmente como Guillermo Bacalao Sunspot, Big Nose Kate en español es Kate Narizotas, Miguel Tajitos tiene por sobrenombre Fundillo Bravo, y Bill Hiena Quijotoa (hermano del narrador) tiene dos nombres más: Mike San Pedro y Mike Juchipila Compton. La polionomasia (de carácter casi cervantino) sirve para subrayar la dificultad de aprehender una realidad oscilante y contradictoria, abierta a múltiples perspectivas.

2. La mayoría de los nombres de lugar mencionados en el texto corresponden a la realidad geográfica de Arizona. Asimismo, muchos nombres de personajes se basan en topónimos: Liverpool, Lochiel, Craig, Creek, Cavacreek, Nogales, Fairbank, Tachito, Florence, Canelo, Cameron, McAlister, Quijotoa, Pisinimo, etc. (Vease Will C. Barnes, _Arizona Place Names_). Onomástica y toponimia concurren para crear un fuerte sabor local no exento, a veces, de invención. (Por ejemplo, el nombre de Bufalo Chamberino derivado, posiblemente, de Chambers, en Apache Co.)

3. "[F]ueron ocho los hombres que anduvieron a tiros en el corral O.K. de Tomiston, el día 28 de octubre de 1881, los tres hermanos Earp, o sea Wyatt, Morgan y Virgil, y John Doc Holliday por un lado y los hermanos Ike y Billy Clanton y los también hermanos Frank y Tom McLaury por el otro" (14). La evocación del O.K. corral continúa a lo largo del relato con frecuentes referencias por parte del narrador a los personajes que intervinieron en el famoso incidente (especialmente 161-63). Por otra parte, Wendell Liverpool Espana habla de lo que ocurrirá "dentro de algunos años, en 1925 por ejemplo o

1930" (68) y establece así unos límites temporales dentro de los que se circunscribe la esencia de la narración.

4. En contraste con el comportamiento de Cristo, los hombres se atosigan y maltratan unos a otros: "uno piensa que aquí no está nadie contra nadie pero no es verdad, aquí estamos todos contra todos porque cabemos mal casi no cabemos" (226), eco contemporáneo de la máxima clásica *homo homini lupus*.

5. Carlo Levi, al describir la vida primitiva y miserable de los campesinos del sur de Italia entre los que vivió un tiempo desterrado por sus ideas políticas, afirma —y es el título de su libro— que "Cristo si è fermato ad Eboli", es decir, que se ha detenido antes de llegar a las tierras desoladas de Lucania. Igualmente Cela, a través de Wendell Liverpool Espana, sugiere que Cristo no ha llegado aún a Arizona, de ahí que esas tierras y sus habitantes parezcan abandonados de la mano de Dios.

6. En el Nuevo Testamento la serpiente y Satanás son una misma cosa: "[The New Testament] does call the serpent 'Satan' and claims an identity of the two in the Garden of Eden ... In general, Christian theologians have identified Satan as the Serpent, or as the demon in the serpent, which caused the Fall of Man" (Pedrini 94-95). "[Christianity] firmly identified the Devil both with the serpent of Genesis and with Lucifer" (Russell 257). "Satan is the opponent of ... Christ, the Son of the Lord. Satan and his kingdom have corrupted this world. Christ comes to destroy this old world, this evil one, and to establish a new one in its place" (Russell 248). "The Virgin Mary crushes the head of the serpent of Eve instead of succumbing to him" (Cooper 149).

7. Véase Myles E. Hill, *Arizona. Past and Present*, especialmente el cap. 2, "Plant and Animal Life" (15-27).

8. Entre los que viven de las serpientes se encuentran Bill Hiena Quijotoa ("pensó siempre que en la vida no hay más que ganadores y perdedores y que es mejor el desierto con sus serpientes que la cárcel con sus piojos" [90]) y la doctora Babby Cavacreek, que es natural de Queen Creek, trabaja en los laboratorios Norman and Huntington y "entiende mucho de serpientes" (54); entre los que mueren por causa de las serpientes figuran Ronnie V. Dexter ("lo mató una cascabel en Topock ... le picó la culebra cascabel, la culebra que muerde la muerte" [67]) y Vinton Pritchett ("le picó la víbora cabrona, la víbora de cuernitos" [142]).

9. La breve parábola de la culebra Dorothy (167-68), que deja jugar libremente a los ratones hasta que tiene hambre y los engulle vivos, puede interpretarse como una lección implícita sobre la condición humana, con el diablo a la expectativa y dispuesto a atrapar, sin aviso, a los confiados "ratones," hombres y mujeres inconscientes del peligro que los acecha.

10. Cooper, en su enciclopedia de símbolos tradicionales, discute los múltiples usos y significados de la serpiente como símbolo universal y específicamente dentro del Cristianismo.

11. A la relación salvadora entre Cristo y su madre que convierte a ésta en "la coraza que nos preserva del pecado", se opone la relación incestuosa entre Wendell y *su* madre. Dicha relación reafirma su condición de pecador y constituye otra de las subversiones de creencias y prácticas religiosas características de este texto.

12. Véase Cooper para una descripción detallada del Ouroboros, su forma, significado y relación con la serpiente/dragón.

Obras Citadas

Barnes, Will C. *Arizona Place Names*. Tucson: The U of Arizona P, 1988.

Cela, Camilo José. *Cristo versus Arizona*. Barcelona: Seix Barral, 1988.

Cooper, J. C. *An Illustrated Encyclopaedia of Traditional Symbols*. London: Thames and Hudson, 1978.

Doty, William G. *Mythography: The Study of Myths and Rituals.* Alabama: The U of Alabama P, 1986.

Hill, Myles E. y John S. Goff. *Arizona. Past and Present.* Cave Creek, Arizona: Black Mountain Press, 1970.

Jordan-Smith, Paul. "Even the Ancestors". *Parabola* 13.2 (1988): 98-104.

Kluckhohn, Clyde. "Myths and Rituals: A General Theory". *Reader in Comparative Religion. An Anthropological Approach.* Ed. William A. Lessa y Evon Z. Vogt. New York: Harper and Row, 1972.

Malefijit, Annemarie de Waal. *Religion and Culture: An Introduction to Anthropology of Religion.* New York: The Macmillan Company, 1968.

Pedrini, Lura Nancy y Duilio T. Pedrini. *Serpent Imagery and Symbolism.* New Haven, Conn.: College and UP, 1966.

Russell, Jeffrey Burton. *The Devil: Perceptions of Evil from Antiquity to Primitive Christianity.* Ithaca: Cornell UP, 1977.

Ruthven, K. K. *Myth.* London: Methuen and Co. Ltd., 1976.

"El primer escalón de las ciencias ... es el de las lenguas".
Un fragmento del *Quijote* a examen

Carmen Saralegui
Universidad de Navarra

> Su publicación de la *Concordancia* del Quijote espoleará los estudios sobre la inmortal obra de Miguel de Cervantes. (E. Ruiz-Fornells, *Las concordancias del Quijote*, I, 11)

1. Planteo a continuación un problema que suele preocupar al profesor de español como lengua extranjera y que consiste en la duda acerca de la utilización —en el tipo de enseñanza lingüística mencionada— de textos de la literatura clásica española, algunos de cuyos autores y obras figuran por derecho propio en los primeros lugares de la literatura universal de todos los tiempos.

Esta duda surge, principalmente, debido a que se ha tendido por muchos en los últimos años a entender el aprendizaje de una segunda lengua como un problema de comunicación que hay que resolver; así, la enseñanza se plantea con un fuerte predominio de la expresión y la comprensión orales, de modo que apenas si se presta atención a la lengua escrita y, cuando se hace, se percibe asimismo un fuerte predominio del uso de textos coloquiales y, en particular, de textos periodísticos, por entender que tanto la lengua utilizada en la prensa como el contenido de ésta interesan al estudiante —por encontrarse más próximas a su entorno— más que las manifestaciones escritas que solemos llamar literarias.

No conviene, sin embargo, a mi parecer, que ningún estudiante de español que haya superado las etapas iniciales de aprendizaje de la lengua, quede al margen de la extraordinaria riqueza que aporta el contacto con la literatura. Y me atrevo a repetir "ningún estudiante" para recalcar que este contacto resulta enriquecedor para todos, de modo que entiendo que no debe restringirse a aquéllos entre cuyos objetivos más o menos inmediatos figure el estudio de la literatura en español.

Afortunadamente, la literatura producida en el siglo XX, en España e Hispanoamérica, presenta muestras importantísimas donde poder escoger material para este tipo de estudio; y no cabe duda de que, ordinariamente, será de ese material —por razones obvias de contemporaneidad, lingüística y cultural— del que deberá el profesor abastecerse.

Sin embargo, yo voy a proponer aquí la utilización de un texto clásico

—en concreto, un fragmento del *Quijote*— cuya elección apenas me será preciso justificar: bastaría referirse al hecho de que es el *Quijote* la obra más universal de nuestra literatura y, por ende, aquélla de la que todo estudiante extranjero suele tener ya alguna noticia, razón por la que no será necesario suscitar su curiosidad. Además, la lengua del *Quijote* es el español clásico, definitivamente constituido,[1] de modo que el estudiante podrá comprobar su similitud con la lengua actual, aunque aparezcan diferencias, que el profesor deberá señalar para evitar anacronismos. Pero, sobre todo, el estudiante percibirá enseguida la característica principal de las obras clásicas: su actualidad perenne; concepto que en el caso del *Quijote* se refiere tanto a su valor estético como a la permanencia de conceptos, de ideas, de preguntas acerca de la vida y la condición humana (Jones 255); preguntas que se responden siempre, por cierto —y esto constituye uno más entre los valores formativos de la obra— desde la benevolencia, desde la magnanimidad del espíritu de Miguel de Cervantes, característica ésta sobre la que la crítica ha mostrado entera unanimidad, y que convierte la lectura del *Quijote* en continuo aliento del espíritu.[2]

Por todo ello propongo, ya, un fragmento un poco amplio del *Quijote* que puede usarse en una clase de español para extranjeros de nivel medio o superior: se trata de la conversación que sostiene D. Quijote con D. Diego de Miranda, el caballero del verde gabán, y ocupa apenas cinco páginas —las que terminan el capítulo XVI de la segunda parte— en la edición de Martín de Riquer.[3] Tomo el texto desde el punto que comienza "Desta última razón de don Quijote tomó barruntos el caminante ..." hasta el fin del capítulo. Por su carácter unitario, no estimo necesario referirme continuamente, en las páginas que siguen, a la localización concreta de los textos que cite: doy con ello más libertad para el uso de la edición que cada profesor considere más adecuada.

2. Al comenzar, como es preceptivo, por la correcta comprensión del texto, será necesario, como señalaba arriba, ofrecer aclaraciones lingüísticas que eviten posibles anacronismos en el uso de los estudiantes. Pocas son las necesarias en el fragmento elegido, y así es común que suceda en español desde el siglo XVI; me referiré brevemente a ellas:[4]

2.1. En fonética, se observan algunas indecisiones en el timbre vocálico: *invidiosos* 'envidiosos', *malencolía* 'melancolía', *veen* 'ven', *priesa* 'prisa'; o arcaísmos, como *agora* 'ahora'.

2.2. En el plano morfosintáctico, pueden destacarse dos características que se refieren al uso de los pronombres personales. En primer lugar, la presencia de tres pronombres de segunda persona del singular: *tú*, con las formas verbales de segunda persona —así trata de ordinario D. Quijote a Sancho—; *vos*, con las formas verbales de quinta persona, o segunda del plural —así trata en el texto D. Diego de Miranda a Sancho: "vos sí, hermano, que debéis de ser bueno ..."—, y *vuesa merced*, forma de máximo respeto, con verbo en tercera persona —así trata en el texto Sancho a D. Diego: "me parece vuesa merced el primer santo a la jineta".[5]

Otro uso relativo al pronombre es la posibilidad de los pronombres ,átonos de colocarse enclíticos a las formas personales de los verbos: "Preguntó*le* don Quijote", "doy*me* a entender", uso que hoy sólo permiten determinados artificios de la lengua escrita.

Es asimismo frecuente en el texto —y, como la enclisis pronominal, puede darse por desaparecido en la lengua general contemporánea— el uso del futuro de subjuntivo: "si Dios *fuere* servido", "el que ... *tratare* y *tuviere* a la Poesía ...", "cuales *fueren* los conceptos que en ella se *engendraren*".

Otras cuestiones de sintaxis apenas necesitarán ser aclaradas porque, según entiendo, pocas interferencias pueden producir: así, la expresión de la alteridad por medio de *cual*: "tengo hasta seis docenas de libros, *cuáles* de romance y *cuáles* de latín"; la negación acumulativa antepuesta: "convites ... *no nada* escasos"; la presencia del artículo en enumeraciones: "será de edad de diez y ocho años; *los* seis ha estado en Salaman*ca* ...", o la partícula disyuntiva *o* delante de cada miembro de la disyunción: "así se han de querer, *o* buenos *o* malos que sean".

2.3. En lo que se refiere al vocabulario, nada hay en el texto que no resuelva un buen diccionario —instrumento de primera necesidad para el estudiante— o, en su caso, una edición anotada de la obra, que será necesaria para la comprensión total del texto, sea éste u otro cualesquiera de los Siglos de Oro.[6]

3. Superada la dificultad inicial de la mera comprensión, podemos seleccionar, para glosarlos, algunos de los muchos aspectos interesantes del texto. Comienza éste con la presentación que Don Diego de Miranda hace de sí mismo; por sus palabras sabemos que tiene "hasta seis docenas de libros, cuáles de romance y cuáles de latín, de historia algunos y de devoción otros" y también que "oigo misa cada día; reparto de mis bienes con los pobres ... soy devoto de nuestra Señora, y confío siempre en la misericordia infinita de Dios nuestro Señor" (Hatzfeld 135).

Pregunta después D. Quijote a D. Diego que cuántos hijos tiene, adelantándole que "una de las cosas en que ponían el sumo bien los filósofos antiguos, que carecieron del verdadero conocimiento de Dios, fue en los bienes de la naturaleza, en los de la fortuna en tener muchos amigos y en tener muchos y buenos hijos".

Pero el hidalgo se muestra escéptico: él tiene un hijo[7] y no le hace feliz. D. Diego, que aparece retratado como la representación del estatismo, de una especie de "aurea mediocritas",[8] no concibe que su hijo, lejos de procurarse el oficio seguro que a su padre le gustaría: estudiar Leyes, se dedique a algo tan poco productivo en lo material como la Poesía. Cito las palabras literales de D. Diego de Miranda, dicen así:

> yo, señor don Quijote, tengo un hijo que, a no tenerle, quizá me juzgara por más dichoso de lo que soy; y no porque él sea malo, sino porque no es tan bueno como yo quisiera. Será de edad de diez y ocho años: los seis ha estado

en Salamanca, aprendiendo las lenguas latina y griega; y cuando quise que pasase a estudiar otras ciencias, halléle tan embebido en la de la poesía (si es que se puede llamar ciencia), que no es posible hacerle arrostrar la de las leyes, que yo quisiera que estudiara, ni de la reina de todas, la teología ... Todo el día se le pasa en averiguar si dijo bien o mal Homero en tal verso de la *Ilíada*; si Marcial anduvo deshonesto o no en tal epigrama; si se han de entender de una manera o de otra tales y tales versos de Virgilio. En fin, todas sus conversaciones son con los libros de los referidos poetas, y con los de Horacio, Persio, Juvenal y Tibulo; que de los modernos romancistas no hace mucha cuenta.[9]

La respuesta de D. Quijote es un largo discurso en el que se tratan varios temas. Introduciendo como preliminar el tipo de obligaciones que tienen los padres para con los hijos y éstos para con los padres, llega D. Quijote a la conclusión de que, en cuanto a estas últimas —las de los hijos para con los padres— no se encuentra la de seguir la opinión de aquéllos en cuanto a la elección de los estudios propios. D. Quijote entiende que los padres pueden, si acaso, tratar de persuadir, pero nunca forzar (y son precisamente los verbos *persuadir* y *forzar* los que usa Cervantes) y llega a decir que la Poesía, no siendo ciencia útil, tampoco es de aquéllas que deshonran a quien la posee. Cito otra vez literalmente a Cervantes, rebosante de humanidad y de humanismo, en la respuesta de D. Quijote al caballero del verde gabán:

Los hijos, señor, son pedazos de las entrañas de sus padres, y así se han de querer, o buenos o malos que sean, como se quieren las almas que nos dan vida: a los padres toca el encaminarlos desde pequeños por los pasos de la virtud, de la buena crianza y de las buenas y cristianas costumbres, para que, cuando grandes, sean báculo de la vejez de sus padres y gloria de su posteridad; y en lo de forzarles a que estudien ésta o aquella ciencia no lo tengo por acertado, aunque el persuadirles no será dañoso; y cuando no se ha de estudiar para *pane lucrando*, siendo tan venturoso el estudiante, que le dio el cielo padres que se lo dejen, sería yo de parecer que le dejen seguir aquella ciencia a que más le vieren inclinado; y aunque la de la Poesía es menos útil que deleitable, no es de aquéllas que suelen deshonrar a quien la posee.

Sigue una amplia disquisición de D. Quijote acerca de la Poesía, de la que resalto a continuación algunos aspectos.

4. Se refiere Cervantes —centrándolo en la creación poética— al lugar que deben ocupar la lengua materna y las lenguas adquiridas, cuestión que, por razones obvias, me parece que debo destacar en este trabajo, ya que, forzosamente, otras quedarán preteridas.

Según D. Quijote, sólo la lengua materna debe servir para la creación literaria; analicemos sus palabras:

a lo que decís, señor, que vuestro hijo no estima mucho la poesía de romance, doyme a entender que no anda muy acertado en ello, y la razón es ésta: el grande Homero no escribió en latín, porque era griego, ni Virgilio no escribió en griego, porque era latino. En resolución todos los poetas antiguos escribieron en la lengua que mamaron en la leche, y no fueron a buscar las extranjeras para declarar la alteza de sus conceptos.[10]

Pero, en cambio, el poeta tiene la obligación de formarse y para ello sirve de manera especial el conocimiento de otras lenguas[11], sin duda a través del conocimiento de sus grandes creadores; y vamos a ver cómo, en opinión de D. Quijote, esa formación adorna, despierta y ayuda; dice así: "Pero vuestro hijo, a lo que yo, señor, imagino, no debe de estar a mal con la poesía de romance, sino con los poetas que son meros romancistas, sin saber otras lenguas y otras ciencias que adornen y despierten y ayuden a su natural impulso".

Precisamente en la correcta conjunción de dotación natural y arte adquirido sitúa Cervantes al poeta perfecto: "También digo —añade D. Quijote— que el natural poeta que se ayudare del arte será mucho mejor y se aventajará al poeta que sólo por saber el arte quisiere serlo: la razón es porque el arte no se aventaja a la naturaleza, sino perficiónala; así que, mezcladas la naturaleza y el arte, y el arte con la naturaleza, sacarán un perfetísimo poeta". Véase, pues, la importancia de este arte; Cervantes la ve tan claramente que subraya, en boca de D. Quijote, poco después: "Sea, pues, la conclusión de mi plática, señor hidalgo, ... que siendo él tan buen estudiante como debe de ser, y habiendo ya subido felicemente el primer escalón de las ciencias,[12] que es el de las lenguas, con ellas por sí mesmo subirá a la cumbre de las letras humanas". He aquí toda una apología, como puede apreciarse, de los saberes humanísticos, digna de ser resaltada en la hora tecnológica actual.

5. Señala Enrique Ruiz-Fornells en la "Introducción" de sus *Concordancias del Quijote* (12): "En fin, la atención del curioso lector del *Quijote* quizá quede satisfecha con alguno de los datos que arroja esta concordancia que pueden indicarle la exactitud o inexactitud de sus ideas, tomando como base el análisis estadístico". Se me ocurre, para terminar este estudio, hacer, en efecto, alguna comprobación. Y como acabamos de ver a D. Quijote —cfr. 4— en plena disquisición sobre arte y naturaleza, y hemos visto en qué consiste fundamentalmente este *arte*, me ha interesado localizar la palabra en todos sus contextos. Pues bien, *arte* aparece citado veintitrés veces, de las cuales nada menos que seis corresponden al capítulo del que está tomado nuestro texto (2ª parte, XVI), que se sitúa así como aquél que tiene este tema como primordial. Por otra parte, al ofrecer las *Concordancias* los contextos, podemos ver en el *Quijote* (1ª parte, Cap. L) otra alusión a arte y naturaleza: "hacen una variada labor, de manera que el arte, imitando a la naturaleza, parece ...". Y otra más en la 1ª parte, Cap. XXV: "algún pintor quiere salir famoso en su arte, procura imitar los originales de ...": materiales completos para un estudio sobre el tema.

Pero también podemos hacer otro tipo de observaciones, a primera vista intrascendentes. Podemos ver, sin salirnos del I volumen de las *Concordancias*, el número de apariciones y los contextos de palabras tales como *alegre, alegría, alegrar,* que ocupan tres páginas enteras (182-84); *amor,* que llena dos (220-21); o *amigo,* que se extiende hasta en cuatro (213-16): ¿no nos habíamos referido ya al espíritu benevolente, magnánimo, de Miguel de Cervantes?

O bien podemos terminar esta breve contribución deseando por parte del homenajeado, Prof. Ruiz-Fornells, el siguiente pensamiento, que puede localizarse en *amistad* (*Concordancias,* I, 217):

"sabemos la amistad vuestra".

Notas

1. Decía Nebrija en 1492, en la dedicatoria a la Reina de su *Gramática* (ed. de A. Quilis, Madrid: 1980): "por estar ya nuestra lengua tanto en la cumbre, que más se puede temer el decendimiento della que esperar la subida".

2. "Cervantes conoció la pobreza en gran parte de los últimos años de su vida, y todas sus esperanzas de ascenso fallaron. En sus obras no aparece la amargura como consecuencia de esto; el personaje que se refleja en ellas es de hecho singularmente atractivo, y mucho más compasivo que la mayoría de sus contemporáneos" (R. O. Jones, *Historia de la literatura española* 251-52).

3. Que cito aquí por su reconocida calidad (es la que utiliza como texto base E. Ruiz-Fornells para sus *Concordancias* del Quijote. Véase, en efecto, este fragmento en M. de Cervantes, *Don Quijote de la Mancha,* ed., intr. y notas de M. De Riquer. (Barcelona, Planeta, 1975) 692-96. La más reciente "edición crítica y comentario" del *Quijote* es la de V. Gaos (Madrid: Gredos, 1987, 3 vols.), que apareció póstumamente.

4. Una caracterización de conjunto del español clásico puede encontrarse en R. Lapesa, *Historia de la lengua española,* 9ª ed. (Madrid, Gredos, 1983), capítulos XI, XII y XIII.

5. Puede decirse que la forma de tratamiento *vuesa merced* no ha desaparecido totalmente en español, puesto que tal forma es, precisamente, el origen del pronombre *usted.*

6. Así —y me limito a citar un solo ejemplo del texto— el lector podría ignorar, aun entendiendo meridianamente cada una de las palabras, que cuando Cervantes habla del "árbol a quien no ofende el rayo" se refiere precisamente al laurel.

7. Señalan los editores del Quijote cómo D. Diego dice primero —y puede comprobarse en nuestro texto— "paso la vida con mi mujer, y con *mis hijos* y con mis amigos", y a continuación: "tengo *un hijo*"; en efecto, sólo uno, D. Lorenzo de Miranda, aparece en casa de D. Diego (cfr. *Quijote,* 2ª, XVIII).

8. Véase la interpretación de Américo Castro, *Cómo veo ahora el Quijote,* en M. de Cervantes, *El ingenioso hidalgo Don Quijote de la Mancha* (Madrid, Magisterio español, 1971) I, 90-99.

9. Desde el punto de vista cultural, puede ser adecuada para extranjeros la comparación entre el personaje central de *Las meninas* de Velázquez y la descripción del hijo de D. Diego por Cervantes, tal y como la propone H. Hatzfeld, *El "Quijote" como obra de arte,* 296-97.

10. Afirma V. Gaos en su edición del *Quijote,* 244n: "En la querella entre latín y lenguas vernáculas, Cervantes se sitúa entre los defensores de éstas con argumentos del más sólido sentido común" y señala esta misma actitud de Cervantes en *El coloquio de los perros,* añadiendo luego que Lope de Vega en *La Dorotea* mantiene idéntica posición y con similares argumentos: "el poeta, a mi juicio, ha de escribir en su lengua natural; que Homero no escribió en latín, ni Virgilio en griego, y cada uno está obligado a honrar su lengua".

11. Aquí, como no cabía esperar otra cosa, las "reinas de las lenguas" son la latina y la griega; véanse las lecturas de su hijo que nos refiere arriba D. Diego de Miranda.

12. Tanto la edición de M. de Riquer como la de V. Gaos recogen en el texto *esencias*, señalando ambos en nota lo que en otras ediciones aparece en texto: probable errata, por *ciencias*.

Obras citadas

Hatzfeld, H. "Don Diego de Miranda es justamente el tipo de piedad de la Contrarreforma". *El "Quijote" como obra de arte del lenguaje*. 2ª ed. Madrid: CSIC, 1972.

Jones, R. O. "Lo que Cervantes tiene que decir a la humanidad es general y no particular". *Historia de la literatura española. Siglo de Oro: Prosa y poesía*. 4ª ed. Barcelona: Ariel, 1979.

Ruiz-Fornells, Enrique. *Las concordancias de «El ingenioso hidalgo Don Quijote de la Mancha»*. I. Madrid: Ediciones Cultura Hispánica, 1976.

«Testament» Parodies in Medieval Peninsular Literature

Kenneth R. Scholberg
Michigan State University

From the last part of the fourteenth century through the early decades of the sixteenth, there appeared in the Iberian Peninsula a number of poems written either wholly in the form of a last will and testament or with a testament as an integral and major part of the work. I have found ten such compositions, in Castilian, Catalan and Portuguese, but I would not claim that my search was exhaustive. It should be pointed out also that poetic testaments were popular in France in the fifteenth century, going from the serious, such as the *Testament Poétique* that Jean Regnier inserted in his *Livre de la Prison* (written in 1433), to the burlesque, exemplified by the *Testament* of Eustace Deschamps (written before 1406), and including, of course, the most famous of all documents of this kind, *le Petit Testament* and *le Grand Testament* of François Villon. I mention then, only to suggest that the use of the poetic testament was an international current or fashion in the period.

In the Iberian Peninsula this one poetic vehicle lent itself to a wide range of uses. There are essentially two main types of testaments involved: in the first, the poet presents the will as his own; in the second, he presents it as someone else's, as that of either a real person or a fictional character. The poems range through the frivolously amatory, the exemplary, the jocose and the satirical, and in some instances combine several tones. The latter is the case of the *Testamento* of Gonzalo Rodríguez, Arcediano de Toro, one of the older poets in the *Cancionero de Baena* (687-91). His will, in 16 stanzas of 7 hendecasyllabic lines written in a Galician-influenced Castilian, begins on a serious religious tone; the poet commends his soul to God and his body to the earth and prays that the Virgin will be his advocate and that God will save his soul. Then he sets forth his legacies; he leaves his heart to his lady, since it was hers in life and he receives this death because of her. He bequeaths various talents to his friends: his singing should go to Pedro de Valcaçer; his dash (*ardimento*) to Ruy López de Aguilar; his riding ability to Diego Flores and his troubadour art to Lope de Portocarrero. There is here obvious humor and satirical intent, the implication being that the people who receive his talents are in need of them. He also leaves parts of his body to different friends: he gives his hair to Juan Sánchez Mesía, because he could not find a better use for it, and his physique and feet to Juan Dórates, because the latter is afflicted by the gout, and he says that other parts of his body, which he does not name, can be given to those who need them. In the fourteenth stanza the Archdean returns to the theme of dying for love and says that she who has killed him will be blamed for his death. He closes by naming his executors. Toro's *Testamento* combines a religious aspect with both amorous and humorous elements.

In the case of the *Testamento* of Alfonso Enríquez, found in the *Cancionero de Estúñiga* (180-84),[1] the theme is ostensibly amatory. The poet begins: "En el nombre de Dios ..." and adds "de amor". He parodies the clichés of wills:

> Publico et notorio sea
> Como tan claro se vea
> El mundo fallescedor;
> Que sin fuerça et sin requeste
> Con todo mi sentimiento
> Ordeno mi testamento
> Del qual su thenor es éste.

Enríquez leaves his soul and all his good acts to his lady. He also waggishly leaves her his body, to do with it as she will, as long as it is alive. When he will be dead, he asks that the Archbishop of Lisbon be his executor. Then come a series of humorous requests concerning his burial chamber: the "noble doña Teresa" should be the cover of his tomb; Elvira, the right wall; Mariguillén, the left; Clara should be the bolster, with Beatriz at his feet, etc. He asks that he be interred in the lodging of the countess (not otherwise identified).[2] The costs should be taken from what he has, but if that is not enough, let his uncle and aunt pay, he says. This is obviously a comic will, with erotic overtones in the dispositions for the writer's "burial".

The *Testamento* of Diego de León (*Cancionero de Roma* 71-74) begins with the *topos* that the poet finds himself near death and, as a sinner, wishes to write his will. From here on it combines amorous and religious elements; he requests that his executors be those who loyally loved, and immediately commends his soul to God and his will (*voluntad*) to the Virgin Mary, and orders that fifteen masses be said to the Magdalene and one hundred to the blessed virgins. He asks that his heart, sight and senses be left to her whose captive he was and will be as long as he lives. He gives directions for his funeral and his epitaph, which should read: "Aquí yaz el sin ventura". He requests that all women in love say seven psalms of David for him. In the last three stanzas and the *cabo*, León explains the cause of his death, which is the sight of his beautiful lady, the struggle that love causes in him and, finally, the absence of his beloved.

Diego López de Haro's *Testamento de amores* (*Cancionero castellano del siglo XV* 747-48) begins somewhat like the previous poems, that is, with the declaration of imminent death and the intention of writing his will. The requests here are more figurative; he asks that his heart be taken to his lady and his body be carried to the grave with laments, etc, but the messenger who goes to his beloved should be dressed in a "cape of lamentations, covered with his grief". His funeral chapel should have walls of blemishes (*mancillas*), with stones of his sorrows, carved by forgetfulness, worked with "desamor" and built on a foundation of pain. All this should be done so that his beloved will see how strong his grief was. He ends with an epitaph that declares that "here lies the most faithful lover, killed by the ingratitude of the one he loved". López de Haro's is a rather superficial love declaration, couched in terms of a will, but he has eliminated almost all of the religious tone of the others.

More seriously amatory is the long *Testamento de amores* of Juan del Encina (*Cancionero*, Fol. 75r-76v). It is uniform and consistent in tone, both in maintaining the fiction that it is a will and in its character of love poetry. In five stanzas at the beginning and five at the end, the poet speaks directly to his beloved, complaining that his affection was not reciprocated. The *Testamento* itself offers a series of commands or bequests of an allegorical nature. Encina commends his body to the earth and gives his own epitaph:

> Aquí yaze el desdichado
> que dexó biva la fe
> amador más desamado
> servidor más olvidado
> que en el mundo nunca fue.

He also describes how his tomb should be. In addition to these expected elements, he orders that his five senses should be dressed in sorrow, his coffin should be of fire and his executors are to be his *firmeza de amar* and his *desear*. His heart will be his universal heir.

Of the Castilian poetic wills that I have seen, Encina's is the one which most utilizes formulas similar to those that would be found in real testaments. The poet begins: "En el nombre de Cupido" and uses the clichés of legal documents, such as "Sepan cuantos esta carta / vieren de mi testamento" or "estando sin turbación / en mi natural sentido" or "no por fuerça ni temor / sino por mi voluntad". He does the same at the end of the testament: "Si hallaren yo aver hecho / otro testamento alguno / yo lo doy ya por ninguno / según costumbre y derecho". He indicates that he drafted it himself: "yo mesmo fue el escrivano / que lo escreví por mi mano" etc., and he dates it thus: "oy día más principal / y de más dolor cubierto / del mes de mi desconcierto / año de todo mi mal". Encina also uses variations of religious formulas, such as "Con aquella reverencia que puedo / y no como devo" or "No mirando a mis pecados / sino a su misericordia" the referent being, of course, the god of Love .

The testament form gives title to a Catalan work, the *Testament d'én Bernat Serradell de Vic*, dated May 7, 1419.[3] The first part deals with the illness of the protagonist, an attempt by a Franciscan friar to seduce his wife and a beating that En Bernat gives him. Then Bernat dictates his will to a scribe. The last part of the long poem describes a trip to heaven and hell made by En Bernat and offers a serious consideration on salvation as well as satirical comments on various types of sinners. The *Testament* itself forms only a small portion of the work and is humorous in intent. It begins with customary statements on the brevity of life and the fact that everyone must die. The writer names his executors and gives directions for his burial in Sant Marçal [del Montseny]. He leaves a fine velvet cloak to each monastery of the city, except that of the Franciscans, because one of them tried to seduce his wife, and he gives five hundred florins for the work of the cathedral of Vic, as well as other sums, which apparently he does not possess, to help poor girls marry. His will also calls for the establishment of a hospice on the highest point of the Montseny mountain range, where his nephew, Jaume Planes, should be in charge, because he is expert at tightrope walking and throwing the javelin. To this nephew he gives full power to offer a meal, every Sunday in February, to all who climb up to the place. He names as his universal heir En Joan Cornet, another nephew,[4] but if Cornet dies without children then his property should go to the priests of the cathedral, provided that they furnish his wife with everything she needs according to her station in life. The will ends with the notary's signature, corrections, etc. It is a purely comic last will, with ridiculous legacies which must have had special meanings for the circle of satirical friends for whom Serradell composed it.

Quite different in intent and tone from the amorous and/or comic compositions, presented as the author's own, is a fifteenth century poetic testament inspired by political events. This is the *Testamento del maestre de Santiago, Condestable de Castilla* which Fernando de la Torre puts in the mouth of the hapless don Alvaro de Luna.[5] Although in the form of a will, it is more of a confession, with obvious similarities to the *Doctrinal de privados* of the Marques de Santillana. The testament elements appear when don Alvaro commends his soul to the Virgin and then gives a number of *mandas* or bequests which, in reality, form a description of how his execution will take place. He describes the manner in which the scaffold will be erected and, maintaining the language of a will, says:

> Mando al gran pregonero
> delante vaya, plegonando
> e asy se cumpla el mando
> del rey noble justiçiero.
> ¡O mundo fallesçedero!
> ¿Qué valió tanto sobir,
> pues que avía de venir
> a tan vil muerte morir
> como vn pobre cauallero? (vv. 28-36)

He [don Alvaro] specifies what is to happen to parts of his body, especially:

El mi cuello excelente
que jamás consintió yugo
mando que tome el verdugo
y del faga a su talente. (vv. 46-49)

After a lengthy series of apostrophes to classical figures —Pyrrus, Agamemnon, Thyestes, Octavianus— and to "Adversity", don Alvaro requests that his body be buried in the chapel of the Virgin, with an epitaph which begins: "El que nasciera en mal punto / aquí lo tengo encerrado ..." The poem ends with his petition for forgiveness. In this case, the testament form is a skeletal device on which to hang a moralizing and exemplary message concerning the fugacity of life and the ephemeral nature of power.

Still another approach can be seen in the burlesque testaments attributed by their authors to another person. One of these is the satirical will which Antonio de Velasco assigns to a certain Portuguese, Ruy de Sande (*Cancionero castellano* Nº 1034, 2: 620-21). In it, he has Ruy de Sande leave his imagination to his eldest son, because it is the best thing that he possesses, and to each of his other children he bequeaths a part of that gallant scorn which he always had for Castilians. Velasco makes further fun of the Portuguese by having him give instructions concerning his showy clothing. Sande wants to be buried in his damask finery, with his sable fur, his ribbons and his shoulder belt (baldric) placed over him. He gives his *loba*, a long gown of the type worn by clergymen, to a doctor of Guadalupe, who was the only one who diagnosed that his malady was caused by love. An obscure reference is made about his black and white *marlota* (a kind of Moorish gown), an article, Sande says, "con que hize tornar moro / al Marqués de Villafranca", possibly a reference to homosexuality, since the vice was commonly attributed to the Moors and the phrase "hacer tornar moro" was used in this sense in various works. In any case, he asks that the *marlota* be placed over him, in memory of the fact that he honors Portugal more than did the battle of Aljubarrota. Velasco writes in Castilian, but he scatters through the poem forms like "minha fantasia", "meu filho", "o corpo" and "muytas vezes" to give it a Portuguese flavor.

The mocking *dezir* that Alfonso Alvarez de Villasandino wrote at the death (in this case, I believe, real) of the converted Jew Alfonso Ferrandes Semuel (*Cancionero castellano*, Nº 704, 2: 384-85) is an example of the anti-semitic currents that one finds increasingly in the fifteenth century. It is not really in the form of a testament, but rather is a description of Alfonso Ferrandes' last will, detailing the bequests and commands which Alfonso Alvarez says that the *converso* made. He states, for example, that Alfonso Ferrandes ordered that the Cross be placed at his feet, the Koran on his chest, and the Torah, "su vyda e luz", at his head. He left one *cornado* to the Church of the Trinity and two eggs to the Crusades, as a sign of his Christianity, but gave one hundred *maravedíes* so that poor Jews would not have to work on the Sabbath, and left other legacies to the sexton of the synagogue and to his executor, Jacob Cidaryo, so that Jewish prayers would be said for him. The whole purpose of the poem, of course, is to cast doubt on the sincerity of Alfonso Ferrandes' Christianity. As did Antonio de Velasco in his poem, Villasandino incorporates foreign vocabulary into the *dezir* to give it a special tone. In this case they are Hebrew words —*sabad, homas, ssamas, pysmon, tefyla*— which he works into the rime scheme.

The most successful of the satirical and humorous testaments attributed to another person is the one that forms the last half of Gil Vicente's *Pranto de Maria Parda* (Vicente 6: 2313-43). The first part of the *Pranto* presents Maria going through the streets of Lisbon, lamenting the scarcity and high price of wine and trying to cadge a free drink from different tavern keepers. Unsuccessful, and dying of thirst, she prepares her last will and testament. She commends her soul to Noah (the discovery of wine was popularly attributed to him) and orders that her body be buried where people are always drinking. Her executrice and heiress will be Lianor Mendes d'Arruda, who sold everything she had to buy a drink. The funeral procession that Maria wants is ludicrous: for candles, vines should be burned, and the censer should be a wine flask. The procession should take place when the tavern doors are open, and her coffin is to be a cask. Before her should go the thirty-six wineskins that she emptied trying to allay her thirst. The masses should be sung in Flemish and German because the heaviest wines come from those countries. Prayers should be said by clergy who drank no less than she did. Among other legacies, she asks that help be given to poor orphan girls to marry, but only if they were left poor because of their fathers' drinking. She asks that pilgrimages be made to places famous for their wines and that a hospice be built to give shelter to anyone from Madrigal and Alcobaça, but people from Obidos and Santarem should be driven away with as many blows as those regions have bad wines. She ends with a request that all people lament her passing, because she departs with great thirst.

The testament poems can be related to other types of compositions. The amorous ones have points of contact with the troubador tradition in the theme of dying because of love and with compositions such as the *misas de amor* of Juan de Dueñas and Suero de Ribera, or the *Siete gozos de amor* or the *Diez mandamientos de amor* of Juan Rodríguez de la Cámara, in their combining of religious and amorous expression. Serradell's testament was probably inspired by real wills with which he was familiar, and not by French models, as has been claimed (Serradell 24, 27). The testament that Velasco placed in the mouth of Ruy de Sande is part of the anti-Portuguese satirical tradition in Spain, while that which Alvarez de Villasandino attributes to Alfonso Ferrandes is part of the anti-converso feeling. De la Torre's *Testamento del Maestre de Santiago* is thematically related to the *Doctrinal de Privados* of Santillana; Gil Vicente's

Pranto is one of a number of humorous poetic descriptions of tipplers. Poems in the "testament form" give considerable evidence concerning social, religious and political situations and attitudes in the Peninsula and their variety is indicative of vitality in the search for poetic expression in this pre-Renaissance period.

Notes

1. Alfonso Enríquez was a bastard son of don Fadrique, brother of Pedro el Cruel.

2. The women alluded to must have been real people at court; of one of them, the "senyora de Vadillo", Vendrell de Millás (25, note 23) says that the mention was "probable alusion a la familia de Diego Fernández de Vadillo, quien ocupaba un alto cargo en la corte de Fernando de Antequera".

3. Bernat Serradell is both protagonist and author of this literary testament, which has been erroneously attributed to Bernat de Vinclera. See the ed. of the *Testament de Bernat Serradell de Vic* by Arseni Pacheco. According to Pacheco, the date given in the ms. cannot be oorrect; the *Testament* was composed between 1422 and 1424.

4. Pacheco (28+), identifies some of the people mentioned in the will. Jaume Planes and his mother were left sums of money in Bernat de Serradell's real will and Joan Cornet was a witness to the will of Serradell's daughter.

5. The *Testamento del Maestre de Santiago* appears twice in the *Cancionero de Juan Fernández de Ixar*. On fol. 150r (ed. cit. I: 242) it is attributed to "Iohan de Valladolid"; on fol. 268v (II: 621), it is attributed to "Ferrando de la Torre".

Works Cited

Cancionero castellano del siglo XV. Vol. 2. Ed. R. Foulché-Delbosc. Madrid: NBAAEE, vol. 12, 1915. 747-48.

Cancionero de Juan Fernández de Ixar. Ed. José María Azáceta. Madrid: CSIC, 1956.

Cancionero de palacio. Nº 311. Ed. Francisca Vendrell de Millás. Barcelona: CSIC, 1945. 387-90.

Cancionero de Roma. Vol. 2. Ed. M. Canal Gómez. Florence, 1935. 71-74.

Cancionero de Stúñiga. Vol. 4. Ed. Marqués de la Fuensanta del Valle & J. Sancho Rayón. Madrid: Rivadeneyra, Col. de libros españoles raros o curiosos, 1872. 180-84.

Cancionero general. Ed. Toledo, 1520. Fol. 48r. Ed. facs. of Huntington, N.Y., 1907.

Cancionero llamado Vergel de amores. Zaragoza, 1551. Fol. 16r. Ed. facs. of Huntington, N.Y., 1903.

Encina, Juan del. *Cancionero.* Salamanca, 1496. Fol. 75r-76v. Ed. facs., prólogo de E. Cotarelo y Mori. Madrid: Real Academia Española, 1928.

Rodríguez, Gonzalo, Arcediano de Toro. *Testamento.* Vol. 2 of *Cancionero de Baena*, Nº 316. Ed. José María Azáceta. Madrid: CSIC, 1966. 687-91.

Testament de Bernat Serradell de Vic. Ed. by Arseni Pacheco (Barcelona, 1971).

Vicente, Gil. *Obras completas.* Ed. Prof. Marqués Braga (Lisboa, Livraria Sa da Costa, 1942-44).

Recursos narrativos en
El sombrero de tres picos

Antonio Sobejano-Morán
S.U.N.Y., Binghamton

Ninguna de las obras publicadas por Pedro A. de Alarcón ha recibido mejor recepción por parte del público que *El sombrero de tres picos* (1874). Concebida originalmente como cuento para una publicación cubana, el autor cambió pronto de idea y en poco más de una semana transformó la versión original en una novela cuya publicación correría a cargo de la *Revista europea* de Madrid. No obstante la brevedad del relato y la premura de tiempo en que fue escrito, *El sombrero de tres picos* hace gala de una serie de técnicas narrativas cuyo estudio constituirá el objeto del presente trabajo.

La obra principia con un "Prefacio" del autor centrado en la figura del pastor Repela y un capítulo I que ubica el desarrollo de la acción en tiempos del sometimiento de Europa por Napoleón. A continuación sigue el desarrollo argumental de la historia del corregidor y sus deseos adúlteros hacia la molinera y concluye con la invasión de España por tropas napoleónicas. Hasta la fecha, la crítica ha ignorado la importancia de esta división estructural de la obra. Jeremy T. Medina señala que la estructura circular de *El sombrero de tres picos* enfatiza varios aspectos temáticos, "that certain qualities (goodness, matrimonial fidelity, happiness, Spanish Nationalism, etc.) survive and continue, while others (lust, egotism) do not" (84). La obra se abre y finaliza con la referencia histórica de Napoleón, pero la que tiene lugar en el último capítulo marca una continuidad con respecto a la primera y cierra toda posibilidad de repetición de la historia al morir varios de sus personajes en su lucha contra el invasor francés. Por otro lado, este marco que encuadra la obra transforma las múltiples versiones existentes sobre el corregidor y la molinera en una nueva interpretación fijada en un momento específico de la historia de España, el que precede y sigue al de la invasión napoleónica. Este marco histórico confiere al relato mayor realismo y, aunque la historia no contamina la narración, al final de la obra los personajes cobran entidad histórica cuando sabemos que el corregidor murió en la cárcel por no transigir con los invasores y que el alcalde Juan López fue guerrillero. Asimismo, en el marco inicial señala Alarcón cómo los españoles vivían apegados a sus costumbres,

con su Inquisición y sus frailes, con su pintoresca desigualdad ante la ley, con sus privilegios, fueros y exenciones personales, con su carencia de toda libertad municipal o política ... y pagando diezmos, primicias, alcabalas ... y hasta cincuenta tributos más. (11)

Esto indica que, a pesar del conservadurismo de Alarcón, una nueva lectura de la obra a partir de este marco revela la condena del poder temporal del corregidor y la corrupción imperante en tiempos de Fernando VII.

Otro aspecto que toca Alarcón en el marco narrativo es el de las distintas versiones a que ha dado lugar la aventura del corregidor y la molinera,[1] y deja en claro ante al lector que su narración se inspira en el cuento en verso del pastor Repela. Con fecha previa a la publicación de *El sombrero de tres picos*, las versiones existentes coincidían en la consumación del adulterio, pero Alarcón transforma esta resolución tradicional en un final decente y decoroso. En un principio, el lector desconoce si la historia de Repela, que levanta colores entre los asistentes a las nupcias de Juanete y Manolilla, sigue fiel y puntualmente a las versiones precedentes, pero el narrador precisa que aquél "no hubiera podido recitar en la cortijada ninguna de dichas versiones ... sin que antes se tapasen los oídos las muchachas en estado honesto, o sin exponerse a que sus padres le sacaran los ojos" (6). Así pues, Alarcón crea en el marco de su obra una nueva versión de *El molinero y la corregidora* que servirá como referente ficticio de una narración con fondo histórico.

Un tema de capital importancia en *El sombrero de tres picos* tiene que ver con el carácter picaresco de la obra. No quiero decir que sea una obra picaresca, pero sí que existen elementos narrativos propios del género picaresco. En principio, Repela es descrito como "uno de aquellos rústicos sin ningunas letras, pero naturalmente ladinos y bufones, que tanto papel hacen en nuestra literatura nacional con el dictado de pícaros" (3). Una de las características de la novela picaresca consiste en dirigir la escritura de la obra a un narratario o lector ficticio. En el caso de la historia de Repela, éste se la cuenta a un lector ficticio formado por la concurrencia de invitados a la ceremonia nupcial de Juanete y Manolilla. De igual modo, el narrador de la segunda parte, lo que constituye el cuerpo narrativo de la obra, incorpora en la narración al público haciendo de él un lector ficticio. Otro de los rasgos tipificadores de la novela picaresca viene dado por la enseñanza moral que se desprende de su lectura, y que normalmente viene determinada por el marco que precede a la obra. En *El sombrero de tres picos* la moraleja se deduce fácilmente de la interpretación de la relación de Repela por el abuelo cuando éste afirma que "en ella no se aconseja a nadie que sea malo; ni se le enseña a serlo; ni queda sin castigo el que lo es" (5), y en la siguiente historia, como apunté anteriormente, Alarcón suprime el adulterio para ensalzar la fidelidad conyugal. Otra de las características de la novela picaresca es la variedad de oficios desempeñados por el antihéroe en su afán por ascender en la escala social y de posición económica. En la obra que nos ocupa, Lucas también ejerce varias ocupaciones antes de establecerse como molinero. Originalmente de

Murcia, Lucas sirvió al obispo en calidad de medio paje y medio criado, y recibió de éste el molino. Ordenado de menores, cuelga los hábitos y se alistó en el ejército "más ganoso de ver mundo y correr aventuras que de decir misa o de moler trigo" (19). Participa en varias campañas militares y asaltos y, tras conocer a Frasquita en Estela, se casa y regresa al molino de Andalucía. Tangencial a este aspecto es el de las aventuras en las que se embarca por lo general el protagonista picaresco. En la obra de Alarcón, no sólo al tío Lucas le anima el espíritu aventurero sino también al corregidor, quien de modo persistente y sin éxito busca los favores de la molinera para acabar recibiendo el menosprecio de su esposa. Sin embargo, el corregidor no se desalienta y con gran espíritu cínico engendra nuevas aventuras amorosas, "Pues, señor, ¡no esperaba yo escapar tan bien! Garduña me buscará otra" (124). Aunque *El sombrero de tres picos* no puede considerarse novela episódica, como ocurre con la novela picaresca, comparte con ésta la fragmentación de la historia en varias secuencias narrativas. En primer lugar se narra la relación de Repela, continúa con el esbozo histórico de Napoleón y su dominación de Europa y el resto de la obra no sigue un desarrollo lineal cronológico, sino que más bien se fundamenta en la simultaneidad de aconteceres.[2] Esto implica que en algunas ocasiones el narrador interrumpe el hilo narrativo para retroceder a la explicación de lo que otro personaje hacía en ese mismo momento. Típico también de la novela picaresca es el énfasis depositado en la descripción grotesca de algunos de sus personajes. De sobra es conocido en *El buscón* de Quevedo el retrato del licenciado Cabra y del ciego en el *Lazarillo de Tormes*. En *El sombrero de tres picos* destacan las descripciones físicas del corregidor como "casi jorobado, ... de estatura menos que mediana, endeblillo; de mala salud; con las piernas arqueadas" (29), la de su alguacil como "flaco, agilísimo ... de diminuto y repugnante rostro, y con dos manos como dos manojos de disciplinas, parecía un hurón" (30), y no menos significativa es la del tío Lucas, "un poco cargado de espaldas, muy moreno, barbilampiño, narigón, orejudo y picado de viruelas" (22).

A pesar de que la crítica tiende a ver a Lucas-Frasquita como una pareja benevolente y víctima del poder represor del corregidor, me parece importante hacer notar que tanto el uno como el otro no escapaban a la corrupción imperante en el sistema. En tiempos en que las contribuciones y primicias al estado y a la iglesia eran elevadas, el tío Lucas agasajaba en su molino a los principales de la ciudad para que le rebajaran "el subsidio, o la alcabala, o la contribución de frutos-civiles" (16) y para lograr a su favor el fallo de pleitos. La misma Frasquita le pide al corregidor que nombre secretario del ayuntamiento de la ciudad a un sobrino suyo que vive en Estela, y aunque el nombramiento no llegue a buen término por el alto precio que ella no está dispuesta a pagar, inicialmente usa de las mismas influencias que su esposo para lograr sus propósitos.

Uno de los aspectos más sobresalientes en *El sombrero de tres picos*, y más asiduamente abordado por la crítica, lo constituye su naturaleza dramática. Alarcón se dio rápida cuenta de que el tema de la molinera y el corregidor podía ser llevado al teatro, y con este fin se lo propuso a su coetáneo Zorrilla. Descartada la idea por éste, Alarcón decidió escribir la historia como novela siguiendo un formato teatral.[3] Lo mismo que Lope de Vega y otros dramaturgos del Siglo de Oro, Alarcón se sirve de la historia, la tradición y el folklore para la creación de su novela; pero más que el sustrato de un drama de honor lo que tenemos en *El sombrero de tres picos* es una comedia de enredo o de capa y espada. La definición de Valbuena Prat sobre este tipo de comedias no puede ser más apropiada a nuestra obra:

> Estas comedias son la antítesis de los dramas de honor. Aquí se juega con la fama, se pone en peligro la reputación de una mujer, pero el desenlace es conveniente, es apto, todo termina bien. Si el drama de honor es grandioso y sobrecoge, la comedia urbana es trivial y encantadora. (271)

Según Lope de Vega, el argumento de las comedias del Siglo de Oro se dividía en tres actos: la exposición, el enredo y el desenlace. Curiosamente, esta división tripartita de la obra parece aludir a los tres picos del sombrero del corregidor, y si la analogía resulta un tanto forzada, no lo es el hecho de que la acción dramática transcurra en tres lugares específicos: el molino del tío Lucas, la casa del alcalde Juan López y por último la casa del corregidor. Desde el comienzo de la narración se hacen evidentes las referencias al mundo del teatro. El narrador nos pinta el molino como un lugar "que va a servir de teatro a casi toda la presente historia" (27), y describe a su propietario como "un Otello de Murcia, con alpargatas y montera, en el primer acto de una tragedia posible" (27). En términos generales, Alarcón se ajusta en los delineamientos estructurales de su obra a las comedias del Siglo de Oro. En éstas, la exposición,

> acquaints the spectators with the place and time of action, the nature of the subject matter, and the main characters. The playwright often makes use of the *relación* (flashback) device to provide information about the events that happened before the time of the play. (Ziomek 48)

En los capítulos iniciales de *El sombrero de tres picos*, Alarcón nos describe con minuciosidad de detalles a los personajes de la obra, sitúa el desarrollo de la acción en un lugar y un tiempo histórico específicos y por medio de la relación del pícaro Repela, el lector sabe cuál va a ser el tema del resto de la novela. En la comedia del Siglo de Oro el enredo comenzaba en el acto segundo y suponía una complicación de la acción dramática y un mayor grado del suspenso. Según Ziomek, "the 'enredo' (the ascending part of the action, during which intrigue and suspense are sustained) consists of a series of connected episodes that complicate one or two plots" (48). En *El sombrero de tres picos* la dinámica narrativa surge de la progresiva complicación de los hechos, y en gran parte esta complicación se ve potenciada por el cambio de ropas. Según Vicente Gaos "todo el enredo —y ésta es, por de pronto, una obra de enredo— pende del trueque de indumentarias entre el molinero y el corregidor, que provoca los consiguientes equívocos" (186). El enredo empieza a fraguarse desde el momento en que el corregidor es despreciado por la molinera en su primera visita, mientras el tío Lucas los contempla desde la parra en una clásica escena de teatro. En un segundo intento por seducir a Frasquita, el corregidor se cae en el caz de agua y rescatado por la molinera deja sus ropas a secar al fuego. Esta se dirige a casa del alcalde en busca de su esposo, entre tanto éste se escapa de casa del alcalde y va al molino. Al encontrar las ropas del corregidor en la cocina se imagina lo peor, se disfraza con ellas y se va a casa de la corregidora. Mientras tanto, el corregidor se viste con la ropa del molinero y se encamina a su casa donde finalmente la corregidora hace justicia y se aclaran todos los malentendidos.

Quizás una de las escenas más cómicas de la obra sea la de la lucha en la que se ven involucrados el corregidor, Toñuelo, Frasquita y Garduña, y todo ello como resultado de la confusión creada por los cambios de vestimenta. Toñuelo, el alguacil, golpea al corregidor creyendo que era el tío Lucas, Frasquita ayuda a éste pensando que era su esposo, un lugareño trata de salvar a Toñuelo, y Garduña toma al alguacil por su amo y agrede a Frasquita, hasta que finalmente se percatan de que han sido víctimas de la confusión reinante.

El desenlace de la obra tiene lugar en casa de la corregidora. Aquí se desentrañan todos los enmascaramientos de la acción; la corregidora condena a su esposo a la duda de no saber lo que ocurrió entre ella y el molinero y lo expulsa de su dormitorio mientras Frasquita y su esposo prosiguen una vida llena de felicidad.

La conclusión de la obra nos remite al principio de la relación de Repela. Al término de ésta, las madres le pidieron que la repitiera "¡vaya! ¡Repítala!" (5) y Alarcón nos la ha recontado para recalcar una vez más la moraleja y la enseñanza basadas en el triunfo de la virtud y la honestidad conyugal frente al egoísmo y la lujuria del corregidor.

Notas

1. La crítica ha buscado incesantemente las fuentes de *El sombrero de tres picos*. A. Bonilla menciona tres antecedentes, 1) la *Novella VIII, Giornata VIII* de Boccaccio, en la que uno de dos amigos se venga del adulterio cometido por el otro con su mujer, haciéndole víctima de análoga deshonra. 2) Un romance publicado por Agustín Durán en su *Romancero general*, en el que incluye un pliego suelto de autor anónimo titulado "El molinero de Arcos", y 3) Un pliego de cordel titulado "Canción nueva del corregidor y la molinera". Foulché-Delbosc remonta los antecedentes a una *Canción del corregidor y la molinera* y a un Sainete nuevo, *El corregidor y la molinera*. Joseph E. Gillet encuentra un antecedente anterior a la obra de Boccaccio en el *Romance nuevo del chasco que hubo entre un molinero y el corregidor de Arcos*. Otros críticos han continuado ahondando en obras precursoras y tal vez sus orígenes entronquen con los mismos inicios de la literatura.

2. La simultaneidad de aconteceres se relaciona con el suspenso dramático creado en la obra. Señala Richard W. Winslow al respecto que "The sequence of events is extremely important in *El sombrero*, because the dramatic quality of suspense depends on the ability

of the narrator to move forward the actions of the several characters simultaneously" (717).

  3. El mejor estudio sobre este tema es el de Jeremy T. Medina. Según este crítico, la naturaleza dramática de la obra: la exposición, acción en crecimiento, clímax y anticlímax, tienen su origen en el drama clásico. Añade que el argumento es una inversión irónica de los dramas de honor serios del Siglo de Oro, y que otras de las técnicas dramáticas son el uso constante del diálogo, los efectos musicales, apariciones y desapariciones de personajes, acción dejada en el aire —interrumpiendo la acción como la cortina en el teatro— y la progresión hasta unir todos los personajes al final (84-85). A los efectos musicales que señala Medina cabría agregar los efectos de luz y sombra creados por el desarrollo de la acción durante el día y la noche.

Obras citadas

Alarcón, Pedro A. de. *El sombrero de tres picos*. Boston: D.C. Heath and Company, 1958.

Bonilla y San Martín. A. "Los orígenes de *El sombrero de tres picos*". *Revue Hispanique* 13 (1962): 5-17.

Foulché-Delbosc, R. "D'oú Dérive *El sombrero de tres picos*". *Revue Hispanique* 18 (1908): 468-87.

Gaos, Vicente. "Técnica y estilo de *El sombrero de tres picos*". *Temas y problemas de literatura española*. Madrid: Ed. Guadarrama, 1959. 179-201.

Gillet, Joseph E. "A New Analogue of Alarcón's *El sombrero de tres picos*". *Revue Hispanique* 73 (1928): 616-28.

Medina, Jeremy T. "Structural Techniques of Alarcón's *El sombrero de tres picos*". *Romance Notes* 14.1 (1972): 83-85.

Valbuena Prat, Angel. *El teatro español en su siglo de oro*. Barcelona: Ed. Planeta, 1969.

Winslow, Richard W. "The Dinstinction of Structure in Alarcón's *El sombrero de tres picos* and *El capitán Veneno*". *Hispania* 46 (1963): 715-21.

Ziomek, Henryk. *A History of Spanish Golden Age Drama*. Kentucky: The UP of Kentucky, 1984.

Parallel Pairings in *Las Meninas*

Janie Spencer
Birmingham-Southern College

In *Las Meninas*, Antonio Buero Vallejo develops a theme which has since become a hallmark of his theater: the crushing burden that the forces of tyranny impose on the visionary or seeker of truth. Although the theme does not originate with *Las Meninas* in Buero's theater,[1] it receives its most careful and comprehensive treatment in the 1960 drama and announces unequivocally a fundamental motif which the playwright has continued to explore over the years.

Buero terms *Las Meninas* a "fantasía velazqueña." As Marion Holt explains, a fantasy in musical terms is a series of variations on a theme at the whim of the composer.[2] One of the most skillful ways in which Buero creates variations on the theme of the visionary and his counterpoint in tyranny lies in his handling of three parallel pairings of the play's characters. Each couple consists of one seeker of truth and one who would frustrate the search. Moreover, each pair is drawn from a particular level of society and so the three taken together represent the whole social spectrum. María Teresa and her father King Phillip IV represent the rich and powerful, Diego Velázquez and his wife Juana come from the middle class,[3] and Pedro and Martín stand for society's poor and outcast. Let us consider first the visionaries.

In analyzing the three seekers of truth in the drama, one must begin with Pedro, at the bottom of the social pyramid. The love of light and the hatred of darkness begin with him and spread upward through society to touch Velázquez and finally the Infanta. We shall see just the opposite movement with the forces of oppression as their influence seeps down through the classes until it contaminates even the most humble. Both the visionary and the oppressor are strongest at their point of origin. The succeeding spiritual generations do not match their patriarch in power or in commitment but they are still undeniably his offspring and their actions and attitudes reveal their heritage.

Pedro originates the opposition to tyranny in the drama. His is an active, violent rebellion sparked out of dormancy when he witnesses a military superior kill a soldier for stealing food. Pedro had known injustice prior to this moment and had suffered in silence the abuses of a privileged young master and a thieving army captain. The breaking point comes when someone in a position of authority not only abuses his power but shows unnecessary cruelty against a subordinate.[4] Pedro, having personally experienced not only injustice but cruelty at the hands of society's rulers, finally rebels and for the rest of his life will oppose the forces of oppression by any means possible: insurrection, incitement to riot, lies. His violent commitment to truth and justice carries with it a heavy price: the constant threat of capture and the necessity of living a life in hiding. Pedro finally pays for his rebellion with his life when the King's guard discovers him. It is fitting that his resistance at the moment of death should reflect his way of life: a constant commitment never again to submit docilely to the forces of oppression.

Pedro reveals to Velázquez that he, too, had aspired to paint before the events of his life took a different turn. In the symbolism of the play, painting is the equivalent of declaring the truth. Pedro encourages Velázquez to continue his labor even in the face of discouragement: "Alguien tenía que pintar lo que vos habéis pintado .... [V]uestra pintura muestra que aun en Palacio se puede abrir los ojos, si se quiere. Pintar es vuestro privilegio: no lo maldigáis" (176).[5] As the two men renew and deepen their friendship, Pedro passes on to Velázquez his vision of opposition to tyranny and reinforces within the painter the love of light and the commitment to seek to dispel darkness.

Before hearing Pedro's story, Velázquez was only gradually becoming aware of the importance of light in his paintings. He felt within himself the confused stirrings caused by glimpses of a new and disturbing truth, and knew the frustration of solitude in a vision no one else could share. He realized that he had been too careful, too mindful of royal and accepted artistic restraints in his previous paintings, and that the time had come for him to reject these restrictions in favor of an open expression of his own convictions. The possible consequences of such a move were not lost on him, and he told Juana: "Acaso [mis manos] busquen a alguien sin yo saberlo .... A alguien que me ayude a soportar el tormento de ver claro en este país de ciegos y de locos. Tienes razón; estoy solo .... Es que estoy inquieto por el cuadro que quiero pintar" (124).[6] Later, after hearing part of Pedro's story, Velázquez realizes that he is not alone in his vision: "Durante estos años creí pintar para mí sólo. Ahora sé que pintaba para vos" (157). He becomes bolder in his commitment to artistic freedom and begins showing to trusted friends the daring paintings and sketches that he had previously kept completely hidden. He is challenged by Pedro's uncompromising stand for justice and dignity and so becomes bolder and more open in his own stand as he contemplates the price his friend has been willing to pay for his beliefs. He goes so far as to tell Juana: "[T]ienes que aprender a estimar a ese hombre porque ... porque ... es la persona que más me importa hoy en el mundo" (181). Velázquez's exaltation over the principles he is beginning to understand leads to words that are somewhat less than prudent when spoken to his own wife.

Velázquez's growing commitment to the truth and his opposition to the forces that would repress the expression of truth never take on the violent character of Pedro's rebellion. There does come a moment, however, when he moves from passive personal beliefs to active public confession of them. Hearing the news of Pedro's capture by the King's men and his subsequent death, Velázquez is overcome with emotion. He cries openly over the death of his "único amigo verdadero" (231) and his tears wash away the last vestiges of his passivity and hesitancy. Once again, as in the case of Pedro, the direct contact with gratuitous violence has forged a rebel. Velázquez, unlike Pedro, was not himself the victim of the oppressor's cruelty and hence his rebellion is not a violent one. The second generation rebel responds with words instead of actions and so is one step removed from his predecessor's level of intensity. His rebellion, however, is no less open and his vision of the truth no less clear. He declares to the King: "Yo le ofrezco mi verdad estéril .... ¡La verdad, señor, de mi profunda, de mi irremediable rebeldía!" (232). Boldly expressing now with words "las verdades del Palacio" (169) which he had earlier dared only to suggest in his paintings, he cries: "¿Es que el Poder sólo sabe acallar con sangre lo que él mismo incuba? Pues si así lo hace, con sangre cubre sus propios errores" (232). Firmly convinced now of the urgency of taking a stand for the truth and for the importance of individual freedom and dignity, Velázquez boldly vows to the King that he will never destroy the painting of the nude Venus that could lead to his ruin. Like Pedro, he is now willing to risk personal comfort and security in order to combat the forces of oppression. He has caught the vision from his spiritual mentor and passes it on to his own protégée.

A growing awareness of the State's abuse of its position and authority has also fostered within the Infanta a desire for knowledge of the truth and a hatred of the ways of darkness. Concerned about the rumors of her father's infidelity, she approaches Velázquez seeking the truth. She is two spiritual generations removed from Pedro and in fact has never even known him. And since she herself is neither the victim of physical cruelty nor does she see it visited on someone she loves, the force of her rebellion against tyranny is further softened. Whereas Pedro rebels with actions and Velázquez with words, the Infanta's rebellion is one of ideas and attitudes radical to someone of her position. Her importance as a visionary, however, is not diminished by any lack of force; rather, it is heightened by her exalted social and political standing and her potential for influencing and changing society.

From her first words in the drama, María Teresa shows a vivid interest in knowing the truth. She tells Velázquez: "¡Yo quiero saber! Y recurro a vos" (145). Unlike her father, she realizes that with authority comes accountability, and she tells him: "Mis deseos de cordura son grandes, señor" (164). Like Velázquez, she speaks rashly at times, led more by the force of her passion than by common sense, as when she confronts the King in front of witnesses about his dalliances (166). Having witnessed the deceit, corruption, and ambition rampant at the Court, however, and burdened by the awareness of her responsibility as a leader, she is willing to risk the King's anger in order to learn and proclaim the truth. In the play she acts as the King's conscience, convicting him of attitudes and actions unbefitting one charged with the welfare of his people. She highlights the choices that face him: "¡Elegid ahora entre la verdad y la mentira!" (234). Her entire attitude of questioning the practices of the Court and openly condemning the abuses of power stands in stark contrast to the prevalent attitude of the King and his ministers. Her rebellion, if it succeeds, will have much more far-reaching effects than would Velázquez's or even Pedro's. Although the physical force accompanying rebellion has weakened through each spiritual generation, its potential power has grown. The rebellion of ideas can effect the greatest changes.

María Teresa's move from a state of innocence to an anguished awareness of the truth is symbolized by her ultimate exclusion from the portrait of *Las Meninas*. She cedes her place to Doña Isabel, telling Velázquez: "Pintaréis ese cuadro, don Diego ... sin mí. Yo ya no debo figurar en él" (236). She has realized that she has no place in either of the groups portrayed: neither the total innocence of the young Infantita who "aún lo ignora todo" (238) nor those who knowingly silence the truth and are therefore "irremediablemente condenados al dolor" (174). María Teresa has awakened to the light of the truth and the best hope of the play finds expression in her words: "Que Dios nos bendiga a todos ... y a mí me guarde de volverme a adormecer" (236).

Buero composes three variations on the theme of the visionary in the play and creates a counterpoint figure to each of them: the one who opposes the seeker of truth and who represents darkness instead of light. King Phillip IV, counterpoint to his daughter María Teresa, is the most powerful and important of these three figures.

Oppression in the drama starts at the highest levels of authority and filters down through society, following the King's example. Whereas Pedro rises in rebellion because he experiences unjustified violence firsthand, the King allows injustice to flourish because in large part he is isolated from it and its devastating effects. He is unaware of the extent of poverty and deprivation that grip his country and is amazed when his daughter tells him that recently there was scarcely enough money in the Palace to feed the royal family. His ignorance of the truth is more an indictment of his own superficiality than of any calculated malice, but his naiveté is compounded by the King's deliberate decision not to recognize the truths that he does see. Painfully aware of Spain's crumbling economy, he nevertheless chooses to abandon his obligations to the nation's hungry soldiers and to build instead a lavish garden retreat for his pregnant wife. He obviously prefers the soothing lie to the unpleasant truth and bristles when his daughter upbraids him for his complacency and says: "¡Padre mío, atreveos! ¡Elegid a otros consejeros!" (166). Phillip has no intention of abandoning the comfortable complacency of ignorance for the difficult duties of an awareness of the truth, however. His oppression of his countrymen stems more from selfishness and neglect than from overt cruelty, but regardless of the origin of his attitude, the price for Spaniards is the same. A weak ruler, subject to the self-interested counsel of ambitious advisors, unwilling or unable to refrain from indulging his own passions, incapable of exalting truth and denouncing deceit in his own kingdom, Phillip condemns Spain and her people to an existence in which those who speak out against injustice must do so secretly or face persecution. By his own personal rejection of the ways of decency and dignity, the King sets an example which ambitious or cowardly men and women throughout the country will follow.

Juana, the oppressor's counterpoint to Velázquez, also seeks to stifle truth and hide the light. She responds to several stimuli in doing so. First, like the King, she genuinely does not understand Velázquez and cannot appreciate his art because she does not share his vision. Paintings that to him symbolize truth, beauty, and artistic freedom scandalize and terrify her because they go against the accepted standards of propriety. She sees only the external appearance of the painting and cannot penetrate to its heart of meaning. Her failure to understand contributes to Velázquez's feelings of isolation and is one more link in the chain of oppression that weighs on him.

In addition to failing to share her husband's vision, Juana fears the consequences of rebellion. In fact, she is so paralyzed by the fear of reprisals against her husband that she actually becomes an accomplice of tyranny. She urges Velázquez to hide or even to destroy the offending paintings out of sheer terror of the consequences of their being discovered. Ironically, she herself is responsible for bringing the Venus to the attention of the Church as she misguidedly seeks Nieto's help in convincing Velázquez to destroy the work. She eagerly conforms to all restrictions imposed by the authorities and actively seeks to persuade others to conform. Her cowardice and lack of vision make her an active supporter of the entrenched oppression that stifles creativity and muffles the voice of truth.

Martín, the beggar at the bottom of the social scale, is the farthest removed from the seat of authority, hence his support for the ways of tyranny is the weakest. As a counterpoint to Pedro, however, he cannot be overlooked.

From his first moments in the drama, Martín cannot understand Pedro's fascination with Velázquez. He shows a complete lack of interest in the painter's work and makes no attempt to understand its significance for Pedro or for anyone else. Cynically, he takes care of himself alone and seems only faintly interested in Pedro's wellbeing. Even this perfunctory concern, however, vanishes when it is put to the test. When the King's men take Pedro captive, Martín makes no move to help his friend or even to be associated with him. He stands by, trembling with fright, as Pedro is apprehended and then, in response to a question from one of the *meninas*, says: "Yo no sé nada" (207). Never once does he do anything that might attract unwanted attention to himself and by this passivity acts as another accomplice of the forces of oppression. By not taking a stand against them, he cooperates with them. Even though he is a minor figure in this drama, Martín represents an important recurring character type in

Buero's theater: the one who eschews solidarity with others and works only for himself. His individual failure inevitably brings with it the failure of those he could have helped.

The three characters representing repression in the play share certain common traits. None of them acts to effectuate a change in society because each one, in different ways, fears the consequences. The King would have to come out of his shell of complacent ignorance and self-indulgence and deal with the difficult realities the country must face. Juana risks losing security as well as social standing if her husband is censured by the Crown or the Church. Martín might face a fate similar to Pedro's if he speaks out, and fears life itself could be at stake. At the top of the social spectrum, the concerns are more ones of personal convenience than anything else, but as one moves down through the classes, the issues involved become graver and the consequences of taking a stand more threatening. All three groups, however, contribute to the perpetuation of the atmosphere of oppression: the King actively, as the originator of the laws, and Juana and Martín passively in their cowardly failure to oppose the injustice.

As mentioned, none of the three understands the vision shared by Pedro, Velázquez, and María Teresa. The failure to see, however, is not the real problem. It is the self-willed blindness that condemns all three oppressors, the decision to close one's eyes to the light and live comfortably in darkness instead. Each knows that acknowledging the light of truth could lead to difficult decisions or situations, and none of them values the truth highly enough to be willing to make that sacrifice. The deliberate choice to favor darkness over light places each of these characters irremediably within the ranks of the oppressors in Buero's theater.

Buero gives the reader an important clue to understanding the play by calling it a *fantasía*. He plans to elaborate the same themes in a variety of ways and the alert reader will be able to follow him. The parallel pairings discussed here are only one of the ways in which Buero plays out his *fantasía*, but given the predominance of the conflict between the seeker of truth and the forces of darkness in his theater, the contrasting couples and their significance serve as the very backbone of the play in communicating the author's message.

Notes

1. Perhaps the most obvious example of a prior play exploring the visionary/tyranny conflict is *Un soñador para un pueblo* (1958).

2. Marion Peter Holt, prologue, *Las Meninas*, by Antonio Buero Vallejo (New York: Trinity UP, 1987) xiv.

3. Although Velázquez enjoys special privileges and status as the Court painter, he is neither politically powerful nor destitute and so represents the many Spaniards who find themselves at some level of the "clase media."

4. In an interview with José Monleón, Buero draws a careful distinction between violence and cruelty, saying: "no abogo porque nunca se cometa ninguna clase de violencia" but drawing the line at "violencia gratuita, en cuyo caso es crueldad." "Buero: De la repugnante y necesaria violencia a la repugnante e inútil crueldad," *Primer Acto* 164 (1974): 6.

5. Antonio Buero Vallejo, *Historia de una escalera/Las Meninas* (Madrid: Espasa-Calpe, 1985). All quotations from the play are taken from this edition.

6. Velázquez's oft-repeated gesture of wringing his hands symbolizes the anxiety of his solitude. It is contrasted with the earlier times of solidarity with Juana ("tú buscabas mi mano con la tuya" [123]) and even affects Pedro at a moment when he fears an inevitable separation from Velázquez, his only soulmate (205).

Works Cited

Buero Vallejo, Antonio. *Historia de una escalera/Las Meninas*. Prólogo de Ricardo Doménech. Madrid: Espasa-Calpe, 1985.

Holt, Marion Peter, trans. *Las Meninas*. By Antonio Buero Vallejo. New York: Trinity UP, 1987.

Treason or Trampoline?
Translation and Teaching

Edward F. Stanton
University of Kentucky

The root meaning of *translate* is of course to transfer, transport, to "bear, convey, or remove from one person, place or condition to another" (*OED*). One of the earliest uses of the word described the bearing of a righteous person to heaven without dying: Wyclif's English version of Hebrews xi. 5 says, "Bi feith Enok is translatid, that he schulde not se deeth; and he was not founden, for the Lord translatide him."

A perfect translation of a literary work from one language to another may be as miraculous as Enoch's trip to heaven. So far a science of literary translation has not been founded; there is not even a consensus among translators, critics and readers as to what a translation should attempt to do. Each theory has eloquent spokesmen who are eloquently contradicted by others. There are those who believe:

1. A translation must give the words of the original
2. A translation must give the ideas of the original

3. A translation should read like an original work
4. A translation should read like a translation

5. A translation should reflect the style of the original
6. A translation should reflect the style of the translator

7. A translation should read as a contemporary of the original
8. A translation should read as a contemporary of the translator

9. A translation may add to, or omit from the original
10. A translation may never add to, or omit from the original (Savory 50)

The inability of translators and critics to agree with one another brings to mind the linguistic confusion of Babel —the historic or mythical event that made translation necessary in the first place. There is something comic about Babel, and as Ben Belitt has shown, the translator's task is a comic one. He finds himself in the absurd situation of apologizing for his work before he begins; he admits that he cannot match the original because it is irreducible, unique, unrepeatable. Then he "immediately sets about translating it, as if all were really possible: *that's* comic!" (33). Another long-time translator, Willard Trask, also believes the task is impossible, adding "that's why I do it" (qtd. in Honig 7).

Critics may invent theories of translation, but the praxis must always be empirical, inductive, *in medias res* : a sport or battle with sudden, constant, often intuitive starts and stops, choices, shifts, changes. Eventually it becomes a question of choosing between approximations. This is especially true of poetry, the most elusive of all genres in translation. The rendering of some scientific prose can already be carried out by computers, but in artistic prose and especially poetry, the original words or signs form the very texture of meaning. In Jakobson's terms, the context or referential function of one language can be transferred to another; but the message itself, what he calls the poetic function of language, cannot. By stressing sounds, rhythms, rhymes —the soft or hard, the tender or harsh— poetry thickens language, drawing attention to itself and away from its referents. This "palpability of signs" can be created in any language with a literary tradition, yet the signs themselves will be different in each.

In many ways all language is translated: originally from the non-verbal realm, then from other words, because each sign and each phrase is rendered in terms of other signs and phrases, as in a dictionary. Octavio Paz says that when a child asks his mother for the meaning of a word, "what he really is asking her is to translate the unknown term into his own language" (Paz 7). To learn speech is thus to translate. There is an aptness in the description of the language requirement by some universities as "Translation and Interpretation"; these represent basic skills or mental functions. When a critic analyzes a text, he translates its signs and meanings into terms of literature, anthropology, psychology, sociology, politics, according to his lights or his method. Both translation and criticism can be seen as strategies of *reading* as well as writing, since "no one is likely to read a foreign text as obsessively as a translator, for whom every word is a confrontation and every choice, a visible commitment" (Belitt 10). And when a teacher explains a text, he translates its signs and meanings into a language that can be understood by his students.

Translation in this wider sense is a necessary operation of the mind. In the narrower sense of rendering a literary text from one language to another, it is a necessary part of what George Steiner calls the adventure of literacy. A long time ago Victor Hugo realized that to translate a foreign poet is to enrich our own national literatures. This has become especially true in modern America, where our writers, like our population, are less versed in foreign tongues and literatures than ever before. Unlike Eliot or Pound, they may not be able to go to the original Greek, Latin, French, Italian or Icelandic to read other poets. And the Hispanic world may have replaced France as the major outside influence on the contemporary American lyric. English translations of Lorca and Neruda, for example, have had a powerful impact on our literature. An English version of *Poeta en Nueva York* may have been the "swinger that set Ginsberg off and then lit up the whole western seaboard like a switchboard" (Belitt 25).[1] The translator enlivens his own language and literature. Rather than the old *traduttore-traditore*, we can proclaim "translation-trampoline" (Belitt).

Translation at its best is a literary act, a metamorphosis of the original. As Barthes has said, the material of literature, human feelings in themselves, are banal and typical: I desire, suffer, become angry, struggle, love, want to be loved, am afraid of dying. All that is left to the writer is a task of variation: "there are never creators, only combiners" (Barthes 14).[2] Like the writer, the translator is a combiner, a mediator. He too must be a creator, for to translate an imaginative work unimaginatively would be fruitless.

While the translator changes one language into another, he must carry out an equally difficult task of cultural or social transposition. Spanish, for example, has no exact equivalent of the generic English words *nut* and *brown*. A translator who renders these into Spanish must reorganize nature and the perception of color by choosing a particular kind of nut or hue of brown. In the case of color, his choice could range from a dark chocolate, coffee or chestnut-brown to a light tan or beige. Neither language is superior to the other; one is simply more generic, the other concrete. This kind of situation, the translator's dilemma, can work to the teacher's advantage, because it allows him to reveal a new culture as well as a foreign literature to his students.

If there is no science of translation, much less is there a science of teaching literature in translation. Assuming a command of the subject matter, good teaching must also be largely pragmatic, spontaneous, intuitive. Like translation, it calls upon all of our resources and cunning, demanding instantaneous choices and changes according to the text, the students, perhaps even the weather or the time of day or year. In the absence of a coherent theory of teaching translations, I would like to suggest some strategies which have grown out of the rag-and-bone-shop of the classroom.

First, it is good practice to use a bilingual text whenever the teacher has some familiarity with the original language. Some would recommend such texts in any case: Ezra Pound would surely have argued that Chinese poetry be read with the ideograms facing the translation, in order to encourage students to see the poem as a visual as well as an aural object, and to use their imaginations. That was the method used by Pound himself before he studied Chinese.

The purpose of the bilingual text is not to require the student to learn the original language, but to make him fully conscious, each time he opens the book, that he is reading a work conceived in another tongue, with foreign signs and sounds. This may prod his curiosity and his imagination: like the student who was puzzled one day by the phrase "breakwater" (of milk) in a poem by Neruda ("Enigma with a Flower"), and he went to look up the Spanish word (*espolón*) in a dictionary at the library's reference room. Next day he came to class armed with a panoply of definitions. "How can one Spanish word mean so many things in

English?" he asked, quoting Cassell's Dictionary: cock's spur; ridge, crag of a mountain; mole, breakwater, jetty, groin; spur, buttress; ram of a man-of-war; beak of a galley; fenderbeam; public walk; chilblain on the heel. I do not know if the student understood the poem any better, but without realizing it, he had discovered, for himself and his classmates, the ambiguity, polyvalence and richness of poetic signs. He had also opened a window on the terrible freedom of art. Teaching literature in translation, like translating itself, allows us to approach the act of creation. The fact that one word and not another was chosen in the translation may lead us to wonder, "Why that word in the original then?" So we draw nearer to literary creation at its very heart, the archetypal act of creation: words out of nothing.

Although a bilingual text should be used whenever possible, only the translation must be taught —not the original. If there are questions about the original, let them come from the student, rather than the teacher. Students do not need professors telling them how much they are missing by being ignorant of the original. But if they inquire about a particular word, phrase or line, then the teacher may exploit the situation if he can awaken their curiosity and improve their understanding, as long as he remembers that he is not teaching the original work. Every translation has an autonomous character of its own. When he was an ambitious assistant professor, a colleague of mind used to overprepare his class on Spanish literature by reading Galdos' *Fortunata and Jacinta* in the original. He soon realized that in many ways he was teaching a different work than the one his students were reading in translation. The French-American author Julien Green, probably the most striking example of bilingualism in contemporary literature, believes it is not even possible to think or feel the same things in different languages, much less write them down and translate them (Siguan, 1-2).

Finally, a few words about selecting works for a literature course in translation. Most students in such courses are undergraduates; many are in their first years of college; some are taking their first literature class at any level, and some their last. Thus courses in translation often resemble an introduction to literature: what is it; what is a novel, play, poem; how do you read a text; what is the vocabulary of literary analysis; how do you express your reactions to a book? Students at this level may be unprepared to deal with the iconoclasm of a play by Arrabal, the nuances of a poem by Quevedo, the skepticism of Borges. I remember a rather sensitive young woman who asked me, after two weeks of reading *Labyrinths*, "Do Borges' stories ever have a happy ending?" Suddenly I realized that the students had been reading the Argentine writer in a far different way than I had been teaching him: they were taking his stories as literally and as seriously as they would a popular novel or melodrama, not as verbal and imaginative games —man slipping on the banana peels of the mind. Borges may be one of the great prose stylists of the 20th century, but he is not the best fare for adolescents or beginning students of literature.

One recalls the extreme cases of the youth who committed suicide after reading Camus' *Stranger,* or the boy found dead with a book opened to a poem by Neruda. I do not mean to imply that students should be offered pabulum, the world-view of Candide or *The Power of Positive Thinking.* I do mean that a teacher has the responsibility for choosing the best texts available that will lead the individual gradually and confidently into the world of creation and into his own future. Texts should be chosen for the existential and learning needs of students, not for the research preferences of scholars. If their interests overlap with ours, so much the better; this occurs less often than we would like to admit.

The paradox of translation is that it suppresses the differences between languages on the one hand, while revealing those differences more profoundly on the other. We become aware that our neighbors, close or far away in space or time, think and talk in their own way. In a monolingual and often monolithic America, this awareness may be as vital as any other. Translation builds a bridge toward a shared humanity without destroying the wonderful plurality of life and cultures. It asks us for large-mindedness and curiosity: for what Kierkegaard called the "infinite interest in realities not one's own."

Notes

1. Belitt was less sure about this in his later interview with Honig (*The Poet's Other Voice* 65).
2. The translation is mine.

Works Cited

Barthes, Roland. *Essais Critiques.* Paris: Seuil, 1964.

Belitt, Ben. *Adam's Dream. A Preface to Translation.* New York: Grove Press, 1978.

Honig, Edwin. *The Poet's Other Voice. Conversations on Literary Translation.* Amherst: U of Massachusetts P, 1985.

Paz, Octavio. *Traducción: literatura y literalidad.* Barcelona: Tusquets, 1971.

Savory, Thedore H. *The Art of Translation.* London: Jonathan Cape, 1958.

Siguan, Miguel, rev. *Le langage et son double / The Language and its Shadow.* Paris: Seuil, 1988. *Saber Leer.* February 1989. 1-2.

En torno a la adjetivación violenta en Garcilaso

José Luis Suárez García
University of Illinois at Urbana-Champaign

> No me podrán quitar el dolorido
> sentir si ya del todo
> primero no me quitan el sentido.
>
> (*Egl. I* 349-51)

Los griegos llamaban "ἐπίθετον" a lo que se añadía a ciertas categorías gramaticales, como el nombre o el verbo, con el fin de matizar, exponer o aclarar algún aspecto de las mismas; hacía las funciones como de otra categoría gramatical. Su origen se encuentra en el verbo griego "ἐπιτίθημι" 'añadir'. La forma griega pasó a Roma bien como traducción directa, *epitheton*, o mediante diversas traducciones —*appositum, accidens, adiectio, superpositum, supranomen*— que caen bajo la fuerza de la continuidad del término primitivo "epitheton". En la época medieval triunfa la forma latina *adiectivum* (derivada del participio *adiectus*, de *adicere*, 'añadir') como traducción definitiva del griego "ἐπίθετον". Como afirma Gonzalo Sobejano (15-20), este tecnicismo gramatical es heredado por todas las lenguas románicas.

En su vuelta al mundo grecolatino, el Renacimiento nuevamente recuerda la forma primitiva que a su vez convive con la ya creada "adjetivo". La actitud pedagógica estricta y determinada en la que el maestro interpreta y el discípulo se realiza como ente pasivo, perece en función de la búsqueda de una interpretación particular e individual. Este es el momento en que encontramos una poesía anhelante y asimiladora de estética. El poeta deja de ser mero oyente y participa interpretando. Dicha interpretación aparece en forma de imitación de los clásicos o es ideal. En este proceso imitador o interpretativo se encuentra Garcilaso de la Vega, el "divino", según le llama Lope de Vega,[1] o referido como "príncipe de los poetas castellanos" por Francisco de Medina (103) y otros.

¿Qué hay en los versos del joven poeta que hacen de él casi un ser inmortal? Para Fernando de Herrera "Garci Lasso es dulce y grave",[2] y Enrique Duarte dice de forma semejante que "la dulçura i claridad de los Versos de Garcilasso i aquella gravedad casi divina, que resplandece en sus obras, arrebata los ánimos de quien las leê ..." (24).

La poesía de Garcilaso es muestra de los amores y tensiones del poeta y sus viajes, pura coincidencia o tal vez "destino". En Granada: Boscán; en Nápoles, Italia: los clásicos, la inspiración y la forma. La guerra, de otro lado, representa otra vertiente vital de Garcilaso. Como dice Curtius: "En ningún lugar y en ninguna época se ha realizado con tanto esplendor la fusión de la vida artística con la vida guerrera como en la España del Siglo de Oro. Baste recordar a Garcilaso, a Cervantes, a Lope, a Calderón; todos ellos fueron poetas que a la vez prestaron servicios militares" (257).

Mencionaremos un cambio producido en la poesía de Garcilaso de grandes consecuencias, tema del cual ya se ha ocupado la crítica. ¿Cómo se percibe dicho cambio? Concha Zardoya (221-37), siguiendo la cronología de los poemas garcilasianos dada por Lapesa,[3] nos recuerda la ausencia del color en las canciones escritas anteriormente a 1531. Efectivamente, no es hasta 1528, año en que Garcilaso comienza a trazar sus versos al "itálico modo" y a aceptar la influencia de Petrarca. A partir de esta última fecha, y hasta 1531, Garcilaso está modelando un mundo nuevo, lleno de suaves sensaciones que romperían con los cancioneros castellanos. Sin embargo, aunque no pareciere cierto, la huella medieval sigue latiendo en el poeta. Como dice Otis H. Green, lo que ocurre es que: "Ni en Boscán ni en Garcilaso elimina lo nuevo automáticamente a lo viejo. Pero lo nuevo brilla con ese resplandor especial que siempre se ha asociado con el nombre de Garcilaso; y en eso su gran maestro fue Petrarca" (173).

Sharon Ghertman, por su parte, da un valor fundamental al "epíteto" (refiriéndose, entre otros casos, a la Egloga I), difiriendo en algunos puntos con la interpretación de Lapesa, quien prefiere analizar comparativamente antecedentes textuales y no se centra en la posición contextual de Garcilaso. Ghertman considera lingüísticamente el problema frente a Lapesa, que lo hace tomando la obra en conjunto para analizarla en función de su evolución según los valores significantes del proceso acumulativo de la tensión y sentimientos del poeta.

En su interpretación del adjetivo-epíteto, Lapesa comienza hablando de la influencia de Sannazaro y la adjetivación procedente del claro conocimiento de *La Arcadia* y los modelos clásicos. Vittore Bocchetta profundiza más en el tema. No cabe duda de la influencia de Virgilio, de cuyos versos también se enamoró Sannazaro. Sin embargo, el Tajo tan amado y presentado lleno de sensuales adjetivos no parece venir de Virgilio que, aunque rico en elementos de la naturaleza (recuerda Boccheta las colinas, prados, árboles y frutas, ovejas, etc.), prescinde de elementos acuáticos.

Garcilaso no olvida a los clásicos en ningún momento; simplemente otros aspectos complementan su visión de la antigüedad. Además, la observación del color y el mito son menos fuertes en los poetas cristianos que en los clásicos poetas paganos. Los primeros, según su nueva forma de concebir, han transformado la esencia colorística en "una simple y sugestiva soledad de un paisaje apacible". Sigue Boccheta contrastando el valor del adjetivo en Garcilaso, afirmando que lo que tiene de superior Garcilaso, lo que "le coloca a un nivel artístico más alto que el de Sannazaro es la sobriedad en el uso de los adjetivos, el evitar latinismos demasiado evidentes, la moderación en las hipérboles; mesura que da al poeta español la verdadera idiosincrasia renacentista" (47-48).

Tras la influencia de Sannazaro, continúa Lapesa subrayando la ausencia de adjetivos-epítetos en los poemas anteriores a 1533 pues "es poco amigo del remansamiento que lleva en sí el adjetivo". Más tarde, tras el descubrimiento de Nápoles, parece comenzar la exaltación adjetivadora.

> Cuando por efecto de las influencias literarias empieza a describir el mundo exterior, la adjetivación se hace imprescindible y aparecen las calificaciones representativas de una visión hostil o amable de la naturaleza. Pero el empleo constante del epíteto sólo comienza en Nápoles, al tiempo que el poeta exterioriza su fe en la perfección natural ..., cultiva la poesía bucólica, experimenta la influencia de Sannazaro e intensifica la imitación de los clásicos. (Lapesa 91)

Margot Arce de Vázquez también presenta algunas notas referentes al adjetivo, al que llama "placer de los sentidos". En una visión casi virgiliana o, si se quiere, garcilasiana apunta:

> No hay matiz; en cambio precisión, propiedad, sensaciones justas. Lo modificado se perfila, se hace nítido, se empapa de ambiente luminoso. En la poesía de Garcilaso el adjetivo subraya siempre aquello que quiere subrayar: jamás desvirtúa la intención del poeta sino que la suscribe ahincadamente. Abundan los adjetivos de color y sonido y aquéllos que sugieren mansedumbre y claridad. El estímulo que suscitan va derecho a los sentidos, los halaga con sensaciones suaves y dulces, pero eficaces. Cierto que la gama sensorial es limitada, porque hay un deseo previo de evitar lo excesivo. Así el color, se reduce a lo blanco, lo verde, lo dorado; el sonido no se aparta de la suavidad o la dulzura, el tacto sólo percibe blanduras o delicadezas. Sobre todo se cierne una atmósfera quieta y silenciosa y llena de luz radiante. (170)

Hemos querido presentar esta extensa cita porque, cuando se analiza la poética de Garcilaso, con frecuencia surgen esos calificativos extraídos de los propios versos garcilasianos. Queremos también puntualizar que, aunque estamos de acuerdo con estas observaciones, nos parecen algo incompletas y conviene aclarar y añadir matizaciones personales.

En efecto, los versos de Garcilaso, sobre todo de la segunda época, están llenos de sensuales y colorísticos adjetivos. Sin embargo, en muchas ocasiones aparecen adjetivos cargados de agresividad y violencia. Epítetos de una tremenda tensión que ya aparecían en sus primeros poemas y que no desaparecen (recuérdese, por ejemplo, la influencia de los juegos cancioneriles presentes incluso en las églogas). De ahí que comenzáramos con esos conocidos versos en los que aparece uno de dichos juegos [*quitar / sentir; quitan / sentido*] donde se encuentra uno de esos graves adjetivos (dolorido), a pesar del cambio de actitud ante el mundo percibido. Elementos éstos que también pueden observarse en la dureza de una serie de adjetivos[4] presentes en la obra y no siempre recordados como una parte fundamental en el sentir de Garcilaso:[5]

amargo (3 masculino [m.] singular [s.], 2 femenino [f.] s.)
   la dulce compañía *amarga* y dura, [son. 17. v. 7]
   En otros casos: ... *amarga* memoria ... [son. 19 v. 11]; ... *amargo* fin ... [égl. 1 v. 287]; ... fin *amargo*, [égl. 2 v. 666]

áspero (8 m. s., 3 f. s. 1 m. plural [p], 1 f. p.)
en *áspero* rigor y en gran tormento [son. 31 v. 7]
También: ... *áspera* mudança [son. 4 v. 5]; d'*áspera* corteza ... [son. 13 v. 5]; ...
áspera estrecheza ... [égl. 3 v. 202]; ... *áspero* camino ... [can. 4 v. 20; ele. 1 v.
273; égl. 3 v. 155] ... *áspero* caballo ... [can. 5 v. 37]; ... *áspero* enemigo ... [égl. 2
v. 1659]

duro (16 m. s., 13 f. s., 4 m. s.)
la dulce compañía amarga y *dura*, [son. 17 v. 7]
en la fría, desierta y *dura* tierra. [égl. 1 v. 281]
Además: ... *dura* guerra, [son. 16 v. 10]; ... *dura* vida [son. 20 v. 13]; ... *dura* tierra; [can. 5 v. 62]; ... piedra *dura* ..., ... *dura* suerte ..., ... *dura* mano; [can. 5 v.
92; son. 30 v. 4]; ... *duro* campo ... [son. 17 v. 8]; ... *duro* encuentro. [son. 22 v.
6]; ... *duro* mármol ... [can. 5 v. 97]; ... *duro* afán ... [ele. 2 v. 35]; ... *duro* labrador ... [égl. 1 v. 326]; ... *duro* trance ... [égl. 1 v. 371]; ... *duro* suelo, [égl. 2 v.
874; égl. 2 v. 1253] ... *duro* officio, [égl. 2 v. 1228]; ... *duro* movimiento ... [égl. 2
v. 1612]; ... *duros* vientos [son. 20 v. 2]

fiero (19 m.s., 10 f.s., 5 f.p., 2 m.p.)
¡O crudo, o riguroso, o *fiero* Marte! [ele. 2 v. 94]
del puerco javalí, cerdoso y *fiero*, [égl. 2 v. 192]
qu'el javalí cerdoso y *fiero* mira; [égl. 2 v. 1667]
los *fieros* tigres y peñascosos fríos; [son. 15 v. 6]
que viendo la herida abierta y *fiera*, [égl. 3 v. 187]
por las *fieras* y estrañas cuchilladas [égl. 2 v. 1247]
En otros casos tenemos: ... *fiero* rüydo ... [son. 16 v. 6]; ... *fiero* ardor... [can. 4 v.
143]; ... *fiero* cuello ... [can. 5 v. 19]; ... *fiero* marte; [égl. 1 v. 14]; ... *fiero* destino
... [égl. 2 v. 169]; ... dolor acerbo y *fiero* [égl. 2 v. 679] ... *fiero* moço [égl. 2 v.
1239]; ... semblante *fiero* ... [égl. 2 v. 1383]; ... turco *fiero* [égl. 2 v. 1742]; ... *fiera*
lucha... [égl. 2 v. 293]; ... batalla *fiera* ... [égl. 2 v. 1389]; ... *fiera* madre, [son. 31
v. 13]; ... *fieras* naciones [can. 3 v. 54] ... *fieras* cavernas ... [égl. 2 v. 633]; ... *fieras* alimañas, [can. 5 v. 8]

grave (23 s., 3 p.)
estable, *grave* y firme es el tormento, [can. 4 v. 164]
... *grave* hierro. [can. 4 v. 86]; ... *grave* dolor ... [can 4 v. 115; son. 10 v. 8]; ...
grave caso ... [ele. 1 v. 1; égl. 2 v. 112]; ... *grave* yugo ... [son. 34 v. 2]; ... *grave*
pena [ele. 2 v. 35; egl. 2 v. 696; égl. 3 v. 243]; ... *grave* carga [ele. 2 v. 170]; ...
grave mal ... [ele. 2 v. 126; égl. 1 v. 246; égl. 2 v. 119]; ... *grave* sentimiento [égl.
1 v. 228]; ... *grave* pensamiento, [égl. 2 v. 460]; ... *graves* peligros ... [can. 4 v.
26]; ... *graves* daños ... [égl. 2 v. 1197]

horrible (1)
para espantarme de la *horrible* historia. [égl. 2 v. 154]

loco (14)
loco, imposible, vano temeroso, [son. 12 v. 2]
el *loco* atrevimiento, el justo pago. [égl. 2 v. 1241]
así a mi enfermo y *loco* pensamiento, [son. 14 v. 9]
para aquel terrible furor *loco* [égl. 2 v. 1583]
y de mi *loco* error el desconsuelo [égl. 2 v. 489]

miserable (9 s., 1 p.)

 y agora es pobre, *miserable* y falto; [égl. 2 v. 109]

 de un cuerpo *miserable* y afligido! [égl. 2 v. 568]

 ... *miserable* 'stado ... [son. 13 v. 12]; ... *miserable* amante ... [can. 5 v. 30];

 ... fruto *miserable*. [égl. 1 v. 309]

 muerto (11 m.s., 7 f.s., 1 f.s.)

 muerta cansada, el cuerpo reclinava! [ele. 1 v. 57]

 mas con la lengua *muerta* y fria en la boca [égl. 3 v. 11]

 Y aumenta la violencia en:

 ... cuerpo *muerto* ... [can. 5 v. 74]; ... esperança *muerta* [son. 22 v. 12]

 ... nympha *muerta* ... [égl. 3 v. 224; égl. 3 v. 262] ... carnes *muertas* ... [égl. 2 v. 1031]

 tenebrosa (5 f.s.)

 tornar clara la noche *tenebrosa* [can. 4 v. 62]

 ciego, sin lumbre, en cárcel *tenebrosa*. [égl. 1 v. 295]

 aquella noche *tenebrosa*, escura, [égl. 1 v. 367]

 y *tenebrosa* noche al claro día, [ele. 1 v. 231]

 terrible (6)

 Si no tuvieras condición *terrible*. [égl. 1 v. 186]

 para aquel *terrible* furor loco [égl. 2 v. 1583]

 ¡O çelos de amor, *terrible* freno, [son. 39 v. 1]

 degollada[6]

 estava entre las yervas *degollada* [égl. 3 v. 230]

Otros muchos adjetivos de este tipo se podrían analizar con más profundidad, éste es el caso de *corrompido* (1 [égl. 3 v. 347]; *dolorido* (2 m.s. [ele. 1 v. 215; égl. 1 v. 349] 1 f. s. [égl. 3 v. 186]) *dolorosa* (1 [égl. 3 v. 128]); *endurecido* (2 [son. 15 v. 11; ele. 2 v. 96]); *furioso* (2 m.s. [son. 29 v. 4; égl. 2 v. 1009]); *peligrosa* (1 s. [égl. 2 v. 1552]; 2 p. [son. 16 v. 5; can. 4 v. 9]); *sufrido* (égl. 2 v. 905) etc., que contrastan fuertemente con el mundo que presentan los otros muchos que son utilizados en un sin fin de ocasiones, siempre con exquisita elegancia. Nos referimos, claro está, a los blancos (14 m. s., 12 f. s., 3 m. p., 3 f. p.), verdes (27 s., 8 p.), hermosos (8 m. s., 18 f. s., 1 m. p., 7 f. p.), suaves (7 s.), llanos (9 m. s., 1 f. p.), claros (23 m. s., 30 f. s., 6 m. p., 4 f. p.), dulces (46 s., 6 p.), tristes (32 s., 7 p.), puros (14 m. s., 21 f. s., 1 f. p.), ardientes (17 s. 1 p.), altos (11 m. s., 10 f. s., 4 m. p., 2 f. p.), largos (10 m. s., 4 f. s., 1 f. p.), etc., que aparecen en toda la poesía garcilasiana, sobre todo, tras aquellos afortunados descubrimientos a los que hacíamos referencia.

Cierto es que en alguna ocasión nuestro análisis pudiera no tener base empírica pues, como dice Alberto Blecua, no podemos estar seguros de la medida en que Boscán corrigió el texto de Garcilaso (179). Sin embargo, esto sólo sería aplicable a ciertos casos en los que realmente interpretamos elementos ajenos al propio poeta como suyos. No obstante, si tenemos en cuenta la obra como conjunto, se puede observar la evolución de la poética de Garcilaso y establecer las posibles directrices de su pensamiento.

No cabe duda, pues, de la importancia de esta categoría gramatical en Garcilaso. Es un hecho que ya ha apuntado la crítica pero que conviene reconsiderar. Si el amor y la expresión de la naturaleza son los temas fundamentales en Garcilaso, los adjetivos que expresan esos sentimientos y esa visión no pueden faltar. Efectivamente están presentes, sobre todo cuando Garcilaso se asoma a Italia, los clásicos y su musa. En algunas ocasiones se podría pensar que aparecen en demasía.[7] Pero en realidad no sobrecargan la lectura, sino que, por el contrario, la aclaran y la pintan a modo de un gran fresco donde la claridad, los colores y los sentimientos hablan.

El adjetivo es empleado con precisión. Las sensaciones se presentan de una manera justa. Se expresa sólo aquello que se quiere expresar, se complementa sólo aquello que se quiere complementar. La luminosidad y el sonido son elementos tratados mediantes claros tonos y dulces armónicos. Sin embargo, aunque el ideal de armonía es una obsesión, Garcilaso vive momentos de una tremenda tensión. El poeta percibe entonces un mundo diferente al pasado y al futuro. A veces el momento acontece en una secuencia del verso[8] ("la bella nympha muerta señalasse" [v. 262]). Otras, ocupa todo el verso ("que del funesto y triste caso avía" [v. 236]; "mas con la lengua muerta y fria en la boca" [v. 11]). También lo hace en una secuencia del poema/octava (a) o quizá el poema entero (b), hasta que la tensión vuelve a su curso normal.[9]

(a) Tras esto, el puerco allí se via *herido*
     d'aquel mancebo, por su mal *valiente,*
     y el moço en tierra estava ya *tendido,*
     abierto el pecho del *ravioso* diente,   vv. 177-180

(b) Adonis éste se mostraba que'ra,
     según se muestra Venus *dolorida,*
     que viendo la herida *abierta* y *fiera,*
     sobre'l estava casi *amortecida;*
     boca con boca coge la *postrera*
     parte del ayre que solia dar vida
     al cuerpo por quien ella en este suelo
     aborrecido tuvo al *alto* cielo.   vv. 185-192.

Esos momentos sumamente importantes para Garcilaso no deben ser olvidados ni descuidados en un intento de comprensión de toda su obra. Se trata de una forma o "maniera" especial de ver el universo. En ese hipérbaton[10] se encuentra muchas veces parte de las raíces de un manierismo que lucha por su presencia. Es destacable como en Garcilaso, un escritor puramente renacentista, ya encontramos un cierto precedente de los cambios literarios producidos en la Edad de Oro de nuestra literatura. Es curioso notar, no cabe duda, como en Garcilaso, pionero en la sinceridad de la sensación amorosa, no todo es bucólico y sensorial. El destino y los sentimientos negados provocan, a veces, versos agresivos, cargados de energía y en muchas ocasiones de violencia, que indican ya la desintegración manierista que apunta hacia Fray Luis de León y San Juan de la Cruz, para desarrollarse en Herrera y culminar en el barroquismo de Góngora.

Notas

1. Félix Lope de Vega, *La Arcadia* (Madrid, 1598), ed. Edwin S. Morby (Madrid: Castalia, 1975) 425-26. También Cervantes, entre otros, le inmortaliza en el *Quijote*, II, 58, ed. Luis A. Murillo (Madrid: Castalia, 1987) 477.

2. *Comentarios de Fernando de Herrera* (Sevilla, 1580), en Antonio Gallego Morell, *Garcilaso de la Vega y sus comentaristas* (Madrid: Gredos, 1972) 314-15. Herrera recuerda que la mezcla "dulce" y "grave" es estimada por Cicerón como muy difícil y "con la puridad de las voces resplandece en esta parte la blandura de sus sentimientos porque es muy afectuoso y suave" (315).

3. Rafael Lapesa, *La trayectoria poética de Garcilaso*, ed. corregida y aumentada (Madrid: Istmo, 1985) 13. Esta última edición del libro de Lapesa (en portada bajo el título de *Garcilaso: Estudios completos*) es la que hoy se debe tener en cuenta por sus nuevas correcciones y valiosos apéndices.

4. Utilizamos la edición crítica de Elias L. Rivers, *Garcilaso de la Vega. Obra completa con comentarios* (Madrid: Castalia, 1974). Para el dato estadístico seguimos a Edward Sarmiento. *Concordancias de las obras poéticas en castellano de Garcilaso de la Vega* (Madrid: Castalia, 1970).

5. Presentamos algunos ejemplos. En primer lugar se citan algunos versos que consideramos relevantes para nuestro propósito. Seguidamente aparecen otros ejemplos del adjetivo con su sustantivo correspondiente. También se presenta el verso donde encontramos dicho adjetivo, y se mantiene la puntuación excepto cuando la secuencia adj. + sus. (sus. + adj.) se halla en medio de verso que se indica mediante puntos suspensivos.

6. Este último participio-adjetivo ha provocado toda una polémica sobre su significado. Tanto si interpretamos con Herrera "dessangrada", con el Brocense "[y] igualada", o si aceptamos "degollada", no cabe duda de la violencia de los tres adjetivos. La elección de uno u otro afectará, pues, a matices de mayor o menor agresividad de los términos que ya intrínsecamente poseen una gran fuerza. Para un mayor detalle en el asunto puede consultarse toda la controversia presentada por Rivers (pp. 441-42) donde también se mencionan los estudios más representativos al respecto. Véase también el libro de Lapesa, especialmente los apéndices. No cabe duda, pues, que hemos de elegir "degollada"; en primer lugar por las lógicas razones aludidas por la crítica para la aceptación del término y en segundo lugar porque si tal energía había brotado con fuerte insistencia en otros muchos versos, ¿por qué no habría de ser posible una vez más?

7. Juan de la Cueva, *Ejemplar poético* (1606), Ep. II, critica el exceso en la adjetivación, aunque también aparece favorable a su justo uso (TP1 302 y 307). Herrera, por su parte, se refiere a la antigüedad para indicar su parecer (en Gallego Morell 392), y también Cristóbal de Mesa, *Compendio Del Arte Poética* (Madrid, 1607) presenta la necesidad de que el epíteto aparezca en su justo momento, en Margarete Newels, *Los géneros dramáticos en las Poéticas del siglo de Oro*, trad. Amadeo Solé-Leris (London: Tamesis, 1974) 168.

8. Los ejemplos presentados han sido seleccionados de la Egloga 3, por ser la última composición de Garcilaso (1536), donde se recoge todo el sentir de la poética de los escritos anteriores y porque se puede ver en un mismo texto cómo se han incluido cuidadosamente esos momentos de violencia y tensión. Esos momentos en los que mejor que nunca, y con un vocabulario elegante, encontramos a un Garcilaso sumamente inquieto.

9. Esta octava (24) la violencia se resuelve al final en un adjetivo suave (*alto cielo*), para entrar en la siguiente en la que todos los adjetivos son del mundo apacible (*blanca, passados, sotil, claro, celebrada, felice*). Notemos que son seis los adjetivos a tener en cuenta. Más adelante en la octava 27 (también llena de adjetivos apacibles [*sublime, sembrada, illustre, clara, adornada, agradable, altas*]) vemos claramente que se resuelve en el mismo adjetivo (*altas ruedas*) que esa estrofa violenta (24) a la que hacíamos referencia.

10. El hipérbaton de la época posterior a Garcilaso (como muy bien analiza, entre otros, Dámaso Alonso) debe ser estudiado también en el joven poeta toledano, pues encierra, junto con la significación de los términos, los inicios y brotes de un cambio de perspectivas de atracción poética. Este es una de las armas de batalla usadas, sobre todo, en el siglo XVII por los defensores de la claridad. En este siglo de gran erudición los defensores de una u otra postura se atacan mutuamente utilizando diferentes interpretaciones acerca del hipérbaton. Los que defienden dicha claridad (Lope y partidarios, sobre todo, de la escuela sevillana) son conscientes de su necesidad y uso y por tanto se valen de él como una forma del estilo elegante que predican. Lo que critican es su abuso. Los defensores de la oscuridad (sobre todo culteranos) en su defensa argumentan que, si se pretende ver en el hipérbaton un principio de negatividad de una poesía aparentemente incomprensible, se valen del ataque de los mismos poetas que usaban de esta figura (a la que ellos mismos critican, es decir, Herrera, Lope, su discípulo Jáuregui ...) y toman como modelo, muchas veces, al mismo Garcilaso. Este es el caso de Pedro Díaz de Rivas en su *Discursos apologéticos por el estilo del Polifemo y Soledades* (1624). Tras citar algunos versos de Garcilaso en los que aparece el hipérbaton, añade: "Lo mismo hizo en otros lugares. Estos truecos de dicciones no son violentos a la lengua española, sino muy naturales; y si lo son, culparse debe Garcilaso" (TP2 149).

Obras citadas

Arce de Vázquez, Margot. *Garcilaso de la Vega.* 1ª Ed. 1930. Reimpresión, Barcelona: UPREX, 1975.

Blecua, Alberto. *En el texto de Garcilaso.* Madrid: Insula, 1970.

Bochetta, Vittore. *Sannazaro en Garcilaso.* Madrid: Gredos, 1976.

Curtius, Ernst Robert. *Literatura europea y Edad Media Latina* I. Trad. M. Frenk Alatorre y Antonio Alatorre. 4ª reimpresión. Madrid: Fondo de Cultura Económica, 1984.

Díaz de Rivas. *Discursos apologéticos por el estilo del Polifemo y Soledades* (1624). Alberto Porqueras Mayo. *La Teoría poética en el Manierismo y el Barroco españoles.* Barcelona: Puvill, 1989. (TP2)

Duarte, Enrique. *Versos de Fernando de Herrera.* Sevilla, 1619. Ed. José Manuel Blecua. *Fernando de Herrera. Obra Poética* II. Madrid: Anejos del BRAE, 1975.

Ghertman, Sharon. *Petrarch and Garcilaso. A Linguistic Approach to Style.* London: Tamesis, 1975.

Green, Otis H. *España y la tradición occidental* I. Madrid: Gredos, 1969.

Medina, Francisco de. Prólogo. *Obras de Garcilaso de la Vega con anotaciones de Fernando de Herrera.* Sevilla, 1580. A. Porqueras Mayo. *La Teoría poética en el Renacimiento y Manierismo españoles.* Barcelona: Puvill, 1986. (TP1)

Sobejano, Gonzalo. *El epíteto en la lírica española.* Madrid: Gredos, 1970.

Zardoya, Concha. "Valores cromáticos en la poesía de Garcilaso". *Cuadernos Americanos* 19.3 (1960): 221-37.

El *Libro de buen amor:*
corteza y meollo

Antonio Torres-Alcalá
Memphis State University

Si tuviésemos que encontrarle una figura alegórica a la obra del Arcipreste, la de *camino* parece tan apropiada como otra cualquiera que ofrezca la impresión de horizonte, cuya lejanía es siempre relativa a la medida del deambular. En ese largo camino del "buen amor" no se alcanza la meta porque ésta es el camino mismo, y la crítica que ha intentado llegar al horizonte se ha encontrado siempre con la paradoja que hay que volver a empezar. Me imagino la socarrona sonrisa que bailaría en los ojos y afloraría en labios del Arcipreste frente a esta tenacidad nuestra por llegar a ese horizonte eternamente cambiante del "buen amor". Una cosa es de momento sostenible y es que, si desechamos la idea de camino por interminable, también tenemos que desechar las sugeridas por el Arcipreste: la de "músico instrumento" por su multiplicidad de sonidos o la de "escritura" por la de interpretaciones ... y, sin embargo, todas estas alegorías encajan en un texto cuyo recurso estilístico más notable es la ambigüedad de su polisemia y cuyo énfasis en interpretación es una constante desde el prólogo al epílogo. Resulta irónico, por lo tanto, y extraña que la crítica use, de tanto en tanto, frases tan retóricas como "the case of free will was clearly stated by ..." o que tal autor "has declared unequivocally that ..." o "our attempt to arrive at some *definite* conclusions ...",[1] lo cual, si justifica nuestro quehacer humanista, contradice la realidad de una crítica que invariablemente cambia de generación en generación, a menos que de tales afirmaciones desaparezcan adverbios como *clearly* y *unequivocally* y adjetivos como *definite* o similares.

Si la ambigüedad de nuestra obra, corroborada por la insistencia del autor en declarar "la [su] entençion" y su obsesiva insistencia en que se entiendan "bien mis dichos" y se piense "la sentençia", ha planteado serios problemas exegéticos a la crítica, puede ser debido, por lo que vislumbro, a la tendencia de ésta a despejar en términos concretos la *incógnita* planteada por esa patente ambigüedad. Sin embargo, ¿cuál sería el resultado, cabe preguntarse, si se partiese de la premisa de que tal ambigüedad o ambivalencia, si se quiere, es, precisamente, "el meollo" más que "la corteza" del "buen amor"? En tal caso, una lectura modélica de la obra debería, en última instancia, sustanciar la función de tal ambigüedad. Planteo, por lo tanto dos hipótesis: la primera es que la ambigüedad patente en el libro es intencional y es por lo tanto absurdo tomar posturas respecto a una posible finalidad didáctica de moralidad cristiana típica en otras obras contemporáneas, porque ésa no se puede probar, a pesar de su retórica aparentemente convencional, pero paródica, y la segunda que el propósito del autor está implícito en la función misma de tal ambigüedad. Me doy cuenta, por lo tanto, que con estas hipótesis, estoy siguiendo un camino a la inversa: en vez de rastrear la posible monosemia o univocidad de la obvia polisemia y equivocidad textual, sigo el método contrario, sustanciarla en el texto y a partir de ahí dilucidar cuál es su función en el esquema intencional del autor.

Como dice Burke, y con él casi todos los críticos que se han acercado a la obra de Juan Ruiz, dos son los problemas más serios con los que se enfrenta la crítica "The first involves the poet's intentions, whether he was seriously hoping to teach about the 'good love' of Christ or whether he really was presenting no more than a boisterous amalgam of goliardic poems. The second problem concerns the book's apparent lack of structure" (231). Burke, naturalmente, despeja la selva con su tesis de que la unidad del libro se basa en "linguistic associations" o "annominatio" común en otras obras de la Edad Media y que el tema recurrente y central es "the irony of man's existence". Se trata, por lo tanto de despejar esa ambigüedad o, en otras palabras, de despojar al libro de esa covertura, de demostrar que tal ambigüedad no existe o que es sólo aparente, lo cual lógicamente es la labor del crítico. Siguiendo tal pauta, frente al desorientador problema, central a la obra, de la ortodoxia o heterodoxia del Arcipreste respecto al problema del libre albedrío frente al determinismo cósmico y la Providencia, Kinkade, después de un minucioso análisis de escritos contemporáneos al autor, concluye que "it is only possible to assert that the Archpriest was entirely orthodox in his belief in free will ..." (Kinkade 315). Zahareas, siguiendo el estilo del libro que analiza, parece decantarse, aunque vagamente, por la heterodoxia del autor. En fin, es evidente, que cada uno de los críticos que han escudriñado esta obra, han llegado a sus conclusiones, presentadas todas ellas en forma de tesis. Si todos estos estudios son irrefutables, entonces nos encontramos con el siguiente dilema: o solamente la mitad tiene razón, y la otra está errada en sus conclusiones, o todos la tienen, en cuyo caso el único correcto es el Arcipreste de Hita. Es obvio, por consiguiente, que la misma crítica no ha hecho más que confirmar la ambigüedad del texto y que como Deyermond ha apuntado certeramente, según creo, el problema continúa siendo de interpretación (88-91), y que tal interpretación se justifica a sí misma en la misma medida en que hay desacuerdo. No menos obvio es el hecho de que el autor nos deje con el nudo gordiano de sus intenciones, es decir, que quien "lo leyere e lo oyere que guarde bien las tres cosas del alma: lo primero que quiera bien entender e bien juzgar la mi entencion, porque lo fiz, e la sentencia de lo que y dize, e non al son feo de las palabras" (Prólogo 26-30).[2]

Si Juan Ruiz nos invita a descubrir su intención ("porque lo fiz") y apela a la buena voluntad ("que quiera") como requisito para poder "bien entender e bien juzgar" su intención es, precisamente, como él confiesa,

por el "son feo de las palabras". Es, por lo tanto, evidente que la exégesis
es necesaria sobre todo en una obra donde la "sentencia" (es decir el lenguaje figurado) se oculta en un lenguaje cuyo "son" es feo. Tan feo es, de
hecho, que se necesita un acto de voluntad, un raciocinio correcto, es decir, una mente clara ("juzgar") y una ayuda divina ("entender"),[3] para desentrañar "la [su] entención". La mayoría de la crítica ha interpretado este
pasaje con toda la buena voluntad que pide el Arcipreste y lo ha tomado
como premisa heurística y hermenéutica; yo, con una voluntad menos dócil, empiezo a ver en él el primer eslabón de una larga cadena de carcajadas. Tal vez las mismas carcajadas que ya intuía Menéndez Pidal, con la
diferencia que veo algo más detrás de ese humor, al parecer despreocupa-
do, del goliardo Juan Ruiz.

Ese "algo más" dependerá, naturalmente, de la función que la parodia,
la ironía y en último término, la ambigüedad, desempeñen en la intención
siempre declarada y nunca patente del autor. Sin duda el erudito estudio
de Seidenspinner sobre la perspectiva alegórica y paródica en la obra de
Juan Ruiz, ha puesto de manifiesto, según creo entender, entre otras cosas
que "la corteza" (eso lo digo yo) del "buen amor" es precisamente el "meollo"; porque, si, mientras el autor nos alienta a descubrir la "sentencia",
es decir, el lenguaje figurado (procedimiento tan de acuerdo con la retórica vigente) desemboca en el descubrimiento de que, irónicamente, el lenguaje es más literal que figurado, entonces, como se dice en inglés un poco más cortésmente, "the joke is on us". Puesto que la parodia, en la cual
el único héroe es siempre y por definición el lenguaje, ya ha sido ampliamente estudiada, incluso la perdida por falta de representación oral (porque como han apuntado certeramente J.K. Walsh y Deyermond el libro es
para el que "lo leyere e lo oyere" y, sin duda, *lo tañere*),[4] quiero centrarme
aquí, para mayor brevedad, en la función, de la ironía, la sátira y la ambigüedad resultantes. Puesto que las *Artes poetriea* las *Dictandi* y *Rhetoricas*
que se conocían en la Castilla del Arcipreste, y las que éste conocía por
su propia industria y que son corroboradas en su obra, han sido ya estu-
diadas por Faulhaber, Seidenspinner y otros,[5] dos de ellas *De inventione* y
Rhetorica ad Herennium ofrecen una definición de la ambigüedad, o ambivalencia, que encaja perfectamente con el texto del Arcipreste y que éste
tenía que conocer, porque era "locus comunis" en su época en las "exercitationes" de los estudiantes del "trivium".

En *De inventione* se especifica que la controversia sobre un documento
escrito se origina cuando se dan las siguientes ambigüedades: que las palabras no concuerden con la "sententia" (entendida ésta como "intención")
del autor; que haya desacuerdo entre dos o más leyes; que lo escrito tenga dos o más significados; que de la escritura se puedan inferir significados que no están explícitos en el texto y, finalmente, que una palabra sea
equívoca (I, xii, 17).

Es evidente que todos estos modos de ambigüedad se dan en nuestro
texto, siendo esto la única constante sobre la que existe un acuerdo explícito o implícito de la crítica. De los cinco modos de ambigüedad, el

primero, es decir la discordancia entre "palabra" y *sententia* es, a mi modo de ver, el tema primordial del prólogo, porque en él Juan Ruiz contrapone el "son feo de las palabras" al de la "sentencia de lo que y dize" especificando cazurramente que "segu[n]d derecho las palabras sirven a la intención, e non la intención a las palabras". Es obvio, por lo tanto, que la "sentencia de lo que y dize" y las palabras se bifurcan paralelamente desde el inicio del texto sin llegar a encontrarse en el mismo; como también es irónicamente obvio que si el lector u oyente malinterpreta el texto, es por falta de bien entender, de bien juzgar o de bien querer; que se necesita un acto volitivo para ver la sustancia del fenómeno: la intención moralizadora de un texto permeado de falsas pistas, porque, si como demuestra Rico en su reciente estudio (271-97), el Arcipreste cita el esquema aristotélico de la "scala naturae" para quedarse en los escalones inferiores del alma vegetativa y sensitiva, el lector real recorrerá un camino moralizante de perpetua contradicción, mientras el modélico, que también conoce el esquema, verá perfectamente la maliciosa bifurcación de la palabra y la sentencia y cómo el Arcipreste lleva la ironía a un grado superlativo al insinuar que el lector indiscreto habrá "dueñas garridas" en una historia de fracasos amorosos.

El segundo modo de ambigüedad —es decir, el desacuerdo entre dos o más leyes— no es menos patente en el texto, empezando por el autor moralista-personaje que se debate en un constante tira y afloja entre su alma discursiva y sensitiva, entre la ley natural y la divina que le arrastran a la par por caminos distintos; no sin razón, libertad y determinismo tienden una cuerda floja sobre la que la acción y el discurso pierden el equilibrio. Sin duda, de los cuatro modos de ambigüedad, el tercero y cuarto, es decir, la polisemia de la palabra o figuración de lenguaje, constituyen el meollo de la cuestión. En *De Inventione* se especifican aún más los métodos para desentrañar la ambigüedad textual: si las palabras se han de considerar separadamente, o en conjunto, porque no es correcto considerar ambiguo lo que se revela claramente vista la totalidad del contexto, otros escritores y el carácter, peculiaridades y vida del autor (II, xxxix, 116-17). En términos semejantes, la *Rhetorica ad Herennium* considera que se da ambigüedad textual cuando no existe acuerdo entre la palabra y el espíritu, entre texto e intención (I, xi, 19).

Resulta, pues, que la clave del libro consistiría en dilucidar la *sententia*, es decir, la intención del autor que yace bajo la ambigüedad textual, la cual difiere de la intención solamente en la medida en que es utilizada como recurso para un fin. Se apunta aquí, por lo tanto, en una dirección harto peligrosa y en la que es fácil naufragar por lo que puede implicar de subjetivismo, porque nos desplazamos al contexto y a las peculiaridades de carácter del autor, y, como de éste conocemos muy poco, nos tendremos que apoyar en el contexto socio-cultural de la obra y de su autor.

Los estudios de Seidenspinner analizan la estructura alegórico-paródica del libro; los de Rico, la importante premisa de autoridad con que empieza, en que se apoya tal ambigüedad y el contexto que la produce.

Deyermond llama la atención sobre el problema de interpretación, pero cuando se trata de la función de ambigüedad versus intencionalidad se apaga la luz; se apaga, claro, a menos que consideremos, no sin cierta cautela, lo que apunta Fleming en su estudio del *Roman de la rose*, que "the problem of interpreting the *Roman* begins rather than ends with the unveiling of the surface allegory" (6).

En su ya famoso estudio de Rabelais, apunta Bakhtin que: "In the accumulation of his biographical data we lose sight of the portentuous meaning of that time as well as of Rabelais' novel" (438). En nuestro caso, el peligro no proviene de ahí, sino de cerrarnos el horizonte del "buen amor" al no salir del texto, y, aunque las diferentes circunstancias histórico-culturales de ambas obras —una medieval, la otra renacentista— no propicien una asociación de idénticas finalidades, las palabras de Bakhtin no dejan de apuntar un camino, porque Rabelais "while breaking up false seriousness, false historic pathos, he prepared the soil for a new seriousness and for a new historic pathos" (439).

En el mencionado estudio de Rico se expone el contexto del aristotelismo radical, o heterodoxo, prevalente y permeante en el momento cultural de Juan Ruiz. Tan buen estudio no responde, sin embargo —porque en último término no hay respuesta textual— a la pregunta esencial que indudablemente se le ocurre al lector modélico: *¿por qué?* Es decir, ¿por qué esa ambigüedad, que aumenta en la medida que se desconoce el contexto y las manipulaciones "pro domo" de la doctrina aristotélica? Una cita de Empson, creo que es reveladora, "Cardinal Newman found Gibbon ambiguous, we must suppose, because some remarks by the Cardinal imply that he did not know that Gibbon meant to be ironical" (x). Si, como dice Rico, en las manipulaciones del Arcipreste "la chispa del asunto estaba en que el lector instruido ... reconociera al punto la doctrina general de Aristóteles y el concreto, interesado, enfoque que le daba Juan Ruiz" (276) resulta que la ambigüedad se da en la medida que se desconocen tales manipulaciones. De donde, la ambigüedad con el humor resultante disminuirá o aumentará con la disposición y cultura del lector. En último término, sin embargo, "the most obvious irony is a sort of playing at deception" (Empson x), pero es evidente que "decepción" y "ambigüedad" tienen connotaciones distintas, aunque allegadas en su función. Todo depende, por lo tanto del lector, y el modélico de Juan Ruiz es "simile sibi": un clérigo culto, escéptico del sistema de valores imperantes, con una dosis de cinismo frente a su sociedad y con el ingenio suficiente para ver la ironía y la contradicción que permean la obra. La falta de un mensaje concreto lleva inexorablemente a la presencia de un esquema mayor: el conflicto que representan dos leyes inescapables —la divina y la natural— a pesar del esfuerzo tomista de reconciliar la ley de "plenitudo" o entelequia aristotélica con el alma discursiva y creencias teológicas y el escepticismo que lleva al naturalismo doctrinal. Todo ello apunta a una actitud frente a la realidad del hombre sobre la tierra, que en el Arcipreste se resuelve, no sin conflicto, con un positivismo tan patente como implícito. Las citas ortodoxas, tales como aquéllas en que el autor-moralista intenta reconciliar el inexorable determinismo astral (136 bc; 140 bcd; 141-1419) con la supremacía de la Providencia, son esporádicas y apuntan, más que a una ortodoxia, a una afirmación de la tan condenada doble-verdad averroísta,[6] es esto especialmente evidente en el episodio del "nacimiento del fijo del Rey Alcarez" donde, después de asentar con un enxienplo el inescapable determinismo de las estrellas, intenta paliarlo:

> mas como es verdat e non puede fallescer,
> que lo que Dios ordena en cómo·á de ser,
> *segund natural curso*, non se puede estorcer. (136 b-d)

y, como consecuencia, todo lo predicho sucede a la letra. Sin embargo, si sucede "e non se puede estorcer" es porque Dios lo ordena "segund natural curso". Nos encontramos, por lo tanto, frente a dos verdades inalterables y contradictorias hermanadas en una sola estrofa. Dios confirma la inalterabilidad de la ley natural con la inherente contradicción que ello representa para la doctrina de la providencia y la gracia divina, de suerte que, al igual que en el *Roman de la rose*, Juan Ruiz "expanded into a doctrine of plural truths ... with its formalized contradiction and divergent views" (Gunn 479).

Rico ve una nota optimista de ortodoxia en el tema de la muerte, concretamente en el "planto por la muerte de Trotaconventos" donde el terror de la muerte se compensa con la esperanza de la Resurección y de la gloria "do an vida veyendo más gloria quien mas quiso" (1564 b). Precisamente por el inherente aristotelismo radical, resulta difícil aceptar ortodoxamente y sin sospecha este verso donde la gloria se da en la medida que uno ha amado, y eso por la ironía misma de este amor, más aún cuando se sugiere en una estrofa anterior (1553) el postulado que la única salida hipotética de este terror, sería la también aristotélica eternidad del mundo. En mi opinión, es más aceptable que ésta y otras referencias de visos ortodoxos, así como los recursos a la *auctoritas* —según el mismo Rico reconoce en otro lugar— "podían ser óptimo escudo para esquivar responsabilidades" (Rico 27). Juan Ruiz y su personaje son o albergan todas las características, apuntadas ya con frecuencia, del goliardo, como también su lector modélico al que el texto hace frecuentes referencias ("escolares que andan nocharniegos, e para muchos otros por puertas andariegos" —vagantes [1514 bc]). El texto abarca, efectivamente todos los lugares comunes del goliardo: sátira del vino, gula, dinero y lujuria del clero, parodia del amor cortés, de la liturgia, y de las "exercitationes escolares". Su recurso supremo es la ironía que, empezando en el prólogo, permea todo el texto porque incluso la inserción de los gozos marianos en el contexto que le precede y le sigue (a menos que funcionasen como una lección más de "metrificar, e rimar e trobar") resultan chuscos y una forma más de desorientar al lector cándido e incitar al modélico con un humor que nunca es tan sutil como cuando se invoca a las autoridades para vaciarlas de consecuencias.

"Verosímilmente —añade Rico— [Juan Ruiz] no se proponía hacer de su criatura un aristotélico heterodoxo que, por serlo, se inclinaba a la lujuria, sino un lujurioso que quería justificarse filosóficamente" (291). Aunque tal finalidad no esté del todo exenta, yo creo, sin embargo, que, a diferencia del de su congénere europeo que tiende más a lo concreto que a lo abstracto, más a la sátira e invectiva que a la ironía, el esquema de Juan Ruiz es más universal y transcendente, porque en él, por poco que se medite el texto, se percibe plasmado el conflicto existencial de su tiempo. En el fondo, al igual que Jean de Meun, "the poet is expressing here a profoundly serious desire to get at the realities and lay bare the shams of human nature. The "ancient livres" were of service to him in fulfilling his desires: they were, like his use of "scientific" references, a means to achieving a larger purpose ... his own vision of human life" (Gunn 56).

Notas

1. Richard P. Kinkade, "Intellectum tibi dabo ... The Function of Free Will in the *Libro de buen amor*". *BHS* 47 (1970): 299-300. No menos seguro está Colbert I. Nepaulsingh: "Is it creditable that a medieval archpriest would attempt to teach a Christian lesson by describing himself as, and playing the role of, a devil? The answer is a *most emphatic yes*" (*Towards a History of Literary Composition in Medieval Spain* [Toronto, Buffalo, London: U of Toronto P, 1986] 143).

2. Cito por la edición provisional de Alberto Blecua (Barcelona: Planeta, 1983).

3. Kinkade, cita textos contemporáneos donde se echa de ver que la acepción del vocablo ("entendimiento") y del verbo ("entender") tienen entronque teológico: se originan en la gracia divina (302 *et passim*).

4. Cfr. Deyermond, ("The Greeks") y John K. Walsh, "Juan Ruiz and the *mester de clerecía*. Lost Context and Lost Parody in the *Libro de buen amor*", *Romance Philology* 33 (1979): 62-86. También, "Gestures and Voices in the *Libro de buen amor*", Ponencia presentada en Mountain Interstate Foreign Language Conference, Richmond, October 9, 1987.

5. Cfr. Seidenspinner-Núñez, 9-31; Nepaulsingh, 143 *et passim* y "The Rhetorical Structure of the Prologues to the *Libro de buen amor* and the *Celestina*", *BHS* 51 (1974): 325-34; Charles Faulhaber, *Latin Rhetorical Theory in Thirteenth and Fourteenth Century Castile* (Berkeley, Los Angeles, London: U of California P, 1972.

6. No parece consecuente que Rico acepte y desenvuelva la tesis del transfondo aristotélico radical del *Lba* y sin embargo no vea ninguna conexion entre el *Libro* y el "averroísmo" (288, nota 36). Referencias explícitas a esta doctrina de la doble verdad no las hay, es cierto, sin embargo, era parte integrante del aristotelismo heterodoxo. Es difícil rechazar tal posibilidad, cuando toda la ambigüedad del tema del libre albedrío, la providencia y el determinismo tiene en esta doctrina la única plausible explicación, como también el *Roman de la rose*, con el que, Rico mismo reconoce (297), el *Lba* guarda tanta afinidad. Cfr. Alan M.F. Gunn, *The Mirror of Love: A Reinterpretation of The Roman of the Rose* (Lubbock, TX: Texas Tech Press, 1952) 476-79, *et passim*; también F. Van Steenberghen, *Les Oeuvres et la doctrine de Siger de Bravant* (Bruselas, 1938); reeditado en dos volúmenes, Louvain, 1942, y A.J. Denomy, *The Heresy of Courtly Love* (New York: McMullen, 1947)

Obras citadas

Bakhtin, Mikhail. *Rabelais and His World.* Trans. by Helene Iswolsky. Cambridge, MA: M.I.T. Press, 1968.

Burke, James F. "Love's Double Cross: Language, Play as Structure in the *Libro de buen amor. UTO* 43 (1974): 231.

Deyermond, Alan. "The Greeks, the Romans, the astrologers and the meaning of the *Libro de buen amor.*" *RomN* 5 (1963): 88-91.

Empson, William. *Seven Types of Ambiguity.* Norfolk, CT: New Directions Books, 1953.

Fleming, John V. *The «Roman de la rose»: A Study in Allegory and Iconography.* Princeton. N.J.: Princeton U P, 1969.

Gunn, Alan M. F. *The Mirror of Love: A Reinterpretation of The Roman of the Rose.* Lubbock, TX: Texas Tech Press, 1952.

Kinkade, Richard P. "Intellectum tibi dabo ... The Function of Free Will in the *Libro de buen amor*". *BHS* 47 (1970): 299-300.

Rico, Francisco, "'Por aver mantenencia'. El aristotelismo heterodoxo en el *Libro de buen amor*". *Homenaje a José A. Maravall.* Madrid: Centro de Investigaciones Sociológicas, 1988.

Ruiz, Juan. *Libro de buen amor.* Ed. Alberto Blecua. Barcelona: Editorial Planeta, 1983.

Seidenspinner-Núñez, Dayle. *The Allegory of Good Love: Parodic Perspectivism in the Libro de buen amor.* Berkeley, Los Angeles, London: U of California P, 1981.

Walsh. John K. "Juan Ruiz and the *mester de clerecía.* Lost Context and Lost Parody in the *Libro de buen amor*". *Romance Philology* 33 (1979): 62-86.

Zahareas, Antony N. *The Art of Juan Ruiz Archpriest of Hita.* Madrid: Estudios de Literatura Española, 1965.

————. "The Stars: Wordly Love and Free will in the *Libro de buen amor*". *BHS* 42 (1965): 82-93.

Los entremeses olvidados
de Juan Claudio de la Hoz y Mota

Nicolás Toscano Liria
St. John's University

El punto de partida de estas páginas pueden ser las palabras siguientes de Edward M. Wilson y Duncan Moir: "The old belief that very little literature or drama worth reading was produced in Spain in the second half of the seventeenth century needs reexamination" (138).

A pesar de que el número de obras teatrales escritas durante el reinado de Carlos II es incontable, parecen todas haber sido alcanzadas por el estigma social y político que la desaparición de la casa de Habsburgo supuso para una España debilitada y claudicante de su prestigio como potencia cultural y militar.

Los autores de esta época, eclipsados por las grandes luminarias del barroco, Lope, Calderón, Moreto, Rojas, Tirso, Alarcón, a los que imitaban con veneración, fueron también silenciados como consecuencia de la aparición de la nueva visión neoclásica. Fueron acusados de ser muestra de las últimas boqueadas de una secta moribunda, de refundidores, de ser una generación de autores que escribía de espaldas, hacia el pasado. Sus obras, según los nuevos preceptistas, pecaban de ser inverosímiles, de mal gusto, repetitivas. La escenografía era extravagante y efectista, la decoración churrigueresca, la forma imperfecta, el contenido inmoral, los asuntos plebeyos. Los extremos increíbles de la comedia de magia, los exagerados caracteres de las comedias de figurón y el estruendo de las comedias de batallas fueron rechazados por los nuevos normatistas.

Luzán en 1737, en su *Poética*, con la tajante crítica del *Nuevo Arte de hacer comedias* de Lope, concretó las reglas del nuevo teatro. La inepta defensa de Nasarre y Montiano no fueron más que un preludio de las polémicas que iban a seguirse durante todo el siglo XVIII, en las que habrían de participar, entre otros, Mariano Nipho, Nicolás Fernández de Moratín, Tomás de Iriarte, Juan Pablo Forner. Se propugna un teatro de buen gusto, que sirva para determinar los valores morales y espirituales de la nación, un teatro verosímil, realista, y que siguiese las unidades de acción lugar y tiempo.

Un fenómeno lógico en cierta medida se produce. La vieja comedia y la nueva comedia se instalan en un mismo ámbito. Emilio Cotarelo y Mori escribe: "... el pueblo quería, comprendía y aplaudía aquellas *monstruosas* comedias del siglo antecedente, y los nombres de Lope, Calderón, Montalbán, Moreto, Solís, Vélez de Guevara, Figueroa, Hoz y Mota, y otros muchos, estaban diariamente en los carteles" (16).

Inherente a este debate entre los defensores del teatro barroco y el neoclásico, y tal vez uno de sus puntos de partida, era la discusión sobre la preeminencia de la tragedia sobre la comedia como medio de determinar los valores morales y espirituales de la nación. La comedia queda reducida a mera diversión o recreo, y las comedias de capa y espada o de magia nada significan.

Se procede asimismo al desmantelamiento del entremés y de sus múltiples variantes: bailes, loas, mojigangas, pasos y tonadillas. La razón externa es que no tienen lugar en actuaciones serias pues el terror y la piedad de la tragedia se pierde. Hay que conservar la unidad de acción. A ello se añaden nuevas críticas que se refieren a la calidad de los mismos: son grotescos y chocarreros, inverosímiles, plebeyos, irreales, desproporcionados, y en ellos ha desaparecido el lenguaje vivo y la versificación limpia, convirtiéndose en triviales, villanescos, rústicos y soeces, indecorosos. Además, suprimiéndolos, se ahorran gastos y las funciones no son tan dilatadas. Vemos pues, que la aparición del neoclasicismo, la minusvaloración de la comedia frente a la tragedia, y el menosprecio del entremés por los pensadores ilustrados", han mantenido en la oscuridad los entremeses que nos ocupan y otros muchos escritos por autores de la misma época "decadente".

Cuando se habla del entremés casi todo el mundo recuerda los pasos de Lope de Rueda, de Quiñones de Benavente y los de Cervantes, para dar un salto en el vacío hasta llegar al sainete de Ramón de la Cruz y Cano. Los mejor informados saben que los grandes clásicos del barroco eran también prolíficos entremesistas: Quevedo, Tirso, Vélez de Guevara, Moreto, Calderón, Lope de Vega. Pero en el itinerario del entremés hay otros muchos nombres que han dejado un hito. Anteriores a Calderón podemos mencionar con Lope de Rueda, Quiñones de Benavente, Cervantes y Quevedo a Sebastián de Horozco, Timoneda, Gabriel de Barrionuevo, Antonio Hurtado de Mendoza, Miguel de Mulsa y Luis de Benavente.

Coetáneos de Calderón son, además de Moreto y Vélez de Guevara, Matos Fragoso, León Marchante, Cáncer, Rojas Zorrilla, Fernando de Zárate, Juan Bautista Diamante, Sebastián de Villaviciosa, Antonio de Solís, Suárez de Deza, Francisco de Avellaneda.

Abundantísima es la producción en esta última etapa del barroco. De entre los autores de la "decadencia", además de Juan Claudio de la Hoz y Mota, podemos mencionar a Pedro Francisco Lanini Sagredo (11 entremeses, 12 bailes y varias mojigangas), Francisco de Castro "Farruco" (9 entremeses, 2 bailes, 2 fines de fiesta, 2 mojigangas), Antonio Zamora (13 entremeses, 12 bailes, 1 fin de fiesta, 1 mojiganga), José Joaquín Bengasi (3 entremeses y 4 bailes). Los entremeses de estos autores coetáneos de Hoz y Mota han sido poco estudiados y, en buena parte, relegados al olvido.

Juan Claudio de la Hoz y Mota es uno de estos autores cuyos nombres han quedado ocultos tras la magnitud estelar de Calderón, Moreto, Rojas Zorrilla, la producción prolífica de Lope, y la actitud de la crítica que tan sólo ve en los últimos autores del barroco decadencia, imitación, inverosimilitud y mediocridad. Y sin embargo, al examinar la obra de este escritor se descubre en ella una considerable notoriedad, y al conocer su vida, una continua y celebrada dedicación al teatro.

De familia ilustre de origen burgalés, nació Juan Claudio de la Hoz y Mota en Madrid en 1622. Su padre, don Fernando de la Hoz y Mota, había venido a desempeñar en Madrid el cargo de Procurador en Cortes por la ciudad de Burgos.

Entre las distinciones y cargos que desempeñó durante su vida se hallan su nombramiento en 1653 como caballero del hábito de Santiago, el título que ostentó de Regidor Perpetuo de Burgos y, al igual que su padre, la representación de esta ciudad ante las Cortes como Procurador. Puede que hacia 1657 haya dejado Burgos para residir en Madrid, donde años después sería nombrado Ministro del Tribunal Superior de Hacienda y más adelante Consejero de Hacienda. A principios del siglo XVIII fue nombrado Censor de Comedias. La fecha de su muerte parece haber sido entre el 28 de octubre y el 12 de diciembre de 1714. Por razón de esos cargos desempeñados aparece en algunos documentos de la corte real en ocasiones relevantes, como el besamanos del 4 de diciembre de 1657, para celebrar el nacimiento del principe Felipe Próspero, y los funerales de María Luisa de Orleáns en 1689, mujer de Carlos II.

Como autor de teatro escribió obras en colaboración con escritores conocidos de su tiempo, como José de Cañizares, Bancés Cándamo, y Pedro Lanini y Sagredo. La mayoría de las comedias que escribió se representaron en su época y han aparecido publicadas en más de una ocasión:

—De su comedia *El Abrahán castellano y blasón de los Guzmanes* se conocen cuatro ediciones.

—*El castigo de la miseria*, imitada por Scarrom en *Le Châtiment de l'avarice*, y basada en una obra del mismo título de María de Zayas, ha sido editada diez veces.

—*El montañés Juan Pascual y primer asistente de Sevilla*, imitado por Zorrilla en *El zapatero y el Rey*, ocho veces.

—*Morir en la Cruz con Christo*, conoce cinco ediciones.

—*El villano del Danubio, y el buen juez no tiene patria* apareció en siete ocasiones distintas.

De cuatro obras escritas en colaboración con otros autores, también han aparecido en diversas ocasiones tres de ellas:

—*El deseado Príncipe de Asturias y jueces de Castilla*, escrita en colaboración con Pedro Lanini, conoce dos ediciones.

—*San Bernardo Abad*, escrita junto con Bancés Cándamo, tiene dos ediciones.

—*La Virgen de Guadalupe* fue editada en una ocasión.

—La cuarta obra escrita en colaboración con José Cañizares aún se halla en forma manuscrita (Ms. 15.418 y Ms. 15.061 Biblioteca Nacional). *La viva imagen de Cristo, Santo Niño de la Guardia.*

Inéditas y de paradero desconocido son las siguientes obras de Juan Claudio de la Hoz y Mota:

—*Los disparates de Juan de la Encina* (1769).
—*Por su esposo y por su patria.*
—*Santo Domingo.*
—*El sepulcro de Santiago y Sagrada Cruz de Oviedo.*
—*Tal vez su flecha mejor, labra de acero el amor.*
—*A ser rey enseña un ángel* (representada póstumamente el 28 de octubre de 1715)

Inéditas y de paradero conocido son las siguientes:
—*Descubrimiento de la Batuecas del Duque de Alba* o *El nuevo mundo en Castilla.* Refundición de *Las Batuecas del Duque de Alba* de Lope. Ms. 15.290 BN.
—*El encanto del olvido* o *La sortija del olvido* o *No hay encantos contra el amor.* Ms. 15.350 BN procedente de la del Duque de Osuna. Manuscrito autógrafo y firmado por el autor en 1710.
—*Primer Blasón de España y (defensor de la Iglesia) San Hermenegildo.* Ms. 14.528, caja 6, BN del año 1708.
—*Josef, salvador de Egipto y triunfos de la inocencia,* de 1703, en la BN Res. 70.

Escribió también Juan Claudio de la Hoz y Mota varias composiciones poéticas en verso que también fueron publicadas:
—Una *Inscripción fúnebre* al túmulo de María Ana de Austria, escrita en octavas, y un soneto que responde a la pregunta "¿Si se huviesse de labrar una estatua al Desdén, de que materia se labraría?".
—Se atribuye a él una poesía escrita para un certamen poético celebrado en Madrid con motivo de la canonización de San Juan de Dios (10 de junio de 1691)
—Se le atribuye también una comedia publicada como obra de Cañizares titulada *Carlos V sobre Túnez,* en el Ms. 16. 701 de la BN.

Todas estas obras prueban su dedicación a las letras, su éxito, y su autoridad como dramaturgo. Sin embargo, y aunque los escribió escasos, parece que tenía un gracejo especial para escribir entremeses.

Dos entremeses suyos han aparecido por vez primera en la *Antología del Entremés* preparada en 1965 por Felicidad Buendía para la colección Aguilar. Se trata de "*El Invisible*", y del baile de "*Los toros de Alcalá*". Existe un tercero, a él atribuido, "*La ronda del entremés*", cuya autoría hay que someter a examen.

Por ellos ha sido alabado de las plumas más autorizadas. Felicidad Buendía dice de los dos entremeses que de él publica: "En ambos demuestra una singular facultad para este género" (911). Cotarelo y Mori escribe: "De este autor conocemos dos entremeses; pero es lástima no hubiese escrito más, porque ambos son excelentes" (CXXI). También Federico Sainz de Robles tiene palabras elogiosas: "Es Hoz y Mota un inspirado entremesista, de quien *Los toros de Alcalá* y *El invisible* merecen figurar entre los buenos de Quiñones de Benavente y Moreto" (57).

El entremés *El Invisible* se encuentra en el Ms. 16.660 de la Bibl. Nac. Cotarelo y Mori describe así su contenido:

Para curar los celos de su marido, hace la mujer que un amigo del esposo le persuada de que le entregue la piedra de hacerse invisible (como en el paso de Lope de Rueda y el anterior de Lanini) en un trozo de cazuela que pone en sus manos. El marido pretexta un viaje, pero se queda en casa, y la mujer finge no verle y convoca a sus pretendientes: el sacristán, el barbero y el boticario, que llegan provistos de regalos para la mujer que el marido toma y le salen falsos: los caramelos del sacristán, harina; la bolsa del barbero se enciende, y el vino del boticario se vuelve purga. Llega un mozo diciendo haberse muerto en el camino el marido bajo una pared que se desplomó sobre él; pero que en su testamento había ordenado que la mujer se casase en el acto con el sacristán. Van a realizarlo, cuando Cosme arroja el trozo de barro y se da a conocer como si hubiese permanecido invisible. Ellos le desengañan y acaba el entremés cantando. (CXXI)

El valor de esta obrita radica en el gracejo del lenguaje, en el desarrollo armónico de la trama y en conformarse a la tradición del entremés tanto en su contenido como en sus personajes.

Desde el principio queda claro que se trata de una burla hecha para escarmentar a un marido demasiado celoso.

> Ya queda prevenida
> bellísima Quiteria de mi vida
> la burla sazonada,
> con que verte deseas bien vengada
> de Cosme, tu marido, que te zela
> qual sacristán el cabo de vna vela.[1]

La figura del marido, crédulo hasta la bobería, constituye el "fantoche" necesario para dar vida al entremés. Desde el comienzo revela sus celos:

> Pedíle me contase su cuydado
> y respondiome: "Amigo ¡Estoy casado!"
> Ved por quan raro modo
> no he dicho nada y os lo he dicho todo.

Y al mismo tiempo revela su credulidad:

> ¡Quién la piedra se hallara
> aunque vn ojo costara
> que sin ser, según dizen, imposible
> al que la trae consigo haze invisible!

Para descubrir los sospechados engaños de su mujer, Quiteria Berenjena, le dice que va a ausentarse por diez días, cuando en realidad piensa quedarse en la casa sin ser visto, gracias a la piedra que lo hace invisible. La mujer, sabedora de todo, comienza a fingir.

> ¡Ay que ausencia tan larga!
> ¡Diez días! ¡Ay que pesar! ¡Ay dolor fiero!
> ¿Diez días, y sin verte? ¡Yo me muero!

Los asedios amorosos ante los ojos del marido, que se cree invisible, por parte del Sacristán "Zampabuñuelos", del barbero y del boticario, acaban en cada caso con mojicones que caen sobre "el invisible" o en algún percance que lo deja burlado. Así, una bolsa de caramelos que trae el sacristán se le transforma en harina, una bolsa de dinero del barbero en fuego, y una redoma de vino del boticario en una purga. La distribución de estos acontecimientos da un ritmo insistente y progresivo al entremés, que acaba en palos sobre el marido y en otra burla mayor; se le hace creer que le ha caído una tapia encima y que ha muerto no sin dejar dispuesto que su mujer se case con el sacristán. Cuando están a punto de fingir la boda en su presencia, arroja la piedra y se descubre la burla. Contiene, pues, la obrilla, elementos de las comedias de magia y de las comedias de figurón. El entremés ha tenido presente la misma idea de Agustín Moreto en su comedia *No puede ser el guardar una mujer*, pues termina con las siguientes palabras:

> Nadie juzgue posible
> guardar mujeres
> aunque mas inbisible
> se considere

El lenguaje es refinado y culto, las situaciones llenas de ironía y la estructura de la trama bien montada.

El baile de *Los toros de Alcalá* es en realidad un entremés, y se encuentra en el Ms. 14. 513, caja 8 de la Biblioteca Nacional.

Catuja, Juana, Cerezo y Mochuelo se dirigen a Alcalá de Henares a ver los toros cantando y bebiendo:

Zer.—	aquí se ha de hazer el rancho,
	tiende la capa, Mochuelo,
	que para tomar un trago
	no es menester entrar dentro
	de la venta
Moch.—	Dizes bien.
Juana.—	Pues no dejes el pandero.
Cat.—	Bravamente en Alcalá
	Hemos de holgarnos. Zerezo,
Zer.—	Si, Catuja, que los toros
	diz que son como vnos truenos.[2]

Un carro que lleva a un vejete y a su mujer encinta vuelca en el camino y todos acuden a ayudar:

Vexte.—   ¡Ta borracho, que nos buelcas!
Moch.—   Pero ... ¡Tened! ¿qué es aquello?
Caherá 1.— ¡Que me ahogo!
      2.— ¡Que me muero!
      3.— ¡Ay mi brazo!
      4.— ¡Ay mi cabeza!
Vej.—   ¡Bálgame San Nicodemus!

La caída provoca los dolores del parto en medio del campo:

Vej.—   Cómo estás paloma mía.
Preñ.— ¡Ay maladros, que me muero!
Vej.—   Sin dotor y sin comadre,
      si esto es parto *volaverunt*.
Moch.—   ¿Entiende uzé de dolores?
Moch.—   De darlos es lo que entiendo.

Aumenta el grupo con la llegada de un "guapo", un borracho y un sacristán, que se unen a los curiosos, pero también a la bulla y a la fiesta. Inesilla y el torero Casquillos se acercan también:

Tor.—   Vayle ay en corro, Inesilla.
      Aunque un rato nos paremos
      veámosle.
Tod.—   Bien venidos.
Tor.—   Yo, señores, en oyendo
      la Castañeta, hasta dar
      mi bolteta, no sosiego.

Casquillos, ante la espectación causada al saberse que es uno de los toreros que van a torear en Alcalá, explica al grupo con su toreo de salón las suertes que piensa ejecutar en la plaza:

Tor.—   Soy el toreador Casquillos.
      Desde Granada hasta Oviedo
      mi lixereza se saue.
      Con los toros me diuierto
      como si fueran ratones
      y aora tres suertes lleuo
      estudiadas, nunca vistas,
      con que e de aturdir al pueblo.

Suerte que pone en práctica ante la concurrencia:

Tor.—   Hagan quenta vzedes que es
      el toro aqueste sombrero
      yo entro a rostro firme, doy
      la capa, libro aora el cuerpo
      pégole la zambullida
      y denle ustedes por muerto.

Un ciego y una ciega se acercan también camino de los toros:

Tor.— ¿A ver los toros dos çiegos?
Ciega.— Si señor, que de la bulla
también alegra el estruendo
Jn.— Muchísimos no ven más
y an gastado su dinero.
Cieg.— Demás de que donde ay toros
quentan por encarezerlos
tales mentiras que es más
gusto el oírlas que el verlos.

Por último aparece con gran confusión el doctor Verdolaga, montado en una mula que va dando coces. El vejete, preocupado por el embarazo de su mujer, le dirige la pregunta que ha venido haciendo a todos, "¿Entiende vzé de dolores?". Volvía el médico a Madrid, pues una tormenta y la crecida del río le habían hecho imposible llegar a Alcalá a ver los toros.

Doct.— Que a pesar de las enfermos
iua a Alcalá a ver los toros
y quando al río me azerco
iua como muchas vezes
amigos por esos cielos
con que al ver se buelben tantos
pues de pasar no ay remedio
Quise bolber más deprisa
porque dejé a vn tabernero
con vna purga en el cuerpo.
Disparose la mohina,
y como veis.
Moch.— Con que ello
se çifra en que ya no ay toros
pues no ay forma de ir a vellos.

Como ninguno puede cruzar el río deciden organizar allí mismo un baile, en el que hasta la preñada toma parte, y con esto acaba el entremés.

Existe un tercer entremés cuya paternidad es atribuida por unos a Juan Claudio de la Hoz y Mota, y por otros a Vicente Suárez de Deza. Se trata de *La ronda del entremés*, que se halla en el Ms. 16.749 de la Biblioteca Nacional. Este documento, autógrafo y rubricado, consta como obra de Hoz y Mota en el Catálogo de Paz y Melia y en el artículo de Narciso Díaz Escovar.

Cejador y Frauca deja en interrogación la paternidad del entremés, que es negada por Cotarelo y Mori, el cual afirma que "es el mismo que con el título de *La ronda de Carnestolendas* incluyó Suárez Deza en sus *Donaires de Tersícore*" (CXXII, nota 1). La rareza de este libro no ha permitido hasta ahora el cotejo de ambas a fin de salir de la duda. Es posible, en esta época en que tantas "rondas" eran temas de entremeses, que tengan elementos en común e incluso que sea el uno refundición del otro. De fines del XVII es la refundición que aparece en este mismo manuscrito bajo el título de *La ronda por la tarde*, mojiganga, que contiene algunas variantes.

En la primera versión un alcalde sale a la calle con su escribano a fin de demostrar a un primo suyo, al que nada se le ocurre, que es posible hacer un entremés. Para ello comienza a detener en nombre de la justicia a todos los que pasan por la calle. Detiene así a dos danzarines, un viejo y una comadrona que va a asistir en un parto, a dos gallegos, a un hombre que lleva un niño escondido, y a una ciega. Organiza una fiesta con todos ellos y les hace cantar y bailar y representar una obrilla en la que el vejete fingidamente da a luz al niño, en medio de una gran confusión.

Estos entremeses de fines del barroco, junto con un sinnúmero de ellos escritos por Lanini, Francisco de Castro, Cañizares, Zamora y otros, constituyen eslabones poco examinados y algunos aún inéditos, que pueden ayudar a explicar el posterior éxito del sainete en el siglo XVIII. Su presencia quedó insistentemente arraigada en la escena española como un persistente testimonio del barroco en la época neoclásica e incluso en nuestros días, pues sin ellos sería difícil explicar tanto los "sainetes" de Ramón de la Cruz como los "esperpentos" de Valle Inclán, y por supuesto el "género chico'".

Hay que coincidir con el máximo conocedor de los mismos, D. Emilio Cotarelo y Mori, cuando afirma: "Constituirán en adelante una verdadera mina filológica cuando sean mejor conocidos y estudiados" (CLV).

Notas

1. Las citas provienen del manuscrito 16.600 de la BN de Madrid. Este entremés se encuentra también en Felicidad Buendía, *Antología del entremés* (916-31).

2. Citas tomadas del manuscrito 14.513, caja 8, de la BN. También se encuentra en la *Antología* de Felicidad Buendía (932-49).

Obras citadas

Andioc, René. *Sur la querelle du théâtre au temps de Leandro Fernández de Moratín*. Tarbes: Imprimerie Saint-Joseph, 1970.

Buendía, Felicidad. *Antología del entremés (Siglos XVI y XVII)*. Madrid: Aguilar, 1965.

Cotarelo y Mori, Emilio. *Colección de entremeses, loas, bailes, jácaras y mojigangas*. Madrid: NBAE, 1911, tomo I, vol. I.

————. *La Tirana*. Madrid, 1897.

Díaz de Escovar, Narciso. "Poetas dramáticos del siglo XVII: Juan Claudio de la Hoz y Mota". *BRAH* 89 (1926): 351-57.

Sainz de Robles, Federico. *El teatro español. Historia y antología (Desde el siglo XIV al XIX)*. Madrid: Aguilar, 1943.

Wilson, Edward M., y Duncan Moir. *A Literary History of Spain. The Golden Age Drama. 1492-1700*. London: Ernest Benn Limited, 1971.

Vida de Marco Bruto:
un discurso de Quevedo[1]

Victoriano Ugalde
McGill University

Vida de Marco Bruto[2], joya del buril conceptista, se publicó en 1644 (su autor moriría al siguiente), pero su redacción fue muy anterior, pues en el prólogo, "A quien leyere", declara Quevedo: "Este libro tenía escrito ocho años antes de mi prisión; quedó con los demás papeles embargados y fue restituido en mi libertad". Sabemos por él mismo que fue cruelmente preso el 7 de diciembre de 1639 en Madrid y trasladado, acto seguido, con premura y en pleno invierno, desde la mansión de su amigo el duque de Medinaceli, donde vivía entonces, al convento real de San Marcos de León, en el que permanecería la friolera de cuatro años ("dedicatoria" de *Vida de San Pablo*, 1644). Así pues, data su composición del bienio de 1630-31, aunque después fuese revisada, sin cesar, y, por último, retocada cuando el autor, tras la caída de Olivares, recobró su libertad en 1643. Resultado final de los aludidos desvelos: un libro fascinante, por muchas razones, aunque de muy extraña factura, cuestión ésta que esperamos dilucidar completamente en el espacio de estas páginas.

El contenido integral, pluriforme, de *Vida de Marco Bruto* se halla distribuido así: [introducción]: 1) dedicatoria "Al Excelentísimo señor Duque del Infantado" (fols. 3-6ʳ n.n.) y, saltando los ítems foráneos, convencionales (vigentes, como se sabe, desde la real pragmática de 1558), como "Suma del privilegio", "Suma de la tasa", "Fe de erratas", "Aprobación del Doctor don Diego de Córdoba", "Licencia del Ordinario", "Aprobación del Doctor don Antonio Calderón" (notoria por su perspicacia crítica), 2) "Juicio que de Marco Bruto hicieron los autores en sus obras" (fols. 10ʳ-14ᵛ n.n.), 3) "De la medalla de Bruto y de su reverso" (fols. 14ʳ-15ᵛ n.n.), 4) prólogo, "A quien leyere" (fols. 15ʳ-18ᵛ n.n.); [cuerpo principal más epílogo]: 5) "Textos" —"Vida de Bruto", de Plutarco, traducida por Quevedo— y los correspondientes "Discursos" —comentarios de éste a aquél— (fols. 1ʳ-100ᵛ); [complementos del libro]: 6) "Cuestión política" (fols. 100ʳ-115), 7) "Suasoria sexta de Marco[3] Anneo Séneca el Retórico" (fols. 116ʳ-122ᵛ), y, en último lugar, descontada, obviamente, la convencional "Protestación",[4] 8) "Suasoria séptima de Marco Anneo Séneca el Retórico" (fols. 122ʳ-135).

Ante tantos y tales ingredientes, como acabamos de ver, y, especialmente, si nos atenemos al título único de todo este conjunto, el libro tiene que resultarnos, a primera vista, bastante anómalo: carece, sin más, de una elemental unidad y cohesión. ¿Libro, pues, malogrado por falta de plan, como consecuencia de las interrupciones y aplazamientos ocasionados por las vicisitudes del autor?[5] ¿Se podría neutralizar, quizás, tal reparo apelando a un vínculo genérico o simbólico que abrazase todas sus partes? A nuestro modo de ver, son ociosas las respuestas porque huelgan las preguntas: es que se ha planteado, sin duda, un problema inexistente por haberse partido de un presupuesto falso. A veces no parece tenerse en cuenta que se trata, sí, de un libro,[6] pero que contiene, además de la obra fundamental —1ª Parte de *Vida de Marco Bruto*, semicírculo perfecto que se gemelaría con la que, si terminada no ha llegado hasta nosotros: la 2ª Parte— otras que se añaden como meros apéndices, aunque de innegable valor: "Cuestión política" y ambas "Suasorias", que son, todas ellas, opúsculos con su estructura propia, con su sentido preciso y específico, pero que encuentran aquí lugar muy apropiado, tanto por los referentes —César en aquélla, Marco Antonio y Cicerón en éstas— como incluso por la temática y, sobre todo, por la modalidad formalmente retórica que caracteriza al conjunto. Se siente que Quevedo quería no sólo competir con los grandes rétores antiguos sino también vencerlos. Así, pues, sentamos que este libro no forma un todo estructurado, ni ése fue nunca el propósito del autor.

Para plena confirmación de lo afirmado anteriormente, evitando así todo apriorismo, hemos de fijarnos, en primer término, en cómo los cuatro puntos de la introducción no convergen sino a *Vida de Marco Bruto* propiamente dicha: 1) en la dedicatoria "Al Duque del Infantado", de entre los posibles referentes, y haciendo honor al título, sólo se menciona a Marco Bruto, exaltado en estos términos: "Marco Bruto (excelentísimo señor) fue por sus virtudes, esclarecida nobleza, elocuencia incomparable y valor militar, el único blasón de la república romana", proponiéndoselo como espejo de patriotismo al Duque, que supo no sólo pelear, sino vencer también en las guerras de Cataluña, y ya se sabe que la referencia al presente patrio es preocupación constante de Quevedo; 2) en el "Juicio que de Marco Bruto hicieron los autores ..." figuran nada menos que once citas sobre este personaje (algunas abarcan también a Casio) por el siguiente orden cronológico: Cicerón habla favorablemente, hasta confiesa su pasión por él; Veleyo Patérculo atribuye a Casio más fuerza, pero más virtud a Bruto; Séneca le alaba en una cita, pero en otra, que es la más importante de todo el muestrario, considera que, en cuanto a matar a César, "erró y que no se gobernó según la doctrina estoica", temiendo al rey, cuando la monarquía justa es el mejor gobierno; soñando con la libertad republicana, cuando, "perdidas las costumbres antiguas", se premiaba la ambición; creyendo en la "igualdad del derecho civil", cuando las armas se blandían sólo por sus favoritos; Quintiliano [en realidad, Tácito, como autor que fue del *Diálogo de los oradores*] declara que "Bruto descubrió el juicio de su ánimo no con malignidad ni con envidia, sino con simplicidad ingenua"; Floro no oculta su admiración, rayana en la reverencia, tanto por Bruto como por Casio, apellidando "santísimas y piadosísimas sus vidas"; Tácito recuerda que Tito Livio "nunca los llama ladrones y parricidas, vocablos que ahora los aplican: muchas veces los llama varones insignes"; Aurelio Víctor reseña esquemáticamente sus vidas; Dante los condena no sólo por "traidores sino por pésimos traidores", colocándolos junto a Judas; Montaigne escribe de ellos: "por darse muerte sin tiempo y aceleradamente, acabaron de perder las reliquias de la libertad romana"; 3) en "De la medalla de Bruto y de su reverso" el mismo personaje vuelve a polarizar nuestra atención, ahora desde el ángulo numismático, por cuanto Quevedo, según nos explica, del anverso de una moneda de plata del tiempo de Bruto sacó su retrato, que adorna la parte superior de la anteportada de la "princeps", y reprodujo el reverso al pie de la misma: "el pileo o birrete, insignia de la libertad", entre dos puñales, y abajo la fecha fatídica de la muerte de César, es decir, los idus de marzo: toda una evocación, capaz de estimular el esfuerzo creador de Quevedo, y satisfecho como estaba de esta magnífica obra, bien hubiera podido aplicarse, y casi "ad pedem litterae", trocando sólo el bronce por la plata, el famoso pentámetro del poeta de Venusia: "Exegi monumentum aere perennius"[7]; 4) por último, ¿no es el prólogo, "A quien leyere", una síntesis anticipada del contenido, no de todo el libro, sino de la obra principal?

En segundo término, después de pasar revista a la introducción, véase cómo se afianza nuestra tesis desde otros puntos de mira, lo que es menester tratar sin dilación: a) al final de *Vida de Marco Bruto*, tras despedirse admonitoriamente de los destinatarios virtuales (príncipes, tiranos, pueblos), ¿no declara el autor concluida la primera parte prometiendo la segunda? Y lo está porque, temática y estructuralmente, es una obra clausurada, perfectamente unitaria; lo que sigue son, ni más ni menos, tres apéndices; b) el primero, titulado "Cuestión política", con este epígrafe: "Pregúntase qué hiciera Julio César si antes de entrar en el Senado leyera el memorial que le dieron, declarándole la conjura y los nombres de los que entraban en ella", se termina con esta frase: "Reconozco que debo a Quinto Curcio acabar con hermosas palabras este tratado".[8] Y bien, es probable que "este traslado" se refiera a la *Vida de Marco Bruto*, pero, en este caso, como Quevedo la dejó ya terminada, según acabamos de consignar, se habrá de inferir que con esta frase sólo pretendió resaltar la oportuna inserción de la "Cuestión política" como mero apéndice. Cabe, no obstante, que "este tratado" aluda a la "Cuestión política" = tratado menor, opúsculo. En cualquier caso, queda a salvo su unidad estructural, y se explica uno que la edición de Lisboa (1647) optara por excluirla. Quevedo la puso aquí, porque, aparte de las razones apuntadas antes, la referida pregunta se desgaja de una situación real, tal como se narra y comenta en el c. 22 de *Vida de Marco Bruto* (fols. 63^r-68). Se trata de una hipótesis irreal del pasado, resuelta, dada la alternativa, en el sentido que menos se esperaría uno: Quevedo apoya su alegato en la psicología de César —ya mostrada en *Vida de Marco Bruto*— y en un ejemplo moderno —supuesto intento de traición del Gran Capitán contra Fernando el Católico (¿alma gemela del gran estadista romano?)— para concluir que éste no habría procesado ni condenado a muerte a los traidores. c) El mismo carácter imaginario —no real como la *Vida de Marco Bruto*— poseen las "Suasorias". En cuanto a la sexta, que cuenta con este epígrafe: "Consulta Cicerón si le es decente rogar por su vida a Marco Antonio", Quevedo, una vez más se siente obligado a justificar su inserción, escribiendo a renglón seguido de la "Cuestión política": "Esta suasoria de Marco Séneca, traducida y añadida por mí, ocupa a propósito estas pocas hojas, por tocar a Marco Antonio y a Cicerón, cuyas costumbres y méritos son parte de esta historia, y no poco necesarias para conocimiento de la intención facinerosa de Marco Antonio, principal interlocutor de este suceso". Parece obvio que esta nota aclaratoria se aplique igualmente a la séptima, que se encabeza así: "Consulta Cicerón si le conviene quemar sus escritos prometiéndole Marco Antonio que le tenía proscrito, le perdonaría la vida si los quema". Puntualicemos sin más: "esta historia" es *Vida de Marco Bruto*, presupuesto real de donde arranca "este suceso", legitimándose de este modo los planteamientos teóricos de las "Suasorias" y sus sendas soluciones (González de la Calle 13). Hemos de repetirlo: son de por sí unidades estructurales independientes del resto, pero relacionables con él por los personajes, por la índole retórica, por su temática: en fin de cuentas, ¿no gravitan ambas "Suasorias" en torno a los dos polos que tensionan *Vida de Marco Bruto*? Sólo que ahora la virtud está personificada en Cicerón, último prócer de la república romana, y la maldad en Marco Antonio, primer reivindicador del cesarismo.

Ahora bien, establecidas así las zonas del libro, ¿a qué se reduce el cuerpo central de *Vida de Marco Bruto* propiamente dicha? Materialmente a la sucesión de treinta "textos" de la "Vida" de este personaje romano por Plutarco, con no escasas variantes (permutaciones, omisiones, adiciones) —los cuales abarcan los veintitrés primeros capítulos del original, nada más, según se divide en las ediciones modernas, quedando, así, sencillamente excluidos los treinta siguientes y últimos, que habrían de formar, empero, la base narrativa de la segunda parte—, y lo que cuenta en realidad, acompañados dichos "textos" de los treinta correlativos "discursos" con que Quevedo va glosándolos paralelamente. El vocablo "discurso" es muy significativo dentro de este esquema estructural binario, y queremos advertir que la obra entera es, en realidad, un largo discurso, cuyo exordio viene a ser la propia introducción.

En efecto, ¿no se bosqueja en la introducción el plan de la obra y su mismo contenido? ¿No aparece ya Marco Bruto en la dedicatoria como el héroe principal, en conformidad con el título? Se recordará que Quevedo le pone por las nubes y le llama "el único blasón de la república romana", despertando de golpe nuestra simpatía y admiración por él. Por la serie bien calculada de "juicios" que siguen y de los cuales ya dimos cuenta, el autor quiere, por otro lado, suscitarnos la curiosidad, si no intrigarnos: efecto inevitable ante tal diversidad de opiniones en torno a este gran patricio, responsable supremo de la tragedia de los idus de marzo. La referida discrepancia, claro está, a la par que sirve de ilustración de la típica técnica quevedesca, o sea el perspectivismo —que suele traducirse en duplicar, triplicar o multiplicar puntos de vista sobre un tema—, testimonia, específicamente, cuán escurridiza, compleja y controvertible se revela la figura histórica en cuestión. ¿Cómo, pues, no iba a ser, a poco que discurramos, un desafío a su inteligencia poderosa meter baza en un pleito secular y pronunciar su veredicto? Quevedo parece haberse preparado concienzudamente para ello: no sólo conoce las *Vidas paralelas* del eximio maestro Plutarco, sino que se ha documentado bien en la restante historiografía clásica como en la literatura moderna, y lo que es más importante, cuenta con ideas propias, robustas, originales, vinculadas a su conciencia de español esclarecido del siglo XVII, católico por los cuatro costados y monárquico a ultranza, para reexaminar desde su genuina perspectiva barroca un caso famoso de supuesto tiranicidio, verdadero eje de todo este discurso. Y aunque resulta que enjuició también en otros escritos[9] a los matadores de César y, principalmente, a la magna víctima e incluso se explayó lo suyo, ahora hay esta diferencia: no se va a conformar con dar una opinión de pasada, por elaborada que fuese, sino que monta literaria y literalmente un laborioso proceso, antes moral que político, que cristaliza en un discurso de muy estudiada arquitectura. En ello creemos ver su mayor originalidad, pero es de notar que ésta no se agota en dirimir una causa, después de todo, pretérita, sino que, dada su extrema complejidad (no hay que olvidar que está imbricada toda la problemática del tiranicidio)[10], su mismo replanteamiento en la España del siglo XVII obedece aún más que a la exigencia intelectual del autor, a su inesquivable vocación eticista, pues, por encima de cualquier otro propósito, Quevedo aspira a reformar al hombre por dentro, de ahí que su discurso esté salpicado de tantas amonestaciones a sus compatriotas: velando por la buena marcha de la nación, a todos los niveles sociales, no pierde ripio en filosofar, politiquear y moralizar, especialmente a los príncipes y potentados.

La misma vena didáctica se descubre ya en el prólogo, donde se articula el temario de *Vida de Marco Bruto* mediante unas cuantas ideas adensadas en paralelismos y antítesis. Empieza ya sorprendiéndonos de este modo: "Para que se vea invención nueva del acierto del desorden en que la muerte y las puñaladas fueron electores del imperio, escribo en la vida de Marco Bruto y en la muerte de Julio César los premios y los castigos que la liviandad del pueblo dio a un buen tirano y a un mal leal. Tropelía son de la malicia los buenos malos y los malos buenos". El proceso de la historia universal, con su juego desconcertante de paradojas, se aclara en el pensamiento de Quevedo con su asidero filosófico y creencial de la trascendencia. El "acierto del desorden" está aquí apuntando a un gobierno providencial que sabe encauzar el caos ("puñaladas") en un nuevo cosmos ("imperio") permitiendo a la veleidad del pueblo, interesado ("el señor perpetuo de las edades es el dinero"), dar premios (= el imperio a César, coronado en sus sucesores) y "castigos" (=la caída de sus asesinos, su envilecimiento en vida) a un "buen tirano" y a un "mal leal". Estos sintagmas contradictorios proyectan a César y a Marco Bruto no como figuras nítidamente perfiladas sino, todo lo contrario, relativizadas como exponentes que son de una concepción heraclítea de la realidad humana, que como tal no puede aceptar Quevedo, exhortándonos, en consecuencia, a que desconfiemos de los "buenos malos" y de los "malos buenos" porque ambos son "tropelía de la malicia". Y contrastadas entre sí, añadirá aludiendo evidentemente a Bruto: "Yo afirmo que lo bueno en el malo es peor, porque ordinariamente es achaque y no virtud, y lo malo en él es verdad y lo bueno mentira", y pensando en Julio César: "Mas no negaré que lo malo en el bueno es peligroso y no mérito". Encontramos, además, en el prólogo una voluntad de estilo, que se cifra en la concisión: "Poco escribo, no porque excuso palabras, sino porque las aprovecho y deseo que hable la doctrina a costa de mi ostentación", y una horma para la ejecución de *Vida de Marco Bruto*: "No escribo historia, sino discurso con tres muertes [las de Pompeyo, Porcia y César] en una vida, que a quien supiera leerlas darán muchas vidas en cada muerte". Esto se casa con lo que había estampado en la dedicatoria: "lo que envío es una demostración en pocas hojas".

Los asertos que se acaban de transcribir no hacen más que corroborar, por su parte, la teoría ya consignada de que *Vida de Marco Bruto* se formaliza como un discurso, donde lo que más importa es convencer, ganarse la adhesión de los lectores. Es entonces lógico que, como bien ha mostrado J. Riandière La Roche,[11] se patenticen, en cuanto a su composición, los criterios de la antigua Retórica (metalenguaje) que regulaban todos los géneros literarios y con mayor razón el de la elocuencia y que se seguían en la época de Quevedo. Como se sabe, la Retórica tuvo su origen en Empédocles de Agrigento y Corax, se renovó con Platón frente a los sofistas, maduró para fijarse definitivamente con Aristóteles, se agilizó romanizándose con Cicerón, se codificó sabiamente con Quintiliano y se perpetuó a través de los siglos hasta el decimonónico. De los cinco momentos de que sucesivamente se ocupaba la Retórica —"inventio", "dispositio", "elocutio", "actio" y "memoria"— los tres primeros fueron los mejor elaborados, y en la "dispositio" se atendían dos objetivos fundamentales: a) conmover (exordio, epílogo) y b) convencer ("narratio" y "confirmatio").[12] Pues bien, los cuatro puntos de que consta la introducción de *Vida de Marco Bruto* constituyen su exordio (Quevedo, como se prescribía que hiciese el orador ante su auditorio, se gana la atención y el interés del lector y le anticipa el tema a tratar); el doble plano de "textos"-"discursos" es su cuerpo central, en que, respectivamente, los primeros corresponden a la "narratio" (exposición de los hechos) y los segundos a la "confirmatio" (despliegue de la argumentación para persuadir al público, probando, refutando, comparando, ilustrando, infiriendo, generalizando ...); las consideraciones con que Quevedo cerrará su intervención dialéctica se ajustan por entero a las exigencias del epílogo (recapitulación y peroración).

De todo el preámbulo precedente, pues, se desprenden como corolarios básicos: a) que *Vida de Marco Bruto* es un discurso resueltamente homogéneo, con tres apéndices; b) que en él se intenta juzgar de nuevo un caso muy debatido de tiranicidio, y c) que, en consecuencia, se sentenciará a los responsables de esta acción. Por lo demás, es excusado reiterar que otras miras ensanchan este horizonte, y aun conviene añadir aquí que otras formas, amén de la narrativa y oratoria, lo animan y enriquecen: la ensayística, la dramática y, al fin, la epistolar, pues de todo hay, magistralmente ensamblado. Con las referidas premisas, queda bien apuntada la rica contextura de esta obra, aunque no podamos ahora mismo más que trazar el esquema de su organización. Así, en lo que se refiere a la "narratio" o textos de Plutarco, y según los va seccionando Quevedo, hay que observar dos mitades numéricamente simétricas, de las que la primera —estática— incluye dos fases: a) "textos" 1-8 (presentación de Marco Bruto) y b) "textos" 9-15 (presentación de César en relación con Bruto y Casio), y la segunda —dinámica—, a su vez, otras dos: a) "textos" 16-23 (conjuración: principio y desarrollo) y b) "textos" 24-30 (conjuración: desenlace y consecuencias) (La Roche 61-69). Paralelamente se puede constatar en la "confirmatio" o discursos de Quevedo, junto a su variada temática, la ondulación de un pensamiento que se esfuerza por fallar certeramente un litigio complicado y que se recapitula con claridad en el epílogo. Todo acaba, en síntesis, en defender a quien antes condenara (César) y en condenar a quien antes defendiera (Bruto).

Nos pareció, en principio, todo este enfoque pendular una hipótesis fecunda de trabajo. Por fortuna, ha quedado verificado luego, ampliamente. En efecto, el punto de vista del autor irá variando al compás del relato, potenciando a Plutarco por inquirir las inferencias de los hechos biografiados, o sea la necesaria conexión entre pensamiento y acción, entre palabra y naturaleza. También al dramatizar a los personajes en la segunda mitad y cederles su verbo, surgirán nuevas perspectivas de interpretación. Pero aún lo más digno de anotarse es que, en su función de narrador y creador, dinamizando las imágenes de César y de Bruto, nunca suelta Quevedo el hilo conductor a través de sus modulaciones, ya actúe de defensor de uno o de otro, ya de fiscal, ya, finalmente, de juez —que es, en definitiva, el objetivo buscado y, por tanto, la razón de ser de todo este discurso.

Notas

1. Lo que aquí ofrezco es sólo la primera parte, con algunas alteraciones, de un extenso estudio (inédito) titulado *"Marco Bruto"*: proceso y sentencia de Quevedo".

2. Todas las citas de este libro están tomadas de la edición príncipe. Carrera, 1644. Modernizo, sin embargo, completamente el texto.

3. Su verdadero praenomen no era Marco, sino Lucio (Lutius), como el de su célebre hijo, el filósofo. Véase Pedro Urbano González de la Calle.

4. En el citado ejemplar de la edición príncipe falta la "Protestación" por haber desaparecido la última página, en que figuraba.

5. Véase Duque de Maura: "La última obra malograda de Quevedo" 335-351. Citado por Marie Roig-Miranda, *Le paradoxe dans la «Vida de Marco Bruto» de Quevedo* (7-8).

6. A. Fernández Guerra termina su edición del *Marco Bruto* (*Obras completas de Quevedo*) con estas palabras: "Fin del *Marco Bruto*. A todas luces bien colocadas donde están, después de las "Suasorias" y "Protestación", por referirse a todo el libro, como ocurre con Quevedo en la misma "Protestación": "Todo lo contenido en este libro sujeto a la censura ...", en lo que no parece haber reparado González de la Calle (7), cuando desaprueba el

epígrafe en cuestión por considerar sólo como el *Marco Bruto* la obra que se concluye con la frase: "[reconozco que] debo a Quinto Curcio acabar con hermosas palabras".

7. Horatius Flaccus: *Carminum* Liber III, 30.

8. Esta frase en la edición príncipe se puso por error a continuación de las "Suasorias", según consta en la "Fe de erratas". No quedaría cabalmente subsanado en la 1ª (1644) y 2ª (1645) impresiones y sí agrandado en la mutilada edición lisboeta (1647).

9. Véanse "Discursos de todos los diablos o infierno enmendado", en *Obras completas*, ed. Felicidad Buendía (Madrid: Aguilar, 1958) t. I (prosa): 199-201; "La fortuna con seso y la hora de todos": 258-259; *Política de Dios y gobierno de Cristo*: 637, 651, 663; *Migajas sentenciosas*: 999, 1016, 1111, 1115; *Virtud militante*: 1296, 1306; *Providencia de Dios*: 1446.

10. Como es bien sabido, se había reavivado ya dicha problemática en 1599, con la publicación de *De Rege et Regis institutione*, del P. Mariana.

11. "Recherches sur la structure de la *Vida de Marco Bruto* de Quevedo". Como su autora parece considerar las "Suasorias" (aunque las excluye de su estudio), y ciertamente la "Cuestión política" como partes integrantes de la misma estructura de *Vida de Marco Bruto*, se sigue que el esquema que ella elabora difiera del que yo propugno aquí.

12. Véase Roland Barthes, *Investigaciones retóricas I. La antigua retórica*. Entre otras fuentes de esta sucinta, pero muy valiosa síntesis, cita el autor las dos obras, ya clásicas, de Curtius (Ernst R.) una y de Baldwin (Charles S.) otra, p. 8.

Obras Citadas

Barthes, Roland. *Investigaciones retóricas I. La antigua retórica*. Serie Comunicaciones. Buenos Aires: Ediciones Buenos Aires S.A., 1982.

Fernández Guerra, A. Ed. *Obras completas de Quevedo*. Madrid: B.A.E. vol. 22, 1852.

González de la Calle, Pedro Urbano. *Quevedo y los dos Sénecas*. México: Colegio de México, 1965. 8-10.

Duque de Maura: "La última obra malograda de Quevedo". *Boletín de la Real Academia Española* 24, cuad. 119 (1945): 335-51.

La Roche, Riandière J. "Recherches sur la structure de la *Vida de Marco Bruto* de Quevedo". *Les Langues Néo-latines* 217 (1976): 55-56.

Roig-Miranda, Marie. *Le paradoxe dans la "Vida de Marco Bruto" de Quevedo*. Paris: Collection de l'École Normale Supérieure de Jeunes Filles, 1980.

Quevedo, Francisco de. *Vida de Marco Bruto*. Madrid: Diego Díez de la Carrera, 1644. Biblioteca Nacional de Madrid: R. 17213.

A Critique of Calderón's *Judas Macabeo*

A. Valbuena-Briones
University of Delaware

The internationally known Spanish Golden Age dramatist, Don Pedro Calderón de la Barca, composed several "Dramas bíblicos" as part of his large repertoire of comedias. The classification "Dramas bíblicos" was proposed by Angel Lasso de la Vega in a study on Calderón. He included under that label: *La Sibila de Oriente, Judas Macabeo*, and *Los cabellos de Absalon. Judas Macabeo*,[1] an early play, portrays the exploits of the famous Maccabaeus, and offers us a unique Christian and chivalric interpretation of the historical character.

Calderón's stage setting is a work of baroque art which projects contrasting elements in an ornamented form. The audience witnesses the warlike clamor of the returning soldiers and the courtly reception. Songs praise the conqueror, and the Jewish heroine reveals her love for Judas, who coldly responds to her welcome. From the beginning the dramatist was able to obtain the spectator's desired reaction by introducing a variant, or a simplified version, of a traditional ballad.

The background music celebrates the victory over the Syrians with a song that extols the actions of their leader:

> Cuando alegre viene
> Judas vencedor
> su frente corona
> los rayos del sol.[2] (*JM* 1-4)

These lines have been inspired by "Cuando entráredes caballero ...",[3] a ballad that expresses the sentiment of a lady as she waits for the knight's return to the palace. She asks him not to look at her first so that her love will remain secret. Calderón's lyrics retain the praise for the victor, who is mythically adorned with the rays of the sun, but he omitted the request of the cautious lady. By doing so, the courteous lover becomes the dedicated commander whose first priority is the defense of his faith. Thus the beautiful Zarés will wait in vain for him.

In the first scene, Matatías, the venerated patriarch of Modín, accompanied by his niece, Zarés, welcomes the Maccabee brothers, Judas, Jonatás, and Simeón.[4] At his request, Judas, Simeón and Jonatás, in this order, deliver a recapitulation of the historical events.

The playwright's imagination served to present a synthetic action in his drama. He accepted the general idea from history, but he changed events and dates for artistic purposes. The long recapitulation (*JM* vv. 30-

225), which has the function of informing the public about the historical background, reminds us of the uprising in Modín and the start of military action directed by Judas, who had become the leader of the army, and had defeated Apolonio and Gorgias. Reference is made to the death of Antioco Epiphanes and how the war waged on with his successor, Antioco Eupator. A description of the battle of Betzacaría follows; where the fourth Maccabee brother, Eleazar, had died heroically. The encounter is mentioned as a victory over the Syrians.

The facts had been adapted from the two independent Biblical books dealing with the Jewish struggle for national and religious freedom from the Syrians. These are the so-called I and II Maccabees. The first book provided primarily the information used by Calderón. Mattathias' revolt against Antiochus Epiphanes in 166 BC was carried on successfully by his sons. Judas was the emerging and famous leader whose victories are cited in I Maccabees.[5]

D. S. Russell, W. Stewart McCullough, and A. R. C. Leaney have published clear accounts of the events. Judas Maccabaeus succeeded his father as leader of the loyal forces and inflicted significant damage on the Syrian army of Antiochus IV and that of his son, Antiochus V, Eupator. The militant Hebrews recovered the Temple of Jerusalem, destroyed the altar dedicated to Zeus and other Greek gods, rebuilt the Temple, and restored worship to Jehovah. This took place the 25th day of the month of Chislev in 164 BC. Today the Jewish people continue to celebrate the event with the religious festival of Hanukkah.

The poet, writing his play, made several uncorroborated assumptions. One was that Apollonius was the general in the army of Antiochus Eupator at Bethzechariah, near Beth-zur, and that the heroic deed of Eleazar, killing the lead elephant of the enemy, was the action responsible for the death and defeat of the Syrian leader. In fact, the death of Apollonius occurred earlier in 166 BC during the reign of Antiochus Epiphanes (175-164 BC). Also the playwright prolonged the life of Mattathias who had died in 166 BC. Eleazar's death did take place in 163 BC during the battle described in detail in I Maccabees (6: 43-46). However, this historic encounter was not favorable for the Jews who were forced to retreat. Calderón, in his *comedia*, refers to the battle as a great victory, and portrays Matatías as still alive and able to receive the news of his son's death (McCullough 117).

Calderón was an imaginative poet, always keen to show psychological and dramatic contrasts that would interest his audience. The *mise en scène* presents the celebration of the battle of Betzacaría that ended with the defeat and death of the Syrian General, Apolonio. This endeavor, however, cost the Maccabean family a heavy toll. Matatías expresses his conflicting emotions in typical baroque style that ends in a three part segment:

> En mi ciego pensamiento
> tienen confusas porfías:

con el gusto, el sentimiento
con la pena, la alegría;
con el dolor, el contento.⁶ (JM, vv. 226-30)

Judas Maccabaeus, the protagonist-hero, is an example of valor, fortitude and temperance. He is led by the noble virtues of the monk-soldier, the leader against paganism. There is no place for courtly love in his heart. Calderón is going to place the fortitude of Judas in opposition to the passion of Zarés. She will not be put aside easily, and in a moving address, asks her beloved to accept her heart. The words spoken by Zarés are imbued with sensual connotations:

Vencedor divino y fuerte,

....

a recibirte han salido
el campo vertiendo flores
las aves cantando amores
y con tonos diferentes
dando música las fuentes
el viento espirando olores;
no a recibirte triunfante
salgo con regalos mil,
bellísima Abigail
aunque Abigail amante,
no el pequeño don te espante,
si la voluntad lo es,
que puesta humilde a tus pies,
alma y vida te ofreciera
si dueño del alma fuera.⁷ (JM, vv. 281-99)

Zarés compares herself to Abigail, the beautiful wife of Nabal, to stress the offering of herself to a powerful chief justice (I Samuel 25: 14-36, 40-42). The reply of Judas, "May the sky watch over you, Zarés" (JM, v. 300), is short and emphasizes his lack of enthusiasm for her advances. If the conduct of Judas is irreproachable, his reason being in control over passion, that is not the case of his brothers. Simeón and Jonatás, one famous for his political advice, and the other for his courage in battle, are ardent admirers of the striking Zarés, and they would give their love to her if it would be possible. The sagacious Simeón struggles against the pain and scorn that derive from her lack of attention to him, while Jonatás resolves to wait for her favors.

Calderón has developed a sentimental conflict that parallels their fight for freedom. Judas reveals his fortitude and temperance on two separate levels: his defense of Judaic law against the attempt to Hellenize Judaea constitutes an exterior conflict, and he also manifests his prudence in handling the confrontation between his brothers. A game of dramatic situations has been carefully planned so that the action will keep moving. Judas must fight against the Greek apostasy on one level and against the rivalry over Zarés on the other.

The news of Eleazar's death affects Matatías, and the venerable patriarch is not able to cope with his grief. At this moment Calderón introduces a new character, Tolomeo, a Hebrew soldier, who will have a singular role to play in the developing dramatic situation. The name of Tolomeo (Ptolemy) was a distinctive one of the royal Egyptian dynasty. However, Calderón may have taken this name from another source. He probably had in mind a wealthy landowner named Ptolemy, son of Abubus, who for ambitious purposes took the life of Simon, his father-in-law, and also some of his sons in 135 BC. The role of this traitor, narrated in I Maccabees (16: 11-22), must have attracted Calderón's imagination. He has named his character Tolomeo, who, although working with the Maccabees, commits treason by deceiving and seducing Zarés. Tolomeo appears in the *comedia* as a friend of the sons of Matatías, but ends by being particularly disloyal to Simeón and Jonatás.

Tolomeo comes on stage to inform his compatriots that Lisías has defiled the altars of the Temple in Jerusalem by ordering sacrifices to the old Philistine god of agriculture, Dagon. The historical Lysias was an important general in the army of King Antiochus IV, Epiphanes, and one who most fervently tried to Hellenize Judaea. After the death of Antiochus IV, Lysias took charge as regent of Antiochus V, Eupator, set off for Judaea with a strong army, forced Judas to retreat, and besieged Jerusalem (164 BC).

Calderón made the Syrian general the antagonist of the play and the important action the siege of the city.[8] When Judas hears the news brought by Tolomeo, his reaction is immediate. He sends his brother as ambassador to Lisías with the ultimatum to restore worship to Jehovah in the Temple, and to threaten that if he does not, he will attack the citadel. The dramatist has depicted Lisías as a tyrant who lacks generosity and blames his subaltern Gorgias for his misfortunes.[9] Lisías also surrenders weakly to the temptation of sensual pleasures. This trait will ultimately be the reason for his downfall. His role is shaped to oppose the values defended by the protagonist-hero. This allegorical technique ascribes a tone that can be related to a medieval morality play.

The episode of the diplomatic mission, in which Jonatás obtains an interview with Lisías, is a case in point (*JM*, vv. 798-884). Lisías is portrayed as a barbarian leader who does not display the courtesy expected for an ambassador. Jonatás is not offered a seat in his presence as custom requires. In a bizarre gesture, Jonatás solves the problem of etiquette by sitting on his own cloak, which he leaves on the floor after his mission is accomplished.

The Jewish encampment is situated close to Jerusalem. Lisías has heard his musicians recite a ballad that praises the beauty of Zarés (*JM*, vv. 739-49), and he is intrigued and curious about her. With this subplot, Calderón has established the framework for a number of undercover activities. He interpreted the Biblical narration with adventurous designs. The characters are shaped with the grandiloquent gestures of the knightly fortunes. A world of fantasy opens before the eyes of the spectators. Difficult exploits are carried out in a continuous contest over points of honor. Lisías, attracted to the fame of Zarés, decides to visit her, enrobed in Jonatás' cloak. He is able to meet and even obtain a ribbon from her. This brings a sequence of events set in a web of chivalric endeavors. Judas, upon hearing of this intrusion, offers to give Zarés to either Simeón or Jonatás, and he plans to assault the citadel of Jerusalem before dawn of the coming day.

Calderón deployed the narrative devices for romantic relationships to expand and move the action of his play. Tolomeo, Jonatás' confident, encourages the Maccabean brother to impersonate Judas in order to obtain Zarés' favors. In the meantime, Judas himself, attempting to neutralize and surpass Lisías' boldness, is able to enter Jerusalem and kidnap Cloriquea. A happenstance facilitates his daring. As a token of admiration for his enemy, Lisías has given the name of Judas Macabeo to his guards as a watchword (*JM*, vv. 226-30). When Judas arrives at the wall, the sentinels ask him to give the password. Ironically, by identifying himself, he is allowed to pass into the garrison. In this manner Judas Macabeo outmatches the knightly prowess of his antagonist. Calderón brought to stage, as Lope de Vega and his school had recommended, the romantic spirit found in the national ballads.[10] This stimulus of bravery and *pundonor* expressed an ideal for the Spanish. The *vulgo* enjoyed the exploits of their heroes, even when the adventures happened on stage (*Arte* vv. 205-209).[11]

The third act of the play becomes a *summa* of events and intrigues. Having established his chivalresque setting, the author was able to concentrate on the psychological relationships of the characters. Jonatás, in front of the tent of Zarés, changes his mind from the pursuit of pleasure to that of duty. The call to arms, due to a surprise Syrian raid, restores his sense of responsibility. Ironically, it is Tolomeo who is the one who informs the audience about the wisdom of Jonatás' decision:

> Honrada victoria ha sido
> que la de más gloria es
> vencerse un hombre a sí mismo.[12] (*JM*, vv. 1890-92)

Tolomeo, an opportunist without moral integrity, grasps the chance to take advantage of the situation created by the commotion. He chooses to impersonate Judas and deceive Zarés. Lisías, moved by a complex emotional stress, has engineered a foray in order to reach the tent of Zarés where Cloriquea is being held. Actually he feels fervently attracted to Zarés, but, at the same time, can not allow his mistress to be in the hands of his enemies. At the moment he arrives he observes Tolomeo leaving the tent and mistakenly believes it is Simeón. Tolomeo, on the other hand, thinks that Lisías is Jonatás who has changed his mind and returned. Tolomeo's tortuous mind tries to cover up his betrayal and he informs the Syrian that he has enjoyed Cloriquea and invites him to possess Zarés. That fictitious reality, created by deception, provokes the emotional collapse of Lisías, who, confronted with Cloriquea's dishonor, realizes that it is she who is his true love. He begs for his own death, acts irrationally (*JM*, vv. 2099-3007), and his soldiers have to carry him away.

The entanglement is based on the interplay of reality and appearances, a primary technique in Calderón's dramatic art that underscores the confusion of identities. Also, it emphasizes the gallantry and courtly behaviour of the baroque period.

The assault on Jerusalem takes place off stage. The audience learns about it from the comic character, Chato, who fearfully stays away from the fighting. The description of a battle by a buffoon is a device that has also been used in the picaresque novel.[13] The author treats this situation as a counterpoint and balance to the serious scenes. Lope de Vega had recommended that comedy and tragedy go together because they reflect more accurately the variety found in nature (Lope de Vega, *Arte* 177-79, 291). The Hebrews are victorious and the mission of the Maccabees is successful. The Greek idols are destroyed, the Ark of the Sacred Covenant is again in its place, and the worship to God is offered once more in the Temple (*JM*, vv. 2548-57).

The internal conflict, the relationship between Zarés and the Maccabee brothers, is still to be resolved. There is a saying in the Book of Proverbs that refers to the importance of good behavior and self-control: "... and he that ruleth himself is better than he that taketh a city" (Proverbs 16: 32). For Calderón, this idea is the essence of the message of the play. The Maccabees, being able to control their passions, stand as examples to humanity.

In the plot, Zarés, not realizing that it was Tolomeo whom she had received in her tent, confronts Judas and reminds him to honor the promise he had made the night before. Jonatás and Simeón, in turn, boast of their feats during the battle. They are waiting for Judas to decide who will be awarded the hand of Zarés. Jonatás has killed Lisías and brings his head as proof. On the other hand, Simeón directed the assault that breached the wall and spearheaded the conquest of the city. Tolomeo's impersonation of Judas has created a confusion of facts and appearances that reaches its height when Cloriquea, dressed as a warrior, enters the stage on horseback and challenges the Maccabees: Simeón for presumably slandering her, and Jonatás for alleged treachery in the death of Lisías. Zarés, on her part, declares her own grievance when the brothers refuse to fight the Syrian woman.[14] Tolomeo confesses that it was he who enjoyed Zarés, deceiving her with Judas' insignia, the same ones he used to also trick Lisías. Paradoxically Zarés forgives him and proclaims

> ... que, aunque ofendida, es mejor
> el peor marido vivo,
> que muerto, el mejor honor.[15] (*JM*, vv. 2717-19).

With this concession to the convention of honor, the reputation of the three Maccabee brothers shines again with splendor. The romantic conflict has been settled, and the play ends with the announcement of a second part.

The study of *Judas Macabeo* as a Biblical play can lead to a series of conclusions. Calderón borrowed selected events from the Bible that he used to recreate in a literary manner. The poet-dramatist chose historical characters and events from I Maccabees, and reorganized them in accord with his artistic perspective with the purpose of achieving a cohesive work. He invented a romantic plot that was depicted in a chivalric style to increase the attraction of the play and to make his message clear. Calderón delivers an essential truth, and teaches several virtues by having them imbued in the deeds of his protagonist-hero. The *comedia*, *Judas Macabeo*, furnishes us with a valuable paradigm of the moral precepts in seventeenth century Spain.

Notes

1. Pedro Calderón de la Barca, *Judas Macabeo, Segunda Parte de Comedias* (Madrid: María Quiñones, 1637) 79, vv. 1-4. The lines of the 1637 edition (*JM*) have been numbered 1-2741. All subsequent quotes will be from this edition. There is a manuscript of *Judas Macabeo*, "comedia famosa de los Macabeos" in the National Library of Madrid (ms. 16558). It is attributed to Rojas Zorrilla, but it is Calderón's play and should be considered the first manuscript. There is another manuscript in the Hispanic Society of America, New York. *Judas Macabeo* (ms. B2613) which may be used for a study of the variants. We have chosen the version included in the *Segunda Parte*.

2. "When the happy / conqueror comes / rays of the sun / crown his head."

3. "Cuando entráredes, caballero, / en el palacio real, / no miréis a mi primero; / miraréis en general". Real Academia de la Historia (ms. 9-26-8-D, fol. 59). See also: Alonso de Ledesma, *Segunda parte de los conceptos espirituales y morales* (Valladolid, 1613) 16.

4. With respect to the usage of names, the English spelling is adopted for the historical personages and the Spanish spelling for the characters in the play.

5. I Macabeos, *Sagrada Biblia*, 33rd. ed. Ed. Eloíno Fuster and Alberto Colunga, revised by Maximiliano García Cordero (Madrid: Biblioteca de Autores Cristianos, 1974) 593-625. See also: I Maccabees 3-9, *The New American Bible* (The Catholic Press, 1970); and Josephus, *The Jewish War*, Book I, The Loeb Classical Library, trans. by J. Thackeray (Cambridge, Mass.: Harvard UP, 1976) 31-47, and Josephus, *Jewish Antiquities*, Book XII from the same collection, 257-434.

6. "Disturbing forces are / in my blind thoughts / pleasure and grief, / pain and contentment, / sadness and happiness."

7. "Divine and strong conqueror... / The meadow flowing flowers / have come to receive you in triumph, / the birds singing of love; the music of the fountains / with different melodies, / the perfumes of the moving winds; / I do not come with a thousand presents / as beautiful Abigail / although like her with a loving heart; / such a small present / should not put us apart, / because my devotion is there / and is humbly placed at your feet. / I would offer you soul and life / if I would be mistress of my

own soul."

8. The plot based on the siege of a city has its origines in Aeschylus' *The Seven against Thebes* (467 BC). Its style is heroic and its presentation theatrical and ritualistic. Cervantes, in the late Renaissance, adapted the theme for *The Siege of Numantia* (1582). His play is melodramatic, full of action and allegory. Calderón deals with this theme for the first time in *Judas Macabeo* (1623). His style is grandiloquent and the plot has a lot of action: the Jewish people liberate Jerusalem from the oppression of the Syrian Lysias and his garrison.

9. Gorgias is a historical figure. Josephus presents him as a general of Antiocus Epiphanes, who was defeated by Judas Maccabaeus at Emmaeus (163 BC).

10. Lope de Vega based some of his most elaborate and well known plays on the leitmotiv of a song. Pertinent examples are *Peribáñez* and *El caballero de Olmedo*.

11. Lope de Vega, in his *Arte nuevo de hacer comedias*, states that the Spanish temperament enjoyed the representation of the heroic and religious accomplishments (293).

12. "It has been an honorable victory, / because the most glorious one is / for a man to conquer himself."

13. Estebanillo González observes the battle of Nordlingen from a prudent distance without taking part in the actual fighting, in spite of the fact that he is a soldier. See: *Vida y hechos de Estebanillo González* (1646), in *La novela picaresca española*, ed. A. Valbuena Prat (Madrid: Aguilar, 1956) 1776-1777. The comic situation of the character, who eludes participation in battle and narrates what is going on, was written into many scenes in the theatre of the Golden Age. For instance, Guillén de Castro has his cowardly shepherd look at the battle between the Cid and the Moors from a hill in *Las mocedades del Cid*, Act II, ed. E. Juliá Martínez, vv. 564-651 (Madrid: Ebro, 1960). Already the theorists of the Post-Renaissance admitted comic elements in what they called the heroic drama. See: Alonso López Pinciano, *Philosophia Antigua Poetica*, Epistle XI, ed. Carballo Picazo, Biblioteca de Antiguos Libros Hispánicos (Madrid: CSIC, III, 1973) 143-225.

14. Calderón excelled in developing the entanglement as Ignacio de Luzán pointed out in his *Poetics*. In his treatise he dedicated a chapter to "On the entanglement and solution in the fable" and he ends by saying: "Normally our Spanish authors, and especially Calderón, have produced with reasonable success the entanglement and denouement of their comedias". See: Ignacio de Luzán, *La poética o reglas de la poesía* (1737), ed. Selecciones Bibliófilas, II (Barcelona, 1956) 70. On the other hand, an important critic of the XIX century, M. Menéndez y Pelayo, could not accept the improprieties of Calderón's treatment of the subject, and objected to his anachronisms. See: M. Menéndez y Pelayo, *Calderón y su teatro* (Madrid: Revista de Archivos, 1910) 177.

15. "... when offended it is better / to have the worst husband alive / than the greatest honor dead."

Works Cited

Calderón de la Barca, Pedro. *Judas Macabeo, Segunda Parte de Comedias*. Madrid: María Quiñones, 1637.

Lasso de la Vega, A. *Calderón de la Barca*. Madrid: M. Tello, 1881. 188-97.

Leaney, A. R. C. *The Jewish and Christian World 200 BC to AD 200*. Cambridge, England: Cambridge UP, 1984. 88-89.

McCullough, W. Stewart. *The History and Literature of the Palestinian Jews from Cyrus to Herod*. Toronto: U of Toronto P, 1975. 112-21.

Russell, D. S. *The Jews from Alexander to Herod*. Oxford: Oxford UP, 1967. 43-52.

Vega Carpio, Lope Félix de. *El arte nuevo de hacer comedias en este tiempo*. Ed. Juana de Prades, Clásicos Hispánicos. Madrid: CSIC, 1971.

Elogio de la madrastra:
un discurso erótico de símbolos, máscaras y sensaciones

Jorge H. Valdivieso
American Graduate School
of International Management

> Cada objeto erótico es algo más que
> una cosa y algo menos que una volun-
> tad autónoma: es un signo variable.
>
> (*Los signos en rotación*, 199)

Al inicio de este estudio sobre *Elogio de la madrastra* será preciso recordar la diferencia que existe entre erotismo y sexualidad. En *Los signos en rotación* y otros ensayos Octavio Paz sintetiza esta diferencia en los siguientes términos:

> ... el erotismo no se deja reducir a la pura sexualidad animal. Entre uno y otra hay una diferencia que no sé si debo llamar esencial ... El mismo acto puede ser erótico o sexual, según lo realice un hombre o un animal. La sexualidad es indiferente; el erotismo, singular (181).

Y, ¿por qué esta advertencia? Porque no han faltado quienes, confundiendo los términos y los conceptos, han calificado a este libro de Mario Vargas Llosa de novela pornográfica, a la que no redimen los valores estéticos que ella encierra.

Así pues, el presente estudio analizará *Elogio de la madrastra* (un sistema de símbolos, máscaras y sensaciones) como un discurso narrativo en el que los elementos eróticos son factores coadyuvantes en el logro de las vivencias estéticas que el lector experimenta.

Los símbolos recurrentes, la fábula y los recursos histriónicos utilizados por Vargas Llosa en su *Elogio de la madrastra* van conformando el sistema erótico que sostiene la obra. La estructura de ella está constituida por dos fábricas yuxtapuestas: la primera, a la que podríamos denominar "narrativa", presenta sin complicaciones el relato; la segunda, que es un telón de fondo ante el cual y en el cual tienen lugar dos juegos histriónicos, despliega como tapices renacentistas alegorías sensuales y evocadoras.

La fábula que se relata es simple. Se trata del instante coyuntural de la vida de un matrimonio limeño de clase más bien acomodada, compuesto por don Rigoberto, un viudo de mediana edad, casado en segundas nupcias con Lucrecia, una dama divorciada que frisa en los cuarenta. Alfonsito, el hijo aún impúber de don Rigoberto es fruto de su primer matrimonio. La narración empieza con el desenlace feliz de lo que en muchas novelas constituye un momento climático en el desarrollo de la trama: la preocupación de los cónyuges de si el hijo del primer matrimonio aceptará o no a la madrastra. En esta novela de Vargas Llosa, la carta de cumpleaños que Alfonsito ha dejado sobre la almohada de Lucrecia disipa esa duda:

> ¡Feliz cumpleaños, madrastra! ... Eres la más buena y la más linda y yo me sueño todas las noches contigo. (15)

Sin solución de continuidad la historia se precipita y pronto el lector atisba el verdadero conflicto: ¿será este niño, a quien todos describen como la "personificación de la inocencia" el catalizador erótico que desencadenará la tragedia con su comportamiento ambivalente de "cupido angelical"?

Alegre y emocionada, Lucrecia cede a un impulso de gratitud y va al cuarto de Alfonsito cuya "carita de Niño Jesús" asustada primero, sorprendida después, más tarde sonriente y finalmente arrobada fue el preludio de esa cadena de "sensaciones diferentes" que irían calando de un confín a otro el cuerpo de la madrastra. El niño, en cambio, después de despertar seductoramente las sensaciones sensuales de Lucrecia, se refugia en su inocencia (¿máscara?) infantil, mientras ella aturdida se increpa a sí misma su desliz, con estas palabras:

> ¿Era posible que la caricia inconsciente de un niño la pusiera así? Te estás volviendo una viciosa, mujer ... ¡Qué vergüenza, Lucrecia, qué vergüenza! (20)

Días después la madrastra descubre, por informes de Justiniana, la criada, que Alfonsito espiaba su desnudez desde la claraboya del cuarto de baño, y que había confesado que la amaba. Ante esta revelación, Lucrecia decidió terminar el equívoco adoptando una actitud fría y distanciante que iría poco a poco apagando las fantasías que había forjado el niño. Mas estaba equivocada.

Otra vez Justiniana es la mensajera de nuevos desastres:

> ¡El niño Alfonso dice que se va a matar! ¡Porque usted ya no lo quiere, dice! ... Está escribiéndole una carta de despedida, señora. (109)

Lucrecia se precipitó al cuarto del niño, donde él al verla se desató en sollozos (¿otra máscara?). La promesa de que se mataría si la madrastra volviera a tratarlo así acalló en Lucrecia los escrúpulos que su razón aún le dictaba, y

> Cuando la boca del niño buscó la suya, no se la negó. Entrecerrando los ojos se dejó besar ... Aunque en lo profundo de su espíritu, una voz la urgía a le-

vantarse y partir, doña Lucrecia no se movió. Más bien, estrechó al niño contra
sí y, sin inhibiciones, siguió besándolo con un ímpetu y una libertad que cre-
cían al ritmo de su deseo. (114-15)

El desenlace de la fábula está lleno de ironía. Rigoberto se entera de
la terrible verdad porque el mismo Alfonsito se la descubre al hacerle leer
la tarea escolar que, bajo el título "Elogio de la madrastra" había escrito.
Hay un epílogo que cierra la historia de amor de don Rigoberto y Lucrecia; Justiniana lo resume bien al enrostrarle al niño su hipocresía:

> Hiciste que tu papá la botara de esta casa como un perro ... Por tu culpa, ella
> debe ser ahora la mujer más desgraciada del mundo. Y don Rigoberto también,
> desde que se separó de tu madrastra parece un alma en pena. (191)

Sin embargo, el epílogo no es un final para Alfonsito, porque él, bajo
esa "carita (¿careta/máscara?) de angelical inocencia" abrigaba "más mañas
y retorcimientos que todos los viejos". En efecto, Fonchito volvió a empezar su juego histriónico; sus dardos de diocesillo mitológico se dirigían
ahora a Justiniana. Los labios del niño se aplastaron a los de ella y, cuando trastabillando huía de él, su risa lúdica "fresca, rotunda, sana, infantil
... parecía llenar toda la noche y subir hasta [las] estrellas" (198).

El segundo aparato narrativo lo constituye ese telón de fondo, donde
aparecen como tapices eróticos escenas mitológicas que no son sino otra
versión de la realidad relatada. En efecto, en los capítulos 1, 3, 4, 6, 8, 10,
11, 13 y en el epílogo se enreda y desenreda, se ilumina y ensombrece la
armonía sensual que reina entre don Rigoberto y Lucrecia.

En esos capítulos el esposo practica sus rituales higiénicos solitarios y
sus fantasías eróticas evocando a su mujer. Fonchito lee novelas de Alejandro Dumas, asiste a la escuela, atisba la desnudez de la madrastra y
manipula a todos los personajes del relato, oculto bajo su máscara de
inocencia. En esos capítulos florece la sensualidad de Lucrecia fomentada
por el amor del esposo, pero también es atrapada en los hilos sutiles de
la inocencia de Alfonsito.

Los capítulos 2, 5, 7, 9, 12 y 14, en cambio, corresponden a los mitos
del amor, herencia innata que subyace como estrato profundo en nuestra
naturaleza, y que siglo tras siglo aflora pujante en el arte y la literatura.
Como lo expresó Adolf Loos:

> Todo arte es erótico. El primer ornamento fue de origen erótico. La primera
> obra de arte, el primer acto artístico que el primer artista garabateó en un muro
> para desahogar su exhuberancia, fue erótico. Una línea horizontal: la mujer ten-
> dida. Una línea vertical: el hombre que la penetra. (277)

Entre los capítulos del relato y los capítulos de las alegorías mitológicas existe tal paralelismo que podría decirse que son reflejos de una misma realidad desdoblada. Hasta las pinturas que preceden a los capítulos
corresponden tanto al contenido de los capítulos del relato como al de las

digresiones alegóricas.

El capítulo dos empieza con una reiteración que se superpone al texto final del capítulo 1, uniendo y explicando el erotismo de las escenas de amor de Rigoberto y su esposa. El capítulo cinco, ilustrado con una reproducción del óleo de "Diana después de su baño" del pintor François Boucher, describe las abluciones de esta diosa confundiéndose con las de Lucrecia del relato de Vargas Llosa, rodeada de Justiniana su favorita y espiada por el pastorcillo (¿Alfonsito?), cuya sangre bulle con sólo mirar el cuerpo escultural de la diosa (¿la madrastra?).

"Venus con amor y música" es el título del capítulo siete, en el que la escena del Tiziano se adultera con la irrupción extemporánea de don Rigoberto que perturba la erótica armonía de la música, de las fábulas enardecedoras que el niño seductor le susurra al oído, del vino y de la miel. Y el capítulo nueve, precedido por la monstruosa pintura de Francis Bacon, es un preludio apropiado para el capítulo diez que describe con crudeza las escenas escatológicas del fluir de las excrecencias y de los esfuerzos defecatorios de don Rigoberto.

También el capítulo doce calza con precisión en la estructura de correspondencias a las que nos estamos refiriendo. Su título —Laberinto de amor— es como una premonición de lo que acontecerá en el capítulo siguiente, y el simbolismo que encierra el texto dibuja vagamente las siluetas de los personajes y deja entrever en lontananza la destrucción de esa absurda triada erótica compuesta por Rigoberto, Lucrecia y Alfonsito.

La estructura narrativa de capítulos paralelos que Mario Vargas Llosa ensayó en *La tía Julia y el escribidor* logra un indudable éxito en esta última novela. Así vemos que en *Elogio de la madrastra* las dos fábricas narrativas no sólo se corresponden, sino que se identifican entre sí. Cuando los capítulos del relato llegan a un punto en el que la acción o los personajes corren peligro de caer en lo prosaico, los capítulos alegóricos los redimen, logrando así que la novela mantenga la altura de una obra de gran valor estético. Esto se debe a que Rigoberto, Lucrecia, Alfonsito y Justiniana trascienden sus papeles de esposo ritualista, de esposa sensual, de niño precoz y de servicial criada para desdoblarse en las figuras difuminadas de trovadores, Dianas, Cupidos y favoritas que toman vida en las escenas alegóricas de la novela.

Abordemos ahora el estudio del parámetro simbólico. Una de las limitaciones principales que afligen al hombre contemporáneo, dice Anthony E. Gilles en su artículo "Símbols, Signs and Idols" es la ignorancia u olvido de la dimensión simbólica del universo (27). En algún instante de nuestro devenir histórico hemos olvidado que hay una verdad simbólica y que esa verdad nos abre un universo existencial profundo y fértil.

El prurito de sólo aceptar la ciencia y la tecnología ha hecho que olvidemos o ignoremos el valor simbólico del mito que, aun a vuelta de siglo y durante su primer tercio permeaba la obra de los artistas y literatos de la llamada "belle époque" o la "triste epoque". Por eso *Elogio de la madrastra* trasmite una sensación de frescura, de un redescubrir nuestros orígenes, antes de que los tabúes se entronizaran y las prohibiciones se impusieran como normas. Esa sensación es el resultado de la presencia del símbolo.

La palabra "símbolo" corresponde a las palabras griegas συ -βαλλω que significa "echar junto", "juntar", "concordar". Los símbolos, pues, hacen que nos unamos, que concordemos, que nos sumerjamos en niveles de significación más profundos. Eso ocurre en *Elogio de la madrastra*. Para que el erotismo de las relaciones de los personajes conserve ese matiz delicado, Vargas Llosa incluye toda la carga simbólica de jardines, fuentes, diosas, perfumes, trovadores, música de órgano, pastorcillos, amantes, luces, sombras y murmullos. Hasta minotauros, príncipes y esclavos hacen acto de presencia en la obra.

Fiel a ese artificio simbólico, el autor utiliza también el recurso de los contrarios. Opuesto al símbolo está el concepto de la "desavenencia", la "separación", el "inducir al error" (que es la ausencia de la verdad, la negación de lo auténtico: las máscaras). Es el concepto que en griego se expresa como δια-βαλλω. *Símbolo*, y su contrario, *diablo* —¡qué descripción más exacta de los contrarios!

Entre los elementos simbólicos más recurrentes en *Elogio de la madrastra* está la figura del diosecillo Eros. A lo largo de la novela, Eros (Alfonsín) oscila entre la posición de símbolo —elemento que une a los personajes— y de diablo —elemento disociador, engañoso, que polariza a los personajes. Hasta en el acto de mayor compenetración conyugal entre Rigoberto y Lucrecia, Alfonsín era el vínculo que hacía que esa unión fuera más intensa y sincera:

> ... Rigoberto musitó una vez más que la quería... . Ella lo escuchaba conmovida y dichosa pero aun ahora no podía dejar de pensar en el niño. Sin embargo, esa vecindad intrusa, esa presencia mirona y angelical no empobrecía, más bien condimentaba su placer con una esencia turbadora y febril. (116-17)

Pero, como dijimos antes, ese símbolo de amor —Eros (Alfonsín)— es un elemento oscilante. El símbolo empieza a distorsionarse, hasta que en el capítulo trece llega al extremo contrario —el diabólico:

> Don Rigoberto ... siguió leyendo ... Hizo un esfuerzo supremo y cerró el cuaderno y miró. Sí, ahí estaba Fonchito, observándolo con su bella cara beatífica. "Así debía ser Luzbel", pensó. (174-75)

Alfonsito, símbolo del amor, distorsionándose en el texto, se vuelve un signo intermedio primero —ídolo de Lucrecia— y, cuando termina la trayectoria de transformación, se convierte en el signo contrario —δια-βαλλω— demonio que separa, que dispersa, que engaña:

> —¿Hiciste todo eso por doña Eloísa? ¿Porque no querías que nadie reemplazara a tu mamá? ¿Porque no podías aguantar que doña Lucrecia ocupara el lugar de ella en esta casa? ...

—Lo hice por ti, Justita ... No por mi mamá. Para que [la madrastra] se fuera de esta casa y nos quedáramos solitos mi papá, yo y tú. (197)

Elogio de la madrastra: discurso de símbolos que se distorsionan en ídolos y terminan en diablos; y eso, sólo por el milagro de la palabra. Octavio Paz dice en *El signo y el garabato* que "El cuerpo de la mujer [es] como un homólogo del altar védico; y [que] el rito sexual [es] como una metáfora del antiguo sacrificio ígneo" (47). Y dice también:

> Los cuerpos son el teatro donde efectivamente se representa el juego de la correspondencia universal, la relación sin cesar deshecha y renaciente entre la unidad y la pluralidad. (176)

Ritual y acto histriónico —juego de gestos y percepción de máscaras que ocultan ídolos o tal vez demonios— eso es también este libro único de Mario Vargas Llosa.

Obras citadas

Gilles, Anthony E. "Symbols, Signs, and Idols". *St. Anthony Messenger* 7 (1989): 27.

Loos, Adolf. *Sämtliche Schriften*. Viena: Gustavo Klimt, 1962.

Paz, Octavio. *El signo y el garabato*. México: Editorial Joaquín Mortiz, 1973.

_____. *Los signos en rotación*. Madrid: Alianza Editorial, 1971.

Vargas Llosa, Mario. *Elogio de la madrastra*. Bogotá: Arango Editores, 1988.

_____. *La tía Julia y el escribidor*. Barcelona: Seix Barral, 1977.

Paraísos particulares en el
teatro español contemporáneo

L. Teresa Valdivieso
Arizona State University

En literatura organizar escritores y libros en generaciones y estilos suele ser un socorrido sistema. Si como operación cultural puede resultar interesante esta práctica, y sin achacarle ningún demérito, debo confesar mi impresión de que a veces esos encasillamientos son cofres muertos que solo algún erudito "a la violeta" se atreve a profanar. Sin embargo, hoy proponemos otro punto de partida para aproximárnos a la literatura contemporánea: las diferentes utopías de nuestro tiempo: la droga, la prostitución, el robo, la cárcel, la homosexualidad, lo escandaloso, lo crudo. El enfrentamiento clásico entre posibilistas y utópicos no es una mera lógica de literatura, sino un reflejo literaturizado de una situación actual y es ésta la razón por la que desde hace algún tiempo me he dedicado al estudio de los problemas concretos que supone el equilibrar sobre el escenario cuanto de farsa e ironía hay en estos textos nacidos, en definitiva, de la violencia que envuelve a la vida moderna, de la desesperación, del aislamiento. Cada uno resuelve su soledad como puede, creando sus propios paraísos particulares, en el drama que vamos a comentar titulado *El adiós del Mariscal*, el Mariscal lo hace divirtiéndose con su prostituta de turno.

Su autor es Luis Matilla,[1] un autor de los que inician su andadura dramática sin prisa, pero sin pausa. Para los lectores o espectadores inquisitoriales, Matilla es una especie de hombre peligroso, "el hombre del saco", "el coco" que pasa entre dos luces y asusta a los chiquillos. Lo que sucede es que los presupuestos dramáticos de Matilla se limitan a descubrir, sin veneno ni amargura, la dimensión carnavalesca de esos paraísos particulares en lo que tienen de síntoma y de peligro para todos.

Octavio Paz ha escrito en *El laberinto de la soledad*: "Para el español la deshonra consiste en ser hijo de una mujer que voluntariamente se entrega, una prostituta; para el mexicano en ser fruto de una violación" (72).[2] En esta frase queda claro el término hombre español y hombre mexicano, lo que no queda claro es la palabra "prostituta". Sin embargo, analizando el verbo "entregarse" se diría que implica algo así como una capitulación, una cuestión de victoria y derrota, es imposición y derribo del límite. Si la prostituta es la mujer que se entrega, es decir, la mujer corrompida, vencida y rota, viene muy a propósito para asociarla con la obra de Luis Matilla, objeto de este estudio, *El adiós del Mariscal*, no solamente en el sentido histórico literal de la prostituta que aparece en el drama, sino en el sentido metafórico de que ambos comparten una corrupción, una ruptura, una subversión.

La puesta en escena de este drama es una arriesgada pirueta estética; un juego entre varios contextos lingüísticos, una verdadera polifonía en la que, como nunca transcurre en el vacío, ninguna estructura representa una semántica fija, de tal modo que la obra no tiene más esencia semántica que el ser una violación de la realidad que se hace y se deshace sin cesar.

La base argumental del drama se puede presentar muy simplemente. La muerte inesperada de un Mariscal tras una noche pasada en compañía de su última prostituta. Este es el hecho que pone en movimiento la obra y la determina como un todo orgánico. Al levantarse el telón y sin que nada lo anticipe, se introduce una alusión al acontecimiento desencadenador del drama. Una Mujer, la prostituta, nos presenta una especie de pretexto:

> Prostituta.— Bueno, otra vez lista para la lucha ... Movías tanto los ojos que en seguida he comprendido que lo que querías era que me quedara un poco más. ... Me prometiste un bolso. Si me compras el bolso y me das algo para meter dentro, me pones en casa. (77)

Hasta aquí durante este monólogo que la prostituta sostiene ante la cama del Mariscal todo parece revestido de la mayor normalidad, el monólogo es lógico y esperado, como también lo es cuando la oímos decir: "Bueno, págame, que me voy" (77). Pero, de súbito, se produce la ruptura, lo inesperado: la prostituta mira muy fijamente hacia la cama:

> Prostituta.— Mariscal ... estás, estás ... estás muy pálido. Mariscal, estás, estás muy quieto ... Mariscal, estás ... estás muy ... muy muerto. (78)

A partir de esta manifestación metafórica y alegórica, nos enteramos de la muerte del Mariscal la cual se sitúa en un metanivel con respecto al texto del drama al chocar violentamente con lo esperado por el espectador; y la muerte del Mariscal se constituye en el núcleo de la tensión dramática y, por lo tanto, generador de la obra. Luego, la pieza recobra su línea lógica. Un nuevo personaje hace su entrada en el escenario, es el Ayudante que viene, como de costumbre, a despertar al Mariscal:

> Ayudante.— Las nueve, mi Mariscal, le deseo un día glorioso. ... Tendrá que darse prisa, mi Mariscal. Recuerde que con el uniforme de los viernes solemos tardar más de tres cuartos de hora, y encima hoy le toca ducha y lavado de oídos. (78)

Nos encontramos con una situación dramática insólita, e inmediatamente se produce la ruptura:

> Ayudante.— ¡Mariscal!, ¡Mariscal! ... No, no es posible, no puede ser cierto. (78)

Y como apoyatura de esta ruptura dramática, surge el encuentro, totalmente imprevisto, entre el Ayudante y la prostituta:

> Ayudante.— ¡Eh! ¿Quién es usted?
> Prostituta.— Yo hago la carrera en la plaza Malví. A partir de las seis; tengo horario de tarde-noche.
> Ayudante.— ¿No se da cuenta de que se halla ante un muerto glorioso? ¿Con qué derecho?
> Prostituta.— Pues con el derecho de la llamada que me hizo el glorioso cuando aún estaba vivo. (79)

Mientras se desarrolla esta escena, el Ayudante se ha apercibido de la facha de la Mujer, la cual, realmente, "tiene pinta de fulana"; el Ayudante le ordena que se quite toda aquella pasta de la cara porque tal como está no sería decente que permaneciera en el sagrado lugar en donde reposa el cadáver de un Mariscal.

La Mujer, tras varias vacilaciones, empieza a limpiarse pausadamente la cara. A partir de este momento, la figura de la prostituta ha quedado desdoblada: la Mujer provocativa, ataviada de chillones colorines y la que hace su aparición tras la máscara que la ocultaba: una mujer de edad avanzada y de rostro desvaído e inexpresivo; pero ambas figuras se perfilan en el mundo de lo grotesco; un mundo que se construye y se destruye en el libre juego de la realidad y este juego dramático anuncia ya la desrealización, es decir, la violación semántica del texto, violación que en términos de Mikhael Bakhtin recibiría el nombre de proceso carnavalesco.[3] En efecto, hay muchos rasgos que vinculan la obra con los géneros literarios carnavalescos porque todo el drama veremos que se desenvuelve bajo el signo de la trasmutación.

En efecto, con la fisión de la prostituta en realidad y máscara toda la obra se ha desgarrado, se han roto los hilos que dividen el mal físico del mal síquico, e incluso el espectador se ve obligado a desdoblarse, contemplando la escena; y la esencia del drama radicará precisamente en el encadenamiento dialéctico de esas rupturas donde pervive la simbología del carnaval. Nos hallamos, pues, ante un nuevo espacio teatral en donde todo se desarrolla bajo el signo del carnaval y bajo ese signo se hallarán desde ahora el espacio dramático y el juego de las voces textuales. En cuanto al espacio dramático veremos que se ha fisionado en dos: el primero, prosaico, negro como el largo velo que cubre todo el rostro de la viuda del Mariscal; un mundo podrido, que de cercenado ya se viene abajo y que encuentra su mejor correlato dramático en el bolso totalmente descosido de la prostituta; en el traje del Ayudante de corte antiguo, viejo y lleno de brillos y en la misma vestimenta de la Viuda cuyo "traje parece haber sido adaptado para el luto urgentemente por medio de un 'spray'". (81)

El segundo, en contraposición, emerge ampuloso, de una ridícula y carnavalesca solemnidad y está representado por el Ayudante del Mariscal y por el Brigadier que hace su aparición en escena dispuesto a despertar amistosamente al que cree dormido Mariscal.

En realidad estos dos espacios no son sino la resultante del enfrentamiento decisivo de los personajes con su realidad existencial. Asimismo no cabe duda de que son también estos dos mundos los que confieren la identidad dramática a la obra. Pues, si con la llegada del Ayudante y del Brigadier parecía que el drama iba a seguir los derroteros de la comedia de acontecimiemtos, la irrupción de la Viuda en el escenario y la necesidad de preparar la noticia del fallecimiento para la opinión pública sellan la pauta dramática y nos introducen en un ambiente: el de la vida del Mariscal. Por lo tanto, la fábula deja de ser anecdótica para trascender al plano del signo y a partir de ese momento el objeto-signo —el drama— no tendrá ya nada de abstracto; al contrario, cada personaje es tan activamente concreto que confiere una autenticidad sin límite a su mundo, mundos donde el juego grotesco se esboza como una menipea[4] y, como tal, aunque serio, es a la vez cómico y trágico en el sentido en que lo es el carnaval. Se diría que la fantasmagoría y el simbolismo se fusionan, a este punto, con un naturalismo macabro.

En este escenario carnavalesco tres sistemas comunicativos se entrelazan: el *yo-yo* del Brigadier y el *yo-él* de la Viuda y de la prostituta. En el caso del sistema *yo-él*, nos encontramos con una información que nos es transferida naturalmente, basada en una realidad vivida. En el caso del sistema *yo-yo*, la información es transferida reformulada según unas categorías determinadas que vienen a llenar las intenciones de un *yo* que ignora por completo la existencia de un *tú* en la dialéctica dramática. De tal manera que, de la conjunción de la voz de la realidad: *yo-él* —la Viuda y la Prostituta— y la voz de la máscara: *yo-yo* —el Brigadier y el Ayudante— surge la historia de la vida del Mariscal que más parecería la historia de dos vidas separadas. He aquí un parlamento entre el Ayudante y el Brigadier hablando del Mariscal:

> Ayudante.— Sus últimos pensamientos fueron para la patria.
> Brigadier.— Para la justicia.
> Ayudante.— Para los pocos que sufren.
> Brigadier.— Para los muchos que viven. (81)

La perspectiva de la Viuda inspirada en la realidad viene a completar el cuadro, cuando dice extrañada: "El nunca pensó tanto" (81).

Un diálogo de contrapunto sigue perfilando lo que será la biografía del Mariscal. Oigamos al Brigadier dirigiéndose a la Viuda:

> Brigadier.— Tiene que empezar a recordar.
> Viuda.— ¿Recordar?
> Brigadier.— Sí, naturalmente, la historia que ellos esperan escuchar y que nosotros hemos de ofrecerles. ... ¿Qué recuerda de la infancia del Mariscal?
> Viuda.— ¿La infancia del Mariscal? No sé. En casa hay algunas fotos. Era gordo, creo que andaba despacio y le salieron tarde los dientes.

Brigadier.— ¿A qué jugaba con él?
Viuda.— A nada. No nos conocíamos entonces. (82)

Mas el Brigadier no se arredra por la falta de palabras reveladoras por parte de la Viuda, y haciendo una indicación al Ayudante para que anote las declaraciones como si realmente partieran de ella, prosigue: "El siempre jugaba con soldados de plomo. ... Movía las figuras con energía ... Nunca le vio hacer retroceder a uno de sus soldados. ... ¿Qué ocurrió después?" (82).

Este desplazamiento del enfoque a una omnisciencia por parte del Brigadier, tiene su reclamo en las palabras de la Viuda quien como entidad real que defiende su propia identidad responde: "¿Después? No lo sé". Pero el Brigadier, recluido en otro espacio que permita el avance de la obra, se constituye en el *yo* que se habla a sí mismo, como del otro, de ese *tú* de las hazañas imposibles, y así continúa: "Una juventud brillante, esforzada, llena de búsquedas, de inquietudes ... deseaba repartir su vida entre usted y la patria" (82). Discurso éste, que la Viuda interrumpe preocupada al preguntar: "Y ¿qué señora era ésa?". Y el Brigadier continúa como un charlatán de barraca de feria haciendo la loa del Mariscal, interrumpido siempre por la Viuda que no puede menos de exclamar: "¿Hablan ustedes de él?". Y para que nada falte en esta polifonía, la voz de la prostituta, acurrucada en un rincón, quien, cual tema de fondo, irrumpe aquí y allá pidiendo su salario por los servicios prestados.

Se podría muy bien afirmar que el significado de las palabras de la Viuda y de la prostituta funcionan como índice diegético de la racionalidad del drama; pero bastará insertar en ese código racional otro código para que la obra se abra a nuevas significaciones. Y en efecto, a partir de ese momento dramático otro código simbólico —y entiendo por simbólico no racionalizable— se inserta en el código racional de la Viuda haciendo que la obra trascienda a una última significación. Por unos momentos al espectador le parece que la Viuda se debate mentalmente entre pensamientos lógicos y motivados por la realidad vivida y aquello que el Brigadier y el Ayudante quisieran escuchar; y finalmente, desasosegada, como si tratara de bucear en un mar de recuerdos inexistentes, dice:

¡Cómo no voy a recordar aquellos días felices, a nuestros hijos, el invernadero donde él pasaba tanto tiempo cuidando sus flores! (82)

Desde este momento el espectáculo se precipita. El juego se convierte en actividad y, en ese carnaval, los personajes resultan aniquilados como el *yo* y como *el otro*, como seres humanos y como máscaras. Es decir que los dos textos —el de la realidad y el de la fantasía— se alcanzan, se contradicen y se relativizan. Y es en ese proceso dialógico en el que el discurso de la Viuda se llena de frases hechas, de repeticiones, de los mismos conjuntos vacíos de que se vale el Brigadier, el cual dice dirigiéndose a la Viuda: "¿Ve como no era tan difícil?" Y la Viuda continúa diciendo:

> Los niños siempre fueron para él lo primero. Cuando las maniobras lo alejaban por largo tiempo de casa, era capaz de viajar por todo un día a caballo, con tal de pasar dos horas con los pequeños y media hora con sus flores. (82)

Todos estos son ejemplos de los disfraces carnavalescos que crea el autor en la obra; al fin de cuentas, es el autor quien moldea el libre albedrío de sus personajes; pero en esta polifonía, en este juego de carnaval, falta todavía el juego del espectador. Evidentemente el espectador se estremece ante este choque de realidad y máscara ya que cada elemento añadido al relato de la vida del Mariscal es un desgarrón más en la historia en la que se ha compensado por medio de una técnica de suplantación lógica una primordial no-existencia de virtudes y valores. La carnavalización nos ha llevado a la explicación de la parodia ya que en las sociedades monológicas —como lo fue la del tiempo de Franco— el mensaje uniforme cacareado por todos los medios de información y a todos los niveles del discurso público, se convierte en la realidad, la sustituye.

Estéticamente, el dramaturgo ha buscado una poética en la que el lenguaje dramático se enriquece con la mueca carnavalesca. Y la risa, en este drama, tiene un papel farsesco también; no sólo en cuanto ella es provocada por rupturas, sino porque en sí misma es ruptura. La risa que emana del teatro de Matilla, no es sincera e individual, es una risa social, comprometida. Si el espectador se hallara al margen del mundo de las máscaras, la obra de Matilla le resultaría indiferente; pero se ríe, porque se siente elemento de enlace de esa dialéctica —*ser* y *no-ser*— que no termina aunque termine el drama.

En conclusión, *El adiós del Mariscal* se nos entrega como un ejemplo vivo de afirmación de la miseria ético-social del mundo. Matilla no ha hecho más que mostrarnos esa cara dolorida de la sociedad que, como la prostituta, oculta bajo la máscara sonriente un rostro desvaído, vacío y casi muerto. La fantasía carnavalesca nos ha ayudado a descubrir la verdad en la vida. Es otro dramaturgo, Alonso de Santos, el que nos dice que "en la vida diaria hay que hacer el número, como en los circos, pero sin música, de forma absurda y ante un público que ni siquiera paga por vernos caer del trapecio y rompernos la crisma" (13-14). Así pues, vivimos cada día una gran pirueta en ese escenario del carnaval que es "escenario y vida, juego y sueño, discurso y espectáculo" (Kristeva 209).

Notas

1. Para una idea más amplia de la dramaturgia de Luis Matilla, el lector puede referirse a Francisco Ruiz-Ramón, *Teatro español del siglo XX* (541-45); Pilar Pérez-Standsfield, *Direcciones de teatro español de posguerra* (294-95, 297-98) y L. Teresa Valdivieso, *España: Bibliografía de un teatro silenciado* (49-55).

2. A este respecto cita Paz a Manuel Cabrera quien observa que la actitud española refleja una concepción histórica y moral del pecado original, en tanto que la del mexicano, más honda y genuina, trasciende anécdota y ética.

3. Usamos el término "carnavalización" siguiendo a Bakhtin cuando al describir el impacto del carnaval dice que son fiestas en las que el tonto es sabio y el rey, mendigo. En resumen fiestas en las que se proclama la "jolly relativity" de todas las cosas (Seller 18).

4. Sobre la "menipea", consúltese Julia Kristeva (214+).

Obras citadas

Alonso de Santos, José Luis. *La última pirueta*. Madrid: Ediciones Antonio Machado, 1987.

Kristeva, Julia. *Semiótica I*. 2ª ed. Madrid: Fundamentos, 1981.

Matilla, Luis. *El adiós del Mariscal*. *Primer acto* 123-24 (1970): 77-83.

Paz, Octavio. *El laberinto de la soledad*. México: Fondo de Cultura Económica, 1959.

Pérez-Stansfield, Pilar. *Direcciones de teatro español de posguerra*. Madrid: Porrúa Turanzas, 1983.

Ruiz-Ramón, Francisco. *Historia del teatro español siglo XX*. Madrid: Cátedra, 1975.

Seller, Raman. *A Reader's Guide to Contemporary Literary Theory*. Lexington, Kentucky: UP of Kentucky, 1985.

Valdivieso, L. Teresa. *España: Bibliografía de un teatro silenciado*. Lincoln, Nebraska: Society of Spanish and Spanish-American Studies, 1979.

Class, Gender and Parody in Pardo Bazán's *La Tribuna*

Mary S. Vásquez
Michigan State University

Near the conclusion of Pardo Bazan's third novel, *La Tribuna* (1883), the cigarette maker Amparo and her military captain lover Baltasar hold the last of their Sunday meetings at the café of the soda pop factory, chosen for its discreet removal from Baltasar's usual haunts. Waiting for him, Amparo feels the chill of the season's change. Above her, the grapevine's bony arms wear the purple tatters of the last leaves of autumn.

Once Baltasar arrives, his nervousness and their mutual silence make time painfully long. She carries unspoken news of the child she will bear, while he ruminates on the financial windfall coming to his upper-class girlfriend of sorts. Occasional gusts move fallen leaves on the cold table, "produciendo un ruidito seco" (233). Confrontation breaks their slow-moving silence. As Baltasar's words end Amparo's illusions, the wind and her anger quicken together. Soon, very soon, it is over. "Al salir la Tribuna, una ráfaga más fuerte desparramó por la mesa muchas hojas de vid, que danzaron un instante sobre la superficie de granito, y cayeron al húmedo suelo" (236).

This break-up scene represents a confluence of the fundamental images employed in *La Tribuna* and of the major moving forces which the novel depicts. It will be our purpose here to examine these central images and forces as they mold a vision of class and gender in a dialectic of power, then to explore the process and workings of parody —a parody which fundamentally alters our interpretation of this little-studied and appreciated novel.

The images exist primarily in opposed pairs: heat-cold, spring-fall, passion-calculation, illusion-reality, descent-ascent, with the first member of each pair female-linked, the second male-tagged. There is also a continuum of birth-fruition-decay in whose application to human love naturalist praxis flirts with Bécquer. The reigning realities of class and gender constitute insistent linear progressions running through image pairs and continuum alike, while the theme of power zig-zags and cross-cuts, the power alternately held by Baltasar and Amparo —the privileged and the plebeian, the male and the female— inversely proportionate in each case to that held by the other.

It hardly surprises the reader that Baltasar's pursuit of Amparo should culminate in sexual conquest in the spring, amid greenery and with the taste of strawberries in the mouths of both, or that Amparo's hopes of marriage and upward mobility should join the decaying leaves on the wet earth when he rejects her the following fall. The essential opposition of the two lovers is carefully established in the text well before their first tryst. When Amparo enters Baltasar's home to sing *villancicos* during the Christmas holidays with other poor children, we learn that the unkempt girl whose greatest pleasure is the teeming life of the streets has begun to mature, a process which has left intact her fervor and hunger for life. "... No sé qué flor de adolescencia empezaba a lucir en su persona; el moreno de su cutis era más claro y fino; sus ojos negros resplandecían" (85). Celebrating his birthday that Wise Men's Day, Baltasar is charactèrized, on the other hand, by "una fisonomía delicada, casi femenil, un bigotillo blondo incipiente, unos ojos entre verdosos y garzos que la registraban con indiferencia" (85), even as he much later retains his "phlegmatic mien" in the face of Amparo's fury. Her intensity and sensuality, consistently suggested throughout the novel by images of heat and light, come to full expression in her young womanhood. "Amparo se perecía por los colores vivos y fuertes ..." (94), which must surely show to best advantage her emerging beauty.

Emotional and impulsive, quick to anger and virtually uncensored by any controlling force in the content of her speech, Amparo is opposite to Baltasar, who is "cold and uncommunicative" (196), possessed of a "calculating temperament" (217). "Su temperamento moral no subía ni bajaba a dos por tres; no se le conocía ardor ni entusiasmo por ninguna cosa ..." (136). Nor is Baltasar, unlike Amparo, particularly attractive. Everything in him seems to have been measured short; there are repeated references to the officer's almost colorless eyes, devoid of the spark which lights Amparo's. In the autumn light of their final meeting, Baltasar's face is "hard and angular" (233), and his pale moustache has taken on a metallic sheen to match the "glacial limpidity" (233) of his gaze. By contrast, Amparo sheds "searing tears" (232). Her look is "blazing" (236), her eyes "aflame" (235) and her anger boiling. Significantly, their first tryst has occurred as night fell and cool came with the evening air. As the fall approached, Amparo has met Baltasar in the cold of the fields or of the deserted roadway. The cold has penetrated her as has he, and at the café that final Sunday, "Amparo sentía mucho frío cuando Baltasar llegó" (232).

Baltasar has been bred by class to use and throw away. And the use of a humbler class, as Amparo's friends endeavor to remind her, is a very old game, one rendered predictable in both occurrence and outcome and viewed with a certain moral indulgence by fellow members of the privileged classes. Baltasar knows he can carry out his desires with relative impunity. Approach, conquest, and rejection have been acted out many times before. If Amparo's is the passion of a sensuous woman for the one man who has won her heart —though she does insist upon a promise of marriage before yielding and dreams of (upper-class) life by Baltasar's side— his is the appetite of the consumer. After all, he reasons cynically, "El cigarro es aromático y selecto; ¿qué le importaba al fumador el modo de elaborarlo?" (227), in a much more sincere version, for him, of the "Ya no hay clases" motif which he and Amparo repeat to one another. A cigar, of course, leaves only smoke and ash. Once consumed, it need no longer concern the smoker, who can look forward to another.

The love story plot line of *La Tribuna* is, to be sure, well-plowed ground. One might venture to call it trite, considering the number of Victorian novels in this mode —privileged man seduces lovely poor girl, only to abandon her as she awaits the birth of their child— as well as the vast "purple prose" output of the pulp writers. Yet *La Tribuna* is neither hackneyed nor trite. What makes doña Emilia's work far more substantive than the essential plot line would suggest is the author's exercise of verbal restraint, her deft use of irony, and the multi-faceted exploitation of the resources of parody. Pardo holds back in verbal expression with the artist's touch of suggestion, stopping short of the maudlin and leaving much understated or unsaid. The potential melodrama is undercut, subverted in a narrator-reader collusion heavily dependent upon reader privilege. The narrator's systematic subversion of Amparo's growing illusions as to possible outcomes of her affair with Baltasar creates an ironic distance which lessens reader identification and qualifies reader empathy, freeing it from the bonds of situation to become an empathy of character, as narrative use of political, religious, and literary intertexts creates a subversive parody of Amparo's more public functioning.

Amparo's image of herself as "señora de Sobrado" is repeatedly undercut by the text in a number of ways. Fellow cigarette maker Ana —herself involved for over a decade with a mercantile captain who, perhaps to the benefit of both of them, is away most of the time— cautions her friend about the dangers of dalliance with the privileged and pretentious. "Como el hijo es de tropa, piensa que sólo la princesa de Asturias sirve para él" (193), she notes. Speaking of numerous cases in the factory itself, Ana observes that "la que se conformaba con los de su clase, aún menos mal, pero la que andaba con señores ..." (194). Amparo's childhood companion Carmela the lacemaker, on the eve of her departure to fulfill her dream of convent life, also attempts to warn her. Amparo's response in both cases is an angry one. Later, the Tribune's crippled mother calls her pregnant daughter to her bedside, violently invoking her own honorable married life in poverty, a truth which Amparo cannot deny. When Amparo returns one day to her former neighborhood, the huge Pepona laughs derisively at her, seeming to relish the prospect of the girl's perdition. And as the inevitability of her fall is marked by Amparo's fatalistic reflections on the conviction that a person of her class is "indefenso ante el mal" (194) and that "Tampoco yo, gracias a Dios, soy ninguna perdida ... me parece" (195), so, too, do mockingly ironic and matter-of-fact narrative asides continue the undercutting of her illusions. Hence, Baltasar and his friend Borrén —without whose incitement to action the affair might never have occurred, so phlegmatic is the Sobrado heir— meet to formulate a plan "que debelase la republicana virtud de la oradora" (178). The light-dark, heat-cold dichotomy is similarly employed as a marker of inevitable failure as Carmela watches the departure of her troubled friend, "cuyo vestido de percal proyectó, por espacio de algunos segundos, una mancha clara sobre las oscuras paredes de las casas de enfrente" (206). Just as brief will be the life of Amparo's illusions and her affair with Baltasar.

Subversive irony marks the rendering of the initiation of their sexual relationship in two radically different evocations, separated by four pages of text and offered with no narrative allusion to the contrast between them, of the site of Amparo's seduction. The place lies among vegetable fields transformed by the blooms of spring into a paradise which seems to invite to sensual delights. "... Las flores de coral del haba relucían como bocas incitantes, y en los linderos temblaban las sangrientas amapolas, y abría sus delicadas flores color lila el erizado cardo" (218). A well giving cool water is set among elms, ferns, and wild roses. With her "fall" imminent, however, Amparo momentarily re-examines her paradise. It appears to her a lowly one: patches of onions and cabbages, dusty strawberry plants trampled by too many feet, a sad and creaking well —in sum, an "impoverished Eden" (222). Her view prefigures the disillusionment which will come.

The uses of irony in *La Tribuna* create a privileged reader, one privy to narrative views to which Amparo also has access at the level of character but chooses not to accept. Once the narrator-reader alliance is established, reader and narrator follow together the seemingly inexorable course of the seduction and abandonment of Amparo. Ironic distance is created between the strength of Amparo's illusions and the pre-knowledge of the end they will meet, as it is between her rebellious, iconoclastic nature and the utter conformity of her assumption of a subservient, passive role as the way is prepared for her fall. There is a subversion both of protagonist expectations and of socio-cultural stereotypes which may well have been held by many readers of Pardo Bazan's time. For the novel's ironic distancing extends to a reversal of gender traits; Baltasar is effeminate, as seen in the description above, while the pre-"fall" and post-break-up Amparo possesses numerous traditionally male-linked qualities. She dislikes the confinement of the home, preferring the rich life of the streets. Independent and polemical, she is defiant of authority, be it parental, political, work-connected, or that of non-family elders. She quite quickly assumes —and, following her relationship with Baltasar, resumes— a position of respected leadership in the cigar factory, to the extent that the sobriquet La Tribuna, bestowed by an elderly politician at a rally, becomes her nickname among the workers.

Finally, irony is present in the embedding of Amparo's story in the context of revolution, Restoration and Republic in nineteenth-century Spain. There is a link throughout the novel between political and social demands, on the one hand, and Amparo's development and emotional life on the other. La Gloriosa of 1868, the jockeying for power among rival factions, the rise of the republican ideal and the arrival and departure of Amadeo form the framing context. As the novel ends, Amparo's son is born —hope and rebirth, as a new life always is— and the yearned-for Republic is at last proclaimed. The novel's last words, in fact, are "¡Viva la República Federal!" (270). The reader knows, however, that the First Republic's life was brief; born on February 11, 1873, it ended with the dissolution of the Congress by General Pavía on January 3, 1874. Narrative subversion of sociopolitical hopes encompasses even more of the length of *La Tribuna* than does that of Amparo's more personal aspirations. It is seen in the portrayal of the ignorance and sheep-like quality of the popular classes as represented by the factory workers, in their credulity with respect to emotionally-charged political rumor and to highly subjective, exhortatory newspaper rhetoric. In Pardo Bazán's depiction, phrases recited and repeated are often not only mispronounced but ill-understood as well. The narrator's refraining from any naming of dates or confirmation of popular failures fortifies the narrator-reader collusion which excludes characters of the popular classes. Such restraint underlines by its very silence the hugeness of historical realities, as the narrator's ironic replication of political talk in the factory —a speech replete with exclamations, self-interruptions and highly emotional imprecations mixing the worldly and the divine— accentuate the political ingenuousness, and hence the exploitability, of the humble. Occasional narrative comment serves to confirm this vision: "... [Las cigarreras] serían más o menos ilustradas, pero allí había mucha y fervorosa piedad" (180).

Pardo Bazán's narrator takes pains to explain at several points that Amparo's nature is volatile and emotional, her ideas shallow; she is an "alma impresionable, combustible, móvil y superficial" (105). There is considerable ironic distance between the described and depicted views of Amparo's colleagues in the tobacco factory, who see her as their revered leader and the hope of their class, and the condescending view of the narrator outside the novelistic world. Indeed, character response to *La Tribuna*'s exalted phrasings and the tacit and overt narrative judgment of them are almost diametrically opposed, though the narrative stance with regard to the protagonist is unfailingly one of sympathy —the "mixture of praise and blame" described by Linda Hutcheon in *A Theory of Parody: The Teachings of Twentieth-Century Art Forms* (1985). Amparo has first emerged as a leader in the tobacco factory by reading the newspapers aloud to fellow workers in her section, editorializing as she goes. The narrator offers an only slightly hyperbolic imitation of their exalted tone, their molding of information to suit their politics. "Tomamos la pluma trémulos de indignación," the newspapers might say. "La emoción ahoga nuestra voz, la vergüenza enrojece nuestra faz." Or even "Y si no bastan las palabras, corramos a las armas y derramemos la última gota de nuestra sangre" (106). Amparo takes to this task as reader of the newspapers and quickly becomes a favorite.

Declamaba, más bien que leía, con fuego y expresión, subrayando los pasajes
que merecían subrayarse, realzando las palabras de letra bastardilla, añadiendo
la mímica necesaria cuando lo requería el caso, y comenzando con lentitud y
misterio, y en voz contenida, los párrafos importantes, para subir la ansiedad al
grado eminente y arrancar involuntarios estremecimientos de entusiasmo al
auditorio cuando adoptaba entonación más rápida y vibrante a cada paso.

The newspapers' exhortatory vocabulary becomes Amparo's own; she
begins to give impromptu speeches on social justice and the coming Republic and within a short time has become orator to, and leader of, her
factory co-workers. Narrative parody of the newspapers yields to parody
of the La Tribuna's derivative oratory; her unconscious imitations of
newspaper rhetoric become in textual terms, then, a parody of a parody.
A further ironic distancing occurs in the incorporation of the parody into
the narrative posture itself in references to Amparo's "tribunicia frase"
(208) and to "la republicana virtud de la oradora" (178), as well as in the
free indirect style which Darío Villanueva, in his penetrating article "*Los
pazos de Ulloa*, el naturalismo y Henry James," cites as evidence that Pardo
Bazan is not as fully a naturalistic writer as many have presumed. Hence,
the narrator relates, in free indirect style, Amparo's impressions of a republican political meeting. "Los delegados son unos señores ... ¡Vaya!, de
mucho trato y de mucho mundo; ¡saludan a todos y se ríen para todos!
¡Republicanos de corazón, ea!" (140). Amparo has no understanding of the
political process and, much more fundamentally, no clear notion of what
the Republic whose glories she intones would actually be. Her comprehension does not go beyond slogans: "paz, libertad, trabajo, honradez y la
cara y las manos muy limpias" (141). Asked by her friend Carmela what
the republic is, Amparo replies, "Significa ... ¿qué ha de significar, repelo?
Lo que predicaron ésos" (141).

It is one of "ésos" who bestows upon Amparo her nickname. In the
narrator's parodic evocation of the patriarch —older, his beard whiter and
wavier, his words more suggestive of senility than in life outside the novelistic world— the image of the Republic as a saving and total solution to
the plight of popular Spain is clearly subverted. The patriarch's incapacity
parallels Amparo's incomprehension. Here, leaders and people idealize
—stereotype— one another, each matching the other's removal from reality. It is hardly accidental that Amparo's bright red shawl should suggest
"[el] *trapo* de los toreros" (151); with its evocation are awakened stereotypes of popular Spain, and text becomes intertext. In the patriarchal republican's praise of Amparo and dubbing of her —"Acércate, Tribuna del
pueblo, ... que nos una un santo abrazo de fraternidad" (153)— his privileged social class and hers allegedly meet; distances are removed. This
removal of distance, however, elicits a reader awareness of an ironic distance between the rhetoric of a representative character and the lessons of
history lived and documented. The readers of Pardo Bazan's time well
knew that divisions by social class were not in fact removed by republi-

can praxis and practice. Many of them surely did not believe that such distances *should* be removed, a probability which increases ironic distancing.

With the dubbing of La Tribuna, the two republicans embrace. Both voices choke with emotion, and there are tears in the eyes of both "el viejo" and "la niña," in a parodic evocation of the Moratín work of precisely that title, and of the stereotypically mismatched marriage partners of whom Moratín wrote, as many Spanish writers over the centuries have done. With such players, the scenario could not end well; tellingly, the humble and the well-to-do come to coincide only in their verdict of disaster for Spain. "¡Está el mundo perdido!" claims Amparo's shop supervisor. "¡Está el mundo revuelto, muchachas!" A scant two pages earlier, Baltasar's friend Borrén has offered a very similar diagnosis: "Aquí nadie se entiende ... Como no venga Satanás en persona a arreglarnos, no sé lo que sucederá ... " (178).

The dubbing scene, then, serves in the novel as a cameo, taken from the broader framing reality and subtler in its lack of narrative comment, of the Sobrado-Amparo alliance. Baltasar, too, has employed republican rhetoric —in his conquest of Amparo— and there is never any doubt as to the narrator's view of the lasting possibilities of this dalliance. And Amparo's fervor for Baltasar is as unquestioning, emotional, and uncomprehending as is her devotion to the political cause which she temporarily abandons in her surrender to the Sobrado heir.

The two spheres, the public and the intimate, then, nourish one another, the parodic aspects of one further illuminating the other. The dubbing scene, along with the other intertextual possibilities seen above, brings to mind the naming done in baptism. The republican aristocrat recognizes and blesses la Tribuna; her naming figuratively consecrates her life to a faith. In the tobacco factory, in fact, Amparo is a high priest, the other workers her parishioners. The religious metaphor is anticipated in the narration of the idyllic scene of paradise —parody of Eden but with Adam as seducer rather than Eve, in another case of the reversal of gender roles consecrated by tradition. Paradise, of course, is quickly seen to be far less, as seen above. Here the parodic mixture of praise and blame takes the form of praise followed by blame, much as the romance will prove to consist of illusion succeeded by denial —and as Amparo's political activism, wholly of emotion rather than idea, traces a path of exaltation followed by disillusionment.

The same dubbing scene at the political meeting may also suggest ironically the dubbing of the knights-errant in the novels of chivalry —or, indeed, the dubbing of Don Quijote by the innkeeper (once again, a parody of a parody). This knight-errant or quixotic motif is repeated near the novel's close in a chapter suggestively entitled "Segunda hazaña de *la Tribuna*." Expelled by soldiers from the factory grounds following their protest over unpaid wages, Amparo's forces begin to disperse. Firing them with her oratory, she has them begin raising the stones of the roadway to be hurled against the massive wooden gates, forgetting that there is an unguarded entry on the other side. Possibilities for success are, of course, nil; it is a situation which Sancho Panza would readily appreciate. The narration of this episode recalls Cervantine rhetorical devices of irony and self-parody; the quixotic parallel constitutes an enticing topic for further critical inquiry. Amparo, however, has wavered in her fervor for the public good, placing an intimate mission first for its full duration and returning to activism only with the failure of her more personal quest. For Don Quixote, his Dulcinea did not negate his mission but was, rather, its very embodiment and symbol.

The framing context of social tumult and the demand for popular voice, respect, dignity —that is, for a fair measure of power— encloses the struggle between Amparo and Baltasar as representatives of the popular and privileged social sectors, respectively, and of female and male interests. Amparo as political leader is the active element of the two, offering, through the exercise of traditionally male-linked gender traits, a defense of woman blended with an equally fervent defense of the poor. However, as Amparo's personal, emotional aspirations rise and her "fall" approaches, she abdicates her position of power, taking on traditional gender-linked traits of submission and passivity and, with them, abandoning her social consciousness. The female Quijote has put down her torch and her sword. In this sphere, she comes to assume the indifference which characterizes Baltasar in all areas. Her co-workers are quick to note the change in their leader as they gather round her to recount the latest trick management has played on them. Hearing them out and acknowledging that yes, they are being done an injustice, the former leader continues to roll cigarettes. Gone are the indignation, the fire, political harangue, and impulse to action. La Tribuna, for the time being, is no more.

Baltasar's power here reaches its apogee, Amparo's own power quotient being inversely related to her lover's triumph over gender and class in the stereotyped way. For Baltasar, the "Ya no hay clases" statement becomes one more arm in the arsenal of seduction whose trajectory in the novel illustrates precisely that class alignments remain unaltered. Social class, in this context, is an unchanging and unchangeable given. And it is only when Amparo has been abandoned by Baltasar, when her "fall" is complete, that she again "ascends" to self-assurance and a position of chosen leadership.

Baltasar's rejection, ironically, frees Amparo to again be "La Tribuna," if a wiser one. And, though the revolution failed and the birth-fruition-decay continuum of their love reached its natural end, the hope of the life Amparo will nurture is a very real and abiding one. As the cycle of the life and death of Amparo the political activist, imperfect spokeswoman for her sex and class, has come full circle with the rebirth of her hunger for social justice —ill-defined but real— so, too, has a new life, voice, and hope emerged, quite literally, from the emotional continuum embedded within the portrait of social turmoil in the final decades of Spain's nineteenth century.

Works Cited

Hutcheon, Linda. *A Theory of Parody: The Teachings of Twentieth-Century Art Forms.* New York and London: Methuen, 1985.

Pardo Bazán, Emilia. *La Tribuna,* ed. Benito Varela Jácome. Madrid: Cátedra, 1984. (All quotations from *La Tribuna* used here are from this edition.)

Reati, Fernando. "Observación y observadores en dos novelas de Emilia Pardo Bazán." *España Contemporánea* 1.2 (1988): 33-48.

Varela Jácome, Benito. *Estructuras novelísticas de Emilia Pardo Bazán.* Santiago de Compostela: Cuadernos de Estudios Gallegos, 1973.

_____. Introducción. Emilia Pardo Bazán, *La Tribuna,* ed. Benito Varela Jácome. Madrid: Cátedra, 1984. 11-53.

Villanueva, Darío. "*Los pazos de Ulloa,* el naturalismo y Henry James," *Hispanic Review,* 52. 2 (1984): 121-39.

El aislamiento del individuo en
Cuentos morales, de Clarín

Mercedes Vidal Tibbits
Howard University

Aunque la historia de la literatura está poblada de personajes solitarios (Mijuskovic 14), es Rousseau el primero que da a la soledad una importancia central, casi obsesiva, en sus obras (Sayre 54). En las primeras décadas del siglo XIX, los románticos glorifican el aislamiento del héroe, su separación, física y moral, del resto de la sociedad, pero con el realismo cambia esta visión idealizada de la soledad, que deja de ser considerada, en palabras de Robert Sayre, "the privilege of the sensitive few", para pasar a ser "the misery of the whole" (77). En esta época, en Europa, el capitalismo y el positivismo habían producido una sociedad de individuos solitarios que ha quedado reflejada en la literatura: Sayre afirma que la mayoría de los escritores de fines del siglo XIX presentan el tema de la soledad universal (84).

Cuando hablamos de "soledad" podemos estar refiriéndonos a una situación positiva, en la que el individuo, sin la intrusión onerosa de sus semejantes, puede, con más facilidad, encontrarse a sí mismo, como primera etapa hacia una existencia más completa y más productiva (Berdyaev 93; Moustakas 44). Pero podemos también estar refiriéndonos a una situación negativa, de aislamiento, generalmente involuntario, de un individuo frente al mundo que le rodea (Lewis 6). Este aislamiento puede ser debido a multitud de razones y, frecuentemente, es motivo de sufrimiento para quien lo experimenta. Es esta forma de soledad la que aflige a los personajes de los *Cuentos morales* de Clarín.

De los veintiocho cuentos reunidos en *Cuentos morales*, dieciocho tienen como protagonistas a individuos que viven aislados del resto del mundo. Susan Griswold afirma que los cuentos de Clarín sirven como vehículo de preocupaciones extraliterarias (423), y que lo que Clarín se propone es glorificar ciertas virtudes y condenar ciertos vicios: "He celebrates compassion, mistery, love, poetry and faith. He condemns their opposing principles, exposing the evils of egotism, indifference, cold rationality, scientific positivism and scepticism" (424-25). Al ir creando a los seres que personifican estas ideas, van saliendo de su pluma seres solitarios. Es desde el punto de vista de su aislamiento desde el que nos proponemos analizar a estos personajes.

Hemos dividido a los protagonistas de los *Cuentos morales* en tres categorías:ególatras, víctimas y símbolos. Los església son individuos egoístas, ensimismados, que no se dan cuenta de su aislamiento y pasan por la vida sin conocer el placer de un sentimiento altruísta, de la amistad o del amor. A este grupo pertenecen el número uno, don Patricio, el señor Isla, González Bribón, el caballero de la mesa redonda y el diablo. A las víctimas las podemos dividir en dos grupos. El primero de ellos incluye a los personajes que la sociedad rechaza por una u otra razón: Chiripa, a causa de su pobreza; la mujer en "El dúo de la tos", ya que sufre de tuberculosis; y Marcela, en "La reina Margarita", por su timidez y falta de talento. Al segundo grupo pertenecen cuatro personajes de gran sensibilidad que no encuentran entre quienes los rodean el afecto que anhelan; son el indiano Pepe de Francisca, en "Boroña"; Ramón, en "El torso"; la imperfecta casada y el perro Quin. Don Diego, en "El torso", aunque egoísta y falto de caridad, es, en el fondo, una víctima, y entre ellas lo estudiaremos. Finalmente, hemos clasificado como símbolos al poeta Vario, al Papa, al hijo en "Un viaje redondo", a los dos amigos en "Cristales" y al padre en "Un grabado". El aislamiento de estos personajes trasciende el plano individual y se convierte en símbolo del aislamiento del hombre en el mundo.

Clarín, en el "Prólogo" a *Cuentos morales* revela que su propósito es describir "el hombre interior, su pensamiento, su sentir, su voluntad" (8). Hay hombres a los que Clarín admira por sus cualidades y otros a los que aborrece a causa de sus defectos morales. Entre estos están los ególatras, ya que es precisamente su falta de caridad hacia el prójimo la causa de su soledad. Esta soledad es, en ocasiones, física, pero siempre espiritual. El egoísta vive centrado en sí mismo, pero necesita de sus semejantes como instrumentos de los que se vale para satisfacer su egoísmo. La soledad, por tanto, aun para los ególatras, conlleva dolor. Primitivo Protocolo no es un hombre feliz. Se ha criado como "planta de estufa" (65) y el ser el número uno de su promoción en la escuela le coloca, en su opinión, en un plano distinto a sus compañeros, plano que nunca abandona ni aun cuando la vida le muestra que él no pasa de ser "uno ... de tantos". La admiración de sus compañeros de escuela, con los que nunca entabla relaciones afectivas, dura unos breves años, tras los que transcurren otros muchos de aislamiento total, que se prolonga hasta más allá de este mundo. Como Primitivo, don Patricio no tiene amigos ni amores, pero él, además de egoísta, es avaro, por lo que le basta su dinero para considerarse dichoso. Sin embargo, aun él necesita de sus semejantes, ya que ellos son la fuente de ese dinero. Isla y González Bribón tampoco necesitan amor ni amistad, pero sí el aplauso y las lisonjas del público y de los críticos. Cuando estos dejan de admirarles, ambos se sienten espiritualmente solos e infelices y, cada uno a su manera, se venga de la sociedad que lo ha abandonado: Isla, pagando desdén con desdén, se "aisla" del mundo en su casa de las afueras de Madrid; González Bribón profundiza la separación entre él y sus críticos atacándolos despiadadamente en la prensa y cultivando una falsa amistad con cualquiera que pueda ayudarle, aun sin saberlo, a desacreditarlos. Para Mamerto Anchoriz, el caballero de la mesa redonda, "el principio de la vida era el egoísmo absoluto" (249). Espiritualmente, Anchoriz está siempre solo, pero él no se da cuenta pues su existencia transcurre en un plano totalmente superficial. No cree en la amistad y se burla del amor, pero la sociedad le es indispensable porque, sencillamente, necesita compañía: "con tal que no faltase gente, que fueran éstos o los otros, le importaba un rábano" (253). Su inesperada enfermedad aleja de él, poco a poco, a su público y "el gran egoísta" (260), recoge en sus últimos días el fruto de su egoísmo: la soledad. Sus desesperados esfuerzos para librarse de esta soledad le convierten en la figura mas patética de los *Cuentos morales*.

La idea que hemos analizado hasta ahora, de que el egoísmo engendra soledad, encuentra su más clara expresión en "La noche-mala del diablo". En este cuento el protagonista se encuentra solo desde el primer momento, y se da cuenta de que está solo a causa de su falta de caridad: "el diablo sabe mucho, y sabe que lo más grande, lo más noble ... es el amor, la abnegación", "y la envidia de la caridad le mordía el alma" (169). Todos los intentos por parte del diablo, el supremo egoísta, de ahuyentar la soledad mediante la creación de otros seres que le sirvan de compañía se ven condenados al fracaso: el egoísmo es estéril y si, violentada su esencia, da algún fruto, éste es endeble y de corta duración.

Joseph Hartog, en su introducción a *The Anatomy of Loneliness*, afirma que,

> two interrelated conditions form the skeletal frame of loneliness: disconnectedness and longing. Disconnectedness pertains to the physical and psychological states that tell a person he is alone . ... Without longing, however, none of these disconnectedness conditions qualifies as true loneliness. By longing I mean an anxious, painful, undescribable yearning for someone or something. (2-3)

Los protagonistas de algunos de los *Cuentos morales* se encuentran totalmente desconectados y anhelan desesperadamente establecer algún tipo de relación con sus semejantes. Una sociedad incomprensiva, despiadada y, en último término, egoísta, les ha convertido en víctimas. Chiripa es un vagabundo pobre y desarrapado quien, necesitado de compasión y cobijo, los busca en diversos lugares, representativos de los varios estamentos de la sociedad, para verse rechazado de todos ellos a causa de su pobreza. Tan sólo la iglesia le ofrece amparo y ternura. En "El dúo de la tos", el aislamiento de la protagonista es mucho más penoso ya que su origen, la tuberculosis que la aqueja, predice un trágico y no lejano final a su soledad dolorosa. La sociedad no acepta a los tuberculosos, ya que teme el contagio y, en un acto de falsa caridad, prefiere pagar para alejarlos. En "La reina Margarita", la sociedad no desprecia ni rehuye a Marcela, sino que la ignora. Como no es bella ni tiene talento artístico, no despierta ni la envidia de sus compañeras ni la admiración de los actores, que "eran para ella desabridos, fríos, distraídos, casi indiferentes" (274), y del público, "frío, insensible, ... un enemigo distraído, que le hacía daño sin pensar en ella" (273). Chiripa, la mujer tuberculosa y Marcela son víctimas de una sociedad insensible al aislamiento de muchos de sus miembros. Don

Diego, el joven conde de Candelario en "El torso", aunque actúa como los personajes que hemos calificado de "egocéntricos", es, en realidad, una víctima de la sociedad, pero no en la misma manera que lo son los tres personajes que acabamos de analizar. Don Diego ha labrado su propia soledad al actuar de acuerdo a unas ideas y costumbres impuestas en él por una educación elitista, "estirada, correcta y fría" (112), que crea una barrera infranqueable entre las clases sociales, sin asegurar, a cambio, sinceridad de sentimientos entre los miembros de una misma clase. El duque, "después de cien borrascas de la vida", se encuentra "solo, separado de su duquesa, cuya perfidia supo de modo cierto, sin hijos, sin amor a nada del mundo, sin amigos verdaderos, como la mayor parte de los hombres" (118).

También seres solitarios, víctimas, en este caso, de la indiferencia de un ser allegado, son los protagonistas de varios otros cuentos. Para todos ellos, esta indiferencia substituye a un afecto anterior, fuerte y sincero, que diferentes circunstancias han enfriado o han hecho desaparecer totalmente. La soledad les es penosa, pero el dolor más intenso lo produce la pérdida del sentimiento que los unía a esa otra persona. En "Boroña", Pepe de Francisca, sintiendo que sus fuerzas flaquean, regresa a su pueblo natal buscando el afecto de sus familiares y el sabor de la "boroña" que, cuando era pequeño, le preparaba su madre. La boroña no ha perdido el sabor, pero el cariño de su hermana, contaminado por el materialismo del marido, se ha disipado con los años. La soledad de Pepe durante toda una vida de trabajo en otro continente no encuentra en el hogar de su niñez el solaz deseado, sino que se hace más punzante y penosa ya que con el retorno ha eliminado, incluso, la esperanza de gozar un día del calor de hogar que le mantuvo ilusionado durante los años de separación.

Mariquita, la imperfecta casada, sufre la soledad de la mujer cuyos hijos ya se han independizado de ella y cuyo marido, ausente la mayor parte del día, "distraído allá en el mundo", regresa al hogar muy tarde, "con los ojos encendidos y vagamente soñadores, con las mejillas coloradas ... pródigo de besos que, según las aprensiones, según los instintos de ella, daban los labios allí y el alma en otra parte, muy lejos" (96). Desengañada de la banalidad y brevedad de los placeres del mundo, la única compañía que Mariquita desea es la de su marido, pero él disfruta de esos placeres lejos de ella, para quien conserva, tan sólo, respeto y un afecto que no proviene del amor, sino de la costumbre.

El perro Quin tiene varios amos, pero las comodidades materiales y las pruebas de admiración que recibe de éstos no le satisfacen totalmente, y los abandona pues no encuentra en ellos la comunión de afectos que cree necesaria entre un perro y su dueño. Con Sindulfo es, por fin, completamente feliz, y es cuando se ve separado del joven que el Quin conoce el dolor "de la amistad vendida, ultrajada, despreciada" (165), y el dolor de la soledad.

Para Ramón, el personaje que da título a "El torso", el aislamiento en el pabellón del jardín, agravado por su sordera y por la inmovilidad de su única pierna, no es tan penoso como el distanciamiento espiritual que don Diego ha creado entre ellos. Su afecto por el señorito y su propia soledad le permiten comprender la soledad y el dolor de éste, pero su condición de criado le imposibilita de dar el primer paso hacia la reanudación de una relación que les serviría de consuelo a ambos.

Hemos analizado brevemente a los personajes solitarios por su propia culpa, por su egoísmo, y a los que sufren a causa del egoísmo de los demás. Otros personajes, sin ser verdugos ni víctimas, representan la soledad inherente a la condición humana. El poeta Vario personifica el dolor que produce el olvido, no sólo el que llega tras la muerte, sino también el que se sufre cuando uno vive ignorado por sus semejantes. En otro cuento, el frío que siente el Papa simboliza la indiferencia de los hombres. La soledad del hijo en "Viaje redondo" representa la soledad de quien ha perdido la fe de su infancia en un mundo en el que domina "la lucha ciega de las cosas por las cosas ... el combate de las llamadas especies y de los individuos por vencer, matando mucho para vivir poco" (188). El viaje, al igual que la soledad, termina cuando el hijo vuelve a creer, pues se encuentra de nuevo junto a su madre, como cuando era niño.

En "Cristales" es la existencia de la verdadera amistad la que se pone en duda. Los labios proclaman una amistad que niegan los ojos, al reflejar los sentimientos más profundos del alma de los dos amigos, el egoísmo y el orgullo.

"Un grabado" es un intento de hallar consuelo ante la horrible realidad de la soledad del hombre. Clarín considera que sólo los padres aman de veras y, por tanto, sólo en ellos la persona encuentra compañía. La necesidad moral del protagonista de encontrar un paliativo a la soledad de los huérfanos le lleva a aceptar y defender la existencia de Dios, de un Dios Padre que les ampare. La posibilidad de la no existencia de un Dios Padre conduciría a la desesperación absoluta.

El diablo, en "La noche-mala del diablo", es también un símbolo. En verdad, es el símbolo perfecto de la soledad, ya que es el supremo egoísta, según Clarín. Sus esfuerzos por crear a otros seres que le sirvan de compañía son infructuosos, ya que el egoísmo es estéril. El significado del cuento es evidente: la soledad del egoísta es perpetua.

En el "Prólogo" a los _Cuentos morales_ Clarín dice que en ellos "predomina la atención del autor a los fenómenos de la conducta libre, a la psicología de las acciones intencionadas" (8). El análisis de los personajes que protagonizan estas acciones, hombres y mujeres de diversas épocas, lugares, clases sociales, profesiones, etc., revela que, en opinión de Clarín, la virtud de la caridad, o sea, el amor al prójimo, constituye la base de la verdadera felicidad, y revela también el absoluto convencimiento, por parte de Clarín, de que el hombre no es caritativo con sus semejantes, sino que es esencialmente egoísta. El egoísmo imposibilita la comunicación y el amor entre los hombres. El resultado colectivo del egoísmo inherente a la condición humana es el aislamiento del individuo.

Obras citadas

Alas, Leopoldo (Clarín). *Cuentos morales*. Madrid: Alianza Editorial, 1973.

Berdyaev, Nicolas. *Solitude and Society*. Trad. George Reavey. Westport: Greenwood Press. 1976.

Griswold, Susan. "Rethorical Strategies and Didacticism in Clarín's Short Stories". *Kentucky Language Quarterly* 29.4 (1982): 423-33.

Hartog, Joseph. "Introduction: The Anatomization". *The Anatomy of Loneliness*. Eds. Joseph Hartog, J. Ralph Andy, and Yehudi A. Cohen. New York: International Universities Press, 1980. 1-12.

Lewis, Hymel D. "Solitude in Philosophy and Literature". *Philosophy and Literature*. Cambridge: Harvard University Press, 1984. 1-13.

Mijuskovic, Ben Lazare. *Loneliness in Philosophy, Psychology and Literature*. Assen: Van Gorcum, 1979.

Moustakas, Clark E. *Loneliness and Love*. Englewood Cliffs: Prentice-Hall, 1972.

Sayre, Robert. *Solitude in Society*. Cambridge: Harvard UP, 1978.

Contemporary Spanish Theatre
on the French Stage

Phyllis Zatlin

Rutgers University

Juan Solano is a frustrated Spanish playwright. Among his failures, he recalls that his one chance at being staged in Paris was thwarted when the theatre went bankrupt two days before the first rehearsal. He comforts himself with the knowledge that his situation is not unique: "There are practically no Spanish authors staged in Paris. Practically none. If you think about it for five minutes, lately there is none at all" (*Ma chanson la plus triste est espagnole* 25). The character, created by Carlos Semprun-Maura in a radio drama aired by France-Culture in 1988, is fictitious, but the lament has a ring of authenticity.

In 1974, Francisco Torres Monreal completed a comprehensive study of Spanish theatre in France, 1935-1973. He concluded that among twentieth-century Spanish authors, only two had been fully integrated into the French stage: Federico García Lorca and Fernando Arrabal. The initial appeal of Lorca had much to do both with the myth generated by his tragic death and the ease with which his dramatic texts could be converted to a commercialized *espagnolade*. Arrabal, of course, has lived in France since the mid-1950s and is known internationally as a French and a Spanish playwright. Their situations are both distinct from that of the fictitious Solano, who lives in Spain but dreams of Castles in France.

Solano does, however, have something in common with his creator: he writes scripts primarily for radio and only occasionally has a play staged. But Semprun-Maura (b. 1926), whose family left Spain at the beginning of the Civil War, is a novelist and essayist, as well as a playwright, and has been staged by important directors in Paris to critical acclaim. His first major stage play, *L'Homme couché*, was directed in 1971 by Laurent Terzieff, who also played the lead role. His most successful play to date, *Le Bleu de l'eau-de-vie*, premiered at the Petit Odéon of the Comedie Française. The director for the 1981 production was Roger Blin, often considered France's foremost director of avant-garde theatre. Both texts were chosen for publication in *L'Avant-Scène Théâtre*, the influential biweekly journal.

Semprun-Maura's participation in Parisian theatre is somewhat paralleled by that of Agustín Gómez-Arcos (b. 1933), who moved to France several years after the Madrid staging of his *Diálogos de la herejía* met with controversy. He has since achieved stature as a novelist, writing directly in French, but initially in Paris he turned to café-théâtre. Two of his short plays, in French translation, enjoyed successful runs at the Café Théâtre de l'Odéon in 1969 and 1972-73. One of them, *Pré-Papa* appeared in *L'A-vant-Scène Théâtre*. Gómez-Arcos's other published play in French, the one-act *Interview de Mrs Morte Smith par ses fantômes*, is more corrosive in its satire and more grotesque —indeed, esperpentic— in tone than the café-théâtre pieces. Written in 1972 and translated by Rachel Salik, it has been staged in Toulouse and Brussels, as well as Paris, where it was part of the 1986-87 season at the Théâtre Marie Stuart. While Semprun-Maura's major stage plays are closely linked to currents of French theatre, *Interview de Mrs Morte Smith par ses fantômes* has definite Hispanic overtones, not only in its Valle-Inclanesque use of the grotesque but also in its level of sexual transgression and implied rebellion against the moral rigidity of a Spanish Catholic upbringing.

But what about writers who do not reside in France? In his analysis of why certain Spanish playwrights reached the French stage in the post-war period, Torres Monreal conjectures that the image of the author was often a significant factor. The myth of Lorca was based on his status as martyr. Exiles like Alejandro Casona (1903-1965) and Rafael Alberti (b. 1902), therefore appealed to impresarios who saw in them the progressive forces opposing the Franco regime. Torres Monreal affirms, however, that both of these exile myths failed.

The first Casona play done in France was *Nuestra Natacha* in 1944. *La dama del alba* followed in 1948, also in Paris, and *La barca sin pescador*, in Montecarlo in 1952. Although Torres Monreal asserts that Casona's works disappeared from the French stage in the 1960s, after he returned to Spain, subsequent data in Francisco Alvaro's annual *El espectador y la crítica* and supplementary information from the Sociedad General de Autores de España indicate otherwise. Under France for the thirteen-year period 1973-1985, Alvaro had 72 entries for Lorca and 53 for Casona. He cited productions in twelve of those years for *La barca sin pescador* and in eleven for *La fablilla del secreto bien guardado*, putting them at an equal frequency of performance with Lorca's most performed works, *La zapatera prodigiosa* and *La casa de Bernarda Alba*. In all, Alvaro noted productions in France for eleven different plays by Casona, all of which are available in French translation. S.G.A.E. data additionally show for the most popular short farce, *La fablilla del secreto bien guardado*, no fewer than six stagings in 1982, five in 1983, and four in 1984. It is true that Casona is not being produced in Paris, but his plays enjoy considerable popularity in France.

Torres Monreal was also in error in believing that Alberti had disappeared from the French stage. He is, in fact, the only Spanish playwright currently residing in Spain to achieve two Parisian productions in the 1980s. *El adefesio* (Fr. trans. *Le Repoussoir*, by Robert Marrast) premiered in France at the 1956 Festival in Arras. Following a long tour, it reached Paris, where it received a mixed critical reaction. Torres Monreal attributes its lack of commercial success to a staging that did not exploit the *espagnolade* then in vogue with Lorca (Diss. 2: 539). He notes that *Le Trèfle fleuri* (*El trébol florido*, also translated by Marras), was done by experimental groups in 1958, 1960, and 1964, but evoked some hostile critical responses (1976: 48). In his overview of twentieth-century theatre, Paul-Louis Mignon shares Torres Monreal's belief that Alberti and Casona were initially promoted in France for ideological reasons, but he gives a glowing description of Alberti's poetic theatre (283). His enthusiasm suggests why experimental directors in France have turned again to Alberti texts. Furthermore, a recent Librairie Théâtrale catalog indicates that seven of Alberti's texts are readily available.

Noche de guerra en el museo del Prado, published in 1956 in Buenos Aires, reached the French stage in 1974, in a translation by Alice Gascar. The performance text, filled with intertextual references to art and history, is a highly visual one that lends itself to a Brechtian staging. According to Alberti, Pierre Debauche, who had directed *Le Trèfle fleuri* in 1964 at the Théâtre Daniel Sorano in Vincennes (the outskirts of Paris) had also planned to stage *Noche de guerra en el museo del Prado* as an oblique commentary on the events of May 1968 in Paris (Bernat 67). Instead it was Pierre Constant, an actor from Debauche's earlier Alberti production, who ultimately directed the French premiere at the Centre Dramatique de la Courneuve. In October 1974 the Courneuve troupe played the Théâtre de la Cité Internationale in Paris.

Sylvie Caillaud was aware of the 1974 production when she decided to direct *Nuit de guerre au musée du Prado* during the 1986-87 season of the Théâtre du Nain Jaune, Centre Dramatique d'Issoudun. The text attracted her because of its use of Goya paintings as an expression of a resistance movement (Interview). The play opened in the regional theatre in November, and, following a provincial tour, ran 28 April-30 May at the Cité Internationale in Paris. Through an effective use of slides and the extension of the playing area into the whole auditorium, Caillaud achieved her goal of creating a total ambiance that immersed the audience in the action without requiring previous knowledge of either Spanish art or Spanish history.

A revival of *Le Repoussoir*, in its new version, also reached the French stage in the 1980s. Alberti had revised *El adefesio* for its Spanish premiere in 1976. The cast for the Madrid staging, which came 32 years after its original production in Argentina, was headed by the Spanish-French actress María Casares. This Spanish-Argentine-French connection surely did not escape the group that staged *Le Repoussoir* 2 May-11 June, 1984 at the Théâtre Daniel Sorano. Of the three organizers of the troupe, two were born in Argentina and one in France; they announced that their Compagnie Persona was created precisely for the purpose of developing a cultural interchange between France and Spanish-speaking countries.

With respect to the postwar dramatists who stayed in Spain, Torres Monreal found little to be optimistic about in his study up through 1973: a modest, but passing interest in Antonio Buero Vallejo (b. 1916), Miguel Mihura (1905-1977), Alfonso Sastre (b. 1926), and Lauro Olmo (b. 1922) —but not even one integrated work from among them. The situation unfortunately has not changed much since then. Buero is not alone in attributing this state of affairs to a prejudicial attitude toward writers who produced their creative work under Franco-era censorship —whether or not they supported the dictatorship (Interview).

Buero's own works have long been widely-staged in Latin America, the Scandinavian countries, Eastern Europe, and, more recently, even the United States. Yet the only production of note of any Buero text in neighboring France —of which the playwright himself is aware— was a short run of *En la ardiente oscuridad* (1950; French trans. *L'Ardente obscurité* by Odile Chavert) at the Nouveau Théâtre de Poche in Paris in November 1957. Jean Camp also translated the one-act *Palabras en la arena* and published it in a 1958 issue of *L'Avant-Scène Théâtre* under the title *Ecrit sur le sable*. Torres Monreal reported that Francine Caron at the University of Rennes had talked of translating *El tragaluz* but, for all practical purposes, Buero was unknown in France (Diss. 1: 117-118).

The one Buero text that is staged in France with some regularity is *Palabras en la arena*: Alvaro lists it for 1973, 1974, 1977, 1978, and 1982. Although S.G.A.E. data never indicate the language in which a play is staged, it is tempting to theorize that these productions were, indeed, in French, given the availability of the Camp translation. Alvaro also cites a 1976 performance of *Historia de una escalera* and a 1982 production of *El tragaluz*, but these may have been Spanish-language productions at festivals. In spite of the dearth of production history in France, Buero is not quite so unknown there as Torres Monreal believed, or at least not among theatre people interested in the Hispanic stage. Noted Argentine-French director Jorge Lavelli observes that Buero's *En la ardiente oscuridad* is known "everywhere" (Interview). Playwright and novelist Emmanuel Roblès similarly believes that Buero's theatre is known by many in French theatre circles even though he is not staged, probably for financial reasons: production costs are high and foreign theatre is always somewhat risky in France (Interview). Theatre critic and translator André Camp agrees. Indeed, by 1987, he and several other theatre professionals in Paris had formed an association, Ibéral, for the sole purpose of promoting Hispanic theatre in France (Interview).

Success in the theatre anywhere is elusive, and Torres Monreal offers several suggestions as to why the initial stagings of Buero, Mihura, or Sastre did not lead to "integration." Paris has so many theatres that it is difficult for an unknown author to attract audience and critical attention without considerable advance publicity or a previous production in an important provincial center (Diss. 1: 123). And then, beyond the question of how good the play is or how well it is staged, lie the external circumstances. In a 1974 letter to Torres Monreal, Sastre points out that his *Ana Kleiber* in Paris in 1961 had the misfortune of coinciding with the Algerian crisis (rptd. Diss. 2: 763-64). Moreover, these stagings in the late 1950s and early 1960s are simultaneous with Lorca's great popularity, specifically in productions that touted an *espagnolade* not appropriate to the more contemporary works.

Mihura's most famous play, *Tres sombreros de copa*, reached Paris in January 1959; the translation, *Trois chapeaux claque* by Hélène Duc and J. Estrada, was published in *L'Avant-Scène Théâtre*. Although the production was highly praised by some, and the play was recognized by Eugène Ionesco as a significant contribution to the Theatre of the Absurd, it was attacked by prestigious critics. The following year Mihura's detective story parody *Carlota*, translated by Emmanuel Roblès, met with failure at the Théâtre Edouard VII. As Torres Monreal observes, in Mihura the Paris audience found a theatre far removed from the stereotypical notion of Spanish drama: "blood, tragedy, passion and honor" (Diss. 2: 573). And they rejected it.

This is not to say, however, that Mihura has disappeared from theatre in France. Alvaro cites productions of *Tres sombreros de copa* in 1973, 1974 and 1976 and even one of *Carlota* in 1984. He also lists stagings in 1973 and 1984 for *Ninette y un señor de Murcia* (1964), a light comedy with a story line that spans the Pyrenees. Also included in Alvaro's lists are performances in 1977 of *La decente* and in 1978 of *A media luz los tres*, two of Mihura's minor works that were revived in Spain in 1977.

The situation in France of Sastre in some respects is quite different from that of Buero or Mihura. Buero, in spite of criticizing Franco Spain through the vehicle of metaphorical or historical tragedy, did succeed in having works staged in major Madrid playhouses at a fairly steady rate. Mihura had no trouble having his later comedies produced. Sastre, on the other hand, was a *persona non grata*, and could readily become the basis of another myth. Moreover, like Alberti, he was promoted in France for ideological reasons: a leftist intellectual in battle with a Fascist regime.

The two Sastre plays staged in Paris in the early 1960s were *Ana Kleiber*, in 1961, and *Escuadra hacia la muerte* (translated by Marrast as *Escouade vers la mort*) the following year. Although these dramas fall into Sastre's existentialist period and could be related to the politically-committed theatre of a Sartre or a Camus, they were generally not well received by the critics or the public. Torres Monreal thus believed that Sastre, too, had disappeared from the French stage.

But one volume of Sastre's works has been published in France and remains in print. It includes three historical dramas in a more or less Brechtian mode: *Guillaume Tell a le regard triste*, *M.S.V. ou le sang et la cendre*, and *Chroniques romaines*. The first of these is well known to theatre professionals working in Europe because of a performance at a festival in Belgium some years ago; Alvaro cites a staging in France in 1980. For *Chroniques romaines*, Alvaro notes productions yearly for the 1979-1982 period. Numancia, the subject of *Chronique romaines*, is one already familiar to the French through repeated stagings of Cervantes's famous play. At the least, this one Sastre text appears to have achieved what Torres Monreal has called "penetration."

Lauro Olmo's *La camisa*, 1962, has been staged repeatedly in several

European countries in Spanish to audiences of Spanish workers. *La Chemise*, translated by Francine Caron, reached the Comédie de Saint-Etienne in 1970. Consistent with Torres Monreal's commentary, a staging in a major provincial center could attract attention in Paris. The review by Xavier Marula in *Le Monde* reports a warm reception by the spectators in Saint-Etienne and describes the play's success as being well deserved. Alvaro cites subsequent productions in France in 1973 and 1976, and the playwright is aware of a 1975 revival in French at the Nouveau Gymnase in Liège, Belgium, under the direction of André Gille (Interview).

In bringing Torres Monreal's analysis of Spanish theatre in France up to date, by far the most disturbing factor is the lack of new names to the list of playwrights who have crossed the Pyrenees. Alvaro's data, for the period ending with 1985, include no names of dramatists who became known in Spain after Olmo, with the signficant exception of directors of companies, like Albert Boadella and Els Joglars or Salvador Tavora and Cuadra de Sevilla, that toured France in original-language productions. One minor breakthrough, since *El espectador y la crítica* ceased publication, has been that of Luis Riaza (b. 1925). An avant-garde playwright who writes baroque, metheatrical games of cruelty, Riaza did not achieve a major production in Spain until his *Retrato de dama con perrito* was done by the Centro Dramático Nacional in 1979. It was that same text that he submitted to La Théâtrale, a group in France that selects promising plays and circulates synopses to French theatre groups. Generally the texts chosen are by French authors, but quite exceptionally they included Riaza's play. It was subsequently staged in February 1986 by the Compagnie Martin Cendre in Lille. The translator, Françoise Lehmann, has plans to do other Riaza texts for possible publication, and Riaza is hopeful that his *Revolución del trapo*, dealing with the French Revolution, will likewise be staged (Interview).

The group Ibéral in Paris also holds out promise for a renewed interest in Hispanic theatre in France. It is headed by Claude Demarigny, a French diplomat and playwright who lived for many years in South America, and André Camp. For March 1989, Ibéral announced a week of activities in Paris, featuring Spanish playwrights Paloma Pedrero, José Luis Alegre Cudos, and Jaime Salom. The events were round table discussions on Spanish theater today, the presentation of a special issue of *L'Avant-Scène Théâtre*, and performances or readings of plays by the three playwrights. Alegre Cudos' *La madre que te parió* (French adaptation by Camp and Demarigny, *Putain de ta mère!*) premiered on 14 March at the Théâtre Essaïon under the direction of Angel Gil Orrios. Pedrero's two-character *La llamada de Lauren* (*L'Appel de Lauren*) was given a staged reading by Catherine Lesnoff and Didier Augustin on 15 March. Salom's *El corto vuelo del gallo* (French adaptation by Camp and Demarigny, *Le Coq volait bas*) was read on 18 March by José Valverde. Both readings were at the Théâtre Essaïon, which is directed by Valverde.

In addition to Ibéral and *L'Avant-Scène Théâtre*, a number of other organizations co-sponsored the week's activities, among them the Sociedad General de Autores de España. If the data in Alvaro's yearbook may be taken as a measure of actual French-language performances, then the key to promoting Spanish theatre in France lies in the availability of translations. Almost without exception, the titles that crop up repeatedly in lists of works staged in France are precisely the texts published by *L'Avant-Scène Théâtre* or that appear in current catalogs. To be sure, a well-publicized, successful initial performance facilitates revivals, but the accessibility of the text may be essential for achieving either the first staging or subsequent ones. The suggestion is clear that if S. G. A. E., as the representative of Spanish playwrights, wishes to promote Spanish theatre beyond the Pyrenees, the most effective mechanism may be the publication and dissemination of French translations of selected texts. Indeed, this is precisely the approach that S. G. A. E. officials are contemplating for the United States, where post Lorca Spanish theatre also remains relatively unknown.

Works Cited

Alberti, Rafael. *Le Repoussoir*. Trans. Robert Marrast. 2nd ed. Paris: L'Arche Editeur, 1984.

Alvaro, Francisco, ed. *El espectador y la crítica. (El teatro en España 1973-1985)*. Vols. 16-28. Theatre annual. Madrid: Prensa Española, 1974-77. Valladolid: Edición del autor, 1978-86.

Bernat, Vicente. "Noche de guerra ... en la Cité Internationale." *Triunfo* 643. Rptd. *Noche de guerra en el museo del Prado*. By Rafael Alberti. 3rd ed. Madrid: Editorial Cuadernos para el Diálogo, 1976.

Buero Vallejo, Antonio. Personal interview. 23 April 1987.

Caillaud, Sylvie. Personal interview. 9 May 1987.

Camp, André. Personal interview. 12 May 1987.

Demarigny, Claude. Personal interview. 3 June 1988.

Gómez-Arcos, A. *Interview de Mrs Morte Smith par ses fantômes*. Paris: Actes Sud, 1985.

_____. Personal interview. 19 October 1987.

Ibéral. Announcement. February 1989.

Lavelli, Jorge. Telephone interview. 11 May 1987.

Librairie Théâtrale. *Catalogue des pièces des grands auteurs modernes*. Paris: January 1987.

Marula, Xavier. Rev. *La Chemise*, by Lauro Olmo. *Le Monde* 12 November 1970: vii.

Mignon, Paul-Louis. *Le théâtre au XXe siècle*. 2nd ed. Collection Folio/Essais. Paris: Gallimard, 1986.

Olmo, Lauro. Personal interview. 27 May 1987.

Riaza, Luis. Personal interviews. 8 November 1987 and 26 May 1988.

Roblès, Emmanuel. Personal interview. 12 October 1987.

Semprun-Maura, Carlos. *Ma chanson la plus triste est espagnole*. R-26138. 20 May 1987. Unpublished typescript. France-Culture.

Sociedad General de Autores de España. Unpublished data on productions of Spanish plays in France made available by Francisco Galindo Villoria, Coordinador de Derechos Dramáticos. May 1988.

Torres Monreal, Francisco. "El teatro español en Francia (1935-1973). Análisis de la penetración y de sus mediaciones." 2 vols. Diss. Universidad de Murcia, 1974.

_____. *El teatro español en Francia (1935-1973). Análisis de la penetración y de sus mediaciones*. Madrid: Fundación Juan March, 1976.

Indice onomástico, de obras
y miscelánea temática

L. Teresa Valdivieso
Arizona State Univesity

Tábula gratulatoria

Ruth Benett

Evelyn Brod

Silvia Burunat

Andrew Bush

Jesús Cañedo

Antonio Cao

María Capote

James A. Castañeda

Dolores Ceballos

Carey Crantford

James Chatham

Angel Raimundo Fernández

Pilar Fernández-Cañadas

José Ferrater Mora

Robert Fiori

Adolfo Franco

José L. Freire

Elvira García

Juana Amelia Hernández

José Olivio Jiménez

Richard Kinkade

Richard Klein

Flora Klin-Andrew

Ramiro Lagos

Mariano Marzo

Francis Lautre

Robert Mead

Félix Menchacatorre Egaña

Graciela Palau de Nemes
Georgia Pappanastos
J. Bernardo Pérez
María Pilar Pérez-Stansfield
Luis M. Quesada
Amado Ricón
Irving P. Rothberg
Santiago Tejerina Canal
Edward D. Terry
Mercedes Turón
Ronna Whitehead

Patrocinadores

American Graduate School of International Management
Cleveland State University
Consulado General de España en Miami
Consulado General de España en New Orleans
Oficina Cultural de la Embajada de España en Washington
Penn State Erie-The Behrend College
Universidad de Navarra
University of Alabama
University of Montevallo
Gonzalo Zaldo y Arana

*Se concluyó de imprimir en Cleveland State University
el día 26 de julio de 1990, festividad de Santa Ana.
Ha sido maquetado por Patricia Danch Gifford,
Ellie Omahen y Judieth Tolliver en el
taller de Susann P. Bowers.
500 ejemplares.*